NOUVELLE ENCYCLOPÉDIE CULINAIRE

LA PATISSERIE BOURGEOISE

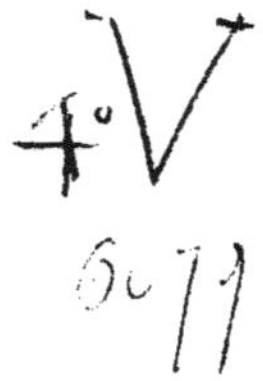

Auguste COLOMBIÉ.

LA

PATISSERIE BOURGEOISE

Biscuits, Brioches, Madeleines, Crèmes,
Tartes et Tartelettes
Pâtisserie Anglaise, Petits Gâteaux dits à la main
Petits-Fours, Gaufres et Gaufrettes
Entremets, Timbales, Confitures, Conserves de Fruits
Liqueurs de Ménage, etc.

Par A^{TE} COLOMBIÉ (❀ A)

Lauréat de la Société l'Hygiène de l'Enfance ; de l'Université Française des Etats-Unis
de l'Académie de Cuisine, etc.
Médaille de Bronze, Exposition Universelle de 1900
Membre de la Presse, Professeur aux Associations Philotechnique, Polytechnique
de plusieurs Pensionnats de Jeunes Filles
Fondateur des Cours de Cuisine populaires des Mairies des I^e et Xe Arrondissements de Paris,
de St-Germain-en-Laye, de Levallois-Perret, etc.

TOME PREMIER

MEULAN

A. RÉTY, IMPRIMEUR-ÉDITEUR

37, Rue Gambetta

1906

INTRODUCTION DE L'ÉDITEUR

Aucun ouvrage culinaire paru jusqu'à ce jour n'imprima une évolution aussi considérable, dans l'art d'exposer les recettes de cuisine, que la méthode, aussi simple que pratique et sûre, inaugurée, dès 1883, par le maître queux Colombié. Aussi souleva-t-elle, dès les premières recettes parues, un *tolle* général parmi les cuisiniers, alors si routiniers. Les uns disaient : « Il ne sait ni lire ni écrire » ; les autres : « Il n'a jamais fait de cuisine; on le voit aux recettes trop détaillées avec lesquelles il prétend enseigner l'art culinaire. C'est tout au plus si une cuisinière voudra et aura la patience de lire des articles qui tiennent une page, etc., etc. »

Ces brillants et impeccables critiques avaient tellement en horreur cette manière d'écrire qu'ils lui appliquèrent le nom de *gnolleux*, le terme le plus caractéristique employé dans la partie pour indiquer le plus ignare d'entre les cuisiniers passés et futurs.

Ce fut bien d'autres cris, lorsque le professeur apparut en public et enseigna l'art de cuire les aliments aux ménagères de toutes les classes de la société, en faisant des cours publics et gratuits de cuisine pour ménages d'ouvriers, de cuisine bourgeoise et de cuisine classique, avec une simplicité qui lui attira la foule et suscita, dans la presse, des articles très élogieux, le consacrant conférencier du premier coup.

L'envie, la jalousie, la rage de l'impuissance, déchaînèrent avec une telle violence une série aussi nombreuse que variée d'épithètes qui coururent les mastroquets servant de temple à ces grands artistes, que le professeur fut obligé d'abandonner les Sociétés d'études, dont il était le secrétaire et presque aussi le fondateur principal. Il se consacra dès lors tout entier à l'enseignement féminin, fonda l'*Ecole de Cuisine*, ainsi que la Revue des cours reproduisant les leçons pratiques données aux nombreuses élèves, de toutes les classes de la société, qui suivaient ces cours avec une régularité qui faisait l'éloge du professeur. Les nombreuses imitations qui ont surgi depuis, ont prouvé combien M. Colombié avait vu juste, et la persévérance qu'il a mise, jusqu'au jour où la maladie et la fatigue l'ont obligé d'interrompre cet enseignement, a été largement appréciée, les regrets unanimes des élèves en sont la meilleure preuve.

Le résultat de cet effort et de cet enseignement est le présent ouvrage ; nous ne doutons pas de l'accueil que lui réserve le public féminin, habitué à lire les recettes, si claires et si méthodiques, parues dans les revues professionnelles ; aussi avons-nous apporté tous nos soins pour faire une œuvre digne du but poursuivi par l'auteur. La satisfaction que nous éprouvons en participant à cette bonne œuvre d'enseignement ménager et d'économie domestique est déjà, pour nous, un résultat des plus appréciables.

L'ÉDITEUR.

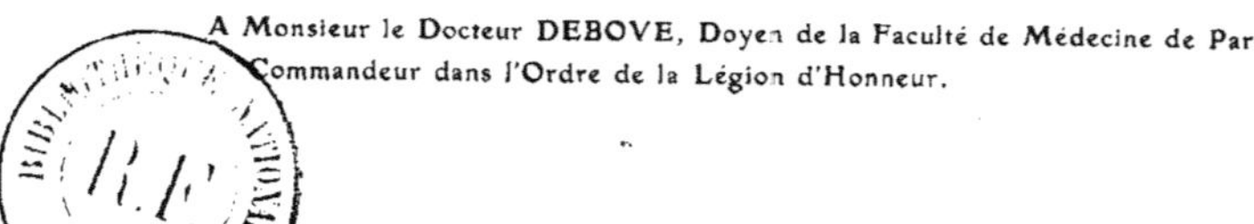

A Monsieur le Docteur **DEBOVE**, Doyen de la Faculté de Médecine de Paris
Commandeur dans l'Ordre de la Légion d'Honneur.

Monsieur et Cher Maitre,

La bonté avec laquelle vous avez daigné vous intéresser à mes travaux culinaires, me fait espérer que vous aurez assez d'indulgence pour apprécier l'effort d'un illettré, et aussi le courage qu'il lui a fallu pour oser présenter, aux distinguées et si érudites Femmes de France, une Encyclopédie culinaire *en trois volumes.*

Quelque habitué que je sois à la bienveillante sympathie avec laquelle ces brillantes élèves ont soutenu, pendant quinze années, l'Ecole de Cuisine, j'aurais hésité à faire paraître cet ouvrage, si vous ne m'aviez fait le grand honneur d'en accepter la dédicace.

Si cette haute protection se bornait à rendre un service particulier, je vous devrais, cher Maître, une vive reconnaissance ; mais, sachant que c'est un encouragement professionnel que vous donnez à tous mes Confrères ès-art culinaire, ma gratitude en est bien plus grande.

Permettez-moi d'y joindre le très respectueux et entier dévouement avec lequel je me dis, cher Maître,

Votre très obligé serviteur,

A. COLOMBIÉ,
Professeur.

INTRODUCTION

Aux femmes de notre belle Patrie est dévolu l'honneur et le périlleux devoir de conserver à la postérité la continuité de l'amélioration sociale, artistique et familiale, transmise par l'incomparable Athénienne à la Patricienne romaine, et par celle-ci à la Gauloise.

Ce devoir est si vrai qu'il n'est pas un seul de nos grands écrivains, Fénelon, Legouvé, J. Simon, etc., qui n'aient recommandé, dans leurs écrits, la culture intellectuelle et manuelle de la jeune fille. Tout récemment encore, un évêque insistait tout particulièrement sur la nécessité de lui faire tout apprendre, tout savoir, et surtout les diverses transformations que leurs délicates et savantes mains doivent faire subir aux multiples objets qui rendent l'intérieur familial sain, gai et reposant, précieuses qualités qui font aimer le chez soi et retiennent le mari au milieu des siens.

Les nouvelles facilités accordées aux jeunes filles pour rentrer aux Ecoles des Beaux-Arts, aux Facultés de Médecine et de Droit, à tous les concours des professions libérales, ainsi que les leçons de puériculture données par des Docteurs parisiens, autant de faits nouveaux qui font prévoir d'heureux et féconds résultats pour l'avenir de notre Patrie, et, par répercussion, sur l'amélioration de la santé physique et morale de ses enfants. L'introduction (également trop récente) de l'enseignement de l'Economie domestique et ménagère, leur permettra une variété de combinaisons inconnues de leurs devancières, et laisse espérer que les mets préparés et servis par ces nouvelles élèves seront succulents et sains, que l'économie sera plus entendue, d'où diminution du prix des repas, car l'habileté professionnelle acquise leur permettra d'employer une foule de produits inutilisés, et permettra aussi l'économie de temps et de combustible. L'hygiène alimentaire est le grand facteur des forces vitales; on ne peut nier, encore moins ignorer, que la qualité de la nourriture et sa préparation agissent, d'une façon permanente sur la force, la bonne humeur et la longévité de la race; sur son commerce, son industrie ; sur les arts et les sciences, et, par suite, son rayonnement intellectuel et moral sur l'Humanité, à travers les siècles.

J'ai essayé, dans l'*Histoire du Repas à travers les âges,* d'analyser les progrès qui découlaient naturellement des améliorations successives survenues après que de nouveaux aliments étaient ou découverts ou utilisés ; comment les modifications, bonnes ou mauvaises, dans l'art de préparer, servir et conserver les aliments, permettaient une plus grande tranquillité publique, éloignaient ou atténuaient les disettes et les famines, permettaient des explorations lointaines, où l'on découvrait de nouvelles ressources alimentaires et commerciales. La nourriture et, particulièrement, l'hygiène alimentaire influent et quelquefois modifient les lois sociales et religieuses d'un pays ; les échanges entre les peuples. C'est donc une des questions capitales de la vie, par conséquent d'étude urgente pour la jeune fille, qui aura un royaume, tout petit, il est vrai, à gouverner. Savoir se nourrir et nourrir les siens est donc un problème important pour la femme, elle qui aura, plus tard, charge d'âmes : les grands parents, le mari et les enfants.

Où trouver tous ces renseignements ? Cette étude lui sera facilitée par la *Nouvelle Encyclopédie culinaire,* dans laquelle j'ai condensé tout ce que 50 ans de pratique et les bons avis d'élèves bienveillantes et distinguées m'ont prouvé être utile à savoir. J'ai tâché d'être court, sans manquer à aucun des conseils qui doivent éviter à l'élève inexperte de ces erreurs capitales qui font qu'un mets est immangeable ; j'ai donné des formules tout à fait précises, aucun des mets présentés n'a été fait de *chic* ni copié dans ces formulaires écrits par des amateurs aussi ignorants de la cuisine, que des devoirs qui incombent à un auteur, écrivant spécialement pour des personnes qui achètent un volume devant leur servir de guide pour tout ce qui regarde l'art de se nourrir.

J'ai fait tous mes efforts pour expliquer les termes professionnels et techniques ; en un mot, j'ai tâché d'être le même conseiller dans cette *Encyclopédie* que mes élèves, si nombreuses et si actives, ont trouvé à l'*Ecole de Cuisne,* dans les cours particuliers, ainsi que dans les Revues où j'ai l'honneur d'écrire depuis 1881.

Paris, Décembre 1905.

A. COLOMBIÉ ☙.

MEMORANDUM

SÉNAT

Mai 1891.

Monsieur,

Je vous remercie bien, M. le Membre de l'Académie de Cuisine, de m'avoir envoyé votre petit livre *l'Hygiène de l'Enfance* et de L'AVOIR FAIT. Nos confrères de l'Académie de Médecine persistent à ne vouloir parler qu'aux médecins.

Jules SIMON.

SÉNAT

Paris, le 30 Avril 1893.

Monsieur,

Je vous remercie de votre second envoi, *la Cuisine Bourgeoise*, et j'y trouve la même clarté et le même sens pratique que dans le premier. Ceux mêmes qui vivent au restaurant ont besoin de savoir à quelle époque ils doivent demander de l'alose. Je serais bien avancé quand on m'aura fait une leçon d'histoire naturelle, ou quand on m'aura dit, comme le dictionnaire de l'Académie, qu'il faut manger l'alose au printemps. Le printemps a trois mois. Ce n'est pas avec des généralités qu'on réparera l'estomac national.

Veuillez agréer, Monsieur, l'assurance de ma considération très distinguée.

Jules SIMON.

21 Février 1894.

Monsieur,

Je ne vous ai pas encore remercié du livre, *la Cuisine Bourgeoise*, que vous avez eu la bonté de m'envoyer ; j'en ai pourtant lu certaines parties avec le plus vif intérêt, et les recettes qu'il contient sont si bonnes que je serai très heureux de les voir expérimenter chez moi...

Henri DE BORNIER,
Bibliothécaire de l'Arsenal,
Membre de l'Académie Française.

Mme Jeanne Savarin, le distingué écrivain culinaire, a porté le jugement suivant sur mes ouvrages à la page 471 de son excellent volume *La bonne Cuisine dans la Famille*. Je ne saurais mieux la remercier de sa bienveillance à mon égard qu'en lui renouvelant publiquement la grande estime que j'ai pour son talent remarquable au point de vue de l'exposition du sujet et l'art de le rendre clair, facile à exécuter et attrayant, à l'aide d'images aussi simples qu'inédites.

M. Auguste Colombié est incontestablement le premier maître contemporain, le meilleur professeur de science culinaire ; il a fait revivre, de nos jours, le grand Antonin Carême, et il a su — mérite qui le classe hors de pair — se mettre réellement à la portée de quiconque veut apprendre les principes et la pratique de la bonne cuisine ; c'est un initiateur dans toute l'acceptation du terme.

Longtemps, la faveur publique est allée à Urbain Dubois, autre maître d'une réelle valeur ; mais Urbain Dubois, quoique animé des meilleures intentions, ne savait pas toujours se faire comprendre ; à vrai dire, il fut le professeur des cuisiniers professionnels.

Si, de son temps, il obtint un grand et légitime succès, ce fut faute de mieux.

Heureusement, vint M. Colombié, véritable éducateur de la cuisinière bourgeoise. Quand la postérité fera la part des mérites de chacun des maîtres en art culinaire, je ne crois pas me tromper en affirmant que le premier rang sera donné à M. Auguste Colombié. Quant à moi, qui ai si consciencieusement étudié les uns et les autres, je n'ai aucune hésitation, et je donne la première place à Colombié, la seconde à Carême, la troisième à Urbain Dubois.

On a lu, plus haut, la recette de la Truite Saumonnée à la Genevoise et celle des pommes de terre soufflées, par M. Colombié.

Voici comment le créateur de l'enseignement culinaire public apprête le gâteau de riz. On ne saurait trop recommander cette recette ; de cette façon, le gâteau de riz est toujours aussi léger qu'une mousse, jamais le gâteau n'est compact. Je reproduis textuellement la formule du maître.

Jeanne SAVARIN,
Rue de Fontenay, à Sceaux (Seine).

Des charitables (?) collègues ayant vu le succès des cours de cuisine, dès le principe, se donnèrent sans vergogne le titre de fondateurs de ces cours.

Comme point d'histoire et sans aucuns commentaires, nous nous permettons de faire passer sous les yeux des lecteurs et lectrices, les deux articles suivants, qui mettent la dite création au point.

Le *Petit Journal* du 9 novembre 1890, dit à propos de ces Cours de Cuisine.

Notre collaborateur Jean Sans Terre, il y a quelques semaines, traitant de l'éducation des jeunes filles françaises, exprimait le désir de voir certaines notions pratiques, actuellement négligées, prendre dans cette éducation la place qui leur revient.

Au nombre de ces connaissances, indispensables au bonheur des ménages, il mettait en première ligne l'art de cuisiner.

En attendant que les confectionneurs de programmes scolaires prennent la chose en considération, un groupe de cuisiniers parisiens s'est inspiré de cette idée d'économie domestique et s'efforce de la réaliser dans la mesure du possible.

Des cours de cuisine ont été fondés par eux. Ils sont professés tous les vendredis soir, 14, rue Duperré, gratuits, publics, pratiques avant tout. Ils sont spécialement destinés aux femmes, qui y prennent le plus vif intérêt, — un de nos collaborateurs a pu le constater. Et elles en retireront certainement bon profit.

Le professeur d'avant-hier soir, M. A. Colombié, avait pour auditoire une centaine de dames et jeunes filles.

Installation sommaire et toute provisoire du reste.

M. Colombié opérait sur un fourneau à gaz, dressé dans un angle de la pièce mise à sa disposition, pièce ornée de vitraux, de tableaux, de glaces et toute tendue de rouge, y compris le plafond. Drôle de cuisine n'est-ce pas ? Mais on débute comme on peut. Il avait la tenue de rigueur, bonnet et tablier blancs.

Pommes de terre soufflées, parmentier, copeau, en allumettes, paille et pont-neuf ; beignets soufflés, poissons frits ; condiments hygiéniques : tel était le programme de la séance. Il a été épuisé. Après chaque préparation, on se passait de main en main le plat obtenu, afin qu'on pût déguster, après avoir vu et compris. M. Colombié a obtenu un grand succès. C'est, dans son genre, un conférencier de premier ordre, à la parole imagée, au geste expressif.

Il émaille d'aphorismes, de citations et d'anecdotes ses explications faites avec un accent méridional non dépourvu de charme. Il a beaucoup plu, vraiment....

Voici le deuxième article paru dans *le Journal des Restaurateurs et Limonadiers*, du mois de novembre 1890, sous la plume du distingué rédacteur en chef M. Roucayrol :

C'est, je crois, le *gentilhomme*... Rodolphe Salis, propriétaire du Chat Noir, qui a fait prévaloir comme criterium, que Montmartre était le foyer des intelligences prises dans la littérature, les sciences et les arts.

L'actualité vient une fois de plus, de donner raison au *gentilhomme*.

Là haut, tout là-haut, au pied même de la butte Montmartre, des hommes se sont réunis pour fonder ce que personne, jusqu'à aujourd'hui, n'avait osé entreprendre : *Un cours public de cuisine ménagère, bourgeoise et de grande cuisine classique.*

Ces hommes, des fanatiques sans doute, mais des artistes aussi, n'ont eu pour premier appoint que leur bonne volonté; c'est peu, au dire des pessimistes, c'est beaucoup, disons-nous, lorsque on sait se servir de ce puissant levier.

Nommons-les, tout d'abord, et pour n'éveiller chez eux, aucun sentiment de mesquine jalousie, car ils sont méritants au même titre, désignons-les par ordre alphabétique : MM. Berte, Colombié et Hanny.

A l'avenir on ne parlera plus du 14 de la rue Duperré, que pour chanter les louanges de ces trois maîtres ès-art culinaire, ou pour vanter l'urbanité de M. Lèbre, notre charmant confrère de la *Vie Moderne*, du *Paris Instantané*, qui a mis ses salons à la disposition des professeurs de cuisine.

Nous avons assisté dernièrement à un cours professé par M. Colombié, et sans aller par quatre chemins, nous déclarons hautement que ces cours obtiennent un réel succès.

L'auditoire — et Dieu sait s'il est nombreux — est entièrement composé de personnes appartenant au sexe faible, et pour pénétrer dans le lieu saint, il a fallu montrer patte blanche, ou plutôt, patte de journaliste.

L'éloge de M. Colombié n'est pas à faire ici, la grande presse parisienne et parmi elle le *Petit Journal* l'a consacré artiste, *de primo cartello*, et pour prouver à quel point M. Colombié rend ses cours intéressants, c'est que parti de chez moi pour aller *en reporter*, à la rue Duperré, j'étais persuadé que j'allais au devant d'une soirée fastidieuse — je fais cet aveu en toute humilité — mais j'étonnerai mes lecteurs en leur déclarant que le dernier sorti de la conférence était le signataire de cet article. Tout ce qui s'est dit, toutes les expériences qui se sont faites, m'ont charmé et, je le répète, les cours de cuisine sont un véritable succès.

Les organisateurs des cours de cuisine peuvent désormais compter sur le concours de ce journal.

LA PATISSERIE BOURGEOISE

A

Abricots à l'eau-de-vie [1]

Formule : 5 kilos d'abricots pas trop mûrs ; 1 kilo alcool à 90° ; 600 gr. sucre cassé à la main ; 1.400 gr. eau filtrée ; 1 bâton de vanille.

Opération. — Mettez dans une bassine à confitures ou un chaudron non étamé 6 ou 8 litres d'eau de puits, de préférence à toute autre ; 3o gr. d'alun ; et faites bouillir. Pendant que l'eau chauffe, frottez les abricots avec un linge grossier, piquez-les deux ou trois fois avec l'aiguille à brider, jusqu'au noyau, et jetez-les dans de l'eau de puits très froide.

Tous les abricots étant piqués et rafraîchis, enlevez-les avec l'écumoire à friture en fil de fer, ou avec celle en cuivre à confiture et non avec une en fer qui blesserait les abricots ; mettez-les à mesure dans une grande passoire ou un tamis et versez-les tous à la fois dans l'eau bouillante ; couvrez et laissez reprendre le bouillon lentement ; faites peu de feu, vous allez avoir besoin de l'amortir, il faut pouvoir être en mesure de le faire.

Dès que les abricots plongent, couvrez le feu de cendre ou reculez le chaudron, si vous opérez sur la cuisinière ; ou bien serrez le gaz, et couvrez bien la bassine ou le chaudron.

Laissez environ une heure dans cette état. Rallumez le feu et poussez-le vigoureusement jusqu'au moment où les abricots remontent.

Pêchez-les à mesure et jetez-les dans de l'eau bien froide.

Tous les abricots rafraîchis, changez l'eau, qui s'est échauffée, par de l'eau froide et attendez au lendemain pour les égoutter sur des tamis ou des claies recouvertes de linge propre, pendant une couple d'heures.

LA LIQUEUR DE CONSERVE. — Faites bouillir les 600 gr. de sucre avec les 1.400 gr. d'eau filtrée (pas tout à fait un litre et demi) ; écumez, retirez du feu, ajoutez la vanille, couvrez et laissez refroidir.

Mettez les abricots dans des bocaux de verre bien propres et bien secs, ne les remplissez qu'aux trois quarts.

Mélangez l'alcool et le sirop, vannez-le un moment avec la louche à potage, en argent ou ruoltz ; achevez de remplir les bocaux, couvrez d'un liège et de papier sulfurisé, ficelez et mettez au sec.

Dans six semaines, on peut servir.

Abricot (liqueur d')

Formule : 30 beaux abricots bien mûrs ; 3 litres d'eau-de-vie de Montpellier ; 2 kilos de sucre cassé à la main ; 6 gr. de cannelle de Ceylan, concassée ; 10 clous de girofle ; 3 gr. de macis ou un peu de noix muscade.

---

[1] L'explication de tous les termes techniques se trouve classée, par lettre alphabétique, à la fin du volume, avant la table.

Opération. — Ouvrez les abricots en deux, cassez les noyaux, enlevez la peau des amandes, mettez le tout réuni, c'est-à-dire les condiments, l'alcool, les abricots et leurs amandes ainsi que le sucre, dans un grand bocal ou pot de grès verni ; couvrez avec un parchemin mouillé ou du papier sulfurisé, ficelez bien et tenez dans un endroit un peu tiède pendant un mois.

Versez sur un tamis en crin posé sur une terrine et laissez bien égoutter. Filtrez le jus au papier Laurent ou dans une poche de molleton.

Mettez en bouteille et conservez à la cave ou à l'office.

Allumettes feuilletées

POUR CRÈME ET GLACE

Formule : 250 grammes de farine ; 220 grammes de beurre ; 5 grammes de sel ; 1 décilitre et demi d'eau filtrée, froide.

Opération. — Mettez la farine sur la table à pâtisserie ou sur un marbre, faites un trou, dit fontaine, dans le milieu mettez le sel, 20 grammes de beurre pris sur les 220 gr. Détrempez la pâte avec le décilitre et demi d'eau ; fraisez-la une fois et faites-en une boule parfaite, que vous fendez en croix sur le milieu pour lui faire perdre le corps qu'elle a pris en la travaillant. Mettez-la au frais à l'abri de l'air et laissez-la reposer un quart d'heure. Assurez-vous que le beurre a bien la même consistance que la pâte. Il faut qu'il ne soit ni plus dur ni plus mou ; sans cette précaution, vous risquez de crever la pâte et de faire coller le beurre sur la table.

Etendez la pâte, mettez le beurre dans le milieu, repliez les 4 côtés de façon à ce que le beurre se trouve bien emprisonné ; allongez-la en une bande d'environ 50 centimètres ; repliez les deux bouts de la pâte dans le milieu et l'un sur l'autre, pour former trois plis ; saupoudrez la table d'un peu de farine et allongez la pâte dans le sens opposé ; repliez les deux bouts comme la première fois et laissez reposer un quart d'heure, donnez ainsi 8 tours avec un quart d'heure d'intervalle entre chaque 2 tours. La pâte étant prête, allongez-la en lui laissant 12 centimètres de large et 1/2 cm. d'épaisseur. Dorez à l'œuf

battu, saupoudrez largement la surface de sucre semoule ; rognez les deux côtés de la bande, de façon à ce que les allumettes soient toutes de la même longueur ; coupez celles-ci de deux centimètres de large, dans le travers de la bande ; posez-les à mesure sur une plaque de tôle forte ; faites cuire à four chaud jusqu'à ce qu'elles soient bien dorées.

Amandes

ORIGINE : Semences de l'*Amydgalus communis* (*Rosacées amygdalées*). Deux variétés : douces et amères.

Les amandes amères se distinguent des autres par la présence d'une substance nommée amygdaline, susceptible de donner, par l'action d'un ferment nommé émulsine, naissance à deux principes actifs : l'essence d'amandes amères et l'acide cyanhydrique.

Les amandes douces contiennent plus de la moitié de leur poids d'huile fixe et près d'un quart d'émulsine. Cette huile est un véhicule souvent employé dans la préparation des liniments, loochs, etc. (voir ce mot).

Ananas

L'ananas est un fruit excellent et le plus riche qui orne nos tables au moment du dessert.

A l'état frais, on en fait d'excellentes compotes, des confitures, entremets et petits fours, glaces et sirops.

Conservé en boîtes, il est aussi très usité pour les différents apprêts cités plus haut. Il coûte moins cher et son parfum est aussi délicat.

Ce fruit est tonique et appétent.

Ananas farci

Quoique d'origine exotique, ce fruit remarquable par son odeur, son volume, la forme pittoresque de son panache, est cultivé à grands frais dans les serres du jardin du roi à Versailles, les jardiniers arrivent à les faire pousser aussi volumineux et presque aussi parfumés que ceux de l'autre côté de l'Atlantique.

L'ananas étant sur la table, décapitez de telle façon que le panache ne soit pas endommagé. Enlevez 1/2 centimètre du côté de la queue. Enfoncez un vide-pommes ayant un centimètre et demi de diamètre, dans le milieu de l'ananas, pour enlever la colonne très dure et sans goût; retournez le côté de la queue en haut pour replanter le vide-pommes, arrangez-vous de façon à rencontrer la première coupure. Enlevez ainsi un bouchon de la hauteur de l'ananas (ainsi que vous enlevez l'endocarpe d'une pomme que vous préparez pour faire des beignets). Ayez un couteau à lame fine, longue et pointue, faites-le pénétrer à un demi-centimètre de la peau, à l'intérieur et d'un bout à l'autre de l'ananas; faites une incision circulaire et la chair tombe sur la table. Coupez cette chair en petits cubes de 5 ou 6 milimètres de côté, posez ces cubes dans un saladier et ajoutez-y :

1° 4 belles oranges pelées à vif dont vous enlevez les quartiers avec le couteau en les tranchant dans leur peau respective, ce qui vous donne des quartiers tout petits sans semences et sans peau.

2° 24 fraises nobles ou des bois, du docteur Morère ou Victoria, au choix, coupées en deux ou quatre.

3° 100 gr. de cerises mi-sucre coupées en deux, 150 gr. raisin noir et autant de blanc, deux ou trois bananes coupées en petits cubes; saupoudrez d'environ 100gr. de sucre semoule, arrosez de deux verres à madère de bon kirsch, d'un jus de citron et de 150 gr. de glace cassée en morceaux. Couvrez avec une assiette et tenez dans un endroit frais jusqu'au moment de servir.

L'Ananas reconstitué. — Travaillez sur la table, un peu mouillée, 150 grammes de beurre ; dès qu'il est ramolli, étendez-le avec le couteau en une abaisse ronde et pas plus grande que l'intérieur de l'ananas ; posez celui-ci dessus et forcez l'abaisse à pénétrer ; posez la tranche de la queue sur une serviette et dans le plat d'argent destiné au service, soulevez l'ananas avec un couteau et posez-le sur la tranche ; lutez le beurre pour boucher la fente afin que le jus ne coule au moment du service et portez le tout au frais pour raffermir le beurre et

l'ananas qui s'est ramolli sous les différentes manipulations qu'il a subies. Le panache est aussi mis au frais, il doit être servi sur le plat à côté de l'ananas : cette verdure réjouit les yeux du convive, pendant qu'il se sert ou que le maître d'hôtel fait cet office.

Pour remplir l'Ananas. — Au moment de servir, après la glace ou l'entremets sucré, remplissez l'ananas avec une pelle à fraises ; ne pas oublier de poser un torchon propre autour, pour éviter de maculer la serviette et le plat. Arrosez légèrement du sirop des fruits, servez le reste dans une saucière.

Angélique

L'angélique fut apportée de la Bohême par les Barbares du Nord, lorsqu'ils vinrent ravager les Gaules. C'est une plante que l'on cultive dans les jardins, surtout dans le Nivernais ; elle a un goût et une odeur aromatique ; on confit la côte creuse et la semence. Cette plante est stomachique, dicecrétique, apéritive et cordiale.

Très usitée en pâtisserie, confiserie et liquoristerie.

Sa couleur verte et la facilité avec laquelle on fait, avec les branches confites, toutes sortes de dessins géométriques, rendent son emploi très fréquent pour l'ornementation des entremets et des pièces montées.

Niort a une renommée spéciale pour les préparations à l'angélique.

Anona (GATEAU INÉDIT)

Formule : 500 gr. de sucre (1) ; 15 œufs ; 150 gr. d'amandes ; 375 gr. de farine ; 375 gr. de beurre ; 2 anones.

Opération. — Mettez dans une bassine le sucre et 12 œufs ; fouettez sur un feu doux ; lorsque l'appareil est bien monté et très ferme, ajoutez les 150 gr. d'amandes, que vous aurez broyées très fin avec les 3 œufs entiers, ou râpées. Si elles sont râpées, battez le sucre avec les 12 œufs. Ajoutez la farine, puis le beurre à peine tiède.

Mélangez avec beaucoup de légèreté. Faites cuire à four moyen, dans les moules ayant la forme d'une grosse poire ou encore dans une caisse à génoise, canée.

Lorsque l'appareil sera cuit et froid, découpez-le au couteau en carrés ou losanges.

Pour le gâteau en forme de poire, fendez-le en deux, fourrez-le avec de la pulpe d'anone, dans laquelle vous aurez ajouté du sucre vanillé. Donnez-lui, avec de la meringue italienne, la forme du fruit, et glacez-les au fondant pistache très clair.

Formez, avec du sucre tiré, deux feuilles imitant celles du magnolia. Faites une queue en sucre vert, tiré, que vous ajouterez à ce gâteau, cela achèvera de lui donner l'aspect du fruit.

Baba (ALLEMAND)

Formule : 250 gr. de beurre clarifié ; 10 œufs ; 6 cuillers à bouche de crème douce ; 500 gr. environ de farine ; 60 gr. de raisins de Smyrne ; 15 gr. d'amandes hachées ; 3 cuillers de levure claire ou 15 gr. de levure pressée.

Opération. — Clarifiez le beurre la veille, pour pouvoir, après complet refroidissement, le monter en crème ; mettez les œufs l'un après l'autre ; après chaque œuf une cuiller de farine, ensuite la crème ; après chaque cuiller de celle-ci, une de farine ; les 3 cuillers de levure, délayées avec très peu d'eau ; encore 6 cuillers de farine, les amandes, puis les raisins. Travaillez la pâte avec une cuiller en bois ou une spatule, pendant près d'une heure, en ajoutant peu à peu tous ces ingrédients. Versez la pâte dans deux moules beurrés et farinés, remplis à moitié hauteur, et laissez-les, dans un endroit tiède, doubler de volume, avant de cuire les babas, environ 45 minutes.

Pour un gâteau moyen, la moitié des mesures indiquée suffit.

Même chaleur que pour le Koujelhoff.

Baba au kirsch (FRANÇAIS)

Formule : 250 gr. de farine ; 100 gr. de beurre ; 8 gr. de levure ; 5 gr. de sel ; 10 gr. de sucre ; 4 œufs ; 3 décilitres de lait ; 1/2 décilitre de kirsch ; 60 gr. de raisins de Corinthe ; 60 gr. de raisins de Smyrne ; 60 gr. de cédrat confit.

Opération. — Mettez dans un saladier le quart de la farine, dans le milieu la levure ; délayez avec un peu de lait tiède, peu à peu, que la levure ne laisse aucun grumeau ; faites une pâte mollette en la travaillant le moins possible. Ramassez-la en boule, faites une incision en croix dessus et plongez dans le lait qui reste pour la laisser lever. Il faut environ 25 minutes.

Prenez deux moules à charlotte de 12 cent. de diamètre ; beurrez-les grassement avec du beurre à peine fondu ; mettez-les au frais.

Mettez dans le saladier la farine qui reste, le sel, le sucre et 3 œufs ; travaillez la pâte en la soulevant pour lui donner de l'air. Dès qu'elle est bien liée, qu'elle fait comme une corde, ajoutez l'autre œuf ; travaillez de nouveau pour lui redonner le corps qu'elle a perdu. Si le levain a *au moins* doublé de volume, pêchez-le avec la main et mélangez-le à la pâte. S'il n'est pas assez levé, mélangez le beurre et ajoutez le levain après, il n'y a d'autre inconvénient que de retarder ou d'avancer la poussée de la pâte, suivant que l'on met le levain avant ou après le beurre.

La pâte doit être un peu plus molle, plus douce et plus légère que la pâte à brioche. Au cas où elle serait un peu ferme, ajoutez un œuf ou quelques cuillerées de lait. Mélangez les fruits marinés avec le kirsch.

---

(1) Pour toutes les formules où il rentre des œufs il est bon de les peser. L'œuf moyen est de 60 gr. — Il y en a qui ne pèsent que 45 gr. et d'autres qui en pèsent 90.

Le poids de l'œuf est donc capital pour les réussites.

Divisez la pâte en deux parties dans le saladier et mettez-les à mesure dans les moules, en la soulevant et la laissant retomber pour ne pas les barbouiller autour. Posez-les à l'étuve très douce ou dans un coin à l'abri de l'air froid ; ne les couvrez pas, vous feriez suer la pâte et vous ne pourriez plus arracher les gâteaux des moules, mettez simplement une feuille de papier au-dessus pour éviter la poussière.

Si le levain était à point, l'endroit un peu chaud, dans une heure et demie les moules seront pleins. Posez-les sur un plateau de tôle et mettez au four un peu chaud. Dès que vous verrez qu'ils prennent de la couleur, couvrez avec un papier et laissez cuire près de quarante minutes.

Pour vous assurer qu'ils sont bien cuits, appuyez vos doigts dessus, si le dessus est résistant, les bords ont dû quitter la moule et laisser un peu d'espace vide. Renversez-les sur un tamis et assurez-vous également qu'ils sont bien cuits à l'intérieur, en les pressant entre les doigts ; s'il ne résistent pas, remettez-les au four sur le plateau pour achever la cuisson, ils ne risquent rien, à moins de les oublier au four.

Pour les Tremper. — Mettez dans une casserole 250 gr. de sucre cassé à la main, 1/2 litre d'eau, un peu de zeste de citron ou d'orange, un ou deux clous de girofle. Faites bouillir et retirez du feu. Posez les babas dans les plats à servir. Arrosez-les lentement avec le sirop bouillant ; laissez presque refroidir. Mélangez, dans un verre ordinaire, un verre à madère de marasquin, un petit verre de kummel, un petit verre d'anisette et autant de chartreuse ; versez sur les babas et servez. Vous pouvez tout simplement les arroser de rhum, de kirsch ou de marasquin.

Bacon Powder (dite levure anglaise)

Demandez chez le droguiste 200 grammes de crème de tartre, 100 gr. de carbonate de soude. Mélangez les deux poudres sur une feuille de papier, réservez en flacon ou en boîte pour l'usage. Cette levure ne peut remplacer la levure de bière, dite aussi, de grains.

La poudre rend les pâtes plus légères, mais ne produit aucune fermentation analogue au *levain* de pain, de brioche, etc., etc...

Banane

Bananier : Ce superbe végétal, originaire des pays voisins des tropiques, offre l'aspect d'une colonne cylindrique, haute quelquefois de 6 à 7 mètres, terminée par 8 à 12 feuilles allongées, du milieu desquelles sort un long épi de fleurs plus ou moins courbé. Cette colonne, quoique grosse comme le tronc d'un jeune arbre, tombe facilement sous un coup de hache. La longueur des feuilles est de 2 à 3 mètres sur un demi-mètre de large. Les arbres vigoureux produisent environ une centaine de bananes qui, dans certaines variétés, sont grosses comme des concombres moyens.

Les feuilles du bananier servent de nappe aux naturels du pays, et aussi de papier après qu'ils les ont séchées et polies.

On tire de la colonne une nourriture pour les animaux, du fil pour fabriquer des étoffes et des cordages.

Selon les chrétiens de ces contrées, c'est l'arbre du bien et du mal du paradis terrestre, et son fruit est la fatale pomme qui perdit nos premiers parents : c'est de ses feuilles qu'ils couvrirent leur nudité.

Les Portugais et les Espagnols ne coupent jamais une banane en travers avec régularité, parce qu'ils croient voir, dans sa coupe, l'image de la croix.

La banane est aujourd'hui très connue à Paris, on en fait de la confiture, des purées, des compotes, des omelettes, des œufs sur le plat ; elle est servie nature au dessert avec les fruits du pays où elle fait une très jolie figure.

Ce fruit est nourrissant et parfumé. La première fois qu'on en mange, il paraît étrange, mais on s'y fait très vite.

Bâtons glacés à la Vanille
(FOURS SECS)

Formule : 125 gr. d'amandes mondées et séchées ; 200 gr. de sucre cassé à la main ; 100 gr. de sucre glace ; 2 blancs d'œufs moyens ; 1/4 de bâton de vanille ; quelques gouttes de carmin et de citron.

Opération. — Faites bouillir un litre d'eau, jetez-y les amandes, laissez reprendre le bouillon, retirez du feu, couvrez et attendez une minute. Egouttez-les, passez un peu d'eau froide dessus et enlevez les peaux. Essuyez-les sur un linge et faites-les sécher à l'étuve sous le four à feu très doux, une nuit suffit.

Ce travail doit être fait la veille ; si on fait sécher les amandes au four trop vif, elles brunissent et les macarons sont moins moelleux et moins beaux.

Mettez les amandes dans un mortier en marbre un peu grand (24 centimètres de diamètre est une taille très commode pour un ménage), broyez-les en les faisant sauter pour ne pas faire de l'huile, seulement pour les briser ; ajoutez le quart du sucre et pilez un bon moment ; passez au tamis n° 20 ; remettez dans le mortier ce qui n'a pas passé et un autre quart de sucre, pilez, repassez et recommencez deux autres fois ; à la dernière, mettez la vanille ciselée sur la table saupoudrée d'un peu de sucre-glace. Il n'est pas nécessaire de passer la quatrième fois.

Mettez un blanc d'œuf et broyez bien ce qui reste dans le mortier. Remettez ce qui a passé et une moitié de blanc d'œuf, mélangez et pilez au moins cinq bonnes minutes ; vous devez avoir une pâte très fine et assez épaisse pour pouvoir la rouler à la main, sur la table saupoudrée de sucre-glace.

Allongez cette pâte en boudin, un peu plus gros que le pouce, aplatissez-le pour obtenir une abaisse épaisse comme une pièce de cinq francs.

Mettez le demi-blanc d'œuf qui vous reste dans un bol et les 100 gr. de sucre-glace, battez à la cuiller de bois un bon moment, mouillez de 4 ou 5 gouttes de citron et battez toujours. Vous devez avoir une espèce de crème très blanche, un peu épaisse et onctueuse, c'est la *glace royale*.

Etendez-la sur l'abaisse avec le couteau, bien uniformément ; ne faites pas couler sur les bords. Vous devez en avoir une cuillerée à café de reste ; mettez-y 2 gouttes de carmin, renfermez-la dans un cornet en papier et faites deux traits de chaque côté de l'abaisse, à un centimètre des bords.

Beurrez légèrement une plaque de tôle un peu épaisse, saupoudrez-la de farine, très peu ; coupez des petits bâtons, larges comme le petit doigt, et transportez-les sur la plaque avec la lame de couteau ; ne les rapprochez pas trop, parce qu'ils écartent au four.

Faites cuire à four presque ouvert et presque froid, à peine un peu plus chaud que pour les meringues, 3o à 35 minutes. Le glaçage doit être à peine doré, presque blanc. Ce genre de macarons est très apprécié comme dessert et pour le service du thé.

Bavarois à la Purée de Fraises

Formule : (pour 8 personnes) . 1/2 litre de lait ;
2 centilitres de kirsch ; 500 gr. de fraises ;
150 gr. de sucre semoule ; 100 gr. de sucre-glace ; 0,50 centimes de crème à la Chantilly ;
5 feuilles de gélatine ; 6 jaunes d'œufs frais ;
un peu de vanille ; 2 kilos de glace à rafraichir ; un moule à cylindre festonné de 15 centimètres de diamètre.

Opération. — Lavez rapidement les fraises, qu'elles soient des bois, Héricard, Dr Morère ou Ananas, peu importe, pourvu qu'elles ne soient pas tournées. Essorez-les entre deux linges doublés. Passez-les au tamis de crin, dit toile de Venise, ou à l'étamine. Mettez-en deux cuillerées à bouche dans un bol et le reste de la purée dans un petit saladier avec le sucre en poudre et le kirsch ; couvrez et tenez dans un endroit bien frais.

Travaillez les 6 jaunes d'œufs avec le sucre semoule dans une casserole étamée, pendant cinq minutes ; que les jaunes et le sucre fassent une jolie pâte ; ajoutez une prise (1) de sel, un peu de vanille, les feuilles de gélatine bien lavées, le lait bouillant, et faites *sourire* en remuant sur le feu avec une cuiller ou spatule en bois.

Versez dans un saladier, remuez pour bien refroidir et jusqu'à complet refroidissement. Ajoutez la purée de fraises non sucrée, la chantilly un peu ferme ; versez

---

(1) *Une prise* s'indique : prendre avec le pouce et l'index ; *une pincée* : avec le pouce, l'index et le majeur.

dans le moule à cylindre festonné, entourez-
le avec la glace dans un récipient et laissez
raffermir au moins deux heures.

POUR LE DÉMOULER. — Mettez de l'eau
tiède dans une casserole ou cuvette quelconque, un peu plus haute que le moule ;
trempez ce moule jusqu'au bord, enlevez-
le de suite, il ne faut qu'aller et venir dans
l'eau ; essuyez le moule, renversez-le sur
un plat rond, un peu creux ; enlevez le
moule lentement et bien droit.

Versez dans le milieu la purée de fraises,
que vous avez sucrée et bien refroidie, et
servez avec des assiettes glacées et des biscuits secs et très légers.

Bavarois au Moka

Formule : 1/2 litre de lait; 6 jaunes d'œufs un
peu gros (de 70 gr. chaque) ; 150 gr. de sucre
semoule ; 5 feuilles de gélatine fine (8 a
9 gr.); 50 gr. de café torréfié une prise de
sel fin ; 2 décilitres de crème double; un
moule à cylindre, festonné, de 16 cent. de
diamètre.

Opération. — Faites bouillir le lait, travaillez les jaunes avec le sucre. Mettez
également la gélatine à tremper dans de
l'eau froide.

Si le café est torréfié de la veille, remettez-le au four pour le bien chauffer et
versez-le brûlant dans la crème. Cette façon
d'opérer est plus sûre que d'employer des
essences de commerce et même que celles
que l'on fait soi-même. La couleur importe
peu, l'essentiel, c'est le parfum.

Les jaunes et le sucre étant travaillés pendant 10 minutes, pour les mélanger bien
intimement, ajoutez le sel et la gélatine ;
versez le lait bouillant, peu d'abord, puis
tout ; mélangez bien ; posez sur un feu
doux, vannez de l'avant à l'arrière, avec
une spatule plate, en appuyant.

Aussitôt que la mousse disparaît de la
surface, la crème va bouillir, il est urgent
de veiller ; une cloque se produit sur le
bord de la casserole et la crème est cuite.

Retirez-vous du feu, remuez une minute,
versez la crème et le café en grains dans
un saladier, couvrez et attendez une demi-
heure. Passez la crème au tamis de crin.

Montez la crème douce, prenez garde
de ne pas faire du beurre.

Versez la crème sur la Chantilly, en
mélangeant avec le fouet légèrement. Versez dans le moule huilé, très peu, presque
pas.

Entourez de glace non salée et attendez
au moins 3 heures.

Si vous ne disposez pas de glace, il est
plus prudent de faire le bavarois la veille
et de le mettre au frais.

Bavarois aux Noix
ou Noisettes nouvelles

Formule : 300 gr. de noix nouvelles, épluchées ;
300 gr. de sucre cassé ; 3/4 de litre de lait ;
3 décilitres de crème douce, épaisse ; de 8 à
10 feuilles de gélatine (12 grammes); 1 petit
verre de kirsch; 2 kilos de glace.

Opération. — Épluchez des noix fraîches
sans les blanchir, c'est-à-dire qu'elles doivent avoir la peau assez molle pour pouvoir
l'enlever facilement en les épluchant.

Pesez-en, toutes épluchées, 300 grammes.

Pilez-les dans un mortier avec du lait
froid en très petite quantité à la fois, pour
obtenir facilement une purée très fine.
Etalez un torchon grossier et neuf sur
un plat long posé sur la table, mettez la
purée au milieu, assez étendue, de manière
qu'en tordant le torchon vous puissiez extraire le plus de jus possible; si vous mettiez la purée en boule, il serait plus difficile de serrer.

Repilez et repassez : plus vous ferez passer
du jus de noix à travers le torchon et plus
le bavarois sera délicat et parfumé. N'employez pas plus de la moitié du lait pour
piler les noix et obtenir le lait.

Mettez le reste à bouillir avec le sucre
dans une casserole et remuez-le avec une
cuiller de bois, pour empêcher le caséum
de prendre au fond de la casserole; au
bouillon, retirez-le du feu et ajoutez aussitôt la gélatine lavée et épongée. Si celle-
ci a les feuilles épaisses, n'en mettez que
8 feuilles ; si elles sont minces, 10 seront
nécessaires. Remuez toujours le lait pour
le refroidir et faire fondre la gélatine en
même temps.

Lorsque cet appareil est tiède, mélangez
le lait de noix et versez d'une casserole

dans l'autre deux ou trois fois pour que le mélange soit parfait.

Huilez un moule à douille, festonné, contenant environ un litre et demi ; renversez-le sur une plaque pour que l'excès d'huile s'égoutte.

Fouettez la crème Chantilly, pas trop ferme ; mélangez-la dans l'appareil avec le fouet en versant d'abord un peu de liquide dans la crème, lentement et en tournant toujours, puis mélangez le tout et n'oubliez pas le kirsch.

Garnissez le moule, posez-le bien droit dans une terrine ou petit seau de bois, entourez-le avec de la glace, couvrez d'un linge, tenez au frais deux heures.

Pour le démouler, il suffit de le tremper et retirer de suite, dans de l'eau un peu plus que tiède, de l'essuyer et de renverser un plat sur le moule, puis celui-ci sur le plat, en retournant les deux.

Enlevez le moule bien droit, au dernier moment et près de la salle à manger.

Ce qui fait la bonté de cet entremets, c'est de ne pas sentir la gélatine.

Il faut pourtant qu'il tienne un peu debout ; mais mieux vaut pécher par *moins* que par trop. Essayez une première fois, en famille, avec la moitié de la dose ; puis, le jour où l'on a des invités, on est fixé.

Cet entremets peut se faire la veille ou le matin. On ne le met à la glace qu'au dernier moment.

Beignets d'ananas

LA PATE A FRIRE

Formule : 250 gr. de farine de gruau ; 3 œufs de 60 gr. chaque ; 3 cuillerées à bouche d'huile d'olive ; une cuillerée à café de sel ; un petit verre de rhum ; un décilitre de bière ; un demi-décilitre d'eau tiède.

Temps pour lever : 3 heures environ.

Opération. — Mettez dans un saladier les œufs, le sel, l'huile et le rhum ; battez avec une fourchette ; ajoutez la moitié de la bière et la farine. Mélangez, en coupant constamment la pâte pour éviter de faire une pâte longue et résistante ; à peine la farine mélangée, versez le restant de la bière et l'eau, donnez un coup de fouet ou triturez avec la pointe des doigts. Dans le cas où vous auriez fait des grumeaux,

passez la pâte au tamis et reversez-la dans le saladier. Couvrez et tenez dans un endroit un peu chaud.

Observation importante :

Cette pâte est meilleure faite avec un restant de vieille pâte, alors on n'emploie pas de bière, ce levain étant plus actif ; la pâte est aussi plus lisse et croustillante. Il est préférable, si l'on ne dispose pas de vieille pâte, de la faire le soir pour le matin ou le matin pour le soir.

Il ne faut pas ajouter des blancs d'œufs montés en neige, cela fait éponge à la cuisson, les beignets sont mous, lourds et indigestes. La pâte doit être presque coulante, un peu plus épaisse que pour les crêpes.

Aussitôt les beignets finis, délayez le peu de pâte qui reste avec un peu d'eau, mettez-la dans un pot à confiture, quelques gouttes d'huile dessus, gardez-la au frais pour l'allonger dans les mêmes proportions, sauf la bière ainsi qu'il est dit plus haut.

Les Fruits pour les Beignets d'Ananas. — On fait des beignets d'ananas avec le fruit cru, divisé par tranches, mais le moyen le plus économique et le plus sûr est d'acheter une boîte d'ananas de nos colonies françaises, d'ouvrir la boîte bien au bord et sans dents de scie pour extraire le fruit sans l'endommager, après avoir versé le jus dans un bol. Avec un vide-pommes, enlevez la colonne du centre qui est ligneuse et sans goût, partagez-le de haut en bas, pelez-le, car la peau n'est pas assez enlevée ; coupez des demi-lunes de l'épaisseur de deux pièces de 5 francs, mettez dans un saladier ou soupière, saupoudrez d'un peu de sucre, arrosez de quelques gouttes de citron et de bon kirsch, laissez mariner 1 heure.

Pour les frire. — Chauffez jusqu'à la fumée 2 kilos de friture, retirez à côté du feu. Trempez une à une et enveloppez bien chaque escalope d'ananas, ne travaillez pas la pâte pour éviter de la corder, jetez dans la friture et retournez aussi vite que possible. Ne mettez que 6 beignets et pressez-vous. Remettez la graisse sur le feu ; dès que les beignets sont bien dorés et secs, enlevez-les sur un papier ou linge.

Recommencez les autres. Roulez les beignets dans du sucre glace, posez-les sur une plaque et mettez au four très chaud, la plaque surélevée, et méfiez-vous : si le four est chaud, ils sont vite glacés ; s'il est trop froid, ils sèchent. Dressez en couronne et sur serviette.

L'ananas qui reste peut être servi en compote, le lendemain, avec un peu de sucre et de kirsch, dans le jus mis de côté.

Beignets d'oranges en confiture

Prenez 4 kilg. de pommes reinettes de Canada, que vous coupez en quartiers sans les peler ; vous enlevez simplement le bouton, les pépins et les taches, s'il en existe ; lavez-les à grande eau, égouttez-les de suite et mettez-les dans une bassine non étamée ; couvrez-les d'eau de façon à ce qu'elles baignent bien juste, pressez-y le jus d'un citron ; mettez sur un feu vif et faites bouillir jusqu'à ce que les pommes soient bien cuites et qu'elles commencent à tomber en marmelade. Versez le tout sur un tamis ordinaire, placé sur une terrine qui doit recevoir le jus que vous passez ensuite au tamis fin ou à l'étamine pour l'employer comme suit :

(La pulpe doit être passée et mise en réserve pour faire des compotes ou des flancs de pommes).

Formule : 1 kilg. (litre), jus de pommes pour gelée ; 1 kilg. sucre raffiné ; 4 oranges à peau fine.

Mettez le jus de pommes et le sucre cassé dans une bassine de cuivre rouge bien propre, ajoutez-y une goutte de carmin liquide pour donner une teinte orangée. Au premier bouillon, mettez-y les oranges coupées en rouelles de l'épaisseur de 5 millimètres, donnez un fort bouillon, versez le tout dans une terrine et réservez au frais. Le lendemain, égouttez les oranges cuisez le jus ; remettez les oranges, donnez un bouillon ; à l'aide d'une écumoire, retirez les tranches d'oranges que vous placez sur un tamis ; donnez de nouveau un bouillon au jus que vous tenez près du fourneau, écumez et mettez en pots de la manière suivante :

Prenez des pots à confitures, en verre, bien secs, droits comme des verres à boire, mettez dans chacun d'eux une cuillerée ou deux de jus, laissez un peu prendre en gelée, et, sur cette gelée, une tranche d'orange et ainsi de suite jusqu'à ce que chaque pot soit plein, en ayant soin de finir par une couche de gelée. Après refroidissement complet, couvrez les pots de papier blanc, soit en le collant sur les bords, soit en l'attachant avec une ficelle.

Placez ces confitures dans un endroit frais et sec, à l'abri de la lumière.

Beignets lorrains (GATEAUX SECS)

Formule : 3 œufs moyens ; 250 à 300 gr. de farine de gruau, suivant qualité ; 60 gr. de sucre en poudre ; 5 gr. de sel fin ; une cuillerée d'eau de fleur d'oranger, autant de rhum ; une cuillerée d'huile d'olive.

Opération. — Triturez œufs, sucre, sel et parfums au milieu de la farine, sur la table ou sur la plaque de marbre ; formez une pâte bien ferme et bien lisse. Laissez-la reposer pendant une heure. Etendez la pâte au rouleau, coupez des ronds, carrés, losanges, lanières ou autres dessins biscornus.

Cuisez à pleine friture : huile, beurre clarifié ou graisse ; c'est très vite cuit. Saupoudrez de sucre glace vanillé en sortant de la friture.

Dressez en buisson sur une serviette, étendue dans une jolie corbeille.

Beignets soufflés dits pets de nonne

Il m'a été très souvent posé la question : « Pourquoi et depuis quand appelle-t-on cet entremets ainsi ? » Dans le *Cuisinier Royal*, imprimé en 1719, que je possède, la recette est insérée deux fois sous deux noms différents : la première fois sous un nom que la décence exclut du langage courant et, la deuxième fois, sous le nom de « *Autres plus fins* », pets d'âne.

La recette se compose de blancs d'œufs battus avec du sucre et de l'eau de fleur d'oranger ; c'était une sorte de meringue et non les beignets que nous faisons aujourd'hui. Le spirituel journal *Le Tarn à Paris*, rédigé par des compatriotes, dans un intéressant et humoristique article, en donne la naissance et l'étymologie, mais... je ne puis le reproduire.

Formule : 1/4 de litre d'eau filtrée; 125 gr. de beurre; 250 gr. de farine; 5 gr. de sel; la moitié d'un zeste de citron râpé; 6 œufs moyens, 7 quelquefois.

Opération. — Réunissez dans une casserole l'eau froide, le sel, le beurre divisé en quatre parties. Posez-la sur un feu vif et remuez de temps en temps avec une cuiller de bois pour que le beurre fonde et que tout monte au premier bouillon, ainsi qu'une soupe au lait

Retirez du feu, versez la farine (tamisée sur un papier) tout d'un coup ; mélangez et désséchez sur le feu pendant quelques instants; le fond de la casserole doit être sableux; retirez du feu, laissez refroidir 3 ou 4 minutes, cassez un œuf et mélangez-le, un deuxième et successivement les autres, mais attendez que le premier soit bien mêlé.

POUR LES FRIRE. — Chauffez dans une poêle profonde 2 kilos de friture, graisse d'oie, de porc ou de bœuf; dès qu'une feuille de persil crépite aussitôt mise dans la friture, elle est bonne.

Prenez une cuiller à bouche de la main droite, remplissez-la de pâte et lissez-la en remontant sur le bord de la casserole; avec l'index de la main gauche, glissez la pâte sur le devant de la cuiller; passez entre l'index et la pâte la pointe de la cuiller, le beignet tombe rond dans la friture.

N'en mettez que 8 ou 9, de la grosseur d'une noix, cela suffira pour remplir la poêle.

Dès le principe, le feu doit être continué ; sur la fin, ralentisssez-le dès que les beignets cessent de tourner seuls, mouvement qui indique que la cuisson va être terminée.

Séchez-les bien, sinon ils retombent. Egouttez-les, remettez-en d'autres et continuez.

Dressez-les en pyramide dans un compotier ou plat rond garni d'une serviette

Poudrez à frimas avec du sucre vanillé ; on peut les glacer au four très chaud, et les garnir de crème ou de confiture.

Beignets de pommes douces

Pour avoir des beignets exquis, il ne faut pas employer des pommes trop fermes de chair, encore moins des pommes acides : les Reinettes de Canada ou les Calvilles conviennent seules ; c'est aussi connaitre très mal son intérêt que d'employer pour les beignets des pommes avariées ou tachées.

Plantez un vide-pomme au milieu, en sorte que le bouton se trouve bien au centre de la colonne, appuyez légèrement la colonne en la faisant tourner pour éviter que la pomme éclate; lorsque la colonne est au milieu, arrachez-la et plantez-la avec les mêmes précautions du côté queue; ayant rejoint l'entaille, retirez le vide-pomme et avec le doigt poussez en avant la portion de pomme détachée où se trouvent les cloisons et les semences.

Pelez la pomme, coupez-la en lames épaisses comme une pièce de 5 francs, mettez-les dans un légumier, arrosez-les d'un verre à madère de rhum, saupoudrez-les de sucre en poudre, couvrez et laissez-les mariner une heure au moins

Roulez les tranches dans la pâte à frire (voir l'article), une par une, et plongez-les à mesure dans la friture chaude et abondante, retournez-les pour les dorer des deux côtés, saupoudrez-les de sucre-glace vanillé, dressez-les en couronne sur un compotier garni d'une serviette et servezles bouillants.

Evitez de mettre trop de beignets à la fois dans la friture, celle-ci refroidit et les beignets sont mous et indigestes.

Beignets soufflés Sainte-Marie

Formule : 250 gr. de farine: 5 gr. de sel; 40 gr. de saindoux ; 6 œufs entiers ; un verre à madère d'eau filtrée ; un petit verre de rhum ; le zeste d'un demi-citron ; deux décilitres de lait.

Opération. — Mettez dans un saladier les 250 grammes de farine, le verre d'eau et le sel; remuez en ajoutant le lait, jusqu'à ce que la pâte soit claire comme de la pâte à faire les crêpes.

Prenez une coupe ou poêle, dans laquelle vous mettez le quart du saindoux.

Lorsqu'il est fondu, ajoutez le quart de la préparation ci dessus et laissez épaissir en la remuant avec une fourchette, pour éviter qu'elle n'attache et ne prenne couleur. Faites passer ainsi toute la pâte en quatre fois.

Lorsque cette pâte a subi cette préparation, réunissez-la dans un saladier et travaillez-la en ajoutant les œufs un par un.

Tous les œufs incorporés, ajoutez le rhum et le zeste de citron. Battez la pâte avec la cuiller de bois, afin de la rendre légère.

CUISSON DES BEIGNETS. — Faites-les cuire à la friture pas trop chaude. Dans une poêle un peu profonde, mettez peu de beignets à la fois et activez la chaleur de la friture à mesure qu'ils gonflent. Quand ils sont bien dorés, égouttez-les dans un panier en fil de fer. Saupoudrez-les de sucre glace vanillé et dressez-les sur serviette en dôme.

N. B. — Il faut la valeur d'une cuiller à café de pâte pour un beignet.

Beignets viennois à l'abricot

Formule : 250 gr. de farine ; 50 gr. de beurre ; 5 gr. de levure de bière ; 5 gr. de sel ; 4 gr. de sucre ; 2 œufs entiers.

Opération. — Passez la farine au tamis, sur le tour ; prenez-en le quart, que vous pétrissez avec la levure et un peu de lait ou de l'eau tiède, pour faire le levain, que vous mettez pousser dans l'eau tiède et y laissez jusqu'à ce qu'il monte, de lui-même, à la surface (il doit grossir environ d'un tiers) ; alors vous le retirez pour le mélanger à la pâte.

Pendant que le levain est dans l'eau, faites, avec le reste de la farine, une fontaine dans laquelle vous mettez le sel, le sucre en poudre et les 2 œufs entiers ; pétrissez en travaillant bien la pâte, mélangez le beurre et le levain, éclaircissez avec un peu de lait tiède, relevez dans une terrine et laissez lever la pâte dans un endroit chaud, privé de courants d'air. Lorsqu'elle est bien levée, vous la travaillez à la cuiller. Taillez des bandes de papier de 6 à 7 centimètres de large, beurrez-les très légèrement ; dressez sur chaque bande des morceaux de pâte de la grosseur d'une noix, étalez-les et mettez sur chaque morceau de pâte une cuillerée à café de marmelade d'abricots très ferme, recouvrez la confiture avec de la pâte pour l'envelopper complètement et empêcher cette confiture de sortir à la cuisson ; laissez lever pendant une heure dans un endroit tempéré ; faites chauffer la friture, sans qu'elle fume (elle serait trop chaude). Mettez à la friture, avec les bandes de papier que vous retirez un moment après, remuez les beignets avec l'écumoire pour qu'il puissent prendre une couleur régulière. Quand ils sont frits, égouttez-les sur une grille ; ensuite trempez chaque beignet entièrement, et l'un après l'autre, dans une sauce au rhum composée de 1/2 litre d'eau, 250 gr. de sucre et 25 centilitres de rhum vieux ; égouttez et servez les beignets sur un plat garni d'une serviette chaude.

Les beignets viennois à l'ananas, à la poire et aux cerises se font exactement de la même manière ; à l'ananas, avec une marmelade d'ananas (ananas confit haché), et une sauce au kirsch ; à la poire, avec une marmelade de poires d'Angleterre et une sauce au marasquin ; aux cerises, avec quatre cerises mi-sucre et une sauce au kirsch avec lequel vous avez préalablement mis en macération une gousse de Vanille du Mexique.

Berlingots de Carpentras

Plusieurs personnes m'ont demandé la recette des berlingots. Ce travail est très facile à faire pour les personnes qui l'ont vu faire, je doute fort que les autres réussissent aisément la première fois. Je vais essayer de donner l'explication aussi simplement que possible.

Servez-vous, pour cuire 250 gr. de sucre cassé à la main, d'un poêlon en cuivre non étamé ou d'une casserole émaillée intacte.

Mouillez le sucre avec un demi-verre d'eau filtrée, laissez-le reposer 10 minutes et posez la casserole sur un petit fourneau à gaz ; que la flamme ne dépasse pas le fond de la casserole, ceci est important pour une apprentie, trop de flamme colorera le sucre, il sera brun et amer.

Pour l'éviter, il est bon d'avoir une petite éponge ou du coton hydrophile que l'on mouille peu et que l'on passe de temps à autre sur la paroi intérieure du poêlon.

Le sucre étant en pleine ébullition, écumez, ajoutez une cuiller à bouche de glucose ou une petite cuiller à café d'acide acétique délayé dans une grande cuiller d'eau. Lorsque les globules de sucre *moutonnent*, il fait un petit bruit en cuisant, la couleur d'ambre léger se manifeste et la cuisson au gros cassé est obtenue.

Retirez le poêlon du feu, trempez le dos de la cuiller dans le sucre et puis dans de l'eau bien froide, mettez le sucre entre les dents et cassez-le ; s'il colle, il n'est pas tout à fait assez cuit. Il faut qu'il casse comme du verre. Mettez quelques gouttes d'essence de menthe anglaise ; versez le quart du sucre sur le marbre huilé et tenez le reste au chaud sans le faire bouillir.

Relevez celui qui est sur le marbre et allongez-le en le doublant, il blanchira très vite. Faites un petit cordon dès qu'il est ferme et laissez-le de côté à la bouche du four sur une plaque.

Versez un autre quart sur le marbre, ajoutez quelques gouttes de carmin et tirez-les un peu pour en faire un autre cordon et au chaud.

Versez ce qui reste de sucre et, dès qu'il peut se lever, mettez dessus les deux cordons, roulez et tirez le tout pour le doubler trois ou quatre fois.

Allongez, coupez avec des ciseaux, et vous aurez des berlingots, suivant la grosseur qu'il vous plaira de faire.

Plus le bâton est gros et plus ils sont gros.

Tenez-les à l'abri de l'air pour les conserver croquants et parfumés.

Berlingots à la menthe

Cassez, à la grosseur des noix, 500 grammes de sucre en pain ; mettez-le dans une casserole en nickel, en émail non craquelé, ou en cuivre non étamé ; mouillez d'un verre d'eau filtrée et froide, laissez fondre pendant un quart d'heure, et faites cuire sur feu clair qui ne lèche pas les parois de la casserole.

Écumez au premier bouillon s'il en est besoin, ajoutez une cuillerée à bouche de glucose ou 5 à 6 gouttes de vinaigre de bois, dénommé vinaigre acétique en chimie ; laissez cuire à point, et versez sur un marbre bien propre.

On reconnaît que le sucre est presque à point lorsque, trempant une écumoire dans le sirop, quand les bulles commencent à crépiter un peu fort et, soufflant au travers, le sucre s'envole en bulles légères comme des bulles de savon ; laissez bouillir encore pendant une minute, et le sirop est arrivé à l'état dit *grand boulé,* nécessaire pour les *berlingots.* Versez sur un marbre huilé.

Dès que le sirop est assez ferme et assez froid pour le prendre dans les mains, allongez-le, doublez et tirez à nouveau pour le blanchir. De temps en temps, mettez-vous quelques gouttes d'essence de menthe dans la main, pour incorporer le parfum. Lorsqu'il devient un peu difficile à allonger, formez-en un cordon de la grosseur du petit doigt que vous coupez avec des ciseaux forts en morceaux gros comme des petites noisettes et laissez tomber sur le marbre. Ayez soin d'alterner constamment le sens de la coupe pour que les morceaux tombent en coins presque parallèles ; si vous ne tournez pas, ils se redresseront ; si vous tournez un quart de tour, ils seront perpendiculaires entre eux, deux par deux.

Biscottes aux amandes

Formule : 2 œufs ; 100 gr. de sucre en poudre; 90 gr. de farine ; 80 gr. d'amandes.

Opération. — Mondez les amandes à l'eau bouillante, fendez-les en deux et mettez-les à sécher au four jusqu'à ce qu'elles soient bien dorées ; pendant ce temps, vous cassez les 2 œufs dans une terrine ou bassine ; battez-les avec le sucre jusqu'à l'état de crème, ajoutez la farine, amalgamez bien le tout, incorporez les amandes et versez en deux bandes sur une forte feuille de papier. Mettez au four un peu chaud pendant 15 minutes, en ayant soin de bien veiller pour ne pas laisser brûler. Quand elles sont bien dorées, vous les retirez, les décollez du papier en les posant sur un marbre mouillé une minute ; le papier ôté, coupez par le travers des biscottes de 2 cent. de large et mettez-les sécher 5 minutes au four.

On coupe les biscottes de la même façon que les croquets.

Bibesko

ENTREMETS

Formule : 125 gr. sucre en poudre ; 5 gr. vanille en poudre ; 100 gr. avelines ; 2 blancs d'œufs.

Montez les blancs d'œufs bien fermes, mélangez-y le sucre en poudre, la vanille et les avelines effilées sans être mondées.

Avec ce meringuage, formez, sur une plaque de tôle garnie de papier mince, une couronne de 20 centimètres de diamètre, et garnissez l'intérieur à la poche avec le même meringuage, en formant des points assez rapprochés pour qu'il puisse se rassembler en un seul bloc en gonflant lors de sa cuisson. Poudrez de sucre, et cuisez à four très doux. — Mettez à l'étuve bien sèche, au sortir du four.

Posez ce rond meringué sur un plat garni d'un rond de papier de dentelle. Filez tout autour à la seringue, ou à la machine à hacher, avec la garniture à vermicelle, une torsade en purée de marrons confits, broyée fine, et parfumée à la vanille. Remplissez l'intérieur avec de la crème fouettée bien ferme, formant le dôme, parfumée elle aussi à la vanille ; couvrez ce dôme d'une coupole de sucre rose (cuit au cassé), filé au cornet, et décorez-la de trois ou quatre rangs de pistaches mondées, effilées en rond, que vous collez en les mouillant légèrement.

Biscottes à la minute

Formule : 2 œufs entiers de 60 grammes chacun ; 50 grammes de sucre cristallisé ; 60 grammes de farine ; une cuillerée à café d'eau de fleurs d'oranger ou de rhum.

Cassez les deux œufs dans la bassine à battre, mettez le sucre, et fouettez ensemble jusqu'à consistance de crème épaisse.

Ajoutez l'eau de fleurs d'oranger, fouettez encore quelques minutes.

Tamisez et incorporez la farine, mêlez très légèrement avec une spatule de façon à ne pas faire retomber les œufs, et versez dans une poche munie d'une douille d'un centimètre de diamètre, ou dans un fort cornet de papier.

Formez des petits bâtons de 10 centimètres, couchez-les sur une plaque légèrement cirée, et faites cuire à four un peu chaud pour leur donner une belle couleur blonde.

Détachez-les de la plaque en passant audessous d'eux la fine lame d'un couteau, et posez-les sur une grille ou un tamis pour les refroidir.

Ces biscottes se conservent pendant plusieurs jours, en boîtes closes.

Biscottes aux fruits confits

Formule : 500 gr. de farine de gruau ; 150 gr. d'amandes blanchies, hachées et légèrement dorées au four ; 200 gr. de cédrat ou orangeat confit, ou moitié de chaque ; 60 gr. de raisins de Corinthe et autant de Smyrne ; 120 gr. de sucre en poudre ; 150 gr. de beurre ; 1 verre à liqueur de curaçao ; zeste d'orange, de mandarine ou de citron ; 4 œufs moyens.

Triez les raisins, hachez le cédrat ou l'orangeat, préparez les amandes. Faites la fontaine avec la farine ; dans le milieu mettez les œufs, le sucre, les fruits ; triturez, ajoutez le beurre et les amandes ; triturez de nouveau, liez avec le zeste, le curaçao et la farine, fraisez deux fois, réunissez en boule et mettez au frais une bonne heure.

Divisez la pâte en deux portions égales, allongez-les en boudins de 40 centimètres de longueur ou à peu près, posez-les assez distancés l'un de l'autre, dorez le dessus avec de l'œuf battu, rayez en long avec une fourchette en zigzagant, mettez au four, chaleur moyenne, et laissez cuire jusqu'au moment où, en touchant les côtés du boudin qui se sont un peu élargis, vous sentez de la résistance. Retirez la plaque à la bouche du four, prenez une de ces bandes avec soin des deux mains, portez-la sur une table ; taillez des tranches par le travers épaisses d'un petit centimètre ; taillez l'autre, opérez très vivement, parce que si la pâte est sèche elle casse au lieu de se laisser trancher. Essuyez la plaque, remettez une à une les biscottes à plat et la plaque au four. Dorez-les bien sans qu'elles passent la couleur de café torréfié à point.

Laissez refroidir et conservez en boites pour servir au dessert ou avec le thé.

Biscuit aux blancs d'œufs

Formule : 6 blancs d'œufs ; 200 gr. de sucre ; 100 gr. de farine ; 100 gr. de beurre ; parfum vanille, orange ou citron.

Opération. — Ce petit gâteau sert à employer les blancs d'œufs, parfois si abondants dans la cuisine. Montez 6 blancs bien fermes, versez une cuiller de sucre, montez encore 5 minutes, ajoutez le reste du sucre en pluie légère et le parfum, en coupant la pâte avec la spatule, de même la farine ; en dernier lieu, mélangez le beurre à peine tiède ; versez dans un moule rond, beurré et fariné, cuisez 40 à 50 minutes dans un four doux.

Biscuit au cacao

Formule (pour un moule de 22 centimètres de diamètre) : 190 grammes de sucre cristallisé ; 70 gr. d'amandes râpées ; 30 gr. de crème de riz ou de farine ; 30 gr. de cacao en poudre ; 6 jaunes d'œufs moyens de 60 grammes ; 4 blancs montés en neige ; 20 gr. de beurre pour le moule ; une cuiller à café de vanille en poudre.

Opération. — Beurrez le moule, laissez-le refroidir. Travaillez le sucre avec 4 jaunes d'abord ; lorsqu'il est fondu, ajoutez un autre jaune, travaillez de nouveau, et mettez un sixième jaune d'œuf. Quand le mélange est complet, ajoutez le cacao, triturez bien, puis montez les blancs d'œufs très fermes et mettez-en le quart dans la pâte, qui devient un peu plus liquide par cette addition. Ajoutez la farine ou la crème de riz, les amandes râpées et la vanille. Rebattez un peu les blancs, versez le mélange sur ceux-ci, n'affaissez pas trop la pâte ; avec la spatule, coupez et tournez tout à la fois.

Farinez le moule, versez la pâte, et faites cuire au four très doux pendant 35 à 40 minutes.

Biscuit au chocolat

Formule : 150 grammes de sucre semoule ; 125 gr. de chocolat fin ; 125 gr. de farine ; 125 gr. de beurre ; 300 gr. d'œufs, soit 5 moyens ; quelques gouttes de citron, un peu de vanille ; un moule rond, uni, de 24 de diam.

Opération. — Faites tiédir les œufs dans un saladier, en les couvrant largement d'eau tiède, et laissez-les dix minutes environ. Remarquez bien que le blanc de l'œuf ne doit pas cuire et que l'eau *tiède* suffit. Enlevez les œufs, jetez l'eau, essuyez le saladier, mettez-y le sucre, clarifiez quatre œufs un par un, mettez les blancs dans la bassine et les jaunes sur le sucre.

Travaillez jaunes et sucre avec une spatule ou cuiller de bois ; dès que vous voyez l'appareil bien lisse et doré, mettez le chocolat sur une plaque à la bouche du four pour qu'il se ramollisse lentement et sans se dessécher.

Ajoutez l'œuf entier qui vous reste et travaillez cinq minutes, quelques gouttes de citron et mélangez le chocolat, que vous amalgamez avec attention pour ne pas laisser de grumeaux.

Faites fondre le beurre ; à peine fondu, beurrez un moule à génoise, rond, plat et uni, de 24 cent. de diamètre ; saupoudrez-le avec un peu de la farine que vous avez tamisée sur un papier.

Montez les blancs bien fermes, mélangez les deux appareils, la vanille, la farine, puis le beurre à peine chaud.

Ne fatiguez pas trop la pâte, cela la rendrait lourde.

Versez dans le moule ; posez sur une plaque ronde, si le four est trop chaud dessous ; mettez un papier dessus aussitôt qu'il a fait croûte, si le four est trop chaud dessus.

Laissez cuire à four plutôt doux que chaud, environ 45 minutes. Renversez le gâteau sur un tamis pour le refroidir.

Pour le Glacer. — Si l'on veut donner un petit cachet à ce délicieux gâteau le jour que l'on a des invités, c'est facile.

Passez sur le dessus et le tour une très légère couche de marmelade d'abricot, décuite avec un peu d'eau et passée au tamis de crin.

Faites chauffer dans une casserole 3 tablettes de bon chocolat à la bouche du four, avec 3 cuillerées à bouche d'eau ; délayez-le, ajoutez 15 gr. de beurre fin, versez sur le gâteau et laissez refroidir.

N. B. — Ce gâteau se garde bien quelques jours. Meilleur le lendemain que le jour.

Biscuit à la Crème

Formule (pour un moule rond à génoise de 22 centimètres de diamètre) ; 240 gr. d'œufs (4 de 60 gr. chaque) ; 150 gr. de sucre cristallisé ; 1 cuillerée à bouche de sucre en poudre ; 70 gr. de farine tamisée ; 5 cuillerées à bouche de crème épaisse fouettée ; 1 cuiller à café de vanille en poudre ; 10 gr. de beurre pour beurrer le moule.

Ce biscuit est très moelleux et convient bien pour servir avec le thé, le café au lait et le chocolat.

Faites fondre à peine le beurre, passez-le avec le pinceau sur toute la surface interne du moule, laissez-le figer et passez-y de la farine comme une légère couche de poudre de riz.

Séparez les jaunes des blancs ; mettez ceux-ci dans la bassine et les jaunes dans un saladier avec le sucre que vous travaillez à la spatule un bon quart d'heure. Montez la crème, mélangez-y la vanille et laissez de coté. Montez les blancs bien fermes ; mélangez la pâte des jaunes dans les blancs, la farine et la crème. Le mélange étant bien fait, versez dans le moule, saupoudrez avec le sucre en poudre, et cuisez au feu, chaleur douce, 40 minutes environ.

Renversez sur un tamis pour le laisser refroidir dix minutes et servez chaud.

Biscuits à la cuiller

Formule : 150 gr. de sucre cristallisé ; 125 gr. de farine de gruau ; 6 œufs pesant 250 gr. environ ; 1/2 verre à madère d'eau de fleur d'oranger ; quelques feuilles de papier écolier ; sucre en poudre pour glacer les biscuits ; une poche garnie avec une douille de 12 millimètres de diamètre.

Opération. — Dans un petit saladier, mettez 5 jaunes et le sucre, battez-les avec une spatule dix minutes, ajoutez l'œuf entier et battez encore, l'eau de fleur d'oran-ger et battez toujours, mélangez la farine, montez les blancs en neige ; lorsqu'ils sont un peu fermes, saupoudrez-les avec une cuiller de sucre mis de côté sur les 150 gr. et continuez de les raffermir. Mélangez-en un peu dans les jaunes et versez ceux-ci dans les blancs ; lorsque le tout est bien homogène, remplissez la poche dont la douille est bouchée avec un bouchon pour éviter la fuite de la pâte.

Etalez devant vous sur la table des feuilles de papier écolier divisées par moitié ; dressez six petits bâtonnets sur chaque demi-feuille, saupoudrez-les de sucre, attendez deux ou trois minutes que le sucre ait fondu, mettez les feuilles sur plaque de tôle un peu épaisse et cuisez-les au four très doux. Ces biscuits sont longs à cuire, ils doivent être complètement secs, bien perlés au dessus, sinon ils retombent à plat et sont mous, sans goût et sans coup d'œil.

Cette pâte peut se cuire dans des moules à génoise carrés ou ronds, c'est la pâte à biscuit ordinaire à fourrer de crème et confiture, petits biscuits en caissettes de papier pour les oiseaux et aussi les biscuits à purger de la pharmacopée officinale ; on ajoute la poudre lorsque la pâte est complètement finie.

Biscuit dent de loup

Formule : 3 œufs entiers ; 120 gr. de farine ; 120 gr. de sucre semoule ; 80 gr. de beurre ; 50 gr. d'amandes blanchies et séchées.

Opération. — Mettez dans une petite casserole un demi-litre d'eau, posez-la sur le feu. Aussitôt l'ébullition, plongez les amandes et couvrez-les deux minutes. Egouttez et passez-les à l'eau fraîche, débarrassez-les de leur peau, essuyez sur un linge, hachez-les et faites-les sécher à la bouche du four.

LA PATE. — Cassez les œufs dans une terrine, travaillez-les quelques minutes avec le sucre, ajoutez la farine en travaillant toujours la pâte ainsi que le beurre un peu ramolli ; continuez de travailler jusqu'à ce que la pâte soit bien lisse.

Graissez ou cirez légèrement une plaque de tôle formant des plis comme un accordéon, mettez entre chaque pli une cuillerée de pâte, saupoudrez d'amandes hachées, faites cuire à four un peu chaud 10 à 12 minutes. Continuez l'opération jusqu'à épuisement de la pâte.

Réunissez ces petits gâteaux en bottes de 6 ; attachez-les avec une faveur ; à défaut de tôle, préparez deux feuilles de papier d'office en éventail et versez la pâte dans les creux.

Biscuit au citron

Formule : 4 œufs entiers ; 180 gr. de sucre semoule ; 150 gr. de farine ; le zeste d'un citron ; le jus d'un demi-citron ; un moule à génoise de 22 cent. de diamètre.

Opération. — Beurrez le moule avec du beurre frais fondu ; laissez-le figer et saupoudrez-le de farine. Séparez les blancs d'œufs des jaunes, mettez ceux-ci dans un saladier et les blancs dans la bassine à battre.

Râpez le zeste du citron bien fin sur du sucre en pain et ajoutez-le aux jaunes ainsi que le jus du demi-citron. Travaillez le tout ensemble avec un petit fouet, puis ajoutez le sucre. Il faut que la pâte ait la consistance d'une sauce mayonnaise. Battez les blancs en neige bien fermes ; quand ils commencent à prendre, mettez une cuillerée à café de sucre semoule, ce qui les rend plus fermes et moins susceptibles de grener. Quand il sont bien pris, commencez à faire le mélange en ajoutant aux jaunes une cuillerée à bouche de blancs ; celle-ci amalgamée, ajoutez une cuillerée de farine, ensuite une cuillerée de blanc, une de farine et ainsi de suite jusqu'à épuisement des blancs et de la farine ; ayez toujours soin que la cuillerée de blanc soit bien mélangée avant d'ajouter celle de farine. Faites tout ce travail le plus vivement possible, pour ne pas donner au blanc le temps de retomber.

Versez cet appareil dans le moule, faites cuire à four doux 35 à 40 minutes et renversez sur une grille pour laisser refroidir.

On peut glacer ce biscuit avec une glace au citron.

Biscuit fourré à l'ananas

Ouvrez une boîte d'ananas. Dans une casserole, mettez le jus, 250 gr. de sucre, un quart de litre d'eau, donnez un bouillon et laissez refroidir. Versez dans le sirop un verre à madère de kirsch, de rhum ou de l'anisette.

Coupez l'ananas en rondelles minces, coupez également le biscuit ci-dessus ou une génoise en disques minces, arrosez le disque du bas posé dans le plat de service avec du sirop, mettez des tranches d'ananas, un autre disque de biscuit, sirop et ananas, finissez avec une couche d'ananas et du sirop.

Dans un bol, mettez une cuiller à bouche de la liqueur et autant d'eau, liez avec 5 ou 6 cuillerées à bouche de sucre glace, battez pour obtenir une crème un peu coulante, nappez le dessus de l'ananas et le tour du biscuit, séchez une minute à la bouche du four ouvert et laissez raffermir au frais.

Biscuit glacé aux fraises

Formule : 10 jaunes d'œufs ; 2 décilitres de vin blanc ou d'eau ; 2 décilitres de crème double ; 2 moyens blancs d'œufs ; 120 gr. de sucre cassé à la main et demi-décilitre d'eau ; 200 gr. de sucre cristallisé ; 125 gr. de fraises des quatre saisons ou des bois ; une orange ou un citron ; 4 kilos de glace à rafraîchir et 1 kilo de sel de cuisine ; un moule carré dit Comtesse Marie ou à fromage glacé, de la contenance d'un litre et demi. — Temps nécessaire pour glacer : deux heures.

Opération. — Lavez les fraises, passez-les rapidement au tamis de crin ainsi que l'orange ou le citron et tenez cette purée au frais.

Faites bouillir le sucre cristallisé avec vin blanc ou eau ; battez, dans une sauteuse, les jaunes d'œufs avec le fouet ; mélangez-y le sirop. Faites épaissir à feu doux ou au bain-marie, battez encore hors du feu pour refroidir et faire mousser : tenez au frais.

Cuisez au degré dit soufflé le sucre cassé avec l'eau. Pendant qu'il cuit, fouettez les blancs. Quand ils sont déjà raffermis, faites-vous verser le sucre en un filet très fin sur ces blancs tandis que vous continuerez de tourner avec le fouet et toujours du même côté. Tout le sucre étant versé, fouettez encore pour refroidir ce mélange qu'on nomme meringuage italien.

Fouettez la crème double pour en faire de la Chantilly ; elle doit être juste mousseuse et non pas dure.

Pour mélanger, versez la purée de fraises peu à peu dans les jaunes, en mélangeant très doucement avec le fouet ; ajoutez avec les mêmes précautions le meringuage italien, puis la Chantilly.

Moulez ensuite le biscuit de la façon suivante :

Dans un seau en bois, mettez une bonne couche de glace cassée grossièrement ; salez fortement. Posez-y le moule fermé pour le bien faire refroidir pendant que vous opérez le mélange des divers éléments, comme il est expliqué ci-dessus.

Remplissez alors le moule avec le mélange ; couvrez directement d'une feuille de papier blanc ; fermez le couvercle. Recouvrez le moule de glace cassée et salée. Couvrez d'un linge et tenez le tout au frais pendant une heure et demie ou deux heures.

Pour démouler, lavez le moule à l'eau froide pendant quelques secondes, ou plongez-le à l'eau tiède ; essuyez, renversez sur un plat garni d'une serviette ou dans une caisse en papier dentelle.

A défaut du moule spécial, on peut employer une boîte à biscuits en fer-blanc d'environ 15 cent. de côté, ayant un couvercle facile à déplacer. Mettez-la dans un récipient quelconque, entourée de glace salée et pilée. Remplissez avec le mélange. Couvrez du papier et du couvercle, de glace et d'un linge, et faites glacer le même temps.

N'ouvrez pas le moule avant qu'il ait été lavé et bien essuyé.

Biscuit de la Mère Jeanne

Formule : 2 blancs d'œufs moyens ; 80 gr. de sucre en poudre ; 40 gr. de farine ; 40 gr. de pralines ; un peu de vanille en poudre.

Opération. — Pilez les pralines et passez-les au tamis ; si vous disposez d'une râpe à amandes, il vaut mieux les râper, les biscuits sont plus légers. Tamisez la farine sur un papier, mélangez le sucre et les pralines.

Battez les blancs bien fermes ; versez le mélange sur les blancs en tournant le fouet très doucement.

Dressez de gros boutons sur plaque beurrée et farinée ou sur un papier, poudrez de sucre, cuisez à four très doux 25 minutes environ.

Biscuit Normand

Formule : 3 œufs entiers ; 85 gr. de crème de riz ; 40 gr. de farine de gruau ; 100 gr. de sucre en poudre ; 100 gr. de raisin de Malaga ; 1 petit verre de Kirsch ; 1 moule à biscuit de Savoie de 16 centimètres de diamètre sur 12 cent. de hauteur.

Opération. — Epépinez le raisin et mettez-le à mariner avec le kirsch ; passez ensemble au tamis la farine et la crème de riz ; clarifiez les œufs, c'est-à-dire mettez les blancs dans une bassine et les jaunes dans un saladier ; travaillez les jaunes avec le sucre dix minutes, ajoutez les farines ; travaillez la pâte encore quelques minutes ; beurrez le moule à l'aide d'un pinceau avec le beurre fondu ; une fois le moule figé, saupoudrez-le de farine et sucre glace.

Battez les blancs en neige bien ferme, ajoutez-les à la pâte, mélangez avec la spatule, opérez légèrement, en coupant, pour ne pas faire retomber les blancs. Additionnez les raisins ; versez le mélange dans le moule, faites cuire four doux 45 minutes ; démoulez sur une grille. Ce biscuit se conserve plusieurs jours sans s'altérer.

Biscuit de Ménage

A LA CRÈME AU CHOCOLAT

Formule : (Pour le biscuit) : 3 œufs entiers ; 80 gr. de farine ; 90 gr. de sucre semoule ; un moule à Charlotte de 18 cent. de diamètre.

Opération. — Beurrez le moule avec du beurre frais non fondu ; à l'aide du doigt, saupoudrez-le de farine mettez-le de côté.

Cassez les œufs dans la bassine, battez-les avec le sucre jusqu'à l'état de crème épaisse, ajoutez la farine que vous avez dû tamiser sur un papier. Mêlez bien légèrement pour ne pas faire retomber la pâte.

Versez dans le moule et faites cuire 40 minutes environ à four modéré, démoulez sur une grille ou vanette d'osier.

Pendant qu'il cuit préparez la crème.

CRÈME AU CHOCOLAT
POUR FOURRER LES BISCUITS

Formule : 3 jaunes d'œufs ; 20 gr. de farine ; 80 gr. de chocolat ; 50 gr. de sucre semoule ; 1/4 litre de lait.

Opération. — Faites fondre le chocolat dans une petite casserole, délayez-le avec une cuillère de bois, ajoutez les jaunes, travaillez un peu, puis le sucre et finalement la farine ; amalgamez bien le tout ensemble, mouillez avec le lait bouillant et liez sur feu doux jusqu'au premier bouillon.

Pour dresser. — Coupez le biscuit en trois tranches ; garnissez chaque tranche avec une couche de crème et remettez-les l'une sur l'autre. Garnissez le dessus et le tour avec le reste de crème, en lissant bien avec un couteau.

N. B. — Ayez soin de dresser le biscuit dans le plat où il doit être servi, sinon la crème fait glisser les couches de biscuit en le déplaçant.

LA CRÈME AU CHOCOLAT (Autre)
POUR BUCHE DE NOEL

Formule : 125 gr. de sucre cassé à la main ; 5 jaunes d'œufs ; 100 gr. de chocolat très fin ; 150 gr. de beurre ; un décilitre d'eau filtrée.

Opération. — Mouillez le sucre avec l'eau et faites bouillir sur un feu doux.

Battez les jaunes avec un petit fouet de la main droite, et versez lentement le sucre de la main gauche ; à mesure que le sucre s'incorpore, les jaunes épaississent.

Pendant cette opération, tenez le chocolat sur une plaque à la bouche du four ouvert ; versez-le dans la crème et mélangez-le bien, qu'il ne reste aucun grumeau. Faites bouillir, laissez un peu refroidir.

Ajoutez le beurre par petites quantités à la fois en tournant doucement.

Divisez le saucisson en 10 ou 12 tranches égales, appliquez sur chaque tranche une bonne cuiller de crème et remettez-les en place à mesure, sur le fond garni d'un peu de crème, et posez sur un plat long.

Laissez les deux bouts sans crème, nature ; versez sur le saucisson ainsi reconstitué ce qui reste de crème d'égale épaisseur.

Découpez une carte, ou un bout de carton un peu résistant, en scie ; avec le côté du carton uni, étalez la crème uniformément d'un bout à l'autre et sur toute la surface du biscuit ; passez les dents de la scie d'un bout à l'autre, en zigzaguant légèrement et la bûche est prête.

Biscuits à l'Orange ou au Citron
DESSERT

Formule : 125 gr. de sucre semoule ; 200 gr. de farine ; 5 gr. carbonate d'ammoniaque ; 3 œufs ; un zeste d'orange ou de citron ; sucre cristallisé quantité nécessaire.

Opération. — Montez les œufs avec le sucre ; ajoutez le carbonate d'ammoniaque en poudre et le zeste de citron ; battez une minute ; mélangez la farine.

Dressez sur deux plaques un peu grandes, beurrées et farinées, en boutons grands comme une pièce de 5 francs.

Semez dessus du sucre cristallisé en abondance, pour que la surface des petits gâteaux s'en imprègne et se couvre complètement. Secouez la plaque sur un côté pour faire tomber l'excès de sucre.

Mettez au four doux 20 minutes.

Il faut assez espacer les boutons, cette pâte gonfle et s'écarte beaucoup.

Très économique et bon.

Biscuit de Monbozon

Formule : 3 œufs entiers ; 60 gr. de farine ; 60 gr. de fécule de pommes de terre ; 160 gr. de sucre semoule ; le zeste d'une orange, et le jus d'une demie.

Opération. — Cassez les œufs, mettez-les jaunes dans un saladier et les blancs dans la bassine à battre. Travaillez les jaunes avec le sucre et le zeste d'orange, jusqu'à ce qu'ils soient bien crémeux Ajoutez le jus d'orange et travaillez une minute, ensuite la farine et la fécule tamisées ensemble, et vous travaillez encore 5 minutes.

Battez les blancs en neige bien ferme, en leur ajoutant 10 grammes de sucre, pour ne pas qu'ils retombent ; mélangez-les à l'appareil le plus légèrement et le plus vite possible ; versez cet appareil dans un moule à génoise de 22 cent. de diamètre, légèrement beurré et fariné ; saupoudrez le dessus du biscuit avec du sucre glace, et faites cuire 5o à 6o minutes à four très doux. Démoulez sur grille ou tamis.

N.-B. — Ce gâteau ne doit pas prendre de couleur à la cuisson.

Biscuit quatre parts

Formule: 3 œufs entiers pesant environ 6o gr. chaque ; 150 gr. de sucre semoule ; 150 gr. de farine de gruau ; 150 gr. de beurre ; 2 gr. de sel de Vichy en poudre.

Opération. — Battez bien les œufs dans une bassine avec le sucre jusqu'à l'état de crème épaisse ; mélangez la farine et le sel de Vichy, travaillez peu la pâte avec la spatule, le plus légèrement et plus vite possible. Ajoutez finalement le beurre à peine fondu, mêlez de nouveau comme pour la génoise.

Beurrez une tourtière de 22 centimètres de diamètre avec du beurre fondu, laissez-le figer ; saupoudrez de farine, versez-y la pâte. Faites cuire à four un peu chaud de 25 à 3o minutes ; mettez à refroidir sur une grille.

Biscuit au raisin

Formule : 4 œufs d'environ 60 gr. chaque ; 100 gr. de sucre semoule ; 80 gr. de fécule de pommes de terre ; 50 gr. de farine ; 100 gr. de raisin de Malaga ; un petit verre de kirsch ; un moule à douille festonné de la contenance d'un litre.

Opération. — Commencez par beurrer le moule avec du beurre frais fondu, à l'aide du pinceau, et saupoudrez-le de sucre cristallisé ; cassez les œufs, faites tomber les blancs dans la bassine à battre et les jaunes dans une terrine. Travaillez jaunes et sucre 5 minutes, incorporez la farine et la fécule mélangées ensemble.

Battez les blancs en neige bien ferme, ajoutez-les à la pâte ainsi que le raisin mariné dans un peu de rhum ; travaillez le tout avec la spatule et le plus légèrement possible pour ne pas faire retomber les blancs ; versez cet appareil dans le moule et faites cuire 4o minutes à four modéré.

Démoulez sur une grille et laissez sécher 5 minutes à la bouche du four. Ce biscuit peut se garder plusieurs jours à l'abri de l'air.

Biscuits à la Reine

Formule : 250 gr. de sucre vanillé ; 220 gr. de farine de gruau ; 3 beaux œufs (180 gr.) ; 20 gr. de sucre glace ; 15 gr. de beurre pour beurrer deux plaques.

Opération. — Pour avoir du sucre vanillé, opérez ainsi : Mettez dans un mortier de marbre deux cuillerées de sucre cristallisé, au-dessus tenez avec le pouce et l'index gauche un bout de bâton de vanille, de la droite armée de ciseau coupez en tout petits bouts la vanille. Pilez le sucre en broyant, c'est-à-dire en tournant et appuyant le pilon jusqu'au moment où vous voyez la vanille pilée. Ramassez le sucre avec une carte et ajoutez-le à la quantité indiquée.

Mettez-le sucre et les œufs, blanc et jaune, dans un saladier ; battez le tout avec un petit fouet pendant 2o minutes, mélangez la farine avec la spatule, versez dans une poche garnie d'une douille unie de 7 à 8 millimètres de diamètre et dressez des petits bâtons longs de 8 à 1o cent. sur les plaques beurrées et farinées. Saupoudrez les biscuits avec le sucre en poudre, mettez les plaques une demi-heure à l'étuve qui est sous le feu ; cuisez au four, chaleur douce, environ 15 minutes.

Gardez en boîtes closes pour servir avec le champagne.

Biscuit Rosa Bonheur

Formule : 250 gr. de cerises de Montmorency ; 150 gr. de sucre semoule ; 125 gr. crème de riz ; 100 gr. de beurre noisette ; 4 œufs moyens ; Un petit verre de kirsch ; Un moule de 22 centimètres de diamètre.

Opération. — Dénoyautez les cerises ; cassez les noyaux, écrasez les amandes, réunissez les deux dans un poêlon en cuivre non étamé et faites bouillir à feu très vif deux minutes.

Passez au tamis de crin et laissez refroidir. Montez 125 gr. de sucre avec les 4 œufs sur un feu très doux, obtenez une pâte consistante et bien légère. Mélangez la crème de riz, la moitié de la purée de cerises, le beurre presque froid ; versez dans le moule beurré grassement et mettez au four un peu chaud.

Dans 3o minutes environ, 35 au plus, il doit être cuit.

Renversez-le sur un tamis ou sur une grille. Aussitôt froid, coupez-le horizontalement par le milieu, mélangez le petit verre de kirsch et les 25 gr. de sucre qui vous restent dans la purée, mettez-en une couche sur le milieu du biscuit, posez-le dessus et nappez avec ce qui reste de purée de cerises.

Biscuits Roger

Formule : 250 gr. de beurre fin ; 250 gr. de sucre semoule ; 130 gr. de crème de riz ; 120 gr. de farine de gruau ; une pincée de sel, un peu de zeste de citron, 2 œufs moyens.

Opération. — Réchauffez une terrine à la bouche du four ou bien en la remplissant d'eau chaude. Mettez-y le beurre, le sel et le zeste de citron ; battez à la cuiller pour former crème, ajoutez un œuf, battez, ajoutez l'autre œuf, battez encore ; mélangez le sucre, puis la crème de riz et la farine tamisées ensemble.

Posez des petits tas de la grosseur d'une noix sur des plaques beurrées et farinées et faites-les cuire pendant 15 minutes environ, à chaleur presque forte.

Incurvez les gâteaux tout chauds sur le rouleau à pâtisserie, comme on fait pour les *tuiles*.

Tenez au sec et en boîtes closes.

Biscuits secs au chocolat

Formule : (pour 3 douzaines environ de biscuits) ; 3 gros œufs ou 4 petits (200 gr.) ; 125 gr. de sucre cristallisé (un quart) ; 125 gr. de farine de gruau ; 100 gr. de chocolat (2 tablettes et demie).

Opération. — Mettez le chocolat à la bouche du four ouvert, sur une plaque, une assiette ou du papier, pour le ramollir, mais non pour le sécher.

Clarifiez bien les œufs (séparez les blancs des jaunes), la moindre parcelle de jaune dans les blancs empêchant ceux-ci de monter ; versez les blancs dans le bassin en cuivre, les jaunes dans un saladier.

Triturez les jaunes avec le sucre à l'aide de la spatule de bois, pendant un quart d'heure, pour rendre le mélange onctueux presque laiteux ; ajoutez le chocolat, rendez le tout homogène.

Beurrez et farinez deux plaques. Tamisez la farine sur une feuille de papier.

Montez les blancs d'œufs en neige bien ferme.

Mélangez-en le quart dans l'appareil au chocolat, rebattez un peu les blancs et versez-y dedans le chocolat, le mélangeant légèrement à la spatule, puis incorporez la farine avec délicatesse.

Remplissez une poche garnie d'une douille à meringue, ou un fort cornet ; étendez sur les deux plaques des bâtonnets de la grosseur et longueur du doigt, pas trop rapprochés, saupoudrez-les entièrement de sucre semoule, autant qu'ils peuvent en prendre ; renversez les plaques pour faire tomber l'excédent de sucre ; et cuisez dans le four, à chaleur douce, vingt minutes environ.

Conservez en boîtes de fer-blanc.

Biscuits secs à la vanille
(*Pour le champagne*)

Formule : 3 œufs de 50 gr. chaque ; 160 gr. de sucre cristallisé ; 130 gr. de farine ; 1 gr. de vanille pilée avec un peu de sucre.

Opération. — Préparez deux plaques de tôle, un peu épaisses ; beurrez-les légèrement avec du beurre non fondu en les frottant avec un bouchon de papier soyeux ou un pinceau. Saupoudrez-les de farine et frappez les plaques à plat un peu fort, pour qu'il en reste très peu, sinon en les dressant les biscuits se soulèvent et se déforment.

Préparez une poche, avec une douille unie de 1 centimètre de diamètre que vous fermez avec un bouchon.

Ces détails sont indispensables et il faut les observer.

Battez les trois œufs avec le sucre pendant un quart d'heure, à l'aide d'un fouet en fil de fer un peu fort. La pâte doit être très ferme et légère, ajoutez la vanille avant de mélanger la farine à la spatule ; remplissez la poche ; dressez des bâtonnets de 10 centimètres de long, un peu écartés ; saupoudrez de sucre glace et mettez rapidement au four, chaleur moyenne. Dans 15 ou 18 minutes, ils doivent être cuits. Dressez la deuxième plaque au moment de sortir les premiers du four, sinon ils écartent et ne sont pas aussi jolis.

Tenir ces biscuits enfermés et au sec.

Biscuits à l'Ursuline

Formule : 8 blancs d'œufs moyens ; 3 jaunes ; 100 gr. de farine ; 150 gr. de sucre semoule ; 30 gr. marmelade de pommes ; 30 gr. marmelade d'abricots ; 30 gr. de pralines écrasées ; un peu de zeste de citron.

Opération. — Battez le sucre à la cuiller de bois, dans une terrine, avec les 3 jaunes d'œufs pendant 7 à 8 minutes ; il est important que les jaunes et le sucre soient bien mélangés et battus, l'appareil doit avoir blanchi légèrement et être léger.

Mélangez premièrement la marmelade de pommes et travaillez un moment ; la marmelade d'abricots et montez encore en travaillant.

Si les deux marmelades n'étaient pas bien fines, passez-les au tamis nº 20 avant de les incorporer ; commencez à piler et passez les pralines avant de passer les marmelades, autrement il faudrait laver le tamis et, étant humide, les pralines passeraient mal.

Mélangez la poudre des pralines avec la farine sur une feuille de papier un peu fort.

Montez les blancs bien fermes ; mettez-en le quart dans l'appareil, renversez celui-ci dans les blancs, mélangez un peu, versez la farine et ne retombez pas trop la pâte.

Dressez dans des petites caisses en papier ou en petits moules à biscuits secs.

Four plutôt doux que chaud.

Biscuit Valençay

Formule : 4 œufs un peu gros ; 130 gr. de sucre cristallisé ; 60 gr. d'amandes râpées ; 110 gr. de farine de gruau ; 100 gr. de beurre fin ; 1 jus d'orange et un peu de zeste. (A défaut d'orange, 1 verre à madère de curaçao) ; 1 moule carré de 20 cent. de côté sur 5 cent. de haut.

Pour le glacer

Formule : 1 demi-pot de marmelade d'abricots ; 100 gr. de sucre-glace ; 1 petit verre de rhum et autant d'eau ; 1 grosse prune confite et un peu d'angélique ; 60 gr. de cerises mi-sucre.

Le Biscuit

Opération. — Râpez les amandes ou broyez-les dans le mortier avec le jus d'orange ou le curaçao, ajoutez le beurre fondu et faites mousser en travaillant un bon moment.

Mettez le sucre, un œuf et 2 jaunes dans un saladier et travaillez avec une cuiller de bois pour rendre cette pâte légère ; ajoutez l'autre jaune et travaillez encore un moment ; la farine et les amandes. Montez les 3 blancs, versez-les dans la pâte et celle-ci dans le moule carré beurré à froid et fariné. Faites cuire au four, chaleur moyenne, environ 35 minutes.

Renversez le gâteau sur un tamis pour le laisser refroidir ; passez la marmelade d'abricot au tamis et badigeonnez complètement le dessus et le tour du gâteau.

La Glace au Curaçao. — Mettez le petit verre de curaçao et l'eau dans un bol, mélangez le sucre glace et travaillez avec une cuiller de bois pour la rendre bien lisse et luisante ; cette glace doit être coulante comme une crème. Versez-la au milieu du gâteau et faites-la couler partout avec un pinceau ou un couteau ; passez le gâteau à la bouche du four ouvert pour faire sécher la glace et la rendre brillante.

Les Fruits

Enlevez le noyau de la prune confite et posez-la au milieu du gâteau ; posez autour de la prune 6 dents de loup en angélique et à chaque bout d'angélique une demi-cerise.

Tout autour du gâteau et sur l'angle du bord, faites une bordure avec des demi-cerises posées légèrement en biais.

Biscuits Viennois

(Pour servir avec des Vins de Liqueur)

Formule : 400 gr de sucre en semoule ; 200 gr. de farine de gruau de Hongrie ; 3 jaunes et 8 blancs d'œufs ; 1 cuillerée à bouche de sucre vanillé.

Tamisez le sucre et la farine ensemble sur une feuille de papier. Battez les blancs bien fermes, versez les 3 jaunes sur les blancs en tournant le fouet lentement, enlevez le fouet, mélangez farine et sucre avec une spatule sans trop affaisser la pâte.

Préparez une poche avec une douille de un cent., coupez des feuilles de papier écolier par le milieu en long, 10 sur 3o cent., pour en faire un cornet.

Remplissez la poche de pâte, faites des bâtons de longueur de 9 cent. et de la grosseur du pouce, sucrez-les largement de sucre en poudre, posez les papiers sur plaque, attendez un moment que le sucre ait fondu pour que les biscuits se perlent à la cuisson ; cuisez-les à four doux jusqu'au moment où ils sont dorés et fermes. Laissez-les refroidir.

Renversez-les sur la table, mouillez le dessous des papiers avec un pinceau légèrement imbibé, retournez-les et dans une minute les biscuits se détacheront facilement. Mettez-les dans un tamis et à l'étuve pour les faire sécher. Conservez en boîtes closes et au sec.

Bombe (Timbale) Marie Colombié

(Dédiée à ma Femme)

Formule (Pour la croûte) : 250 gr. de farine ; 150 gr. de beurre fin ; 2 cuillerées à bouche de sucre semoule ; une pincée de sel ; 2 blancs d'œufs ; un peu de vanille en poudre.

Formule (Pour la garniture) : 125 gr. d'amandes blanchies et mondées ; 125 gr. de sucre semoule ; 30 gr. de crème de riz ; 3 beaux œufs ; 100 gr. de beurre ; zeste d'orange, de citron ou de la vanille ; un moule à dôme de 12 cent. de diamètre sur 8 cent. de hauteur.

La Pâte. — Pour bien faire cette pâte, il est nécessaire d'opérer rapidement et ne pas la brûler.

Tamisez la farine sur le marbre ; faites une couronne et mettez dans le milieu le sucre, le sel, le beurre, manié sur un coin du marbre un peu mouillé, et les blancs d'œufs.

Triturez tous ces éléments, avec la pointe des doigts, pour les bien amalgamer.

Incorporez la farine, fraisez une seule fois et tenez au frais.

La Garniture. — Faites bouillir un demi-litre d'eau, jetez-y les amandes, couvrez, laissez reprendre un bouillon, retirez la casserole du feu et attendez trois minutes. Egouttez les amandes dans une passoire à gros trous, faites couler de l'eau froide dessus ; posez les amandes sur la table et, les prenant une par une entre la table, le pouce et l'index, et la pressant légèrement, la peau se crève et l'amande sort. Essuyez sur un linge, râpez-les si vous disposez de la râpe *ad hoc*, sinon, pilez-les dans un mortier avec un œuf d'abord, et ajoutez les deux autres, un après l'autre, pour en faire une purée très fine.

Mélangez-y à la cuiller de bois le sucre, le parfum, la crème de riz, puis le beurre à peine fondu ; travaillez un moment pour rendre cette pâte très légère.

Si vous employez des amandes râpées, opérez autrement. Mélangez le sucre avec la crème de riz et les amandes sur une feuille de papier ; faites fondre le beurre ; montez les blancs d'œufs un peu fermes, ajoutez les jaunes un par un sur les blancs que vous continuez de tourner avec le fouet lentement ; enlevez celui-ci, ajoutez le beurre à la spatule et renversez dans la timbale, que vous avez dû monter de la façon suivante :

Prenez un grand bol en émail ou une timbale creuse et lisse en argent. Les vieux légumiers en argent étaient généralement doubles, on mettait un peu d'eau chaude entre les deux et les légumes ou ragoûts étaient ainsi servis toujours chauds.

Servez-vous de celle de l'intérieur qui est plus lisse et plus ronde.

Si vous n'avez rien qui forme le dôme, prenez une sauteuse ou un moule à timbale évasée ordinaire, celui-ci a un grand défaut, l'angle du fond le rend difficile à monter, le gâteau est aussi moins beau.

Etendez la pâte sur le marbre fariné, d'environ 3o centimètres de long sur 20 centimètres de large.

Coupez des petites bandes bien égales, roulez-les de la grosseur d'un crayon ordinaire et employez le moins de farine possible

Lorsque vous aurez ainsi roulé toutes les bandes en un espèce de macaroni plein, beurrez l'intérieur avec du beurre bien éponge et ramolli entre deux linges ; mettez-en assez.

Roulez au milieu du moule *en escargot* une bandelette et suivez ainsi jusqu'au haut du moule. Il devra vous rester un peu de pâte. Chaque bout doit commencer où l'autre finit, de sorte que l'on voit le moins possible les soudures.

Il ne faut pas oublier que la timbale se servira renversée. Garnissez-la avec l'appareil, à un doigt près du bord.

Etendez la pâte qui vous reste pour la couvrir et soudez-la en appuyant le pouce à plat tout autour.

Faites cuire à four un peu doux, 55 minutes environ. Vous pouvez la servir chaude ou froide.

Très original et très bon. Ce gâteau se conserve quelques jours.

Bombe Princesse

Les croûtes pour la garniture de la bombe doivent être faites d'avance, pour qu'elles soient froides et bien croquantes.

Formule : 1 blanc d'œuf un peu gros ; 50 gr. de sucre en poudre ; 40 gr. amandes râpées ; 40 gr. crème de riz ; 50 gr. beurre ; un peu de vanille en poudre.

Opération. — Faites fondre le beurre au bain-marie. Mélangez les amandes, le sucre, la vanille et la crème de riz ; fouettez le blanc, versez et mélangez à la cuiller de bois, ajoutez le beurre. Faites des langues de chat sur une plaque beurrée et farinée, cuisez à four un peu chaud 12 ou 15 minutes. Ces gâteaux doivent être enlevés de la plaque en sortant du four et étalés sur des tamis ou des grilles.

La Bombe

Formule : Un demi-litre de crème douce, un peu épaisse ; 100 gr. de sucre semoule ; 5 gr. de vanille en poudre ; un moule à fromage glacé ou à bombe de 3/4 de litre ; 5 kilos de glace à rafraîchir ; 800 gr. de sel gris.

Opération. — Pilez deux ou trois kilos de glace, entourez le moule dans un récipient un peu profond, en sorte qu'il soit plutôt dedans que dehors, salez la glace avec 1/4 du sel.

Battez la crème avec un fouet pour la rendre très légère. Si elle était trop épaisse, ajoutez un peu de lait non bouilli. Une autre précaution très utile consiste dans le soin de poser le saladier sur glace, au moins 1/4 d'heure avant de monter la crème. Si vous avez crainte de tourner la crème en beurre, il est bon d'ajouter une cuiller à bouche de sucre avant de la monter. Il est facile d'éviter cet inconvénient en surveillant le fouet et la crème. Dès que le fouet laisse des traces de son passage, la crème est prête et on doit s'arrêter. Mélangez le sucre à la cuiller et non avec le fouet.

Découvrez le moule, assurez-vous que la glace et le sel n'y ont pas pénétré. Mettez dans le fond quelques cuillers de crème, des petits gâteaux debout, remettez de la crème et des gâteaux. Le moule doit être plein avec les deux mesures ci-dessus.

Couvrez d'un papier écolier, fermez le moule. Pilez ce qui reste de glace et saupoudrez avec le sel restant. Recouvrez le moule en dôme et le tout d'une serviette ou torchon un peu humide, laissez reposer au frais 2 heures.

Pour servir. — Enlevez le moule de la glace, lavez-le à l'eau courante ou dans une terrine, essuyez et tenez-le debout.

Etalez une serviette à thé dans un plat rond de 30 cent. de diamètre environ. Découvrez le moule, enlevez le papier, renversez sur le plat en donnant un petit coup sec et soulevez le moule.

Au cas où la bombe ne descendrait pas, il suffirait de le tremper 4 ou 5 secondes dans de l'eau un peu tiède, mais si on fait attendre le moule en dehors de la glace une minute, c'est fort rare qu'elle ne démoule pas facilement.

On peut servir la bombe, rien qu'avec la Chantilly et servir les petits gâteaux à part.

Autre manière : Passez 250 gr. de fraises des bois au tamis de crin ; ajoutez cette purée à la Chantilly montée et moulez de même.

Ne glacez cette dernière qu'une heure un quart au maximum. La purée se glacerait en petits cristaux et elle serait immangeable.

Bouchées à la Reine

(Voir la préparation du feuilletage rapide). Celui-ci étant reposé au frais pendant un quart d'heure pour le raffermir — ou tout autre feuilletage plus longuement préparé — servira pour des « bouchées », hors d'œuvre chauds à venir après le potage.

Posez la pâte sur la table saupoudrée de farine afin de l'empêcher d'adhérer, répandez par dessus un nuage de farine avec le rouleau, étendez-la en long et en large jusqu'à double épaisseur d'une pièce de cinq francs, et découpez dedans autant de ronds que vous voulez avoir de bouchées, même un ou deux en plus en prévision d'accident. Ce découpage se fait à l'aide d'un emporte-pièce rond, cannelé ou uni, de 5 à 6 centimètres de diamètre ; mais une boîte de fer-blanc peut remplacer l'emporte-pièce, tandis qu'un verre écrase la pâte qui ne gonfle plus, comme elle ne gonfle plus lorsqu'on l'a pressée avec les doigts pour la transporter. Pour le même motif, les bords de l'abaisse ayant été écrasés par le rouleau ne doivent pas être découpés, la bouchée formée *monterait* de travers.

Mouillez une plaque de tôle épaisse ; soulevez chaque rond avec la pointe du couteau pour les porter sur la plaque, retournez-les sans les déformer : ce sont les fonds des bouchées.

Réunissez les débris de la pâte, allongez-les en une plaque à l'épaisseur d'une pièce de deux sous environ, mais assez grande pour y découper le même nombre de ronds que précédemment. Taillez autant de ronds avec le même emporte-pièce, puis au milieu de chacun d'eux appliquez un autre emporte-pièce de deux centimètres de diamètre plus petit, préalablement trempé dans l'eau chaude : ce sont les dessus des bouchées, avec leur couvercle.

Passez au pinceau un peu d'œuf battu sur les premiers ronds dont la plaque est garnie, ayant bien soin de ne pas en épandre contre le bord extérieur ; superposez, sur chacun d'eux, l'un des ronds plus minces ; dorez une seconde fois. Piquez avec la pointe du couteau le centre des bouchées et mettez au four un peu vif.

Dans 7 à 8 minutes, regardez si le dessus prend trop de couleur et couvrez-le, s'il est nécessaire, d'un papier beurré. Laissez achever de monter et de cuire.

Aussitôt que les bouchées sont cuites, retirez la plaque, passez la pointe du couteau dans la dépression formée par le petit emporte-pièce, soulevez le couvercle ; refoulez la mie de l'intérieur contre les bords avec le manche du couteau. C'est fini pour la bouchée, il n'y a plus qu'à remplir de sa garniture.

Gardez à côté du fourneau pour empêcher le refroidissement.

Au lieu de découper deux ronds pour former chaque « bouchée », on en taille parfois un seul dans une abaisse plus épaisse. Ce procédé présente quelque légère difficulté pour enfoncer à bonne profondeur le petit emporte-pièce, puis il ne permet pas d'utiliser les débris de l'abaisse.

Voir pour la garniture à l'article spécial.

Bouchées Marie-Colombié

Formule (pour 18 bouchées feuilletées) : 100 gr. de foie gras ; 50 gr. de truffes fraîches ; 120 gr. de champignons ; 1 filet de poularde cuit ; 1 décilitre de crème fraîche ; 1 verre de madère ; 30 grammes de beurre fin ; 2 jaunes d'œufs ; sel, poivre, muscade.

Opération. — Dans une petite casserole, faite pocher pendant 10 minutes avec du madère et ensemble : le foie gras, les truffes et les champignons. Salez légèrement. Pilez le filet de poularde, la truffe, et ajoutez le contenu de la casserole dans le mortier, pilez et passez au tamis de Venise ou n° 20, en fil de fer étamé.

Faites réduire le madère à fond, ajoutez la crème, faites réduire de moitié. Ajoutez ensuite la farce et le beurre ; assaisonnez à point, travaillez pendant 5 minutes, retirez du feu et liez avec les jaunes d'œufs.

Garnissez les bouchées avec cet appareil et servez bien chaud.

REMARQUE. — Cette farce doit être très consistante, car elle forme en quelque sorte un petit pâté, chaud et friand.

Boutons de Guêtres

Formule : 2 œufs entiers; 40 gr. de sucre semoule; 3 gr. de vanille en poudre; 20 gr. de crème de riz; 30 gr. de farine de gruau.

Opération. — Cassez les œufs dans une bassine, battez-les à l'aide d'un fouet avec le sucre jusqu'à l'état de crème ; ajoutez la vanille en poudre, battez encore 3 minutes, incorporez la farine et la crème de riz, mélangez le tout avec la spatule le plus légèrement et le plus vite possible pour ne pas faire retomber la pâte. Versez cette pâte dans une poche munie d'une douille d'un demi-centimètre de diamètre ou dans un fort cornet de papier. Dressez des petits boutons de la grosseur d'une noisette, sur une plaque légèrement cirée. Faites cuire à four chaud 5 minutes

On reconnaît la cuisson, lorsqu'ils sont d'un blond doré.

N.-B. — Il est bon de cirer la plaque et de préparer la poche ou le cornet avant de commencer la pâte.

Cette quantité de pâte fournit jusqu'à 100 boutons.

Brioche mousseline

Formule (pour un moule à charlotte de 14 centimètres de diamètre, sur 16 centimètres de hauteur) : 300 gr. de farine de gruau français; 250 gr. de beurre fin et très ferme; 10 gr. de levure de bière; une pincée de sel, le double de sucre ; 4 œufs moyens, de 60 gr. chacun; quatre ou cinq cuillerées de lait tiède.

Le temps nécessaire pour faire lever la pâte est d'environ trois heures et demie pour la première suspension, de une à deux heures pour la seconde.

LE LEVAIN. — Mettez le quart de la farine, soit 75 grammes, dans un saladier dégourdi par un peu d'eau chaude; placez au milieu la levure, délayez-la doucement avec le lait pour la bien dissoudre, liez la farine et tâchez d'obtenir une pâte mollette et douce. Laissez *pousser*, c'est-à-dire lever la pâte, jusqu'au moment où elle aura doublé de volume. — Quand la levure est bonne, cette opération demande environ vingt minutes, un peu plus longtemps quand elle n'est pas fraîche; si le levain ne levait dans trente minutes au maximum, (le levain est le nom de la pâte lorsqu'elle est fermentée), il serait inutile de continuer avec cette pâte, mieux vaudrait la perdre que perdre le tout.

Dès que le levain paraît bien parti, versez en couronne sur le marbre le restant de farine, mettez au milieu le sel, le sucre et trois œufs, triturez le tout, soulevant et faisant retomber la pâte pour l'aérer et lui donner du corps ; puis, quand elle est bien raffermie, ajoutez l'autre œuf et travaillez de nouveau, pendant un bon moment.

Le levain doit alors être levé à point. Incorporez-le, taillant la pâte avec les doigts, travaillez encore un bon moment, puis mélangez le beurre, remettez le tout dans le saladier, couvrez d'un linge et laissez la pâte lever dans la cuisine, pendant environ trois heures et comme nous l'avons dit.

Dès qu'elle est bien partie, mettez-la dans un endroit frais pour la laisser achever de lever presque au double de son volume primitif.

LE MOULE. — Lorsque dans la cuisine on n'a pas de moule assez haut, on peut se servir d'une casserole de cuivre, ou bien encore rehausser le moule dont on dispose avec une bande de papier d'office beurrée et fixée en dehors de la casserole par un tour de ficelle.

Le moule doit être épais et largement beurré à l'intérieur.

POUR MOULER LA BRIOCHE. — La pâte étant levée à point se reconnaît facilement à l'œil et au toucher; à l'œil, car elle a gonflé et s'est bombée dans le milieu; au toucher, parce qu'en appuyant les doigts au-dessus elle est souple et se laisse enfoncer facilement ; renversez-la sur la table farinée, faites une boule parfaite sans trace de soudure, rapidement, pour ne pas chauffer la pâte dans les mains, ce qui la ferait coller, jetez-la dans le moule et laissez-la lever une seconde fois dans un endroit tiède, 20 à 25° au plus ; elle doit doubler encore ou à peu de chose près.

Dorez le dessus avec l'œuf battu, faites une croix au milieu avec des ciseaux, posez le moule sur une tourtière, mettez au four un peu chaud et, dans cinq minutes, couvrez-la d'une feuille de papier pour éviter qu'elle colore. — Il faut trois quarts d'heure de cuisson environ et une heure à four doux.

N.-B. — En province où la levure de bière n'est pas pressée, il faut en mettre un peu plus, suivant qu'elle est plus ou moins liquide.

Brisslets (GAUFRES SUISSES)

Formule (pour 150 gaufres environ) : 500 gr. de farine de gruau de Hongrie ; 300 gr. de sucre en poudre ; 200 gr. de beurre frais et fin ; 50 gr. de saindoux, très frais et pur ; 6 gr. de sel égrugé ; un quart de litre de lait tiède ; un quart de litre d'eau tiède ; 2 cuillerées de crème double fouettée ; un bel œuf entier ; 2 zestes de citron râpés.

Faites chauffer une terrine émaillée, mettez-y le beurre, le saindoux, le sel et les zestes : travaillez ce mélange au fouet, pour le rendre mousseux ; ajoutez successivement le sucre en poudre, la farine peu à peu, le lait et l'eau, en travaillant toujours la pâte et ajoutant en petites quantités à la fois. Incorporez la crème fouettée au dernier moment.

La pâte doit-être aussi légère qu'une crème fouettée. Mettez la pâte au frais quelques heures. Préparez un feu clair et soutenu, le gaz est l'agent de chauffe idéal pour cet usage.

Graissez au lard, pour les quelques premières gaufres, un moule carré ou ovale, demi creux, très chaud ; mettez sur le milieu une petite cuillerée de la composition et cuisez sur feu vif.

Brou de Noix (Ménage)

Formule : 3 kilos de noix vertes (brou) ; 6 litres d'alcool bon goût à 60° ; 5 kilos de sucre raffiné ; 3 litres d'eau commune filtrée ; 2 gr. de cannelle de Ceylan ; 2 gr. de clous de girofle ; 2 gr. de macis ; 2 gr. de noix muscade.

Opération. — Prenez les noix avant que la coquille soit formée (ce qui constitue le brou) ; concassez-les au marteau de bois et faites-les noircir au soleil pendant plusieurs jours ; ensuite, mettez-les macérer avec l'alcool pendant au moins deux mois, avec les aromates. Ce temps écoulé, tirez à clair et pressez un peu ; faites fondre le sucre avec les trois litres d'eau filtrée, sur un feu vif, en ayant soin de ne pas laisser bouillir, et, après refroidissement complet, faites le mélange de ce sirop avec la macération, laissez reposer encore pendant un mois, puis décantez et filtrez à la chausse collée de papier.

Cette liqueur est susceptible de déposer, c'est pourquoi il faut la rendre très limpide avant de la mettre en bouteilles.

Le brou de noix est une liqueur de table justement estimée et constitue un excellent stomachique. Il demande à vieillir ; celui qui a plusieurs années est bien préférable au nouveau.

Brou de noix (2e manière)

Formule : 100 noix vertes avec leur brou ; 3 litres alcool à 90° ; 10 gr. de clous de girofle ; 60 gr. de cannelle de Ceylan, concassée ; 30 gr. de macis ; 1 litre d'eau filtrée ; 4 kilos de sucre cassé à la main ; 1 bâton de vanille.

Opération. — Contusez légèrement les noix avec un morceau de bois et non avec du fer, qui les rendrait noires, une petite batte de sommelier ou un battoir ordinaire.

Faites-les macérer un mois dans l'alcool. Faites fondre le sucre avec l'eau, mélangez aux noix et à l'alcool ; laissez infuser 4 ou 5 jours.

Filtrez, mettez en bouteille, bouchez très fort et laissez à la cave vieillir un an au moins.

Si la liqueur n'est pas claire on la filtre deux fois.

Bûche de Noël au chocolat

Formule du biscuit : 3 œufs entiers ; 80 gr. de sucre cristallisé ; 80 gr. de farine ; 3 cuillerées de rhum ou cognac ; 1 cuillerée d'eau filtrée.

Opération. — Clarifiez les trois œufs, c'est-à-dire séparez très proprement les blancs des jaunes. Travaillez ceux-ci à la cuiller de bois avec le sucre, pendant 5 minutes ; ajoutez la cuiller d'eau et travaillez encore, le rhum et travaillez toujours.

La pâte doit être très fine et épaisse, ainsi qu'une crème pâtissière.

Montez les blancs bien fermes, mélangez-y l'appareil des jaunes et la farine.

Pour mélanger, gardez-vous d'employer le fouet, la pâte serait lourde et compacte.

Etalez une feuille de papier écolier sur la table. Versez 3/4 de la pâte au milieu, en long et seulement aux deux tiers de la feuille ; élargissez avec le couteau pour obtenir un carré long épais d'un centimètre ; faites glisser sur une plaque et cuisez à four doux, 20 à 25 minutes au plus.

Retirez le gâteau sur la table bien sèche, le papier au-dessus.

Soulevez les deux bouts d'un côté pour le décoller, retournez le gâteau dessus, en sorte que la face qui était sur le papier soit dessus.

Roulez-le avec le papier pour former un boudin ; laissez-le enveloppé pour qu'il se refroidisse lentement et se tienne moelleux.

Etalez la pâte qui reste sur une demi-feuille et faites un carré large de 22 sur 10, cuisez-le de même.

La Crème au Chocolat

Formule : 125 gr. de sucre cassé à la main ; 5 jaunes d'œufs ; 100 gr. chocolat très fin ; 125 gr. de beurre ; un décilitre d'eau filtrée.

Opération. — Mouillez le sucre avec l'eau froide, faites-le cuire sur un feu doux, au soufflé. Ce point est très facile à déterminer : lorsque vous entendez le sucre *chanter* en cuisant, trempez une écumoire à peine dedans, soulevez-la et soufflez après, le sucre s'envole en globules irisés d'un très joli effet. Retirez-le du feu.

Battez les jaunes avec un petit fouet de la main droite ; versez lentement le sucre de la main gauche ; à mesure que le sucre s'incorpore, les jaunes épaississent ; donnez un tout petit bouillon.

Pendant cette opération, tenez le chocolat sur une plaque à la bouche du four ouvert ; mettez-le dans un saladier, versez la crème peu à peu, mélangez-le bien, qu'il ne reste aucun grumeau.

Ajoutez le beurre par petites quantités à la fois en tournant doucement.

Reprenez le biscuit. Divisez le saucisson en 10 ou 12 tranches égales, appliquez sur chaque tranche une bonne cuiller de crème et remettez-les en place à mesure sur le fond, garni d'un peu de crème et posé sur un plat long. Laissez les deux bouts sans crème, nature ; versez sur le saucisson ainsi reconstitué ce qui reste de crème, d'égale épaisseur.

Découpez une carte, ou un bout de carton un peu résistant, en scie ; avec le côté du carton uni, étalez la crème uniformément d'un bout à l'autre et sur toute la surface du biscuit, passez les dents de la scie d'un bout à l'autre, en zigzaguant légèrement et la bûche est prête. Laissez-la raffermir avant de servir.

C

Cacao

ORIGINE : Semences du *Theobroma Cacao* (*Malvacées-byttnériacées*).

Ces semences renferment une matière grasse, le beurre de cacao, et une substance azotée analogue à celles du thé et du café, la théobromine.

Le beurre de cacao, d'une consistance de suif et d'un blanc jaunâtre, retient l'odeur et la saveur du cacao grillé. Il est entièrement soluble dans l'éther.

Il faut éviter de l'associer avec de la glycérine pour glacer des articles susceptibles d'attendre, le mélange est instable, et après quelques heures d'attente le cacao devient terne parce que la glycérine se sépare.

Cacao soluble à la tasse

Le cacao soluble est le résultat d'un mélange de cacaos torréfiés ayant subi une préparation toute spéciale aidant singulièrement à la solubilité. Ce cacao ainsi préparé est broyé à l'excès, puis passé à la presse hydraulique afin de lui enlever 3o à 35 o/o de son beurre; il passe ensuite au pilon, pour écraser les tourteaux obtenus par la presse, et de là à la bluterie de soie n° 7o. Ainsi réduit en poudre impalpable, ce cacao est mis en boîtes de fer-blanc pour être livré à la consommation.

On le prépare de la manière suivante :

Formule : 10 gr. cacao soluble; 25 gr. sucre en poudre; 150 gr. d'eau ou de lait.

Opération. — Mettez le cacao et le sucre en poudre dans une casserole d'environ un litre, ronde du fond ; versez-y l'eau bouillante ou le lait bouillant d'un seul trait, agitez énergiquement à l'aide d'un petit fouet de fil de fer, ou mieux de brins fins d'osier, afin d'éviter de faire des grumeaux. Versez de suite dans une tasse à déjeuner et servez très chaud.

Cachou

Le cachou employé pour les pastilles est extrait de l'*Acacia catechu*, plante légumineuse. Il doit être d'un brun rougeâtre, d'une saveur astringente particulière, en petits pains d'un quart de livre environ. La cassure est terne, ondulée et souvent marbrée; il offre sur sa surface déprimée des glumes de riz.

Il contient un produit spécial, l'acide catéchique, et le tannin de cachou.

TEINTURE DE CACHOU

Formule : Cachou 10 gr.; alcoolat à 60° 50 gr.

SIROP DE CACHOU

Formule : Cachou 25 gr.; sirop de sucre à 33° 975 gr.

Café

ORIGINE : Semences du *Coffea arabica* (*Rubiacées*).

Ces semences, formées d'un embryon très petit et d'un périsperme corné, contiennent des substances ternaires dérivées de la cellulose, des matières albuminoïdes, des principes minéraux, de la caféïne, de l'acide caféïque, en combinaison avec de la caféïne et de la potasse, une essence concrète et une huile volatile aromatique fluide, une matière grasse fixe; enfin un glucoside, l'acide cafétannique, qui ne précipite pas la gélatine et précipite en vert les sels ferriques.

La torréfaction modifie notablement cette composition. Il se forme deux nouveaux principes, l'un brun et amer, l'autre huileux, volatil et brun, appelé caféonne.

POUR L'INFUSION D'UNE TASSE ORDINAIRE

DE CAFÉ FORT

Formule : Eau bouillante 120 gr.; café torréfié et frais moulu, 15 gr. (Faible 12 gr.).

DÉCOCTION (boisson légère)

Formule : 100 gr. d'eau; 7 gr. de café et 25 gr. de sucre.

Pour faire du bon café. — Ne torréfiez pas le café d'avance. Usez d'un filtre en cailloutis avec rondelle de flanelle sur les trous. Humectez la poudre avec deux cuillerées d'eau bouillante et laissez-la gonfler cinq minutes. Gardez l'eau couverte sans bouillir. Tenez le bec et le dessus du filtre fermés. Versez ensuite l'eau peu à peu. Le café ne doit jamais bouillir.

Pour plus de précision et moins de souci, mettez le filtre dans une casserole contenant de l'eau chaude.

Pas de chicorée dans le café, sauf pour le café au lait : un quart de chicorée.

Café (le)

Le meilleur café est celui du Levant ou des pays qui ont un sol et un climat similaires, sol aride et sec, chaleur régulière et un peu forte, peu de pluies.

Plus le grain du café est petit, arrondi et doré, plus son arôme est délicat. La façon aussi dont on récolte et laisse mûrir le café influe sur la finesse du parfum. Le café récemment récolté est moins bon que le café qui a une, deux et plusieurs années.

Règle générale : le café en grains craint l'humidité, le contact du fer et les poussières.

Sous Louis XIV, le café se vendait 140 francs la livre et actuellemnt on en vend à 1 fr. 40.

Il n'est pas indifférent d'employer n'importe quelle variété de café pour faire l'essence, le café à la tasse, à la crème ou au lait.

Les plus fins cafés et naturellement les plus chers doivent être choisis pour les essences à l'eau ou à l'alcool, tandis que pour les cafés destinés aux boissons, on fait généralement des mélanges de plusieurs variétés, les unes corrigeant les autres de certains défauts, qui influent sur les centres nerveux et par répercussion sur la digestion et le sommeil.

Voici les principales variétés de café vendues actuellement en France : Batavia ; Bourbon ; Brésil ; Cayenne ; Ceylan ; Cuba ; Guayaquil (Équateur) ; Guadeoup e ; Guatémala ; Haïti : Jamaïque ; Java ; Martinique ; Moka ; Porto-Rico ; Saint-Domingue ; Sumatra ; Surinam.

Le café trempé, d'un gris verdâtre sur la partie convexe, est moins délicat et parfumé à cause du trempage qu'on lui fait subir pour le séparer de la baie dans laquelle les grains sont enveloppés ; tandis que le café décortiqué à la machine, vendu sous le nom de café *grage* ou café en *parche*, est beaucoup plus estimé pour son parfum et ses qualités toniques, sa couleur est dorée, couleur de blé mûr, beaucoup plus uniforme.

D'après les analyses données par plusieurs chimistes, le café doit être considéré comme aliment d'épargne, tonique et excitant.

Caramels mous au cacao

Formule : 500 gr. de sucre en pain ; 1 litre de crème à thé ; 80 gr. cacao ou 250 gr. chocolat ; 25 gr. de glucose ; 10 gr. de vanille en poudre.

Opération. — Cassez le sucre, mouillez-le avec la crème, laissez reposer cinq minutes, faites bouillir sur un feu doux, ajoutez la glucose, soit environ une cuiller à bouche et laissez bouillir doucement. Jusqu'ici la cuison peut être faite dans n'importe quelle casserole, pourvu qu'elle soit un peu grande, parce que la crème et le sucre montent facilement et débordent sur le feu. Mettez le cacao ou le chocolat concassé dans un poélon à fond le plus rond possible, chauffez-le à la bouche du four pour que l'un ou l'autre ramollisse sans brûler : délayez petit à petit en ajoutant du sirop bouillant et en écrasant bien le cacao ou le chocolat. Il faut absolument éviter les grumeaux avant de mouiller tout-à-fait, parce qu'ils ne fondent plus. Laissez cuire jusqu'au boulé, c'est-à-dire qu'en trempant le doigt dans l'eau, dans le sirop et dans l'eau, le sucre forme une boule en le roulant sur la pointe des doigts. Ajoutez la vanille et laissez faire un seul bouillon.

Huilez, avec de l'huile d'olive ou d'amandes douces, un marbre, mettez-en juste assez pour que le sucre ne prennent pas, il ne faut pas qu'elle coule.

Posez quatre carrelets en bois, huilés également sur le côté de l'intérieur qui fait le carré ; qu'ils aient : deux, 20 à 22 centimètres ; deux autres, 15 centimètres. Mettez un poids sur un angle du haut et un autre sur un angle du bas pour qu'ils ne bougent pas. Versez l'appareil au milieu et laissez refroidir.

Si vous disposez d'un moule spécial, divisé en sections uniformes et carrées, huilez l'intérieur des carreaux au pinceau ; si vous n'en avez pas, coupez avec un grand couteau de cuisine dont la lame est huilée de temps à autre.

Avec le couteau, les sections ne sont pas aussi régulières et il faut recouper pour bien détacher les caramels quand ils sont tout à fait froids.

Caramels au café

Formule : 1 kilog. de sucre ; 125 gr. de café récemment torréfié ; 80 gr. de glucose ; 3 décilitres de crème double à bouillir ; 8 décilitres d'eau filtrée.

Opération. — Mettez l'eau sur le feu dans un poêlon étamé ; lorsqu'elle arrive au grand bouillon, jetez-y le café torréfié et moulu, remuez vivement avec une spatule ; couvrez et laissez infuser pendant dix minutes ; après quoi, vous passez l'infusion à la chausse, deux ou trois fois, afin de la rendre absolument limpide. Avec cette infusion, mouillez le sucre, après l'avoir mis dans un poêlon très épais du fond, faites fondre et ensuite cuire au cassé : modérez le feu à mesure que le caramel entre en cuite, remuez constamment à l'aide d'une spatule. Quand il est arrivé au fort boulé, ajoutez la glucose et la crème par petites parties, en continuant à remuer avec la spatule d'abord, afin d'empêcher de prendre au fond du poêlon, ensuite pour rendre le caramel plus blond ; cuisez au fort cassé et versez sur le marbre graissé très légèrement avec un peu d'huile d'amandes douces ; relevez légèrement les bords et coupez à l'emporte-pièce à caramel en l'enfonçant aux trois quarts ; après avoir enlevé l'emporte-pièce, passez le rouleau cannelé sur le caramel que vous relevez ensuite à l'aide d'un grand couteau, retournez-le pour

essuyer l'huile et cassez-le dans un tamis, tandis qu'il est encore chaud ; placez-le dans une coupe munie de son couvercle.

A défaut de crème double, mettez 200 grammes de bon beurre frais.

Un peu de crème fouettée, ajoutée lorsque le sucre arrive au fort boulé, donne au caramel une couleur beaucoup plus blonde.

Le Caramel mou au café se fait de la même manière et en gardant les mêmes proportions ; mais, ayant eu parfois des difficultés pour l'obtenir mou et se tenant bien, j'ai résolu d'ajouter à mes proportions habituelles deux œufs frais et 25 gr. de café en plus. Cette addition ne fait que donner de la qualité au caramel. Je procède donc comme suit :

Formule : 1 kil. de sucre ; 150 gr. de café récemment torréfié ; 80 gr. de glucose ; 50 gr. de crème à bouillir ; 2 œufs entiers ; 80 centilitres d'eau commune.

Mettez l'eau sur le feu dans un poêlon étamé ; lorsqu'elle est arrivée au grand bouillon, jetez-y le café et remuez vivement avec une spatule ; couvrez et laissez infuser pendant 10 minutes, puis passez à la chausse. Avec cette infusion, mouillez le sucre ; mettez sur un feu doux, faites fondre, puis cuire ; quand le sucre est arrivé au fort boulé, ajoutez la glucose et la crème, à laquelle vous avez assimilé convenablement les deux œufs entiers. Après avoir passé ce mélange au tamis fin, vous l'incorporez au fur et à mesure que le sucre entre en cuite, et par petites quantités. Remuez constamment avec une spatule afin d'empêcher d'attacher au fond du poêlon. Lorsque le sucre est arrivé au fort boulé, vous le versez de l'épaisseur d'un centimètre dans un cadre composé de quatre règles en fer, et garni, au fond, d'une feuille de papier blanc assez fort, huilé.

Aussitôt que vous pourrez détacher les règles en donnant un coup sec sur chacune d'elles, vous enfoncez l'emporte-pièce, de manière à couper complètement le caramel : changez-le de place d'abord pour le faire refroidir plus promptement, ensuite pour l'empêcher de grener. Quand il est complètement froid, retournez l'emporte-pièce, enlevez le papier huilé, passez le rouleau dessus pour finir de couper, s'il y a lieu. Sortez les caramels de l'emporte-pièce à l'aide d'une petite règle en fer, en frappant un coup sec ; arrangez-les ensuite sur une grille spéciale, en ayant soin de ne pas les faire toucher.

Il est indispensable de cuire un peu plus fort en été qu'en hiver.

On peut, si l'on veut, marquer simplement le caramel avec l'emporte-pièce et le couper ensuite au couteau, quand il est froid, mais ce système est plus long, et les caramels moins réguliers.

Caramels mous

Opération.— Râpez deux tablettes de chocolat, de celles à o fr. 15 centimes chacune.

Mettez, dans une casserole émaillée non craquelée ou dans un poëlon en cuivre non étamé, 1co grammes de beurre et 250 grammes de sucre cassé, posez sur feu doux ou sur le gaz ; remuez jusqu'à ce que le sucre devienne liquide et brun, ce qui prend une demi-heure environ à feu moyen, et ajoutez le chocolat râpé et un demi-verre d'eau.

Remuez jusqu'à parfaite cuisson, qu'on détermine en faisant tomber quelques gouttes de la pâte dans un peu d'eau fraiche ; après une minute, la composition est dure, c'est qu'elle est cuite.

Huilez un marbre, versez au-dessus, attendez quelques instants, et découpez en tablettes.

Caramels mous au Chocolat, au Miel

Formule : 150 gr. de miel fin ; 75 gr. de beurre ; 100 gr. de chocolat-exprès ; 2 cuillerées à café de sucre semoule.

Opération.— Divisez le beurre en petits morceaux, mettez-le dans un petit poëlon ou dans une forte casserole émaillée non craquelée, ainsi que le chocolat, le miel et le sucre; posez la casserole ou le poëlon sur un feu modéré, laissez cuire jusqu'au boulé, en remuant doucement avec une cuiller de bois. Pour vous rendre compte du degré de cuisson, il suffit de tremper le doigt dans un verre d'eau bien froide, dans le sirop et dans l'eau ; en le sortant de l'eau, le sucre doit former une boule en le roulant sur la pointe des doigts.

Huilez légèrement un marbre avec de l'huile d'olive ; faites avec 4 petits carrelets en bois un carré de 15 centimètres ; mettez de chaque côté un poids pour que les baguettes ne bougent pas. Versez dans ce carré le sirop en l'égalisant le plus possible. Lorsqu'il est un peu refroidi, retirez les carrelets en glissant tout le long la pointe d'un couteau. Avec un long couteau huilé, coupez des petits carrés de deux centimètres, que vous finissez de diviser quand le caramel est complètement refroidi. On peut les conserver le temps que l'on veut dans une boîte en fer-blanc bien close et tenue au sec.

Caramels mous au chocolat

Formule : 500 gr. de sucre raffiné ; 750 gr. de chocolat caraque pur ; un quart de litre d'eau filtrée ; 1 litre de crème à thé ; 100 gr. de glucose ; 50 gr. de vanille en poudre.

Opération. — Concassez le sucre dans un poëlon en cuivre rouge très épais de fond, faites-le fondre avec l'eau sur un feu doux. Avec ce sirop, délayez le chocolat préalablement ramolli à l'étuve ou sur le coin du fourneau, dans une casserole contenant de l'eau très chaude ; ajoutez la vanille et la glucose et cuisez à feu très doux, en ayant soin d'éponger les bords du poëlon avec l'éponge que vous trempez alternativement dans l'eau très fraîche. (Un fourneau à gaz convient parfaitement pour cette opération . Pendant la cuisson, il faut constamment remuer avec une spatule afin de passer partout au fond du poëlon. Lorsque la cuite arrive au boulé (ce qui se reconnaît de la manière suivante : vous trempez vos doigts dans l'eau froide, puis vous les trempez ensuite dans le sucre bouillant, vous les trempez de nouveau dans l'eau froide et la partie du sucre adhérent aux doigts se détache et vous en formez une boule, ce qui constitue la cuite au boulé) faites-y entrer la crème par petite quantité à la fois, au fur et à mesure que le caramel entre en cuite, et surtout ne pas oublier de continuer à éponger les bords du poëlon, comme je viens de l'expliquer plus haut.

Lorsque le caramel arrive au fort boulé, c'est-à-dire quand il offre une certaine résistance en le mettant en boule, vous le versez sur le marbre, de l'épaisseur d'un centimètre, dans un cadre composé de quatre règles en fer et garni au fond d'une feuille de papier huilé. Aussitôt que vous pourrez détacher les règles, en donnant un coup à chacune d'elles, vous enfoncerez l'emporte-pièce de manière à couper complètement le caramel que vous changez immédiatement de place, d'abord pour le faire refroidir, ensuite pour l'empêcher de grener, ce qui arrive quelquefois lorsqu'on le laisse sur la même place où il a été versé. Quand il est refroidi, retournez l'emporte-pièce, enlevez le papier qui doit se détacher très facilement, essuyez avec un linge bien propre, passez le rouleau dessus pour finir de couper, s'il y a lieu. Retirez ensuite les caramels de l'emporte-pièce, à l'aide d'une petite règle en fer, en frappant un coup sec pour les faire sortir ; puis vous les arrangez à mesure sur une grille spéciale en argent, ou à son défaut, sur un plateau d'argent et en évitant de les faire toucher.

Vous pouvez, si vous voulez, marquer le caramel à l'emporte-pièce et le couper ensuite avec un grand couteau, quand il est froid, mais par ce procédé les morceaux ne sont jamais réguliers.

Il est indispensable de cuire le caramel mou au chocolat un peu plus fort en été qu'en hiver.

Carmin

Le carmin qui sert à donner la couleur aux sauces, glaces aux fruits, glaces de sucre, fondants et liqueurs, est rouge, plus ou moins vif, liquide, en poudre ou en pains ; la couleur est toujours rouge. Il ne faut pas dire carmin vert, carmin jaune ou bleu, ainsi que je le vois trop souvent dans les recettes de cuisine ou de pâtisserie. Depuis 1883, je m'efforce à corriger cette anomalie, dans tous mes écrits. je n'ai pu encore voir cette erreur disparaître.

Caroline aux Noisettes

Formule : 120 gr. de noisettes, sans les coques ; 100 gr. de sucre en morceaux ; 2 blancs d'œufs.

Opération. — Faites griller les noisettes pendant quelques minutes dans une poêle percée de petits trous, posée sur un feu vif, ou, à défaut, dans un four bien chaud pendant quatre à cinq minutes. Frottez-les dans un gros torchon pour les débarrasser de la peau ; pilez-les très fin dans un mortier, en ajoutant graduellement le sucre et finalement les blancs d'œufs ; l'appareil étant bien lisse, versez-le dans une poche ou dans un cornet de papier dont vous coupez la pointe en formant une ouverture d'un centimètre de diamètre.

Poussez des petits bâtons de 5 centimètres sur une plaque légèrement cirée, et faites cuire pendant 25 à 3o minutes à four très modéré, presque tiède.

Carré aux Amandes
(PETITS FOURS)

Formule : 250 gr. de farine tamisée ; 125 gr. de sucre en poudre ; 125 gr. de beurre fin ; 1 œuf entier ; 1 jaune d'œuf.

Opération. — Passez la farine au tamis, sur le tour ; faites une fontaine dans laquelle vous travaillez bien le sucre avec l'œuf entier et le jaune, ajoutez le beurre et pétrissez en faisant entrer graduellement la farine ; fraisez cette pâte et faites-en une abaisse assez mince que vous cuisez à moitié, sur une plaque légèrement cirée ; retirez-la du four pour la garnir de marmelade de pommes parfumée au rhum ; cette garniture faite, vous masquez la surface avec la composition suivante :

Formule : 50 gr. d'amandes mondées ; 100 gr. de sucre en poudre ; 50 gr. d'amandes effilées ; 2 blancs d'œufs.

Opération. — Pilez les amandes mondées avec un des blancs d'œufs pour en faire une pâte impalpable que vous éclaircissez avec l'autre blanc d'œuf ; ajoutez le sucre les amandes effilées et étendez cette composition sur l'abaisse garnie de marmelade de pommes, et cuisez à four assez chaud.

Après cuisson, gommez, en retirant du four, puis coupez en carrés très réguliers, après avoir laissé refroidir complètement.

Cerises

Le suc de cerises sert à préparer du sirop, du vin, du vinaigre.

Le pédoncule, ou queue de cerise, légèrement astringent par le tannin qu'il possède, sert à préparer une tisane :

Formule : 1 litre d'eau bouillie ; 20 grammes de queues.

Cerise (la)

La cerise était dédiée à la déesse Isis, divinité du feu, ainsi que la pomme d'api, à cause de leur couleur analogue à celle du feu.

On a dit et répété, à tous les échos, que le cerisier fut apporté à Rome par Lucullus. En revenant de la guerre du Pont, il fut émerveillé par ce fruit, aussi joli que délicat, mais on trouve dans Pline que les cerises de Lusitanie étaient les plus estimées dans la Gaule Belgique et que la Macédoine en produisait une espèce particulière. Aurait-on parlé de la sorte, si les ceririers de Macédoine et de Lusitanie, descendaient de ceux du Pont ?

Voilà un point d'interrogation qu'il ne sera pas facile de contrôler et d'éclaircir.

Il est dit aussi, et M. G. de Mortillet en a donné des preuves convaincantes dans ses communications à l'Académie des sciences, que la vigne était indigène en Gaule.

La tradition unanime de l'antiquité nous dit que la culture du froment fut essayée dans la Sicile et qu'elle est contemporaine aux premiers essais de législation qui eurent lieu dans l'Attique.

Quel est le cuisinier assez savant, assez patient surtout, qui fera un recueil de toutes ces probabilités et satisfera ainsi la curiosité des cerveaux qui aiment à rendre le culte qu'ils méritent à ces immortels bienfaiteurs de l'humanité ?

Cerises à l'eau-de-vie

Opération. — Choisissez de belles cerises, de préférence des bigarreaux, frais cueillis, sans taches ni foulures ; coupez la moitié des queues avec des ciseaux, jetez-les à mesure dans une bassine d'eau bien fraîche et abondante et laissez tremper une heure pour les bien raffermir. Essorez-les sur un linge, remplissez-en aux trois quarts un bocal, couvrez avec de l'eau-de-vie de Montpellier, de Béziers ou d'autres pays, mais que cela soit de l'eau-de-vie de vin marquant de 45° à 50°.

Ajoutez, pour un flacon de 2 litres, 20 gr. de cannelle de Ceylan, deux clous de girofle, et une douzaine de graines de coriandre. Bouchez. Dans 8 jours découvrez et mettez 180 gr. de sucre en morceaux par litre d'eau-de-vie employée.

Ces cerises se servent dans des coupes à fruits, après 5 ou 6 semaines de macération.

On les emploie aussi en petits fours, glacées au fondant rose, ou simplement trempées dans une dissolution de gomme arabique et roulées dans du sucre cristallisé. Les servir dans des petites caisses de papier plissé.

Cerises à l'eau-de-vie (autres)

Formule : 1 litre alcool bon goût à 85° ; 75 centil. eau filtrée ; 500 gr. sucre raffiné ; 1 gousse vanille du Mexique ; 2 gr. cannelle de Ceylan.

Opération. — Faites fondre le sucre avec l'eau sur un feu doux et sans laisser bouillir ; après complet refroidissement, mélangez-y l'alcool, la cannelle et la vanille. Ce mélange forme 2 litres de sirop et fait juste la quantité de liquide pour un bocal de la contenance de 6 litres. Après avoir introduit cette liqueur dans un bocal de la contenance indiquée, vous le remplissez de *cerises* ou *griottes ordinaires de Montmorency à longue ou à courte queue*, auxquelles vous avez un peu coupé la queue et que vous avez laissées dans l'eau fraîche pendant environ 30 minutes pour les laver et les raffermir. Vous bouchez ensuite le bocal que vous placez dans un endroit frais, sec et obscur. Les cerises sont prêtes à manger quand, après avoir monté à la surface, elles sont complètement descendues (environ un mois).

Cerises confites ou mi-sucre

Opération. — Prenez des *cerises* ou *griottes claires, communes, hâtives de Montmorency*, qui ne soient ni meurtries, ni tachées et surtout très pâles, c'est-à-dire le moins mûres possible ; vous les passez à l'eau fraiche pour les laver, les raffermir et enlever les fleurs sèches qui se trouvent à l'extrémité de la queue ; retirez les queues et les noyaux, de manière à élargir le trou le moins possible ; ce travail se fait à l'aide d'un petit anneau préparé à cet effet, appelé tire-noyau.

Pour 2 kilos de cerises épluchées, mettez 1 kilo de sucre fondu avec un demi-litre d'eau filtrée; chauffez un peu le tout en ayant soin de bien remuer et mettez dans une terrine. Après 2 ou 3 heures de repos, donnez un fort bouillon, ce qui fait ouvrir les pores de la cerise, la fait gonfler et lui fait prendre le sucre plus facilement. Le lendemain, égouttez-les, ajoutez un kil. de sucre cassé à leur sirop, faites fondre, mettez les cerises et donnez un fort bouillon. Le surlendemain ajoutez encore au sirop 500 gr. de sucre cassé pour l'amener à 32° et donnez un fort bouillon au tout.

Deux jours après, remettez les cerises à 32°, mettez-les en bouteilles, bouchez, ficelez et passez à l'ébullition (cinq minutes de bouillon ou de thermomètre à 100°, en procédant par la vapeur).

Cerises pour desserts et soirées

Au Caramel. — Prenez des cerises à l'eau-de-vie que vous avez soin de faire bien égoutter, passez-les dans la gomme en poudre pilée très fine, laissez-les essorer pendant environ une heure dans un endroit ayant la température de 25° centigrades ; trempez-les ensuite au sucre cuit au cassé, coloré rouge assez foncé et parfumé à la cerise. Par ce procédé, vous obtenez des cerises qui se conservent très longtemps sans que le sucre fonde, et la couche de gomme qui se trouve sous le caramel fait ressortir la couleur rose ; de sorte qu'au lieu d'avoir des cerises avec un fond noir, ces dernières sont d'un rouge éclatant.

Les cerises fraîches au caramel se font exactement de la même manière.

500 gr. de cerises égouttées et passées à la gomme prennent environ 150 gr. de sucre cuit au cassé. Il faut à peu près 80 cerises au caramel, pour produire un demi-kilog.

Au Fondant. — Prenez des cerises à l'eau-de-vie que vous égouttez et laissez bien essorer, vous les trempez ensuite au fondant blanc ou rose parfumé à la cerise.

500 gr. de cerises à l'eau-de-vie prennent en moyenne 600 gr. de fondant ; il y a environ 60 cerises trempées au fondant par demi-kilog.

Pralinées. — Après avoir égoutté et fait essorer des cerises à l'eau-de-vie, vous les passez à la gomme liquide assez épaisse, dans un vase ou un poêlon, et les roulez dans le petit grain blanc de sucre.

En robe. — Vous opérez de la même manière que pour les cerises pralinées sauf que vous les roulez dans le sucre au tamis de soie au lieu du petit grain.

Les cerises pralinées et en robe sont employées à la garniture de cartons frappés.

Chapeau tricorne (pour le Thé

LA PATE SUCRÉE POUR LES FONDS

Formule : 250 gr. de farine de gruau ; 70 gr. de sucre en poudre dit glace ; 80 gr. de beurre frais ; 2 œufs moyens ; un peu de sel et de vanille en poudre.

Opération. — Faites la fontaine, dans le milieu, triturez le beurre avec le sel, la vanille, le sucre et les deux œufs, incorporez la farine, fraisez la pâte deux fois, réunissez en boule ; saupoudrez une assiette de farine, posez la pâte dessus et mettez au frais.

LA GARNITURE DES CHAPEAUX

Formule : 100 gr. d'amandes douces ; 100 gr. de sucre semoule ; 100 gr. de beurre fin ; 20 gr. de crème de riz ; 3 œufs moyens vanille en poudre.

Opération. — Broyez les amandes dans le mortier avec un œuf d'abord, ajoutez-en un autre, broyez de nouveau, un troisième, et broyez jusqu'au moment où, en appuyant l'index sur les amandes, vous ne sentez aucun grain. Ajoutez le sucre et agitez en tournant le pilon, la crème de riz, la vanille et finalement le beurre fondu. Relevez cette pâte dans un bol et laissez-la raffermir au frais.

Saupoudrez la table de farine mélangée avec moitié de sucre en poudre ; étendez au rouleau la pâte à foncer de l'épaisseur d'une pièce de 5 francs ; découpez des ronds avec l'emporte-pièce cannelé de 9 centimètres de diamètre. Repliez la pâte sur les trois côtés, mettez sur plaque, dorez avec de l'œuf battu les dessus repliés ; sur le milieu, mettez une cuillerée à café de crème aux amandes, saupoudrez de sucre-glace, cuisez au four un peu chaud environ 25 minutes.

Charlotte russe

AUX NOIX PRALINÉES

Formule : Un demi-litre de lait ; 125 gr. de sucre cristallisé ; 80 gr. de sucre semoule ; 10 gr. de farine de gruau ; 6 beaux jaunes d'œufs ; un quart de crème double ; 3 ou 4 feuilles de gélatine, suivant l'épaisseur des feuilles ; pincée de sel fin ; petit verre de kirsch ; 100 gr. de noix épluchées ; 200 grammes de biscuits à la cuiller.

LE PRALIN AUX NOIX. — A l'époque des noix, pour se débarasser des vieilles noix, des marchands peu scrupuleux les font tremper pendant une journée dans l'eau tiède, cela rend la coquille lourde et froide ; mais celles qui ne se vendent pas le lendemain, entrent en fermentation et deviennent très fortement malsaines. Aussi la police parisienne interdit la vente des noix mouillées, sans grand succès d'ailleurs.

La noix fraîchement écalée, c'est-à-dire débarrassée de l'enveloppe molle qui la recouvrait, garde encore quelques fils de la cosse, elle a un ton chamois un peu brun, est très lourde, et la peau intérieure qui recouvre la chair s'enlève facilement. C'est à ces signes qu'on distingue les noix fraîches, qu'il faut choisir pour ce pralin.

Lorsque vous en avez 100 grammes épluchées, faites-les sécher à la bouche du four ouvert pendant que le sucre semoule fond, *sans eau*, dans un petit poëlon en cuivre rouge, une casserolette en nickel ou en émail non craquelé ; remuez ce sucre très légèrement lorsqu'il commence à fondre, pour éviter des grumeaux qu'il serait difficile de faire disparaître sans donner trop de couleur au caramel.

Dès que celui-ci a atteint la couleur ambrée, versez-y les noix, mélangez rapidement, et versez de suite pour refroidir sur une plaque de marbre ou sur un plat épais.

LA CRÈME. — Battez les jaunes d'œufs et le sucre cristallisé pendant un bon moment, jusqu'à ce que l'appareil soit presque blanc et très fin ; ajoutez la farine et le sel, le lait froid, et les feuilles de gélatine trempées pendant quelques minutes

dans de l'eau froide, puis essorées. Faites bouillir, en tournant avec beaucoup d'attention ; au premier bouillon, retirez la crème du feu, renversez-la dans un saladier et remuez-la de temps en temps pour l'empêcher de former une croûte qui produirait plus tard des grumeaux.

Pilez le pralin. Passez-le au tamis de fil de fer ou au tamis de crin, et, lorsque tout est passé, ajoutez-le à la crème encore chaude.

POUR MONTER LA CHARLOTTE. — Alignez sur la table, côte à côte, quatre biscuits pour former le fond du moule, dont deux assez longs pour donner le diamètre, les deux autres plus courts, puisqu'ils seront sur le côté du cercle. Parfois un biscuit est assez long pour qu'en le coupant par le milieu, légèrement en biais, il puisse suffire à donner les côtés.

Egalisez bien les bords en les taillant, pour qu'il n'y ait pas de vide lorsqu'ils seront l'un contre l'autre, ni risque de casse. Pressez dessus un moule à charlotte, à bord droit, de 14 centimètres de diamètre, et vous découpez ainsi le fond de la charlotte. Amincissez-le légèrement, sur toute sa largeur bien également, à peu près du tiers d'épaisseur, du côté qui fixait les biscuits au papier ; mettez-le dans le fond du moule, tournant le côté du papier en haut, sans le rentrer de force, car il doit au contraire avoir un peu de jeu pour glisser facilement lors du démoulage.

Alignez 16 ou 18 biscuits parés des bords comme ceux qui ont formé le fond, le côté rond, qui est le plus joli, touchant un appui, une règle ou une planche à découper ; marquez la hauteur du moule sur les deux biscuits situés à l'extrémité de la rangée, appuyez une règle sur les marques et coupez en ligne droite tout ce qui les dépasse.

Dressez un biscuit contre le moule, posez l'extrémité coupée sur le fond ; mettez les autres biscuits l'un à côté de l'autre, en garniture du moule, debout, appuyant chacun d'eux un peu fort sur son voisin, et faites rentrer le dernier un peu de force après l'avoir légèrement taillé en biseau, pour fixer le tour solidement.

Entourez le moule de deux kilos de glace cassée en morceaux ; ne salez pas, couvrez seulement d'un linge.

Prenez la crème double qui sera très froide ; mettez-y une cuiller à bouche de sucre semoule réservé sur les 80 gr., battez-la au fouet jusqu'au moment où les fils de fer du fouet commencent à laisser des traces de leur passage ; mélangez-la à la crème pralinée, versez le tout dans le moule, remplissez jusqu'au bord, par cuillerées, pour éviter de faire des vides ; tapotez un peu le moule sur un linge double pour la bien tasser. Remettez le moule à la glace et tenez au frais jusqu'au moment de servir.

Renversez sur un plat d'argent ou un compotier, sans serviette ni papier-dentelle, la crème fixe la charlotte.

Lorsqu'on ne dispose pas de crème double, on la remplace par deux blancs d'œufs battus en neige, dans lesquels on mélange 80 gr. de sucre cassé cuit au soufflé. (Pour la cuisson au soufflé, voir la « Meringue italienne). »

Charlotte russe à la vanille

Formule pour 8 personnes : **250** gr. de biscuit à la cuiller ; 1 demi-litre de lait ; **150** gr. de sucre cristallisé, 80 gr. en semoule ; 20 gr. de farine de gruau ; 6 jaunes d'œufs ; 5 blancs ; 3 feuilles de gélatine fine ; 1 demi-bâton de vanille.

La **Charlotte**. — Cet entremets obtient un réel succès s'il est présenté tel qu'il doit l'être ; mais généralement on se borne à faire la charlotte en biscuits et on la sert telle que, sans l'orner. Dans cet état, elle a le même inconvénient que présente toute tenue négligée.

Elle doit être décorée pour être élégante ; c'est, du reste, très facile, ainsi que nous allons le démontrer rapidement.

Le **Moule**.— Il faut choisir un moule à charlotte en cuivre, rond, uni, un peu haut de forme, les bas font moins d'effet. Beurrez légèrement l'intérieur avec du beurre non fondu, à la pointe des doigts ; appliquez dans le fond un disque de papier blanc, pas plus grand que le fond, et une bordure du même papier, tout autour.

qui ne dépasse pas le bord du moule, sans fronces prononcées.

Les **Biscuits**. — Choisissez des biscuits pas trop longs ; si vous les prenez ayant plus de 0,12 cent. de long, vous n'en aurez pas assez avec 250 gr. et vous aurez des pertes. Gardez-en six entiers. Tournez les plus jolis bouts des biscuits sur une même ligne et à la même hauteur, appuyez une règle sur le côté le plus mal uni, à 0,10 cent. Coupez bien droit d'un bout à l'autre, si vous voulez une charlotte ayant de la grâce.

Egalisez les bords des biscuits sur leur longueur, afin qu'il joignent bien ensemble et passons aux deux fonds à faire.

Coupez deux biscuits en biais par le milieu ; joignez-en deux entiers et appuyez en dehors les deux morceaux du biscuit coupé, le côté le plus long en dedans ; les deux fonds étant préparés, fondez sur une plaque de tôle et à feu doux les 30 gr. de sucre semoule, ne le brûlez pas. Laissez-le, au contraire, doré, juste fondu. Collez les biscuits qui doivent faire les couvercles, dans le rang où vous les avez préparés en les trempant sur un côté dans le sucre et les remettant vivement à leur place.

Avec le moule, vous appuyez dessus pour les arrondir ; vous les rétrécissez légèrement au couteau pour qu'ils rentrent et sortent facilement du moule, et vous en laissez un dedans, le côté sucré et joli des biscuits appuyant sur le fond.

Maintenant appliquez sur le bord les biscuits que vous avez égalisés, le côté non coupé en haut ; serrez les rangs et tâchez que le dernier entre un peu en coin ou, si vous aimez mieux, en clef de voûte.., et passez à la crème.

La **crème vanille**. — Mettez le lait sur un feu doux, cassez dans un saladier les six jaunes, mettez quatre beaux blancs ou cinq moyens dans la bassine, travaillez un peu les jaunes avec un petit fouet, ajoutez d'abord le sucre et travaillez 3 ou 4 minutes pour blanchir l'appareil, puis la la farine, et travaillez une minute, la vanille, les 3 feuilles de gélatine lavées et trempées dans l'eau fraîche, et le lait ;

faites bouillir, retirez du feu et remuez
pour refroidir la crème à moitié.

Montez les blancs bien fermes, mélez-
en la moitié à la crème. Dans l'autre moitié, vous mettrez les 5o gr. de sucre
semoule qui vous reste, vous mélangerez
peu pour ne retomber ni la crème ni les
blancs.

Remplissez la charlotte avec la crème, au
ras du bord des biscuits et laissez refroidir complètement, même sur glace, cela
ira encore mieux.

Faites un cornet en papier fort pour
mettre les blancs d'œufs sucrés, si vous
ne disposez d'une poche avec une petite
douille à trèfle, et laissez au frais à côté de
la charlotte.

Pour la servir. — Préparez un plat
rond à entremets, plat dans le milieu ;
étalez une serviette à thé, ronde ; appliquez
sur la charlotte le couvercle qui vous
reste, le côté sucré des biscuits sur la
crème. Si, par cas, il ne rentrait pas bien,
avec le couteau on le diminue et on le
force à rentrer. Posez la serviette sur la
charlotte, le plat par-dessus, renversez et
enlevez le moule bien droit. La charlotte
doit tenir et vous n'avez aucune crainte à
avoir.

Avec le cornet ou avec la poche, faites
sur le couvercle le dessin qu'il vous plaira
et, dans les intervalles des biscuits, faites
simplement des pois ou points se touchant
presque ; ce n'est pas difficile et la charlotte change d'aspect à vue d'œil.

On peut mettre dans la crème du kummel, c'est plus russe ; ou du chocolat,
c'est plus espagnol. Avec 1oo gr. de chocolat, on peut supprimer la moitié de la
farine.

Charlotte à la Chantilly

(Proportions pour un moule à charlotte de 12 centimètre de diamètre),

Formule : **200 gr. de biscuits à la cuiller ;
125 gr. de sucre semoule ; un demi litre de
crème de lait un peu épaisse et bien fraîche ;
une cuiller à café de vanille en poudre.**

Opération. — Sur la table à pâtisserie
mettez le plus grand des biscuits, un autre
de chaque côté entier, et sur le bord une
moitié. Appliquez au-dessus le moule à
charlotte, coupez ce qui déborde en appuyant le moule ; ceci vous servira de
fond pour la charlotte, il doit entrer et
sortir librement du moule. Poussez ce fond
de côté sans déranger les morceaux.

Alignez, en les serrant les uns contre
les autres, les biscuits entiers, en choisissant le plus beau côté que vous faites
appuyer sur le rebord de la table ; vous
devez avoir trois fois et demie la longueur
du diamètre du moule à charlotte, soit 42
centimètres environ. Il est bon d'avoir un
ou deux biscuits en plus, en cas d'accident
pendant le dressage. Posez le moule cou-
ché à côté du premier biscuit de la rangée,
coupez ce qui dépasse, faites-en autant au
milieu et, à l'autre bout, appliquez une
règle ou une planchette sur les biscuits,
sur la mesure prise, et suivez la ligne pour
avoir la charlotte bien égale comme hauteur.

Pour faire le fond. — Sur une petite
plaque ronde à pâtisserie, mettez une cuillerée à bouche de sucre semoule, de la
quantité indiquée, faites-le fondre sur un
feu très doux, sans eau, le gaz à peine
allumé est plus commode que la plaque
du fourneau ; dès que le sucre fond sur un
côté, trempez le côté du biscuit qui touche
le plus grand et collez-le ; trempez le côté
du petit biscuit et collez-le ; donnez un demi-tour au fond et collez l'autre côté ; opérez rapidement pour éviter de colorer le sucre qui deviendrait amer ; de temps en temps
il est bon d'en ajouter un peu, car si on le
mettait tout à la fois, on ferait du caramel
et la charlotte ne serait pas mangeable ; le
sucre doit être de couleur ambrée, pas plus
coloré que pour faire le nougat. Faites
glisser le fond, le beau côté en bas, dans
le moule appuyé sur le bord de la table ;
trempez un biscuit du côté coupé et fixez-
le sur le fond, le beau côté appuyant
sur la paroi du moule ; trempez-en un
autre sur le bout et le côté, appliquez-le
sur celui qui est collé, suivez ainsi jusqu'au dernier que vous trempez sur le
bout et les deux côtés pour bien consolider la charlotte, faites-le rentrer un peu de
force pour être plus sûr de la solidité.

Enlevez la charlotte du moule en le
penchant et la faisant glisser doucement,

posez-la sur une feuille de papier dentelé et sur une assiette montée ou un plat rond en argent. Un compotier ne convient pas à cause de la concavité du creux du milieu.

La crème Chantilly

Rien n'est plus facile à Paris ou dans les grandes villes que de se procurer de la crème Chantilly fouettée ou prête à fouetter. Cette crème, extraite du lait par le procédé centrifuge, est épaisse, et toute fraîche il est nécessaire de la liquifier avec de la crème à thé ou quelques cuillerées de lait cru. Certains laitiers la vendent tout prête à monter ou la montent au moment voulu. A la campagne, il faut la faire soi-même. Pour en avoir un demi-litre, ou à peu près, il faut 10 à 12 litres de lait suivant sa qualité. Divisez cette quantité de lait dans deux terrines que vous mettez en été dans un endroit frais à l'abri de la poussière, et en hiver dans un endroit tempéré, 24 heures suffisent en été, 36 ou 48 heures par les temps froids. La terrine ne doit pas être secouée, ni remuée. Cette crème se lève avec une cuiller spéciale, en bois léger, mince, concave et munie d'une petite queue ; à défaut de cette espèce de pelle, on se sert d'une écumoire.

Mettez cette crème dans un saladier avec deux cuillerées de sucre semoule, battez-la au fouet ou à la manivelle ; dès que les fils de fer laissent leur trace et qu'elle tient un peu sur elle-même comme des blancs fouettés, arrêtez-vous, ajoutez ce qui reste de sucre et la vanille, mélangez et versez dans la charlotte avec l'écumoire, sans y toucher autrement. Servez la charlotte le plus vite possible, les biscuits se détrempent facilement et tout se démolit. Une demi-heure suffirait.

On peut parfumer cette crème Chantilly avec une purée de fraises, de framboises, d'abricots, de prunes reines-claude, et même de bananes.

Chausson normand aux pommes

LA PATE

Formule : 250 gr. de farine ; 150 gr. de beurre ; 5 gr. de sel ; un jaune d'œuf ; un décilitre et demi d'eau.

LA GARNITURE

Formule : 120 gr. de sucre en poudre ; 1 kilog. de pommes de reinette.

Opération. — Mettez la farine sur la table ou sur le marbre, faites un trou au milieu, mettez le beurre, le sel, une pincée de sucre et l'eau. Travaillez le beurre avec l'eau et le sel, mélangez peu à peu la farine et le plus vite possible ; fraisez la pâte deux fois, ramassez-la en une boule bien lisse et laissez reposer 25 minutes.

Pendant ce repos, pelez les pommes coupées en quatre, enlevez les pépins avec un petit couteau divisez chaque quartier en tranches minces d'un centimètre.

Saupoudrez la table de farine ; étendez la pâte en une abaisse ronde d'un demi-centimètre d'épaisseur ; enlevez-la avec le rouleau, et posez-la sur une plaque sans bord, légèrement farinée ; faites dépasser la pâte de cinq centimètres en dehors de celle-ci, de façon à ce que le chausson se trouve au milieu une fois fermé. Disposez sur la moitié de la pâte, du côté posé sur la plaque, un lit de pommes à deux centimètres du bord ; saupoudrez avec la moitié du sucre, ajoutez le reste de pommes, de façon à les emprisonner ; collez les deux extrémités de l'abaisse ensemble, en donnant au chausson la forme d'un quartier de lune ; faites autour un petit bourrelet en repliant le bord de la pâte sur lequel vous faites des crans avec un couteau. Dorez et piquez de place en place avec une aiguille ; faites cuire 45 minutes à four modéré. Ce chausson se mange chaud ou froid.

La pâte s'emploie telle que, sans donner de tours.

Cheveux d'ange

Formule : 500 gr. de pommes douces ; 500 gr. de jolies carottes bien rouges ; 250 gr. de sucre cassé à la main ; un peu de zeste et de jus de citron ; 2 litres d'eau filtrée.

Opération. — Lavez et coupez les pommes en 4 ; enlevez seulement les graines ; mettez-les sur le feu avec un litre d'eau et faites bouillir lentement 30 minutes.

Enlevez le rouge des carottes au taille-julienne ou bien avec un couteau à découper, en lames très fines ; taillez ces lames en filaments très fins et aussi longs que possible.

Faites-les bouillir 15 ou 20 minutes dans l'autre litre d'eau et égouttez-les dans un tamis de crin. Laissez-les bien ressuyer.

Réunissez dans un sautoir le jus des pommes, le sucre, les filets de carotte, un peu de zeste et le quart du jus d'un citron.

Faites cuire très lentement 3o à 40 minutes, assurez-vous que les cheveux sont bien confits, c'est-à-dire moelleux au toucher.

Versez dans un compotier ; laissez bien refroidir et servez comme entremets au dîner, accompagné de quelques gâteaux secs.

Chocolats à la crème, dits crottes

Le Fondant. — Dans une casserole en émail non craquelé, en nickel ou en cuivre non étamé, dit poëlon d'office, mettez 3oo, 400 ou 5oo gr. de sucre cassé à la main et un verre d'eau filtrée, froide, pour 5oo gr. ; laissez le sucre fondre quelques minutes, puis posez la casserole sur feu doux ; si c'est le gaz, évitez que la flamme lèche la casserole en dehors, parce que, lorsque le sucre bouillonne, il saute des gouttes sur la paroi intérieure, et la flamme brunit ces gouttes, qui, à leur tour, colorent le fondant. Malgré que le feu soit doux, il est opportun de tremper une petite éponge ou un petit linge dans de l'eau froide et de nettoyer la casserole en faisant le tour avec le linge. Lorsque le sirop fait des globules un peu gros et serrés, avec la pointe du couteau prenez un peu de sirop ; avec le pouce et l'index saisissez ce sirop, écartez les doigts l'un de l'autre plusieurs fois et assez rapidement ; le sirop doit faire un filet continu assez apparent. Versez aussitôt sur le marbre bien propre, attendez 3 ou 4 minutes, puis armez les deux mains d'une spatule solide et poussez le sirop de l'avant et vers vous ; vous le verrez peu à peu devenir nuageux et finalement blanc crémeux, puis dur.

Débarrassez avec un couteau ce qui est collé à la spatule et ramassez tout le fon-

dant en petit tas ; opérez surtout très rapidement, car le sucre refroidit assez vite : arrosez la masse de quelques gouttes de jus de citron et fraisez-la en la repoussant en avant avec la paume de la main par toutes petites quantités, ainsi qu'on le fait pour fraiser une pâte. Cette opération a pour but de rendre le fondant onctueux et facile à manier ; elle le rend aussi plus délicat. Coupez la masse en deux ou trois parties, allongez-en une sur le marbre, de la grosseur du petit doigt, coupez cette cordelette en petits morceaux de la grosseur d'une noisette, arrondissez chaque morceau et rangez-les à mesure sur le marbre pour les laisser raffermir.

Le Chocolat pour envelopper le fondant. — Les boulettes s'étant bien raffermies, il s'agit de les envelopper ou enrober de chocolat. Les confiseurs se servent d'un chocolat spécial dit cacao sans sucre ou couverture. Ce cacao se vend en pain ou en feuilles ; il est tellement fin que la moindre chaleur suffit pour le fondre ; de là vient la difficulté de l'employer. Que vous l'achetiez en pain ou en feuilles, mettez environ 200 gr. dans une toute petite casserole ; posez-la dans une autre plus basse, dans laquelle vous mettrez un peau d'eau bouillante ; avec une petite spatule en bois, remuez doucement le cacao pour le ramollir et non le fondre, la nuance a une grande importance : étant trop fondu, il est chaud et les boulettes de fondant s'enroberaient trop légèrement. Lorsque vous voyez le cacao facile à manier, ajoutez gros comme une noix de beurre très fin et surtout très frais, mélangez-le et commencez à tremper les boulettes de fondant une à une, rapidement ; à mesure, rangez-les sur une feuille de papier blanc où elles refroidiront.

Ce trempage est très délicat : les boulettes ne doivent pas avoir une base plus large, ou à peine, que dans le haut ; aussi faut-il se servir d'un instrument spécial, qu'il est très facile de confectionner soi-même, de la façon suivante :

Prenez un bout de fil de fer de la grosseur d'une aiguille à tricoter, de 45 à 5o centimètres de longueur ; enveloppez un bâtonnet de 18 millimètres de diamètre (grosseur du doigt) avec le milieu du fil de fer, et tordez les deux bouts du fil de fer en descendant ; piquez les deux bouts dans un bouchon, relevez légèrement l'anneau en forme de cuiller, jetez une boule de fondant dans le cacao, pêchez-la avec l'anneau, portez-la sur le papier où vous la renverserez, et, avec le cacao qui reste adhérent à l'anneau, faites au-dessus et au milieu de la crotte ce petit tourniquet qui en fait l'ornement obligatoire.

Chocolat à la tasse

Le chocolat à la tasse préparé soit au lait, soit à l'eau, se fait de bien des manières différentes, mais beaucoup, je dirai même presque toutes, sont vicieuses, par cela même que la préparation n'est pas faite avec tous les soins qu'exige le chocolat à la tasse.

Le chocolat pour la tasse ne doit être ni râpé ni concassé, comme on le fait le plus généralement. Il doit être ramolli et traité comme suit :

Formule : 35 gr. chocolat ; 125 gr. d'eau ou de lait.

Opération. — Mettez le chocolat en barre dans une casserole émaillée ou étamée avec 30 gr. d'eau filtrée ; placez cette casserole sur le coin du fourneau ou sur un fourneau à gaz à flamme faible, afin de le faire chauffer et, par conséquent, ramollir ; délayez-le ensuite à l'aide d'une spatule ou cuiller de bois et faites-le bouillir doucement pendant une minute, puis versez-y d'un seul trait, en agitant énergiquement avec un fouet de fil de fer, l'eau bouillante ou le lait bouillant pour faire bien mousser. Servez de suite dans une tasse à déjeuner.

Clodoche (Gâteau)

Formule : 250 gr. de sucre en poudre ; 250 gr. de farine tamisée ; 15 gr. de vanille en poudre ; 25 centilitres de crème à fouetter ; 5 blancs d'œufs montés.

Opération. — Fouettez la crème, mélangez-y le sucre, la farine, la vanille en poudre et les blancs d'œufs montés. Dressez cette pâte en abaisses rondes minces de 15 centimètres de diamètre, sur des plaques cirées ; cuisez à four très doux. Après cuisson, vous superposez ces abaisses en les collant avec la crème composée comme suit :

Formule : 250 gr. de chocolat caraque ; 250 gr. de crème à thé ; 5 gr. de vanille en poudre.

Faites ramollir le chocolat à l'étuve, placez-le dans une petite terrine et délayez-le avec la crème bouillante, en ayant soin de l'incorporer par petites parties ; mélangez la vanille en poudre. Lorsque cette composition commence à figer à la surface, c'est-à-dire quand elle est presque refroidie, vous la travaillez à l'aide d'une spatule, de manière à la faire tourner en fondant ; garnissez les abaisses et glacez au chocolat.

Choux à la crème

Quantités pour une douzaine de choux à la crème :

LA PATE

Formule : 50 gr. de beurre ; 80 gr. de farine ; 3 à 5 œufs, suivant leur grosseur ; un décilitre d'eau (demi-verre ordinaire) ; un peu de sel.

Opération. — Vous divisez le beurre en plusieurs morceaux et le mettez dans une casserole avec le sel et l'eau, sur le feu. La division est nécessaire pour que le beurre se mélange à l'eau avant l'ébullition et la fasse monter comme du lait. Il est important qu'elle monte.

Quand ce résultat est produit, vous retirez la casserole du feu, versez-y la farine préalablement tamisée sur une feuille de papier, et mélangez-la sans laisser de grumeaux ; puis, vous la remettez au feu et faites dessécher la pâte, en la remuant constamment jusqu'au moment où le fond de la casserole devient un peu sableux. Vous retirez alors du feu, vous posez la casserole sur un morceau de papier pour ne pas salir la table, précaution toujours utile à prendre, mais trop souvent négligée, et vous attendez pendant une minute que la grosse chaleur soit passée, pour éviter que trop de calorique cuise le blanc des œufs que vous ajoutez.

Pour casser les œufs. — Le poids d'un œuf varie de 45 à 90 grammes ; comme vous avez besoin de 180 à 200 grammes de blanc et jaune, il vous faut 3 à 5 œufs entiers.

Vous frappez un léger coup avec le milieu de la coquille sur le bord de la casserole, ouvrez l'œuf au-dessus, et passez le pouce de la main droite dans la coquille pour détacher le blanc qui reste attaché. En ne prenant pas cette dernière précaution, on perd un huitième de blanc, soit la valeur d'un blanc sur huit œufs. Vous mélangez cet œuf à la pâte, puis successivement chacun des autres tant que la pâte en absorbe, rapidement.

Lorsque *la pâte est presque assez chargée d'œufs* il ne faut pas en ajouter un autre tout entier, mais une partie seulement. Vous le cassez dans une assiette, vous le battez comme pour une omelette, et en prenez le quart ou plus, suivant le nécessaire.

Il faut que la pâte ne soit ni liquide ni trop ferme, mais très lisse, d'un jaune d'or flattant l'œil. Trop liquide, les choux gonfleraient d'abord mais s'affaisseraient à la cuisson ; trop ferme, ils ne gonfleraient pas. La pâte bien faite tombe lentement de la cuillère, elle laisse après elle une pointe longue et assez persistante.

Contrairement à l'opinion que la pâte à choux doit être froide pour bien gonfler, je me suis rendu compte par de nombreuses expériences, que moins on la laisse refroidir avant de la mettre au four, plus elle gonfle.

Pour cuire les choux. — Vous emplissez de pâte aux deux tiers une cuillère à bouche, en la passant contre le bord de la casserole ; puis vous l'élevez au-dessus d'une plaque de tôle un peu épaisse, graissée légèrement de beurre, et vous faites glisser la pâte avec l'index de la main gauche ; en tombant elle forme un tas de la grosseur d'une belle noix. Vous recommencez ainsi, espaçant les tas à 3 centimètres l'un de l'autre.

Vous mettez au four, chaleur modérée, et vous vous gardez d'ouvrir la porte pendant la cuisson, le contact de l'air un peu prolongé ferait affaisser les choux.

La pâte est longue à cuire, la chaleur devant ne pas être forte pour la sécher en la cuisant, afin que la crème de garniture ne ramollisse pas trop les choux, car ils s'affaisseraient. Le temps de cuisson varie de quarante à cinquante minutes.

LA CRÈME

Formule : Un œuf entier et deux jaunes ; un quart de litre de lait ; 75 gr. de sucre semoule ; 10 gr. de farine (cuillerée à café, pleine) ; un peu de sel ; parfum (vanille, moka, cacao, ou citron).

Vous commencez par clarifier deux œufs, et mettez leurs jaunes dans la casserole. Clarifier des œufs, c'est séparer les blancs des jaunes. Comme parfois l'un des deux œufs cassés n'est pas tout à fait clair, on clarifie le troisième et on réunit les jaunes les plus clairs à l'autre œuf entier, sans oublier de passer le pouce dans sa coquille. Vous versez sur les œufs le sucre et un grain de sel, les crèmes non salées étant toujours fades avec goût d'œuf peu agréable, et vous les travaillez à la cuiller de bois pour les bien blanchir, pour obtenir une pâte presque biscuitée. C'est de la finesse de pâte que résulte la bonté et l'aspect de la crème. Si les œufs n'étaient pas extrêmement mêlés, on en verrait des parcelles quand la crème est cuite, et c'est vilain. Une crème bien faite a l'aspect de la cire vierge.

Cela fait, vous ajoutez les 10 gr. de farine, en continuant à remuer pour éviter les grumeaux, puis le lait cru et froid, et portez la casserole sur le feu jusqu'à ébullition. Mais si, au lieu d'une faible quantité de lait comme celle-ci, vous employez un litre, vous le feriez chauffer au préalable pour gagner du temps.

Bien des personnes croient qu'une crème doit ne pas bouillir. Or, celle qui n'a pas bouilli conserve son goût d'œuf cru très désagréable, qu'elle aurait perdu sur le feu dès la première cloque, c'est-à-dire qu'au bord de la casserole eût apparu une bulle d'air. Quand apparaît la première bulle, c'est le moment d'enlever la crème, pour la verser immédiatement dans un saladier, afin d'éviter que la chaleur conservée par la casserole la fasse tourner et pour l'aérer. Mais d'ailleurs les crèmes, qui contiennent de la farine, ne craignent pas un bouillon, celle-ci garantit l'œuf.

Ce qui importe, dans la préparation des crèmes, c'est de gratter le fond de la casserole avec une cuiller ou spatule de bois, afin que les matières solides du lait ne se coagulent, ni ne se prennent.

On sait que la crème est sur le point de bouillir quand la mousse tend à disparaître : la bulle est proche; vous ne la quittez plus alors des yeux. Dans le saladier où vous la versez, il faut la remuer pendant quelques instants.

La crème vient elle à tourner parfois, malgré tous les soins, c'est-à-dire à se *trancher*, l'œuf et le lait ayant l'air de divorcer de leur union passagère, on y remédie en la transvasant plusieurs fois du saladier dans la casserole, vivement, en la versant de haut pour lui donner de l'air et la refroidir avec rapidité. Ces mouvements la lient, et on a une crème exquise. Un véritable amateur préfère la crème cuite et tournée à celle qui sent l'œuf.

RAFFINAGE ET PARFUM. — On peut raffiner la crème de deux manières : en ajoutant 5o gr. de beurre excessivement fin, ou un décilitre de crème fouettée.

Pour la faire au moka, il suffit d'ajouter un peu de café fort, tel qu'on le met dans le café au lait, et de mélanger. Pour l'avoir au chocolat, vous versez la crème sur une cuillerée de cacao en poudre, et vous agitez. Pour la parfumer à la vanille, vous mettez un peu de poudre ou un morceau de vanille.

POUR DRESSER LES CHOUX. — L'enveloppe d'un chou bien fait doit ne pas peser plus de 20 grammes, être légère et grasse.

Avec un couteau à lame fine et acérée, vous coupez la calotte au quart de la hauteur du chou ; vous posez le gâteau sur l'annulaire à demi replié de la main gauche, tenez-le avec le pouce et le majeur, soulevez le couvercle avec l'index et remplissez de crème à la cuiller ; puis vous rabattez le couvercle et dressez les choux

à mesure dans un compotier : sept choux sur la première assise, quatre sur la seconde, le dernier chou par dessu .

Vous saupoudrez ensuite de sucre vanillé.

Coca

Les feuilles de coca sont toniques

On les emploie en infusion, à 10 gr. pour un décilitre et demi d'eau bouillante, soit 15o grammes.

VIN DE COCA. — 6o gr. de feuilles infusées dans un litre de vin de Banyuls, Muscat, ou Grenache, constituent un tonique appréciable. On fait également des pastilles genre cachou avec la poudre de feuilles de coca.

Coing

CYDONIA VULGARIS. — *Rosacées-pomacées*. — Parties employées. -- Fruit et semences.

Mucilage de semences : 100 gr. d'eau distillée ; 10 gr. de semences de coings.

Sirop de Coings

Formule : Un litre de jus de coings filtré ; 1.600 gr. de sucre cassé à la main.

Donnez trois bouillons couverts, laissez refroidir une heure et mettez en bouteilles d'un litre, bouchons neufs ébouillantés ; ficelez les bouchons, tenez au frais, bouteilles couchées.

Gélée de Coings
(*Voir les articles*)

Compote d'Ananas

Préparez les tranches d'ananas comme pour les beignets (voyez l'article).

Mettez le jus de la boîte dans une petite casserole avec son poids de sucre cassé et le quart d'un jus de citron ; donnez un bouillon de quelques minutes, faites attention que le sirop monte comme du lait.

Laissez-le refroidir à moitié, versez le sirop sur les tranches, couvrez et laissez refroidir.

Quelques instants avant le service, éparpillez au-dessus quelques morceaux de glace à rafraîchir. dressez sur compotier en forme de couronne.

Pour donner à cet entremets un joli cachet et un goût tout à fait exquis, mettez dans le puits ou trou du milieu une purée de fraises framboisées ou non et autour des biscuits non sucrés de bonne marque.

Compote d'Abricots frais

Formule : 500 gr. d'abricots ; 125 gr. de sucre cassé à la main ; un petit verre de kirsch ; un quart de litre d'eau filtrée.

Opération. — Mettez l'eau et le sucre dans un poëlon de cuivre, posez-le sur le feu de façon à fondre le sucre ; mettez les abricots coupés par moitiés, faites-leur faire 2 ou 3 bouillons, rangez-les dans un compotier. Faites réduire le sirop à 25°. Mélangez le kirsch, versez sur les abricots et servez avec une génoise ou un biscuit de Savoie.

Compote d'Ananas

Formule : Un ananas de conserve ; 250 gr. de sucre raffiné ; 2 décilitres de kirsch vieux.

Opération. — Ouvrez la boîte, versez le jus dans une casserole émaillée, ajoutez le sucre et faites fondre sur le feu.

Pendant ce temps-là, coupez l'ananas en tranches de 4 milimètres d'épaisseur, que vous mettez dans le sirop, quand il arrive au bouillon. Donnez un bouillon, puis laissez mijoter pendant 20 minutes sur le coin du fourneau. Ensuite égouttez les tranches, que vous arrangez dans un saladier; donnez un bouillon au jus(sirop) et versez-le sur les tranches.

Après refroidissement complet (le lendemain par exemple), égouttez les tranches que vous placez dans un autre saladier ; mélangez le kirsch au sirop, filtrez cette liqueur que vous versez sur les tranches. Réservez dans un endroit très frais et servez 5 ou 6 heures après.

Compote d'Oranges
pour la salle à manger

Opération. — Choisissez six belles oranges qui aient l'écorce fine, le grain serré. Epluchez-les avec soin, de manière à ce qu'il ne reste pas la plus petite parcelle de blanc. Coupez les oranges en tranches rondes et dressez-les en couronne sur un plat d'argent.

D'une autre part, prenez une demi-livre de sucre cassé à la main, 1/4 de litre d'eau, le zeste d'une orange, et faites bouillir le tout dans une bassine en cuivre non étamé. La cuisson ne doit être que de quelques minutes.

Vous obtenez un sirop que vous parfumez suivant votre goût. Vous pouvez y mettre du kirsch, du marasquin, de l'anisette ; mais le parfum préférable est le kirsch ; il est le plus digestif.

Vous versez le sirop sur les tranches d'oranges et vous avez un dessert délicieux, peu coûteux et très rafraîchissant.

Vous pouvez mettre un peu moins d'eau dans le sirop, vous l'obtiendrez un peu plus épais ; mais, alors, au moment de servir ce dessert, vous mettrez sur les tranches de petits morceaux de glace et vous verserez le sirop dessus.

Vous obtiendrez un dessert glacé et qui est fort agréable en été comme en hiver.

Compote de Poires

Formule : 4 poires fermes et un peu acides ; 100 gr. de sucre cassé ; 1/2 bouteille de vin rouge de Bordeaux ; un petit paquet de zeste d'orange ou de citron ; cannelle ou vanille, peu ; de 1 à 2 litres d'eau filtrée, suivant les poires.

Opération. — Les poires à la livre, appelées aussi poires de Marie-Jeanne, ou autres poires fermes, conviennent très bien pour cet entremets, les duchesses et les doyennées ne vont guère, les premières sont trop tendres et les autres ont trop de bois ou de grains.

Il faut les monder en les tournant ainsi que l'on tourne les champignons, pour éviter que les coups de couteau se voient, ce qui est très laid lorsqu'elles sont cuites ; il faut de plus enlever la moitié de la queue et ne pas en prendre qui n'en aient pas, c'est aussi très laid, on dirait des camardes.

Il faut les mettre dans une casserole en émail non craquelée, de forme haute : les couvrir d'eau filtrée, les aciduler avec quelques gouttes de citron et les faire cuire lentement pendant 2 heures ; on peut aussi cuire en même temps le zeste.

Ajoutez le vin et le sucre, la cannelle ou la vanille et cuisez une demi-heure. Enlevez les poires dans un compotier ; réduisez le sirop au quart, versez-le sur les poires, laissez refroidir, mettez une manchette rose à chaque queue et servez en même temps les croquets aux fruits.

Compote de Poires (autre recette)

Formule : 1 kilogr. de poires un peu fermes ; 250 gr. de pommes dites Rambourg d'été ; 125 gr. de sucre cristallisé ; 1 litre d'eau filtrée ; 3 décilitres de vin blanc ou rouge ; 1 verre à madère de kirsch ou vanille.

Opération. — Coupez les pommes en quartiers, n'enlevez que les graines et faites-les bouillir lentement avec le litre d'eau, un bon quart-d'heure.

Passez le jus au tamis de crin, laissez passer tout seul et attendez qu'il soit tout passé, ce qui est un peu long.

Mettez les poires et ce jus dans une casserole non étamée, nickel, cuivre ou émail, non craquelée, couvrez et laissez cuire à petit feu jusqu'à ce que vous puissiez faire rentrer l'aiguille à brider dans les poires sans forcer l'aiguille.

Ajoutez le vin et le sucre, laissez cuire 5 minutes.

Retirez les poires avec précaution et dressez-les dans un compotier. Laissez réduire le sirop à la consistance d'une gelée ordinaire et mettez la vanille. Si c'est au kirsch, attendez qu'elle ait un peu refroidi. Versez sur les poires et servez-les bien froides.

Compote de Rhubarbe à la Française

Formule : 250 gr. de pommes douces ; 750 gr. de rhubarbe ; 250 gr. de sucre cristallisé ; 1/2 litre d'eau filtrée ; un peu de jus de citron.

Opération. — Choisissez des pommes fermes et acides. Coupez-les en quatre parties, enlevez le pépin, la fleur et la queue, laissez les peaux. Mettez-les dans le demi-litre d'eau et faites cuire lentement à couvert pendant 30 minutes.

Préparez et débitez la rhubarbe, en bouchons un peu longs, pendant que les pommes cuisent.

Passez le jus des pommes dans un sautoir un peu grand, ajoutez le sucre et le jus de citron, faites bouillir lentement pour que le sucre fonde bien et écume ; laissez-le cuire environ un quart d'heure pour réduire le sirop et mettez la rhubarbe, laissez reprendre le bouillon, serrez le gaz ou reculez du feu, laissez frémir 8 ou 10 minutes, retirez tout à fait et laissez pocher 5 minutes.

Enlevez la rhubarbe avec précaution pour ne pas la casser, dressez-la dans un compotier ; faites réduire le sirop à l'état de gelée ; à mesure que la rhubarbe donne son jus, ajoutez-le au sirop et, sitôt qu'il est réduit, versez-le sur la rhubarbe.

Laissez prendre au frais et servez.

Confitures

L'ART DE CUIRE LES CONFITURES. — Ce petit article fera rire les malins, mais rendra service aux gens réfléchis.

Je voyais à la campagne une dame qui faisait ses confitures de quetsch et passait l'après-midi dehors à broder.

Mais, lui dis-je, vous n'avez pas peur que les confitures brûlent ?

Il n'y a pas de danger, me répondit-elle, j'ai mis au fond du chaudron des fonds de verre...

Moi. — ???...

— Oui, des fonds de verre.

Je me les fis montrer et, en effet, c'était des fonds de verre ordinaire, cassés. Je n'en revenais pas.

J'essayai à mon tour avec des morceaux d'assiettes cassées et j'obtins le même résultat.

Essayez, chères élèves, et vous serez étonnées de la simplicité du procédé.

Confitures de bar

Formule 1 kilogr. de sucre cassé à la main ; 1/4 de litre d'eau filtrée ; 1 kilogr. de groseilles rouges ou blanches.

Opération. — Enlevez, avec une plume taillée bien en pointe, les graines des groseilles, ce travail doit être fait avant de mettre le sucre au feu.

Mettez le sucre dans un poêlon en cuivre non étamé ou dans une casserole émaillée, non craquelée, mouillez-le avec l'eau, laissez-le fondre pendant que vous préparez les groseilles.

Posez le poêlon sur un feu clair, écumez le sucre ; dès que les globules du sucre sont un peu serrés et crépitent, trempez-y une écumoire, soufflez au travers, le sucre doit partir en bulles légères ainsi que des bulles de savon.

Mettez-y les groseilles hors du feu, attendez une minute, faites faire un bouillon ; retirez une minute, un autre bouillon ; mettez en pots de suite et recouvrez-les bien chaudes avec du papier sulfurisé légèrement mouillé.

Confiture de Céleri

Opération. — Ayez huit ou dix beaux pieds de céleri, coupez les cœurs de dix à douze centimètres de longueur, épluchez-les, supprimez-en les parties trop vertes ; faites-le blanchir à l'eau ; lorsqu'il est presque cuit, retirez-le, passez-le à l'eau froide, puis pesez-le et coupez-le en quartiers ; ensuite mettez dans une bassine 375 gr. de sucre pour 500 gr. de céleri et un verre d'eau par 500 gr. de sucre ; posez la bassine sur le feu ; dès que le sucre bout, mettez-y le céleri et faites bouillir jusqu'à ce que le sirop en tombant de l'écumoire forme la nappe.

Confiture de Cerises

Opération. — Choisissez une certaine quantité de belles cerises ; retirez les queues et les noyaux ; pesez-les et mêlez-les avec la même quantité de sucre en poudre ; laissez macérer jusqu'au lendemain. Versez alors le jus dans une bassine ; lorsqu'il fait la perle, versez-y les cerises et laissez cuire jusqu'à ce que le sirop fasse la nappe en tombant de l'écumoire ; mettez alors dans les pots et tenez-les dans un endroit sec.

Confiture de Citrouilles

Opération. — Prenez cinq à six citrouilles vertes, coupez-les par tranches, enlevez l'écorce, puis coupez les tranches par morceaux égaux ; sortez avec la pointe d'un couteau toutes les graines qui se trouvent dans l'intérieur, puis lavez les morceaux et mettez-les à égoutter. Prenez le poids égal de sucre, mettez le fruit dans un plat, saupoudrez-le avec le sucre par couches et arrosez le tout avec un demi-litre d'eau. Le lendemain, versez le tout dans une bassine en ajoutant une gousse de vanille, faites cuire à la nappe (voyez cette cuite), puis ajoutez un verre de cognac ou de rhum, et versez dans les pots.

La même confiture peut se faire avec des petits melons.

Confiture de Coings, en quartiers

Formule : 5 kilos de coings bien jaunes et mûrs ; 2 kilos de pommes douces bien saines ; 4 kilos de sucre cristallisé en pain ; une gousse de vanille de Bourbon ; le jus d'un citron avec un peu de zeste.

Opération. — Choisissez des coings bien beaux, sans aucune tache ; coupez-les en six ou huit morceaux, suivant leur grosseur ; que les quartiers ne soient ni trop épais ni trop minces.

Enlevez les pépins, passez la lame du couteau d'abord sur le milieu du quartier pour enlever la peau, puis sur chaque côté. Cette façon de monder est très rapide et les quartiers ont une plus jolie tournure ; cela est nécessaire d'ailleurs pour que les quartiers aient de l'œil à travers la gelée. Mettez-les à mesure dans de l'eau froide assez abondante, dans laquelle vous aurez mis le jus d'un demi-citron.

Les coings étant finis, mettez-les dans une nouvelle eau dans la bassine à confiture avec le jus de l'autre demi-citron.

Faites partir en ébullition lentement ; entretenez le feu doux pour que le bouillon soit léger.

Dans une heure, piquez un quartier sur le dos avec une tête de grosse épingle, tirez à vous, et, si le coing retombe, il est cuit à point.

Retirez la bassine à côté du feu. Prenez assez d'eau pour cuire les pommes divisées en quartiers, bien essuyées et épépinées. Laissez-leur les peaux, c'est là où réside la gelée.

Faites-les cuire lentement, environ une demi-heure. Passez le jus des pommes à travers un molleton ou une étamine. A défaut de l'un ou de l'autre, étendez un torchon dans un tamis de crin, versez les pommes et laissez égoutter le jus lentement, sans le presser ni appuyer dessus.

Avec ce jus, faites cuire le sucre au soufflé ou à 35° au pèse-sirop Beaumé.

Pendant cette opération, égouttez les quartiers de coings. Le sucre étant cuit au point indiqué, mettez les quartiers dedans et laissez la bassine à côté du feu, couverte, un quart d'heure environ.

Remettez sur le feu ; dès que le bouillon est repris, modérez le feu et laissez cuire jusqu'au moment où le sirop marquera 33° au pèse-sirop.

Laissez reposer la confiture une demi-heure et mettez en pots.

Confiture de Courge de Siam

Cabellos de angel *dites Cheveux d'Ange*

Formule : 2 kilogs de courge de Siam ; 1 kilog de sucre en pain ; 1 citron bien choisi.

Opération. — Mettez sur le feu une bassine non étamée contenant 8 litres d'eau ; lorsque l'eau est bouillante, jetez-y les morceaux de courges, la croûte, la pulpe et même les graines.

L'on reconnaît que la courge est cuite, lorsque la pulpe se détache sans trop de difficulté de la croûte, et l'on s'assure ainsi qu'elle est cuite à point.

Retirez du feu et jetez les morceaux de courges dans de l'eau froide.

Lavez-les successivement dans deux ou trois eaux, puis, avec le manche d'une cuiller étamée ou d'une cuiller d'argent, détachez la pulpe de la croûte ; cette pulpe est de nouveau plongée dans de l'eau froide.

Il est alors facile de désagréger les filaments, afin que chacun d'eux soit isolé ; lavez la pulpe une fois encore, enlevez les graines et tout ce qui pourrait altérer la blancheur de la confiture. Egouttez, pressez à la main, dans un linge ou à l'aide d'un pressoir, pour exprimer toute l'eau.

D'autre part, mettez le sucre à cuire, en le mouillant avec deux verres d'eau ; poussez à l'ébullition jusqu'à 34 degrés au pèse-sirop ou au petit filet, jetez-y les filaments de pulpe.

Laissez bouillir, lentement, en remuant le fond avec une spatule pendant un quart d'heure environ.

Lorsque ce sirop est redevenu au petit filet par l'ébullition, ajoutez dans la confiture l'essence du citron ou d'une orange et de la vanille, etc., puis vous mettez en pots.

Ces recettes furent composées par M. Mainoz.

Quelle que soit la façon dont on veut préparer la courge de Siam, on doit la faire cuire comme je l'ai indiqué pour la confiture des cheveux d'anges.

Confiture de Fraises

Formule : 1 kilo de fraises bien saines, net ; 800 gr. de sucre cristallisé ou cassé à la main ; un filet de jus de citron, ou bien une petite cuiller à bouche de glucose ; un quart de litre d'eau filtrée.

Opération. — Mouillez le sucre dans la bassine en cuivre rouge avec l'eau froide, un quart d'heure avant de le mettre au feu. Faites-le chauffer doucement. Remuez-le avec l'écumoire jusqu'au moment où il est fondu, ajoutez ou le citron ou la glucose, écumez aux premiers bouillons.

Laissez cuire le sucre jusqu'au soufflé, mettez les fraises, retirez sur le côté du feu et couvrez un quart d'heure.

Remettez au feu et, après un bouillon bien complet, qu'en termes professionnels on nomme « bouillon couvert », enlevez les fraises avec l'écumoire et faites-les égoutter sur un tamis *en crin*, sous lequel est un récipient pour recueillir le jus, qui est à ajouter à celui de la bassine continuant à cuire.

Lorsque vous voyez ce jus un peu cuit, qu'il fait la nappe, mettez-en dans une flûte à champagne ou un autre ustensile un peu profond et plongez le pèse-sirop : il doit indiquer 33 à 35 degrés.

Remettez les fraises ; faites donner un bouillon couvert, retirez du feu, redonnez-en deux autres et laissez refroidir, ou presque, les confitures. Redonnez un bouillon.

Mettez en pots bien ébouillantés et séchés, couvrez de suite ou plus tard. Conservez sur des étagères dans un endroit sec et frais, et non dans des placards humides qui moisissent les confitures.

Confiture de Fraises (autre)

Formule : 2 kilos de fraises, net ; 1.500 gr. de sucre cristallisé ; 500 gr. d'eau filtrée ; 20 gr. de glucose ; une cuiller à café de jus de citron.

Opération. — Enlevez le pédoncule à 2 kilog. 25o gr. de fraises Vicomtesse Héricard, Dr Morère, Ananas, Victoria ou autre espèce très belle et fraîches cueillies. Lavez-les à grande eau ; égouttez-les sur un linge.

Faites bouillir le demi-litre d'eau ; jetez-y les fraises, laissez reprendre le bouillon deux minutes.

Egouttez-les en les versant sur un tamis de crin posé sur une terrine.

Mettez le jus dans la bassine à confiture, ajoutez le sucre ; faites fondre à feu doux ; laissez bouillir et atteindre au petit filet ou 35 degrés au pèse-sirop. Mettez la glucose et le citron ; laissez bouillir une minute ; versez les fraises, donnez trois fois un bouillon en retirant la bassine du feu chaque fois que les fraises montent. Laissez refroidir dans la bassine. Donnez un autre bouillon. Retirez du feu, laissez-les reposer une demi-heure ; mettez en pots et couvrez de suite.

Confiture de Groseilles

Formule : Prenez de belles groseilles pas trop mûres, mettez, par livre de groseilles, un quart de livre de framboises ; et, par livre de jus, 500 gr. de sucre cristallisé.

Opération. — Mettez dans la bassine à confitures un litre d'eau pour 10 livres de groseilles, mettez tout ensemble sur le feu, de 10 à 15 minutes, pour les faire crever.

Remuez-les une ou deux fois pour qu'elles ne prennent pas au fond de la bassine. Égouttez-les sur un tamis de crin au-dessus d'une terrine. Faites-y passer aussi le jus des framboises. Une fois bien égoutté, pesez le jus que vous remettez

dans la bassine, ajoutez la quantité de sucre indiqué, posez sur le feu, portez à ébullition en remuant un peu le sucre pour qu'il fonde. Laissez bouillir 10 minutes, écumez et mettez en pots. Laissez reposer 5 à 6 jours les pots et couvrez-les.

Confiture de Melon

Opération. — Prenez un melon moyen, d'un goût exquis et d'une belle couleur, divisez-le par tranches, otez-en l'écorce et les graines, coupez-le ensuite en morceaux de la grosseur d'une noix, puis pesez-le. Mettez dans une bassine 375 gr. de sucre, par 5oo gr. de fruit, le zeste d'une orange ou d'un citron, ajoutez un verre d'eau par 5oo gr. de sucre dans la bassine et faites cuire ; lorsque le sucre est en ébullition, mettez-y le melon et laissez cuire jusqu'à ce que le sirop, en tombant de l'écumoire, forme la nappe. Mettez en pots de suite et couvrez bouillant.

Confiture de Mirabelles

Formule : 8 kilog. de prunes de mirabelles ; 2 kilog. de sucre cassé à la main.

Opération. — Otez les noyaux des prunes, mettez le tiers de ces prunes dans une bassine à confiture avec un quart de litre d'eau, faites bouillir 5 minutes et renversez dans un torchon solide au dessus d'un vase, tordez bien pour en extraire tout le jus. Mettez dans ce jus le sucre et laissez fondre quelques minutes, ajoutez les prunes de réserve et faites cuire en écumant sans discontinuer jusqu'à ce que toute la partie liquide soit évaporée, c'est-à-dire qu'en laissant tomber un peu de jus sur une assiette il reste en pastille, ce qui indique que c'est au point de cuisson voulu ; mettez en pots, couvrez au bout de 3 ou 4 jours.

Confiture d'Oranges

Opération. — Choisissez des oranges douces et pesez-les.

Piquez-les avec une aiguille à tricoter ; mettez-les à blanchir dans de l'eau bouillante jusqu'à ce qu'elles soient très ramollies, l'aiguille traversant alors facilement la peau. Retirez-les à l'aide de l'écumoire, plongez-les dans de l'eau froide et renouvelez celle-ci une heure après.

Le lendemain changez encore l'eau, et laissez tremper pendant toute la journée.

Le troisième jour, faites dans la bassine un sirop avec même poids de sucre que d'oranges pesées quand elles étaient fraîches, et cinq quarts de litre d'eau par kilog. de sucre, vous servant de la dernière eau des fruits qui est agréablement parfumée. Quand le sucre est presque fondu, coupez les oranges en quartier ou en tranches, jetez-les dans le sirop, faites cuire pendant un quart d'heure ; écumez. Disposez ensuite des morceaux dans les pots à confiture ; laissez réduire le sirop à 34° ou *à la nappe*, puis versez-le sur l'orange pour achever de remplir les pots.

Laissez refroidir complètement. Ajustez au-dessus un papier imbibé d'alcool ; passez, pour plus de sûreté, sur le tour du papier un pinceau trempé dans de la vaseline liquéfiée qui préservera complètement la confiture du contact de l'air ; recouvrez les pots, et conservez au sec.

Pour enlever l'amertume que certaines personnes n'aiment pas et qui se rencontre dans la plupart de ces confitures, il suffit de retirez le zeste des oranges lorsqu'elles ont été blanchies.

Confiture d'Oranges (2ᵉ manière)

Formule : 1 kilo d'oranges ; 500 gr. de sucre en pain.

Opération. — Râpez le zeste de deux oranges sur le morceau de sucre en pain ; à mesure que le sucre se charge du zeste, râtissez-le avec un couteau et réservez-le de côté dans un bol ou un pot à confitures. Cassez le sucre en petits morceaux et mettez-le dans un saladier.

Pelez les oranges à vif avec un couteau un peu grand, en les appuyant sur la table. Il ne faut pas laisser du tout de peau blanche, qui donnerait de l'amertume à la confiture.

Avec un petit couteau d'office, enlevez chaque quartier dans sa cloison et mettez-les dans le sucre. Toutes les oranges étant finies, exprimez le sucre des oranges vidées sur le sucre et les quartiers. Couvrez-les et laissez le tout au frais jusqu'au lendemain. Versez le jus dans le poêlon en cuivre non étamé, faites-le cuire jusqu'à 35°, ajoutez les petits quartiers et le zeste, faites cuire doucement jusqu'à 33° et mettez en pots.

Confiture de Poires

Formule : 2 kilos de poires de bonne qualité ; 800 gr. de pommes douces ; 1 kilo de sucre cristallisé ; le jus d'un demi-citron bien sain, un peu gros ; vanille ; eau.

Coupez les pommes en huit quartiers, enlevez les pépins, laissez la peau pour obtenir plus de gelée.

Faites-les cuire dans un litre d'eau pendant une demi-heure, à feu très doux. Egouttez sur un tamis de crin.

Pelez les poires, divisées en quartiers afin de perdre moins de chair ; faites-les cuire dans deux ou trois litres d'eau, acidulée avec le citron. Et dès qu'une paille les pénètre facilement, égouttez-les sur le tamis de crin qui a déjà servi aux pommes, sans mêler les deux jus.

Dans le jus des pommes, faites cuire le sucre au soufflé ou au petit cassé ; retirez-le du feu, mettez-y les poires, couvrez, et laissez pendant un quart d'heure. Enfin, reportez la casserole au feu, et cuisez jusqu'à ce que le sirop forme la nappe, où, ce qui est plus sûr, jusqu'à ce qu'il marque 33° ou 34° maximum au pèse-sirop.

Mettez en pots ébouillantés et essuyés.

Le lendemain, couvrez-les et tenez au sec. Il arrive parfois que les poires, insuffisamment cuites, jettent de l'eau ; dans ce cas, il faut redonner un bouillon, sinon la confiture se perdrait. C'est pour avoir la certitude que la confiture est *à point* qu'on attend au lendemain.

Vous pouvez aussi les servir en compote, toutes chaudes, comme entremets. Les pommes, dont le jus a été utilisé, font une marmelade, avec adjonction de quelques morceaux de sucre.

Confiture de Poires (2ᵉ manière)

Formule : 5 kilos de poires bien mûres ; un kilo de pommes douces ; 4 kilos de sucre cristallisé ; 3 litres d'eau filtrée ; demi-jus de citron.

Opération. — Choisissez des poires de Rousselet ou autres poires un peu fermes. Coupez-les en quatre, pelez-les, enlevez les pépins ; mettez-les à mesure dans l'eau froide, dans laquelle vous avez mis le demi-jus de citron. Lorsque toutes les poires sont préparées, versez le tout dans une bassine à confiture, en cuivre, non étamée, posez-la sur le feu assez vif et faites-les bouillir jusqu'au moment où elles commencent à s'attendrir.

Pendant cette opération, essuyez les pommes, coupez-les en quatre, enlevez seulement les pépins, et joignez-les aux poires. Aussitôt que le tout est bien cuit, versez-le sur un linge étendu dans un panier bien propre ou sur deux tamis de crin et laissez égoutter le jus sans pression.

Remettez ce jus dans la bassine avec le sucre; faites-le fondre sur un feu doux ; au besoin, s'il ne fondait pas bien, avant de bouillir ajoutez un verre d'eau froide ; faites cuire le sirop jusqu'au soufflé ou à 34 degrés au pèse-sirop de *l'École de Cuisine*.

Pendant cette cuisson, passez les poires et les pommes au tamis de crin, celui en fil de fer noircit les fruits.

Mélangez la purée au sirop, remettez sur le feu et faites cuire sur un feu vif en remuant constamment avec une longue et forte spatule en bois.

Pour vous assurer de la cuisson, voici deux moyens très pratiques :

1° Trempez une grosse aiguille dans la confiture et laissez tomber la goutte sur une petite soucoupe, elle ne doit pas s'écarter et presque aussitôt elle forme croûte.

2° Laissez tomber la goutte dans un verre d'eau, vous la verrez descendre sans se déformer.

Il est impossible de pouvoir peser des confitures aux fruits avec un pèse-sirop.

Une remarque est nécessaire : moins les confitures sont cuites, plus elles sont exquises. Il est alors plus difficile de les conserver, me direz-vous ? Je le sais bien, mais il est toujours temps de les recuire si, par cas, on les voyait fermenter.

Si elles sont trop cuites, il n'y a aucun remède. Elles sont dures, sans goût et sans couleur, elles se cristallisent et sont très désagréables à manger, elles n'ont goût que de sucre.

J'ai indiqué plusieurs procédés pour couvrir les confitures ; le plus simple consiste à se servir de papier sulfurisé un peu fort, de l'ébouillanter une fois coupé un peu plus grand que les pots à recouvrir, de l'essuyer et de ficeler les pots avant que le papier soit complètement sec. Il fait parchemin et ferme hermétiquement.

Il est aussi nécessaire de mettre les pots dans l'eau froide, dans un chaudron, de les faire bouillir lentement, de les essuyer et de les tenir renversés jusqu'au moment de les remplir.

Confiture de Physalis du Pérou

(Fruit très comestible)

Formule : 500 gr. de physalis ; 400 gr. de sucre.

Opération. — Pressez les physalis et passez la pulpe au tamis de crin. Ajoutez le sucre pilé et donnez cinq minutes d'ébullition, puis mettez en pots.

Cette confiture se conserve comme toutes les autres.

Avec ces fruits, on peut aussi faire des tartes, des sirops et des compotes.

CULTURE DES PHYSALIS. — Les graines de cette plante doivent être semées en mai et mises en place en juin. Les semer dans des petits godets (2 ou 3 grains par godet et sur couche) ; lorsqu'on les met en pleine terre les mettre à un mètre de distance et par rangs distants de 0ᵐ 60 cent. Les plantes peuvent prospérer dans une terre de jardin ordinaire. Lorsqu'ils ont atteint environ 20 centimètres de haut, on les butte à moitié de leur hauteur. Lorsqu'ils fleurissent, il y a avantage à pincer le bout des jets.

Les baies mûrissent pendant les mois de janvier et février. La plante craint le froid. Il faut les couvrir la nuit avec une toile d'emballage depuis le mois de septembre, et couper les branches aussitôt que l'on redoute une forte gelée ; on les accroche dans un endroit où il ne peut geler, et on laisse mûrir les fruits sur les branches.

Confiture de Potiron

Formule : 2 kil. 500 gr. de pulpe ; 1 kilo de sucre cristallisé ; 1 kilo de tomates bien mûres ; le zeste de deux citrons levé bien fin ; le jus d'un demi-citron.

Opération. — Préparez la pulpe bien cuite et bien essorée, trempez les tomates une demi-minute dans l'eau bouillante, enlevez la peau ; divisez-les par le milieu, pressez-les bien pour extraire les semences et l'eau ; coupez-les en dés d'un centimètre carré ; mettez tous les éléments à la fois dans une bassine à confitures et faites cuire sur un feu vif en remuant constamment avec la spatule en bois.

Cuisson assez consistante. Le ton est très agréable, le goût très délicat, et certainement les personnes ne l'ayant pas vu faire ne pourront dire avec quel fruit on a opéré.

Confiture de Quetsch

Formule : 10 kilos de prunes ; 8 kilos de sucre cristallisé ; 1 litre 1/4 d'eau filtrée ;

Opération. — Mettez dans un chaudron ou bassine à confiture en cuivre, non étamé, le litre d'eau et le sucre. Laissez-le fondre au moins un quart d'heure. Posez-le sur un feu doux, pour commencer, et remuez le sucre jusqu'au moment où vous le voyez tout fondu ; activez le feu ; avec un bout de linge ou une petite éponge, nettoyez les bords intérieurs de la bassine, parce que en remuant le sucre vous en avez fait monter un peu plus haut que sa masse et que ce sucre se colorerait très vite

Poussez la cuisson du sucre jusqu'au petit cassé ; vous reconnaîtrez ce degré en trempant une grosse aiguille ou la pointe d'un couteau dans de l'eau très froide, puis dans le sucre et dans l'eau ; le sucre doit se cristalliser ou plutôt se solidifier et, en le retirant, se casser comme du verre très mince.

Avant ou pendant la cuisson du sucre, ouvrez les prunes une par une pour vous assurer qu'il n'y en a aucune de véreuse, ce qui est très commun et fréquent dans cette qualité de prunes. Le sucre étant cuit au point indiqué plus haut, retirez la bassine du feu, mettez les prunes et couvrez. Dans un quart d'heure, remuez les prunes, recouvrez et attendez encore un quart d'heure. Remuez, mettez la bassine sur un feu assez vif, et remuez avec une large et longue spatule de bois jusqu'au fort bouillon ; laissez cuire doucement le feu couvert ou sur la plaque du fourneau, une demi-heure.

Passez la marmelade au tamis de crin, refaites donner un bouillon et mettez en pots. Vous pouvez, pour l'usage journalier mettre quelques pots sans la passer et même toute, et n'en passer la quantité nécessaire que les jours où l'on reçoit des convives de marque.

N. B. — Il ne faut pas sortir les noyaux, ce n'est pas un oubli de ma part, ainsi que quelques personnes pourraient le croire, le noyau donne un parfum d'une finesse exquise. On pourrait aussi diviser les prunes en deux, enlever les noyaux, les cuire dans deux litres d'eau, avec cette eau réduite d'un tiers, et lorsquelle serait refroidie, cuire le sucre.

Couvrir les pots dès qu'ils sont assez froids pour les manier.

Conserve de Pêches à l'eau-de-vie

Choisissez des pêches blanches de vigne ; frottez-les légèrement avec un linge ; piquez-les avec une forte aiguille jusqu'au noyau ; jetez-les à mesure dans l'eau froide.

Mettez-les dans un chaudron non étamé avec beaucoup d'eau froide. Placez le chaudron sur un feu clair, de façon qu'il soit facile de diminuer ou d'amortir le feu, afin de pouvoir éteindre au premier bouillon de l'eau. Couvrez ensuite le chaudron et attendez que les pêches plongent.

Rallumez le feu sous le chaudron, et, à mesure que les pêches remontent à la surface, pêchez-les et jetez-les dans l'eau très froide.

Egouttez-les aussitôt qu'elles sont complètement refroidies.

Faites bouillir 600 gr. de sucre avec 4 décilitres d'eau par 2 kilos de pêches. Ajoutez les pêches ; poussez jusqu'à l'ébullition. Versez dans une terrine vernissée ; couvrez, laissez jusqu'au lendemain.

Egouttez les pêches, en les prenant une par une, sur un tamis de crin. Battez un blanc d'œuf avec un demi-jus de citron, quelques gouttes d'eau. Mélangez au sirop froid ; faites bouillir ; écumez complètement, au besoin passez à la mousseline.

Rangez les pêches en bocal ; ajoutez au sirop 500 gr., pour 1 kilo, d'alcool bon goût à 80° ; ou deux tiers d'eau-de-vie de vin. Couvrez le bocal ; mettez un bouchon recouvert de parchemin.

Copeaux

Formule : 125 grammes de sucre en poudre, dit glace ; 120 grammes de farine de gruau ; 50 grammes d'amandes blanchies séchées et râpées ; un peu de zeste de citron, d'orange, ou de la vanille en poudre ; 3 blancs d'œufs montés en neige.

Opération. — Beurrez grassement deux ou trois grandes plaques de tôle épaisse.

Mélangez, en les tamisant ensemble, le sucre, la farine et les amandes râpées, ou bien pilées avec le sucre et passées au tamis. Fouettez les blancs d'œufs pas tout à fait fermes, et mélangez farine, amandes et sucre, avec la spatule en bois.

Faites-en, avec la poche ou avec un cornet, des petits bâtonnets longs de 20 centimètres ; mettez au four chaud. Dans 10 ou 12 minutes, ils sont cuits. Roulez-les très vite en hélice ou tire-bouchon sur des bâtons ronds et polis, de la grosseur de l'index, qu'il faut avoir au nombre de trois ou quatre pour que les tortillons refroidissent un peu dessus, sinon ils se déroulent.

Quand on est deux personnes, l'une roule, et l'autre prend un bâton des deux mains appuyant le pouce sur chaque bout du copeau pendant quelques secondes, le temps qu'un autre tortillon soit roulé, cela suffit ; on les pose à mesure sur un tamis ou dans une boîte.

Coques de Meringues

Formule : 5 blancs d'œufs moyens de 60 gr. chaque ; 250 gr. de sucre semoule ; une cuillerée à café de vanille en poudre.

Observations importantes. — Pour réussir les meringues, il faut se soumettre à trois règles absolues : 1" un four presque froid ; 2° des blancs montés très fermes ; 3° du sucre semoule tout à fait déglacé, c'est-à-dire débarrassé de la poudre de sucre, dite « glace de sucre. »

Il faut aussi noter que la cuisson est très longue, presque une heure pour une plaque de 25 à 30 coques au plus.

Observation n° 1. — On ne peut régler convenablement le four que l'après-midi entre les deux repas ; si, à cette heure de la journée, on a trop de travail, il faut se résigner à les faire le soir après avoir servi le dîner des maîtres, ou pendant que l'on met la cuisine en place.

Observation n° 2. — Pour monter les blancs bien fermes, il faut disposer d'une bassine de cuivre de forme concave ou demi-sphérique ; dans tout autre ustensile, émail ou porcelaine, les blancs se grainent, le sucre fond et les coques cuisent mal ; elles restent molles et plates.

Observation n° 3. — Pour bien débarrasser la poudre de sucre, il faut le passer au tamis de soie, celui en crin donne le sucre dit *semoule*. Quand on l'achète chez l'épicier, il est facile de se rendre compte s'il y a de la poudre. On en prend une bonne pincée ; la poudre alors blanchit les doigts ; s'ils restent nets, le sucre est bien. Il faut aussi une douille de un centimètre, qui coûte 0 fr. 25, et une poche. Si on se sert de la poche et de la douille, on met un bouchon à celle-ci. Enfin, beurrez une ou deux plaques en tôle un peu épaisse et assez grandes, farinez-les et secouez-les fortement pour qu'il ne reste que la farine adhérente au beurre.

Opération. — Montez les blancs rapidement en tournant le fouet dans n'importe quel sens, en ayant soin de ne pas éparpiller les blancs ; il ne faut pas frapper fort sur la bassine, ne pas serrer le manche du fouet. Ces deux mouvements fatiguent la main et les blancs.

Lorsque ceux-ci sont bien fermes, versez une cuillerée à bouche comble de sucre, et continuez de les raffermir. Enlevez le fouet ; prenez une spatule en bois de la main droite, après avoir assujettie la bassine dans un tiroir de la table, juste assez ouvert pour qu'elle soit facile à serrer contre la table ; soulevez le papier sur la main gauche et versez le sucre en pluie pendant que la main droite tourne et coupe les blancs pour bien mélanger le sucre. Evitez de trop les retomber ; pourtant le sucre doit être également réparti.

Garnissez la poche ou le cornet, coupez le bout de celui-ci assez gros pour y rentrer l'index ; posez une plaque sur la table, pressez sur la poche ou le cornet de manière à faire sortir le blanc bien uniformément. Aussitôt que vous aurez moulé la grosseur d'un œuf moyen, cessez de presser, relevez la pointe du cornet ou la douille en frottant légèrement et vous aurez une meringue superbe. Du premier coup, vous n'arriverez pas bien ; ne vous découragez pas et continuez la plaque. Laissez un travers de doigt d'espace entre chaque meringue.

Sucrez le dessus des meringues avec du sucre glace, assez largement, avec la poudrière ; laissez-le fondre environ 10 minutes et mettez au four presque froid. Je répète que la cuisson doit être très longue. Les meringues sont cuites lorsqu'on les sent fermes au toucher, qu'elles ont pris une légère teinte beige, et qu'elles sont perlées au dessus ; elles *grillonnent* en les approchant de l'oreille.

Sortez la plaque à la bouche du four. Prenez une coque de la main gauche le dessous dessus ; avec trois doigts de la main droite, appuyez le plafond, et la coque est prête à recevoir la crème.

On peut en faire d'avance pour utiliser des blancs.

Pour les conserver sèches, tenez-les à l'étuve dans une boîte de fer blanc.

Coquelicot

Papaver rhœas. — Papaveracées

Cette fleur renferme deux matières colorantes très puissantes : l'une jaune acide rhéadique et l'autre rouge acide erratique, de la chaux, de la résine, de l'albumine, de la gomme et de l'amidon (fait partie des fleurs pectorales). Infusion (tisane) : 5 gr. de pétales pour un litre d'eau bouillante.

Infusion pour pastilles : 15 gr. de pétales, un litre d'eau bouillie.

Cornet à la Chantilly

Donnez quatre tours de plus au feuilletage ordinaire, ce qui fera dix tours.

Préparez 8 ou dix cornets avec du papier un peu fort ou double, que les cornets aient 10 centimètres de long environ. Faites avec un peu de feuilletage une bande assez mince, comme une pièce de 1 fr., et longue de 30 centimètres ; coupez autant de bandes larges de 2 cent. que vous avez de cornets. Appuyez la pointe d'un cornet sur le bout d'une des bandes et enroulez en sorte que la pâte se chevauche légèrement ; arrivé à l'ouverture, coupez, humectez légèrement la pâte et soudez-la en appuyant. Posez le cornet sur une plaque assez forte et continuez les autres, posez-les un peu éloignés les uns des autres parce qu'ils gonfleront à la cuisson ; dorez-les avec un peu d'œuf battu et saupoudrez-les d'un peu de sucre en grains, au besoin du sucre cristallisé légèrement écrasé ; faites cuire au four pas trop chaud. Ne les sortez qu'après vous être assuré que la pâte est bien cuite, ce qu'il est facile de reconnaître au toucher, les cornets sont secs et friables. Laissez refroidir dix minutes, arrachez les cornets de papier en tenant le gâteau dans la main gauche et en essayant de faire tourner le cornet en papier ; laissez refroidir. Au moment de servir, vous garnissez un cornet en papier un peu grand, ou une poche à douille, de crème Chantilly, à la vanille, au chocolat, aux fraises, framboises, etc., etc., et, introduisant la douille dans le cornet tenu de la main gauche, vous appuyez la pomme et les doigts de la main droite sur le cornet ou la poche et la pression fait rentrer la crème dans le gâteau.

Pour les dresser vous pouvez faire, avec les débris de pâte qui vous restent, un cordon de la grosseur du pouce ; le poser sur une petite plaque ; en faire une couronne que l'on soude en mouillant légèrement un bout et appuyant un peu fortement. La dorer, la saupoudrer de sucre, la cuire au feu doux, la poser sur le compotier et dresser les cornets dans le creux, la pointe en bas naturellement. Ce n'est pas banal.

Coupe en nougat

Formule : 350 gr. d'amandes flots ; 325 gr. de sucre semoule ; une cuiller à café de jus de citron.

LES AMANDES

Opération. — Faites bouillir un litre d'eau, mettez les amandes, couvrez ; aussitôt le bouillon repris, retirez la casserole du feu et attendez une minute.

Égouttez les amandes dans une passoire à gros trous, rafraîchissez-les en y faisant couler dessus un peu d'eau.

Posez-les sur la table, pressez les amandes une par une entre le pouce et l'index, en appuyant sur la table et poussant en avant ; la peau se crève et l'amande sort.

Je répète qu'il faut appuyer le pouce particulièrement sur l'amande et sur la table ; si on tient les doigts en l'air, les amandes sautent et vous perdrez votre temps à courir après elles.

Remettez-les dans la passoire pour y faire couler dessus un peu d'eau fraîche, étendez-les sur un linge pour les essorer, puis hachez-les, soit une par une en les coupant très fin par le travers, ou en en prenant un petit tas sous le couteau.

Il ne faut pas hacher trop fin ; si l'amande est en poussière, le nougat graisse et devient huileux ; trop gros, il en faut beaucoup plus et le nougat est massif. Tâchez que les morceaux soient un peu plus gros qu'un grain de blé ou lentille, et bien égaux.

Mettez-les sur une plaque très propre et faites-les sécher à l'étuve, à feu doux, en les remuant toutes les deux heures.

Tout ce travail, pour être mené classiquement, doit être fait dès la veille ou avant. Le jour où vous n'êtes pas pressé, faites les amandes hachées ; blanchies pour les macarons ; les coques de meringues, etc., tout cela tenu en boîtes closes et dans un endroit sec et un peu chaud rend de très grands services et vous laisse plus de liberté le jour des grands travaux à exécuter.

LES MOULES POUR FAIRE LA COUPE. — Pour faire cette coupe, je me sers d'un bol en émail ou autre, de 0,16 cent. de diamètre et de 0,08 cent. de profondeur ; d'un moule à génoise, rond, uni, de 0,15 cent. de diamètre ; de deux emporte-pièces ronds, unis de 0,08 et 0,05 cent. de diamètre. C'est tout.

Pour bien mouler le nougat, il faut l'étendre très rapidement au rouleau, sur un marbre huilé ; à défaut de marbre, on peut l'étendre sur une plaque en tôle épaisse, que l'on a eu le soin d'huiler, tout ce qui doit être touché par le nougat, du reste, doit être huilé, sinon il se colle et l'on ne peut l'arracher qu'en le brisant. Il faut très peu d'huile mais il en faut partout, au rouleau, au couteau, aux doigts de l'opérant et dans les moules.

Tous ces préparatifs doivent être faits avant de mettre le sucre au feu ; si on est distrait un seul instant, dès que le sucre commence à fondre jusqu'après que les amandes sont incorporées et le nougat versé sur la plaque, on risque de le rater dans les grands prix. Que ceci soit bien compris.

Tous ces détails ont l'air de vouloir dire qu'il est fort difficile de faire du nougat, ce serait une erreur de le croire, c'est au contraire très facile et la besogne marche vite ; mais il ne faut pas faire autre chose. Ce qui est difficile pour les mains fines, c'est de le mouler, car il faut opérer pendant qu'il est très chaud ; froid, il casse.

LE SUCRE. — Prenez du sucre semoule bien déglacé, du sucre à petits grains bien réguliers, très blanc ; en le prenant dans la main il ne doit pas laisser de traces de farine ; ce point est très important parce que le sucre glace brunit aussitôt fondu et donne de l'amertume au nougat ; le mieux serait de pouvoir le passer au tamis de soie si on n'était pas sûr de lui.

Mettez le sucre dans un poêlon en cuivre non étamé, (dans une casserole en émail vous risquez les éclats, et l'étain fondrait en même temps que le sucre, dans une casserole étamée, le nougat serait tout noir); ajoutez le jus du citron, posez la casserole sur un feu doux, ne remuez pas le sucre jusqu'au moment où vous voyez qu'une partie commence à fondre, remuez alors avec une spatule en bois très propre et non grasse, si le feu est trop vif retirez-vous un peu en arrière; tenez pendant cette opération les amandes à la bouche du four pour qu'elles soient bien chaudes, sans se colorer toutefois, cela brunirait trop le nougat; aussitôt que le sucre est bien fondu, que les grumeaux ont disparu, on le voit fumer légèrement, retirez le poêlon du feu, mettez les amandes et remuez sans écraser pour mélanger bien intimement le tout, cela doit être fait en une demi-minute.

Versez-le sur une plaque de tôle légèrement huilée; pressez-vous pour nettoyer le poêlon et retournez le nougat qui conserverait trop de chaleur en dessous, continuerait de cuire et se colorerait brun. Remettez-le à la bouche du four ouvert, pas trop avant, tout à l'heure quand il aura refroidi, vous aurez le temps de le réchauffer.

La Coupe. — Prenez d'un coup de couteau à large lame le tiers du nougat, soulevez-le avec le couteau et posez-le sur le marbre; avec le rouleau à pâtisserie, huilé ainsi que vos mains, étendez-le très mince, en rond, sans trous; soulevez cette abaisse et posez-la vivement dans le bol, enfoncez le milieu en serrant le nougat pour éviter les jours et opérez rapidement; si les bords du bol étaient mal unis, prenez de tout petits morceaux de nougat, appliquez-les aux endroits vides ou mal unis; étant tout chaud, le nougat se marie sans aucune trace de soudure, rognez ce qui dépasse avec le couteau, en tenant l'intérieur du bol solide, pour qu'il ne se déforme pas en remontant, l'essentiel est de bien conserver les formes du moule que l'on emploie.

Essayez si le nougat se détache bien et laissez-le refroidir dans le bol.

Prenez la moitié du nougat qui vous reste, aplatissez-le toujours en rond et moulez, avec le même soin que le bol, le moule à génoise; n'oubliez pas d'essayer si le nougat sort bien et s'il y a des jours. Divisez le nougat qui vous reste en deux, faites avec un des morceaux une abaisse ronde un peu épaisse et posez-la sur l'emporte-pièce le plus grand; ici il faut faire le fond en faisant descendre le nougat jusqu'en bas sur le marbre et en appuyant fortement pour bien marquer l'angle; soulevez l'emporte-pièce, voyez s'il n'y a pas quelque défaut et remettez-le.

Faites l'autre emporte-pièce pareil.

Réunissez tous les débris de nougat sur la plaque, poussez-la au four; dans une minute, retirez le nougat, allongez-le en un petit boudin, aplatissez-le au rouleau, égalisez les bords et coupez des dents de loup assez fines que vous collerez au sucre, soit sur le bout de la coupe ou sur l'angle du socle, à votre goût.

Pour Monter la Pièce. — Mettez une cuiller à café de sucre semoule sur la plaque où était le nougat ou une autre plus petite, faites-le fondre, trempez le côté creux du morceau de nougat de l'emporte-pièce plus grand, posez-le sur le milieu du moule à génoise renversé, il se collera en refroidissant; trempez le plus petit dans le sucre bien chaud mais non coloré, sur les deux côtés, creux et plein, appliquez le côté plein sur le plein et posez vivement le fond du bol sur le côté creux bien au milieu, bien droit; éloignez-vous un peu pour voir si la coupe est droite, tant que le sucre est chaud vous pouvez corriger, après c'est fini, vous casseriez tout.

Collez sur le bord de la coupe les dents de loup ou des dragées, une blanche et une rose. Sur les gradins, collez des dents de loup ou des dragées.

Garnissez la coupe, au dernier moment, de chantilly ou de fruits frais glacés.

Coupes Jacques

Ces coupes de fruits frais sont devenues tout à fait à la mode. C'est un entremets très joli, très coquet, bon et facile à faire.

Voici une formule pour 12 coupes.

1 ananas frais ou en boîte d'un litre ; 125 gr. de fraises des bois ; 125 gr. de cerises Montmorency ; 2 abricots bien choisis ; 2 bananes un peu vertes ; quelques groseilles rouges et blanches, qui sont remplacées par des raisins à la saison ; 1 ou 2 oranges ; 1 jus de citron ; 1 verre à madère de kirsch.

LE SIROP

Formule : 125 gr. de sucre cassé ; 1 quart de litre de vin blanc, mousseux, de préférence : 3 kilos de glace ; 210 gr. de sel.

Opération. — Faites bouillir le sucre avec le vin et un peu de zeste de citron, on peut même le faire fondre à froid, si on le prépare d'avance.

LA MARINADE DES FRUITS. — Si l'ananas est frais, épluchez-le avec soin pour ne pas laisser des parties fibreuses. S'il est en boîte, il faut également le parer tout autour, il arrive très souvent qu'ils ne sont mondés que très superficiellement.

Dans un cas comme dans l'autre, enlevez une couche assez épaisse, comme une pièce de cinq francs ; coupez-le en carré pour faire 4 tranches bien fines, en jetant la colonne du milieu qui est ligneuse.

De ces tranches, faites des dés d'un demi-centimètre de côté, mettez ces dés dans un légumier ou dans une soupière qui ferme bien.

Passez au tamis de crin toutes les parures de l'ananas pour en extraire le jus et la purée. Ajoutez ce jus et cette purée ainsi que le jus de la boîte, si c'est ananas conservé est au sirop de vin, le jus du citron et le jus de ou des oranges. Les oranges doivent être pelées à vif et vous devez enlever les quartiers au couteau, dans leur cloison respective, pour ne pas laisser les fibres qui les tient réunis.

Pelez et coupez les abricots en dés ainsi que les bananes, mondez les fraises du pédoncule, égrappez les groseilles, lavez et ajoutez tous ces fruits à l'ananas, arrosez avec du bon kirsch ou du rhum, couvrez et mettez au frais, si c'est possible sur glace, ainsi que les verres, dits coupes à fruits, analogues aux verres dans lesquels on sert les glaces dans les établissements.

LA GLACE. — Avec le jus de l'ananas, des oranges, du citron et le sirop, vous devez avoir plus d'un demi-litre de liquide, qui doit marquer au pèse-sirop, à froid, de 16 à 18 degrés. Mettez un peu d'eau pour le descendre à 14 degrés.

Mettez ce sirop dans une glacière Maréchal ou une sorbetière ordinaire, cette dernière demande un kilo de glace en plus, cassez la glace en petits morceaux, saupoudrez-la avec le sel, entourez le moule de la glacière ou de la sorbetière et tournez vingt minutes avec la turbine ; si vous vous servez de la glacière Maréchal, il suffit de la détacher 3 fois avec la spatule et de la battre une minute après chaque opération. Laissez-la ainsi jusqu'au moment de servir.

POUR LES DRESSER. — Mettez dans chaque coupe une grande cuiller à bouche de fruits marinés et bien mélangés. Les coupes étant toutes remplies, couvrez les fruits avec une cuillerée de glace. Opérez rapidement et envoyez à table.

Couronnes d'Avelines

C'est une pièce montée d'assez heureux effet, meringuée et pralinée, solide, composée de dix cercles et d'un gros macaron, que des mains peu expérimentées dressent facilement. Elle se conserve tendre et de bon goût pendant longtemps. Les pâtissiers de la région de l'Est, où cette spécialité a de la vogue sur les tables bien servies et surtout les noces et banquets, sont jaloux de sa recette, fort simple comme on va voir.

Formule : 500 gr. de sucre glace ; 200 gr. de noisettes ; 50 gr. d'amandes douces ; 6 blancs d'œufs.

Opération. — Tracez d'abord, sur diverses feuilles de papier écolier, onze cercles de diamètres différents, de 3 à 18 centimètres, pour servir de mesures aux couronnes (3 cent., — 4 c. 5, — 6 c., — 7 c. 5, — 9 c, — 10 c. 5. — 12 c., — 13 c. 5., — 15 c., — 16 c. 5. — 18 c.), puis passez à la préparation de la pâte :

Mettez les amandes et les noisettes dans un linge, frottez-les par un mouvement de va-et-vient pour leur enlever la poussière brune qui les enveloppe.

Râpez-les si vous possédez une râpe à amandes, et pilez-les dans le mortier, les délayant avec quatre blancs d'œufs sans parcelle de jaune, pendant un bon moment.

Si vous ne disposez pas de râpe spéciale, pilez-les d'abord mélangées à deux blancs d'œufs, et ajoutez les deux autres blancs l'un après l'autre, en broyant toujours : il ne doit pas rester de parcelles de noisettes ni d'amandes.

Mettez le sucre et les deux derniers blancs, broyez et pilez encore pour rendre la pâte fine, moelleuse et légère ; versez dans une poche à pâte garnie d'une douille de fer-blanc unie, de 15 millimètres de diamètre, ou dans des cornets de papier dont vous coupez la pointe à la grosseur de la douille.

Pressez la poche ou le cornet sur les tracés des cercles de papiers posés sur des plaques de tôle prêtes à mettre au four, et couvrez-les sans hésitation en formant des cordons de pâte bien uniformes, réguliers, sans soudure apparente autant que possible ; remplissez de pâte le plus petit cercle, pour faire un macaron.

Humectez ensuite d'eau ou de lait les cordons et le macaron, à l'aide d'un pinceau. Mettez au four, à chaleur douce, l'excès de chaleur ne convenant pas pour l'amande qui brunirait. Comme la quantité du sucre est double de celle des amandes, la pâte s'étale, gonfle beaucoup et les couronnes ont de l'assise. S'il n'y avait pas eu plus de sucre que d'amandes, la grosseur des cordons n'eût pas varié au four.

Retirez du four après cuisson. Laissez refroidir.

Retournez les feuilles de papier ; mouillez le dessous et laissez humecter. Dans un instant, soulevez le papier, qui se détache alors facilement en le tirant un peu.

POUR MONTER LA PIÈCE. — Placez une feuille de papier dentelle sur une assiette montée ou sur un plat d'argent, et dressez les couronnes les unes sur les autres. On peut les coller entre elles, par une gelée de confiture de coings ; mais ce n'est pas nécessaire.

Craquelins allemands

Formule : 325 gr. de farine ; 200 gr. de sucre en poudre ; 250 gr. d'amandes hachées ou pilées avec le sucre ; 180 gr. de beurre ; 2 blancs d'œufs ; une très bonne pincée de cannelle en poudre.

Opération. — Mêlez le tout bien ensemble, formez-le en craquelins. Mettez sur une tôle et retirez-les du four lorsqu'ils se détachent de la tôle.

Crème aux abricots

Formule : 250 gr. d'abricots bien sains ; 200 gr. de sucre cassé à la main ; 4 blancs d'œufs moyens ; 1 décilitre d'eau filtrée ; 1/2 décilitre de vin blanc.

Opération. — Choisissez les abricots bien mûrs et de plein vent, coupez-les en deux, cassez les noyaux et enlevez la peau des amandes. Réunissez les abricots, les amandes et le vin blanc, dans une casserole ; cuisez-les en les remuant avec une spatule en buis, réduisez-les en purée assez consistante, passez cette purée au tamis de crin.

Cuisez le sucre avec le décilitre d'eau jusqu'au soufflé un peu épais, c'est-à-dire que les globules qui passent à travers l'écumoire, quand on souffle, ne sortent pas isolées, mais en une queue qui demeure consistante ; c'est presque le petit cassé.

Pendant cette cuisson, montez les blancs d'œufs assez fermes ; faites-vous verser le sucre en un filet assez fin et continu entre le fouet et la bassine, sur les blancs ; tournez toujours du même côté, pour éviter que le sucre se coagule en boule. Le sucre étant complètement incorporé, continuez à tourner soit à droite ou à gauche, cela n'a plus d'importance, jusqu'au moment où le meringage sera presque froid.

Mélangez la purée d'abricots, peu à peu, avec la spatule et non avec le fouet.

Garnissez un compotier en dôme, entourez la crème de demi-biscuits à la cuiller ou autres gâteaux secs.

On peut aussi garnir une charlotte en biscuits et l'entourer de glace, ainsi que le menschikoff. Voir cet article.

Crème à Éclairs et Choux à la crème

Formule : Demi-litre de lait; 125 gr. de sucre cristallisé; 25 gr. de farine; 4 jaunes et un œuf entier; une pincée de sel ; parfum à volonté.

Opération. — Triturez dans une casserole le sucre avec les jaunes; lorsque la composition aura blanchi, ajoutez l'œuf entier; battez un moment la farine, battez encore. Mouillez avec le lait et donnez un bouillon sur feu doux, en remuant sans quitter, avec une cuiller ou spatule en bois large et plate, pour éviter que la crème fasse des grumeaux et brûle.

Renversez-la dans un saladier, remuez-la deux minutes pour y mélanger le parfum qui doit la distinguer; café très fort, cacao en poudre, vanille pilée, rhum, kirsch, etc. orange ou citron, pralin, etc... Cette crème peut servir pour les choux, les éclairs, les profitroles, garnir des biscuits, et même pour crème au beurre, il suffit d'ajouter du beurre fin, lorsqu'elle est à moitié refroidie, et de continuer à la travailler pour la rendre légère.

On peut aussi garnir des biscuits et génoises par couches, ainsi que des petits gâteaux feuilletés, avant leur cuisson.

Elle peut également devenir une crème frangipane, en y ajoutant 125 gr. d'amandes broyées très fin avec deux œufs et 100 gr. de sucre en poudre. Cette crème sert pour garnir les tartes, les pithiviers et plusieurs autres grands gâteaux feuilletés servant d'entremets au déjeuner ou au dîner.

Crème fine dite anglaise

Formule : 10 jaunes d'œufs de 60 gr. chaque; 300 gr. de sucre cristallisé; un litre de lait; une pincée de sel fin; parfum à volonté.

Opération. — Faites bouillir le lait en le remuant et appuyant sur le fond de la casserole pour qu'il ne prenne pas; pendant cette ébullition, triturez à la spatule les jaunes, le sucre et le sel; ce mélange doit être fait très intimement: pour avoir une crème très fine, on ne doit voir aucune parcelle de jaune.

Versez lentement d'abord et ensuite tout le lait, remettez sur le feu en recouvrant jusqu'au moment où, sur le bord de la casserole, vous verrez la crème se détacher d'un côté et faire une bulle.

Versez la crème aussitôt dans un saladier ou autre récipient et remuez-la pour y donner de l'air, sans cela la chaleur acquise fera *tourner* la crème. D'un autre côté, si on ne pousse pas la cuisson jusqu'à cette petite ébullition, la crème conserve le goût d'œuf mal cuit, a une couleur jaune très désagréable à l'œil et le sucre domine au point de *barrer* l'estomac après quelques bouchées.

Je recommande de faire bouillir le lait pour éviter d'employer du lait qui tourne en cuisant avec les œufs et aussi pour ne pas tourner trop longtemps la crème sur le feu, travail fatigant et pénible lorsqu'il fait chaud. Évitez de faire bouillir la vanille, le parfum s'épuise en bouillant.

CRÈME POUR GLACER. — Ajoutez à la crème ci-dessus deux jaunes en plus et opérez de la même façon.

Crème pour blanc-manger panaché

Formule : 250 gr. de sucre cassé; 125 gr. d'amandes douces; demi-litre de lait; 6 amandes amères; demi-bâton de vanille; 6 feuilles de gélatine (10 gr.) ; un quart de litre de crème fouettée; quelques gouttes de carmin Breton; petit verre de kirsch.

Opération. — Faites blanchir les amandes dans un demi-litre d'eau bouillante, mondez, lavez-les, pilez-les très fin en y ajoutant peu à peu du lait. Passez cette purée avec torsion dans un linge grossier et résistant, repilez et repassez à nouveau. Mettez ce lait et celui qui reste dans une casserole avec le sucre, la vanille et la gélatine trempée et essorée; faites chauffer au bain-marie en remuant pour fondre la gélatine et le sucre, versez le liquide très chaud et non bouillant à travers une passoire fine dans deux récipients; dans une moitié, mettez quelques gouttes de carmin Breton et le petit verre de kirsch, laissez l'autre moitié telle que jusqu'au moment où le blanc-manger est presque froid. Mélangez dans chaque partie la moitié de la crème fouettée, légèrement sucrée; versez dans un moule à bordure, uni, genre savarin, la moitié de l'appareil rosé; laissez bien raffermir au frais, entouré d'un peu de glace ; versez la moitié de l'appareil blanc ; laissez raffermir, continuez de verser le rose et le blanc. Dans deux heures, vous pouvez renverser dans un plat rond après avoir trempé le moule dans l'eau tiède.

Garnissez le milieu d'une purée de fruits frais : fraises, framboises, abricots, pêches suivant la saison.

Crème au beurre prâlinée

Formule : 3 blancs d'œufs; 120 gr. de sucre cassé; un décilitre d'eau filtrée; une pincée de vanille; 100 gr. de beurre fin; 100 gr. d'amandes mondées; 100 gr. de sucre semoule.

LES AMANDES

Opération. — Faites bouillir un demi-litre d'eau, mettez 125 gr. d'amandes cassées, couvrez et attendez deux minutes. Egouttez-les dans une passoire, passez un peu d'eau froide dessus, enlevez les peaux en les pressant sur la table, une par une, entre le pouce et l'index. Lavez-les de nouveau, essorez-les sur un linge et mettez-les à sécher à la bouche du four sur une plaque.

Dans une cuisine bien organisée, on doit avoir toujours d'avance des amandes blanchies et séchées à l'étuve. En les séchant au feu, on risque de les colorer, tandis qu'à l'étuve, bien étalées sur une feuille de papier blanc, elles restent tout à fait blanches. Elles se tournent moins en huile, si on a besoin de les piler pour faire des macarons ou autres entremets.

LE PRALIN. — Préparées d'avance ou séchées au four pour faire du pralin, il est mieux de les colorer légèrement. Faites fondre le sucre semoule *sans eau* dans un poêlon en cuivre rouge; si vous vous servez d'une casserole étamée, l'étain fond et se mélange au sucre; si vous prenez une casserole émaillée, vous risquez de la faire craqueler et c'est une casserole perdue. Etendez les 100 gr. de sucre semoule sur le fond du poêlon, il commencera à fondre dans le milieu. Incorporez lentement le sucre, toujours dans le milieu, sans faire glisser celui du bord, vous feriez des grumeaux. Si le feu est trop vif, retirez-vous de temps en temps à côté; le sucre étant bien fondu, il fume et acquiert une couleur d'ambre brun; jetez les amandes grossièrement hachées, faites le mélange sur le feu, toujours avec une spatule en bois, et versez le tout sur un marbre huilé ou une plaque de tôle. Laissez bien refroidir. Pilez et passez-le au tamis n° 20.

LA CRÈME. — On peut faire une crème pâtissière avec 3 jaunes d'œufs, 70 gr. de sucre semoule ou cristallisé, une cuiller à café de farine et un quart de litre de lait, dans laquelle on amalgame le beurre et le pralin. J'indique de la faire aux blancs, parce que, dans les cuisines, ce sont toujours les blancs qui embarrassent, on est bien aise de savoir les utiliser. La crème est aussi fine, elle est plus légère et onctueuse; c'est un peu plus pénible, mais l'économie est notable.

Cuisez le sucre cassé au soufflé, faites-le verser sur les blancs pendant que vous battez toujours, ajoutez en petits morceaux le beurre et, lorsqu'il est incorporé, le pralin.

Cette crème sert à faire toutes sortes de gâteaux, grands et petits.

Crème de Cassis

Formule: 500 gr. de cassis bien mûr, égrappé; 1.000 gr. d'alcool à 95 degrés; 500 gr. de sucre cassé à la main ; 600 gr. d'eau filtrée.

Opération. — Faites macérer le cassis dans l'alcool pendant un mois; passez le jus dans un bocal ; mouillez le marc avec 500 gr. d'eau et pressez-le pour en extraire tout le jus possible.

Mouillez le sucre avec 100 ou 125 gr. d'eau filtrée, soit un décilitre; mettez-le à côté ou sur un feu doux; aussitôt fondu, retirez-le et faites-le refroidir.

Mélangez le sirop, l'eau du marc et le jus; filtrez au papier Laurent ; mettez en bouteilles et attendez un mois minimum.

Crème au Chocolat pour glacer

Formule : 300 gr. de sucre semoule ; un litre de lait non écrémé ; 12 beaux jaunes d'œufs, bien frais ; 125 gr. de chocolat fin ; une pincée de sel ; un quart de bâton de vanille.

Opération. — Travaillez le sucre et les jaunes d'œufs réunis, à l'aide de la spatule, pendant que le chocolat est mis à ramollir à la bouche du four, et le lait à bouillir. (C'est une faute que de faire fondre le chocolat dans le lait, il perd de son arôme). Travaillez fortement ; de ce premier travail dépend la finesse de la crème. Ajoutez le chocolat, mélangez-le, sans qu'il reste de grumeaux ; mouillez avec le lait, peu à peu ; donnez un bouillon, sans crainte. Aussitôt la production de la cloque qui annonce l'ébullition, versez la crème dans un saladier et remuez-la pendant cinq minutes pour lui donner de l'air et la refroidir.

Glacez comme se glacent toutes les autres crèmes.

Crème renversée au chocolat

Formule : 1 litre de lait : 200 gr. de sucre cristallisé ; 8 jaunes d'œufs moyens ; 2 œufs entiers ; une pincée de sel, vanille ; 125 gr. de chocolat.

Opération. — Cassez le chocolat et faites-le chauffer sur une plaque à la bouche du four pendant que vous faites bouillir le lait. En même temps travaillez le sucre avec les jaunes d'abord, dans un saladier pendant 5 minutes ; ajoutez un œuf et travaillez 3 minutes, l'autre œuf et même travail. Vous devez avoir une pâte qui est légère et d'un jaune pâle.

Salez. Versez le lait peu à peu d'abord, pour bien mélanger, et le tout ensuite ; versez dans la casserole où le lait a bouilli.

Mettez le chocolat dans le saladier, triturez-le avec une cuiller de bois, en ajoutant peu à peu, pour éviter les grumeaux un peu de crème ; le chocolat étant bien délayé, mélangez-le à la crème et vannez une couple de fois en versant dans le saladier et la casserole.

Mettez une pleine cuiller à bouche de sucre semoule dans un moule à charlotte en cuivre contenant un litre et demi ; posez-le sur le feu vif et laissez-le fondre sans le remuer autrement qu'en penchant le moule ; dès que la couleur d'ambre est obtenue, enlevez le moule et plongez le fond dans de l'eau froide.

Versez-y dedans la crème, posez le moule dans une casserole moins haute que lui, mettez de l'eau bouillante presque jusqu'au bord de la casserole, faites bien reprendre le bouillon, couvrez la crème d'un papier, mettez-la au four, sans bouillir, de 50 à 60 minutes. Détachez tout le tour avec un couteau, en haut seulement. Appuyez les doigts au milieu et, si la crème résiste, retirez-la du four.

Laissez refroidir dans l'eau au moins une heure, puis exposez-la dans un courant d'air très froid ou mettez sur glace.

Il suffit de la renverser dans un compotier et d'enlever le moule lentement et bien droit. Certaines personnes servent un sirop à la vanille ou une crème fine ; cela nous paraît compliquer le service et alourdir la crème.

Du reste c'est une affaire de goût.

Crème de fleurs d'oranger

Formule : Pétales de fleurs d'oranger, 110 gr. net ; alcool à 90°, 1 litre ; sucre cassé à la main, 800 gr. ; eau filtrée pour fondre le sucre, un demi-litre.

Opération. — Triez les pétales avec soin, il ne faut pas mettre de feuilles roussies, ni calices, ni pistils.

Réunissez le sucre et l'eau dans un poêlon en cuivre non étamé, donnez un bouillon, retirez du feu, versez-y les pétales, couvrez et laissez infuser 8 à 10 minutes.

Filtrez à la chausse ou au tamis de soie, mélangez l'alcool, mettez en bouteille.

Si dans une quinzaine il y a un dépôt, filtrez à nouveau.

Ce procédé peut s'appliquer aux fleurs de rose, réséda, jasmin, lis, etc., etc.

Crème de fraises

Formule : 1 kilo net de fraises très saines, récemment cueillies ; 1 litre alcool ; 1 kilo 500 gr. de sucre cassé à la main ; 1 litre un quart d'eau filtrée.

Opération. — Lavez les fraises, écrasez-les dans un saladier pendant que vous faites bouillir l'eau et le sucre en bassin émaillé ou en cuivre non étamé.

Retirez le sucre du feu, versez-y les fraises, couvrez quelques instants, filtrez à la chausse en molleton ou sur un tamis en crin.

Mélangez l'alcool, mettez en bouteilles. Si le mélange est nuageux, après quelques jours de repos, filtrez au papier Laurent.

Crèmes de framboise

Formule : 1 kilo framboises fraîches cueillies, très saines, net; 1.250 gr. de sucre cassé à la main ; 1.500 gr. d'eau filtrée (1 litre 1/2).

Opération. — Donnez un bouillon au sucre avec l'eau ; écrasez les framboises dans un saladier, retirez le sirop du feu, versez-y les framboises, couvrez et laissez refroidir. Mélangez l'alcool, remuez un moment, passez une première fois au tamis de crin avec pression, filtrez ensuite et mettez en bouteilles. Tenez les bouteilles de toutes les liqueurs et crème dans un endroit sec à température modérée et constante autant que possible.

Crème aux pêches

Formule : 300 gr. de sucre cassé à la main ; 5 beaux blancs d'œufs ; 5 belles pêches bien mûres et saines ; 1/2 bâton de vanille ; 1 décil. d'eau.

Opération. — Faites bouillir un demi-litre d'eau, trempez une pêche 30 secondes, retirez-la et mettez-en une autre, mondez la première vivement et aïnsi de suite pour les autres. Passez la pulpe au tamis de crin et non pas en fer, la purée noircirait et prendrait le goût du fer. Nettoyez le tamis, secouez-le pour bien sortir l'eau, remettez la purée dessus et laissez égoutter sans secouer le tamis. Ceci a pour but de faire tomber l'excès d'eau.

Mouillez le sucre et faites-le cuire au soufflé, ajoutez la vanille aux derniers bouillons de sucre. Montez les blancs d'œufs bien fermes, faites-vous verser le sucre lentement sur les blancs et non sur le fouet, ni la bassine, entre les deux sur le bord, tournez vivement et sans quitter, c'est indispensable ; tournez un moment après l'incorporation du sucre. Relevez la purée de pêche avec une cuillère à bouche, mélangez-la au meringuage avec la cuillère. Versez la crème en pyramide dans un compotier. Servez des biscuits à la cuillère en même temps.

Crème de curaçao, par macération

Formule : 500 gr. cacao caraque torréfié ; 500 gr. cacao Porto-Cabello torréfié ; 25 gr. vanille du Mexique (en gousses) ; 250 gr. de sucre raffiné cassé ; 1 litre et demi d'alcool à 85° ; un litre d'eau filtrée.

Faites macérer pendant 15 jours.

Opération. — Mettez les cacaos torréfiés dans un bocal et la vanille ; ajoutez l'alcool et l'eau mélangés, puis le sucre, sans remuer pendant 2 jours ; ensuite vous remuez la masse tous les jours jusqu'à la fin de la macération ; décantez, filtrez et ajoutez :

3 litres alcool bon goût à 85° ;

3 kilos sucre raffiné, fondu dans 1 litre et demi d'eau filtrée.

Après avoir fait ce mélange, laissez reposer pendant deux jours, puis vous filtrez à la chausse collée de papier. Cette liqueur, comme toutes celles qui sont fabriquées par macération, sont susceptibles de déposer. C'est pourquoi il faut la filtrer jusqu'à ce qu'elle soit devenue absolument limpide. Mettez en bouteilles de verre noir que vous bouchez et placez dans un endroit frais et sec, à l'abri de la lumière.

Crème de Moka

Formule : 500 gr. de café moka ; 3 litre d'alcool à 90° ; 3 kilos de sucre cassé à la main ; 2 litres d'eau filtrée.

Opération. — Torréfiez le café d'un blond doré, pilez-le grossièrement dans un mortier plutôt que de le moudre.

Faites-le infuser dans l'alcool pendant trois jours. Filtrez au papier Laurent.

Faites bouillir l'eau avec le sucre, mélangez et mettez en bouteilles.

Cette recette donne environ 8 litres.

Crème de Roses

Formule : 500 gr. pétales de roses de Provins ; 1 kilo d'alcool à 90° ; 3 kilos de sucre en poudre ; 1 kilo d'eau filtrée.

Opération. — Mettez dans un bocal des couches successives de pétales de roses et de sucre. Tenez-le exposé dans un endroit très frais. Lorsque le sucre sera fondu, ajoutez un litre d'eau froide.

Filtrez et mettez en bouteilles.
Produit 3 litres environ.

Crème de Thé

Formule : 75 gr. de thé vert, 1" qualité ; 2
kilos d'alcool à 90° ; 2 k. 500 gr. de sucre
cassé à la main ; 4 litres et demi d'eau filtrée.

Opération. — Faites bouillir deux litres
d'eau, retirez du feu, mettez le thé, couvrez hermétiquement et laissez infuser 20
minutes. Mélangez l'infusion avec l'alcool
et 1 litre 1/2 d'eau. Faites bouillir le sucre
avec 1 litre d'eau. Filtrez la liqueur et
mélangez.

Produit environ 6 litres.

Crème de Vanille

Formule : 18 gr. de vanille, 1" qualité ; 2 litres
alcool à 90° ; 800 gr. de sucre cassé à la
main ; 1 litre d'eau filtrée.

Opération. — Faites infuser la vanille
dans l'alcool pendant trois jours.

Faites bouillir le sucre avec l'eau, mélangez et filtrez.

Toutes ces liqueurs peuvent servir à
parfumer la pâtisserie et les glaces. Les
recettes peuvent se diviser facilement en
deux.

Crème de Cédrat

Formule : 200 gr. écorce de cédrats ; 100 gr.
écorce de citrons ; 1.500 gr. alcool à 90° ;
1.500 gr. sucre cassé à la main , 2.000 gr.
eau filtrée.

Opération. — Mélangez un litre d'eau,
l'alcool et les deux écorces ; faites infuser
pendant 10 jours.

Faites fondre le sucre avec un litre
d'eau, ajoutez le sirop, filtrez et mettez en
bouteilles.

N.-B. — Il est mieux de faire infuser
dans un endroit tiède, la cuisine par
exemple Le sucre doit bouillir, si on veut
obtenir un sirop plus limpide et plus
sucré.

Crème d'Anis

Formule : 50 gr. de graines d'anis vert ;
1.000 gr. d'alcool à 90° ; 1.000 g . sucre
cassé à la main ; 1.250 gr. d'eau filtrée.

Opération. — Mélangez un litre d'eau
filtrée avec l'alcool et les grains d'anis
vert ; bouchez ; faites infuser 10 jours.

Faites fondre le sucre avec un quart de
litre d'eau filtrée ; mélangez à l'infusion
et filtrez. Mettez en bouteilles.

Crème de Menthe

Formule : 600 gr. de menthe crépue ; 30 gr.
mélisse ou citronnelle ; 15 gr. de sauge
officinale ; 16 gr. de gingembre ; 10 gr. de
macis ; 3 litres d'alcool à 90° ; 3 kilos de
sucre cassé à la main ; 2 litres d'eau filtrée.

Opération. — Mélangez dans un bocal
l'alcool, un litre d'eau filtrée et les aromates ; faites infuser huit jours.

Fondez le sucre avec un litre d'eau
filtrée. Mélangez à l'infusion et filtrez.

Mettre en bouteilles à mesure.

Crème frite

Formule : Demi litre de lait ; 125 gr. de sucre
semoule ; 60 gr. de farine ; 2 œufs entiers et
3 jaunes ; zeste de citron ; fleur d'oranger ou
vanille ; un grain de sel.

Opération. — Mélangez le sucre et les
deux œufs, ajoutez les jaunes un par un et
battez toujours avec une spatule en bois ;
ajoutez la farine et le sel, puis le lait froid.
Faites bouillir sur un feu doux en remuant
avec beaucoup d'attention et appuyez sur
le fond de la casserole ; après un bouillon,
étendez-la sur un plat beurré et faites
complètement refroidir.

Coupez des carrés, des losanges ou des
ronds, passez à l'œuf battu, à la mie de
pain frais émiettée, faire frire peu à la fois
dans de la friture abondante. Ne se sert
qu'à déjeuner et très chaude, dressée sur
serviette.

Crème renversée de ménage

Formule : 140 gr. de sucre semoule ; 2 œufs de
60 gr. chaque ; 4 jaunes d'œufs frais ; une
pincée de sel fin ; un quart de bâton de
vanille ; un demi litre de lait ; un moule à
charlotte de 11 cent. de diam. ; cuisson :
45 à 50 minutes.

Opération. — Avant tout, commencez
par caraméliser le moule qui doit être, de
préférence à tout autre métal, en cuivre
étamé. Tâchez d'avoir la plaque du fourneau rouge, ce qu'il est facile d'obtenir en
ne remuant pas le charbon et surtout en
n'en mettant pas beaucoup à la fois dans

le foyer du fourneau. Posez le moule dans lequel vous avez éparpillé également sur toute la surface une cuillerée à bouche de sucre semoule, prise sur la quantité pesée. Ne mettez pas d'eau, c'est un mauvais procédé. Si on en met beaucoup, on croit avoir le temps de faire autre chose, et quand on regarde le sucre, il est noir : c'est une perte de temps très grande, il faut faire tremper le moule, le récurer et enlever l'étain. Si vous en mettez peu, le sucre fond mal et il se grène par places. En le laissant fondre à sec et tout seul, pourvu que l'on surveille et que l'on tourne le moule, pour répartir également la chaleur, on obtient un caramel ambré, brillant et de bon goût.

Tenez à côté de vous une casserole ou autre récipient avec un peu d'eau froide ; dès que le sucre est bien à point, enlevez le moule du feu avec un torchon bien sec, si vous ne voulez pas vous brûler ; faites glisser le caramel par tout le fond du moule et trempez le fond dans l'eau froide pour arrêter la cuisson.

Mettez le moule de côté et le lait sur le feu. Travaillez le sucre dans un saladier avec les 4 jaunes ; servez-vous d'un petit fouet en fil de fer plutôt que d'une cuiller blanchissez les jaunes en les travaillant une minute sans cesser ; salez, ajoutez un œuf entier, travaillez un bon moment. Le lait doit bouillir ; retirez-le du feu, mettez la vanille, couvrez et continuez de travailler sucre et œuf ; incorporez le dernier œuf, et, lorsque vous verrez que le mélange est bien lisse et léger, versez le lait petit à petit en tournant le fouet.

Pour bien mélanger œuf, lait et sucre, transvasez deux ou trois fois du saladier dans la casserole au lait et réciproquement. Passez au tamis ou dans une passoire fine et dans le moule. Mettez celui-ci dans une casserole un peu moins haute que lui, versez dedans de l'eau froide jusqu'à la moitié de la hauteur du moule, faites bouillir sur le fourneau, couvrez avec un couvercle ou un papier fort et faites cuire au four sans laisser bouillir l'eau, jusqu'à ce que la crème soit ferme.

Laissez-la refroidir dans de l'eau, et servez-la bien froide.

Crème renversée au pralin

Formule : 1 litre de lait ; 250 gr. de sucre semoule ; 8 jaunes d'œufs ; 2 œufs entiers ; un peu de vanille.
Le pralin. — 100 gr. de sucre semoule ; 100 gr. d'amandes douces hachées.

Opération. — Prenez un moule à charlotte de 10 cent. de hauteur, sur 14 cent. de diamètre. Mettez les 100 gr. de sucre semoule et faites-le fondre sur le feu en le remuant avec une cuiller de bois ; aussitôt bien fondu et légèrement coloré, ajoutez les amandes et faites-les tourner sans quitter une minute. Renversez sur une plaque ou sur un marbre légèrement huilé.

Laissez refroidir pendant que vous préparez la crème.

Faites bouillir le lait en le remuant de temps en temps. retirez-le du feu et mettez la vanille, couvrez.

Clarifiez les jaunes, c'est-à-dire que vous mettez les blancs à part et les jaunes dans un saladier avec les 2 œufs entiers et le sucre.

Travaillez cet appareil avec un fouet pour le rendre bien blanc et léger.

Ecrasez le pralin avec le rouleau à pâtisserie ou dans le mortier, passez-le au tamis n° 20, repilez ce qui n'est pas passé, mettez le tout dans le lait ; versez peu à peu du lait dans les œufs, puis les œufs dans le lait, renversez plusieurs fois, du saladier dans la casserole ; finalement, passez-le dans le moule à charlotte. Posez le moule dans une casserole moins haute que le moule, mettez de l'eau bouillante jusqu'au bord de la casserole, poussez au four pas trop chaud, couvrez la crème avec un papier beurré, laissez cuire sans bouillir une heure un quart.

Cette crème doit se servir très froide et sans aucune sauce.

Les Crêpes

Pour faire les crêpes, il suffit d'avoir une bonne poêle épaisse et un feu bien clair. Prenez un petit morceau de lard gras que vous piquez au bout d'une fourchette du côté de la couenne ; trempez ce dernier dans du beurre frais fondu et frottez la poêle bien chaude ; versez-y dedans une petite poche de pâte que vous étalez en renversant la poêle de droite à gauche, laissez cuire et donnez un coup avec la paume de la main sur la queue de la poêle pour détacher la crêpe, retournez-la en la sautant. Assurez-vous qu'elle est cuite et faites-la glisser dans une assiette. Tenez au chaud et opérez de même pour le reste de la pâte. Les crêpes étant finies, saupoudrez-les de sucre, roulez et servez chaud.

Crêpes Antoinette

Formule : 250 gr. de farine; 3 œufs entiers; 2 cuillerées d'huile; 2 cuillerées de rhum; 2 cuillerées d'anisette; 60 gr. de beurre; 1 décilitre de vin blanc; 1 décilitre de lait; un peu de sel fin.

Opération. — Battez les jaunes avec l'huile, le rhum, l'anisette, le sel et le vin blanc; ajoutez : 1º la farine et travaillez-la un moment avec la cuiller de bois; 2º le beurre fondu, finalement le lait, couvrez et tenez à la cuisine jusqu'au moment de cuire les crêpes.

Battez les blancs en neige, mélangez-les à la pâte et faites les crêpes comme d'ordinaire, à la poêle sèche.

Crêpes Colombié

Formule : 250 gr. de farine; 3 gros œufs; 3 cuillers d'huile d'olive; sel; zeste de citron; un verre à madère de rhum; un décilitre de bière; la quantité nécessaire d'eau tiède.

Opération. — Travaillez la farine, les œufs, les condiments, la bière, puis l'eau. Laissez reposer la pâte à la cuisine, 3 heures au moins. Opérez comme pour les autres crêpes.

Crêpes normandes

Formule : 500 gr. de farine de gruau; 6 œufs entiers; 2 décilitres d'eau filtrée; 1 décilitre de vin blanc ou de cidre; 1 verre à madère de calvados; une cuillerée à café de sucre en poudre; une cuillerée de sel fin; 3 cuillerées d'huile d'olive; une cuillerée d'eau de fleurs d'orangers.

Opération. — Mettez la farine tamisée dans une terrine. Commencez par délayer celle-ci avec les œufs, l'huile, le sel, le sucre et le cidre ou le vin blanc; travaillez un peu, ajoutez l'eau, le cognac et l'eau de fleurs d'oranger. Continuez à travailler la pâte jusqu'à ce qu'elle soit bien détrempée, laissez-la reposer deux heures dans un endroit un peu chaud.

Crêpes au sarrasin avec pommes

Formule : 120 gr. de farine de sarrasin; 120 gr. farine gruau; 3 à 4 œufs; 2 décil., environ de lait; 15 gr. de levure; 1 cuiller de sucre en poudre; 5 gr. de sel; 3 belles pommes; saindoux ou beurre fondu pour frire.

Opération. — Délayez dans une petite terrine la levure avec la moitié du lait, ajoutez la farine tout à la fois, faites la pâte avec une cuiller en bois; si elle n'est pas assez légère, ajoutez-y un peu de lait; laissez lever 1 ou 2 h., dans un endroit bien chaud, elle doit doubler de volume, avant que de frire les crêpes; ajoutez-y du sel, 1 cuiller de sucre, les œufs battus, la seconde moitié du lait, la pâte doit être coulante; étendez-la aussi mince que possible dans une poêle contenant du saindoux ou du beurre fondu, posez sur la pâte quelques rondelles de pommes pelées et coupées; quand la pâte est cuite d'un côté, retournez-la à l'aide d'un couvercle ou d'un couteau mince.

Cette mesure donne environ 8 à 10 crêpes de 30 centimètres de diamètre. La farine de froment peut remplacer la farine de sarrasin, mais le goût change.

Croquets à l'Anis

Formule : 2 beaux œufs entiers; 200 gr. de sucre semoule; 200 gr. de farine; 5 gr. d'anis vert ou de cumin.

Opération. — Mettez l'anis ou le cumin dans un verre d'eau, pour que le sable ou la poussière tombent au fond.

Beurrez assez grassement une plaque de tôle de 0,40 × 0,30, un peu épaisse; le beurre étant figé, farinez-la. Battez un œuf entier pour dorer les deux bandes avant d'enfourner.

Cassez les œufs dans la bassine à blanc ou un saladier; ajoutez le sucre et montez avec un fouet un peu grand et fort, pendant au moins 10 minutes.

Cette pâte est assez dure à travailler, il faut pourtant la monter pour que les croquets soient bien légers. Lorsqu'elle sera blanche et légère, mélangez l'anis, que vous pêchez à la main et que vous exprimez pour faire sortir l'eau ; après quelques instants de travail, ajoutez la farine en la mélangeant avec la spatule de buis, réservée spécialement à la pâtisserie.

Versez la moitié de la pâte sur un côté de plaque et l'autre moité sur l'autre côté, vous devez obtenir deux bandes de pâte de 25 centimètres de long sur 10 de large chaque.

Avec un carton, faites tomber la pâte en long, opérez avec rapidité pour qu'elle ne s'écarte pas trop, lissez et dorez-la le plus vite possible et mettez au feu chaleur moyenne.

Si vous la voyez prendre trop de couleur, couvrez d'un papier. Dans 25 minutes, assurez-vous en appuyant les doigts dessus que la pâte est assez cuite pour pouvoir la couper.

Prenez une bande sur la table, avec un couteau à lame mince et un peu longue, coupez en travers des biscottes de 1 cent. d'épaisseur, coupez l'autre bande qui est restée à la bouche du four.

Essuyez la plaque, posez les biscottes une par une et se touchant sur les côtés taillés; remettez au four pour les sécher et les dorer sur la tranche.

Se conserve en boîtes : cette biscotte est très saine, elle est fébrifuge et anti-flatueuse ; dans les maisons où il y a des enfants en bas âge, on ne devrait jamais en manquer. C'est du reste fort peu coûteux.

Croissants aux Pignons

Avec la pâte suivant la formule « Bâtons à la vanille » (page 8, vous pouvez faire des petits croissants, qui sont encore meilleurs que les bâtons à la vanille.

Faites des petites boules avec la pâte, comme une grosse noisette, roulez-les en petites navettes, c'est-à-dire allongées légèrement et pointues dans les deux bouts; mouillez l'intérieur de vos deux mains avec du blanc d'œuf battu et jetez-les dans des pignons ou des amandes hachées, qu'elles s'en chargent bien ; posez-les sur

plaque beurrée et farinée et courbez-les en forme de croissant.

Même cuisson que les bâtons à la vanille.

Croissants de Boulanger

Formule (pour 12 croissants) : 250 gr. de farine de gruau ; 125 gr. de beurre bien ferme ; 15 gr. de levure de bière pressée, ou 20 gr. de levure liquide ; 3 gr. de sel fin ; autant de sucre ; 1 jaune d'œuf frais ; 1 demi-verre ordinaire de lait tiède.

Opération. — Faites une couronne sur la table, avec la farine tamisée ; dans le milieu, mettez la levure, délayez-la complètement avec deux ou trois cuillerées de lait, joignez le sel, le sucre et le jaune d'œufs, triturez un moment et ajoutez du lait pour obtenir une pâte presque molle, dont vous formez une boule. Mettez cette boule sur une assiette saupoudrée de farine, tailladez-la avec le couteau par deux raies en croix, couvrez avec un linge, et laissez-la doubler de volume, environ deux heures.

Etendez-la légèrement sur la table farinée, mettez le beurre dans le milieu, repliez les bords par dessus et donnez deux tours, exactement comme pour du feuilletage. Mettez-la au frais un quart d'heure. Donnez deux fois deux tours à un quart d'heure d'intervalle, et laissez-la reposer pendant dix minutes.

Divisez la pâte en deux, et chaque moitié en six morceaux égaux.

Etendez un morceau en carré de 10 à 12 centimètres de côté, roulez-le par un angle sur lui-même imitant un cigare plus gros au milieu que dans les bouts ; soulevez-le avec les deux mains, posez-le sur une plaque de tôle bien propre et donnez-lui la forme d'un fer à cheval ou croissant. N'oubliez pas qu'un angle doit se trouver au-dessus et au milieu du croissant.

Laissez lever une deuxième fois pour que la pâte se double presque de volume.

Cuisez au four un peu chaud, de 15 à 20 minutes.

A cause du temps assez long que demande cette préparation, il n'est guère possible de faire la pâte le matin pour avoir les croissants dans la matinée. Il faut donc les faire dans l'après-midi, et les cuire le soir.

Croquettes de marrons

Formule : 250 gr. de débris de marrons glacés ; 30 gr. de beurre très fin ; 3 cuillerées de lait ; pincée de sel, de vanille en poudre ; deux jaunes et un blanc d'œuf ; un œuf entier et le blanc pour paner les croquettes ; 125 gr. de mie de pain rassis passée au tamis de fer n° 20 ou dans une passoire mi-fine.

Opération. — Chauffez les débris de marrons avec le lait au bain-marie un quart d'heure, sautez-les deux fois pour que le lait les ramollisse tous au même degré ; passez-les au tamis dans lequel vous venez de passer la mie de pain, parce qu'après les marrons il faudrait le laver et sécher ce qui vous ferait perdre du temps.

Remettez la purée dans la casserole, ajoutez le sel, le parfum et le beurre, triturez, puis l'œuf entier et le jaune. Versez sur une assiette, laissez refroidir ; roulez la pâte sur la table saupoudrée de sucre glace au lieu de farine ; taillez les croquettes, donnez-leur la forme qui vous plaît, rondes, en pommes, en poires, en bouchons ; battez l'œuf et le blanc, passez-y les croquettes et roulez-les dans la mie de pain ; faites-les frire comme d'habitude à friture abondante et chaude. Dressez sur serviette.

Servez une gelée chaude ou un salpicon de fruits en même temps.

Croquettes de Riz

Formule : 120 gr. de riz ; 60 gr. de sucre semoule ; 3 jaunes d'œufs : pincée de sel ; vanille.
Pour les paner : deux blancs d'œufs, une demi-livre de mie de pain rassis, passée au tamis.

Opération. — Lavez le riz à plusieurs eaux froides, mettez-le dans un demi-litre d'eau froide, une pincée de sel et donnez un bouillon. Egouttez le sur un tamis ou passoire. Dans la casserole du riz, faites bouillir le lait moins 3 cuillerées à bouche, jetez-y le riz, remuez seulement le temps de l'empêcher de se coller, quelques secondes ; couvrez-le et laissez-le cuire une

demi-heure à tout petit feu très doux, sans le remuer. Ajoutez le sucre, le peu de lait mis de côté et laissez encore 5 minutes.

Retirez la casserole du feu, saupoudrez d'un peu de sucre vanillé, liez avec les 3 jaunes, versez sur une assiette et laissez complètement refroidir couvert d'une feuille de papier.

Renversez le riz sur la table, saupoudrez de mie de pain et non de farine, roulez-le en forme de boudin, découpez des morceaux de la grosseur d'une belle noix, donnez-leur une forme ronde de bouchon, de pomme, de poire ; passez-les dans les blancs d'œufs battus et la mie de pain ; faites-les frire en pleine friture juste le temps de les dorer.

Si vous avez fait des pommes, sucrez-les et, sur le milieu, enfoncez légèrement un raisin de corinthe ; pour les poires, mettez une queue avec un bout d'angélique. Dressez sur serviette, servez en même temps une confiture de groseille chaude, ou un salpicon de fruits. (Voir l'article).

Croûte au Madère

Cet entremets peut être fait de deux façons : économique, pour *entre soi*, ou bien magnifique pour un déjeuner officiel.

Il faut remarquer qu'une croûte au madère, aussi riche soit-elle, est un entremets trop sans façons pour un dîner de gala.

Formule n° 1 (façon économique pour 6 personnes): 100 grammes de raisins de Smyrne ; 100 gr. de raisins de Corinthe ; 100 gr. de chinois ; 100 gr. d'angélique ; 100 gr. de cerises mi-sucre ; quelques fruits frais de la saison ; un pot de confiture d'abricots ; un verre à madère de kirsch ou rhum un déci litre d'eau ou de vin blanc ; 120 gr. de mie de pain, de desserte de brioche ou de savarin.

Opération. — Frottez les raisins entre les mains, avec un peu de farine pour bien détacher les queues ; passez-les dans une passoire à gros trous et assurez-vous qu'il ne reste pas de pierres.

Passez à l'eau tiède 2 chinois et l'angélique, coupez-les en dés, les cerises en deux ; réunissez tous ces fruits dans un bol avec le kirsch ou le rhum.

Décuisez l'abricot avec le vin blanc et passez-le au tamis, faites-le réchauffer dans la casserole. Pendant cette opération, faites glacer le pain ou la brioche au four, ainsi qu'il suit.

Coupez des tranches rondes ou en rectangles, minces d'un demi-centimètre; saupoudrez largement de sucre-glace, posez sur une plaque et mettez au four très chaud et surtout élevez la plaque, en sorte que la chaleur tombe sur le sucre et le caramélise très vite.

Laissez refroidir une minute, dressez en couronne sur un compotier ou plat rond.

Versez les fruits dans la marmelade chaude, donnez un tour avec la cuiller d'argent, pour mélanger sans rien briser ; versez au milieu des croûtes et servez.

Formule n° 2 (façon riche, pour 6 personnes) : 2 oranges de bonne qualité; 125 gr. de raisins frais, blancs; 125 gr. de raisins frais, noirs; 2 ou 3 bananes pas trop mûres; 60 gr. de fraises des bois ; 2 pêches et 3 abricots, des cerises fraiches, à la saison; de l'ananas autant qu'on peut; le jus d'une belle mandarine; 1 décilitre de vin blanc; 1/2 décilitre de marasquin; un pot de marmelade d'abricots; une brioche à tête de 1 fr. 50 ou 2 fr., rassise autant que possible.

Opération. — Coupez la tête de la brioche un peu bas; l'ouverture doit être assez large pour ne pas gêner le couteau avec lequel vous creusez la brioche.

Autant que possible, enlevez l'intérieur entier pour pouvoir couper des tranches qu'il faut glacer en même temps et de même que la brioche, tête et timbale.

Préparez l'abricot, comme précédemment, et, aussitôt passé, ajoutez le marasquin, les bananes coupées en dés, les cerises mi-sucres ou les nouvelles sans noyau et sans jus ; les fraises, le jus et la mandarine, les pêches ou les abricots coupés en quartiers, les raisins avec un soupçon de queue, pour qu'ils ne se brisent pas ; enfin, les oranges, qu'il est facile de conserver les quartiers entiers. Enlevez les deux faces plates de l'orange, pelez-les à vif, avec un couteau à lame fine et tranchant bien, qu'il ne reste pas du tout de blanc. Passez la lame entre chaque cloison sur la peau et vous enlevez des petits quartiers, sans un fil ni une graine.

Posez la brioche sur une serviette à thé, dans un plat d'argent, rond, entourez la base avec les lames de brioches glacées.

Au moment de servir, remuez très peu les fruits, versez dans la brioche, couvrez avec la tête et envoyez à table un peu chaud.

Croûte aux Pêches

Pour préparer cette croûte très rapidement, on peut opérer de deux façons :

Faites ou commandez chez le pâtissier une brioche moulée dans un moule à savarin de vingt centimètres de diamètre ; ou achetez une brioche ordinaire, découpez-la en tranches que vous saupoudrez de sucre-glace que vous faites glacer pendant quelques minutes à four très vif, dressez ces tranches en turban; mettez les pêches au-dessus, arrosées avec le sirop.

J'ai procédé autrement au cours de la cité d'Antin, pour obtenir deux entremets à la fois. Ayant préparé une demi-livre de pâte à brioche, faite comme elle est indiquée dans l'article, j'en pris le tiers et en garnis un moule à savarin de 20 centimètres, tandis que je mis les deux autres tiers dans un moule à charlotte de 14 centimètres et laissa lever presque jusqu'à la hauteur du bord du moule. Les deux parties étant cuites, la grosse brioche me servit au thé de 5 heures ; et l'autre fut gardée pour la croûte du lendemain, dont voici la recette.

La Garniture

Formule : Un kilog. de pêches moyennes 1 douzaine environ ; 250 gr. de framboises ; 250 gr. de sucre, cristallisé ou en morceaux; une cuillerée à bouche de jus de citron; un quart de litre d'eau filtrée, froide.

Opération. — Mettez à mesure les pêches pelées dans de l'eau froide, légèrement acidulée de citron.

Le sucre, l'eau, le jus de citron et *les pelures de pêches* dans un sautoir de 20 cent. de diamètre ; couvrez et laissez infuser pendant une demi-heure.

Donnez un bouillon à ce sirop ; enlevez les pelures avec une écumoire, ajoutez les pêches, laissez reprendre le bouillon, couvrez et tenez le sirop frémissant, jusqu'au moment de dresser la croûte.

Tenez la brioche à l'étuve pour la faire dégourdir, à chaleur très douce, pendant cette opération.

Pour Dresser. — Placez la brioche ou les rondelles de brioche dans un plat rond, et remplissez l'intérieur avec les pêches montées en pyramide.

Jetez les framboises dans le sirop, donnez un fort bouillon, tamisez le sirop sur les pêches tout en arrosant la brioche, lentement, pour éviter que le sirop déborde, et pour donner le temps à la brioche de s'imbiber.

Cumin

Cuminum cyminum (ombellifères cuminées). La semence du cumin (anis des Vosges), fait partie des quatre semences chaudes.

Infusion : de 2 à 4 gr. pour un demi-litre d'eau bouillante, suivant l'âge des personnes.

Employé dans les pains de fantaisie, les fromages, les pâtisseries, bonbonneries, liqueurs et parfums divers.

D

Datte

La datte est le fruit du palmier *Phœnix Dactylifera*. Le fruit sert à faire des liqueurs, du vin, des compotes, sirops, décoctions, de la pâte pectorale ; on les farcit et on les glace.

La datte est un excellent fruit de dessert très nourrissant et très sain.

Dattes farcies et glacées, aux pistaches

Formule : 25 dattes, les plus fraîches possible ; 60 gr. de sucre glace ; 60 gr. de pistaches mondées ; 50 gr. de beurre ; un petit verre de kirsch ; 250 gr. de sucre cassé à la main.

Opération. — Faites bouillir un demi-litre d'eau, plongez les pistaches et couvrez cinq minutes ; mondez-les ainsi que les amandes. Pilez légèrement à moitié, ajoutez le kirsch et pilez encore, le sucre en poudre et broyez, enfin le beurre ; ramassez sur une assiette et tenez au frais pour faire raffermir. Incisez les pistaches d'un bout à l'autre, enlevez le noyau avec soin.

Faites autant de petites olives que vous avez de dattes, avec la pâte de pistaches ; insérez-les dans les dattes et séchez légèrement à l'étuve.

Faites cuire le sucre au cassé avec un décilitre d'eau filtrée, quelques gouttes de citron ou une cuiller à café de glucose, que vous ajoutez après l'écumage du sucre.

Faites-le cuire jusqu'au cassé, ainsi que pour les oranges glacées.

Trempez les dattes posées sur une fourchette ou piquées sur un fil de fer, que vous faites rentrer à mesure dans les trous d'une passoire renversée. Avec la fourchette, posez les dattes sur une plaque ou marbre huilé.

Dattes farcies aux marrons

Formule : 25 dattes de choix ; 150 gr. de marrons glacés ; 60 gr. de beurre fin ; un verre à madère de kirsch ; 300 gr. de sucre cassé à la main ; un demi-verre d'eau froide 50 gr. de sucre glace.

Opération. — Broyez les marrons avec le kirsch, le sucre en poudre et le beurre.

Passez au tamis, réunissez en boule sur une assiette et laissez raffermir dans un endroit très frais.

Faites autant de petites olives de cette pâte que vous avez de dattes ; enlevez les noyaux et remplacez-les par ces olives.

Glacez-les comme les dattes aux pistaches.

Doigts de Fée au Moka

Petit Four sec

Formule : 3 petits blancs d'œufs ou 2 gros blancs provenant d'œufs de 80 gr. chacun ; 250 gr. de sucre à la main ; une cuillerée à café de glucose ; une cuillerée à bouche d'essence de café, ou 60 gr. de café moulu sur lequel on passe un quart de litre d'eau.

Le Café. — Faites bouillir un quart de litre d'eau ; versez-en un peu, doucement, sur le café moulu très fin et mis dans le filtre, qui aura été préalablement tiédi, s'il est en métal. Recueillez les deux premières cuillerées qui passent, elles serviront d'essence. Continuez de verser l'eau très chaude sur la poudre, doucement, et passez-la tout entière.

J'indique de faire tiédir préalablement la cafetière, parce que les infusions sont d'autant plus complètes que la température de l'eau passée est plus élevée ; or, si le filtre est froid, la température de l'eau introduite s'abaisse et l'infusion est imparfaite. Mais il ne faudrait pas le rendre trop chaud, surtout s'il contenait la poudre parce que les essences de café brûleraient.

Mouillez le sucre, de préférence du sucre cassé à la main qui sucre et convient mieux, mouillez-le avec l'infusion de café, ou avec de l'eau pure quand vous vous servez d'essence du commerce; faites bouillir sur feu doux et, dès la première ébullition, ajoutez la glucose, puis laissez réduire le sirop jusqu'au *petit cassé*. On reconnaît que le sirop est rendu à ce point, lorsqu'une larme prise à la pointe du couteau et trempée dans l'eau froide est tout juste cassante.

Pate et Cuisson. — Battez les blancs d'œufs dans le bassin en cuivre, jusqu'à ce qu'ils soient un peu plus qu'à moitié montés. Faites-vous versez le sirop très doucement pendant que vous tournez vivement avec le fouet, toujours dans le même sens et sans arrêt. Parfumez avec l'essence de café, si vous l'employez.

Garnissez de cette pâte à meringues une poche munie d'une douille de 5 milimètres ou un cornet de papier fort, dont le bout aura été coupé au diamètre d'un demi-centimètre.

Sur une plaque beurrée et saupoudrée de farine, pressez la poche ou le cornet, faisant couler de petits bâtonnets de la longueur du doigt. Cuisez à feu très doux pendant environ trente minutes.

Tenez dans une boite bien fermée, au sec.

Diplomate (Charlotte)

Formule : 300 grammes de biscuits à la cuiller ; demi-litre de lait ; un quart de litre de crème fouettée ; 150 grammes de sucre semoule ; 20 grammes de farine ; 10 grammes de gélatine fine ou 6 feuilles ; 6 jaunes d'œufs gros ; 24 cerises mi-sucre ; 10 chinois confits ; un verre à madère de maraskino ou de kirsch ; une pincée de sel fin ; un moule à charlotte de 12 centimètres de diamètre ; 2 kilogrammes de glace à rafraîchir.

Opération. — Posez trois biscuits à plat sur la table, coupez-en un de bien long par le milieu et appliquez une moitié de chaque côté des trois ; posez le fond du moule sur les biscuits et, avec un couteau d'office pointu, cernez bien au bord ; plutôt en dedans qu'au dehors pour faire le fond. Egalisez bien les biscuits sur chaque côté, afin qu'ils s'unissent parfaitement dans le fond du moule et que le fond puisse sortir facilement lorsque vous renverserez le moule. Faites-en un second plus petit, avec deux biscuits et deux moitiés : celui-là servira pour couvrir la charlotte une fois garnie, il devra, par conséquent, rentrer dans les biscuits qui forment la charlotte. Pour le découper, servez-vous d'un petit couvercle ayant environ 10 cent. de diamètre. Mettez le premier au fond du moule garni d'un disque de papier, bien juste au fond ; gardez le second sur une assiette.

Egalisez au couteau les deux côtés des biscuits qui vous restent, à mesure posez le plus joli bout devant une règle sur le rebord d'une table et les biscuits bien serrés les uns à côté des autres, coupez les côtés opposés en appuyant avec une règle ou une planchette, rognez-les le moins possible, seulement pour qu'ils soient tous de la même longueur. Pour vous assurer de la mesure exacte, taillez les deux bouts des deux plus courts et mettez-en un de chaque côté, en appuyant la règle vous ne risquez pas de couper de travers.

Mettez le fond dans le moule.

Dressez les biscuits debout dans le moule, le côté rogné en bas, serrez autant que possible et faites rentrer le dernier en forçant, au besoin taillez-le en gros coin.

La Crème. — Faites bouillir le lait en remuant de temps en temps pour que la partie caséeuse ne colle pas au fond de la casserole. Mettez la gélatine à tremper dans de l'eau fraîche. Travaillez le sucre avec les jaunes pendant cinq minutes avec un petit fouet ou une spatule de bois, salez légèrement, ajoutez la farine et mélangez-la bien avec la gélatine et le lait : faites bouillir sans crainte en remuant avec attention, parce que la farine fait facilement pincer la crème ; retirez-vous du feu ; remuez, pour refroidir à moitié la crème, et préparez les fruits.

LES FRUITS CONFITS. — Coupez les cerises par le milieu ; les chinois par le milieu sur le côté le plus long, et les moitiés en trois parties, ce qui vous donnera de jolis petits quartiers. Mettez-les dans un bol et arrosez-les avec le maraskino ou du bon kirsch, couvrez.

LA CHANTILLY. — Montez la crème douce un peu épaisse, prenez garde de ne pas la pousser au beurre, mélangez-la lentement avec la crème jaune, presque froide.

POUR GARNIR LA CHARLOTTE. — Mettez une bonne couche de crème dans le fond de la charlotte, une rangée de chinois, soit vingt morceaux ; une nouvelle couche de crème, une couche de cerises, soit vingt-quatre morceaux, et ainsi de suite, chinois, cerises et chinois et la crème qui reste ; le couvercle de biscuits. Posez le moule dans une terrine et mettez la glace à rafraîchir autour, cassée en gros morceaux.

Couvrez d'un linge et tenez au frais deux heures.

POUR SERVIR. — Essuyez le moule, renversez un plat rond, plat, sur la charlotte; renversez la charlotte, soulevez le moule bien droit et la charlotte tient parfaitement.

Duchesses Colombié

Recette dédiée à mon dévoué maître M. Colombié

Formule. — La Pâte : 100 gr. d'amandes : 100 gr. de sucre en poudre; 20 gr. de farine; 2 blancs d'œufs.

La Crème : 2 jaunes d'œufs: 60 gr. de sucre semoule; 120 gr. de beurre: 1 décil. de lait; 60 gr. de chocolat.

LA PÂTE. — Faites blanchir les amandes, séchez-les, hachez-les très fin ; mettez dans un bol les deux blancs d'œufs et le sucre, battez pendant 2 minutes, ajoutez et mélangez bien la farine et finalement les amandes. Mettez cette pâte par petits tas de la valeur d'une cuiller à café et espacés de 4 à 5 centimètres sur une plaque de tôle légèrement cirée ; faites cuire de belle couleur blonde à four chaud comme pour cuire les tuiles, levez-les avec la lame d'un couteau, et tournez-les en petits cornets.

LA CRÈME. — Mettez le chocolat à ramollir dans une casserole, à l'entrée du four : délayez-le avec une goutte de lait, ajoutez le sucre, les 2 jaunes et le reste de lait, liez sur le feu sans laisser bouillir. Faites refroidir un peu et ajoutez le beurre divisé en petits morceaux, travaillez avec un fouet jusqu'à épaississement; si la crème tourne, il suffit de la chauffer un peu pour la ramener au point. Garnissez avec cette crème l'intérieur des duchesses, à l'aide d'un cornet de papier dont la pointe est dentelée, ou avec une poche et une douille à fleurs. Dressez en pyramide.

P. CHATELAIN.

Duchesses à la Chantilly

Formule : Proportions pour 25 duchesses environ : 2 décil. d'eau filtrée : 100 gr. de beurre; une pincée de sel; 125 gr. de farine; 6 ou 7 œufs : 4 décil. de crème un peu épaisse; 60 gr. de sucre en poudre, dit « semoule »; vanille en poudre.

Opération. — Mettez dans une casserole l'eau, le beurre, le sel; faites bouillir sur feu vif ; retirez la casserole et mélangez la farine tamisée. Remettez sur le feu pour sécher la pâte, en la remuant à la cuiller de bois pendant une minute.

Laissez un peu refroidir la pâte, cassez un œuf, mélangez, un autre et deux fois deux; la pâte doit être un peu ferme, mais tout de même tomber de la cuiller de bois assez facilement.

Beurrez et farinez une ou deux plaques suivant leur taille. Mettez la pâte dans une poche avec la douille à biscuits à la cuiller (voir l'article) et dressez des bâtons longs de dix centimètres, un peu plus gros que des éclairs : épandez au-dessus un peu de sucre cristallisé et faites cuire au four pas trop chaud. Veillez à ce que le dessus ne brunisse pas et ne laissez pas le four ouvert, car la pâte retombe facilement. Laissez-les bien cuire, un peu séchés.

Battez la crème avec une cuiller de sucre, lorsqu'elle est un peu ferme, sans la pousser au beurre, ajoutez le reste de sucre et la vanille en poudre.

Fendez les duchesses en long au-dessus ; soulevez ce couvercle en posant la duchesse sur les doigts et retenant le couvercle ouvert avec l'index, garnissez-les de crème avec une cuiller à bouche et remplissez-les bien.

Duchesses Elisabeth

Formule pour 24 Duchesses. — La pâte : 1/4 de litre de lait ; 125 gr. de beurre ; 150 gr. de farine de gruau ; 5 gr. de sel ; 6 œufs moyens. La garniture : 500 gr. de marrons ; 500 gr. de pommes reinettes ; 100 gr. de beurre fin ou 2 décil. de crème fouettée ; un verre à madère de kirsch ; 30 gr. de sucre cristallisé.

Pour faire la Pate. — Dans une casserole contenant un litre et demi environ, mettez lait, sel, beurre divisé en 5 morceaux, et faites bouillir sur un feu vif. Pendant ce temps, tamisez la farine sur une feuille de papier, sans oublier de remuer le lait au moins une fois avant qu'il atteigne l'ébullition, pour que le beurre monte en même temps et se mélange intimement avec lui.

Enlevez la casserole du feu lestement, versez la farine, mélangez-la à l'aide de la cuiller de bois, et remettez sur un feu doux pour bien sécher la pâte, la remuant jusqu'au moment où vous sentez le fond de la casserole devenu un peu sableux, indice que le séchage est à point.

Retirez la casserole, et posez-la sur une feuille de papier placée sur la table pour ne pas la salir.

Dans deux ou trois minutes, cassez un œuf et mélangez-le rapidement ; un autre œuf, et mélangez ; puis deux autres, et enfin les deux derniers. En soulevant la pâte avec la cuiller de bois, elle doit retomber lentement ; c'est dire qu'elle doit être légèrement épaisse. Si les œufs sont pesés, la pâte bien desséchée, elle sera à point ; quand elle est un peu ferme, on ajoute du blanc, mais il faut le faire avec délicatesse. La pâte trop molle s'écarte

trop à la cuisson ; et, trop dure elle ne gonfle pas assez.

Beurrez et farinez une plaque.

Versez la pâte dans une poche munie de la douille à meringues (12 millimètres de diamètre), et formez des bâtonnets de 10 cent. de longueur, un peu gros, espacés les uns des autres de 3 centimètres. Ce sont les *duchesses* ; vous en avez 24 ou 26 au plus, avec les quantités indiquées. Saupoudrez-les de sucre cristallisé, que vous prenez dans la main fermée et semez légèrement le long du bâton, sur le milieu.

Faites cuire pendant 40 minutes, à chaleur modérée.

N'ouvrez le four que pour vous assurer que les duchesses ne colorent pas trop, l'air froid les ferait retomber ; et quand elles colorent, couvrez-les d'un papier. Pour éviter qu'elles s'aplatissent à la sortie du four, faites-les bien sécher. Laissez-les refroidir avant de les garnir.

La Garniture (les Marrons). — Enlevez la première peau de beaux marrons d'Auvergne ou de Lyon, mettez dans la casserole, couvrez-les largement d'eau froide, et donnez un bouillon rapide, puis aussitôt retirez-les à côté du feu ou de la plaque du fourneau. Pendant que l'ébullition se poursuit légère, mettez à chauffer un décilitre de lait et autant d'eau ; épluchez les marrons vivement et jetez-les à mesure dans le liquide chaud. Faites-les cuire, 15 minutes d'ébullition suffisent. On peut opérer avec une demi-livre de débris de marrons glacés.

Les Pommes douces. — Coupez en quatre les pommes reinettes, de rambourg ou châtaigner, enlevez le bouton et les pépins, mettez à mesure les quartiers dans un sautoir contenant un verre ordinaire d'eau, le jus d'un demi-citron et les 150 grammes de sucre vanillé indiqué dans les proportions ; et faites-les cuire doucement jusqu'au moment où elles tombent en purée. En attendant, passez les marrons au tamis de crin. Ensuite, sur le même tamis, passez la purée de pommes, liez-la avec la pulpe des marrons en la travaillant à la spatule dans le sautoir où on cuit les pommes, et mélangez le beurre et le kirsch ou la crème fouettée ; celle-ci rend la crème plus légère.

POUR GARNIR LES DUCHESSES. — Fendez les Duchesses en long, dans la partie supérieure, presque sur le haut, sans détacher le morceau qui doit rester comme le couvercle d'une tabatière ; prenez-les successivement entre trois doigts de la main gauche et le pouce, de l'index tenez le couvercle ouvert, et de la main droite, avec une cuiller à bouche, remplissez de purée ; fermez.

Dressez en pyramide sur un compotier. et saupoudrez de sucre en poudre vanillé.

Servir comme entremets à déjeuner, ou bien au thé de cinq heures.

Duchesse aux framboises

Réunissez, dans une casserole, 1 décilitre d'eau, 5o grammes de beurre, un peu de sel et faites bouillir ; retirez du feu et ajoutez 8o grammes de farine tamisée ; desséchez sur le feu quelques instants, incorporez 3 œufs un par un ; beurrez légèrement une plaque de tôle et saupoudrez-la de farine ; avec une cuiller à bouche, dressez des choux plutôt longs que ronds, sucrez dessus avec du sucre cristallisé,

cuisez à four doux de 3o à 4o minutes ; les gâteaux doivent être secs et dorés. Laissez refroidir sur plaque. Montez au fouet un quart de litre de crème douce épaisse, légèrement sucrée. Passez au tamis de crin 1oo grammes de framboises ou moitié fraises et framboises sucrées une heure d'avance, mélangez à la crème ; avec des ciseaux, fendez les duchesses sur un côté, en haut, ouvrez ainsi qu'une tabatière de la main gauche, remplissez avec une cuiller à bouche de crème framboise, saupoudrez de sucre en poudre vanillé.

Dundee Cake

Formule : 125 gr. de beurre fin ; 125 gr. de sucre en poudre ; 180 gr. de farine de gruau ; 3oo gr. de raisins de Corinthe ; 70 gr. de cédrat confit. coupé en dés ; 3 gros œufs ; pincée de sel ; verre à madère de rhum ou wisky ; 15 amandes entières, blanchies.

Opération. — Montez le beurre en crème, ajoutez le sucre et les œufs tiédis dans l'eau un par un, les raisins et le cédrat mariné avec l'alcool, le sel et la farine.

Versez dans un moule carré de 16 cent. de côté, parsemez les amandes au-dessus et cuisez à chaleur moyenne environ 5o minutes. Ce gâteau se conserve et voyage très bien.

Feuilletage

Formule : 5oo gr. de farine de gruau ; 5oo gr. de beurre ; 6 gr. de sel égrugé : un quart de litre d'eau environ.

Opération. — Les farines boivent davantage si elles sont de gruau. Ainsi que vous le voyez, pour faire la pâte feuilletée dans laquelle on découpe vol-au-vent, petits gâteaux et tarte, il faut employer parties égales de farine et de beurre, un peu de sel et de l'eau.

Tamisez la farine sur la table en marbre de préférence ; faites une couronne ou fontaine en écartant la farine du milieu avec la pointe des doigts ; que la farine ait la même épaisseur tout autour ; mettez

le sel et l'eau. Avec la pointe des doigts, faites fondre le sel ; incorporez peu à peu la farine. Lorsque le liquide est épaissi, achevez le plus rapidement possible le mélange de la farine ; avec les deux mains, roulez la pâte en avant sur la table. En la pressant, dégagez la pâte des mains, réunissez-la devant vous et fraisez-la avec la paume du pouce en la repoussant en avant par petites parties. Saupoudrez la table de farine, faites une boule de la pâte, tailladez le dessus avec un couteau, pour lui faire perdre l'élasticité acquise pendant le travail, et laissez-la reposer un moment.

Le beurre : Plus le beurre est ferme, plus facile sera le travail. Saupoudrez le coin d'un torchon propre avec de la farine, posez le beurre, doublez un peu du linge au-dessus, appuyez fortement, refaites plusieurs fois ce mouvement pour ramollir le beurre, donnez lui une forme carré. Prenez la boule de pâte devant vous sur la table saupoudrée de farine, élargissez-la en carré de 20 centimètres de côté ; mettez le beurre au-dessus et emprisonnez-le bien au milieu de la pâte. Saupoudrez encore la table de farine en la jetant de haut à la pointe des doigts ; avec le rouleau, allongez la pâte en avant, lentement, en appuyant sur le rouleau modérément et sans secousse, qui feraient des collines dans la pâte. Lorsque vous aurez assez allongé la pâte en avant et en arrière pour qu'elle n'ait que 1 centimètre d'épaisseur, repliez un tiers en avant et un tiers vers vous sur l'autre : cela s'appelle *donner un tour*. Imprimez à la pâte un demi-tour à droite, c'est-à-dire que le côté qui était à votre gauche soit devant vous ; reprenez le rouleau, allongez-la de nouveau et repliez-la de même. Saupoudrez une planchette, un plat ou une plaque, de farine, mettez la pâte au-dessus ; avec le rouleau, donnez deux petits coups pour marquer que la pâte a *deux tours*, et portez-la dans un endroit frais où vous la laisserez reposer un quart d'heure. Redonnez deux tours, puis un quart d'heure de repos et encore deux tours. Au total 6 tours sont nécessaires et trois quarts d'heure de repos. Voyez pour les divers gâteaux les articles respectifs.

Feuilletage rapide

Il est des moments en cuisine où la rapidité d'exécution est une grande qualité. La réussite ou l'échec d'un repas un peu chic tient quelquefois à des minutes en plus ou en moins. Avec du sang froid et un peu de pratique, on arrive à sauver la situation.

Dans le coup de feu des occupations multiples, le vol-au-vent ou les bouchées ont reçu un coup de feu et le menu est imprimé. Que faire ? le voici :

Faites une détrempe de feuilletage avec : 250 gr. de farine ; 300 gr. de beurre ; un peu de sel, petit verre de rhum, demi verre d'eau. Évitez de faire la détrempe trop ferme.

Donnez deux fois trois tours comme d'habitude, en laissant un repos de trois ou quatre minutes. Il m'est arrivé de ne pas la laisser reposer du tout et de finir les 6 tours sans quitter le rouleau.

Découpez le vol-au-vent ou les bouchées comme avec le feuilletage ordinaire (voyez l'article).

Cette formule n'a qu'un défaut. Le beurre étant en supplément, le prix en est plus élevé, mais la situation est éclairée.

Feuilletage au beurre (pour vol-au-vent)

Formule : 250 gr. de farine de gruau français ; 250 gr. de beurre frais ; 4 gr. de sel ; une goutte de rhum ou de cognac ; 150 gr. d'eau environ.

Remarque très importante : Avec la farine ordinaire, il faut un peu moins d'eau ; avec du gruau français, une cuiller en plus ; avec du gruau de Hongrie, qui fait une pâte plus longue et plus difficile à travailler, il en faut deux ou trois cuillerées en plus.

Avec n'importe quelle farine, la pâte doit être plutôt molle que dure. Si le beurre est ferme, la pâte un peu plus ferme va bien quand même ; mais avec du beurre mou, si la pâte est dure, il est impossible de faire un mélange parfait et le feuilletage ne monte pas aussi bien.

La Détrempe. — On appelle *détrempe*, l'amalgame de la farine, du sel et de l'eau. Cette opération étant bien faite, le feuilletage sera léger, croustillant, doré et fondant ; mal faite, le beurre ressort à la cuisson et le feuilletage est lourd comme du plomb.

Passez la farine au tamis ou dans une passoire (il y a souvent des impuretés ou des grumeaux dans la farine, même la plus propre), faites un trou au milieu, mettez le sel et l'eau exactement pesés, 4 gr. de sel, 125 gr. d'eau ; si la farine boit, il sera toujours temps d'en ajouter ; incorporez la farine lentement, avec la pointe des doigts réunis ; ne faites pas couler l'eau en dehors, vous perdez le sel

et la mesure et vous voilà en déroute.
Serrez la pâte dans la main droite qui
seule doit opérer. Si vous voyez que la détrempe est ferme, mouillez et faites boire,
en appuyant la pâte sur la table et en la
fraisant avec la pomme de la main. Réunissez-la en boule, tailladez-la au-dessus
pour qu'elle perde le corps qu'elle a acquis
et laissez-la reposer sur une assiette, au
frais.

LE BEURRE. — Si le beurre est ferme,
mouillez la main droite et le coin de la
table, écrasez-le pour le ramollir un peu.

Saupoudrez le coin d'un linge avec de
la farine ; appliquez le beurre et épongez-
le en le pressant, tout en lui donnant une
forme carrée, pas trop grande.

Si le beurre est mou, il suffit de lui
faire subir l'opération du linge, il ne faut
pas le travailler à la main.

15 minutes de repos suffisent à la pâte.

Saupoudrez de farine la table de marbre,
de préférence à toute autre ; étendez légèrement la boule pour lui donner la
forme du beurre, mais seulement plus
grande ; retroussez les quatre côtés pour
les obliger à bien emprisonner le beurre,
qu'il y ait autant de pâte dessous et dessus ; prenez le rouleau à pâtisserie, tapotez
légèrement la pâte dans les deux sens pour
que pâte et beurre s'étendent à la fois ;
appuyez le rouleau et faites-le glisser en
avant, en le poussant avec les deux mains,
sans appuyer trop fort. La pâte étant bien
étendue doit former un carré long de
0,50 cent. sur 0,25.

Repliez les deux bouts au milieu et un
côté sur l'autre.

Faites faire un demi-tour à gauche au
carré obtenu, allongez de nouveau avec le
même soin et doublez comme la première
fois.

Posez la pâte sur l'assiette ; avec le bout
du rouleau, donnez deux coups au milieu
de la pâte, cela veut dire qu'elle a deux
tours ; de cette manière, en la reprenant,
on est sûr du point où la pâte est restée et
on n'erre pas.

Couvrez d'un linge ou d'une feuille de
papier et remettez-la au frais pour la laisser reposer de 15 à 20 minutes.

Donnez deux autres tours pareils et un
nouveau repos. Marquez cette fois-ci 4
coups de rouleau. Les deux derniers tours
peuvent être donnés simples, c'est-à-dire
qu'il suffit de plier en 3 au lieu de 4 épaisseurs.

LE VOL-AU-VENT (pour 8 personnes). —
Les six tours étant donnés, laissez reposer la pâte 10 minutes, ce qui fait, tout
compte fait, 1 heure pour la mettre au
point voulu.

Étendez le carré de pâte en rond, d'uniforme épaisseur, ayant environ 24 cent.
de diamètre.

Mouillez le milieu d'une plaque en tôle,
ronde plutôt que carrée, assez forte, de
25 cent. de diamètre ; posez l'*abaisse* obtenue bien au milieu. Prenez un cercle à
tarte, un couvercle ou une assiette de 20
cent. de diamètre, appuyez-le légèrement
sur la pâte ; avec un couteau d'office,
pointu et bien affilé, coupez la pâte en appuyant sur le cercle, enlevez les parures
et roulez-les en boule aussi parfaite que
possible ; allez vite et ne pressez pas trop
la pâte avec les mains, vous la ramolliriez.

Battez un blanc d'œuf ou un œuf entier,
dorez le fond que vous avez coupé sur la
plaque, du milieu au dehors ; prenez peu
d'œuf à la fois, ne mouillez pas le bord
où le couteau a passé, cela collerait les
feuillets et ils ne pourraient pas monter.

Etalez une autre fois le restant de pâte
de 22 c. de diamètre ; coupez un fond de
20 c. sur la table et, dans celui-ci, enlevez
un rond de 10, 11 ou 12 cent. de diamètre. Doublez la couronne que vous avez
obtenue sur elle-même, un côté sur
l'autre ; transportez-la sans la déformer
sur une moitié du vol-au-vent, retournez
la plaque, le devant derrière, rabattez
l'autre côté de la couronne, appuyez avec
l'index, tout autour, pour bien souder.
Dorez avec l'œuf, prenez toujours garde
qu'il n'en bave pas sur le fond du vol-au-
vent. Avec une pointe du couteau d'office,
rayez en losanges peu profonds le milieu
du vol-au-vent, piquez avec le couteau 3
ou 4 fois dans la pâte et mettez au four
un peu chaud. Si dans 10 minutes, il colo-
rait trop, mettez un papier dessus ; s'il

prenait trop de sole du dessous, doublez la plaque ; ne le tournez devant derrière que quand la cuisson est un peu avancée.

Du temps qu'il monte, si vous le secouez, vous le faites retomber et c'est fini, il ne monte plus.

Quand vous sentez les bords fermes, qu'il est presque cuit, retirez-le à la bouche du four, piquez le couteau sous le couvercle, soulevez-le et enlevez la masse de pâte mal cuite qui se trouve au milieu.

Remettez le vol-au-vent au four, pour le sécher, sans le couvercle, 5 ou 6 minutes ; tenez-le au chaud jusqu'au moment de servir.

Ce vol-au-vent peut être garni avec une financière, une toulouse, une morue brandade, des pigeons sautés, un salmis, une blanquette d'agneau, une fricassée de jeunes poulets, etc., etc., au goût de la maîtresse de maison.

Feuilletage à la Graisse de Bœuf

Bien souvent, j'entends des plaintes au sujet de la réussite du feuilletage et des grandes difficultés qu'éprouvent les personnes peu expérimentées pour faire le mélange intime du beurre et de la pâte, surtout quand il fait chaud ou que l'on est obligé de travailler le feuilletage dans la cuisine.

Voici une recette qui évite tous ces désagréments et avec laquelle on fait tous les gâteaux qu'il soit possible de faire avec le feuilletage au beurre.

Le seul inconvénient est celui-ci : les gâteaux ne doivent pas refroidir, ou tout au moins il faut les réchauffer fortement au moment de les servir pour les manger.

Formule : 500 gr. de farine de gruau ; 300 gr. de suif de bœuf, pris dans le rognon ; 200 gr. de suif de veau ; 3 décil. d'eau fraîche et filtrée ; 8 gr. de sel ; 1 petit verre de rhum.

La Détrempe

Opération. — Détrempez la farine avec l'eau, le sel et le rhum. Faites une boule de la pâte, ciselez un peu au-dessus, pour lui faire perdre le corps qu'elle a acquis par le travail, et laissez reposer pendant que vous préparez le suif.

Le Suif. — Il faut que le suif de veau et de bœuf soit frais et blanc, fin surtout ; il est facile de s'en assurer en l'écrasant entre le pouce et l'index ; s'il est fin, il graisse les doigts ; s'il est moins gras, il s'effrite. Enlevez les peaux et le filet qui le lient et le recouvrent, ne pas avoir crainte de le bien briser pour le bien nettoyer ; ne pas mélanger les deux parce qu'on les pile mal, et une condition sérieuse pour la réussite est de le bien piler et de l'amollir. Il faut les piler séparément, je le répète à dessein, et les passer au tamis de fil de fer n° 20. Une fois les deux passés, mélangez et travaillez-les sur la table légèrement mouillée ainsi que les mains. Etalez la pâte sur la table saupoudrée de farine, mettez dans le milieu la graisse, recouvrez-la en tirant les bords de la pâte, en sorte que le suif bien couvert se trouve au milieu de la pâte. Avec le rouleau, frappez légèrement dessus pour forcer les deux à s'allonger un peu, puis appuyez sur le rouleau en sorte que les deux glissent, la pâte s'allonge et s'amincit sans difficulté ; retroussez un tiers de la pâte, puis l'autre tiers, de façon à obtenir trois doubles d'égale largeur, ceci s'appelle un tour. Retournez le *bâton* de pâte (c'est le mot technique) d'un demi-tour pour que le côté ouvert ait remplacé le côté plié, allongez de nouveau et repliez ; laissez reposer la pâte 20 minutes et recommencez ainsi deux fois, en laissant le même intervalle de repos après chaque deux tours. On peut faire avec ce feuilletage aussi bien des vols-au-vent, des bouchées, des galettes sèches ou fourrées et tous les petits gâteaux sucrés, garnis ou non, que l'on fait avec le feuilletage au beurre. Ils ont le même aspect, la même légèreté et sont tout aussi croustillants et fondants.

Pendant les chaleurs de l'été, j'ai fait ce feuilletage à l'École dans mes cours et par 30 degrés à l'ombre, je le travaillais avec un plaisir véritable, tandis qu'il m'aurait été impossible de le faire au beurre, même avec de la glace.

On peut ne faire que 200 ou 300 gr., suivant le nombre de convives à servir.

Flan alsacien aux abricots

Formule de la pâte : 160 gr. de farine : 90 gr.
de beurre ; pincée de sel fin ; 10 gr. de
sucre ; un décilitre d'eau ou de lait.

Formule pour garnir l'intérieur du flan :
1 kilo d'abricots bien mûrs ; 3 œufs ; 5 cuillerées de crème douce ; un petit verre de
rhum ou de kirsch ; certaines personnes y
mettent de la cannelle en poudre ; 60 gr. de
sucre semoule.

Opération. — Détrempez la farine, le
beurre, le sucre avec le lait ou l'eau,
faites une pâte plutôt mollette : laissez-la
au frais pour raffermir. Donnez 4 tours
comme pour le feuilletage. Foncez un
cercle à flan ou à tarte un peu haut de 24
centimètres de diamètre, à peine beurré
avec du beurre non fondu. La pâte doit
suffire et n'en pas rester ou peu ; posez le
moule sur une plaque de tôle ronde et
forte. Dressez en couronne les abricots,
divisez par le milieu en les chevalant légèrement les uns sur les autres, le kilo doit
garnir le moule sans aucun vide.

Travaillez les trois œufs avec le sucre
pour rendre cette composition légère et
fine ; ajoutez la crème et le parfum voulu,
versez sur les abricots, mettez au four un
peu chaud, couvrez d'une feuille de papier
au bout d'un quart d'heure, pour éviter
que le flan prenne trop de couleur.

Laissez cuire environ trois quarts
d'heure.

Le même flan se fait avec prunes de mirabelles et de reines-claude.

Flan à la Crème

Formule de la crème pour 6 personnes : 3
œufs entiers et deux jaunes ; 1/2 litre de
lait cru, non écrémé ; 125 gr. de sucre
semoule ; 40 gr. de farine de gruau ; 30 gr.
de beurre fin ; vanille ou fleur d'oranger.
une petite pincée de sel fin.

La Pate

Formule : 150 gr. de farine ; 80 gr. de beurre ;
20 gr. de sucre en poudre ; 4 gr. de sel fin ;
un décilitre d'eau filtrée.

Opération. — Détrempez tout ensemble.
farine, beurre, sel, sucre et eau, rapidement ; fraisez deux fois, réunissez en une
boule et mettez au frais une heure.

Donnez deux fois deux tours comme
pour le feuilletage ordinaire, beurrez un
cercle à tarte de 26 cent. de diamètre,
étendez la pâte en rond de 30 cent. de
diamètre, posez-la sur le cercle ; avec le
pouce, appuyez sur le bord intérieur du
moule ; faites bien marquer l'angle du
fond ; transportez le tout sur une tourtière
de 30 cent. de diamètre. Si l'opération est
bien faite, vous ne devez pas avoir besoin
de rogner de la pâte, le peu qui déborde
ne gênera en rien la cuisson du flan, au
contraire.

La Crème. — Travaillez le sucre avec 2
œufs d'abord, ajoutez-en un, puis, après
avoir bien battu, les 2 jaunes et le parfum.
Travaillez encore un bon moment, mélangez la farine bien intimement, mouillez
avec le lait, peu à peu, en mélangeant
toujours.

Mettez le moule à la bouche du four,
versez la crème doucement, divisez le
beurre en 4 portions et posez-les en croix
assez éloignées du centre et du bord,
c'est-à-dire au milieu des deux.

Poussez doucement dans le four un peu
chaud ; dans 10 minutes, assurez-vous
que la pâte ne se boursoufle pas ; dans ce
cas, piquez-la en biais avec le petit couteau
pour faire sortir l'air. Couvrez d'un papier et laissez cuire 30 minutes environ.

Flan à la Marmelade de pommes

Formule pour un cercle à flan de 25 cent.
La Pâte : 200 gr. de farine de gruau ;
90 gr. de beurre ; 5 gr. de sel ; 5 gr. de
sucre semoule.

Formule pour la crème : 5 jaunes d'œufs ;
25 gr. de fécule de pomme de terre ; 10 gr.
de sucre semoule ; demi-litre de lait ; pincée de sel ; cuillerée à café d'eau de fleur
d'oranger.

Formule pour la marmelade : 400 gr. de reinette de Canada ou autres ; à défaut prendre
des pommes sèches ; 40 gr. de sucre semoule.

La Pate. — Mettez la farine sur la
table, creusez la fontaine au milieu, mettez-y le beurre, le sel, le sucre et l'eau.
Travaillez le beurre avec l'eau et les assai-
sonnements, puis incorporez la farine le
plus rapidement possible.

Réunissez la pâte en boule, fraisez-la deux fois avec la paume de la main, remettez en boule et laissez-la reposer une demi-heure au frais, à l'abri de l'air.

La Marmelade. — Épluchez les reinettes et coupez-les en liards dans une petite casserole. Mettez le sucre et mouillez de trois cuillerées d'eau. Cuisez, casserole couverte, pendant cinq minutes sur le feu, puis pendant 10 minutes dans le four chaud. Ecrasez les pommes avec une cuiller de bois, passez au tamis et mettez à part.

La Crème. — Travaillez les jaunes d'œufs avec le sucre dans une casserole moyenne : incorporez la fécule ; versez lentement le lait bouillant en mêlant et ajoutez le sel. Travaillez la crème sur feu doux à la cuiller de bois jusqu'à épaississement ; retirez du feu ; ajoutez la fleur d'oranger et remuez pendant une minute. La crème est prête.

La Cuisson. — Etendez la pâte au rouleau, foncez-en un cercle à flan beurré de 25 centimètres de diamètre, posé sur une plaque beurrée, et coupez la pâte qui dépasse les bords. Garnissez le fond de pâte avec la marmelade de pommes et égalisez avec une carte : étendez par-dessus la crème. Mettez à cuire pendant 40 minutes à four un peu chaud.

Sortez du four, laissez refroidir sur grille, poudrez de sucre glace.

Flan à la moderne

(Pour un moule à Charlotte de la contenance d'un litre)

Formule : 3 œufs entiers de 60 gr. chaque ; 180 gr. de sucre semoule ; 1/2 litre de très bon lait ; le zeste d'un citron ; une cuillerée à café d'eau de fleur d'oranger.

Opération. — Mettez dans le moule 30 gr. de sucre pris sur les 180 gr., faites fondre sans une goutte d'eau, sur feu doux, pour obtenir un beau caramel : ceci fait, prenez le moule avec un torchon, pour ne pas vous brûler ; tournez-le dans tous les sens pour que le caramel soit bien uniforme partout ; laissez refroidir, mettez le lait à chauffer ; pendant qu'il

chauffe, râpez le citron dans un saladier, mélangez avec les 150 gr. de sucre restant : dès que le lait bout, versez-le sur le sucre et le zeste ; ajoutez l'eau de fleurs d'oranger, couvrez pour faire infuser 10 minutes et laissez complètement refroidir. Dès qu'il est froid, cassez les œufs dans un saladier, battez-les en ajoutant le lait peu à peu. Quand tout est bien mélangé, versez dans le moule en passant dans une fine passoire pour qu'il ne reste aucun germe d'œufs ; faites cuire au bain-marie pendant trois quarts d'heure ; au bout de ce temps, mettez au four pour achever de cuire, toujours au bain-marie, pendant environ un quart d'heure ; on reconnaît que le flan est cuit, quand l'on sent sous le doigt une légère résistance. Mettez à refroidir pendant 2 heures et démoulez.

Fromage glacé à la Vanille

Formule : 1/2 litre de lait ; 150 gr. de sucre semoule ; 6 beaux jaunes d'œufs frais ; 1/4 de bâton de vanille ; 1/4 de litre de crème de lait un peu épaisse ; 6 kilos de glace à rafraîchir ; 1 kil. 500 gr. de sel de cuisine.

Opération. — Faites bouillir le lait, travaillez le sucre avec les jaunes d'œufs pendant que le lait chauffe ; versez le lait peu à peu, ajoutez la vanille, un grain de sel et faites un tout petit bouillon ; versez immédiatement la crème dans un saladier et remuez cinq minutes pour la refroidir.

Pour glacer. — Dans l'article de la glace, nous nous sommes servis pour glacer la crème au moka de la Sorbetière Maréchal ; on peut parfaitement y faire un fromage glacé. Avec 3 kilos de glace, on arrive au même résultat.

La crème étant fouettée ainsi qu'il est expliqué plus bas, sortez une certaine quantité de crème glacée dans un saladier, versez la crème fouettée et la crème glacée par-dessus. Cette opération doit être menée très rapidement, pour éviter la fonte de la crème glacée.

Avec la Sorbetière américaine, on procède autrement. Il faut aussi un peu plus de glace.

Cassez 2 kil. 500 gr. de glace en morceaux gros comme un petit œuf, saupoudrez avec 800 gr. de sel et entourez la Sorbetière mise bien au milieu et sur le pivot du seau.

Garnissez l'intérieur avec la crème, mettez la palette, le couvercle et l'engrenage ; tournez 20 minutes sans vous arrêter trop longtemps, mais seulement pour reprendre haleine.

Cassez le restant de glace et salez avec les 3/4 du sel restant ; entourez un moule à côtes ou lisse, spécial à ces sortes de glaces (il y en a de plus ou moins hauts) contenant un litre de crème.

Que la glace ne dépasse pas le bord supérieur du moule.

Montez la crème double à laquelle vous ajoutez deux cuillerées à bouche de sucre semoule pour la rendre plus légère ; si vous voulez qu'elle monte vite et bien, mettez-la dans un saladier et posez celui-ci sur la glace pendant toutes les opérations que nous venons de décrire ; la crème étant ferme sans être tournée au beurre, laissez-la pendant que vous garnissez le tour et de haut en bas du moule *sanglé* (c'est-à-dire entouré de glace) avec la crème glacée.

Mettez la crème chantilly et couvrez avec la crème glacée qui reste, recouvrez le moule avec un papier et le couvercle, enveloppez-le de glace, qu'elle le recouvre complètement ; si la glace ne suffit pas, pêchez avec une écumoire celle qui n'est pas fondue dans le seau américain ; saupoudrez avec le sel qui reste, enveloppez d'un linge un peu humide et laissez reposer au moins une heure ; 2 heures, ce n'est pas de trop.

Pour servir. — Placez une serviette à thé sur un plat rond, enlevez le moule de la glace, faites-lui faire un plongeon tout entier dans de l'eau un peu chaude, essuyez-le bien, renversez sur le plat et soulevez-le bien droit.

Flan de Cerises à l'Alsacienne

Formule pour un cercle à flan de 22 cent. de diamètre : 180 gr. de farine de gruau ; 100 gr. de beurre fin ; 20 gr. de sucre semoule ; 5 gr. de sel fin ; 1 décilitre (1/2 verre) de lait froid ou d'eau ; 500 gr. de cerises aigres, dites de Montmorency ou anglaises.

Opération. — Mettez la farine en couronne, au milieu le beurre, le sucre, le sel et le lait ; triturez du bout des doigts, réunissez en boule, posez sur une assiette saupoudrée de farine, et laissez reposer la pâte au frais, pendant un petit quart d'heure.

Saupoudrez la table de farine, allongez la pâte à l'aide d'un rouleau, pliez-la en trois, recommencez ce mouvement trois fois encore.

Passez un peu de beurre non fondu à l'intérieur du cercle, étendez la pâte en rond pour en habiller le cercle, habillez-le, formez bien l'arête du fond, en appuyant sur la table et non sur le moule afin que le bord reste épais, et faites déborder légèrement au-dessus du cercle. Quant la pâte est bien tirée, il n'est pas besoin de la couper ; ou bien vous la couperez à peine si vous avez fait l'abaisse trop mince. Posez alors le moule garni de pâte *sur une tourtière ronde*, en tôle forte ; et non pas sur une plaque carrée, qui chauffe trop au four à l'endroit où elle n'est pas chargée, se gondole, fait pencher le flan et passer le liquide par dessus bord.

Les Cerises

Il est préférable d'employer des cerises aigres appelées anglaises ou de Montmorency. Lavez les fruits ; retirez le noyau en passant la pointe du petit couteau d'office dans le trou de la queue, mettez à mesure les cerises dans une passoire ou sur le tamis de crin, et préparez la crème suivante :

Un quart de litre de lait froid non bouilli ; 20 gr. de beurre ; 120 gr. de sucre semoule ; 25 gr. de farine de gruau ; 2 jolis œufs ; un petit verre de kirsch ; un peu de sel fin.

Battez les œufs avec le sel dans un petit saladier ; ajoutez le sucre, battez pendant quelques minutes pour bien blanchir les œufs ; ajoutez le kirsch, la farine, et battez encore un moment ; puis mouillez peu à peu avec le lait.

Etalez les cerises dans le flan, versez la crème par dessus, éparpillez le beurre divisé en tout petits morceaux, et cuisez à chaleur un peu forte pendant environ trente minutes.

Saupoudrez de sucre glace avant de servir le flan, froid ou chaud.

Il importe de surveiller attentivement la cuisson pour prévenir deux sortes d'accidents :

1° Si la plaque n'est pas bien droite, si le bord de pâte n'est pas régulier et ne dépasse pas le dessus du cercle, le liquide coule : et il faut aviser ;

2° Si la pâte se boursoufle elle peut soulever son contenu qui déborde ; piquez alors en biais la cloque avec un couteau à lame fine et aiguë, pour évacuer l'air chaud, cause du soulèvement.

Flan aux Cerises

Formule (pour un cercle de 24 centimètres de diamètre) :

La croûte. — 250 gr. de farine de gruau ; 125 gr. de beurre ferme ; 2 œufs moyens. 60 gr. de sucre, dit glace ; sel égrugé.

La garniture. — 250 gr. de sucre cristalisé ; 750 gr. de cerise ; un quart de litre de vin rouge ; cannelle.

LA CROUTE

Disposez la farine sur le marbre, en couronne ; dans le milieu, triturez une pincée de sel, le sucre en poudre et les œufs ; puis le beurre et triturez encore ; incorporez la farine sans donner du corps à la pâte, fraisez-la une fois avec la paume de la main, formez-en une boule que vous couvrez et tenez au frais pendant au moins deux heures.

Au moment de l'employer, passez un tout petit morceau de beurre non fondu à l'intérieur du cercle, et posez-le dans une tourtière à pâtisserie en tôle forte, plaque ronde à petits rebords relevés. Saupoudrez la table de farine, étalez la pâte en une abaisse mince un peu plus grande que le cercle, soulevez-la sur le rouleau et garnissez-en le cercle, évitant d'enfermer de l'air entre le moule et l'abaisse ; coupez la pâte qui déborde. Taillez un rond de papier souple et fort du diamètre du cercle, beurrez légèrement un côté et appliquez ce côté sur la pâte, remplissez le cercle avec du riz, des haricots ou des lentilles pour le maintenir pendant la cuisson et mettez au four.

Après un quart d'heure ou vingt minutes de four, ôtez le remplissage et laissez la croûte achever de cuire. De temps en temps, soulevez le cercle, et, dès que la croûte est bien doreé, retirez-la du four. Placez-la sur un plat de table, remplissez des cerises et de jus préparés comme il va être dit, et laisssez refroidir.

LES CERISES

Le choix des fruits n'est pas indifférent pour la bonté du flan ; aussi faut-il les prendre fraichement cueillis, *non tournés* et bien mûrs. J'aime l'espèce dite Griotte, à saveur aigrelette.

Lavez et égouttez bien les cerises, prenez-les l'une après l'autre de la main gauche, enfoncez la pointe du couteau d'office à côté de la queue, pressez celle-ci contre la lame du couteau et tirez : queue et noyau viennent facilement.

Jetez les cerises à mesure qu'elles sont dénoyautées, dans le poêlon en cuivre non étamé, une casserole en nickel ou émaillée, l'étain ou le fer les noircirait. Etant achevées, donnez-leur un bouillon sur feu vif, versez-les sur un tamis de crin pour en séparer le jus, remettez celui-ci dans le poêlon avec le vin, le sucre et de la cannelle ; faites réduire à moitié au moins, retirez du feu, réunissez les cerises, couvrez et laissez refroidir pendant que vous préparez la croûte.

La croûte étant cuite, posez-la sur le plat de service, versez cerises et jus et servez.

Flan de Ménage, dit Tarte à la Crème

Formule pour la crème : 4 jaunes d'œufs ; 15 gr. de fécule de pommes de terre ; 4 décilitres de lait ; 100 gr. de sucre semoule ; une cuillerée à café d'eau de fleur d'oranger.

Opération. — Travaillez les jaunes et le sucre dans une casserole de contenance d'un litre. Ajoutez la farine et mouillez avec le lait bouillant. Faites cuire sur feu doux en remuant jusqu'à consistance d'une crème épaisse. Ajoutez l'eau de fleur d'oranger et laissez complètement refroidir.

LA PATE. — Faites une pâte demi-feuilletée avec :

150 gr. de farine ; 80 gr. de beurre ; 3 gr. de sel ; un décilitre d'eau.

Mettez la farine sur la table ou sur le marbre ; faites un trou au milieu, dans lequel vous mettez le beurre, le sel et l'eau ; travaillez beurre, sel et eau ensemble, incorporez la farine et réunissez en une boule parfaite.

Laissez reposer un quart d'heure et donnez deux tours en allongeant la pâte et en la pliant comme une serviette à chaque tour. Renouvelez cette opération deux fois en laissant reposer un quart d'heure chaque fois. Un quart d'heure après le dernier tour, foncez avec cette pâte un moule à flan de 22 centimètres de diamètre. Garnissez-le avec la crème et faites cuire à four modéré, de 35 à 40 minutes.

Ce flan se sert froid.

Flan de Pêches

Foncez une croûte en pâte brisée dans un cercle à flan, placez-la sur une tourtière, pincez les bords, et remplissez l'intérieur de noyaux de cerises. Cuisez à four chaud. Lorsque cette croûte est cuite et refroidie, vous la videz et la remplissez de quartiers de pêches artistement disposés que vous avez pelés et fait cuire doucement dans un sirop de sucre à 30°.

Réduisez le sirop chaud à la nappe dans lequel vous avez fait cuire les pêches, et garnissez-en au pinceau la surface ; puis ajoutez à ce sirop réduit un peu de kirsch ou de marasquin, et versez-le dans le flan.

On peut garnir ce flan avec des moitiés d'abricots ou de pêches de conserve vendues en boîtes ou en flacons. Il suffit de sucrer le jus, de faire faire un bouillon aux pêches et de réduire le sirop. On peut ainsi varier les entremets en hiver où les fruits sont rares.

Flan au potiron

Formule : 250 gr. de pulpe de potiron ; 120 gr. de sucre semoule ; 60 gr. de farine ; 50 gr. de beurre ; 5 gr. de sel fin ; un demi-litre de lait cru ; zeste de citron ou d'orange ; 3 œufs moyens ; une timbale en argent ou en porcelaine plissée de 12 cm. de diamètre.

Opération. — Cuisez le potiron comme pour la tarte ; ayez toujours soin qu'il soit bien égoutté de l'eau de cuisson.

Battez le sucre avec les œufs et le zeste du citron râpé, ajoutez le sel et la farine, battez encore un moment, additionnez la pulpe et ensuite le lait froid.

Beurrez la timbale avec le tiers du beurre, versez l'appareil, éparpillez le restant de beurre divisé en 4 parties, faites cuire au four de 25 à 30 minutes avant de servir.

Envoyez sur un plat rond, garni d'une serviette à thé, et des assiettes chaudes.

Flûtes à potage

Délayez 20 gr. de levure de bière, pressée, dans un quart de litre d'eau tiède, avec 5 gr. de sel.

Mettez sur la table ou dans un saladier 500 gr. de farine de gruau de Hongrie, dit *o*, faites un creux en forme de fontaine, versez-y l'eau tiède et détrempez la farine, formant une pâte douce et mollette.

Laissez-la lever pendant deux heures dans un endroit tempéré, pour qu'elle double de volume.

Remettez cette pâte sur la table devenue levain et mélangez-la avec un kilo de pâte à pain ordinaire et de la farine en quantité suffisante pour en faire une pâte ferme.

Laissez lever pendant encore deux heures.

Renversez sur la table farinée, découpez en morceaux de 50 à 60 gr. et roulez ceux-ci à la longueur des flûtes, laissez lever pour la troisième fois pendant le même temps, puis mettez à cuire au four chaud dans lequel vous aurez fait un peu de buée en y promenant un linge mouillé.

Fondant pour gâteaux ou bonbons

Dans un poêlon en cuivre non étamé, faites fondre 500 gr. de sucre cassé à la main, avec un verre d'eau froide. Posez la casserole sur un feu clair pas trop vif, et laissez cuire jusqu'au moment où la goutte de sirop prise entre le pouce et l'index, à la pointe d'un couteau ou de la cuiller, forme un long fil lorsque vous écartez les doigts. (C'est ce qu'on appelle le filet). Versez alors sur un marbre sans huile ni beurre, et, dès que le sucre est un peu froid, brassez-le, d'avant à l'arrière avec une spatule, tant qu'il n'est pas devenu compact et très blanc.

Fraisez-le une fois avec la pomme de la main comme une pâte ordinaire.

Mettez-le dans une petite casserole avec un petit verre de kirsch, de rhum, d'essence de café ou autre ; placez au bain-marie jusqu'à ébullition de l'eau du bain, le remuant doucement, et versez-le sur le gâteau à glacer, enduit d'une légère couche de marmelade d'abricots. C'est tout. Mettez le gâteau sur plat.

Pour les petits gâteaux, on les trempe dans la casserole et on les pose à égoutter sur une grille, en cas qu'ils prennent trop de fondant.

Fouetté au chocolat

Pour 6 personnes

Vous avez acheté une demi-livre de chocolat de la Compagnie française. Ceci n'est pas une réclame ; cela résulte d'expériences comparatives. Vous divisez votre chocolat en petits morceaux et le placez dans un poëlon avec 8 morceaux de sucre. Vous couvrez d'eau et laissez mijoter au moins une heure.

Votre chocolat cuit, vous le versez dans un saladier où il refroidit.

Un quart d'heure avant de servir, vous ajoutez au chocolat 0,75 centimes de crème fouettée et vous remuez le tout, toujours dans le même sens, jusqu'à mélange complet.

Vous dressez sur un compotier que vous placez au frais, sur la glace, si vous en avez.

Fraiser une Pâte

Pour fraiser une pâte, il suffit de mettre toute la masse devant vous sur la table et repoussez-la en avant en la brisant par petites portions avec la paume de la main.

Certaines pâtes ont besoin d'être fraisées très finement, d'autres grossièrement ; ceci dépend de la plus ou moins grande quantité de beurre contenu dans la pâte. Si on fraise trop une pâte beurrée, le beurre se tourne en huile et la pâte devient sableuse. Celles au contraire qui ont peu de beurre garderaient trop d'élasticité si on ne les fraisait pas en conséquence et il serait difficile, parfois impossible, de les allonger et de faire garder aux gâteaux découpés la forme que l'on veut qu'ils aient une fois cuits.

Ce travail a l'avantage aussi de mélanger intimement toutes les parties qui composent le gâteau et rendent la cuisson plus uniforme.

Friands

Formule : 80 gr. d'amandes blanchies ; 200 gr. de sucre glace ; 30 gr. de crème de riz ; 80 gr. de beurre fondu ; 5 blancs d'œufs en neige.

Opération. — Râpez les amandes, mélangez-les avec le sucre et la crème de riz.

Montez les blancs bien fermes, versez le mélange sur les blancs, servez-vous d'une spatule et non du fouet ; ajoutez le beurre fondu.

Formez avec une poche ou un cornet de fort papier des petits bâtons de 6 à 7 centimètres de long, posés sur plaque beurrée et farinée.

Cuisez à four modéré.

Collez-les deux par deux avec une marmelade ou gelée, et glacez le dessus avec du sucre glace délayé au kirsch ou rhum, à la consistance d'une crème un peu épaisse.

Une cuiller d'eau, une de kirsch ou rhum et 80 gr. de sucre glace ; triturez ensemble pendant dix minutes.

Frivolités

Formule : 1/2 livre de beurre ; 6 œufs ; 1/2 livre de sucre ; 1 petit verre de rhum ; 500 gr. de farine environ ; 6 gr. de sel ; zeste de citron ou d'orange.

Opération. — Montez le beurre en crème, ajoutez peu à peu les œufs, le sucre, le rhum, la farine. Donnez assez de consistance à la pâte pour pouvoir l'étendre au rouleau. Étendez assez mince, coupez en carrés longs, d'environ 10 centimètres, et de 4 centimètres en largeur.

Faites dans chaque carré, avec la roulette, deux raies parallèles ; la pâte mise ainsi coupée en la friture très chaude lui donne toutes sortes de formes. Ou bien coupez la pâte en bandes larges de 2 centimètres sur 10 et 15 de long, entrelacez-les en formant des nœuds, des couronnes, et laissez frire comme les précédentes.

En les retirant, saupoudrez-les de sucre glace, dressez dans une jolie corbeille garnie d'une serviette à thé.

Froid

Pour congeler un article rapidement, il est utile de savoir les ingrédients ou produits qui donnent le froid de façon précise.

Voici quelques formules :

1 kil. 200 gr. de glace brisée ou neige 500 gr. de sel gris............... 504 gr. d'azotate d'amonium	donnent 31° au thermo.
2 kil. de glace pilée ou neige...... 1 kil. de sel gris	20°
2 kil. glace pilée ou neige......... 1 kil. chlorhydrate de soude......	20°
2 kil. 500 glace pilée ou neige..... 500 gr. chlorhydrate de soude..... 500 gr. chlorhydrate d'ammoniaque	24°

Pour glacer les granites et les sorbets :

3 kil. de glace pilée ou neige...... 700 gr. de sel gris...............	16°

Pour les glaces ordinaires :

3 kilos de glace pilée............ 900 gr. de sel gris...............	18°

Fromage blanc, aux framboises

Formule : 500 gr. de fromage blanc ; 125 gr. de framboises ; 125 gr. de sucre en poudre ; 1 décil. de crème épaisse.

Opération — Marinez les framboises avec le sucre, à couvert, au frais, pendant deux heures.

Passez le fromage blanc au tamis de crin sur une assiette à soupe et versez-le, une fois passé, dans un saladier.

Passez les framboises sur le même tamis, sans le laver.

Battez le fromage avec un petit fouet à sauce, incorporez-lui peu à peu, et toujours en battant, le décilitre de crème et ensuite le jus des framboises. Vous devez obtenir une crème rose très légère et onctueuse.

Versez dans un compotier et mettez dans un endroit frais.

Préparez ce fromage à 11 heures pour midi.

Fromage de Brie (*Gâteau imitant le*)

LE BISCUIT

Formule : 5 œufs moyens de 55 à 60 gr. ; 150 gr. de sucre cristallisé ; 130 gr. de farine ; un petit verre de rhum ; un moule rond et à bord droit de 22 centimètres.

Opération. — Cassez les œufs dans la bassine à monter les blancs, mettez le sucre et battez avec un fouet en fil de fer sur le devant du fourneau ou sur une casserole contenant de l'eau chaude.

Dès que vous voyez l'appareil dégourdi, retirez-vous et continuez de battre pour que cet appareil devienne presque blanc, épais et léger. Mettez le rhum et battez encore. Pour que le biscuit soit léger et assez grand, la pâte doit être battue au moins vingt minutes et, en soulevant le fouet, elle doit rester sur elle-même en tombant et former un monticule qui s'affaisse lentement.

Tamisez la farine sur une feuille de papier, versez-la dans l'appareil et mélangez en tournant la bassine et coupant la pâte avec une spatule ou cuiller de bois. Il faut s'appliquer à aller vite et ne pas retomber la pâte en la travaillant trop longtemps.

Beurrez le moule avec du beurre épongé entre deux linges et à peine fondu.

Laissez-le figer et farinez-le. Si vous n'avez pas de moule droit, vous pouvez utiliser le sautoir de 22 cent. de diamètre.

Versez la pâte en tenant la bassine sur la main gauche et en la faisant glisser avec une carte que vous tenez avec les trois doigts majeurs de la main droite. Une moitié de carte-visite suffit : si vous la prenez trop large, elle casse et ne sert pas bien.

Frappez le moule sur la table bien à plat pour égaliser la pâte et laissez-le cuire à feu doux environ quarante minutes. S'il cuit plus vite, le biscuit tombe et remonte, il est mou et ne supporte pas la crème suivante.

Démoulez-le chaud sur un tamis ou une grille.

LA CRÈME

Formule : 150 gr. de beurre fin ; 150 gr. de sucre cassé à la main ; un décilitre d'eau froide ; 5 jaunes d'œufs moyens ; essence de café, vanille ou autre parfum.

Opération. — Mouillez le sucre avec le décilitre d'eau quelque temps avant, pour faciliter sa fonte ; avec si peu d'eau, il fond difficilement et se graine.

Travaillez les jaunes d'œufs dans un saladier pendant 10 minutes au moins pour les bien blanchir. Faites faire un bouillon au sucre sur un feu doux, versez petit à petit sur les jaunes, les tournant avec le fouet ; versez dans la casserole et faites faire un sourire.

Retirez-vous du feu et versez de suite la crème dans le saladier où vous avez travaillé les jaunes.

Ne cessez de battre, pour faire refroidir la crème très vite. Lorsqu'elle sera tiède, ajoutez le beurre par morceaux gros comme des noix, ajoutez le parfum et vous devez avoir une crème moelleuse et légèrement dorée.

Hachez fin une douzaine de pistaches non mondées, six amandes grillées et tenez-les à côté.

Faites-vous prêter par le crémier un de ces petits paillons de brie ; qu'il soit très propre s'il n'est pas neuf et bien sec.

Sinon, ouvrez d'un côté une coiffe à bouteille de champagne.

Divisez le biscuit en trois tranches horizontales à peu près d'égale épaisseur.

Posez le côté dessus du biscuit sur une grille, nappez la tranche de crème, mettez la tranche du milieu ; une nouvelle couche de crème, la dernière tranche et encore de la crème. Avec un pinceau, passez-en tout le tour une bonne couche.

Sucrez légèrement avec la poudrière, semez les pistaches, les amandes et saupoudrez une deuxième fois.

Appuyez le paillon à plat dessus pour faire les raies ; posez le paillon sur un plateau, le gâteau dessus et laissez raffermir au frais.

On peut couper un triangle et le mettre dessus pour faire voir l'intérieur du gâteau.

G

Galettes Algériennes

Formule : 150 gr. de farine ; 100 gr. de beurre frais ; 50 gr. de sucre ; 15 dattes de Biskra ; le zeste d'une mandarine ; un œuf entier et un jaune ; un peu de sel.

Opération. — Zestez la mandarine sur un morceau de sucre en pain, râtissez le sucre qui se charge de zeste, vous devez en faire deux cuillerées à bouche.

Dénoyautez les dattes, coupez-les en petits dés, travaillez le beurre, le sucre, les dattes avec l'œuf et le jaune ; incorporez la farine, fraisez la pâte deux fois, laissez-la reposer une heure au frais.

Détaillez des petites galettes avec un emporte-pièce rond, cannelé ou de forme agréable.

Dorez à l'œuf entier, rayez avec une fourchette, cuisez à four un peu chaud, environ 15 à 18 minutes.

Galettes d'Amiens

Formule : 150 gr. farine tamisée ; 150 gr. sucre en poudre ; 150 gr. beurre ; 50 gr. orangeat haché (écorce d'oranges glacées) ; un œuf entier et un jaune.

Opération. — Tamisez la farine sur la table, faites au milieu une fontaine dans laquelle vous mettez le sucre, l'œuf entier et le jaune d'œuf ; travaillez bien ces deux substances, afin de les faire blanchir ; ajoutez le beurre et l'orangeat haché, formez du tout une pâte maniable que vous fraisez légèrement et que vous étendez ensuite en abaisses de l'épaisseur de cinq millimètres ; puis détaillez à l'aide d'un emporte-pièce cannelé (rond), de 8 centimètres de diamètre. Placez ces galettes sur plaques cirées et mouillées ; dorez-les et cuisez-les à four chaud. Après cuisson, et aussitôt après les avoir retirées du four, glacez-les au fondant parfumé au rhum, à l'aide d'un pinceau, de façon à obtenir un glaçage transparent.

Galette de Bordeaux dite des Rois

Formule : 1 k. 500 gr. de farine ; 150 gr. de sucre en poudre ; 12 œufs entiers ; 600 gr. de beurre fin ; 40 gr. de levure de bière ; 15 gr. de sel fin ; un peu de lait du jour ; un zeste râpé de citron.

Opération. — Passez la farine au tamis, sur le tour ; prenez-en le quart que vous pétrirez avec la levure et un peu d'eau tiède, pour faire un levain assez mou que vous roulez en boule dont vous coupez le dessus en forme de croix et que vous mettez lever dans une casserole remplie d'eau tiède (38 à 40°, suivant la saison), jusqu'à ce qu'il monte à la surface ; il doit grossir d'au moins un tiers.

Pendant que le levain est dans l'eau, pétrissez le reste de la farine avec le sel, le sucre, la râpure de citron et les œufs ; travaillez bien la pâte puis ajoutez du lait pour la rendre à point ; mélangez le beurre manié et le levain sans travailler. Mettez cette pâte à lever dans un endroit à une température de 25° ; ensuite dressez en couronnes, laissez lever sur plaques dans un endroit assez chaud, dorez, décorez de tranches de cédrat confit, très minces ; poudrez de sucre cristallisé, cuisez à four chaud.

Ces brioches en couronnes sont les galettes traditionnelles des Rois des provinces du Sud-Ouest de la France.

Galette glacée

Formule : 200 gr. de farine ; 150 gr. de beurre fin ; 4 gr. de sel ; 1 décilitre d'eau ; demi-blanc d'œuf pour la glace ; 125 gr. de sucre glace.

Opération. — Mettez sur la table la farine en fontaine ; dans le milieu, 30 gr. de beurre pris sur les 150 gr., le sel, et le décilitre d'eau. Travaillez un peu le beurre, le sel et l'eau, incorporez peu à peu la farine, de façon à obtenir une pâte bien lisse ; réunissez-la en une boule et battez-la fortement 3 ou 4 fois avec le rouleau, ce qui a pour but de lui faire perdre le corps qu'elle a pris en la travaillant. Etendez-la à l'aide du rouleau et mettez dans le milieu la moitié du beurre restant. Repliez les quatre côtés et étendez-la de nouveau ; ajoutez le reste du beurre ; renfermez-la comme la première fois et allongez la pâte en une bande ; repliez les deux bouts de cette bande, comme pour le feuilletage, sur le milieu et celle-ci l'une sur l'autre ; laissez reposer 20 minutes et recommencez la même opération deux fois, en allongeant la pâte dans le sens opposé. Laissez 20 mi-

nutes de repos entre chaque fois. Vingt minutes après le dernier tour, étendez la pâte d'un centimètre d'épaisseur et le plus en rond possible. Enlevez avec le rouleau et posez-la sur une plaque légèrement humide, égalisez le tour avec un couteau, de façon à ce qu'elle monte bien. Mettez le sucre tamisé dans un bol, travaillez-le avec le blanc d'œuf, à l'aide d'une spatule, jusqu'à ce qu'il soit bien blanc ; étendez-le sur la galette et faites-la cuire une demi-heure à four un peu chaud, en piquant la galette de place en place.

Galettes glacées au curaçao

Formule : 300 gr. de farine de gruau ; 250 gr. de sucre en poudre ; 250 gr. de beurre fin et ferme ; deux jaunes et un œuf entier ; 4 écorces d'oranges confites dite orangeat ; un peu de sel fin.

Pour les glacer : 2 cuillerées à bouche de curaçao ; 2 cuillerées d'eau froide ; quelques gouttes de citron ; environ 200 gr. de sucre en poudre, dit glace.

Hachez les écorces d'orange très fin.

Pour vous faciliter ce travail, mettez-les dans un bol et mouillez de deux cuillerées d'eau qui serviront pour la glace ; taillez-les en filets et coupez les filets par le travers.

Triturez tous les éléments ensemble avec rapidité pour ne pas chauffer la pâte, qui est très délicate.

Faites une boule, et mettez à raffermir en un endroit frais.

Divisez la masse de pâte en deux parties, formez-en deux boudins de 35 centimètres de longueur, aplatissez chacun d'eux à la largeur de deux doigts, taillez-y des losanges, mettez-les sur plaques de tôle, dorez à l'œuf battu, et cuisez à four moyen pendant 25 minutes environ.

La Glace. — Dans un bol mettez l'eau et le curaçao, ajoutez la quantité de sucre nécessaire pour obtenir une crème un peu liquide, travaillez un moment afin de la rendre bien lisse, sans grumeaux ; ajoutez, à ce moment, quelques gouttes de citron pour développer le parfum du curaçao, et nappez chaque galette-losange, encore un peu chaude, à l'aide d'un pinceau.

La couche de glace doit être très mince et brillante.

Ces galettes sont exquises, mais elles sont un peu chères et il faut les réserver pour les jours de grande réception.

Galettes de ménage

Formule : 250 gr. de farine ; 150 gr. de beurre ; 5 gr. de sel ; 40 gr. de sucre ; 5 gr. de cannelle en poudre ; un verre à madère d'eau-de-vie du Calvados ; un jaune d'œuf ; une cuiller à bouche de lait froid.

Opération. — Délayez dans un saladier, à la cuiller de bois, le beurre, le sel, le sucre, la cannelle, le jaune d'œuf, l'eau-de-vie et le lait.

Incorporez la farine. Mettez au frais 2 heures en été, 1 heure en hiver.

Faites une galette ronde de 22 centimètres de diamètre, cuisez-la au four très modéré 50 minutes environ ; dorez-la au lait, à l'œuf entier ou au blanc d'œuf battu.

Rayez avec le dos d'une fourchette, piquez-la avec le couteau sur plusieurs points, avant de la mettre au four.

Galette Nantaise

Formule : 250 gr. de farine ; 150 gr. de beurre ; 100 gr. de sucre semoule ; 60 gr. d'amandes râpées ; 5 gr. de poudre anglaise dite Beaking-powder (on peut remplacer cette poudre par du sel de Vichy) ; 1/2 zeste de citron ; un petit verre de rhum ; 2 œufs moyens ; une pincée de sel ; un cercle à flan de 22 cent. de diamètre.

Opération. — Commencez par beurrer le cercle avec du beurre non fondu, pris sur la quantité, il en faut gros comme une noisette ; posez le cercle sur une feuille de papier et sur une tourtière en tôle épaisse. Zestez le demi-citron très superficiellement pour ne pas mettre du blanc qui est amer. Faites la fontaine avec la farine, mettez dans le milieu le sucre, le sel, la poudre anglaise, les deux œufs ; travaillez un peu le sucre pour le fondre, ajoutez le rhum, les amandes râpées et le beurre, mélangez intimement et fraisez deux fois. Faites une boule bien ronde, aplatissez-la légèrement, roulez-la pour l'étendre, mettez-la dans le cercle et faites-

lui toucher tout le tour du cercle, que la pâte soit d'égale épaisseur.

Dorez à l'œuf entier battu, rayez avec une fourchette en long et en biais, croisez les raies, piquez la pâte avec la pointe d'un couteau et mettez cuire au four de moyenne chaleur, environ 40 minutes.

N.B. — Si vous ne possédez pas une râpe à amandes, il faut les piler avec la moitié du sucre d'abord et les passer au tamis n° 20. Remettre ce qui n'a pas passé dans le mortier avec la moitié du sucre qui reste, piler et repasser, repiler une troisième fois avec le sucre restant, repasser et finalement broyer ce qui reste et l'ajouter à la pâte.

Ce système est bien plus long : il a un autre inconvénient, la galette est bien plus lourde, moins fine et plus plate.

Galettes mi-sel pour le Thé

Formule : 500 gr. de farine de gruau ; de 15 à 20 gr. de sel gris que l'on pile soi-même ; 150 gr. de beurre fin ; 250 gr. de sucre semoule ; 2 jaunes d'œufs frais ; 2 décilitres de lait froid non bouilli.

Opération. — Tamisez la farine sur le marbre ou sur la table bien propre et surtout bien sèche ; faites un large trou au milieu, ce que l'on est convenu d'appeler, en termes du métier, *faire la fontaine*.

Dans le milieu, mettez le sel, le sucre, le lait et les deux jaunes ; remuez avec les doigts ramassés ensemble, puis ajoutez le beurre qui a dû être ramolli à la main et sur le coin de la table mouillée, au cas où il serait trop ferme. Aussitôt que le tout est amalgamé, mélangez la farine le plus vivement qu'il soit possible. *Fraisez* la pâte une fois. Cette opération consiste à appuyer la paume de la main en avant sur un peu de pâte et à la détacher de la masse. Une fois cette opération finie, couvrez la pâte et laissez reposer afin qu'elle perde le corps qu'elle a contracté au travail, sinon, en l'étendant, elle revient sur elle-même et les galettes se déforment.

Après une heure de repos, saupoudrez la table de farine, divisez la pâte en deux parties et, à l'aide d'un rouleau en buis, tout uni, et non avec un rouleau à poignée qui est si peu commode, étendez une moitié de pâte ayant 5 à 6 millimètres d'épaisseur. Coupez les galettes ainsi qu'il est dit plus haut; posez-les sur une plaque à un demi-centimètre l'une de l'autre. Dorez à l'aide d'un pinceau avec un œuf entier assez salé et bien battu, en ayant soin de ne pas dorer la plaque, autrement les galettes s'y collent et brûlent en dessous.

Avec une fourchette en fer, faites des losanges en tirant deux traits un peu en biais et les croisant un peu ; puis, piquez avec les pointes de la fourchette le milieu de la galette.

Douze ou quinze minutes de cuisson suffisent. Du reste, il est facile de s'assurer du degré de cuisson en soulevant une galette, le dessous doit être blond et non pâle ou couleur de pâte.

Les débris restant après le découpage sont ramassés et repétris ensemble, sans trop travailler la pâte, autrement on ne pourrait plus l'allonger; on refait l'opération de l'étirage, etc., etc.

Galettes à l'orange, transparentes

Formule : 200 gr. de sucre semoule; 125 gr. écorce d'orange confite ; 125 gr. amandes blanchies, séchées et hachées ; 45 gr. de farine; 1/4 de litre de crème douce, dite crème à thé; un peu de carmin Breton.

Opération. — Faites chauffer la crème au bain-marie ou en la remuant à la spatule, retirez du feu; mettez-y les écorces d'orange à tremper une minute, pour les ramollir et les désucrer, ce qui vous facilitera le découpage en petits dés. Mélangez les écorces, les amandes bien sèches et le sucre, remuez une minute seulement et laissez complètement refroidir. Ce travail peut même être fait la veille.

Beurrez deux ou trois plaques. Mélangez la farine; dressez des petits tas assez éloignés les uns des autres, pas trop forts; une bonne cuillerée à café, qu'elle soit comble. Aplatissez-les avec une fourchette.

Mettez au four un peu chaud et laissez cuire environ 12 à 15 minutes. Enlevez la plaque du four et mettez la suivante.

Laissez complètement refroidir la première sans toucher aux galettes.

Pour les enlever, chauffez légèrement la plaque et passez un couteau à lame très mince en dessous des galettes.

Mettez en boîtes et tenez au sec.

Galettes de plomb pour le thé

Formule : 250 gr. de farine de gruau ; 180 gr. de beurre très fin; 1 œuf entier; une cuiller à bouche de crème douce; 20 gr. de sucre, un peu de vanille; 3 gr. de sel fin.

Opération. — Faites la fontaine, travaillez dans le milieu l'œuf avec le sel, le sucre la vanille, le beurre et la crème, sans échauffer le beurre ; mélangez la farine, fraisez la pâte deux fois, ramassez-la en boule et laissez-la au frais pendant une heure. Donnez deux tours simples et laissez reposer une autre heure.

Coupez à l'emporte-pièce, rond, uni ou cannelé, posez sur plaque forte, dorez à l'œuf entier, battu ; rayez à la fourchette, cuisez au four chaud 20 ou 22 minutes.

Galette des Rois

C'est une des plus belles et joyeuses fêtes de l'année. Le boulanger offre bien une galette et le pâtissier aussi, dans les grandes villes de nos provinces, mais quelle différence d'appréciation entre un gâteau offert et celui fait par la dame de céans ou une de ses filles! Mais, me direz-vous, c'est un aria inénarrable que de faire un gâteau des rois? Que nenni, dans une heure tout est fini, d'autant plus que vous pouvez confier la cuisson, qui n'a rien de difficile, à la cuisinière qui la surveille tout en faisant son dîner ou le déjeuner de préférence, la fête étant mieux le matin que le soir.

Formule : 300 gr. de farine de gruau ; 200 gr. de beurre frais et *ferme*; une cuiller à café de sel fin ; un verre à liqueur de rhum; un soupçon de zeste de citron ou d'orange; 2 décilitres d'eau fraîche.

Opération. — Etalez la farine sur un marbre, de préférence à une planche qui n'est pas aussi fraîche, et opérez dans un endroit frais. Faites un trou au milieu de la farine et mettez le sel, le rhum, le zeste et le beurre, travaillez le tout ensemble sans fondre le beurre, ajoutez presque les deux décilitres d'eau et faites absorber en triturant la farine avec les doigts, réunis par la pression; fraisez deux fois avec la paume de la main en repoussant et brisant la pâte par toutes petites parties. Réunissez-la en une boule et laissez reposer au frais 20 minutes. Saupoudrez le marbre de farine, allongez la pâte au rouleau, très longue et mince, repliez les deux bouts et faites-les rejoindre au milieu, puis pliez encore l'un sur l'autre, cela fait quatre épaisseurs ; étalez de nouveau en sens contraire et donnez la même façon : laissez reposer 20 minutes. Recommencez la première opération et à quatre tours la pâte est prête ; dans 20 minutes, étendez-la soit en rond, soit en carré; posez-la sur plaque, dorez avec de l'œuf battu et faites cuire à four doux 45 minutes environ. Servez-la chaude.

Galettes salées

Formule : **175 gr. de farine; 125 gr. de beurre; 10 gr. de sel fin; 1/2 décilitre de lait.**

Opération. — Faites fondre le lait avec le beurre et le sel. Liez la farine, fraisez la pâte et laissez reposer au frais deux heures.

Etendez-la au rouleau de 5 millim., coupez des galettes à l'emporte-pièce rond cannelé de 3 centim., dorez au lait, saupoudrez de sel mi-fin, faites cuire au four très chaud.

Galette des Rois

Des profondeurs sombres des laboratoires, où s'élaborent les merveilles de la pâtisserie parisienne, montent et se mêlent aux rumeurs de la rue les claquements sonores des rouleaux de buis, rebondissant sur le marbre des tours ; et, aux étalages ou s'alternent harmonieusement les mièvreries multicolores, les pâtés robustes et les altiers croquenbouches, les galettes s'alignent ; disques enrobés d'or que, à son gré, l'artiste ornemente de la pointe d'un couteau d'office.

Passés, sont les temps héroïques ; mais toujours subsistent et toujours fêtés sont les temps épiphaniques, ou éphémèrement règne la galette, fille du pain azyme, séculaire héritage gourmand des générations disparues, traditionnel régal dont les flancs de pâte recèlent la fève symbolique, dispensatrice d'une royauté d'un soir, que saluent d'enthousiastes acclamations, dont ne sauraient s'effaroucher d'austères politiciens, ni s'émouvoir de rigides républicains.

Galettes issues de l'admirable pâte que le calorique du four, mystérieux opérateur, souleva en innombrables feuillets ; galettes de pâte ferme, chères aux vieux gourmets ; galettes de plomb, s'effritant sous la dent ; galette à la Limousine dont la pâte se rehausse d'une fine purée de châtaignes, que parfume discrètement la vanille ; galettes de ceci ou de cela, d'ici et d'autre part ; toutes sont de la fête. Il y en a pour tous les goûts et pour toutes les bourses ; il ne manque à la collection de leurs recettes, que celle dont le glossaire vulgaire a fait un synonyme de richesse, la galette que chacun se souhaite et que chacun espère ; et qui, pourtant, ne donne pas toujours le bonheur.

Elle ne s'entoure pas, la bonne galette des Rois, d'insurmontables complications, ni de mystérieux procédés ; sa réussite s'équilibre simplement sur une vigilante attention dans son apprêt, et une sympathique surveillance dans sa cuisson.

Entre toutes, choisissons la plus simple, la galette familiale dont, toute entière, la maisonnée suit l'opération. Ecoutez :

« Sur la table de hêtre, que 400 gr. de pur gruau s'arrondissent en blanche couronne, et que 8 gr. de sel, dissous par un verre d'eau, s'y ajoutent avec 250 gr. de beurre irréprochablement pur. Alors, sous l'effort des doigts, voici que les éléments se rassemblent et s'unifient, s'homogénéisent en un tout compact, aussitôt roulé en boule, et vingt minutes de repos seront accordées à la pâte, rendue élastique par le travail.

Sous la pesée du rouleau, la pâte maintenant s'allonge, s'allonge en bande géométriquement rectifiée, puis est en trois repliée ; et, à six minutes d'intervalle, trois fois l'opération unificatrice du tourage sera répétée.

L'œuvre s'avance : Du carré de pâte, les angles sont ramenés au centre; les doigts courants agilement sur les bords, rectifient les imperfections de la circonférence, et sur la pâte retournée, le rouleau à nouveau remplit son office ; l'étend, l'étend en large disque que déchiquète rapidement la pointe voltigeante d'un couteau. Précautionneusement le symbole de la royauté est incrusté dans la pâte, quel qu'il soit; mais que l'on donne la préférence sur tous les autres au légume né en sol Persan, à la fève Pythagoricienne, et que l'on proscrive sans pitié, ces statuettes en faïence, traîtresses à la dent, ou ces yeux de porcelaine qui fixent sinistrement et mentent aux traditions antiques et poétiques. Alors, d'un bond, la galette prend place sur la platine ; le pinceau enduit la surface d'œuf battu, principe d'une coloration que régularise un correct rayage; et le four, mystérieux et souvent traître opérateur, se charge de faire le reste en 35 minutes.

Dans le charmant désordre qui suit toute la fin du repas familial, la galette enrobée d'or, glorieusement assise sur son papier ourlé de dentelle, et qu'admirativement fixent les tout petits, subit enfin l'attaque du couteau. Et au hasard de la distribution des rectangles feuilletés, se décerne la royauté d'un soir; la royauté épiphanique dispensée par la fève symbolique, souvenir dernier des coutumes anciennes, vestige final de ces séculaires usages sapés par le progrès destructeur des vieilles traditions.

Mais longtemps encore, la galette sera glorifiée aux familiaux *prandium*. Longtemps encore, aux tintailles d'assiettes et au bruit des fourchettes ; aux cliquailles des verres et aux bruyances des bouchons chassés par la mousse champenoise, se mêleront des voix joyeuses, clamant le vieux cri des festins épiphaniques : Le Roi boit !!!

Philéas GILBERT.

Galette des Rois en couronne

LE LEVAIN

Formule : 80 gr. de farine ; 12 gr. de levure pressée ou 20 gr. de levure liquide ; 3 à 4 cuillerées de lait.

LA PATE

Formule : 250 gr. de farine ; 200 gr. de beurre ; 250 gr. d'œufs (4 gros ou 5 petits) ; 30 gr. de sucre semoule ; 50 gr. de sucre cristalisé ; 1/2 zeste de citron ; demi verre de vin blanc ; petit verre de rhum ; sel ; une fève.

LE LEVAIN. — Disposez les 80 grammes de farine indiquée pour le levain, en un petit puits où vous délayez soigneusement la levure dans le lait tiède, sans laisser aucun grumeau dont la présence rendrait amère une partie de la galette. Incorporez la farine, faites une pâte mollette, un peu plus molle que celle du feuilletage.

Saupoudrez de farine une assiette; au milieu, posez le levain roulé en boule, incisez le dessus en croix, portez le tout près du fourneau et laissez-le tripler de volume pendant que vous vous occupez de la pâte.

LA PATE. — Mettez à côté du feu, dans une petite casserole, le vin blanc, le rhum, le demi-zeste de citron, le sucre en poudre et cinq grammes de sucre, et faites tiédir.

Formez les 250 grammes de farine en fontaine, incorporez trois œufs, battez la pâte en la rejetant fortement sur la table pendant six à sept minutes, ajoutez l'autre œuf, rebattez, et lorsque la pâte sera lisse mélangez deux cuillerées à bouche du liquide tiède, puis deux autres cuillerées lorsque les premières sont absorbées. Ne craignez pas de donner à la pâte trop d'élasticité.

A ce moment, le levain sera prêt. Mettez-le dans un trou au milieu de la pâte, recouvrez, coupez pâte et levain avec la main et rejetez une moitié sur l'autre moitié, sans la tourner : remouillez et recommencez jusqu'à ce que le mélange soit parfait.

Ramollissez un peu le beurre à la main en le triturant sur la table et incorporez-le comme vous avez incorporé le levain, puis mélangez le reste du liquide tiède.

Mettez dans un saladier, saupoudrez d'un léger nuage de farine et couvrez d'un linge, tenez dans la cuisine à température de 16 à 20 degré. La pâte lèvera en trois à quatre heures.

Lorsque son volume a grossi du tiers environ, mettez le saladier au frais ; et quand le volume a presque doublé, saupoudrez la table de farine, roulez la pâte en boule parfaite sans trace de soudure.

La Couronne. — Prenez entre trois doigts une bonne pincée de farine et enfoncez-les sur le milieu et au sommet de la boule, jusqu'à la table ; si vous vous y êtes bien pris, la pâte ne colle pas, c'est important. Sans soulever les doigts, mais les entrouvrant un peu, donnez à la pâte un mouvement giratoire de façon à agrandir le trou et former une couronne que vous élargissez peu à peu de 25 cent.

Portez la couronne sur une plaque de tôle forte, ronde de préférence, étalez-la d'égale épaisseur, aplatissez légèrement le dessus et placez-la encore dans un endroit tempéré pour qu'elle lève, pour la troisième fois, d'un tiers de plus.

La Cuisson. — Dorez le dessus avec de l'œuf battu, introduisez la fève par le fond après avoir fait une légère incision de biais, saupoudrez de sucre cristallisé et cuisez au four, chaleur moyenne, environ quarante minutes. Dès que le dessus prend un peu de couleur, couvrez de papier.

Le levain et la pâte peuvent très bien être préparés le soir après dîner : la cuisine se refroidissant dans la nuit, la montée se fait moins vite. De cette façon, on prend de l'avance.

Le matin, de bonne heure on n'aura plus qu'à former la couronne et à la laisser lever, puis à cuire.

Galette aux Fruits. — Si vous ajoutez du cédrat ou des raisins dans la galette, introduisez-les avant de rouler la pâte en boule, aussitôt qu'elle est retirée du saladier et étalée sur la table farinée.

Mettre les fruits par dessus, les emprisonner en repliant la pâte, et continuer comme il est indiqué précédemment. La couronne sera un peu plus longue à lever, elle mettra une demi-heure de plus.

Quantités de fruits : 125 gr. de cédrat confit coupé en très petits dés, ou même quantité de raisins de Corinthe ou de Smyrne.

Garniture des Bouchées à la Reine

Pour une douzaine de bouchées :

Formule : 2/3 de verre de lait ; 10 gr. de farine ; 50 gr. de beurre ; sel, poivre, muscade ; 120 gr. de blanc de poulet ; 60 gr. de champignons cuits ; truffe ; deux ou trois crêtes de coq ; un peu de ris de veau.

Opération. — Faites fondre le tiers du beurre dans une petite casserole, mélangez une cuillerée à café de sel, des épices et la farine sans laisser roussir ; remuez à la cuiller de bois jusqu'à l'ébullition.

Distribuez au-dessus le beurre qui reste sans le mélanger ; couvrez et tenez au chaud sans bouillir.

Ciselez en petits dés les viandes, les champignons et la truffe ; mélangez-les dans la sauce, chauffez sans bouillir, et n'écrasez pas les morceaux.

Remplissez les bouchées laissées sur la plaque, à l'aide d'une petite cuiller, sans répandre de la sauce sur les bords. Posez son couvercle à chaque bouchée et passez au four pendant une à deux minutes.

Dressez sur un plat rond garni d'une serviette, non point montées en pyramide ; servez aussitôt, avec des assiettes chaudes.

Gâteau d'argent

Formule : 125 gr. de sucre semoule ; 65 gr. de beurre fin ; 65 gr. de farine ; 1/2 décilitre de lait ; 4 blancs d'œufs ; une cuillerée à café de poudre anglaise ; 2 feuilles d'argent pur ; un moule à génoise de 0,20 de diamètre.

Opération. — Faites tiédir le lait, versez-le dans un saladier, ajoutez le beurre divisé en 4 ou 5 morceaux ; avec le fouet, faites mousser; mélangez le sucre et travaillez encore un moment. Montez les blancs en neige, amalgamez-les dans l'appareil ; finalement, ajoutez les feuilles d'argent coupées en bandelettes, la farine et la poudre anglaise. Versez dans le moule beurré et fariné, cuisez au four doux.

Gâteau d'or

Remplacez les feuilles d'argent par des feuilles d'or.

Gâteau Béatrice, aux Marrons

Formule : 500 gr. de marrons de Naples ; 125 gr. de sucre semoule ; 6 œufs moyens ; 20 gr. de beurre ; 2 décil. de crème Chantilly ; vanille en poudre, sel, moule à génoise de 22 centimètres de diamètre.

Opération. — Enlevez la grosse peau aux marrons, mettez-les à cuire à l'eau froide avec 10 grammes de sel ; étant cuits, épluchez-les et passez au fur et à mesure au tamis, en les pressant avec un pilon de bois. Beurrez un moule dit à génoise avec 20 grammes de beurre non fondu, saupoudrez avec de la farine ; cassez les œufs, séparant les jaunes dans un bassin qui contient 125 grammes de sucre semoule, et tournez-les longuement, pour qu'ils épaississent ; battez les blancs en neige, réunissez aux jaunes, liez avec la pâte de marrons rapidement pour qu'elle ne durcisse pas, et mettez au four pendant trois quarts d'heures.

Ce gâteau est à faire la veille du jour où on le sert. Vous le coupez en épaisseur, en tranches, entre lesquelles vous mettez une couche de crème fouettée, puis vous recouvrez ensuite le gâteau entièrement de crème fouettée et vous servez sur une assiette montée.

Gâteau Bordelais

Formule : 500 gr. de farine ; 380 gr. de beurre fin ; 125 gr. de cédrat confit ; 30 gr. de sucre cristallisé ; 50 gr. de sucre en poudre ; 25 gr. d'amandes hachées ; 6 gr. de sel ; un verre à madère de rhum ; un demi-verre de lait tiède ; 7 œufs moyens.

Opération. — Tamisez la farine sur la table, divisez-la en quatre ; avec le quart, la levure et le lait nécessaire pour obtenir un petit levain mollet, faites une boule, fendez-la dessus en croix, mettez ce levain dans une assiette et laissez-le doubler de volume pendant que vous travaillez la pâte.

Faites la fontaine avec le restant de farine, mettez dans le milieu le sel, les 5o gr. de sucre en poudre, le rhum et 5 œufs ; mélangez la farine, travaillez-la un bon moment pour la rendre élastique, ajoutez un œuf, travaillez toujours, l'autre œuf et travaillez encore.

Si le levain est prêt, mélangez-le, sinon mélangez le beurre et le levain après.

Mettez cette pâte dans une terrine, couvrez-la d'un linge et laissez-la à la cuisine pour qu'elle commence de *pousser*, c'est-à-dire lever.

Dès que vous la voyez bien partie, mettez-la dans un endroit frais, environ deux heures seront nécessaires pour qu'elle ait doublé son volume.

Versez-la sur la table farinée ; divisez-la en deux portions égales ; faites deux boules, saupoudrez-les de farine ; avec le poing, enfoncez le milieu pour imiter une sorte de turban assez large, ayant un bourrelet assez prononcé. Posez sur plaque. Dans le milieu semez les amandes hachées, saupoudrez-les de sucre-glace.

Laissez lever la pâte une heure dans la cuisine.

Dorez le tour et le dessus du bourrelet, mettez des tranches de cédrat coupées très minces en forme de rosace et, entre chaque tranche de cédrat, faites un cordon avec du sucre cristallisé.

Cuisez au four doux environ trente minutes ; couvrez d'un papier dès que le dessus prend de la couleur.

Gâteau Breton

Ce gâteau est très estimé et, malgré son grand âge, le succès ne l'a jamais abandonné. Il est un peu délicat dans sa manipulation, mais avec des soins et de la patience on arrive.

Généralement on se sert d'un moule à cylindre plat, à grosses côtes, série de 4, 5 et même 6 moules plus petits les uns que les autres, en sorte qu'étant les uns sur les autres, le tout forme une pièce montée d'un très joli aspect, surtout si on se donne le mal de glacer chaque assise de différentes couleurs : chocolat, pistache, au kirsch, etc. ; mais il est possible de se servir des moules à savarin à torsade ou ou même à génoise ; dans les ménages, j'ai dû opérer souvent dans des sautoirs, même dans les coupes lyonnaises improprement appelées poëles.

Voici les proportions pour un moule à cylindre ayant 22 cent. de diamètre et 6 cent. de hauteur :

Formule : 100 gr. d'amandes mondées, séchées et râpées ; 125 gr. de sucre semoule ou cristallisé ; 70 gr. de crème de riz ou moitié farine et crème ; 8 jaunes d'œufs et 3 beaux blancs ou 4 petits ; 5 gr. de vanille en poudre ; 20 gr. de beurre pour enduire le moule.

Opération. — Beurrez le moule avec beaucoup d'attention, le beurre à peine fondu ; lorsqu'il est figé, farinez-le et mettez de côté. Râpez les amandes, à défaut de râpe pilez-les avec 3 ou 4 jaunes en les mettant les uns après les autres ; l'amande doit faire une crème et ne pas avoir de morceaux apparents. Dans un saladier, mettez cette purée, le sucre, deux autres jaunes, avec une spatule ; travaillez pour alléger et blanchir cette pâte, ajoutez un jaune, l'autre, et montez les blancs bien fermes.

Mélangez-les peu à peu à cette pâte, puis la crème de riz, versez dans le moule et faites cuire environ 40 minutes au four, chaleur douce.

Pour le Glacer. — Faites du fondant (voir l'article), ajoutez-y un peu de cacao ou du chocolat râpé, du kirsch ou de la vanille ou autre parfum, chauffez-le au bain-marie non bouillant ; badigeonnez le gâteau avec une marmelade d'abricots ou de prunes reine-claude bien chaude et avec un pinceau pour en mettre bien peu. Posez le gâteau sur une grille et le tout sur le marbre bien propre, faites couler tout autour et ne le touchez pas pour ne pas faire des marques. Il faut avoir du fondant de reste pour bien glacer. Il sert une autre fois pour autre chose.

Dans un bol, mettez 60 ou 80 gr. de beurre fin, ou plus si le gâteau a plusieurs assises ; travaillez-le avec une spatule ou une cuiller de bois en y ajoutant un peu de sel, gouttes de citron, rhum, kirsch, curaçao, anisette, vanille, le parfum qui vous plaît. Mettez ce beurre dans un cornet en papier d'office ou dans une petite poche avec une douille à fleurs ; si c'est le cornet, coupez-le en pointe de flèche et encore par le milieu, en sorte d'avoir quatre petites dents de loup ; pressez avec la paume de la main pour sortir le beurre et faire le dessin qui vous plaira.

Dressez sur plat rond. Vous pouvez garnir le puits de fruits, crème et même une glace ; triplez la recette pour une pièce montée.

Gâteau de Bretagne

Formule : 300 gr. de farine ; 250 gr. de sucre ; 200 gr. de bon beurre ; 50 gr. d'écorce d'orange confite et 50 gr. d'angélique confite, en dés très fins ; 1 œuf ; un peu de marasquin ; une pincée de Beaking powder dite poudre ou levure anglaise, qui se compose de 100 gr. de crème de tartre, 50 gr. de carbonate de soude).

Opération. — Faites une couronne avec la farine, réunissez au milieu tous les éléments, pétrissez pour obtenir une pâte bien homogène et ne laissez pas reposer.

Beurrez un cercle à tarte de 22 centimètres de diamètre, étendez la pâte bien en rond, posez-la dans le cercle sur une tourtière épaisse ; dorez, quadrillez avec une fourchette, piquez assez serré avec un couteau d'office ; faites cuire à four doux environ 40 minutes.

Ce gâteau se conserve très bien, surtout si on a soin de l'envelopper de papier d'étain, dit papier à chocolat.

Ces recettes me viennent de Pau, où la cuisine est appréciée au point que beaucoup d'étrangers prient les « bonnets blancs » et les « cordons bleus » du pays de leur donner les recettes qui les délectent.

Gâteau de la Comtesse

Formule : 40 gr. d'amandes mondées ; 40 gr. de pistaches mondées ; 100 gr. de sucre en poudre ; 4 œufs entiers ; 5 gr. de vanille en poudre ; 60 gr. de farine de gruau.

Opération. — Broyez les amandes et les pistaches avec un œuf entier, mettez le tout dans une terrine avec le sucre et trois jaunes d'œufs, travaillez bien la pâte, mélangez-y la farine et trois blancs d'œufs montés très fermes ; dressez cette pâte dans un moule à baba à 6 pans, graissé au beurre frais et passé à la farine, et faites cuire à four modéré pendant 40 minutes environ.

Aussitôt sorti du four, parez-le, passez-le à la marmelade d'abricots, et glacez au fondant vert à la pistache ; posez dessus, lorsqu'il est glacé, une bordure de sucre cuit au cassé (cette bordure doit être à six pans comme le gâteau et en sucre cuit rose) et, sur chaque angle de la bordure, collez debout une dragée rose. Au moment de servir, remplissez l'intérieur d'une glace à la vanille, recouvrez-la d'une coupole en sucre cuit rouge filé au cornet et parsemez de pistaches mondées et effilées en ronds.

Gâteau Chateaubriand

LA PATE D'AMANDES

Formule : 60 gr. de sucre ; 60 gr. d'amandes ; 60 gr. de beurre ; 1 gros œuf; 1 petit verre de kirsch.

Opération. — Faites blanchir les amandes, broyez-les une ou deux minutes ; cassez l'œuf et faites avec les amandes une purée très fine, impalpable si c'est possible ; ajoutez le kirsch ou du rhum, le beurre fondu et faites mousser en tournant un bon moment le pilon.

LE GATEAU

Formule : 4 jaunes d'œufs ; 3 blancs ; 100 gr. de sucre cristallisé; 40 gr. de farine ; 40 gr. de crème de riz.

Opération. — Travaillez le sucre cristallisé, de préférence à celui en semoule, pendant 10 minutes à la cuiller de bois.

Ajoutez la pâte d'amandes ; mélangez les deux farines ; montez les blancs bien fermes, incorporez-les à l'appareil; versez dans un moule plat à génoise de 22 centimètres de diamètre. Cuisez au four, même chaleur que pour la génoise, 160 à 180 degrés cent., de 35 à 40 minutes.

Renversez sur un tamis de crin et laissez refroidir.

Pour le glacer, il suffit de le badigeonner avec un peu de marmelade d'abricots, très légère et passée au tamis, puis de saupoudrer d'amandes ou de pistaches blanchies et hachées grossièrement. On peut aussi le servir tout simplement saupoudré de sucre glace.

Gâteau Chinois

LA PATE A FONCER

Formule : 150 gr. de farine de gruau; 50 gr. de beurre frais; 30 gr. de sucre en poudre; 1 œuf entier un peu gros.

Triturez tout ensemble, rapidement ; lissez la pâte et laissez-la reposer pendant que vous faites la préparation ci-après :

LA COMPOSITION

Formule : 125 gr. d'amandes blanchies et séchées; 125 gr. de sucre; 65 gr. de farine de gruau ; 65 gr. de beurre fin fondu ; 1 gr. de cannelle en poudre; 3/4 blanc d'œuf un peu gros, ou 1 petit blanc.

Opération. — Pilez les amandes dans le mortier avec le quart du sucre (du sucre cassé à la main), et passez-les au tamis fin de fil de fer étamé; remettez celles qui n'ont pas passé dans le mortier, avec du sucre ; repilez et passez; recommencez encore deux fois; s'il en reste encore un peu, pilez-les avec le blanc d'œuf. Travaillez un moment les amandes passées.

Quand on dispose d'une râpe à amandes, il vaut mieux les râper et les triturer ensuite avec le blanc d'œuf pour leur donner de l'onctuosité : servez-vous alors de sucre en poudre.

Mélangez le beurre, la cannelle et la farine.

Beurrez légèrement un cercle à flan de vingt-deux centimètres de diamètre, et reprenez la pâte à foncer.

Habillez le cercle avec la pâte, posez-le sur une tourtière ronde, en tôle épaisse, garnissez-le avec la composition aux amandes, et cuisez au four doux, de 30 à 40 minutes.

Laissez refroidir; badigeonnez le dessus avec un peu de marmelade d'abricot, glacez-le au fondant parfumé au rhum.

Si vous ne voulez pas glacer ce gâteau, saupoudrez-le d'amandes effilées; à moitié de la cuisson, sucrez, attendez quelques minutes, et cuisez-le toujours à four doux.

Gâteau au Chocolat

Formule : 3 œufs; 125 gr. de chocolat; 125 gr. de sucre en poudre; 75 gr. de farine; 75 gr. de beurre ; 30 gr. amandes douces; vanille en poudre.

Opération. — Mettez le chocolat divisé en petits morceaux dans une casserole, couvrez-le d'eau froide et posez sur de la cendre chaude ; quand il est bien mou, délayez-le. Posez la casserole sur un feu doux et tournez-le jusqu'à ce qu'il soit devenu comme de la crème épaisse ; ajoutez le beurre et les jaunes successivement, en tournant toujours. Les amandes ne doivent pas être épluchées, râpez-les. Le beurre, les jaunes d'œufs et le chocolat étant bien mêlés, mettez le sucre pilé, les amandes râpées et la farine, sans trop tourner, en soulevant la pâte. Battez alors les blancs d'œufs en neige bien ferme, et ajoutez-les en soulevant encore la pâte. Beurrez moule ou casserole et saupoudrez-le de farine ; faites cuire avec feu dessus et dessous, ou au four.

Pour voir si le gâteau est cuit à point, enfoncez-y un petit bout de bois ; s'il est à peine teint en le retirant, le gâteau est cuit. Il faut pour sa cuisson plus d'une demi-heure. Pour le double de la recette, il faut une heure.

Quand le gâteau est froid, on le glace bien soigneusement.

Il se fait aussi bien dans une casserole de taille moyenne ; les proportions se trouvent bonnes comme aspect et la forme aussi. Il est meilleur quand, tout en étant *bien cuit*, l'intérieur est *ciré, humide*, un peu comme la pâte du flanc russe.

Même gâteau de Chocolat

(Un peu varié dans la manière de l'exécuter)

Formule : 1/2 livre de chocolat ; 1/4 d'amandes pilées très fin dans un mortier ; 1/4 de beurre frais ; 4 œufs, dont les blancs battus en neige ; 1/2 livre de sucre en poudre et 3 cuillerées de farine.

Opération. — Faites fondre le chocolat avec un peu d'eau dans une casserole sur un feu doux ; lorsqu'il est comme une bouillie épaisse, mettez tous les ingrédients ci-dessus, sauf les blancs d'œufs ; battez cette pâte pendant huit à dix minutes.

Beurrez le moule, ajoutez les blancs d'œufs en neige, mélangez en tournant légèrement. Mettez au four doux et cuisez trois quarts d'heure.

Pour Glacer. — Une tablette et demie de chocolat, un petit morceau de beurre frais et un peu de sucre en poudre très fine. On fait fondre épais ; avec un pinceau on glace.

*Recettes dues à M*me *la Comtesse de Mirabeau (Gyp).*

Gâteau au Chocolat

Formule : 125 gr. d'amandes légèrement grillées au four ; 150 gr. de sucre en poudre ; 60 gr. de farine tamisée ; 60 gr. de chocolat 1re qualité ; 10 gr. de vanille en poudre ; 12 jaunes d'œufs ; 3 blancs d'œufs montés ; 2 œufs entiers ;

Opération. — Broyez les amandes avec les deux œufs entiers ; battez ensuite le sucre avec les 12 jaunes d'œufs, mélangez la farine, le chocolat râpé, les amandes, la vanille en poudre et les blancs d'œufs montés bien fermes. Dressez cette pâte dans 3 cercles en fer-blanc placés sur une plaque garnie de papier ; cuisez à four excessivement modéré. Après cuisson et refroidissement complet, parez ces trois ronds de biscuit que vous superposez en les collant avec de la crème fouettée parfumée à la vanille ; (le rond de biscuit du millieu doit être évidé de manière à faire entrer le plus possible de crème fouettée en le garnissant) ; masquez de marmelade d'abricots et glacez légèrement au fondant au chocolat. Décorez de beurre monté blanc et rose, parfumé à la vanille à l'aide d'une douille étoilée adaptée à une poche en coutil.

Pour faire le beurre monté, vous opérez comme suit :

Formule : 125 gr. de beurre fin d'Isigny ; 125 gr. de sucre au tamis de soie ; 5 centil. de parfum de vanille, (infusion).

Opération. — Faites tiédir le beurre à l'étuve, de manière à ce qu'il devienne très mou sans être fondu (ceci s'appelle beurre fondu en crème) ; travaillez-le avec un petit fouet de fil de fer, en y ajoutant, petit à petit et alternativement, le sucre au tamis de soie et le parfum de vanille ; ne cessez de fouetter que lorsque cette composition sera assez ferme pour pouvoir décorer.

Gâteau Flamand

PATE A FONCER

Formule : 150 gr. de farine ; 60 gr. de beurre ;
30 gr. de sucre en poudre ; 2 blancs d'œufs,
un peu de sel et zeste de citron.

Triturez le tout ensemble rapidement
et mettez raffermir au frais.

POUR LE GATEAU

Formule : 125 gr. amandes pralinées ; 125 gr.
sucre semoule ; 60 gr. raisins de Smyrne ;
40 gr. de crème de riz ; 1 œuf entier moyen ;
3 jaunes frais ; 2 blancs montés en neige ;
zeste de citron et d'orange, un peu de rhum ;
un demi-pot de marmelade d'abricot ; un
cercle de 22 cent. de diamètre.

Opération. — Mondez les amandes,
saupoudrez-les avec deux cuillerées de
sucre et faites-les légèrement praliner à la
bouche du four. Marinez les raisins avec
le rhum ; râpez les amandes ou pilez-les
avec l'œuf entier d'abord et en ajoutant
de temps en temps un jaune ; mélangez le
sucre et travaillez un moment avec la spatule, additionnez un après l'autre le sucre
semoule qui reste, le zeste, les raisins, la
crème de riz et les blancs montés.

Foncez le cercle beurré avec la pâte,
mettez l'abricot ; versez l'appareil et cuisez
à four doux une heure, sucrez avant de
servir.

Gâteau de Limoux

Cette sorte de gâteau se fait pendant les
fête de la Noël, au premier janvier et surtout à l'Epiphanie, jusqu'à la fin du Carnaval ; c'est le gâteau des rois, principalement dans l'Ariège et les départements
limitrophes.

Il est proche parent du gâteau de Bordeaux de notre distingué collaborateur,
E. Lacomme ; il en diffère parce qu'il est
un peu plus lourd et qu'il n'a pas la même
forme.

Il est entre le Plum-Cake et le gâteau
de Bordeaux ; s'il me fallait choisir, je
serais tellement embarrassé dans mon
choix que je prendrais les deux, un pour
le matin et l'autre pour le soir.

J'arroserais celui du matin avec la blanquette de Limoux — un joli et pétillant
vin blanc, trop peu connu à Paris — et
celui du soir avec du vin mousseux de
Gaillac, celui qui plaisait tant à François 1er
et qu'il faisait servir aux dames qu'il recevait à son retour d'Espagne.

Formule : 1 kil. de farine ; 350 gr. de beurre
fin ; 150 gr. de sucre semoule ; 15 gr. de sel
fin ; 250 gr. de cédrat ; 25 gr. de levure ; 1/4
de litre de vin blanc ; 8 œufs un peu gros ;
un zeste d'orange ; 1 décilitre 1/4 de lait.

Opération. — Prenez le quart de la
farine, faites la fontaine, mettez dans le
milieu la levure et délayez-la peu à peu
avec le lait ; incorporez la farine, vous
obtiendrez une boule de pâte mollette qui
constituera le levain. Faites une croix au-
dessus en donnant deux coups de ciseaux ou
de couteau ; posez-le sur une assiette légèrement farinée et laissez-le doubler de
volume dans un endroit un peu chaud.
Pendant qu'il lève, mettez le vin blanc,
le sucre et le beurre dans une casserole
pour les fondre doucement. Faites la
fontaine avec la farine qui reste ; cassez
au milieu 8 œufs ; mettez le zeste de
citron ou d'orange et le sel ; travaillez
pour obtenir une pâte un peu ferme, soulevez-la avec les deux mains et frappez-la
avec force sur la table, faites ce mouvement cinq ou six fois ; ajoutez deux cuillerées de la sauce ; travaillez à nouveau par
le même procédé ; incorporez deux autres
cuillerées et travaillez-la un peu plus longtemps ; mettez-en deux autres ; la pâte doit
encore être un peu ferme, mais pourtant
bien malléable.

Le levain doit être prêt, mélangez-le en
coupant la pâte avec les deux mains et en
la rejetant sur le derrière de la masse, en
sorte qu'elle repasse entre vos mains au
moins trois fois. Finissez de mettre la
sauce et couchez la pâte dans une terrine
tiède, couvrez-la d'un linge et laissez-la
lever de quatre à cinq heures dans la
cuisine.

POUR DRESSER LES GATEAUX. — Coupez le
cédrat en petits dés ; pour bien faire cette
opération, trempez les morceaux de
cédrat dans un bol d'eau tiède, pendant
cinq minutes ; trempez souvent la lame du
couteau un peu grand, avec lequel vous
opérez ; enlevez des tranches minces ;

faites des filets et coupez ces filets en travers, vous obtenez ainsi très rapidement des dés uniformes.

Renversez la pâte levée, ayant doublé de volume, sur la table farinée ; divisez la en quatre parties ; divisez aussi le cédrat en quatre ; mettez celui-ci au milieu d'un pâton ; roulez-le en boule ou en gros saucisson, à votre guise, ou moitié de l'un et de l'autre. Faites des boules ou des couronnes à votre choix ; posez-les sur une tourtière ou plaque à pâtisserie un peu épaisse ; à défaut de plaque, mettez sur une feuille de papier d'emballage, un peu fort, très propre et bien beurré au beurre fondu ; laissez lever deux heures dans la cuisine, près du fourneau. Dorez à l'œuf entier battu ; saupoudrez le dessus de sucre cristallisé et faites cuire à four moyennement chaud, de 25 à 30 minutes.

Gâteau Lorrain

Formule : 125 gr. d'amandes blanchies : 125 gr. de sucre semoule : 125 gr. farine : 125 gr. de beurre ; 125 gr. d'œufs (2 moyens) : un verre à madère de rhum : zeste de citron ou d'orange ; un cercle à tarte de 22 centimètres de diamètre.

Opération. — Si vous disposez d'une râpe à amandes, râpez-les, après les avoir blanchies, mondées et séchées, sinon pilez-les avec les deux œufs, un d'abord, le second absorbé, ajoutez le rhum et le zeste, achevez de piler pour obtenir une pâte bien fine. Mélangez le beurre dans le mortier, si vous en avez un d'assez grand : le sucre, lorsque le beurre est bien amalgamé ; la farine à la fin de l'opération, avec une cuiller en bois et non avec le pilon.

Beurrez l'intérieur du cercle, posez un papier légèrement beurré sur une tourtière un peu forte, le cercle dessus, et garnissez-le avec la pâte.

Celle-ci étant un peu ferme, il est nécessaire de la faire glisser sur toute la surface du cercle. Saupoudrez d'amandes hachées et du sucre.

Frappez la tourtière sur la table, faites cuire au four, chaleur moyenne, 35 minutes.

Si vous râpez les amandes, faites la pâte sur la table en amalgamant le tout avec la main, très rapidement.

Ce gâteau se conserve très bien.

Gâteau de Lorraine (autre)

Formule : 3 œufs entiers ; 75 gr. de fécule de pommes de terre ; 75 gr. de farine ; 125 gr. de beurre : 125 gr. de sucre semoule : 30 gr. d'amandes ; 30 gr. d'angélique ; 10 gr. de sucre cristallisé ; une pincée de sel de Vichy.

Opération. — Mettez la farine et la fécule tamisée ensemble, dans un saladier ou terrine. Cassez les trois œufs dans le milieu ; travaillez ceci avec la cuillère de bois. Quand la pâte est devenue lisse, ajoutez le beurre un peu ramolli, ensuite le sucre et le sel de Vichy : travaillez-la encore 10 minutes et versez-la dans une tourtière de 22 centimètres de diamètre, légèrement beurrée et farinée ; semez dessus les amandes que vous avez blanchies, séchées et coupées en petits filets, ainsi que l'angélique que vous avez coupée de même et finalement le sucre cristallisé. Faites cuire 30 à 35 minutes à four un peu chaud, démoulez sur une grille ou sur un tamis de crin.

Gâteau Madeleine

Formule (quantités pour un moule carré de 18 × 22, bordé de papier blanc) : 4 œufs, pesant 250 gr. environ ; 125 gr. de sucre cristallisé ; 100 gr. de farine de gruau ; 30 gr. de crème de riz ; 12 amandes ordinaires, hachées ; une cuillerée à bouche de sucre semoule : un petit verre de rhum ; un peu de zeste de citron ou d'orange.

Opération. — Cassez les œufs dans une bassine, de préférence en cuivre non étamé ; mettez le zeste, le rhum et le sucre, battez sur feu très doux pour dégourdir les œufs ; lorsque la pâte est bien épaisse, surtout bien montée, ajoutez la farine et la crème de riz tamisées ensemble ou simplement de la farine, mêlez sans retomber la pâte, et versez dans le moule beurré, refroidi et fariné.

Saupoudrez avec les amandes hachées, blanchies ou non, et sur les amandes épandez le sucre.

Cuisez à four *très modéré* pendant environ trois quarts d'heure.

Gâteau marin

Formule : 150 gr. de farine de gruau: 150 gr. de sucre semoule; 150 gr. de beurre; 60 gr. de sucre cassé à la main ; 60 gr. d'amandes; une pincée de sel de Vichy; un peu de kirsch.

Opération. — Mondez les amandes en les plongeant 3 minutes dans l'eau bouillante; rafraîchissez-les et séchez-les quelques minutes à la bouche du four. Pilez-les au mortier avec les 60 gr. de sucre cassé à la main, de façon à obtenir une sorte de semoule fine.

Mettez le beurre à fondre doucement dans une petite casserole. Cassez les œufs dans une bassine ; battez-les jusqu'à l'état de crème, en ajoutant les 150 gr. de sucre semoule, le sel de Vichy et finalement le kirsch. Une fois les œufs à point, mélangez la farine préalablement tamisée, avec la spatule, en coupant la pâte de façon à ne pas la faire retomber. Ajoutez aussi les amandes pilées, enfin le beurre fondu, en remuant toujours avec attention et le plus vivement possible . Versez cet appareil dans une tourtière beurrée et farinée de 25 centimètres de diamètre et faites cuire 30 à 35 minutes à four un peu chaud ; renversez sur une grille et laissez refroidir.

Saupoudrez de sucre vanillé avant de servir.

Gâteau Mathurin Moreau

Dédié à l'éminent statuaire auteur du monument de Bossuet, à Dijon, Côte-d'Or.

Formule : Un moule à rosace de 22 cent. de diamètre ; 4 œufs pesant 250 à 260 gr. ; 150 gr. de sucre en poudre, dit *glace* ; 120 gr. de très bon beurre ; 125 gr. d'amandes ; 80 gr. de crème de riz ou de gruau ; zeste et jus de deux mandarines ou d'un citron très juteux ; curaçao ; 400 à 500 gr. de crème double, très douce ; 50 ou 60 gr. de sucre en poudre.

Opération. — Râpez les amandes après les avoir blanchies, à la machine ou au mortier.

Réchauffez un saladier en y versant de l'eau presque bouillante, trempez les œufs dans un peu d'eau plus que tiède ; préparez le moule, la crème de riz et les parfums.

Essuyez le saladier, mettez-y le beurre, montez-le en crème avec la spatule ; mélangez le sucre, les œufs un par un, les amandes râpées, les parfums dont un petit verre de curaçao, la crème de riz, versez dans le moule et cuisez le gâteau au four de chaleur moyenne sur une plaque quelconque, 40 minutes environ. Faites glisser le gâteau sur un tamis, à refroidir.

Montez au fouet la crème double mélangée de la moitié du sucre jusqu'à ce qu'elle soit légère et presque ferme, versez doucement un petit verre de curaçao tout en tournant lentement le fouet ; ajoutez le reste de sucre.

Versez la crème dans le milieu du gâteau posé sur un plat rond, et dressez-la en forme de bloc de marbre en la posant avec une écumoire sans lisser les aspérités.

Gâteau de ménage au beurre

La Pâte

Formule : 1 kilog. de farine ; 40 gr. de levure ; un peu de lait; 5 gr. de sel ; 50 gr. de sucre; 3 œufs ; 100 gr. de beurre ; ou moitié beurre, moitié de saindoux.

Pour Piquer dans la Pâte

Formule : 120 gr. de beurre ; 140 gr. d'écorce de cédrat confit finement hachée.

Pour la Garniture

Formule : 90 gr. de beurre ; 100 gr. de farine ; 100 gr. de sucre glace.

Opération. — Faites un levain avec le quart de la farine, soit 250 gr., la levure et le lait ; quand la pâte a bien doublé de volume, ajoutez le sel, le sucre, les œufs, un peu de lait, peu à peu la farine et les 100 gr. de beurre tourné en crème. Battez bien la pâte, qu'elle soit assez consistante pour que vous puissiez l'abaisser au rouleau ; donnez-lui environ 1 centimètre d'épaisseur et posez-la sur une plaque à tarte beurrée, de 30 centimètres de diamètre. Divisez les 200 gr. de beurre en petits morceaux, trempez-les dans l'écorce de cédrat haché ; piquez-les dans la pâte en formant des lignes distancées de 3 centimètres environ. Couvrez la pâte d'un drap et laissez-la lever dans un endroit tiède pendant 2 heures environ.

Laissez fondre les 90 gr. de beurre, de façon qu'il forme une crème un peu liquide ; mélangez la farine et le sucre, versez d'un trait dans le beurre, travaillez vivement avec une petite spatule pour former de petits grumeaux. Si les grumeaux ne réussissent pas bien, le beurre a été trop chaud, vous pouvez les hacher encore sur la table. Avant de cuire le gâteau, dorez-le avec un œuf bien battu ; mettez les grumeaux dessus en laissant un bord d'un centimètre environ. Cuisez au four chaud 45 à 50 minutes.

Gâteau Mousseline

Formule : 125 gr. de sucre en poudre ; 60 gr. crème de riz ; 4 blancs d'œufs ; 1 zeste de de citron ; 2 œufs entiers ; 4 jaunes d'œufs.

Opération. — Battez les 4 jaunes d'œufs avec le sucre, faites-y entrer, par intervalle, toujours en battant, les deux œufs entiers ; mélangez la fécule, le zeste de citron et les blancs d'œufs montés. Dressez cette pâte dans un cercle beurré, passé à la farine et placé sur une plaque garnie de papier ; poudrez d'amandes effilées et de sucre, puis cuisez à four modéré.

Gâteau napolitain

Formule : 500 gr. de farine ; 400 gr. de beurre ; 250 gr. de sucre ; 250 gr. amandes râpées ; 8 gr. de sel ; 1 œuf entier ; 3 jaunes ; vanille en poudre ; quelques gouttes d'eau fraîche.

DÉTREMPE DE LA PATE. — Avec la farine faites la fontaine, mettez au milieu le sel, le beurre, les jaunes, la vanille et les amandes ; mélangez avec les doigts sans trop chauffer le beurre, incorporez la farine, fraisez au rouleau ou bien avec la main rapidement et mettez au frais trois heures.

POUR DRESSER. — Divisez la pâte en dix morceaux bien égaux, arrondissez-les en boule. Etendez le premier roulé sur une table bien plane, de préférence un marbre, à l'épaisseur d'un demi-centimètre et bien rond.

L'abaisse de pâte étant posée sur la plaque, enlevez le milieu avec un emporte-pièce rond, uni, en rapport avec la largeur que vous donnez à l'abaisse, soit un tiers ou le quart.

Faites cuire sur plaque forte ou doublée à four doux ; aussitôt sortie du four, l'abaisse doit être mise sur le marbre, posez un cercle dessus et, avec un couteau, coupez ce qui dépasse. Opérez rapidement pendant qu'elle est très chaude, sinon vous brisez tout.

Avec les débris et ronds enlevés, faites des abaisses creuses, faites-en une plus grande de 2 centimètres et un peu plus épaisse, que vous ne videz pas dans le milieu, elle sert de fond pour dresser le gâteau.

LE DRESSAGE. — Chauffez 500 gr. de marmelade d'abricots allongée avec un décilitre de vin blanc, au bouillon passez au tamis, réchauffez-la encore ; étalez une couche sur la plus grande abaisse posée sur une grille à pâtisserie ; glissez une autre abaisse sur celle-ci, bien au milieu, la grande doit dépasser un centimètre tout autour.

Abricotez cette abaisse et ainsi de suite, jusqu'à la dernière. Si l'abricot qui reste est froid et trop dur, ajoutez du vin blanc ou de l'eau, chauffez et badigeonnez le tour et le dessus du gâteau.

POUR LE REMPLIR. — Vous pouvez garnir l'intérieur avec une crème glacée, une crème russe, une chantilly à la vanille, au chocolat ou aux fruits frais, sucrés et marinés au kirsch.

Le tour et le dessus peuvent être décorés au cornet avec du meringuage ou de la glace royale.

Ce gâteau peut être fait d'avance, mais il vaut mieux ne le garnir qu'au dernier moment.

Observations. — Cette pâte est assez délicate à travailler, à cause de la grande quantité de beurre et le mélange des amandes.

Gâteau à la **Noix de Coco**

Quantités pour un moule à génoise de 24 centimètres :

POUR LE GATEAU

Formule : 125 gr. de sucre cristallisé ; 150 gr. de noix de coco ; 50 gr. de crème de riz : 50 gr. de beurre frais; 6 jaunes d'œufs moyens: 4 blancs d'œufs moyens ; petit verre de kirsch.

POUR LE GLAÇAGE

Formule : Marmelade d'abricots, quelques cuillerées ; 3 tablettes de chocolat fin.

Le cocotier est vraiment un arbre merveilleux : il fournit aux peuples des pays chauds du sucre, du lait, de la crème, du vin, du vinaigre, de l'huile, des cordages, de la toile, des vases, du bois de construction. Son fruit contient une amande creuse, blanche, laiteuse et succulente. Riche en azote et en phosphate, elle constitue un aliment par excellence qui a le goût fin et délicat de la plus délicate noisette. Voici une recette pour en faire un gâteau très présentable.

Opération. — Fondez le beurre et graissez le moule.

Dans une bassine en cuivre, mettez les blancs d'œufs ; dans une terrine vernissée, les jaunes et le sucre. Travaillez sucre et jaunes pendant 10 minutes avec une spatule en bois ; ajoutez le kirsch et la noix de coco, que vous aurez râpée au préalable; travaillez encore pendant 5 minutes. Montez les blancs et ajoutez-les. Puis, incorporez la crème de riz et ce qui reste de beurre fondu.

Farinez le moule, versez-y l'appareil et cuisez le gâteau au four, chaleur moyenne, pendant environ trois quarts d'heure.

Démoulez en renversant le moule sur une grille, pour qu'il y refroidisse sans ramollir sur la vapeur qui se dégage.

Diluez la marmelade d'abricot avec un peu d'eau, faites-la chauffer et badigeonnez-en toute la surface du gâteau.

Cassez le chocolat, mettez-le dans une petite casserole avec trois ou quatre cuillerées d'eau ; faites-le chauffer lentement en le remuant à l'aide d'une cuiller de bois pour le fondre, et, au besoin, réduisez-le jusqu'à épaisseur suffisante pour qu'il fige sur le gâteau.

Nappez-en le dessus et le tour du gâteau, posé toujours sur la grille ; passez celui-ci pendant dix secondes à la bouche du four ouvert afin de bien fondre et égaliser le glaçage, puis posez-le sur un plat de service et laissez refroidir complétement.

Quoique l'amande du coco soit un peu trop sèche, ce gâteau est très bon et d'un bel effet. Il est meilleur, confectionné depuis la veille.

Gâteau Polka

Il se compose d'une pâte à foncer et d'une bordure en pâte à choux, garnie de crème aux œufs avec ou sans cacao, présentée en forme de dôme et recouverte d'un sirop d'abricot ou de marmelade diluée, le dessus glacé au fer rouge.

LA PATE A FONCER. — 120 gr. de farine, un œuf, 50 gr. de beurre, 20 gr. de sucre, un peu de sel, une goutte de rhum.

Pétrissez rapidement le tout ensemble, et portez au frais pour laisser raffermir la pâte.

LA PATE A CHOUX. — Mettez, dans une casserole, 4 cuillerées à bouche d'eau filtrée, un peu de sel, 50 gr. de beurre, et faites bouillir. Retirez du feu, ajoutez 60 gr. de farine tamisée, mélangez à la cuiller de bois, remettez sur le feu, et faites dessécher en remuant pendant un petit moment.

Retirez de nouveau la casserole du feu, et laissez refroidir pendant deux minutes. Cassez-y un œuf et mélangez ; cassez un autre œuf, mélangez aussitôt et versez la pâte dans une poche garnie d'une douille un peu grosse, de 12 milimètres de diamètre environ.

Etalez la pâte à foncer sur la table farinée, découpez une abaisse de 22 centimètres de diamètre avec le cercle à tarte, posez-la sur une plaque ronde en tôle forte, piquez avec une fourchette et mouillez le tour ; avec la pâte à choux dont la poche est garnie, faites une couronne à un centimètre du bord, dorez-la avec un peu d'œuf battu, saupoudrez-la d'amandes hachées, et mettez cuire au four modéré pendant environ trente minutes. Ceci est en somme le fond pareil à un Saint-Honoré.

Tandis que cuit la pâte, vous faites la crème polka pour la garnir.

La Crème. — Battez dans une casserole 5 jaunes d'œufs et un œuf entier, avec 150 grammes de sucre cristallisé ; battez longtemps pour que le sucre fonde et que la préparation soit bien légère. Ajoutez un grain de sel, 30 grammes de crème de riz, mélangez, mouillez d'un demi-litre de lait et faites bouillir en remuant constamment.

Versez la crème dans un saladier où vous aurez mis un verre à madère de rhum ou de marasquin et un peu de vanille en poudre.

Si vous voulez une crème au chocolat, ajoutez après la cuisson deux cuillerées à bouche de bon cacao en poudre.

Remuez, en versant, pour opérer le mélange avec le rhum, et, lorsque la crème est à moitié refroidie, ajoutez 60 grammes de beurre fin, divisé en petits morceaux.

Quand la crème est presque froide, garnissez-en le gâteau en dôme, que vous lissez à l'aide d'une petite carte. Saupoudrez de sucre en poudre et, avec un fer rougi au feu, formez des raies croisées en diagonales ; puis, remettez au four pendant un petit quart d'heure.

Enfin, laissez refroidir, et nappez le dôme avec une gelée d'abricots ou une marmelade très diluée pour que le quadrillage du sucre brûlé apparaisse a travers ce léger voile de gelée.

Gâteaux pour le thé

Palais de Dames

Formule : 150 gr. de beurre ; 150 gr. de sucre semoule ; 80 gr. de crème de riz ; 80 gr. de farine ; 5 gr. de sel ; 60 gr. de raisin de de Corinthe ; 60 gr. de raisin de Smyrne ; un demi-zeste de citron ou d'orange ; 5 œufs de 60 gr. chaque.

Opération. — Faites fondre le beurre au bain-marie. Tamisez ensemble le sucre, la farine et la crème de riz sur un papier, tenez-les à la bouche du four ou à l'étuve une heure. Mettez les blancs dans une bassine et les jaunes dans un bol avec une demi-cuiller d'eau ou de lait. Nettoyez les raisins avec soin. Montez les blancs bien

fermes, versez le zeste et les jaunes lentement pour ne pas retomber les blancs, enlevez le fouet, mélangez sucre, crème et farine, à la cuiller, les raisins et le beurre. Beurrez et farinez deux plaques, couchez des demi-cuillerées à bouche de pâte en la poussant sur la plaque avec l'index de la main gauche.

Faites cuire de 15 à 18 minutes à four un peu chaud. Enlevez de suite sur des grilles pour éviter l'humidité et tenez ces gâteaux au sec.

Vous pouvez incurver ces gâteaux sur le rouleau comme les tuiles en les sortant du four.

Gâteau Polonais

Faites cuire une livre de marrons que vous passez au travers d'un tamis très fin, dans une terrine ; ajoutez-y 250 gr. de bon beurre ; 4 ou 5 œufs entiers un par un.

Travaillez-le encore avec la cuiller ou spatule en y ajoutant 250 gr. de sucre semoule, trois cuillerées à bouche de lait chaud et une bonne cuillerée à café de vanille en poudre ; travaillez toujours à la cuiller de bois jusqu'à ce que ce soit très léger, beurrez un moule à tourte ou génoise, versez cette pâte dedans et faites cuire une heure au four assez chaud.

Renversez le gâteau, poudrez-le de sucre glace vanillé ou glacez-le au chocolat fondu.

Ce gâteau est meilleur à manger quand il est fait de la veille.

Gâteau de plomb

Formule : 250 gr. de farine; 150 gr. de beurre fin; 30 gr. de sucre glace ou semoule; 2 jaunes d'œufs frais; une pincée de vanille en poudre; un peu de sel; deux ou trois cuillerées de lait.

Opération. — Tamisez la farine, faites la fontaine, mettez dans le milieu le sucre, le sel, la vanille, les jaunes et le lait; délayez avec la pointe des doigts de la main droite, ajoutez le beurre, légèrement ramolli sur la table mouillée s'il était trop dur; triturez-le avec les éléments déjà réunis, incorporez la farine en travaillant la pâte le moins possible; fraisez deux fois avec soin en prenant peu de pâte et la poussant en avant avec la paume de la main. Réunissez-la en boule et mettez-la au frais dans une soupière, laissez reposer deux ou trois heures. Donnez deux tours simples et laissez reposer dix minutes.

Etendez la pâte d'un centimètre d'épaisseur, laissez-la carrée ou ronde, posez-la sur une plaque un peu forte. Dorez à l'œuf entier battu, rayez avec une fourchette, piquez la pâte et faites cuire au four un peu chaud 35 minutes environ.

Le gâteau doit glisser facilement sur la plaque, cela prouve qu'il est cuit.

Laissez-le refroidir à moitié sur plaque. Ce gâteau est très fragile. Exquis pour servir au *five o'clock thea.*

On peut faire avec cette même pâte des petites galettes rondes, dorées et rayées par le même procédé.

Gâteau praliné

LE GATEAU

Formule : 125 gr. de sucre cristallisé ; 120 gr. de farine ; 100 gr. de beurre ; 4 œufs moyens, de 60 gr. chaque ; un petit verre de rhum.

Opération. — Montez le sucre avec les quatre œufs dans la bassine en cuivre légèrement chauffée sur le côté du feu. La pâte doit être très ferme et retomber en monticule en soulevant le fouet. Ajoutez le rhum et montez cinq minutes ; mélangez la farine avec une spatule et ensuite le beurre à peine fondu.

Renversez dans un moule à génoise de 20 cent. de diamètre. Faites cuire à four doux, une demi-heure environ. En appuyant les doigts à plat sur le gâteau, vous devez éprouver une certaine résistance. Renversez-le sur un tamis de crin pour le faire refroidir ; sur tout autre chose, la vapeur d'eau se concentre dessous, le mouille et le cire.

LE PRALIN

Formule : 125 gr. de sucre semoule ; 125 gr. d'amandes flot blanchies ; 60 gr. de beurre ; un petit verre de rhum.

Opération. — Blanchissez les amandes, hachez et séchez-les à la bouche du four.

Faites fondre le sucre dans le poêlon en cuivre non étamé ; dès qu'il fume, mettez les amandes, remuez une demi-minute et renversez sur un marbre ou une plaque huilée.

Prenez le quart de ce nougat, aplatissez-le sur la table, faites une bande de 12 cent. de long sur 4 cent. de large ; égalisez les bords avec le grand couteau et coupez des bandelettes d'un centimètre de large ; enlevez-les avec la lame du couteau et posez-les vivement sur le rouleau ; appuyez avec la main pour qu'elles prennent la forme du rouleau et laissez-les refroidir.

Pilez au mortier tout ce qui vous reste de nougat, ajoutez le rhum, puis le beurre, vous devez obtenir une pâte homogène couleur de café au lait.

Divisez-la en trois parties. Coupez le gâteau en trois tranches horizontales, mettez entre chaque abaisse une couche de pralin et l'autre dessus.

Faites une rosace avec les demi-cercles de nougat sur le milieu du gâteau et servez.

Gâteau de Riz au Caramel

Formule : 100 gr. de riz caroline ; 120 gr. de sucre cassé fin ; demi-litre de lait du jour ; 2 blancs d'œufs ; 3 jaunes d'œufs ; 2 gr. de vanille en gousse.

Opération. — Lavez et faites tremper le riz pendant une heure environ dans l'eau tiède, en le tenant sur le coin du fourneau, afin de l'entretenir toujours chaud ; égouttez-le et faites-le cuire avec le lait, la vanille et le sucre, sur un feu excessivement doux pendant une heure ; mélangez les jaunes d'œufs dans les blancs d'œufs montés très fermes ; ensuite le riz ; remplissez-en un moule à charlotte préalablement caramélisé, pas trop foncé en couleur, afin d'éviter l'amertume ; mettez cuire au bain-marie, au four modéré pendant une heure ; retirez la casserole du four et ne retirez le moule du bain-marie que lorsque l'eau est complètement froide. Démoulez sur un plat creux et servez, soit avec une crème à la vanille, au rhum, etc., ou avec le sabaillon suivant.

Gâteau de Riz au Sabaillon

Formule : 120 gr. de riz caroline; 120 gr. de sucre semoule; demi-litre de lait; 6 jaunes et 3 blancs; 1 gr. de sel; vanille.

Opération. — Lavez le riz à 5 ou 6 eaux, mettez-le dans un litre d'eau froide avec le sel; faites bouillir lentement sans le remuer.

Jetez l'eau bouillante, rafraîchissez-le; faites bouillir le lait, ajoutez le riz, faites reprendre l'ébullition et laissez mijoter très lentement trente minutes, sucrez et vanillez, couvrez et laissez refroidir lentement.

Prenez un moule à charlotte de 14 cent. de diamètre sur 10 cent. de hauteur, mettez-y dedans une cuiller à bouche de sucre semoule bien éparpillé; faites fondre sur un feu doux sans le remuer ni le mouiller, mais seulement en penchant et tournant le moule, le tenant avec un torchon bien sec.

Dès que le sucre prend la couleur d'ambre, retirez-le du feu et tournez le moule en sorte que le sucre nappe bien le fond. Sur le bord passez un peu de beurre dès que le moule est froid.

Battez les trois blancs d'œufs assez fermes, mélangez les jaunes, puis le riz. Versez dans le moule et faites cuire au four, au bain-marie, 1 heure 1/2.

Dès que le gâteau prend de la couleur on le couvre avec une feuille de papier d'office beurrée.

Laissez-le retomber en dehors du feu au bain-marie au moins 30 minutes avant de le servir.

Le Sabaillon

Formule : 40 gr. de sucre semoule; 3 décil. de vin blanc ou du lait; 2 jaunes et deux petits œufs entiers; vanille; rhum; kirsch; madère ou Porto, au choix; ajouter 10 gr. de sucre si le vin est sec et peu sucré.

Opération. — Travaillez le sucre, les œufs et les jaunes ensemble au fouet cinq minutes, mélangez le liquide et continuez de travailler au bain-marie autant de temps qu'il en faudra pour amener l'eau à l'ébullition. Cette sauce doit être liée et pourtant n'être qu'une mousse parfumée; renversez le gâteau sur un plat rond. Arrosez le tour et servez le reste de sauce en saucière chaude.

Cet entremets se sert, le matin, froid ou chaud, avec une crème à la vanille ou une gelée de fruits. Le soir, il doit être servi chaud avec un sabaillon.

Autre remarque : Chaque fois que j'ai fait ce gâteau dans mes cours, j'ai entendu des personnes s'étonner de ce que je ne mettais pas de gélatine.

Elle n'a rien à faire dans le riz, pas plus que dans les crèmes renversées.

Gâteau des Rois ou Coque à la Cadurcienne

Ce gâteau s'appelle aussi *fouasso* dans le Languedoc et les Landes; mais, au lieu d'être rond ou long, il est rond et plat. Mes souvenirs d'enfant, suivant la musique enragée des corporations portant un de ces gâteaux à chaque sociétaire, sont gravés dans ma mémoire et je revois encore le *bayle* ou porteur de la pomme d'or, une énorme reinette dans laquelle on plantait en haut une pièce de cent francs en or, autour d'autres pièces de 50 fr. et de 40 fr., puis plus bas de 20 fr., le tout supporté par 6 roues de derrière (des écus de 6 fr.), posé sur un plat enveloppé d'un foulard aux quatres coins pendants. Le commissaire portait le gâteau dans une serviette pliée méthodiquement et posée sur un plat d'argent. La musique jouait une aubade et le sociétaire ou sa dame, généralement les demoiselles s'il y en avait, recevait le gâteau et posait une pièce dans le plat à la pomme d'or.

En écrivant ceci, le goût m'en revient à la bouche, et j'avoue que je n'en ai jamais mangé de meilleurs... que dis-je?... d'aussi bons qu'à cette époque. A quoi cela tient-il ? Heureux âge !

Voici la recette que nous faisions dans le midi, il y a quarante-quatre ans tout à l'heure ! (1904).

Formule : 625 gr. de farine; 6 œufs un peu gros; 250 gr. de beurre; 200 gr. de sucre cristallisé; 1/2 quart de litre de vin blanc; un peu de zeste de citron ou de rhum; 125 gr. de cédrat confit; 20 gr. de levure de bière; un quart de litre de lait; un peu de sel.

Le Levain

Opération. — Autrefois on se servait du levain de pain, qu'il fallait rafraîchir trois fois, à des intervalles mesurés. Ce travail m'a paru trop long et trop difficile, aussi ai-je fait l'essai avec de la levure qui, actuellement, est d'une précision mathématique. Ma prévision a été justifiée et l'essai probant.

Prendre 130 gr. de farine sur la quantité et 20 gr. de levure, faites une petite fontaine avec la farine, délayez la levure avec du lait tiède, très peu à la fois pour éviter les grumeaux, et petit à petit ajoutez presque un décilitre de lait. Le levain doit être mollet; le rouler en boule et le laisser lever dans la casserole au lait où il doit en rester un peu pour l'empêcher de faire croûte et de coller aux parois.

Avec les ciseaux, coupez le dessus du levain en croix pour lui permettre de se développer à l'aise, sinon il monterait dans le bas et non en haut.

Il faut généralement de 20 à 25 minutes pour qu'il lève à point, c'est-à-dire presque trois fois son volume, et profiter de ce temps pour travailler le restant de pâte.

La Pate. — Avant de commencer le levain, réunissez, dans une casserole, le vin, le sucre, le beurre le sel et faites fondre sans trop chauffer, il suffit de sentir la chaleur avec le doigt, sans se brûler.

Avec la farine, faites la fontaine sur une table lourde, afin qu'en travaillant la pâte on ne la fasse pas mouvoir, ce qui gênerait les mouvements; dans le milieu, cassez les six œufs et versez un demi décilitre de liquide, mélangez la farine et travaillez la pâte en la soulevant avec les deux mains et en la retombant sur la table avec force, pendant cinq minutes : ajoutez un demi-décilitre de liquide, mélangez et travaillez de nouveau cinq minutes ; une troisième fois, et mélangez le levain qui doit être levé à point, cinq minutes encore et un nouveau mouillement.

Enfin, mettez le reste de liquide, la pâte doit être un peu ferme, bien liée et élastique, d'un jaune d'or, remplie de globules d'air qui se voient au travers de la pâte.

C'est le moment d'ajouter le cédrat coupé en petits dés et mariné avec le rhum.

Couchez la pâte dans une terrine, couvrez d'un linge clair, mettez-la tout près du fourneau pour la laisser lever de trois à quatre heures. Elle doit doubler de volume.

Pour les Dresser. — Si vous voulez faire des Coques à la Cadurcienne, divisez la pâte en deux, renversée sur la table farinée ; allongez en forme de deux énormes saucissons, posez-les séparément sur deux plaques légèrement beurrées, puis laissez lever encore une fois presque du double de leur volume.

Pour les Cuire. — Battez un œuf entier légèrement salé, avec un pinceau dorez-les presque jusqu'à la plaque, saupoudrez de sucre cristallisé et mettez au four de suite; il ne le faut pas aussi chaud que pour la génoise; au cas où ils prennent couleur, couvrez d'un papier d'office; il faut environ 3/4 d'heure pour les cuire.

A la Toulousaine. — Au lieu de faire des saucissons, dressez-les en couronne ainsi que des brioches et laissez-les lever. Dorez-les ainsi que les précédents et mettez dessus, en rosace, des lames de cédrat très fines, dorez et saupoudrez de sucre; faites cuire le même temps et le four plutôt moins chaud.

En Fouasse. — Faites deux boules, aplatissez-les sur une tourtière en sorte qu'elles n'aient que deux centimètres de hauteur sur toute la surface, laissez lever. Dorez et saupoudrez de sucre semoule ; cuisez-les un peu plus longtemps que les couronnes.

N. B. — Il ne faut pas oublier en les dressant de mettre un petit bébé, une république ou un sabot, si on ne dispose pas de la fève classique, un haricot. Le roi de la fève doit payer un autre gâteau et celui qui a le haricot doit payer le champagne dans une prochaine réunion.

Voilà la tradition Languedocienne.

Gâteaux Russes

Quantités pour 8 à 10 personnes.

LA PATE

Formule : 375 gr. de farine; 250 gr. de beurre; 125 gr. de sucre; 1 œuf; un peu de sel.

LA GLACE

Formule : 3 cuillerées bien pleines de sucre pulvérisé; 50 gr. d'amandes hachées; un peu d'eau.

Opération. — Mélangez la farine avec le sel et le sucre; faites une fontaine au milieu, déposez-y l'œuf et le beurre coupé en très petits morceaux, travaillez la pâte quelques instants, rassemblez-la en boule, et mettez au froid pendant une heure. Quand la pâte est raffermie, divisez-la en deux parties, que vous étendez au rouleau en forme de carrés de 10 à 12 centimètres de largeur sur 5 millimètres d'épaisseur, et déposez sur une plaque de tôle poussée au four très chaud.

Quand la pâte a acquis une belle couleur dorée, étendez sur l'un des rectangles, une couche de marmelade de framboises; recouvrez de l'autre rectangle et laissez refroidir.

Pendant ce temps, mettez 3 fortes cuillerées de sucre en poudre et tamisé dans un récipient en porcelaine, ajoutez quelques gouttes d'eau, travaillez vigoureusement avec une spatule de bois jusqu'à ce que le sucre forme une masse bien épaisse et bien lisse, réchauffez légèrement au bain-marie, étendez vivement sur la surface du gâteau, et parsemez d'amandes mondées et hachées finement.

Laissez sécher quelques heures, coupez en tranches.

Gâteau Sainte-Cécile

(Le succès d'Albi, Tarn)

Formule : 250 gr. de levain de boulanger; 500 gr. de farine; 200 gr. de sucre semoule; 100 gr. de beurre; 100 gr. de cédrat confit; 100 gr. d'orangeat confit; 80 gr. d'amandes blanchies; 8 gr. de sel fin; 6 œufs entiers; 2 petits verres de rhum; 1 zeste de citron.

Opération. — Coupez les fruits en petits dés et faites-les mariner avec le rhum.

Faites la fontaine avec la farine, mettez dans le milieu : le sel, le sucre, le levain, le beurre, le citron râpé et les fruits marinés, les œufs, et travaillez le tout ensemble un moment pour donner un peu de corps à la pâte.

Si, par cas, elle est trop ferme, ajoutez un œuf ou un peu de lait.

Cela fait, saupoudrez de farine une serviette étalée dans un panier ou une terrine, mettez la pâte, couvrez et tenez-la dans un endroit un peu chaud pour qu'elle lève 5 ou 6 heures. (Cette raison indique de la faire le soir).

La pâte étant levée, renversez-la sur la table saupoudrée de farine, donnez au gâteau une forme ronde et 2 centimètres environ d'épaisseur à la pâte.

Posez-la sur une feuille de papier d'office beurrée, dorez la surface à l'œuf battu, ouvrez les amandes en deux, faites un dessin au milieu et autour du gâteau avec les moitiés d'amandes, le côté intérieur dessus; poudrez de sucre glace, piquez un peu partout avec la pointe du couteau pour éviter les boursouflures et faites-le cuire au four, chaleur modérée.

Gâteau Saint-Denis

Formule : 250 gr. de farine; 12 gr. de levure; 175 gr. de beurre; 35 gr. de sucre en morceaux; 60 gr. de raisins de Corinthe; 2 œufs entiers et 2 jaunes; 3 cuillerées à bouche de crème douce, 2 de lait; un petit verre de rhum; une petite cuillerée de sel; le zeste d'une orange.

Opération. — Frottez entre les mains les raisins avec un peu de farine, lavez-les et mettez-les dans un bol. Frottez les morceaux de sucre sur l'écorce de l'orange, de façon à bien les imprégner de zeste, ce qui donne un goût délicat impossible à obtenir d'une autre façon, et, à mesure qu'il s'est imbibé du jus de l'écorce, grattez avec un petit couteau et joignez cette pâte aux raisins. Quand tout le sucre est ainsi préparé et fondu, ajoutez le rhum, couvrez le bol et laissez macérer pendant la préparation de la pâte.

LE LEVAIN. — Mettez dans un saladier le cinquième de la farine, soit 50 grammes, formez un petit trou dans le milieu, mettez-y la levure et les deux cuillerées de lait tiède et travaillez le tout ensemble, de façon à obtenir un levain bien mollet, que vous mettez dans une assiette farinée. Couvrez d'une serviette et laissez-le lever pendant quelques minutes dans un endroit chaud, jusqu'à ce qu'il double de volume. Pendant qu'il lève préparez la pâte.

La Pate. — Cassez deux œufs dans une terrine, ajoutez deux jaunes, le beurre divisé par petits morceaux et le sel; mélangez bien, ajoutez la moitié de la farine qui reste, soit 100 gr., mêlez encore avec la main, ajoutez les trois cuillerées de crème et mêlez toujours, le reste de farine et enfin le levain; puis travaillez encore la pâte pendant quelques minutes, incorporez le contenu du bol à raisins, et versez cet appareil dans un moule à cylindre festonné de la contenance d'un litre et demi, que vous aurez eu soin de beurrer. Couvrez le moule avec une serviette pliée.

Laissez lever pendant 5 à 6 heures dans un endroit un peu chaud. La pâte se trouvant à 2 centimètres du bord, faites cuire pendant environ une heure à four chaud, mais pas rouge, puis démoulez.

Ce gâteau se mange chaud ou froid.

Gâteau sans Nom d'Auteur

Ce gâteau, qui a été improvisé d'après un échantillon qu'une élève eut l'obligeance de m'apporter à l'Ecole, est un peu lourd d'aspect, mais il est très bon et se conserve très bien pendant quelques jours.

Je n'ai pas voulu garnir le dessus avec des amandes entières, ainsi que l'était l'échantillon, parce que c'est réellement une sottise de le faire ainsi. Les amandes sont tellement sèches et dures, qu'il faudrait une broyeuse en acier pour en venir à bout, et, par conséquent, les trois quarts de personnes sont obligées de les jeter.

Je les remplaçai par des pignons, on peut y mettre des pistaches quand on ne craint pas la dépense. Ces dernières lui donnent un arôme et un cachet tout à fait riche.

Formule : 4 œufs entiers ; 2 jaunes ; 125 gr. de raisins de Malaga ou de Smyrne ; 250 gr. de sucre en poudre ; 120 gr. de farine de gruau ; 120 gr. de crème de riz ; 5 gr. de vanille en poudre ; 5 gr. de poudre ou levure anglaise ; 250 gr. de beurre noisette ; 50 gr. de pignons, de pistaches ou d'amandes ; 1 verre à madère de rhum ; un peu de sel ; un moule formant un carré long de 20 cent. de longueur sur 14 cent. de largeur.

Opération. — Beurrez le moule à froid, avec du beurre à peine fondu.

Epépinez les raisins de Malaga et divisez-les en deux ou trois suivant leur grosseur.

Marinez-les avec le rhum.

Si vous employez les raisins de Smyrne, enlevez la queue en les frottant dans les deux mains avec un peu de farine ; passez-les ensuite dans une passoire à gros trous. Marinez-les aussi comme les malaga.

Tamisez le sucre en poudre, dit glace, avec la farine et la crème de riz ; mélangez les trois bien intimement sur un papier et mettez le tout à chauffer à l'étuve, un quart d'heure au moins à l'avance. Cassez les œufs dans une terrine légèrement chauffée, battez-les avec une spatule, ajoutez les deux jaunes, le sel et la vanille.

Faites cuire le beurre presque jusqu'à la noisette.

Retirez-le du feu pour le laisser refroidir à moitié, versez-le sur les œufs en battant ceux-ci et mélangez le sucre et la farine.

Travaillez à la spatule un bon moment.

Couvrez la pâte et laissez reposer une heure ou deux.

Ajoutez la poudre anglaise, travaillez 5 minutes, versez dans le moule, saupoudrez avec les pignons, les pistaches ou les amandes blanchies, un peu de sucre en poudre, et faites cuire à four chaleur modérée de 45 à 55 minutes.

Gâteau de santé

Formule : 250 gr. de beurre ; 6 œufs ; 250 gr. de sucre ; 350 gr. de farine de gruau ; 11 cuillerées de lait ; 30 gr. de poudre anglaise, ou 20 gr. crème de tartre et 10 gr. bicarbonate de soude ; un peu de vanille en poudre ; le quart d'un zeste de citron râpé.

Cette formule suffit pour remplir un moule rond de 24 centimètres de diamètre sur 6 de hauteur.

Opération. — Tournez le beurre en crème, puis vous le travaillez avec le sucre et les 6 jaunes d'œufs, peu à peu vous ajoutez la farine tamisée et le lait froid; quand il ne reste plus que quelques cuillerées de farine, ajoutez la poudre anglaise, travaillez de nouveau afin de bien mélanger, ajoutez en plusieurs parties les blancs d'œufs battus en neige et la farine, en travaillant légèrement la pâte; mettez-la dans le moule beurré et fariné à l'avance. Il est préférable de cuire ce gâteau de suite. La poudre le fait presque doubler de volume à la cuisson.

La chaleur doit-être modérée, 120 degrés Rʳ au commencement; après une demi-heure de cuisson, elle peut descendre à 110 degrés.

Laissez ce gâteau 1 heure 1/4 à 1 h. 1/2 au four, renversez sur un tamis en crin et, quand il est refroidi, vous le saupoudrez de sucre glace que vous passez sur le gâteau à travers un tamis de crin très fin ou de soie.

Gâteau Saxon

Formule : 3 œufs moyens ; 100 gr. de sucre ; 90 gr. de farine ; un peu de zeste de citron ; un moule à manqué ou génoise de 20 cent. de diamètre.

Opération. — Chauffez la bassine, les œufs et le sucre en travaillant le tout ensemble au fouet ; ajoutez le zeste de citron ou d'orange ; la pâte est prête dès qu'en soulevant le fouet elle reste ferme. Mélangez la farine tamisée, versez dans le moule beurré et refroidi, puis fariné. Cuisez à four doux 40 minutes environ. Laissez refroidir le gâteau renversé sur un tamis de crin ou une grille.

Pour le Décorer

Formule : 3 petits blancs d'œufs ; 100 gr. de sucre semoule ; 100 gr. de sucre glace ; 1/2 petit verre de kirsch ; 1/2 petit verre d'eau ; 60 gr. de cerises mi-sucre.

Opération. — Montez les blancs en neige bien ferme, mélangez à la spatule le sucre semoule, en évitant de retomber les blancs. Versez les blancs sur le gâteau, badigeonné ou non d'un peu de marmelade d'abricot. Etendez les blancs uniformément sur toute la surface avec la lame d'un grand couteau, en diminuant légèrement le bord supérieur, de façon que le tour et le dessus soient bien lisses.

Laissez sécher 15 minutes à l'étuve ou à la bouche du four, en le retournant dans ce dernier cas pour qu'il sèche partout.

Délayez avec une cuiller de bois, dans un bol, le kirsch, l'eau et le sucre ; travaillez pour obtenir une glace crémeuse, pas trop épaisse ; battez en sorte qu'elle soit lisse, blanche, onctueuse, ajoutez un peu de sucre si elle est trop molle, une goutte de citron si elle est trop ferme ; versez sur le milieu du gâteau et faites glisser tout le tour avec le petit couteau ; ne pas appuyer dessus, vous feriez des rides et ce serait très laid ; séchez une demi-minute à la bouche du four. Coupez les cerises par le milieu et chaque moitié en deux, ce qui doit donner quatre morceaux formant un petit quartier, appliquez ces quartiers un par un, l'intérieur sur l'angle supérieur du blanc d'œuf, assez rapprochés l'un de l'autre, mais ne se touchant pas.

C'est d'un très joli effet et pas cher.

Gâteau Stéphanie

La Pate. — Pilez très fin 380 gr. de noisettes et 100 gr. d'amandes épluchées, humectées avec un peu de blanc d'œuf. Battez 10 jaunes d'œufs avec 300 gr. de sucre, ajoutez 65 gr. de mie de pain desséchée et écrasée très fin, 25 gr. de farine, les amandes et noisettes, les blancs battus en neige ferme. Beurrez un plafond et un cercle à flanc, saupoudrez de farine, versez-y l'appareil, et faites cuire à four très doux. Démoulez le gâteau quand il est complètement refroidi, et coupez-le en deux tranches, dans le sens de l'épaisseur.

La Crème. — Passez au tamis 150 gr. de beurre très fin, broyez-le avec une spatule ou une cuiller de bois, afin qu'il forme une pâte très tendre et très unie, ajoutez petit à petit 150 gr. de sucre en poudre tamisé, 4 œufs entiers, 150 gr. de chocolat à la vanille, que vous avez fait ramollir à la bouche du four. Etendez le tiers de crème sur une part du gâteau, recouvrez de l'autre ; laissez raffermir au frais. Décorez le dessus avec le restant de crème, vous servant de la poche et de la douille à fleurs. Saupoudrez de pralines ou de pistaches blanchies et hachées.

Gâteau de Semoule

Formule : 145 gr. de semoule grosse ; 120 gr. de sucre semoule ; 5 gr. de sel ; 6 décilitres de lait ; un quart de bâton de vanille ; 6 jaunes d'œufs ; 4 blancs.

Opération. — Pour qu'un gâteau de semoule ait du cachet, on doit voir le grain en coupant le gâteau, de même que l'on distingue les grains de riz. S'il n'en est pas ainsi, on sert un gâteau compact, comme si c'était un plum-pudding, il n'est alors ni bon ni appétissant, deux qualités qui rendent passables ces sortes d'entremets de famille.

Faites bouillir le lait dans une casserole un peu épaisse et large, remuez-le avec la cuiller de bois pour éviter que la partie caséeuse se colle au fond de la casserole ; dès qu'il bout, mettez le sel et versez la semoule en pluie d'une main, en remuant le lait avec un petit fouet de l'autre. Le bouillon étant bien repris, posez la casserole dans une autre plus basse contenant de l'eau bouillante ; mettez le tout au four, couvert, et laissez pocher environ 20 minutes. Ajoutez, à ce moment seulement, 120 gr. de sucre et la vanille ; si la semoule était par trop ferme, une goutte de lait en plus ne nuirait pas ; mais il en faut peu, juste de quoi faire fondre le sucre. Si vous mettiez le sucre avant, la semoule ne cuirait pas, le gâteau serait sec et sableux.

LE MOULE. — Prenez un moule à charlotte, uni, de 12 centim. de diamètre, mettez dans le moule les 25 gr. de sucre qui vous restent, posez le moule, *sans eau*, sur un feu modéré ; ayez un linge à la main et un peu d'eau froide à côté de vous ; dès que vous verrez le sucre se colorer d'un côté, tournez un peu le moule pour égaliser la chaleur, et aussitôt que le sucre aura pris une teinte ambrée,

posez le fond dans l'eau froide. Le *sucre ne doit habiller que le fond du moule*, les bords doivent être légèrement beurrés au beurre non fondu, lorsque le moule est complètement froid.

LES ŒUFS. — Tous ces soins accomplis, clarifiez les œufs. On appelle *clarifier*, séparer les blancs des jaunes ; vous mettez 4 blancs dans la bassine pour les monter en neige, assez fermes ; les jaunes dans un bol. Dès que les blancs sont pris, versez les jaunes d'une main et tournez les blancs lentement avec le fouet pour mélanger les deux sans les retomber. Enlevez le fouet, prenez un peu de ces œufs, mélangez-le avec la semoule, avec une spatule ou cuiller de bois ; puis versez sur les œufs en remuant et coupant pour mélanger sans trop affaisser la pâte. Versez enfin dans le moule et cuisez-le au bain-marie, au four, couvert d'un fort papier. Il faut environ trois quarts d'heure de four, chaleur presque modérée.

Tenez-le au chaud à côté du fourneau jusqu'au moment de le servir.

On peut servir un sabaillon en même temps (voir l'article sabaillon).

Gâteaux secs pour le Thé

Formule : 250 gr. de farine ; 180 gr. de beurre ; 100 gr. de sucre semoule ; 5 gr. de vanille en poudre ; 1 œuf entier, pincée de sel.

Opération. — Mélangez la farine et le sucre ensemble sur le marbre ou sur la planche à pâtisserie ; faites la fontaine ; au milieu, mettez l'œuf, le sel, le beurre et la vanille. Travaillez œuf, sucre et beurre en incorporant la farine peu à peu ; fraisez la pâte deux fois ; faites-en une boule et laissez-la reposer une demi-heure au frais. Après le repos, étendez la pâte sur la table farinée de l'épaisseur d'un demi-centimètre. Coupez dans cette abaisse des ronds cannelés de 15 centimètres. Divisez ces ronds par le milieu et posez-les sur plaque.

Faites cuire à four un peu chaud, jusqu'à ce qu'ils soient bien dorés. Ces petits gâteaux se gardent facilement un mois dans une boîte en fer-blanc.

Gâteau sec au Chocolat

Formule : 125 gr. de chocolat ; 100 gr. de sucre
semoule ; 100 gr. de beurre fin ; 150 gr. de
farine de gruau ; 60 gr. d'amandes râpées ;
2 œufs entiers ; Vanille en poudre.

Opération. — Ramollissez le chocolat à
la bouche du four, sur une plaque.

Faites la fontaine avec la farine ; mettez
dans le milieu les amandes râpées, le sucre, le beurre et les œufs ; mélangez avec
la pointe des doigts ; le mélange étant
opéré, ajoutez le chocolat et triturez pour
bien mélanger, incorporez la farine et la
vanille, fraisez une fois. Laissez raffermir
la pâte au frais une couple d'heures.

Faites une galette que vous couchez sur
une tourtière en tôle épaisse, dans un
cercle à flans de 22 centimètres de diamètre.

Ce gâteau peut être glacé avec deux
tablettes de chocolat, fondu avec un peu
d'eau à feu très doux. Y ajouter au moment de l'étendre, presque froid, gros
comme un œuf de pigeon de beurre frais.

Gâteau Trois Frères

Ceci est un de nos vieux entremets à
fond de pâte à génoise, il est un peu plus
lourd et par suite plus fondant. Le décor
est assez original, cela lui donne un cachet
spécial. En somme, il n'est pas plus difficile à faire que la génoise, il est un peu
plus long à monter et à décorer.

Formule : 120 gr. de sucre cristallisé : 100 gr.
de farine ; 100 gr. de beurre cuit à la noisette ;
3 amandes amères : 3 œufs moyens entiers
et 2 jaunes : un petit verre de kirsch ; un
moule à torsade de 22 cent.

Opération. — Pilez les trois amandes
amères avec le verre de kirsch. Montez
les œufs et le sucre à côté du feu, mélangez les amandes, la farine et le beurre noisette à peine chaud. Versez dans un moule
à torsade ayant un gros trou dans le milieu. Le four peut être un peu chaud,
mais il est nécessaire de mettre une plaque
dessous s'il chauffe trop, ou un papier si
c'est le dessus qui chauffe.

POUR LE DÉCORER

Délayez un demi-pot de marmelade
d'abricot avec un peu d'eau, faites bouillir
et passez-la au tamis de crin. Opérez rapidement pour éviter que la marmelade refroidisse ; avec un pinceau, badigeonnez
tout le gâteau. La marmelade doit être
assez cuite pour se sécher presque instantanément.

Faites chauffer dans une petite casserole
une cuiller à bouche d'eau et autant de
kirsch, délayez-y 4 cuillerées de sucre en
poudre, dit *glace*, obtenez une crème assez
consistante et bien blanche ; faites tiédir
sur le feu, versez dans un petit cornet en
papier que vous coupez un peu gros,
comme une plume d'oie ; faites un bouton
sur le milieu de chaque torsade, recommencez sur le premier bouton et faites un
petit tour et successivement ; après avoir
fait le tour recommencez trois fois, ce qui
fait cinq fois sur chaque bouton, vous
devez avoir une petite cloche renversée.
Mettez dans le milieu un peu de gelée de
groseille ou une moitié de cerise mi-sucre.
Si vous voulez lui donner plus de cachet,
appuyez sur le bord inférieur des amandes
hachées pralinées.

Gaufrettes au Citron

Formule : Un moule ovale à petits losanges, de
15 centimètres de diamètre ; 350 gr. de farine de gruau ; 200 gr. de sucre en poudre ;
200 gr. de beurre ; 2 gros œufs ; Le zeste
d'un demi-citron ; Verre à madère de rhum ;
Pincée de sel.

Opération. — Dans une terrine tiède,
mettez le beurre divisé en petits morceaux,
triturez-le à la spatule en buis pour faire
une espèce de crème, salez, mettez le zeste
de citron après l'avoir râpé, le rhum et
un œuf ; mélangez, incorporez l'autre œuf,
puis aussitôt le sucre et la farine. Laissez
raffermir au frais deux heures.

Découpez en morceaux de la grosseur
d'un œuf ; roulez en navette obtuse, mettez dans le gaufrier chaud, sans le beurrer,
faites cuire des deux côtés ; continuez jusqu'à conclusion de la pâte ; tenez-les
enfermés et au sec.

Gaufres Friandes

Formule : 500 gr. de farine; 150 gr. de beurre frais ; 30 gr. de cassonade brune ; 6 gr. de sel égrugé ; un quart de litre de bière ; 3 œufs moyens ; 1 verre à madère de rhum ; 1/2 zeste de citron; 1/2 litre d'eau tiède.

Opération. — Travaillez, avec une spatule en buis, la farine, les 3 œufs et la moitié de la bière ; vous devez avoir une pâte un peu ferme que vous étendez peu à peu avec le restant de bière.

Ajoutez le rhum, le sel, le zeste et travaillez encore 5 minutes, puis le beurre cuit à la noisette, dans lequel vous avez jeté une cuiller à café de farine en le sortant du feu ; ne le versez pas trop chaud, un peu plus que tiède, en tournant avec la spatule d'une main, pendant que vous versez de l'autre. Achevez de mouiller avec l'eau tiède, couvrez pour éviter la poussière et laissez la pâte à la cuisine ainsi que pour les crêpes, trois ou quatre heures avant de les cuire.

Si en les moulant, vous voyez que la pâte est un peu épaisse, ajoutez un peu d'eau ou de lait.

Beurrez le gaufrier à gros carreaux avec du saindoux fait avec de la panne de porc frais ou de la cire vierge, et cuisez sur feu vif.

Gaufrettes Friandes

Formule : 250 gr. de farine; 125 gr. de cassonnade blonde; 125 gr. de beurre ; 4 œufs de 60 gr. chacun (moyens) ; un peu de sel ; vanille ; zeste de citron, d'orange, de mandarine ou amande amère.

Opération. — Dans une terrine vernissée ou un saladier, mettez le sel, la cassonnade, le parfum choisi et les œufs ; battez pendant 10 minutes avec une spatule ou une cuiller de bois.

Faites fondre le beurre doucement et laissez-le cuire jusqu'à la noisette, c'est-à-dire jusqu'à ce qu'il prenne la couleur noisette. Pendant qu'il arrive à point, tamisez la farine.

Mélangez le beurre à la pâte d'œufs, toujours en battant avec la spatule, et aussitôt mélangé, incorporez la farine.

Renversez la pâte sur un plat et mettez-la au frais pour qu'elle se raffermisse.

Préparez un bon feu, si vous ne disposez pas du gaz.

Comme moule à gaufre, servez-vous d'un gaufrier ovale à quadrillage losangé, appelé « moule à gaufrettes du Nord ».

Passez un peu d'huile à l'intérieur, chauffez, et essuyez-le bien.

Renversez la pâte sur la table farinée, allongez-la en boudin, découpez des morceaux de la grosseur d'une noix ; allongez-les en forme de petits cylindres, comme des bouchons, et mettez-en un dans le gaufrier bien chaud. Cuisez pendant une minute, retournez le moule, cuisez pendant une autre minute, puis retirez la gaufrette qui est prête.

Continuez jusqu'à la fin.

Gaufrettes Hollandaises

Formule : 200 gr. de farine de gruau; 125 gr. de beurre fin; 125 gr. de cassonade blonde; 1 œuf entier; un peu de sel, zeste de citron ou d'orange,

Opération. — Mettez dans un saladier les 250 gr. de farine tamisée, faites un trou dans le milieu, ajoutez la cassonade, le beurre fondu en crème et l'œuf ; travaillez beurre, œuf et cassonade en amalgamant petit à petit la farine, de façon à obtenir une pâte bien lisse. Divisez cette pâte en petites boules de la grosseur d'une belle noisette, tout cela le plus vivement possible pour ne pas faire tourner le beurre en huile. Chauffez un moule à gaufrettes à petits dessins. Le gaufrier étant chaud, mettez une noisette de pâte sur chaque dessin, fermez le gaufrier et faites cuire une minute de chaque côté. Enlevez les gaufrettes avec la pointe d'un couteau pour ne pas vous brûler les doigts. Remettez deux autres boulettes, et ainsi de suite jusqu'à épuisement de la pâte.

N. B. — Ce moule se trouve chez tous les bons marchands d'ustensiles de cuisine, au prix de 3 fr., et se chauffe sur n'importe quel feu.

Gaufres du Nord

Formule : 375 gr. de cassonade brune ; 375 gr. de beurre ; 500 gr. de farine ; 3 œufs ; une cuillerée de cannelle en poudre ; un peu de sel.

Opération. — Faites chauffer un saladier en le remplissant d'eau chaude, que vous y laissez séjourner environ 10 minutes.

Mettez le beurre divisé en plusieurs morceaux, travaillez-le avec une spatule en bois pour le ramollir en crème.

Incorporez les œufs un par un, ajoutez la cassonade et un moment après la farine.

Laissez reposer la pâte au frais pendant quelques heures.

Faites des boules, avec la pâte, de la grosseur d'un petit œuf.

Chauffez un gaufrier à petits carreaux, beurrez-le légèrement pour la première gaufre, mettez une des boules, serrez le gaufrier ; posez-le sur un feu clair comme pour faire des crêpes ; retournez-le ; dans une minute et demie la gaufre est cuite.

Tenez-les en boîtes de fer-blanc.

Gaufres plates

Formule : Farine tamisée 300 gr. ; beurre fin 180 gr. ; sucre en poudre 30 gr. ; 3 blancs d'œufs montés ; lait du jour 2 décilitres.

Opération. — Mettez fondre le beurre dans une terrine déjà tiède, mélangez-y la farine et le sucre en poudre ; éclaircissez la pâte avec le lait, en opérant de façon à faire une pâte lisse ; mélangez-y ensuite les blancs d'œufs montés très fermes. Faites chauffer des fers à gaufres à grosses et profondes rainures sur un feu régulier, et, lorsqu'ils sont chauds, ouvrez-les, glissez dans chacun d'eux une ou deux cuillerées de pâte, suivant la grandeur, refermez-les, placez-les sur le feu en ayant soin de les retourner souvent, afin que les gaufres cuisent régulièrement : lorsque ces dernières sont assez colorées, ébarbez tout le tour des fers desquels vous retirez ensuite les gaufres que vous placez sur une grille et poudrez de suite de sucre, au tamis de soie, mélangé de vanille en poudre.

Ces gaufres demandent à être placées dans un endroit sec ou une étuve à basse température, afin qu'elles ne ramollissent pas.

Gaufres roulées

Formule : 200 gr. sucre en poudre ; 200 gr. farine ; 160 gr. beurre ; 1 décilitre et demi d'eau de fleur d'oranger ; 2 œufs, parfum.

Opération. — Délayez le sucre, la farine et le beurre fondu en crème avec les œufs entiers, l'eau de fleur d'oranger et l'eau tiède, en opérant doucement afin d'obtenir une pâte lisse, assez liquide pour couler facilement sur le fer. Faites chauffer des fers à gaufres, absolument plats, sur un feu bien régulier ; lorsqu'ils sont chauds, ouvrez-les, glissez dans chacun d'eux une cuillerée de pâte, en laissant retomber ce qui est de trop dans la terrine où se trouve cette pâte ; refermez-les, placez-les sur le feu, en ayant soin de les retourner souvent, afin que les gaufres cuisent régulièrement. Lorsque ces dernières sont suffisamment colorées, ébarbez les fers et tournez les gaufres, en les retirant du fer, sur un bâton spécial rond ou carré.

Pour obtenir de très bonnes gaufres, il faut remplacer l'eau tiède par une infusion de thé faite dans de bonnes conditions.

Les gaufres roulées demandent à être placées constamment dans l'étuve pour les conserver croustillantes.

Gazaula

La Pate a Foncer

Formule : 150 gr. de farine ; 60 gr. de beurre ; 20 gr. de sucre ; une pincée de sel ; 2 petits œufs ou 1 œuf et 1 jaune.

Opération. — Faites la fontaine, mettez dans le milieu le sucre, le sel et les œufs ; travaillez avec la pointe des doigts pour fondre le sucre, ajoutez le beurrre et triturez, finalement mélangez la farine, fraisez une fois, ramassez en boule et laissez reposer au frais pendant les opérations suivantes.

La Pate du Gateau

Formule : 120 gr. d'amandes ; 120 gr. de sucre semoule ; 100 gr. de beurre ; 50 gr. de crème de riz ; un zeste d'orange ou de citron ; 4 œufs de 60 gr. chaque ; deux cuillerées de marmelade d'abricot.

Opération. — Faites blanchir les amandes, séchez-les à la bouche du four ; pilez au mortier, en ajoutant 3 jaunes un par un, à la fin un œuf entier. Cette pâte doit être très fine et légère ; relevez-la dans un saladier, travaillez-la à la cuiller en y mélangeant le beurre à peine fondu, la crème de riz et les blancs en neige.

Beurrez très peu le moule ovale cannelé un peu grand ; si c'est à génoise, de 22 de diamètre ; étendez la pâte et foncez le moule avec soin, que les angles et le tour soient bien marqués et qu'il n'y ait pas d'air entre la pâte et le moule. piquez la pâte avec la pointe du couteau.

Etendez dans le fond un peu de confitures de groseilles, de coings ou d'abricots ; versez l'appareil et faites cuire au four plus doux que pour la génoise, 3/4 d'heures de cuisson.

Pour le Finir. — Aussitôt sorti du four, démoulez, posez sur une grille, la pâté en bas, passez une légère couche de confitures pareille à celle de l'intérieur.

Mettez au feu 80 gr. de sucre cassé avec un décilitre d'eau, faites cuire au soufflé léger, c'est-à-dire aux premières bulles qui sortent de l'écumoire sans attendre qu'elles sortent en ruban.

Montez 3 blancs d'œufs bien fermes, faites-vous verser le sucre sur les blancs, pas sur le fouet ni sur la bassine, tournez vivement le fouet et toujours dans le même sens ; le sucre étant tout versé, les blancs doivent être légers et cotonneux, aussi doux et jolis que de la crème à la Chantilly.

Remplissez une poche ou un cornet en papier d'office : que la douille de la poche soit feuillée en 4 ou 5 lames ; si c'est du papier, coupez-le rond, puis faites 4 dents de loup.

Poussez les blancs autour du gâteau en gagnant toujours l'intérieur, saupoudrez de sucre glace et passez au four chaud, très chaud, deux minutes seulement.

Les blancs se glacent sur les arêtes et les creux sont très blancs. Cela fait un joli effet.

Gelée d'Abricots

L'abricot ne donnant presque pas de gelée de fruit, il est bon d'y ajouter un fruit acide. La groseille rouge est tout indiquée pour sa couleur et sa forte proportion d'acide de fruit. Nous avons déjà observé que les glaces de fruits étant privées du jus de citron restent grasses, sirupeuses et sans parfum. L'abricot, sans un acide ou un alcool, est un fruit écœurant en pâtisserie, et c'est, sans aucun doute possible, à cette absence que sont dues les indigestions qu'il occasionne et aussi l'ostracisme par trop absolu dont l'ont frappé certains docteurs. D'un autre côté, aucun fruit ne rend les incomparables services que peut et doit rendre l'abricot employé en connaissance de cause, notamment pour la pâtisserie, et cela pendant tout le courant de l'*année entière*, sous forme de conserve pour : compote, gelée, confiture ou marmelade, pâte candiée, en pulpe, nature ; sans parler de l'abricot à l'eau-de-vie, le vrai *délice des Gourmets*. Pour la gelée qui nous occupe, voici un procédé très simple et qui donne un double résultat :

Egrappez à la fourchette 1 kil. de groseilles rouges bien mûres, faites-leur jeter un bouillon dans un poêlon de cuivre non étamé, et passez le jus à travers un tamis de soie.

Coupez en deux 10 kilos d'abricots blancs d'Auvergne, du Midi ou de Hollande ; mettez, si vous pouvez, 5 kil. de chaque qualité, ce qui donne une gelée mieux parfumée ; faites-les partir dans 3 litres d'eau froide acidulée d'un jus de citron et poussez lentement à l'ébullition. Renversez, sur deux tamis fins, crins ou soie ; vous devez recueillir, avec le jus des groseilles, près de 4 litres de jus. En attendant que ce jus passe lentement et *sans aucune pression*, vous faites cuire au soufflé 2 kil. 500 gr. de sucre cassé à la main, retirez la bassine sur l'angle du fourneau, ajoutez les deux jus réunis, remettez au feu et laissez cuire jusqu'à la nappe ou 34° au pèse-sirop. Mettez en pots dix minutes après.

Pour employer la Pulpe. — La pulpe étant froide, passez-la au tamis de crin ou mettez-la dans des bouteilles à large goulot, en ayant soin de ne pas trop les remplir ; bouchez avec de forts bouchons que vous assujettissez d'une ficelle ou d'un fil de fer, mettez-les debout dans une marmite à fond plat ; remplissez aux trois quarts d'eau froide, couvrez ; faites bouillir, éteignez le feu immédiatement. Quand vous voulez vous servir de cette pulpe, additionnez-la de moitié de son poids de sucre ; faites cuire un moment et vous pouvez vous en servir pour la pâtisserie.

Abricot entier de Conserve

Fendez les abricots presque en deux, retirez les noyaux, mettez à la place de ceux-ci une cuillerée de sucre semoule, pressez-le pour qu'il tienne peu de place, mettez en flacons ou en boîtes ; faites bouillir quinze minutes pour un demi-litre et vingt-cinq minutes pour un litre. Au moment de servir, ajoutez un peu de marasquin ou du bon kirsch des Vosges.

Gelée Marmelade d'Abricots

J'ai remarqué les embarras que l'on se crée quand on fait de la pâtisserie assez souvent, en préparant la confiture d'abricots avec leur peau.

Chaque fois que l'on a besoin de glacer soit un grand, soit des petits gâteaux, soit pour les farcir, il faut faire recuire cette marmelade et la passer au tamis ; on perd un temps précieux et on salit beaucoup d'ustensiles.

Je me dis, pourquoi ne ferait-on pas la pulpe passée au tamis ?

Est-ce que l'on a fait l'expérience et a-t-on vu qu'elle ne se conservait pas ? Je vais essayer tout de même.

En 1900, je fis deux kilos d'abricots et elle s'est très bien conservée comme couleur, goût et consistance, c'était parfait.

Formule : 10 kilos d'abricots bien mûrs ; 8 kilos de sucre cristallisé ; 500 gr. de glucose ; 1 litre d'eau froide.

Opération. — Coupez les abricots en deux, mettez-les dans la bassine à confiture avec l'eau, chauffez doucement, remuez de temps en temps avec la spatule en cuivre non étamé ou en buis ; lorsque vous aurez obtenu l'ébullition, ralentissez le feu et laissez mijoter une petite demi-heure.

Versez les abricots dans un récipient en porcelaine ou émail non craquelé, rincez la bassine, mettez un litre et demi d'eau et le sucre. Laissez-le fondre à froid un quart d'heure au moins, mettez-le sur le feu, remuez jusqu'à ce qu'il soit fondu ; au bouillon, écumez et laissez cuire jusqu'au fort soufflé, ce signe est facile.

Trempez l'écumoire dans le sucre, restez sur la bassine, tenez l'écumoire en face, soufflez à travers et le sucre doit sortir en petites globules ; retirez du feu, mettez la glucose et la pulpe d'abricot passée au tamis de crin. Laissez-les un moment tous les deux échanger la chaleur, remettez la bassine sur le feu vif, remuez constamment et poussez la cuisson jusqu'à la nappe.

Vous obtenez une gelée épaisse, d'un très beau jaune, qui se conserve bien et que l'on peut employer à tous les usages indiqués dans les recettes.

Gelée d'Ananas

Formule : Un moule à cylindre festonné contenant environ un litre et demi ; 500 gr. de jus d'ananas passé au tamis de soie ; 500 gr. de sucre cassé à la main ; un jus de citron ; 6 feuilles de gélatine fine ; un demi-litre d'eau filtrée ; un blanc d'œuf ; un verre à madère de kirsch

Opération. — Battez le blanc d'œuf avec le jus de citron et l'eau ; mouillez le sucre, ajoutez la gélatine lavée et essorée, donnez un fort bouillon sur le feu en remuant avec le petit fouet.

Etendez une serviette fine un peu usagée, non percée ni raccommodée, sur les quatre pieds d'un tabouret renversé, que vous attachez fortement ; posez un récipient au dessous, ayez-en un autre à côté de vous, versez le sirop sur la serviette ; lorsqu'il est passé, retirez le récipient que vous remplacez par le vide, reversez la gelée doucement, faites ce mouvement trois ou quatre fois pour que le sirop passe très clair.

Mélangez le sirop passé et froid, avec le jus d'ananas et le kirsch ; versez dans le moule, entourez-le de glace à rafraîchir cassée en gros morceaux, ne salez pas surtout la glace, la gelée se troublerait. Laissez-la raffermir deux heures.

Trempez le moule cinq ou six secondes dans de l'eau chaude, essuyez-le, posez un plat d'argent au-dessus, renversez les deux, soulevez le moule bien droit. Servez aussitôt.

Pour bien passer les gelées, mieux vaudrait avoir une poche de molleton que l'on suspend avec quatre nœuds faits en ruban de fil. Le tabouret est encombrant et risque, lorsque l'on est pressé, d'être bousculé.

Gelée des Boërs

Formule : 1/2 litre de jus de tête de veau ; 1 décilitre de vin blanc mousseux ; quelques feuilles de gélatine fine ; 2 feuilles d'or ; 2 blancs d'œufs et des coquilles ; 125 gr. de sucre cassé ; une cuiller à bouche de jus de citron.

Opération. — Prenez de la cuisson de tête de veau, un peu forte, sans sel ni farine.

(Cuisez la tête avec l'eau assez juste, en ne l'assaisonnant pas avec d'autre chose qu'un peu de jus de citron et un bout de pain).

Laissez refroidir le jus passé au tamis fin pour vous assurer de la consistance de la gelée. Si elle est ferme, ne mettez que trois feuilles de gélatine par demi-litre ; si elle est molle, quatre ou cinq seront nécessaires.

Mettez la gélatine à tremper un moment. Battez les blancs d'œufs avec le vin blanc et le citron, un petit moment suffit ; — ajoutez la gélatine, le sucre et le jus ; faites bouillir en remuant comme une crème.

Laissez sourire une minute à côté du feu.

Prenez une serviette épaisse, doublez-la si elle est trop fine ; trempez le milieu de la serviette dans de l'eau froide et exprimez-la bien.

Etendez-la dans un tabouret renversé ou dans un saladier, versez la gelée très doucement avec une louche en argent ou avec la casserole ; il est nécessaire de mettre des coquilles d'œuf, cela empêche la gelée de passer trop vite, elle est plus claire.

Soulevez très doucement les quatre coins de la serviette d'une main, prenez le saladier de l'autre, appuyez le milieu de la serviette sur l'angle d'une table ou une planche ; posez le saladier en dessous du filet coulé, pas trop bas, la gelée refroidirait trop vite et ne descendrait plus ; appuyez un kilo sur les bouts de la serviette rabattus sur la planche ou la table et laissez couler sans rien toucher, sur le tabouret elle coule seule.

Achetez chez un papetier ou un droguiste un petit cahier de feuilles d'or, demandez de l'or citron ou demi-citron, il est plus brillant que l'or mâle ; mettez deux feuilles dans un bol avec trois ou quatre cuillerées de gelée, battez avec un petit fouet pour briser l'or, ne le brisez pas trop fin ; renversez dans la gelée et remuez un peu.

Versez dans un moule en cuivre festonné à cylindre, de 10 à 12 cent. de diamètre. Entourez de glace non salée et laissez raffermir 2 heures, ou dans de l'eau bien froide, que vous renouvelez une couple de fois. L'effet de cette gelée est superbe, c'est un rêve, si elle est bien claire.

Gelée de Coings

Formule : 1 kilo de coings bien mûrs ; 250 gr. de pommes reinette ; 2 litres d'eau filtrée ; 1 kilo 500 gr. de sucre cristallisé.

Opération. — Frottez les coings, bien mûrs et bien sains, avec un linge grossier, coupez-les en quatre ou cinq quartiers, suivant leur grosseur ; enlevez l'épicarpe dit *pepin*, mettez-les dans l'eau et laissez chauffer doucement.

Frottez également les pommes et préparez-les comme les coings, n'enlevez pas la peau, jetez-les dans la casserole et faites bouillir très lentement une heure et demie.

Posez un tamis de crin bien propre sur une terrine un peu large, versez les coings bien cuits et laissez égoutter complètement.

Versez cette gelée dans la bassine à confiture, ajoutez le sucre, posez-la sur un feu doux, agitez avec la spatule en cuivre non étamé ou en bois ; aussitôt le bouillon prononcé, retirez la bassine ou ralentissez le feu si c'est le gaz, l'écume viendra vers vous et vous aurez plus de facilité pour l'enlever.

Dans vingt-minutes à peu près, pesez-la, le pèse-sirop doit marquer 34° ; à défaut de pèse-sirop, plongez une aiguille à brider dans la gelée et faites tomber une goutte sur une soucoupe ou assiette blanche, la goutte doit rester en pastille et non s'étendre.

Au cas où elle s'étale, laissez cuire encore, recommencez souvent l'opération pour ne pas laisser dépasser le degré de cuisson.

Mettez en pots ; dans cinq minutes, recouvrez avec du papier sulfurisé, que vous trempez une minute dans de l'eau bouillante et que vous égouttez en le secouant avec la main ; ficelez et laissez sécher avant de rogner aux ciseaux ce qui dépasse.

Gelée d'Epines-Vinettes

Cette gelée se fait généralement avec les épines-vinettes de Chanceaux, (Côte-d'Or), que l'on égrappe avec précaution ; ensuite on fend les grains sur le côté pour en retirer deux pépins qui y sont logés, puis on procède comme suit.

Formule : 1 kilo sucre raffiné ; 750 gr. épines-vinettes.

Opération. — Faites fondre le sucre avec 50 centilitres d'eau filtrée dans un poêlon non étamé, bien propre, sur un feu vif ; au premier bouillon, ajoutez un filet d'acide acétique, cuisez au soufflé, mettez les fruits et donnez un bouillon ; le lendemain donnez encore un fort bouillon couvert, c'est-à-dire que le bouillon doit-être aussi fort dans le milieu qu'autour du poêlon, et mettez en pots ; recouvrez de gelée de groseilles ; quand les pots sont presque

froids, recouvrez chaque pot d'un papier blanc imbibé de cognac, puis d'un autre papier blanc pour couvrir.

Gelée de Fraises

Quantités pour un moule à charlotte uni, contenant un litre et quart.

Formule : 250 gr. de sucre cassé à la main ; 10 gr. de gélatine fine ; 2 blancs d'œufs ; 1 décilitre de kirsch ; 30 fraises moyennes ; 1 citron ; 1 kilo et demi de glace à rafraîchir.

Opération. — Mettez dans une casserole bien propre, d'un litre et demi, le sucre cassé, trois quarts de litre d'eau filtrée, le quart d'un zeste de citron ; laissez fondre à froid, la casserole étant couverte.

Epluchez les fraises, jetez-les à mesure dans l'eau froide — le robinet coulant par-dessus les déforme — laissez-les tremper un instant : essorez-les sur un linge double, mettez-les dans un bol, arrosez avec un peu de citron, les trois quarts du kirsch, couvrez et tenez au frais.

Lavez la gélatine — huit dix à feuilles selon leur épaisseur — et laissez-la tremper.

Dans un bol, mettez la moitié d'un jus de citron, trois cuillerées à bouche d'eau froide, deux blancs d'œufs, battez à l'aide du petit fouet ou d'une fourchette pour dissoudre les blancs ; ajoutez trois cuillerées du sirop de sucre, fouettez encore ; puis versez dans la casserole, ajoutez la gélatine après l'avoir essorée, et portez sur feu vif.

Battez en appuyant sur le fond de la casserole pour éviter que la gélatine prenne et ne laissez pas bouillir fortement parce que la gelée se sauverait plus encore que du lait. Retirez sur le bord du fourneau, afin que l'ébullition se fasse légère, puis préparez une serviette fine, mouillée et bien pressée, pour passer la gelée, en l'attachant aux pieds d'un tabouret renversé.

Versez la gelée à l'aide d'une louche d'argent, avec une sage lenteur, repassant plusieurs fois la première coulée jusqu'à ce que le tissu de la serviette s'étant imprégné de blanc d'œuf cuit, le liquide passe transparent et brillant. Quant elle sera toute passée, laissez refroidir et mélangez le reste du kirsch.

Pour Mouler. — Placez le moule dans une terrine, plutôt grande, qu'il y soit bien d'aplomb. Cassez la glace grossièrement et entourez-en le moule, sans ajouter du sel qui produirait un froid intense ternissant la gelée par la production de petits cristaux. Versez dans le moule une couche de gelée de l'épaisseur du doigt, et laissez raffermir.

Pendant ce temps, coupez par moitiés égales six fraises, des moins jolies.

Posez les moitiés à plat sur la gelée prise ; coulez un peu de gelée, laissez prendre, coulez-en encore jusqu'à recouvrir largement les fraises, et laissez raffermir. Disposez douze autres moitiés de fraises en couronne, mais cette fois debout sur la gelée, à un demi-centimètre du bord du moule, les moitiés tournées alternativement vers l'intérieur et l'extérieur de la charlotte ; versez très peu de gelée pour les fixer, un peu plus quand elle est prise, enfin couvrez-en les fraises ; puis faites une seconde couronne avec douze fraises entières, et dans le milieu de celle-ci disposez les six dernières fraises en rosace. Coulez par-dessus en trois fois le restant de la gelée, et laissez raffermir jusqu'au moment de servir.

Pour Démouler. — Préparez un plat — d'argent — pour servir la gelée, ainsi qu'un autre plat léger et une terrine contenant de l'eau un peu plus que tiède pour y tremper le moule.

Trempez lentement le moule dans l'eau, le tenant bien droit ; faites passer l'eau au-dessus et relevez aussitôt, essuyez sans retard, couvrez avec le plat léger, retournez, posez sur la table et soulevez bien droit le moule, qui se retire facilement. Appliquez le plat de service sur la gelée et retournez le tout.

Il ne reste qu'à servir.

Si on ne retournait pas deux fois la gelée, les fraises qu'il n'est point possible de dresser dans le moule la pointe en bas, se présenteraient renversées.

Gelée de Groseilles de Bar-le-Duc

Opération. — Faites cuire 3 kilos de sucre au soufflé. Ajoutez 1 kilo 500 de groseilles blanches, rouges ou panachées, au choix, égrappées et épépinées avec une plume d'oie, taillée bien pointue.

Faites faire un bouillon. Retirez du feu, un autre bouillon et mettez en pots de suite.

Gelée de groseilles à froid

Opération. — Pesez 5 kilos de groseilles rouges, bien mûres ; égrappez-les à la fourchette. Broyez-les dans le mortier en deux ou trois fois, suivant sa contenance.

Etalez, sur une plaque en cuivre bien propre, ou un plat en porcelaine ovale, un linge en toile à mailles fortes et pas trop serrées.

Mettez au dessus les groseilles broyées en petites quantités à la fois, un kilo c'est déjà de trop ; pressez à deux personnes en tordant le linge en sens contraire, opérez très vite pour que la gelée soit jolie.

Toute la groseille passée, mesurez le jus en le versant dans un chaudron non étamé, ou un fait-tout en émail non craquelé. Pesez autant de sucre semoule ou du sucre en pain pilé et passé au tamis de crin, que vous avez de jus, soit un kilo de sucre en poudre pour un litre de jus ; d'une main prenez un fouet à blancs, que vous tournez dans le jus, et de l'autre ajoutez, cuillerée par cuillerée, le sucre.

Celui-ci étant incorporé, mettez en pots avec une louche en argent. Couvrez les pots et tenez-les dans un endroit sec et frais.

Gelée d'Oranges

Formule : 6 belles oranges ; 1 beau citron ; 150 gr. de sucre en pain ; 8 gr. de gélatine ; 1 décilitre d'eau ; 1/2 blanc d'œuf ; un soupçon de safran ; une goutte de carmin ; un petit verre de kirsch.

Opération. — Zestez deux oranges et un demi-citron sur le morceau de sucre, cassez et mettez-le dans une casserole avec le décilitre d'eau et le safran ; battez le demi-blanc d'œuf avec le demi-décilitre d'eau, ajoutez la gélatine bien lavée, réunissez au sucre, donnez un bouillon en remuant avec le petit fouet à sauce. Laissez reposer une minute.

Etalez une serviette sur un tabouret ou une chaise renversée, mettez un récipient dessous, versez la gelée, remplacez le récipient par un autre vide et reversez sur la serviette deux fois.

La gelée étant presque passée, pressez les oranges et le citron pour recueillir tout le jus, soit un tamis de crin ou une passoire fine; versez à mesure sur la serviette, la gelée sera prête lorsque tout le jus ou à peu près aura passé.

Mettez une goutte de carmin avec la pointe de l'aiguille à brider, que la couleur soit légèrement orangée et non rouge. Ajoutez le kirsch, versez dans un moule à cylindre festonné, très légèrement huilé, et faites raffermir sur glace trois heures.

Vous pouvez servir aussi dans des coupes à champagne où à fruits, dans des demi-coques ou corbeilles faites avec les oranges dont on a pris le jus et que l'on a vidées avec le dos d'une cuiller.

Gelée d'Oranges en petits Paniers

Formule : 9 belles oranges; 2 beaux citrons; 300 gr. de sucre cassé à la main; 500 gr. d'eau filtrée; 8 feuilles de gélatine; 2 petits verres de kirsch des Vosges; 2 blancs d'œufs; quelques gouttes de carmin Breton.

Opération. — Pour obtenir une gelée bien parfumée, il est important de choisir les oranges; de leur origine, de leur maturité, de la couleur et du poids dépend non-seulement la bonté de la gelée, mais aussi le brillant qui lui donne un cachet tout particulier. Les oranges de Séville à chair fine, foncées et juteuses (mais non sanguinolentes) à peau lisse, d'une couleur un peu dorée, sont préférables aux oranges de Valence, pourtant si renommées. Ce choix est dicté par la finesse de l'arome des premières, qu'un gourmet distingue de suite.

Avant de faire le jus, il est bon de procéder à la confection des petits paniers, parce qu'il arrive fréquemment que l'on perfore une peau, et forcément il faudrait une orange de plus si on n'avait la ressource de puiser dans le nombre que l'on s'est fixé.

Posez l'orange sur la table, le côté du pédoncule en bas; avec un couteau bien tranchant, à lame fine et pas trop longue, sectionnez la peau à 6 millimètres du point où était la fleur et descendez trois centimètres; faites-en autant de l'autre côté du point et coupez en travers des deux côtés, en vous arrêtant exactement à la section pour ne pas endommager l'anse du petit panier. Une belle orange pèse de 160 à 180 gr. et mesure de 6 à 7 centimètres de hauteur; elle a à peu près la même circonférence dans son milieu.

(Les deux sections forment un quartier étant enlevées). Passez la pointe du couteau entre la peau et la chair, au milieu de l'anse, en haut et sous le point noir central, en descendant vers le bas; recommencez en retournant le tranchant du couteau, rentrez-le à la base et au centre de la chair pour la sectionner, et l'anse est ainsi complètement dégagée.

Avec une cuiller à légumes ou à café, détachez ce qui reste de chair dans la calotte; à cet effet, posez l'orange dans le creux de la main gauche et, avec la droite armée de la cuiller, détachez en suivant le contour interne de l'orange, entre la peau et la chair que vous enlevez. Ce travail est assez facile après deux ou trois expériences.

L'Ornement de la Corbeille

Prenez, dans la boîte à colonnes unies, un tube ayant à peine 2 millimètres de diamètre; posez l'anse du panier entre les trois doigts majeurs de la main gauche; avec la colonne, enlevez au milieu de l'anse de petites rondelles en les espaçant d'un demi-centimètre; faites la même opération autour de la calotte, à 5 millimètres du bord; avec des ciseaux, taillez sur le bord de la calotte des petites dents de loup. Mettez dans l'eau fraîche.

Passez à de nouvelles oranges, faites autant de petits paniers que vous aurez de convives. Pour orner les paniers, il suffit de passer une faveur tout autour, de la faire glisser en entrelacs sur l'anse et d'arrêter sur le côté par un nœud tout petit et coquet. Vous pouvez, en piquant l'anse avec un petit bout de bois, y fixer au milieu un rang de violettes de Parme au lieu du ruban.

Posez les petits paniers au frais, à l'abri de la poussière et aussi des manipulations qui pourraient compromettre ces petits chefs-d'œuvre de patience.

La Gelée

Les jus des oranges et des citrons étant réunis, mettez le kirsch ; couvrez et laissez macérer.

Prenez le quart de l'eau filtrée et battez-la dans une petite casserole avec un blanc d'œuf ; ajoutez la gélatine préalablement lavée à l'eau froide, tournez sur le feu avec le petit fouet jusqu'à l'ébullition et laissez à côté du feu.

Renversez un tabouret sur la table de cuisine ; trempez le milieu d'une serviette fine sans trous et pourtant pas neuve, étendez-la sur les quatre pieds du tabouret et fixez-la fortement avec du fil de cuisine ; ayez deux saladiers ou autres ustensiles glissant facilement entre les pieds du tabouret, posez-en un bien au milieu. Versez la gélatine sur la serviette doucement et bien au centre ; aussitôt celle-ci coulée, retirez d'une main le premier saladier et remplacez-le par l'autre, reversez le jus sur la serviette et laissez passer doucement.

Avec l'eau qui reste, battez l'autre blanc d'œuf quelques instants, ajoutez le sucre, posez sur le feu, remuez un petit moment et laissez bouillir une minute. Versez également dans la serviette doucement et lentement. Versez maintenant le jus des oranges et laissez filtrer. Il ne reste plus qu'à ajouter le carmin avec une prudence parcimonieuse, car la gelée doit être à peine rosée.

Dès qu'elle sera froide et près de se figer, remplissez les petits paniers avec attention à l'aide d'une louche en argent, mettez au frais.

Servez sur serviette à thé dans un plat rond. Si vous voulez faire plaisir aux enfants, petits et grands, suspendez les paniers aux branche d'une azalée non fleurie et bien verte, attachez-les avec une petite faveur.

On peut remplir avec la même gelée des petites caisses à soufflé en porcelaine, simplement des coques d'oranges coupées par la moitié, un moule à cylindre feston-né ; point n'est besoin de le graisser à l'intérieur, il suffit de le tremper dans l'eau tiède pour le démouler.

N. B. — Si on rafraîchit la gelée sur glace, il ne faut pas saler celle-ci, la gelée se troublerait tout de suite ; il vaut mieux la faire la veille que trop tard, il faut un peu moins de gélatine et ceci importe au goût de la gelée.

Gelée aux pêches

Formule : 10 belles pêches de Montreuil ; 600 gr. de sucre cassé à la main ; 1/2 litre d'eau filtrée ; 8 ou 10 feuilles de gélatine fine suivant l'épaisseur ; 1 verre à madère d'eau-de-vie de Dantzig ; 2 feuilles d'or ou d'argent ; 1 blanc d'œuf ; 6 feuilles de pêcher, si c'est possible ; 1 moule à charlotte de 10 cent. de diamètre.

Opération. — Mondez les pêches crues, coupez-les en deux et chaque moitié en quatre, dans le sens de la hauteur, pour obtenir des quartiers dits croissants. Mettez tous les jolis quartiers dans un saladier, arrosez avec l'eau-de-vie de Dantzig, quelques gouttes de citron, couvrez et laissez mariner au frais, si c'est possible sur glace.

Trempez la gélatine dans l'eau fraîche et laissez-la ramollir.

Mettez le blanc d'œuf dans le demi-litre d'eau et battez au fouet, ajoutez le sucre, les peaux et les feuilles de gélatine et de pêcher ; faites bouillir en remuant sur un feu vif et surveillez, au bouillon le sirop montera comme du lait. Retirez sur le côté, que l'ébullition n'ait lieu que sur le devant. Versez dans une serviette fine, étendue sur les quatre pieds d'un tabouret ; reversez le premier coulé.

Achetez chez un droguiste un petit cahier de feuilles d'or de o fr. 40, prenez-en deux ou trois, déchirez-les avec les doigts et jetez-les dans la gelée passée ainsi que la marinade des quartiers de pêche.

Incrustez le moule à charlotte dans de la glace pilée mais non salée ; versez dans le fond du moule un centimètre de gelée et laissez raffermir.

Faites une rosace au milieu et autour de quartiers de pêche, attendez cinq minutes, versez une légère couche de gelée et laissez prendre ; faites une nouvelle rosace de quartiers de pêche en sens inverse de la première et recommencez jusqu'à la fin.

La dernière couche de la gelée doit être aussi forte que la première. Les quartiers de pêche de la rosace en dehors ne doivent pas toucher le moule.

La gelée doit-être transparente, les paillettes d'or en font ressortir le brillant et aussi le rosé des pêches.

Laissez raffermir dans la glace au moins deux heures. Ne démoulez qu'au moment de servir, en trempant vivement tout le moule dans une bassine d'eau un peu chaude.

Essuyez rapidement le moule et renversez sur un plat où est étalée une serviette à thé. Faites attention que l'eau de la glace ne rentre pas dans le moule lorsque celui-ci en est entouré.

S'il reste des quartiers de pêche, on les met autour de la gelée sur le plat et, dans ce cas, on ne met pas de serviette.

Gelée de pommes

Formule : 1 kilogr. de pommes reinettes ; le suc de deux oranges ; 800 gr. de sucre cassé à la main ; 1 litre 1/4 d'eau fraîche.

Opération. — Coupez les pommes en 4 ou 6 parties, n'enlevez que le pépin.

Jetez les pommes dans l'eau froide, faites partir en ébullition lentement. Dans 20 minutes, assurez-vous si les pommes sont cuites, très molles ; au cas contraire, laissez cuire quelques minutes de plus. Versez sur un tamis en crin posé sur un récipient très propre et laissez égoutter tranquillement environ une heure ou deux.

Recueillez le jus dans une casserole non étamée en cuivre ou en nickel, ajoutez le sucre, cuisez lentement jusqu'à ce que le sucre soit bien fondu, puis poussez le feu plus fort.

La gelée doit peser 34° au pèse-sirop ou tomber en double-gouttes de l'écumoire. Autre manière : trempez une grosse aiguille dans la gelée bouillante et laissez tomber la goutte sur une soucoupe ; elle doit faire pastille. Emplir les pots, ne pas

laisser refroidir et recouvrir de ce papier aluné, mouillé, dont on enveloppe le beurre, les viandes, etc. ; ficeler et tenir au sec.

Génoise fondante

Formule : 4 œufs entiers pesant environ 60 gr. chaque ; 150 gr. de sucre semoule ; 150 gr. de farine de gruau ; 150 gr. de beurre ; 2 gr. de sel de vichy en poudre.

Opération. — Battez bien les œufs dans une bassine avec le sucre, jusqu'à l'état de crème épaisse ; mélangez la farine et le sel de Vichy (ce qui le rend plus digestif) ; travaillez peu la pâte avec la spatule, le plus légèrement et plus vite possible. Ajoutez finalement le beurre à peine fondu, mêlez de nouveau comme pour la génoise.

Beurrez une tourtière de 22 centimètres de diamètre avec du beurre frais fondu, laissez-le figer ; saupoudrez de farine, versez-y la pâte. Faites cuire à four un peu chaud de 30 à 35 minutes ; mettez à refroidir sur une grille ou sur un tamis.

Génoise fourrée

Formule : Un moule carré de 20 cent. de côté sur 5 de hauteur ; 5 œufs de 60 gr. chaque ; 150 gr. de sucre cristallisé ; 130 gr. de farine de gruau ; 120 gr. de beurre ; un peu de zeste de citron ou un peu de rhum.

Opération. — Pour bien faire la pâtisserie, il est indispensable d'avoir des ustensiles spéciaux. Pour les pâtes montées, biscuits, génoises, meringues, une bassine à blancs est de toute nécessité. La dépense n'est pas bien forte, de 6 à 9 francs ; on a une bassine qui dure la vie d'une personne, la légèreté, et par suite le volume de pâte obtenu par la même quantité de sucre, beurre, farine et œufs, a vite fait de vous regagner la dépense. Le coup d'œil et la bonté sont deux appoints en plus.

Ne mettez pas le sucre dans la bassine avant d'avoir tout préparé et surtout avant de casser les œufs. 1° Ceux-ci peuvent être mauvais, alors il faut tout jeter. 2° Si vous laissez le sucre et les jaunes en contact sans les remuer, les jaunes brûlent et vous avez des parcelles d'œuf dans la pâte.

Pesez le tout d'abord ; passez la farine sur un papier, beurrez le moule pour qu'il refroidisse bien avant de le fariner ; mettez le beurre à fondre, assurez-vous de la chaleur du four et commencez l'opération.

Les œufs étant cassés un par un sur une assiette et versés dans la bassine, prenez le fouet, mettez le sucre, battez de suite et tenez-vous au chaud sur le devant du fourneau ou bien sur de l'eau un peu chaude ; au bain-marie, le travail de la pâte est plus rapide et sa légèreté est double.

Ne vous servez pas de fouet à manivelle, c'est toujours la même pâte qui tourne et les bords ne se mélangent pas.

Le meilleur fouet est celui qui a un manche en bois, et dont les fils de fer sont fixés avec du fil de fer plus fin ou de la corde.

Ne serrez pas le manche du fouet, cette pression fatigue le bras et la main Apprenez à manier le fouet des deux mains, de cette façon, l'une étant fatiguée, on la repose en changeant le fouet de côté. Soulevez la pâte pour y insuffler de l'air, c'est lui qui la gonfle et la rend légère et crépelée. Si vous mettez du citron, mettez-le au commencement, si c'est du rhum ou du kirsch, presque à la fin. Ne mélangez jamais la farine avec le fouet ; toujours avec une spatule large et plate ; coupez la pâte en tous sens et faites tourner la bassine en même temps. La farine étant bien mélangée, versez le beurre lentement, pas trop chaud ; mélangez en coupant la pâte et en tournant la bassine. Versez aussitôt le beurre mélangé dans le ou les moules. Pour cette opération, appliquez-vous à tenir la bassine sur la main gauche ; prenez un carton ni trop grand ni trop épais (une moitié de carte à jouer est le type par excellence) dans les doigts majeurs de la main droite et passez-le sur le bord de la bassine pour couper la pâte dès que vous voyez le moule plein. Il vous sera facile, avec cette petite carte, de ramasser toute la pâte et de nettoyer tout le tour de la bassine. On ne doit rien perdre.

Soulevez le moule et laissez-le retomber bien à plat sur la table, mettez-le immé-diatement au feu, chaleur moyenne. Si le bas est trop chaud, mettez-le sur plaque ; si c'est le haut, dès qu'il a fait croûte, mettez une feuille de papier huilé dessus. N'ouvrez pas trop souvent le four, ne secouez pas le gâteau pendant qu'il monte. Assurez-vous, avant de le sortir, qu'il est ferme, en appuyant au milieu les quatre doigts : il doit résister sans être trop dur. Renversez le gâteau sur un tamis. Si, par cas, le fond est trop pâle, remettez-le sur une plaque et au four pour le colorer et le sécher.

Le four un peu chaud est mieux qu'un four trop froid.

Chaud, on le corrige ; froid, le gâteau se cire et il est immangeable.

Génoise

La génoise n'était dans le principe qu'un morceau de pâte brisée que l'on faisait frire.

Voici la recette paru dans la première édition de la *Cuisinière Bourgeoise* : « Faites une pâte brisée, abattez-la de l'épaisseur d'un petit écu, et la coupez avec un coupe pâte de même grandeur ; mettez sur chaque morceau une pleine cuiller de crème de franchipane (*sic*), mouillez un peu les bords, couvrez avec un autre morceau de pâte comme dessous, collez-les bien ensemble en les pinçant tout autour ; faites-les frire de belle couleur, égouttez-les sur un linge, et glacez le dessus avec du sucre et la pelle rouge ».

Génoise Glacée au Rhum

Formule : 3 ou 4 œufs pesant 200 gr. environ ; 125 gr. de sucre (un quart) ; 125 gr. de farine de gruau ; 100 gr. de beurre, deux petits verres de rhum ; un peu de zeste de citron, marmelade d'abricot, sucre-glace.

LA PATE.

Opération. — Faites fondre le beurre sans bouillir. Beurrez le moule avec un pinceau et laissez-le figer.

Tamisez la farine sur un papier. Saupoudrez le moule et frappez-le à plat sur la table pour détacher l'excès de farine.

Cassez les œufs dans la bassine en cuivre non étamée, ajoutez le sucre — du sucre cristallisé de préférence ou bien du sucre semoule. — Battez avec le fouet, sur le côté du feu s'il fait froid, pour dégourdir le mélange à 15 ou 20 degrés. Lorsqu'il commence à épaissir, ajoutez un petit verre de rhum, le zeste de citron et continuez à battre jusqu'au moment où, lorsque vous soulevez le fouet, la pâte retombe en ruban épais, faisant un monticule sur la pâte restée dans la bassine.

Versez dans la bassine toute la farine et mélangez-la à l'appareil à l'aide d'une spatule, en soulevant et coupant la pâte ; puis mélangez les 3/4 du beurre fondu en le versant en petit filet. Rejetez le dernier quart où le petit lait s'est déposé.

Le mélange opéré, versez rapidement dans le moule, mettez dans le four à chaleur moyenne, et cuisez pendant 40 à 50 minutes, à couleur blonde, en surveillant.

Si le dessus colore trop, couvrez-le d'un papier beurré.

Renversez chaud sur un tamis, démoulez et laissez refroidir.

La génoise se fait parfois dans un moule carré ; on la glace et découpe ensuite en morceaux de la longueur du doigt. On la fait également à la pâte d'amandes, 65 gr. d'amandes rapées pour la quantité ci-dessus.

Le Glaçage

Passez au pinceau sur toute la surface du gâteau une couche légère de marmelade d'abricot chauffée et diluée avec un peu d'eau.

Dans un bol, mettez 1/2 petit verre de rhum et une cuillerée d'eau tiède, épaississez ce liquide en ajoutant du sucre en poudre très fine — dit glace de sucre — jusqu'au moment où sera formée une sorte de crème à peine coulante que vous battrez avec une spatule de bois pour la rendre luisante

Etendez ce glaçage sur le gâteau ; présentez-le pendant un tiers de minute à la bouche du four ouverte, pour bien glacer, et laissez refroidir.

Génoise aux Noisettes

Un moule de 22 centimètres de diamètre, plat, dit moule à manqué.

Formule : 4 œufs entiers. de 60 gr. chacun (ou 250 gr. d'œufs avec les coquilles); 125 gr. de sucre cristallisé; 120 gr. de farine; 100 gr. de beurre fondu ; 60 gr. de noisettes râpées ; 1/2 verre à madère de rhum.

Opération. — Passez à la bouche du four pendant quatre ou cinq minutes les noisettes retirées de leurs coquilles, et frôlez-les dans un linge pour enlever la peau ; pilez-les dans un mortier avec un œuf en une belle crème, si vous ne pouvez les râper ; ajoutez le rhum et repilez encore. Battez le sucre cristallisé avec les œufs ; lorsque vous verrez que cet appareil est très léger et bien ferme, mélangez la purées de noisettes ou la poudre et la farine, finalement le beurre à peine chaud; opérez le mélange avec une spatule un peu large, en soulevant la pâte et la coupant.

Versez dans un moule beurré et fariné ; mettez au four — chaleur modérée, mais plutôt chaude que tiède — pendant trente à quarante minutes de cuisson. Retournez sur un tamis ou une grille pour faire refroidir le gâteau.

Glaces

Manière de les Frapper (en pâtisserie). — Placez la turbine (grosse sorbetière) dans un baquet approprié pour ce travail ; mettez tout autour une certaine quantité de glace pilée, (environ dix centimètres d'épaisseur) ; sur cette glace, une couche de sel de deux centimètres, ensuite une seconde couche de glace pilée de la même épaisseur, puis une couche de sel de deux centimètres ; enfin une troisième couche de glace pilée qui doit remplir le baquet ; recouvrez d'une troisième couche de sel marin. Lorsque la turbine est ainsi garnie, mettez-y la composition à frapper ; faites tourner la turbine, soit à la main, soit par la force motrice et ayez soin, pendant qu'elle tourne, d'y tenir constamment la houlette qui sert à travailler la composition pour la rendre moelleuse, jusqu'à ce que cette dernière soit assez ferme pour mouler ou pour mettre en réserve dans une sorbetière. Cette sorbetière doit être sanglée de glace pilée et de sel marin comme la turbine.

S'il arrive de faire une petite quantité ou de ne pas avoir de turbine, on sangle simplement une *sorbetière* dans un seau de bois, c'est ainsi que l'on pratique dans les maisons bourgeoises.

Glace à l'Abricot

Formule : 1 litre de pulpe d'abricots ; 3/4 de litre de sucre à 28° ; 20 centil. de sirop d'orgeat ; le jus d'un citron.

Opération. — Passez la pulpe d'abricots (fraîche ou de conserve), au tamis fin, mélangez-y le sirop de sucre, le citron et le sirop d'orgeat ; ajoutez une goutte de carmin liquide et frappez après avoir sanglé parfaitement la sorbetière.

La glace à l'abricot est servie en coquilles et moulée en petites glaces pour soirées ou bien à la coupe. Chez les glaciers, elle est aussi le complément de plusieurs glaces composées qui en dérivent.

Formule : Sirop à 28° ; 500 gr. de sucre cassé : 500 gr. d'eau filtrée (1/2 litre).

Donnez un bouillon et laissez refroidir.

Glacière Maréchal

(Leçon faite à l'Ecole de Cuisine en juin 1902. 51 élèves présentes).

Parlez de faire une glace à une cuisinière qui sait glacer, son visage s'épanouit parce qu'elle se dit *in petto* : bon, l'entremets de ce soir est presque en place et tout le monde sera content.

Parlez-en à une cuisinière qui ne sait pas glacer, vous verrez sa figure se renfrogner et pour toute la journée elle sera de mauvaise humeur.

Pourtant rien n'est aussi facile à faire, il suffit de vouloir s'y mettre avec l'idée d'aboutir et de faire plaisir à sa famille, si la maîtresse de maison opère, ou à ses maîtres si c'est une cuisinière.

Que faut-il pour glacer un entremets pour 10 à 12 personnes ? Peu de chose : 1° une glacière Maréchal que ne tient presque pas de place et se loge sur une étagère à la cuisine, où elle ne risque ni de se rouiller, ni de voir le seau de bois se démolir par la sécheresse, le seau étant en tôle vernie. 2° 3 kilos de glace cassée grosse comme des noix et 800 gr. de gros sel.

Avec ce petit outillage, vous pouvez faire telle glace qui vous plaît, sans perdre du temps, sans faire du gachis à la cuisine et sans aucune crainte de manquer l'entremets.

Pour prouver à la personne la plus inexperte combien il est facile de réussir, nous allons confectionner un *Parfait glacé aux fraises*, entremets plus difficile à réussir qu'une glace, soit à la crème, soit aux fruits.

Proportions pour remplir un moule de forme conique ayant de 12 à 14 centimètres de diamètre (la glacière Maréchal en a deux, un grand et un petit.

10 jaunes d'œuf moyens (poids de l'œuf entier 60 gr. environ) ; 250 gr. de sucre cristallisé ou cassé ; 250 gr. de fraises de choix ; 250 gr. de vin blanc sec Graves ou du Rhin, un quart de litre ; 500 gr. de crème de lait un peu épaisse ; une cuillerée à bouche de sucre semoule. Nous avons vu plus haut qu'il faut 3 kilos de glace et 800 gr. de gros sel de cuisine.

Voici la recette établie, voyons comment se fait le mélange de tous ces éléments si divers.

D'abord, je pèse tous les produits nécessaires et les mets sur la table bien en ligne pour qu'aucun ne s'oublie en faisant les manipulations ; c'est ce que nous appelons, en terme du métier, *faire la mise en place*. Ce premier point obtenu, je calcule le temps qu'il me faut et les articles qui pressent le plus. Puisque je travaille pour faire une glace, je dois avoir la composition froide pour ne pas trop user de glace et attendre le service. Je dois donc commencer par faire la composition pour la refroidir. Je mets le vin blanc dans une casserole avec le sucre cassé ou cristallisé et je donne un bouillon rapide ; aussitôt, je verse ce sirop dans un petit saladier pour avoir la casserole libre. Dans cette casserole, je mets les jaunes que je bats deux minutes avec un petit fouet en fil de fer, je verse le sirop petit à petit en tournant toujours les jaunes et je pose la casserole dans une autre un peu plus basse pour y mettre de l'eau froide presque jusqu'au bord ; je pose les deux casseroles sur le feu et je tourne le sirop lié avec les jaunes, rapidement, jusqu'au moment où l'eau entre en ébullition ; je retire ces deux casseroles du feu et celle de la crème, puis je continue de battre jusqu'au moment où cette émulsion est presque froide et mousseuse : je laisse de côté.

Eplucher, laver les fraises, les essorer sur un linge, les passer au tamis de crin, pour obtenir une purée très fine et sans aucune semence, est un travail vite fait ; je mélange cette purée dans l'émulsion en la versant doucement cuillerée par cuillerée d'une main, pendant que l'autre tourne le fouet pour faire le mélange.

Je mets la crème de lait dans la bassine à monter les blancs d'œufs ou dans un saladier un peu grand ; j'ajoute le sucre semoule et je bats avec le petit fouet jusqu'au moment où les fils de fer laissent leur sillon ; si je continuais à battre, je ferais du beurre ; la crème doit être mousseuse et presque aussi légère que des blancs montés en neige : je laisse de côté.

Manière d'opérer pour glacer. — Je prends une sorbetière n° 3. Je casse les 3 kilos de glace dans un mortier ou dans un sac de grosse toile. Au moyen d'un pilon ou maillet, je la casse en petits morceaux, pas plus gros que des noix ; j'en remplis la sorbetière jusqu'au tamis. Par dessus la glace, je verse un litre d'eau froide dans laquelle j'ai fait fondre les 800 gr. de sel de cuisine (il restera quelques grains de sel non dissous au fond du vase dans lequel j'ai mis cette eau salée ; cela doit être ainsi pour que le liquide soit salée à point) ; je verse cette eau par dessus la glace, également dans le tamis, puis je remue vivement le tout pour le mélanger. Je remplis le tamis du gros sel qui reste, puis je fixe la plaque sur la sorbetière ; à présent, j'enfonce doucement le moule dans le mélange ré-

frigérant et je l'assujettis aux tenons qui se trouvent sur la plaque. Une petite partie du mélange réfrigérant s'échappera le long de la sorbetière, que j'ai eu la précaution de placer sur un plateau, car il faut que le bac soit plein à déborder, l'action de la sorbetière Maréchal se prolonge lontemps et agit très vite.

Dans les autres systèmes, la glace et le sel mettent beaucoup de temps à se mélanger et à fondre, or, c'est leur fusion réciproque qui produit le dégagement du froid. Dans cette sorbetière, l'eau salée se mélange immédiatement à la glace et l'entoure ; et l'eau produite par la fusion de la glace vient à son tour faire fondre le sel contenu dans la couronne, tout cela agit réciproquement et longtemps, à tel point qu'on peut congeler deux glaces l'une après l'autre avec le même mélange réfrigérant.

Avec les proportions que j'indique, on peut faire les glaces les plus froides, si on les aime ainsi : après avoir servi la glace, on peut encore congeler de l'eau. Si on n'a pas de glace, on peut la faire soi-même avec la glacière dite des *Chateaux*.

Sans perdre du temps, je mélange la crème de fraises dans la crème fouettée, je verse dans le moule que je couvre d'une feuille de papier blanc et du couvercle plat spécial à ce moule, je pose sur le tout une plaque de tôle ronde à rebord un peu plus grande que le sceau ; sur cette plaque, je mets le peu de glace réservé, je couvre d'un linge et je porte la sorbetière au frais pour l'y laisser d'une heure et demie à deux heures, même deux heures et demie ; le parfait sera glacé à point.

Pour le servir. — Je découvre le moule, je l'enlève du seau, le lave sous le robinet en laissant couler l'eau doucement une minute, j'essuie le moule, enlève le couvercle, pose sur le fromage un papier ou une serviette dentellée, j'applique le plat de service et renverse le tout pour enlever le moule bien droit.

Glace à l'Ananas (de conserve)

Formule (pour 8 personnes) : 1 boîte d'ananas d'un litre ; 250 gr. de sucre cassé à la main ; 500 gr. d'eau, soit un demi-litre ; 1 belle orange ou deux ; 2 beaux citrons bien juteux ; 3 kilos de glace à rafraichir ; 800 gr. de sel de cuisine ; 1 verre à madère de kirsch ou de rhum.

L'appareil a Glacer

Opération — Levez un peu de zeste de l'orange et du citron ; mettez l'eau, le sucre et les zestes dans une casserole, non étamée de préférence, et faites faire un bouillon ; versez dans une soupière un peu profonde et laissez refroidir. Ouvrez la boîte d'ananas bien au bord, versez le jus dans la soupière, parez bien le tour de l'ananas, coupez une belle tranche de haut en bas, de chaque côté, et faites des dés d'un demi-centimètre carré ; mettez ces dés dans un bol, saupoudrez d'une cuiller de sucre et arrosez avec le kirsch ou le rhum ; couvrez et tenez au frais.

Passez au tamis de crin ce qui reste d'ananas, les citrons et l'orange ; réunissez cette purée au sirop.

La Sorbetière

Nous allons nous servir de la sorbetière Maréchal, nº 2, si commode pour les ménages dont le personnel est réduit, et aussi parce qu'elle est peu encombrante et facile à travailler.

Mettez tout d'abord les 800 gr. de sel dans un litre d'eau, la plus froide possible; cassez la glace dans un mortier ou une caisse solide, en morceaux gros comme des noix ; mettez-la dans le fond de la glacière, elle doit arriver presque jusqu'à l'arête intérieure qui supporte la couronne percée de trous, dans laquelle il vous faudra verser de l'eau et le sel non fondu, aussitôt toute la glace pilée. Ces deux opérations étant faites, posez la sorbetière dans une terrine ou baquet quelconque pour recevoir le trop-plein et ne pas mouiller la cuisine.

Enfoncez doucement le moule conique et fixez-le aux deux arêtes qui font une légère saillie sur le rebord du haut de la sorbetière, versez l'appareil dedans, couvrez et attendez 10 minutes

Découvrez ; avec une spatule en buis bien propre, détachez les parties congelées autour du moule, de haut en bas ; faites bien le tour, battez un peu pour dissoudre cette partie gelée dans la masse, couvrez et attendez de nouveau 10 minutes.

Découvrez, la partie prise ne sera plus épaisse, il faudra agir avec plus de force et mélanger un peu plus longtemps ; recouvrez, une troisième fois, et dans 10 autres minutes vous faites la même opération. Cette fois-ci la glace est ferme, vous pouvez mélanger les dés de l'ananas ; remuez doucement pour ne pas les écraser, recouvrez, enveloppez d'un linge humide ou d'une flanelle ; tenez au frais une heure ou deux ; dans 30 minutes, vous pouvez la servir.

Pour Démouler. — Trempez le moule dans de l'eau un peu plus que tiède, jusqu'en haut, 5 ou 6 secondes, pas plus ; essuyez le dehors et renversez dans un plat rond, garni d'une serviette à thé.

Servez en même temps des gaufrettes ou autres gâteaux secs et très légers : langues de chat, tortillons ou tuiles aux amandes.

Pour glacer une crème fine

Formule : Faites une crème composée de : 10 jaunes d'œufs un peu gros ; 280 gr. de sucre semoule ; un litre de lait non écrémé ; demi-gousse de vanille ; une prise de sel.

Opération. — Faites bouillir le lait pendant que vous triturez jaunes et sucre dans un saladier, pour bien lier et blanchir les jaunes ; versez le lait peu à peu, en tournant hors du feu, redonnez un tout petit bouillon en remuant, versez aussitôt dans le saladier où vous avez mis la vanille ; remuez un moment et laissez refroidir.

Je prépare le moule comme ci-dessus, je verse la crème bien froide ; au bout de cinq à six minutes, elle commence à se figer le long des parois du moule ; je la détache avec la spatule que j'enfonce jusqu'au fond ; de cinq en cinq minutes, je la détache ainsi et je mêle vivement au reste de la crème les parties déjà congelées; au bout de vingt à trente minutes, toute la crème sera prise; après quarante ou quarante cinq minutes, on peut la démouler et la remplacer par une autre crème ou de l'eau à glacer.

Glace à l'ananas (frais)

Formule : 500 gr. de pulpe d'ananas ; 500 gr. de sucre cassé à la main ou cristallisé ; 500 gr. d'eau filtrée, froide ; le jus de deux beaux citrons et celui d'une orange ; un décilitre kirsch ou rhum ; 5 ou 6 kilos de glace à rafraîchir ; 1 kilo de gros sel ; une sorbetière contenant deux litres et demi de liquide (sorbetière ordinaire).

Opération. — Passez au tamis de crin l'ananas, la pulpe des citrons et de l'orange, réunissez dans un récipient cette purée avec le sucre et l'eau froide. Remuez de temps en temps, pour que le sucre fonde, et laissez au frais, couvert.

Lorsque le sucre est bien fondu, prenez de cette composition dans une flûte à champagne ou autre flacon assez haut pour que le pèse-sirop ne touche pas le fond ; remplissez-le aux trois quarts ; mettez le pèse-sirop, il doit marquer entre 18° terme le plus bas, et 21° terme le plus haut. Le mieux est 19°-20°.

Si le degré 18° n'est pas atteint, ajoutez quelques cuillerées de sucre semoule pour le remonter ; si le degré 21° est dépassé, ajoutez un peu d'eau pour le descendre.

Entourez la sorbetière avec les 3/4 de la glace pilée en morceaux gros comme des noix, au-dessus mettez la moitié du sel, ou les deux tiers ; découvrez la sorbetière, mettez la composition, fermez et tournez 20 minutes. La glace doit être ferme et blanche. Si au-dessus nageait un peu de sirop, jetez un peu d'eau du seau en ouvrant le bouchon, remettez un peu de glace et de sel au-dessus, tournez dix minutes et la glace doit être ferme. Si elle ne l'était pas, le sirop serait trop sucré, enlevez un peu de glace dans un saladier, délayez-la avec un verre d'eau, remettez dans la sorbetière, tournez et elle raffermira. Si vous devez ne servir la glace que dans deux heures, remettez un peu de glace et de sel, couvrez le tout d'un linge humide et gardez au frais.

Glace à la Bohémienne

Opération. — Avec une glace à l'abricot (voir cette dernière), chemisez un moule à Madeleine rond, bas, remplissez l'intérieur d'une glace à la vanille, dans laquelle vous incorporez, par litre de glace, 125 gr. de cerises mi-sucre coupées très menues, préalablement infusées dans le vieux kirsch ; fermez le moule hermétiquement et mettez à la glace pendant une heure, puis démoulez, décorez simplement de cerises mi-sucre et servez.

Glace au Café dit Café granité

Formule (pour 12 tasses) : 2 litres d'eau ; 200 gr. de café moulu ; 250 gr. de sucre ; 4 kilos de glace ; 1 kilo de sel gris.

Opération. — Versez la poudre de café dans l'eau pendant qu'elle bout, non point après qu'elle a bouilli, les quantités ci-dessus donneront exactement 15 tasses. Sucrez, laissez fondre et éclaircissez en y jetant un charbon bien allumé. Passez le café dans un linge ou flanelle.

Prenez un seau en bois et une sorbetière en étain.

Pilez la glace et procédez au sanglage de la façon suivante :

Mettez au fond du seau un lit de glace, posez la sorbetière bien d'aplomb sur cette glace, versez le café, fermez avec le couvercle de la sorbetière et continuez de mettre un lit de glace pilée et un lit de sel. Couvrez le seau avec un sac ou une flanelle.

Le mélange dans la proportion de 3 de glace pour 1 de sel produit un froid de 20 degrés au dessous de zéro, qui donne un résultat pratique et rapide.

Ne tournez pas la sorbetière de droite à gauche, mais laissez le tout reposer pendant dix minutes environ.

Soulevez le couvercle ; avec une spatule ou une cuiller en bois, détachez le café qui adhère aux parois de la sorbetière et mélangez-le. Couvrez à nouveau et recommencez la même opération, de 10 minutes en 10 minutes, trois fois de suite. Votre granité sera prêt à servir en tasses avec des chalumeaux.

Glace au café

Formule 700 gr. de sucre; 2 litres de lait fraîchement trait ; 20 jaunes d'œufs ; 250 gr. de café torréfié en grains

Opération. — Mettez les trois quarts du lait sur le feu, dans une casserole étamée, avec le sucre et le café en grains fraîchement torréfié (tout chaud, si c'est possible) ; lorsque le tout commence à entrer en ébullition, ajoutez les jaunes d'œufs délayés avec le reste du lait et laissez sur le feu, en ayant soin de remuer constamment avec une spatule jusqu'à ce que la composition arrive de nouveau à l'ébullition. Réservez ensuite au frais, dans un vase en grès vernissé intérieurement ou en porcelaine. Quand l'appareil est complètement refroidi, passez-le au tamis de soie et frappez. Il faut sangler ferme la turbine, car cette composition est ferme et difficile à frapper.

Glace au chocolat

Formule (pour 6 personnes) : 100 gr. de sucre semoule ; 5 jaunes d'œufs ; 2 tablettes de chocolat de 6 à la 1/2 livre ; 3 décilitres de lait ; un peu de sel et de vanille.

Opération. — Délayez les 5 jaunes avec le sucre, et travaillez 5 minutes ; pour bien blanchir les jaunes, ajoutez un soupçon de sel et le chocolat concassé, le lait froid, et faites cuire jusqu'à la première cloque sur le bord de la casserole, en remuant avec soin et sur un feu doux. Refroidissez-la un peu en la vannant pour éviter la croûte.

Glacez et servez comme d'habitude.

Glace au chocolat (autre manière)

Formule : demi-litre de lait ; 130 gr. de sucre ; 100 gr. de chocolat ; 6 jaunes d'œufs ; grain de sel ; vanille en poudre ; 2 kilos 500 de glace ; 500 gr. de sel.

Opération. — Mettez le chocolat à la bouche du four, posé sur une tôle ou une feuille de papier, pour le ramollir seulement, sans le laisser trop chauffer ; deux ou trois minutes doivent suffire, sans quoi il se sable et perd son goût. Battez les jaunes avec le sucre, dans la casserole, jusqu'à ce qu'ils blanchissent. Ajoutez le chocolat, et triturez le tout avec une cuiller de bois ou un petit fouet, jusqu'à ce qu'il en résulte une pâte absolument unie, fine, exempte de tous grumeaux.

Mouillez avec le lait froid ; ajoutez le grain de sel, la vanille. Faites chauffer sur feu doux en remuant constamment, jusqu'au moment où la crème va bouillir.

Versez dans une terrine pour refroidir.

Faites glacer.

Glace au citron

Formule : 500 gr. de sucre cassé à la main ; 8 décilitres d'eau filtrée, froide, (800 gr.) ; 3 citrons un peu gros, à peau fine et bien juteux ; le zeste d'une moitié de citron ; 3 kilos de glace à rafraîchir ; 7 à 800 gr. de sel de cuisine.

Opération. — Zestez très légèrement, c'est-à-dire superficiellement, la partie jaune du citron sur le morceau de sucre avant de le casser en morceaux pour le faire fondre avec l'eau. Coupez les citrons par le milieu ; avec la poire à citrons, introduite dans la chair, que vous roulez à droite et à gauche, faites tomber jus et chair sur un tamis de crin posé sur le récipient où vous préparez la composition ; pressez pour bien passer le jus, ajoutez le sucre et l'eau, couvrez avec le tamis et laissez infuser quelques heures dans un endroit frais. Le sirop doit peser de 20 à 21°.

Glacez comme toutes les glaces à froid, en veillant à ce que la composition ne soit pas trop grasse, *huileuse au-dessus*, auquel cas il faudrait ajouter un peu d'eau et un demi-jus de citron.

Glace aux Fraises

Formule : 500 gr. de fraises ; 250 gr. de sucre ; 250 gr. d'eau filtrée, (1/4 de litre) ; le jus de 2 citrons.

Opération. — Passez les fraises et les citrons au tamis de crin.

Réunissez la purée de fraises, l'eau, le sucre, dans une terrine, laissez fondre le sucre à couvert.

Pesez au pèse-sirop, il doit manquer 20°.

Versez dans la sorbetière et glacez comme d'habitude.

Glace Indienne

Quantité pour 15 couverts.

LA CRÈME AUX ŒUFS

Formule : Demi-litre de lait ; 8 jaunes d'œufs frais, moyens : 150 gr. de sucre semoule ; vanille ; sel.

LA MERINGUE A L'ITALIENNE

Formule : 120 gr. de sucre cassé à la main : 3 blancs d'œufs moyens ; un décil. d'eau filtrée froide ; un quart de litre de crème épaisse.

LE CHOCOLAT

Formule : 6 raies ou tablettes de chocolat ; un quart de litre d'eau filtrée ; 6 kilogs de glace ; 2 kilos de gros sel ; un moule à cylindre mobile, avec couvercle fermant hermétiquement.

LA CRÈME AUX ŒUFS

Travaillez les jaunes d'œufs, le sucre, une pincée de sel, la vanille ; et pendant ce temps faites bouillir le lait.

Les jaunes et le sucre doivent être bien battus, avec une spatule ou un petit fouet, et former une pâte légère, presque mousseuse, avant d'y ajouter le lait bouillant, peu à peu pour commencer. Après mélange, donnez un bouillon, reversez immédiatement dans la terrine, et remuez pendant un bon moment avec le fouet pour donner de l'air et refroidir vite la crème.

Laissez-la de côté.

LA MERINGUE A L'ITALIENNE

Pendant la cuisson de la crème, mouillez le quart de sucre cassé, avec quatre ou cinq cuilerées d'eau froide, vous servant de préférence d'une petite casserole non étamée, pour ne pas noircir le sirop. Sur un feu doux, faites cuire le sucre au soufflé. Je répète la façon de reconnaître ce degré : trempez dans le sirop une petite écumoire, soufflez à travers les trous, et, quand le sucre s'envole par derrière en globules très légers, le point est atteint.

Pendant la préparation du sucre au soufflé, montez les trois blancs d'œufs ; et quand le sucre est prêt, faites-vous le verser sur le bord des blancs, en un tout petit filet, tandis que vous tournez avec le fouet très vivement, et dans le même sens,

pour ne pas ramener le sucre en arrière, ce qui le ferait mettre en sable, et pour ne pas affaisser les blancs qui doivent rester mousseux.

Le mélange étant terminé, versez la crème aux œufs sur les blancs, très lentement, et tournez doucement avec le fouet jusqu'à mélange bien intime. Puis battez le quart de litre de crème épaisse, pas trop épaisse cependant, mais provenant de lait reposé pendant 36 ou 48 heures, et ajoutez-la à la crème meringuée *lorsque celle-ci est froide*.

Cassez deux kilos et demi de glace, saupoudrez-la d'un kilo de sel, entourez la sorbetière, mettez la crème dedans, tournez et glacez jusqu'à fermeté.

LE MOULE

Si vous n'avez pas un moule à cylindre mobile, haut, rond, légèrement évasé, dont la *douille* ou colonne du milieu soit attachée au couvercle, prenez un moule festonné rond, assez large et haut ; et préparez un morceau de bois rond, de cinq à six centimètres de diamètre, que vous entourez d'une feuille de papier assez fin, et replié en dessous, coupé de façon à ce qu'*il n'empêche pas le couvercle de bien fermer*. Faute de bois, je me suis souvent servi d'un verre ordinaire un peu haut, ou d'une bouteille de pharmacie.

Couvrez le moule, entourez-le de glace pilée et salée jusqu'à hauteur du couvercle ; découvrez-le, placez au milieu le mandrin de bois, et mettez autour la crème préparée, à hauteur du moule. Fermez-le, couvrez-le entièrement de glace pilée et salée, et laissez-la raffermir au moins pendant une heure.

LE CHOCOLAT

Cassez le chocolat en morceaux, 4 morceaux par bille ou raie ; mettez-le dans une casserole avec la moitié du quart de litre d'eau, couvrez et faites légèrement tiédir.

Délayez-le avec une spatule pour qu'il ne reste pas de grumeaux, ajoutez le reste d'eau, donnez un bouillon et laissez-le refroidir.

Découvrez le moule, veillez à ce qu'il ne rentre pas de sel dedans, enlevez le mandrin, puis le papier, doucement pour ne pas démolir la glace.

Remplissez le vide avec le chocolat bien froid, couvrez d'une feuille de papier, du couvercle, de glace pilée, d'une forte couche de sel, d'un linge humide et tenez au frais de une heure à deux heures.

Démoulez et servez comme d'habitude.

Glace au Melon

Formule : 5 décilitres de pulpe de melon ; 400 gr. de sucre ; un quart d'eau filtrée ; 2 beaux citrons bien juteux.

POUR GLACER

Formule : 3 kilog. de glace ; 600 gr. de gros sel ; 1/2 litre d'eau, si vous employez une sorbetière Maréchal ; pour la sorbetière ordinaire, il ne faut pas d'eau.

Opération. — Faites bouillir le sucre et l'eau et faites refroidir le sirop. Ne prenez que la pulpe très fine du melon, c'est-à-dire qu'il ne faut pas trop appuyer sur la côte du melon, passez-la au tamis de crin ; passez aussi les deux citrons après les avoir pelés à vif.

Mélangez les deux appareils et assurez-vous que le pèse-sirop ne marque pas plus de 21°, 22° maximum ; s'il était au-dessous de ce chiffre, ajoutez un peu de sucre semoule ; si c'est le contraire, un peu d'eau.

Pilez la glace dans le mortier, rapidement, pas beaucoup à la fois ; si c'est la sorbetière Maréchal, mettez-la à mesure dans le sceau, faites fondre le sel avec le demi-litre d'eau, mettez la grille qui doit maintenir le moule et versez le sel et l'eau. Remuez la glace avec le manche d'une cuiller en bois, plantez le moule et fixez-le aux deux encoches qui sont sur le bord en la faisant tourner ; versez l'appareil, couvrez avec le couvercle et attendez 10 minutes.

Avec une spatule, détachez l'appareil qui a reffermi sur le bord, mélangez bien, recouvrez ; dans 5 minutes, renouvelez l'opération et, avec deux autres fois, la glace sera assez ferme pour que vous mettiez le tout, bien couvert d'un linge humide, dans un endroit frais, jusqu'au moment de le servir.

Si c'est la sorbetière ordinaire, mettez toute la glace entre la sorbetière et le seau, le sel par dessus, tournez l'appareil 20 minutes et la glace est faite.

Dans le cas ou vous ne serviriez la glace qu'une heure après, faites couler un peu d'eau, ajoutez du sel et de la glace, couvrez d'un linge et gardez au frais.

Glace Mont-Blanc

Formule : 200 gr. de sucre en poudre ; 75 centilitres de lait récemment trait ; 6 jaunes d'œufs frais ; 125 gr. de marrons confits 1 gousse de vanille du Mexique.

Travaillez le sucre avec les six jaunes d'œufs ; faites bien blanchir et ajoutez le lait que vous avez eu soin de faire bouillir auparavant, ajoutez la gousse de vanille fendue dans le sens de la longueur, mettez le tout sur un feu vif dans un poêlon de cuivre étamé ; au premier bouillon, versez cette composition dans une terrine et réservez au frais ; après refroidissement complet, délayez les marrons passés au tamis fin avec cette composition et passez de nouveau au tamis ; puis frappez dans une sorbetière bien sanglée. Lorsque cette glace est très ferme, vous la logez dans un moule à fromage que vous placez dans un timbre (glacière), pendant une heure. Démoulez sur un plat garni d'une serviette ; ensuite, vous avez, toute préparée, dans une autre sorbetière, de la crème fouettée légèrement sucrée et congelée au dernier degré, retirez-la à l'aide d'une fourchette, en petits morceaux de la grosseur d'une noix que vous piquez tout autour du fromage ; lorsqu'il est bien garni, versez par dessus un peu de composition de biscuit glacé préparé comme suit :

Formule : 15 centil. de parfum de vanille (1) ; 5 jaunes d'œufs ; 75 centil. de crème fouettée.

Montez les jaunes d'œufs avec le parfum de vanille, au bain-marie, en fouettant

(1) Le parfum de vanille consiste en un litre de sirop de sucre bouillant versé sur 8 gousses de vanille du Mexique et laissé en infusion pendant 18 heures.

énergiquement pendant 15 minutes ; retirez du feu, continuez de fouetter jusqu'à refroidissement complet ; mélangez la crème fouettée, versez cet appareil sur le fromage que vous placez de suite dans un timbre et que vous servez une heure après.

Glace à l'orange et à la crème

Formule : 6 belles oranges ; un citron ; 500 gr. de crème douce ; 250 gr. de sucre cassé ; le zeste de deux oranges levé sur le sucre ; quelques gouttes de carmin.

Opération. — Pressez les oranges et le citron, ajoutez le sucre cassé, chauffez pour le dissoudre en sirop, il doit marquer au pèse-sirop de 20 à 22°. Mettez le sirop dans la sorbetière, entourez de deux kil. 500 gr. de glace cassée ; sur la glace répandre 500 gr. de gros sel. Tournez la sorbetière un quart d'heure. Fouettez la crème double, mélangez-la dans la sorbetière ; donnez quelques tours, laissez-la reposer pour raffermir.

N. B. — Si les mélanges à glacer ne pèsent pas 20° au pèse-sirop, on ajoute un peu de sucre pour atteindre la densité voulue. Si le degré, au contraire, est dépassé, on ajoute un peu d'eau et l'équilibre voulu est ainsi rétabli.

Glace pralinée

POUR LE PRALIN

Formule : 60 gr. d'amandes dites flots ; 60 gr. de sucre en poudre.

POUR LA CRÈME

Formule : 1/2 litre de lait ; 120 gr. de sucre en poudre ; 6 jaunes d'œufs ; 1/4 gousse vanille ; petite pincée de sel ; 2 kilos de glace ; 400 gr. de sel.

Opération. — Faites fondre le sucre pour le pralin, dans un poêlon de cuivre non étamé, sans eau. Lorsqu'il est fondu, ajoutez les amandes ; remuez une minute avec une cuiller de bois. Versez sur une tôle. Laissez refroidir. Pilez le pralin dans un mortier de marbre. Passez au tamis. Mélangez cette poudre à la crème à la vanille.

Glace aux Pistaches

Formule : 1/2 litre de lait ; 150 gr. de sucre ; 6 jaunes d'œufs ; 60 gr. de pistaches ; un petit verre de kirsch. 2 kilos de glace ; 400 gr. de sel.

Opération. — Faites bouillir un litre d'eau ; jetez-y les pistaches. Laissez reprendre l'ébullition, retirez du feu et attendez 2 minutes.

Egouttez les pistaches ; enlevez-en la peau ; lavez-les à l'eau fraîche. Pilez-les en purée très fine avec le kirsch.

Battez les jaunes d'œufs avec le sucre ; mouillez avec le lait ; liez sur le feu en tournant, jusqu'aux premiers symptômes d'ébullition. Ajoutez la purée de pistaches ; remuez pour bien mélanger et refroidir la crème. Passez-la au tamis fin avant de la mettre dans la sorbetière et glacez comme d'habitude.

Les pistaches ne communiquant point de couleur à cette crème, il faut, pour la distinguer d'une glace à la vanille, ajouter un peu de couleur verte, faite avec quelques feuilles d'épinards blanchies, pilées et passées au tamis fin.

Glace aux Poires

Formule : 4 ou 5 poires fondantes suivant leur grosseur ; 2 citrons juteux ; 400 gr. de sucre ; demi-litre d'eau.

Opération. — Faites bouillir l'eau et le sucre ; retirez du feu, laissez refroidir. Pelez et passez les poires au tamis de crin avec la pulpe des citrons.

Réunissez au sirop froid, le mélange doit marquer 18° au pèse-sirop.

Glacez comme d'habitude.

Glace aux Pêches

Formule : 500 gr. de pêches bien saines ; 250 gr. de groseilles ou de framboises ; 500 gr. de sucre cassé ; un quart de litre de vin blanc ; autant d'eau ; 2 citrons juteux.

Opération. — Mettez le sucre, le vin et l'eau dans une casserole, donnez un bouillon. Passez les fruits au tamis de crin ; mélangez au sirop, qui doit peser 20°. Glacez selon la méthode.

Glace Royale

On appelle glace royale un mélange de blancs d'œufs, de sucre en poudre passé au tamis de soie et de quelques gouttes de citron ou, à défaut de citron, quelques gouttes d'acide acétique (vinaigre de bois).

Cet acide n'est pas utile lorque la glace royale sert à glacer des gâteaux biscuités, des génoises, pains d'épices, conversations, allumettes, etc. Elle doit aussi être beaucoup plus molle que lorsqu'elle est employée pour *décorer au cornet*, marquer le nom des saints ou autres que l'on fait sur les gâteaux de noce, de baptême, de fêtes locales ou anniversaires; de même lorsque l'on décore des pièces montées en nougat, pastillages, génoises, châteaux, édifices gothiques, etc, etc.

La première glace doit être un peu coulante comme une crème pâtissière, que l'on peut étendre facilement à l'aide d'un pinceau ou de la lame du couteau.

La seconde doit-être travaillée plus ferme et plus longuement pour y donner la souplesse et la légèreté nécessaires pour qu'elle tienne ferme sur elle-même en filets plus ou moins fins lorsque l'on veut faire des guirlandes et bordures ajourées. Celle-ci prend un quart et même un tiers de sucre en plus pour un blanc d'œuf, suivant que le blanc est petit ou gros.

Lorsque l'on veut construire un édifice un peu haut et très léger, on corse la glace en ajoutant un peu de fécule de pomme de terre.

Il en est de même lorsque l'on veut obtenir des moulures, œufs, galeries, colonnes, statuettes ou autres sujets.

Glace Suzon

Formule : 375 gr. de sucre en poudre ; un litre de lait frais ; 10 jaunes d'œufs frais ; 125 gr. d'avelines.

Opération. — Battez les jaunes d'œufs avec le sucre dans un saladier, pour faire une pâte bien lisse ; mélangez 3/4 du lait que vous avez fait bouillir pendant le battage des jaunes ; versez-le lentement et en tournant avec la spatule ; mettez dans la casserole du lait, puis faites donner un bouillon.

Passez la crème au tamis de crin ; faites-en deux parties égales.

Dorez les avelines à la bouche du four, frottez-les pour enlever la peau, et broyez-les au mortier avec la quantité du lait réservé ; mélangez avec une moitié de crème, versez-la dans une sorbetière et entourez de deux kilos de glace cassée mélangée de 300 gr. de gros sel. Tournez et faites glacer.

Entourez de glace salée un moule à biscuit glacé, carré, bas ; et garnissez ses parois et le fond avec la crème glacée obtenue dans la sorbetière : cela s'appelle *chemiser*.

Colorez vert tendre la seconde moitié de crème, parfumez-la d'un centilitre (10 gr.) d'absinthe Pernod, ajoutez des bonbons bijoux parfumés à la menthe, et remplissez-en le moule chemisé de la glace à l'aveline ; fermez le moule, laissez à la glace pendant deux heures ; puis démoulez et décorez d'une glace à la pistache, garnie d'une petite douille étoilée. Placez dans un rafraîchissoir jusqu'au moment de servir.

Glace à la Vanille

Pour 6 personnes environ :

Formule : Demi-litre de lait ; 150 gr. de sucre semoule ou cristallisé ; 6 jaunes d'œufs frais ; 1/2 gousse de vanille ; 2 kilos et demi de glace ; 500 gr. de gros sel,

Opération. — Battez les jaunes avec le sucre, le sel et la vanille un bon moment, pour raffiner les œufs et le sucre ; mouillez avec le lait chaud, faites cuire en remuant jusqu'au moment où l'ébullition va se prononcer.

Versez aussitôt dans un saladier et remuez la crème un moment pour la refroidir avant de la glacer. Glacez comme d'habitude.

Glace au Moka

Même recette que ci-dessus, en ajoutant, dans le saladier où vous versez la crème, 50 gr. de café en grains frais torréfié ; couvrez et laissez faire l'infusion jusqu'au refroidissement.

Passez la crème avant de la glacer. Glacez comme d'habitude.

Glace délirante à la Vanille

Formule : 1 litre de lait de bonne qualité; 250 gr. de sucre semoule; 10 jaunes d'œufs frais; une gousse de vanille.

Le Meringuage italien

Formule : 125 gr. de sucre cassé à la main; le quart d'un verre d'eau froide, filtrée; 2 blancs d'œufs.

1re *Opération*. — Battez les dix jaunes avec le sucre semoule, ajoutez une pincée de sel, la gousse de vanille et le lait; mettez sur feu doux et remuez jusqu'au moment ou l'ébullition va se prononcer, versez aussitôt dans un saladier, remuez cinq minutes pour l'empêcher de se grener et de faire croûte. Glacez comme d'habitude jusqu'au moment où la crème commence à durcir.

2e *Opération*. — Mettez le sucre cassé dans une petite casserole avec l'eau, faites-le cuire au soufflé. (Voyez l'article sucre cuit) Faites-vous le verser en un filet très fin et continu, sur les blancs montés en neige. Remuez-les toujours au fouet pour les refroidir. Versez-les dans la crème et continuez à glacer jusqu'au point voulu.

Servez en rocher, en soucoupes ou en moule festonné.

Gnocchi
(Quenelles au fromage gratinées)

En temps de Carème, la substitution à quelque légume maigre de ce plat italien peut rompre la banalité des mets habituels. On le sert au gratin, dans une coupe de porcelaine à œufs, ou dans un plat rond, creux, de métal quelconque, admis en famille.

Un jour de gala, on gratine les gnocchi dans une croûte en forme de timbale basse.

Le mot « gnocchi » n'a pas de singulier en italien, pas plus que celui de « nouilles » en français; au delà des Alpes, la lettre i en terminaison est une forme du pluriel : écrivez donc des gnocchi et dites *gnioki*, en prononçant le g comme dans le mot agneau, pour conserver à ce plat l'orthographe et la prononciation de son pays d'origine.

Formule (quantités pour 6 personnes) : 80 gr. de beurre frais; 100 gr. de farine de gruau; 80 gr. de fromage râpé; 2 décilitres (un verre) de lait froid; 4 œufs moyens; très peu de sel, un peu de poivre et de muscade.

La crème à gratiner : 30 gr. de beurre; 20 gr. de farine de gruau; 60 gr. de fromage râpé; 2 décilitres de lait bouillant; très peu de sel, poivre, muscade.

La Pate a Gnocchi

Dans une casserole un peu grande, réunissez le lait froid, le beurre, le sel, le poivre et la muscade; faites bouillir sur un feu vif, tout en surveillant l'ébullition car le mélange monte d'un bond et déborde facilement. Retirez la casserole du feu, mettez la farine — préalablement tamisée sur une feuille de papier — et desséchez sur le feu comme pour la pâte à choux (voir l'article).

Laissez refroidir la casserole pendant cinq minutes. Cassez un œuf, incorporez-le à la pâte en brassant à la cuiller de bois; et successivement, un par un, incorporez-y les trois autres œufs. Ajoutez les 80 grammes de fromage râpé et brassez encore. Préférez un mélange par moitié de fromage de Gruyère et de Hollande, celui-ci est plus moelleux.

Pour Pocher. — Faites bouillir, dans un très grand sautoir, trois ou quatre litres d'eau légèrement salée. Remplissez une cuiller à bouche comble de pâte; sur cette pâte, pour la mouler légèrement, appliquez une autre cuiller trempée dans de l'eau froide et tenue de la main droite, puis soulevez la pâte de la première cuiller, en long, et faites tomber la quenelle formée dans l'eau légèrement frémissante. Allez ainsi, le plus rapidement possible, jusqu'à l'épuisement de la pâte. Les quenelles produites ont le volume d'un œuf moyen légèrement allongé.

Donnez un bouillon un peu fort, couvrez la casserole et tenez-la à côté du feu, sans bouillir, pendant que vous préparez la crème. Quand les gnocchi sont pochés, ils montent à la surface.

La Crème a Gratiner

Dans une petite casserole, mettez à bouillir le lait. Dans une autre, fondez les

3o grammes de beurre, assaisonnez-le et mélangez, en dehors du feu, les 20 grammes de farine. Versez par-dessus le lait bouillant, liez à l'aide du petit fouet à sauces, mélangez avec la cuiller 45 grammes de fromage sur les 60 grammes indiqués, et laissez à côté du feu.

Pour Dresser. — Pêchez les gnocchi avec l'écumoire à friture, égouttez-les, posez-les à mesure sur un linge double.

Dans le plat à gratiner, étendez le quart de la crème à gratin, un lit de gnocchi, un autre quart de sauce et un lit de gnocchi ; un autre peu de sauce, le reste des gnocchi, le reste de la sauce, et saupoudrez des 15 grammes de fromage restant. Ce travail peut être fait d'avance ; le plat ainsi préparé attend sans trop souffrir.

Un quart d'heure avant de servir, gratinez les gnocchi au four assez chaud.

Gomme arabique et du Sénégal

La gomme arabique et celle du Sénégal sont des sucs gommeux inodores, à saveur fade et visqueuse, concrets, incristallisables, solubles dans l'eau, insolubles dans l'alcool, l'éther et tous les corps gras, découlant de différentes espèces d'acacias qui croissent en Egypte, en Arabie et principalement au Sénégal, et atteignent une hauteur de 6 à 7 mètres au plus.

Cet acacia affecte plutôt la forme d'une broussaille que d'un arbre. Le tronc qui n'acquiert pas plus de 15 centimètres de diamètre est tortueux, rugueux et recouvert d'une écorce d'un gris blanchâtre toujours fendillé.

Cet arbre commence à entrer en végétation après les pluies d'hiver, aussitôt apparaissent les feuilles, qui dépérissent très sensiblement et ont disparu complètement ainsi que la végétation au bout de trois mois, c'est-à-dire au premier souffle du vent d'été. Toute verdure disparaît et l'arbre prend pour neuf mois son triste aspect de broussaille sèche.

La gomme arabique (*gomme turique des anciens*) fournie par l'*acacia vera* est bien le κομμι εκ της ακακιασ de Dioscoride. Elle est en larme de grosseur variable, très blanche, fendillée et très friable, quel-

quefois blonde ou rouge ; dans ce dernier cas, les morceaux sont beaucoup plus gros et désignés, dans le commerce, sous le nom de *marrons*. Elle se dissout facilement dans l'eau à laquelle elle donne une certaine consistance. La gomme arabique est, aujourd'hui, presque complètement et très avantageusement remplacée par celle du Sénégal.

La gomme du Sénégal produite par l'*acacia sénégalensis*, qui forme d'immenses forêts en Afrique, est ordinairement en morceaux oblongs, très irréguliers et plus ou moins volumineux, secs, durs ; la surface de cette gomme est couverte de gerçures sillonnantes, plus ou moins profondes. La plus estimée est la gomme dite *du bas fleuve*, récoltée par les Maures de Trazzhars, qui l'apportent ensuite aux *escales* établies sur les bords de la Gambie et principalement au comptoir français de Pasteudie.

Toutes les gommes sont presque entièrement solubles dans l'eau, précipitables dans l'alcool et ne possèdent ni odeur ni saveur. Le solubilité peut s'opérer à chaud ou à froid; ce dernier procédé doit être préféré surtout pour le sirop de gomme, la solution étant absolument claire ne nuit nullement à la limpidité de ce sirop.

Elles formaient vers le milieu du dix-neuvième siècle la base générale des pâtes et des sirops de gomme et de guimauve, des pâtes de lichen et de réglisse, etc, etc; mais depuis que les glucoses, les tapiocas et foule d'autres matières à bas prix ont fait leur entrée dans la fabrication, les pâtes et le sirop, *qui portent le nom de gomme*, n'en ont la plupart du temps que le *nom*. Triste progrès ?

La gomme, exudant des abricotiers, des cerisiers, des figuiers, des pruniers et autres arbres rosacés de nos pays, n'est que rarement employée; elle ne paraît différer des gommes précédentes que par une solubilité moins grande dans l'eau, bien que, cependant, elle acquiert cette solubilité complète par une longue ébullition.

Edouard Lacomme.

Gougère *(Hors-d'œuvre chaud)*

Proportion pour une gougère de 8 à 10 couverts.

Formule : 80 gr. de beurre ; 100 gr. de fromage de gruyère ; 125 gr. de fromage blanc mou ; 100 gr. de farine de gruau ; un verre de lait ordinaire ; deux ou trois cuillerées de crème double, épaisse ; 3 gros œufs ou 4 petits ; pincée de sel, poivre et muscade.

Opération. — Passez le fromage au tamis sur une assiette creuse, délayez-le avec la crème et laissez le de côté.

Faites bouillir le lait, les condiments et 60 gr. de beurre ; retirez la casserole du feu, mélangez la farine tamisée, desséchez la pâte sur le feu jusqu'au moment où la cuiller gratte sur le fond de la casserole un peu sableuse. Laissez refroidir la pâte quelques instants ; mélangez les œufs un par un, le fromage râpé ou en escalopes fines, le fromage blanc et les 20 gr. de beurre mis de côté.

Saupoudrez la table de farine, versez la pâte, faites-en un boudin, posez le boudin sur une plaque de tôle ronde et épaisse, soudez les deux bouts pour en faire une couronne, dorez-la avec un peu de blanc d'œuf battu ou du lait, cuisez dix minutes et servez en sortant du four.

Gourmandises de Dessert

Formule : Un demi-kilo de pruneaux de choix ; 125 gr. abricots secs ; 1/2 litre d'eau filtrée, tiède ; 1/4 litre de vin blanc ou rouge ; 60 gr. de sucre cassé ; un peu de cannelle de Ceylan ; zeste d'orange, de citron ou de mandarine.

Opération. — Lavez rapidement pruneaux et abricots pour enlever la poussière.

Mettez-les dans une soupière avec le parfum ; versez dessus l'eau tiède ; couvrez et laissez 24 heures sur une étagère, dans la cuisine, du côté du fourneau.

Egouttez le liquide dans une casserole ; ajoutez le sucre et le vin ; faites bouillir un fort bouillon ; versez sur les pruneaux ; couvrez et laissez refroidir complètement.

Faites la même opération, en remplaçant les abricots secs par 150 gr. de dattes désossées ou non en les ajoutant à la recette.

Grisini sucrés

Formule : 1 kilo de farine ; 320 gr. de beurre ; 40 gr. de sucre en poudre ; 10 gr. de sel fin ; 20 gr. de levure ; 1 2 décilitre de kirsch ; 1 2 décilitre d'orgeat ; 1 décilitre de lait ; 2 œufs entiers.

Opération. — Faites un levain avec la levure, le quart de la farine et la moitié du lait tiède. Pendant qu'il *pousse*, travaillez le restant de farine avec les deux œufs, l'orgeat et le kirsch, ajoutez le beurre, le levain et ensuite le restant du lait dans lequel vous avez fait lever le levain.

Laissez lever la pâte au double de son volume ; dressez-les en bâtonnets longs et fins sur des plaques légèrement beurrées ; dorez à l'œuf battu et faites cuire à four un peu chaud.

Grisini salés

Supprimez 20 gr. de sucre et dorez-les au lait au lieu d'œuf battu.

Tenez la pâte un peu plus ferme.

N. B. — On peut diviser la recette par la moitié ou le quart.

H

Hernani (*Petit Four*)

Formule : 125 gr. d'amandes mondées, sèches; 125 gr. de sucre cassé; 100 gr. de beurre fin; 15 gr. de vanille en poudre; 4 œufs entiers.

Opération. — Broyez les amandes et le sucre avec les œufs entiers un par un, ajoutez la vanille en poudre et le beurre fondu en crème; dressez dans des petits moules à cussy, (moules hémisphériques un peu aplatis du fond), graissés assez fort avec du beurre frais et poudrés immédiatement d'amandes hachées.

Pour dresser cette pâte dans les moules, vous remplissez chacun d'eux au tiers, à l'aide d'une poche en toile garnie d'une douille ronde; placez une cerise mi-sucre au milieu, finissez de remplir le moule aux trois quarts, poudrez légèrement de sucre et cuisez à four assez chaud. Après cuisson, trempez immédiatement chaque petit four au rhum pur, en ayant soin de le poser sens dessus dessous sur une grille placée sur un plateau.

I

Ile flottante

Formule : 6 œufs entiers; 1/2 litre de lait; 300 gr. de pralines à la vanille; 100 gr. de sucré cassé; 1/4 de bâton de vanille; 250 gr. de sucre semoule.

Opération. — Pilez les pralines au mortier et passez-les au tamis; pilez les amandes qui ne sont pas passées au tamis, avec la moitié du sucre cassé; passez encore, pilez une troisième fois ce qui reste bien fin, et mêlez le tout.

Montez les sept blancs bien fermes, versez l'appareil pilé en pluie sur les blancs et mélangez en coupant les blancs en ayant soin de les retomber le moins possible.

Prenez 100 gr. de sucre semoule, versez-le dans un moule à charlotte de 12 centimètres environ de diamètre; posez sur un feu doux et faites fondre au caramel très brillant et doré.

Penchez le moule pour l'habiller ou le napper entièrement; renversez-le sur le marbre dès qu'il est un peu froid, afin d'égoutter le superflu du sucre.

Versez dans ce moule le meringuage praliné, faites cuire dans un four doux, au bain-marie dans une casserole plate contenant de l'eau bouillante. 50 ou 60 minutes de cuisson suffisent. Le gâteau doit être un peu résistant à la pression des doigts.

Laissez reposer dans l'eau en dehors du feu pendant un quart d'heure.

LA CRÈME

Travaillez les 150 gr. de sucre semoule qui restent, avec les 6 jaunes pendant 5 minutes; ajoutez la vanille et le lait bouillant ; posez sur un feu doux, remuez jusqu'à l'ébullition ; renversez dans un compotier ou plat rond, creux ; remuez pour refroidir la crème ; renversez le gâteau dessus et servez froid.

Indian Pudding

Formule : 125 gr. de farine de maïs ; 50 gr. de beurre ; 4 ou 5 œufs, suivant la grosseur ; un litre de lait ; un décil. de mélasse ; 125 gr. de sucre en poudre ; 1/4 de zeste de citron et du sel.

LA CUISSON

Opération. — Portez à l'ébullition, dans une casserole, le lait avec le beurre et le sel. D'une main, versez le maïs et de l'autre battez rapidement avec un fouet pour bien diluer et éviter les grumeaux. Retirez la casserole à côté du feu, et faites cuire très doucement pendant une demi-heure ; puis laissez refroidir à moitié.

Battez ensemble les œufs, le sucre, la mélasse et l'essence de citron ; mélangez au maïs ; mettez le tout dans un moule uni, rond ou carré, ou dans un plat à gratin, puis faites cuire au bain-marie dans un four de chaleur modérée.

Servez, avec ce pudding, un sirop au rhum ou brandy sauce, et une hard sauce composée de :

Formule : 150 gr. de sucre glace ; 175 gr. de beurre fin ; un petit blanc d'œuf ou les 3/4 d'un gros ; un peu de vanille ou de cognac. que vous préparez de la façon suivante :

Travaillez vigoureusement le tout à la main, à la spatule ou avec un fouet jusqu'à formation d'une crème ; ajoutez la vanille en poudre ou le cognac ; mettez dans une poche à pâtisserie ou un cornet en papier et servez-vous-en pour décorer le pudding d'un dessin gracieux et correct. Mais si le gâteau était trop chaud la sauce se fondrait et le dessin disparaîtrait.

Cette sauce se sert toujours avec les plum-pudding, apples dumpling, etc., etc. ; elle est aussi toujours accompagnée de rhum ou de brandy sauce.

J'aurais aimé vous parler du green corn ou maïs vert, mais je remets à une autre fois.

La consommation de ces épis de maïs dans ces contrées est étonnante, quoique on ne les paye jamais moins de 10 cents ou cinquante centimes la douzaine, et les premiers de la saison jusqu'à 1 fr. 50 la douzaine.

Les Indiens en ont fait la base de leur alimentation, comme nous la faisons du pain de froment.

En France, où il s'en récolte tant dans le Midi, on le donne aux animaux. La classe pauvre y trouverait une substance beaucoup plus saine et plus nutritive que l'est la pomme de terre.

On se sert en certains endroits de la *mola* romaine, ou pierre ronde à main, pour pulvériser les graines ; aussi la besogne est longue. Les gens du peuple se bornent à acheter dans les rues, des *tornales*, des *enchiladas* assez bonnes et très réconfortantes quand elles sont bien faites. Lorsqu'elles sont faites par un maîtrequeux soigneux, elles constituent un mets très recherché.   LOS ANGELES-U. S.

Irmanettes

(Petits gâteaux pour le dessert)

(Dédié à ma petite-fille Irma Arifon)

Formule : 5 œufs entiers, moyens ; 150 gr. de sucre cristallisé ; 120 gr. de crème de riz ; 120 gr. de beurre ; 60 gr. d'amandes râpées ; 1 petit verre d'anisette ; un moule carré de 25 cent. de côté, sur 5 de hauteur.

Opération. — Tamisez la crème de riz sur une feuille de papier ; mettez le beurre à cuire à la noisette, très doucement à côté du feu, pendant que vous montez les 5 œufs entiers, c'est-à-dire, blanc et jaune, avec le sucre, dans la bassine à blancs, sur un feu très doux ou sur une casserole dans laquelle vous avez mis un peu d'eau chaude. Si vous battez avec un fouet en fil de fer avec un manche de bois et non avec ces *clous* de batteuses de toutes sortes qui ne servent qu'à perdre du temps, vous montez facilement la pâte dans 10, 12, 15 minutes au plus. Elle doit être épaisse, comme une crème patissière et, en soulevant le fouet, elle tombe en faisant un petit monticule avant de s'affaisser.

Vous n'avez pas besoin de rester sur le feu ou dans l'eau jusqu'à la fin, il suffit que la pâte soit un peu plus que tiède.

Beurrez le moule avec un pinceau, le beurre à peine tiède. Reprenez la pâte.

Ajoutez l'anisette et donnez encore quelques coups de fouet, retirez-le ; mélangez à la spatule les amandes, la crème de riz et mélangez bien en coupant la pâte et en appuyant sur le fond de la bassine ; incorporez le beurre lentement et versez la pâte rapidement dans le moule ; posez-le sur une plaque et mettez-le au four de moyenne chaleur aussi bien dessus que dessous. Dans une demi-heure, il sera ferme et bien cuit. De temps en temps, surveillez-le pour qu'il ne prenne pas de couleur ; au besoin, couvrez-le d'un papier.

Pour le Glacer. — Renversez-le sur une grille, ou une claie recouverte d'une feuille de papier fort, prenez le soin de poser la grille ou la claie sur le gâteau et de renversez le moule, si vous opériez autrement vous le briseriez par le milieu.

Arrosez-le aussitôt de quelques gouttes d'anisette, passez un peu de marmelade d'abricot au tamis de crin, couvrez le dessus du gâteau tout entier ; étant chaud, la confiture glisse et il en faut moins, environ quatre cuillerées ; laissez-le refroidir.

Mettez dans un bol deux cuillerées à bouche d'anisette et une cuillerée d'eau, versez 120 gr. de sucre glace, passé au tamis de soie, celui en crin n'est pas assez fin. Il y a des passoires en toile métallique très fines qui vont aussi très bien. L'essentiel est que le sucre en poudre d'amidon, que l'on vend, n'ait pas de ces petits grumeaux qui feraient une glace à l'anisette grenée et terne ; travaillez cet appareil avec une petite cuiller en buis, réservée à la pâtisserie, 5 ou 6 minutes de travail suffisent ; cet appareil doit être coulant comme une crème liquide et très blanc, onctueux. Etendez-le sur le gâteau avec la lame d'un couteau flexible et assez longue. Divisez le gâteau en cinq bandes dans un sens et coupez chaque bande en cinq parties égales, vous aurez 25 gâteaux de 5 cent. carrés. Vous pourrez les saupoudrer de pistaches hachées, après les avoir mondées et ressuyées ; ou mettre au milieu du gâteau une demi-cerise confite, une fraise, un grain de raisin de Smyrne, un losange ou carré d'angélique, un quartier de chinois, ce que l'on a sous la main. Passez les gâteaux sur plaque à la porte du four 20 secondes pour sécher la glace, et dressez-les sur deux compotiers ou assiettes montées, garnies d'une serviette Renaissance.

J

Jésuites feuilletés

Feuilletage très léger

Formule : 250 gr. de farine ; 200 gr. de beurre ; 5 gr. de sel fin ; 10 gr. de sucre en poudre ; un petit verre de rhum ; un jaune d'œuf ; une pincée de sel de Vichy ; un peu plus d'un décilitre d'eau fraîche.

Opération. — Détrempez la farine, le sel, le sucre, la poudre de Vichy avec le rhum et le décilitre d'eau. Que la pâte soit plutôt molle que ferme. Réunissez en boule et laissez reposer un quart d'heure.

Etendez la pâte, posez le beurre dessus et recouvrez bien également, étendez et repliez-le en trois ou quatre doubles, à volonté. Recommencez en sens inverse et laissez reposer 20 minutes.

Cette opération doit être recommencée trois fois à intervalles égaux, mais elle peut être remise si on n'est pas pressé d'opérer.

Pour le Glacer

Formule : 60 gr. d'amandes douces non mondées ; 120 gr. de sucre en morceaux ; un demi-blanc d'œuf.

Opération. — Pilez les amandes avec un quart du sucre, pilez-les en les faisant sauter et non en les écrasant, pour éviter qu'elles rendent de l'huile, passez-les au tamis nº 20. Remettez celles qui n'ont pas passé dans le mortier avec un autre quart de sucre, pilez et passez amandes et sucre jusqu'à épuisement des deux.

Mettez dans un bol un peu grand un demi-blanc d'œuf, ajoutez la poudre d'amandes et délayez avec une cuiller en bois. Cette glace aux amandes doit être un peu coulante, pas trop néanmoins, sinon elle coulerait sur les bords des gâteaux et leur donnerait une mauvaise tournure.

Il faut la travailler pour la rendre légère, 5 ou 6 minutes. Au cas où elle est trop ferme, ajoutez un peu de blanc d'œuf.

Divisez la pâte en deux parties égales. Allongez une moitié en lui donnant l'épaisseur d'une pièce de cinq francs et une largeur de 8 cent. Etalez uniformément une couche légère de glace aux amandes, saupoudrez de sucre glace et coupez des gâteaux en forme de grosses dents de loup ou plutôt de triangle un peu allongé. Placez-les sur plaque de tôle et faites cuire, 30 minutes environ, à four plus doux que chaud.

Julienne à l'Orange

Lorsque l'on glace des quartiers d'orange au caramel pour soirées, buffet, thé, ou pour faire un croque-en-bouche, on jette généralement les peaux, c'est de l'argent perdu et qui plus est une fine gourmandise. Voici ce qu'il faut en faire, aux lectrices à essayer si cette combinaison leur plait.

Fendez très juste la peau sur l'orange dans le sens de sa longueur en quartiers pareils aux morceaux de cuir avec lesquels on fait les ballons qui amusent nos enfants. Appliquez cette peau sur la table, le blanc en haut et, avec une cuiller en fer tenue en travers, enlevez toute la partie blanche. Découpez le rouge en filets assez fins et très réguliers, mettez-les dans beaucoup d'eau froide et laissez-les dégorger 5 ou 6 heures. Egouttez, mettez cette julienne dans une casserole assez grande avec de l'eau fraîche en abondance et faites cuire à feu lent environ deux heures.

Les filets doivent facilement s'écraser sous le pouce et l'index. Egouttez, pesez autant de sucre cristallisé que de julienne, réunissez les deux dans le poêlon en cuivre non étamé et laissez-les une heure.

Faites bouillir deux minutes et versez le tout dans un légumier que vous couvrez et gardez au frais pour le lendemain faire rebouillir deux minutes.

Servez froid sur compotier de cristal accompagné de langues de chat très fines.

K

Kougloff Alsacien

Ce gâteau se conserve plusieurs jours. Pour le rendre exquis et le servir au *five O'clock tea*, on le coupe en tranches épaisses d'un demi-centimètre, qu'on grille à four très chaud ; on étend dessus une coquille de beurre fin, puis on poudre rapidement de sucre glace.

On le fait dans des moules à *trois frères* ou à *savarin*. Voici les quantités pour remplir deux moules de 15 à 16 centim. de diamètre, ou un moule à Kougloff en terre de 18 à 20 centim.

POUR LE LEVAIN

Formule : 60 gr. de farine de gruau; 10 gr. de levure de bière, épaisse; 4 ou 5 cuillerées à bouche de lait.

POUR LA PATE

Formule : 200 gr. de farine de gruau; 165 gr. de beurre frais; 6 gr. de sel fin; 10 gr. de sucre en poudre; 3 œufs pesant 65 gr. chacun; demi-décilitre de lait tiède; 7 ou 8 amandes blanchies; 60 gr. de raisins secs.

LE LEVAIN

Opération. — Mettez la farine dans un saladier épais et grand, puis mélangez la levure en la délayant avec le lait un peu plus que tiède, versez par cuillerée jusqu'à ce que soit obtenue une pâte mollette. Couvrez d'un linge, et laissez *partir* le levain, c'est-à-dire laissez-le commencer de gonfler, avant de vous occuper de la pâte. Si la levure est bonne, son volume doit s'accroître d'un quart dans l'espace de 15 minutes; dans le cas contraire, ce volume ne change pas, il est inutile de persévérer, la farine aigrirait sans monter.

Avec la levure épaisse, plus active que la levure liquide, 10 gr. de substance suffisent largement; tandis que lorsqu'on dispose de levure liquide, il faut en mettre 15 gr. ou même 20 gr., suivant son état plus ou moins fluide.

Pendant que le levain continue à monter, mettez gros comme une belle noix de beurre pris sur les 165 gr. indiqués dans la formule, dans le moule à Kougloff, en terre ou en fer battu, bas, à cylindre, le fond en forme de rosace; ou dans un moule à *trois frères*; faites-le à peine chauffer, avec un pinceau étendez-le partout en crème, bien uniformément, et dans les creux de la rosace mettez une amande dédoublée, le côté intérieur de l'amande sur le beurre; puis posez le moule de côté.

La Pate

Faites une petite couronne avec la farine versée sur la table ou sur un grand plat; dans le milieu mettez le sel, le sucre et deux œufs, mélangez, battez quelques instants la *pâte ferme* ainsi obtenue, ajoutez l'autre œuf, et travaillez encore pour donner du corps à la pâte. Si elle n'est pas molle, ajoutez deux cuillerées de lait tiède et travaillez de nouveau. Mélangez le beurre, en malaxant la pâte avec la paume de la main.

De la main, soulevez la pâte et portez-la dans le saladier sur le levain, qui doit à ce moment avoir doublé largement de volume. Mélangez, ajoutez 60 gr. de raisin de Malaga divisé par le milieu et débarrassé de ses pépins, ou des raisins de Smyrne ou de Corinthe. — La pâte est résistante et un peu longue, quoique molle, lorsqu'on essaye de la sortir du saladier. — Versez-la dans le moule, puis laissez-l'y lever jusqu'au bord, dans un endroit tempéré, 20° au plus.

Cuisez le gâteau à chaleur modérée, pendant environ trois quarts d'heure.

Koujelhof (*Autre recette*)

Formule : 1/2 kil. de farine; 30 gr. de levure claire ou 15 gr. de levure pressée ; 1/2 litre de lait; 10 gr. de sucre; 130 gr. de beurre; 3 œufs entiers ; 30 gr. de raisins de Smyrne; 30 gr. de cédrat haché menu; 25 gr. d'amandes douces, moulues ou hachées ; 5 gr. de sel.

Opération. — Faites le levain avec le quart de la farine, la levure et une partie du lait tiède, mettez-le au chaud ; quand il aura doublé de volume, ajoutez le sel, les œufs, le sucre ; délayez la pâte avec le lait tiède, en ajoutant peu à peu la farine, travaillez-la bien ; versez-y en dernier lieu le beurre fondu, à peine tiède. Versez la pâte dans deux moules beurrés et farinés. La pâte ne doit remplir que la moitié des moules ; laissez lever jusqu'à ce que le moule soit rempli à un centimètre du bord, il met de 1 heure à 1 heure 1/4.

Cuire au four pas trop chaud 40 minutes.

Koujenak (le)

Gateau populaire des Roumains

Formule : 250 gr. de farine; 10 gr. de levure ; un œuf entier; 4 jaunes d'œufs; une prise de sel fin; 15 gr. de sucre; 100 gr. de beurre; de la fleur d'oranger, la valeur d'un dé à coudre, et un peu d'eau et de lait tiède.

Préparation de la pâte. — Prenez le quart de la farine sur la table, soit 165 grammes ; faites un trou au centre ; égrenez-y la levure, que vous délayez avec l'eau ou le lait tiède ; amalgamez la farine, peu à peu, de façon à obtenir une boulette de pâte mollette. Réservez à couvert, dans un endroit tempéré, ce qui fait le levain.

D'autre part, mettez le sucre dans un petit bassin avec l'œuf entier et les quatre jaunes ; battez le tout ensemble avec un petit fouet sur le coin du feu, comme si vous faisiez de la génoise.

Avec le restant de la farine, faites également un trou au centre (cela s'appelle puits ou fontaine) ; versez-y la composition d'œuf et sucre mêlés, que vous venez de battre en génoise ; puis ajoutez le sel, le beurre, la fleur d'oranger et le levain qui doit avoir doublé de volume ; pétrir le tout ensemble, environ un quart d'heure. Ainsi, vous obtiendrez une pâte lisse et brillante, que vous mettez dans une terrine farinée. Recouvrez d'un linge, et laissez-la lever trois fois avant de l'employer. C'est-à-dire on la fait le matin ; puis, trois ou quatre heures après, on la renverse sur la table farinée, et on frappe légèrement dessus ; puis, on la plie en quatre, et l'on replace dans la terrine. Cette opération s'appelle « rompre une pâte ».

DRESSAGE. — Divisez la pâte en quatre parties égales : de chaque partie, vous formez un rouleau allongé, légèrement pointu à chaque extrémité. Dès lors, essayez tout à l'aise de former une belle natte à quatre branches.

Placez votre gâteau sur un papier blanc d'office beurré ; puis, sur une plaque en tôle de pâtisserie. Laissez lever à moitié, environ une heure à une heure et demie (cela dépend de la température de la cuisine).

CUISSON. — Vous dorez ce gâteau tout simplement avec du blanc d'œuf battu un instant avec un peu de lait. Semez dessus du sucre en grains, c'est-à-dire granulé un peu plus gros que la grosse semoule. Mettez à four moyen ; surveillez bien la cuisson. Lorsque l'on s'aperçoit que le gâteau se colore par trop vite, il est urgent de terminer la cuisson, en couvrant d'une double feuille de papier légèrement beurrée, et en le présentant, sur toutes les faces, au foyer, de façon à obtenir un gâteau léger, mi-brioche, mi-biscuit.

REMARQUE. — Le Koujenak se fait la veille, et on peut mêler à la pâte 60 grammes de petits raisins de Corinthe. Il se déguste au déjeuner du matin, et surtout au thé de cinq heures.

Nous croyons devoir ajouter que ce gâteau national roumain est peu connu en deçà des Etats Balkaniques ; c'est donc presque de l'inédit pour les lectrices de ce recueil.

Que l'on essaie, et on sera charmé des résultats gustatifs de cette pâtisserie du beau pays, où règne la gracieuse reine Elisabeth, la spirituelle Carmen Sylva, dont j'ai eu si longtemps l'honneur d'être le pâtissier.   ALBERT CHEVALLIER.

Kouques

POUR LE DÉJEUNER OU LE THÉ

Formule : 250 gr. de farine de gruau ; 150 gr. de beurre ; 5 gr. de sel égrugé ; 5 gr. de sucre en poudre (une cuillerée à café) ; 12 gr. de levure de bière ; 5 œufs moyens ; deux cuillerées de lait tiède.

Opération. — Faites une fontaine avec la farine, sur la table ; dans le milieu mettez le sel, le sucre et la levure, que vous délayez avec les deux cuillerées de lait, ajoutez trois œufs ; incorporez le tout à la farine, battez la pâte pendant au moins dix minutes en la soulevant et la rejetant avec force sur la table, comme pour faire du pain, mettez un autre œuf et battez encore ; puis les trois quarts du beurre, mélangez avec rapidité pour ne pas trop ramollir la pâte.

Placez la pâte dans un saladier, saupoudrez d'un peu de farine, couvrez-la d'un linge, et laissez doubler de volume dans la cuisine, mais pas trop près du feu ; il faut dans les trois ou quatre heures pour que le résultat soit atteint.

Renversez alors la pâte sur la table farinée, coupez-la en dix-huit morceaux égaux ; allongez ceux-ci en forme de navette, posez-les à mesure sur deux plaques bien propres en tôle forte, et laissez-les encore une deuxième fois doubler de volume ou peu de chose près.

Dorez-les à l'œuf battu (du cinquième œuf), faites une légère incision en long sur le dessus au moyen de ciseaux, et cuisez à four un peu chaud pendant vingt à vingt-cinq minutes.

Aussitôt sortis du four, coupez-les par le milieu, dans l'épaisseur ; garnissez d'une coquille de beurre frais, remettez vivement la moitié par dessus, et dressez-les sur serviette.

Servir tout chauds avec le thé, le café au lait ou le chocolat.

Ceux qui restent se font réchauffer avant de les garnir de beurre. Ils sont tout aussi friands que lorsqu'on vient de les cuire.

L

Langues de chat aux noix

Formule : 150 gr. de sucre en poudre ; 140 gr.
de farine ; 160 gr. de beurre fin ; 125 gr. de
noix ; trois œufs entiers moyens ; parfum à
volonté, vanille ou zeste.

Opération. — Saupoudrez les noix étalées de sucre en poudre, sur une plaque,
faites-les dorer légèrement au four. Laissez-les refroidir : Pilez-les avec un œuf
entier, un second et finalement le dernier.
Vous devez obtenir une pâte molle et très
fine.

Chauffez un saladier à l'eau bouillante :
qu'il soit bien chaud ; mettez le beurre
dedans et travaillez-le en crème. Ajoutez
la pâte de noix, le sucre et la farine, mélangez bien intimement.

Beurrez deux ou trois plaques de tôle
assez grandes et assez épaisses.

Préparez une poche avec une douille
dont le trou est de la grosseur d'un crayon
ordinaire ; à défaut de poche et de douille ;
coupez une feuille de papier d'office en
diagonale et faites un cornet.

Remplissez avec la pâte (si c'est le cornet, coupez le bout avec des ciseaux pour
avoir le trou de dimension), tirez des batonnets droits sur la plaque, en les écartant assez, que ces bâtons soient un peu
plus gros qu'un crayon et longs de moitié.

Mettez rapidement au four très chaud.

Quelques minutes de cuisson suffisent.

Ne dressez les autres plaques qu'au moment de les mettre au four, après avoir
sorti la première, sinon ils s'étalent et se
lient.

Tenez-les enfermés et au sec.

Langues de chats d'Uriage

Formule : 125 gr. de sucre glace ; 125 gr. de
farine ; 1 quart de litre de crème double ;
3 beaux blancs d'œufs ; une cuiller à café
de vanille en poudre.

Opération. — Tamisez le sucre et la
farine ensemble, travaillez-les à la spatule
dans un saladier, cinq minutes avec la
crème.

Montez les blancs bien fermes, mélangez-les dans l'appareil en les retombant le
moins possible.

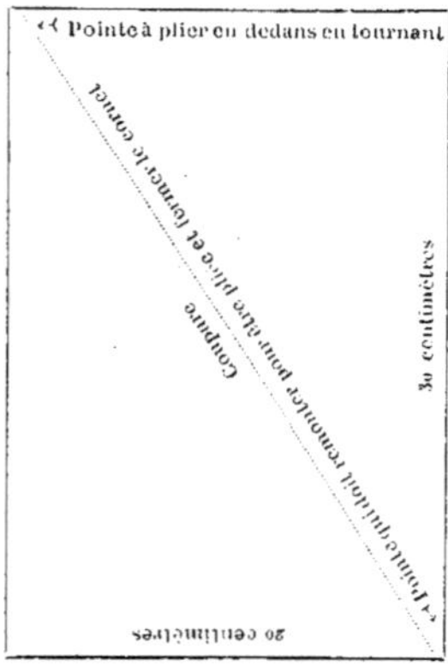

Modèle de feuille de papier écolier
pour faire un cornet. Chaque feuille fait deux cornets

Beurrez deux grandes plaques en tôle
un peu épaisse ; garnissez une poche avec
une douille de 8 millimètres, bouchez,
mettez l'appareil, tirez des petits bâtons
longs de 10 centimètres et assez fins.

Faites cuire au four un peu chaud.

A défaut de douille et de poche, faites
un cornet en papier écolier, coupez la
feuille en diagonale, ce qui vous donne

deux triangles ; pliez la pointe i de la base du triangle et remontez la pointe qui en fait le sommet.

En repliant le haut sur la pâte, le cornet se ferme et la tient emprisonnée.

Les langues de chat cuisent très vite, néanmoins on ne doit dresser la deuxième plaque qu'au moment de les mettre au four, sinon la pâte s'étale trop.

Langues de chat

Ce petit et délicat gâteau à thé et à glaces est assez facile à réussir comme manipulation. La plus grande difficulté consiste dans le degré de cuisson. Rien ne vaut un four de boulanger deux ou trois heures après la sortie du pain. La chaleur est alors tombée de la voûte et se trouve uniforme. La seconde difficulté vient de ce que dans les ménages on possède rarement des plaques en tôle forte ; alors la pâte est chauffée trop rapidement en dessous et le dessus reste blanc, mat, tandis que le dessous brunit de suite.

Les deux couleurs doivent trancher, mais cela ne doit être qu'une *nuance* au lieu d'un *défaut*.

Formule : 250 gr. de sucre glace (amidon de sucre) ; 230 gr. de farine de gruau ; 5 blancs d'œufs moyens ; 1/4 de litre de crème à la Chantilly, fouettée : *vanille*.

Opération. — Mêlez puis tamisez le sucre et la farine sur un papier d'office. Beurrez et farinez les plaques de tôle, préparez une poche ou un cornet en papier, la première avec une douille de 1/2 centimètre de diamètre, le second est rogné avec les ciseaux pour obtenir ce calibre.

Montez les blancs en neige, mêlez sucre et farine, puis la vanille et la crème fouettée : remplissez la poche de ce mélange et dressez sur la plaque à 3 centimètres l'un de l'autre des petits bâtons ayant 10 centimètres de long. Environ dix minutes suffisent pour les cuire.

Rangez les langues de chat dans des boîtes en fer-blanc et tenez au sec.

Langues de chat au beurre

Formule : 100 gr. de beurre fin ; 125 gr. de sucre glace ; 120 gr. de farine.

Opération. — Remplissez un saladier d'eau bien chaude ; mélangez sucre et farine et tamisez-les sur un papier.

Beurrez deux ou trois plaques un peu tièdes pour ne pas mettre trop de beurre, laissez-les refroidir.

Pilez dans le mortier un quart de bâton de vanille avec une cuiller à bouche de sucre semoule, relevez avec une carte et ajoutez au sucre et à la farine.

Faites monter les blancs par une aide, si c'est possible, ou tout au moins les commencer. Versez l'eau du saladier, essuyez-le rapidement. Mettez le beurre, montez-le en crème avec une cuiller de bois, mélangez les blancs bien fermes, puis la farine et le sucre.

Dressez au cornet ou à la poche, de petits bâtonnets de 8 centimètres de long sur un demi de large, assez espacés ; cuisez à four chaud. Ne dressez les autres qu'au moment de les mettre au four.

Ces langues de chat sont très friandes et, par suite, ne se conservent pas longtemps, le beurre les rancit.

Les tenir en boîtes bien closes et au sec.

Levure

Il est trois sortes de levures : La levure pressée dite de grains, vendue en pains de 250, 500 gr. et plus, aux pâtissiers, boulangers des grandes villes, très sûre, se conservant au frais facilement 8 jours.

La levure de bière, que l'on va chercher dans les brasseries des petites villes, plus claire, mousseuse, bonne tout au plus trois jours, plus aléatoire à cause de sa fluidité, qu'il est du reste facile de corriger en la versant sur un tamis de soie où elle perd la partie liquide au bout de quelques heures.

Enfin la levure anglaise, dite Backing Pouwder, qui se compose de 100 gr. de crème de tartre et 50 gr. de bi-carbonate de soude ou sel de Vichy, qui ne sert que pour certains gâteaux trop compacts et qu'il est impossible de laisser fermenter, cette poudre ne peut remplacer la levure ci-dessus indiquée pour la pâte à brioche et les similaires, kougloff, baba, savarin, etc.

Lintzer tarte

La Pate

Formule : 250 gr. de farine ; 200 gr. de beurre ; 125 gr. de sucre en poudre, dit glace ; 3 jaunes d'œufs cuits durs, froids ; 2 jaunes crus, moyens ; un petit verre de cognac ; une cuillerée de cannelle en poudre.

Opération. — Pilez la cannelle et passez-la au tamis. Passez également les trois jaunes cuits. Etalez la farine en fontaine ; mettez dans le milieu les jaunes cuits et crus, la cannelle, le sucre, le cognac et le beurre manié ; travaillez avec la pointe des doigts, lentement, pour bien mélanger et ne pas fondre le beurre ; incorporez la farine le plus vite possible et mettez la pâte au frais, au moins 2 heures. On peut faire cette pâte le soir pour le matin, ou le matin pour l'après-midi.

Faites bien attention de ne pas travailler la pâte, elle *brûle* facilement et il est impossible de l'étendre, elle se brise comme du pain mal fait.

La Garniture

On peut garnir les lintzer-tarte, avec toutes sortes de confitures ou marmelades, à condition qu'elles soient fermes et non coulantes, bien cuites et peu sucrées : rhubarbe, raisiné ou une marmelade de cerises, de mirabelles, etc.

Formule (pour la rhubarbe) : 500 gr. de rhubarbe ; 150 gr. de sucre.

Opération. — Faites bouillir un litre d'eau. Enlevez la pellicule rouge qui recouvre les côtes de la rhubarbe, lavez-la très vite avant ou après.

Coupez-la en bouchons, faites-la blanchir *une minute* dans l'eau, égouttez, mettez-la dans une casserole avec le sucre, cuisez-la en la remuant jusqu'à consistance de marmelade, laissez refroidir.

Pour mouler la Tarte. — Etendez avec le rouleau, sur la table de marbre bien farinée, les deux tiers de la pâte, posez l'abaisse enlevée avec le rouleau, sur une plaque ronde en tôle un peu forte ; avec un cercle à tarte de 22 centimètres de diamètre, coupez le fond.

Etendez la marmelade au milieu, laissez un peu plus d'un centimètre tout autour sans être garni. Etendez ce qui reste de pâte un peu moins épais que le fond de la tarte ; avec une roulette, découpez des bandes de 8 millimètres de large, mouillez le bord non garni, posez les bandelettes entrelacées sur la tarte, en appuyant sur le bord pour les fixer. Egalisez ce qui dépasse en appuyant une deuxième fois le cercle et coupant autour avec le couteau. Réunissez ce qui reste de pâte, faites un petit boudin trois fois long comme le diamètre de la tarte, aplatissez-le légèrement, dorez les bandelettes avec un peu de blanc d'œuf battu ; posez la bande sur le bord, soudez le bout en appuyant avec la pointe du couteau ; dorez la bande et cuisez au four un peu chaud, mais pas trop, 30 minutes environ.

Marmelade de Cerises. — Dénoyautez 600 gr. de cerises de Montmorency ; faites leur faire un léger bouillon dans leur jus. Passez le jus, ajoutez 125 gr. de sucre et cuisez-le au boulet. Mettez les cerises et remuez avec la spatule, jusqu'à consistance de marmelade.

Pour les abricots, cuire le sucre et les abricots tout ensemble, même poids de sucre que d'abricots.

Liqueurs de ménages

Relation qui doit exister entre le sucre, l'eau et l'alcool pur à 90", pour obtenir une bonne moyenne de liqueur de ménage.

Formule : 1 litre alcool bon goût à 90° ou environ ; 1.250 gr. de sucre cassé à la main ; 1.500 gr. (un litre et demi) eau filtrée.

Liqueur Crème de Fraises

Opération. — Lavez 1 kilo de fraises très saines, net ; faites-les infuser une quinzaine de jours dans un litre d'alcool à 90". Passez fraises et alcool au tamis de crin, en appuyant avec le champignon de bois sur les fraises.

Faites bouillir 1 kilo 150 gr. de sucre cassé à la main, avec 1.250 gr. (1 litre 1/4) d'eau filtrée ; refroidissez-le. Mélangez les deux liquides ; mettez en bocal et laissez les liquides s'éclaircir quelques jours.

Décantez pour mettre en bouteille ou filtrez au papier Laurent.

RECOMMANDATION IMPORTANTE. — Veillez à l'ébullition du sucre qui doit être rapide, sur feu clair, dans un poêlon en cuivre ou émail non craquelé, et l'écumez, à cause du bleu d'outremer que les fabricants y ajoutent.

Liqueur Elixir de Raspail

Formule : 1 litre alcool à 80° ; 30 gr. de sommités et racine d'angélique ; 4 gr. calamus aromaticus ; 2 gr. myrrhe ; 2 gr. cannelle ; 1 gr. aloès succotrin ; 1 gr. clous de girofle ; 1 gr. vanille ; 1/2 gr. camphre ; un peu de muscade ; pincée de safran.

Opération. — Faites macérer au soleil ou au chaud pendant quelques jours, le flacon bien bouché, en ayant soin d'agiter le flacon tous les jours.

Passez l'infusion avec torsion dans un linge et mélangez à froid avec le sirop que voici :

Faites bouillir et écumez 500 gr. de sucre cassé à la main avec 500 gr. d'eau filtrée (un demi-litre).

Si vous tenez à avoir l'élixir très limpide, filtrez au papier Joseph ou Laurent.

Liqueur Dorée

Opération. — Faites macérer pendant 5 jours dans la cuisine, 2 litres d'alcool à 80° avec 15 gr. de clous de girofle ; 15 gr. de cannelle de Ceylan ; 15 gr. de coriandre ; un demi-bâton de vanille ; 10 gr. de macis ; le zeste d'un citron à peau fine, sans lever la partie blanche du zeste.

Faites bouillir 800 gr. de sucre cassé avec 6 décilitres d'eau filtrée ; opérez le mélange lorsque le sirop est froid.

Filtrez, mettez en bouteilles et glissez dans les bouteilles deux feuilles d'or citron, coupées en petits morceaux. Agitez légèrement la bouteille avant de verser dans les petits verres.

Liqueur de citron

Formule : 10 beaux citrons à peau fine, allongés et non pointus, *à bec* ; alcool à 90°, 3 litres ; sucre cassé à la main, 2 kilos 500 gr. ; eau filtrée, 1.200 gr.

Opération. — Enlevez le zeste des citrons très mince, avec un couteau à peler les légumes qui a une garde et qui empêche la lame de lever autre chose que la partie dorée du zeste. Faites macérer ce zeste dans l'alcool 6 heures.

Donnez un bouillon au sucre, écumez refroidissez-le et faites le mélange.

Filtrez au papier Laurent ou à la chausse de molleton.

Liqueur de Genièvre

Formule : 250 gr. de baies de genièvre, fraîches et bien noires ; 2 litres alcool à 90° ; 1 kilog. 600 gr. de sucre cassé à la main ; eau filtrée, 2 litres.

Opération. — Faites macérer les baies de genièvre avec l'alcool un jour entier.

Faites bouillir sucre et eau.

Mélangez les deux liquides à froid, filtrez, mettez en bouteilles et laissez vieillir.

Cette liqueur est très bonne contre les coliques et mauvaises digestions.

Liqueur aux Œillets

Formule : 150 gr. de pétales d'œillets bien parfumés ; 1 litre alcool à 90° ; 700 gr. de sucre cassé à la main ; 3/4 de litre d'eau filtrée.

Opération. — Faites macérer 30 jours les pétales d'œillets dans l'alcool, exposé au soleil.

Faites fondre le sucre en lui donnant un bouillon avec l'eau ; aussitôt le sirop froid, mélangez l'alcool exprimé en tordant l'infusion dans un linge résistant.

Filtrez, mettez en bouteilles.

Liqueur aux Oranges

Formule : 12 oranges de choix, mûres et saines ; 4 litres alcool à 90° ; 2 kilog. 500 gr. de sucre cassé à la main ; eau distillée, 3 litres.

Opération. — Piquez les oranges avec une épingle un peu forte ; faites-les macérer dans l'alcool trois semaines. Exprimez les oranges, filtrez le jus et l'alcool au papier Laurent.

Donnez un bouillon au sucre avec l'eau filtrée, mélangez les deux, mettez en bouteilles, et si, dans un mois, la liqueur se trouble, filtrez à nouveau.

Liqueur Pierre Lacam

Formule (quantités pour obtenir 2 litres de liqueur) : 20 centigr. de cannelle ; 20 centigr. de clous de girofle ; 20 centigr. de safran ; 50 centigr. de sommités d'Hysope ; 50 centigr. de semences d'angélique ; 50 centigr. de feuilles de mélisse ; 50 centigr. de menthe poivrée ; 50 centigr. de graines de coriandre ; 5 centigr. d'anis vert ; 1 centigr. d'anis étoilé ; une branche de céléri très vert avec ses feuilles, longue de 15 centimètres et fraîche cueillie ; 100 gr. de sirop de tolu ; 600 gr. de sucre cassé à la main ; 600 gr. d'eau filtrée (6 décilitres); un litre d'alcool de vin, à 90° centigrades, vieux.

Faites peser tous les éléments très justes chez le droguiste ou le pharmacien. Les broyer grossièrement dans un mortier de marbre avec pilon en bois.

Opération. — Faites macérer les condiments et la branche de céléri pendant 8 jours dans l'alcool, en tenant le flacon à la cuisine bien bouché. Passez au linge fin.

Donnez un bouillon au sucre avec l'eau, laissez refroidir. Mélangez l'alcool passé aux sirops de sucre et de tolu, dans un récipient émaillé, une soupière par exemple. Mettez un filtre Laurent dans un entonnoir sur une bouteille, filtrez la liqueur sans rien remuer ; bouchez les litres avec bouchons neufs et attendez le plus longtemps possible pour boire cette liqueur exquise, qui se bonifie en vieillissant.

Limonade gazeuse à bon marché

Voici une recette très simple à l'aide de laquelle tout le monde pourra préparer de la limonade, en tous points semblable à celle des fabricants d'eaux gazeuses et de limonade.

1° Faites un sirop avec un kilogramme de sucre blanc cassé, dans un poêlon non étamé, sur lequel vous versez trois quarts de litre d'eau, faites fondre sur un feu doux. On obtient ainsi un sirop de sucre à 30°.

2° Préparation du sirop pour la limonade (sirop de citron, de limon ou sirop citrique) :

Prenez 15 grammes d'acide citrique que vous faites fondre à chaud dans quatre cuillerées à bouche d'eau. Versez cette solution dans le sirop précédent, ajoutez 15 grammes de teinture ou alcoolature d'écorce de citron et agitez.

Pour préparer l'alcoolature de citron, mettez de l'écorce de citron (le zeste), débarrassée de la partie blanche qui est en dessous, avec de l'alcool à 90° à parties égales ; après huit jours, l'alcoolature est faite.

Quand on veut boire de la limonade, on verse dans un verre une, ou deux, ou trois cuillerées à café, suivant les goûts, de sirop de citron et on y ajoute de l'eau de Seltz ou de Saint-Galmier, et l'on a instantanément un verre de limonade fraîche, qui coûte très bon marché, peut être fabriquée à chaque instant et n'a pas l'inconvénient d'être privée de son gaz comme celle des fabricants quand elle est débouchée. D'ailleurs, pour fabriquer la limonade, les fabricants mettent environ 70 gr. de ce sirop dans une bouteille genre champagne, ou bouteille de limonade.

Cette boisson est excellente pour les malades ; les enfants l'aiment beaucoup et les alcooliques ne la dédaignent pas.

Étant donné que le siphon d'eau de Seltz revient à 0 fr. 15 ou 0 fr. 20, cette limonade coûte au maximum 0 fr. 25 et a l'avantage de n'être préparé qu'au fur et à mesure du besoin.

Losanges pralinés

GATEAUX SECS POUR LE THÉ

Formule : 250 gr. de farine de gruau ; 225 gr. de beurre fin ; 125 gr. de sucre glace, vanillé ; 1 jaune d'œuf cuit, un jaune cru; petit verre d'anisette; pincée de sel.

PRALIN POUR SAUPOUDRER LES GATEAUX. — Trente amandes blanchies, mondées, hachées, mélangées avec 30 gr. de sucre glace et pralinées légèrement au four un peu chaud, sur plaque de tôle forte.

Très peu de lait sucré.

LA PATE. — Faites la fontaine dans le milieu de la farine, mettez le jaune d'œuf cuit passé au tamis, le jaune cru, le sel, le sucre, l'anisette et le beurre ramolli sur le côté de la table mouillée. Mélangez rapidement à la pointe des doigts, fraisez une fois, ramassez la pâte en boule, mettez-la sur une assiette farinée, couvrez d'un papier et laissez-la raffermir au frais une couple d'heures, pas sur glace ni dans le timbre.

Divisez la pâte en quatre parties égales ; allongez-les à la grosseur d'une saucisse ordinaire de ménage, aplatissez avec la lame d'un couteau un peu fort en tapotant par petits coups sur la longueur.

Passez un peu de lait légèrement sucré sur toute la bande avec un pinceau, saupoudrez avec le quart du pralin, découpez des losanges que vous posez sur plaque de tôle forte à mesure, en les portant avec le couteau.

Cuisez-les 15 minutes environ dans le four à chaleur modérée.

Continuez les trois autres portions, en ayant soin de les faire une par une, à mesure que vous avez des plaques pour les poser aussitôt coupés, la pâte est très sensible à la chaleur ; elle colle facilement sur la table ou le marbre, et les losanges se déforment lorsqu'on veut les enlever pour les poser sur plaque.

Ces gâteaux sont très fins.

M

Macarons amers

Formule : 500 gr. amandes douces (îlot) écossées ; 150 gr. amandes amères écossées ; 1.500 gr. sucre en poudre ; 5 ou 6 blancs d'œufs, suivant grosseur.

LES AMANDES

Opération. — Faites bouillir 1 litre et demi d'eau, plongez les amandes et couvrez pendant trois ou quatre minutes ; versez-les dans une passoire à gros trous, rafraîchissez-les en y versant au-dessus de l'eau froide. Posez-les sur la table à pâtisserie ayant un rebord quelconque afin d'éviter que les amandes courent dans toutes les directions, ce qui arrive quand des personnes inexpérimentées les mondent.

Voici comment se fait cette opération, difficile dès le principe, mais à laquelle on s'habitue assez vite. On prend une amande entre le pouce et l'index, l'amande en dessous, le pouce glisse et chasse l'amande en avant, tandis que la pellicule reste entre les doigts. Cette opération peut se faire avec les deux mains à la fois afin d'aller plus vite. Les amandes étant finies essuyez-les entre deux linges, séchez-les à la bouche du four.

LA PATE

Les personnes qui se figurent que c'est un amusement de faire des macarons seront vite détrompées aussitôt que les amandes auront absorbé les blancs d'œufs ; c'est pourquoi il sera beaucoup plus facile aux commençants de ne faire que le quart de cette recette. Un conseil : n'essayez pas de faire des macarons, si vous ne disposez d'un mortier en marbre ayant au moins 22 centimètres de diamètre et pourvu d'un pilon en buis correspondant.

Le mortier étant bien propre et assujetti fortement en sorte qu'il ne bouge pas, mettez les amandes ; broyez en tournant le pilon, puis ajoutez au bout de deux minutes un blanc d'œuf et pilez légèrement en faisant passer *toutes* les amandes sous le pilon. Ajoutez un autre blanc et broyez trois minutes, ainsi de suite jusqu'à ce que les amandes et les blancs réunis fassent une pâte homogène et assez fine. C'est le moment d'incorporer le sucre et de piler toujours. La pâte doit être presque ferme et fine. Ramassez à l'aide d'une forte carte, posez-la sur un marbre ou sur la table à pâtisserie saupoudrée de sucre en poudre (glace de sucre). Roulez et taillez de petits bouchons que vous arrondissez avec la main légèrement concave et en tournant de droite à gauche. Posez à mesure ces boulettes un peu plus grosses que des noisettes sur une plaque légèrement cirée ou beurrée et farinée ; mouillez avec un pinceau trempé dans un peu d'eau légèrement sucrée, faites cuire dans un four très doux, deux heures au moins après avoir cuit du pain. Si vous ne disposez de plaques bien propres, dressez les macarons sur du papier écolier, en les sortant du four, mouillez une planche sur laquelle vous posez le papier bien lisse. L'humidité fait détacher les macarons. Mettez-les au sec dans une boîte bien close. Ce macaron doit être doré, croustillant et fondant.

A défaut d'amandes amères, employez des noyaux d'abricot ou de pêche.

Macarons aux Abricots d'Arménie

De tous côtés, on me réclame des recettes de macarons moelleux. Je me suis mis à la torture et ai fini par trouver une formule qui répond assez à l'idée de ces personnes gourmandes. La voici :

Formule : 125 gr. d'abricots secs d'Arménie ; 125 gr. d'amandes blanchies et séchées légèrement ; 300 gr. de sucre glace ; 5 blancs d'œufs un peu gros ; une pincée de vanille en poudre.

Opération. — Râpez les abricots mélangés avec les amandes ; ici, une parenthèse est nécessaire.

Les personnes qui n'ont pas une râpe à cylindre ne pourront pas faire ce macaron, elle est indispensable ; ne tournez pas vite pour que le mélange ait lieu régulièrement.

Passez au tamis les trois cents grammes de sucre en poudre, dit glace, parce qu'il y a toujours des boules plus ou moins grosses qui ne fondraient pas dans le mélange qu'il est nécessaire de faire bien intimement des trois parties, abricots, amandes et sucre.

Montez les blancs d'œufs un peu plus qu'à moitié ; versez l'appareil en remuant avec une spatule.

Garnissez la poche avec la douille à meringues et dressez de gros boutons sur une plaque beurrée et farinée ou sur du papier écolier.

Faites cuire à four doux, environ 20 minutes.

Macarons au Chocolat

Formule : 60 gr. d'amandes ; 120 gr. de sucre en poudre ; 60 gr. de chocolat fin ; un beau blanc d'œuf ou un demi.

Opération. — Faites bouillir un demi-litre d'eau, mettez les amandes, couvrez et attendez 5 minutes. Égouttez-les, enlevez la peau et faites-les sécher à la bouche du four sur un papier ou à l'étuve.

Pilez-les avec le blanc d'œuf, que la pâte soit très fine, mettez le chocolat à la bouche du four sur un papier ou une plaque, qu'il ne fasse que se ramollir.

Mélangez le sucre aux amandes et pilez un moment, ajoutez le chocolat.

Il faut que la pâte soit un peu ferme pour pouvoir les rouler dans la main, mais pas trop, saupoudrez la table de sucre, mettez la pâte dessus, roulez en boudin, coupez des petits bouts de la grosseur d'une noisette, roulez ces bouchons sur la table sucrée, battez un peu de blanc d'œuf avec 3 cuillerées d'eau, mouillez l'intérieur de vos deux mains, roulez les petites boules pour les en imprégner et jetez-les à mesure sur du sucre cristallisé. Roulez-les pour que ces macarons soient bien enveloppés de sucre, posez-les assez espacés sur des plaques beurrées et farinées : cuisez à four très doux environ 20 minutes.

Tenez au sec.

Macarons de Nancy

Formule : 150 gr. d'amandes ; 250 gr. de sucre en poudre ; 10 gr. de sucre vanillé ; un gros blanc d'œuf ou deux petits ; deux cuillers à bouche de crème douce.

Opération. — Faites bouillir un litre d'eau, jetez-y 170 gr. d'amandes flot, couvrez 5 minutes, égouttez et mondez-les sur la table, lavez-les une seconde fois, essuyez-les dans un linge.

Mettez-les dans un mortier un peu grand, écrasez-les bien avant d'ajouter le blanc d'œuf, sinon elles vous échapperont. Le blanc étant mis et les amandes réduites en une pâte très fine, mélangez le sucre et la vanille, triturez pour obtenir une pâte mollette. Relevez dans une casserole un peu épaisse, ajoutez la crème et faites chauffer sur un feu doux en remuant avec une cuiller de bois : dès que vous ne pourrez pas tenir le doigt dans la pâte, renversez sur le marbre et laissez presque refroidir.

Battez un peu de blanc d'œuf avec un 1/2 verre à madère d'eau fraîche, mouillez vos mains, prenez des petits morceaux de pâte d'amande un peu plus gros qu'une noisette, roulez-les dans le creux de la main gauche et posez-les un peu distancés les uns des autres sur une plaque de tôle un peu forte, beurrée et farinée, ou sur une feuille de papier écolier.

Faites cuire à four très doux, 25 minutes environ. Pour enlever le papier, mouillez le dessous et attendez un moment.

Macarons de Nancy

(Autre Recette)

Les macarons de Nancy ont été créés par les Sœurs de la Hache, à Nancy, il y a près de 80 ans. Elles ont su conserver le secret de sa confection. Ce n'est donc qu'à force de recherches que l'on est arrivé à les faire pareils.

Différents auteurs ont publié des recettes. Je ne puis les citer tous, vu qu'ils sont trop nombreux. Je me bornerai à en citer quelques-uns, ce sont : MM. Lacam, L. Bailleux, J. Favre et A. Caen, et à donner quelques recettes que j'ai vu faire et qui n'ont pas été publiées.

Formule : 500 gr. amandes mondées, lavées et séchées au four, légèrement colorées ; 7 blancs d'œufs ; 1 kilo sucre en poudre, dit glace ; 40 gr. marmelade d'abricots ; 10 gr. vanille.

Opération. — Pilez les amandes très fines, en y incorporant un à un 4 blancs d'œufs ; ajoutez le sucre, en continuant de piler et en dernier lieu la marmelade d'abricots.

D'autre part, fouettez 3 blancs d'œufs très fermes ; mélangez-les légèrement à la masse. Laissez reposer environ 1/2 heure et dressez sur papier blanc. Mouillez légèrement le dessus et faites cuire à four doux.

Macarons Saint-Nicolas

(Nancy)

Formule : 500 gr. amandes douces, bien sèches et non mondées ; 1 kilo sucre en pain ; 5 gr. amandes amères ; 8 blancs d'œufs ; 10 gr. vanille en poudre ; 60 gr. marmelade de pommes reinettes.

Opération. — Mettez dans le mortier les amandes bien vannées et triées ; ajoutez 150 gr. de sucre ; pilez en évitant de faire de l'huile et relevez sur un tamis de fil de fer ; passez le plus de poudre d'amande et de sucre que vous pourrez.

Continuez ainsi de suite pour employer le kilo de sucre, de manière que le sucre et les amandes forment une espèce de farine ensemble.

Mettez cette poudre dans une terrine et, avec une cuiller de bois, ajoutez 4 blancs pour commencer et 4 blancs ensuite. Laissez reposer la pâte 6 heures et ajoutez la marmelade et la vanille. Travaillez légèrement, puis dressez dans des petits moules à tartelettes, foncés d'une abaisse très mince de rognures de feuilletage.

Faites cuire à four doux.

D'après M. CAEN, confiseur

(115, Boulevard de Sébastopol, Paris)

Formule : 250 gr. amandes mondées de la veille ; 5 blancs d'œufs ; 625 gr. sucre pilé et déglacé ; 30 gr. purée de pommes de terre ; 10 gr. vanille en poudre.

Opération. — Pilez les amandes avec 2 blancs d'œufs, le plus finement possible, et laissez reposer cette pâte environ 24 heures.

Remettez cette pâte dans le mortier et travaillez-la à nouveau avec 2 blancs d'œufs ; ajoutez 375 gr. de sucre ; pilez et déglacez (le sucre non déglacé se fondrait trop vite et formerait un appareil trop liquide, qui produirait après cuisson une espèce de glaçage à la surface du macaron), pour lui donner beaucoup de corps. Enfin, ajoutez encore 3 blancs d'œufs et, lorsque les amandes et les blancs sont bien homogènes, joignez la purée de pommes de terre chaude et bien passée et 180 gr. de sucre cuit au petit boulé ; mélangez à chaud dans le mortier.

Laissez reposer cette masse environ deux bonnes heures. Puis travaillez la pâte en y ajoutant la vanille ; mouillez les macarons légèrement sur le dessus avant de les mettre au four. Dressez sur du papier blanc et laissez reposer une demi-heure avant de les cuire.

Macarons soufflés aux amandes

Formule : 125 gr. d'amandes blanchies et séchées ; 250 gr. de sucre cassé à la main ; 3 beaux blancs d'œufs ; 1/4 de bâton de vanille.

Opération. — Broyez la vanille dans le mortier avec un morceau de sucre, enlevez-la avec une carte et mettez-la de côté.

Pilez les amandes avec le quart du sucre et passez-les au tamis sur un papier.

Remettez ce qui reste d'amandes et un quart de sucre, pilez et repassez, allez ainsi jusqu'à épuisement de sucre. Toutes les amandes doivent être passées en même temps. Montez les blancs en neige assez ferme ; versez la poudre d'amandes et la vanille en remuant les blancs avec une spatule.

Remplissez une poche de cet appareil et garnissez des petites caisses en papier plissées et rondes. Saupoudrez de sucre glace.

Faites cuire au four très doux et conservez ces délicats macarons dans des boîtes.

Macarons soufflés aux pignons

Formule : 2 blancs d'œufs ; 125 gr. de sucre en poudre ; 65 gr. de pignons ; une pincée de vanille en poudre ; une feuille de papier écolier.

Opération. — Râpez les pignons ; si vous n'avez pas de râpe, pilez-les en trois

ou quatre fois en mettant chaque fois un quart de sucre et en les passant au tamis n° 20.

Le tout étant passé, montez les deux blancs fermes, mélangez l'appareil avec attention pour ne pas trop le ramollir.

Dressez avec la poche ou avec un cornet des boutons un peu gros sur une feuille de papier écolier.

Cette formule peut vous donner de 25 à 30 macarons ; faites cuire au four très doux, 25 minutes. Mouillez le dessous du papier pour les décoller, après le refroidissement complet des macarons.

Macédoine de Fruits frais à la Gelée

Cet entremets d'été est plus agréable à manger qu'une glace aux fruits, qui ne donne qu'un léger parfum du fruit, mais ne donne pas le coup d'œil charmant de la macédoine, lorsque les couleurs sont bien mariées et la gelée transparente comme un cristal.

Cette macédoine peut se mouler en moule à timbale ou à cylindre. En timbale, le démoulage est moins dangereux, la masse résistant d'avantage au vide que fait le cylindre, mais ce dernier moule est plus joli.

Formule (pour environ 10 personnes) : De 7 à 800 gr. de fruits frais variés, bien sains et bien mûrs ; de 4 à 500 gr. de sucre cassé à la main ; un demi-litre d'eau filtrée ; 1 verre à madère de kirsch, rhum ou cognac ; un demi-blanc d'œuf ; le jus d'un citron bien juteux ; 7, 8 ou 9 feuilles de gélatine fine, 15 à 18 gr. ; 2 kilos de glace.

LES FRUITS. — Choisissez des fruits très mûrs et bien sains , autant que possible, plusieurs couleurs pour le plaisir de l'œil et la variété de goût : Fraises, framboises, pêches, abricots, bananes, raisins, oranges, ananas, etc. Les fruits un peu gros doivent être pelés et coupés en dés ; trop gros, les fruits risqueraient d'entraîner la gelée par leur propre poids.

Les fruits étant bien nettoyés, arrosez-les avec le kirsch, couvrez et tenez-les au frais, sur glace si c'est possible.

LA GELÉE. — Lavez la gélatine et faites-la tremper quelques instants.

Battez le blanc d'œuf avec le demi-litre d'eau froide dans le poëlon d'office ; ajoutez le jus de citron, le sucre et la gélatine ; posez sur un feu clair et remuez avec le petit fouet jusqu'au moment où le sirop monte comme du lait. Retirez le poëlon du plein du feu et laissez-le mijoter trois ou quatre minutes à côté, rien que sur le devant.

Etalez un torchon sur les quatre pieds renversés d'un tabouret ou d'une chaise ; fixez-le fortement ; mettez au-desssous un récipient ; versez la gelée lentement ; enlevez le récipient et remplacez-le par un autre.

Reversez la gelée 2 ou 3 trois fois jusqu'au moment où vous la voyez couler, dans une cuiller d'argent, claire, limpide et légèrement dorée.

LE MOULE. — Posez le moule choisi dans une terrine ou un seau en bois ; entourez-le avec la glace très peu cassée, juste pour tenir le moule bien d'aplomb et droit. Versez au fond du moule l'épaisseur d'un travers de doigt de gelée ; laissez-la raffermir. Egouttez les fruits sur un tamis en crin, le fer ou l'étain les brunirait ; faites plusieurs couronnes variées sur le fond de gelée bien prise ; coulez quelques cuillerées de gelée ; peu, cela ferait remonter les fruits, lorsque ceux-ci sont collés à la couche du fond ; versez encore un peu de gelée pour affleurer d'un demi-centimètre sur les fruits ; laissez raffermir ; coulez encore un peu de gelée. Faites une couche de fruits sans les arranger ; recoulez en deux fois de la gelée, et suivez ainsi jusqu'à deux travers de doigts du bord du moule où, ayant mis une dernière couche de fruits, vous finissez de remplir le moule avec une couche de gelée aussi forte que celle du bas pour raffermir la macédoine.

Entourez le moule de glace ; mettez au-dessus une plaque à rebord et un morceau de glace, et portez au frais jusqu'au moment de servir.

Il faut environ deux heures pour que l'intérieur d'un moule à charlotte soit bien froid, une heure pour un moule à cylindre.

N. B. — Je recommande aux personnes qui ne sont pas habituées à monter des gelées aux fruits, ou des aspics, de suivre bien ponctuellement les mouvements que j'indique. En mettant les fruits trop vite, ils enfoncent et se tassent trop ; la gelée est sans effet. En espaçant trop le mariage des couches, la gelée se démoule mal, il en reste une moitié, ou plus ou moins, dans le moule, et pour remettre ce qui y est resté sur la partie tombée dans le plat, il faut une réelle adresse.

Pour démouler la gelée, il suffit de tremper le moule, aller et venir, tout entier, dans de l'eau un peu chaude, d'essuyer le moule, d'y poser un plat d'argent au-dessus, de renverser les deux et d'enlever le moule bien droit.

Madeleines

Formule : 500 gr. de sucre en poudre; 500 gr. de beurre fin; 500 de farine tamisée; 5 œufs entiers; 1 centilitre d'extrait d'absinthe.

Opération. — Battez les œufs avec le sucre et travaillez bien la pâte, afin de la rendre blanche et légère ; mélangez la farine, le beurre fondu en crème et l'extrait d'absinthe. Dressez à l'aide d'une cuillère dans des moules, dits *griffes*, à madeleines fortement graissés de beurre frais ; cuisez à four chaud.

Madeleines de Commercy

Formule : 200 gr. de farine de gruau ; 150 gr. de beurre fin ; 200 gr. de sucre semoule ; 3 œufs de 60 gr. chaque (de 180 à 200 gr. d'œufs, pas plus) ; vanille en poudre ; rhum ou zeste de citron et d'orange.

Opération. — Beurrez les moules à madeleines, dits *griffes*, liés par douzaine ou séparés (ceux-ci sont un peu gros et moins beaux), saupoudrez-les d'un nuage de sucre glace.

Faites chauffer le beurre et la noisette, jetez-y une cuiller à bouche de farine réservée à cet effet et mettez de côté sans le laisser refroidir. Passez sucre et farine ensemble sur une feuille de papier que vous posez sur une plaque et chauffez au devant du four ouvert.

Battez les trois œufs avec le sucre et la farine 10 minutes à la cuiller, mélangez parfum et beurre, remplissez les moules à la cuiller, cuisez sur plaque, chaleur un peu forte.

Malakoff

Formule : 4 œufs moyen; 125 gr. de sucre cristallisé; 120 gr. de crème de riz; un petit verre d'anisette ou de kummel ; 60 gr. de beurre noisette.

Opérations. — 1° Montez les œufs avec le sucre en les chauffant légèrement, mélangez la liqueur et montez encore ; la pâte doit être ferme. Ajoutez la crème de riz, puis le beurre noisette presque froid. Faites cuire dans un moule à manqué ou génoise, de 22 centimètres de diamètre, beurré et fariné. Laissez refroidir sur un tamis en crin ou une claie d'osier ;

2° Faites une crème avec 3 décilitres de lait, 4 jaunes, 100 gr. de sucre en poudre, 100 gr. de chocolat cassé, une cuillerée à bouche de farine ; ajoutez 50 gr. de beurre fin en dehors du feu, en la refroidissant ;

3° Montez 3 blancs d'œuf, amalgamez 150 gr. de sucre cassé à la main et cuit au soufflé, refroidissez ce meringuage en tournant cinq minutes ;

4° Coupez le gâteau en trois tranches horizontales et bien égales ; sur chaque tranche, étendez une couche de crème et remettez les tranches en place ;

5° Mettez les blancs dans une poche ou un cornet en papier et faites des gros boutons à côté l'un de l'autre, sur toute la surface du gâteau.

6° Faites fondre 3 tablettes de chocolat avec un décilitre d'eau et gros comme une noix de beurre fin ;

7° Nappez le gâteau en versant légèrement la glace avec une cuiller à bouche. Laissez refroidir avant de servir.

GLACES

Manière de frapper les glaces

Placez la turbine ou la sorbetière dans un seau approprié pour ce travail ; mettez tout autour une certaine quantité de glace pilée (environ dix centimètres d'épaisseur);

sur cette glace, une couche de sel de deux centimètres, ensuite une seconde couche de glace pilée de la même épaisseur, puis une couche de sel de deux centimètres : enfin une troisième couche de glace pilée, qui doit remplir le baquet ; recouvrez d'une troisième couche de sel marin. Lorsque la turbine est ainsi garnie, mettez-y la composition à frapper ; faites tourner la turbine, soit par la main, soit par la force motrice et ayez soin, pendant qu'elle tourne, d'y tenir constamment la houlette qui sert à travailler la composition pour la rendre moelleuse, jusqu'à ce que cette dernière soit assez ferme pour mouler ou pour mettre en réserve dans une sorbetière. Cette sorbetière doit être sanglée de glace pilée et de sel marin comme la turbine.

S'il arrive de faire une petite quantité ou de ne pas avoir de turbine, on sangle simplement une sorbetière dans un seau de bois.

Manière de se servir de la Sorbetière

1° Avant d'employer la sorbetière, assurez-vous qu'elle est lisse et propre ; échaudez soigneusement le récipient en fer-blanc, ou en étain le batteur et le couvercle.

2° Avant de mettre la glace et le sel dans le seau, voyez si la sorbetière et le batteur sont convenablement ajustés et si chacun d'eux repose bien sur son pivot ; ensuite, mettez-y le mélange à congeler ; ajustez le couvercle et la barre transversale ou plaque supérieure et tournez la manivelle pour voir si tout est bien en place et fonctionne convenablement.

3° Réduisez la glace en tout petits morceaux : plus ils sont petits, plus ils se tassent autour de la sorbetière et plus la congélation est rapide.

Mettez autour de la sorbetière la couche de glace ainsi pilée jusqu'à ce qu'elle affleure le couvercle. Généralement 2 kil. de glace suffisent ; sur cette glace, versez en couronne 400 gr. de gros sel. [Cette façon de procéder est préférable parce qu'elle est plus logique que celle qui consiste à alterner des couches de glace et de sel ; les couches inférieures de sel tombent au fond du seau, sans avoir eu le temps de produire une action frigorifique suffisante, et lorsqu'on renverse le seau, on y trouve au fond une masse de sel non fondu.

En mettant le sel tout à fait au-dessus de la totalité de la glace, il fond à mesure que la glace fond elle-même, et, en tombant peu à peu, il refroidit la masse de glace sur son passage.

4º Tournez la manivelle très lentement jusqu'à ce que le mélange soit glacé. Faites attention que le trou ménagé près du haut du seau soit toujours ouvert. Quand le mélange est tout à fait froid, tournez la crémaillère sans vous arrêter et avec rapidité, jusqu'à ce que son fonctionnement devienne dur. Ne tirez pas l'eau qui est dans le seau, le trou situé près du haut du seau lui permettra de s'échapper si besoin est, et empêchera l'eau salée de pénétrer dans la sorbetière. Cette eau salée très froide est plus froide que la glace même, puisqu'elle marque 17 à 20º centigrade au-dessous de 0º.

Quand la crème est congelée, enlevez la barre transversale, retirez le couvercle et le fouet, tassez soigneusement la crème glacée dans le fond du récipient, replacez le couvercle en ayant soin de boucher avec un bouchon le trou qui est ménagé.

Remplissez le seau jusqu'au bord de sel et de glace, puis couvrez la sorbetière d'un vieux morceau de tapis ou d'une couverture pour empêcher le passage de l'air, et placez-la dans un endroit frais pendant une heure ou deux pour que la crème puisse durcir et se faire. Quand la crème glacée vient seulement de prendre, on sent le goût de chaque ingrédient séparément, mais après l'avoir laissée reposer deux heures, ces différents goûts se mélangent et n'en forment plus qu'un seul, très agréable. C'est ce qu'on exprime en disant que la crème glacée se *fait*.

5º Quand vous avez fini de vous servir de la sorbetière, lavez-la et faites-la sécher soigneusement, puis placez-la dans un endroit bien sec.

6º La sorbetière ne doit jamais être remplie au plus des deux tiers du mélange à glacer.

Chaque sorbetière est accompagnée d'un livre de recettes en quatre langues.

Manchon de Pommes (*à la Slave*)

Formule : 500 gr. de farine : 5 gr. de sel fin ; 20 gr. de sucre en poudre ; 4 œufs moyens ; un décilitre de crème épaisse ; demi-décilitre d'eau tiède ; 1 kilo de pommes douces.

Opération. — Faites la fontaine avec la farine, mettez dans le milieu les œufs, le sel, le sucre et l'eau tiède. Détrempez rapidement pour ne pas corser la pâte.

Laissez-la reposer au frais, couverte.

Pelez les pommes douces, enlevez l'épicarpe, taillez-les en tranches très minces. Si vous aimez sucré, saupoudrez-les de quatre cuillers à bouche de sucre semoule. Vous pouvez aussi les arroser avec un peu de rhum ou de kirsch, les saupoudrer de vanille, ceci est une affaire de goût, les Slaves ne mettent que de la cannelle et peu de sucre.

Étendez la pâte d'une seule abaisse, très mince, comme la pâte à nouilles, aussi grande que possible, et farinez la table.

Étendez avec un pinceau la crème sur toute la surface de la pâte ; puis les pommes.

Roulez le tout l'un sur l'autre pour obtenir un rouleau avec lequel vous formez un turban, que vous posez sur une plaque un peu forte. Dorez à l'œuf battu.

Faites cuire à four moyen. Laissez refroidir, coupez des tranches, dressez en turban sur serviette.

Manké (Gateau)

Formule : 250 gr. de sucre en poudre ; 100 gr. de farine tamisée : 100 gr. de fécule ; 125 gr. de beurre fin ; 12 œufs entiers ; 100 gr. de fruits confits marinés dans le kirsch ou le rhum,

Opération. — Séparez les œufs, montez les blancs le plus ferme possible, mélangez le sucre en poudre, ajoutez les jaunes d'œufs en continuant à fouetter doucement, mélangez à la spatule la farine, la fécule, le beurre fondu en crème et les fruits marinés. Dressez dans des moules à Manké (moules carrés, bas) graissés au beurre frais et passés à la fécule ; cuisez à four modéré. Après cuisson, garnissez la surface et le tour de glace royale (composée de blanc d'œuf et de sucre, passé au tamis de soie, battus ensemble), poudrez d'amandes effilées et passez de nouveau au four pour faire prendre couleur. A la sortie du four, poudrez copieusement de sucre au tamis de soie, auquel vous avez mélangé de la vanille en poudre.

Massepains Russes

Formule : 250 gr. d'amandes mondées ; 300 gr. de sucre raffiné , 120 gr. de farine tamisée ; demi-litre de crème fouettée ; 2 blancs d'œufs ; 20 gr. de vanille en poudre.

Opération. — Broyez les amandes à sec avec le sucre, mélangez la farine, la vanille, la crème fouettée et les blancs d'œufs montés très fermes. Dressez cette pâte sur des plaques cirées, de la grosseur d'une noisette, à l'aide d'une poche garnie d'une petite douille ronde. (Comme cette pâte s'étale beaucoup en cuisant, dressez-la en conservant assez de distance entre chaque massepain.) Cuisez à four excessivement doux.

Marbre en pâtisserie (le)

Dans les cuisines où l'on fait souvent de la pâtisserie et de la confiserie, il est indispensable d'avoir une table de marbre blanc ou noir, solidement établie dans l'endroit le plus frais de l'office.

Le feuilletage, les pâtes fines pour sablés, galettes sucrées, croquets ; les caramels mous ou autres, le nougat, le fondant, etc., ne se font bien que sur le marbre.

Il en est de même pour faire les vol-au-vent, les bouchées et tant de petits gâteaux ; si on travaille sur le bois, la pâte se colle, il faut la saupoudrer de beaucoup de farine, ce qui change les proportions de la recette et les gâteaux ne gonflent pas autant, ils sont ainsi plus secs et moins légers, plus gris aussi, autre défaut :

Le bois se gondole ou s'use facilement aux endroits où le travail est plus actif et de là des inégalités qui occasionnent des différences très sensibles dans l'épaisseur du même gâteau, surtout lorsque la surface est un peu grande.

Le bois se lave mal, tandis que la moindre impureté sur le marbre saute aux yeux.

Dans les cuisines où la place manque, on peut avoir un marbre portatif de 80 cent. sur 60, que l'on pose sur la table et que l'on met de côté après l'avoir lavé, lorsque la pâtisserie est finie. On peut avoir un de ces marbres d'occasion, table de café ou de restaurant, ou en acheter un chez le marbrier dans les prix de 10 à 12 francs.

Marmelade d'abricots

Formule : 500 gr. d'abricots bien mûrs ; 200 gr. de sucre cristallisé.

Opération. — Coupez les abricots en deux, enlevez les noyaux et cassez-les ; pelez les amandes. Mettez les abricots dans une casserole avec un verre à bordeaux d'eau filtrée, faites cuire en remuant pour fondre les abricots, ajoutez le sucre, laissez cuire toujours en remuant jusqu'à consistance de marmelade.

Marmelade de Mirabelles

Formule : 500 gr. de mirabelles, 150 g. de sucre cristallisé.

Opération. — Faites bouillir 2 litres d'eau, jetez dedans 500 gr. de mirabelles, couvrez et attendez une minute. Versez sur un tamis, pelez rapidement les mirabelles et enlevez les noyaux ; faites cuire tout ensemble, en remuant toujours avec une spatule longue en bois pour éviter les éclats de marmelade.

Marmelade de Cerises

Dénoyautez 600 gr. de cerises de Montmorency, faites-leur faire un léger bouillon dans leur jus. Passez le jus, ajoutez 125 gr. de sucre et faites-le cuire au boulé. Mettez les cerises, remuez avec la spatule jusqu'à consistance de marmelade.

Marmelade de Questch

(Garniture de Charlotte.

Formule : 1 kilog. de quetsch ; 500 gr. de sucre cristallisé ; un quart de bâton de vanille ; un verre à madère de kirsch ; un quart de litre d'eau.

Opération. — Faites cuire le sucre avec l'eau, jusqu'au soufflé ; mettez les questch pelées et divisées par le milieu, retirez un moment sur le côté du feu ; dès que les prunes se seront ramollies, remettez sur le feu et faites-les cuire en les remuant avec une spatule en bois, jusqu'à consistance de marmelade, elle doit être épaisse. Ajoutez le kirsch, garnissez la charlotte, mettez le couvercle, posez sur une tourtière et faites cuire au four de 3o à 4o minutes.

Cette charlotte doit être cuite juste quelques minutes avant de la servir ; plus longtemps d'avance le pain se ramollit et elle s'affaisse en la servant.

Marmelade d'abricots (autre recette)

Formule : 1 kilo d'abricots bien mûrs ; 600 gr. de sucre cristallisé ; 250 gr. d'eau filtrée (1/4 de litre).

Opération. — Coupez les abricots par le milieu, mondez la moitié des amandes en les passant à l'eau bouillante une minute ainsi que les amandes douces. Mettez le sucre et l'eau dans une bassine en cuivre non étamé, faites cuire jusqu'au soufflé. Retirez à côté du feu, mettez les abricots, couvrez et attendez 10 minutes.

Remettez au feu, remuez doucement avec une spatule en buis large et longue ; laissez cuire un peu fort 10 minutes, ajoutez les amandes d'abricots et laissez cuire jusqu'à ce que le jus fasse la nappe en tombant de l'écumoire. Mettez en pots et couvrez de suite.

Marmelade de pommes au gratin

Formule : 1 kilo de pommes de reinette ; 30 gr. de beurre ; 40 gr. de mie de brioche ou de biscuits secs ; 50 gr. de sucre en morceaux ; 30 gr. de sucre semoule.

Opération. — Coupez les pommes en quatre, pelez chaque quartier, enlevez les pépins, émincez-les dans une casserole, c'est-à-dire coupez les pommes très fin.

Quand elles sont toutes ainsi préparées, ajoutez le sucre en morceaux et un quart de verre d'eau ; couvrez et faites cuire à four chaud pendant 15 minutes. Ensuite, passez au tamis, remettez la pulpe dans la casserole, ajoutez le beurre, travaillez un peu à la cuiller de bois, versez dans un plat à gratin, semez dessus la mie de brioche émiettée et sucrez avec les 3o gr. de sucre semoule. Puis, faites gratiner pendant quelques minutes à four chaud, et servez de suite.

Marmelade de Pommes en Pyramide

Formule : 1 kilog. de pommes reinettes d'Alençon ; 3 belles pommes reinettes grises ; 250 gr. de sucre cassé à la main ; 20 cerises mi-sucre ; 1/2 litre d'eau filtrée.

Opération. — Coupez les pommes reinettes grises, d'abord en deux, puis chaque moitié en trois. Pelez finement et enlevez les pépins. Mettez, à mesure, dans l'eau acidulée avec du citron, les dix-huit morceaux qu'ont donné les trois pommes.

Faites fondre le sucre dans le demi-litre d'eau, au sautoir, sur feu doux ; mettez les morceaux de pommes, couvrez, attendez qu'ils soient cuits d'un côté, retournez-les avec soin pour ne pas les déformer ; enlevez-les avant qu'ils éclatent et posez-les sur un tamis au-dessus d'un plat qui en recueille la gelée.

Pendant que les quartiers cuisaient, vous avez épluché les reinettes d'Alençon. Vous les coupez et faites cuire, pendant 10 minutes, dans le même sirop, en remuant en compote. Mettez dans une assiette les morceaux qui sont sur le tamis et égouttez la marmelade dans celui-ci. Versez dans le sautoir tout le jus passé, et faites réduire en gelée pendant que vous passez la marmelade.

Dressez cette marmelade en pyramide dans un compotier ; dressez également 14 quartiers de pommes, en couronne autour de la pyramide ; chevauchez les uns sur les autres, debout sur le haut de la pyramide, les quatre quartiers qui restent ; mettez une cerise sur chacun des quatorze quartiers de pommes et entre ceux qui sont debout ; arrosez le tout avec la gelée.

Marrons confits

Opération. — Prenez 3 kil. de marrons de Turin, enlevez la première peau (ce qui donne environ 2 kil. de marrons épluchés), arrangez-les dans une bassine percée de trous comme une écumoire ou une passoire ; placez cette bassine percée dans une autre bassine, remplissez d'eau assez largement, mettez 10 grammes de sel et le tout sur le feu ; amenez au bouillon et laissez bouillir pendant 5 minutes dans les années pluvieuses, et 3o à 4o minutes dans les années sèches, puis retirez sur le côté du fourneau ou sur un feu très doux, de manière à faire frémir sans laisser bouillir.

Au bout d'une heure, retirez la bassine percée contenant les marrons, jetez l'eau que vous remplacez immédiatement par une autre eau au même degré de chaleur, et dans laquelle vous avez ajouté 25 gr. de farine de froment délayée avec un peu d'eau froide pour la mélanger ensuite à l'eau chaude, afin de ne pas la cuire ; remettez les marrons dans cette eau blanche et sur un feu doux pour laisser frémir seulement, évitez surtout de faire bouillir, pendant environ 3 heures, temps nécessaire pour bien cuire les marrons. Lorsque ces derniers sont cuits, vous retirez la bassine du feu et vous retirez les marrons un à un à mesure que vous enlevez la seconde peau, avec beaucoup de précaution, car les marrons cuits à l'eau sont très fragiles. Au fur et à mesure que vous enlevez cette seconde peau, mettez les marrons épluchés dans l'eau très chaude pour les faire dégorger et décolorer. L'opération terminée, égouttez, en prenant les uns après les autres les marrons, et placez-les sur des tamis, puis, lorsqu'ils sont bien égouttés, mettez-les dans un sirop de sucre bouillant à 3o°, qu'ils baignent juste ; ajoutez une gousse de vanille. Ce sirop doit être mis, de préférence, dans une bassine émaillée ou bien étamée ; donnez un bouillon de 2 ou 3 minutes et mettez refroidir contenant et contenu dans un endroit tempéré ; le

lendemain, égouttez le sirop en penchant doucement la bassine de manière à ne pas briser les marrons, avancez le sirop en degrés, en ajoutant du sucre cassé en très petits morceaux, en quantité suffisante pour remettre le sirop à 3o", bouillant ; versez-le sur les marrons et donnez un bouillon au tout. Le surlendemain, égouttez encore les marrons de la même manière, en ajoutant du sucre cassé pour avancer le sirop à 31° ; le jour suivant, faites encore la même opération pour avancer le sirop à 32" (à chaque façon on donne toujours un bouillon). Quelques jours après, égouttez le sirop que vous mettez à 33°, sans ajouter de sucre; mettez-le sur les marrons et donnez un bouillon au tout (ceci est la quatrième et dernière façon) ; lorsque les marrons sont refroidis, vous pouvez les égoutter pour les servir tels sur un compotier, comme dessert, ou bien les glacer en procédant de la manière suivante.

Pour Glacer les Marrons

Pour glacer les marrons, on emploie généralement le sirop dans lequel ces derniers ont été confits ; après l'avoir passé à la chausse en molleton pour lui enlever la fécule qu'il peut contenir, vous le cuirez au souffé (38° à 39°); mettez-y les marrons, préalablement égouttés; faites chauffer le tout en donnant un léger bouillon, retirez du feu, aspergez avec un peu d'eau pour empêcher de croûter, et, dix minutes après, blanchissez le sirop dans un coin et contre la paroi de la bassine avec une spatule, puis, à l'aide d'une fourchette, tirez chaque marron en le faisant passer par la partie blanchie du sirop et placez-le sur une grille reposant sur une terrine qui sert à cet usage.

En admettant que l'on glace souvent ou tous les jours des marrons, il est essentiel que cette glace que l'on change rarement (si on sait bien l'employer, en ajoutant à chaque fois du sirop nouveau), soit souvent décuite et passée à la chausse pour retirer la fécule qui, en cuisant, donne une couleur brune, et, en même temps, un goût fort désagréable.

On procède de la manière suivante : au dernier glaçage, on décuit la glace de sucre à 30° au lieu d'y ajouter du sirop nouveau ; on laisse reposer et le lendemain on décante la partie claire que l'on passe à la chausse ; la partie épaisse et trouble, qui se trouve au fond de la bassine, est également filtrée et mise à part pour un autre emploi.

Sirop à 30° : 500 gr. de sucre cassé à la main, 400 gr. d'eau filtrée, soit 4 décilitres ou 2 verres ordinaires. Donnez un bouillon de préférence en poêlon en cuivre non étamé, ou une casserole en émail non craquelée si on ne dispose pas de nickel.

Marrons déguisés (DESSERT)

Formule : 1 litre de marrons de Lyon ; 120 gr. de sucre en poudre ; 120 gr. de beurre fin ; 3 tablettes de chocolat fin, vanillé ; vanille en poudre.

Opération. — Enlevez aux marrons leur première peau ; mettez ceux-ci dans la casserole, couvrez d'eau froide, et donnez un bouillon sur feu très vif, puis, retirez la casserole du feu ; épluchez les marrons vivement un par un ; jetez-les à mesure dans une autre casserole contenant un quart de litre d'eau tiède très légèrement salée, et un peu de pain, 20 gr. environ ; couvrez et faites-les cuire environ 30 minutes.

Egouttez l'eau qui reste ; passez les marrons deux par deux, rapidement, au tamis de crin reposant sur un linge. Remettez la pulpe dans la casserole, ajoutez 100 gr. de sucre et la vanille ; réservez gros comme un petit œuf de beurre, incorporez le reste et travaillez ferme à l'aide de la cuiller de bois pour mélanger.

Repassez au tamis, réunissez la purée en boule, mettez sur une assiette et laissez bien raffermir au frais.

Saupoudrez la table de sucre en poudre ; allongez la purée en petits rouleaux, découpez des morceaux à la grosseur d'une noix, auxquels vous donnez la forme d'un marron, posez-les sur une plaque et laissez sécher pendant une heure ou deux, à l'étuve ou près du fourneau.

Cassez le chocolat, mettez-le dans une petite casserole avec trois cuillerées d'eau froide, chauffez doucement pour le fondre sans grumeaux et sans beaucoup le travailler avec la cuiller pour éviter de le blanchir et de lui enlever le brillant ; lorsqu'il est bien fondu, sans être très chaud, mélangez le beurre réservé.

Trempez successivement les marrons dans le chocolat, en les prenant sur les pointes d'une fourchette, et posez-les sur une grille pour qu'ils s'égouttent.

Laissez-les raffermir. Puis insérez-les dans des petits godets en papier plissé et festonné.

Pour les rendre tout à fait jolis, on trempe le haut du marron (côté plat), dans du fondant blanc un peu liquide ; ils font alors tout à fait illusion.

On peut aussi cuire au cassé 250 gr. de sucre avec 2 tablettes de chocolat et les glacer comme ci-dessus.

Massepains Royaux

Formule : 250 gr. d'amandes mondées ; 300 gr. de sucre cassé ; 5 blancs d'œufs pour broyer ; 4 blancs d'œufs montés ; un demi-zeste d'orange.

Opération — Broyez les amandes avec le sucre d'abord, et les 5 blancs d'œufs après, un par un ; ajoutez le zeste d'orange râpé sur du sucre et une goutte de carmin, mélangez les 4 blancs d'œufs montés et dressez dans des caisses en papier (caisses à marrons) arrangées sur des plaques garnies de plusieurs feuilles de papier. Cuisez à four très modéré.

Ces massepains sont d'autant plus beaux qu'ils sont bien macaronés dessus.

Massepains Russes

Formule : 250 gr. d'amandes mondées ; 300 gr. de sucre raffiné ; 120 gr. de farine tamisée ; 5 décil. de crème fouettée ; 2 blancs d'œufs ; 20 gr. de vanille en poudre.

Opération. — Broyez les amandes à sec avec le sucre, mélangez la farine, la vanille, la crème fouettée et les blancs d'œufs montés très fermes. Dressez cette pâte sur des plaques cirées, de la grosseur d'une noisette, à l'aide d'une poche garnie d'une petite douille ronde. (Comme cette pâte s'étale beaucoup en cuisant, dressez-la en conservant assez de distance entre chaque massepain.) Cuisez à four excessivement froid.

Menschikoff

Formule : 250 gr. d'amandes douces ; 250 gr. de sucre semoule ; 250 gr. de beurre ; une cuillerée à café de vanille en poudre.

Pour la Crème

Formule : 4 décil. de lait ; 125 gr. de sucre semoule ; 6 jaunes d'œufs ; un peu de vanille et du sel ; 50 gr. de farine.

Opération. — Faites bouillir un litre d'eau ; jetez-y les amandes, couvrez et attendez cinq minutes. Passez et mondez-les·

Faites-les sécher à la bouche du four ou à l'étuve, très peu ; pilez-les avec le sucre, ajoutez peu à peu le beurre et passez au tamis n° 20, repilez ce qui n'est pas passé.

Ce qui fait la bonté de cet entremets, c'est la finesse obtenue en broyant cette crème aux amandes.

La Crème

Travaillez le sucre avec les jaunes, pendant cinq minutes ; mettez une pincée de sel et un quart de bâton de vanille, la farine ; mouillez avec le lait bouillant et donnez un bouillon. Versez-la dans un saladier où vous la remuez de temps en temps pour la refroidir, pendant que vous garnissez un moule à Charlotte de 14 cent. de diamètre avec des biscuits à la cuiller, comme pour la Charlotte russe.

Mélangez la crème un peu tiède et petit à petit dans l'appareil aux amandes, qui ne doit être ni trop épais, ni trop mou ; garnissez la Charlotte, couvrez-la hermétiquement avec un rond de papier fortement beurré et le couvercle, mettez de la glace cassée en morceaux comme des noix tout autour et dessus, salez, couvrez d'un linge et tenez au frais pendant 2 heures.

Pour Servir. — Fouettez un quart de litre de crème de lait un peu épaisse, sucrez-la légèrement et envoyez-la en même temps que le Menschikoff démoulé sur serviette.

Vous pouvez également servir un sabaillon au lait, au vin blanc du Rhin ou autre vin savoureux, que vous refroidissez à la glace.

Cet entremets est très agréable à manger, il n'a pas le froid des glaces ordinaires, et pourtant il est glacé. Je garantis le succès pour les personnes qui suivront la recette à la lettre.

Meringues

Formule : 5 blancs d'œufs ; 250 gr. de sucre semoule ; 1 pincée de vanille en poudre.

Opération. — Montez les blancs en neige, bien fermes ; pour les raffermir, mélangez 20 ou 30 gr. du sucre pesé.

Aussitôt bien raffermis, versez le sucre en pluie et remuez avec une spatule ou cuiller de bois et non avec le fouet.

Beurrez deux plaques de tôle forte ; le beurre étant figé, farinez-les.

Versez les blancs dans une poche avec une douille ayant un centimètre et demi de diamètre.

Couchez des demi-œufs, un peu forts, à une distance de 15 mil. les uns des autres.

Saupoudrez de sucre et attendez 10 minutes.

Mettez cuire au four presque éteint et ne fermez pas tout à fait la porte. Il faut une heure de cuisson. Aussitôt sorties du four, creusez-les en appuyant un tout petit œuf sur le côté qui est sur la plaque. Tenez à l'étuve ou à l'abri de l'air jusqu'au moment de les garnir de crème à la Chantilly, légèrement sucrée et parfumée à la vanille ou aux fraises.

Appliquez les deux coques garnies l'une contre l'autre et dressez sur un compotier.

Meringues à la Crème

Formule : 500 gr. de sucre pilé fin ; 15 gr. vanille en poudre ; 10 blancs d'œufs.

Opération. — Montez les blancs d'œufs bien fermes ; mélangez le sucre et la vanille en poudre ; dressez à la poche munie d'une grosse douille, ou mieux à la cuiller, sur des feuilles de papier mince en forme de petites coquilles ovales ; poudrez de sucre et cuisez à four bas, sur planches mouillées. Lorsque ces meringues sont cuites et que la croûte est suffisamment solide, retournez-les en les prenant une à une et les posant sur une plaque garnie de papier ; poudrez légèrement de sucre ; remettez un instant au four pour les faire croûter et en même temps creuser. Elles creusent généralement d'elles-mêmes ; cependant, si la cavité n'est pas assez prononcée, on donne un coup de pouce en les retirant du four. Tenez-les constamment à l'étuve.

Ces coquilles doivent être garnies de crème fouettée parfumée à la vanille ou au café, en en collant deux ensemble.

Meringues en Champignons

Formule : 125 gr. de sucre cassé à la main ; 3 cuillerées d'eau froide ; 3 blancs d'œufs ; une bille ou tablette de chocolat vanillé, râpé ; une feuille de papier d'office ; une petite plaque.

Opération. — Cuisez le sucre au soufflé pendant que vous montez les blancs en neige ; faites-vous verser le sucre goutte à goutte, c'est-à-dire très doucement, sur les blancs, pendant que vous battez toujours les blancs dans le même sens.

Garnissez une poche avec ce meringuage italien et dressez sur une feuille de papier de jolis boutons, de la grosseur d'une pièce de 0,10 cent., d'une part. D'autre part et sur une plaque de tôle beurrée, faites des queues, pour supporter ces boutons tout à l'heure, lorsqu'ils seront cuits.

Saupoudrez les boutons avec le chocolat râpé, mouillez largement une planche, posez-y au-dessus le papier aux boutons chocolatés, mettez au four presque froid.

Cuisez en même temps les queues ; dans 25 ou 3o minutes, pas avant (si la cuisson est plus rapide, les champignons ramolliront) enlevez d'une main une queue et de l'autre un bouton, piquez celui-ci sur la queue et le champignon est fait. C'est joli et d'un bel effet.

Millassines

Formule : 1/2 litre de lait cru ; 120 gr. de sucre semoule ; 80 gr. farine tamisée ; 60 gr. de beurre ; 2 œufs un peu gros ; 1 verre à madère d'eau de fleur d'oranger ; 1 pincée de sel fin ; 12 moules à brioche ou à baba.

Opération. — Travaillez le sucre avec les deux œufs entiers, c'est-à-dire blanc et jaune, pendant 5 minutes ; mélangez la farine tamisée, l'eau de fleur d'oranger, le lait et le sel.

Beurrez les moules avec du beurre bien épongé entre deux linges et à peine fondu, garnissez-les presque ras avec l'appareil bien mélangé ; mettez dans chaque moule gros comme une petite noisette de beurre et faites cuire au four un peu chaud. Cuisson de 15 à 20 minutes. Renversez les gâteaux et remettez-les sur le moule pour qu'ils refroidissent lentement. Poudrez-les de sucre vanillé avant de les servir sur une serviette très chaude.

Mille Feuilles au Cacao

C'est un gâteau composé de 5 disques de pâte aux amandes mi-feuilletée, séparés par de la crème au chocolat.

La Pâte

Formule : 350 gr. de farine de gruau ; 200 gr. de beurre fin ; 125 gr. de sucre semoule ; pincée de sel ; 125 gr. d'amandes ou de noisettes ; 50 gr. de cacao ; 3 petits œufs de 50 gr. chacun.

Opération. — Tamisez la farine sur la table de marbre ; dans le milieu, cassez les œufs, ajoutez les amandes ou les noisettes passées à la râpe — ou broyées dans le mortier avec les œufs — le sucre, le cacao de très bonne qualité, une pincée de sel et le beurre. Triturez le tout aussi rapidement que possible ; fraisez deux fois la pâte avec la paume de la main ; mettez dans une assiette, et portez dans un endroit froid où vous laisserez reposer pendant au moins deux heures. Il serait même préférable de préparer la pâte dès le soir pour l'employer le lendemain matin, ou le matin pour en faire usage l'après-midi.

Donnez 4 tours doubles, comme pour le feuilletage, et laissez reposer pendant un quart d'heure.

Divisez la pâte en quatre parties égales. Etendez chacune d'elle en rond, posez-les sur de fortes plaques de tôle, pressez dessus un cercle à tarte de 20 centimètres ; avec le couteau, découpez en disques ; dans le milieu, enlevez un morceau à l'emporte-pièce rond uni, de 3 cent. de diamètre ; réunissez les débris et formez-en un cinquième disque de même épaisseur, sans le percer pour faire le dessus ; piquez-les avec la pointe du couteau pour que l'air emprisonné se dégage à la cuisson sans les boursoufler, et mettez-les cuire ensemble ou successivement, selon la grandeur des plaques, au four modérément chaud, pendant environ 25 minutes.

Aussitôt cuits, posez les disques sur le marbre pour qu'ils s'aplatissent et refroidissent vite.

LA CRÈME AU CACAO

Formule : 5 décilitres de lait ; 100 gr. de sucre en poudre ; 10 gr. de farine de gruau ; 60 gr. de bon chocolat ; 20 gr. de cacao ; 3 jaunes et un œuf entier ; une pincée de sel fin ; 50 gr. de beurre très fin.

Opération. — Mettez le chocolat à la bouche du four ouvert, ou bien dans une petite plaque sur une casserole chaude, simplement pour le ramollir ; triturez dans une casserole les trois jaunes d'œufs et le sucre en une pâte homogène ; ajoutez l'œuf entier, le sel, et triturez de nouveau ; incorporez la farine puis le chocolat et le cacao ; lorsque le tout forme une pâte très régulière, mouillez avec le lait et faites bouillir en remuant.

Aussitôt l'ébullition produite, et sans laisser bouillir un seul instant, versez la crème dans un bol, refroidissez-la à moitié, mélangez le beurre divisé en trois morceaux, remuant jusqu'à ce que la plus petite parcelle ait disparu.

Dans un plat rond du service de table, mettez une légère couche de crème, un peu plus petite que les disques.

Sur le disque le moins réussi, posé sur table ou sur une grille, mettez une couche de crème, recouvrez d'un second disque, étendez dessus de la crème, et ainsi jusqu'au cinquième disque non percé.

Badigeonnez au pinceau, avec de la crème, le tour du gâteau ; sablez de sucre cristallisé en le soulevant de la main gauche et en saupoudrant de la main droite ; enfin glissez-le dans le plat, sur la crème.

Servir très froid le lendemain.

Mille Feuilles Parisien

Ce vieux et excellent gâteau est un peu long à faire ; mais combien il paye de ces peines par le succès dont il est accueilli par les gourmets jeunes et vieux.

C'est, dans son genre, une pièce montée pour grand dîner.

Faites 500 gr. de feuilletage (voyez l'article), donnez dix tours au lieu de 6 et donnez les doubles, c'est-à-dire que chaque fois vous repliez la pâte en quatre au lieu de trois.

Divisez la pâte en dix portions égales, mettez neuf morceaux au frais ; étendez celui qui reste en un rond ayant 22 centimètres de diamètre ; posez ce rond sur le côté d'une grande plaque de tôle, saupoudrée de sucre semoule; piquez-le avec une fourchette et enlevez dans le milieu avec un emporte-pièce un morceau ayant 5 centimètres de diamètre, saupoudrez d'un peu de sucre semoule. Continuez les autres morceaux et, lorsque la première plaque est pleine, avec deux ou trois de ces couronnes, faites-les cuire au four très bas, presque froid. Les couronnes doivent rester blanches ou à peines dorées.

A mesure que vous avez des débris de feuilletage, mettez-les au frais, pour faire d'autres couronnes ; ayez soin d'en faire deux, les deux dernières, pleines, sans faire de trou au milieu, c'est pour le dessus et le dessous du gâteau.

POUR MONTER LA PIÈCE MILLE FEUILLES

Faites un litre de lait de crème à éclairs; en la sortant du feu, versez-en la moitié dans un saladier dans lequel vous avez mis 50 gr. de bon cacao en poudre, remuez pour le fondre.

Parfumez l'autre portion à la vanille. Laissez-les refroidir.

Mettez un fond non percé sur une grille à pâtisserie; sur ce fond, une bonne couche de crème vanille ; un autre fond percé et une couche de crème au chocolat, continuez ainsi jusqu'au dernier fond non percé, vous avez une jolie colonne. Avec un couteau égalisez le tour pour qu'il soit bien rond et uni, les couronnes ayant varié à la cuisson. Badigeonnez le tour de crème et décorez le tour et le dessus du gâteau avec du meringuage italien que vous mettez dans une poche garnie d'une douille à fleurs.

Enlevez le gâteau avec un couteau à lame forte et posez-le sur une feuille de papier dentelé, dans un plat rond en argent si c'est possible.

Ce même gâteau se fait avec plusieurs sortes de confitures chauffées et diluées avec un peu de vin blanc ou simplement de l'eau.

Mille Feuilles

Opération. — 250 gr. de feuilletage (voir la recette). Une fois fini, le diviser en douze carrés, dont on fait des boules. Abaisser ces boules de la grandeur d'un bol, je suppose. Mouiller la plaque pour les cuire, les poser dessus et les piquer fortement. Il faut, autant que possible, qu'ils soient égaux. Faites-les cuire à four chaud. J'oublie qu'il faut en faire deux d'un centimètre plus grands que les autres, pour la base et le dessus. Une fois cuits, ayez de trois ou quatre sortes de n'importe quelles confitures, mettez sur un de ces ronds une sorte, sur un autre une autre sorte et ainsi de suite, en les superposant les uns sur les autres. Une fois fini, appuyez légèrement sur le tout, arrondissez avec un couteau le tour et fixez-le sur le fond que vous avez réservé ; mettez alors de la confiture de groseille dans une casserole, ou tout autre, mais je trouve que celle-ci fait mieux. Ajoutez quelques cuillerées de sucre, faites-la recuire, et avec un pinceau glacez le gâteau tout autour et jetez dessus des amandes hachées et grillées, des raisins de Corinthe, d'Angélique coupée en petits carrés, des cerises. Sur le bord dépassant de la base, semez du sucre cristallisé. Vous glacez aussi le couvercle et le décorez de fruits confits avec goût. Cela est d'un bel effet, semble compliqué au premier abord, et ce n'est pourtant rien à faire.

N. B. — Pour cuire les ronds, il est inutile de les dorer, il suffit de les mouiller dessus tout simplement.

Mont-Blanc

Pour que cet entremets ait un véritable cachet artistique et éveille dans la pensée le souvenir qu'il est censé représenté au minuscule, il faut le faire un peu grand. En somme, ce n'est pas qu'il soit coûteux ; il donne de l'ouvrage et un peu de peine,

Pour les personnes qui peuvent faire la crème avec le lait de leur ferme, la seule dépense résultera de l'achat des marrons et d'un peu de sucre.

Formule : 1 kilo de marrons ; 250 gr. de sucre semoule ; 160 gr. de beurre fin ; un quart de litre de lait ; un demi-litre de crème double ; une cuiller à bouche de crème de riz ; une demi-gousse de vanille ; 5 morceaux ordinaires de sucre cassé.

Opération. — Enlevez la première peau aux marrons, mettez-les à mesure dans de l'eau froide, abondante ; rejetez tous ceux qui nagent, généralement ils sont piqués, vous pouvez du reste vous en assurer avant de les jeter.

Délayez la crème de riz avec 2 litres d'eau froide, mettez sur le feu et remuez avec une cuiller de bois jusqu'au moment où l'eau est tiède.

Ajoutez les marrons égouttés, une pincée de sel ; couvrez et faites bouillir.

Retirez du feu et enlevez très rapidement la peau ; sortez les marrons seulement par deux, pour ne pas les sécher.

Jetez-les à mesure dans le quart de lait chaud, faites-les bouillir un quart-d'heure à couvert sur un feu doux, et assurez-vous qu'ils sont bien cuits.

Pendant que les marrons cuisent, pilez la vanille avec deux morceaux de sucre ; lorsque ceux-ci sont bien pulvérisés, ajoutez en un autre, pilez et ainsi de suite jusqu'au cinquième.

Passez les marrons au tamis de fil de fer n° 20, posé sur une serviette étalée sur la table ; ne prenez que deux ou trois marrons à la fois, si vous voulez bien faire. En en mettant plus sur le tamis, ils refroidissent et c'est très difficile de les passer.

Opérez le plus rapidement possible pour que la purée n'ait pas le temps de refroidir.

Remettez-la dans la casserole chaude, ajoutez le beurre divisé en quatre parties, une pincée de sel, et triturez pour amalgamer et raffiner.

Mélangez 100 gr. de sucre semoule sur la quantité pesée, repassez au tamis, remettez la purée dans la casserole, parfumez avec la moitié du sucre vanillé et travaillez pour le mélanger.

POUR MOULER LA BORDURE. — Posez une passoire à gros trous dans une casserole haute, qu'elle y rentre à l'aise, mais soit retenue sans toucher au fond par l'anse et la queue, ou par les trois pieds que certaines passoires possèdent.

Mettez la moitié de la purée dedans ; avec le passe-purée dit champignon, appuyez pour la faire tomber en vermicelle.

Toute la purée étant passée, renversez-la sur un plat rond ; avec une fourchette, creusez le milieu pour élever les bords en forme de puits, en déformant le vermicelle le moins possible et en faisant la bordure très haute et irrégulière pour imiter les rochers.

Les personnes qui disposent du hachoir mécanique peuvent y passer les marrons au lieu de se servir du tamis, c'est bien plus vite fait. Après les avoir passés deux fois, pour donner du corps à la pâte, on les passe une troisième fois, en faisant tourner le plat lentement. On obtient ainsi un boudin rayé uniformément, que l'on bossèle par endroits avec une fourchette.

La Crème Chantilly

Il est facile d'obtenir un demi-litre de bonne crème en réunissant 6 ou 8 litres de lait dans une terrine. Aussitôt trait, on le porte dans un endroit où la chaleur est de 15 à 20°, et on le laisse reposer 24 heures environ. Avec une écumoire, on lève la crème, et le restant du lait sert pour faire un fromage ordinaire ou un fromage blanc.

A Paris, demander de la crème épaisse.

POUR LA MONTER. — Mettez dans la crème une cuillerée à bouche du sucre semoule qui reste, battez avec un fouet, et dès que vous voyez que les fils de fer du fouet marquent des traits dans la crème, arrêtez-vous.

Mélangez ce qui reste de sucre et le sucre vanillé ; dressez la crème en forme de rocher dans le milieu du puits. Avec une écumoire, vous l'imiterez mieux qu'avec une cuiller plus petite.

Mousse aux abricots

Formule : 250 gr. d'abricots plein vent, bien mûrs ; 250 gr. de sucre glace ; demi-litre de crème épaisse et fraîche ; un moule festonné à cylindre contenant un litre et demi environ ; 2 kilos de glace ; 350 gr. de sel.

Opération. — Passez les abricots au tamis de crin dans un saladier, fouettez la purée en ajoutant peu à peu le sucre. Montez la crème sans la tourner au beurre. Mélangez purée et crème ; versez dans le moule, couvrez-le d'un papier et du couvercle, mettez-le dans une terrine ou petit seau, entourez-le de la glace cassée en morceaux de la grosseur d'une noix, salez, couvrez d'un linge mouillé et tenez au frais deux heures.

Démoulez comme d'habitude en trempant légèrement le moule dans de l'eau un peu chaude.

Les mousses aux reine-claude, à l'ananas, aux bananes, etc., se font de la même façon.

Mousse glacée au chocolat

Les *mousses* ont une finesse et une légèreté auxquelles ne sauraient prétendre les entremets ordinaires. Leur délicatesse s'obtient par le *fouettage* et l'adjonction de crème double battue, ou, à défaut de celle-ci, par l'adjonction de blanc d'œufs auquel il faut bien recourir par les temps chauds orageux quand on ne dispose pas de glace ou d'une glacière presque indispensable pour affermir la crème.

Les jaunes d'œufs que j'indique ici ont pour effet de velouter la mousse, ils ne sont pas autrement indispensables.

Quantités pour garnir un moule à cylindre festonné de 12 centimètres de diamètre sur 6 centimètres de hauteur :

Formule : 50 gr. de sucre semoule ; 60 gr. de chocolat à la vanille ; 2 jaunes d'œufs un peu gros ; deux tiers de verre de lait (1/8 de litre) ; une feuille de gélatine (facultative) ; 250 gr. de crème double ; 1/8 de gousse de vanille ; pincée de sel.

Mettez le chocolat sur une feuille de papier ou un petit plateau, et placez-le à la porte du four, tout à fait devant la bouche et non point dedans, car il doit ne pas dessécher mais seulement se ramollir en une pâte ferme pour être mélangé aux jaunes d'œufs et dissous dans le lait. Le résultat ne serait pas le même si on le faisait fondre dans le lait, à feu nu, car il perdrait son goût de cacao ; mais on pourrait le préparer au bain-marie, sans inconvénient autre que de risquer son mélange moins intime avec les œufs, comme on l'obtient sûrement en l'écrasant avec les jaunes et le sucre.

Travaillez pendant un bon moment les deux jaunes d'œufs mélangés avec 3o gr. de sucre, le sel et la vanille, pour blanchir et raffiner le tout. Ajoutez le chocolat, mélangez bien intimement jusqu'à ce qu'il n'y ait plus qu'une pâte épaisse, versez le lait et mettez la gélatine lavée et essorée, à moins que la température très froide de la saison et la qualité de la crème double ne vous permettent de vous en passer, ce qui est préférable.

Donnez un bouillon en remuant, et retirez du feu aussitôt la première cloque prononcée ; versez dans un saladier, fouettez jusqu'à ce que la crème soit tiède.

Dans un bassin à battre ou un saladier, fouettez 25o gr. de crème double, soit un quart de litre, et 20 gr. de sucre semoule ; et, lorsqu'elle est bien ferme, mélangez-la à la crème de chocolat, cuillerée par cuillerée pour qu'elle ne retombe pas.

Versez dans le moule légèrement huilé, entourez d'un mélange de 1 kilog. de glace et 125 gr. de gros sel, qui font un froid plus intense que la glace seule, et laissez raffermir pendant deux heures.

Cette mousse n'est parfaite qu'à condition d'être servie très froide, comme une glace. La gélatine est alors dissimulée.

Pour la présenter, trempez le moule dans l'eau tiède, cinq ou six secondes ; essuyez ; renversez dans un plat rond en argent.

Mousse Dijonnaise
(Entremets glacé)

Dressez d'une part, sur une plaque cirée et poudrée de sucre, un plafond en meringue de 25 centimètres de diamètre ; d'autre part, deux couronnes également en meringue et du même diamètre ; poudrez de sucre et cuisez à four très modéré. Après cuisson, collez, avec du sucre cuit au cassé, les deux couronnes l'une sur l'autre ; placez-les en les collant aussi sur le plafond. Remplissez l'intérieur, en formant dôme, de la composition suivante :

Formule : 2 jaunes d'œufs frais ; 1 décilitre de parfum de vanille (infusion); 5 décilitres de crème fouettée bien ferme ; 150 gr. de fraises des bois ; 2 feuilles de gélatine.

Montez au bain-marie, en fouettant constamment, les jaunes d'œufs avec le sirop de vanille ; ajoutez la gélatine que vous avez fait dissoudre avec la plus faible quantité d'eau chaude possible et passez le tout au tamis. Lorsque cette composition commence à plisser, mélangez-y la crème fouettée et les fraises écrasées et passées au gros tamis et auxquelles vous avez ajouté une goutte de carmin clarifié ; remplissez la croûte en formant le dôme et mettez dans un timbre bien sanglé. Au moment de servir, décorez tout le tour et le dessus de fraises Princesse et de feuilles naturelles de fraisier.

Mousse glacée au Café
(Entremets)

Quantités pour un moule à fromage glacé ou à bombe d'un litre et quart.

Formule : 3 blancs d'œufs frais, un peu gros ; 150 gr. de sucre cassé à la main; un 1/2 litre de crème double ; 1 décil. de forte infusion de café; 4 kilos de glace à rafraîchir; 1 kil. de gros sel.

La Mousse

Opération. — Faites passer sur 100 gr. de café moulu très fin la valeur d'un verre ordinaire d'eau bouillante ; et mettez à part les trois premières cuillerées passées.

Avec le reste, mouillez le sucre cassé, laissez-le fondre, puis faites-le cuire au soufflé.

Le degré de soufflé se reconnaît lorsqu'en soufflant à travers une écumoire préalablement plongée dans le sirop et secouée, celui-ci se forme en bulles de l'autre côté ; ce degré suit immédiatement l'apparation de perles dans la casserole.

Montez les blancs d'œufs en neige, dans le bassin de cuivre si commode, presque indispensable pour battre des blancs à la perfection, et qui ne coûte pas cher ; et pendant que vous tournez le fouet toujours dans le même sens, faites verser le sirop bouillant sur les blancs, en un petit filet continu et bien égal, puis ajoutez les trois premières cuillerées de café mises en réserve. Vous devez avoir obtenu une crème légère, onctueuse, peu colorée ; remuez-la de temps en temps pour qu'elle refroidisse sans retomber.

Pour glacer la Mousse. — Dans le fond du sceau de bois étroit et profond qui sert ordinairement à la sorbetière, tassez 5oo grammes environ de glace pilée, épaisse de 4 centimètres. Posez le moule, après l'avoir fermé, au centre du seau, debout, le couvercle en haut. Entourez-le de 2 kilos de glace cassée et saupoudrée de 8oo grammes de gros sel, ayant bien soin que la glace ne dépasse pas la hauteur du moule.

Le mélange du sel avec la glace produit un froid inférieur à 20° et le sel se dissout dans un peu moins que trois fois son poids de glace. Quand on modifie cette proportion de 1 à 3, le mélange réfrigérant n'est donc qu'imparfaitement formé.

Je viens, il est vrai, d'indiquer 8oo grammes de sel pour saupoudrer 2 kilog. de glace ; mais, au fond du baquet, il y a de celle-ci bien tassée, en contact avec l'eau chargée de sel, et la proportion se trouve maintenue.

Fouettez la crème double, mélangez-la par petites quantités aux blancs d'œufs que vous avez montés, et remplissez-en le moule jusqu'au bord, en évitant de laisser des vides qui donneraient des trous dans la mousse glacée. Posez dessus une feuille de papier, enfoncez le couvercle, et bourrez le seau de glace cassée mélangée avec le tiers de son poids de sel. Couvrez d'un linge, tenez au frais pendant une heure. Ce temps suffit presque pour glacer quand on emploie la proportion indiquée.

Enlevez le moule et retirez l'eau produite par la glace fondue. S'il y a un trou au bas du sceau, comme on en fait généralement, fermé par un bouchon, vous n'aurez qu'à l'ouvrir sans enlever le moule, pour que l'eau s'écoule. Pilez ce qui reste de glace, saupoudrez avec ce qui reste de sel, rechargez pour remplacer la glace fondue, couvrez du linge et laissez au frais encore pendant une heure ou plus longtemps jusqu'au moment de servir la mousse.

Démoulage. — Retirez le moule du seau, lavez-le à l'eau froide ; trempez-le deux secondes dans de l'eau tiède et essuyez-le ; retirez le couvercle, mettez à sa place une serviette à thé, puis le plat rond pour le servir, retournez le tout, posez sur la table le plat supportant le moule ; et soulevez celui-ci avec précaution, bien droit.

Mousse glacée au Chocolat

Formule (pour 8 personnes) : 125 gr. de chocolat fin ; un décilitre de vin blanc ; un décilitre d'eau filtrée ; 5 décilitres de crème double ; 100 gr. de sucre cristallisé ; 20 gr. de sucre semoule ; 3 kilos de glace ; 550 gr. de gros sel ; un moule à couvercle contenant un litre.

Opération. — Faites bouillir le vin blanc avec le sucre cristallisé et mettez-le refroidir.

Faites bouillir le décilitre d'eau dans une petite casserole, retirez-la du feu, mettez-y le chocolat concassé, couvrez et attendez 1o minutes.

Avec un petit fouet, délayez-le ; mélangez le chocolat et le sirop, battez-les sur la glace pour les bien refroidir et les rendre mousseux. Montez la crème double avec les 20 gr. de sucre semoule ; ne la poussez pas au beurre, mais tâchez qu'elle soit un peu ferme ; ajoutez la vanille en poudre et l'appareil à chocolat, mélangez avec beaucoup d'attention pour ne pas trop ramollir la crème.

Pilez la glace, saupoudrez-la avec 3oo grammes de sel ; entourez le moule jusqu'à la hauteur du bord du couvercle ; découvrez-le, versez l'appareil, mettez une feuille de papier blanc, couvrez en forçant le couvercle, ajoutez par dessus la glace qui vous reste et le sel, étendez un linge sur le tout et attendez deux heures, deux heures et demie au plus.

Lavez le moule à l'eau froide, lentement, essuyez-le ; mettez une serviette à thé dans un plat rond, découvrez le moule, renversez-le, soulevez le moule bien droit.

Mousse au Marasquin

Quantité pour 1o personnes environ :

Formule : 300 gr. de sucre semoule ; 5 feuilles de gélatine fine (10 à 12 gr.) ; 9 jaunes d'œufs moyens ; 3 décilitres de vin blanc (un peu plus d'un quart de litre) ; un quart de litre de crème épaisse et très douce ; une pincée de sel fin ; un verre à madère de marasquin ; un quart de bâton de vanille ; un moule festonné à douille, fermant hermétiquement, contenance d'un litre environ ; 2 kilos de glace à rafraîchir ; 5oo gr. de sel gris.

Opération. — Faites tremper la gélatine dans de l'eau froide.

Travaillez les jaunes avec le sucre un bon moment dans une casserole étamée, cet appareil doit être léger et mousseux ; ajoutez le sel, la vanille, le vin blanc, l'eau froide et la gélatine essorée dans un linge.

Donnez un léger bouillon sur le feu doux en remuant toujours ; aussitôt que vous verrez une cloque sur le bord de la casserole, renversez cette crème dans une terrine et refroidissez-la en la battant avec le fouet, pour la rendre bien mousseuse. Lorsqu'elle est presque froide, ajoutez le marasquin, peu à peu, toujours en la fouettant.

Montez la crème Chantilly, mélangez-la à l'appareil, garnissez le moule ; entourez et couvrez-le complètement avec la glace pilée et salée, couvrez d'un linge humide et tenez au frais au moins deux heures.

Pour servir. — Trempez le moule aller et venir seulement, dans de l'eau un peu chaude, essuyez-le rapidement, renversez-le sur un plat rond garni d'un papier dentelle.

N. B. — Prendre garde que le moule ferme bien, si l'eau salée y pénétrait, la mousse serait complètement perdue. N'employez que du Marasquin de choix ou du très bon kirsch.

Muffins (*Corn muffins*)

Formule : 250 gr. de farine de gruau ; 420 gr. de farine de maïs ou corn meal ; 30 gr. de bakin-powder ; 20 gr. de sel fin ; 50 gr. de sucre en poudre ; 150 gr. de beurre ; 3 œufs entiers ; un peu de lait.

N.-B. — Ce corn meal, que l'on emploie ici, est la même farine dont les Italiens, les Languedociens et une partie de l'Auvergne font leur millias et poulainte.

Opération. — Faites fondre le beurre, qu'il soit légèrement chaud. Mélangez les deux farines en les tamisant ensemble. Faites la fontaine.

Travaillez au milieu les œufs, le sucre, le sel, la levure, demi-quart de litre de lait et le beurre ; mélangez la farine intimement. La pâte doit être un peu ferme mais très facile à manier.

Beurrez des moules à muffins ou à baba, remplissez-les à moitié de pâte, posez-les sur une plaque et faites cuire à four modéré.

Le pain de maïs se fait exactement pareil, seulement on verse la pâte dans une plaque ronde ou carrée, assez beurrée, et on fait cuire un peu plus longtemps.

L'épaisseur de la pâte doit être de 2 à 3 centimètres. Ce pain doit être servi chaud, sortant du four, accompagné de coquilles de beurre.

Beaucoup de personnes mettent deux tiers de farine de gruau de froment pour un tiers de maïs, et à mon goût le pain est meilleur et plus léger. On peut également substituer le lard au beurre.

N

Navettes de Marseille

LE LEVAIN

Formule : 250 gr. de farine de gruau ; 60 gr. de beurre fondu ; 60 gr. de sucre en poudre ; 15 gr. de levure de bière ; une pincée de sel fin ; 2 œufs moyens.

LA PATE

Formule : 100 gr. de farine ; 65 gr. de sucre ; 50 gr. de beurre ; 2 œufs un peu gros ; 1 verre à madère d'eau de fleur d'oranger triple.

Opération. — Mettez en couronne, sur le marbre ou sur la table, les deux cent cinquante grammes de farine ; dans le milieu le sel, la levure et le lait. Quant la levure est bien dissoute, ajoutez le sucre, le beurre fondu, les deux œufs, travaillez pour bien mélanger le tout, puis mettez la pâte dans une terrine et laissez-la doubler de volume en un endroit tempéré, pendant deux à trois heures qui sont nécessaires à ce résultat.

Dans la pâte de la terrine, incorporez alors : d'abord deux œufs un peu gros, ou trois petits œufs ; puis, lorsqu'ils sont mélangés, l'eau de fleur d'oranger, le sucre, le beurre et la farine. Travaillez la pâte un moment ; elle doit être souple, douce, un peu élastique. Saupoudrez de farine, couvrez et laissez raffermir au frais pendant une heure.

Renversez-la sur le marbre fariné, coupez-la en morceaux un peu plus gros qu'un œuf, roulez ceux-ci en forme de navette, c'est-à-dire allongés et légèrement pointus ; posez-les sur une plaque de tôle épaisse et beurrée, un peu écartés les uns des autres ; laissez lever encore une fois, pendant au moins une heure, et dorez-les avec un œuf battu. Puis, cuisez à four légèrement chaud, pendant 25 minutes environ.

Pour les employer le lendemain et jours suivants, on les fend par le milieu, on les dore légèrement au four vif, on les garnit vivement de beurre, et on réunit les deux morceaux. Ils sont excellents pour le café au lait, le thé ou le chocolat.

Nèfles (*Biscuits ronds chocolatés*)

Proportions et quantités pour deux douzaines de bouchées.

Formule : 6 œufs pesant ensemble 300 gr. ; 125 gr. de sucre semoule ; 125 gr de farine ; rhum, kirsch ou eau-de-vie ; sel ; Marmelade ou crème ; 5 tablettes de chocolat ; poche avec douille ronde unie, d'un centimètre de diamètre, ou cornet de fort papier.

Opération. — Cassez les œufs ; séparez soigneusement les blancs et retirez les germes ; un peu de jaune empêche le blanc de monter tout à fait et d'être ferme. Mettez les blancs dans la bassine en cuivre et les jaunes dans un saladier sur le sucre en poudre ; travaillez le contenu du saladier en une crème onctueuse, ajoutez le sel et le parfum, battez encore quelques minutes ; montez les blancs en neige, mélangez-en la moitié dans les jaunes, puis mélangez la farine préalablement tamisée sur une feuille de papier, le tamisage ayant pour résultat d'empêcher les grumeaux et de retenir les impuretés ; redonnez quelques coups de fouet au reste de blanc, versez dans le saladier et mélangez à la spatule rapidement, plutôt qu'avec la fourchette qui fait retomber la mousse.

Dressez sur 2 feuilles de papier des boutons un peu bombés de la largeur d'une pièce de 5 francs, et placez-les sur plaque épaisse. Cuisez au four, chaleur plutôt douce, environ 25 minutes. Détachez, et au-dessus de chaque bouton appliquez un peu de crème ou confiture, doublez-les.

Faites fondre le chocolat avec très peu d'eau chaude, trempez les gâteaux un peu plus de moitié pour cacher la soudure, laissez sécher, dressez-les en pyramide.

Nids aux Marrons,
garnis d'Œufs à la neige

Pour 10 personnes environ :

Formule : 500 gr. de débris de marrons glacés ; 60 gr. de beurre fin ; 20 gr. de sucre semoule ; 3 ou 4 cuillerées de crème à thé ou de lait ; vanille en poudre.

Opération. — Ces débris de marrons s'achètent chez les pâtissiers et les épiciers. Chauffez le lait avec les marrons sur feu doux et couverts. Pilez-les dans le mortier que vous avez chauffé en le remplissant d'eau bouillante, passez-les au tamis. Remettez-les dans le mortier, ajoutez le beurre, le sucre et la vanille ; broyez pour obtenir une pâte bien homogène. Passez cette pâte une deuxième fois au tamis pour qu'elle soit très fine.

Laissez-la raffermir au frais.

Saupoudrez la table de sucre glace, faites avec toute la masse un boudin de 45 centimètres environ de longueur, posez-le sur un plat rond en couronne, et soudez les deux bouts proprement (on ne doit pas voir l'endroit soudé). Avec une fourchette en bois, celle de la salade, faites des raies pour imiter l'entortillement des fétus de paille et de petits bois dont les tourterelles font leur nid.

LES ŒUFS EN NEIGE

Fouettez trois blancs d'œufs. Dès qu'ils sont un peu fermes, saupoudrez-les d'une cuiller à bouche de sucre semoule ; puis continuez à les fouetter pour les raffermir ; ajoutez deux autres cuillerées de sucre vanillé et mélangez avec la spatule.

Mettez au feu, dans un sautoir de 24 centimètres de diamètre, deux litres d'eau et 20 gr. de sel ; faites bouillir. Remplissez en dôme une cuiller à ragoût de blanc d'œuf, lissez le dessus avec une lame de couteau trempée dans l'eau chaude ; et, avec une cuiller à bouche, trempée aussi dans l'eau, passez en dessous de l'œuf et jetez-le dans l'eau bouillante. Faites vivement trois à quatre œufs ; chaque fois que vous en jetez un, tournez celui que vous avez mis précédemment. Ne les laissez pocher que 2 minutes chacun ; enlevez-les et posez-les sur un linge double pour les essorer. Continuez les autres.

Dressez-les dans le nid, en pyramides, et servez froid, arrosez de crème vanille.

Nogalines au Café

Formule : 150 gr. amandes mondées ; 150 gr. sucre au tamis de soie ; 20 gr. beurre fin d'Isigny ; 20 gr. café frais torréfié, moulu ; 1 décilitre d'eau commune.

Opération. — Faites bouillir l'eau, jetez-y le café, couvrez pendant 5 minutes et passez dans une petite chausse en molleton pour obtenir 5 centilitres d'essence de café, dont vous vous servez pour piler dans un mortier, les amandes que vous avez eu soin de monder et de faire sécher préalablement ; lorsque les amandes sont pilées assez fines pour faire une pâte impalpable, vous y mélangez le beurre et le sucre passé au tamis de soie. Malaxez bien à l'aide du pilon pour donner du corps à la pâte, que vous relevez ensuite dans une petite terrine et que vous réservez dans un lieu très frais pendant deux heures.

Quand cette pâte est bien ferme, roulez-la sur le marbre en saupoudrant avec du sucre en poudre, pour en faire des boudins que vous divisez en morceaux de la grosseur d'une belle cerise ; roulez ensuite ces morceaux en forme d'olives, puis embrochez-les d'un bout avec des petites brochettes en bois (et non en fer) pointues aux deux extrémités, afin de pouvoir le piquer sur un tamis. Après cette opération, mettez le tamis garni de brochette d'olives dans un endroit frais jusqu'à raffermissement complet, puis glacez au sucre cuit au cassé parfumé au café, comme suit :

POUR FAIRE LE SUCRE CUIT AU CASSÉ

Formule : 250 gr. sucre ; 15 centilitres d'eau filtrée (y fondre le sucre) ; 20 gr. de beurre fin ; 30 gr. de café frais torréfié, moulu.

Opération. — Cassez le sucre dans un petit poêlon d'office en cuivre rouge non étamé, arrosez-le avec les 15 centilitres d'eau filtrée et mettez-le sur un feu vif pour le cuire au cassé ; au premier bouillon, ajoutez un filet d'acide acétique (pendant la cuisson, il faut éponger souvent les bords du poëlon). Lorsque le sucre est arrivé à la cuite du boulé (c'est-à-dire que, quand après avoir mouillé ses doigts dans l'eau froide, la partie de sucre adhérente aux doigts peut former une boule), vous ajoutez le beurre et, par petites parties à la fois, l'essence du café que vous avez préalablement faite avec les 3o gr. de café et 15 centilitres d'eau bouillante en procédant comme il est dit plus haut.

Quand le sucre est cuit au cassé, vous placez le poëlon sur le marbre ou plutôt sur le côté du fourneau, en ayant soin de l'incliner un peu. (On reconnaît que le sucre est cuit au cassé quand il croque parfaitement sans coller à la dent). Vous trempez alors une à une les olives embrochées, et, à mesure que vous les trempez dans ce sucre, vous les piquez sur un autre tamis, afin qu'elles ne se déforment pas en refroidissant ; et, avant de les piquer sur le tamis, il faut avoir soin de les tourner un peu sur elles-mêmes pour éviter qu'il se forme des gouttes qu'on serait obligé de couper avec des ciseaux, ce qui rendrait le bonbon moins propre.

Après refroidissement complet, débrochez les bonbons que vous mettez de suite dans des petites caisses à cerises, et servez immédiatement, car ce bonbon ne se conserve pas.

Nougatine

Le Biscuit

Formule : 3 œufs; 110 gr. de sucre cristallisé; 100 gr. de farine; 60 gr. de beurre; Un petit verre de rhum; Un moule à génoise de 20 cent.

Opération. — Montez les 3 œufs entiers avec le sucre, sur un feu doux ; dès que la pâte commence à blanchir ajoutez le rhum et continuez de monter; la pâte doit être ferme et pas trop chaude, seulement dégourdie.

Mélangez la farine tamisée, ajoutez le beurre fondu et versez dans le moule beurré, refroidi et fariné.

Il faut se servir de beurre un peu chaud et sans petit lait, on peut l'étendre à l'aide d'un pinceau, en le promenant légèrement sur toute la surface du moule, ou bien en faisant glisser le beurre en penchant le moule en tous les sens.

Si on emploie ce dernier procédé, lorsque le beurre qui reste en assez grande quantité est presque froid, renversez le moule sur une plaque et l'excès de beurre tombe.

Dans les deux cas, on le farine lorsqu'il est complètement froid, sinon il prend trop de farine, celle-ci fait une croûte qui se décolle du gâteau en le renversant et le dessus n'est plus aussi uni.

Aussitôt la pâte renversée dans le moule, soulevez-le avec les deux mains et laissez-le tomber sur la table deux fois pour tasser la pâte et la rendre uniforme à la surface.

Posez le gâteau au four un peu chaud mais bien d'aplomb. Si le four est trop chaud de sole (du bas), mettez un fond de tôle dessous ; s'il est trop chaud de l'âtre (du haut), aussitôt qu'il a fait croûte mettez un papier légèrement beurré dessus, pour éviter qu'il prenne couleur. Dans 25 minutes environ, il doit être cuit si le four est à point.

Renversez-le sur un tamis ou sur une grille, appuyez les doigts dessus et assurez-vous qu'il est résistant, au cas contraire vous pouvez le remettre au four sur la grille et le laisser quelques minutes.

La Crème

Formule : un cinquième de litre de lait ; 50 gr. de sucre semoule ; 1 œuf et 1 jaune ; une cuiller à café de farine; 40 gr. de beurre fin ; un soupçon de sel.

Opération. — Travaillez le sucre avec l'œuf entier une bonne minute, ajoutez le jaune et travaillez autant, mélangez la farine, le sel et le lait ; faites bouillir, retirez du feu, versez la crème dans un saladier et refroidissez-la à moitié, additionnez le beurre et tournez pour bien mélanger.

Le Nougat

Formule : 60 gr. d'amandes hachées ; 60 gr. de sucre semoule ; 6 goutes de citron.

Opération. — Mettez les amandes sur un plafond à la bouche du four, pour les chauffer et les bien sècher au cas où elles ne le seraient pas complètement.

Mettez le sucre dans une petite casserole en nickel ou en cuivre non étamé, le citron, et posez sur un feu presque doux ; avec une petite spatule, remuez le sucre pour l'empêcher de colorer, évitez autant que possible de faire des grumeaux, pour cela incorporez peu à peu le sucre non fondu dans celui qui fond au milieu de la casserole, lentement, je le répète, pour une si petite quantité, si l'on fait des boules, il est difficile de les faire fondre sans trop colorer le restant et le nougat est amer ou gris.

Le sucre étant bien fondu et d'un jaune d'ambre brûlé, incorporez les amandes à côté du feu, ne mélangez pas longtemps et versez sur le plafond légèrement huilé.

Huilez un marbre ou à défaut de marbre le revers d'une plaque un peu grande et le rouleau à pâtisserie, versez le nougat, étendez-le en une bande large de 5 centimètres et assez mince, coupez des dents de loup étroites et assez longues, laissez-les refroidir complètement.

Broyez très fin avec le rouleau les débris du nougat, passez-les au tamis n° 20, et broyez encore ce qui reste ; incorporez cette poudre dans la crème.

Divisez le biscuit en trois tranches et étendez sur chacune le tiers de la crème ; remettez les tranches en place et dressez au milieu, en rond, les dents de loup, en les enfonçant pour les fixer. Cela doit vous donner une couronne.

Si vous tenez à le finir plus complètement, hachez fin 5o gr. d'amandes non blanchies, sucrez une plaque, éparpillez les amandes et sucrez-les dessus, faites-les praliner au four.

Badigeonnez le tour du gâteau avec un peu de crème, prenez le gâteau sur la main gauche, remplissez la main droite d'amandes hachées et appuyez sur le tour du gâteau.

Posez-le sur un papier dentelé et servez.

Œuf (l')

L'œuf de Pintade. — Est le plus succulent des œufs de la basse-cour.

L'œuf de Poule. — Est celui dont on fait le plus d'usage en cuisine ; il est d'excellent goût et suffit à tous les besoins.

L'œuf de Dinde. — Est presque aussi bon que l'œuf de poule.

L'œuf d'Oie. — Est de consistance huileuse et répugne à beaucoup de personnes.

L'œuf de Canard. — A une saveur désagréable ; il est surtout employé par les pâtissiers, et pour les sauces, parce que son jaune colore plus.

L'œuf de Vanneau. — Est le plus riche et le plus délicat de tous les œufs, il est le plus joli une fois cuit à point (ébullition de 5 minutes) Il est aussi le plus cher.

L'œuf de Pluvier le suit de près.

Le jaune de l'œuf contient la moitié de son poids d'eau (5o °/o), et 3o °/o de graisse.

Le blanc de l'œuf contient les 4/5 de son poids d'eau (8o °/o), et 2 °/o de graisse.

Un œuf de poule frais pèse environ 6o

gr., dont 8 gr. pour la coquille, 41 gr. 3 pour le blanc, et à peu près 20 gr. pour le jaune.

Valeur nutritive de l'œuf. — L'œuf est un aliment à peu près complet, il ne lui manque que du sucre. Le jaune, surtout, convient aux enfants et aux convalescents. Dix-huit œufs, sans autre adjonction que de l'eau, peuvent sustenter un homme pendant 24 heures sans déperdition de forces. Deux jaunes d'œufs battus et un peu de sucre, dans un litre d'eau, équivalent à 1 litre de lait.

On ne doit employer que les œufs frais. L'œuf gâté est devenu toxique et immangeable quand il a une teinte verdâtre et que le blanc est liquide, le jaune collé à la coquille.

On conserve les œufs dans la chaux éteinte, dans la tourbe, dans la cendre de bois, dans le charbon de bois, etc. Il faut que ce soit bien pulvérisé et tenu au sec, à l'abri des trépidations et des sauts trop brusques de la température.

On les conserve aussi dans de l'eau de chaux (10 gr. de chaux et 2 gr. de sel pour 100 gr. d'eau). Ces œufs ne peuvent se manger à la coque, mais en omelette et sur le plat et font de la pâtisserie passable. On bat les œufs vieux avec 2 ou 3 gouttes d'huile de table et 2 ou 3 gouttes de vinaigre, ce qui leur ôte une partie du goût désagréable de conserve et les rend plus comestibles.

Cuisson de Œufs. — Nous indiquons de préférence l'usage du beurre ; mais si on n'en a pas sous la main, comme il arrive dans les colonies surtout, on y substituera par le saindoux, les graisses et l'huile comestible.

Quand nous indiquerons de cuire à four doux, il faut toujours avoir soin de mettre dans le four une jatte pleine d'eau chaude; cela empêche le mets de se dessécher. Il en est de même lorsqu'on fait rôtir, surtout dans les fours des cuisinières en tôle et en fonte, afin que les viandes ne se dessèchent pas. C'est le secret d'un cordon bleu, née pour ainsi dire rôtisseuse ; cela, si on ne dispose pas d'une plaque à rôtir, en cuivre étamé,

ayant une grille surélevée de 2 ou 3 cent., sous laquelle on met un demi-verre d'eau froide.

Œufs à la Coque

Cuits au lait, ils sont plus profitables à l'organisme.

1° Mettez les œufs deux minutes dans l'eau bouillante salée, puis retirez du feu et laissez une minute dans l'eau pour qu'ils fassent leur lait.

2° Mettez les œufs dans l'eau froide sur un feu doux ; quand l'eau commence à bouillir, ils sont cuits.

3° Plus simplement : achetez un sablier de 3 minutes, qu'il suffit de retourner au moment où vous mettez les œufs dans l'eau bouillante ; les œufs sont cuits quand le sable est écoulé.

4° Mettez les œufs dans l'eau bouillante, laissez faire deux bouillons, retirez du feu et à ce moment retournez le sablier ou compter 3 minutes ; les œufs sont cuits.

5° Mettez les œufs dans de l'eau salée très bouillante, mettez de suite casserole couverte en dehors du feu et à ce moment comptez 3 minutes ou retournez le sablier ; les œufs seront encore plus en lait que les précédents.

On doit les servir, sur la table, dans de l'eau un peu plus que tiède pour leur conserver la chaleur.

6° Pour obtenir des œufs tout à fait en lait, c'est-à-dire d'une façon irréprochable, il faut employer de gros œufs de 7 à 8 à la livre, c'est-à-dire pesant de 80 à 90 grammes l'un ; des œufs ayant au plus trois jours de date ; enfin ils doivent être mis dans un panier ou sur une grille, afin de ne pas toucher le fond de la casserole ; la quantité d'eau doit être de un litre et demie bouillante et contenant 20 grammes de sel pour 9 à 10 œufs.

Faites bouillir l'eau salée, retirez du feu, versez-y un verre à bordeaux d'eau froide, puis posez les œufs, couvrez et laissez cuire en lait pendant 3 ou 4 minutes suivant le goût. Les œufs seront admirablement cuits et d'un goût unique que l'on ne peut obtenir par aucun autre procédé de cuisson ; il ne faut pas saler l'œuf, car la quantité du sel mise dans l'eau aura suffi pour saler le blanc.

(Procédé nouveau, trouvé par M. et Mme Colombié, professeur de cuisine, fondateurs de l'Ecole de cuisine.

Œufs sur le plat, au Miroir

Faites fondre doucement du beurre sur le plat, cassez les œufs dessus ; assaisonnez de sel égrugé, poivre ; faites cuire au bain-marie au four vif pour que les jaunes se voilent et que le blanc reste laiteux. Servez -les : au naturel ; avec bifteck ; avec des escalopes ; au beurre noir.

On peut encore les servir : au fromage ; à la crème ; à la sauce blanche ; aux tomates ; aux champignons ; aux pointes d'asperges ; aux truffes ; aux petits pois ; aux fonds d'artichauts ; aux olives ; au céleri ; sur purée de carottes ; sur purée de pommes de terre ; sur purée de pois ; sur purée d'oseille ; sur purée d'épinards ; sur purée de chicorée ; sur macaroni ; sur nouilles ; sur riz ; sur le gazon (cresson ciselé, à peine cuit au beurre) ; au lard ; au jambon ; au saucisson ; aux saucisses ; à la Rossini ; avec harengs saurs.

Œufs pochés dits « en chemise »

Dans une casserole plate, mettez de l'eau en abondance, acidulez avec du bon vinaigre, verre à madère pour 2 litres d'eau, faites bouillir, cassez des œufs très frais, un à un, tout près de l'eau et à l'endroit ou l'ébullition se produit et soulève l'œuf, cassez-en 6 ou 8 rapidement, retirez la casserole à côté du feu, couvrez et attendez 3 minutes exactement, soulevez les œufs un à un avec une écumoire, dont les bords sont arrondis, passez-les dans de l'eau froide et posez-les sur un linge quadruplé pour les essorer.

Il existe un instrument spécial pour pocher les œufs, mais c'est long. Par le procédé indiqué ci-dessus, si le feu est vif, les œufs frais et mis tout près de l'eau, les œufs sont très jolis et n'ont pas besoin d'être parés, ce qui a l'air de servir un œuf après lequel on a mangé.

Les œufs pochés se servent à la maître d'hôtel estragonnée ; sur bifteck avec un peu de jus ; sur escalopes de veau ; au beurre noir et noisette.

On peut encore les servir : au jus ; à la crème ; à la crème au gratin ; à la sauce blanche ; au fromage ; à la poulette ; à la Sainte-Menehould ; à la matelote ; à la tripe (oignons) ; à la sauce anglaise, au lait ; à la sauce tomate ; sur purée de pois ; sur purée de pommes de terre ; sur purée de carottes ; sur purée d'oseille ; sur purée de chicorée ; sur purée d'épinards ; avec des fèves fraîches et en purée ; avec des haricots blancs à la crème ; avec des haricots rouges au vin ; avec du céleri au jus ; avec des nouilles ; avec du riz à la tomate ; avec de la laitue à la crème ; avec ragoût de truffes ; avec ragoût de champignons ; avec ragoût de pointes d'asperges ; avec ragoût de petits pois ; avec ragoût de ris de veau ; avec cervelles au ris de veau ; avec hachis de viandes ; avec jambon sauté et bouilli ; avec beurre d'anchois ; avec moules ; à la vinaigrette ; à la Tartare ; à la mayonnaise ; avec fonds d'artichauts ; à la gelée ; en aspic dressé dans un moule à bordure uni ; sur croûtons à la purée de gibier et sur croûtons à la purée de foie gras.

Œufs Frits

On peut se servir de la friture aux pommes de terre ; l'huile est cependant préférable.

Quand la friture jette une buée, cassez l'œuf au-dessus ; après quelques instants, retournez avec l'écumoire. Enlevez l'œuf et faites égoutter sur papier buvard.

Pour les frire à l'huile, servez-vous d'une petite poêle à queue et tournez les œufs avec cuiller de bois, le fer colle et on crève le jaune.

Dressez-les en couronne avec persil frit ou sur tranches de jambon ; de langue écarlate ; croûtons farcis ; avec bifteck ; avec escalope ; avec le poulet sauté marengo.

On peut encore les servir : à la sauce piquante ; au jus pimenté ; à la remoulade ; à la ravigote ; à la poivrade ; au beurre d'anchois ; aux grenouilles ; aux moules ;

à la bayonnaise ; enroulés dans des pannequets ; avec cervelles frites ; sur tomate, au beurre de crevettes et crustacés.

Œufs Mollets

Mettez les œufs dans l'eau bouillante, laissez-les bouillir 5 minutes ; rafraichissez-les. Enlevez les coquilles et servez les œufs de la même manière que les œufs durs pour les salades ; avec des sauces fines très parfumées d'essences de gibier, de crustacés, d'asperges, nouilles, etc., ou encore à la maître d'hôtel et au beurre noir.

On peut de même les servir : nappés à la crème double, réduite et condimentée ; à la sauce blanche ; à la sauce purée d'oignons dite Soubise ; au fromage ; à la matelote ; à la tripe ; à la vinaigrette ; à la Tartare; à la poivrade ; au jus ; au beurre d'anchois ; aux tomates ; aux endives en purée ; au céleri au jus ; à la laitue à la crème ; aux champignons ; aux pointes d'asperges ; aux truffes ; aux petits pois ; aur fonds d'artichauts ; aux salsifis ; aux scorsonères ; aux cardons ; aux rognons ; aux cervelles ; aux ris de veau braisés ; aux foies de volaille sautés ; au riz ; au macaroni ; sur les purées et les hachis.

Œufs durs

Il faut exactement sept minutes d'ébullition, pour que l'œuf ne soit ni trop, ni peu cuit, 10 minutes pour qu'il soit dur à point. Pas assez cuit, l'œuf est comme gluant, c'est l'œuf mollet. Trop cuit, il a de l'amertume ; une mauvaise odeur et une couleur verte qui répugne. Il est indigeste au premier chef, arrivé à cet état.

Mangez-le à la croque au sel ; chaud, à la maître d'hôtel ; froid, à la mayonnaise; en salades.

On peut encore les servir : à la poivrade ; à la ravigote ; à la remoulade ; à la poulette ; à la Sainte-Menehould ; à la matelote ; à la tripe ; à la crème ; à l'Italienne ; à la Russe ; à l'aurore ; à l'Impériale ; à la sauce blanche d'oignon ; à la sauce piquante ; au beurre noir ; au fromage ; au jus ; aux tomates ; aux artichauts ; avec du céleri à la moutarde ; avec du thon mariné ; avec purée de pois ; avec purée de carottes ; avec purée de pommes de terre ; avec purée d'oseille ; avec purée de chicorée ; avec purée d'épinards ; avec purée de lentilles ; avec de la choucroute ; avec des salsifis ; avec des scorsonères ; farcis et gratinés ; farcis et frits.

Passés au tamis, blancs et jaunes séparés, et du persil haché, on fait les bordures des salades pour hors-d'œuvre ; des décors autour des gros poissons servis froids.

Les œufs durs coupés en quartier, servent à entourer les poulets froids en salade à la mayonnaise, homards, langoustes et autres poissons dressés sur salade, recouverts de mayonnaise, ainsi que les salades de légumes.

Pour obtenir des œufs durs pour le décor, il est nécessaire que le jaune se trouve au milieu du blanc, cet effet n'est obtenu qu'en mettant l'œuf dans de l'eau abondante et bouillant fortement. Si l'œuf est mis à l'eau froide, le jaune se trouve d'un côté, et le blanc de l'autre, impossible de faire des quartiers d'œufs réguliers.

Œufs brouillés

Cassez les œufs sur une mousseline ou étamine de laine posée sur un vase, tordez à deux pour les brouiller, assaisonnez, faites fondre du beurre dans une casserole épaisse à fond arrondi, versez-y les œufs quand le beurre est laiteux ; faites cuire à feu doux en remuant à la cuiller de bois continuellement. Si des grumeaux se forment, retirez la casserole du feu, dissolvez-les et recuisez ; ajoutez à la fin du beurre frais ou de la crème et la garniture que vous voulez, ou servez-les au naturel ; au jus ; à la crème ; au fromage ; aux fines herbes ; aux olives ; aux tomates ; aux pointes d'asperges ; aux champignons ; aux câpres ; aux petits pois ; aux truffes crues et cuites ; aux oignons rissolés ; aux pommes de reinette ; aux raisins de Corinthe ou de Smyrne ; aux croûtons sautés au beurre ; à la crème de lait ; à la farine de gruau et de maïs ; aux purées ; aux crevettes ; aux anchois ; aux écrevisses ;

à la laitance de carpe ; au foie de canard ; au foie d'oie et de poularde ; aux harengs saurs ; au thon ; au jambon ; au lard ; au saucisson ; aux crêtes de coq ; aux cervelles ; aux rognons ; aux ris de veau (restes); aux nouilles (restes); aux macarons (restes); sucrés au rhum ; sucrés au kirsch; aux viandes hachées (restes); aux poissons hachés (restes) ; aux pointes d'asperges, fonds d'artichauts cuits à l'eau ou sautés à la poêle, avec cordon de sauce tomates ou madère.

Omelettes

Cassez les œufs dans un vase creux et non profond ; salez, poivrez, battez-les à l'aide d'une fourchette. Pendant ce temps, faites fondre un morceau de beurre dans la poêle ; quand il est noisette et non noir, versez-y les œufs et remuez à la fourchette pour qu'ils ne s'attachent pas. Lorsque les œufs sont pris, glissez dessous un petit morceau de beurre et laissez prendre couleur.

Servez en repliant l'omelette en deux en forme de poisson.

Si vous voulez l'omelette plus légère, ajoutez-y une cuillerée de lait et battez bien en mousse.

Si vous la voulez plus nourrissante, ajoutez-y une cuillerée de farine, des pommes de terre frites en petits dés, des croûtons sautés au beurre.

Faites-la au Naturel, retournée en forme de crêpe et cuisez-la deux minutes ; fourrée aux confitures.

On peut encore les servir : aux fines herbes ; au fromage ; à la crème ; à la parmentière ; à la jardinière; à la Dauphinoise ; à la Normande ; à l'Italienne ; à la mode du curé; aux laitances de carpe ; aux tomates sautées ou en purée ; aux pointes d'asperges; aux champignons; aux olives vertes ; aux olives noires; aux câpres; aux truffes; au pain perdu; au caramel ; au rhum ; au kirsch ; aux compotes; aux oranges; à l'angélique ; aux amandes; aux raisins de Corinthe et de Smyrne; aux pommes de terre sautées ; aux pommes de reinettes ; aux pistaches ; aux macarons ; au potiron; au céleri ; à l'oseille crue ; à l'oseille cuite; aux purées de légumes ; aux anchois ; aux crevettes ; aux harengs saurs ; au thon ; à la laitue ; au lard ; au jambon ; au saucisson ; aux rognons ; aux cervelles ; aux foies de volailles ; au rizotto ; aux ris de veau ; aux petits pois ; au macaroni ; aux petits poissons frits ; aux hachis de viandes (restes) ; aux hachis de poissons (restes) ; aux bananes ; à la vanille ; à la morue brandade (restes).

Liaisons

Cassez l'œuf, séparez le blanc du jaune, enlevez le germe. Délayez le jaune avec un peu d'eau froide, ajoutez lentement du liquide que vous liez, puis versez le tout dans le liquide, remuez de suite vivement et soigneusement. Chauffez un peu, si c'est nécessaire, mais ne laissez plus bouillir, si c'est un potage l'œuf tournerait immédiatement dans la soupière. S'emploie pour bouillon, potage, soupe, chaud d'eau et sauces.

Le grog, lié à froid s'obtient en battant un jaune d'œuf dedans ; si le grog est chaud, on opère comme pour le chaud d'eau. Le grog à l'œuf est un réconfortant agissant sans délai sur l'organisme fatigué, fourbu et aussi sur le rhume.

Un œuf battu dans un demi-litre de lait équivaut à la valeur d'un litre de lait (mieux vaut le boire en liaison froide); on peut y ajouter un peu de kirsch ou de cognac.

Crème

Faites chauffer un demi-litre de lait, que vous sucrez avec 125 gr. Délayez 5 à 6 jaunes d'œufs avec un peu d'eau froide, ajoutez un peu de lait chaud ; retirez la casserole du feu, versez vos jaunes dans le lait chaud en remuant, mettez quelques instants sur le feu en continuant à remuer. Quand les œufs ont épaissi, retirez du feu : la crème est faite.

On peut la préparer à la vanille, au caramel, au citron, à la fleur d'oranger, au thé, au café et au chocolat, même au rhum, au kirsch ou au kummel, mais toujours avec du lait sucré, à moins de faire le mélange du sucre et des œufs et de cuire ensuite.

Pour faire l'économie d'un œuf, on peut corser avec un peu de fécule, mais elle sera moins délicate.

Flan ou Œufs au Lait

Faites tiédir un demi-litre de lait, sucrez et aromatisez à votre goût (vanille, citron, fleur d'oranger). Battez trois jaunes et deux blancs d'œufs que vous incorporez au lait. Faites cuire environ une demi-heure au four doux. Saupoudrez de sucre, de cannelle ou de muscade râpée.

Pour plus de détails consulter les articles des crèmes dans le volume, aux lettres correspondantes.

Œufs

L'œuf est à la fois gras et maigre ; viande et légume, suivant le jour d'abstinence, car l'œuf renferme une puissance nutritive qu'aucun autre aliment à poids égal ne contient, il ne faut pas toutefois le décomposer en le cuisant sans méthode, car, autant l'œuf à la coque est sain, lorsqu'il est frais pondu, autant un œuf trop cuit, tel l'œuf cuit dur, est un aliment indigeste au premier chef et par cela même un aliment malfaisant, puisque tout ce que le corps absorbe et ne digère devient un poison pour l'estomac.

En indiquant les diverses préparations et cuissons d'œufs, nous détaillerons les modifications que lui font subir les condiments et les alliages qui entrent dans les sauces ou modes de cuisson, eau, lait, huile, beurre, graisse de quadrupèdes et de volailles (Voir volumes 2 et 3).

L'œuf est en pâtisserie un agent principal. Le poids, la fraîcheur, l'endroit où les œufs sont conservés et aussi le mode de les conserver influent d'une force à peine soupçonnée sur leur valeur marchande et surtout hygiènique. Depuis quelque temps, on fait les conserves et les importations d'œufs dans une large mesure, aussi avons-nous vu une série d'accidents graves et même mortels, causés par ces œufs importés. Il ne faut pas employer des œufs douteux. Pour s'assurer si un œuf est sain, il suffit de le plonger dans de l'eau froide, ceux qui surnagent sont malsains, il faut les jeter sans aucun regret.   A. MARTIN.

Les Œufs clairs et les Microbes

Nous voilà donc prévenus : l'œuf frais qu'on considérait toujours comme un aliment aseptique, l'œuf qui vient d'être pondu, renferme quelquefois des microbes. Y voyez-vous quelque inconvénient, je veux dire un danger pour votre santé ? Je vous avoue que, pour ma part, je n'ai renoncé ni aux œufs sur le plat, ni à l'omelette. Je pousse même la bravoure jusqu'à me faire servir, de temps à autre, des œufs à la coque « très peu cuits ».

Mais l'on comprend que le docteur Carles, auquel nous devons cette grande découverte des œufs à microbes, soit d'un autre avis. On comprend, dis-je, qu'en hygiéniste convaincu, il considère les œufs fécondés, les seuls dans lesquels on trouve des microbes, sinon comme un poison, du moins un aliment dangereux. Il paraît, notamment, que les empoisonnements par les gâteaux, par les choux à la crème et les saint-honoré, qui ont fait tant de bruit depuis quelque temps, sont causés précisément par ces œufs à microbes, dont les pâtissiers se servent sans penser à mal.

Un œuf, un œuf de poule, pèse en moyenne 60 gr. et contient environ 45 gr. d'eau, 8 gr. d'albumine et près de 7 gr. de graisse. Ce n'est pas un aliment complet, puisque les substances hydrocarbonées y font défaut, mais sa valeur nutritive n'en reste pas moins fort élevée. On a notamment calculé qu'en tant que substance alimentaire un œuf équivaut à 150 gr. de lait de vache ou à 50 gr. de viande. Autrement dit, dix œufs peuvent remplacer fort bien soit une livre de viande soit un litre et demi de lait.

Comparés au lait et surtout à la viande, les œufs ont encore un autre avantage. Quant ils sont convenablement préparés ils restent très peu de temps dans l'estomac, à peine une heure ou une heure et demie, ce qui veut dire qu'ils sont facilement et rapidement digérés. En second lieu, une fois qu'ils sont digérés, ils sont presque complètement absorbés par l'intestin, si bien que le résidu, non absorbé, c'est-à-dire la perte, est à peine de 3 o/o pour les albumines du blanc et de 5 o/o pour les graisses du jaune.

Mais pour qu'il en soit ainsi il faut que l'œuf soit peu cuit, que son blanc, au lieu de former une masse dure ou molle, se présente sous forme d'une émulsion laiteuse. Ce sont les œufs à la coque qui réalisent le mieux ces conditions, quand on a soin de les plonger, pour trois minutes, dans l'eau bouillante *retirée* du feu. Ils sont alors certainement plus faciles à digérer que les œufs crus qu'on « gobe », et surtout que les œufs durs qui sont lourds et presque indigestes.

Ce que nous venons de dire des œufs à la coque, nous pourrions le répéter au sujet des œufs brouillés, des œufs pochés, sur le plat, en omelette, etc., etc. Toutes ces préparations culinaires se valent au point de vue de leur digestibilité si, comme pour les œufs à la coque, la cuisson n'est pas poussée trop loin, c'est-à-dire jusqu'à amener la congélation complète de l'albumine. Cependant, la confection de tous ces mets exige l'addition de beurre, de graisse ou d'huile, qui, à la vérité, augmentent la valeur alimentaire du plat; mais, en revanche, ont l'inconvénient de le rendre moins facile à digérer. C'est dire que les dyspeptiques, les convalescents et, d'une façon générale, les gens qui ont l'estomac délicat, feraient bien de s'en tenir aux œufs à la coque, très peu cuits.

Le Petit Parisien.

Œufs au Lait, aux Marrons glacés
(*Entremets de déjeuner*)

Opération. — Faites bouillir un litre de lait pour vous assurer qu'il ne tournera pas pendant la cuisson.

Délayez 500 gr. de débris de marrons glacés, avec une partie de ce lait chaud, de façon à obtenir une purée; passez-la au tamis fin. Parfumez au kirsch.

Battez des œufs, 6 ou 7 œufs, suivant leur grosseur, par litre de lait bouilli, et

mélangez le reste du lait encore tiède — comme pour préparer des œufs au lait un peu fermes. Réunissez la purée de marrons ; ajoutez une forte prise de sel.

Caramélisez un moule à charlotte, versez-y la crème d'œufs et de marrons mélangée, en la vannant d'une casserole dans une autre ; mettez dans une casserole un doigt d'eau dans le fond et faites cuire au four chaud, pendant une demi-heure environ.

Démoulez sur une serviette pliée garnissant le plat de service, et servez les œufs tels que ; ou bien démoulez sur le plat et versez autour une crème liquide à la vanille.

Œufs à la Neige

Quantité pour 8 à 10 personnes :

Formule : 9 œufs pesant ensemble 500 gr. environ ; 150 gr. de sucre semoule pour les 9 blancs ; 250 gr. de sucre semoule pour les jaunes ; 1 litre de lait de bonne qualité ; un peu de vanille ; 2 litres d'eau filtrée salée à 20 gr. (une cuillerée à bouche rase).

Opération. — Mettez les blancs sans aucune parcelle de jaune dans la bassine pour les monter en neige ; les jaunes dans un saladier avec les 250 gr. de sucre semoule, triturez 5 bonnes minutes avec la spatule ou le petit fouet ; cette composition doit être très fine et avoir perdu la couleur jaune foncée pour devenir d'une couleur presque blanche.

Pendant ce travail, faites bouillir le litre de lait en le remuant de temps en temps ; versez le lait bouillant peu à peu dans les jaunes, ajoutez le quart d'une gousse de vanille, remettez la composition dans la casserole et sur feu doux; remuez jusqu'au moment où l'ébullition va se produire.

Versez aussitôt dans une jatte, remuez cinq minutes pour refroidir et laissez de côté.

Battez les blancs pendant que vous faites bouillir l'eau et le sel; lorsque les blancs sont fermes, versez le quart des 150 gr. de sucre, continuez de battre ; lorsqu'ils sont bien fermes, ajoutez le restant du sucre. Jetez cuillerée par cuillerée les blancs dans l'eau bouillante, retournez-les

presque aussitôt; dans 3o secondes, égouttez-les sur un tamis de crin. Dressez-les
en pyramide sur la crème.

Œufs à la Neige *(deuxième recette)*

Formule (pour 6 personnes) : 5 œufs entiers;
125 gr. de sucre semoule; 1/4 de bâton de
vanille; 1/2 litre de lait.

LA CRÈME. — Mettez 100 gr. de sucre
et les 5 jaunes dans une petite casserole,
de la contenance d'un litre; délayez sans
faire de grumeaux et battez 5 bonnes minutes; mettez le lait à chauffer dans une
autre casserole; faites bouillir, ajoutez la
vanille et laissez infuser 5 minutes.

Mouillez les jaunes et faites cuire sur
un feu doux, en remuant, pour ne pas
laisser attacher; au premier bouillon,
retirez du feu, versez-la dans un saladier
en la vannant quelques minutes avec la
cuiller de bois.

Mettez dans un grand sautoir 2 litres
1/2 d'eau avec une goutte de citron; mettez sur le feu et portez à l'ébullition; pendant ce temps, montez les blancs en neige
ferme, ajoutez les 25 gr. de sucre de réserve, pour qu'ils ne retombent pas, continuez de battre encore 3 minutes. Si l'eau
bout, retirez sur le côté du feu pour
qu'elle ne fasse que frémir.

POUR FAIRE LES NEIGES. — Prenez une
cuiller un peu grande, une cuiller à ragoût fait très bien pour cette opération;
remplissez-la de blancs en puisant dans
la bassine; égalisez le dessus de la cuiller
avec un couteau, de façon à former un
gros œuf, plongez la cuiller dans le sautoir, l'œuf se détache; recommencez-en
autre et ainsi de suite, jusqu'à épuisement
des blancs. Ne pas en mettre plus de 6 à
la fois et les laisser pocher 20 secondes,
les retourner, couvrir une minute et ne
pas faire bouillir, car les blancs s'écartent
et n'ont plus de forme. Retirez-les avec
une écumoire et mettez-les sur un tamis
pour qu'ils s'égouttent. Dressez-les dans
un plat rond et creux ; saucez-les avec la
crème et servez-les en même temps qu'une
génoise.

Œufs au lait *(vieux plat de campagne)*

Formule : 4 œufs entiers ; 1/2 litre de bon
lait ; 125 gr. de sucre semoule ; 1/4 de bâton de vanille ; un peu de sel ;

Opération. — Mettez le lait sur le feu
avec une pincée de sel; aussitôt qu'il bout,
retirez-le sur le bord du feu ; mettez-y la
vanille : couvrez et laissez infuser le temps
que vous allez préparer les œufs. Cassez
les 4 œufs dans un saladier ou autre récipient quelconque. Battez-les avec le sucre
et ajoutez-y le lait bouillant ; versez cette
crème en la passant dans un plat rond et
creux, de la grandeur proportionnée à la
quantité de crème.

Faites cuire au bain-marie. Lorsque la
crème est prise, saupoudrez le dessus du
plat avec un peu de sucre en poudre et
faites prendre couleur au four, toujours
au bain-marie.

Ces œufs au lait se servent froids et
dans le plat où ils ont cuit.

Vous pouvez aussi caraméliser le dessus
de la crème en serrant au dessus, entre les
deux bouts d'une pincette rougie au feu,
deux ou trois morceaux de sucre.

Omelette soufflée à la Vanille

Proportions et quantités pour 6 convives environ :

Formule : 3 jaunes d'œufs frais ; 6 blancs
d'œufs frais ; 125 gr. de sucre semoule ;
2 gr. de vanille pilée avec un peu de sucre;
un plat ovale en métal de 32 à 34 centimètres de longueur,

Pour toutes les pâtes biscuitées, les meringues et généralement pour tous les
entremets pour lesquels il faut des blancs
montés en neige, une calotte ou bassine à
blancs, en cuivre non étamé ou en nickel,
est d'une nécessité absolue. Pour l'omelette soufflée, elle est tout à fait indispensable. Les blancs d'œufs montés dans de
l'émail *grènent* et se liquéfient, la pâte
alors se ramollit et s'affaisse au four au lieu
de monter.

Rien n'est plus facile, moins coûteux et
plus vite fait que cette omelette : c'est une
ressource précieuse, lorsque il arrive à déjeuner des convives inattendus et c'est rare
qu'elle ne soulève des exclamations lau-

datives lorsqu'elle arrive sur table, légère et dorée comme si c'était les doigts d'une fée qui l'eût confectionnée.

Les préparatifs sont très simples : passez gros comme une noisette de beurre sur un plat de métal (la porcelaine ne cuit pas assez en dessous et l'omelette est trop baveuse à l'intérieur), saupoudrez de sucre glace, très peu.

Dans un grand bol ou un petit saladier mettez les trois jaunes et cent grammes de sucre, triturez-les avec une spatule en bois réservée spécialement pour la pâtisserie, blanchissez bien ce mélange, il doit être mousseux et léger; lorsqu'il est prêt, après environ 10 minutes de travail, ajoutez la vanille. Battez les blancs bien fermes; lorsqu'ils sont bien fermes, saupoudrez-les avec les 25 gr. de sucre mis de côté et continuez à les battre deux ou trois minutes pour les raffermir tout à fait. Il faut pour qu'ils soient bien battus (employez un fouet en fil de fer, manche en bois de préférence et pas de manivelle) les pouvoir couper au couteau. Mélangez-en la cinquième partie aux jaunes, opérez vivement, puis versez ce mélange dans les blancs en travaillant et coupant la pâte tout en la soulevant pour que le fond des blancs soit réparti également dans la masse. Ne fatiguez pas trop la pâte, elle retomberait.

Prenez la bassine sur la main gauche que vous tenez retournée, mettez le plat en travers en dessous, avec un carton grand comme une carte de visite ordinaire; faites descendre en repoussant la pâte en avant, appuyez légèrement sur la bassine pour faire glisser. La masse étant sur le plat, avec la carte relevez-la en dôme et avec un des coins de la carte faites des raies de bas en haut; avec une lame de couteau un peu large, fendez le dessus pour faire une ouverture jusqu'à moitié de la masse de pâte, ceci pour que l'intérieur cuise très vite, mettez au four un peu chaud; dans 6 minutes retournez l'omelette, dans 6 minutes saupoudrez-la de sucre glace; dès que ce sucre est fondu 2 minutes environ, mettez le tout sur un autre plat, froid, et servez aussitôt.

Omelette à la Cardinale

Formule : 6 œufs moyens, pesant 60 gr. chaque, frais : 9 écrevisses vivantes, grosseur moyenne ; un demi-litre de lait cru ; un verre à madère de vin blanc sec ; autant d'eau ; un petit bouquet garni ; 12 boules de poivre écrasées ; 10 gr. de gros sel ; 5 gr. de sel fin ; une carotte et un oignon moyen ; 50 gr. de beurre fin.

Opération. — Aussitôt les écrevisses à la cuisine, mettez-les dans le lait froid et laissez-les y se dégorger des impuretés contenues dans le boyau, ceci est pour éviter de les châtrer en leur arrachant ce boyau, parce qu'elles se vident en perdant leur sang par cette ouverture.

Dans une casserole moyenne mettez le vin blanc, l'eau, la carotte et l'oignon coupés en fines rondelles, le gros sel, le poivre écrasé, le bouquet garni, faites bouillir 5 ou 6 minutes. Lavez les écrevisses, égouttez-les bien, ajoutez-les dans le court bouillon, couvrez et laissez cuire sur feu vif 5 minutes, pas plus. Laissez les écrevisses refroidir dans leur cuisson.

Décortiquez les queues, coupez-les en rondelles très fines, mettez ces rondelles dans un plat rond, creux, moyen, avec les œufs cassés, le sel fin, une pincée de poivre et de muscade, si vous aimez ce délicat parfum.

Pilez les coffres dans le mortier avec le beurre, passez cette purée au tamis de de crin, ajoutez-la aux œufs, battez le tout à la fourchette de fer; chauffez la coupe lyonnaise (dite vulgairement poële) sur un feu clair, pas trop fort, versez les œufs et faites l'omelette en forme de carpe que vous versez sur plat ovale chaud.

MARIE-ROSE.

Omelette soufflée
à la glace aux fraises

Les maîtresses de maison feront une agréable surprise à leurs convives, en leur servant cet entremets aussi original que délicat.

Je les engage toutefois à faire faire un essai préalable à leur cuisinière, afin qu'elle acquière la dextérité nécessaire à sa réussite complète.

L'essentiel est d'opérer rapidement et avec décision.

Voici les quantités pour 8 convives :

La Glace aux Fraises

Formule : 200 gr. de sucre cassé ou cristallisé; 250 gr. de fraises bien mûres ; un quart de litre d'eau filtrée ; le jus d'une orange et d'un citron ; 1 kilog. 500 de glace en morceaux ; 250 gr. de gros sel.

Mettez le sucre dans l'eau filtrée, donnez-lui un bouillon, et laissez refroidir le sirop, pendant que vous lavez les fraises; essorez-les sur un linge et passez-les au tamis de crin. Joignez aux fraises, à travers le tamis, le jus de l'orange et du citron.

Mélangez avec le sirop refroidi, versez dans la sorbetière Maréchal ou américaine, entourez de glace pilée, et jetez le sel au-dessus de la glace. Glacez comme d'habitude, et tenez au frais ; ceci peut être fait d'avance.

L'omelette Soufflée

Formule : 2 jaunes d'œufs un peu gros ; 120 gr. de sucre semoule ; 5 blancs d'œufs un peu gros ou 6 petits ; un verre à liqueur de rhum.

Avant le service du déjeuner, préparez un plat ovale en métal, long de 37 à 40 centimètres ; mettez dans un bol les jaunes d'œufs et battez-les pendant dix minutes avec 100 gr. de sucre et le rhum ; préparez aussi les blancs dans le bassin en cuivre.

Pendant que les convives mangent le plat froid, poulet à la gelée, pâté, ou terrine, montez les blancs bien fermes, ajoutez 20 gr. de sucre semoule mis de côté, raffermissez-les bien, et mélangez-en le quart dans les jaunes ; rebattez un peu les blancs, versez les jaunes et, rapidement, mélangez bien.

Découvrez la glacière. Avec l'écumoire, mettez la glace au milieu du plat, bien froid ; versez l'omelette crue par dessus : avec la lame du couteau, égalisez-la vivement, faites avec la pointe de la lame un petit creux au milieu de l'omelette, et portez le plat au four chaud sur une brique froide. Dans cinq minutes retournez le plat, dans quatre minutes saupoudrez de sucre glace, dans une minute envoyez à table.

Pour servir à point, il faut assurément entente complète entre le service de la salle à manger et la cuisine, ce qui n'a pas toujours lieu.

L'étrangeté du plat est le mélange de chaud et de froid, la glace aux fraises n'ayant pas eu le temps de fondre.

Œufs en Poudre

Cette préparation, à faire au moment des grandes pontes en prévision des moments de disette, est une réserve nouvelle facile à réussir à la campagne dès qu'on possède un four quelconque.

Versée en pluie dans de l'eau bouillante salée qu'on retire du feu dès la première ébullition, cette poudre donne un bon potage. A la quantité de deux cuillerées pour un verre de liquide, eau ou lait, sucrage à volonté, elle fournit une crème onctueuse pour le café ou le chocolat.

Cassez les œufs, par six au plus, dans un linge usagé, étamine de lin, de laine ou mousseline, étendu sur un récipient ; tordez le linge par les deux bouts (pour aller vite, faites-vous aider) ; battez les œufs ; étendez l'omelette au pinceau sur des surfaces quelconques : assiettes, grands plats, plateaux, plaques de tôle, feuilles de verre ou de fer-blanc, en couches de deux milimètres d'épaisseur et faites sécher dans l'étuve, au grand soleil ou dans le four, plus ou moins longtemps, selon les circonstances.

Détachez les couches d'œufs séchées, réduisez-les en poudre fine à travers un tamis ; et desséchez-les à nouveau si la première dessication n'est pas complète.

Mettez en boîtes ou flacons bouchés hermétiquement ; et tenez dans un endroit sec, à l'abri de la lumière crue.

Alfred MARTIN.

EXTRAIT DE LA CONSERVE FERMIÈRE

La conserve fermière dont M. A. Martin et M. Boudou, fermier à Labourgade (Tarn-et-Garonne) se font les propagandistes infatigables, se distingue de la conserve industrielle en ce que : 1° elle est fabriquée à la ferme ; 2° avec les seuls produits de la ferme : viandes, légumes, fruits ; 3° exclusivement par le personnel de la ferme.

D'une fabrication simple, saine, *familiale*, elle répond à toutes les exigences. C'est la conserve faite avec des produits de première qualité, sans aucune sophistication.

Avec elle, le consommateur sait ce qu'il mange et reconnaît le goût naturel de chaque produit, double satisfaction qu'il n'a pas toujours avec la conserve industrielle.

Nous donnons ci-dessus la recette de conservation des œufs en poudre, pour laquelle notre correspondant ne réclame pas de brevet. Son but, dit-il, est de procurer des ressources alimentaires de choix et d'utiliser les œufs de canes, volatiles dont l'élevage doit être propagé partout où sont des cours d'eaux ou des mares, partout où le paludisme et les fièvres font des victimes, parce que canards et canetons détruisent les larves de moustiques dont provient l'insalubrité.

Il souhaite, aussi, le développement des connaissances culinaires chez le rural et l'ouvrier, dont les filles ne reçoivent à l'école aucune notion d'économie domestique, au plus grand préjudice de la famille qu'elles fonderont.

L'âge des œufs est une très importante question. Les Romains appelaient « œufs d'or » les œufs à l'instant pondus ; œufs d'argent, ceux de la veille ; œufs de fer, ceux qui dataient de plusieurs jours. Un œuf frais coule au fond de l'eau ; un œuf vieux surnage. La coquille d'un œuf vieux est vitreuse, transparente, douce au toucher. Celle d'un œuf frais est comme revêtue de chaux. Quand un œuf est pondu de deux jours, la coquille s'enlève facilement après ébullition de l'œuf. L'œuf bouilli dont la coquille sèche vite au sortir de l'eau, est frais. On peut encore reconnaître l'âge des œufs de la manière suivante : appuyez un des bouts de l'œuf sur votre langue : s'il est frais, il vous paraîtra froid ; si l'œuf est avancé, sa pointe vous paraîtra chaude. Les œufs frais sont plus transparents au milieu, les œufs avancés au bout. Salez toujours l'eau dans laquelle doivent cuire des œufs. Toutes les fois qu'on veut battre des blancs d'œufs en neige, il faut y ajouter une pincée de sel. Le sel refroidit la substance et, en conséquence, la mousse se produit plus vite.

Œufs

MOYEN POUR DÉGELER LES LÉGUMES ET LES ŒUFS

Il arrive souvent que les œufs et les légumes gèlent soit au garde-manger ou à la cave. Il faut se garder de les dégeler trop vite en les mettant près du feu ou dans de l'eau chaude.

Lavez-les rapidement une première fois à l'eau froide. Mettez-les dans un baquet, et couvrez-les d'eau froide dans laquelle vous avez fait dissoudre 20 gr. de gros sel par litre d'eau.

Une demi-heure d'immersion suffit pour les dégeler.

Si vous devez les conserver quelques jours encore avant de les employer, étendez-les sur des claies pour les sécher de l'eau du bain.

Oreillettes Languedociennes

Ces espèces de *merveilles* remplacent en Languedoc les crêpes de mardi-gras et les beignets durant les fêtes comme celles de Pâques, Pentecôte, etc.

Formule (pour deux douzaines d'oreillettes) : 300 gr. de farine ; 40 gr. de beurre ; 40 gr. de sucre en poudre ; 2 œufs moyens ; 10 gr. levure de bière pressée, ou 20 gr. de levure liquide ; rhum ; citron ; sel ; sucre en poudre vanillé.

Opération. — Versez sur la table la farine tamisée ; creusez le milieu, délayez au centre la levure dans un petit verre de rhum ; cassez et incorporez les œufs, puis triturez avec le beurre, la moitié du zeste d'un citron, le sucre en poudre, et mélangez peu à peu la farine. Réunissez en boule et mettez dans un saladier que vous tiendrez à chaleur douce pendant trois ou quatre heures afin que la pâte lève de la moitié au moins de son volume. On peut opérer le soir pour le matin.

Saupoudrez la table avec de la farine non comprise dans les 3oo gr. indiqués aux proportions. Versez dessus la pâte levée, coupez-la en deux moitiés, allongez l'une et faites-en 12 morceaux. De même pour l'autre moitié.

Prenez un de ces morceaux qui formera une oreillette, saupoudrez-le de farine ainsi que la table ; agrandissez-le au rouleau, lui donnant la forme oblongue, ou celle qui vous conviendra mieux, pourvu qu'il soit étendu très mince et assez régulier.

Chauffez 2 kilos de friture jusqu'à ce qu'elle commence à fumer. Jetez-y l'oreillette, qui plonge pour se relever aussitôt ; dans quelques secondes, retournez-la avec l'écumoire, et, après une minute, elle est d'une couleur dorée légèrement brunâtre, bien cuite. Retirez-la dans une corbeille garnie d'une serviette et sucrez-la de sucre en poudre vanillé encore chaude.

Faites de même pour toutes les autres oreillettes en ayant soin de vous presser pour éviter que la friture brûle, elle doit rester *à peine fumante.*

Orangeade *(Liqueur fraîche)*

Formule : Oranges 1ʳ choix. 3 ; sucre raffiné, 2 kilogr. ; eau filtrée, 4 litres ; acide citrique en cristaux, 20 gr.

Opération. — Zestez les oranges le plus proprement possible sur le sucre, que vous avez eu soin de casser en gros éclats ; arrosez ensuite ce sucre avec les quatre litres d'eau et le jus exprimé des oranges ; mettez-y fondre également et en même temps l'acide citrique en cristaux. Lorsque le tout est fondu (à froid), passez au tamis fin, ajoutez une goutte de carmin pour donner une légère teinte orange et servez à la glace, comme liqueur fraîche pour les soirées.

Cette composition peut être conservée au cas où l'on manque d'oranges, en la mettant en bouteilles que l'on ficelle et que l'on passe à l'ébullition à 95°, en procédant par la vapeur, et au premier bouillon en employant l'eau pour l'ébullition.

La citronade se fait de la même manière, seulement on retranche la couleur et on diminue l'acide citrique de moitié.

ORANGES GLACÉES ENTIÈRES

Défaites des oranges de manière à laisser un culot d'écorce d'un bout, de la largeur d'une pièce de cinq francs; détachez les quartiers avec beaucoup de précaution jusqu'à ce culot et enlevez le blanc le mieux possible à l'aide d'un couteau ; mettez ensuite chaque orange à cheval sur un carton rond autour duquel il y a autant de dents de loup qu'il existe de quartiers dans l'orange ; suspendez le tout sens dessus dessous par le moyen d'une ficelle passée au milieu du carton, de façon à ce que les quartiers se tiennent bien écartés, et prennent en séchant la forme qu'on veut bien leur donner. Quand les oranges sont bien sèches, vous les glacez au sucre cuit au cassé, en les tenant par la ficelle qui sert encore à les suspendre jusqu'à ce que les oranges soient complètement refroidies.

ORANGES GLACÉES EN QUARTIERS

Prenez des oranges de bonne qualité, enlevez l'écorce en ayant soin de ne pas meurtrir le fruit ; séparez aussitôt les quartiers, et enlevez le blanc ; et surtout ne pas enlever le blanc avant de séparer les quartiers, ce qui donne beaucoup plus de difficultés et contribue à déchirer. Après avoir épluché les oranges, placez-les sur un tamis et laissez-les sécher à l'air ou à l'étuve tempérée : préférez le premier procédé, car le second est susceptible de faire sûrir les quartiers d'oranges, ce qui est fort désagréable. Quand les quartiers sont bien essorés, glacez-les au sucre cuit au cassé, soit à la fourchette en les plaçant à mesure sur le marbre légèrement huilé, soit en les embrochant avec les broches spéciales en fil de fer. Lorsque vous glacez des oranges pour une pièce montée, il est préférable de les glacer à la fourchette, les quartiers sont toujours plus intacts et ne sont jamais percés. Les oranges glacées en quartiers sont généralement glacées blanches ; pour les pièces montées, on peut en glacer roses pour faire diversion.

Il faut en moyenne 24 à 25 quartiers d'oranges pour produire 500 gr. dont : 400 gr. d'oranges et 100 gr. de sucre.

Oranges Glacées

Voici un dessert facile et peu coûteux à préparer dans les ménages, même les plus modestes.

Divisez en quartiers de belles oranges douces, retirez les peaux, même la peau blanche intérieure. Piquez chaque quartier d'un trou, avec une grosse aiguille ou une petite brochette, pour que l'excès de jus sorte facilement ; placez sur un tamis et faites sécher à l'étuve tiède pendant une heure.

Cuisez au cassé, 250 gr. de sucre, laissez refroidir légèrement, trempez chaque quartier dans le sirop, tout en entretenant la chaleur du sucre, et mettez à égoutter ou déposez sur le marbre après avoir secoué le mieux possible chaque quartier.

Pour tremper dans le sirop on peut se servir d'une pince. Mais il y a mieux, c'est de piquer le quartier avec une petite brochette sans tête (fil de fer ou baguette); qui deviendra support pour faire égoutter l'excès de sucre ; quand son rôle de manche sera terminé : il suffit d'introduire l'extrémité libre de la tige dans un trou de passoire renversée. Détachez les quartiers quand le sucre est bien sec.

Rappelons que le sucre cuit au cassé est cet état voisin du caramel, tel que si l'on plonge l'extrémité du doigt d'abord dans l'eau, puis dans le sirop bouillant et immédiatement après dans l'eau froide pour ne pas se brûler, la plaque de sucre qui adhère au doigt se *casse* facilement et ne colle pas aux dents.

Orangines

Formule : 125 gr. de sucre glacé; 60 gr. amandes râpées, pilées ou hachées; 60 gr. écorce d'oranges confites; 25 gr. de farine; 20 gr. de beurre fondu; un peu de carmin; 1/4 de litre de lait froid.

Opération. — Travaillez le sucre, les amandes, l'écorce d'orange hachée très fin, la farine et le carmin avec le lait que vous ajoutez peu à peu ; mettez le beurre fondu. Faites des petits choux assez espacés les uns des autres sur des plaques beurrées.

Cuisez à four un peu chaud. Tenez au sec.

Orangines (autre recette)

Faites 4 œufs de génoise (voir l'article) cuisez-le en moule cassé de 16+16.

Divisez-le par moitié en long et chaque moitié par le travers ; fourrez de crème à l'orange, nappez le dessus au fondant orange et détaillez les deux bandes en dents de loup.

P

Paille de Pigeons

(Entrée pour Déjeuner)

Formule : Une terrine à pâté ronde ou ovale contenant 1 litre 1/2 ; 2 petits pigeons très tendres ; 200 gr. de filet de bœuf ; 4 jaunes d'œufs durs ; 120 gr. de lard maigre ; 60 gr. de champignons ; 30 gr. de beurre ; 1/2 décil. de vin blanc ; autant de bouillon ; 30 gr. de glace de viande ; une petite cuiller à café de sauce Française, al Rhon's ; un peu de persil haché ; 125 gr. de pâte demi feuilletée.

Opération. — Flambez les pigeons, videz-les, enlevez les pattes, le bout des ailerons et le bec. Coupez-les en quatre parties chaque ; gardez les foies.

Coupez le lard en tranches minces, de 4 à 5 centimètres de long ; sautez-le légèrement avec le beurre dans une coupe lyonnaise, enlevez-le sur une assiette. Sautez, une minute de chaque côté, le filet coupé en 4 tranches ; sautez aussi les huit morceaux de pigeon et, finalement, les champignons, lavés, escalopés pas trop fin, et les foies entiers. Faites bouillir 10 minutes exactement deux œufs, écaillez-les. Divisez-les en 4 parties chacun. Dans la coupe, mettez avec les champignons sautés le vin blanc et le bouillon, un peu de sel et de poivre, le persil, la sauce Française et la glace de viande ; laissez bouillir doucement pendant que vous garnissez la terrine, de la façon suivante : en bas, les beefsteaks, quatre morceaux de pigeon ; par-dessus, les œufs et la moitié du lard, un peu de sauce, le restant de pigeon, d'œufs, de lard et de sauce.

Pour la Couvrir. — Faites la même recette de pâte que pour foncer la timbale de gnocchi ; donnez-lui deux tours de plus, ce qui fait six. Étalez-la d'un centimètre d'épaisseur et en rond ; mouillez le bord extérieur de la terrine à peu près un centimètre, posez la pâte, soudez-la sur le bord mouillé en appuyant avec l'index, coupez en rond, dorez le dessus, faites un dessin avec la pointe du couteau en pénétrant à peine dans la pâte.

Faites cuire la terrine au bain-marie, au four, 1 h. 1/4 ou 1 h. 1/2.

Servir tel que sur table.

Pain-Perdu

Un dessert du Nord de la France, et, l'un des meilleurs : la joie des bébés grands et petits.

Coupez des rondelles de pain de flûte, bien légère et rassise ; trempez-les (sans trop) dans du lait ; trempez-les (abondamment) dans le jaune d'œuf battu.

Mettez un morceau de beurre dans la poêle, et faites frire vivement, des deux côtés, ce pain préparé.

Mettez à four doux ou sur le fourneau, pour tenir chaud, puis arrosez les tranches de pain-perdu, comme on arrose les babas, d'une sauce composée du restant du beurre dans la poêle, un peu d'eau, du sucre de canne, cassonade rousse, d'un peu de rhum, avant de servir, il faut encore ajouter de la cassonade rousse de canne à sucre, en saupoudrant abondamment : c'est exquis, servi chaud.

« Avec d'autres sucres employés, le dessert ne dit rien ». A. Martin.

Pain à la Parmentier

Formule (pour un moule à charlotte de 15 centimètres de diamètre) : 1 kilo de pommes
de terre à chair jaune ; 150 gr. de beurre
fin : 200 gr. de sucre semoule ; 5 œufs de
60 gr. chaque ; 3 macarons aux amandes
amères ; 1/2 gousse de vanille en poudre ;
5 cuillerées de crème double, fraîche ; une
petite cuillerée à café de sel fin.

Opération. — Lavez et brossez les
pommes de terre, mettez-les sur plaque
et au four chaud. Dans une demi-heure,
retournez le dessus dessous et une demi-
heure après elles sont cuites.

Pendant cette cuisson, remplissez le
mortier d'eau bouillante ; écrassez les
macarons grossièrement ; beurrez largement le moule avec du beurre à peine
fondu, saupoudrez-le avec les macarons
et mettez de côté. Pilez la vanille avec le
sucre. Sortez les pommes à la bouche du
four. Videz le mortier et essuyez-le rapidement. Coupez une pomme par le milieu ; avec une cuiller à bouche, enlevez la
pulpe et mettez-la dans le mortier ; continuez très vite les autres.

Broyez les pommes avec le pilon, ajoutez le beurre non fondu, divisé en morceaux, broyez, le sucre et broyez ; enlevez
le pilon, ajoutez la crème et mélangez à
la spatule, les jaunes d'œufs et le sel.

Incorporez vivement les cinq blancs
montés très fermes ; la pâte doit être onctueuse et presque coulante. Remplissez le
moule, mettez-le dans un sautoir avec un
travers de doigt d'eau bouillante et mettez
le tout au four un peu chaud. Aussitôt
que le dessus aura fait croûte, couvrez
d'un papier. Dans un quart d'heure retournez le moule le côté du feu derrière,
et dans un autre quart d'heure vous pouvez renverser le gâteau sur un plat rond
garni d'une serviette.

Le Sabaillon ou Crème
pour accompagner le Gateau

Formule : un quart de litre de lait ou de vin
blanc sec ; 75 gr. de sucre semoule ; 2 jaunes d'œufs et un œuf entier ; l e quart d'une
gousse de vanille.

Battez le sucre avec les deux jaunes et
l'œuf entier pour rendre ce mélange bien
mousseux ; ajoutez le lait ou le vin blanc
et la vanille ; posez cette casserole dans
une autre contenant de l'eau froide ; interposez entre les deux casseroles une petite
grille ou une planchette, posez le tout sur
feu vif ; au moment de servir le gâteau,
battez vivement la crème avec le petit
fouet pour faire mousser ; aussitôt que
l'eau qui entoure la casserole de la crème
entre en ébullition, enlevez-la, versez en
saucière chaude et servez en même temps
que le pain.

Pains anglais

Formule : 250 gr. de farine fine ; 200 gr. de
beurre fin ; 250 gr. d'amandes râpées ; 300
gr. de sucre en poudre ; 120 gr. d'œufs (2
œufs moyens) ; sel ; zeste de citron ou
d'orange ; rhum.

Opération. — Pour éplucher les amandes sans coques (amandes flot), jetez-les
dans un demi-litre d'eau bouillante, couvrez et laissez deux à trois minutes ; égouttez-les, pressez-les l'une après l'autre entre
les doigts et la table, des deux mains,
lavez et essuyez-les.

Pour les râper, il est un instrument
spécial. A son défaut, pilez-les dans le
mortier avec la moitié du sucre et passez
au tamis, remettez dans le mortier ce qui
ne passe pas et écrasez avec du sucre,
ainsi de suite jusqu'à ce que tout soit
passé. Le sucre a pour effet d'empêcher
les amandes de tourner en huile.

Versez la farine sur la table, creusez le
milieu, mettez dans la fontaine formée les
amandes pilées, le beurre, une pincée de
sel, le quart d'un zeste de citron ou
d'orange, les œufs et un petit verre de
rhum ; triturez ensemble tout ce que vous
venez d'ajouter, mais ne l'incorporez dans
la farine que lorsque le mélange est bien
homogène. Après incorporation, fraisez
une fois sous la paume du pouce, rapidement ; posez la pâte sur une assiette enfa-
rinée et mettez au frais, à raffermir.

Saupoudrez la table de farine ordinaire,
— de la même farine ordinaire dont on
aura saupoudré l'assiette — roulez la pâte
en deux boudins à peu près égaux, coupez-les en morceaux de la grosseur de

belles noix, roulez ceux-ci en boule puis étendez-les en forme de navette ou de petit pain long.

Posez-les sur une forte plaque de tôle, légèrement huilée et farinée ; fendez-les en long, par le milieu, avec un couteau; dorez-les deux fois à l'œuf battu (un autre œuf que ceux indiqués dans la formule) et faites cuire au four un peu chaud pendant quinze à vingt minutes.

Ces petits gâteaux secs se conservent facilement une semaine, dans une boite de fer ou dans des flacons, à l'abri de l'air.

Pains d'épices ou Gâteaux de miel

Formule : 1 kilo de miel ; 750 gr. de sucre candi en poudre; 8 gr. de potasse; 2 à 3 cuillers à bouche de rhum ; 1 kil. 1/2 à 2 kilos de farine ; Épices à volonté; 1/4 à 1/2 kilo d'amandes hachées; 1 cuiller de coriandre pulvérisée; 1/2 cuiller d'anis vert; Un peu de cannelle ou 90 gr. de cédrat coupé en petits dés.

Opération. — Fondez le miel avec le sucre au bain-marie; quand il est bien liquide, ajoutez le rhum, la potasse délayée avec une cuiller d'eau chaude, les épices, la farine; travaillez la pâte à la cuiller d'abord, puis à la main, jusqu'à ce qu'elle ne s'attache plus. Après l'avoir laissé reposer au chaud pendant 8 jours environ, prenez de petits morceaux de pâte, gros comme une noix, que vous roulez dans le creux de la main gauche.

Posez les petites boules, un peu distancées les unes des autres, sur une plaque de tôle beurrée; il est bon de les faire un peu à l'avance et de ne les mettre à cuire qu'une ou deux heures après les avoir formées.|La chaleur doit être modérée, sinon les gâteau brûlent facilement. D'abord très cassants, ces petits pains se ramollissent au bout de 8 jours, quand on les conserve dans un endroit tant soit peu humide.

Pain de Gênes

Formule : 125 gr. d'amandes mondées ; 125 gr. de sucre en poudre; 30 gr. de fécule : 60 gr de beurre fin ; 3 œufs entiers ; 2 gr. de vanille en poudre ; 1 centilitre de rhum vieux.

Opération. — Pilez les amandes avec les œufs entiers, mélangez le sucre en poudre et travaillez la pâte avec un fouet de fil de fer pour la faire blanchir.

Ajoutez ensuite la fécule, la vanille en poudre, le rhum et le beurre fondu en crème en dernier lieu. Dressez dans un moule cannelé en tôle (dit moule à pain de Gênes), beurré assez fort, dont le fond doit être garni d'un rond de papier portant le nom de la maison. Ce papier reste sur le gâteau, après l'avoir démoulé. Cuisez à four modéré, ayant du fond.

Ces proportions sont établies pour un moule ayant 15 centimètres de diamètre.

Pain de Gênes très fin

Formule : 125 gr. amandes blanchies ; 125 gr. sucre semoule ou glace; 125 gr. beurre frais ; 4 œufs moyens de 60 gr. ; un petit verre de kirsch des Vosges.

Opération. — Broyez légèrement les amandes à sec, dans un mortier en marbre un peu grand, 22 centimètres de diamètre au moins ; plus petit, le travail est presque impossible pour cette quantité, et moindre le gâteau est minuscule.

Ajoutez un œuf entier, pilez en tournant ; successivement, ajoutez les œufs, un par un, dégourdis dans de l'eau un peu chaude, le sucre, le kirsch et le beurre fondu.

Les amandes doivent être en purée avant de mélanger le sucre et le beurre ; dès cet instant, il devient impossible de les broyer.

Le Moule. — Disposez d'un moule en fer-blanc, rond, uni, de 20 ou 22 de diamètre ; ce genre de moule est appelé à *manqué* ou à *génoise* et ne coûte que 2 francs environ.

Beurrez l'intérieur avec du beurre non fondu, étalez un disque de papier fin sur le fond bien lisse, les plis seraient marqués sur le gâteau et, s'il y avait des bulles d'air, il y aurait des boursouflures très laides. Versez l'appareil avec une louche, cuisez près de 40 minutes à four très doux. Faites refroidir sur un tamis de crin sans ôter le papier.

Saupoudrez de sucre vanillé avant de servir.

Pain de Gênes à l'Orange

Prenez un moule plat, afin que la pâte puisse cuire ; mettez dans le fond du moule un rond de papier beurré du côté du moule.

Formule : 125 gr d'amandes blanchies et séchées, que vous râpez ou écrasez ; 125 gr. de sucre semoule ; 50 gr. de crème de riz ou de farine ; 3 œufs ; 100 gr. de beurre ; une orange dont vous râpez et dont vous gardez le zeste pour parfumer.

Vous pouvez, pour ne pas perdre le parfum de l'orange, la frotter sur un morceau de sucre, en sorte que le sucre prenne le parfum de l'orange qui se serait perdu si vous vous étiez servi d'une râpe.

Opération. — Battez les blancs et ajoutez-y les jaunes, que vous avez posés dans un peu de lait. Mettez ensuite le zeste de l'orange. D'un autre côté, mélangez les amandes, le sucre et la farine, que vous ajoutez au premier mélange des blancs et des jaunes, puis versez-y ensuite le beurre fondu. Mettez le tout dans le moule et faites-le cuire pendant 25 minutes.

Meilleur le lendemain que le jour.

Pains de la Mecque

Formule (pour deux douzaines environ de gâteaux): un quart de litre d'eau ; 200 gr. de farine ; 100 gr. de beurre frais ; 4 à 6 œufs, suivant grosseur et farine employée ; pincée de sel ; cuillerée à café de sucre en poudre ; kirsch, rhum, essence de citron ou d'orange ; quelques cuillerées de sucre cristallisé.

Opération. — Dans une casserole de deux litres, réunissez l'eau, le sel, le sucre en poudre, le parfum choisi et le beurre divisé en quatre morceaux ; posez à feu vif, et, pendant la chauffe, tamisez la farine sur une feuille de papier pour éviter la formation de grumeaux. Au premier bouillon, retirez la casserole du feu, versez-y la farine, mélangez à l'aide de la spatule ; puis desséchez à feu doux environ trois minutes. Retirez du feu, laissez tomber la chaleur pendant cinq minutes.

Cassez un œuf, mélangez-le dans la casserole ; deux autres, et mélangez-les encore ; enfin le dernier ou les deux derniers, de façon à faire une pâte fine, non pas dure mais peu coulante qui, soulevée avec la spatule, retombe lentement. Si elle est trop ferme, ajoutez un ou même deux œufs. Il n'est pas possible d'indiquer avec précision la quantité nécessaire ; l'origine de la farine principalement, la sécheresse de la pâte, la rapidité d'exécution, étant chacune des causes influant sur la fluidité et la légèreté de la pâte.

Beurrez et farinez légèrement deux plaques. Prenez une bonne cuillerée à bouche de la pâte, lissez-la en remontant au bord de la casserole, pour la bomber ; approchez-la de la plaque, mais sans la toucher ; faites tomber la pâte en lui conservant la forme ovoïde, sucrez le dessus puis, avec le dos d'un couteau fort, faites sur le sucre la fente de convention. Dressez ainsi tout le contenu de la casserole, sans trop serrer les petits pains, parce qu'ils gonflent et s'élargissent à la cuisson. Lorsque vous saupoudrez de sucre cristallisé la surface bombée, sucrez les côtés le moins possible pour éviter que le sucre brûle sur la plaque, colore le dessous du gâteau et lui donne de l'amertume. Mettez au four assez doux et cuisez environ une demi-heure.

Par prudence et pour éviter toute amertume possible, vous pouvez retourner et secouer les plaques avant la cuisson, lorsque l'adhérence de la pâte est suffisante.

L'intérieur doit être moelleux, le dessus un peu croquant. Si la cuisson n'est pas bonne, les pains s'affaissent et ne payent plus de mine.

Pain de Mie

Ce pain peu salé, dont la mie est très serrée et la croûte très mince, sert pour les sandwichs, les canapés, les croûtons, les toast. On peut en préparer dans les cuisines de la façon suivante :

Formule : Moule en fer-blanc carré, d'environ 16 centimètres de côté et 14 centimètres de hauteur ; 1 kilog. de farine ; petite cuillerée de sel ; 40 gr. de beurre ; 15 gr. de levure pressée ; un quart de litre de lait ; autant d'eau.

Opération. — La farine doit être fraîche, celle qui est ancienne possède souvent une acidité qui empêche la pâte de lever.

Mettez-en le quart sur la table, en couronne ; au milieu, délayez la levure avec la moitié du lait à peine tiédi, formez un levain mollet et bien raffiné. Posez-le sur une assiette, badigeonnez le dessus au pinceau avec du lait, et laissez lever à côté du fourneau jusqu'à ce que le volume ait doublé.

Pendant que monte le levain, beurrez le moule au pinceau, avec le beurre fondu ; ce moule peut être une boîte à biscuits secs, ou une casserole haute en fer battu ou en cuivre, la forme n'a guère d'importance.

Mettez le reste de farine en couronne ; au milieu, faites fondre le sel dans quelque peu de lait, versez l'eau très légèrement dégourdie — le pain lève d'autant plus et est plus blanc que l'on emploie de l'eau moins chaude — incorporez la farine, et travaillez la pâte, la soulevant, la frappant sur la table pour lui donner beaucoup de corps jusqu'à ce qu'elle soit dure, tout au moins très ferme.

A ce moment, le levain sera prêt, si la température, la farine, la levure y concourent ; au cas contraire, attendez qu'il le soit.

Ouvrez la pâte en rond, mettez le levain au milieu, versez un peu de lait, pétrissez bien le tout sans vous décourager, c'est fatigant et long; si la pâte est trop ferme, ajoutez du lait, mais rappelez-vous que le pain de mie sera plus beau fait avec une pâte dure qu'avec une pâte molle.

Posez dans un saladier dégourdi, couvrez d'un linge, laissez lever dans un endroit tempéré pendant une heure au moins.

Renversez sur la table farinée, faites une boule bien ronde *sans trace de soudure*, mettez dans le moule et laissez lever d'un tiers du volume.

Cuisez à four chaud pendant trois quarts d'heure environ.

Laissez rassir le pain pendant un jour avant de l'employer.

Pain de riz aux Oranges

Formule (pour 6 personnes): 125 gr. de riz Caroline ; 1/2 litre de lait ; 50 gr. de beurre ; 2 oranges très douces, à chair pourpre; 100 gr. de sucre semoule ; une pincée de sel ; un petit verre de rhum.

Opération. — Faites bouillir le lait avec le zeste d'une orange, le sel et le beurre ; jetez-y le riz blanchi, faites bouillir doucement sans remuer jusqu'à complète cuisson du riz et absorption du lait, ajoutez 60 gr. de sucre et desséchez encore un moment sur le feu. Versez l'appareil dans un moule à cylindre uni baignant dans l'eau froide, et mettez dans un endroit frais.

Retirez le zeste de la deuxième orange (les oranges à chair pourpre font plus d'effet), puis préparez un sirop très épais avec ce zeste, le sucre restant et très peu d'eau. Pelez à vif les deux oranges, et découpez la chair en petits dés.

Faites le sirop, versez-le bouillant par dessus les morceaux, à travers un tamis; parfumez d'un petit verre de rhum ou cognac, couvrez et laissez refroidir.

Au moment de servir, démoulez le riz sur un plat après avoir trempé vivement le moule à l'eau chaude et l'avoir essuyé; emplissez le puits des morceaux d'oranges, et saucez légèrement.

Servez le reste du sirop dans une saucière.

Pain au Lait et aux Raisins

(Gâteau de Ménage)

Formule : 300 gr. de farine ; 75 gr. de beurre; 20 gr. de sucre ; 10 gr. de levure ; 130 gr. de raisins de Malaga ; 3 gr. de sel fin ; 3 œufs entiers ; 3 décil. de lait.

Opération. — Avec le tiers de la farine, un peu de lait tiède et la levure que vous délayez ensemble, faites un levain un peu mollet. Opérez dans un saladier où il vous sera facile de serrer le peu de pâte que cette quantité donne. Laissez ce petit levain à côté du fourneau, qu'il sente seulement l'air chaud, et laissez-le doubler de volume, couvert d'un petit linge.

Enlevez les pépins aux raisins de Malaga, en les coupant en deux avec des ciseaux ; c'est très vite fait.

Mettez dans une casserole, le lait, le beurre, le sucre et le sel ; faites bouillir et retirez la casserole du feu, pour qu'elle refroidisse assez pour pouvoir travailler la pâte avec la main.

Faites une couronne sur la table avec la farine qui reste, cassez au milieu les trois œufs, mélangez la farine et travaillez la pâte fortement en la frappant sur la table et la soulevant successivement. Ajoutez à la pâte, de temps en temps, un peu de la composition chaude, peu à la fois, sinon la pâte se ramollit trop, et vous ne pourriez y donner le corps nécessaire.

Tout le liquide étant incorporé, donnez-lui encore de l'élasticité en la travaillant un bon moment. Mettez le levain un peu plus tôt, si vous voyez qu'il ait bien poussé, ou, au dernier moment, cela importe peu, il suffit qu'il soit bien levé et surtout bien mélangé ; ajoutez les raisins ; mettez la pâte dans le saladier et laissez-la lever du double de son volume, c'est à peu près de 4 à 5 heures dans un endroit un peu chaud, comme pour le levain.

Abattez la pâte sur la table farinée ; faites une boule bien ronde, garnissez un moule à charlotte un peu grand, ou une casserole, beurrez l'intérieur ; dorez à l'œuf battu et mettez-le à cuire dans un four chaud, environ 45 minutes.

Ce gâteau de famille peut se manger chaud ou froid, notamment au petit déjeuner du saut du lit.

Pain de Luxe Français
(*Dit Pain Marguery*)

Quantités pour 6 pains, longs de 5o centimètres environ :

Formule : 1 kilo de farine de gruau ; 20 gr. de levure de grains ou de bière ; 2 décil. d'eau tiède (un verre) ; 1/2 litre de lait tiède ; 8 gr. de sel égrugé.

Opération. — Prenez le quart de la farine, soit 25o gr. ; délayez la levure au milieu, peu à peu, avec l'eau tiède, et incorporez la farine ; vous obtenez une pâte lisse, douce et mollette.

Placez-la dans une terrine saupoudrée de farine, portez dans un endroit tempéré et laissez doubler de volume, ce qui prend environ trente minutes et constitue le levain.

Mettez le restant de farine sur la table, faites fondre le sel au mileu, ajoutez et délayez, peu à peu, le levain avec le lait, puis incorporez toute la farine. Cette nouvelle pâte doit être légèrement plus ferme que celle du levain.

De nouveau, mettez-la lever au double de son volume au moins, dans un endroit tempéré, puis renversez-la sur la table farinée, divisez-la en six parties bien égales ; allongez chaque morceau en un petit boudin de 5o centimètres de long ; posez-les sur deux ou trois plaques, selon la largeur de celles dont vous disposez, et laissez lever une troisième fois, au double du volume. A ce moment, passez sur les pains un peu de lait, ou même un peu d'eau ; avec une lame de couteau un peu forte et bien affilée, tailladez chaque pain en travers, de droite à gauche, par quatre raies à 8 ou 1o centimètres l'une de l'autre, entamant la surface à un centimètre de profondeur au plus, et mettez à cuire au four bien chaud de sole et d'âtre, environ 3o minutes.

Pain d'Epices de Montbard

Le miel de la Côte-d'Or a une saveur un peu différente des autres miels, il est donc nécessaire pour réussir à la perfection ce pain d'épices renommé.

Formule : 1 kilog miel dijonnais ; 150 gr. orangeat et citronnat hachés fin ; 100 gr. anis couverts, c'est-à-dire en dragées ; 1 gr. cannelle en poudre ; 1 gr. coriandre en poudre ; 1/2 gr. macis en poudre ; 1 gr. carbonate d'ammoniaque ; 2 blancs d'œufs ; farine de seigle.

Opération. — Donnez au miel une ébullition sur feu doux ; retirez du feu et laissez refroidir légèrement.

Etalez sur le marbre un kilo de farine de seigle, faites la fontaine ; dans le milieu mettez les épices, les anis sucrés, l'orangeat et le citronnat hachés très fins, versez le miel ; diluez, ajoutez le carbonate d'ammoniaque pulvérisé et incorporez dans ce mélange autant de farine de seigle que possible jusqu'à obtenir une pâte très ferme. Ajoutez un blanc d'œuf et fraisez la pâte une fois avec la paume de la main.

Etendez cette pâte à l'aide du rouleau sur la table saupoudrée de farine, à l'épaisseur de deux centimètres ; découpez des rondelles à l'emporte-pièce uni, de 20 centimètres de diamètre, dorez au blanc d'œuf.

Faites cuire au four chaud, sur plaque de tôle forte, et laissez refroidir.

Mettez les gâteaux refroidis dans une boîte et gardez-les à la cave cinq à six semaines avant de les servir, pour les faire ramollir.

Pains de Maïs à l'Américaine

Formule : 250 gr. de farine de gruau ; 420 gr. de farine de maïs ou corn meal ; 30 gr. de backing ; 20 gr. de beurre ; 50 gr. de sucre en poudre ; 150 gr. de beurre ; 3 œufs entiers ; un peu de lait.

N. B. — Ce corn meal, que l'on emploie ici, est la même farine dont les Italiens, les Languedociens et une partie de l'Auvergne, font leur millias et poulainte.

Opération. — Faites fondre le beurre, qu'il soit légèrement chaud. Mélangez les deux farines en les tamisant ensemble. Faites la fontaine.

Travaillez au milieu les œufs, le sucre, le sel, la levure, demi-quart de litre de lait et le beurre ; mélangez la farine intimement. La pâte doit être un peu ferme mais très facile à manier.

Beurrez des moules à muffins ou à baba, remplissez-les à moitié de pâte, posez-les sur une plaque et faites cuire à four modéré.

Le pain de maïs se fait exactement pareil, seulement on verse la pâte dans une plaque ronde ou carrée, assez beurrée, et on fait cuire un peu plus longtemps.

L'épaisseur de la pâte doit être de 2 à 3 centimètres. Ce pain doit être servi chaud, sortant du four, accompagné de coquilles de beurre.

Beaucoup de personnes mettent deux tiers de farine de gruau de froment pour un tiers de maïs, et à mon goût le pain est meilleur et plus léger. On peut également substituer le lard au beurre.

Pannequets de santé

Formule : 4 œufs ; 1/4 litre de lait ; 250 gr. de farine ; 60 gr. de beurre ; 2 cuillers de sucre ; 25 gr. backing powder ; sel fin.

Opération. — Mélangez les jaunes d'œufs avec le sucre et le sel, ajoutez le lait, la farine tamisée avec la poudre à levure ; faites la pâte avec une cuiller, ajoutez le beurre fondu, tiédi, les blancs d'œufs montés, bien fermes. Chauffez dans la coupe lyonnaise du beurre ou du bon saindoux, mettez-y avec la cuiller un peu de pâte, de façon à former des pannequets ovales, que vous dorez des deux côtés en les retournant avec le couteau.

Après les avoir saupoudrés de sucre-glace, servez de suite avec une compote de fruits à volonté.

Parfait glacé aux fraises

Quantités pour un moule conique de 25 centimètres de profondeur sur 11 ou 12 centimètres de diamètre.

Formule : 8 ou 10 jaunes d'œufs frais, suivant leur grosseur ; 250 gr. de sucre cassé ; 250 gr. de fraises bien parfumées ; 500 gr. de crème fraîche un peu épaisse ; un quart de litre de vin blanc sec.

Pour frapper : 3 kilos de glace pilée ; 600 gr. de sel de cuisine.

Temps nécessaire pour frapper : 2 heures.

L'Appareil a Parfait. — Mettez dans une petite casserole le sucre et le vin blanc, de préférence du Graves ou du vin de la Moselle ; donnez un bouillon et laissez refroidir dans une terrine.

Dans la même casserole, battez 10 jaunes d'œufs, pesant 60 gr. l'un ; ou seulement 8 jaunes si les œufs pesaient 70 gr. : lorsqu'ils sont bien battus, versez-y le sirop de sucre peu à peu, en les battant toujours ; mettez la casserole dans une autre un peu plus grande et moins haute contenant de l'eau froide; puis posez sur un feu modéré et continuez de battre jusqu'au moment où l'eau jette un bouillon. Ne craignez pas qu'elle tourne, elle pourrait même, sans inconvénient, avoir quelques grumeaux. Versez-la enfin dans un saladier, et fouettez-la toujours jusqu'au moment où elle est complètement froide.

LES FRAISES. — Préférez des fraises des bois, Docteur Morère, ou Vicomtesse Héricard; lavez-les, essorez-les complètement sur un linge double et passez-les au tamis de crin, fin, mieux encore à l'étamine si la cuisinière peut se faire aider. L'important est de ne laisser passer des graines qui se retrouveraient en mangeant le parfait et causeraient une désagréable désillusion ; si le tamis n'est pas bien fin, on les y passe néanmoins, on lave le tamis et on les passe de nouveau en appuyant moins fortement. Mélangez cette purée à la crème cuite.

POUR SANGLER LE MOULE. — Dans toutes les cuisines organisées il y a un moule à fromages glacé, à biscuit ou à bombe. Mettez-le debout dans un petit sceau en bois ou dans une terrine qui ne laisse pas trop d'espace entre les deux, pour éviter une grande dépense de glace autour, et tâchez que le bord supérieur du moule affleure au bord du récipient pour ne pas risquer que, lorsque la glace aura fondu, l'eau salée s'infiltre dans le parfait et cause la perte du travail et de la dépense. Puis cassez les deux tiers de la glace en morceaux gros comme des noix (dans le mortier où dans une caisse en bois, cela se fait facilement), saupoudrez avec les deux tiers du sel, mettez-la autour du moule tenu bien fermé, et couvrez le tout d'un linge. Battez la crème douce un peu épaisse, dans laquelle vous ajoutez une cuillerée à bouche de sucre semoule pour la rendre plus légère; mélangez-la à l'appareil tenu au frais, découvrez le moule sans le déranger, versez dedans et couvrez d'une feuille de papier blanc et du couvercle. Ajoutez le reste de glace cassée et de sel, portez dans un endroit frais, recouvrez d'un linge double légèrement

mouillé, et attendez au moins deux heures avant de le servir.

Si l'attente durait plus de trois heures, il serait bon de couler de l'eau et de la remplacer par un peu de nouvelle glace.

POUR SERVIR. — Enlevez le moule de la glace, trempez-le lentement tout entier dans de l'eau un peu chaude, *essuyez-le*, enlevez le couvercle, posez au-dessus un papier festonné ou une serviette à thé, appliquez un plat rond, retournez et soulevez le moule bien droit : le parfait se détache seul, facilement.

Pastilles aux Framboises

Formule : 500 gr. de sucre cassé à la main; 125 gr. de framboises; un décilitre d'eau filtrée; une cuiller à café de glucose.

Opération. — Faites bouillir à petit feu les framboises avec l'eau, pendant deux minutes.

Versez sur un tamis de crin posé sur une assiette. Laissez couler le jus sans presser sur les framboises.

Mettez le jus et le sucre cassé en petits morceaux dans un poêlon en cuivre non étamé, laissez-le fondre 5 ou 10 minutes; posez-le sur un feu clair et attendez le bouillon.

Ecumez, ajoutez la glucose, laissez cuire jusqu'au cassé très franc.

Huilez un dessus de marbre, versez le sucre et attendez qu'il soit un peu refroidi. Avec un grand couteau, appuyez vivement et tracez des lignes droites bien croisées pour obtenir des carrés d'un centimètre de côté.

Aussitôt froid, détachez les pastilles et conservez-les dans une boite au sec.

Pastilles à la Menthe

Formule : 1 kilo de sucre en pain ; un cuiller à café d'alcool de menthe ; quelques plaques en fer-blanc ; un poêlon en cuivre ; une aiguille à tricoter.

Opération. — Pilez le sucre dans un mortier. Passez-le dans une passoire et non au tamis, repilez celui qui n'est pas passé.

Passez-le maintenant au tamis de crin pour enlever la poudre.

Mettez tout le gros dans un saladier, mouillez-le avec un décilitre d'eau filtrée et travaillez-le à la cuiller de bois. Vous devez obtenir une pâte un peu ferme.

Préparez quelques plaques en fer-blanc, un poêlon en cuivre avec un manche en bois ; le poêlon doit avoir un bec allongé et pointu.

Mettez deux ou trois cuillers de pâte de sucre dans le poêlon et quelques gouttes de menthe, chauffez sur le gaz en remuant ; au premier frémissement, retirez le sucre. Tenez le manche du poêlon de la main gauche et le bec en avant ; prenez l'aiguille dans la main droite, penchez le poêlon au ras d'une plaque et, à mesure que le sucre tombe, tranchez-le avec l'aiguille.

Faites marcher votre main à gauche, puis à droite, plus souvent vous passerez l'aiguille sur le sucre, plus de gouttes vous ferez et plus vous aurez de pastilles.

Avec 4 plaques vous pouvez marcher carrément, faites des lignes le plus droites possibles et assez serrées.

Laissez refroidir, secouez les plaques, les pastilles tombent dans un tamis où elles sècheront.

Regarnissez les plaques de l'autre côté. Il faut prendre peu de sucre à la fois dans ce poêlon.

Le recharger souvent et ne pas laisser bouillir.

On en fait de roses, de vertes, de bleues, de jaunes, à tous les parfums que l'on veut. Cela s'appelle des pastilles à la goutte.

Pastilles des Ministres

Formule : 1 k. 500 de suc ou extrait de réglisse ; 1 kilo de racine de réglisse (bois) ; 1 k. 500 de sucre passé au tamis de soie ; 375 gr. d'iris en poudre ; 15 gr. de vanille en poudre ; 31 gr. de gomme adragante ; 50 centilitres d'eau filtrée.

Opération. — Faites bouillir le bois de réglisse pendant environ une heure avec la quantité d'eau suffisante pour faire dissoudre le suc de réglisse réduit en menus morceaux. Lorsque cette dissolution est complète, passez et mélangez le sucre passé au tamis de soie. Desséchez un peu sur le feu pour rendre la pâte consistante ; mélangez la gomme adragante fondue à froid avec les 50 centilitres d'eau filtrée. (Pour faire fondre la gomme adragante, on ajoute l'eau en plusieurs fois, toutes les 2 ou 3 heures). Ajoutez enfin l'iris et la vanille en poudre, et réservez cette pâte dans une terrine que vous entretenez couverte avec un linge mouillé pour empêcher de croûter.

Pour faire les pastilles, vous prenez une partie de cette pâte que vous bourrez de sucre passé au tamis de soie en la maniant sur le marbre, afin de la rendre lisse et bien à point pour l'étendre en abaisse de 5 millimètres d'épaisseur et la détailler avec un emporte-pièce rond d'un centimètre de diamètre. (Les débris sont repris avec une nouvelle partie de pâte pour faire une autre abaisse, ainsi de suite jusqu'à la fin de la pâte).

Vous étalez ces pastilles sur des tamis et les laissez sécher de préférence à l'air. Quand elles sont bien sèches, vous les criblez doucement pour faire tomber les bavures s'il en existe, puis vous les faites sauter dans le même crible au-dessus d'un poêlon d'eau bouillante dont la vapeur donne un certain brillant ; mettez de nouveau sécher à l'air, puis en boîtes.

N. B. — Ces pastilles corrigent l'odeur laissée par la fumée de la pipe, du cigare, de la cigarette, etc., etc.   E. LACOMME.

Pâte à Choux

Formule : 2 décil. d'eau ; 110 gr. de farine ; un peu de sel ; 90 gr. de beurre.

Opération. — Mettez le beurre sur le feu, dans une casserole avec l'eau et le sel ; coupez le beurre en petits morceaux, pour qu'il soit fondu avant l'ébullition. Retirez ensuite la casserole du feu, mettez la farine ; quand le mélange est fait, séchez et laissez un peu refroidir la casserole. Ajoutez un par un trois ou quatre œufs ; mélangez de nouveau.

Préparez une plaque graissée ou huilée légèrement, mettez les choux dessus, c'est-à-dire des cuillerées de pâte arrondies, assez distancés ; vous y ajouterez de la crème pâtissière plus tard.

Si vous voulez des choux pralinés, il faut un quart d'amandes et autant de sucre, que vous délayez dans un peu de blanc d'œuf, que vous posez sur les choux avant de les mettre dans un four plus chaud dans le bas que dans le haut, pour que le pralin ne brûle pas.

Pour faire des choux à la crème, il faut, après les avoir disposés sur la plaque comme ci-dessus, les mettre dans un four chaud.

Quand vous les en retirez, introduisez-y la crème pâtissière en les ouvrant dessus, ou à l'aide d'un cornet de papier, après les avoir percés (Voir Éclairs).

Pâte à Foncer sucrée

Formule : 280 gr. de farine de gruau ; 135 gr. de sucre semoule; 80 gr. de beurre; 2 petits œufs; grain de sel ; petit verre de rhum ou zeste d'orange, de citron ; vanille, etc., suivant le gâteau à foncer.

Opération. — Faites la fontaine dans le milieu ; triturez le beurre avec le sel, après le sucre, ensuite les œufs et le parfum ; incorporez la farine vivement ; fraisez une fois, mettez au frais.

Avec cette pâte, on fonce les *moules* que l'on veut garnir d'une composition délicate, crème aux amandes, aux fruits, au beurre amandes et fruits, amandes et sucre pilés ensemble et versés sur des blancs en neige.

On fait également les *fonds* plats pour y poser des gâteaux délicats, risquant à se briser en les transportant. Pour cet usage, nappez le fond (fait un peu plus large que le gâteau à y mettre dessus) et sur le bord qui dépasse ; ajoutez des amandes ou pistaches blanchies ou hachées très fin, du sucre en grain, coloré avec du vert ou du rose, cela donne un peu d'éclat au gâteau, mais aussi cela a l'air d'être fait par un pâtissier.

Pâte à Nouilles

Formule : 300 gr. de farine de gruau ; 3 œufs de 60 gr. chaque; 5 gr. de sel fin ; 5 gr. de beurre.

Opération. — Faites la fontaine sur le marbre plutôt que sur la table ; mettez dans le milieu le sel et les œufs, incorporez la farine sans aucune crainte, le beurre ne brûlera pas la pâte. Il faut travailler au moins dix minutes à la force du poignet pour obtenir une pâte très ferme et très fine.

Coupez-la en trois, faites trois boules bien unies ; réunissez-les dans une soupière, couvrez et laissez reposer deux heures au moins.

Etendez-les au rouleau toutes les trois et reprenez la première, étendez encore, il faut voir le marbre à travers pour obtenir de belles nouilles.

Les trois étant bien étendues, divisez-les en 4 lanières à peu près égales, ce qui fait 12 bandes; saupoudrez-les légèrement de farine, mettez-en quatre l'une sur l'autre.

Avec le tranche-lard, coupez-les par le travers en petits filets de 2 millimètres d'épaisseur.

Les étaler sur un tamis à mesure, en les éparpillant pour les défaire et les sécher.

Faites bouillir deux litres d'eau avec 20 gr. de sel, un peu de beurre et un peu de lait ; jetez-y les nouilles en pluie et laissez reprendre le bouillon ; retirez la casserole sur le côté du feu et laissez pocher de 10 à 20 minutes ; surtout ne laissez pas bouillir.

On peut laisser sécher les nouilles, les garder dans des boîtes closes et les préparer pour les potages ou les légumes, au choix ; on les fait pocher, étant sèches, avec le même procédé que ci-dessus ; 25 ou 30 minutes suffisent.

Pour potage, les égoutter et les mettre dans la soupière ; y verser le bouillon bouillant dessus, couvrir et envoyer à table avec du fromage de parmesan râpé.

Pour légumes, les verser dans un plat, saler, poivrer, les arroser avec 120 gr. de beurre noisette dans lequel on jette un peu de croûte de pain râpée grossièrement.

Pâte à Tarte

(Sans levure ni levain, très légère)

Formule : 500 gr. de farine; 100 gr. de beurre; 50 gr. de sucre ; 5 cuillerées à bouche de crème aigre fermentée ; une pincée de sel ; 2 décil. de lait.

Opération. — Délayez le tout ensemble sur la table, mettez à reposer quelques heures dans un saladier, la pâte lève et se boursoufle comme si elle était faite avec un levain quelconque.

Elle est friande et convient très bien pour faire des tartes avec toutes les sortes de prunes, les pommes douces, les airelles et les raisins.

Pâté de Bécasses

LA PATE A PATÉ

Formule : 600 gr. de farine de gruau ; 300 gr. de beurre ; 8 gr. de sel fin ; 2 décilitres d'eau filtrée.

LA GARNITURE

Formule : 2 bécasses de choix pas trop faites ; 600 gr. de foie gras; 125 gr. de truffes; 50 gr. de beurre fin ; 250 gr. de filet de porc frais ; demi décilitre de vin blanc ; demi-décilitre de bon cognac ; 15 gr. de sel ; une pincée d'épices fines, poivre et muscade râpée ; une petite barde de lard frais.

Opération. — Pour bien faire ce pâté, il est essentiel de prendre quelques mesures d'ordre et de les suivre à la lettre.

Quelques personnes croient qu'en supprimant un peu par ci, un peu par là, le pâté marchera quand même. J'avertis ces personnes qu'il se peut qu'elles éprouvent une déception au lieu de recevoir des louanges.

Voici l'ordre de marche : Faites la pâte. Marinez le foie gras. Brossez et pelez les truffes. Désossez les bécasses. Faites la farce. Moulez le pâté, garnissez-le et faites-le cuire au four, chaleur moyenne, deux heures environ.

POUR FAIRE LA PATE

Disposez la farine en fontaine au milieu d'une table solide et bien lisse, en marbre si c'est possible.

Travaillez un peu le beurre sur le coin de la table mouillée, mettez-le dans la farine avec le sel et frôlez, entre les deux mains plates et de champ, farine et beurre. J'ai expliqué ce mouvement très souvent, mais je ne saurais assez insister, car de lui dépend la solidité et l'imperméabilité en quelque sorte de la pâte.

La farine étant réduite à l'état de semoule grasse et jaune, refaites la fontaine et mettez au milieu deux décilitres d'eau, c'est un cinquième de litre ou un verre de cuisine ordinaire.

Incorporez la farine en pressant entre les mains, fraisez la pâte en la brisant avec la paume de la main, réunissez-la en boule, mettez-la dans un linge au frais.

Cette pâte doit être ferme et lisse.

POUR MARINER LE FOIE GRAS

Assurez-vous que le foie n'est pas poussiéreux, enlevez au couteau l'endroit verdâtre où le fiel était appuyé, enlevez aussi le petit paquet de nerfs qui relie les deux lobes de foie, parez largement tout le tour, de façon à ne garder que quatre tranches dans toute la longueur du foie et larges de deux petits doigts environ.

Saupoudrez-les de sel fin, des épices et d'un peu de muscade ; mettez-les dans un saladier et arrosez avec le cognac.

Brossez les truffes à l'eau tiède, pelez-les très fin et mettez-les à mesure avec le foie gras ; tenez toujours bien couvert.

Désossez les bécasses, ainsi que la poularde pour galantine (voir] l'article). Enervez le filet de porc frais, passez-le à la machine ou hachez et pilez-le ; ajoutez les chairs des quatre cuisses et les foies des bécasses, les pelures de truffes, pilez encore ; mélangez l'assaisonnement, le beurre et les parures du foie gras ; broyez, passez au tamis, ramassez dans une terrine et incorporez le vin blanc en travaillant la farce avec une cuiller de bois.

POUR MOULER LE PATÉ

Prenez un moule à pâté, long, ovale ou carré, de 20 centimètres s'il est carré, de 22 s'il est ovale.

Passez un peu de saindoux avec le pinceau sur toute la surface interne, assurez-vous que les charnières s'enlèvent facilement, fermez-le.

Coupez un cinquième de la pâte et laissez-la de côté.

Etalez le gros morceau de forme ovale, doublez-le et allongez cette poche pour lui donner la longueur du moule; posez-le au dessus et soudez-en avec les doigts les bords sur le tour du moule en haut.

Avec la pâte mise de côté, appuyez sur la pâte en descendant doucement tout autour, pour la faire glisser sans plis ; que le fond ait bien la largeur du moule et que la pâte ait la même épaisseur.

Le bord supérieur de la pâte doit à peine déborder du moule pour pouvoir souder le couvercle d'un demi-centimètre tout autour.

Beurrez une demi-feuille de papier écolier, posez-la sur une plaque épaisse, mettez le moule dessus, garnissez tout le tour de farce, un demi-centimètre environ.

Prenez une bécasse, c'est-à-dire les deux ailes et les deux filets mignons, étalez-la sur la table, mettez un peu de farce, deux tranches de foie gras ; dans le milieu du foie gras, mettez une rangée de truffes entières ou coupées en deux si elles sont trop grosses, recouvrez de farce et posez les filets mignons; enveloppez avec la peau et mettez dans le milieu du pâté.

Faites l'autre bécasse de même ; posez-la dans le pâté sur la première, mais dans le sens inverse, c'est-à-dire le côté tête sur le côté queue ; recouvrez avec la farce qui reste.

Mettez au-dessus une petite barde de lard.

Etendez de forme ovale, la pâte qui vous a servi pour tamponner le pâté, mouillez le tour de la pâte, appliquez-y l'abaisse ; soudez-la avec le pouce et l'index, égalisez avec le petit couteau d'office en rognant ce qui dépasse du moule. Pincez le bord avec la pince à pâte, un tour en dedans et un tour en sens inverse en dehors.

Dorez le dessus du pâté à l'œuf entier battu ou avec des blancs si vous en avez.

POUR DÉCORER LE PATÉ

Réunissez et étendez ce qui vous reste de pâte, coupez des ronds à l'emporte-pièce cannelé de 4 centimètres, allongez-les un peu au rouleau, faites-en huit ou dix si vous pouvez, appuyez le dos du couteau d'office au milieu, tirez des lignes obliques sur le côté, appliquez-les en couronne sur le pâté, en les chevauchant légèrement les unes sur les autres.

Dorez une deuxième fois, faites un trou au milieu du pâté, que la pointe du doigt y rentre, roulez un bout de papier fort et fixez-le dans le trou, cela fera cheminée, la vapeur pourra se dégager et le pâté risquera moins de se crever.

Mettez au four un peu chaud. Dans un quart d'heure, couvrez-le avec une double feuille de papier beurré, laissez cuire deux heures en tout.

Sortez-le du four et laissez-le refroidir deux heures. Enlevez les charnières du moule, détachez-le avec précaution, quelquefois il est collé et si on l'arrache brusquement on brise la pâte.

Ayez un quart de litre de gelée faite avec un bon jus de veau et les os des bécasses ; versez-la avec un entonnoir dans le pâté, qu'elle soit presque prise, tout à fait froide. Laissez figer et servez le pâté découpé en long, puis par le travers.

N. B. — Le pâté peut être dressé le soir et cuit seulement le lendemain. L'assaisonnement se fait mieux et le parfum des truffes se répand plus uniformément.

Le pâté, étant garni de sa gelée, ne peut attendre plus de deux jours.

Si on veut le conserver plus longtemps, il ne faut pas en mettre, ou seulement la veille de le manger.

Pâté de Canard en croûte

Le pâté de canard, qu'il ne faut pas confondre avec les *terrines* du même nom, de Nérac et d'Agen, qui ont obtenu, grâce aux produits du sol, une renommée universelle, est un pâté de saison estivale.

Le caneton doit-être jeune et bien en chair ; aussitôt qu'il est adulte, il devient trop gras, huileux et un peu coriace.

C'est un manger assez délicat, et en temps de pénurie alimentaire, il figure assez bien dans un déjeuner semi-officiel.

Formule (de la croûte pour un Caneton) : 600 gr. de farine de gruau ; 300 gr. de beurre ou saindoux ; 6 gr. de sel fin ; 1 décilitre 1/2 d'eau filtrée ; 1 moule ovale de 22 × 15 cent.

La Garniture

Formule : 1 caneton de 1 kilo net ; 250 gr. de porc frais, du filet ; 3 foies de poularde ; le foie du caneton ; 50 gr. de beurre ; 20 gr. d'échalote ; 5 gr. de persil ; 15 gr. de sel ; 1 gr. d'épices ; une pincée de poivre ; 1 verre à madère de cognac et autant de vin blanc ; 30 gr. de pistaches ou noix facultatives.

Opération. — Que vous fassiez la pâte au saindoux ou au beurre, opérez avec le même soin et faites-la quelques heures à l'avance, même de préférence le soir pour le matin ou le matin pour l'après-midi.

Nous avons expliqué bien souvent le mouvement de frottement entre les deux mains, que vous faites subir à la farine, jusqu'au moment où l'on a obtenu une semoule parfaite ; tenir les mains de champ et plates.

Refaites la fontaine, mouillez avec un peu plus d'un décilitre d'eau, pressez la pâte, tenez-la ferme, plutôt dure, néanmoins elle doit être liée et homogène ; si elle sable, ajoutez un peu d'eau.

Faites deux parts de cette pâte, une d'un quart et l'autre du reste, arrondissez-les en boule et mettez-les à l'abri de l'air dans une soupière, saladier ou autre récipient, et tenez-les au frais.

Le Moule. — Il y a deux sortes de moules à pâté ovales, un à grosses côtes, dont les angles sont aigus, c'est l'ancienne forme, plutôt désagréable et assez difficile à garnir.

L'autre en feuilles de fougère et dont les angles sont obtus, d'un plus joli dessin et plus facile à garnir.

C'est de ceux-ci que je vais m'occuper. Enlevez les deux crochets qui relient les charnières, pour vous assurer qu'ils sont bien mobiles et qu'il n'y a pas de poussière dans le moule.

Avec un pinceau, passez un peu de saindoux sur tout l'intérieur du moule et remettez les crochets en place.

Allongez au rouleau, en ovale, la grosse masse de pâte en une abaisse un peu plus grande que le moule et posez-la dessus.

Fixez les bords de l'abaisse sur le bord supérieur du moule et, avec l'autre morceau de pâte roulé dans la farine, appuyez sur les bords en descendant légèrement et peu à peu sur le tour du moule, pour forcer la pâte à descendre lentement et uniformément.

Assurez-vous que le fond du moule est garni partout en le retournant sans aucune crainte ; au cas où il ne serait pas uniforme, tamponnez le côté qui est mal fait.

Appliquez-vous, surtout, à ce que la pâte soit d'égale épaisseur et sans plis ni rides. La pâte doit légèrement déborder en haut, pour pouvoir y souder le couvercle, lorsque le caneton sera dans la pâte.

Le Caneton. — Enlevez les bouts de plume non formées qui restent sur le dos du caneton et flambez-le, coupez les pattes au dessus du genou, les ailes au ras du corps et fendez-le d'un bout à l'autre sur le dos. Enlevez-lui la carotide et le jabot ; puis, désossez-le, ainsi que la poularde en daube ou en galantine.

Enlevez l'intérieur de la bête, coupez avec attention les deux côtés du gésier ou noisette et séparez le fiel du foie.

Mettez tous les foies dans une casserole avec de l'eau froide et faites-les chauffer fortement, mais non bouillir ; dès que l'on ne peut tenir le doigt dans l'eau, c'est suffisant. Versez-les dans une passoire et laissez-les égoutter pendant que vous coupez en dés le filet de porc frais, hachez-le grossièrement et pilez-le au mortier, ou passez-le à la machine à hacher, ce qui est plutôt fait.

Pilé ou haché, assaisonnez-le dans le mortier et ajoutez l'échalote, le persil, les foies, le cognac, le vin blanc ; mélangez bien en broyant, finalement mettez le beurre et passez le tout au tamis n° 20.

Ce qui ne passe pas est repilé et passé. Si vous mettez des pistaches, jetez-les dans l'eau bouillante une minute et mondez-les comme les amandes.

Ajoutez aussi 150 gr. de langue écarlate, coupée en dés, de la truffe, etc.

Remplissez le caneton avec cette farce et mettez-le dans le pâté, le côté de l'estomac en bas; sur le dos, mettez une petite barde de lard.

Tirez en ovale la pâte qui vous reste, un peu plus grande que le moule, appliquez-la sur le caneton, soudez les bords en la faisant rentrer autant que possible dans le moule; appliquez les deux abaisses fortement l'une sur l'autre et rognez avec le couteau d'office ce qui dépasse du moule.

Si vous avez une pince à pâte, pincez le tour, sinon faites-le avec le pouce et l'index; dorez le dessus avec de l'œuf battu.

Réunissez ce qui reste de pâte, tirez-le assez mince et faites les dessins qu'il vous plaira de faire en imitant des feuilles.

Faites un trou au milieu du pâté pour éviter que la vapeur le fasse éclater.

Cuisson à four modéré, deux heures environ.

Ce pâté est très bon chaud.

Pour le Découper. — Coupez-le par le milieu en long d'un bout à l'autre, appuyez l'intérieur sur une planche et, avec un couteau à lame fine, débitez les tranches aussi minces qu'il vous plaira.

Si vous voulez ajouter de la gelée de viande, ajoutez-la lorsque la pâte est aux trois quarts froide et la gelée à peine tiède et non chaude.

Laissez raffermir une nuit pour qu'il soit bien ferme et facile à couper.

Pâté de Foies gras

Voir Recettes diverses.

Pâté de Poulet

Ce pâté est une ressource dans les occasions où les provisions manquent.

Pour faire la pâte et le dressage du pâté, je prie les lectrices de se reporter au pâté de canard. Je vais me borner à donner la formule du poulet et de sa garniture.

Formule : 1 jeune poulet dans les 800 gr., flambé et vidé; 250 gr. de chair à saucisses; 600 gr. de filet de porc frais; 125 gr. de langue écarlate; 125 gr. de lard maigre; 30 gr. de pistaches; 15 gr. de sel; 1 gr. de poivre; 1 gr. d'épices fines composées; 2 verres à madère de vin blanc; 1 verre à madère de cognac; une petite barde de lard gras; même moule que celui à pâté de canard.

Opération. — Si vous achetez de la chair à saucisses, le hachis est plus vite fait, mais souvent il n'est pas aussi bon que de le faire soi-même.

Si vous le faites, prenez 1 kilo de filet au lieu de 650 gr., passez-les parures au hachoir mécanique ou pilez au mortier.

Ajoutez 5 ou 6 gr. de sel en plus.

On peut ajouter au hachis une échalote et un peu de persil, en même temps que le foie et les parures des os du poulet.

Désossez le poulet avec le même soin que les poulardes ou autres pièces que vous préparez en galantine. Si vous déchirez la peau, c'est un petit inconvénient qui n'a pas d'importance, le jus étant emprisonné par la pâte; on doit s'appliquer tout de même à le bien faire, c'est un entraînement qui sert le jour où l'on veut faire une galantine; cela donne une certitude et une rapidité d'exécution précieuses. Flambez le poulet légèrement sur l'alcool ou le gaz; coupez les pattes à la naissance des pilons, les ailes au ras du corps.

Fendez la peau depuis la tête jusqu'au croupion, sur le dos, bien entendu; coupez la peau à la nuque, enlevez l'artère et le jabot, ne vous occupez pas de l'intérieur, il vous sera plus facile de le vider une fois désossé.

Détachez la chair sur le dos, puis des clavicules (les deux os qui fixent les ailes sur le dos au bas du cou), coupez les deux jointures des ailes; avec l'index et le majeur de la main gauche, faites glisser la chair en la retroussant au bas du ventre; retournez les cuisses et détachez les jointures, achevez d'enlever le restant de chair et peau, coupez le croupion.

Il ne reste d'adhérent à la carcasse que les filets mignons, qu'il est facile d'enlever.

Avec le couteau, faites le tour du mognon d'os qui formait l'aile et enlevez-le du côté intérieur, faites l'autre côté, recommencez sur une cuisse en haut, enfin sur le genou et, l'autre étant faite pareillement, vous retournez en poussant les quatre membres.

Posez un filet mignon sur la table, avec l'index de la main gauche appuyez sur le nerf qui est apparent, avec la lame du couteau appuyez sur la chair et chassez-la en avant, le nerf est resté sur place très propre.

Coupez les filets en trois morceaux chaque pour les ajouter à la garniture.

Débarrassez la langue écarlate de la peau et du lard qui l'enveloppent et coupez-la en dés un peu gros ; mettez-les dans un saladier avec les filets mignons, le lard coupé aussi en dés de la même dimension que la langue, parez le filet de porc, divisez-le en dés un peu plus forts que le reste, ajoutez les pistaches blanchies, les condiments, les deux vins, la chair et triturez avec la main pour bien mélanger l'assaisonnement et les viandes. Ouvrez le poulet, étalez-le sur la table, remplissez-le avec la garniture, allongez la peau du cou sur le dos et foncez le moule.

Dans le bas du moule, mettez une petite barde de lard, le poulet le ventre en bas, une autre petite barde sur le dos ; couvrez avec la pâte, soudez bien les bords, faites un trou au milieu pour donner l'évaporation à la vapeur qui pourrait crever le pâté ; et si c'est possible, laissez reposer une nuit pour que l'assaisonnement pénètre bien les chairs.

Ce pâté doit être cuit à four plutôt doux que trop chaud, 2 h. 1/4 ou 2 h. 1/2. Pour le rendre plus fin, il est nécessaire de faire un peu de gelée et de l'arroser avant le refroidissement complet.

La Gelée

Ajoutez aux os et débris du porc frais et du poulet, un demi-pied de veau, mouillez avec un litre et demi de bouillon ou de l'eau, laissez cuire trois heures comme le pot-au-feu. Passez le jus à la serviette. Dégraissez-le, mettez-en un tout petit peu dans un moule à baba et faites-le prendre dans de l'eau froide ou sur glace pour vous assurer du degré de consistance ; si elle n'est pas assez forte, clarifiez-la en ajoutant quelques feuilles de gélatine. Versez-en à peine tiède lorsque le pâté est à moitié refroidi et laissez 24 heures avant de servir le pâté.

Perdrix grise et Perdrix rouge

Sur la terre grise des chaumes, parmi les mottes rousses qu'à soulevées le laboureur, au bord des sarrasins rougeâtres et des trèfles violets, la perdrix grise marie admirablement son plumage fait de teintes rousses, qu'à peine piquent ça et là des taches plus foncées et quelques points blancs.

Vivant dans les plaines étendues, aux grandes cultures, sur les immenses plateaux où le blé et l'avoine alternent avec la luzerne et la betterave, la perdrix grise s'est parfaitement adaptée à son milieu, et si, démontée, elle git entre deux sillons, cherchez-la avec soin, elle est là, près de vous et vous ne la voyez pas.

La rouge, au contraire, est revêtue des couleurs les plus bruyantes, son bec de corail, sa gorge blanche, sa barbiche noire, son plastron bleu cendré, ses plumes des flancs bariolées de gris, de blanc, de brun et de noir, ses pattes rouges en font un des plus jolis gibiers que nous puissions tirer dans notre beau pays de France.

La perdrix rouge vit sur les côteaux arides, dans les montagnes, dans les terrains calcaires ou volcaniques, dans les herbes parfumées où croît la bruyère. Certaines régions, plus favorisées que d'autres, possèdent les deux variétés de perdrix ; mais, dans la plupart de nos départements, chaque espèce est établie à l'exclusion de l'autre. Dans le Midi, par exemple, la perdrix rouge règne seule. Dans les départements du Sud-Est, on ne connaît la perdrix grise que par ouï-dire.

C'est parce qu'elle vit sur les terrains bariolés où poussent des plantes aux feuillages variés, les arbrisseaux à baies, se détachant sur la terre caillouteuse à demi-couvertes de feuilles mortes, que la perdrix rouge est si richement habillée.

Par un phénomène étrange, la réunion de ces couleurs, très voyantes lorsque l'on tient l'oiseau à la main, le rend presque invisible à terre. Les parties supérieures de l'oiseau sont, notamment, d'un cendré si neutre, qu'il s'adapte à tous les terrains et protège l'oiseau admirablement, non seulement contre le chasseur, mais surtout des oiseaux de proie et autres ennemis de la gent animale.

Lequel gibier vaut mieux, au point de vue culinaire, de la perdrix grise ou de la rouge ?

Là-dessus, on n'est pas fixé et on ne le sera jamais, car c'est une question de goût, et des goûts, on ne doit pas discuter.

Personnellement, je préfère la rouge, elle a plus de fumet, il est vrai qu'elle est plus sèche ; que la grise est plus juteuse. Je mets le goût de gibier au-dessus de tout. Convenablement cuit à la broche, légèrement arrosé de son jus, le perdreau rouge est un morceau de roi ; mais, comme je l'ai dit, c'est une affaire de goût.

Pâtés de Perdreaux

Pour la pâte, voir la recette qui précède : pâté de bécasses.

Formule : 2 perdreaux bien en chair ; 24 pistaches ou deux truffes moyennes au choix ; 100 gr. de langue écarlate ; 200 gr. de filet de porc ; 50 gr. de beurre ; un verre à madère de cognac et autant de vin blanc ; 10 gr. de sel, poivre, épice, muscade ; deux bardes très minces pour envelopper les deux perdrix ; on peut ajouter un peu de foie gras à la saison.

Opération. — Les perdreaux étant plumés et flambés, coupez les pattes au-dessus du genou et les ailerons au ras du corps.

Enlevez le jabot et l'artère carotide ; fendez la peau sur le dos d'un bout à l'autre et désossez-le de même que si c'était une poule, en détachant les ailes et les cuisses. Il est plus facile de désosser un perdreau que tout autre pièce de volaille,

parce que rarement on les cuit en galantine et que si la peau est percée il importe peu.

Retirez avec soin toute la chair qui reste adhérente à la carcasse, elle sera nécessaire pour corser la farce, gardez le foie avec le même soin.

Mondez les pistaches ou nettoyez les truffes, coupez en dés la langue écarlate.

Hachez grossièrement la chair et pilez-la ; si vous disposez du hachoir, la besogne marchera plus vite. Etant pilée fin, ajoutez les foies des perdreaux et 100 gr. de foie gras, si vous en disposez ; repilez, assaisonnez, pilez de nouveau et passez au tamis sur une assiette.

Recueillez dans un saladier, mélangez à la cuiller de bois les pistaches ou la truffe en petits dés, la langue écarlate, les filets de perdreaux coupés par la moitié.

Remplissez les deux perdreaux, enveloppez-les chacun dans sa bande respective et passez à la confection du pâté.

Le Moulage du Pâté. — Autrefois on se servait très peu de moules pour les pâtés, on tend à revenir à cette mode pour plusieurs raisons. La plus sérieuse est celle-ci : le pâté se découpe mieux et les tranches sont plus uniformément garnies, que dans un pâté dressé dans un moule, surtout si le moule est ovale. S'il est rond, c'est encore plus difficile de découper. S'il est carré, il y a trop de pâte, elle cuit mal et l'arôme est moins développé.

Nous allons dresser celui-ci à l'ancienne : étendez toute la boule de pâte de forme ovale, d'environ 5o de longueur sur 42 ou 44 de largeur.

Posez les perdreaux tête-bêche en sorte que le dos de l'un et la tête de l'autre soient à droite et à gauche ; mouillez le tour de la pâte ; pliez la pâte de devant vous, puis, celle de l'autre côté sur les perdreaux, tournez avec soin pâte et perdreaux dans le sens opposé, ce qui ramène devant vous un côté de pâte non pliée et un autre côté en face. Avec le rouleau, allongez-les un peu, cette opération soude l'abaisse et en même temps fait allonger la pâte en l'amincissant.

Cela vous permettra d'en rogner un peu et vous servira tout à l'heure, pour orner le dessus du pâté, qui, sans cet ornement, aurait l'air trop sans façon.

Dorez avec de l'œuf entier bien battu et par deux fois le dessus du pâté ; repliez les deux bouts de pâte sur le dessus du pâté et faites-les joindre bout-à-bout; faites que la jointure soit juste. Dorez encore une fois toute la surface du pâté. Avec les débris, faites des feuilles comme au pâté de bécasse, passez un peu de beurre sur une demi-feuille de papier d'office, posez-la sur une plaque épaisse, transportez-y le pâté avec beaucoup d'attention pour ne pas le déformer ni le crever. Faites cuire 1 heure 3/4.

Pâté de Pithiviers

Quantité pour 7 mauviettes ou alouettes:

Formule : 250 gr. de foie gras ; 50 gr. de mie de pain frais ; un petit verre de cognac; un petit verre de vin blanc ; 10 gr. de gros sel ; un gr. d'épice ; un peu de poivre ; 30 gr. de beurre ; un peu de lait; un jaune d'œuf frais ; une barde de lard frais et mince.

LA PATE

Formule : 400 gr. de farine de gruau ; 200 gr. de beurre ; 5 gr. de sel fin ; 1/2 décilitre de vin blanc ; 1/2 décilitre d'eau fraîche.

Pour bien faire les pâtés il est bon de commencer par la pâte, pour lui donner le temps de se reposer et, par conséquent, de perdre l'élasticité que donne la manipulation, élasticité nuisible à la beauté du pâté et surtout à la forme un peu originale qu'il convient de donner à celui-ci pour le distinguer des diverses formes de pâté de veau, porc, etc., etc.

Faites un fontaine avec la farine ; dans le milieu, mettez le sel, le beurre un peu manié, et frolez farine et beurre entre les deux mains plates et allongées, pour obtenir, par un frottement léger et continué un certain temps, une espèce de semoule grasse et jaune. Mouillez avec les deux liquides, pressez la pâte sous la main droite pour lui donner l'homogénéité nécessaire. Il suffit, une fois ce résultat obtenu, de la fraiser deux fois rapidement, de la mettre en boule et de la laisser reposer au frais et couverte, pendant que vous préparez les mauviettes et la farce.

LES ALOUETTES

Les alouettes, dénommées à Paris *mauviettes*, je ne sais pour quelle raison, se nourrissent de graines, d'insectes, de larves surtout. Cuvier les range dans la première section de la famille des *conirostres*, dans l'ordre des passereaux. L'alouette se distingue facilement des oiseaux de la même famille par l'ongle de son pouce, qui est fort droit et bien plus long que les autres, au point que cet ongle empêche l'alouette de percher.

Celle qui nous occupe, l'alouette des champs, la meilleure sous tous les rapports, est brune, piquée de taches plus brunes par-dessus, de blanc taché de brun par dessous, et, une particularité qu'il est bon de retenir, les deux pennes externes de la queue sont lisérées de blanc en dehors. L'estomac doit être large et épais, deux filets de graisse très apparents marquent leur qualité supérieure : les os du dos ne doivent pas saillir, signe qu'elles sont maigres.

POUR LES VIDER. — Commencez par leur enlever l'artère carotide et le boyau qui correspond de la gorge au gésier (*noisette* dans les petits oiseaux) ; faites avec la pointe d'un petit couteau d'office une légère incision au ventre, en face la cuisse droite, l'alouette étant tenue de la main gauche et le ventre en l'air ; piquez la noisette et tirez avec le pouce gauche, arrêtez la vidange, la noisette est débarrassée, l'alouette vidée.

POUR LES DÉSOSSER. — Posez l'alouette l'estomac sur la table ; avec le petit couteau, sectionnez la chair sur le dos, à la hauteur de la jointure ; recommencez de l'autre côté, puis râclez un peu pour détacher la chair sur les deux clavicules, appuyez avec l'index et le majeur sur les deux coupures pour retrousser sur l'estomac, arrachez les deux filets avec la peau, en tirant la carcasse à gauche ; posez-la sur une assiette. Les sept alouettes étant faites, assaisonnez légèrement et arrosez avec un peu de cognac.

La Farce. — Divisez le foie-gras en tranches un peu minces, sautez-les deux minutes de chaque côté, avec les 3o gr. de beurre ; laissez refroidir. Trempez la mie de pain dans un peu de lait ou de bouillon tiède deux minutes, pressez-la dans la main pour extraire le liquide ; pilez d'abord les carcasses des alouettes dans un mortier en marbre ; assaisonnez, ajoutez la mie de pain et broyez, puis les escalopes de foie et broyez en tournant ; il ne faut pas piler, on ferait sauter la purée et on se salirait ; enfin, mettez le vin blanc, le cognac qui reste et le jaune ; triturez, puis passez au tamis de crin.

Cette farce recueillie dans un saladier, mélangez quelques minutes avec la cuiller de bois, goûtez et mettez au frais pendant que vous allongez la pâte pour mouler le pâté.

Le Dressage du Paté. — Allongez la pâte lentement, en appuyant le rouleau légèrement, pour obtenir une forme ovale parfaite, régulière d'épaisseur, mesurant 37 centimètres de long sur 32 de large.

Etalez dans le milieu de cet ovale une barde de lard frais très mince, large de 20 centimètres sur 24 de long, et sur cette barde posez, jusqu'à deux centimètres des bords, une couche de farce de un centimètre d'épaisseur. Prenez sur la main gauche une mauviette désossée, la peau sur la main, l'intérieur en haut ; mettez au milieu gros comme une noix de farce, retroussez les deux parties et la mauviette est reconstituée. Posez-la sur la farce, le côté large en dehors et pas tout à fait sur le bord ; finissez les autres, faites une couronne avec 6 ; posez la septième sur le milieu, recouvrez avec la farce qui reste, retroussez la barde, rognez le pâté pour lui donner une forme rectangulaire ; avec le rouleau, amincissez la pâte en dehors de la garniture pour faire rejoindre les abaisses un peu l'une sur l'autre. Si vous aviez trop aminci la pâte dès le principe, le fond du pâté ne serait pas assez résistant et la pâte dessècherait trop. Retroussez d'abord les deux côtés latéraux, donnez un coup de rouleau sur les deux autres pour permettre le pliage, dorez les deux côtés posés avec le blanc d'œuf qui reste et que vous avez battu un peu, retournez les deux côtés sur le pâté ; faites une abaisse avec la pâte rognée sur les côtés, assez mince et grande ; découpez en carré pour envelopper aux trois quarts presque le pâté, dorez cette abaisse par-dessus.

Avec les débris de pâte, coupez à l'emporte-pièce cannelé des ronds de 3 centimètres de diamètre. Allongez-les avec le rouleau, de façon à les obtenir ovales ; avec le dos du couteau, appuyez sur le milieu de l'abaisse, puis tracez par le même procédé des lignes obliques en commençant en haut et sur la ligne médiane ; en redescendant, recommencez de l'autre côté et vous obtenez une feuille d'autant plus parfaite que les lignes ont été tracées plus régulières.

Dressez ces feuilles en rosace sur le milieu du pâté, en les chevauchant légèrement ; faites un petit trou au milieu pour y mettre un petit carton enroulé qui servira d'échappement à la vapeur et empêchera le pâté d'éclater ; pincez avec les doigts les quatre angles, à mi-hauteur du pâté, sur la doublure des abaisses Ce qui donne l'originalité aux pâtés de Pithiviers, c'est cette espèce de bouton que l'on obtient par ce pinçage méthodique en pressant la pâte entre les trois doigts de la main droite, le pâté a l'air d'un bonnet carré de docteur.

Pâté de Saumon

Formule : 600 gr. de saumon ; 100 gr. de Vésiga ; 150 gr. de chair de brochet ou de soles : 120 gr. de beurre fin ; 150 gr. de champignons ; 15 gr. de sel ; 1 gr. d'épices, un peu de poivre, un petit verre de cognac ; 6 écrevisses moyennes ; 3 œufs moyens.

La Panade

Formule : 3 cuillerées à bouche d'eau filtrée ; 1 cuillerée de vin blanc ; 30 gr. de beurre ; 50 gr. de farine ;

La Pate a Paté

Formule : 625 gr. de farine ; 200 gr. de beurre ; 8 gr. de sel égrugé ; 2 décilitres d'eau froide.

Les personnes, qui voudront le raffiner, peuvent se servir de pâte à brioche un peu fermé et moins beurrée : 400 gr. de beurre au lieu de 500 gr., pour 625 gr. de farine (voir la pâte à brioche).

LES PRÉPARATIFS. — Je vous ai dit très souvent, dans mes cours, que, pour opérer très vite, il faut procéder lentement, mais avec une méthode rigoureuse.

C'est parce que beaucoup de personnes ne suivent pas ce principe, qu'elles manquent de sang-froid, perdent la tête à un moment donné, et tout s'en va à vau-l'eau.

Munissez-vous, la veille au matin, du vésiga, espèce de boyau ou moelle épinière de l'esturgeon, de la lamproie et d'autres poissons qui viennent généralement de Russie ; faites-le tremper dans de l'eau froide, que vous renouvelez le soir et le matin ; une heure avant de l'employer, vous mettrez de l'eau un peu chaude, afin qu'il se ramollisse et s'attendrisse à point.

Faites la pâte, soit à brioche ou à pâté, dont la formule est ci-devant, le soir, et tenez-la au frais.

Vous pouvez même, si c'est pour servir le pâté à déjeuner, faire la farce la veille , de cette façon, aussitôt le déjeuner servi, vous dressez le pâté et faites-le cuire tranquillement, sans bousculade et sans coup de feu, pouvant régler la marche du fourneau à loisir.

LA PANADE. — La pâte étant faite, mettez l'eau, le vin blanc et les 30 gr. de beurre dans une petite casserole ; faites bouillir ; retirez du feu, mettez la farine, séchez une minute sur le feu, en remuant à la cuiller de bois ; étalez sur une assiette, et laissez refroidir.

LA FARCE. — Désossez les soles ou le brochet avec attention, pour ne pas laisser d'arêtes ni de peau ; pilez-le avec un peu de gros sel ; étant bien pilé, ajoutez les écrevisses cuites ou crues : je préfère ce dernier mode, la farce est meilleure et plus rose ; incorporez la panade bien froide, des épices, muscade, poivre, un petit verre de cognac et 70 gr. de beurre. Broyez et mélangez bien. Passez au tamis métallique nº 20. Relevez la farce dans un saladier et triturez-la avec une cuiller de bois pour la rendre homogène et fine. Mettez-la au frais.

Faites cuire l'arête du poisson avec un peu d'eau pour obtenir 3 cuillerées à bouche de jus. Mettez ce jus, passé au linge, dans une petite casserole avec le vésiga coupé en tout petits morceaux, et faites-le chauffer au bain-marie, couvert, jusqu'à l'ébullition de l'eau ; retirez du feu et tenez-le à côté, toujours couvert.

Escalopez les champignons en lames assez minces et pas trop grandes ; faites-les sauter avec un peu de beurre et joignez-les au vésiga.

Faites cuire 2 œufs à l'eau bouillante pendant 10 minutes, rafraîchissez-les, mondez et passez-les au tamis sur une assiette. Mélangez au vésiga et aux champignons. Faites sauter avec un peu de beurre, dans un sautoir, deux darnes de saumon d'environ 350 gr. chaque ; enlevez la peau et l'arête du milieu, et laissez refroidir tous les éléments pendant que vous dressez la pâte.

CONFECTION DU PATÉ. — Si vous opérez avec de la pâte à brioche, il est indispensable de se servir d'un moule ayant la forme d'un carré long, large de 12 à 15, sur 28 de longueur. Avec la pâte, on peut se dispenser du moule et le dresser simplement sur une feuille de papier d'office.

Avec l'une ou l'autre pâte, il faut procéder de même façon : tirez en carré long, de 18 sur 30, les 3/4 de la pâte ; habillez le moule légèrement graissé, tapissez l'intérieur avec la farce, mettez une couche du mélange de la casserole, une tranche de saumon, bien tassées, une couche de farce et de hachis, l'autre tranche de saumon, le restant de hachis et la farce qui reste, par dessus. Mouillez le bord de la pâte, qui doit à peine déborder le moule; étalez la pâte qui vous reste, posez-la, soudez les bords, égalisez bien uniformément ; avec la pince à pâte, faites une double bordure, dorez le dessus du pâté, faites un petit trou dans le milieu.

Réunissez les débris de pâte, faites de tout petits losanges, que vous rayez obliquement et que vous posez en étoile sur le pâté.

Cuisez au four, chaleur moyenne, deux heures environ.

Ce pâté se sert chaud et froid.

Pâté des Vosges

Formule : 500 gr. de filet de veau; 500 gr. filet de porc; 250 gr. de chair à saucisses; 50 gr. d'oignon; 1 verre à madère de cognac; 1/4 de litre de vin blanc; 10 gr. de sel, poivre et un peu d'épice.

Opération — Coupez les filets de porc et de veau en petits dès de deux centimètres carrés. Mettez-les à mariner pendant 5/4 d'heures avec le vin blanc, le cognac et l'oignon coupé en rouelles. Pendant que les chairs marinent, occupez-vous de la pâte qui doit former la croûte du pâté.

POUR LA PATE

Formule : 500 gr. de farine de gruau ; 200 gr. de beurre; 8 gr. de sel; 2 décilitres et demi d'eau.

Opération. — Mettez la farine sur la table, faites un trou, dit fontaine, dans le milieu ; mettez-y le sel et l'eau, pétrissez le beurre avec le sel et l'eau, incorporez la farine peu à peu; travaillez bien cette pâte jusqu'à épuisement de la farine; réunissez-la en une boule parfaite et laissez-la reposer un quart d'heure. Saupoudrez la table de farine, allongez la pâte en une bande un peu longue, repliez les deux bouts dans le milieu et ceux-ci l'un sur l'autre, comme pour la pâte feuilletée; allongez dans le sens opposé et faites la même chose que la première fois. Laissez-la reposer et vous lui donnerez encore quatre tours à un quart d'heure d'intervalle entre chaque deux tours.

Pendant tout ce travail, hachez tous les débris des filets de veau et de porc, ajoutez-les à la chair à saucisse ; réunissez dans un saladier le hachis, les chairs des filets qui sont marinées, une pincée d'épices, un peu de sel et de poivre, triturez le tout ensemble pour bien mélanger ; étendez la pâte d'environ 5o centimètres de long et 35 de large, enlevez-la avec le rouleau et déposez-la sur une plaque légèrement graissée et farinée. Mettez dans le milieu de la pâte la garniture préparée; relevez les deux côtés de la pâte sur le milieu de la garniture, dorez avec du jaune d'œuf, croisez la pâte l'une sur l'autre aux deux extrémités du pâté, allongez ces deux bouts, rognez le trop de pâte, ramenez-les sur le dessus de façon à ce qu'ils se joignent bien ; dorez de nouveau. Avec les rognures de pâte, faites un couvercle que vous égalisez et que vous placez sur le pâté. Dorez-le, faites un trou sur le dessus à chaque bout du pâté, mettez deux petites cheminées en papier. Avec la pointe d'un couteau, vous faites quelques dessins à votre fantaisie. Faites-le cuire une heure un quart à four un peu chaud.

Ce pâté se mange chaud ou froid.

Pâté de Lièvre à la crème
(MODE DES VOSGES)

Quantité pour un pâté faisant 15 belles portions.

LA PATE

Formule : 350 gr. de farine de gruau ; 250 gr. de beurre; 4 gr. de sel fin ; demi-verre d'eau.

LA GARNITURE

Formule : les filets d'un lièvre de 3 kilos environ ; 400 gr. de filet de porc frais ; 200 gr. de lard gras mi-sel ; 150 à 200 gr. de crème double ; 3 œufs ; 2 échalotes ; persil, thym et laurier ; sel ; poivre ; épices ; verre à madère de cognac, autant de vin blanc.

Opération. — Marinez les viandes découpées en filets un peu gros, dès la veille; couvrez et tenez au frais.

Le lendemain, détrempez la farine avec le sel, le beurre et l'eau, donnez-lui cinq tours comme pour le feuilletage ordinaire.

Faites un hachis soit à la machine ou au couteau avec toutes les viandes et l'assaisonnement. Divisez-le en cinq portions égales que vous roulez en forme de saucisses longues, sur la table fermée.

Divisez la pâte en 2 parties, un tiers d'une part et 2 tiers de l'autre. Allongez la petite partie en une bande large de 20 centimètres et de deux centimètres plus longue que les saucisses, posez-la sur plaque, mettez les saucisses à égale dis-

tance les unes des autres. Mouillez le bord
de la pâte qui doit dépasser tout autour
d'un centimètre.

Allongez l'autre pâte un peu plus large
et longue que la première, coupez quatre
petites bandes que vous collez sur le bord
de la première abaisse, mouillez et appliquez l'autre abaisse. Dorez le dessus,
entre chaque dépression des saucisses,
faites deux trous en haut et en bas à 4
doigts du bord; faites cuire le pâté une
heure.

Battez les 3 œufs, ajoutez la crème, un
peu de sel et de cognac; versez cette composition avec un entonnoir dans les trous
et remettez le pâté à cuire une heure.

Pour découper ce pâté, il suffit de le
diviser par le milieu en sa longueur et
ensuite de le couper en tranches par le
travers des deux moitiés. Servir très chaud.

Ce pâté a un joli aspect et est très original.

Paté de Lièvre à l'anglaise

Formule : le devant d'un lièvre ; 125 gr. de
Bacon ; une carotte moyenne ; 6 petits
oignons ; 2 œufs durs (facultatifs) ; un bouquet garni ; un quart de litre de vin rouge;
1/2 litre de bouillon ; un morceau de sucre ;
une cuiller à café de sel ; une cuiller à bouche
de farine ; une cuillerée à légumes de sauce
française Al Rhonss ; un verre à madère de
cognac ; une terrine en porcelaine plissée
de 18 centimètres de diamètre.

LA PATE POUR COUVRIR LA TERRINE

Formule : 150 gr. de farine ; 80 gr. de beurre ;
une pincée de sel ; un petit verre à bordeaux d'eau filtrée.

LE LIÈVRE. — J'indique de prendre le
devant d'un lièvre, pour les familles dont
le maître est chasseur et aussi pour les
petites localités où il est difficile de s'approvisionner d'une moitié de lièvre ou de
500 gr., ainsi qu'il est facile de le faire à
Paris, Lyon, etc. ; où les marchands de
volailles et gibiers vendent poil et plume
au détail.

On peut aussi faire ce pâté avec un
levraut, c'est bien meilleur et moins long
à cuire.

Opération. — Découpez en tranches le
lard anglais, qui se nomme chez les char-
cutiers comme en Angleterre *Bacon*, c'est
du lard de poitrine, très mince, entrelardé
et fortement fumé ; il est généralement
peu salé et est bien meilleur que notre
lard maigre qui est amer et très coriace,
grâce à la mauvaise préparation qu'il subit
depuis quelques années, ce qui favorise
l'introduction des produits étrangers.

Faites légèrement roussir les tranches
avec très peu de graisse dans un sautoir,
enlevez-le sur une assiette.'

Faites sauter le lièvre découpé en plus
petits morceaux que pour faire un civet,
que le feu ne soit pas trop vif, car le lièvre
pince facilement à cause du sang qu'il
garde dans sa chair. A moitié cuisson,
ajoutez la carotte coupée en dés et les
6 petits oignons entiers: achevez de roussir le tout, saupoudrez avec la farine,
mettez deux minutes au four, mouillez
avec le cognac et mettez le feu. Remuez
la casserole pour que celui-ci brûle le
plus possible, il est nécessaire que l'extérieur des morceaux soit bien imperméa-
bilisé pour qu'ils gardent leur jus.

Mouillez avec le vin et le bouillon,
ajoutez tout l'assaisonnement et laissez
mijoter à côté du feu pendant que vous
faites la pâte.

LA PATE. — Nous avons fait si souvent
cette pâte ensemble, que mes élèves la
font aussi bien que moi, aussi vais-je glisser rapidement.

Mélangez la farine, le sel, le beurre et
l'eau tout à la fois et donnez quatre tours
doubles en deux fois. Mettez-la au frais
entre temps pour qu'elle se raffermisse
un peu.

Etendez-la sur la table aussi longue que
possible, pour découper une bande qui
puisse faire le tour intérieur de la terrine
en porcelaine plissée, qui a un rebord de
2 centimètres sur le haut. Passez un peu
d'eau ou de blanc d'œuf battu sur ce bord
interne et collez la bande large de 3 centimètres, en la faisant légèrement déborder.
Roulez la pâte qui reste en boule pour
l'étendre en rond, assez juste pour couvrir
la terrine.

Ayez soin de bien souder les deux bouts de la bande, pour qu'ils ne se défassent pas à la cuisson. Mouillez le tour avec le pinceau.

Versez le lièvre; couvrez avec la pâte, appuyez pour la souder avec le pouce, dorez vivement, faites un trou au milieu pour laissez sortir la vapeur et mettez au four, chaleur assez douce, et laissez cuire 2 heures au moins.

Si vous mettez des œufs durs, coupez-les en quartiers et mettez-les dans la terrine avant de couvrir.

Il faut s'arranger pour que le pâté sorte du four pour aller à table.

Servez sur plat rond garni d'une serviette à thé.

La maîtresse de maison peut enlever le couvercle de pâte en le cernant tout autour et le couper en autant de morceaux qu'il y a de convives et le faire passer sur une assiette volante.

Le lièvre est meilleur ainsi qu'en civet et cela change.

Pâté d'Amiens de Ménage

Plusieurs élèves et lectrices, ayant trouvé trop cher le pâté d'Amiens, paru dans l'*Ecole de Cuisine*, m'ont prié d'en donner une nouvelle formule pouvant se faire toute l'année, principalement l'été à la campagne où les provisions font si souvent défaut. Je le fais avec d'autant plus de plaisir, que la formule qui suit, véritablement facile à faire, est très bonne, pas chère, et le tout se trouve sous la main journellement ou à peu près un peu partout.

La préparation est un peu longue, mais en s'y prenant la veille, tout en faisant le déjeuner et le diner, on arrive très bien sans perte de temps et on dispose d'un mets excellent et très joli.

LA PATE

Formule : 600 à 700 gr. de farine ; 250 gr. de beurre ou saindoux ; 5 gr. de sel fin ; un quart de litre d'eau.

Opération. — Faites la fontaine avec la farine, mettez dans le milieu le sel, le beurre ou le saindoux, faites une semoule en frôlant le corps gras avec la farine entre les deux mains, ajoutez l'eau toute à la fois ; la pâte étant liée, fraisez-la deux fois, enveloppez-la dans un linge et mettez-la au frais.

N.-B. — Cette pâte n'a pas besoin d'être aussi ferme que pour faire les pâtés en croûte ordinaires.

LA GARNITURE

Formule : un caneton ordinaire ; 300 gr. de foie de veau ; 50 gr. de beurre frais ; le foie du caneton ; une échalote moyenne ; un jaune d'œuf frais ; un verre à madère de vin blanc ; un verre à madère de cognac ; sel, poivre, pointe de muscade et de cayenne, une cuillerée de graisse.

LE CANETON

Opération. — Choisissez un caneton charnu, épais, de bonne qualité et surtout très tendre.

En le vidant, conservez toute la peau du cou, qui sera nécessaire pour bien renfermer la farce.

Coupez les pattes au-dessus du genou, les ailes au ras du corps ; flambez-le et enlevez avec soin toutes les petites plumes noires qui se trouvent entre chair et peau.

LA FARCE. — Coupez le foie de veau en tranches assez minces, faites-les légèrement sauter dans la coupe lyonnaise (poêle) avec la graisse ; pilez-les dans le mortier toutes chaudes en n'en mettant qu'une moitié à la fois. Ajoutez le foie du caneton cru, donnez un coup de pilon en tournant, remettez la première farce enlevée, assaisonnez et pilez un moment; incorporez le rognon, le vin blanc, le jaune d'œuf et l'échalote hachée très fin ; remplissez le caneton et troussez-le très serré pour qu'il tienne le moins de place possible.

LE PATÉ. — Etendez la pâte un peu épaisse et de forme ovale : elle doit dépasser assez pour pouvoir envelopper le caneton entièrement en remontant un côté et un des bouts sur l'autre.

Posez le caneton sur le ventre, retroussez un côté de pâte, mouillez l'autre bord et appliquez-le sur le côté plié ; avec le rouleau, aplatissez les deux bouts, pliez-en un, mouillez l'autre et collez-le dessus en appuyant. Retournez le pâté sur une plaque, dorez-le, faites-le cuire une heure et demie dans le four, chaleur moyenne.

Pour le Dresser. — Le pâté étant complètement froid, coupez avec un petit couteau tout le tour de la croûte à moitié de sa hauteur.

Enlevez la calotte sans la briser. Sortez le caneton sans détériorer le fond. Découpez les filets du caneton très minces, rangez-les à mesure sur une assiette. Ne changez pas les filets de côté, prenez deux assiettes pour mettre ceux de droite à droite, et ceux de gauche à gauche.

Sortez toute la farce de l'intérieur du caneton sans la déchirer ; pilez-la de nouveau au mortier, goûtez l'assaisonnement, relevez d'un peu de cognac et ajoutez les 5o gr. de beurre frais. Passez au tamis de crin et liez-la dans un saladier avec une cuiller de bois. Elle doit être onctueuse et un peu relevée.

Coupez une feuille de papier d'office en diagonale, par le milieu du coin droit en haut au coin gauche en bas. Faites un cornet en repliant en dedans le côté du triangle le plus large et faites remonter la pointe en haut pour la plier et fixer le cornet.

Remplissez-le avec la farce, coupez le bout un peu plus gros qu'un crayon. Appliquez sur l'estomac du caneton, à la place des filets, la farce qui vous reste ; posez le filet qui a été enlevé le dernier, avec le cornet, appliquez tout le long de ce filet un peu de farce, mettez-en un autre et continuez le mouvement jusqu'au dernier filet.

Nappez de gelée presque prise, ou bien hachez-en un peu sur un linge mouillé ; avec le dos d'un couteau très mince, remplissez un autre cornet et faites couler la gelée en suivant les filets de farce.

Remettez le caneton dans sa croûte, couvrez-le de la calotte. Servez sur serviette dans un plat long, à déjeuner seulement.

Ce mets est très joli, très bon et pas cher.

Parlements

Délayez 125 gr. de farine avec un jaune d'œuf, 70 gr. de beurre, un peu de sel et de sucre, lait ou eau ; faites deux fois deux tours comme pour le feuilletage, découpez à l'emporte pièce cannelé de 6 centimètres, abaisse très mince. Cuire à four modéré.

Pêcher

La fleur du pêcher est employée en infusion, à la dose de 15 à 3o gr. par litre d'eau bouillante.

On fait un sirop excellent avec une infusion à 5o gr. par litre d'eau et 1720 gr. de sucre cristallisé.

Ce sirop peut servir pour faire des glaces, en l'abaissant à 20° par addition d'eau et un jus de citron par litre de composition à glacer.

Les Pêches

Vous pouvez employer des demi-pêches de conserve, qu'il suffit de réchauffer dans leur jus, jusqu'au frémissement ; de sucrer un peu le jus, le faire réduire et le parfumer au kirsch avant de le verser sur les demi-pêches, dressées en couronne, légèrement chevauchées sur le turban démoulé dans le plat de service.

Pêches nature

Faites bouillir un demi litre d'eau, mettez une pêche une demi-minute, enlevez-la, mettez en une autre et pelez rapidement la première, continuez jusqu'à la fin ; il en faut 8, 1o ou 12 suivant la grosseur et le nombre de convives. Les pêches étant finies, ajoutez à l'eau 25o gr. de sucre cristallisé, faites bouillir et passez le sirop au tamis fin dans un sautoir. Divisez les pêches par moitié, à mesure jetez-les dans le sirop tenu en légère ébullition ; les pêches étant cuites sans être éclatées, égouttez-les sur un tamis de crin sous lequel vous mettez une assiette pour recueillir le jus qui tombe.

Faites réduire le sirop à l'état de gelée pendant que vous renversez le turban sur le plat de service et que vous dressez les pêches en écailles de poisson sur le tour. Parfumez le sirop à la vanille, au cacao, au moka, au curaçao, au kirsch ou rhum ; nappez les pêches à la cuiller et servez bien froid ou chaud suivant le goût de la maison.

Même travail aux abricots.

Pêches à la Bourdaloue

LA PATE

Formule : 125 gr. de farine ; 60 gr. de beurre ; 20 gr. de sucre ; un peu de sel ; 1 petit œuf.

LE RIZ

Formule : 100 gr. de riz ordinaire ; 3 décilitres de lait ; 50 gr. de sucre ; un peu de sel et vanille.

LES PÈCHES

Formule : 6 pêches moyennes bien saines ; 150 gr de sucre cristallisé ; 3 décilitres d'eau filtrée ; 6 feuilles de pêcher ; un peu de zeste de citron et vanille.

POUR LE DÉCOR

Formule : 2 beaux blancs d'œufs ; 60 gr. de sucre semoule ; vanille en poudre.

Ce riche entremets réunit deux qualités appréciées par les gourmands des deux sexes : élégance et bonté.

C'est un peu long à préparer ; mais on peut s'y prendre dès le matin, et, tout en faisant le déjeuner, confectionner l'entremets pour le soir, tout au moins faire le riz et pocher les pêches.

Dans l'intervalle du déjeuner au dîner, on le finit, et il a le temps de se raffermir.

LES PRÉPARATIFS. — Commencez par laver le riz et faites-le tremper dans de l'eau froide. Faites la pâte et laissez-la reposer au frais.

Pochez le riz et les pêches en même temps, moulez et cuisez le fond en timbale plate.

Dressez les pêches.

Montez les blancs.

Faites le décor et passez au four.

LA PATE. — Mettez la farine sur la table et faites la fontaine ; dans le milieu, pétrissez le beurre, le sucre, le sel et un petit œuf ; incorporez la farine, fraisez une fois seulement, roulez en boule et mettez au frais, à l'abri de l'air.

Au moment de rouler, beurrez un moule à tarte de 20 centimètres de diamètre, étendez la pâte juste assez grande pour habiller l'intérieur du cercle légèrement beurré ; posez celui-ci sur une tourtière ou plateau de tôle épaisse ; faites un papier souple de 22 centimètres de diamètre, beurrez le côté que vous appuyez sur la pâte et garnissez avec des noyaux de cerises, des haricots, du riz ou des lentilles. Cuisez au four doux une demi-heure. Enlevez la garniture, le papier et le cercle, faites un peu sécher et laissez refroidir.

LE RIZ. — Jetez l'eau de nouveau, lavez-le encore une fois et faites faire un bouillon lentement. Egouttez et rafraîchissez, mouillez avec le lait, salez et laissez cuire très lentement, 30 minutes ; si vous tenez à le faire très beau, remuez une ou deux fois jusqu'au premier bouillon et faites-le finir de pocher au bain-marie, au four bien couvert, 25 minutes. Parfumez et sucrez-le seulement une fois la cuisson finie.

Versez-le tout chaud dans la croûte ou timbale et égalisez bien la couche sur toute la surface.

LES PÈCHES. — Faites bouillir un demi-litre d'eau ; mettez une pêche 15 secondes, enlevez et pelez-la pendant qu'une autre trempe ; opérez rapidement et posez-les à mesure sur une assiette. Prenez un peu plus de la moitié de cette eau, mettez-y le sucre et les feuilles de pêcher, faites bouillir, retirez les feuilles, mettez le parfum et les pêches ; couvrez et laissez à peine sourire sur le côté du feu ou sur le gaz, en perles imperceptibles ; elles doivent être molles au toucher, mais non éclatées. Il faut veiller à ce qu'elles n'éclatent pas en maintenant le feu régulier et très doux. Dix minutes, un quart d'heure ou vingt minutes suffisent, suivant que les pêches sont plus ou moins mûres.

Laissez-les refroidir dans le jus.

LES BLANCS. — Montez les blancs en neige, très fermes ; mélangez le sucre au fouet, en le laissant tomber en pluie avec une cuiller à bouche ; garnissez-en une poche munie d'une douille à 6 feuilles ou

un cornet en papier fort que vous couperez quatre fois, aux ciseaux, en faisant
quatre dents de loup.

LE DRESSAGE. — Mettez 5 pêches bien
serrées au milieu de la timbale de riz et
la 6e par dessus. Posez le sirop sur le feu
pour le faire réduire; faites avec les blancs
une couronne autour des pêches, en faisant un joli dessin et aussi haut que vous
pourrez. Saupoudrez les blancs d'un peu
de sucre glace et attendez cinq minutes.

Mettez le gâteau au four chaud 5 minutes à peine, les blancs ne doivent se dorer
que sur le sommet du décor, afin que les
creux soient blancs.

Versez le sirop bien réduit sur les
pêches et servez chaud ou froid.

Pêches à la Cardinale

Formule : 12 belles pêches; 500 gr. de framboises; 300 gr. de sucre en poudre; 3 kilos
de glace.

Opération. — Mondez les pêches ainsi
qu'il est expliqué dans l'article qui précède.

Passez les framboises au tamis de crin
très fin, mélangez à cette purée le sucre
en poudre.

Mettez cette composition dans une timbale en argent.

Pilez la glace en neige, c'est-à-dire très
fine; mettez une couche dans un récipient
un peu plus large que la timbale et posez
celle-ci dessus, entourez-la avec ce qui
reste de glace.

Dressez les pêches en pyramide, en
ayant bien soin de ne pas maculer les
pêches avec le sirop.

Taillez 9 croissants d'angélique avec un
petit emporte-pièce rond, uni; mettez une
jolie framboise sur la pêche du sommet,
les croissants autour et servez le plus froid
qu'il vous sera possible.

Si vous disposez d'une étuve à glacer,
comme celle des pâtissiers, le rafraîchis-
sement se fait mieux.

Pêches de conserve à la Bourdaloue

LE GATEAU BOURDALOUE

Formule : 125 gr. d'amandes blanchies et séchées ; 125 gr. de sucre en poudre ; 100 gr.
de crème de riz ; 100 gr. de beurre fondu ;
2 petits verres de rhum ou de kirsch ; 3
œufs entiers et un jaune.

*Moule « trois frères » de 20 centimètres
ou moule « à génoise » de 22 centimètres.*

Le moule « trois frères » est un moule
à *torsades*, creux dans le milieu, qui fait
un très bel effet et sert souvent en cuisine
ainsi qu'en pâtisserie pour borduer des
gâteaux.

Graissez l'un ou l'autre moule avec du
beurre à peine fondu, laissez-le figer et
passez dessus de la crème de riz.

Broyez les amandes, d'abord avec un
œuf entier; lorsque la pâte est ferme,
ajoutez trois jaunes d'œufs et broyez encore; puis le rhum ou le kirsch et broyez
à nouveau; mélangez le sucre et faites
mousser un peu en tournant le pilon.

Montez deux blancs d'œufs bien fermes,
ajoutez-les à la pâte, incorporez la crème
de riz et le beurre, versez dans le moule,
et cuisez au four plutôt un peu doux que
chaud, pendant 30 à 40 minutes suivant
la chaleur du four.

Renversez sur le tamis pour que le gâteau refroidisse sans suer, ce qui le ramol-
lirait.

LES PÊCHES DE CONSERVE. — Achetez
une boîte de conserves de pêches d'un
litre, celle qu'on dénomme 4/4, non point
des pêches jaunes, elles sont trop fermes,
mais de *la Pavie*.

Ouvrez la boîte, versez le contenu dans
un sautoir et donnez un bouillon.

Retirez les moitiés de pêches sur un tamis de crin au-dessus d'une assiette.
Ajoutez au sirop recueilli une douzaine de
morceaux de sucre, un demi-jus de citron
et deux ou trois cuillerées à bouche de
marmelade d'abricots ou de gelée de groseilles, au choix, et faites réduire à la
nappe.

Pendant cette réduction, posez le gâteau
sur un plat rond et mettez les pêches dans
le trou ou puits du milieu, si vous vous

êtes servi du moule à torsades ; si le gâteau est plat, dressez les pêches en pyramide ou en couronne.

Puis passez le sirop au tamis dans l'assiette qui est en dessous, parfumez avec un peu de kirsch ou de rhum et nappez les pêches et le gâteau.

Servez froid, c'est bien meilleur ; mais on peut servir chaud.

SIROP DE PÊCHES. — Prenez douzes belles pêches, coupez-les en quartiers sans les avoir pelées, faites-les cuire pendant une demi-heure dans un litre d'eau, à feu très doux, en y ajoutant une cuillerée de jus de citron. Passez sans exprimer, filtrez ; ajoutez alors un litre et demi de sirop de sucre blanc à 35 degrés ; réservez pour l'usage.

Ce sirop n'est pas de conserve, il faut le boire avec de l'eau de seltz ou de l'eau minérale dans le mois de sa confection ; c'est une boisson très hygiénique et rafraîchissante.

Pour avoir du sirop à 35°, faites bouillir un litre d'eau avec un kilo 700 gr de sucre cassé à la main.

Pêches à la Richelieu

Formule : 10 belles pêches de Montreuil ; 250 gr. de gelée de framboises ; 2 décil. de marasquin ; 20 belles cerises mi-sucre ; 250 gr. de confitures de groseilles de Bar, rouges ; 5 centil. de kirsch vieux.

Opération. — Prenez les pêches bien mûres, auxquelles vous enlevez la peau à l'aide d'un couteau, de préférence, sinon en ayant recours à l'eau bouillante dans laquelle vous les plongez rapidement, en les retirant de suite. Séparez-les en deux, afin de retirer le noyau, et mettez-les mijoter pendant une demi-heure dans un sirop de sucre à 25°, auquel vous ajoutez 1 décilitre (la moitié) du marasquin, puis laissez-les refroidir dans ce sirop.

Pendant ce temps, faites les 250 gr. de gelée de framboises que vous parfumez avec un décilitre (l'autre moitié) du marasquin ; avec cette gelée, nappez un compotier ou assiette à pied. Egouttez les pêches aussitôt qu'elles sont refroidies et arrangez-les en turban sur le compotier nappé, de façon à ménager un puits au milieu. Placez une belle cerise mi-sucre sur chaque quartier de pêche, remplissez le puits avec les 250 gr. de confitures de groseilles de Bar, rouges, auxquelles vous mélangez les 5 cenitlitres de kirsch vieux. Mettez cette compote ainsi préparée dans un timbre bien garni pendant une heure ; en retirant du timbre, vous la masquez d'un voile de sucre filé blanc agrémenté de quelques petites fleurs rouges en sucre cuit au cassé, et servez de suite.

EDOUARD LACOMME.

Petites Croustades aux Foies de Poularde

Quantité pour 12 petites croustades :

Formule : 12 moules à tartelettes, ronds, unis, de 6 centimètres de diamètre ; trois à quatre foies gras de poularde, bien blancs ; 40 gr. de beurre fin ; une truffe moyenne ; 10 gr. de farine ; 4 cuillerées de bon jus ; une cuiller de cognac ; sel, poivre et muscade.

LA PATE. — Délayez ensemble 80 gr. de farine, 50 gr. de beurre, poivre et sel, et un peu d'eau. Donnez deux tours comme au feuilletage ordinaire ; beurrez à peine les moules. Etendez la pâte très mince. Rangez les douze moules, appliquez l'abaisse au-dessus en la transportant avec le rouleau. Coupez un peu de la pâte qui dépasse, faites un tampon que vous farinez pour faire adhérer la pâte aux moules sans boursouflures d'air. Passez le rouleau au-dessus des moules pour couper la pâte.

Sautez les foies de poulardes dans une poêle avec la truffe escalopée et la moitié du beurre : 2 minutes suffisent. Pilez au mortier, assaisonnez et passez au tamis. Faites fondre le beurre qui reste, mélangez la farine, mouillez avec le jus et le cognac, donnez un bouillon en remuant, additionnez la purée, garnissez les tartelettes en dôme, faites cuire au four un quart d'heure, juste au moment de servir.

Petits Bateaux, surprise

Opération. — Foncez des moules ovales dits *bâteaux* avec une abaisse de pâte sucré (pâte à sablés ordinaire), faites-les cuire à four très doux.

Mettez des fraises de bois ou à défaut de grosses fraises divisées en quatre, à mariner avec du sucre en poudre et du kirsch.

Remplissez les petits bâteaux en sortant du four avec ces fraises et, par dessus, faites un petit dôme avec du blanc d'œuf battu en neige ferme et sucré à 3o gr. par blanc, une fois monté.

Poudrez de sucre glace et passez au four 4 à 5 minutes, juste le temps de raffermir les blancs. Servez froid.

Petits Beurres

Formule : 200 gr. de farine de grau ; 80 gr. de beurre fin ; 40 gr. de sucre semoule ; 5 gr. de sel ; 6 cuillerées à bouche de crème double.

Opération. — Travaillez ensemble beurre et farine sur la table, de façon à obtenir une sorte de semoule. Faites un trou dans le milieu, mettez le sucre, le sel et la crème ; travaillez bien le tout le plus vite possible et réunissez en une boule lisse que vous laisserez reposer au frais pendant une heure, dans une soupière couverte.

Etendez cette pâte au rouleau sur la table légèrement farinée, en lui donnant un demi-centimètre d'épaisseur. Coupez, avec un emporte-pièce rond et cannelé, autant de petits gâteaux qu'il vous sera possible ; posez-les sur une plaque, piquez-les avec une aiguille et faites-les cuire à four modéré jusqu'à ce qu'ils soient de belle couleur blonde. Laissez refroidir, et conservez en boîte dans un endroit sec.

Petites Carolines

Cette recette inédite est dédiée à la dévouée Présidente de la Société de Secours Mutuels *La Cuisinière*, Mme Caroline Peter.

Formule : 180 gr. de sucre semoule ; 30 gr. de fécule de pomme de terre ; 1 blanc d'œuf ; une pincée de vanille en poudre.

Opération. — Mettez les 18o gr. de sucre dans un bol, travaillez-le avec le blanc d'œuf à l'aide d'une spatule, jusqu'à

ce que la pâte soit bien blanche ; ajoutez la fécule et la vanille en poudre, en continuant de travailler encore 1o minutes. Versez cette pâte dans une poche que vous aurez garnie d'une douille de 0,01 centimètre de diamètre, dressez des petits bâtons de 0,05 centimètres de long, sur une plaque légèrement cirée, et faites cuire à four doux, de 15 à 20 minutes, sans laisser prendre de couleur.

Si vous voulez faire les petits gâteaux roses, il suffit d'ajouter à la pâte une goutte de carmin breton. Si, au contraire, vous voulez les faire au chocolat, ajoutez à la pâte une cuillère de cacao ou du bon chocolat râpé.

Pierre CHATELAIN.
Professeur.

Petits Choux pralinés

Formule : 2 décilitres d'eau ; un peu de sel ; un soupçon de rhum et de zeste de citron ; 150 gr. de farine ; 100 gr. de beurre fin.

Opération. — Réunissez dans une casserole tous ces éléments, sauf la farine ; faites bouillir, retirez du feu, versez-y la farine tamisée sur un papier, mélangez avec une cuiller de bois, desséchez au feu quelques instants, retirez et almagamez un à un 4 ou 5 œufs moyens. Dressez les choux sur des plaques de tôle un peu forte, de la grosseur d'une meringue.

LE PRALIN. — Hachez 5o gr. d'amandes brutes, passez-les au four, saupoudrées d'un peu de sucre pour les dorer ; en mettre une petite cuillerée à café sur chaque chou, sucrez encore et cuissez au four doux.

On peut les garnir de crème ou de confiture étant cuits.

Petits Flans Livoniens aux pommes

Quantité pour 3 personnes :

Formule : beurre gros comme un demi-œuf ; 2 jaunes d'œuf ; 6 cuillerées à bouche de crème aigre, bien épaisse ; 3 grosses pommes ou 5 petites ; 2 cuillerées à dessert de sucre ; farine, pincée de sel.

Opérations. — Coupez en tranches très fines trois grosses pommes pelées.

Cassez deux œufs, séparez les blancs, mettez les jaunes dans une petite terrine avec 25 gr. de beurre frais ou de beurre fondu, une pincée de sel, et deux cuille-\ rées à dessert de sucre en poudre ; travaillez vigoureusement à la cuiller de bois, ajoutez peu à peu la crème aigre et autant de farine qu'il faut pour former une pâte presque épaisse, mais légèrement coulante la quantité exacte de farine ne peut être indiquée, car elle dépend de la grosseur des œufs et de l'épaisseur de la crème), mêlez délicatement les tranches de pommes, et laissez reposer la pâte pendant 3o à 5o minutes. Ajoutez les deux blancs montés en neige.

Beurrez une toute petite poêle à crêpes, chauffez-la bien, versez-y une cuillerée de la préparation, faites rissoler, puis retournez le flanc de l'autre côté et faites cuire de même. Empilez sur un plat chauffé.

Saupoudrez de sucre vanillé, et servez aussi chaud que possible, accompagné d'un compotier de confitures de fraises, framboises ou cassis.

Petites Flûtes pour le thé

Formule : 250 gr. de farine ; 150 gr. de beurre ; 150 gr. de sucre semoule ; 5 gr. de sel de Vichy ; pincée de sel ; petit verre de kirsch ; 1 œuf moyen.

Opération. — Mettez la farine sur la table et creusez la fontaine ; dans le milieu, triturez l'œuf, le sucre, le sel ordinaire, le sel de Vichy et le beurre. Incorporez la farine. Fraisez deux fois avec la paume de la main ; mettez la pâte au frais et laissez reposer une demi-heure.

Reprenez la pâte, étendez-la en boudin sur la table farinée, divisez-la en 18 morceaux égaux que vous roulez en boules d'abord puis que vous allongez d'une dizaine de centimètres et posez en plaques beurrées. Fendez-les au couteau dans le milieu presque d'un bout à l'autre, dorez deux fois à l'œuf entier.

Faites cuire au four chaud de quinze à vingt minutes.

A tenir au sec dans une boîte fermée

Petits Fours (fraises en)

Opération. — Lavez 24 ou 36 belles fraises de choix bien saines, faites-les ressuyer sur un tamis à l'air.

Battez un blanc d'œuf en neige, trempez les fraises une par une et, à mesure, saturez-les de sucre semoule étalé sur une feuille de papier.

Rangez-les sur une feuille de papier blanc posée sur une plaque, séchez-les à l'étuve ou à l'air s'il fait soleil.

Dressez-les dans des godets en papier plissé.

Petits Fours en fraises au fondant

Lavez et préparez les fraises comme ci-dessus ; au lieu de les tremper dans l'œuf, glacez-les une à une dans du fondant parfumé au kirsch ou à un autre parfum.

Dressez-les de même.

Petits fours aux pistaches

LA PATE

Formule : 110 gr. d'amandes ; 100 gr. de sucre semoule ; 100 gr. de beurre ; 80 gr. de farine ; 3 beaux œufs ; 1 petit verre de rhum ; 1 moule carré de 30 × 25.

POUR LES GLACER

Formule : 30 gr. de pistaches ; 100 gr. de sucre glace ; 1 petit verre d'eau froide ; 1 petit verre de rhum ; 2 cuillerées de marmelade d'abricots.

Opération. — Faites bouillir 1/2 litre d'eau, retirez du feu, mettez les amandes, couvrez et attendez 5 minutes ; égouttez-les, enlevez la peau et faites-les sécher à l'étuve ou à la bouche du four ; elles ne doivent pas être colorées.

Mettez-les dans un mortier, pilez en les faisant sauter pour les écraser à peu près toutes, ajoutez un œuf et pilez en tournant jusqu'au moment où l'œuf est bien absorbé ; mettez-en un autre, faites le même travail, finalement le troisième, et obtenez une pâte un peu claire mais bien fine.

Mélangez le sucre, le rhum, le beurre fondu et faites mousser la pâte en tournant avec le pilon un bon moment. Incorporez la farine, toujours avec le pilon et sans trop travailler, juste ce qu'il faut pour la mélanger.

Beurrez le moule et farinez-le, versez la pâte dedans et faites cuire au four un peu froid ; il faut environ une demi-heure pour cuire ce gâteau.

Renversez-le sur grille.

Passez au-dessus la marmelade d'abricots. Hachez les pistaches mondées. Travaillez l'eau, le rhum et le sucre glace, pour obtenir une sorte de crème lisse et blanche. Etendez-la uniformément sur le gâteau, saupoudrez avec le hachis de pistaches ; coupez le gâteau en bandes dans le sens le plus long, larges de 3 centimètres et coupez-les en carrés ou losanges.

Petits gâteaux pour le Thé

Formule : 300 gr. de farine de gruau ; 200 gr. de beurre fin ; 100 gr. de sucre en poudre ; un œuf entier, moyen, et un jaune d'œuf ; une pincée de sel fin ; un quart de zeste de citron, deux verres à liqueur de rhum, un peu de cannelle en poudre (selon le goût).

Opération.—Triturez le sucre avec l'œuf et le jaune, le sel, le rhum et les parfums choisis, incorporez le beurre et la farine ; fraisez la pâte une seule fois ; faites-en une boule et posez-la sur une assiette où vous la laissez reposer au frais pendant au moins une heure. Divisez la boule en deux parts égales ; roulez chacune d'elles sur la table farinée, en forme de boudin ayant de 5o à 6o cent. de longueur, aplatissez-les à la largeur de 6 à 7 cent., et découpez-les en dents de loup, ou en triangles ayant 6 cent. de base. Posez-les sur plaque de tôle forte à peine beurrée, dorez-les au lait, et faites cuire à four chaud pendant environ un quart d'heure.

Tenez enfermé et au sec.

Ces petits gâteaux sont très fins.

Petits gâteaux secs

Formule : 125 gr. de beurre ; 3 œufs. quelques cuillers de fécule et de farine ; 9 cuillers de lait ; 3 cuillers à café de backing powder ; le zeste d'un demi-citron ; un peu de vanille ou de cannelle en poudre.

Opération. — Montez le beurre en crème, ajoutez le sucre, les œufs, la farine ou fécule, le lait, assez de farine pour qu'on puisse abaisser la pâte ; mêlez la poudre à levure avec la farine, pétrissez la pâte et abaissez-la comme une tarte ; découpez, à l'aide d'un verre ou de petits découpoirs en fer-blanc, toutes sortes de figures qu'on cuit sur des plaques beurrées à une bonne chaleur.

Petits gâteaux aux pommes de terre

Formule : 1/2 kilog. de farine ; 4 décilitres de lait ; 20 gr. de levure ; 160 à 200 gr. de pommes de terre cuites et râpées ; sel ; 2 à 3 œufs ; 40 gr. de beurre ou du saindoux. Cette formule donne de 40 à 45 petits gâteaux.

Opération. — Faites un levain avec le tiers environ de la farine, la levure et un peu de lait ; laissez doubler de volume. ajoutez le sel, une cuiller de sucre à volonté, de même un peu de zeste de citron, les œufs ; peu à peu, le lait, le beurre fondu, la farine et les pommes de terre. Travaillez bien la pâte qui doit se détacher de la terrine, faites-la lever une deuxième fois, coupez avec une cuiller de petites boules de pâtes que vous laissez encore lever 20 à 3o minutes sur une table farinée. Faites-les frire ensuite en pleine friture ; saupoudrez de sucre et servez chaud.

Petits Pains aux amandes

(DITS DE BRUXELLES)

Formule : 250 gr. de farine de gruau ; 175 gr. de cassonade blonde, ou sucre en poudre ; 125 gr. de beurre fin ; 120 gr. d'amandes douces ; 5 gr. de cannelle en poudre ; 3 gr. de sel de Vichy ou bi-carbonate de soude ; 3 gr. de sel fin ordinaire ; 1 gros œuf entier ; 4 cuillerées à bouche de lait.

Cette quantité donne environ 5o petits pains de 15 grammes chacun.

LES AMANDES. — Mettez de côté vingt-six amandes que vous ouvrez par le milieu et dont les moitiés seront posées sur le milieu des petits pains, avant leur mise au four, l'intérieur en haut.

Pour les autres, on peut indistinctement les employer brutes, c'est-à-dire non pelées ou mondées. Il vaut mieux les monder lorsque les gâteaux sont réservés pour un jour de réception, un thé, un déjeuner ou un dîner. Elles peuvent être hachées très fin, ou pilées avec le quart du sucre, quatre fois, et passez au tamis de fil de fer n° 20 ; mais avant de les repiler, vous devez mettre un autre quart de sucre chaque fois, pour qu'elles ne rendent pas l'huile. Le meilleur système est de les pulvériser dans une râpe à cylindre, qui les rend aussi fines que de la farine.

La Pate. — Quand les amandes sont écrasées, hachées ou moulues, faites une fontaine avec la farine, mettez dans le milieu les amandes, l'œuf, le lait les deux sels, la cassonade ou le sucre; triturez, mais peu, avec la pointe des doigts en tournant ces ingrédients sans y mélanger encore la farine ; ajoutez le beurre, triturez-le bien, finalement incorporez la farine. Fraisez un peu la pâte pour la lisser. Elle doit être presque un peu ferme. Faites-en une boule, mettez-la au frais et laissez-la reposer jusqu'au lendemain, ou bien faites-la le matin pour le soir.

Pour Mouler les Petits Pains. — Beurrez deux plaques de tôle un peu grandes, 40 sur 35, et fortes. Saupoudrez la table de farine ; allongez la pâte en deux boudins de la grosseur d'un fort bouchon, coupez des tranches de la grosseur du petit doigt, du poids de 15 gr. environ, déformez le boudin le moins possible en le coupant avec le couteau appuyé et roulant le boudin un peu en avant puis le ramenant vers vous dès qu'il s'aplatit ; posez les petits gâteaux éloignés les uns des autres, parce qu'ils grossissent beaucoup à la cuisson ; posez sur chacun une demi-amande à plat que vous enfoncez légèrement. Mettez à cuire au four légèrement chaud, environ dix-huit minutes.

Ces petits pains se conservent facilement en boîtes fermées.

Petits Pains Bernadet

Formule (pour 9 pains) : 120 gr. de farine ; 1 cuillerée à café de Beaking-Powder ; 1 cuillerée à café sucre en poudre ; 1 noisette de beurre frais ; 1 pincée de sel fin ; lait nécessaire pour délayer le tout, il peut même être aigre.

Opération. — Mettez la farine sur la planche, faites un trou au milieu, mettez-y tous les éléments ; délayez un peu mollet, pas trop.

Etendez la pâte au rouleau, découpez à l'emporte-pièce rond, grand comme une pièce de 5 francs.

Cuisez à four vif. Aussitôt sortis du four, fendez les petits pains, fourrez-les d'une coquille de beurre frais, mettez dans une serviette et envoyez très chaud.

Petits Pains au beurre pour Sandwichs

Formule : 250 gr. de farine; 60 gr. de beurre; une pincée de sel ; autant de sucre semoule; une petite cuillerée à café de levure anglaise; un décilitre de lait tiède.

Opération. — Faites la fontaine, mettez dans le milieu le sel, le sucre, le beurre, le lait et la poudre ; pétrissez le tout vivement sans donner du corps à la pâte. Si elle était trop ferme, ajoutez un peu de lait.

Divisez-la en douze portions égales, roulez-les en boule, puis allongez-les en forme de navette, pas trop pointue. Mettez sur plaque, appuyez le dos d'un couteau un peu gros sur le milieu, en long, pour leur donner une petite forme; dorez-les au lait et faites cuire au four chaud environ 15 minutes.

Ces petits pains se servent avec le café au lait, le thé, le chocolat. Si vous les coupez par le milieu, beurrez-les et mettez une tranche de jambon, du roastbeef, du veau ou du poulet. Remettez-les en place et appliquez une planchette avec un kilo dessus pour les raffermir.

Petit Panier garni de Fruits

Ce panier d'un effet charmant est très facile à faire, on peut le garnir, ainsi que je l'ai fait à l'Ecole de Cuisine, d'une bordure de quartiers d'oranges glacées, dressés debout et collés les uns sur les autres, comme on les dresse pour faire la pièce montée.

Le milieu était garni de noix farcies avec une purée de marrons glacés et glacées elles-mêmes avec le sucre cuit au gros cassé, comme les oranges.

A l'époque, où les marrons glacés sont finis, on peut farcir les noix avec la pâte de pignons qui sert à farcir les pruneaux.

On peut aussi le garnir avec des fruits confits ou des fruits frais, cerises, prunes, abricots, etc.

Formule : un moule à pâté ovale de 22 cent. de diamètre; un bâton d'angélique de 30 cent. de long sur 2 de large; 6 œufs entiers; 2 jaunes frais; 150 gr. de sucre cristallisé; 125 gr. de farine; 125 gr. d'amandes blanchies et séchées; 125 gr. de beurre; un peu de zeste de citron.

Opération. — Faites bouillir un litre d'eau, jetez les amandes dedans, couvrez, retirez la casserole du feu et attendez 5 minutes.

Egouttez-les et enlevez la peau en les pressant une à une, entre le pouce et l'index.

Rafraîchissez-les et mettez-les sur un papier blanc à l'étuve du four, dès la veille; le lendemain elles auront séché et auront une couleur blanche superbe.

Mettez-les dans la râpe à cylindre, si vous en disposez, sinon pilez-les dans un mortier avec un œuf d'abord, puis, avec les deux jaunes ajoutés l'un après l'autre, pour obtenir une pâte bien fine.

Montez le sucre avec les 5 œufs qui restent dans une bassine que vous tenez un instant sur un feu doux, pour dégourdir un peu la pâte. Il faut la monter au fouet environ un quart d'heure pour avoir une crème épaisse et coulante, restant sur elle-même lorsque l'on soulève le fouet et que la pâte coule.

Mélangez à la spatule la pâte d'amandes, la farine et le beurre à peine fondu.

Prenez un moule à pâté ovale à côtes, beurrez-le avec beaucoup de soin dans les moulures et les angles ; posez-le sur une feuille de papier et sur une plaque épaisse, faites cuire de suite au four très peu chaud.

Couvrez-le d'un papier dès que le dessus de la pâte a pris croûte.

Il faut environ quarante minutes pour le cuire.

Pour le démouler, enlevez les deux baguettes qui retiennent le moule, ainsi que l'on opère pour démouler les pâtés en croûte.

Laissez-le refroidir sur un tamis ou sur une grille.

L'anse du Panier. — Vous pouvez faire l'anse du panier avec une branche d'angélique confite, que vous désucrez en la laissant tremper 5 minutes dans de l'eau tiède. Ne la faites pas plus large de deux centimètres et plus longue de trente, appointez un peu les bouts ; avec la pointe du couteau d'office, faites une entaille de chaque côté du gâteau à un centimètre du bord et bien au milieu, piquez les deux bouts et l'anse est toute faite.

Si vous voulez la faire plus jolie, cuisez 150 grammes de sucre cassé à la main, avec un décilitre d'eau, une cuiller à bouche de glucose, tenez-le au petit cassé, versez-le sur un marbre huilé et dès qu'il est assez pris pour pouvoir le prendre à la main, tirez-le avec les deux mains en le doublant toujours ainsi que vous le voyez faire aux marchands de sucre de guimauve, il prendra des reflets séduisants ; faites une tresse dès qu'il commence à durcir et laissez-le refroidir après lui avoir donné la forme d'une anse de panier.

Posez le gâteau sur un plat ovale garni d'une serviette à thé.

Garnissez-le seulement au moment de le servir et dressez les fruits en pyramide.

Si vous mettez des fruits frais, vous pouvez mettre un peu de mousse verte, très propre ou des feuilles d'arbre bien essuyées.

Petites Marquises

A la suite du grand succès obtenu par les *Petites Marquises* exposées à l'Ecole de Cuisine, plusieurs personnes en ont demandé la recette.

Je me fais un grand plaisir de la donner dans l'organe officiel de *l'Ecole* ; mais je tiens à avertir les personnes qui voudront les faire que c'est très long, très dur et assez difficile.

Le temps nous étant mesuré trop souvent, il conviendra de ne les entreprendre que le jour où on aura son après-midi à peu près libre.

Formule : 90 gr. de noisettes ; 90 gr. de sucre cassé ; 4 blancs d'œufs.

Opération. — Faites dorer les noisettes sur une plaque de tôle, à la bouche du four, pour les colorer légèrement.

Laissez-les refroidir.

Secouez-les dans un torchon pour enlever les peaux qui se sont détachées en séchant ; pilez-les dans un mortier avec la moitié du sucre, passez la poudre au tamis de fil de fer n° 20.

Remettez ce qui n'a pas passé dans le mortier, ajoutez la moitié du sucre qui reste, pilez et repassez.

Repilez et passez une troisième fois.

Achevez de piler ce qui reste avec un blanc d'œuf ; quand la pâte est fine, versez la poudre passée, ajoutez l'autre blanc et pilez un bon moment pour obtenir une pâte bien homogène et fine, ajoutez à la spatule les deux autres blancs en neige.

Beurrez très légèrement une plaque de tôle un peu grande ; mettez l'appareil dans une poche de toile garnie d'une douille de 1 centimètre de diamètre, dressez des petits boutons à distance de 2 centimètres les uns des autres. Frappez la plaque sur la table pour les faire écarter, et cuisez au four doux environ 18 minutes.

Le Pralin pour les Farcir

Formule : 125 gr. de noisettes ; 200 gr. de sucre semoule ; 30 gr. de beurre fin.

Opération. — Faites griller les noisettes comme ci-dessus à la bouche du four.

Pendant qu'elles grillent, faites fondre le sucre semoule dans le poëlon en cuivre non étamé, de même que vous opérez pour faire le nougat ordinaire. Aussitôt qu'il est bien fondu et sans grumeaux, il commence à fumer.

Retirez le poëlon du feu, faites rouler avec les mains les noisettes, soufflez dessus pour faire partir les peaux, versez dans le sucre, remuez à la spatule pour les bien enrober avec le sucre, versez sur un marbre où sur une plaque légèrement huilée ; laissez refroidir.

Pilez au mortier sans discontinuer, jusqu'au moment où vous aurez obtenu une pâte dorée.

Relevez sur la table de marbre, ajoutez le beurre en deux ou trois fois et faites-le absorber en froissant la pâte avec la lame d'un fort couteau.

Pour finir les Marquises. — Mettez, avec la pointe d'un couteau, sur chaque fond, des petits boutons gros comme une petite amande de crème pralinée, et réunissez-en deux ensemble d'égale grosseur.

Ces petits fours se conservent à l'abri de l'air et de l'humidité.

Petits Parfaits de Bessemont

Formule : 125 gr. de beurre frais ; 160 gr. de farine ; 5 cuillerées de lait ou de crème ; 1 cuillerée à café de sel fin ; un peu de poudre de vanille.

Opération. — Faites de tout cela une pâte que vous travaillez bien dans un saladier à l'aide d'une cuiller. Laissez reposer pendant une heure, étendez avec le rouleau en mince galette, comme une pièce de 5 centimes, et coupez en petites lanières de la longueur du doigt.

Dorez avec un jaune d'œuf, et faites cuire au four.

Petits Pains Anglais

Formule : 250 gr. de farine de gruau ; 200 gr. de beurre fin ; 125 gr. amandes mondées et râpées ; 300 gr. de sucre en poudre ; 120 gr. d'œufs (2 au nombre, moyens) ; pincée de sel ; le quart d'un zeste de citron ou d'orange ; petit verre de rhum.

Observation. — Dans le cas où on ne dispose pas de râpe spéciale à amandes, il faut les piler avec le sucre et les passer au tamis n° 20.

Pilez la première fois avec la moitié du sucre ; lorsque les amandes sont écrasées sans être huileuses, passez-les au tamis sur une feuille de papier, remettez ce qui ne passe pas dans le mortier avec la moitié du sucre· qui reste, repilez, passez et opérez de même une troisième fois. Si toutes les amandes ne passent pas, c'est que vous n'aurez pas bien opéré, alors pilez ce qui reste avec le petit verre de rhum.

Faites la fontaine avec la farine, mettez les amandes pilées dans le milieu, le beurre, le sel, le zeste et les œufs, triturez tous ces éléments sans y mélanger la farine ; lorsqu'ils sont bien homogènes, incorporez la farine, fraisez une fois, rapidement relevez la pâte sur une assiette farinée et mettez-la au frais pour la faire raffermir.

Saupoudrez la table de farine, versez-y la pâte, faites-en deux boudins égaux, coupez des morceaux de la grosseur d'une noix un peu grosse, roulez-les en boules, puis en forme de torpille ou navette.

Posez-les sur une plaque de tôle forte : avec un couteau, fendez les sur le milieu dans toute leur longeur, dorez-les à l'œuf battu, deux fois, et faites cuire au four un peu chaud de 18 à 20 minutes.

Ce gâteau sec se conserve facilement 8 jours à l'abri de l'air.

Petits gâteaux Rastrelli

FOURS POUR THÉ

Formule : 450 gr. de farine de gruau ; 300 gr. de beurre fin et ferme ; 200 gr. sucre en poudre ; grain de sel ; 1 œuf ; petit verre de kirsch, rhum ou marasquin.

Opération. — Faites la farine tamisée en fontaine ; dans le milieu mettez le sucre, l'œuf, le sel et le parfum, triturez à la pointe des doigts, ajoutez le beurre en malaxant avec la paume de la main. pour obtenir une pâte très fine et bien homogène.

Roulez en boule pour mettre à raffermir au frais sur une assiette.

Saupoudrez la table de farine, faites un boudin un peu plus gros que le pouce, coupez des morceaux de la grosseur d'un petit bouchon, allongez-les en forme de navette peu pointue, plutôt obtuse; dressez-les sur plaque de tôle forte, légèrement beurrée, dorez à l'œuf battu (voir dorure);

cuisez au four un peu chaud environ 18 minutes; très fins et fondants.

Tenir au sec en boîtes closes.

Petits soufflés secs

(En caissettes de papier plissé) (de 3 centimètres de diamètre)

Formule : Pour 50 petits soufflés environ à l'ananas, aux fraises, framboises ou cerises mi-sucre, etc., 250 gr. d'amandes blanchies, séchées et râpées ; 400 gr. de sucre en poudre dit glace, vanillé ; 2 blancs de deux œufs pesant 65 gr. chaque ; une fraise, framboise, etc. dans chaque caissette.

Opération. — Pour ces petits soufflés, ainsi du reste que pour d'autres petits fours secs, une râpe à cylindre est indispensable. (On en trouve dans le commerce· avec le double cylindre à râper, pour fromage et amandes).

Râpez les amandes séchées à chaleur douce afin de les avoir bien blanches. Passez-les au tamis n° 20 ; passez également le sucre en poudre, le tout sur une feuille de papier ; remuez pour mélanger en soulevant le papier de droite et de gauche, sans toucher le mélange avec les mains.

Battez les deux blancs bien fermes, versez en pluie avec la feuille de papier en forme de tuile dans la main gauche, pendant que la droite tourne la spatule pour faire le mélange ; rangez en ligne les caissettes.

Versez cette composition dans une poche avec douille unie un peu grande, mettez le fruit dans le fond de la caissette et faites couler comme un fort bouton de votre appareil au-dessus. Sucrez largement de sucre-glace avec la poudrière ou un petit tamis. Mettez une feuille de papier sur une plaque, dressez les caissettes et faites cuire à four très doux jusqu'au moment où les soufflés sont fermes.

Pignolas

Formule : 3 blancs d'œufs très beaux ; 200 gr. de sucre semoule ; 180 gr. de pignons ; un peu de vanille en poudre.

Opération. — Étalez les pignons sur une plaque de tôle et tenez-les à la bouche du four pour les chauffer sans les colorer.

Mettez les 3 blancs d'œufs dans la bassine de cuivre, qu'il n'y ait pas une parcelle de jaune, cela graisserait l'appareil et vous ne pourriez pas le monter. Mettez le sucre et montez sur un feu doux, environ 15 minutes.

L'appareil doit être d'un blanc de neige et assez épais, il doit donner l'aspect d'une crème à la Chantilly bien montée, mais être plus ferme.

Mélangez les pignons avec une cuiller à bouche.

Beurrez une plaque de tôle un peu grande, laissez le beurre se figer, saupoudrez de farine, secouez-la fortement pour faire partir celle qui n'adhère pas.

Couchez des petits tas à égale distance, de la grosseur d'une noix. Vous devez en avoir environ 25 ou 28 ; faites cuire à four très doux 30 minutes, tenez les pignolas au sec et enfermés.

Pistache

Amande verte, d'une suavité de parfum rare, jolie couleur et bon goût.

La pistache contient de l'huile fine, une fécule colorée en vert, de l'amidon tout comme les amandes.

Elle n'a qu'un défaut : le prix est trop élevé.

On fait une émulsion, un looch et du sirop tout comme avec les amandes. Les pâtissiers en usent beaucoup.

La pistache est employée dans les galantines, les potages et les beurres à fourrer les gâteaux.

Elle sert en outre très souvent pour décorer les entremets ; parfumer les crèmes et les glacer.

Pommes douces à la Bourdaloue

LA TIMBALE DE RIZ

Formule : 100 gr. de riz caroline ; 100 gr. de sucre en poudre ; un peu de vanille ; 3 gr. de sel fin ; 3 jaunes et un œuf entier ; un demi-litre de lait ; un moule à génoise, de 22 centimètres.

Opération. — Lavez le riz à cinq ou six eaux froides ; couvrez-le d'eau filtrée, et faites lui donner lentement un bouillon.

Egouttez-le, lavez-le encore une fois à l'eau froide, jetez l'eau, et remplacez-la par le lait froid, que vous faites bouillir en le remuant de temps en temps avec une cuiller de bois. Aussitôt le bouillon obtenu, retirez la casserole à côté du feu, ou serrez le gaz pour qu'il ne brûle presque pas ; salez, mettez la vanille, et laissez mijoter pendant 20 minutes la casserole couverte ; ajoutez seulement alors le sucre, mélangez légèrement et laissez cuire encore dix minutes, toujours à feu très doux.

Retirez le riz du feu, battez l'œuf entier avec les trois jaunes, versez dans le riz, remuez très vite pour éviter que les œufs cuisent et tournent, versez dans le moule beurré, et placez celui-ci sur une plaque.

Dorez le dessus avec un peu de blanc d'œuf battu, faites avec la pointe du couteau, en l'enfonçant légèrement, un cercle bien rond à un centimètre du bord du moule ; mettez au four, et laissez cuire pendant une petite demi-heure.

Retirez le moule sur la table ; recoupez l'entaille que vous avez faite avec la pointe du couteau, et tâchez d'enlever le couvercle entier ; videz le riz de l'intérieur en laissant au fond la même épaisseur que sur le bord ; faites sécher le moule avec son riz, dix minutes au four, démoulez avec attention pour ne pas briser la timbale, et dressez-la sur le plat où vous devez servir.

LES POMMES DOUCES

Formule : 6 petites pommes reinette de 100 gr. chacune ; 100 gr. de sucre cassé ; 1/2 litre d'eau ; un peu de zeste et de jus de citron ; un demi-pot de marmelade d'abricots.

Opération. — Avec un emporte-pièce dit *colonne*, dont le trou est assez grand pour recevoir le petit doigt, enlevez l'épicarpe (les cloisons qui contiennent les graines) en enfonçant lentement l'instrument jusqu'à moitié de la pomme et en le rodant sur la queue du fruit tenu fixe sur la table avec la main gauche. (En l'enfonçant tout à fait, la pomme éclaterait). Retournez sur le côté fleur, et refaites le même travail jusqu'à moitié encore, le morceau cède en tirant ou poussant.

Pelez la pomme en tournant, en levant une bande très étroite qui ne laissera pas voir où le couteau a passé et enlèvera moins de chair ; jetez-la dans l'eau froide un peu citronnée. Préparez les autres pommes avec autant de soin ; à la dernière, faites bouillir le sucre, l'eau, le zeste et le jus de citron dans un sautoir bien récuré, où tiendront les fruits.

Placez les dans le sautoir, faites-les bouillotter très doucement, et lorsque vous verrez que le bas des pommes s'est élargi, retournez-les avec une fourchette, sans les fendre ; puis, quand elles sont bien cuites, enlevez sur un tamis avec l'écumoire.

Mettez la marmelade d'abricots dans le sirop, faites bouillir à plein feu, en remuant avec une spatule, jusqu'à ce que le sirop soit un peu épais : retirez de côté.

Dressez les pommes dans la timbale, 5 autour, une dessus ; passez le sirop dans le tamis, avec pression ; parfumez avec un peu de kirsch, de rhum ou de vanille, nappez les pommes, couvrez avec le couvercle.

Ce magnifique et délicat entremets se sert le soir à dîner, chaud ou froid.

Pommes douces meringuées

Cet entremets est non seulement hygiénique, joli et avantageux, il est toujours applaudi par les convives.

Il n'est pas difficile à préparer, quoique un peu long ; mais il est facile de le commencer en même temps que l'on fait le déjeuner du matin, et le soir, en faisant marcher le potage et les entrées, on le finit sans se presser, seule manière de bien faire.

Formule : 4 pommes reinette ; 100 gr. de riz caroline ; 200 gr. de sucre semoule : 125 gr. sucre cassé à la main ; 1/2 litre de lait ; un peu de vanille ; 3 blancs d'œuf.

Le Riz

Opération. — Lavez le riz à plusieurs eaux et faites faire un bouillon dans un demi-litre d'eau légèrement salée. Egouttez, rafraîchissez et jetez-le dans le lait bouillant. Laissez cuire très lentement, sans le remuer et bien couvert, 30 minutes.

Mélangez 100 gr. de sucre semoule et la vanille, tenez couvert, à côté du feu, un quart d'heure au moins.

Les Pommes

On peut opérer avec les pommes entières ou des pommes moins jolies, légèrement tachées, que l'on coupe en quartiers un peu gros, c'est plus facile, plus rapide et aussi plus avantageux.

Si vous les faites entières, videz avec la colonne avant de les peler, après vous risqueriez de les faire éclater.

Réunissez les pelures dans une casserole, couvrez avec un litre d'eau froide, faites cuire 15 ou 20 minutes.

Passez ce jus dans un sautoir, ajoutez le sucre en morceaux, quelques gouttes de citron, faites bouillir et écumez.

Mettez les pommes et faites cuire lentement à couvert ; vous pouvez mettre un morceau de vanille, cela parfume très agréablement la gelée. Dès qu'elles éclatent, retirez du feu, égouttez sur un tamis ayant une assiette dessous, faites réduire le jus en gelée et pendant ce temps dressez le riz.

Dans le milieu d'un plat rond, posez un cercle à tarte de 12 cent. de diamètre, versez le riz dedans et laissez raffermir.

Enlevez le cercle, posez les pommes dessus et répartissez-les uniformément, arrosez avec la gelée.

Les Blancs d'Œufs

Montez les blancs bien fermes, saupoudrez-les avec une cuiller de sucre semoule qui vous reste, battez encore un peu ; ajoutez le restant de sucre mais ne mélangez pas au fouet, qui affaisse les blancs, servez-vous d'une spatule en buis, plate ; coupez et tournez, ne mélangez pas trop.

Faites un cornet avec une demi-feuille de papier écolier coupée diagonalement. Emplissez-le de blancs, étalez ceux qui restent sur les pommes, qu'elles soient complètement cachées, que la surface soit bien lisse et le bord droit. Fermez complètement le cornet, coupez légèrement la pointe, prenez-le plein la main droite, le large côté appuyé au milieu de la main ; en le prenant avec les quatre doigts réunis sur le côté, vous faites sortir un filet continu de blancs qu'il vous suffit de diriger ainsi qu'une plume, crayon ou pinceau, pour imiter un dessin quelconque, de préférence des lignes droites et obliques, étoile, croix d'honneur, de malte, etc., etc.

Saupoudrez d'un peu de sucre glace, laissez fondre 5 minutes et dorez très légèrement au feu doux.

On peut servir froid ou chaud.

Pommes Reinettes 1900

(Souvenir de l'Exposition)

Formule : 6 pommes dites de Canada ; 200 gr. de nouilles sucrées ; 250 gr. de carottes Crécy ; 100 gr. d'angélique confite ; 150 gr. de sucre cassé ; 100 gr. cerises mi-sucre ; un quart de bâton de vanille ; un demi-jus de citron ; un litre d'eau filtrée.

Les Pommes. — Choisissez des pommes reinettes du Canada, moyennes, très fermes et non tachées ; enlevez l'intérieur avec une colonne de 1 centimètre de diamètre, cette colonne s'appelle *vide-pommes*, piquez-la bien au centre de la pomme, en sorte que la queue se trouve bien au milieu de la colonne ; enfoncez-la doucement en la faisant tourner lentement ; arrêtez-vous au milieu de la pomme, vous la feriez éclater en allant jusqu'au fond. Recommencez l'opération de l'autre côté de la pomme, bien en face, retirez le bouchon et mondez la pomme bien également, sans coups de couteau apparents. Frottez-les avec un demi-citron et posez-les à mesure sur une assiette.

Mettez les pelures dans le litre d'eau et faites-les bouillir doucement pendant une petite heure.

Passez le jus dans un sautoir de 20 cm. ; faites-le bouillir avec la vanille et les 150 gr. de sucre cassé ou cristallisé ; mettez-les pommes, couvrez et laissez mijoter de 12 à 15 minutes ; retournez les pommes et achevez de les cuire, toujours à tout petit feu, pour les empêcher de se réduire en purée.

Les Nouilles. — Détrempez 200 gr. de farine, une pincée de sel, 20 gr. de sucre semoule, 20 gr. de beurre avec deux œufs ; tenez la pâte bien ferme, travaillez-la longtemps pour l'obtenir bien lisse ; divisez-la en deux, faites deux boules bien unies, mettez-les dans une soupière ou un légumier, couvrez et laissez-les reposer au moins deux heures.

De préférence, faites la pâte le soir ou le matin de bonne heure.

Faites une abaisse avec chaque boule très mince, que vous voyiez le jour à travers ; coupez les abaisses en lanières de la largeur de trois doigts, saupoudrez-les de farine légèrement ; mettez quatre lanières l'une sur l'autre, détaillez-les comme du vermicelle, éparpillez-les à mesure sur un tamis, en les détachant, ce qui est facile et vite fait en les faisant tomber en pluie.

Faites bouillir deux litres d'eau à peine salée ; mettez les nouilles, toujours en les jetant en pluie ; le bouillon étant repris, retirez du feu, couvrez-les et attendez 25 minutes.

Egouttez-les pour les mettre dans la gelée qu'ont donné les pommes et que vous avez fortement chauffée, après les avoir retirées, pendant que les nouilles s'égouttent. Tout cela doit être fait rapidement, pour éviter que les nouilles se collent entre elles. Laissez à peine mijoter pour les achever de cuire.

Les Carottes. — Taillez le rouge des carottes en julienne très fine et aussi longue que possible.

Faites bouillir un demi-litre d'eau avec six morceaux de sucre, 20 gr. de beurre ; mettez les carottes, faites cuire très doucement une demi-heure ; il doit rester très peu de liquide.

Laissez-les refroidir dans leur cuisson en les tenant bien closes.

Coupez l'angélique en julienne aussi fine que les carottes ; mettez-la dans une petite casserole avec la moitié de la cuisson des carottes et faites légèrement chauffer pour enlever le sucre qui la recouvrait.

Pour Dresser. — Beurrez un cercle à flan, ou tarte, de 22 cent., avec du beurre non fondu ; appliquez-le dans un plat rond, assez grand pour qu'il appuie bien tout autour.

Versez-y les nouilles, égalisez-les, laissez ce socle raffermir au frais.

Enlevez le cercle. Posez cinq pommes dessus, garnissez l'intérieur avec des carottes bien égouttées ; posez la sixième que vous garnissez en dôme avec beaucoup de carottes.

Mettez l'angélique en quatre petits tas autour des nouilles, et les cerises coupées en deux entre l'angélique. Une cerise entière dans le vide fait par chaque pomme. Servez froid ou chaud. Faites réduire ce qui reste de jus de l'angélique et des carottes, parfumez avec un peu de jus de citron et arrosez le tout avec une cuiller à bouche, lentement pour ne rien déplacer.

Praliné pour Crèmes fines

Pâtisserie au beurre, pour glacer et fourrer les gâteaux.

Formule : 125 gr. amandes cassées ; 30 gr. noisettes ou noix ; 150 gr. de sucre semoule.

Opération. — Dorez les noisettes au four quelques instants pour les frotter et enlever la peau ; chauffez les amandes sur plaque.

Faites fondre le sucre sans eau dans le petit poêlon d'office en cuivre rouge ou une casserole en émail non craquelé, sur feu doux, en le remuant à la cuiller de bois ; lorsqu'il commence à fumer, jetez-y amandes et noisettes, mélangez rapidement pour les enrober du sucre, versez sur le marbre ou sur plaque, légèrement huilé, laissez refroidir, pilez et passez au tamis fin.

Ce prâlin ne se peut conserver plus d'un jour ou deux, en boîte bien close et au sec.

Pudding soufflé aux pêches

Quantité pour un moule à génoise de 22 centimètres de diamètre.

Formule : 6 belles pêches, bien mûres et saines ; 150 gr. de sucre semoule ; 120 gr. de beurre très fin ; 100 gr. de crème de riz ; pincée de sel fin ; 5 œufs de 60 gr. chaque, soit 300 gr. d'œuf ; petit verre de marasquin ou de kirsch.

Opération. — Chauffez fortement un saladier épais en le remplissant d'eau bouillante.

Passez les pêches au tamis de crin avec le champignon de bois, évitez de faire toucher du fer à la chair des pêches, la couleur devient grisâtre et le gâteau serait très laid.

Egouttez le saladier, montez-y le beurre en crème ; ajoutez peu à peu un jaune d'œuf, deux cuillerées de la purée de pêches, en continuant de battre entre chaque addition de jaune et de purée ; mélangez le sucre, à part une forte cuillerée que vous réservez ; lorsque le sucre est fondu, mettez la crème de riz ; battez les blancs d'œufs ; lorsqu'ils sont fermes versez le sucre réservé en pluie pendant que vous continuez de battre, les blancs doivent être très fermes.

Retirez le fouet, versez la composition sur les blancs et mélangez-la avec une spatule en bois.

Dressez en dôme dans le moule beurré et fariné, rayez à la fourchette en rosace, faites cuire au four chaleur moyenne environ 40 minutes et servez aussitôt renversé et saupoudré de sucre vanillé, sur un plat rond légèrement chauffé.

Plum-Cake de Famille

Formule : 100 gr. de farine ; 90 gr. de sucre cristallisé ; 90 gr. de beurre ; 35 gr. de raisins de Corinthe, autant de raisins de Smyrne ; 4 œufs ; 1 verre à madère de rhum ; une pincée de sel de Vichy ; un peu de zeste de citron.

Opération. — Frottez les raisins entre les mains avec un peu de farine ; au-dessus d'un papier, passez-les sur le tamis ; ensuite lavez-les et mettez-les mariner dans un bol, avec le verre de rhum.

Beurrez un moule à charlotte de la contenance d'un litre et demi, appliquez un tour de papier blanc à l'intérieur, et mettez de côté.

Tamisez la farine sur un papier et tenez-la au chaud; faites fondre le beurre à blanc dans une petite casserole.

Cassez les œufs dans une bassine, battez-les avec le sucre cristallisé jusqu'à ce qu'ils forment une crème épaisse; ajoutez le sel de Vichy, le zeste de citron, battez encore pendant quelques minutes et nettoyez le tour de la bassine avec une carte, de façon à tout ramasser dans le fond. Versez le beurre fondu en un petit filet.

Ajoutez la farine, et mêlez bien doucement pour ne pas faire retomber les œufs. Incorporez finalement les raisins, le plus vite possible. Versez dans le moule préparé, et faites cuire à four un peu chaud pendant environ 50 minutes.

Démoulez en laissant le papier, que vous dentelez avec des ciseaux.

Plum-Cake Parisien

Formule : deux moules ronds unis de 10 sur 10 cent. ; 150 gr. de sucre semoule; 150 gr. de beurre fin ; 75 gr. de farine de gruau; 75 gr. de crème de riz; 60 gr. de raisins de Corinthe; 60 gr. de raisins de Smyrne; 60 gr. cédrat ou angélique; un verre à madère de rhum; 5 beaux œufs, pesant 375 gr. environ; un peu de zeste de citron ou d'orange; un peu de sel fin ; un feuille de papier écolier.

LES PRÉPARATIFS. — Faites bouillir un litre d'eau, allongez-la avec un demi-litre d'eau froide et versez dans un saladier ou une soupière, que l'ustensile soit un peu grand et surtout un peu épais, afin qu'il garde la chaleur pendant l'opération. L'eau versée, couvrez d'un linge ou d'un couvercle et frottez les raisins sur la table avec de la farine entre les deux mains.

Cette opération a pour but de détacher les queues; passez-les à la passoire à gros trous, les queues et la farine tombent.

Réunissez-les dans un bol avec le cédrat ou l'angélique, coupé en petits dés, arrosez avec le rhum. Laissez mariner.

Passez la farine et la crème de riz ensemble à travers le tamis, sur un papier, et mettez à l'étuve ou à côté du fourneau. Pesez le sucre et tenez-le à côté de vous. Enfin, plongez les œufs dans l'eau de la terrine et laissez-les chauffer 5 minutes.

Entourez les moules avec deux bandes de papier très peu beurrées et faites deux ronds couvrant juste les fonds des moules, beurrez seulement le côté appliqué.

Opération. — Enlevez les œufs sur un linge pour qu'ils s'essuient. Renversez l'eau et essuyez la terrine ; mettez le beurre divisé en trois ou quatre morceaux, avec une cuiller de bois ou spatule en buis ; remuez pour rendre en crème ; c'est plutôt une pommade onctueuse qu'une crème, arrivé à cet état.

Ajoutez un œuf entier et montez toujours avec la spatule pour bien mélanger. A partir de ce moment, il ne faut ajouter que les jaunes, un par un, et garder les blancs dans la bassine de cuivre, pour les monter séparément, presque aussi fermes que pour faire des meringues.

Les jaunes étant incorporés, mélangez le sucre et travaillez 5 minutes ; ajoutez les fruits marinés (jetez le rhum qui est salé et noir), le zeste d'orange ou de citron, une pincée de sel. Montez les blancs ; dès qu'ils sont fermes, incorporez à la pâte et mélangez la farine légèrement.

Versez dans les moules en penchant la terrine posée sur la main gauche ; avec une carte un peu forte que tient la main droite, forcez la pâte à descendre au milieu du moule pour éviter de salir le papier. Faites retomber les moules à plat sur la table en les soulevant avec les deux mains pour bien tasser la pâte, posez sur un plateau un peu fort et mettez de suite au four un peu chaud.

Couvrez d'un papier aussitôt que le dessus est coloré à point. Cuisson : 1 h. 15 environ.

OBSERVATION. — Ces gâteaux sont meilleur froids que chauds. On doit les démouler aussitôt sortis du four, mais laisser le papier pour empêcher l'affaissement. Refroidir toujours les gâteaux sur un tamis en crin, dit toile de Venise, une grille ou un claie.

J'ai souvent des plaintes de mes élèves, à cause de l'irrégularité avec laquelle les fruits retombent au fond du moule ou sont répartis inégalement. Cela tient à ce que l'opération n'est pas bien menée ou que le four est trop chaud ou trop froid.

Si, en faisant l'amalgame des œufs, on va trop lentement, le beurre refroidit trop et il se graine, le mélange est identique à une crème tournée. Dans ce cas, il suffit de chauffer l'appareil à la bouche du four, en le remuant, et la pâte redevient lisse.

Si les fruits sont trop peu marinés, ils ont une tendance à retomber ; mieux vaut les mariner dès le principe de l'opération.

Si les blancs sont trop mous enfin, la pâte est trop ramollie, et les fruits, étant plus lourds, retombent entraînés par leur propre poids.

Pour s'assurer de la cuisson parfaite du cake, on plante dans le milieu du gâteau la bélière d'une aiguille à brider, elle doit ressortir nette, sans trace de pâte.

Plum-Cake, Cité d'Antin

Quantité pour un moule à charlotte de 14 cent. de diamètre.

Formule : 100 gr. de beurre très fin ; 100 gr. de sucre en poudre dit glace ; 100 gr. de crème de riz ; 100 gr. d'orangeat (peaux d'oranges confites) ; le zeste et le jus de deux belles oranges ; 4 œufs moyens, de 60 gr. chaque ; feuille de papier écolier pour garnir le moule.

Opération. — Avec quatre morceaux de sucre, que vous frottez sur les deux oranges, captez le zeste.

Passez le jus au tamis de crin. Mettez ce jus dans une petite casserole avec le sucre et chauffez-le au bain-marie. Chauffez un saladier épais, en le remplissant d'eau bouillante, jetez l'eau, essuyez, battez-y le beurre en crème en y ajoutant, peu à peu, une cuiller à bouche du jus d'orange, un jaune ; mais chaque ajout doit être fait après un mélange parfait. Battez les blancs, mélangez-les à l'appareil crèmeux, puis la crème de riz et l'orangeat coupé en dés très fin.

Versez dans le moule garni d'un fond et d'une bande de papier, ainsi qu'il est expliqué pour tous les plum-cake.

Faites cuire sur plaque si le four est très chaud du bas, à même le four si la chaleur du bas laisse à désirer, 45 à 50 minutes.

Laissez refroidir sur tamis avec le papier.

Plum-Pudding économique

Formule : 300 gr. de pain bis (pain de farine non blutée); 125 à 180 gr. graisse de rognon de bœuf ; 150 gr. de sucre ; 120 gr. de corinthe et de fruits confits (oranges, cédrats) ; 2 œufs; 2 cuillers de farine ; 1 petit verre de rhum.

Opération. — Trempez le pain à l'eau froide pendant quelques heures, pressez-le dans un linge pour en faire sortir l'eau, émiettez dans une bassine avec une spatule ; hachez la graisse très fin, coupez les fruits confits en dés égaux, mélangez le tout avec le pain, travaillez quelque temps. Mettez dans un moule légèrement beurré et fariné, faites cuire au bain-marie pendant 4 heures. En servant, arrosez de rhum et allumez.

Plum-Pudding à l'Anglaise

Formule : 250 gr. de graisse de rognon de bœuf hachée fin ; 300 gr. de raisins de corinthe et de malaga bien épluchés ; 250 gr. de cassonade brune ; 300 gr. de mie de pain blanc; 250 gr. d'écorces confites d'orange et de cédrat ; zeste de citron ; muscade et gingembre râpés ; sel ; 6 œufs entiers ; demi-verre de cognac ; 4 cuillerées de rhum et le double de crème crue.

Opération. — Mélangez dans la terrine, la graisse, les fruits et autres condiments puis les œufs, la crème et les liqueurs.

Mouillez le centre d'une serviette, beurrez-la, saupoudrez de farine ; étalez dans une terrine, et versez-y l'appareil ; rassemblez les bouts, nouez-la fortement en pressant sur la pâte, et plongez le pudding dans une marmite d'eau bouillante, de l'eau en abondance parce qu'elle réduira pendant les 5 heures d'ébullition modérée qui sont nécessaires.

Retirez sur plat après cuisson, et servez avec une sauce au beurre, sucre, rhum, et zeste de citron ou d'orange. On peut aussi arroser avec du rhum sucré qu'on enflamme.

Plum-Pudding

Formule : 375 gr. brioche rassise ; 100 gr. de raisins de Corinthe ; 50 gr. d'orangeat haché très fin ; 2 œufs entiers ; 1 décilitre de vieux rhum ; un quart de litre de lait ; 50 gr. de sucre.

Opération. — Coupez la brioche en petits dés que vous trempez légèrement dans du lait sucré, tiède ; ajoutez les raisins de Corinthe et l'orangeat, mouillez avec l'œuf entier et le rhum. Avec cette composition, remplissez presque entièrement un moule à Cussy, foncé avec des débris de feuilletage ; cuisez à four très modéré et glacez très légèrement au fondant parfumé au rhum en sortant du four.

On ne décore pas.

Plum-Pudding Anglais (autre)

Formule : 600 gr. de graisse de rognon de bœuf ; 250 gr. de mie de pain rassis ; 250 gr. de farine de gruau ; 250 gr. de cassonade n° 2 (blonde) ; 250 gr. de raisins de Corinthe ; 250 gr. de raisins de Smyrne ; 125 gr. de raisins de Malaga ; 150 gr. de cédrat confit ; 125 gr. d'orangeat confit ; une belle pomme de Canada ; 3 gros œufs ou 4 moyens ; un décilitre de rhum ; forte pincée de cannelle en poudre ; petite cuillerée de sel fin.

Opération. — Enlevez la peau et les filaments nerveux qui recouvrent la graisse de bœuf ; divisez-la en petits morceaux, faites-la hacher par le boucher ou passez-la à la machine à hacher, ou bien hachez-la vous-même sur la table à l'aide d'un fort couteau légèrement chauffé par l'immersion de sa lame dans de l'eau chaude, tout en enfarinant les morceaux.

Triez les raisins de Corinthe et de Smyrne avec soin, il s'y trouve souvent du sable et des petites pierres ; lavez-les pour leur enlever la poussière, très rapidement afin qu'ils ne perdent pas le sucre ; coupez les grains de Malaga en deux, et épépinez-les.

Coupez le cédrat et l'orangeat en dés très fins ; pour obtenir ce résultat, trempez souvent le couteau dans de l'eau tiède ; coupez de même la pomme.

Réunissez dans un saladier assez grand tous les raisins et les fruits, arrosez-les de rhum, couvrez et laissez tremper pendant une ou deux heures.

Passez la mie de pain au tamis de fil de fer ou dans une passoire à trous fins ; mélangez-la avec les œufs, le suif, la cassonade, le sel et la cannelle pendant un bon moment, à l'aide de la cuiller de bois.

Faites bouillir 5 à 6 litres d'eau.

Pendant ce temps, beurrez abondamment le milieu d'une serviette un peu grosse, saupoudrez la partie beurrée de brisures de biscuits pulvérisées ou de farine, versez l'appareil dans la serviette, et ficelez celle-ci fortement en forme de boule, mais sans serrer la pâte.

Quand l'eau bout bien, plongez-y la boule et fixez la serviette avec un lourd couvercle ou par tout autre moyen pour qu'elle ne touche pas le fond, où elle se brûlerait, pressée par le poids du pudding.

Laissez bouillir pendant trois heures, minimum pour obtenir bonne cuisson.

Enlevez le pudding dans sa serviette, posez-le dans une terrine ou fait-tout en émail non craquelé ; coupez la ficelle, renversez, triturez à l'aide d'une cuiller de bois pendant deux minutes, ajoutez un décilitre de rhum, et garnissez un grand moule ou plusieurs petits, au besoin des boîtes de conserve d'un litre ou demi-litre, pour en disposer suivant que les convives aiment ce délicieux entremets.

Pour le servir. — Chauffez légèrement dans de l'eau un peu plus que tiède le moule ou la boîte qui contient le pudding, et renversez-le sur la table. Coupez des tranches épaisses d'un demi-centimètre, dressez-les en couronne, saupoudrez de sucre et mettez au four pendant cinq minutes. Arrosez sur la table de la salle à manger avec du rhum ou du kirsch, et allumez.

Quand on veut servir le pudding entier, il faut le chauffer pendant une demi-heure au moins dans de l'eau presque bouillante, avant de le renverser.

Pulpe de fraises pour glacer

(Conserve d'hiver)

Formule : 5 kilogr. net de fraises bien mûres et saines ; 1 kilo 250 gr. de sucre semoule.

Opération. — Les fraises triées, lavées et essorées, passez-les au tamis de crin très fin. Si le tamis n'est pas très fin, repassez-les une seconde fois après avoir lavé le tamis.

Mettez la purée dans une terrine ou soupière vernissée, mélangez à la spatule et lentement le sucre en pluie. Lorsque le sucre est bien amalgamé, mettez en demi bouteilles de champagne, bouchez-les à la machine si c'est possible avec de bons bouchons, ficelez, donnez 5 minutes d'ébullition, cachetez après refroidissement et tenez les bouteilles couchées à la cave.

SIROP DE FRAISES

Écrasez un kilo 5oo gr. de fraises des bois, mettez la pulpe dans une étamine et faites égoutter le jus en la tenant suspendue sur une terrine.

Ecrasez 12 citrons juteux, filtrez le jus au papier Laurent ; cette mise en place doit être faite le soir, les jus demandant une nuit pour passer.

Faites cuire au soufflé 1 kilo 200 gr. de sucre cassé à la main ; retirez du feu, versez-y les deux jus, remuez pour faire le mélange avec une cuiller en argent. Mettez le poëlon au bain-marie à l'eau froide et faites chauffer lentement jusqu'au moment où vous ne pourrez y tenir le doigt, retirez à côté du feu jusqu'au moment où le sirop est clair. Mettez en bouteilles.

Pralines à la vanille

Formule : **5oo gr,** d'amandes flot; **1 kilogr.** de sucre cristallisé; un bâton de vanille; **50 gr.** de gomme arabique fine; **5 décilitres** d'eau filtrée.

Opération. — Choisissez les amandes bien rondes et entières, secouez-les dans un torchon pour enlever la poussière brune, mettez-les sur une plaque à la bouche du four pour les sécher pendant quelques instants. Dans la bassine à confitures, mettez 5oo gr. de sucre et 2 décilitres d'eau. Posez sur un bon feu, faites bouillir, ajoutez les amandes et la vanille. Laissez cuire jusqu'au moment où les amandes pétillent, c'est le petit cassé,

retirez du feu ; avec la spatule à fondant, brassez les amandes en tous sens, pour les imprégner complètement de sucre, et détachez-les entièrement. Remettez sur le feu et brassez toujours ; le sucre doit caraméliser légèrement et les amandes se lustrer.

Retirez du feu, brassez toujours sans les briser et, dès qu'elles sont à moitié refroidies, versez sur le marbre ou la table bien sèches. Triez-les une par une, qu'il n'y en ait aucune de double ; mettez-les à mesure sur un tamis.

Remettez dans la bassine le sucre qui reste sur la table, plus 25o gr., et un décilitre d'eau ; nettoyez le bord de la bassine avec une éponge légèrement mouillée pour éviter que le sucre collé se colore ; laissez cuire et écumez ; aussitôt au petit cassé, retirez du feu, versez les amandes et brassez vigoureusement, renversez sur la table, triez de nouveau et recommencez la même opération pour la troisième *charge* (c'est le mot technique) ; l'opération étant finie, les amandes doivent être bien enrobées de sucre et rondes.

Avec l'eau qui reste, vous faites fondre la gomme arabique dans la bassine à confiture, sans enlever le sucre qui reste collé. Fondez à feu doux, en remuant toujours, la gomme brûle facilement.

Dès que vous voyez la gomme fondue et un peu épaisse, versez-la dans une casserole.

Remettez les amandes dans la bassine, faites verser la gomme lentement et sautez les pralines pour les glacer entièrement.

Pour les avoir roses, il suffit d'ajouter un peu de carmin liquide à la gomme fondue.

Praticiens

Formule : 100 gr. d'amandes blanchies et séchées ; 100 gr. de sucre en pain ; 100 gr. de sucre cuit au soufflé ; 2 blancs d'œufs montés en neige ; vanille en poudre ; demi-verre d'eau froide.

Opération. — — Pilez les amandes en quatre fois, en ajoutant chaque fois le quart du sucre en pain ; passez-les entre chaque opération au tamis n° 20. Toutes les amandes doivent passer.

Faites cuire 100 gr. de sucre cristallisé avec un quart de verre d'eau jusqu'au soufflé, versez-le en un petit filet continu sur deux blancs d'œufs montés en neige ; mélangez la poudre d'amandes ; dressez sur une plaque beurrée des petits bâtonnets en forme de biscuits à la cuiller. Cuisez à four très doux.

Préparation des Jus de fruits pour glacer en hiver

JUS DE CERISES

Lavez la quantité de cerises Montmorency que vous voulez ou pouvez disposer ; arrachez les queues que vous séchez pour conserver (voir aux tisanes), écrasez quelques noyaux, foulez les cerises avec le champignon de bois ou le pilon, mettez-les dans un récipient émaillé ou baquet en bois de préférence ; couvrez d'une mousseline et laissez-les fermenter à la cave ou au garde-manger, sans les remuer l'espace de 24 heures. Passez le jus au tamis fin ou à la poche de molleton, mettez en bouteille, bouchez avec des bouchons neufs ébouillantés, ficelez avec du fil de fer. (Dans le commerce on trouve ces fils de fer tout prêts). Posez les bouteilles enveloppées dans du papier et debout dans un chaudron posé sur le feu avec très peu d'eau.

Les bouteilles étant placées, ajoutez de l'eau froide jusqu'à la naissance du goulot, couvrez aussi hermétiquement que possible, donnez cinq ou six minutes d'ébullition aux demi-bouteilles de champagne, le double pour les bouteilles.

Après refroidissement, cachetez ou mettez des capsules, gardez-les dans un endroit sec et frais, à l'abri des secousses et couchées.

Ne pas oublier de poser des étiquettes avec le nom du fruit.

JUS DE FRAMBOISES

Pour un kilo de framboises, ajoutez 125 gr. de groseilles ; enlevez les pédoncules, écrasez-les avec le pilon, faites fermenter 24 heures, passez le jus. Opérez pour le reste comme ci-dessus.

JUS DE GROSEILLES

3 kilos de groseilles rouges, 1 kilo de groseilles blanches ; égrappez, écrasez, faites fermenter 36 heures ; passez le jus et opérez comme pour les cerises.

C'est à peu près les seuls jus à conserver. Le jus des fraises est sujet à fermentation, il faut un outillage spécial pour le bien conserver.

Profitrolles au Chocolat

Formule : 1 décil. d'eau ou de lait ; 50 gr. de beurre ; 80 gr. de farine ; un peu de sel ; 3 petits œufs.

Opération. — Réunissez dans une petite casserole l'eau ou le lait, le sel et le beurre ; faites bouillir, retirez du feu, versez la farine tamisée et mélangez, desséchez sur le feu en remuant ; aussitôt que la cuiller gratte sur le fond de la casserole ainsi que sur du sable, retirez du feu.

Laissez refroidir 5 minutes, cassez un petit œuf et mélangez, un deuxième et mélangez, finalement un troisième. La pâte doit être un peu ferme.

Beurrez légèrement une plaque, couchez soit à la poche soit à la cuiller à bouche, de petits tas de pâte de la grosseur d'une noix, tenez-les un peu loin les uns des autres, faites cuire au four un peu tombé et fermé pendant qu'ils cuisent. L'air les fait aplatir.

Retirez-les bien secs, laissez-les refroidir lentement sur plaque ou tamis de crin.

LA CRÈME AU CHOCOLAT

Formule : 2 décil. de lait ; 2 jaunes ; une cuiller à café de farine ; une tablette de chocolat.

Opération. — Délayez les jaunes avec le sucre, ajoutez la farine, le lait et le chocolat cassé en petits morceaux et légèrement chauffé devant le four ouvert.

Faites bouillir sur feu doux en remuant avec soin, renversez la crème dans un bol et remuez de temps en temps pour la refroidir. Avec un morceau de bois appointé de la grosseur d'un crayon ordinaire, faites un trou sur le milieu des choux.

Remplissez un cornet en papier fort, avec la crème froide, fermez-le, ouvrez un

petit trou en coupant le bout avec les ciseaux, faites rentrer le bout du cornet
dans le trou des choux, pressez sur le cornet, et le chou se remplit comme vous
voulez.

Les petits choux étant garnis, glacez-
les au chocolat.

La Glace au Chocolat

La meilleure et plus simple façon de les
glacer consiste dans l'emploi d'un chocolat
spécial qui s'appelle *couverture*. On le
trouve chez tous les fabricants de chocolat. Il suffit d'en mettre 125 gr. dans une
toute mignonne casserole, de poser celle-
ci dans une autre contenant un peu d'eau
bouillante, en remuant lentement avec une
spatule, le chocolat se dilue, sans aucun
liquide. Retirez les casseroles du feu, mais
laissez toujours la petite dans l'eau. Ajoutez 30 ou 40 gr. de beurre fin, mélangez
et trempez la moitié de chaque chou. Posez sur plaque et laissez refroidir 20 ou 30
minutes. On peut aussi les glacer en faisant fondre du chocolat ordinaire avec un
peu d'eau.

Prunes au Vinaigre

Choisissez de jolies quetsches ou reine-
claude, à la fois mûres et fermes, assurez-
vous que les queues sont solides, rognez
légèrement les queues.

Faites macérer 1 heure à froid dans un
litre de bon vinaigre, 500 grammes de
sucre ; ajoutez 3 grammes de cannelle, 3
grammes de clous de girofle et quelques
grains de poivre blanc et de coriandre.

Le sucre étant bien fondu, versez le
mélange dans un poêlon de cuivre non
étamé, que vous mettez sur un bon feu ;
laissez-le bouillir dix minutes, jetez-y les
prunes après les avoir piquées de quatre
ou cinq piqûres avec une épingle un peu
forte ; faites continuer l'ébullition, vivement, et aussitôt que les fruits commencent à monter, retirez-les avec une écumoire et rangez-les sur un plat pour les
faire refroidir.

Laissez le jus sur un bon feu et faites-le
réduire d'un quart de son volume.

Lorsqu'il est froid, versez-le sur les
prunes refroidies que vous avez rangées
par couches dans un bocal.

Fermez le bocal avec du parchemin.

Après huit ou dix jours enlevez le jus,
faites-le encore réduire d'un autre quart,
versez-le de nouveau sur les fruits.

Fermez le bocal, tenez-le dans un endroit sec et froid.

Prunes à l'eau-de-vie

(PREMIER PROCÉDÉ)

Cueillez les prunes avant qu'elles soient
tout à fait mûres, avec beaucoup de soin ;
ne mettez ni les piquées, ni les mal formées. Faites bouillir un grand chaudron
d'eau de pluie, de préférence ; en attendant
l'ébullition, piquez les prunes avec 3 ou 4
épingles plantées dans un bouchon et
mettez-les à mesure dans de l'eau fraîche.
Laissez adhérer les queues.

L'eau bouillant, mettez les prunes, faites
reprendre le bouillon lentement, à feu
doux, de façon à pouvoir le ralentir, et ne
laissez que frémir jusqu'au moment où les
prunes tombent au fond du chaudron.
Eteignez le feu, couvrez le chaudron et
attendez une couple d'heures. Rallumez
le feu ; à mesure que les prunes remontent,
pêchez-les avec une écumoire en cuivre,
jetez-les dans de l'eau très froide, addi-
tionnée d'une cuiller à bouche d'alun pulvérisé pour 15 litres d'eau environ.

Egouttez-les sur des tamis ou sur des
claies recouvertes d'un linge double.

Rangez-les dans des bocaux et versez
dessus le mélange suivant, froid :

Faites bouillir un kilo de sucre cristallisé
avec un demi-litre d'eau, laissez refroidir ;
mélangez avec deux litres d'alcool bon
goût à 85°, arrangez les prunes dans le
bocal, couvrez avec le liquide et un parchemin.

(DEUXIÈME PROCÉDÉ)

Piquez les prunes presque mûres, laissez-les séjourner 5 ou 6 heures dans de
l'eau bien froide, essorez-les sur des linges ; rangez dans des bocaux assez larges
de goulot ; ne remplissez les bocaux qu'au
trois-quarts ou quatre-cinquièmes ; cou-

vrez-les d'eau-de-vie de vin de Montpellier, de Nantes ou autre vignoble ; mettez des morceaux de sucre dessus, couvrez sans ficeler ; à mesure que le sucre fond, ajoutez-en d'autres.

Prunes à l'Eau-de-Vie (*Autre recette*)

LA LIQUEUR

Formule : 1 kilog. de prunes ; 50 gr. de sucre cassé à la main ; 150 gr. d'eau filtrée ; 500 gr. eau-de-vie de Montpellier ; demi-bâton de vanille.

POUR LES BLANCHIR

Formule : 3 litres d'eau filtrée ; 5 gr. d'alun.

Opération. — Choisissez de préférence les prunes dites de " Monsieur " ou de " Reine-Claude ", qu'elles soient plutôt vertes et très fermes que mûres ou molles. Les plus fraîches cueillies sont les meilleures, le voyage les fatigue et les rend jaunes. Coupez légèrement la queue, piquez-les jusqu'au noyau à plusieurs endroits avec une grosse épingle. Jetez-les à mesure dans de l'eau froide. Mettez les 3 litres d'eau filtrée, avec l'alun, dans la bassine à confitures. Il ne faut pas d'émail craquelé ni de cuivre étamé ; ajoutez les prunes et faites chauffer très lentement.

Enlevez les prunes qui montent à fleur d'eau et rafraîchissez-les dans de l'eau de puits, si c'est possible, dans tous les cas, aussi fraîche que vous pourrez et en abondance.

Laissez-les raffermir pendant que vous faites la liqueur.

Faites faire un bouillon au sucre avec un demi-quart de litre d'eau, soit un verre ordinaire ; retirez du feu, mettez la vanille et couvrez hermétiquement.

Égouttez les prunes, rangez-les dans un grand bocal en verre, en le tenant penché sur le côté pour ne pas laisser tomber les prunes de trop haut ; mélangez l'eau-de-vie et le sirop, versez-le sur les prunes, le bocal un peu penché ; couvrez de parchemin ou de papier sulfurisé humide, ficelez et tenez au frais.

Dans un mois, les prunes sont bonnes. Ces prunes se servent dans les lunchs, les thés où il y a des hommes. On les sert dans des coupes à glace, avec un peu de sirop de prunes et une cuillerée à bouche de bon cognac.

Pruneaux

Choisissez une espèce oblongue, brune, recouverte de sa fleur ressemblant à du givre, appelée « prune d'ente » dans le Midi, et « couetsch » dans l'Est.

Attendez pour la cueillir que le fruit soit à son point de maturité. Dressez-les en files serrées, presque debout, le côté queue, en l'air, sur des claies d'osier ayant à peu près $0,90 \times 45$.

Dans les pays chauds, on les sèche au soleil : c'est le procédé le plus commode et le plus simple.

Dans l'est, on les sèche au four.

Les ménagères qui font leur pain elles-mêmes passent les claies au four aussitôt après la sortie du pain. Cette chaleur douce et régulière convient surtout pour la première chauffe. La chaleur trop forte fait craquer la prune : le jus s'écoule, les pruneaux sont secs et vidés.

On les laisse généralement trente-six ou trente-huit heures dans le four ; ils sont à ce moment presque à moitié secs. Sortez alors les claies du four, chauffez de nouveau de façon à obtenir une chaleur se rapprochant du degré de la première chauffe. Veillez à ce que cette chaleur soit uniforme sur toute la surface du four. Ce degré est reconnaissable à ce que tout le tour du four et sa voûte sont légèrement blancs. Retirez la braise, passez un goupillon humide pour enlever les cendres, fermez le four, et attendez que la chaleur retombe au moins une heure.

Remettez les claies, fermez le four hermétiquement. Si par hasard la porte en fermait mal, mettez de la cendre chaude dans le bas, comme une sorte de bourrelet, pour éviter que la chaleur se perde.

Laissez-y les pruneaux 48 heures, si la chaleur s'est bien conservée.

Évitez d'ouvrir le four pendant le premier jour. Dès que le four prend l'air dans cette période, les pruneaux risquent de moisir.

Assurez-vous que les pruneaux sont assez secs pour être conservés. Si vous jugez qu'il leur manque un peu de dessication, et qu'il fasse soleil, changez les pruneaux de claie ou de place, exposez-les au soleil chaud pendant deux ou trois jours.

A défaut de soleil, réchauffez le four une troisième fois, à une chaleur un peu plus douce que les précédentes fois.

Il est encore bon, malgré cette dessication complète, de tenir ensuite les pruneaux dans un endroit très sec, et de préférence chaud. On les met dans des sacs, qu'on étale, pour que la couche de pruneaux n'y soit pas trop épaisse. On les dispose sur des étagères, des dessus d'armoire, dans un endroit sec et chaud. Dans ces sacs, on peut ajouter des feuilles de laurier-sauce, de menthe, ou de sauge.

Pruneaux farcis

Formule : 18 pruneaux de choix ; 30 gr. de pignons ou de pistaches ; 60 gr. de sucre semoule ; 1 blanc d'œuf ; 1 petit verre de kirsch ; 20 gr. de beurre ; 15 pistaches ou 15 pignons ; 250 gr. de sucre cassé à la main.

Opération. — Mettez les pruneaux de choix dans une passoire et tenez-la un moment sur une casserole d'eau bouillante pour les gonfler.

Coupez les pruneaux sur un côté, enlevez les noyaux sans les abîmer.

Pilez les pignons avec le blanc d'œuf, dans un mortier ; ramenez la pâte de temps en temps sous le pilon, en la faisant descendre avec une carte ; ajoutez le sucre en poudre et triturez deux ou trois minutes, puis le kirsch et mélangez bien.

Mettez cette pâte dans une petite casserole et faites-la chauffer lentement, sur un feu doux, en la remuant constamment à la cuiller de bois ; il faut qu'elle soit assez chaude pour ne pas pouvoir y supporter le doigt. Laissez-la refroidir à moitié, ajoutez le beurre et laissez-la raffermir complètement sur une assiette saupoudrée de sucre-glace. Mettez le sucre cassé à la main dans une petite casserole, avec un demi-décilitre d'eau filtrée ; posez-le sur un feu bien régulier, ne dépassant pas le fond de la casserole : écumez au bouillon et ajoutez une cuiller à café de glucose ; laissez cuire jusqu'au gros cassé, autrement dit au caramel ; pour vous assurer de ce degré, trempez le doigt dans l'eau froide, dans le sucre et dans l'eau, le sucre doit se détacher du doigt comme si c'était du verre, mettez-le sous la dent, mâchez et, s'il colle, attendez quelques secondes.

Pendant cette opération, divisez la pâte en 18 parties bien égales ; faites cette opération sur la table saupoudrée de sucre-glace, roulez d'abord en noisette chaque morceau, puis allongez-le en olive ; mettez une de ces olives dans chaque pruneau et au milieu de cette pâte, fixez une pistache, blanchie quelques instants dans l'eau bouillante et mondée.

Trempez à l'aide d'une fourchette chaque pruneau dans le sucre cuit, bien chaud ; posez les pruneaux sur un marbre, ou une plaque en tôle, huilé.

Ce petit four a l'air très commun à l'énoncé ; ce serait une erreur de s'y fier, c'est plus délicat et plus fin que les dattes et c'est aussi beaucoup plus joli.

Mais il faut la prune dite *Impériale*, pour obtenir le *summum* de bonté, la beauté est relevée par la pistache verte sur la pâte blanche du pignon, et le pignon sur la pâte verte de la pistache.

Pudding de Cabinet froid

La Crème

Formule : 3 4 de litre de crème douce, dite à thé ; 200 gr. de sucre semoule : 10 gr. de crème de riz ; 12 gr. de gélatine ; 8 jaunes d'œufs ; un grain de sel ; un peu de zeste de citron râpé ; un verre à madère de marasquin.

La Garniture

Formule : 150 gr. de biscuits à la cuiller ; 60 gr. d'écorce d'orange ; 60 gr. de cerises mi-sucre ; 30 gr. d'angélique ; 2 kilos de glace à rafraîchir.

Opération. — Hachez ou coupez en dés très fins les fruits confits, mettez-les dans un bol, arrosez-les avec le marasquin, couvrez et tenez au frais. Battez les jaunes avec le sucre, pour les blanchir et les raffiner ; ajoutez le sel, la crème de riz et le zeste de citron, battez encore un moment, mélangez la crème et la gélatine lavée et épongée ; faites un bouillon en remuant avec soin. Retirez du feu, versez dans un saladier et remuez pour la refroidir tout en montant la charlotte.

Egalisez les biscuits à la cuiller d'un bout, dressez-les autour et à l'intérieur d'un moule à charlotte de 14 centimètres de diamètre ; faites qu'ils soient bien serrés, masquez le fond de biscuits, qu'il n'y ait aucun vide.

Entourez le moule de glace.

Versez une couche de crème presque prise, une couche de fruits, une couche de biscuits ; recommencez l'opération deux autres fois ; finalement, faites un couvercle avec des biscuits.

Laissez bien raffermir au frais pendant 2 ou 3 heures.

A défaut de glace, faites et dressez la charlotte le matin pour le soir, au plus tard aussitôt le déjeûner servi.

Pudding au Chocolat

Formule 125 gr. de bon chocolat ; 125 gr. de sucre semoule ; 126 gr. de beurre fin ; 125 gr. de brioche rassise ou mie de pain ; 7 œufs frais moyens.

Opération. — Foulez légèrement la brioche dans un linge et passez-la au tamis ou dans une passoire fine ; battez le sucre dans un saladier avec les 7 jaunes, ajoutez le beurre fondu, le chocolat ramolli à la bouche du four ouvert et la brioche.

Montez les blancs en neige, très fermes, mélangez-les peu à peu à l'appareil.

Versez dans un moule festonné, à cylindre, d'environ 14 cent. de diamètre, beurré ; faites cuire au bain-marie, une heure.

Renversez-le sur un compotier, saupoudrez-le de sucre cristallisé.

Dans le compotier ou à part, servez une crème au chocolat liquide.

Crème au Chocolat

Formule : 125 gr. de sucre semoule ; 3 jaunes; 1 œuf entier ; 3 tablettes de chocolat fin ; un demi-litre de lait ; une pincée de sel.

Opération. — Travaillez le sucre avec les jaunes, puis avec l'œuf; ajoutez le chocolat ramolli à la bouche du four sur une plaque, mouillez avec le lait, salez, faites donner un bouillon en remuant à la spatule.

Pudding aux Figues sèches

Opération. — Mettez dans une terrine en porcelaine, de bonne dimension, 250 grammes de mie de pain passée au tamis, 100 gr. de farine, une pincée de sel, 250 gr. de graisse de rognon de veau hachée très fin, autant de sucre en poudre, le rouge d'une carotte râpée, 375 gr. de bonnes figues sèches de Marseille, hachées très menu, qu'on aura soin de saupoudrer de 25 gr. de farine en les hachant, pour que les morceaux se détachent bien.

Après avoir beurré un moule à charlotte avec couvercle, décorez-le de figues entières fendues par le milieu, en largeur ; garnissez-le avec le mélange et faites cuire trois heures au bain-marie au four, en ayant soin que l'eau ne dépasse pas les trois quarts du moule. L'eau ne doit pas cesser de bouillir ; ajoutez de l'eau chaude à mesure qu'elle s'évapore. Cet entremets se sert tel que, sur un plat chaud, ou avec un sabaillon ou sauce au rhum, au kirsch, au madère, etc.

Pudding aux Marrons

Formule : 250 gr. de purée de marrons ; 160 gr. de sucre semoule ; 125 gr. d'amandes râpées ; 60 gr. de beurre fin ; 5 œufs un peu gros ; un quart de bâton de vanille, pilée avec du sucre ; un quart de litre de lait ; un peu de sel ; un moule à cylindre de 16 centimètres de diamètre.

Opération. — Enlevez la première peau à 400 grammes de marrons, mettez-les dans une casserole, couvrez-les d'eau froide, salez un peu et faites-les bouillir à feu très vif et couverts.

Retirez la casserole du feu et enlevez la deuxième peau rapidement. Mettez les marrons à mesure de leur nettoyage dans le lait tiède ; salez peu, faites-les cuire environ vingt minutes en les surveillant pour que le lait ne monte pas et se sauve de la casserole. Retirez-les du feu ; passez-les au tamis de crin sur un linge, opérez très rapidement pour éviter que la purée fasse une pâte gommeuse difficile à mélanger avec les autres éléments. Pendant la cuisson des marrons, râpez les amandes ; à défaut de râpe spéciale, pilez-les dans le mortier d'abord avec un œuf, puis un second, et faites une purée très fine. Si vous les râpez il est inutile de les monder, il faut le faire au contraire pour les piler. Montez, c'est-à-dire travaillez le sucre avec les trois jaunes qui vous restent, si vous en avez employé deux pour piler les amandes ou avec les cinq si vous les avez râpées ; lorsque les jaunes et le sucre auront acquis de la légèreté, ajoutez la vanille et les amandes, travaillez-les encore un moment. Montez les blancs en neige, très fermes, mélangez-les à l'appareil et versez la purée de marrons que vous avez laissée couverte du tamis pour l'empêcher de refroidir. Finalement, ajoutez le beurre fondu, très peu chaud. Versez dans le moule beurré et saupoudré de sucre en poudre.

Cuisez au bain-marie, au four, de 3o à 40 minutes. Surveillez pour la couleur.

Renversez le pudding dans un plat et arrosez-le d'une crème très fine, d'un sabaillon, de chocolat dilué avec un peu d'eau, d'une légère couche de gelée d'abricot, de groseille ou de framboise, au choix.

On peut l'arroser aussi et tout simplement du sirop suivant :

Faites bouillir, pendant une minute, un verre à bordeaux d'eau filtrée, avec 125 grammes de sucre en pain, et un quart de bâton de vanille.

Ce pudding ne se sert qu'au déjeuner et en sortant du four.

Pudding aux Pommes

Quantités pour 8 personnes :

Formule : assiettée à potage de pommes sèches, ou demi-verre de marmelade de pommes fraîches ; 1 verre de sucre ; 125 gr. de beurre fin (un quart) ; poignée d'amandes ; 250 gr. de mie de pain sèche râpée ; 3 œufs.

Opération. — Préparez avant tout une belle marmelade de pommes, bien épaisse.

Si vous employez des pommes sèches, lavez-les à l'eau tiède, faites-les cuire à l'eau jusqu'à ce qu'elles se laissent écraser, égouttez et passez-les au tamis de crin.

Mettez la marmelade sur le feu, avec le beurre et le sucre, faites faire quelques bouillons, laissez refroidir légèrement.

Ajoutez la mie de pain, les jaunes d'œufs bien battus, les amandes hachées plus ou moins fines, selon le goût, puis les blancs battus en neige ferme. Mélangez le tout.

Versez dans un moule bien beurré au beurre clarifié, recouvrez le moule d'un couvercle, et cuisez pendant deux heures au bain-marie. Démoulez le pudding, servez chaud, avec de la crème fraîche et du sucre fin.

Pudding de Pommes de terre

Formule : 260 gr. de purée de pommes de terre ; 150 gr. de sucre semoule ; 150 gr. de fruits confits ; 60 gr. de beurre ; 5 gr. de sel fin ; 6 œufs moyens ; un verre à madère de rhum ou de kirsch ; un demi-zeste d'orange ou de citron ; un moule à cylindre de 15 centimètres.

Opération. — Lavez 5oo gr. de pommes de terre de Hollande, posez-les sur une plaque épaisse et faites-les cuire au four environ une heure. Ayez soin de les retourner de temps en temps, le dessus dessous.

Pendant cette cuisson, beurrez un moule à douille un peu grand, attendez que le beurre soit bien figé et saupoudrez-le de sucre-glace ; coupez les fruits confits, variés ou d'une seule qualité à votre choix, en petits dés ; faites-les mariner avec le rhum ou le kirsch et le zeste d'orange ou de citron.

Travaillez le sucre semoule avec les jaunes et le sel, mettez les blancs dans la bassine prêts à être montés, le beurre à fondre sans le faire cuire.

Dès que les pommes de terre sont cuites, coupez-les une par une par le milieu, enlevez la pulpe avec une cuiller à bouche, passez-la très vivement à travers le tamis de crin posé sur un linge et passez très rapidement les autres, toujours en n'en ouvrant qu'une à la fois, pour ne pas les laisser refroidir. De la rapidité de ce travail dépend la légèreté du pudding.

Mélangez la purée dans les jaunes, ainsi que le beurre et les fruits ; montez les blancs rapidement, ajoutez-les à l'appareil, versez dans le moule et cuisez le pudding au bain-marie au four, chaleur modérée, environ 3o minutes.

Renversez-le sur un plat rond, et remplissez le creux du milieu avec de la crème à la chantilly légèrement sucrée et vanillée ; pour qu'elle ne fonde pas, garnissez très près de la salle à manger.

Pudding Saxon

Formule : 6 décilit. de lait ; 250 gr. de farine ; 120 gr. de beurre ; 120 gr. de sucre ; un peu de sel.

On achève la crème ci-dessus avec :

Formule : 10 jaunes d'œufs frais ; 120 gr. de sucre à l'orange ; (ou avec un zeste d'orange) ; 120 gr. de beurre ; 7 à 8 blancs d'œufs fouettés ; purée de framboises, à volonté.

Opération. — Faites bouillir 6 décilitres de lait ; avec ce lait, délayez peu à peu dans une casserole 25o gr. de farine, de façon à obtenir une pâte lisse ; ajoutez 120 gr. de beurre, autant de sucre, un grain de sel.

Tournez l'appareil sur le feu jusqu'à ce qu'il commence à se lier ; retirez-le, mais sans cesser de le travailler. Quand la pâte est lisse, remettez-la sur le feu et travaillez-la encore jusqu'à ce qu'elle se détache de la casserole ; elle doit avoir alors la consistance d'une pâte à choux, légère.

Versez-la dans une terrine, travaillez-la de nouveau, incorporez-y peu à peu 1o jaunes d'œufs, 12o gr. de sucre à l'orange, autant de beurre.

Quand l'appareil est mousseux, ajoutez 7 à 8 blancs fouettés, et versez dans un moule à dôme ou à cylindre, beurré, glacé avec du sucre et de la fécule.

Posez le moule dans une casserole au bain-marie, avec eau bouillante jusqu'à moitié de sa hauteur ; faites cuire pendant 4o minutes, sans ébullition et à couvert, au four, afin de saisir le haut du pudding.

Au moment de servir, renversez le pudding sur un plat ; saupoudrez-le de sucre vanillé ; versez une purée de framboises autour. Accompagnez d'une saucière de cette même purée de framboises.

A défaut de frambroises, employez des fraises, des groseilles ou des gelées de ces fruits, légèrement diluées.

Punch aux Œufs

Formule : 125 gr. sucre en poudre ; 4 jaunes d'œufs frais ; 75 centil. de punch au rhum chaud ; 25 centil. de lait récemment trait.

Opération. — Mettez le sucre dans une casserole à fond rond ; ajoutez-y les jaunes d'œufs, fouettez énergiquement à l'aide d'un fouet en fil de fer, afin de faire blanchir la composition et la rendre légère. Arrivée à ce point, mettez au bain-marie en continuant de fouetter, et lorsque l'appareil est chaud, incorporez-y, en versant doucement, le lait bouillant et le punch au rhum que vous avez eu soin de faire chauffer préalablement. Ce mélange fait, vous continuez de fouetter pendant 2 minutes et versez chaud dans des verres de grande dimension.

Punch au Rhum

Formule : 1 kilo de sucre cristallisé ; 1/2 litre de rhum ; une orange et un citron ; 2 clous de girofle ; 6 grains de poivre ; un peu de cannelle ; 6 gr. de thé ; 6 décilitres d'eau.

Opération. — Faites bouillir le sucre avec la moitié de l'eau, retirez du feu, jetez-y les clous, le poivre, la cannelle, les zestes de citron et d'orange. Couvrez et laissez refroidir.

Infusez le thé avec l'eau qui reste, passez-le dans le sirop, ajoutez (si c'est pour servir de suite), le jus d'orange, de citron et de rhum ; passez et servez.

Pour le conserver en bouteille, filtrez-le au papier Joseph.

Purée aux Cerises pour Glaces

(Conserves)

Formule : 5 kilos de cerises Montmorency ; 2 kilogs de sucre cristallisé.

Opération. — Lavez les cerises à l'eau fraiche ; enlevez les queues ; broyez-les à

la main ou dans le mortier, relevez la purée dans la bassine à confitures, ajoutez le
sucre, portez le tout à l'ébullition en remuant à la spatule de buis, laissez refroidir à moitié ; passez la pulpe au tamis de
crin, mettez dans des bouteilles à champagne remplies jusqu'à la naissance du
goulot, bouchez avec des bouchons de
choix, ébouillantés et essorés. Ficelez les
bouchons, donnez 15 minutes d'ébullition,
laissez refroidir dans le chaudron, gou-
dronnez et conservez les bouteilles couchées dans un endroit obscur sec et frais.

Il faut ajouter le jus de deux citrons, au
moment de glacer, par bouteille de jus.

Purée de Bananes

On peut faire une purée avec la banane
marinée, en la passant dans un tamis en
crin, bien parfumée au kirsch; l'envelopper
dans une pâte feuilletée à 8 tours et la
frire ainsi que les rissoles ordinaires.
Cette purée peut également être faite après
que l'on a cuit la banane au four doux, ou
sous la cendre chaude ; sucrée et montée
avec la crème chantilly fouettée et vanillée,
on la dresse en pyramide, on l'entoure de
biscuits à la cuiller taillés en dents de loup
et le mets, ainsi présenté, a un cachet
également original.

Nous donnons, plus loin, la recette de
M. Charles Morin, de New-York, qui,

dit-il, est très recommandée pour les
bronchites et les inflammations pulmo-
naires.

Pulpe d'Abricots pour glaces

(*Conserves*)

Formule : 5 demi-kilos d'abricots très sains et
bien mûrs ; 1.800 gr. de sucre cristallisé ;
un litre et demi d'eau filtrée.

Opération. — Faites donner un fort
bouillon à l'eau avec le sucre ; laissez refroidir.

Passez les abricots au tamis de crin ;
réunissez la pulpe au sirop, mélangez les
deux intimement avec une spatule de bois;
remplissez des bouteilles de champagne
jusqu'a la naissance du goulot, bouchez à
la machine avec des bouchons de bonne
qualité et neufs, que vous ébouillantez et
essorez avant de les employer. Ficelez ou
attachez avec les fils de fer que l'on trouve
dans le commerce, si commodes et si sûrs;
mettez-les dans un chaudron ou la lessi-
veuse, versez de l'eau froide à la hauteur
de la pulpe, donnez 15 minutes d'ébullition et laissez refroidir à couvert. Gou-
dronnez les bouchons, couchez les bouteilles à la cave sur du sable à l'abri de
l'humidité et de la lumière.

Il suffit lorsque l'on emploie cette pulpe,
d'y ajouter le jus de deux citrons par
bouteille. Glacer comme d'habitude.

Q

Quatre-Quarts

Formule : 150 gr. d'œufs ; 125 gr. de sucre semoule ; 125 gr. de beurre ; 125 gr. de farine.

Parfum : Vanille, citron, oranges, rhum ou autre.

Opération. — Chauffez un saladier en l'emplissant d'eau bouillante ; préparez le parfum choisi ; tamisez la farine sur une feuille de papier ; trempez les œufs quelques minutes dans l'eau tiède. Beurrez un moule de 22 centimètres de diamètre.

Essuyez le saladier, triturez le beurre avec le petit fouet pour le rendre en pommade, ajoutez le sucre, le parfum et un œuf, battez un moment; les deux autres œufs un après l'autre; mélangez la farine et versez dans le moule.

Cuisez le gâteau pendant le déjeuner, chaleur un peu forte, environ 25 minutes. Servez en sortant du four.

Quatre-Quarts (*Autre recette*)

Même poids et mêmes éléments que ci-dessus.

Tamisez farine ou crème de riz avec le sucre en poudre dit glace. Beurrez le moule, faites fondre le sucre sans le laisser bouillir. Mettez les 3 blancs dans la bassine et les jaunes dans une tasse avec le parfum et une cuillerée de lait pour que les jaunes ne se collent pas dans la tasse.

Montez les blancs en neige ferme, versez les jaunes dessus, additionnez la farine et sucre en mélangeant à la spatule, puis le beurre. Versez en moule et cuisez de même.

Quatre-Quarts (*3me recette*)

Mêmes éléments que ci-dessus en plus 125 gr. d'amandes blanchies et séchées ; pilez les amandes avec les trois œufs, les ajoutant un après l'autre pour obtenir une crème d'amandes très fine ; ajoutez le parfum, le sucre, le beurre fondu, faites mousser, la farine ou la crème de riz. Versez dans un moule plat à génoise de 24 centimètres. Cuisez au four un peu plus froid que les précédents gâteaux.

Quinquina Lacomme

(*Le meilleur des Apéritifs*)

Formule : 25 gr. quinquina Calisaya ; 2 gr. vanille du Mexique ; 10 gr. Cacao-Arriba torréfié ; 125 gr. sucre concassé ; 1 décil. alcool à 85° ; 2 centil. rhum vieux.

Opération. — Divisez le quinquina à l'aide d'un couteau en évitant de faire de la poussière ; mettez-le dans un bocal avec le cacao torréfié, le sucre et la vanille, ajoutez l'alcool et le rhum et laissez macérer pendant 8 jours ; mélangez-y ensuite un litre de vin vieux de Bordeaux et laissez encore macérer pendant 24 heures, puis filtrez en employant un entonnoir en verre garni d'un papier à filtrer. Passez plusieurs fois sur le filtre afin d'obtenir une liqueur d'une limpidité absolue.

Quische de Lorraine

La Pate

Formule : 250 gr. de farine; 130 gr. de beurre; 5 gr. de sel ; 1 décil. de lait tiède ou d'eau.

Opération. — Faites une fontaine avec la farine, mettez le lait ou l'eau, le sel et le beurre manié, mélangez ; il ne faut pas trop travailler la pâte et la laisser reposer deux heures au frais.

La Crème

Formule : 6 décil. de crème épaisse ; 3 œufs ; 40 gr. de farine ; 100 gr. de lard fumé entrelardé ; 5 gr. de saindoux pour dorer le lard ; sel très peu.

Opération. — Délayez la farine avec un peu de crème. Cassez les œufs, travaillez 5 minutes avec une cuiller de bois, ajoutez le reste de la crème et le sel, coupez le lard en petits carrés, chauffez le saindoux, faites dorer le lard d'un beau blond, égouttez et mélangez-le avec la crème préparée en remuant bien. Etendez la pâte, moulez-en une tourtière, ou un cercle à flans, de 3o centimètres de diamètre, beurrée à l'intérieur afin que la pâte colle bien ; versez le mélange et cuisez à four chaud environ 3o minutes. Servez chaud, à déjeuner, comme hors-d'œuvre.

Cet appareil a des tendances à colorer facilement, on peut le garantir en le couvrant d'un papier beurré dès qu'il a fait croûte.

Raisiné au Melon

Prenez 10 litres de moût passé à la couloire ou au tamis de crin.

Ajoutez environ 4 kilos de moyennes tranches de melon, sans être pelées, que le melon soit mûr bien juste, plutôt moins que trop.

Servez-vous de la bassine à confitures la plus épaisse dont vous pourrez disposer ou d'un chaudron en cuivre rouge.

Faites partir sur un feu assez vif ; une fois l'ébullition obtenue, écumez, ralentissez le feu et laissez cuire lentement, remuant de temps et temps avec une spatule en bois ; pas de fer ni de spatule en cuivre, si c'est possible, cela brise les tranches et finit par faire une purée.

Généralement quatre heures de cuisson suffisent. Il faut amener la cuisson à l'état de marmelade.

Si vous aimez la cannelle, ajoutez deux petits bâtonnets attachés par un bout de ficelle pendant le dernier quart d'heure de cuisson.

Certaines personnes ajoutent aussi, avant de le mettre en pots, un quart de litre de bon cognac, cela n'y fait aucun mal, ou bien la peau de quelques citrons en même temps que la cannelle.

Raisiné de Ménage

Ce raisiné est une conserve qui rend de précieux services dans un ménage, qu'il soit riche ou peu fortuné, à chaque instant on peut avoir recours à cette bienfaisante confiture, soit en tartines très saines pour les enfants en bas âge, en tartes ordinaires et surtout en tartes linzoises ; étant cuites sans sucre et se trouvant par ce fait très serrées, elles n'ont pas l'inconvénient des gelées ou confitures ordinaires qui se relâchent à la cuisson et sortent de leur prison dorée.

On peut faire ce raisiné de quatre façons :

1º Rien qu'avec du moût pur ;

2º Avec du moût et le tiers de son poids de melon ;

3° Avec du moût et la moitié de son poids de poires ;

4° Avec du moût, un quart de poires et un quart de pommes douces un peu fermes, telles que les reinettes grises de Hongrie, des coings, etc.

D'autres personnes font entrer dans le raisiné un mélange composé de melon, potiron et carottes de bonne qualité ; nous en avons fait nous-même, il est très bon, mais très susceptible de pincer et de prendre le goût du caramel. Il ne faut pas le quitter en le faisant et le remuer souvent pour éviter qu'il brûle ou pince au fond du chaudron.

Raisiné avec Poires et Pommes douces

Formule : 10 litres de moût ; 2 kilog. 500 gr. de poires ; 2 kilog. 600 gr. de pommes douces.

Opération. — Faites bouillir le moût, ajoutez les poires, laissez cuire deux heures, mettez les pommes coupées et préparées comme les poires, achevez de cuire et mettez en pots.

Raisiné au Moût pur

Si vous faites le raisiné rien qu'avec du moût, il suffit de laisser cuire jusqu'à consistance de forte gelée, et d'ajouter un quart de rhum ou de cognac avant de mettre en pots.

Raisiné aux quatre fruits

Formule : 20 litres de moût ; 2 kilos de coings ; 2 kilos de poires ; 2 kilos de pommes ; 2 kilos de carottes Crécy.

Opération. — Cuisez 1° les coings et les poires comme dans la formule n° 3, ajoutez les carottes et les pommes douces, continuez jusqu'à complète cuisson.

On peut conserver ces raisinés dans des moyens pots de grès vernissés. La forte cuisson les garantit contre la fermentation et les pots entamés se conservent facilement. Il suffit de les tenir bouchés et dans un endroit sec, pas chaud par exemple.

Racahout

Le racahout de même que l'arrow-root, le tapioca, le sagou, etc., est à base de fécule amylacée, extraite d'une racine comestible à laquelle on ajoute d'autres fécules pour en obtenir un aliment réparateur et fortifiant. C'est un composé très bien dosé et de même que la revalescière qui a donné d'excellents résultats dans l'alimentation des anémiques, des enfants et des vieillards.

Grâce à un procédé scientifique spécial, le racahout se conserve fort longtemps sans perdre aucune de ses qualités nutritives et réparatrices, tandis que les farines ordinaires perdent de leur valeur en vieillissant.

Ces diverses espèces de fécules dites *amylacées*, sont devenues aujourd'hui, grâce à leur bon marché, d'un emploi fréquent dans les cas de faiblesse stomacale ou autres.

On sait, en effet, que ces fécules contiennent trois principes, très actifs comme agents reconstituants : carbone, hydrogène et oxygène.

Sous l'influence de la chaleur et des sucs gastriques, la fécule subit une transformation telle qu'elle devient dextrine et glucose, toutes deux facilement absorbées par les vaisseaux cluylifères qui la répandent dans la circulation générale et réparent les forces dépensées au combat de la vie active à l'âge mûr ; fournissent aux enfants les matières nécessaires au développement du corps.

Les enfants, les femmes et les vieillards éprouvent un réel bien-être après avoir absorbé un potage ou bouillie claire, légèrement sucrée et aromatisée d'un peu de vanille.

Ramequins

HORS-D'ŒUVRE CHAUD

Quantité pour 18 ramequins environ :

Formule : 120 gr. de gruyères, en escalopes ; 60 gr. de beurre ; 125 gr. de farine de gruau ; deux décilitres de lait froid ; pincée de sel, de poivre, de muscade ; 4 œufs moyens.

Opération. — Réunissez dans une casserole le lait, les condiments, le beurre et faites bouillir sur un feu vif ; retirez la casserole du feu, ajoutez la farine tamisée, délayez et faites dessécher deux minutes sur feu doux en remuant avec la cuiller de bois.

Laissez un peu refroidir la casserole, incorporez un œuf, un second, le troisième et le quatrième, les trois quarts du fromage coupé en copeaux très fins.

Beurrez et farinez une plaque de tôle un peu épaisse, dressez des boules de pâte avec la cuiller à bouche, de la grosseur d'un petit œuf ; mettez sur chaque boule un peu de fromage réservé, donnez au-dessus un coup de pinceau trempé dans du lait, mettez au four chaud environ 25 minutes avant de servir et envoyez les ramequins dans une serviette en les sortant du four.

Ramequins (*Autre recette*)

Formule : 125 gr. de farine ; 100 gr. de beurre ; 1/2 verre de lait ; 50 gr. de fromage de gruyère râpé ; 50 gr. de fromage de Hollande émincé ; 50 gr. de gruyère en dés ; 3 gros œufs ; un peu de sel.

Opération. — Faites bouillir le lait avec le beurre et le sel ; retirez du feu, mélangez la farine, faites épaissir la pâte quelques instants en la remuant, et laissez-la refroidir un moment. Ajoutez et mélangez les œufs un par un, ainsi que les fromages râpés ; puis le mélange étant fait, mettez les dés.

Dressez comme des choux sur plaque beurrée, et cuisez à feu doux 25 à 40 minutes.

Servez comme hors-d'œuvre à déjeuner.

Ratafia d'Angélique

Formule : 30 gr. de graines d'angélique ; 125 gr. de tiges d'angélique fraîche ; 2 gr. de cannelle de Ceylan ; 4 clous de girofle ; 500 gr. de sucre cassé ; un litre d'alcool à 85° ; un litre d'eau filtrée,

Opération. — Ecrasez les graines d'angélique, coupez les tiges en petits morceaux, réunissez-les avec la cannelle, les clous de girofle et l'alcool dans un bocal ; bouchez hermétiquement et laissez infuser 4 ou 5 semaines.

Passez l'infusion dans un linge en le tordant fortement ; faites dissoudre le sucre avec le litre d'eau, mélangez les liquides et filtrez.

Ratafia d'Angélique (*Autre manière*)

Formule : 30 gr. de racines d'angélique fraîche ou sèche ; 125 gr. de tiges d'angélique ; 1 gr. de clous de girofle ; 1 gr. de macis ; 1 gr. de cannelle de Ceylan ; 500 gr. de sucre cassé ; 1 litre d'eau filtrée ; 1 litre d'alcool à 85°.

Opération. — Coupez la racine et les tiges d'angélique en petits morceaux, mettez-les dans un bocal avec le girofle, le macis, la cannelle et l'alcool. Passez l'infusion avec pression dans une serviette, mélangez le sucre fondu dans le litre d'eau, filtrez et mettez en bouteilles.

Ratafia de Coings

Formule : 1 litre de suc ou jus de coings ; 1 litre d'alcool à 85° ; 1 gr. de clous de girofle ; 1 gr. de cannelle de Ceylan ; 2 gr. de coriandre ; 500 gr. de sucre cassé ; 1/2 litre d'eau filtrée.

Opération. — Essuyez et râpez une suffisante quantité de coings bien mûrs pour avoir un litre de jus ; mettez la pulpe dans une terrine et tenez-la ainsi jusqu'au lendemain pour lui faire obtenir une légère odeur vineuse. Exprimez le suc soit à la presse ou dans un linge fort ; versez ce jus dans une terrine, faites-y dissoudre le sucre, mélangez l'alcool étendu avec l'eau ; à défaut d'alcool, servez-vous de 2 litres d'eau-de-vie ; ajoutez les clous de girofle, la cannelle et la coriandre ; mettez le tout dans un bocal ou en bouteilles, bouchez hermétiquement, laissez infuser deux ou trois semaines, filtrez et laissez en bouteilles.

Ratafia de Coings (*Autre manière*)

Formule : 6 coings bien mûrs et gros ; 1 gr. de cannelle ; 1 gr. de girofle ; 2 gr. de coriandre ; 500 gr. de sucre ; 1 litre d'alcool à 85° ; 1 litre d'au filtrée.

Opération. — Essuyez les coings avec un linge grossier, râpez-les, mettez-les dans un bocal avec l'alcool, la cannelle, le girofle et la coriandre ; bouchez hermétiquement et laissez infuser un mois.

Versez le tout dans un linge fort, pour le presser afin d'en extraire tout le liquide possible ; faites dissoudre le sucre dans le litre d'eau ; mêlez-le à l'infusion passée, filtrez et mettez en bouteilles.

Ratafia de framboises

Formule : 4 kilog. de framboises ; 2 kilog. alcool à 85° ; 1 kilog. 500 gr. de sucre cassé à la main ; 500 gr. d'eau filtrée.

Opération. — Mondez 5 kilog. de framboises mûres et bien saines, c'est-à-dire enlevez leur pédoncule, et rejetez les douteuses.

Faites-les macérer dans un bocal avec l'alcool, dans un endroit un peu chaud : dans la cuisine, sur une planche, à côté du fourneau, et tenez bien bouché pendant huit jours. Passez au tamis de crin, sans appuyer ; laissez couler lentement.

Faites faire un bouillon au sucre avec l'eau, laissez refroidir, mélangez et passez une deuxième fois dans une poche de molleton ou au papier Laurent.

Mettez en bouteilles et gardez pour l'hiver.

Cette liqueur est aussi bonne que le cassis.

Ratafia de Grenoble

Formule : 8 kilog. de cerises noires, net ; 10 litres d'eau-de-vie de Montpellier ; 4 kilog. de sucre cassé à la main ; 1 litre d'eau filtrée ; 6 clous de girofle ; un demi-zeste de citron ; 6 amandes d'abricot ou amères.

Opération. — Dénoyautez les cerises, faites-les macérer avec l'eau-de-vie pendant un mois. Passez en les tordant légèrement dans un torchon grossier.

Faites bouillir le sucre, ajoutez, en sortant du feu, les clous de girofle, les amandes écrasées, le zeste de citron levé très légèrement ; mélangez avec la liqueur et laissez infuser de nouveau 15 jours. Filtrez au molleton et mettez en bouteilles.

Ratafia d'oranges

Formule . 12 belles oranges à peau fine et lourdes ; 1 kilog. de sucre cassé à la main ; 2 litres d'eau-de-vie de vin, dite de Montpellier ou de Béziers.

Opération. — Frottez les oranges sur le sucre en pain et, à mesure qu'il se charge du zeste, ratissez-le dans un saladier.

Pelez les oranges ; passez la pulpe au tamis de crin pour en retirer tout le jus.

Mélangez le sucre, le jus des oranges, le zeste et l'eau-de-vie dans un bocal. Bouchez le bocal avec du parchemin ou de la baudruche et tenez-le sur la cheminée de la cuisine pendant un mois.

Filtrez au papier Laurent ; bouchez, et attendez encore un mois avant d'en faire usage.

Ratafia d'oranges (*autre manière*)

Formule : 6 ou 8 oranges bien mûres ; 3 citrons zestés ; 1 litre d'alcool à 85 degrés ; 500 gr. de sucre ; 1 litre d'eau filtrée.

Opération. — Enlevez le zeste à trois oranges, coupez-les toutes ainsi que les citrons zestés par le milieu, exprimez-les fortement pour en extraire tout le jus. Cela fait, passez le jus à la serviette ; mettez-le dans un bocal avec les deux zestes des oranges, des citrons et l'alcool ; bouchez et laissez infuser un mois. Faites fondre le sucre avec le litre d'eau ; mélangez les deux, filtrez et mettez en bouteilles.

On peut faire l'opération avec deux litres d'eau-de-vie de Montpellier, alors on supprime l'eau et on met le sucre dans l'infusion.

Filtrez avant de mettre en bouteilles.

Rhubarbe

La rhubarbe s'administre en poudre à la dose de 30 centigrammes à 1 gramme.

On en fait une tisane par macération, avec 5 grammes de poudre pour un litre d'eau froide.

La teinture de rhubarbe s'administre comme purgatif à la dose de 10 à 15 grammes.

En pâtisserie, on fait avec la tige du *rheum palmatum* ou rhubarbe ordinaire, des tartes à l'anglaise (en terrine), à la française (en cercles à flans garnis de pâte), des compotes et des confitures très saines. (Voir les articles).

Rhubarbe (Vin de)

Formule : 60 gr. de rhubarbe en poudre ; 1 litre de vin de grenache.

Opération. — A macérer quelques jours, filtrer et à prendre par doses de demi-décilitre ou verre à madère, avant les repas.

Riz à la Créole, au Rhum

Il n'est pas d'entremets plus simple et plus substantiel que le riz préparé ainsi :

Formule : 120 gr. de très beau riz ; 100 gr. de sucre en poudre ; pincée de sel ; verre à madère de rhum ; demi litre de lait ; morceau de cannelle de Ceylan.

Opération. — Lavez le riz à plusieurs eaux ; couvrez-le largement d'eau froide dans une casserole ; salez et donnez-lui un fort bouillon.

Egouttez-le, mettez-le dans une timbale en argent ou autre ustensile creux dans lequel vous le servirez ; mouillez-le avec 4 décilitres de lait et faites-le cuire très doucement à couvert sur le côté du feu, environ vingt minutes.

Sucrez et ajoutez l'autre partie du lait chaud, mettez le plat au four à couvert et laissez-le encore un quart d'heure avec la cannelle incluse.

Au moment de servir, arrosez avec le rhum et mettez le feu seulement sur table ; en l'apportant flambant on risque de se brûler la figure ou de perdre le sang froid et le riz

Riz au Lait Sucré
Aromatisé à la Cannelle

Cet entremets est intéressant par la facilité du dessin qui l'orne.

Lavez, à cinq ou six eaux froides, 125 grammes de riz de l'Inde (riz très fin et allongé) ; couvrez-le d'eau froide, faites-le partir en ébullition en le remuant de temps en temps avec une cuiller de bois.

Egouttez l'eau, mettez le riz dans un demi-litre de lait bouillant, ajoutez 5 grammes de sel, 5 grammes de cannelle de Ceylan (écorce très fine et très légère) ; couvrez, placez la casserole au bain-marie et faites bouilloter l'eau pendant 5o minutes. Semez sur le riz 5o grammes de sucre semoule, épandez une cuillerée de rhum, et attendez dix minutes.

Versez le riz sur un plat rond garni d'un cercle à tarte beurré. Appuyez dessus un papier festonné à dessert, et saupoudrez de cannelle en poudre ; enlevez le papier, le dessin est reproduit d'un joli ton.

Servez froid ou chaud.

Riz aux Pommes douces au gratin

Prenez une tasse (2oo gr.) de beau riz caroline, lavez-le bien et faites-le tremper le soir pour le lendemain dans un litre de bon lait et dans un plat à cuire, porcelaine ou autre. Lorsque le riz est bien gonflé, rangez par-dessus de jolis quartiers de pommes fondantes, pas trop petits, saupoudrez de cassonade, cannelle, et garnissez de petits morceaux de beurre. Cuisez au four, soit après le pain à la campagne ou dans le fourneau de cuisine, les pommes doivent être fondues et le riz cuit en même temps. Servez un peu chaud.

Rochers aux Amandes effilées

Formule : 4 blancs d'œufs très beaux ; 200 gr. de sucre semoule ou en poudre ; 180 gr. d'amandes effilées ; un peu de vanille en poudre.

Opération. — Etalez les amandes effilées sur une plaque de tôle et tenez-les à la bouche du four pour les chauffer sans les colorer.

Mettez les 4 blancs d'œufs dans la bassine de cuivre, qu'il n'y ait pas une parcelle de jaune, cela graisserait l'appareil et vous ne pourriez pas le monter. Mettez le sucre et montez sur un feu doux, environ 15 minutes.

L'appareil doit être d'un blanc de neige et assez épais, il doit donner l'aspect d'une crème à la Chantilly bien montée ; mais être plus ferme et moelleux.

Mélangez les amandes avec une cuiller à bouche où une fourchette.

Beurrez une plaque de tôle un peu grande laissez le beurre se figer, saupoudrez de farine, secouez-la fortement pour faire partir celle qui n'adhère pas.

Couchez des petits tas à égale distance, de la grosseur d'une noix. Vous devez en avoir environ 25 ou 28 ; faites cuire à four très doux 3o minutes, tenez les rochers au sec et enfermés. Très bon gâteau, d'un blanc mat, luisant, sec et moelleux en même temps.

Rochers au Cacao

Formule (pour 25 rochers) : 4 blancs d'œufs moyens ; 225 gr. de sucre glace ; 225 gr. amandes, effilées et séchées ; 60 gr. de cacao de bonne qualité ; vanille en poudre.

Opération. — Mettez les blancs dans la bassine en cuivre, non étamée, avec le sucre en poudre, battez-les avec le fouet en fil de fer, sur un feu très doux, environ 20 minutes. La pâte doit être d'un blanc éclatant, épaisse et onctueuse.

Ajoutez la vanille, le cacao et mélangez; sortez le fouet, ajoutez les amandes, incorporez-les avec une cuiller à bouche.

Beurrez, très peu, deux plaques fortes un peu grandes, farinez-les, secouez-les pour faire tomber l'excès de farine.

Dressez des petits tas, à la cuiller, un peu distancés les uns des autres, de la grosseur d'un œuf de jeune poule. Faites cuire au four presque froid et la porte entr'ouverte.

Le dessus des rochers doit être lisse, luisant, à peine coloré, juste la nuance du café torréfié blond.

Rochers Délicieux

Formule : 250 gr. de sucre semoule; 125 gr. de beurre fin ; 135 gr. de farine de gruau ; 125 gr. de raisins de Smyrne ; 5 blancs d'œufs moyens ; vanille en poudre.

Opération. — Chauffez à l'eau bouillante un saladier un peu grand ; mettez-y le beurre, travaillez-le au fouet pour le rendre en crème ; ajoutez le sucre, mélangez et continuez le travail en ajoutant les blancs d'œufs un par un, à deux minutes

d'intervalle. Tamisez la farine, mélangez-la à la cuiller en même temps que les raisins triés et la vanille en poudre.

Beurrez deux grandes plaques, farinez-les, dressez des petits tas de la grosseur d'un œuf de pigeon, assez écartés les uns des autres, ces gâteaux s'étalent passablement.

Cuisez-les au four un peu chaud, environ 18 à 20 minutes.

Rolly-Pudding aux Cerises

Cet entremets tout à fait exotique est assez facile à faire, malgré la longueur de la préparation et de la cuisson.

Il a aussi l'avantage d'être faisable toute l'année, ce qui est d'une grande ressource, d'autant plus qu'il ne coûte pas bien cher.

La Pate

Formule : 350 gr. de farine ; 200 gr. de suif de veau ou de bœuf net ; une cuiller à café de sel ; 2 décil. d'eau ou de vin blanc.

Opération. — Si vous disposez d'une machine à hacher, le travail du suif est vite fait. Il suffit de lui enlever la peau qui le recouvre, de le couper en morceaux et de le passer à la machine deux fois, rondelle grosse et fine.

Si non, pilez-le au mortier, après l'avoir énervé avec soin, relevez-le et posez-le au milieu de la farine.

Prenez un grand couteau et hachez les deux ensemble pendant 10 minutes.

Mouillez et fraisez au rouleau ou à la main. Vous pouvez donner deux tours comme pour le feuilletage, la pâte en est plus légère.

Si vous avez des cerises fraîches, opérez comme suit :

Formule : 500 gr. de cerises communes ; 150 gr. de cassonade blonde; un verre à madère de kirsch.

En hiver, on se sert tout simplement d'un pot de confitures de cerises.

Pour le Dresser. — Il y a deux façons de le dresser, dans un bol de forme spéciale, plus haut que large, représentant un cône tronqué, ou dans une serviette, en forme de galantine un peu allongée.

Dans le bol, il faut moins de pâte, il suffit d'une épaisseur moindre, en effet, pour envelopper les fruits, le bol opérant forcément une résistance à la poussée intérieure ; pour les gens qui n'aiment pas la pâte, il est préférable de se servir de ce système.

Mais il est au contraire des fanatiques de la pâte, dans ce cas on porte la recette à 5oo grammes de farine et 3oo grammes de graisse ; allongez-la en forme de carré long sur lequel vous étendez les cerises ; faites un rouleau et roulez-le dans une serviette beurrée et farinée, puis liez les deux bouts fortement, ainsi que le milieu comme une galantine ordinaire.

Pour lier celui du bol, c'est plus facile :

Beurrez et farinez le milieu d'une serviette. Appliquez, sur toute la surface intérieure du bol, une couche de pâte d'un demi-centimètre, appliquez-vous à éviter les chambres d'air en tamponnant la pâte de bas en haut ainsi que pour faire une timbale ordinaire, sectionnez en dehors et sur le haut du bol, emplissez-le presque de cerises, faites un couvercle avec ce qui reste de pâte, mouillez le bord et appliquez le couvercle ; soudez en appuyant avec le pouce et l'index, appliquez la serviette, renversez le pudding, serrez avec une ficelle, fortement et bien juste.

Faites cuire dans 4 ou 5 litres d'eau légèrement salée, n'arrêtez pas le bouillon pendant deux heures, si vous pouvez, une heure et demie au moins.

Si vous craignez que le pudding pince à cause de son poids, mettez une grille au fond de la marmite.

Pour le Dresser. — Enlevez-le sur une plaque à rebord pour ne pas mouiller la cuisine, l'eau est grasse et tache. Coupez la ficelle avec attention pour ne pas couper le linge, défaites celui-ci et renversez sur un plat creux.

Vous pouvez envoyer de la gelée de groseille bien chaude en même temps.

S

Sablés

Formule : 250 gr. de sucre en poudre; 250 gr. de fécule; 250 gr. de farine tamisée; 250 gr. de beurre fin; 2 œufs entiers ; 2 jaunes d'œufs; 1 centil. eau de fleurs d'oranger.

Opération. — Pétrissez le tout ensemble sur le tour, sans donner de corps, de manière à faire une pâte maniable que vous étendez en abaisse et que vous découpez à l'emporte-pièce rond, cannelé, de 8 centimètres de diamètre, ou bien en forme de cœur de la même dimension; cuisez sur plaque cirées à four assez chaud. Ne dorez pas avant de mettre au four.

Sablés fins

Formule : 250 gr de farine de gruau ; 180 gr. de beurre mi-sel; 3 jaunes d'œufs frais; 100 gr. de sucre en poudre dit glace; 4 cuillerées à bouche de kirsch ou de rhum.

Faites une couronne sur le marbre avec la farine; dans le milieu mettez le sucre, les jaunes d'œufs, le kirsch ou le rhum, mélangez, ajoutez le beurre et triturez un moment, incorporez la farine, lissez la pâte au couteau, évitant de trop la chauffer avec la main. Relevez-la sur une assiette et laissez reposer pendant deux heures, au frais.

Etalez-en la moitié sur la table farinée, à l'aide du rouleau, et à l'épaisseur d'une pièce de cinq francs. Découpez des ronds d'environ 12 centimètres de diamètre, coupez-les par le milieu en demi-lune, posez-les sur une plaque de tôle un peu forte ; passez du lait avec un pinceau sur chaque demi-lune, et cuisez à four un peu chaud.

Laissez-les bien refroidir et mettez-les dans une boîte que vous tenez au sec. Dans ces conditions, les sablés se conservent une quinzaine de jours.

Sablés fins (autres)

Formule : 250 gr. de farine; 200 gr. de beurre; 125 gr. de sucre en poudre; 3 gr. de sel fin; 2 jaunes d'œufs ; vanille en poudre.

Opération. — Travaillez sur le marbre, à la pointe des doigts, le beurre, le sucre, le sel, la vanille et les 2 jaunes; incorporez la farine, fraisez une fois et laissez la pâte se raffermir au frais.

Découpez-les à l'emporte-pièce cannelé de 45 m/m de diamètre.

Dorez au lait, rayez-les avec une fourchette et cuisez sur une plaque épaisse à four chaud.

Sablés très fins

Formule : 200 gr. de farine de gruau ; 150 gr. de beurre; 75 gr. de sucre en poudre ; 2 jaunes d'œufs frais; 2 cuillerées de crème douce.

Opération. — Détrempez tout à la fois, travaillez le moins possible la pâte.

Laissez reposer au frais. Découpez des ronds de 12 centimètres, ces ronds en quatre parties égales, dorez au lait, cuisez sur plaque forte au four modéré.

Sablés aux Amandes

Formule : 250 gr. de farine de gruau ; 125 gr. de sucre cassé; 125 gr. amandes ou noisettes ; 250 gr. de beurre très ferme ; vanille en poudre ; 3 cuillerées de kirsch ; pincée de sel.

Opération. — Pilez les amandes avec la moitié du sucre, passez-les au tamis, repilez les amandes non passées avec la moitié du sucre qui reste ; repassez, continuez avec le reste.

Faites la fontaine avec la farine; dans le milieu triturez le sel, la poudre d'amandes et le sucre avec le beurre, puis le kirsch ; incorporez la farine, fraisez la pâte une fois ; mettez au frais à raffermir.

Détaillez des petits gâteaux ronds, carrés ou en losanges, cuisez à chaleur moyenne. En les sortant du four, appliquez sur le côté de la plaque un peu de confiture en marmelade, collez-en deux ensemble et servez.

Sablés au Cédrat confit

Formule : 250 gr. de farine ; 150 gr. de beurre ; 100 gr. de sucre glace ; 125 gr. de cédrat confit ; un petit œuf ; une pincée de sel ; un soupçon de zeste d'orange ou de citron.

Opération. — Râpez le cédrat à la râpe à cylindre, comme pour les macarons à l'abricot.

Mélangez le sucre, le beurre, le zeste, le sel et l'œuf ; incorporez la farine, fraisez la pâte deux fois et mettez-la à raffermir. Divisez la pâte en deux. Faites un boudin de 30 centimètres de longueur, aplatissez-le de 7 à 8 centimètres de largeur ; avec un emporte-pièce uni de 75 millimètres de diamètre, faites des croissants que vous posez à mesure sur une plaque un peu forte.

Dorez à l'œuf battu.

Cuisez à four un peu chaud de 15 à 18 minutes.

Sablés au Citron

Formule 200 gr. de farine ; 100 gr. de beurre ; 80 gr. de sucre semoule ; un jaune d'œuf ; le zeste et le jus d'un citron.

Opération. — Mettez la farine sur la table, faites la fontaine ou un trou dans le milieu. Mettez-y le beurre, le jaune d'œuf, le zeste et le jus d'un citron ainsi que le sucre ; travaillez le beurre avec le sucre et les parfums, en incorporant peu à peu la farine.

Ramassez la pâte en une boule parfaite et laissez-la reposer une heure au frais et à l'abri de l'air ; après le repos, étendez la pâte au rouleau, d'un demi-centimètre d'épaisseur. Coupez des ronds avec un emporte-pièce cannelé de 5 centimètres de diamètre Mettez ces ronds sur plaque légèrement beurrées et faites cuire à four plutôt chaud, jusqu'à ce qu'ils soient bien dorés. Retirez-les sur une grille et laissez-les refroidir.

Sablés Durias

Formule : 500 gr. de farine de gruau ; 150 gr. de sucre en poudre ; 325 gr. de beurre fin ; une petite cuiller à café de carmin Breton ; le zeste d'une orange ou d'un citron ; 5 gr. de sel fin ; 5 jaunes d'œufs cuits passés au tamis ; 3 jaunes crus ; pincée de vanille en poudre.

Opération. — Faites la fontaine, triturez le sucre avec le sel, le zeste, les jaunes cuits et crus, après avec le beurre et finalement la farine, le tout très rapidement et sans chauffer la pâte, car elle *brûle* facilement et devient friable et difficile à manier. Laissez raffermir au frais deux heures ou plus.

Faites des sablés à votre goût, ronds, losanges, carrés, triangulaires ; dorez au lait et cuisez à four chaud.

Tenez au sec et enfermés.

Sablés à l'Orange

Formule : 250 gr. farine de gruau ; 200 gr. de beurre fin ; 100 gr. de sucre en poudre ; un zeste d'orange capté sur du sucre ; deux œufs ; petite cuiller à café de carmin Breton.

Opération. — Triturez le sucre, les œufs et la farine, laissez reposer au frais.

Détaillez la pâte à l'emporte-pièce cannelé rond, de 10 centimètres, et divisez ces disques par le milieu.

Dorez au lait et cuisez à four chaud.

Sablés de Vernon

Formule : 150 gr. de farine ; 100 gr. de beurre ; 70 gr. de sucre en poudre ; 5 gr. de vanille ; un blanc d'œuf ; un petit verre de rhum.

Opération. — Mettez la farine sur la table ou sur le marbre, mélangez bien avec le sucre ; faites un trou au milieu, ou fontaine, mettez-y le blanc d'œuf, le kirsch, le beurre et la vanille en poudre ; travaillez un peu le beurre et le blanc, ensuite avec les autres éléments ; incor-

porez la farine, fraisez deux fois. Faites tout cela le plus vite possible pour ne pas brûler la pâte ; réunissez-la en boule et laissez-la reposer 20 minutes au frais, pour la raffermir.

Étendez-la au rouleau de 6 millimètres d'épaisseur. Découpez des ronds de 7 centimètres de diamètre, avec un emporte-pièce cannelé ; divisez chaque rond en deux parties égales, posez sur une plaque légèrement beurrée ; cuisez au four un peu chaud, environ 15 minutes. Ne les retirez de sur la plaque que lorsqu'ils sont un peu froids et posez-les sur une grille.

Ils sont très bons avec le thé et peuvent se conserver plusieurs jours dans une boîte en fer-blanc.

Sablés de Villiers-sur-Mer

Formule (pour 50 sablés) : 500 gr. de farine de gruau ; 400 gr. de beurre frais ; 250 gr. de sucre en poudre ; 10 à 12 gr. de vanille en poudre ; demi cuillerée de sel fin ; un œuf moyen.

Opération. — Très rapidement, avec la pointe des doigts, triturez l'œuf avec le sel, le sucre, le beurre et la vanille en poudre, et incorporez la farine.

Fraisez la pâte une fois, puis mettez-la au frais pendant près d'une heure, pour qu'elle se raffermisse.

Étendez la pâte au rouleau, mince ; découpez-la en morceaux et cuisez au four doux.

Conservez en boites fermées.

Sacristains

Lorsque vous confectionnez un vol-au-vent, une tarte ou autre gâteau en pâte feuilletée, il reste toujours des débris, qu'en termes professionnels on nomme rognures, vous pouvez faire avec une assiette de gâteaux pour le thé ou pour le déjeuner du matin.

Pour fair des sacristains, hachez quelques amandes ou noisettes, non mondées, assez fin, mais non en poudre, cela suivant la quantité de pâte.

Ramassez la pâte l'une sur l'autre et non en boules ; allongez-la pour l'égaliser et doubler deux bouts; comme pour le feuilletage, donnez un tour. Allongez la pâte un peu plus épaisse qu'une pièce de cinq francs et large de 10 à 12 centimètres; passez du blanc d'œuf ou de l'œuf battu sur la surface avec le pinceau, poudrez d'amandes hachées et de sucre semoule; coupez des petites bandes de la largeur du doigt, retournez-les à mesure sur la table, les amandes en bas, en les mettant côte à côte. Passez encore une fois le pinceau, poudrez amandes et sucre, prenez une de ces bandelettes, tordez-la en tire-bouchon, posez sur plaque, continuez les autres ainsi et faites cuire au four chaleur moyenne, environ 20 minutes.

Safran

Teinture de safran pour colorer les bonbons et certaines glaces à décorer, glace royale, fondant : 10 grammes de safran, 100 grammes d'alcool à 80°.

Saint-Honoré à la crème vanille

Le fond du Gateau. — Mettez sur la table environ 100 grammes de farine ; dans le milieu, vous triturez 50 grammes de beurre avec une très petite pincée de sel ; pas de sucre, surtout, cela colorerait la pâte avant qu'elle soit cuite et bien sèche ; mouillez avec deux ou trois cuillerées d'eau ou de lait, fraisez une fois et laissez-la raffermir au frais après l'avoir roulée en boule parfaite.

La bordure et garniture du tour. — Faites bouillir quatre cuillerées de lait avec un peu de sel, gros comme un œuf de beurre, mélangez en dehors du feu 3 cuillerées de farine bien pleines ; faites dessécher cette pâte sur un feu doux, en la remuant avec la cuiller de bois, jusqu'au moment où elle prend légèrement sur le fond de la casserole.

Retirez du feu et laissez refroidir deux minutes.

Ajoutez un petit œuf, mélangez bien intimement ; encore un autre, et vous aurez une petite pâte à choux. Mettez cette pâte dans un cornet de papier d'office ou une poche de toile, avec une douille de 1 cm. de diamètre ; si vous vous servez du cornet, coupez la pointe de cette grosseur avec des ciseaux.

Etalez au rouleau la boule de pâte de 22 cm. de diamètre, opérez de façon qu'il n'y ait pas de pâte en trop ou très peu à rogner ; posez cette abaisse sur une plaque en tôle forte ronde. Mouillez le bord avec un peu d'eau, faites avec le cornet un cordon de pâte à choux tout autour de cette abaisse ; n'allez pas jusqu'au bord, parce que ce cordon gonflera, et le fond serait alors trop grand.

Dans le milieu de l'abaisse, faites un S, pour empêcher la pâte de brûler et de se boursoufler.

Faites cuire au four doux, environ trente minutes. Le fond doit être bien sec.

Avec le restant de pâte, faites des petits choux, sur une plaque légèrement beurrée, et faites-les cuire au four doux ; qu'ils soient également bien secs.

La Crème

Formule : 1/4 de litre de lait ; 750 gr. de sucre semoule ; 10 gr. de farine ; 3 jaunes d'œufs ; une pincée de sel ; un quart de bâton de vanille ; 2 feuilles de gélatine ; 3 blancs d'œufs montés.

Opération. — Mettez la gélatine à tremper dans de l'eau froide ; battez le sucre avec les jaunes pendant cinq minutes ; ajoutez la farine et le sel, mélangez ; mouillez peu à peu avec le lait bouillant, ajoutez la gélatine et la vanille, et faites bouillir en remuant avec attention, pour ne pas laisser pincer la crème, ce qui est facile à cause de la farine.

Montez les blancs bien fermes, et versez la crème bouillante dessus, en remuant les blancs avec le fouet, doucement.

Le Sucre au cassé. — Mettez un quart de livre de sucre cassé à la main dans une petite casserole, mouillez-le avec un verre à bordeaux d'eau filtrée ; faites-le cuire jusqu'au grand cassé, de même que pour les oranges glacées, c'est-à-dire qu'en trempant la pointe du couteau dedans et en le plongeant dans l'eau froide, le sucre se brise sous les dents sans y coller.

Trempez une douzaine de petits choux, un par un, du côté de dessus, et posez-les sur une plaque, pour les laisser refroidir.

Trempez-les une deuxième fois sur le côté qui reposait sur la plaque, et collez-les sur la couronne de pâte du fond.

Versez la crème dans le milieu avec une grosse cuiller ou une écumoire moyenne, en intervertissant les couches, ou en dôme, que vous lissez avec une carte. Mettez-le au frais.

Saint-Honoré aux Marrons glacés

LA PATE

Formule : 120 gr. de farine ; 50 gr. de beurre; un peu de sel; un œuf moyen.

Opération. — Mettez le sel et le beurre au milieu de la farine ; mélangez en frôlant entre les deux mains de champ ; ajoutez l'œuf et la pâte est liée. Si elle était trop ferme, il suffit d'ajouter une goutte d'eau. Laissez reposer une heure.

Etendez-la au rouleau, qu'elle ait environ 25 centimètres de diamètre ; coupez un rond avec le cercle à tarte de 22 centimètres de diamètre et posez-le sur une tourtière en tôle un peu forte, légèrement mouillée. Vous pouvez même poser l'abaisse avant de la couper et vous l'aurez plus ronde, si vous n'avez pas l'habitude de transporter la pâte.

Roulez les débris de pâte et faites un cordon qui fasse juste le tour du fond que vous venez de tailler. Mouillez le bord avec un peu de blanc d'œuf battu ou de lait ; appliquez le cordon plutôt en dedans qu'au dehors et soudez bien les deux bouts sans faire de bourrelet apparent ; dorez à l'œuf ou au lait.

Piquez le fond avec la pointe d'un couteau et faites cuire au four un peu chaud.

Assurez-vous qu'il ne se boursoufle pas; si cet inconvénient se produit, faites une ouverture en biais, avec la lame du couteau et appuyez dessus pour qu'il s'aplatisse.

Ce fond doit être cuit un peu sec.

LA GARNITURE

Formule : 13 beaux marrons glacés ; 120 gr. de débris de marrons ; 3 beaux blancs d'œufs ; 150 gr. de sucre cassé à la main ; 1/2 décilitre d'eau filtrée ; une pincée de vanille en poudre.

Opération. — Mouillez d'abord le sucre avec l'eau dans une petite casserole en nickel, en cuivre non étamé, en aluminium si vous en avez.

Mettez les 3 blancs dans la bassine en cuivre ; observez surtout qu'il n'y ait pas une parcelle de jaune, cela les graisserait et adieu le meringuage.

Mettez le sucre à cuire et montez les blancs un peu fermes.

Trempez une petite écumoire dans le sucre et soufflez en travers, il faut qu'il sorte des bulles de sucre aussi légères que des bulles de savon.

Faites-vous verser le sucre lentement entre la bassine et le fouet sur les blancs, tournez vivement, autant que possible dans le même sens. Tout le sucre versé, vous devez avoir une jolie portion de blancs, légers et onctueux. Mettez deux cuillers à bouche d'eau dans la casserole au sucre et les débris de marrons ; chauffez en remuant; passez-les rapidement au tamis n° 20 en fil de fer ; mélangez ce vermicelle, ainsi que la vanille dans les blancs d'œufs encore un peu chauds, avec une cuiller de bois ou d'argent, sans retomber ni lier cette crème. Prenez-en un peu dans un cornet en papier. Faites 12 boutons sur la bordure et posez sur chaque bouton un marron bien entier.

Versez dans le milieu le restant de crème en faisant descendre avec une carte ; arrondissez en dôme et posez au milieu le marron qui reste.

Salpicon pour 12 Bouchées à la Reine

Formule : 50 gr. de quenelles; 50 gr. de blanc de poulet, de ris de veau ou d'agneau ; 2 crêtes de coq un peu grosses ; 50 gr. de champignons ; 50 gr. de truffes. Le tout coupé en dés assez fins.

LA SAUCE

Formule : un décilitre de lait; une cuiller à café de farine ; 50 gr. de beurre ; sel, poivre et pointe de muscade.

Opération. — Mélangez la farine avec la moitié du beurre fondu, condimentez, mouillez avec le lait, faites donner un bouillon en remuant.

Ajoutez le beurre ; mélangez le salpicon au moment de servir seulement.

Garnissez les bouchées, mettez leur couvercle et passez-les au four pendant que le potage est servi, pour les chauffer sans les brûler.

Salpicon à la Monglas

A la recette ci-dessus, ajoutez 5o gr. de langue écarlate et, au lieu de lait pour la sauce, servez-vous de très bon jus.

Salpicon de Fruits pour Garniture

Formule : 125 gr. de marmelade d'abricots; 50 gr. de raisins de Smyrne ; 50 gr. de cerises mi-sucre, coupées en 4 ; 50 gr. de raisins de Corinthe ou 125 gr. de raisins frais ; 50 gr. d'angélique ; 50 gr. de cédrat confit; verre à madère de kirsch, rhum ou autre liqueur; un verre de vin blanc; on peut ajouter des fraises, de l'ananas, des bananes, etc., suivant la saison ou le nombre de convives.

Opération. — Lavez et triez les raisins, découpez les autres fruits en petits cubes carrés; faites fondre la marmelade avec le vin blanc et passez-la au tamis, ajoutez à la marmelade bien chaude les fruits et la liqueur.

Ce salpicon se sert comme garniture des croquettes sucrées telles que riz à la purée de marrons, pour les cassolettes de riz et de pâte feuilletée.

En tenant le salpicon serré, c'est-à-dire en cuisant la marmelade un peu ferme, et en employant des fruits confits on peut en garnir des tartes que l'on moule dans des cercles à flans.

Sanglage des moules à bombe, Fromages glacés, Biscuits, Charlottes, Blancs-manger, etc.

Avant de garnir le moule, quel qu'il soit, on doit avoir pris le soin de le sangler, afin qu'il y ait équilibre de température très froide avec le mélange qui doit le garnir.

Le mélange doit-être pris directement dans la sorbetière, lorsqu'il est glacé à point. Il ne faut donc pas enlever la sorbetière du seau à glace pour la remplacer par le moule et le garnir ; un second seau en bois, se rapprochant des dimensions du seau de la sorbetière, mais plus bas, est nécessaire. C'est d'un mauvais effet de remplacer le seau par un récipient autre, terrine ou ustensile de métal, la glace y fondant beaucoup plus vite que dans le bois.

Mettez un petit bloc de glace au fond de ce second seau. Posez-y le moule vide; entourez-le de glace cassée en morceaux gros comme des noix ; lorsque vous serez à la hauteur du moule, saupoudrez de sel à raison de 3oo gr. de sel par kilog. de glace. Ouvrez le moule. Remplissez avec le mélange déjà glacé, en tassant pour éviter les vides. Couvrez avec une feuille de papier blanc d'abord, et le couvercle du moule ensuite. Recouvrez de 1 kilog. de glace — au moins — cassée un peu plus grossièrement que celle qui entoure le seau. Saupoudrez de 3oo gr. de sel pour cette quantité de glace. Enveloppez tout le seau avec une couverture de laine ou bien avec un linge que vous mouillez légèrement; il n'est pas nécessaire de mouiller la couverture. Tenez au frais pendant deux heures avant de démouler pour servir.

Lorsque tout le mélange glacé est entré dans le moule, on peut se servir, pour le recouvrir, de la glace non fondue de la sorbetière.

Sarah Bernhardt

Formule : 150 gr. de farine ; 85 gr. de beurre fin ; cuillerée à café de sel égrugé ; 4 à 5 cuillerées à bouche de crème double ; un œuf ; sucre en poudre.

Opération. — Versez la farine en un tas, creusez le milieu ; dans la fontaine formée, triturez le beurre, le sel et la crème, puis incorporez la farine. La pâte doit être facilement maniable, sans dureté, ce qu'on obtient avec plus ou moins de crème.

Fraisez-la une fois avec la paume de la main, ramassez-la en boule, et mettez-la au frais deux à trois heures.

Divisez la pâte en morceaux de la grosseur d'une petite noix, que vous allongez en forts crayons d'une vingtaine de centimètres, pour que les batonnets soient minces. Posez-les sur plaque forte préalablement beurrée, dorez-les à l'œuf, jaune et blanc battus ensemble, légèrement sucré ; et cuisez à four chaud pendant une dizaine de minutes jusqu'à ce que les bâtonnets deviennent quelque peu brunis.

Sabaillon au lait

Formule (pour 8 personnes environ) : 2 jaunes d'œufs et un œuf entier un peu gros; 75 gr. de sucre semoule ; 2 gr. de sel fin ; 1/8 de bâton de vanille, pilée avec du sucre ; un quart de litre de lait.

Opération. — Travaillez, avec le petit fouet à sauces, les deux jaunes, l'œuf entier et le sucre un bon moment pour rendre cet appareil mousseux ; salez, mettez la vanille pilée et la moitié du lait froid.

Posez la casserole dans une autre avec de l'eau froide. Au moment de servir le gâteau, renversez-le sur un plat rond, un peu creux ; préparez une saucière dans laquelle vous mettez de l'eau chaude. Posez les deux casseroles sur le feu, battez le sabaillon avec le petit fouet, vivement et sans discontinuer ; dès que vous sentez qu'il est un peu chaud, ajoutez le reste du lait et battez toujours jusqu'au moment où l'eau atteint le premier bouillon.

Retirez-vous aussitôt, versez un peu de sabaillon dans le plat autour du gâteau et le reste en saucière.

Le sabaillon doit être servi bouillant et rien qu'une mousse.

On peut le faire a toutes sortes de vins fins tels que : Porto, Madère, Malvoisie, Johannisberg, Marathon, Banyuls, etc., etc., aux lieu et place de lait. Si vous le faites au kirsch, rhum ou cognac, ajoutez en dehors du feu.

Sirop de bananes

Coupez 500 grammes de bananes épluchées en petites tranches, que vous placez dans une jarre ou récipient émaillé ; recouvrez-les avec 500 grammes de sucre en poudre et placez ce récipient au bain-marie dans l'eau froide, que vous portez peu à peu à l'ébullition.

Lorsque le sucre sera liquéfié, égouttez et ajoutez à ce sirop de l'eau pour le ramener à 31° ; filtrez et mettez en bouteilles.

Sirop de café

Formule : 500 gr. café frais torréfié; 4 kilog. de sucre raffiné : 5 centilitres de caramel liquide ; 3 litres d'eau commune filtrée.

Opération. — Mettez bouillir l'eau sur un feu très vif; au premier bouillon, jetez-y le café pulvérisé au mortier et non pas au moulin ; remuez à l'aide d'une spatule et couvrez. Une heure après, filtrez et. avec cette infusion, faites fondre le sucre pour en faire un sirop de café à 30° 1/2 ; mélangez le caramel, passez à la chausse et mettez dans des bouteilles bien sèches : après complet refroidissement, bouchez les bouteilles à sec, tenez-les dans un endroit sec et frais.

Sirop de cerises

Opération. — Enlevez les queues à la quantité de cerises, dites de Montmorency, dont vous voulez faire le sirop, mettez les cerises dans un vase vernissé, triturez-les, portez à la cave et laissez fermenter 24 heures.

Passez le jus une première fois au tamis de crin, et une deuxième dans une poche de molleton.

Mesurez le jus et, pour chaque litre de jus filtré versé dans la bassine à confitures, ajoutez 1 kilog. 50 grammes de sucre cassé à la main et non scié.

Donnez un bouillon sur feu vif, écumez, retirez du feu, laissez reposer 5 minutes, redonnez un bouillon. Vous pouvez mettre en bouteilles une demi-heure après, et boucher les bouteilles lorsque le sirop est encore tiède.

N'employer que des bouchons neufs, de bonne qualité, que l'on a eu soin d'ébouillanter en y versant au-dessus, dans un vase, une assez grande quantité d'eau bouillante, et tenus couverts pour les faire gonfler.

Garder le sirop au frais dans un endroit sec.

Sirop de Citrons

Formule : 10 kilog. de sucre raffiné ; 5 litres d'eau filtrée ; 15 citrons de Menton ; 80 gr. d'acide citrique.

Opération. — Faites fondre le sucre avec l'eau, mélangez, en même temps que vous mettez sur le feu, les zestes des quinze citrons, que vous avez eu soin de faire infuser la veille avec un litre de sirop de sucre bouillant à 3o°.

Au premier bouillon, ajoutez un filet d'acide acétique, retirez du feu, réduisez à 31° 1/2 et passez à la chausse ; ajoutez l'acide citrique que vous avez eu soin de faire dissoudre avec la plus petite quantité d'eau distillée pure, et mettez de suite en bouteilles bien sèches, que vous bouchez à sec, seulement lorsque le sirop est complètement refroidi. Réservez dans un endroit frais, sec et aéré.

Malgré ce qu'en disent certains praticiens, les sirops de limons et d'oranges, faits dans ces proportions, ne déposent jamais lorsqu'on y apporte les soins nécessaires.

Le sirop d'oranges se fait dans les mêmes conditions et avec les mêmes proportions.

EDOUARD LACOMME.

Sirop de Punch

Formule : 10 litres de sirop de sucre froid à 32° ; 7 litres de rhum vieux ; 25 centilitres esprit de citrons ; 125 gr. thé noir et vert, infusé dans 4 litres eau bouillante ; 40 gr. acide citrique.

Opération. — Faites bouillir l'eau, jetez-y le thé, couvrez et laissez refroidir , passez cette infusion dans laquelle vous faites dissoudre l'acide citrique, faites le mélange du tout, filtrez à la chausse collée de papier et mettez en bouteilles.

E. LACOMME.

N. B. — Toutes ces recettes peuvent se diviser par dix.

Sirop pour Crèmes au Beurre

Formule : 250 gr. de sucre cassé à la main ou cristallisé ; 200 gr. d'eau filtrée, soit 2 décil. ou un verre ordinaire de 5 au litre ; 500 gr. de beurre très fin.

Opération. — Donnez un seul et fort bouillon, le sirop est prêt.

LA CRÈME

Travaillez dans un saladier avec le petit fouet, 7, 8 ou 9 jaunes d'œuf, suivant leur grosseur ; lorsqu'ils sont bien blancs, versez d'une main le sirop en un petit filet continu pendant que l'autre tourne vivement les jaunes avec le fouet. Ce mélange mousse et devient très léger ; lorsqu'il est tiède, ajoutez le beurre légèrement ramolli près du feu ou travaillé en une espèce de pommade dans une terrine ébouillantée.

Avec cette crème on décore tous les gâteaux que l'on veut avec un cornet ou une poche à douille pour fleurs : les bûches, mokas, vert-vert, gâteau breton, etc., etc.

Sirop d'Ecorces d'Oranges

Enlevez le zeste de 12 oranges sur un morceaux de sucre en pain, que vous ratissez à mesure qu'il se sature.

Exprimez le suc des oranges et passez-le au tamis de crin.

Mettez dans la bassine à confiture 4 kilos de sucre cassé, et, en tenant compte du jus des oranges, 2 litres d'eau ensemble (jus et eau, je le répète).

Laissez reposer un moment, ajoutez le zeste et faites bouillir.

Ce sirop, pour être conservé en bouteilles, doit peser 32° au pèse-sirop. A 3o°, il ne se conserve que quelques jours.

Sirop de Fraises

Formule : 4 kil. de fraises ananas ou Victoria ; 2 kil. de fraises des bois toutes épluchées ; 1 kil. 500 gr. de sucre cassé.

Opération. — Cuisez le sucre au boulé ordinaire, jetez-y les fraises, donnez-leur un fort bouillon pour leur faire rendre leur jus. Deux heures après, faites-les égoutter sur un tamis fin. Vous obtenez, alors, un sirop marquant 20° au pèse-sirop, auquel vous ajoutez 6 kilogr. de sucre concassé en éclats, qui, une fois fondu, amène le sirop à 31° 1/2 ; écumez, passez à la chausse, et mettez de suite en bouteilles bien sèches, que vous bouchez ensuite à sec après refroidissement complet et que vous réservez dans un endroit frais et sec et à l'abri de la lumière solaire.

Généralement on fait le sirop de fraises, à la saison, pour toute l'année.

Sirop de Fraises Framboisé

Quantité pour 1 litre.

Formule : 500 gr. de fraises quelconques ; 600 gr. de sucre cassé à la main ; 150 gr. de groseilles ; 125 gr. de framboises ; un quart de litre d'eau filtrée.

Opération. — Mettez fraises et groseilles à l'eau froide, et donnez un bouillon.

Retirez du feu. Ajoutez les framboises, couvrez, et laissez infuser pendant un quart d'heure environ.

Passez le jus au tamis de crin.

Réunissez le jus passé avec le sucre dans un poëlon de cuivre rouge, casserole en nickel ou en émail non craquelé ; donnez trois bouillon successifs. — Le pèse-sirop doit alors marquer 34°. Si ce degré n'est pas atteint, redonnez un ou deux bouillons. A défaut de pèse-sirop, obtenez l'aspect de la nappe comme une gelée.

Mettez en bouteilles, bouchez hermétiquement, et tenez au sec, à l'ombre.

Sirop de Gomme

Formule : 5 kilos de sucre cassé à la main ; 1 kil. 250 gr. de gomme blanche du Sénégal ; 2 litres d'eau filtrée pour fondre le sucre ; 1 litre 1/4 d'eau filtrée pour fondre la gomme ; 1/4 de litre d'eau de fleur d'oranger.

Opération. — Faites fondre le sucre dans les deux litres d'eau froide ; le sirop doit marquer 34 au densimètre ou pèse-sirop. Lavez la gomme, faites-la fondre à froid dans 5/4 de litre d'eau.

Donnez un bouillon au sirop, mélangez la gomme ; réduisez le tout à 32° ; parfumez avec l'eau de fleur d'oranger, et laissez chauffer à côté du feu sans faire bouillir pour que monte l'écume ; puis retirez du feu, laissez reposer pendant 15 minutes, enlevez l'écume (le sirop doit être limpide), filtrez à la chausse de molleton sèche, et mettez immédiatement en bouteilles

que vous boucherez avec des bouchons secs lorsque le sirop sera complètement refroidi.

Conservez dans un endroit froid et sec, pour grogs, vins chauds et boissons glacées, tisanes, etc.

Sirop de Groseilles

Formule : 2 kilos de cerises ; 4 kilos de groseilles ; 500 gr. de framboises ; sucre en quantité suffisante.

Opération. — Ecrasez les cerises en les débarrassant de leurs queues ; égrappez les groseilles, mêlez ensemble dans une terrine, ainsi que les framboises ; tenez couvert pendant 24 heures dans un endroit frais ; au bout de ce temps, filtrez cette bouillie sur un tamis bien fin posé au-dessus d'une terrine, n'exercez pas la moindre pression, de façon que le jus soit très limpide, pesez-le. Mettez pour 3 kilos de jus 3 kil 5oo gr. de sucre cristallisé ou cassé.

La Cuisson. — Mettez dans une bassine à confitures le sucre et le jus ; remuez, pour faire fondre le sucre ; posez sur un feu modéré et retirez au premier frémissement, sans laisser bouillir. Un seul bouillon rendrait le sirop trop épais.

Laissez-le refroidir dans une terrine et non dans la bassine, mettez en bouteilles le lendemain. Bouchez très fortement et ficelez, car il pourrait, malgré les précautions, se produire une fermentation qui les ferait sauter ; mettez de préférence dans des bouteilles à champagne et des demi, tenez-les debout à la cave.

Sirop de Limons

Formule : 10 kilos de sucre raffiné ; 5 litres d'eau commune filtrée ; 5 citrons de Menton ; 80 gr. d'acide citrique.

Opération. — Faites fondre le sucre avec l'eau commune, mélangez, en même temps que vous mettez sur le feu, les zestes des cinq citrons, que vous avez eu soin de faire infuser la veille avec un litre de sirop de sucre bouillant à 3o°.

Au premier bouillon, ajoutez un filet d'acide acétique, retirez du feu, réduisez à 31° 1/2 et passez à la chausse ; ajoutez l'acide citrique que vous avez eu soin de faire dissoudre avec la plus petite quantité d'eau distillée pure, et mettez de suite en bouteilles bien sèches, que vous bouchez à sec seulement lorsque le sirop est complètement refroidi. Réservez dans un endroit frais, sec et aéré.

Malgré ce qu'en disent certains praticiens, les sirops de limons et d'oranges, faits dans ces proportions, ne déposent jamais lorsqu'on y apporte les soins nécessaires.

Le sirop d'oranges se fait dans les mêmes conditions et avec les mêmes proportions.

Sirop de Mûres

(Pour les Maux de Gorge)

Il passe pour être efficace contre les maux de gorge ; et vous ne prendriez pas, sans en avoir chez elles, nombre de personnes. Je ne sais ce qu'en dit la Faculté et me borne à donner une formule courante.

Mettez dans un poêlon de cuivre rouge même poids de mûres et de sucre cassé à la main, et laissez reposer pendant une heure, à couvert.

Donnez une ébullition sur feu vif, remuant dès le début. Passez au tamis ou dans une serviette sans pression.

Mettez le sirop en petits pots et gardez pour l'usage dans un endroit sec, à l'abri de la lumière.

Sirop d'Orgeat

Formule : 500 gr. d'amandes douces ; 150 gr. d'amandes amères ; 3 kilos de sucre blanc cassé à la main ; 1625 gr. d'eau filtrée soit 16 décilitres ; 250 gr. d'eau de fleur d'oranger (un quart de litre).

Opération. — Faites bouillir deux litres d'eau, jetez les amandes, couvrez ; aussitôt l'ébullition reprise, retirez la casserole, versez les amandes dans une grosse passoire, faites-y couler un peu d'eau fraîche au-dessus.

Enlevez la peau aux amandes, une par une, lavez-les ; mettez-les dans un mortier et broyez-les en crème en ajoutant peu à peu un peu d'eau froide. Passez avec expression en tordant fortement à deux dans un torchon neuf, pour recueillir le lait d'amandes sur un plat long. Repilez et repassez.

Dans une bassine à confiture, mettez le sucre, le lait et l'eau, donnez un bouillon en remuant avec l'écumoire en cuivre, retirez la bassine, redonnez un bouillon, mettez l'eau de fleur d'oranger, redonnez un bouillon.

Laissez refroidir une heure. Mettez en bouteilles d'un litre avec des bouchons de choix, neufs et ébouillantés. Gardez dans un endroit frais et sec, les bouteilles debout.

Sirop de Sucre
pour Boissons rafraîchissantes

On a besoin de sucrer, dans un grand nombre de cas, les apéritifs, les verres d'eau sucrée et les boissons chaudes, tisanes, infusions, macérations, etc., etc. Il est facile d'avoir sous la main un sirop très vite fait et ne fermentant pas, il suffit de mettre dans un poêlon en cuivre rouge

Formule : 1 kilo 600 gr. de sucre en pain, cassé à la main ; 1 litre d'eau filtrée.

Opération. — Faites fondre le sucre, à froid ; après une demi-heure, donnez un bon bouillon, mettez en bouteilles presque aussitôt, sans crainte, tout ce qui est sucré garantit le verre contre la chaleur.

Servez-vous en aussitôt froid.

Se méfier quand on l'emploie, ce sirop a un pouvoir très sucrant, une cuillerée à bouche correspondant à 2 morceaux de sucre assez gros.

Sirop de Violettes

C'est dans le courant de mars que l'on doit récolter les violettes ; ce sont toujours les premières qui possèdent le plus de parfum.

Vous faites choix de violettes simples et cultivées ; elles sont préférables en ce qu'elles donnent une plus belle couleur et un arôme plus fin que les sauvages qui n'ont quelquefois ni l'un ni l'autre.

Formule : 50) gr. fleurs de violettes mondées; 1 litre 25 centil. eau distillée pure.

Opération. — Après avoir mondé les violettes de leur queue et de leur calice, placez-les dans un vase d'argent ou émaillé et versez dessus l'eau distillée chauffée à 90 degrés centigrades, bouchez hermétiquement et laissez ainsi pendant 18 heures, puis passez la décoction à travers un linge fin ; mettez le marc à la presse pour retirer le plus de suc possible, réunissez les deux produits que vous laissez reposer pendant quatre heures ; décantez la liqueur afin d'en séparer la fécule qui s'est précipitée au fond du vase. Après avoir pesé le liquide et le sucre, vous procédez comme suit :

Formule : 1 kilog. décoction de violettes ; 1 kilog. 875 gr. sucre candi très blanc.

Opération. — Placez sucre et liquide dans un vase d'argent ou émaillé que vous bouchez hermétiquement, afin de ne pas laisser évaporer l'odeur si fugace de la violette, et que vous mettez chauffer le plus doucement possible au bain-marie jusqu'à ce que le sucre soit complètement fondu (il ne faut pas que le degré de chaleur dépasse 80°) ; ensuite enlevez du bain-marie et laissez refroidir en tenant le vase hermétiquement fermé jusqu'à complet refroidissement du sirop. Mettez dans des bouteilles bien propres et très sèches, que vous bouchez à sec et que vous placez dans un endroit frais, sec et aéré, à l'abri de la lumière solaire et loin de la trépidation produite par les voitures et les machines à vapeur.

Spéculations

Formule : 500 à 600 gr. de farine, suivant qualité ; 250 gr. de beurre ; 3 à 4 œufs, suivant la grosseur ; 2 à 3 cuillers de rhum ; zeste d'un citron ou 20 gouttes essence de citron ; un peu de vanille ou de cannelle en poudre ; 10 gr. de levure anglaise.

Opération. — Travaillez la farine avec le beurre, qui ne doit pas être trop ferme, pour obtenir une semoule fine ; mêlez le sucre en poudre et le parfum. Ajoutez les œufs et le rhum et pétrissez vivement. Fraisez la pâte deux ou trois fois, laissez reposer au frais quelques heures ou jusqu'au lendemain. Après avoir abaissé la pâte, parsemez la poudre anglaise, repliez et pétrissez quelques instants. Etendez de nouveau au rouleau de l'épaisseur d'un demi-centimètre, tranchez avec découpoirs de différents dessins, faites cuire immédiatement sur la plaque beurrée, à une chaleur assez forte.

Ces gâteaux secs se conservent plusieurs semaines en boîte de fer-blanc.

Sorbets au Champagne

Formule : 150 gr. de sucre cassé ; 150 gr. d'eau filtrée, froide ; le jus de deux citrons ; le 1/4 d'une bouteille de vin de champagne sec.

POUR LA MERINGUE

Formule : 60 gr. de sucre cassé ; 3 cuillerées d'eau froide ; un blanc d'œuf gros , 2 kilog. glace ; 300 gr. sel.

Opération. — Faites bouillir les 150 gr. de sucre cassé avec les 150 gr. d'eau (un décilitre et demi) ; retirez du feu et laissez refroidir. Ajoutez le jus de citron et le champagne. Cette composition doit donner 15° au pèse-sirop.

Faites glacer comme d'habitude, en tenant compte que la composition sera prise au bout de 15 minutes de travail.

Préparez la *meringue* en faisant cuire les 60 gr. de sucre avec les 3 cuillerées d'eau ; le sucre doit cuire jusqu'au moment où, en y trempant une petite écumoire et en soufflant ensuite au travers de ses trous, le sucre s'en échappe en bulles. Versez alors le sucre cuit sur le blanc d'œuf, préalablement fouetté en neige ; ne point cesser de tourner le blanc pendant que le sucre y est versé en filet mince. Ajoutez cette *meringue* à la composition déjà prise. Laissez reposer une demi-heure et servez dans ces verres à bordeaux très refroidis.

Sorbets au Rhum
(DITS « PUNCHS A LA ROMAINE »)

On appelle *sorbet* une glace légère, presque mousseuse, d'un froid modéré, qui remplace avec avantage pour l'hygiène et pour la satisfaction du palais le « coup du milieu » chargé de faire le « trou normand » en réveillant l'appétit qu'ont endormi de copieuses entrées chaudes.

Cette glace, ou plutôt demi-glace par la sensation qu'elle donne, doit ne pas être trop sucrée ni très alcoolisée pour exercer sa fonction ; trop sucrée ou trop alcoolisée, elle barrerait l'estomac au lieu de rétablir l'appétit, et provoquerait une pénible lourdeur.

Elle se compose d'un sirop au citron et d'un meringuage, le tout aromatisé au rhum. C'est parce qu'elle contient peu de substance autre que du blanc d'œuf, qu'elle ne paraît pas froide.

Lorsque le dîner comporte plusieurs entrées, les sorbets sont servis avant le rôti chaud.

Il serait préférable de les servir après ce rôti, le palais dégusterait mieux la plus délicate des pièces à venir, le rôti froid, généralement soigné avec tout l'art du chef et composé de matières aussi rares que succulentes : combinaisons diverses de foies gras et truffés, langoustes et homards, gibiers ou poissons recherchés pour des qualités différentes.

Quantités pour 12 à 15 sorbets :

Le Sirop

Formule : 250 gr. de sucre cristallisé ; 3 citrons bien juteux ; un demi-litre d'eau ; un décil. de très bon rhum.

Le Meringuage

Formule : 60 gr. de sucre cassé à la main ; 2 blancs d'œufs moyens, pesant 60 gr. chacun ; un décil. d'eau.

Pour Congeler

Formule : 2 kil. de glace et 600 gr. de gros sel.

Le Sirop Glacé. — Quelques heures avant le dîner, pelez les citrons jusqu'à la chair, écrasez-les sur un tamis de crin reposant sur une assiette creuse pour en recueillir le jus. Dans une terrine, saladier ou soupière, mettez à fondre le sucre dans l'eau froide, de préférence filtrée pour qu'elle soit propre ; remuez de temps en temps ; puis, ajoutez le jus des citrons.

Deux heures avant le dîner versez le sirop dans la sorbetière bien nettoyée, fermez-la et entourez-la de glace brisée au mortier en morceaux de la grosseur des noix ; recouvrez de sel et tournez pendant environ un quart d'heure. Le sirop est pris en une apparence de neige ressemblant au *névé* qu'ont vu tous les alpinistes, état particulier de la neige avant de s'incorporer au glacier.

Le Meringuage. — Dans une petite casserole, faites cuire doucement les 80 gr. de sucre dans un décilitre d'eau froide, pendant la cuisson montez les deux blancs d'œufs en neige. *Lorsque le sirop moutonne,* que les bulles se produisent serrées et crépitent légèrement, qu'il est au soufflé, versez-le en un filet mince sur les blancs, que vous continuez à tourner avec rapidité jusqu'à complet refroidissement du mélange. Puis, découvrant la sorbetière avec attention pour éviter l'introduction du sel dans l'appareil, versez la meringue, mélangez bien, tournez la sorbetière pour redurcir son contenu. Enfin laissez dans la glace jusqu'au moment de servir les sorbets.

Service. — Préparez autant de verres à bordeaux ou à vin du Rhin qu'il y a de convives ; versez le rhum dans la glace, mélangez et remplissez aux deux tiers les verres.

Au moment de servir le potage, il est bon de s'assurer que la glace mise autour de la sorbetière n'est pas complètement fondue, et d'en remettre s'il en manque, après avoir jeté un peu d'eau.

Soufflé aux Abricots

Quantité pour 10 couverts :

Formule : 6 beaux abricots bien mûrs et bien sains : 30 gr. de crème de riz ; 125 gr. de sucre semoule ; 4 jaunes et 6 blancs d'œufs un peu gros ; 1 quart de litre de lait ; 1 verre à madère de kirsch ou de cognac ; une pincée de sel ; un peu de beurre pour graisser le moule ; 1 moule à génoise de 22 cent. de diamètre.

Je recommande aux personnes qui feront ce soufflé de porter une scrupuleuse attention dans les quantités et le choix des éléments dont il se compose. Bien fait, il ne tombe pas ; mal fait c'est une galette.

Je le sers toujours démoulé sur un plat rond, légèrement chauffé. Quand on dispose d'une timbale en vieil argent, on le cuit dedans et on le sert ainsi sortant du four ; c'est plus riche et plus sûr.

Fendez les abricots en deux, et mettez-les à fondre dans une petite casserole, avec trois cuillerées d'eau, à côté du feu pour éviter de les brûler, — ce qui arrive facilement.

Enlevez la peau, retirez les noyaux, cassez-les, pilez les amandes avec un peu de lait pour en obtenir le parfum, et tordez fortement dans un petit linge.

Dans une sauteuse, battez le sucre semoule avec le sel et la crème de riz, après en avoir réservé une grande cuillerée à bouche qui servira tout à l'heure pour les blancs ; mouillez avec le lait des amandes et avec le lait naturel.

Passez les abricots au tamis de crin ou au tamis de fer étamé, mélangez à l'appareil, et donnez un bouillon, tout en remuant à la spatule, avec beaucoup d'attention : il faut éviter les grumeaux et la brûlure. Retirez du feu, faites refroidir à moitié, en remuant toujours à l'aide de la spatule.

Beurrez le moule avec le beurre à peine fondu ; quand celui-ci est figé, farinez-le. C'est le seul moyen d'obtenir avec certitude un bon démoulage.

Montez les blancs d'œufs bien fermes, versez en pluie sur les blancs la cuillerée de sucre réservé, continuez de les battre pour les avoir bien fermes, mélangez-en une partie dans l'appareil, reversez celui-ci sur les blancs, et remuez rapidement en coupant la pâte au milieu et en tournant la bassine pour que le mélange soit complet, sans que la pâte ait le temps de retomber. Versez dans le moule.

Cuisez pendant environ 20 minutes, au four doux.

Sucrez dans la timbale, si vous servez celle-ci. Dans le cas contraite, sucrez sur le plat, au moment de servir.

Soufflé d'arow-root

Formule : 60 gr. de fécule d'arow-root ; 20 gr. de farine de gruau ; 100 gr. de sucre ; 30 gr. de beurre ; 4 jaunes d'œufs ; 5 blancs d'œufs ; 5 gr. de sel fin ; une demi-cuillerée à café de vanille en poudre ; deux décilitres de lait.

Opération. — Délayez le sucre avec les jaunes, battez 3 ou 4 minutes, ajoutez une cuillerée de lait, mélangez, versez la fécule et la farine tamisées ensemble sur un papier ; mélangez avec soin, battez les blancs bien fermes, ajoutez-en un peu avec l'appareil, versez celui-ci dans les blancs, coupez la pâte et tournez la bassine en même temps, mettez le sel et le beurre ; versez dans une casserole en argent ou dans un plat à œufs un peu grand, légèrement beurré ; dressez en dôme, faites une rosace avec une fourchette, poussez au four un peu chaud, faites cuire 20 minutes maximum.

Soufflé aux Bananes

Formule : 1/4 de litre de lait ; 120 gr. de sucre semoule ; 30 gr. de crème de riz ; 4 bananes un peu vertes ; un verre à madère de kirsch ou de rhum ; un peu de jus de citron ; un peu de sel ; 3 jaunes d'œufs ; 6 blancs.

Opération. — Passez la pulpe des bananes au tamis de crin et tenez-la au frais.

Délayez le sucre, moins une cuiller, avec les 3 jaunes, ajoutez la crème de riz ; triturez, mouillez avec le lait, salez, faites cuire ainsi qu'une crème et refroidissez à moitié.

Mélangez le kirsch ou le rhum, le jus de citron et la pulpe des bananes.

Montez les blancs, raffermissez-les en ajoutant le sucre mis de côté, mélangez un peu de blancs dans l'appareil, celui-ci dans les blancs ; versez dans une timbale en argent ou plat creux ; dressez en dôme, faites cuire au four pas trop chaud, 20 minutes.

Sucrer et servir sous cloche chaude.

Soufflé au Chocolat

Formule (pour 6 à 8 personnes) : Un quart de litre de lait ; 125 gr. de sucre semoule : 20 gr. de crème de riz ; 3 tablettes de chocolat fin ; 3 œufs moyens, entiers, et 3 blancs d'œufs ; sel fin ; vanille en poudre ; une timbale en argent, en porcelaine plissée ou un moule à génoise de 20 centimètres de diamètre ; 15 gr. de beurre pour le moule.

Opération. — Travaillez le sucre et les jaunes dans une casserole, pendant que le chocolat ramollit à la bouche du four ; mélangez le chocolat, ajoutez une cuillerée de lait, une pincée de sel et la crème de riz et, finalement, le reste de lait. Portez à l'ébullition sur un feu doux ; remuez à l'aide d'une spatule comme pour préparer une crème.

Retirez du feu ; refroidissez à moitié en remuant toujours.

Montez les blancs bien fermes, mélangez-en le quart dans la crème et versez dans les blancs.

Remplissez la timbale ou le moule beurré et légèrement sucré. Enfin, faites cuire au four à chaleur moyenne, pendant environ vingt minutes, après avoir calculé le moment de la cuisson pour que le soufflé soit prêt juste au point d'être servi. Trop cuit, le soufflé retombe ; pas assez cuit, il n'a pas bon goût.

Soufflé aux Fraises ou aux Framboises

Formule (pour 8 personnes) : 750 gr. de fraises ; 10 blancs d'œufs ; 6 cuillerées à bouche de sucre en poudre ; crème double.

Opération. — Passez les fraises (ou framboises) au tamis, ajoutez à la purée la moitié du sucre, mêlez bien. Mettez au frais. Une demi-heure avant de servir, battez les blancs d'œufs en neige excessivement ferme, ajoutez le reste du sucre et la purée de fruits, versez l'appareil dans un plat, et mettez cuire au four très doux pendant 20 à 25 minutes. La crète du soufflé doit être dorée, et l'intérieur très moëlleux, ce qui dépend du feu.

Envoyez à part du sucre en poudre, et de la crème double très épaisse.

Soufflés au Fromage

Formule (pour 10 personnes) : 60 gr. de beurre ; 120 gr. de fromage de parmesan râpé ; 30 gr. de farine ; 3 décilitres de lait ; 4 œufs moyens ; très peu de sel, poivre et muscade ; 12 petites caisses en porcelaine plissée.

On se plaint toujours que ces petits soufflés, si délicats et appétents, retombent avant d'arriver sur table ou devant les convives.

Cette calamité est facile à éviter avec un peu d'attention à la cuisson.

Cette recette a été faite au cours de cuisine bien souvent et j'en ai vu résister jusqu'à leur complet refroidissement.

Ce qui les fait retomber très souvent c'est qu'ils sont cuits trop à l'avance ou bien que l'on y met trop de blancs d'œufs.

Opération. — Commencez par beurrer les petites caisses avec du beurre fondu et un pinceau, tapissez le tour de fromage râpé et mettez-les dans un petit sautoir où elles seront assez à l'écart pour ne pas se toucher.

Faites fondre ce qui reste de beurre dans une sauteuse un peu grande, mettez les condiments et la farine, mélangez, mouillez avec le lait bouillant ; donnez un coup de fouet pour bien lisser la sauce en dehors du feu ; ajoutez les jaunes, trois-quarts du fromage, mélangez et mettez de côté ; couvrez et tenez au chaud sans que l'appareil risque de bouillir.

Aussitôt le potage prêt à partir, montez trois blancs, mélangez-les rapidement, garnissez les caisses à la poche, au cornet ou à la cuiller ; saupoudrez-les avec ce qui reste de fromage, mettez de l'eau bouillante dans le sautoir à moitié de la hauteur des petites caisses, faites reprendre le bouillon sur le feu et mettez au four 5 minutes.

Envoyez le potage aussitôt les soufflés au four.

POUR LES SERVIR. — Etalez une serviette pliée en quatre sur un plat rond ; mettez le plat à l'étuve ; aussitôt les soufflés cuits, dressez-les rapidement et envoyez en même temps des assiettes bien chaudes.

Soufflé à la Gelée de Groseille

Autre façon d'utiliser les blancs d'œufs dont sont embarrassées nombre de cuisines comme nous le voyons par la correspondance quotidienne. Nous devons celle-ci à la gracieuseté d'une aimable lectrice, Mme Ch. S..., recette qui joint le rare mérite de la simplicité à l'agrément de l'entremets.

Formule : 6 blancs d'œufs ; 125 gr. de gelée de groseille ; sucre semoule et sucre glace, peu ; beurre ; vanille, citron ou orange ; timbale à soufflé.

Opération. — Diluez à chaud la gelée de groseille dans quelques gouttes de lait, avec de la vanille en poudre, ou une toute petite pointe imperceptible de zeste râpé de citron ou d'orange ; passez-la à travers une mousseline pour ne pas avoir de grumeaux et pour retirer les morceaux de zeste ; tenez-la au chaud sans bouillir.

Chauffez et beurrez légèrement la timbale ou un plat creux, laissez figer le beurre, saupoudrez de sucre semoule afin que le soufflé se détache bien quand on le coupera au lieu de s'attacher aux bords et au fond d'une façon disgracieuse.

Battez les blancs d'œufs très fermes, mélangez-y à la spatule la gelée de groseille un peu tiède, doucement pour éviter de les faire retomber ; versez le mélange dans la timbale, dressez-le en pyramide et saupoudrez de sucre glace.

Portez au four de chaleur douce comme pour tous les meringuages, et faites cuire pendant une vingtaine de minutes.

Servez chaud.

Soufflés aux Marrons glacés

Formule (pour 8 convives environ : 125 gr. de débris de marrons glacés; 125 gr. de nougat; 100 gr. de beurre fin;80 gr. de sucre semoule; 4 jaunes et 6 blancs d'œufs ; un décilitre de lait ; pincée de sel ; vanille en poudre.

Le Nougat. — Faites fondre au caramel dans une casserole non étamée 60 grammes de sucre semoule, ajoutez 70 grammes d'amandes entières non mondées ; mélangez à côté du feu, versez sur une plaque, laissez refroidir, pilez le nougat au mortier et passez-le au tamis. Si vous disposez d'une râpe à amandes, il est préférable de les râper, c'est plus vite et mieux fait. Mettez de côté.

Dans la même casserole du nougat, mettez le lait et les marrons glacés ; s'il sont un peu défraîchis ou des débris vendus chez les épiciers et les confiseurs, faites chauffer sans laisser bouillir, passez-les au tamis, réunissez-les aux amandes, dans la même casserole.

Mettez les jaunes dans une petite tasse avec une goutte de lait ; battez les blancs bien fermes, versez au-dessus deux cuillerées du sucre semoule et fouettez les blancs pour les rendre tout à fait fermes, versez les jaunes sur les blancs en mélangeant au fouet, lentement ; enlevez le fouet, remplacez-le par une spatule ; additionnez le sucre qui reste aux marrons et nougat, mélangez aux blancs, mettez le beurre, versez la composition dans un plat rond, creux, pas trop grand; relevez-en dôme, rayez-le avec une fourchette en partant du bord pour vous arrêter au sommet, tout autour ; mettez au four un peu chaud et laissez cuire environ 20 minutes.

Saupoudrez de sucre en poudre vanillé et envoyez à table sur un autre plat garni d'une serviette avec des assiettes chaudes.

Soufflé au Moka
(*Entremets de Déjeuner*)

Formule : un quart de litre de lait ; 5 blancs d'œufs; 5 jaunes d'œufs; 125 gr. de sucre semoule ; 25 gr. de crème de riz ; 50 gr. de café en grains ; une pincée de sel.

Opération. — Faites bouillir le lait ; pendant ce temps, mettez le café au four sur une plaque pour le bien chauffer. Le lait bouillant, retirez-le du feu, versez le café, couvrez et laissez infuser 10 minutes.

Battez dans un saladier les 3 jaunes avec 100 gr. de sucre, ajoutez la crème de riz, versez le lait en le passant ; donnez un bouillon en remuant avec attention ; refroidissez l'appareil en le vannant d'avant en arrière.

Beurrez une timbale en argent de 15 centimètres de diamètre ; à défaut de timbale en argent, prenez-en une en porcelaine plissée, beurrez-la légèrement, saupoudrez-la de sucre semoule.

Montez les blancs bien fermes, saupoudrez-les avec le sucre mis de côté, et montez-les encore.

Mélangez-en le quart dans l'appareil ; donnez encore un coup de fouet aux blancs, versez l'appareil sur les blancs et mélangez avec la spatule.

Règle générale. — En faisant le mélange avec le fouet, on fait retomber la pâte.

Versez dans la timbale, relevez en dôme, faites une rosace avec une fourchette, chauffez un moment le fond du soufflé sur le fourneau, glissez-le au four ; dans 10 minutes, saupoudrez-le de sucre glace et, dans cinq autres, vous pourrez l'envoyer à table sur un plat rond garni d'une serviette à thé.

Ne pas oublier des assiettes chaudes.

Soufflés de Nonne

Formule (pour 15 à 18 beignets) : 100 gr. de farine de gruau ; 3 gros œufs ou quatre petits ; 50 gr. de beurre ; 1 kilog. et demi de friture, saindoux ou graisse de bœuf fondu ; petit verre de rhum ; une pincée de sel ; pas de sucre ; un décilitre (1/2 verre) d'eau filtrée.

LA PATE

Tamisez la farine sur une feuille de papier : cela est indispensable.

Mettez l'eau, le rhum, le sel, et le beurre divisé en quatre parties, dans une casserole de la contenance d'un litre et demi ; placez sur le gaz bien allumé ou sur la plaque du fourneau rougie ; avec la cuiller de bois, remuez lentement pour que le beurre soit fondu lorsque l'eau, arrivant à l'ébullition, montera comme du lait ; retirez à ce moment la casserole sur la table, mélangez la farine toute à la fois, remettez la casserole sur feu doux, et remuez à la cuiller pour bien sécher la pâte, jusqu'au moment où le fond de la casserole devient légèrement sableux.

Laissez refroidir la casserole sur la table pendant trois ou quatre minutes, cassez un œuf et mélangez-le vivement, un autre œuf, et puis le troisième.

Ici une remarque s'impose : si vous employez de la farine médiocre, ou si la pâte n'est pas bien desséchée, trois gros œufs rendront le mélange trop liquide. Si vous avez du bon gruau et que la pâte soit bien sèche, 4 œufs s'y comporteront à merveille. La pâte ne doit jamais être coulante, elle doit être plutôt ferme. Si trois œufs la laissaient dure, ajoutez un peu de blanc en cassant le bout d'un œuf et pressant, avec l'index, jusqu'à rupture, le blanc qui s'en échappe.

LA FRITURE

Mettez la graisse à chauffer sur un feu clair dans une poêle à anse et non dans une poêle à queue. Celle-ci étant peu profonde et son fer médiocre peu épais, la chaleur arrive trop directe et colore les soufflés avant qu'ils soient cuits. — La graisse doit être assez abondante pour que les soufflés tournent seuls à mesure que la chaleur les cuit d'un côté, et assez chaude, mais pas trop quand elle les reçoit, *à point* pour qu'ils remontent aussitôt du fond.

Prenez dans le fond de la casserole, avec une cuiller à bouche, de la pâte que vous lissez sur le bord intérieur en remontant ; avec l'index de l'autre main, séparez une boule de pâte de la grosseur d'une noix, laissez-la attachée au doigt, portez ras de la friture, et détachez-la avec le bec de la cuiller : elle tombe toute ronde dans la friture. Employez ainsi toute la pâte.

Ne poussez pas le feu trop fort ; soutenez-le cependant : il faut dans les 12 minutes pour bien cuire les soufflés. La chaleur trop forte les colore sans les cuire, et ils s'affaissent ; trop faible, ils sont mous, gras et lourds,

Dressez-les en pyramide sur une serviette à thé posée dans un compotier, poudrez avec du sucre vanillé, et servez-les brûlants.

Soufflé à l'Orange

Formule : le suc de 2 oranges; le zeste d'une, capté sur le sucre en pain; 100 gr. de beurre fin ; 100 gr. de sucre ; 50 gr. de farine de gruau ; 60 gr. de peau d'oranges confites; 4 jaunes d'œufs ; 5 blancs montés bien fermes.

Opération. — Zestez l'orange en la frottant sur un gros morceau de sucre, râtissez la partie zestée dans un bol dans lequel vous ajoutez le jus des deux oranges, la farine, la peau d'orange confite et taillée en petits carrés très fins.

Chauffez à l'eau bouillante un saladier ou terrine, mettez le beurre dedans et montez-le en crème en y mélangeant de temps en temps un jaune et finalement l'appareil du bol. Si le beurre tourne, c'est qu'il n'est pas assez chaud, et il suffira de chauffer le saladier à la bouche du four pour qu'il se lie de nouveau. Montez les blancs d'œufs bien fermes, prenez l'habitude de distraire des recettes, où il rentre du sucre semoule et des blancs montés, une cuillerée à bouche de sucre et de l'ajouter aux blancs dès qu'ils sont un peu fermes, cela les empêche de grainer et on les monte bien plus fermes, ce qui rend la pâtisserie plus fine, plus légère et surtout plus apparente.

Les blancs étant finis, mélangez-en un peu dans l'appareil du saladier et renversez-le dans les blancs ; pour faire tomber plus rapidement un mélange dans l'autre, rien ne convient comme une corne très fine, ovale, ou bien une carte de visite ou autre très propre; on tient le saladier de la main gauche et la droite tient la carte avec les trois doigts majeurs en l'arrondissant légèrement et en poussant de haut en bas sur la surface du saladier, ce mouvement chasse la pâte et rien ne se perd.

L'appareil étant bien mélangé, on le verse dans un moule à charlotte de 12 centimètres de diamètre ou dans une casserole en argent et on le cuit au four un peu doux, 20 minutes. Sucrez et glacez-le quelques instants avant de l'envoyer à table. Se méfier de ce soufflé qui retombe s'il est mis trop tôt et cuit trop vite.

Soufflé aux Patates douces

Les patates sont des pommes de terre sucrées, qui ont un excellent goût et se prêtent à toutes sortes de préparations sucrées.

Formule (pour 6 à 8 personnes) : 500 gr. de patates douces, brut; 150 gr. de sucre semoule; 4 jaunes et 6 blancs d'œufs ; parfum : vanille, citron, orange ou rhum.

Opération. — Mettez les patates, lavées et brossées, sur une plaque de tôle et au four un peu chaud. Laissez-les cuire environ une heure en les retournant à moitié de cuisson.

Divisez-les par le milieu, passez la pulpe au tamis de crin, sur une assiette creuse ; mélangez-y le sucre, les jaunes, une pincée de sel et versez sur les blancs d'œufs battus en neige très fermes.

Versez le mélange dans un plat rond, creux, beurré, en pyramide ; mettez-le au four, moyennement chaud, vingt minutes avant de le servir. Saupoudrez de sucre vanillé et servez.

Ainsi que tous les soufflés, celui-ci retombe s'il attend après cuisson.

Il peut être préparé une demi-heure d'avance et cuit au dernier moment.

Remarque importante. — Tous les soufflés et les omelettes soufflées ne doivent être servis qu'au déjeuner.

Soufflé aux Pêches

Entremets chaud très fin, mais qui, plus encore que les autres soufflés, ne doit pas attendre, car il retombe très facilement dès qu'il est à point et sorti du four.

Formule (pour 6 personnes) : 4 belles pêches, bien à maturité surtout; 4 jaunes d'œufs; 6 blancs d'œufs ; 30 gr. de crème de riz ou de farine de gruau; 150 gr. de sucre en poudre dit semoule ; 2 décilitres de bon lait; un petit verre de marasquin ou de kirsch.

LES PÊCHES. — Pelez les pêches ; coupez-les en morceaux : écrasez-les avec le champignon de bois sur le tamis de crin, le tamis métallique les noircirait. (Ayez soin de poser d'abord le tamis sur une assiette ou un plat qui s'y emboîte bien, pour ne point basculer à chaque coup). Raclez soigneusement ce qui s'est attaché sous le tamis, et n'employez pas davantage de cuiller d'étain qui ferait noircir. Gardez de côté.

La Crème. — Dans une petite sauteuse (casserole basse et large de fond, à rebords évasés), mettez les jaunes d'œufs avec le sucre. Avec une cuiller de bois ou une spatule, battez-les consciencieusement pendant cinq bonnes minutes, jusqu'à ce qu'ils aient pris une teinte plus claire, et que le tout soit bien fin et lisse. Alors ajoutez la farine ou la crème de riz et un grain de sel. Mélangez encore avec la cuiller de bois. Puis ajoutez la purée de pêches; et enfin le lait; mélangez avec soin chaque fois.

Posez la casserole sur un feu très doux. Faites chauffer sans cesser de doucement remuer en appuyant toujours la cuiller sur le fond de la casserole où, chauffant directement, le mélange se lie. plus vite. Laissez chauffer ainsi jusqu'aux premières cloques de l'ébullition, car cette crème doit légèrement bouillir. Retirez-la du feu ; et jusqu'à ce qu'elle soit à moitié refroidie, remuez-la avec la cuiller pour qu'elle ne se fige pas en caillots ; ajoutez à ce moment le parfum de liqueur.

Les Blancs d'Œufs. La Cuisson. — Battez-les en mousse bien ferme; en les soulevant sur le fouet, ils doivent rester pris entre les branches. Mettez-en un peu dans la crème, soit le quart environ, et mélangez avec la cuiller. Cela rend la crème plus coulante, et d'un mélange plus facile avec le reste. Versez alors cette crème sur les blancs, et mélangez-la avec précaution, c'est-à-dire doucement et rapidement à la fois, pour éviter de faire retomber les blancs, ce qui arriverait si vous manœuvriez avec brusquerie, ou en travaillant trop longtemps la pâte.

Versez dans une timbale en argent ou en porcelaine à feu, d'environ 22 centimètres de diamètre, ou un plat creux, après avoir eu soin de beurrer l'intérieur légèrement. Mettez immédiatement au four plutôt un peu chaud, et faites cuire vingt minutes.

Soufflé aux Pommes Reinettes

Formule : 120 gr. de farine ; 1/4 de litre de lait ; 60 gr. de beurre ; 60 gr. de sucre ; 4 œufs ; 2 à 3 cuillerées de marmelade de pommes.

Opération — Tournez le beurre en crème, ajoutez 2 grammes de sel, la farine et le sucre ; délayez avec le lait, faites cuire sur feu doux et retirez au premier bouillon en remuant sans cesse pour obtenir une pâte bien lisse, que vous séchez un peu sur la plaque du fourneau. Amalgamez les 4 jaunes d'œufs et laissez un peu refroidir avant d'y mélanger les 4 blancs montés en neige, bien fermes. Beurrez l'intérieur d'un plat ou d'une timbale d'argent, ayant au moins 6 centimètres de hauteur ; versez la moitié de la pâte, mettez au milieu 3 cuillers de marmelade de pommes que vous pouvez mélanger avec de la marmelade d'abricots; recouvrez du reste de pâte, laissez cuire au four pas trop chaud 1 heure environ; la pâte monte et double de volume; il faut qu'elle soit bien dorée. A la sortie du four, saupoudrez le gâteau de sucre et servez de suite, de préférence sans le démouler.

Soufflé aux Pommes de terre

Formule : 4 jaunes et 6 blancs d'œufs ; 5 pommes de terre de Hollande moyennes; 150 gr. de sucre semoule ; 20 gr. de beurre; 10 gr. de sel ; 1/2 décil. de lait ; 1 petit verre de rhum et un peu de vanille.

Opération. — Lavez et brossez les pommes de terre ; mettez-les au four sur une plaque ; retournez-les dans 25 minutes.

Clarifiez les œufs, c'est-à-dire mettez-les blancs très propres, sans aucune parcelle de jaune, dans la bassine en cuivre, les jaunes dans un bol où vous aurez déjà mis le lait, le sel et la vanille ; beurrez un moule à charlotte de 10 centimètres de diamètre avec les 20 grammes de beurre ; saupoudrez-le de sucre semoule. Posez le tamis de crin sur un linge propre étendu sur la table. Sortez les pommes à la bouche du four ; divisez-les par la moitié une après l'autre ; videz la pulpe avec une cuiller à bouche et mettez à mesure sur le tamis; passez rapidement avec le champignon de bois ; ramassez la pulpe dans un saladier légèrement chauffé. Mélangez les jaunes, le lait, le rhum et les trois-quarts du sucre; battez les blancs en neige. Quand vous les voyez très fermes, qu'en soulevant le fouet et le retournant en haut les pointes restent droites, mettez le sucre qui reste et battez encore 5 minutes.

Mettez-en le quart dans la purée; versez la purée dans les blancs, mélangez sans trop tourner, mais en coupant la pâte et faisant tourner la bassine.

Versez dans le moule ; cuisez à four modéré 25 minutes. Saupoudrez de sucre vanillé et envoyez sur un plat garni d'une serviette doublée et chaude.

N.-B. — Ce soufflé retombe ainsi que tous les soufflés. Il faut le cuire au dernier moment. Mieux vaut qu'il attende cru.

Soufflé au Riz

Formule : 3 décilitres de lait ; 150 gr. de sucre semoule ; 30 gr. de crème de riz ; 50 gr. de beurre ; 4 jaunes et 5 blancs d'œufs ; vanille ou autre parfum ; pincée de sel.

Opération. — Travaillez dans une petite sauteuse le sucre (moins une cuillerée à bouche) et les jaunes ; lorsque cet appareil est devenu blanc et onctueux, ajoutez la crème de riz; mélangez le sel et le lait.

Portez à l'ébullition sur un feu doux en remuant à la spatule pour éviter les grumeaux et de brûler la crème. Retirez du feu, refroidissez à moitié en remuant, incorporez le beurre et le parfum toujours en remuant.

Battez les œufs ; lorsqu'ils sont fermes, saupoudrez-les avec le sucre mis de côté et continuez à battre pour qu'ils soient bien fermes. Mélangez-en le quart dans la crème, versez celle-ci dans les blancs, et, en coupant la pâte et en la tournant, obtenez comme une pâte de biscuits à la cuiller, moelleuse et ferme.

Versez dans une timbale en argent ou sur un plat rond comme tous les soufflés.

20 minutes de cuisson au four plutôt

doux que trop chaud ; sucrez ainsi que pour tous les soufflés avec du sucre glace vanillé.

Soufflé au Riz
et à la Marmelade de Pommes

Formule : 50 gr. de riz caroline ; 3 jaunes d'œufs, 5 blancs ; 15 gr. de beurre ; 1/4 de litre de lait ; 80 gr. de sucre en poudre ; 500 gr. de pommes reinette du Canada ; jus de citron ; un petit verre de kirsch.

Opération. — Lavez le riz jusqu'à obtenir l'eau bien claire, laissez-le tremper environ une heure, changez l'eau de nouveau, salez un peu et mettez sur le feu jusqu'à l'ébullition ; retirez et rafraîchissez-le, mouillez avec le lait bouillant et laissez cuire de 20 à 25 minutes à feux doux.

Pendant qu'il cuit, pelez les pommes, coupez-les en quatre, enlevez les pépins avec soin, émincez-les dans une petite casserole, arrosez-les avec le jus d'un demi-citron, couvrez et mettez au four un peu chaud 15 minutes ; retirez-les du four pour les écraser avec une cuiller de bois en y ajoutant les 15 gr. de beurre.

La cuisson du riz étant achevée, retirez-le du feu, ajoutez le sucre moins 10 gr., que vous gardez pour les blancs ; ajoutez aussi le kirsch et les 3 jaunes d'œufs séparés des blancs, que vous laissez tomber dans une bassine pour les battre. Amalgamez bien les jaunes, le riz et la marmelade de pommes. Battez les blancs en neige, saupoudrez-les avec le sucre mis de côté, battez-les encore pour les raffermir ; mêlez le quart des blancs dans l'appareil, versez celui-ci dans les blancs et liez bien.

Versez ce mélange dans une timbale en argent ou un moule à soufflé en porcelaine légèrement beurré. Cuisez au four un peu chaud environ 15 minutes, saupoudrez de sucre glace et servez sans le faire attendre.

Soufflé au Tapioca

Formule : 50 gr. de tapioca ou sagou ; 130 gr. de sucre semoule ; 5 gr. de sel ; 3 décilitres de lait ; 3 jaunes d'œufs ; 5 blancs d'œufs ; une cuiller à café de vanille en poudre.

Opération. — Faites bouillir le lait, salez, versez le tapioca ou le sagou en poudre et remuez soit avec un petit fouet à sauce ou une cuiller de bois. Couvrez et laissez au bain-marie bouillant 25 minutes. Ajoutez le sucre, retirez du feu et du bain-marie.

Clarifiez les blancs, ajoutez les jaunes au tapioca, montez les blancs bien fermes et versez-y l'appareil ; mélangez avec une spatule et non avec le fouet, ajoutez la vanille et versez dans un moule à charlotte beurré et sucré, ou dans une timbale en argent.

Faites cuire au four doux de 20 à 25 minutes; ce soufflé est très léger et n'aime pas attendre. Il faut l'envoyer à la salle à manger sous cloche chaude, avec des assiettes chaudes.

Sucre

On emploie en pâtisserie deux qualités de sucre : 1° le sucre de canne, le meilleur et le plus cher aussi; 2° le sucre de betterave, les deux sont dits *sucres raffinés*.

Dans le commerce on ne vend que le sucre de betterave soit en pain, cassé à la main, scié en cubes de plusieurs dimension, en poudre fine comme de l'amidon, que l'on appelle *sucre glace*, parce qu'il sert à faire les glaces froides et chaudes, pour glacer et décorer les gâteaux ; en poudre plus grosse, dit sucre en semoule ; en petits cristaux, dit sucre cristallisé, le plus employé en pâtisserie, confiserie et confiturerie, parce qu'il est plus sucrant que le sucre raffiné et aussi meilleur marché, ayant subi moins de raffinage.

Il y a aussi dans les pâtisseries du sucre à petit et gros casson ou petit et gros grain, qui sert aux pâtissiers pour orner le tour des gâteaux fourrés, c'est-à-dire qui ont été divisés par tranches et garnis d'une crème quelconque, ou d'une marmelade, confiture, fruits confits ou simplement imbibés d'un sirop parfumé, purée de fruits frais, de marrons, de mandarines, oranges, bananes, cédrat ou ananas.

Pour les sucres cuits au caramel ou pour les meringuages, ou sucre cuit au soufflé, mieux vaut employer du sucre cassé à la main, la scie fait de l'amidon de sucre qui fond mal et *graisse*, c'est-à-

dire fait grainer le caramel ou le sirop qui doit peser 37°

Tous les traités culinaires ont parlé du sucre, mais jusqu'ici aucune étude professionnelle ne nous avait frappé par sa clarté et sa simplicité, comme celle que vient de publier notre distingué confrère, M. Duval, dans son *Traité Général de la Confiserie Moderne*, aussi nous permettons-nous de citer cette étude sans en changer un mot. Les lecteurs et les lectrices en tireront un profit remarquable (1)

La substance si connue sous le nom de sucre existe dans une multitude de végétaux, dont les principaux sont la canne à sucre, la betterave et le sorgho.

Le sucre de canne provient d'une espèce de grand roseau, vulgairement appelé canne à sucre (*Canna saccharifera*), dont la tige haute de trois à quatre mètres est remplie d'une moelle blanchâtre qui donne, par expression, un suc particulier, cristallisable dans la proportion moyenne de 18 % du poids total; d'où de nombreuses manipulations séparent le sucre et dont la composition à l'état pur est représentée en centièmes par les nombres suivants, en poids.

Carbone.	42.12
Hydrogène.	6.41
Oxygène.	51.47
TOTAL. . . .	100 »

Les feuille de la canne à sucre, qui est une plante vivace, sont longues d'un mètre et plus, et larges d'environ 0m09c. Ses fleurs forment de grosses panicules éclatantes, longues de près de deux pieds.

On n'a trouvé la canne à sucre à l'état sauvage dans aucune partie du monde ; mais elle est probablement originaire du Bengale, où la fabrication du sucre a pris naissance.

Si la canne de Chine (*Saccharum Sinente*) est une espèce distincte, il se peut qu'elle ait été de son côté cultivée dans ce pays à la même époque. Au IXe siècle, la culture de la canne existe en Perse ; au Xe

---

(1) **TRAITÉ GÉNÉRAL DE CONF.SERIE MODERNE**
PRIX : **10** fr. broché ; **15** fr. relié

et au xi⁰, Avicenne et d'autres médecins orientaux s'en servent en médecine.

Au xᵉ siècle, on la cultivait en Espagne et le sucre était un article de commerce. La canne fut introduite à Madère en 1420 et quelque temps après dans les Canaries. Après la découverte de l'Amérique, elle s'y propagea rapidement ; Saint-Domingue, le Brésil, le Mexique, la Guadeloupe en entreprirent successivement la culture.

Dans les Etats-Unis, elle apparait près de la Nouvelle-Orléans vers 1751. Les progrès de cette culture furent rapides dans les Etats du Sud.

La Louisiane est déjà un peu au nord pour permettre à la plante d'arriver à maturité parfaite. La canne se propage par boutures, et comme les parties basses de la tige sont les plus riches en sucre, ce sont les parties supérieures que l'on emploie pour ces boutures ; on attribue à cette pratique la dégénérescence des variétés.

Quand il est en masse, la saveur du sucre est douce et agréable ; si l'on frotte deux morceaux l'un contre l'autre dans l'obscurité, il se manifeste une phosphorescence bien sensible.

Le sucre de betterave, dont la composition chimique est identiquement la même que celle du sucre de canne, s'extrait de la variété dite betterave de Silésie, et c'est le chimiste Margraff qui, le premier, signala vers 1740 la présence du sucre dans cette plante.

La fabrication industrielle de ce sucre ne prit naissance que sous Napoléon Iᵉʳ, en 1811 ; le commerce maritime se trouvant alors interrompu, le sucre augmenta tellement de valeur qu'il fallut se déterminer à s'en passer ou à essayer d'en extraire des végétaux indigènes.

Les premiers procédés de fabrication sont dus au chimiste prussien Achard, qui en fit à Berlin une démonstration concluante.

Des chimistes français, entr'autres le comte Chaptal, les perfectionnèrent, et une nouvelle industrie se trouva fondée.

Les sucres qui proviennent de ces diverses plantes (canne à sucre et betterave), dit le célèbre chimiste que je viens de nommer, sont rigoureusement de même nature et ne diffèrent en aucune manière, lorsqu'on les a portés par le raffinage au même degré de pureté ; le goût, la cristallisation, la couleur, la pesanteur sont absolument identiques, et l'on peut défier l'homme le plus habitué à juger ces produits ou à les consommer, de les distinguer l'un de l'autre.

Aujourd'hui, l'usage du sucre est devenu général dans toutes les classes de la société, et ce produit, qui n'était connu, anciennement, que des apothicaires, fait partie, dans une proportion très variable, il est vrai, de l'alimentation journalière de chacun.

Il est le condiment obligé de toutes les substances fades, aqueuses, féculeuses, acides. La saveur que le sucre développe, dit le docteur Lévy, le rend agréable à tous les animaux, tous le recherchent.

Par sa décomposition en carbone au contact de la salive, il excite dans la bouche une sensation de chaleur douce et une secrétion assez abondante de fluides muqueux ; il stimule légèrement l'estomac, facilite la digestion qu'il rend plus prompte, donne peu de résidu et fournit, d'après Payen et Magendie, un chyle abondant plus aqueux que celui de l'huile ; il favorise la formation de la graisse ou la secrétion biliaire.

Le sucre convient à tous les âges et à tous les tempéraments ; par l'abus seulement, il peut émousser l'appétit et, contrairement à la croyance généralement répandue, il ne parait pas avoir l'inconvénient d'échauffer ; il est considéré, à juste titre, par les plus grands hygiénistes, comme un aliment sain, bienfaisant et accomplissant un rôle des plus utiles dans l'alimentation.

Le sucre fond à froid dans le tiers de son poids d'eau ; si on le cuit au cassé sans addition de glucose, il devient transparent, d'une couleur légèrement ambrée ; en le laissant exposé à l'air, les couches extérieures deviennent opaques et se désagrégent par suite de la cristallisation qui s'y opère.

Cette cristallisation gagne successivement l'intérieur et finit par envahir toute la masse ; on dit alors que le sucre est *tourné*.

Lorsqu'on fait bouillir pendant long-temps une dissolution de sucre, il prend un goût de cuit rappelant celui du caramel, se colore légèrement en jaune et perd sa propriété de cristallisation.

Le sucre chauffé au-dessus de 160° entre en fusion; il forme alors une masse visqueuse coulant difficilement, qui se solidifie par le refroidissement en une masse transparente de couleur brune à cassure vitreuse et appelée caramel.

Cette substance chauffée jusqu'à 210 ou 220° n'a plus de saveur sucrée, ne fermente pas et est très soluble dans l'eau qu'elle colore fortement en brun. Elle joue le rôle d'un acide faible, se dissout très bien dans les alcalis, et forme avec la baryte et l'oxide de plomb des précipités noirs.

Lorsqu'on continue à chauffer le caramel, il perd encore de l'humidité et se change en un produit noir, charbonneux et très léger, insoluble dans l'eau. Dans cet état, il est complètement inutilisable.

Les acides minéraux en dissolution même très étendue et quelques acides organiques, tels que les acides des fruits, altèrent la composition chimique du sucre et le transforme en un sucre qui ne cristallise plus ou du moins en proportion beaucoup moins forte.

Ce sucre, qui présente une grande analogie avec le sucre de fruits, se nomme sucre interverti.

C'est cette action des acides du fruit sur le sucre qui fait que la proportion du sucre cristallisable, entrant dans la fabrication des confitures, ne peut plus s'évaluer exactement à l'analyse.

Les sucres exotiques ou sucre de canne viennent des iles Bourbon, Martinique, de l'Inde, de la Havane et sont dénommés sucres bruts et cassonades ; le raffinage de ces sucres se fait en Europe.

Les sucres de betterave, nommés aussi sucres indigènes, ont les mêmes emplois ; de ces deux sortes de sucre, on obtient des pains et des sucres cristallisés.

Solubilité du Sucre

Le sucre se dissout dans le tiers de son poids d'eau froide et dans une quantité encore plus petite d'eau bouillante; sa dissolution concentrée donne de beaux cristaux par l'évaporation à une basse température.

Insoluble dans l'alcool absolu, il ne se dissout qu'en petite quantité dans l'alcool à 82°, il faut 4 parties de cet alcool pour en dissoudre une de sucre.

Pour évaluer la proportion du sucre contenu dans un liquide sucré et établir sa densité, on se sert du pèse-sirop ou aréomètre de Beaumé.

Voici un tableau que j'ai calculé expérimentalement, pour un litre de liquide à 15 degrés centigrades.

1 lit. de liquide contenant				
0k025	de sucre et	0,99 cent. d'eau pèse		1° Beaumé
0,050	»	0,96	»	2° 1|4
0 100	»	0,94	»	5°
0,200	»	0.88	»	9°
0,300	»	0,80	»	14° 1/2
0,400	»	0,74	»	19° fort
0,500	»	0,68	»	22° 1/2
0,600	»	0,58	»	26° 1/2
0,700	»	0,54	»	30°
0,825	»	0,46 1/2	»	35°
0,850	»	0,44 1/2	»	36°

Ce dernier degré est le maximum de concentration que l'on obtient à froid ; pour des solutions d'un degré plus élevé, il faut opérer à chaud.

Des diverses cuites du Sucre

Le pèse-sirop nous offrant un moyen absolument sûr de contrôler le degré de sucre d'un sirop, c'est de cet instrument que l'on doit se servir tant que le sucre n'est pas trop concentré pour son emploi,; on ne cuit le sucre au doigt qu'à partir du moment où il a acquis assez de consistance.

Lissé. — Trempez l'écumoire dans le sucre en ébullition, prenez une goutte avec l'index ; si, en rapprochant le pouce de l'index et en l'écartant aussitôt, vous voyez un filet de sirop qui s'allonge un peu, le sirop est cuit au lissé, ce qui équivaut à 30° du pèse-sirop.

Petit Perlé. — Après avoir fait jeter quelques bouillons au sirop, on en prend une goutte, comme il vient d'être dit ; si le filet se montre plus consistant et s'allonge davantage, il est au petit perlé et pèse alors 33°.

Filet. — Si, en écartant les doigts, le filet s'étend sans se rompre, le sucre est cuit au filet et pèse 35°.

Petit Soufflé. — Trempez l'écumoire dans le sirop et soufflez à travers les trous ; s'il se forme des petites bulles qui s'échappent, le sucre est au petit soufflé et pèse 37°. Cette cuite convient pour le glaçage des marrons, lorsque l'on ne veut pas les charger de sucre.

Gros Soufflé. — Le sucre pèse 38° ; on peut se rendre compte de la cuite en trempant l'écumoire et en soufflant, les bulles seront plus grosses que précédemment.

On prend cette cuite au doigt en le trempant dans l'eau froide, puis dans le sucre, de manière à en retenir sur le doigt qu'on remet dans l'eau froide ; s'il reste un peu de sirop épais sur le doigt, c'est la cuite de la morve ou gros soufflé. C'est à peu près la dernière cuite que l'on peut vérifier sûrement au pèse-sirop. Cette cuite convient pour le glaçage des fruits confits.

Petit Boulé. — Trempez le doigt dans l'eau fraîche, puis dans le sucre en ébullition et ramenez-le dans l'eau de nouveau ; si l'on peut former une boule molle qu'on roule dans les doigts, c'est la cuite du petit boulé.

Gros Boulé. — Après quelques bouillons de plus, opérez comme précédemment ; si le sucre recueilli se roule en boule plus ferme, on a le gros boulé.

Il y a, entre ces diverses cuites de sucre, de légers degrés intermédiaires compris entre le petit et le gros boulé, le gros boulé et le petit cassé, que l'habitude permet d'apprécier, on dit alors que le sucre est au *boulé moyen*, au *fort boulé*, au *boulé serré* lorsque la boule est plus ferme.

Petit Cassé. — Quelques bouillons de plus et, en reprenant du sucre avec le doigt, on le trempe dans l'eau comme pour les cuites précédentes. Si, en cherchant à le rassembler, il casse, on a le petit cassé. Beaucoup d'ouvriers s'assurent de cette cuite avec les dents ; s'il s'y attache, il est au point.

Grand Cassé. — Lorsqu'après la cuite, le sucre fait entendre un petit pétillement après les doigts dans l'eau et qu'il ne s'attache pas après les dents, il est cuit au grand cassé. Quiconque a l'habitude du sucre reconnaît fort bien le pétillement que fait le sucre dans l'eau et n'a pas besoin du secours des dents pour être certain de la cuite.

C'est la cuite des sucres cuits, pralines roses, caramels, rocks, etc.

Caramel. — C'est le point extrême de la cuisson du sucre ; si on le maintient sur le feu lorsque la cuite du grand cassé est atteinte, on le voit bientôt se colorer en jaune.

A ce moment, il commence à dégager une légère odeur de sucre brûlé ; il faut l'enlever rapidement, c'est la cuite des pralines grillées.

Si on le laisse sur le feu, il continue à se colorer en brun, dégage une fumée épaisse, âcre et devient du caramel qui ne peut plus servir que comme colorant. Lorsqu'on le juge suffisamment coloré, on le fond avec de l'eau bouillante dans la proportion d'un demi-litre par kilo de sucre et on le réserve pour les besoins.

La cuisson du sucre au moyen du thermomètre, que je traite ci-dessous, permet de vérifier avec la plus parfaite exactitude le degré de la cuite par un simple coup d'œil.

Cuisson du Sucre (*au thermomètre*)

Ce procédé de cuisson du sucre, très répandu aux États-Unis et en Angleterre, procure l'avantage de cuire le sucre d'une façon régulière et pour ainsi dire mathématique.

Avec le thermomètre, la régularité des cuites est absolue et si l'on veut activer le travail, on peut faire cuire le sucre par un aide auquel il suffit d'indiquer le degré voulu et toutes les cuites seront rigoureument identiques, résultat qu'on ne peut obtenir aussi parfait en cuisant à la main.

Le seul inconvénient que présente ce système, c'est le prix assez élevé de l'appareil et un risque de casse fréquent ; c'est, je crois, pour ce motif que l'usage du thermomètre n'est pas plus répandu dans les confiseries françaises.

D'autre part, l'adoption des appareils à cuire dans le vide, en révolutionnant le travail des sucres cuits, a supprimé l'usage du thermomètre dans les laboratoires où il était appelé à rendre de grands services.

Mais comme l'appareil à cuire dans le vide suppose une grande fabrication, le thermomètre n'en est pas moins très utile dans les maisons de moindre importance, par la facilité du contrôle des cuites qu'il donne et pour la garantie du résultat.

Le thermomètre donne les divers degrés de cuisson depuis le sirop du liquoriste jusqu'au grand cassé, en passant par tous les degrés intermédiaires.

Il existe trois sortes de thermomètres, dont la graduation est différente, ce sont le thermomètre Réaumur, le centigrade et le Fareinheit. Le Réaumur et le centigrade sont seuls utilisés en France, le Fareinheit est en usage en Angleterre et en Amérique.

Il suffit simplement de connaitre les degrés spéciaux à chaque instrument pour opérer avec une égale précision.

Les constructeurs anglais ont établi des fourneaux à confiserie, qui portent dans un angle un étui rivé sur la plaque pour recevoir le thermomètre ; l'étui, étant toujours rempli d'eau chaude, supprime en grande partie le risque de casse.

Bien entendu, on devra se servir du pèse-sirop de préférence pour toutes les cuissons au-dessous de 39°, à cause de son maniement très facile ; le thermomètre n'est réellement précieux que pour les cuites que l'on prend au doigt avec moins de certitude.

Pour l'usage du thermomètre, on le suspend par une chainette au-dessus du poêlon, de façon que le mercure baigne dans le sirop bouillant ; le thermomètre centigrade que fournit la Maison Létang,

étant protégé par une gouttière graduée en cuivre, on le pose simplement au milieu du poêlon.

Degrés de Cuisson

	Centigrade	Réaumur
Lissé (30° au pèse-sirop)... ..	103°	82° 1/2
Candi (33° 1/2 au pèse sirop ..	106°	85°
Candi (35° au pèse-sirop).....	107°	85° 1/2
Morve ou gros soufflé..........	111°	89°
Petit boulé	115°	92°
Boulé moyen.................	117°	93° 1/2
Gros boulé	120°	96°
Petit cassé..................	125°	100°
Sucre tiré ou travaillé	141°	113°
Grand cassé.................	145°	115°

J'ai observé que lorsqu'un sucre est très chargé en glucose, il faut élever un peu le degré de cuisson au thermomètre, notamment pour la cuite au grand cassé.

Cela provient de ce que la glucose exige un degré de chaleur plus élevé que le sucre, pour être amené au même point. Les degrés ci-dessus ont été relevés sur du sucre glucosé à 20 %.

E. Duval.

Sucre Filé

Formule : 500 gr. sucre cassé à la main : 25 centil. eau filtrée ; deux cuillerérée de glucose.

Opération. — Faites fondre le sucre avec l'eau sur un feu vif ; au premier bouillon, lancez un filet d'acide acétique, retirez du feu et écumez ; ajoutez 150 gr. de glucose et cuisez au cassé, en ayant soin de bien éponger les bords du poêlon. Arrivé au cassé, enlevez du feu, trempez le fond du poêlon dans l'eau froide (2 secondes), placez le poêlon sur le coté du fourneau ou sur un fourneau à gaz avec le moins de flamme possible, non pas pour réchauffer le sucre, mais pour l'empêcher de refroidir ; environ 5 minutes après, lorsque le sucre a un peu épaissi, vous prenez un grand couteau que vous tenez de la main gauche à la hauteur de la poitrine, horizontalement, le tranchant en bas, et, de la main droite, vous trempez une fourchette en fer (à laquelle vous avez un peu écarté les dents) dans le sucre que vous filez en travers de la lame du couteau, en faisant un va-et-vient continuel et en trempant, autant de fois qu'il le faut, la fourchette dans le sucre, pour remplir le couteau de sucre filé. (En sortant la fourchette du poëlon, vous laissez couler un instant avant de filer sur le couteau pour éviter les gouttes de sucre).

Lorsque la lame du couteau est remplie, vous passez le bras droit sous le sucre filé pour pouvoir le poser sur le marbre et le détailler ensuite suivant les besoins. Par propreté, il est nécessaire de placer un plateau en fer-blanc par terre, à la place où l'on doit filer le sucre.

Le sucre filé est employé pour le décor des pièces montées et des gâteaux d'entremets, ou bien pour voiler des compotes fraîches etc., etc.

Sucre d'orge et sucre de pomme

Le vrai sucre de pomme ne peut se conserver s'il n'est fait selon la méthode qui va être indiquée ; il se présente dans une croûte, est transparent à l'intérieur. La plupart des bâtons et des bonbons, vendus sous le nom de sucre de pomme, sont simplement du sucre clarifié et cuit au cassé, en façon de sucre d'orge, qu'on fait d'ailleurs sans orge.

Epluchez et coupez de bonnes reinettes, retirez le cœur, mettez les morceaux dans une casserole de cuivre rouge ou d'émail en bon état, couvrez d'eau et faites bouillir jusqu'à ce que les quartiers s'écrasent en marmelade. Quand ils sont à ce point, jetez-les sur un tamis de crin, pressez la marmelade, et recueillez le jus, que vous pesez.

Dans une casserole plus petite, cuisez au cassé trois fois plus de sucre préalablement clarifié à la nappe que vous avez de jus, ayant soin d'essuyer constamment les bords de la casserole pour que les éclaboussures du sucre, projetées pendant la cuisson, ne brûlent pas. Quand cet état du cassé est atteint, retirez la casserole du feu, versez-y le jus de pommes, remettez sur le feu et faites cuire au *grand cassé*, remuant légèrement de crainte que le suc de pommes, qui est un corps mucilagineux, fasse brûler le mélange au fond de la casserole.

Retirez du feu et versez sur du marbre légèrement graissé d'huile d'olive, où vous laissez le sirop prendre un peu de consistance avant de le découper aux ciseaux, de le rouler en bâton ou d'imprimer des moules qui le découperont à leur forme.

Roulez les bonbons ou les bâtons dans du sucre semoule ou en poudre, enveloppez les bâtons de papier d'étain, et tenez-les au sec.

Sucre de pomme en bâtons

Coupez par morceaux des pommes reinettes très parfumées, pelez, retirez les pépins et mettez sur le feu avec une quantité suffisante d'eau pour qu'elles baignent Faites bouillir jusqu'à ce que les morceaux s'écrasent sous le doigt ; jetez dans un tamis posé sur une terrine, exprimez le suc et pesez-le.

Mettez dans une bassine trois fois autant de sirop clarifié et cuit à la nappe que vous avez de suc de pommes, cuisez au cassé, réunissez et recuisez au grand cassé, sans cesser de remuer légèrement afin d'empêcher le sirop d'adhérer au fond de la bassine.

Versez sur une table de marbre huilée légèrement de bonne huile d'olive ; laissez prendre une légère consistance, roulez en bâtons et entourez de papier d'étain pour les conserver.

Suprême aux fruits, chaud

Délayez 250 grammes de marmelade d'abricots avec 5 centilitres de cognac et madère mélangés, faites chauffer sans faire bouillir ; ajoutez des fruits de compotes de toutes sortes : abricots, cerises mi-sucre, mirabelles, prunes, etc. ; tenez au chaud pendant une heure, puis mélangez une compote de pêches ; tenez encore au chaud pendant 20 minutes et versez cette composition dans un savarin bien trempé et chaud, placé sur un plat creux. Décorez avec des fruits confits tout le tour de la couronne.

Suprême aux fruits, froid

Prenez une assiette à pied (compotier plat) que vous chemisez avec de la marmelade d'abricots très cuite, parfumée au cognac et madère mélangés ; rangez-y des fruits de compote : abricots, cerises mi-sucre, mirabelles, épines-vinettes, pêches, prunes, etc. ; faites baigner avec une sauce assez liquide, composée de 250 grammes de marmelade d'abricots délayée avec 5 centilitres de cognac et madère mélangés ; recouvrez cette compote d'une nappe de marmelade d'abricots coulée très mince sur une feuille de papier. Pour couvrir le compotier de cette nappe de marmelade d'abricots, il faut opérer ainsi : couler la marmelade sur une feuille de papier et, 10 minutes après, lorsqu'elle est froide, la renverser sur le compotier, puis mouiller la feuille de papier au pinceau et l'enlever ; ensuite décorez les bords du compotier avec des fruits confits.

E. Lacomme.

Suprême Praliné

Formule : 6 œufs entiers, de 70 gr. chaque ; demi-litre de lait ; 300 gr. de pralines ; 100 gr. de sucre cassé ; 1/4 de bâton de vanille ; 250 gr. de sucre semoule.

Opération. — Pilez une première fois les pralines au mortier et passez-les au tamis n° 20 ; repilez ce qui reste d'amandes avec la moitié du sucre cassé, repassez au tamis ; pilez une troisième fois les amandes avec ce qui reste de sucre cassé. Cette fois tout doit passer au tamis.

Mélangez bien sur une feuille de papier à la spatule de bois.

Dans un moule à charlotte de 14 cent. de diamètre en cuivre étamé, mettez 100 gr. de sucre semoule, faites-le fondre *sans eau* dans le moule, sur feu doux ; lorsqu'il fume, répandez le caramel sur toute la surface intérieure en tenant le moule avec un linge bien sec ; retournez le moule lorsque le caramel coule difficilement, pour en égoutter l'excès.

Montez les 6 blancs en neige ferme ; mélangez-y à la spatule la poudre de pralines et sucre pilés, ayant soin de ne pas trop faire retomber les blancs, et versez dans le moule à charlotte. Posez le moule dans une casserole un peu plus basse que lui, entourez-le d'eau bouillante, faites reprendre le bouillon, couvrez d'une feuille de papier fort et mettez au four, chaleur moyenne, pendant 50 à 60 minutes.

Retirez du four et laissez refroidir dans l'eau tel qu'il est en sortant, pendant une demi-heure

LA CRÈME. — Travaillez avec les 6 jaunes les 150 gr. de sucre semoule qui restent : cet appareil deviendra presque blanc et léger comme une pâte à biscuits. Salez un peu, mettez la vanille et le lait bouillant, faites donner un sourire à la crème sur feu doux, la remuant constamment ; versez aussitôt dans une jatte en argent, et remuez pour la refroidir.

Appliquez un couvercle sur le praliné, renversez le moule et enlevez-le bien droit ; faites glisser le praliné dans la crème et servez le plus froid possible.

Suédoise aux Pêches

Formule (pour 10 personnes) : 20 pêches de grosseur moyenne ; 60 gr. de cerises mi-sucre ; 500 gr. de sucre cassé à la main ; 250 gr. de pommes de reinette grise ou de Hongrie ; verre à madère de très bon kirsch ; demi-jus de citron.

CHOIX ET CUISSON DES PÊCHES

Opération. — Les pêches de vigne, jaunes, à peau duvetée, dont le noyau s'enlève facilement, sont préférables aux pêches à chair ferme ; elles se prêtent mieux à la cuisson, elles sont faciles à couper, commodes à dresser, tandis que les autres glissent toujours ; on croit la suédoise montée et, crac ! la voilà démolie.

Coupez les pommes reinettes en quatre quartiers, retirez les pépins, mettez-les à cuire doucement dans de l'eau pendant une demi-heure ; puis passez le jus au tamis de crin, au-dessus d'un récipient pour ne pas le remuer.

Pendant la cuisson des pommes, faites bouillir un litre d'eau, retirez la casserole à côté du feu pour la tenir frissonnante, et plongez-y *successivement* chaque pêche pendant quelques secondes, pour les peler avec facilité. Coupez-les par le milieu, enlevez le noyau, et jetez-les dans l'eau froide à mesure qu'elles sont mondées. Ce travail doit se faire rapidement.

Versez le jus des pommes dans un sautoir de 22 centimètres, ajoutez le jus du citron, le sucre; laissez dissoudre celui-ci lentement sur feu doux, au bouillon ; mettez la moitié des pêches et laissez cuire tout doucement ; elles doivent sortir molles, mais non éclatées. Relevez-les avec l'écumoire, prenant garde de les couper, elles sont très fragiles à ce moment ; posez-les sur le tamis et le récipient venant tout à l'instant de servir aux pommes, mettez à cuire la deuxième portion des pêches, et réunissez dans le tamis.

Versez le sirop dans le sautoir, laissez-le réduire, tandis que refroidissent les moitiés de pêches.

Lorsque le sirop aura atteint 34° au pèse-sirop ou fera la *nappe* au bord de l'écumoire, mettez les cerises et retirez du feu. Tenez couvert. (On dit que le sirop fait la nappe lorsqu'il s'étend en nappe en tombant de l'écumoire.)

Pour dresser la Suédoise. — Dans un plat rond, de préférence en argent, de trente centimètres de diamètre, faites une couronne de demi-pêches, à un travers de doigt du bord. Sur cette couronne, dressez un second rang en plaçant les demi-pêches presque debout, chevauchant l'une sur l'autre ; et sur ce second rang un troisième, plaçant les pêches en sens contraire. A treize morceaux par couronne, on arrive juste.

Avec les cerises, formez une arête vive au-dessus du troisième rang ; laissez bien raffermir ; et lorsque la gelée est presque prise, nappez doucement le tout, par petites cuillerées, pour ne pas démolir la suédoise, qui doit être brillante et solide.

Vous pouvez entourer le bas de dents de loup, faites avec de l'angélique bien verte.

C'est d'un bel effet.

La pomme sert à faire une tarte ou une marmelade.

Suédoise de Pommes aux Marrons

Quantités pour remplir un moule à savarin de 20 centimètres.

Formule : 500 à 600 gr. de beaux marrons; 1 kilo 500 gr. de pommes douces; 250 gr. de sucre cassé à la main; 60 gr. de cerises mi-sucre; kirsch ou vanille; gros de beurre comme un œuf; demi-verre de lait.

Les Pommes douces. — Pour faire ce bel et délicat entremets, il ne faut pas lésiner sur la qualité des pommes; les reinettes ou les calvilles doivent être préférées à toutes autres. Essuyez-les. Enlevez la peau aussi fine que possible, faites cuire ces peaux dans un demi-litre d'eau sur un feu très doux, environ une demi-heure, pour en retirer un mucilage parfumé. Egouttez le jus, mettez le sucre et donnez l'ébullition.

Les Marrons. — Pendant la cuisson des peaux, enlevez la première épluchure des marrons; mettez ceux-ci au feu, largement couverts d'eau froide, et à côté une autre casserole contenant la même quantité d'eau. Au premier bouillon, retirez la casserole contenant les marrons, remplacez-la par la seconde casserole, épluchez les marrons, jetez-les dans l'eau tenue chaude, mais non bouillante, jusqu'à ce qu'ils y soient tous réunis; à ce moment, portez à l'ébullition, et laissez-les cuire *vingt minutes* très doucement. Ensuite égouttez l'eau qui reste, laissez-les couverts à côté du feu cinq à six minutes, passez-les au tamis sur une serviette ; remettez dans la casserole la pulpe écrasée, et liez-la avec le lait et le beurre. Si cette purée est très ferme, ajoutez quelques cuillerées de sirop de pommes.

Opération. — Beurrez le moule à savarin, versez la purée, tassez-la pour qu'il n'y ait pas de manques à la surface et laissez refroidir.

Divisez les pommes en quartiers un peu gros, et faites-les cuire dans un sautoir, sans les faire éclater, avec le sirop, auquel vous ajoutez une demi-gousse de vanille (quand on emploie du kirsch, on le met à la fin de la cuisson) ; à mesure que les quartiers ramollissent, posez-les sur un tamis de crin, et non pas sur un tamis de fer qui les noircirait, puis laissez presque refroidir.

Versez sur un plat la purée de marrons qui a pris la forme du moule à savarin, aplatissez-la légèrement en la frappant avec la lame d'un couteau. Dressez les quartiers de pommes au-dessus en rosaces, sur deux rangs, le deuxième en sens contraire du premier, et au-dessus faites une couronne avec les cerises coupées par le milieu. Arrosez avec le sirop devenu presque une gelée, puis laissez bien refroidir.

Se sert tel que.

T

Tarte aux Abricots

La Pate

Formule : 125 gr. de farine ; 80 gr. de beurre ; 3 cuillerées à bouche d'eau ; une pincée de sel ; 10 gr. de sucre en poudre.

La Garniture

Formule : 500 gr. d'abricots ; 50 gr. de sucre semoule.

Opération. — Mettez la farine sur la table à pâtisserie, faites un trou dans le milieu, ajoutez le beurre, le sel et l'eau ; travaillez le tout ensemble, incorporez peu à peu la farine, réunissez cette pâte en une boule que vous mettez au frais ; au bout d'un quart d'heure, vous lui donnez deux tours en l'allongeant et en repliant les deux extrémités à chaque tour. Donnez ainsi 6 tours à un quart d'heure de distance entre chaque deux tours.

Foncez avec cette pâte un cercle à flan de 22 centimètres de diamètre, posez la tarte sur une plaque de tôle. Semez dans le fond de la tarte les 50 grammes de sucre semoule, rangez dessus les abricots coupés par moitié, l'intérieur en haut ; faites cuire de 35 à 40 minutes à four un peu chaud. Servez la tarte froide.

Tartelettes Allemandes

Pour la Crème

Formule : Amandes mondées, 125 grammes ; sucre en poudre, 125 gr. ; beurre fin, 100 gr. ; 2 œufs ; rhum pour aromatiser ; confiture d'abricots ; cerises confites.

Pour la Pate

Formule : Farine, 250 gr. ; beurre, 150 gr. ; sel fin, 4 gr. ; 1 décilitre 1/2 d'eau (ou les 3/4 d'un verre).

Pilez bien fin les amandes, réunies aux œufs entiers l'un après l'autre pour ne pas noyer la pâte, ce qui rendrait le travail plus difficile. Lorsqu'elles sont bien pilées, mélangez le sucre, puis le beurre, travaillez bien la pâte, et ajoutez du rhum.

Dressez dans des moules à tartelettes de 7 centimètres de diamètre, foncés avec le demi-feuilletage qui va être indiqué, et cuisez à four chaud. Après cuisson, abricotez le dessus et glacez légèrement au fondant, ou bien avec du sucre glace parfumé au rhum ; décorez en plaçant une cerise mi-sucre au milieu de chaque tartelette.

Le Demi-Feuilletage

Mettez la farine sur la table à pâtisserie ou sur le marbre ; faites un trou au milieu, ajoutez le sel et le beurre, maniez, versez la moitié de l'eau, réservant le reste suivant le besoin, car certaines farines en absorbent plus que les autres. Travaillez le tout sans trop broyer la pâte qui ne doit être ni trop molle ni trop dure, formez-en une boule, couvrez-la d'une serviette pour qu'elle ne durcisse pas à l'air et laissez reposer pendant un quart d'heure. Donnez-lui trois tours, laissez encore reposer pendant un quart d'heure, et donnez lui trois autres tours. Aplatissez-la au rouleau à l'épaisseur de 2 millimètres.

Beurrez les moules à tartelettes, rangez-les sur la table côte à côte les uns des autres, à se toucher; enlevez la pâte avec le rouleau, étendez-la sur les moules; faites avec les bordures un tampon dont vous vous aidez pour enfoncer la pâte dans les moules, et lorsque ceux-ci sont bien foncés, passez le rouleau dessus. Avec le pouce, appuyez sur la pâte pour la bien coller et chasser l'air qui pourrait rester entre la pâte et le moule, et piquez-les avec la pointe d'un couteau.

Garnissez avec la crème ci-dessus, et finissez suivant la formule.

Tarte belge ou Tarte à la minute

Formule : 80 gr. de beurre ; 120 gr. de sucre en poudre ; 2 œufs ; 3 cuillerées de crème double et 5 cuillerées de lait ; à défaut de crème, 3 cuillerées de lait en plus ; 350 à 400 gr. de farine de gruau ; 20 gr. Bacon Powder (poudre anglaise remplaçant la levure). Cette poudre se compose de deux parties de crème de tartre et d'une partie de carbonate de soude ; pour finir la tarte : marmelade ou gelée de fruits quelconque.

Opération. — Chauffez une terrine et mettez-y le beurre pour le monter en crème, travaillez-le ensuite avec le sucre et les deux œufs entiers en ajoutant quelques grains de sel et peu à peu 3 à 4 cuillerées de farine ; continuez à travailler la pâte en ajoutant toujours peu à peu la crème, le lait et la farine, de façon à obtenir une pâte bien lisse et pas trop consistante, pour que vous puissiez la travailler à la spatule, jusqu'à ce que vous ayez ajouté tout le liquide. Avant de commencer la pâte, vous avez mélangé la poudre avec quelques cuillerées de

farine et tamisé ce mélange, c'est maintenant le moment de l'ajouter à la pâte que vous continuez à travailler sur la table en ajoutant assez de farine pour pouvoir l'étendre au rouleau. Avec les mesures indiquées, vous obtenez deux tartes ou galettes de 22 et de 28 centimètres de diamètre.

Vous étendez au rouleau une partie de la pâte, de façon à obtenir un fond d'environ 5 millimètres d'épaisseur. Pour être bien réussie, il faut que la pâte soit molle, de sorte qu'il suffit d'un peu d'adresse et d'attention pour bien l'abaisser, vous aurez une tarte légère et fine. Vous mettez le rond de pâte sur une plaque beurrée, vous faites tout alentour, à 2 ou 3 centimètres du bord, une raie peu profonde avec le dos d'un couteau fariné et vous cuisez de suite à une chaleur assez vive pour que la pâte ne sèche point. Il faut qu'elle soit cuite dans 20 ou 25 minutes au plus. Vous faites avec le reste de pâte une seconde tarte, en opérant comme pour la première, ou bien de petites galettes que vous découpez à l'emporte-pièce de 3 à 4 centimètres de diamètre ; vous les cuisez comme la tarte, d'un beau blond.

Avant de servir, vous étendez une couche de marmelade d'abricots, de pommes, une compote de groseilles vertes ou une gelée de fruits sur la tarte, en suivant les contours de la raie marqués avant la cuisson. En vous servant de gelée, vous la garnissez ensuite à volonté, avec quelques fruits confits.

Cette tarte a l'avantage de pouvoir se conserver quelques jours dans un endroit frais.

Tartelettes Anglaises

La préparation en est à peu près celle des tartelettes allemandes, dont elles ne diffèrent que par quelques proportions et l'absence des amandes, de la confiture d'abricots et des cerises.

Quantité pour 15 tartelettes :

LA CRÈME

Formule : 125 gr. de sucre semoule ; 125 gr. de beurre ; 4 jaunes d'œufs ; 2 citrons.

Pour la Pate

Formule : 200 gr. de farine ; 100 gr. de beurre ; 4 à 5 gr. de sel ; eau.

Opération. — Mettez le beurre, divisé par petits morceaux, dans un bol chaud ; avec le fouet, réduisez-le en crème; ajoutez le sucre, les jaunes d'œufs l'un après l'autre tout en continuant à fouetter, le jus et le zeste des citrons. Versez dans un vase en porcelaine, et faites cuire au bain-marie, lentement, pendant une heure. Mettez à refroidir aussitôt cuite.

Foncez des moules de 7 centimètres de diamètre, ronds, avec des rognures de feuilletage, s'il en reste d'une préparation précédente ; ou bien préparer le feuilletage et garnissez-en les moules comme il est dit dans les tartelettes allemandes.

Cela fait, garnissez chaque tartelette avec la crème cuite, à l'aide d'une cuiller à bouche, et mettez au four, chaleur moyenne pendant vingt-cinq minutes.

Après cuisson, saupoudrez de sucre vanillé.

Tarte aux Cerises à l'Anglaise

Pour bien réussir cette tarte, il est nécessaire de disposer d'une terrine spéciale dite à *pudding anglais*, en cuivre ou en faïence, ayant quelque ressemblance avec notre ancien légumier d'argent à double fond, un peu plus creux toutefois et portant un rebord de deux centimètres environ. Mais j'en ai fait avec des terrines à pâtés, même avec des terrines ovales, le moule n'est donc point indispensable.

Quantités pour garnir un moule de 14 centimètres de diamètre intérieur :

La Pate

Formule : 300 gr. de belle farine ; 180 gr. de beurre ou 200 gr. de graisse de rognon de veau ; un œuf ; sel, sucre en poudre, eau.

La Garniture

Formule : 560 à 600 gr. de cerises de Montmorency ; 150 gr. de sucre cristallisé; kirsch, eau ou vin blanc.

Opération. — Si vous vous servez de graisse de veau, il faut la hacher (200 gr. poids net sans peau ni nerfs) avec un couteau à lame forte trempée dans de l'eau bouillante, ou bien la piler au mortier puis la passer au tamis. Vous pouvez également la hacher sur la table, mélangée avec de la farine.

Formez la fontaine avec la farine, triturez celle-ci avec le beurre ou la graisse, une prise de sel, une cuillerée à bouche de sucre en poudre, le jaune de l'œuf, et ajoutez peu à peu environ un demi-verre d'eau froide jusqu'à former une pâte mollette, facile à écraser sous le rouleau ; puis laissez reposer sur une assiette, au frais.

Donnez deux tours comme pour faire un feuilletage et laissez reposer.

Donnez deux autres tours à la pâte, étendez-la à longueur convenable pour tapisser le moule, à environ 45 centimètres. Coupez le bord de la pâte pour la tailler droite, puis détachez une bande de trois centimètres de largeur, par le travers.

Mouillez avec un pinceau le bord intérieur du moule, appliquez la bande sur le bord et dans le moule, soudez les deux bouts en pressant avec le couteau ; mouillez la partie de la bande reposant sur le bord. Doublez la pâte qui vous reste, allongez-la juste assez grande pour former couvercle. Enlevez la queue aux cerises, versez-les dans le moule ainsi que le sucre et le liquide choisi ; mettez le couvercle, soudez-le tout autour en pressant sous le pouce les deux abaisses, avec un couteau taillez la pâte qui dépasse le bord, dorez avec le blanc d'œuf battu ; faites cuire à bonne chaleur trois quarts d'heure environ. Servir tel que, sortant du four.

Tarte à la Crème cuite

La Pate

Formule : 180 gr. de farine ; 90 gr. de beurre ; 15 gr. de sucre ; 5 gr. de sel ; 1 décilitre de bière.

Opération. — Ramollissez un peu le beurre sur la table et la main mouillées ; mélangez le sel, le sucre, le beurre, la bière et la farine; fraisez deux fois, laissez lever dans une soupière une couple d'heures dans un endroit tiède.

La Crème

Formule : 1/2 litre de lait ; 125 gr. de sucre cristallisé ; 50 gr. de farine ; 2 œufs entiers et un jaune ; une pincée de sel, 1/2 zeste de citron râpé.

Opération. — Battez les œufs avec le sucre pendant que vous faites bouillir le lait ; mélangez la farine, le sel et le zeste de citron ; mouillez avec le lait et faites faire un petit bouillon.

Beurrez un cercle à tarte de 26 cent. Etendez la pâte en une abaisse ronde et foncez le cercle ; posez sur une plaque ronde, plutôt qu'une plaque carrée qui a le défaut de se gondoler quand elle n'est pas chargée partout. Versez la crème à moitié refroidie, faites cuire au four doux environ 40 minutes. Cette tarte se conserve un jour ou deux.

Tarte feuilletée aux Confitures

(Voyez l'article Feuilletage).

Opération. — Coupez deux petits carrés de pâte sur le bâton de feuilletage (bâton est le terme professionnel), suivant la grandeur de la tarte que vous voulez faire, soit crème ou confitures.

Allongez la pâte en un rond de 25 à 28 centimètres de diamètre ; posez-le sur une plaque ronde ; au milieu, mettez quatre bonnes cuillerées de marmelade de pommes, de raisiné, d'abricots ou de rhubarbe ; mouillez le tour. Agrandissez l'autre morceau de pâte resté intact ; posez-la sur le fond garni de confiture, découpez en appuyant le cercle et en passant la pointe du couteau autour ; dorez le dessus à l'œuf ; faites un dessin à la pointe du couteau, peu profond ; mettez-la au four et laissez cuire 40 minutes ; lorsqu'elle sera assez cuite, en remuant la plaque, elle se déplace facilement.

Saupoudrez-la de sucre en poudre fine comme de l'amidon, une légère couche, et laissez fondre au four quelques instants.

Glissez-la, en sortant du four, sur une grille : en la laissant sur la plaque, elle prendrait le goût du fer.

Tarte aux Fraises

La Pâte

Formule : 150 gr. de farine ; 100 gr. de beurre ; 50 gr. de sucre ; un peu de sel ; un jaune d'œuf et deux cuillerées de lait.

Opération. — Faites la fontaine, mélangez le jaune, le lait, le sel et le sucre pour faire une espèce de sirop ; triturez avec le beurre et incorporez la farine ; fraisez une fois et laissez reposer au frais.

Passez un peu de beurre non fondu dans un cercle à tarte de 22 centimètres de diamètre, étendez la pâte en rond et habillez bien le cercle ; posez-le sur un plateau de tôle, garnissez l'intérieur d'un papier fin, beurré ; remplissez avec du riz, des lentilles ou des haricots et faites cuire à four doux 30 minutes.

Videz la tarte, assurez-vous en enlevant le cercle que la pâte est cuite, sinon laissez-la cuire encore quelques instants et tenez la croûte au chaud.

La Garniture

Formule : 400 gr. de fraises des bois, ou 600 gr. Héricart, docteur Morère, ou autre ; 150 gr. de sucre cassé ; 1/4 de litre de vin rouge de Bordeaux ; 1 décilitre d'eau filtrée ; un peu de zeste et jus de citron.

Opération. — Faites cuire le sucre au petit cassé, avec le décilitre d'eau ; mouillez avec le vin et retirez du feu, tenez couvert un quart d'heure. Ajoutez le zeste et le jus de citron, donnez un bon bouillon.

Étendez les fraises dans le fond de la tarte un peu chaude, versez le sirop dessus, lentement avec une cuiller à bouche, et laissez refroidir complètement avant de servir.

Tarte anglaise aux Fraises des bois

Quantités pour 4 personnes :

Formule : 125 gr. de beurre ; un œuf ; 200 gr. de farine ; une pincée de sel ; 200 gr. de sucre ; 500 gr. de fraises des bois.

Opération. — Faites une pâte moelleuse avec l'œuf, le beurre, le sel, 2 cuillerées à bouche d'eau froide, 2 cuillerées à thé de sucre, et la farine : fraisez bien, ramassez en boule, et mettez au frais pendant deux heures à raffermir. Divisez la pâte en deux parties inégales, étendez le plus grand morceau au rouleau, foncez-en une terrine à pâté en terre cuite, ou bien une simple plaque et un cercle à tarte, et collez au moule les bords de la pâte avec un peu de beurre non fondu. Recouvrez la pâte d'une feuille de papier fin pour la protéger, emplissez de pois secs, avoine ou noyaux de cerises, etc., et cuisez à un four chaud, en ayant soin de ne pas laisser prendre couleur à la croûte. Faites refroidir un moment.

Retirez le papier avec son contenu, remplacez par les fraises, en saupoudrant chaque rangée d'une forte cuillerée de sucre fin.

Etendez la pâte réservée, couvrez-en les fraises, collez les bords avec un peu de blanc d'œuf, dorez le dessus et poussez au four chaud.

Servez chaud, sans retirer de la terrine, envoyant à part du sucre fin et de la crème épaisse.

Les mêmes tartes se font avec des cerises, des framboises, des fraises de jardin, des airelles ou myrtilles noires (très bon !), etc., mais les meilleures sont aux fraises des bois.

Tarte au Fromage blanc

Opération. — Faites d'abord une pâte sablée, deux heures à l'avance pour qu'elle ait le temps de reposer. En voici la recette pour 6 à 8 personnes, que l'on peut augmenter ou diminuer suivant le nombre de convives.

125 gr. de farine, 80 gr. de beurre, 50 gr. de sucre en poudre, un œuf. Et si la pâte est trop ferme, une cuillerée d'eau froide.

Triturez tout ensemble, unissez bien la pâte et portez-la dans un endroit frais, couverte.

Battez 4 œufs entiers avec 4 cuillerées combles de sucre en poudre, de façon à faire une pâte bien homogène, surtout sans grumeaux ; mélangez-y une cuillerée de farine, une pincée de sel, et deux petits cœurs de fromage blanc écrasés et passés au tamis.

Etendez la pâte à foncer sur une tourtière à rebord ou dans un cercle à flan, garnissez avec l'appareil préparé, de place en place posez 9 petites noisettes de beurre, et enfournez à feu modéré. Laissez cuire pendant trois quarts d'heure. Saupoudrez de sucre avant de servir.

Tarte fruitée au Fromage blanc

Quantités pour une tarte de 30 cent. de diamètre :

POUR LA GARNITURE :

Formule : 1 litre de lait frais ; 3 œufs moyens ; 5 gr. de sel fin ; 20 gr. de sucre semoule ; 30 gr. de crème de riz ou de farine de gruau ; 1 cuillerée à bouche d'huile d'olive ; 1/2 cuillerée à café de présure liquide ; 200 gr. environ de framboises ou de fraises.

POUR LA PATE :

Formule : 150 gr. de beurre ; 250 gr. de farine ; 5 gr. de sel fin ; 10 gr. de sucre en poudre ; 1 œuf moyen ; 2 cuillerées de crème douce ; décilitre (1/2 verre) d'eau.

Opération, — Pour obtenir du fromage blanc délicat, il faut ne pas attendre que le lait ait aigri, il faut, au contraire, employer du lait récemment trait, encore chaud, s'il se peut, ce ne sera que meilleur.

Le lait écrémé et coagulé naturellement donne toujours un fromage aigre et sec. Par la présure liquide, versée dans du lait frais, on obtient un fromage moelleux et de bon goût, qui surpasse de haut le fromage blanc ordinaire.

Mettez donc un litre de lait encore chaud, ou *très légèrement tiédi plutôt que rafraîchi,* dans une terrine réchauffée par un rinçage à l'eau tiède, versez une demi-cuillerée à café de présure liquide (les pharmaciens et les droguistes en vendent en aussi petite quantité qu'on désire), tournez pour mélanger, couvrez pour éviter les mouches, et laissez reposer à la cuisine pendant deux heures.

Le lait sera pris d'un seul bloc.

Passez une lame de couteau en croix dans la masse, versez le tout dans une passoire et laissez égoutter le petit-lait pendant que vous préparez la pâte pour le fond de la tarte.

Dans toute la Gascogne et le pays basque, et notamment en Corse, avec le *broutch*, on fait de cette façon un laitage délicieux avec du lait de brebis, sucré et aromatisé à la vanille ou à une autre essence, c'est le *caillé* cher à la convoitise des enfants, même de ceux qui ne peuvent souffrir les fromages. Lorsqu'on laisse égoutter ce caillé dans de petits paillassons de jonc, roulés en fuseau et ficelés aux extrémités, c'est la *jonchée*, dont le nom crié par les rues des villes annonce le passage du marchand.

LA PATE. — Etalez la farine en fontaine; dans le milieu, mettez le sel, le beurre, le sucre, l'œuf et la valeur de 5 cuillerées à bouche d'eau froide. Triturez, ramassez en boule ; mettez au frais pendant un quart d'heure au plus.

Préparez le cercle à tarte. Passez les framboises ou les fraises au tamis, ou les deux mélangées au-dessus d'un saladier.

Donnez quatre tours à la pâte comme pour le feuilletage ordinaire.

Passez le fromage dans le tamis aux fruits sur le saladier, ajoutez le sel, le sucre, l'huile ; mélangez ; ajoutez encore les œufs un par un, la crème, la farine ou la crème de riz.

Foncez le cercle avec la pâte, versez la garniture, faites cuire au four un peu chaud une demi-heure environ.

Tarte au Fromage

(Hors-d'œuvre pour déjeuner)

Cette tarte, étant déstinée à être mangée au début du déjeuner en guise de hors-d'œuvre, doit être prête à heure fixe. Cuite, elle ne peut attendre sans perdre de son élégance, de sa finesse et surtout de sa légèreté ; il faut qu'elle ne fasse qu'un saut du four à la table. A cette condition seulement, elle est un régal.

Quantités pour six à huit personnes.

LA PATE

Formule : 150 gr. de farine de gruau ; 60 gr. de beurre ; demi-verre d'eau bien froide ; Pincée de sel fin.

LA GARNITURE

Formule : 60 gr. de beurre ; 50 gr. de farine ; un peu de poivre et de muscade ; un quart de litre d'eau ; 2 gros œufs ou 3 petits œufs ; 125 gr. de fromage.

Opération. — Dans la préparation des tartes, on commence toujours par s'occuper de la pâte. C'est le travail le plus long et aussi le seul qu'on puisse conduire pour ainsi dire à bâtons rompus.

Versez la farine sur le marbre ou sur la planche à pâtisserie, formez la fontaine en creusant un trou en son milieu et mettez-y le beurre, le sel et l'eau ; puis triturez le tout ensemble en une pâte un peu mollette; roulez en boule, posez-la sur une assiette et portez-la au frais pour qu'elle se raffermisse pendant un quart d'heure, ou plus, suivant le temps dont vous disposez.

Donnez-lui ensuite, sur la table farinée, trois tours simples; laissez-la reposer pendant un quart d'heure, puis redonnez-lui trois autres tours, qui l'achèvent; et reportez-la au frais; recouvrez d'un linge, jusqu'au moment de l'employer, soit aussitôt, soit plus tard, à moins qu'elle ait trop d'élasticité, ce qui nécessiterait dix minutes de repos.

Le moment venu, passez à l'intérieur d'un *cercle à tarte*, de 22 centimètres de diamètre, avec le bout du doigt, gros comme une noisette de beurre non fondu, afin de fixer la pâte qui sans lui se détacherait lorsque la crème pèsera de tout son poids.

Posez la pâte sur la table farinée, repliez les quatre coins vers le centre, et étendez-la au rouleau en une galette aussi ronde que possible un peu plus grande que le cercle dont elle habillera l'intérieur, en sorte qu'elle soit presque entièrement employée. Appliquez-la sur le cercle. Quand la galette a été bien mesurée, la petite quantité qui dépasse le bord du moule n'a pas besoin d'être rognée, il suffit de la rabattre toute entière à l'aide du pouce.

Soulevez le cercle et la pâte, posez-les sur une tourtière de tôle, ronde et épaisse, et mettez au frais jusqu'au moment de remplir avec la garniture.

La Garniture. — Dans une sauteuse de 20 centimètres de diamètre, faites fondre le beurre, ajoutez du poivre, de la muscade râpée, la farine, un peu de sel ; mouillez avec un quart de litre d'eau bouillante, et donnez un coup de fouet en dehors du feu pour lier la farine et l'eau ; le mélange intime fournit une crème presque liquide et blanche. Cassez les œufs, séparant les blancs des jaunes, les blancs dans la bassine de cuivre, les jaunes dans la crème mélangés à mesure par le fouet pour éviter qu'ils cuisent. Montez les blancs en neige très ferme, et, lorsqu'ils sont montés, versez-y la crème au milieu, sans arrêts ni à coups, mélangeant lentement à l'aide du fouet.

Enlevez le fouet, faites tomber en pluie 120 grammes de fromage d'une main, pendant que l'autre main tourne et mélange la crème, la coupant avec la spatule ou la cuiller de bois. Par conséquent, il reste une grande cuillerée de fromage râpé.

La Cuisson. — Reprenant la tarte au bon moment, c'est-à-dire trois quarts d'heure avant de la servir, remplissez-la de la crème encore chaude s'il se peut, elle gonflera mieux ; saupoudrez du fromage réservé, et portez au four à onze heures et quart pour midi ; au four pas trop chaud, et au-dessous de la plaque du milieu qui modère la chaleur par-dessus et évite que la tarte prenne de la coloration.

Servir sur plat très chaud.

Tartelettes de fruits à la Crème

Ces tartelettes se composent de quatre parties distinctes : 1° la pâte à foncer ; 2° la crème pâtissière à la vanille ; 3° la garniture de fruits ; 4° enfin la gelée pour fixer la garniture et agrémenter les tartelettes.

La Pate. — Pour une douzaine et demie de tartelettes, prenez 125 grammes de farine, autant de beurre, cuillerée à bouche de sucre en poudre, jaune d'œuf, deux cuillerées à bouche de crème aigre.

Mêlez, fraisez la pâte une fois, ramassez en boule, laissez reposer pendant un quart d'heure dans un endroit frais.

Beurrez des moules à tartelettes de formes diverses, étendez la pâte au rouleau, foncez-en les moules, emplissez-les de riz, lentilles ou noyaux pour maintenir la pâte, et cuisez trente à trente-cinq minutes dans un four chaud.

Nettoyez les tartelettes et démoulez prudemment.

La Crème. — 125 gr. de sucre, 1/4 litre de lait, 4 jaunes d'œufs, gros de beurre comme un œuf, vanille, 35 gr. de farine.

Travaillez le sucre en poudre, la farine et les jaunes d'œufs, ajoutez la vanille fendue en deux, délayez avec le lait chaud; faites épaissir sur un feu doux, en tournant jusqu'au premier bouillon, retirez du feu, beurrez, passez au tamis. (Cette crème sera un peu plus épaisse que la crème pâtissière ordinaire).

La Garniture. — La garniture se compose d'environ 500 gr. de fruits de la saison, cerises, groseilles, pêches, abricots, fraises, prunes reine-claude, poires, etc., chaque sorte dénoyautée quand il y a lieu, et toujours nettoyée.

On blanchit chaque espèce au fur et à mesure dans un sirop bouillant préparé avec une demi-livre de sucre et un peu d'eau ; après quelques bouillons, on retire avec l'écumoire les fruits blanchis, et on les remplace par l'espèce suivante. Il importe de commencer par les fruits durs (poires, cerises), les fruits à pulpe délicate, tels que fraises et framboises, doivent seulement frémir dans un sirop bien réduit ; de même on cuit d'abord les fruits clairs pour que leur couleur ne soit pas altérée par le jus foncé des autres fruits.

La Gelée. — Trempez quelques instants à l'eau fraîche cinq grammes de gélatine blanche (deux à trois feuilles, selon leur épaisseur), exprimez l'eau, jetez la gélatine dans le reste du sirop qui a servi à blanchir les fruits, donnez quelques ébullitions et passez au tamis.

Le Dressage des Tartelettes. — Garnissez chaque croûte à mi-hauteur de crème pâtissière, déposez dessus une ou plusieurs sortes de fruits mélangées, arrosez d'une petite cuillerée de gelée afin de fixer le fruit et de masquer légèrement la surface de la tartelette, puis laissez prendre au frais.

La préparation de cet entremets, bon au goût et d'aspect agréable, que l'on peut beaucoup varier selon les fruits qu'on a sous la main, prend de deux heures à deux heures et demie de travail.

Tarte aux Mirabelles

La Pate

Formule : 150 gr. de farine; 80 gr. de beurre; 25 gr. de sucre en poudre; un petit œuf; un peu de lait ou d'eau; une pincée de sel.

La Garniture

Formule : 600 à 700 gr. de mirabelles; 125 gr. de sucre semoule; un verre à madère de rhum; un cercle à tarte de 22 centimètres de diamètre.

De toutes les tartes, après celle faite avec des Reines-Claude bien mûres, celle-ci est la plus parfumée et aussi la plus facile à faire.

Opération. — Enlevez les noyaux aux mirabelles, avec la pointe d'un couteau d'office, c'est-à-dire qu'il faut les mirabelles très mûres, sinon le noyau ne vient pas.

Réunissez, dans un saladier, le sucre, les prunes et le rhum, couvrez et tenez au frais.

Faites une couronne sur la table avec la farine, mettez dans le milieu le sucre, le sel, l'œuf, le beurre et deux cuillerées à bouche de vin blanc ou de l'eau. Triturez tous ces éléments avec la pointe des doigts, sans mélanger la farine; incorporez celle-ci à la fin, fraisez la pâte deux fois en la poussant en avant par petites quantités avec la paume de la main droite; réunissez-la en boule et laissez-la reposer au frais le temps qu'il faut pour la raffermir, ce qui dépend de la fraîcheur de l'endroit dont on dispose.

Passez un peu de beurre non fondu dans l'intérieur du cercle à flan, très peu; posez-le sur la tourtière, étendez la pâte bien ronde, 24 centimètres de diamètre, doublez-la en deux, puis doublez une fois encore. Il vous sera plus facile de la soulever pour la poser sur le moule sans l'étendre; déployez-la avec soin, foncez bien le moule, que l'angle soit exactement formé et qu'il n'y ait pas d'air entre la plaque et le moule.

Si vous avez opéré comme il faut, la pâte doit déborder du moule très peu et uniformément, par conséquent il ne sera pas besoin de la rogner. Si elle déborde de trop, rognez au couteau aussi haut que possible.

Sautez légèrement les mirabelles, posez-les en rond, le côté troué en haut, arrosez avec le jus, mettez au four moyen; dans 5 minutes, couvrez avec une feuille de papier d'office légèrement beurrée et laissez cuire environ trente-cinq minutes.

Pour vous assurer de la cuisson, soulevez un peu le cercle; la pâte doit-être dorée. Tirez le cercle vers vous, légèrement, et la tarte doit glisser facilement. Vous pouvez aussi glisser une grille à pâtisserie en dessous et vous assurer si elle est bien cuite; au cas contraire, faites-la glisser et laissez cuire le temps qu'il faudra.

Tarte Meringuée

La Pate

Formule : 250 gr. de farine; 75 gr. de beurre; 60 gr. de sucre; un peu de sel; une cuiller d'huile d'olive; un jaune d'œuf et un peu de lait.

Opération. — Travaillez tout ensemble, fraisez une fois et laissez reposer au frais.

La Crème

Formule : 1/2 lit. de lait; 80 à 100 gr. de sucre; 30 gr. de farine; 4 jaunes d'œufs, vanille ou essence de moka; zeste de citron; rhum ou kirsch.

Opération. — Laissez bouillir le lait, délayez la farine avec deux cuillers d'eau; ajoutez le sucre en poudre et les jaunes d'œufs; versez le lait peu à peu et en remuant sans cesse; poussez à l'ébullition en remuant toujours; retirez du feu dès que la crème devient épaisse et laissez-la refroidir avant de la mettre sur la pâte.

LE MOULAGE DE LA TARTE. — Abaissez la pâte d'épaisseur bien égale et posez-la sur une plaque à tarte beurrée, de 25 centimètres de diamètre. Répartissez la crème bien également et cuisez au four gai de belle couleur dorée.

LA MERINGUE

Formule : 4 blancs d'œufs ; 150 gr. de sucre semoule.

Opération. — Si vous avez le temps, laissez la tarte un peu refroidir avant d'y mettre la meringue. Pour la préparer, montez les 4 blancs d'œufs bien fermes ; ajoutez une cuiller de sucre ; fouettez encore quelques minutes ; versez-y en plus le reste du sucre ; étendez une couche de meringue sur votre tarte, mettez le reste dans une poche à douille ou un cornet en papier coupé ; faites sur votre tarte un dessin quelconque ; poussez au four doux, après avoir saupoudré d'un peu de sucre semoule, et laissez la meringue prendre une couleur brun clair.

Tartelettes aux Mandarines

Formule : 500 gr. d'amandes blanchies et séchées ; 50 gr. de sucre en poudre ; un œuf ; une mandarine.

Opération. — Pilez les amandes avec l'œuf ; repilez encore avec la pulpe et un peu de zeste de la mandarine, et le sucre en poudre.

Foncez une quinzaine de moules à tartelettes avec une pâte feuilletée à six tours, faite de 150 gr. de farine, un peu de sel, 125 gr. de beurre.

Garnissez les tartelettes, saupoudrez de sucre glace, cuisez 15 minutes à four chaud.

A servir toutes chaudes, au thé de cinq heures. ZIMMERLI.

Tartelettes Normandes

Formule : 1 blanc d'œuf ; 40 gr. sucre passé au tamis de soie ; 40 gr. d'amandes finement effilées.

Opération. — Foncez des moules à tartelettes de moyenne grandeur avec des débris de feuilletage, remplissez-les de marmelade de pommes bien cuite, parfu-

mée au kirsch et à la vanille ; recouvrez cette marmelade du macaronage ci-dessous.

Formule : 1 blanc d'œuf ; 40 gr. sucre passé au tamis de soie ; 40 gr. d'amandes finement effilées.

Faites le mélange et cuisez à four chaud, complètement ouvert.

Tartelettes ordinaires

Formule : 125 gr. d'amandes mondées ; 200 gr. sucre en poudre ; 60 gr. orangeat haché très fin ; 2 blancs d'œufs ; 5 blancs d'œufs pour monter ; 10 gr. vanille en poudre.

Opération. — Pilez les amandes avec les deux blancs d'œufs, mélangez-y le sucre, l'orangeat, la vanille et les blancs d'œufs montés ; dressez à l'aide d'une poche munie d'une douille ronde dans des moules à tartelettes graissés avec du beurre frais clarifié et poudrés de sucre fin ; poudrez d'amandes effilées et de sucre, et cuisez à four modéré.

Tarte à l'Orange

Formule : 100 gr. d'amandes blanchies et râpées ; 100 gr. de sucre semoule ; 60 gr. de crème de riz ; 5 jaunes d'œufs ; 4 blancs d'œufs ; le jus de deux oranges ; le zeste d'une, râpé très fin.

Opération. — Battez le sucre avec les jaunes et le zeste, pour les bien alléger ; ajoutez d'abord et peu à peu, en trois fois, le jus de deux oranges, et battez toujours, ensuite les amandes, la crème de riz et les blancs montés bien fermes.

Versez dans un moule à génoise de 22 centimètres, bien beurré et fariné. Cuisez à four doux, 35 ou 40 minutes. Poudrez de sucre en sortant du four.

Tarte à l'Orange (*autre recette*)

Quantités pour moule à tarte de 22 centimètre de diamètre.

LA GARNITURE

Formule : 150 gr. de pignon ; 150 gr. de sucre en poudre ; 55 gr. de crème de riz ; le jus de deux belles oranges et le zeste d'une ; 2 blancs d'œufs ; 60 gr. de beurre fin, fondu.

La Pate a Foncer

Formule : 150 gr. de farine de gruau; 100 gr. de beurre frais; un décilitre d'eau filtrée (demi-verre); pincée de sel et de sucre.

Opération. — Commencez par faire la détrempe de la pâte et donnez-lui deux tours; pendant son repos, vous ferez la garniture.

Mettez la farine sur le marbre, en couronne; dans le milieu, le beurre que vous avez ramolli un peu, en le travaillant sur la table mouillée, s'il est trop ferme, comme dans l'hiver; ajoutez le sel, le sucre et presque le décilitre d'eau, bien doucement, en vous rappelant que certaines farines en absorbent moins que d'autres. Triturez le tout ensemble, fraisez une fois, c'est-à-dire pétrissez avec la paume de la main, donnez deux tours au rouleau, et mettez au frais.

La Garniture. — Râpez les pignons ; si vous disposez d'une râpe à amandes, cela ira plus vite que dans le mortier ; mettez ensuite dans le mortier et broyez après mélange avec l'un des blancs d'œufs d'abord, puis avec le second blanc.

Les pignons sont les amandes de la grosse pomme de pin; on en trouve, à Paris, chez les marchands de primeurs, au prix de 2 francs le demi-kilog., et en province, chez les marchands de produits coloniaux, quoique la pomme de pin ne soit pas nécessairement exotique, il s'en faut. Quand on ne peut s'en procurer, on les remplace par le même poids d'amandes blanchies et séchées, ou par des noisettes grillées légèrement, juste assez grillées pour enlever la pellicule dont elles sont recouvertes.

Si la pâte n'est pas bien fine, ajoutez le jus d'une moitié d'orange et broyez de nouveau.

Recueillez la pâte dans un saladier, ajoutez le sucre, mélangez le jus de la demi-orange, le zeste, l'autre jus d'orange, la crème de riz, et laissez de côté.

Redonnez deux tours à la pâte.

Passez un peu de beurre non fondu dans l'intérieur d'un cercle à tarte : étendez la pâte en rond d'un diamètre plus grand que le moule, pour qu'elle déborde très légèrement quand celui-ci sera garni ; foncez-le, assurez-vous que la pâte est bien collée partout, que l'angle du bas du cercle est bien marqué, et coupez la pâte qui déborde en appuyant le dos du couteau, frotté de dedans en dehors. Toutes ces précautions sont nécessaires pour éviter qu'il reste de l'air entre la pâte et le moule, qui produirait des boursouflures, donnerait au gâteau mauvaise tournure et causerait mauvaise cuisson.

Posez le cercle ainsi habillé sur un plateau en tôle forte, rond. Une plaque trop grande se gondole et fait couler la garniture par-dessus bord.

Reprenez la garniture. Travaillez-la pendant un moment, à l'aide de la cuiller de bois, pour la rendre plus légère. Joignez le beurre fondu.

Versez dans le cercle. Egalisez bien la surface avec la lame d'un grand couteau, saupoudrez fortement de sucre en poudre dit glace, attendez deux ou trois minutes; faites cuire au four, chaleur modérée, pendant 45 à 60 minutes.

Retirez du moule.

Mettez refroidir la tarte sur une grille ou sur une claie en osier, le fer lui donnerait un goût désagréable.

Tarte au Pain

(dite tarte lyonnaise)

Il est très difficile de réussir cette tarte, exquise étant chaude, si l'on ne prépare que la moitié des quantités indiquées dans la recette.

En cuisine, deux moitiés ne font pas toujours la même chose qu'un entier.

Quantités pour garnir deux cercles à flan de 22 centimètres de diamètre :

La Pate

Formule : 200 gr. de farine de gruau ; 125 gr. de beurre ; 10 gr. de sucre; une pincée de sel ; 7 ou 8 cuillerées à bouche d'eau froide.

La Crème

Formule : 50 gr. de mie de pain frais ; 1/4 de litre de lait; 125 gr. de sucre semoule ; 50 gr. de beurre fondu; 5 jaunes d'œufs moyens; 3 blancs d'œufs moyens; un peu de sel fin ; verre à madère de kirsch.

La Pate Feuilletée. — Le premier travail consiste à faire la pâte **feuilletée**, lentement ; si non elle se contracte à la cuisson au lieu de se gonfler, ainsi qu'il est nécessaire pour obtenir une pâtisserie légère.

La farine étant tamisée sur le marbre, mettez dans son milieu le sel et l'eau; liez à la pointe des doigts, réunissez en boule la pâte mollette obtenue, et laissez-la reposer au frais pendant un quart d'heure.

Après ce repos, étendez légèrement la pâte ; sur le milieu, appliquez le beurre un peu aplati en forme de galette. Recouvrez-le en repliant les bords de la pâte, et saupoudrez de farine.

Allongez la pâte avec le rouleau, doucement au début, puis pliez-la en trois ; allongez-la dans le sens opposé, repliez-la encore en trois, et laissez reposer de nouveau pendant un petit quart d'heure. Occupez-vous de la garniture, dont la préparation nécessite ce temps.

La Garniture. — Pendant le repos, mettez le lait à bouillir dans une casserole un peu grande et, tandis qu'il chauffe, préparez dans une assiette le pain en le rompant avec les doigts et non point en coupant au couteau, ce qui le rendrait compact et l'empêcherait de se dissoudre dans le lait.

Aussitôt l'ébullition produite, retirez la casserole du feu, versez le pain, et remuez avec le petit fouet pour faire une espèce de panade ou de bouillie. Salez, sucrez, ajoutez le kirsch et les cinq jaunes d'œufs l'un après l'autre, battant doucement avec le fouet pour les mélanger et empêcher leur cuisson.

Au moment de cuire, vous monterez les blancs en neige très ferme, et vous verserez dedans, en remuant, la panade et le beurre fondu.

Revenez à la pâte feuilletée, redonnez deux tours à la pâte et laissez reposer dix minutes.

Redonnez enfin trois autres tours qui sont les derniers; vous avez au total donné 7 tours.

Préparez deux tôles rondes de 30 centimètres de diamètre, assez épaisses ; car **les tôles minces se gondolent à la chaleur et font déborder les garnitures liquides.**

Beurrez l'intérieur de deux cercles de 22 centimètres de diamètre avec du beurre non fondu pris à la pointe de l'index. Etendez la moitié de la pâte en une galette un peu plus grande que le cercle ; couvrez-en le cercle posé sur le marbre et non sur la plaque de tôle ; avec le pouce, appuyez la pâte sur tout le tour intérieur de ce cercle pour la faire adhérer en chassant l'air interposé entre eux, assurez-vous que l'adhérence est complète en soulevant le moule et en le laissant retomber brusquement ; pressez le rouleau sur le cercle pour couper la pâte débordante, enlevez les morceaux qui ont été coupés et posez sur la tôle le cercle garni de pâte. Garnissez de même l'autre cercle.

(Avec les restes de pâte réunis en boule, aplatie légèrement au rouleau, dorée, saupoudrée de sel et cuite au four, on fait une petite galette pour le thé.)

La Cuisson. — Les cercles étant prêts, montez les blancs en neige et mélangez la panade et le beurre. Garnissez de cette crème les deux cercles de pâte. Ensuite, faites cuire au four, à chaleur très modérée, pendant quarante minutes environ.

Se mange chaud.

Tarte
aux Pommes douces à la Parisienne

La Pate

Formule: 160 gr. de farine ; 80 gr. de beurre ; 10 gr. de sucre semoule ; 3 gr. de sel fin ; 3/4 de décil de lait ou d'eau filtrée.

Opération. — Faites la fontaine, mettez dans le milieu le beurre ramolli sur le coin de la table mouillée, le sel et le sucre, le lait ou l'eau ; triturez avec la pointe des doigts de la main droite, lentement, que le tout se mélange bien avant d'incorporer la farine ; mélangez celle-ci, fraisez la pâte en la brisant et la repoussant en avant avec la paume de la main, réunissez-la en boule et laissez-la raffermir au frais.

La Garniture

Formule : 1,250 gr. de pommes reinette; 150 gr. de sucre semoule ; 1 verre à madère de kirsch ou de rhum ; un peu d'eau.

Opération. — Choisissez les deux plus jolies pommes et mettez-les de côté.

Coupez les autres en quartiers, enlevez la peau et les graines rapidement.

Pelez-les très superficiellement et mettez-les à mesure dans une casserole large et plate, avec un verre d'eau ; chauffez lentement, sinon les premières seraient cuites avant que vous ayez fini de peler les dernières.

Faites fondre les quartiers en remuant à la cuiller de bois et séchez bien la purée ; ajoutez le sucre moins 20 grammes, laissez bouillir cinq minutes et retirez du feu, mais tenez au chaud.

Pour mouler la Tarte. — Passez un peu de beurre non fondu, avec la pointe de l'index, dans l'intérieur d'un moule à tarte de 22 cm. de diamètre. Donnez deux tours à la pâte, en la pliant trois fois, ainsi que pour le feuilletage, et laissez-la au frais.

Coupez en quatre les deux pommes mises de côté et pelez-les.

Etendez la pâte et foncez le cercle avec soin, il ne doit pas vous rester de pâte ou très peu. Cette formule étant exacte pour ce moule.

Posez-le sur un plafond en tôle épaisse et emplissez-le avec la purée de pommes dans laquelle vous venez d'ajouter le rhum ou le kirsch.

Taillez des tranches très minces et aussi grandes que possible avec les quartiers que vous venez de peler, posez-les sur la purée en formant une rosace ; chevauchez légèrement les tranches ; le premier tour fini, faites-en un second en sens inverse et un troisième si les pommes sont petites.

Saupoudrez avec le sucre mis de côté et faites cuire au four, chaleur modérée, pendant 40 minutes.

Cette tarte est aussi bonne froide que chaude.

Tarte au Potiron

Que faire à la campagne ? un chasseur, un pêcheur, un bicycliste ne sont pas embarrassés ; mais un désœuvré ?

Ma foi, j'ai dit : je vais faire une expérience avec un de ces potirons que j'étais fatigué d'arroser pour le faire grossir.

Eh bien ! cette expérience commencée en riant a donné un merveilleux résultat ; les personnes qui la feront après moi n'en pourront croire leur langue, quand elle leur dira que c'est exquis, pas cher et très sain.

La citrouille ou potiron que j'ai employée est longue, la robe d'un vert luisant, striée de blanc, ressemble d'un peu loin, à part sa forme, à ces melons d'eau, dits pastèques.

La chair, légèrement teintée de jaune est ferme et peu aqueuse. L'écorce est mince, les semences petites et convexes, presque rondes.

Le résultat doit être à peu de chose près le même avec le potiron à chair orangée, à écorce rougeâtre.

Coupez un kilo de potiron en tranches longues ; enlevez l'écorce assez mince, divisez la chair en gros dés ; mettez-la sans eau dans une casserole, couvrez et mettez au four de boulanger, si c'est possible, ou dans celui de la cuisinière, après avoir fait le déjeuner, pour que la chaleur soit douce et régulière.

La Pate

Formule : 300 gr. de farine; 120 gr. de beurre; 30 gr. de sucre; 5 gr. de sel; un décilitre de lait.

Opération. — Faites la fontaine avec la farine, mettez dans le milieu le beurre ramolli sur la table un peu mouillée, le sucre, le sel et le lait. Amalgamez le tout en travaillant très peu la pâte, laissez-la reposer au frais, donnez deux fois deux tours à un quart d'heure d'intervalle.

Il ne faudra l'étendre sur la tourtière qu'au moment de garnir la tarte et de la mettre au four.

La Garniture

Formule : 500 gr. de pulpe de potiron ; 125 gr. de sucre semoule; 70 gr. de farine ; 3 gros œufs ; 1/2 litre de lait ; 5 gr. de sel ; un zeste de citron.

Opération. — La pulpe est cuite dans une heure ou une heure et demie au plus.

Il ne doit pas rester d'eau ; au cas contraire, versez-la sur le tamis de crin et laissez-la égoutter complètement. Passez ce qui reste et pesez-la ; il doit y avoir de 5oo à 6oo gr., n'en prenez que 5oo.

Battez le sucre avec deux œufs d'abord ; ajoutez le troisième et battez encore, la farine, le sel et le quart d'un zeste de citron ; battez pour mélanger, mouillez avec le lait, faites faire un bouillon sur le feu en remuant, additionnez la pulpe, garnissez la tarte et faites cuire de 35 à 45 minutes suivant la chaleur du four.

Tarte aux Raisins

La Pâte

Formule : 250 gr. de farine ; 400 gr. de beurre 50 gr. de sucre semoule ; 10 gr. de levure ; 5 gr. de sel ; 1 décil. de lait tiède ; 2 jaunes d'œufs ; 1 verre à madère de rhum.

Opération. — Faites la fontaine avec la farine, délayez la levure avec le lait dans le milieu de la farine, allez très doucement en versant le lait dès le commencement, si vous voulez qu'elle se délaye facilement et sans grumeaux.

Le lait étant tout versé et la levure bien délayée, ajoutez le sel, le sucre, les jaunes, le rhum et le beurre légèrement ramolli avec les mains sur le coin de la table mouillée.

Le mélange étant bien fait, incorporez la farine en la travaillant le moins possible. Faites une boule avec la pâte ; saupoudrez un linge avec de la farine, roulez la pâte dedans et laissez-la reposer une couple d'heures à la cuisine, pas trop près du feu.

Les Raisins. — Choisissez un kilo de raisins noirs dits *Picpouls*, à gros grains, ces raisins ont très peu de semences et sont presque aussi gros que le *Franc-Cantal* vendu à Paris toute l'année. Si vous ne disposez pas de Picpouls, prenez des chasselas roses ou blancs, égrappez-les grain à grain en faisant sortir le moins de jus possible.

Marinez-les avec un verre à madère de rhum ou de kirsch, pendant que la pâte lève.

La Tarte. — Étalez la pâte bien ronde et d'égale épaisseur, garnissez un cercle à flan ou une tourtière de ménage de 25 centimètres de diamètre ; éparpillez les raisins bien uniformément, saupoudrez de quatre à cinq cuillerées à bouche de sucre semoule, laissez reposer environ 30 minutes, mettez au four un peu chaud.

Sucrez la tarte avant de la servir bien froide.

Cette pâte a un grand avantage, elle est moelleuse et légère et se digère très bien.

Le peu de levain qu'elle a acquis la fait gonfler à la cuisson, les raisins y rentrent en faisant des alvéoles et le jus l'imbibe.

Tarte à la Rhubarbe, à l'Anglaise

Je répète bien souvent, dans mes cours, les inappréciables services que rend la rhubarbe à qui la sait employer, mais mes efforts ne produisent pas les effets que je désirerais. Les Anglais sont, à ce point de vue hygiénique par excellence, plus pratiques.

Cet entremets est excellent, susceptible d'être présenté avec éclat ; il est très bon marché et vite fait, les tempéraments sanguins en éprouvent un réel bien-être en en usant souvent. C'est à la fois un aliment et un médicament. Que peut-on désirer de plus ?

Quantités pour une timbale en porcelaine plissée de 20 centimètres de diamètre, sur 75 millimètres de hauteur :

Formule : 1 kilo de rhubarbe, net ; 250 gr de sucre cristallisé ; 1 petit verre de rhum.

La Pâte

Formule : 150 gr. de farine ; 80 gr. de beurre ; 1 décilitre d'eau filtrée ; une pincée de sel et de sucre.

La Rhubarbe. — Choisissez de préférence de la rhubarbe à grosses côtes, rouge vif, indiquant qu'elle est mûre. Coupez la tige à trois ou quatre centimètres dans le bas, qui touchait au sol, ce qui lui donne le goût de terre ; coupez-la à 5 ou 6 centimètres de la feuille. Enlevez une peau fine et lisse comme une pelure d'oignon, qui la recouvre d'un bout à l'autre ; divisez la tige en bâtonnets bien égaux de 5 centimètres de long ; dressez ces bouchons debout dans la timbale, ce poids la garnit juste.

Couvrez avec le sucre et le rhum et faites la pâte demi-feuilletée qui doit la recouvrir.

Détrempez beurre, farine, sucre, sel et eau, tout à la fois ; fraisez la pâte une fois, réunissez-la en boule et mettez-la à raffermir un quart d'heure au plus.

Donnez quatre tours comme pour le feuilletage, laissez reposer un moment ; redonnez deux tours, doublez la pâte pour obtenir une bande d'environ 6o centimètres de long, coupez le bord et faites un ruban de 3 centimètres de large et de toute la longueur ; pliez-le en trois, battez un peu de blanc ou un œuf, passez le pinceau trempé dans l'œuf tout autour de la timbale, sur le bord qui a 1 cent. de creux ; soudez les deux bouts, rabattez en dehors légèrement le côté dessus, dorez toute la bande. Roulez en boule le restant de pâte, faites-en un couvercle rond, qui doit se marier tout juste et tout autour sur la bande ; appuyez le pouce partout pour souder bande et couvercle. Avec les deux doigts de la main droite : pouce et index, pincez tout le tour, ce qui donnera un certain relief à l'entremets ; dorez, rayez le dessus, piquez-le avec la pointe du couteau, posez la timbale sur une tourtière ronde, mettez au four et laissez cuire environ une heure.

Evitez que la pâte colore en la couvrant d'un papier, au cas où le four serait trop chaud.

Servez tel que, chaud ou froid, suivant le goût des convives.

Tartelettes Toulousaines

Cette pâtisserie, dont une correspondante demande la recette, était en grande vogue dans toute la Gascogne, à l'époque lointaine (1865) où j'apprenais ma profession ; il n'était pas rare de voir des clients attendre qu'on les sorte du four, pour en manger toutes chaudes une demi-douzaine, sinon davantage. Sa renommée s'est, depuis, étendue partout.

Comme matériel, une douzaine de petits moules suffisent ; et la pâte demi-feuilletée, ainsi que la crème pouvant attendre du matin au soir, on fait généralement douze tartelettes pour le déjeuner, d'autres pour le thé, et le reste pour le soir.

Quantité pour trois douzaines de tartelettes.

La Pate Demi-feuilletée

Formule : 250 gr. de farine ; 180 gr. de beurre ferme ; pincée de sel ; 6 à 7 cuillerées d'eau ou de lait.

La Crème

Formule : 150 gr. de sucre semoule ; 125 gr. de farine ; 20 gr. de beurre ; 3 œufs moyens : sel, zeste de citron ou eau de fleur d'oranger, demi-litre de lait froid.

La Pate. — Détrempez farine, beurre, sel et eau jusqu'à obtention d'une pâte mollette pouvant facilement être étendue au rouleau. Fraisez-la une fois, c'est-à-dire écrasez-la en la repoussant par petite quantité à la fois avec le gras du pouce : mettez au frais. Donnez deux fois trois tours, ainsi que pour le feuilletage ordinaire.

Prenez le quart de cette pâte, étendez-la en une plaque mince comme un sou.

Après cuisson et les tartelettes encore chaudes, et poudrez à frimas avec du sucre vanillé.

Quand les tartelettes sont dégustées au sortir du four, la pâtisserie est plus légère et plus digestive que la brioche ou le feuilletage ; elle est aussi beaucoup plus friande.

Tarte Viennoise

Formule : 175 gr. de beurre clarifié ; 10 œufs ; 250 gr. de sucre ; 150 gr. d'amandes râpées ; le zeste d'un demi-citron ; 125 gr. de farine de gruau ; 125 gr. de crème de riz.

Opération. — Clarifiez le beurre la veille pour pouvoir, après refroidissement, le monter en crème ; ajoutez les jaunes d'œufs, le sucre, les amandes et la farine, en remuant bien avec une spatule en bois ; en dernier lieu, montez les blancs très fermes, ajoutez-en le tiers à la pâte et versez celle-ci dans les autres blancs, en mélangeant légèrement.

Caisez cette pâte dans 3 moules plats, de 22 cent. de diamètre, ayant environ l'épaisseur d'un centimètre.

En les démoulant, mettez-les quelques minutes sur un tamis de crin, puis sur une plaque en marbre pour qu'ils restent bien plats.

Etendez sur la première plaque une couche d'abricots, posez la seconde dessus, garnissez-la d'une gelée ou d'une marmelade au choix, recouvrez avec la troisième plaque et nappez le tout avec une glace au citron.

On prépare celle-ci avec 120 à 185 gr. de sucre glace, un demi-blanc d'œuf, un peu de jus de citron.

Faites sécher quelques instants à la bouche du four et garnissez à volonté de fruits confits, comme cerises, angéliques, quelques pommes ou noix découpés, etc.

Tiare Persane

Grâce à l'aimable confraternité de la *Rédactrice en Chef* de *La Cuisine des Familles* (1), l'érudite nièce de l'illustre Brillat-Savarin, nous offrons aux lectrices de l'Encyclopédie les dessins et la recette, si remarquable a plus d'un titre, de la Tiare Persane.

Par la précision des poids et mesures et la simplicité de l'exposition des mouvements à faire, pour aboutir à faire ce chef-d'œuvre de gourmandise, l'opérante verra combien les recettes de Madame Jeanne Savarin, sont étudiées et exécutées avec une méthode infaillible.

Tiare Persane à la Jeanne Savarin

(*Timbale de Grives ou de Volaille*)

Ce mets, d'un aspect très original au service, n'est pas purement et simplement une fantaisie culinaire ; sa délicate succulence m'a valu de nombreuses félicitations. Mais, aux maîtresses de maison, je recommande surtout son apprêt comme étant

un des meilleurs « exercices » pour expérimenter et perfectionner leurs cuisinières.

En somme, c'est une timbale de forme particulière, bizarrement décorée. L'extérieur est formé avec des bouts de macaronis, fourrés de fragments de truffes, et produisant l'effet de petites perles noires, enchâssées chacune dans un minuscule cercle d'émail blanc ou d'ivoire. L'intérieur est un ragoût, qui variera suivant la saison : en temps de chasse, ragoût de gibier plume (de préférence, des grives) ; en l'absence de ce gibier, ragoût de dinde ou de poulet à la chair fine et tendre.

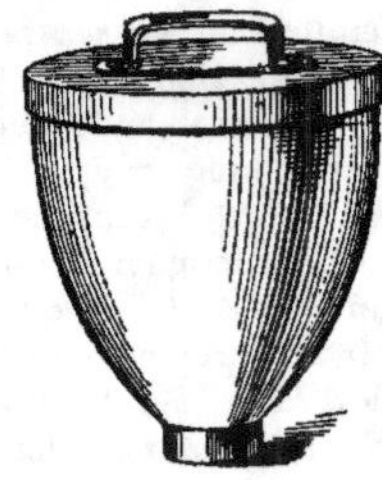

MOULE A DOME

Les difficultés d'exécution ne sont qu'apparentes ; ma Timbale-Tiare est, en réalité, non pas un apprêt de haute cuisine, mais une œuvre de soins et de patience, appartenant à la bonne cuisine hygiénique de la bourgeoisie, pour les dîners auxquels on veut donner un peu d'apparat. Des cuisinières bourgeoises l'ont réussie, sans même avoir les ustensiles spéciaux que j'indique ci-après.

Ce mets revient à environ un franc trente centimes par personne au maximum, pour un dîner de dix ou douze convives.

COLONNES TUBES avec l'étui

USTENSILES RECOMMANDÉS.— Sans être absolument indispensables, trois ustensiles aideront beaucoup la cuisinière, et je les recommande d'autant plus qu'ils serviront à bien d'autres apprêts :

1º Un moule à dôme, de forme allongée, c'est-à-dire un de ces moules dont on se sert pour les puddings chauds, notamment ; mais en le choisissant de préférence

(1) 0, 05 centimes, le numéro. 32, rue de l'Amiral-Mouchez, xiv. Paris.

parmi ceux qui donnent au pudding une forme élevée, ressemblant à peu près à celle d'une ruche ; ce moule fera merveilleusement l'affaire pour notre timbale-tiare.

2° Une brochette-attelet en argent ou en ruoltz, dont l'ornement de l'extrémité supérieure sera d'un style bizarre, tel qu'un dragon, un croissant, ou tout autre emblême oriental.

3° Autant que possible, il sera bon d'avoir aussi, pour la commodité de l'opération la plus minutieuse, une colonne-tube

tronçons de carottes ou de navets. Or, pour notre timbale-tiare, nous aurons besoin d'infiniment petits fragments de truffes, régulièrement taillés.

Eléments de la Tiare Comestible. — Les quantités dépendent, non seulement du nombre de convives, mais aussi et surtout de la grosseur du moule à dôme dont on peut disposer. D'ailleurs, les proportions ne causeront aucune difficulté, attendu que tout ce qui entre dans la composition de ma timbale-tiare peut laisser des restes très faciles à utiliser;

LA TIARE PERSANE, DRESSÉE

du plus petit calibre. Les tubes de métal, dont il s'agit, sont ceux qui se vendent en étui, contenant douze à quinze colonnettes, s'emboîtant les unes dans les autres, comme les pièces d'un télescope, et ledit étui se fermant avec un couvercle-capuchon. Ces tubes étant de divers calibres, on sort de l'étui celui dont on a besoin. Ce sont des instruments de travail dont le seul tort est de n'être pas assez répandus : ils simplifient, en effet, beaucoup la besogne, lorsqu'on a à tailler des petits bâtonnets de légumes ; par exemple, quand il faut, pour un potage, lever des bâtonnets minuscules sur des

sans avoir besoin d'être bien experte, une cuisinière bourgeoise verra vite, d'une façon approximative, ce qu'il lui faut de chaque chose.

Il faut :

1° — Du gros macaroni; cent cinquante grammes suffisent, si le moule est de capacité moyenne.

2° — De quinze à dix-huit grives, dont on prendra la meilleure partie des chairs pour le ragoût intérieur ; l'excédent sera employé, avec des restes de perdraux, à faire une farce à quenelles de gibier. — Si la timbale-tiare est à la volaille, le gibier sera remplacé par deux poulets rôtis, dont on réservera les blancs pour le ragoût en question.

3º — Les éléments ordinaires d'une farce à quenelle de gibier ou de volaille, en sus de ce qui vient d'être indiqué, c'est-à-dire : pain et lait pour la panade, beurre très frais, œuf entier et deux jaunes d'œufs.

4º — Des beaux champignons à large tête ; citron et beurre frais, pour leur cuisson.

5º — Des truffes de moyenne grosseur, et une bien ronde et très grosse. — Dans la saison des truffes, on emploiera des truffes fraîches, et le mets sera encore meilleur.

6º — De la sauce espagnole, non pas celle des grands restaurants, mais une sauce espagnole très simple, pour laquelle il suffit d'avoir beurre frais, farine de froment, bon bouillon de pot-au-feu, et un peu de jus de veau.

7º — Du bon vin blanc, sec ; un peu de madère, pour la grosse truffe.

8º — Enfin, chez le charcutier, on achètera, tout faits, deux boudins blancs de volaille, très minces et longs, donnant une longueur totale de deux fois le tour intérieur du moule ; on achètera, aussi, de la chair à saucisse et une petite barde de lard.

Uu point, c'est tout.

Apprêt de la Timbale-Tiare

Préparation de l'extérieur de la Coiffe. — A l'eau bouillante et salée, faites cuire légèrement vos gros macaronis, de façon qu'ils restent tendres, sans risquer de se briser dans le manipulation qui va suivre. — Egouttez-les ; ne les rafraichissez pas. — Coupez-les en fragments longs d'un centimètre au maximum.

Brossez et pelez quelques-unes de vos truffes. Au moyen de la colonne-tube, levez sur des truffes (comme vous le feriez sur des carottes crues) des tout petits bâtonnets, d'à peu près un centimètre de longueur, et fourrez-les dans le trou de chaque fragment de macaroni. — Opération très facile, mais affaire de patience.

Maintenant, beurrez bien le fond et les parois de votre moule à dôme.

Garnissez alors le fond (qui forme calotte), avec les morceaux de macaroni fourrés, en ayant soin que le côté coupé entre un peu dans le beurre, contre le moule ; c'est en plaçant ainsi dans le beurre le côté coupé, que vous obtiendrez, au démoulage, l'effet voulu ; il semblera que la timbale démoulée est parsemée de petits morceaux d'ivoire ronds enchâssant une multitude de minuscules perles noires. Garnissez pareillement les côtés du moule. après le fond, jusqu'à ce que vous ayez atteint le tiers environ de la hauteur.

Aplatissez vos boudins blancs. — Placez-en un tout autour de la paroi du moule.

Taillez, à présent, des lames de truffes, en formes aussi bizarres que possible, et appliquez-les sans aucun ordre, en ne vous inspirant que de votre fantaisie, contre la paroi et tout autour, au-dessus du premier boudin placé. Vous pouvez ainsi figurer des hiéroglyphes cocasses.

Placez le second boudin comme le premier, vers le deuxième tiers de la hauteur du moule.

Finissez alors la garniture des parois avec le reste de vos morceaux de macaroni fourrés. Voilà terminée la partie la plus longue et la plus minutieuse de tout le travail. — Mais il faut consolider tout ce qui vient d'être appliqué de la sorte dans la faible couche de beurre ; sinon, quand vous verseriez le ragoût à l'intérieur, tout votre ouvrage se détruirait d'un seul coup.

Pour maintenir cette surface intérieure de macaronis et de truffes (qui, au démoulage, deviendra l'extérieur de la coiffe), vous vous servirez de la farce à quenelle, préparée d'avance. En *post-scriptum* de la présente recette, je vous donne celle de cette farce, pour tous les usages en général. — Avec une couche de cette farce, masquez la surface (actuellement intérieure) faite de macaronis, en donnant une épaisseur de farce assez consistante. — Masquez de même les deux boudins plats et les morceaux hiéroglyphiques de truffes. — Ce placement de la farce à quenelles se fera très facilement; mais à une condition importante, et j'ajoute que cette condition est indispensable aux personnes qui n'ont pas encore l'habitude de travaux aussi délicats que celui-ci.

Cette condition, la voici :

Au lieu de faire entièrement d'abord la couche de bouts de macaconis, vous ne la ferez que peu à peu, en suivant, bien entendu, l'ordre qui a été indiqué, et en procédant de même. Mais, en construisant ainsi peu à peu la coiffe, vous aurez la précaution de mettre la couche de farce à quenelle au fur et à mesure du premier travail de la garniture des parois du moule.

De cette façon, qui est la plus sûre pour vous garantir de tout accident pendant cette longue et patiente opération, vous étayez la surface, vous la consolidez comme il convient, tout en la bâtissant lentement.

LE RAGOUT INTÉRIEUR. — Une fois toute cette opération bien terminée, prenez vos filets de grives et autres bonnes parties des chairs de ce gibier. Il va sans dire que ces grives ont été préalablement rôties, comme à l'ordinaire. De même, si, au lieu de faire au gibier ma timbale-tiare, vous la faites en employant des blancs de volaille, ces blancs proviennent d'un dindonneau ou de poulets préalablement rôtis.

Faites chauffer, au beurre sur un feu vif, ces chairs tendres et fines ; mais opérez vivement, en donnant un simple chauffage très court. Ayez toutes prêtes des truffes crues (200 gr.), préalablement pelées et coupées en lames ; sautez le tout ensemble pendant quelques secondes.

Retirez du feu aussitôt. Arrosez ce ragoût de quelques cuillerées de sauce espagnole, que vous avez préalablement fait réduire avec des pelures de truffes et un peu de bon vin blanc sec. En post-scriptum de la présente recette, voir celle de la sauce espagnole. Après quoi, laissez refroidir.

DERNIÈRES PRÉPARATIONS

LES CHAMPIGNONS. — Préparez maintenant vos champignons, que vous avez choisis parmi les plus beaux, de grosseur égale, frais, bien fermes et surtout pas ouverts. Coupez les queues ; épluchez-les avant de les laver ; pelez-les ensuite ; lavez les têtes. Puis, prenez-en une de la main gauche et, avec la pointe d'un petit couteau, tournez-la, c'est-à-dire enlevez la peau sur toute sa surface, en la faisant tourner autour de la lame qui reste fixe dans la main droite. L'important est d'obtenir des surfaces aussi lisses que possible.

A mesure que vos champignons sont tournés, jetez-les dans une casserole où vous avez mis fondre du beurre frais, avec un peu d'eau, du jus de citron et sel.

La cuisson de ces champignons ne demande que 6 ou 8 minutes d'ébullition du liquide, la casserole étant couverte. Après quoi, retirez-les et réservez-les à part.

LA GROSSE TRUFFE. — Toutes vos truffes, sauf la grosse ronde, vous ont servi, pelures comprises, pour la surface faite de macaronis fourrés, pour le ragoût des blancs de grives ou de volaille, et pour la sauce espagnole réduite. Il faut à présent vous occuper de cette grosse truffe, pendant que le ragoût continue à refroidir. Brossez-la avec soin et enlevez avec la pointe d'un petit couteau les parties terreuses qui auraient résisté au brossage (si vous opérez avec des truffes de conserve, de bonne marque, ce qui est le cas le plus souvent, tout le travail indiqué dans ce paragraphe n'existera pour ainsi dire plus. Enveloppez cette grosse truffe d'une petite barde de lard. Mettez-la dans votre plus petite casserole ; salez légèrement ; versez du madère jusqu'à hauteur de la truffe. Faites cuire à feu vif, la casserole étant couverte. Ne donnez pas plus de 7 minutes d'ébullition au liquide. Retirez la truffe ; réservez-la.

POCHADE DE LA TIMBALE. — Votre ragoût étant alors complètement refroidi, versez-le délicatement dans le moule à dôme, de façon à bien remplir le vide qui est resté entre la surface de garniture maintenue par la farce de quenelle. Fermez l'ouverture du moule avec une couche de chair à saucisse. Mettez le moule au bain-marie, afin que la timbale soit pochée, selon l'expression usuelle ; dans le cas présent, c'est une sorte de cuisson lente et douce ou de réchauffement qui s'effectue. Ce pochage doit durer 3/4 d'heure.

Dressage de la Tiare. — Renversez le moule sur un plat chaud. Retirez ensuite le moule très doucement Entourez alors la base de la Tiare avec les têtes de champignons, que vous disposez en cordon, en les appliquant exactement comme notre dessin l'indique. Embrochez la grosse truffe avec le luxueux hâtelet, et plantez-le ainsi au sommet de la Tiare.

Servez et ayez en même temps sur table, dans une saucière, la sauce espagnole réduite, c'est-à-dire tout ce qui vous reste de cette sauce, puisque le ragoût n'en a été arrosé que de quelques cuillerées.

La Sauce Espagnole. — Profitons de cette occasion pour en donner une recette générale, très simplifiée et tout à fait ménagère.

Cette sauce peut se préparer à l'avance, en plus ou moins grande quantité, selon l'importance de la maison.

1° Prenez, par exemple, 125 gr. de beurre frais ; faites-le fondre et ajoutez-y 4 à 5 cuillerées (à soupe) de farine de froment ; remuez constamment avec une cuiller de bois, jusqu'à ce que le mélange ait pris une couleur marron clair.

2° Laissez refroidir un peu ce roux, pour lui ajouter ensuite un peu de bouillon de pot-au-feu, plus ou moins, selon la quantité de sauce que vous désirez. Finalement, ajoutez encore un peu de bon jus de veau ; on en a toujours dans les ménages où rien ne se gaspille.

3° Placez alors votre casserole sur l'angle du fourneau, et laissez cuire en remuant toujours, jusqu'à ce que la sauce soit bien à point, c'est-à-dire moelleuse et lisse, sans être épaisse.

4° Passez-la à la passoire à sauces, et, lorsqu'elle est encore tiède, déposez délicatement à sa surface quelques petits morceaux de beurre, ce qui l'empêchera de faire croûte.

C'est cette sauce que l'on fait réduire, ainsi qu'il a été dit dans la recette ci-dessus, tout en lui ajoutant alors des ingrédients (telles que des pelures de truffes, etc.) qui la rendent encore plus savoureuse.

Dans certains grands hôtels et grands restaurants (hélas !) ce sont les restes d'assiettes des clients qui servent à corser cette sauce. On obtient ainsi des résultats d'incomparable succulence ; mais combien ces procédés sont peu hygiéniques.

Farce a Quenelles de Volaille. — C'est encore une recette générale que je donne ici, afin qu'elle puisse servir à nos lectrices en toutes sortes de cas ; par conséquent, si l'on ne fait pas ma Timbale-Tiare, on trouvera, en d'autres circonstances, à utiliser la recette particulière de cette farce à quenelles.

Epluchez avec soin les chairs d'une volaille bouillie ; enlevez les os, les nerfs et les peaux ; hachez grossièrement ces chairs ainsi triées ; mettez ensuite le hachis dans un mortier. On utilisera très bien de cette façon les restes d'une vieille poule, qui aura servi la veille à faire un bon potage ; supposons que ces restes représentent net 200 gr. de chairs.

D'autre part, faites tremper dans du lait 40 à 50 gr. de mie de pain ; lorsqu'elle est bien trempée, pressez-la : puis, mettez-la avec les chairs dans le mortier.

Pilez bien le tout ; assaisonnez avec sel et poivre ; ajoutez 100 gr. de beurre très frais, un œuf cru (entier), et pilez encore, jusqu'à ce que vous obteniez une jolie pâte, un peu molle. Terminez en ajoutant deux jaunes d'œufs, un par un, et en les mélangeant bien à la préparation.

Passez au tamis de crin. Vous avez ainsi obtenu une farce à quenelle, à laquelle il est prudent de faire subir une petite épreuve.

Epreuve de la Farce. — Prenez-en un peu, gros comme une noix ; roulez légèrement dans la farine cette minime fraction de votre farce et plongez-la dans l'eau bouillante, pour l'en retirer aussitôt qu'elle remonte à la surface ; elle est alors « pochée » selon l'expression professionnelle. Vous constatez de la sorte, en goûtant cette petite boulette, si l'assaisonnement est bon ; en outre, vous voyez par là si votre farce est trop consistante ou trop légère.

Dans le premier cas, vous l'allégez en lui ajoutant de la bonne crème de lait, plus ou moins, selon le besoin ; par contre, si votre farce est trop légère, vous lui ajoutez un ou deux jaunes d'œufs, comme il convient.

LA FARCE AU FRAIS. — Si cette farce n'a pas à être employée immédiatement, vous la mettez dans une terrine ; couvrez d'un papier beurré et tenez la terrine dans un endroit très frais jusqu'au moment où vous aurez à vous servir de la farce.

Telle est la farce dont il y a lieu de se servir pour la Timbale-Tiare faite à la volaille. Cette même farce est exquise dans d'autres ragoûts, surtout lorsqu'elle est mise en quenelles ; ces quenelles font aussi merveille dans un potage, ainsi que dans une tourte ou un vol-au-vent ; elles peuvent même être employées seules comme entrée en les servant avec une sauce convenablement assaisonnnée, il n'y a donc pas à craindre de faire trop de farce à quenelles.

FARCE A QUENELLES DE GIBIER. — On opère comme pour les quenelles de volaille ; les gibiers, dont les chairs s'emploient de préférence, sont le faisan, le perdreau et le lapereau ; l'assaisonnement doit être relevé par un peu de poivre de Cayenne. Dans le cas où, à l'épreuve indiquée ci-dessus, la farce apparaît trop consistante, on l'allège avec quelques cuillerée de sauce espagnole, au lieu de crème.

Pour la Timbale-Tiare faite aux grives, la farce à quenelles est absolument délicieuse, si l'on y emploie des restes de perdreaux, hachés et pilés avec les chairs de grives qu'on n'utilise pas dans le ragoût. Ainsi, rien n'est perdu.

Timbale à la Dubarry

LE BISCUIT

Formule : 4 œufs ; 110 gr. de sucre ; 30 gr. amandes râpées ; 80 gr. de farine ; 1 petit verre de rhum.

Opération. — Travaillez le sucre avec 3 jaunes, ajoutez un œuf entier et battez toujours, les amandes râpées et travaillez encore ; mélangez le rhum et la farine ; montez les blancs bien fermes et réunissez-les à l'appareil. Versez dans un moule en fer-blanc carré de 12 à 14 centimètres de côté. Cuisez à four doux une heure. Laissez refroidir, creusez le biscuit le plus possible, remplissez-le avec une crème glacée ou une chantilly aux fruits.

Timbale de Fraises au Champagne

Garnissez un moule à charlotte de 14 centimètres de diamètre de pâte à brioche au tiers de sa hauteur ; laissez lever jusqu'à ce que la pâte soit montée au bord du moule, mettez au four et faites cuire comme il est indiqué dans l'article brioche mousseline.

Après cuisson, laissez refroidir complètement cette timbale, videz-la ensuite en lui faisant, avec un couteau, une entaille circulaire à trois centimètres du bord, jusqu'à trois centimètres de la base, que vous laissez pour soutenir le fond ; enlevez le milieu de la brioche sans briser la croûte.

D'une autre part, épluchez un kilo de belles fraises que vous mettez dans un grand bol ou autre récipient quelconque. Faites un sirop avec 250 gr. de sucre que vous mouillez avec un verre de champagne ; lorsqu'il est froid, versez le tout sur les fraises que vous mettez dans un endroit très froid ou à la glace, ce qui serait préférable, et, au moment d'envoyer la timbale, garnissez-la des fraises en ayant soin de les monter en pyramide et de les napper de leur sirop.

Timbale aux Fruits frais

Cette timbale est une très heureuse innovation d'une maison de pâtisserie moderne. Je ne puis en dire le nom et je le regrette, parce qu'il est bon de rendre justice aux ouvriers qui ont du talent.

Une dame qui suit les cours en mangea dans un diner et me dit approximativement la nature de la croûte, j'eus assez de mal pour en reconstituer l'ensemble en théorie ; mais je fus agréablement supris, le mercredi 7 juin 1900, quand j'essayai de mettre en pratique ; du premier coup, l'essai fut concluant. Avec une brioche ou un pain de mie, on fait de très jolies timbales à la condition de savoir manier le couteau d'office et la friture ; malgré cela, la croûte a toujours un air commun et roturier qui ne convient pas si on la garnit de fruits primeurs très chers, d'un ananas frais, par exemple.

La croûte aux amandes est au contraire très élégante si on dispose d'un moule festonné, formant coupe, ou simplement un moule à charlotte plus haut que large.

Voici la formule pour un moule de forme unie, de 13 centimètres de diamètre sur 10 ou 12 de hauteur.

Formule : 125 gr. d'amandes ; 175 gr. de sucre semoule ; 50 gr. de crème de riz ; 1 gros blanc d'œuf ou 1 et demi moyen ; un peu de vanille.

Opération. — Jetez 160 gr. d'amandes flot dans un litre d'eau bouillante, laissez reprendre le bouillon, retirez du feu, couvrez et attendez une minute.

Versez les amandes dans une passoire à gros trous et faites couler dessus un peu d'eau froide.

Posez les amandes sur la table, prenez-les une par une entre le pouce et l'index et appuyez en poussant l'amande en avant.

Faites ce mouvement en avant avec les deux mains à la fois ; gardez les peaux dans les mains, c'est-à-dire trois ou quatre, et débarrassez-vous en dans la passoire ; essuyez les amandes dans un linge et faites-les sécher sur une plaque, à la bouche du four, sans leur donner de la couleur ; si vous voulez bien faire et sans perte de temps, blanchissez les amandes la veille, étalez-les sur un papier blanc et mettez-les à l'étuve jusqu'au lendemain.

Si vous avez une râpe à amandes (5 fr. 25), le travail est fait rapidement ; si vous n'en avez pas, pilez-les avec la moitié du sucre, mais employez du sucre cassé au lieu du sucre semoule. Faites sauter les amandes en pilant, pour éviter de leur faire rendre de l'huile ; le sucre étant écrasé, passez au tamis n° 20 ; remettez dans un mortier ce qui ne passe pas, ajoutez la moitié du sucre, pilez et passez de nouveau, finalement repilez avec ce qui reste et passez à nouveau.

Il vous restera très peu d'amandes, remettez dans le mortier et pilez avec le blanc d'œuf.

Triturez sucre et amandes passés, pilez pour obtenir une pâte bien liée, un peu ferme ; parfumez et mélangez la crème de riz.

Si, par cas, la pâte était trop dure, ajoutez un peu de blanc d'œuf, très peu à la fois. La pâte doit-être travaillée au rouleau. Elle doit par conséquent être ferme ; mais bien liée, homogène et fine.

Pour Dresser la Timbale. — Mettez un disque de papier écolier beurré des deux côtés sur le fond du moule, une bande coupée en deux ou trois sur le bord intérieur. Avec une boule de pâte grosse comme un œuf, faites une petite galette ronde, un peu plus petite que le disque de papier et épaisse comme deux pièces de 5 fr. Faites ce travail avec le rouleau, sur la table bien unie que vous saupoudrez de sucre glace au lieu de farine ; mettez au fond du moule.

Roulez le reste de pâte en boudin 3 fois long comme le diamètre du moule, aplatissez-le pour en faire une bande large comme la hauteur du moule. Roulez-le sur lui-même ; transportez-le dans le moule et déroulez-le sur le bord ; soudez les deux extrémités aussi bien que possible pour ne pas laisser voir la soudure une fois la timbale démoulée.

Rentrez le disque de pâte dans le fond et soudez-le au bord avec le même soin avec lequel vous avez soudé l'abaisse ; il ne faut pas qu'il ait des trous ou fentes, sinon le sirop coulerait quand la timbale serait garnie. Habillez le fond et le tour d'un disque et d'une bande de papier beurré dont vous appliquez le beurre sur la pâte ; garnissez avec des noyaux de cerises, du riz, des haricots ou des lentilles et faites cuire au four doux sur une plaque.

Dans 35 ou 40 minutes, videz la timbale, enlevez le papier et faites colorer l'intérieur ; sortez du four aussitôt la couleur nécessaire obtenue ; renversez la timbale avec soin sur une grille pour vous assurer qu'elle se démoule bien et que la

couleur est bonne dehors et dedans ; remettez-la dans le moule et laissez-la refroidir.

La Garniture

Formule : 1 kilo de cerises de Montmorency ;
150 gr. de sucre cristallisé ; un verre à madère de kirsch ; un morceau de cannelle de
Ceylan.

Opération. — Dénoyautez les cerises,
en les éventrant le moins possible.

La manière la plus sûre est de se servir
d'un couteau d'office, de tenir la cerise
sur les trois doigts de la main gauche, de
piquer la pointe du couteau à côté de la
queue avec la main droite, de saisir la
queue et de tirer en haut.

Mettez à mesure les cerises dans le
poëlon en cuivre non étamé, conservez le
jus avec soin. Les cerises finies, mettez
la cannelle, couvrez et faites faire un
bouillon sur un feu vif. Renversez les
cerises sur une passoire à gros trous, posée sur un vase, et laissez-les égoutter
tranquillement.

Versez le jus des cerises dans le poëlon,
mettez le sucre, faites cuire jusqu'à la
nappe ; pour vous assurer de ce degré,
trempez l'aiguille à brider dans le sirop ;
laissez-la se débarrasser de l'excès qu'elle
prend, et faites tomber la dernière goutte
dans une soucoupe, la goutte doit rester
figée et former une pastille ronde et brillante. Retirez du feu, mettez les cerises
dans le sirop, ainsi que le peu de jus qui
a coulé encore et laissez-les gonfler couvertes.

N'ajoutez le kirsch qu'au moment de
servir la timbale, après avoir retiré la
cannelle.

Il est facile d'ajouter aux fraises, des
framboises, des groseilles dans la timbale,
mais on ne doit les mettre qu'avec le kirsch,
lorsque les cerises sont complètement
froides, sinon on ferait une purée.

Timbale de Gnocchi

(*Légume maigre*)

La Pate pour la Timbale

Formule : 150 gr. de farine ; 70 gr. de beurre ;
1 jaune d'œuf ; une pincée de sel ; 1/2 décilitre de lait ou d'eau.

Opération. — Disposez la farine en
fontaine, mettez dans le milieu le beurre,
le sel, le jaune d'œuf, le lait ou l'eau ; triturez avec les doigts réunis pendant une
minute, incorporez la farine ; fraisez la
pâte deux fois, laissez-la reposer vingt
minutes au frais.

Donnez deux tours ; nouveau repos et
deux tours. Beurrez l'intérieur d'un moule
à tarte de 22 centimètres de diamètre et
2 centimètres de hauteur ; étendez la pâte
en rond, bien uniforme comme épaisseur ;
pour obtenir cette uniformité d'épaisseur,
il faut faire tourner la pâte sous le rouleau
et ne donner des coups de rouleau que
très légers ; assurez-vous, en posant le
moule, que le rond dépasse de deux centimètres bien également tout autour ; doublez la pâte, soulevez-la avec les deux
mains et transportez-la sur le moule ;
rabattez la partie doublée sur le côté du
moule qui n'est pas habillé, avec le pouce
appuyez légèrement en biais pour coller
la pâte au moule, prenez celui-ci avec les
deux mains, les quatre doigts de chaque
main en dehors et les deux pouces en
dedans ; posez sur un plateau en tôle forte
(le plateau en pâtisserie est *rond* et la
plaque est *rectangulaire*) ; toujours avec
le plat du pouce, moulez bien la pâte, il
faut obtenir l'angle interne bien prononcé
pour éviter les globules d'air et les boursouflures à la cuisson. Piquez la pâte avec
la pointe d'un couteau. Découpez un
papier très souple de 25 centimètres de
diamètre, beurrez-le d'un côté seulement,
appliquez le côté beurré sur la pâte, relevez les bords et emplissez avec des noyaux
de cerises, des haricots fins, lentilles, riz
ou pois cassés, et faites cuire au four un
peu chaud trente minutes.

Enlevez, avec une cuiller à bouche, la
moitié de la garniture qui pourra servir
une autre fois ; puis enlevez le papier avec
ce qui reste de garniture. Enlevez aussi le
cercle et laissez sécher la pâte cinq minutes. La timbale n'est pas tout à fait
assez cuite. Elle finira de cuire en cuisant
les gnocchi.

PÂTE A GNOCCHI (pour 8 à 10 personnes)

Formule : 120 gr. de beurre ; 120 gr. de farine ; 120 gr. de fromage râpé ; un décilitre de lait ou de bouillon ; 1/2 décilitre de vin blanc ; très peu de sel, épices et muscade râpée ; 3 œufs un peu gros.

Opération. — Faites bouillir les deux liquides avec la moitié du beurre et les condiments, retirez du feu, incorporez la farine toute à la fois, desséchez sur le feu une minute en brassant avec la cuiller de bois.

Retirez du feu, laissez refroidir 5 minutes, mettez un œuf et mélangez-le, un deuxième et finalement le dernier. Mélangez aussi le tiers du fromage et le beurre qui reste.

POUR LES POCHER. — Chauffez deux litres d'eau salée à 20 gr. dans un large sautoir. Dès le premier bouillon, retirez mais laissez sourire. Jetez avec une cuiller à bouche des quenelles faites avec la pâte. Pour cette opération, il est nécessaire : 1° de remplir la cuiller en dôme bien lisse ; 2° avec l'index de la main gauche, coupez en long la pâte sur la cuiller et vous obtenez des quenelles de forme ovoïde. Les laisser pocher de 15 à 20 minutes, couvertes et au sourire modeste du pot-au-feu.

LA SAUCE POUR LE GRATIN

Formule : 30 gr. de beurre ; 20 gr. de farine ; 1/4 de litre de lait bouillant ; pointe de poivre, muscade.

Opération. — Faites fondre le beurre, amalgamez la farine et les épices ; jetez le lait bouillant tout à la fois ; donnez un coup de fouet et la sauce doit être lisse et liée. Ajoutez un troisième quart de fromage.

POUR GARNIR LA TIMBALE. — Egouttez les gnocchi en les posant sur un tamis de crin ou sur un linge double, avec l'écumoire à friture.

Versez dans la timbale, posée sur le plat rond qui doit aller à table, une couche de sauce ; saupoudrez d'un peu de fromage, garnissez d'une couche de gnocchi pas trop serrés, parce qu'ils doivent gonfler au four ; arrosez de sauce et de fromage ; dressez une nouvelle couche et continuez : sauce, fromage, finalement tout ce qui reste de sauce et de fromage.

Faites gratiner au four chaud, à la hauteur du foyer, 7 à 8 minutes ; tournez le plat et laissez 5 minutes. Aussitôt la timbale sortie du four, promenez avec une fourchette un morceau de beurre non fondu sur le gratin et vous le verrez se glacer à mesure.

Servir le plus vite possible ; les gnocchi retombent aussi facilement qu'un soufflé, et alors la pâte devient lourde et sans goût.

N. B. — Ce légume peut être servi à dîner, mais jamais dans un dîner de cérémonie ; au contraire, c'est un joli légume de déjeuner officiel.

Timbale de Macaroni au Chocolat

Quantités pour un moule à cylindre festonné de 22 centimètres de diamètre.

Formule : 125 gr. de coquilles (macaroni coupé en petits coudes) ; demi-litre de lait ; 50 gr. de beurre ; 125 gr. de sucre semoule ; 125 gr. de chocolat, ou cacao et sucre ; un œuf et 4 jaunes d'œufs ; sel et vanille.

Opération. — Jetez les coquilles de macaroni dans un litre d'eau bouillante salée d'une petite cuillerée de sel, et remuez pour les détacher l'une de l'autre en attendant l'ébullition ; puis couvrez et laissez pocher une demi-heure à côté du feu.

Beurrez le moule avec le beurre réduit en crème plutôt que fondu, le faisant pénétrer dans les moulures, profondément ; laissez figer au frais.

Cassez le chocolat en morceaux ; chauffez-le à l'entrée du four ouvert pour le ramollir, et non pas directement sur le feu qui brûle le parfum. Pendant ce temps, travaillez le sucre avec les quatre jaunes d'œufs, dans un saladier, et faites bouillir le lait.

Réunissez le chocolat devenu pâteux dans les jaunes sucrés, écrasez les grumeaux, joignez l'œuf indiqué dans les proportions, un peu de vanille, et triturez à nouveau ; mouillez avec le lait ; mettez dans la casserole du lait, donnez une imperceptible ébullition, et versez cette crème dans le saladier.

Egouttez le macaroni, secouez-le pour faire tomber toute l'eau, mettez-le dans la casserole où était précédemment la crème, mélangez les deux tiers de celle ci, liez bien et versez dans le moule beurré dont vous tassez le contenu en frappant le moule sur le table garnie d'un linge double.

Disposez par dessus le reste du beurre ayant servi à beurrer le moule, et cuisez au bain-marie, au four et couvert, environ une heure.

Posez un plat rond sur le moule, retournez, arrosez avec le reste de crème.

Timbale de Pommes douces

La charlotte aux pommes a deux inconvénients : 1° Elle est trop connue. 2° Les personnes qui sont sensibles des dents ne peuvent la manger, le pain étant trop dur.

J'ai pensé qu'en faisant l'enveloppe à la purée de pommes de terre, ces deux inconvénients seraient évités.

Voici donc comment vous devez opérer :

Faites la même purée que pour la timbale Tony Dutreux.

Formule : 750 gr. de pommes de terre ; 60 gr. de beurre ; 15 gr. de sucre ; 6 gr. de sel ; 3 jaunes d'œuf ; 2 cuillerées de crème épaisse.

Opération. — Etant froide, vous tapissez un bol émaillé de 16 centimètres de diamètre, bien beurré, avec des petites cordelettes de cette purée.

Pelez et taillez fin autant de pommes douces, sautez-les avec 60 grammes de beurre, parfumez-les avec un verre à madère de kirsch, mettez-les dans la timbale que vous fermez avec d'autres cordons de purée de pommes et mettez au four chaud, sur une plaque, quarante minutes.

Vour aurez une timbale superbe et bien meilleure qu'avec le pain de mie.

Je vous engage, chères lectrices, à essayer, et vous aurez des compliments de vos invités, surtout du côté masculin, le plus gourmand, quoi qu'on en dise et quoiqu'ils disent surtout.

Torsade aux Mandarines
(GATEAU)

Quantités pour un grand moule de 22 centimètres de diamètre.

Formule : 4 œufs, de 60 gr. chacun ; 125 gr. de sucre semoule ; 100 gr. d'amandes blanchies, séchées et râpées ; 60 gr. de crème de riz ; 60 gr. de beurre fin ; zeste et jus de deux belles mandarines.

Opération. — Avec la râpe spéciale, on a vite fait de réduire en poudre les amandes.

A son défaut, il faut broyer fin les amandes dans le mortier, avec les jaunes d'œufs d'abord, le jus des mandarines ensuite. Mais cette pâte doit être très fine, et, malgré les soins apportés, la légèreté du gâteau se ressentira du manque de râpe. Je vais indiquer de procéder comme si on devait se servir de la râpe.

Faites fondre le beurre sans le laisser bouillir.

Beurrez un moule à torsade ou, à défaut, un moule à bordure festonné ou à trois frères ; laissez figer le beurre et farinez le moule avec un peu de crème de riz.

Mettez dans un bol le jus, les zestes des mandarines et les jaunes d'œufs ; mettez les blancs d'œufs dans la bassine en cuivre pour les monter en neige ; le sucre semoule sur une feuille de papier ; et la crème de riz sur une autre feuille.

Fouettez les blancs bien fermes, saupoudrez-les d'une bonne cuillerée de sucre et fouettez-les encore pour les raffermir. Enlevez le fouet, versez d'une main le sucre en pluie sur les blancs pendant que l'autre main le mélange à l'aide de la spatule ; mélangez aussitôt le contenu du bol, le beurre à peine chaud, puis finalement la crème de riz.

Versez dans le moule, et mettez au feu sur une plaque de tôle pour que le moule soit bien d'aplomb.

Cuisez pendant environ quarante minutes, à chaleur modérée mais suffisante.

Retirez du feu, et posez-le sur un tamis pour faire refroidir.

Avant de servir, arrosez le gâteau avec un peu de bon curaçao ou de l'anisette.

Tôt Fait aux Marrons

Quantités pour 8 à 10 personnes environ.

Formule : 400 gr. de marrons crus ; 150 gr. de sucre semoule ; 80 gr. de beurre fin, très frais ; demi-verre de lait ; quart de gousse de vanille ; 4 jaunes et 6 blancs d'œufs moyens ; un moule à génoise de 22 cent. de diamètre.

Opération. — Enlevez la première peau aux marrons ; mettez-les dans une casserole non étamée couverts largement d'eau froide, donnez-leur un fort bouillon sur feu vif. Dans une casserole plus petite, faites chauffer le lait avec la vanille. Aussitôt l'ébullition des marrons, retirez la casserole du feu et enlevez rapidement la deuxième peau ; mettez-les à mesure dans le lait chaud.

Les marrons étant finies de monder, faites-les cuire sur feu doux de 20 à 25 minutes, suivant leur grosseur ; salez un peu le lait. Beurrez le moule et sucrez-le.

Égouttez les marrons, passez-les rapidement au tamis de fil de fer posé sur un linge sur la table ; mettez la purée dans un saladier légèrement chauffé, mélangez le beurre, les jaunes et le sucre, moins une cuillerée à bouche.

Montez les blancs ; lorsqu'ils sont un peu fermes, saupoudrez-les avec le sucre restant, battez-les encore pour les bien raffermir, mélangez-en un peu dans le saladier et versez aussitôt cette composition sur les blancs. Mélangez à la spatule, rapidement sans trop faire retomber la pâte ; garnissez le moule, mettez au feu un peu chaud et, dans 20 minutes, servez le gâteau renversé sur un plat chaud. Saupoudrez de sucre vanille.

Tôt-Fait

Formule : 100 gr. de sucre semoule ; 60 gr. de crème de riz ; 60 gr. de beurre ; 1/2 zeste d'orange ou de citron ; 1 cuiller à bouche de lait ; 3 beaux œufs ; 1 casserole en argent ou un moule à charlotte de 12 cent. de diamètre.

Opération — Beurrez la timbale ou le moule à charlotte avec du beurre à peine fondu, saupoudrez-le lorsqu'il est froid d'un peu de sucre glace. Zestez l'orange sur un morceau de sucre en pain et ratissez avec un couteau la partie qui se colore en jaune.

C'est la meilleure manière de capter le parfum si fugace des zestes d'orange ou de citron. Un morceau de sucre de 250 gr. peut servir longtemps pour cet usage. Mettez une cuiller à bouche de lait dans une tasse ou un petit bol.

Pesez le sucre et la crème de riz, mélangez-les ensemble sur un papier et le sucre zesté. Séparez les blancs d'œufs des jaunes avec beaucoup de soin, mettez les blancs dans la bassine et les jaunes dans la tasse où vous avez mis la cuiller à bouche de lait.

Mettez le beurre à fondre à côté du feu.

Montez les blancs bien fermes, versez les jaunes dessus et les éléments réunis sur le papier, en mélangeant avec une spatule ; ajoutez le beurre et, aussitôt bien mélangé, versez dans le moule et cuisez à four doux de 20 à 25 minutes. Servez tel que.

Tourte de Cailles à l'ancienne

LA PATE

Formule : 500 gr. de farine ; 200 gr. de beurre ; 6 gr. de sel fin ; 2 décilitres d'eau ; un jaune d'œuf frais.

Opération. — Faites la fontaine sur la table, mettez dans le milieu le sel, le jaune d'œuf, le beurre, trituré légèrement sur un coin de la table mouillée, et l'eau ; mélangez tout à la fois en incorporant peu à peu la farine dans le milieu ; fraisez deux fois la pâte, faites une boule, mettez-la au frais un quart d'heure, donnez quatre tours simples, c'est-à-dire en pliant la pâte deux fois au lieu de trois fois, ainsi que l'on doit le faire pour le feuilletage.

Laissez-la reposer après ces quatre tours un quart d'heure et vous pouvez vous en servir.

Il m'est arrivé souvent, dans les moments de presse, de donner les quatre tours aussitôt la pâte pétrie et de m'en servir de suite sans que la tourte se ressente de cette hâte. J'avais soin de faire la détrempe très vivement et de ne pas lui donner trop de corps, autrement dit d'élasticité.

LES CAILLES. — Prenez une caille de vigne, pas trop grasse et surtout pas trop abimée du fusil, pour 2 couverts. Coupez les ailerons, enveloppez la main gauche d'un petit linge épais pour ne pas fondre la graisse; tirez par petites pincées les plumes en levant les doigts presque droits au-dessus, de cette façon vous ne déchirez pas la peau.

Flambez-la légèrement, videz le jabot et l'intérieur, jetez le tout excepté le foie, coupez les pattes au-dessus du genou; fendez la caille d'un bout à l'autre sur le dos; coupez le cou à sa naissance, désossez l'échine et enlevez-la, divisez la caille par le milieu, enlevez les petits os de l'estomac, mettez les deux demi-cailles sur une assiette ou un plat suivant la quantité que vous avez à faire, saupoudrez-les légèrement de sel mélangé à un peu de poivre frais moulu, couvrez-les d'un papier et mettez-les au frais.

LA FARCE

Formule : 250 gr. de filet de porc frais ; 125 gr. de panne de porc ou graisse de rognon de veau ; 10 gr. de sel ; poivre, muscade, épices ; 1/2 décilitre de cognac ; un œuf entier ; 20 gr. de mie de pain ; 5 cailles de vigne.

Opération. — Le porc frais doit s'entendre poids net, ainsi que la panne ou le suif (ce dernier est préférable); après avoir bien paré la viande et le corps gras, hachez-les avec un fort couteau trempé dans de l'eau chaude.

Faites tremper la mie de pain dans du lait ou de l'eau froide, pilez le tout dans un mortier ; lorsque vous voyez la chair assez fine, ajoutez les os des cailles, broyez de nouveau pour les réduire en purée et les bien mélanger à la farce, assaisonnez et broyez toujours, passez au tamis de fil de fer n° 20.

Relevez la farce dans un saladier, travaillez-la à la cuiller de bois, pour la rendre plus légère, et mettez-la au frais

en attendant que vous dressiez le fond de la tourte.

POUR DRESSER UNE TOURTE. — Coupez les deux tiers de la pâte, pliez les coins sur le milieu pour faire, le plus vite possible, et sans la chauffer, une boule avec la pâte. Faites-en autant avec l'autre tiers de pâte. Beurrez un cercle à flan ou tarte de 20 centimètres de diamètre pour 5 cailles ; preparez un plateau ou tourtière en tôle épaisse, un peu plus grand que le cercle, étendez la grosse boule en rond, de façon à foncer le cercle et à faire déborder un peu la pâte, à peu près un centimètre : ne la coupez pas surtout.

Etendez la moitié de la farce, posez au milieu une moitié de caille, la peau dessus et les neuf morceaux qui restent autour.

Faites 10 boules sur la table farinée avec ce qui vous reste de farce, aplatissez de forme ovale et couvrez les demi-cailles.

Etendez l'autre boule de pâte bien ronde, qu'elle couvre bien la tarte et puisse se souder sur le rebord avec le fond qui déborde ; mouillez légèrement le tour, posez l'abaisse doublée sur une moitié, dédoublez-la et appuyez-la sur l'autre, appliquez le pouce autour pour souder les deux abaisses, retroussez le bord qui dépasse, et, avec le pouce et l'index, faites des pinces en allant toujours en avant et dans le même sens ; cela forme un cordon d'un très joli effet.

Dorez le dessus avec de l'œuf battu, faites un trou au milieu de la tourte, pour l'évaporation de la vapeur, et faites cuire une heure un quart au four moyen.

Surveillez la couleur du dessus, couvrez d'un papier si elle était trop prononcée ; toutefois donnez une couleur mâle, que cela n'ait pas l'air d'une pâtisserie.

Servez après les œufs ou le poisson dans un déjeuner.

Les petits dômes que ferment les demi-cailles indiquent à chaque convive les endroits à prendre.

Tourte aux Noix

Quantités pour 10 personnes environ.
Formule : 1/2 kilog. de noix ou noisettes
épluchées, plus 8 belles noix pour la garniture ; 1/2 kilog. de sucre en poudre ; 3 gros
œufs ; 1 verre de farine de gruau ; 250 gr.
de confitures de fraises.

Opération. — Epluchez les noix ou les
noisettes, pilez-les très fin dans un mortier
avec du sucre, ou bien passez-les à la râpe
mécanique. Cassez les œufs, séparez les
jaunes des blancs, travaillez à la spatule
les jaunes avec le reste du sucre, moins
trois grandes cuillerées que vous réservez,
comme pour faire un biscuit ; ajoutez les
noix écrasés, puis la farine, en mélangeant
toujours. Battez deux blancs et demi
d'œufs en neige, mélangez-les par petites
portions à la pâte, versez dans un moule à
génoise beurré, et cuisez à four doux pendant environ une heure.

Démoulez prudemment le gâteau, laissez
refroidir, coupez-le en trois tranches dans
son épaisseur, enduisez les deux tranches
inférieures de confitures et replacez-les
les unes sur les autres.

Mettez dans une petite terrine les trois
bonnes cuillerées de sucre en poudre que
vous avez réservées, ajoutez le demi-blanc
d'œuf restant, quelques gouttes de citron,
et travaillez vigoureusement à la cuiller
de bois jusqu'à ce que le tout forme une
masse bien unie et épaisse. Glacez-en le
gâteau, garnissez-le avec seize moitiés de
noix épluchées ou des noisettes, et mettez-
le, pour un instant, dans un four très
chaud.

Tourte à la Marmelade de Pommes

Formule : 600 gr. de pommes de reinette ;
50 gr. de sucre semoule ; 100 gr. de beurre ;
3 gr. de sel ; 200 gr. de farine ; un bon décil.
d'eau.

Opération. — Fendez les pommes en
quatre, pelez et émincez-les dans une
casserole moyenne, ajoutez le sucre en
poudre et deux cuillerées à bouche d'eau ;
couvrez et posez la casserole sur un feu
très doux ; donnez dix minutes de cuisson
et faites une marmelade en ajoutant 20 gr.
de beurre pris sur les 100 grammes.

La Pate. — Mettez la farine sur la
table, faites un trou au milieu, mettez le
beurre restant, le sel et le décilitre d'eau ;
travaillez ensemble beurre, sel et eau ; incorporez la farine, fraisez la pâte une fois,
réunissez en une boule, donnez-lui deux
tours de suite sans prendre de repos ;
laissez ensuite reposer 20 minutes et la
pâte est à point. Etendez-la en rond et
formez-en le fond d'un cercle à flan de
20 centimètres de diamètre ; rognez le tour
et mettez les rognures en boule pour faire
le couvercle ; versez dans l'intérieur la
marmelade de pommes, égalisez bien et
un peu en dôme. Etendez le couvercle
en rond, pliez-le en deux et posez-le sur
un côté de la tourte ; en l'ouvrant, couvrez
l'autre, mouillez avant un peu le bord
pour souder les deux abaisses et pincez
tout le tour. Dorez à l'œuf battu, percez
un petit trou sur le milieu pour la vapeur,
et un petit dessin avec la pointe d'un couteau. Mettez cuire de 35 à 40 minutes, à
four chaud.

Cette tourte se mange froide ou chaude.

Tourte aux Pommes douces, à l'Ancienne

La Pate

Formule : 250 gr. de farine ; 150 gr. de beurre ;
10 gr. de sucre ; 5 gr. de sel ; 1 jaune d'œuf ;
1 décilitre 1/2 d'eau ; un peu de rhum ou
cognac.

Opération — Faites un trou au milieu
de la farine ; mettez le beurre, le sel, le
jaune, le sucre, le cognac ou rhum et
presque toute l'eau. Amalgamez le plus
vite possible, fraisez la pâte une fois,
réunissez-la en boule, laissez-la raffermir
au froid une petite demi-heure.

Donnez un tour double, c'est-à-dire
étendez et pliez les deux bouts se rejoi-
gnant au milieu de l'abaisse et doublez
un côté sur l'autre.

Tournez le côté de devant à votre gauche et recommencez l'opération ; remettez
au frais et, dans un quart d'heure, faites
exactement la même opération. Laissez
encore reposer un quart d'heure avant
de l'employer.

Les Pommes

Formule : 1 kilo de pommes douces ; 400 gr.
de sucre ; 1 verre de kirsch ; 1 décilitre d'eau.

Opération. — Pelez un kilo de pommes
ordinaires, enlevez les pépins avec soin,
coupez-les en tranches. Faites bouillir le
sucre et l'eau ; mettez les pommes et cuisez-les 10 minutes, les remuant avec une
cuiller de bois. Retirez du feu, mettez le
kirsch et 3o ou 4o gr. de beurre, si vous
aimez un peu gras.

Pour Dresser la Tourte. — Beurrez
un cercle à flan de 24 cent. de diamètre
avec du beurre non fondu ; divisez la pâte
en deux portions égales ; faites deux abaisses aussi bien unies et rondes que possible, une plus petite que l'autre et par
conséquent plus épaisse ; avec la plus
grande, garnissez le cercle à flan ; faites
dépasser la pâte d'un demi-centimètre sur
le bord supérieur ; mouillez le tour, garnissez avec la purée de pommes, posez
le couvercle de pâte, soudez bien le tour
en appuyant avec les trois doigts supérieurs, rognez ce qui dépasse par trop,
dorez le couvercle, soit avec de l'œuf
entier battu ou simplement du blanc ; avec le
peu de pâte qui vous reste, faites quelques
dessins au milieu, dorez encore ; mettez
au four un peu chaud et laissez cuire une
bonne heure.

Saupoudrez de sucre vanillé avant de
servir, pour faire la différence de cette
tourte d'entremets avec la tourte à l'ancienne, garnie de Godiveau.

Tourte au Soleil

Formule : 2 blancs d'œufs ; 125 gr. de sucre
en poudre dit glace ; 120 gr. de farine de
gruau ; vanille en poudre ; demi-pot de gelée
d'abricot ou de coing.

Opération. — Délayez le sucre et la vanille avec les blancs, incorporez la farine,
fraisez la pâte une fois et laissez-la reposer
une heure.

Allongez la pâte à l'épaisseur d'une
pièce de 5 francs, découpez un disque de
22 cent. de diamètre, posez-le sur une
plaque de tôle ronde, forte ; festonnez le
bord en le retroussant et le pinçant avec

le pouce et l'index, afin de faire un tout
petit rebord.

Dorez au lait le dessus de la tourte.
Avec les débris de pâte, faites des petits
macaronis que vous faites partir du centre
et allongez presque jusqu'au bord en
forme de soleil.

Poudrez de sucre, faites cuire à chaleur
douce ; lorsque la tourte se détache facilement de la plaque, elle est cuite ; garnissez
les vides de gelée en la coulant avec un
cornet de papier. Les cordons de pâte en
doivent pas être noyés de gelée.

Triple Crème

Formule : (pour 12 couverts) : un litre de lait
non écrémé ; 250 gr. de sucre cristallisé ;
2 œufs entiers, 6 jaunes ; 2 tablettes de
chocolat vanillé ; quelques cuillerées d'essence de café ; beurre et grain de sel.

Opération. — Beurrez les douze moules
avec du beurre nature, fondu il donnerait
du goût à la crème.

Faites bouillir le lait et chauffer le
chocolat devant le four ouvert.

Travaillez le sucre avec les six jaunes
un bon moment, ajoutez un œuf, travaillez encore, puis l'autre œuf et battez un
moment ; le sel et le lait peu à peu. Transvasez la crème du saladier dans la casserole et *vice versa*, deux fois pour faire le
mélange intime.

Divisez la crème par moitié ; dans l'une
mettez le café et dans l'autre le chocolat
dilué dans la casserole où a bouilli le lait,
avec un peu de crème dès le principe
pour ne pas faire des grumeaux.

Remplissez les moules, mettez-les dans
une plaque à rebord avec un peu d'eau
bouillante et cuisez-les au four doux,
couverts d'une feuille de papier d'office.
Laissez-les refroidir.

Pour Dresser. — Montez au fouet un
quart de litre de crème de lait mi-épaisse
avec deux cuillerées à bouche de sucre
vanillé. Renversez les moules en alternant, dans un plat rond un peu grand,
chocolat et café ; au-dessus, laissant voir
la crème, dressez la chantilly en dôme, au
dernier moment, et servez aussitôt.

Tuiles aux Amandes

Formule : 120 gr. de sucre glace ; 110 gr.
  d'amandes hachées ; 4 blancs d'œufs ; 10 gr.
  de crème de riz ; un peu de vanille en
  poudre.

Opération. — Travaillez le sucre avec
les blancs d'œufs, 10 minutes ; ajoutez la
vanille, les amandes bien sèches et assez
fines, la crème de riz ; mélangez à la spatule.

Beurrez ou cirez une plaque de tôle un
peu forte ; couchez des petits tas de pâte,
gros comme une petite noix ; faites cuire
au four un peu chaud ; aussitôt cuites et
très peu refroidies, enlevez et posez-les
sur le rouleau à pâtisserie pour leur donner la forme incurvée.

Tenez au sec, si vous ne voulez pas
qu'elles ramollissent.

Tuiles Pralinées

Formule : 125 gr. de sucre semoule ; 100 gr
  d'amandes blanchies hachées ; 40 gr. de
  farine ; 2 petits œufs ; un petit verre de
  rhum.

Opération. — Hachez les amandes
assez fin ; chauffez-les à la bouche du
four ; travaillez dans un saladier le sucre
et les œufs avec une cuiller de bois, 5 ou
6 minutes; ajoutez le rhum et travaillez
les amandes et la farine.

Dressez sur plaque beurrée des cuillerées à légumes de pâte, assez distancées
l'une de l'autre, parce que ces petits tas
écartent beaucoup ; cuisez 10 minutes au
four un peu chaud, enlevez et posez sur le
rouleau à pâtisserie pour les faire incurver.

Tenez au sec.

Tuiles Communes

Formule : 125 gr. de sucre en poudre ; 120 gr.
  de farine ; 125 gr. d'amandes effilées ;
  2 beaux blancs d'œufs ; vanille en poudre.

Opération. — Mettez les blancs en
neige, mélangez à la spatule : 1° le sucre
et la vanille ; 2° les amandes un peu
chaudes et enfin la farine.

Dressez des cuillerées à légume de cet
appareil sur une plaque beurrée ; cuisez à
feu vif.

Incurvez sur un rouleau à pâtisserie ou
un manche en bois rond et bien propre.

Tuiles Perlées

Formule : 60 gr. de noisettes grillées au four
  et frottées dans un linge ; 150 gr. de farine
  tamisée ; 120 gr. de sucre en poudre ; 100 gr.
  de beurre fin ; 2 jaunes et 1 blanc d'œuf.

Opération. — Pilez les noisettes mélangées à un œuf entier et à un jaune ;
liez ensemble sur la table la farine, le
sucre et le beurre, pour en faire une pâte
maniable que vous étendez au rouleau en
deux plateaux minces de deux millimètres
d'épaisseur.

Coupez ces abaisses de pâte à l'emporte-
pièce rond, de cinq centimètres de diamètre ; arrangez-les sur des plaques de tôle
graissées au beurre fin et clarifié, et cuisez
à four assez chaud.

A la sortie du four, cintrez ces cercles
en forme de tuiles, sur un rouleau ou
dans un moule à tartines. Après refroidissement complet, couvrez chaque tuile de
sirop de vanille à l'aide d'un pinceau, et
trempez-les dans le petit sucre grainé ou
cristallisé.

Turban aux Fraises

Formule : un moule à Savarin, de 22 centimètres de diamètre ; 250 gr. d'œufs (4 œufs
  moyens) ; 125 gr. de sucre cristallisé ; 100
  gr. de crème riz ; 60 gr. d'amandes râpées ;
  60 gr. de fraises en purée ; 100 gr. de beurre ;
  un quart de litre de crème double ; 25 fraises
  bien venues, un peu grosses.

Opération. — Cassez quatre œufs
moyens dans le bassin en cuivre, ajoutez
125 grammes de sucre et battez pendant
un quart d'heure sur la plaque du fourneau ou sur un récipient contenant de
l'eau bouillante, la pâte devant être tiède.

Si vous l'avez bien battue, elle est
épaisse au point de faire un petit monticule lorsqu'elle retombe du fouet soulevé.

Beurrez le moule à savarin, et farinez-le
lorsque le beurre est bien figé.

Passez 60 grammes de fraises au tamis
de crin. Râpez le même poids d'amandes,
100 grammes de beurre de noisette. Ta-

misez 100 gr. de crème de riz sur une feuille de papier.

La pâte étant bien montée, mélangez d'abord la purée de fraises, les amandes, la crème de riz et le beurre presque froid.

Versez dans le moule les quatre cinquièmes de la pâte, réservant le reste pour faire, dans un moule, le fond du gâteau ; à défaut de moule rond, versez sur un plateau de tôle beurré et fariné. Cuisez, à four chaud, le fond pendant 10 à 15 minutes; le savarin pendant une bonne demi-heure, et renversez sur un tamis ou sur une grille en sortant du four.

Pour Dresser. — Lorsque le savarin est froid, mettez le fond sur un plat rond garni d'un papier dentelé, et le gros morceau le dessus dessous. Battez un quart de litre de crème mélangée d'une pleine cuillerée à bouche de sucre semoule, versez-la en pyramide dans le creux du savarin, et dressez sur la crème les belles fraises que vous avez lavées, essorées et marinées avec quelques gouttes de citron et une cuillerée de sucre.

Ce gâteau ne doit être dressé qu'au moment où les convives se mettent à table. Une attente de plus d'une heure lui est funeste, la crème s'affaisse et les fraises se noient.

Turban de Semoule aux Pêches

Quantités pour un moule à cylindre de 22 centimètres de diamètre.

Formule : 25 gr. de grosse semoule; 125 gr. de sucre semoule vanillé ; 30 gr. de beurre ; pincée de sel ; demi-litre de lait ; 3 œufs et 2 jaunes.

Opération. — Faites bouillir le lait, salez et jetez en pluie la semoule, remuant de l'autre main avec un petit fouet. Le bouillon repris, couvrez la casserole,

mettez-la dans un sautoir avec, autour, de l'eau bouillante et poussez au four une demi-heure. Sucrez, remuez et tenez au chaud pendant que vous clarifiez les trois œufs, dont vous montez les trois blancs en neige ; gardez les 5 jaunes dans un bol. Les blancs étant fermes, versez la semoule au-dessus, peu à peu, mélangeant doucement à la spatule; ajoutez les jaunes et versez la composition dans le moule beurré avec les 30 grammes indiqués. Cuisez au bain-marie au four environ une heure, le gâteau couvert d'une feuille de papier.

Tutti Frutti

(Glace à tous les Fruits)

Faites une glace au citron (voyez l'article); d'autre part, faites mariner au kirsch : 100 gr. de fraises, 100 gr. de groseilles rouges, 100 gr. de blanches, un abricot coupé en dés, une banane également, etc., selon les fruits de la saison.

Vous pouvez également faire le mélange rien qu'avec des fruits confits.

La glace aux citrons étant prise, entourez de glace pilée et salée une boîte en fer blanc, avec couvercle hermétique, genre biscuits anglais ou autres, plus longue que large.

Dans le fond, mettez une couche de glace, une couche de fruits égouttés, glace et fruits, pour finir avec la glace.

Couvrez d'une feuille de papier blanc et du couvercle, mettez, au dessus, un dôme de glace pilée et salée, couvrez d'un linge et laissez au frais deux heures.

Démoulez à l'eau plus que tiède, sur le marbre; préparez des soucoupes sur un plateau, taillez des tranches de glace épaisses d'un demi-centimètre, mettez sur les soucoupes, une cuiller à café et servez rapidement.

V

Vacherin pour Plombières

(Entremets glacé)

Formule : 250 gr. de sucre-glace : 3 blancs d'œufs.

Opération. — Battez les blancs d'œufs bien fermes à l'aide d'un fouet en fil de fer ; mélangez légèrement le sucre glace et dressez cette meringue, à la poche garnie d'une douille étoilée, de la longueur d'un biscuit à la cuiller, sur des plaques cirées à la cire blanche puis poudrées de sucre pilé fin ; cuisez à four bas, comme toutes les meringues sèches, après avoir poudré de sucre. Lorsque ces bâtons meringués sont cuits et d'une belle couleur jaune, vous les mettez à l'étuve pendant une heure ou deux, afin de les rendre bien cassants ; ensuite vous les callez ensemble dans l'intérieur d'un moule à charlotte avec du sucre cuit au cassé. Vous aurez un rond fait de la même pâte de meringue et cuit de la même manière sur plaque cirée, du même diamètre du moule à charlotte ; que vous collez en même temps avec le sucre cuit au cassé ; ce rond forme le fond de l'entremets dont la garniture se compose comme suit :

Formule : 1 litre crème à bouillir ; 375 gr. de sucre en poudre ; 9 jaunes d'œufs.

Opération. — Faites bouillir la crème et, pendant ce temps, battez les jaunes d'œufs avec le sucre en poudre, très énergiquement, à l'aide d'un fouet, pour faire blanchir ; ajoutez une gousse de vanille du Mexique, mélangez la crème bouillante en continuant de fouetter ; tournez sur le feu avec une spatule jusqu'au bouillon, enlevez, passez au tamis et laissez refroidir ; faites prendre à la sorbetière comme une glace.

Lorsque la composition est bien prise, ajoutez 5o centilitres de crème fouettée très ferme, que vous mélangez graduellement pour éviter de faire des gumeaux ; 125 gr. de cerises confites, coupées en deux ou plusieurs morceaux, et 125 gr. d'ananas coupés en très petits dès, que vous avez eu soin de faire macérer pendant 6 heures dans le kirsch vieux. Au moment de servir, vous remplissez la croûte, placée sur un plat garni d'un rond de papier dentelle, de cette composition glacée, en arrondissant en dôme ; recouvrez le haut de crème fouettée non sucrée ; parsemez de pistaches hachées et décorez ce dôme à la crème fouettée à l'aide d'une poche garnie d'une douille étoilée. Décorez aussi avec la crème fouettée le pied de l'entremets et servez de suite.　　　Lacomme

Vanille

La vanille est le fruit d'une plante grimpante et parasite du Mexique et de diverses contrées de l'Amérique méridionale, qui pousse dans les fentes des rochers ou entre les racines des arbres dont elle enlace le tronc de sa tige grimpante ; elle est aujoud'hui acclimatée dans beaucoup de pays ; les feuilles sont oblongues et entières, les fleurs groupées en épis ; le fruit est une longue capsule mince et rigide (généralement appelée gousse) de la longueur de 15 à 20 centimètres et épaisse de 3 à 5 milimètres, brune, noirâtre, ridée, qui exale une odeur suave et un parfum délicieux qu'elle communique facilement. La pulpe est brune, molle, et contient une quantité prodigieuse de semences noires excessivement ténues.

Dans le commerce, on connaît principalement deux sortes de vanille ; celle du Mexique, qui est préférable en tous points par la finesse de son arôme, et celle de Bourbon, qui parfume beaucoup moins et dont l'arôme est bien moins fin, en outre son parfum disparaît au bout d'un certain temps dans les matières qui sont susceptibles d'être conservées longtemps, comme le chocolat, les dragées, etc.; tandis que la vanille du Mexique ne perd pas son arôme et persiste pour ainsi dire indéfiniment.

Au Mexique, la vanille est cultivée dans les terres chaudes, par boutures, dans les forêts vierges. Le pied de vanille ne donne des fruits qu'au bout de 3 ou 4 ans; planté dans de bonnes conditions, il peut produire jusqu'à 40 capsules ou gousses par an ; la récolte se fait d'avril à juin, la dessication est le point important. Les Indiens cueillent la vanille un peu avant la maturité, pour éviter qu'elle s'ouvre et laisse couler le sucre balsamique (baume de vanille) qu'elle contient ; sa dessication s'opère par l'exposition au soleil, ou, pendant les pluies, par l'exposition pendant 36 heures dans une étuve chauffée de 60 à 75°, après l'avoir enveloppée dans une couverture garnie de feuille de bananier et le tout dans une natte fortement liée et mouillée. Ils enduisent ensuite les capsules ou gousses, très légèrement, d'huile d'acajou ou de ricin pour conserver leur souplesse, puis ils procèdent au triage pour enlever les gousses fendues ou tachées (qui sont vendues à part et à meilleur marché) et les mettent en bottes de 5o ou de 100 capsules que l'on renferme dans des boites métalliques pour les livrer au commerce.

La vanille fraiche n'a aucune odeur et n'acquiert celle-ci que par dessication et par une sorte de fermentation.

La Martinique produit aussi une très bonne vanille; elle diffère de l'autre en ceci : la gousse est beaucoup plus grosse et légèrement tordue. Le parfum est persistant comme celui de la vanille du Mexique.

N.-B. — La vanille se corrompt très facilement et devient un poison très violent.

Vanille *(autre)*

Vanilla planifollia (orchidées). — Renferme une huile fine odorante : une résine molle, une matière sucrée, acide benzoïque, etc.

Le principal odorant est surtout la vanilline, principe cristallisable, soluble dans l'alcool et l'éther.

La vanilline est l'éther méthylique de de l'aldéhyde protocatéchique, et peut être préparé artificiellement. Il est assez courant dans le commerce, aussi est-il bon de le savoir, et, pour l'éviter, il suffit d'acheter la vanille en gousse.

La cuisine, pour ses entremets ; la pâtisserie, la confiserie, la liquoristerie et la parfumerie en font un grand usage.

Bourbon, La Martinique, le Mexique etc., en sont les centres d'approvisionnement.

Elle s'emploie en nature, en poudre, pilée avec du sucre, et en teinture en la faisant macérer à 10 gr. pour 100 gr. d'alcool à 80°.

Vanille en poudre

Formule : 100 gr. vanille du Mexique ; 500 gr. sucre cassé.

Opération. — Mettez sécher à l'étuve chauffée à 45 ou 50° le sucre que vous avez eu soin de concasser afin qu'il puisse mieux sécher.

Coupez la vanille en menus morceaux, mettez-la dans un mortier avec le cinquième du sucre (100 gr.) et pilez longtemps, afin de pulvériser le plus possible la vanille; passez au tamis de soie n° 70, reprenez ce qui reste sur le tamis que vous recommencez à piler avec 50 gr. de sucre; pilez également longtemps et passez ; continuez de piler en ajoutant du sucre par 50 gr. jusqu'à extinction du sucre et de la vanille; par ce procédé, il ne doit pas rester, à la dernière passée, de vanille non pilée, tout doit être pulvérisé.

Mélangez bien le tout afin que la poudre soit régulière, et renfermez dans des boîtes en fer-blanc, ou de préférence dans des flacons de verre pas trop grands.

Vanille (parfum de)
(Infusion)

Opération. — Mettez 60 gr. de vanille du Mexique dans une bouteille d'un litre à gros goulot ; remplissez d'un sirop de sucre bouillant à 30° ; laissez infuser pendant au moins 48 heures avant de l'employer.

Cette vanille n'est pas épuisée lorsqu'on la retire du sirop ; on peut l'employer en triplant la dose pour faire de la vanille en poudre (voir cette dernière). On peut aussi l'épuiser complètement en la faisant macérer dans l'alcool.

Vert-Vert
Le Gateau

Formule : 125 gr. de sucre cristallisé ; 60 gr. de farine ; 50 gr. de crème de riz ; 50 gr. de pistaches ; 60 gr. de beurre ; un peu de zeste de citron ; 4 œufs entiers ; un peu de kirsch.

Opération. — Cassez les œufs entiers dans la bassine et montez-les avec le sucre sur un feu doux ; il faut 10 minutes à un praticien, 15 à celui qui n'a pas l'habitude du fouet. La pâte ne doit pas être plus que tiède. Pour être bien montée, elle doit rester sur elle-même, c'est-à-dire faire un petit monticule lorsque vous la soulevez et que vous la laissez retomber. Passez la farine et la crème de riz au tamis, pilez les pistaches mondées avec un petit verre de kirsch, mélangez le tout dans la pâte avec une spatule de bois, après en avoir sorti le fouet ; ajoutez le beurre à peine fondu, versez dans un moule à génoise de 22 centimètres de diamètre, cuisez à four doux de 35 à 40 minutes. Renversez sur un tamis de crin.

(Le thermomètre, mis dans le four à gaz pendant la cuisson de ce gâteau, donna 160° ; la cuisson était réussie admirablement.

Formule : 80 gr. de sucre ; 80 gr. de pistaches ; un œuf entier et 2 jaunes ; une cuillerée de farine ; un verre à madère de kirsch ; un quart de litre de lait ; 120 gr. de beurre frais ; un peu de vert d'épinards ou vert Breton.

Opération. — Faites blanchir les pistaches une minute dans l'eau bouillante (elles perdent leur couleur si on les laisse plus longtemps dans l'eau chaude) ; mondez et pilez-les avec le kirsch. Il faut obtenir une pâte très fine ; si le kirsch ne suffit pas, ajoutez un peu de beurre vers la fin ; relevez cette pâte avec un bout de carton et mettez-la dans le saladier où vous devez verser la crème ainsi que quelques gouttes de vert d'épinard ou vert Breton.

Délayez le sucre avec l'œuf et les deux jaunes, travaillez assez pour blanchir le mélange ; ajoutez la farine, une pincée de sel ; travaillez encore une minute ; mettez le lait et faites bouillir. Renversez sur les pistaen tournant toujours ; la crème étant à moitié froide, additionnez la moitié du beurre.

Coupez le biscuit en trois tranches horizontales, mettez sur les trois couches les trois quarts de la crème, badigeonnez le tour au pinceau. Chauffez légèrement le restant de crème pour incorporer ce qui reste de beurre ; mettez cette crème dans un cornet et faites sur le Vert-Vert le dessin qu'il vous plaira. Ce gâteau est aussi bon le lendemain que le jour même.

Volontaire aux Pignons

Formule : 125 gr. de pignons ; 150 gr. de sucre en poudre ; 100 gr. de beurre fin ; 60 gr. de crème de riz ; 60 gr. de cerises mi-sucre ; un verre à madère de rhum ; 3 œufs moyens ; un moule à génoise de 22 centimètres.

Pour les Glacer

Formule : un peu de marmelade d'abricot ; une cuillerée de rhum ; une cuillerée d'eau froide ; 80 gr. de sucre en poudre dit glace.

Opération. — Broyez les pignons dans un mortier avec les œufs, un par un, en ayant soin de bien broyer avec le premier avant de mettre le second et successivement de même avec les trois.

Mélangez le rhum et broyez encore, le sucre et, après l'avoir bien mélangé, le beurre fondu que vous faites mousser en travaillant la pâte avec le pilon un bon moment.

Ajoutez la crème de riz ou de la farine et les cerises coupées en dés; incorporez-les avec une cuiller de bois et versez dans le moule à génoise beurré et fariné.

Faites cuire à four modéré de 25 à 30 minutes.

Renversez sur un tamis pour le laisser refroidir sans qu'il s'humidifie par la vapeur d'eau qu'il dégage en refroidissant.

Faites chauffer une bonne cuillerée de marmelade d'abricot passée, un peu de gelée de coings ou de pommes ; la gelée doit être claire pour rendre la glace très trsnsparente et brillante. Etendez-la sur le gâteau.

Délayez le sucre-glace dans le rhum et l'eau-de-vie, mélangez et battez un bon moment cette glace ; au cas où elle ne serait pas aussi épaisse qu'une crème, ajoutez un peu de sucre, glacez la surface du gâteau et passez-le cinq ou six secondes à la bouche du four ouvert.

Mettez sur plat d'argent et servez-le bien froid.

N. B. — Ce gâteau se conserve aisément plusieurs jours sans perdre de ses qualités.

Violette Odorante

Les fleurs de violettes s'emploient à la dose de 10 grammes par litre d'eau en infusion, on fait aussi un excellent sirop de violettes avec les proportions suivantes.

Formule : pétales de violette, récemment ceuillies et mondées 100 gr. ; 225 gr. d'eau distillée ; 380 gr. de sucre cristallisé ou cassé.

Opération. — Infusez les violettes dix minutes avec 125 gr. d'eau.

Donnez une ébullition au sucre avec 100 gr. d'eau (un décilitre). Exprimez l'infusion dans un linge, mélangez au sirop chaud. Mettez en bouteilles.

On peut aussi faire des pastilles au caramel et à la goutte.

Visitandine de Nancy

Grâce à l'obligeance d'une très aimable et très distinguée audititrice des cours de cuisine, je puis publier une recette de ce gâteau exquis, facile, décoratif et surtout facile à conserver sans perdre de ses qualités.

Je ne doute pas du succès qui lui est réservé.

Fidèle à notre habitude, il a été exécuté dans le cours du vendredi 1er juillet 1901, afin que nous puissions garantir l'exécution de toutes les recettes que nous publions.

Formule : 3 beaux blancs d'œuf ; 125 gr. de sucre en poudre ; 65 gr. de beurre tiède ; 65 gr. de crème de riz ; 40 gr. d'amandes râpées ; une bonne pincée de vanille.

Opération. — Râpez les amandes mondées ou non, mélangez-les avec la farine, le sucre et la vanille; faites fondre le beurre au bain-marie. Montez les blancs bien fermes, mélangez à la spatule le sucre, etc., puis le beurre ; ne pas trop retomber les blancs et faire le mélange intime.

Versez dans un moule à génoise, beurré et fariné, de 16 à 18 cent. de diamètre. Faites cuire de 20 à 25 minutes à four doux. Renversez sur un tamis de crin pour le refroidir.

RECETTES COMPLÉMENTAIRES

Abricot en Compote (de conserve)

Fendez les abricots presque en deux, retirez les noyaux, mettez à la place de ceux-ci une cuillerée de sucre semoule, pressez l'abricot pour qu'il tienne peu de place, mettez en flacons ou en boîtes ; faites bouillir quinze minutes pour un demi-litre et vingt-cinq minutes pour un litre. Au moment de servir, ajoutez un peu de marasquin ou de bon kirsch des Vosges.

Allumettes Salées pour le Thé

Formule : 250 gr. de farine ; 200 de beurre ; 5 gr. de sel ; 1/2 décilitre de crème fraîche ou d'excellent lait.

La Pate. — Tamisez la farine sur le marbre, faites un trou au milieu, mettez-y le sel, le beurre divisé en petits morceaux et ramolli en le pressant sur la table si c'est en hiver. Versez dessus le 1/4 de la crème pour commencer et pétrissez d'abord le beurre avec le liquide, amalgamez la farine avec le beurre en triturant avec les doigts et, au fur et à mesure, versez le reste de la crème toujours au centre du tas, dans le beurre et la farine déjà mélangés.

Rassemblez la pâte en boule sans la fraiser et laissez reposer une heure au frais.

Saupoudrez le marbre de farine, étendez la pâte avec le rouleau en une bande de 30 centimètres de longueur, épaisse d'un peu moins d'un demi-centimètre.

Avec un couteau, taillez des bandes longues de huit centimètres et larges de un centimètre. Passez sur chaque petite bande un peu le rouleau pour l'allonger et l'aplatir ; mettez-les sur une plaque non beurrée en ne laissant qu'un peu d'intervalle entre eux.

Cuire à chaleur modérée de 20 à 25 minutes.

Ananas Glacé à l'Orientale

Parez un bel ananas frais ; videz-en l'intérieur à un centimètre d'épaisseur et faites, avec la partie retirée, une glace au sirop léger fini (20°) à la crème fouettée.

Au moment de servir, remplissez en dôme avec la glace l'ananas que vous aurez tenu sur glace ; autour, sur le dessus, posez des croissants de reines-claude, macérées au kirsch ; saucez le tour avec un bon jus épais de framboises au kirsch.

Recouvrez le tout d'une sultane en sucre filé ou voilez très légèrement de sucre filé ; accompagnez d'une saucière de jus de framboises.

Vous pouvez remplacer la framboise par de la groseille ou un mélange des deux fruits.

Baquet de Macaroni

(Gateau moka imitant le macaroni)

Cette pâtisserie comporte deux parties : celle de la pâte ou fond, puis celle de la crème.

Quantités pour garnir un moule conique, à grosses côtes, sans fond ni couvercle, de 7 centimètres de haut et de 11 à 15 centimètres de diamètre aux bases, pour 8 ou 10 personnes.

La Pâte

Formule : 3 œufs un peu gros (de 65 gr.) ; 100 gr. de sucre cristallisé ; 100 gr. de farine ; 50 gr. de beurre ; un peu de sucre semoule.

Cassez les œufs dans la bassine, mettez le sucre, battez au fouet sur feu très doux jusqu'au moment où la crème ayant épaissi forme un large ruban quand on la soulève et une petite proéminence quand elle retombe, au lieu de former un creux.

Faites fondre le beurre dans une toute petite casserole, sans le laisser bouillir. Trempez-y un pinceau, enduisez-en le moule sur toute sa surface intérieure, notamment dans les raies, mais sans excès ; lorsque le beurre est bien figé, saupoudrez-le de sucre semoule autant qu'il pourra en fixer, de farine tamisée par-dessus, et posez le moule par sa petite base sur une plaque de tôle ronde, épaisse, recouverte d'une feuille de papier.

Mélangez la farine et le beurre, à peine tiède, dans la crème d'œuf ; versez dans le moule, mettez au four, chaleur modérée, et cuisez pendant environ quarante minutes, jusqu'à ce qu'en appuyant le doigt vous éprouviez le sentiment que le gâteau est cuit à l'intérieur. Retournez-le sur un tamis ou sur une grille à pâtisserie et soulevez le moule qui sortira sans effort. Laissez refroidir.

La Crème

Formule : 2 décilitres de café fort (un verre) ; 250 gr. de sucre ; 250 gr. de beurre ferme ; 9 jaunes d'œufs.

Dans une casserole non étamée, mettez le sucre — du sucre cassé ou du sucre cristallisé — et le café fort obtenu par 60 grammes de poudre de café, 2 grammes de chicorée et un quart de litre d'eau (ce qui donne un verre de café concentré) ; faites prendre une forte ébullition, pendant que vous battez les jaunes d'œufs dans un saladier, au petit fouet.

Lorsque le sirop bout, versez-le avec lenteur sur les jaunes d'œufs, les remuant vivement. Mettez dans la casserole, chauffez jusqu'à ce que l'ébullition soit sur le point de se prononcer, reversez dans le saladier et refroidissez en remuant cinq à six minutes ; ajoutez enfin le beurre par petits morceaux, qui fondent pendant que vous continuez à remuer la crème devenue un peu épaisse et presque froide. Laissez-le de côté.

Reprenez le gâteau s'il est complètement refroidi ; au cas contraire, attendez un peu.

Coupez une tranche d'un centimètre d'épaisseur sur la plus grande base ; taillez-y deux bandes larges de quatre centimètres, longues de six centimètres, et enlevez à l'une des extrémités de ces bandes, avec un emporte-pièce rond, uni, de deux centimètres de diamètre, un petit cercle ; le tout pour former les anses du baquet.

Remplissez de la crème une poche garnie d'une douille ronde d'un demi-centimètre, ou un cornet de papier dont vous coupez le bout à ce calibre, et faites couler sur le gâteau en tous sens pour imiter un plat de gros macaroni, formant garniture en dôme ; plantez les deux anses du baquet en face l'une de l'autre ; faites une bordure sur le tour du gâteau pour dissimuler la naissance des anses, un trait tout uni ou fleuri à chaque creux des côtes, et posez le gâteau sur un papier dentelé, dans un plat rond.

Imitez le gratiné du macaroni en le saupoudrant des miettes d'un macaron écrasé, de chocolat granulé ou d'un peu de raclure du gâteau prise en-dessous.

Quand on n'a pas de moule à côte, mais simplement uni, on peut encore arriver à former un baquet avec côtes, en enduisant le tour du gâteau, quand il est farci, d'une légère couche de crème et en appliquant verticalement sur la crème des biscuits à la cuillère ou des langues de chat afin d'imiter les douves du baquet ; les biscuits seront choisis, bien entendu, un peu plus longs que la hauteur du gâteau.

Bassin ou bassine à blancs d'œufs

Cette bassine ou bassin en cuivre rouge, légère, de forme sphérique, bombée, du prix de 6 à 7 francs, est assez grande pour un ménage ordinaire.

Elle est indispensable pour bien monter les blancs d'œufs et les pâtes dites *biscuitées*. Les blancs montent mal et se tournent en eau dans les saladiers ou terrines émaillées, et le volume est toujours d'un tiers en moins. On a donc intérêt à l'acheter puisque l'on gagne du temps et que les gâteaux sont toujours plus gros et plus légers.

Que d'insuccès on doit à ce manque d'ustensile, et on accuse l'ouvrière ou l'auteur de la formule, bien mal à propos.

Bavarois au Kirsch, dit Dame Blanche

Formule (pour un moule à cylindre festonné, de 15 cent. de diamètre) : 200 gr. d'amandes douces ; 10 gr. amandes amères ; 300 gr. de sucre cassé ; demi-litre d'eau filtrée ; le 1/2 jus d'un citron ; 1 décil. de bon kirsch ; 6 feuilles de gélatine ; 2 kilos de glace à rafraîchir ; 1/2 blanc d'œuf ; un quart de litre de crème Chantilly.

Opération. — Faites bouillir un litre d'eau, jetez-y les amandes, couvrez et attendez trois minutes. Egouttez et mondez-les. Mettez-les dans un mortier de marbre, pilez-les avec un pilon de bois en ajoutant peu à peu un peu de l'eau mesurée. Lorsqu'elles seront réduites en purée très fine, étendez un torchon neuf, résistant, sur un plat ovale, mettez-y la purée d'amandes et tordez fortement pour extraire tout le lait. Repilez une seconde fois en ajoutant toujours un peu d'eau et tordez de nouveau. Pour bien faire cette opération, il est nécessaire de se faire aider par quelqu'un, parce qu'une personne seule n'a pas assez de force, pour tordre et bien exprimer le suc ; il faut éviter de faire des boules avec la pâte, elle doit être très étendue.

Avec l'eau froide qui reste, battez le blanc d'œuf et le jus de citron, ajoutez le sucre et la gélatine lavée et essorée, donnez un bouillon en remuant, passez au tamis de soie ou au linge fin, mélangez au lait d'amandes, puis le kirsch et la crème double fouettée.

Versez dans le moule, entourez-le de glace cassée en gros morceaux et laissez raffermir au frais trois heures.

Pour servir, trempez le moule quelques secondes dans l'eau un peu chaude, es-suyez le moule, posez un plat rond au-dessus, renversez les deux et enlevez le moule bien droit. Servez.

Bayadère

(*Entremets fin*)

Formule (pour 12 personnes environ) : 250 gr. d'amandes ; 250 gr. de noisettes ; 500 gr. de sucre cassé à la main ; 4 beaux blancs d'œufs ; un peu de vanille.

GARNITURE

Formule : crème vanille et chocolat ; fondant au kirsch.

Opération — Faites légèrement griller les noisettes au four ouvert. Lorsqu'elles sont un peu sèches, secouez-les dans un linge pour leur enlever la peau.

Les amandes doivent être blanchies et séchées à l'avance.

Mettez amandes et noisettes dans le mortier avec le quart de sucre et un peu de vanille ; pilez en faisant légèrement sauter les amandes pour ne pas faire de l'huile ; lorsque vous voyez qu'elles sont broyées et que le sucre est en poudre, passez-les au tamis n° 20 sur une feuille de papier ; remettez les amandes et un quart de sucre dans le mortier, repilez et repassez en opérant ainsi 4 fois. Il reste des amandes non broyées : broyez-les avec avec un blanc d'œuf. Remettez la poudre dans le mortier et les trois autres blancs, broyez ferme en tournant le pilon pour obtenir une pâte un peu ferme et lisse. Relevez la pâte, posez-la sur le marbre saupoudré de farine ; divisez-la en quatre parties bien égales ; faites quatre boules que vous étendez en rond à l'épaisseur d'une pièce de cinq francs, posez ces abaisses sur des feuilles de papier et faites-les cuire 25 minutes environ à feu très doux.

En les sortant du four retournez-les sur le marbre, le papier en haut ; mouillez légèrement et enlevez le papier.

LA CRÈME

Formule : 150 gr. de sucre cristallisé ; 20 gr. de farine de gruau ; 4 jaunes et un œuf entier ; demi-litre de lait ; vanille ; grain de sel ; 150 gr. de beurre.

Opération. — Battez le sucre avec les jaunes, puis l'œuf, le sel et la farine, parfumez-la et cuisez sur feu doux jusqu'au bouillon. D'autre part chauffez au devant du four 3 tablettes de chocolat (125 gr.). Versez la moitié de la crème dans un saladier sur le chocolat très chaud, que vous diluez bien pour éviter les grumeaux. Lorsqu'elle est tiède, ajoutez la moitié du beurre et l'autre moitié dans la crème vanille.

POUR DRESSER. — Mettez un rond sur le plat de service ; une couche de crème vanille, autre rond et crème au chocolat, et ainsi de suite. Glacez au fondant, au kirsch, léger ; trop épais le fondant se ternit. Garnissez un cornet avec un peu de crème au chocolat, faites des losanges sur le fondant et, dans chaque losange, mettez une moitié de cerise mi-sucre.

Beignets à l'Italienne

(Entremets de déjeuner)

Formule (pour environ 25 beignets) : 250 gr. de farine ; 180 gr. de beurre fin et ferme ; 4 décilitres d'eau (2 verres) ; un décilitre de lait ; 5 gr. de sel ; 10 gr. de sucre ; 5 œufs pesant 300 gr. environ ; 4 cuillerées de rhum, de kirsch ou d'anisette ; sucre en poudre vanillé.

Opération. — Réunissez dans une casserole l'eau, le lait, le sel, le sucre et le beurre coupé en cinq morceaux ; faites bouillir sur feu vif en remuant de temps en temps jusqu'à ce que le liquide monte comme du lait, ce qui oblige à ne pas le laisser sans surveillance.

Retirez la casserole du feu, versez-y la farine tamisée. Mélangez et desséchez-la sur le feu pendant une minute en la remuant à la spatule.

Retirez du feu, laissez refroidir la pâte cinq minutes. Cassez un œuf, mélangez-le ; cassez et mélangez successivement les autres œufs.

Saupoudrez de farine un moule carré d'environ 30 centimètres sur 25, avec rebord de deux centimètres ; versez-y la pâte, égalisez la surface avec une lame de couteau et mettez au frais.

LA FRITURE. — Saupoudrez de farine la table ou le marbre à pâtisserie, renversez la pâte sans la briser en morceaux, découpez-la dans sa longueur en bandes larges de 4 centimètres, puis chaque bande en losanges de 7 centimètres et posez ces morceaux sur des couvercles de casseroles retournés et farinés, puis mettez de côté. Un couvercle reçoit huit à dix morceaux.

Chauffez deux à trois kilos de friture. Dès qu'il s'en élève une légère fumée, faites glisser les morceaux de pâte de l'un des couvercles, attendez qu'ils soient légèrement dorés, puis retirez-les à l'aide de l'écumoire à friture, en faisant attention de ne pas les briser ; posez-les sur un plat ; fendez-les au milieu sur le dessus, dans les deux tiers de leur longueur, et remettez-les à la friture dans laquelle ils gonfleront comme des brioches ; quand vous les voyez assez cuits, après une dizaine de minutes de seconde immersion dans la friture, retirez-les sur un linge pour les égoutter de leur graisse.

Continuez ainsi.

Dressez sur compotier et sucrez, comme des beignets soufflés ordinaires, avec du sucre en poudre vanillé.

Beignets de Fraises

Nous connaissons de nombreuses recettes de beignets aux fraises, qui donnent d'assez mauvais résultats, en voulant s'appliquer aussi bien aux fraises des quatre saisons, sèches, dures et parfumées, qu'aux grosses fraises juteuses et molles. La recette qui suit concerne ces dernières.

LA PATE. — Faites une pâte à beignets lisse, peu coulante et nappant bien la cuiller, sur l'épaisseur d'un demi-centimètre, afin d'enfermer le fruit aqueux dans une enveloppe un peu solide dès qu'elle sera saisie par la chaleur. Une pâte trop fluide n'enrobe pas suffisamment la fraise, qui s'aplatit, crève son enveloppe et sort flasque, toute ternie.

La pâte se composera de 150 gr. de bonne farine tamisée — il faut toujours tamiser la farine pour éviter les grumeaux — dans laquelle on incorpore une cuillerée d'huile et mieux de beurre fondu, 1 jaune, 1 œuf, un peu de sel ; et qu'on délaie avec deux à trois cuillerées de vin blanc, de lait, d'eau rhumée ou d'eau simple en quantité suffisante selon le pouvoir absorbant de la farine, jusqu'à obtention de l'épaisseur cherchée. Parfumez fortement avec de la vanille, ou du citron.

Au moment de frire les fraises, ajoutez dans la pâte un blanc d'œuf battu bien ferme, et mélangez rapidement.

Opération. — Enlevez le pédoncule aux fraises sans les écraser ; lavez et essorez-les dans un linge double ; réunissez-les dans un bol, saupoudrez-les de sucre semoule, arrosez avec un peu de bon kirsch, rhum ou cognac; couvrez et laissez-les mariner au frais jusqu'au moment de les frire.

Pour les frire. — Chauffez un ou deux kilog. de friture ayant peu servi, roulez les fraises une par une dans la pâte, jetez-les rapidement dans la friture fumante et, dès qu'elles sont croustillantes et dorées, enlevez-les pour les éponger sur un linge· Dressez-les rapidement sur compotier garni d'une serviette thé, poudrez *à frimas* avec du sucre vanillé et servez aussitôt.

Bigarade (orange amère)

L'épicarpe de la bigarade ou *écorce d'orange amère*, sert pour faire le curaçao ; l'amer qui porte divers noms et sert d'apéritif ; les potions pharmaceutiques tonifiantes.

En cuisine, elle est la base de la sauce bigarade, le fruit mûr accompagne les canetons rôtis, les perdreaux, les pintades.

Le fruit vert se confit sous le nom de *chinois*, indiquant ainsi l'origine de l'oranger, introduit en Europe par Jean de Castro qui apporta l'oranger des Indes en Portugal. Le connétable de Bourbon cultiva le premier qui parût en France ; cet oranger fut confisqué par François Ier lors de la révolte du connétable.

Biscuit Glacé aux Framboises

Le biscuit (*bis*, deux fois ; *coctus*, cuit) n'est pas toujours cuit deux fois ; on en voit ici la preuve.

Proportions pour garnir un moule en fer-blanc dit « Comtesse Marie » ou de forme rectangulaire ayant 18 centimètres de long, 9 centimètres de large et 8 centimètres de hauteur.

La Crème

Formule : 1 décilitre de jus de cerises aigres ou de groseilles rouges ; 125 gr. de sucre cristallisé ou semoule ; 5 jaunes d'œufs un peu gros.

La Purée de Framboises

Formule : 150 gr. de framboises.

Le Meringuage

Formule : 125 gr. de sucre cassé ; 1 décilitre d'eau froide ; 2 blancs d'œufs.

Crème Fouettée

Formule : 1/4 de litre de crème un peu épaisse ;· 25 gr. de sucre semoule vanillé.

Pour Glacer le Biscuit

Formule : 3 kilos de glace ; 800 gr. de gros sel.

La Crème aux Œufs. — Ecrasez une demi-livre de cerises, passez le jus au tamis de crin, mesurez-en un décilitre exactement ; à défaut de cerises, employez des groseilles rouges.

Battez les 5 jaunes d'œufs dans une casserole non étamée, mélangés au sucre semoule ; mouillez avec le jus de fruits, faites cuire sur feu doux en remuant attentivement jusqu'à ce que la crème soit devenue épaisse et arrive presque à l'ébullition. Versez-la dans un saladier, continuez de la battre au fouet pour la refroidir complètement et mettez de côté, au frais.

La Purée de Framboises. — Lavez, essorez les framboises, passez-les au tamis de crin ou mieux à l'étamine de laine, en les foulant à l'aide de deux cuillers ou spatules de bois ; pour ce faire avec l'étamine, qui ne laisse filtrer que le jus et la pulpe, il faut être deux personnes, tenir dans la main gauche l'étamine formée en rigole, et de la main droite pousser en un va-et-vient la cuiller ; la purée tombe, on la recueille dans un plat long.

Avec le tamis, il passe des semences ou graines, le biscuit est donc moins fin.

La purée passée de l'une ou l'autre manière, incorporez-la à la crème refroidie en en mettant peu à la fois et en tournant lentement avec le fouet qui a servi pour faire la crème.

Le Meringuage. — Dans une casserole, faites cuire au soufflé le sucre cassé et le décilitre d'eau mesuré très juste. Le soufflé est obtenu lorsque, en soufflant à travers l'écumoire trempée dans le sirop, celui-ci sort en bulles. Pendant la cuisson, fouettez les blancs d'œufs dans la bassine en cuivre, puis faites-y verser le sirop en filet très fin jusqu'à la dernière goutte, pendant que vous continuez à les battre Refroidissez-les complètement au fouet et mélangez à la crème aux framboises.

La Crème Fouettée. — Mettez la crème double dans un saladier et une cuillerée de sucre semoule aromatisé de vanille ; fouettez-la un peu épaisse, sans la pousser jusqu'au beurre.

Versez par cuillerées le meringuage aux framboises, mélangez légèrement pour que le biscuit soit léger.

Pour Glacer le Biscuit. — Préparez un récipient dans lequel le moule pose bien à plat et laisse entre le moule et lui un espace de 3 travers de doigt. Cassez la glace en morceaux de la grosseur d'un œuf de poule, entourez-en le moule jusqu'au bord.

Remplissez le moule avec la préparation, ayant soin d'éviter les trous ; lorsqu'il est plein, égalisez le dessus en passant une lame de couteau, couvrez d'une feuille de papier blanc, du couvercle, recouvrez avec le reste de glace, de façon à *bien cacher* le moule ; saupoudrez avec les 5oo gr. de gros sel, couvrez d'une couverture de laine ou d'un torchon légèrement mouillé, et portez le récipient dans un endroit très frais où vous le laissez deux heures sans y toucher.

Pour Servir le Biscuit Glacé. — Dans un plat ovale, étendez une serviette à thé.

Trempez le moule à l'eau tiède, complètement ; essuyez-le, découvrez le biscuit, posez la serviette à la place du papier, le plat par dessus, et retournez le tout. Soulevez le moule doucement, bien droit.

Le dessus du biscuit peut s'orner de quelques framboises marinées au cognac et un peu de sucre ; on peut aussi servir à part une saucière garnie de purée de framboises légèrement sucrée et mise à refroidir sur la glace du biscuit.

Biscuit genre Savoie

A Monsieur Louis Hanier.

Ce biscuit diffère de l'ordinaire biscuit de Savoie surtout par le glaçage qui l'entoure. Dans le Sud-Ouest de la France, on le parfume avec de la fleur d'oranger, on y mêle quelque peu de pâte d'amandes et on le dénomme massepain.

La Pate

Formule : 3 œufs moyens ; 60 gr. de farine ; 60 gr. de fécule de pommes de terre ; 125 gr. de sucre semoule ; le zeste et le jus d'une moitié d'orange ; moule à génoise de 18 centimètres de diamètre.

Le Glaçage

Formule : sucre glace ; rhum.

Opération. — Tamisez ensemble la farine et la fécule pour les débarrasser des impuretés, s'il y en a, et pour éviter les grumeaux.

Cassez les œufs, mettez les jaunes dans un bol, les blancs dans la bassine à battre.

Travaillez les jaunes d'œufs dans le bol, avec le sucre dont vous réservez une cuillerée, jusqu'à l'état de crème ; ajoutez le zeste et le jus de la moitié d'orange et travaillez encore quelques minutes.

Battez les blancs d'œufs ; quand ils commencent à prendre, ajoutez la cuillerée de sucre réservée, continuez de battre jusqu'à ce qu'ils soient bien fermes.

Mélangez quelques cuillerées de ce blanc d'œuf dans les jaunes du bol, très légèrement avec la spatule ; versez le contenu du bol dans la bassine et mélangez ; ajoutez farine et fécule, mêlez encore le tout avec précaution.

Beurrez fortement le moule avec du beurre non fondu et farinez-le. Versez dedans les œufs mélangés et faites cuire de 40 à 45 minutes à four modéré.

Le biscuit est à point lorsqu'il résiste sous la pression des doigts. Démoulez-le sur une grille et laissez refroidir avant de le glacer.

Délayez dans deux cuillerées à café de rhum la quantité de sucre en poudre, appelé *sucre glace*, nécessaire pour obtenir une crème liquide. Etendez-la avec un pinceau sur le dessus et le tour du biscuit et laissez sécher une à deux minutes à la bouche du four.

Ce gâteau se sert avec une crème quelconque, compote ; on n'accompagne avec rien. Il peut être conservé plusieurs jours sans perdre de sa bonté, mais il est meilleur une douzaine d'heures après sa confection.

Pierre CHATELAIN.

Buns (*en anglais*) **Bance** (*en français*)

Formule (pour 35 gâteaux, de la grosseur d'un bel œuf) : 500 gr. de farine de gruau ; 150 gr. de beurre fin et ferme ; 200 gr. de lait tiède (2 décilitres); 50 gr. d'écorces d'orange confites (orangeat) ; 50 gr. d'écorces de citron confit; 20 gr. de cédrat confit; 10 gr. de sel égrugé; 2 œufs moyens; 15 gr. de levure de bière ou 10 gr. de grains, pressée ; 15 gr. de sucre en poudre, sucre cristallisé en plus.

Opération. — Prenez le quart de la farine, mettez-la dans un petit saladier avec la levure, délayez celle-ci avec soin peu à peu avec du lait tiède, faites un levain un peu plus mou que pour le levain à brioche; cette pâte obtenue, versez au-dessus la moitié du lait qui vous reste et tenez à côté du fourneau, mais non dessus.

Trempez les écorces de cédrat dans le peu de lait qui reste pour dessucrer le dessus, coupez-les toutes les trois en dés comme des gros pois. Faites la fontaine avec la farine; dans le milieu, mettez le sel, le sucre et les deux œufs; délayez, mettez le beurre et triturez, amalgamez la farine, battez un bon moment, soulevant et rejetant la pâte sur le marbre, ajoutez peu à peu le lait, le levain, les écorces et ce qui reste de lait du levain.

La pâte doit-être ferme et facile à manier.

Saupoudrez la table de farine; divisez la pâte en deux, allongez-en une moitié en boudin, faites 17 ou 18 morceaux, re-

commencez avec la deuxième portion de pâte. Roulez chaque morceau de forme ronde, posez-les sur plaques légèrement beurrées, à deux bons travers de doigt de distance les uns des autres, dorez-les à l'œuf ou au blanc d'œuf battu, couvrez-les de sucre cristallisé. Faites-les lever presque du double de leur volume dans un endroit chaud, à l'abri de l'air autant que possible et à côté tenez un récipient plein d'eau chaude, afin que la buée retombe sur les gâteaux. Il faut à peu près 3/4 d'heure ou 1 heure pour lever.

Cuisez à four chaud, sans excès, 18 à 20 minutes. Très bon gâteau qui fait fureur à Londres.

Caramels à la cerise

Formule (pour un demi kilo environ de caramels) : 500 gr. de sucre cristallisé ; 250 gr. de cerises ; 1 cuiller à entremets de glucose.

LES CERISES

Choisissez des cerises bien mûres et d'une espèce bien juteuse, la cerise de Montmorency est celle qui convient le mieux. Après avoir enlevé les queues, mettre les cerises dans une casserole en émail non craquelé ou en cuivre non étamé, c'est indispensable.

Ajoutez une ou deux cuillerées d'eau et faites bouillir franchement 15 ou 20 minutes; il y a, suivant la qualité des cerises, 2 décilitres de jus.

Versez le jus sur le sucre dans le poêlon et chauffez très doucement. Quand le sucre est fondu et commence à bouillir, enlevez avec une cuiller en argent l'écume qui se forme à la surface et ajoutez le sirop de glucose. Laissez bouillir en évitant un trop fort bouillonnement ; avec une petite éponge spéciale ou un linge enroulé autour d'un petit bâton, enlevez les petits cristaux contre la paroi de la casserole qui, en retombant dans le sirop, le rendrait sableux.

Le sirop doit être cuit au grand cassé (voyez l'article). Versez-le sur le marbre légèrement huilé ; dès qu'il a fait croûte, appliquez le moule à caramels ou faites des carrés avec un grand couteau en l'appuyant dans les deux sens.

Passez aussitôt le couteau sous le caramel pour le retourner, essuyez avec un linge propre le peu d'huile qui reste et détachez les petits carrés un à un.

Conservez en boîtes ou flacons bouchés.

Compote de Marrons

Formule : Un litre de marrons de choix ; 150 gr. de sucre cassé ; une cuillerée de crème de riz ; une cuillerée à café de jus de citron ; demi-bâton de vanille ; un quart de litre d'eau filtrée.

Opération. — Enlevez la première peau aux marrons, mettez-les dans une casserole avec un litre d'eau froide, le jus de citron et la crème de riz ; couvrez et donnez un bouillon de cinq minutes.

Réunissez dans le poêlon en cuivre, non étamé, le sucre, l'eau filtrée et la vanille, mettez sur un feu très doux et ne laissez pas bouillir.

Pelez les marrons un par un et à mesure jetez-les dans le sirop. Tous les marrons étant finis, faites bouillir le sirop avec les marrons un petit quart d'heure.

Assurez-vous qu'ils sont bien moelleux ; au cas contraire laissez bouillotter très doucement un moment de plus. Veillez à ce qu'ils ne s'écrasent, Enlevez-les un par un avec la fourchette et dressez-les sur un compotier.

Laissez réduire le sirop à moitié, c'est-à-dire à un décilitre et demi environ ; versez sur les marrons, recouvrez avec un saladier ou un légumier et laissez-les refroidir à couvert.

N. B. — Pour faire une purée sucrée, il suffirait de passer le tout ensemble, ou premièrement les marrons et les délayer avec le sirop réduit.

On peut aussi ajouter de la chantilly soit 250 gr. de crème épaisse fouettée avec une petite cuillerée de sucre semoule, la mélanger à la purée, la dresser en pyramide sur un compotier et l'entourer de biscuits à la cuiller, coupés par le milieu, en travers en les appuyant à la base de la purée, légèrement inclinés sur la pyramide ; on peut également garnir avec cette purée, un saint-honoré au lieu de la crème ordinaire.

Compote de Marrons

(*Autre recette*)

Formule (pour 5 à 6 personnes) : 650 gr. de marrons ; 125 gr. de sucre cristallisé ; un décilitre d'eau filtrée ; un décilitre de vin blanc sec ; le quart d'une gousse de vanille.

Les Marrons. — Choisissez de beaux marrons bien sains à peau brillante et non pas des châtaignes.

Avec un petit couteau d'office, enlevez la première peau des marrons évitant d'entamer l'intérieur.

Mettez les marrons dans une casserole à fond large, couvrez-les d'eau froide, qu'ils baignent bien ; posez sur un bon feu et faites bouillir.

Retirez la casserole du feu, pelez un à un les marrons avec rapidité, mettez-les à mesure dans une autre casserole en émail non craquelé où vous avez versé d'abord un demi-litre d'eau chaude. Quand tous les marrons y sont réunis, ajoutez quelques gouttes de jus de citron et une cuillerée à café de farine délayée dans un peu d'eau froide. Faites bouillir très doucement 25 minutes, la casserole couverte.

Le Sirop. — Pendant que cuisent les marrons, prenez une petite casserole ; mettez-y l'eau filtrée, le vin blanc et le sucre indiqués ; posez sur un bon feu et obtenez l'ébullition ; le sirop est à point.

Les marrons étant cuits, égouttez-les avec précaution pour ne pas les briser. Versez le sirop, couvrez et gardez 24 heures. Servez en compotier.

Compote de Pommes

Le syndicat des Fabricants de sucre avait organisé un concours de confitures ménagères à une certaine époque, sous le patronage de la municipalité de Laon, ouvert aux seuls habitants du département de l'Aisne, qui réunit 122 échantillons.

Mme Beauvillé a eu le premier prix pour une *gelée de pommes* dont le jury a été émerveillé et dont voici la recette, telle que Mme Beauvillé l'a rédigée. Il nous est avis qu'une pointe de sel et passablement de parfums seraient bien venus dans cette compote qui n'est point une gelée : le jury de Laon n'y regardait pas de très près.

« Vous préparez un sirop de sucre concentré et bouillant, dans lequel vous jetez vos fruits et vous poursuivez l'ébullition pendant trente à quarante minutes, c'est-à-dire le temps nécessaire et suffisant pour chasser l'eau des fruits; vos confitures ne renferment aucune substance étrangère facilitant leur coagulation ou leur clarification.

« Les proportions employées sont les suivantes : 5oo grammes de sucre pour 5oo grammes de fruit ; la même marche peut être suivie avec les cerises, les fraises, la rhubarbe. »

Compote des « trois fruits secs »

Formule : 250 gr. de pruneaux; 125 gr. abricots secs ; 125 gr. figues sèches.

Opération. — Réunissez le tout dans une soupière ; versez dessus un demi-litre d'eau bouillante, couvrez et laissez refroidir ; ajoutez dans ce jus un verre de vin rouge et 125 gr. de sucre, réduisez sur feu vif un quart d'heure, versez sur les fruits, recouvrez et laissez refroidir avant de les servir.

Confiture de Figues

Très économiques, souvent un peu trop douces ; mais les enfants les aiment beaucoup. Bonne provision d'hiver, dans les pays où les figues sont abondantes, à cause de son prix un peu élevé.

Choisissez de préférence de petites figues blanches ou vertes, laissées entières, sans les peler, en enlevant seulement le bout de la queue. Faites un sirop de sucre. Un verre d'eau par livres de figues.

Faites cuire le tout ensemble jusqu'à ce que le sirop renversé, un peu refroidi, forme une goutte ronde.

On peut également couper les figues en petits morceaux, la confiture prend àlors un aspect de marmelade. La cannelle, le girofle, le citron, l'orange sont nécessaires à doses un peu fortes pour relever.

Confiture des quatre Fruits rouges

Il faut bien laisser à cette confiture son nom consacré ; mais ces quatre fruits sont souvent au nombre de cinq.

Formule : 5 kilos de cerises aigres ; 5 kilos de de groseilles ; 5 kilos de fraises ; 5 kilos de framboises et cassis par moitié ou tiers ; 20 kilos de sucre cristallisé.

Le poids des fruits s'entend *net*, c'est-à-dire sans noyaux, ni queues, et les fruits doivent être bien mûrs.

Opération. — Mettez les cerises et les groseilles dans une bassine en cuivre non étamé, et donnez un fort bouillon sur un feu très vif. Fort bouillon, ou bouillon *couvert*, veut dire que l'ébullition se produit sur toute la surface. Joignez-y aussitôt les fraises et les framboises, retirez la bassine du feu, couvrez et laissez infuser pendant une heure.

Versez jus et fruits sur un tamis de crin ou sur une grosse toile usagée, permettant au jus de s'écouler facilement, tendue sur les pieds d'un tabouret renversé.

Versez-le à mesure dans la bassine, ajoutez le sucre, remettez sur le feu, remuez un moment avec l'écumoire de cuivre ; donnez un fort bouillon, en enlevant l'écume à mesure qu'elle se produit, et faites réduire le sirop jusqu'à ce qu'il pèse 34 à 35 degrés.

Ajoutez alors les fruits, laissez reprendre le bouillon et cuire un quart d'heure environ; enlevez du feu et mettez en pots aussitôt.

A ce moment, le sirop qui a repris du jus aux fruits doit marquer de 33 à 34 degrés au pèse-sirop. L'usage de cet instrument est le plus sûr pour arriver à bien cuire les confitures (1).

A son défaut, on fait couler la confiture de l'écumoire tenue *de champ*, dit une expression consacrée, et lorsque deux gouttes se réunissent en tombant et forment *nappe*, la cuisson est à point.

On peut aussi prendre une grosse aiguille à brider, la tremper dans la confiture et laisser tomber par gouttes séparées sur une assiette ; lorque chaque goutte forme une pastille légèrement bombée qui fait croûte au bout de quelques secondes, le point est atteint.

---

(1) Pour avoir un pèse-sirop très sûr, demander celui que j'ai fait exécuter pour mes élèves. Prix franco **1 fr. 50.**

Il faut verser les confitures, aussitôt leur sortie du feu, dans des pots ébouillantés et les recouvrir au plus tôt, contrairement à un préjugé fort répandu. En laissant les pots découverts, des ferments y tombent que ne détruit pas toujours l'alcool dont le papier est imbibé, et ils produisent des moisissures.

Un procédé, que nous rapporte de loin une personne avertie des secrets de la table, consiste à tailler des ronds de papier plus grands que les pots à recouvrir, badigeonner un côté avec du blanc d'œuf battu en neige dans lequel on a versé un peu d'alcool et appliquer le côté imbibé sur le pot rempli de confiture encore presque bouillante, puis de rabattre les bords. La chaleur cuit le blanc d'œuf qui fait adhérer le papier, sans ficelle, bouche les pores ; le papier sèche, se tend et forme parchemin. C'est expéditif, très sûr.

Confiture d'Orange (*Genre dundee*)

Formule : 1.500 gr. d'oranges à peau fine ; 1 kilo 200 gr. de sucre cristallisé ; eau.

Opération. — Choisissez huit oranges à peau fine, lourdes, bien saines, d'environ 160 gr. chacune. Faites-les tremper, dès la veille, dans une très grande quantité d'eau froide que vous changez le soir et le matin. Coupez les oranges en fines rondelles, jetez les deux extrémités qui ne renferment pas de chair, retirez avec un soin méticuleux les pépins ou parties de pépins. Mettez les tranches à mesure que vous les coupez dans un poêlon en cuivre non étamé, avec un litre d'eau ; et faites cuire très doucement à découvert, environ deux ou trois heures.

A ce moment, en pressant entre deux doigts sur la peau d'une rondelle, elle doit s'écraser très facilement, presque sans effort. Versez alors les oranges dans un tamis de crin posé sur saladier ou terrine, et couvrez-les pour qu'elles ne refroidissent pas.

Dans le poêlon, mettez un quart de litre d'eau et de sucre ; faites partir en ébullition sur feu vif. Le sirop en montant a fait un peu d'écume autour du poêlon, vous l'enlevez à l'aide d'un bout de linge mouillé pour ne pas laisser des traces de sucre, qui brunirait en cuisant. Continuez la cuisson du sucre jusqu'après le degré appelé soufflé.

Ajoutez les oranges dans le sirop, couvrez et laissez infuser un quart d'heure.

Remettez sur le feu, et cuisez jusqu'à la nappe. Mettez en pots ébouillantés, et recouvrez aussitôt que possible d'un papier imbibé d'alcool, puis passez sur le tour du papier un pinceau chargé de vaseline liquéfiée qui, en se solidifiant, intercepte tout contact de l'air avec la confiture.

Crème au Caramel

Formule : demi-litre de lait ; 150 gr. de sucre semoule ; 5 jaunes d'œufs et un œuf entier ; petite cuillerée à café de farine ; sel ; vanille.

Opération. — Dans une casserole en nickel ou en émail non craquelé, mettez une pleine cuiller à bouche, comble, de sucre semoule pris sur la quantité indiquée, posez sur feu doux et faites fondre *sans eau*, comme pour faire du nougat. Dès que s'élève sur le sucre une petite fumée, retirez la casserole du feu et trempez le fond dans l'eau froide pour éviter que le sucre dépasse la couleur ambrée. Laissez refroidir.

Dans un saladier, mettez les 5 jaunes d'œufs et le reste de sucre, triturez au petit fouet pour bien dissoudre les œufs et les blanchir, ajoutez une toute petite pincée de sel et l'œuf avec son blanc ; triturez encore, mettez la farine et mélangez, mouillez avec le lait froid. Versez dans la casserole au caramel et faites cuire en remuant et appuyant sur le caramel jusqu'à la première ébullition, sans aucune crainte.

Versez aussitôt dans un saladier, où vous avez mis un morceau de vanille, et remuez pendant cinq minutes ; puis portez au frais ; plus la crème sera au froid, pendant une heure, meilleure sera-t-elle.

Cette crème peut se glacer complètement et alors on supprime la farine.

On peut aussi, encore en supprimant la farine, la faire cuire en petits pots, ou dans un moule caramélisé seulement du fond, l'entourer de glace non salée pendant une bonne heure et la renverser au moment de la servir.

Crème au Caramel en petits Pots

Formule (pour 9 pots de la contenance d'un décilitre environ) : 3/4 de litre de lait ; 200 gr. de sucre en poudre ; 7 jaunes d'œufs ; 1 œuf entier ; 1 cuiller à bouche de rhum ; temps nécessaire : une demi-heure.

Préparez au moins 4 heures à l'avance pour laisser refroidir.

LE CARAMEL. — Prenez un petit poëlon en cuivre non étamé, mettez-y la moitié du sucre indiqué. Posez-le sur un feu très modéré sans remuer le sucre.

Bornez-vous à agiter doucement la casserole en la tenant par sa queue, à mesure que vous voyez le sucre fondre en se colorant. Dès qu'il commence à jaunir, ralentissez le feu et ne le quittez plus. Laissez-lui prendre juste la couleur brun très clair, parce que, plus foncé, il aurait un goût d'amertume.

Il faut, dès que la couleur parait suffisante, plonger bien vite le fond de la casserole dans l'eau fraîche pour l'empêcher de cuire davantage. A ce point, versez-y quatre ou cinq cuillerées d'eau, chaude de préférence, et remettez sur un feu doux pour que le tout se délaie en sirop ; quand tout est bien fondu, laissez bouillir quelques instants, jusqu'à ce qu'il forme un sirop un peu consistant et occupez-vous de la crème.

LA CRÈME. — Cassez les œufs dans une terrine, ajoutez-y le reste du sucre, soit 100 gr. pour 7 jaunes et un œuf entier ; travaillez-les avec une spatule de bois jusqu'à ce qu'ils aient pris une couleur claire.

Faites bouillir le lait, et pendant qu'il chauffe remuez-le de temps en temps avec une cuiller de bois. Ceci empêche les parties crèmeuses, qui sont les meilleures du lait, de se cailler au fond de la casserole. Versez le lait sur les œufs sans cesser de tourner, ajoutez le caramel et le rhum.

Passez la crème dans un tamis fin.

Remplissez les petits pots.

Rangez les petits pots dans un sautoir de 22 cent. de diamètre, posez-le à la bouche du four, versez de l'eau bouillante jusqu'à un demi-travers de doigt du haut des petits pots, couvrez d'un papier ou d'un couvercle; poussez au four plus chaud du haut que du bas, car l'eau ne doit pas bouillir, mais se maintenir presque bouillante ; dans 15 ou 18 minutes, les crèmes seront cuites.

Retirez-en une ou deux, enlevez le sautoir que vous posez dans un endroit où il ne peut être bousculé, remettez les pots ôtés et laissez refroidir complètement.

Essuyez les petits pots, mettez-les sur le plateau ou sur un plat garni d'une petite serviette renaissance. Servez en même temps des petits gâteaux secs, biscuits ou autres.

Crème de Cédrat

Formule : 200 gr. écorce de cédrats ; 100 gr. écorce de citrons ; 1.500 gr. alcool à 95° ; 1.500 gr. sucre cassé à la main ; 2.000 gr. eau filtrée.

Opération. — Mélangez un litre d'eau, l'alcool et les deux écorces ; faites infuser pendant 10 jours.

Faites fondre le sucre avec un litre d'eau, ajoutez le sirop, filtrez et mettez en bouteilles.

N. B. — Il est mieux de faire infuser dans un endroit tiède, la cuisine par exemple. Le sucre doit bouillir, si on veut obtenir un sirop plus limpide et plus sucré.

Crème Chantilly à la Bourgeoise

Voici un entremets sans façon qui sera bien accueilli de nos abonnées habitant la campagne. Sa confection est rapide et peut rendre un véritable service, quand les provisions de la ville viennent à manquer.

Préparez un demi-litre de crème de lait un peu épaisse, pas trop toutefois, parce que la crème épaisse tourne trop en beurre quand on la monte ; elle doit couler facilement de la cuiller qui la soulève. Elle doit aussi ne pas avoir plus de deux jours. Mettez-la, une heure avant de la fouetter, en un endroit bien frais, dans le saladier où elle sera montée, et entourez-le d'eau de puits, bien froide. Epluchez une trentaine de fraises moyennes, ou une quinzaine seulement si elles sont grosses, et coupez-les en deux moitiés ; faites-les mariner avec un peu de sucre et de kirsch pendant une heure au moins.

Coupez quelques biscuits à la cuiller en dents de loup, pour garnir le tour de la crème, et fendez quelques autres, en long.

Au moment du diner, mettez dans la crème deux cuillerées de sucre semoule ; fouettez vivement, et arrêtez-vous dès qu'elle est assez ferme pour la dresser en pyramide.

Dressez-la aussi haute que possible dans le compotier ; appliquez les biscuits longs à égale distance ; entre les biscuits, placez une rangée de fraises ou de demi-fraises ; au pied de la pyramide, les dents de loup en biscuits.

Tenez au frais jusqu'au moment de servir.

Crème au Chocolat en petits Pots

Même recette que ci-dessus, mais battez la quantité de sucre avec les œufs, auxquels vous ajoutez un peu de sucre vanillé et 4 tablettes de chocolat, ramolli à la bouche du four quelques instants. Mouillez avec le lait bouillant peu à peu, passez la crème, garnissez et cuisez de même.

Crème renversée à l'avoine grillée

L'avoine jaune est plus facile à griller que l'avoine noire ; mais la crème est aussi bonne avec l'une qu'avec l'autre.

Formule : 5/4 de litre de lait ; 1/2 litre d'avoine ; 250 gr. de sucre semoule ; 8 jaunes d'œufs et 2 œufs entiers ; laurier, vanille.

Faites griller l'avoine sur une plaque dans le four un peu chaud, ou bien au brûloir, peu importe, jusqu'à ce qu'elle soit roussie comme du café.

Faites bouillir le lait, ajoutez l'avoine grillée chaude, une demi-feuille de laurier ; couvrez et laissez infuser un quart d'heure, le lait aura l'aspect de café au lait.

Prenez deux cuillerées de sucre sur la quantité indiquée, mettez-le dans un moule à charlotte, faites-le fondre sur feu doux jusqu'à couleur ambrée, enduisez-en le fond du moule en le penchant, trempez-le dans l'eau froide pour arrêter la cuisson.

Battez les jaunes d'œufs, les deux œufs et le reste du sucre dans un saladier ; lorsque le mélange est homogène, léger, ajoutez la vanille. Versez dessus le lait à travers un tamis fin, et mélangez bien. Mettez dans le moule, faites cuire au bain-marie pendant une heure à une heure et demie, à four modérément chaud.

Se sert refroidi.

Croquets aux Amandes

Formule : 500 gr. de farine ; 250 gr. de sucre glace ; 250 gr. amandes mondées, séchées et hachées ; 4 beaux œufs, de 60 gr. chacun ; verre à madère de rhum ; sucre cristallisé ; sel fin ; un blanc d'œuf battu avec deux cuillerées d'eau.

Opération. — Tamisez la farine sur le marbre, faites la fontaine, mettez-y le sucre, les œufs et les amandes ; triturez un peu. Ramollissez légèrement le beurre à côté de la pâte d'amandes, pétrissez-le avec elle, ajoutez le verre à madère de rhum, très juste, et incorporez la farine rapidement afin que le beurre ne tourne pas à l'huile.

Divisez la pâte en deux portions égales, roulez en forme et à la grosseur des boudins, aplatissez-les légèrement, dorez au blanc d'œuf, saupoudrez la surface de sucre cristallisé ; et faites cuire au four légèrement chaud environ 35 minutes.

Retirez un des boudins aplatis, avec précaution pour ne pas le briser, et coupez-le en croquets de l'épaisseur du petit doigt sur la table bien propre.

Découpez la seconde bande tenue au chaud, posez sur plaque les croquets formés et achevez de les dorer et de les cuire.

Il faut opérer très rapidement ce découpage avec un couteau à lame grande et mince ; ne pas *scier*, trancher d'un coup, sans pression, en poussant le couteau en avant.

On peut dresser les croquets de cette autre manière :

Divisez la pâte en petits morceaux de la

grosseur d'un œuf de pigeon, roulez chaque morceau en boule sur la table légèrement saupoudrée de farine, et allongez chaque boule en forme de fuseau court.

Lorsque tous les croquets sont ainsi roulés, couvrez une feuille de papier de sucre cristallisé; battez l'œuf étendu d'eau, mouillez-en les croquets et roulez-les, l'un après l'autre, sur le sucre dont ils s'enrobent.

Posez-les sur des plaques beurrées et farinées, et faites cuire à chaleur douce.

Il n'est pas nécessaire de réaliser une aussi grande quantité de croquets que celle résultant de la recette, mais ces gâteaux se conservent très longtemps en boîtes sans perdre de leur bonté, aussi a-t-on avantage d'en faire une forte provision à la fois. Les trois livres que donnent les chiffres de la recette ne sont pas quantité excessive.

On peut aussi faire ces croquets un peu gros, et, après cuisson, les diviser par le milieu en long, cela leur donne une forme originale et peu commune.

Croquets aux Mandarines

Formule : 200 gr. de sucre semoule; 200 gr. de farine; le zeste et le jus de deux mandarines; 2 œufs, pesant 120 gr.; sucre semoule; deux morceaux de sucre.

Ratissez les zestes des oranges avec les morceaux de sucre et mettez ce sucre avec l'autre pesé dans un saladier; à mesure qu'il se colore et se détache, exprimez le jus, ajoutez les deux œufs, travaillez à la spatule de bois pendant un bon quart d'heure.

Tamisez la farine, incorporez-la dans la pâte du saladier. Beurrez deux plaques et farinez-les. Garnissez une poche de pâtissier d'une douille de 1 centimètre de diamètre, ou faites un cornet en papier pour la remplacer, versez-y la pâte et couchez des petits bâtons sur les plaques, moins gros que les biscuits à la cuiller. Saupoudrez largement le dessus avec du sucre semoule, secouez les plaques pour détacher le sucre en trop, cuisez de 18 à 20 minutes au four plutôt tiède.

Réservez en boîtes.

Croûte aux Marrons

Formule (pour 10 personnes environ) : Une brioche ou un savarin rassis, de 14 cent. de diamètre ; 500 gr. de débris de marrons glacés; 7 marrons glacés, entiers; 50 gr. de sucre en poudre, vanillé; 120 gr. de beurre très fin, ou un décilitre de crème fouettée; verre à madère de kirsch ou rhum; demi-verre de lait chaud.

La brioche ou le baba doivent être cuits de la veille dans un moule à Charlotte de 14 centimètres de diamètre et 12 de hauteur, pour que la croûte soit présentable pour un dîner prié, car c'est un délicieux entremets.

Chauffez le mortier en l'emplissant d'eau bouillante et l'y laissant séjourner un bon moment. Essuyez-le, pilez les marrons en ajoutant peu à peu le lait chaud, les 50 grammes de sucre et finalement le beurre et moitié du kirsch. Passez cette crème au tamis de crin, réunissez-la dans un saladier, triturez un moment à la cuiller de bois pour la rendre légère, pendant que vous donnez un bouillon au sucre avec l'eau.

Coupez par le travers en 4 ou 5 tranches brioche ou savarin (même kougloff), mélangez le restant de kirsch au sirop, arrosez chaque tranche, nappez-les avec la purée, celle de dessus garnie bien lisse. Remontez le gâteau à mesure que vous garnissez les tranches. Il doit vous rester de la purée. Emplissez un cornet ou une poche à douille à fleurs; sur le tour du gâteau, faites un dessin soit en montant des lignes légèrement ondulées ou des *SS* renversés à la suite les uns des autres.

Sur le centre du gâteau, faites un petit chou, 6 autres autour un peu éloignés et posez sur chaque chou un marron confit.

Très joli, pas trop cher, et surtout très bon.

Dentifrices

POUDRE DENTIFRICE ACIDE

Tartrate acide de potasse porphyrisé	200 gr.	
Sucre de lait » »	200 »	
Carmin n° 40	0 »	40
Essence de menthe poivrée	1 »	

Poudre Dentifrice au Charbon et au Quinquina

Poudre de charbon végétal	200 gr.
Poudre de quinquina gris.........	100 »
Essence de menthe poivrée	1 »

Dentifrice (Elixir)

Huile volatile de cannelle de Ceylan	1 gr.
» » de badine..........	2 »
» » de girofle..........	2 »
» » de menthe.........	8 »
Teinture de benjoin.............	8 »
» de cochenille............	20 »
» de Gayac	8 »
» de pyrètbre............	8 »
Alcool à 80°.....................	1000 »

Eau-de-Cologne

Logiquement, la concurrence devrait-être le coup de fouet qui donnerait au ressort de l'art commercial sa plus grande tension et lui ferait produire son maximum d'effort pour arriver au mieux de la production. Nous constatons chaque jour, avec un réel malaise, qu'il en est tout autrement, et que cette concurrence, qui devait être l'âme du commerce, en devient l'acide qui corrode et ronge ce qui lui restait d'honnête.

Tout est frelaté; l'eau, le vin, le pain, le beurre, les œufs; les viandes et les poissons sont maquillés; les liqueurs contrefaites, les parfums n'ont plus d'odeur ou en ont d'horripilantes et fatales aux nerfs.

L'eau de cologne, cette panacée si utile dans une foule de cas, est aujourd'hui si frelatée, dans une grande partie de maisons où on la vend pour presque rien, que, si on a le malheur de suivre sur un trottoir une personne qui s'en est servie, on est obligé de traverser la rue au risque de se faire écraser, pour échapper à cette horrible odeur de cascarine qui remplace le musc, ou l'alcool de je ne sais quoi qui remplace celui du vin.

Les gens, qui ne réfléchissent pas avant d'acheter, ne remarquent pas ceci, que : depuis que le prix de l'alcool augmente, l'eau de cologne diminue !

Pour obtenir de l'eau de cologne vraie, il faut de l'alcool de première qualité ainsi que des matières de choix et très fraiches.

La confection en est très facile; on peut en faire un seul litre; mais il est préférable d'opérer avec trois litres d'alcool, l'eau gagnant beaucoup en vieillissant.

Voici une formule pour trois litres d'alcool à 85°.

Formule : 5 gr. essence de romarin; 20 gr. essence de cédrat; 20 gr. essence de citron; 20 gr. essence de bergamote; 6 gr. essence de néroli; 10 gr. essence de Portugal; 6 gr. essence de lavande; 15 gouttes teinture de benjoin; 15 gouttes teinture d'ambre.

Opération. — Mettez en bocal, laissez infuser bien bouché avec un liège et parchemin dessus; au bout de trois mois, on peut en faire usage; mais elle est meilleure au bout d'un an ou deux.

Eau de Cologne

Formule :

Huile volatile de bergamote...		10 gr.
— — de Portugal.....		10 —
— — de citron.......		2 —
— — de fleur d'oranger (néroli)..		2 —
— — de romarin.....		2 —
Alcool à 90 degrés...........		1.000 —

Eclairs au Café ou au Chocolat

Comment glace-t-on les éclairs au café ou au chocolat ? me demande-t-on de divers côtés. Il n'y a qu'un procédé : cuire du sucre, le masser, s'en servir.

Mais la réussite de l'opération n'est possible qu'avec l'emploi d'un marbre d'au moins 60 centimètres de longueur, sur lequel on verse et on masse le sucre. J'ai essayé de remplacer le marbre par toutes sortes d'ustensiles, et malgré mon expérience, je n'arrivais à rien de satisfaisant, c'est-à-dire que je cassais les plats dont je me servais.

La Pate a Eclairs. — Elle est la même que la pâte à choux expliquée page 197; mais au lieu de former des petits tas, coulez des bâtonnets de 8 à 10 centimètres de longueur, à l'aide de la poche garnie d'une douille d'un centimètre d'ouverture, et dorez à l'œuf battu avant de les cuire au four modéré, avec les mêmes précautions que les choux afin de les empêcher, une fois gonflés, de s'affaisser.

Lorsqu'ils sont cuits, fendez-les avec un fin couteau pour former le couvercle, remplissez-les de la crème des choux, au café ou au chocolat, indiquée page 70, frottez le dessus avec un peu de la même crème qui conservera du luisant au fondant, et glacez comme ci-après.

LE FONDANT. — En préparant une grande quantité de fondant à la fois, la réussite est plus facile ; on peut n'en employer qu'une partie et mettre le reste dans une terrine en le couvrant bien, il se conserve indéfiniment. C'est un travail un peu délicat; mais, en revanche, le fondant est d'un usage bien commode qui empêche de regretter les soins employés à sa préparation.

Il faut une demi-livre de fondant pour glacer les 15 éclairs environ que donne la quantité de pâte traitée dans la recette des choux, non point que la totalité y soit employée, mais parce qu'il faut en avoir un excès au fond de la casserole pour glacer les derniers gâteaux. Voici donc pour une quantité double :

Dans une casserole en émail non craquelé, ou un poêlon en cuivre non étamé ou en nickel, mettez 600 gr. de sucre cassé à la main et 1 verre d'eau froide ; laissez fondre pendant un quart d'heure. Faites cuire sur un feu doux, dont la flamme — qu'elle provienne du gaz ou d'un autre combustible — ne dépasse pas le fond de la casserole. Après une ébullition, écumez, ajoutez quelques gouttes de jus de citron, peu, et laissez cuire jusqu'au moment où, cueillant du sirop à la pointe d'un couteau entre le pouce et l'index, et écartant les doigts à plusieurs reprises, la gouttelette de sirop forme de minces filets de la grosseur d'un fil : il est alors à point.

Versez sur le marbre très propre, bien d'aplomb, non point huilé, et laissez refroidir pendant 5 minutes ; puis, prenant une spatule ou une cuillère de bois aplatie, brassez le sirop d'avant en arrière. Au début, ce n'est pas pénible ; mais à mesure que se produit le refroidissement et, par

suite, l'épaississement, on éprouve quelque résistance, il faut déployer vraiment de la force. Lorsque le sirop est devenu pâte blanche comme neige, cessez de brasser et amenez-le vivement en une masse. Pressez-le avec la paume de la main, le poussant en avant par petites quantités, comme on fait pour fraiser les pâtes. Ces manipulations pratiquées sur la masse tout entière, par très petite quantité à la fois, rendent le fondant onctueux et lisse.

LE GLAÇAGE. — Mettez le fondant, ou mettez-en 250 gr. si vous en avez préparé une plus grande quantité, dans une petite casserole, assez large toutefois pour y tremper horizontalement l'éclair à glacer. Ajoutez de l'essence de café, ou bien 50 gr. de cacao, mettez la casserole dans une autre casserole plus grande et basse que vous remplissez d'eau froide, et faites chauffer au bain-marie pour ramollir le fondant jusqu'à première ébullition, tout en remuant à l'aide d'une petite cuillère de bois, mais sans excès afin de ne pas blanchir l'essence et le glaçage.

Le bon fondant est presque coulant lorsqu'on le soulève à la cuillère. Trop épais, il ferait les éclairs trop sucrés, serait terne, le gâteau paraîtrait de la veille. Trop clair, il ne tiendrait pas. Ce sont là des points importants. Quand on ne réussit pas, il faut recommencer sans se décourager ; la dépense n'est d'ailleurs pas grande parce que le fondant manqué peut être liquéfié avec un peu d'eau, mis à bouillir, et conservé dans une bouteille pour servir plus tard à des savarins, des babas, un riz ou tout autre gâteau où s'emploie du sirop.

Prenant un éclair entre le pouce et l'index, trempez le dessus seulement dans le fondant, relevez la main, et posez le gâteau sur le marbre, la partie glacée en haut.

Aussitôt froids, les éclairs sont fermes, on peut les dresser dans une assiette, montés les uns sur les autres.

Eclairs au Moka

L'éclair se compose de trois éléments : la pâte à choux (voyez cet article), la crème et le fondant pour le glacer.

Faites la même pâte et la même quantité que pour les duchesses à la chantilly (voyez l'article); dressez-les un peu plus petits, au lieu de 25 faites en 3o. Ne sucrez pas le dessus, passez-y un peu d'œuf battu avec un pinceau, cuisez-les et garnissez-les à la crème à éclairs (voyez l'article) et glacez-les au fondant parfumé au café très fort (essence).

Pour les glacer, mettez le fondant et l'essence de café dans une casserole assez large pour y tremper l'éclair, mettez cette casserole dans une autre avec de l'eau froide, faites chauffer l'eau, remuez lentement le fondant et, lorsque l'eau arrive à l'ébullition, retirez les casseroles du feu.

Le fondant doit être alors un peu crémeux, trempez l'éclair, seulement la partie supérieure que vous avez badigeonnée d'un peu de crème, très peu; posez-les sur la table et collez vite pour que le fondant n'épaississe pas trop, ce qui rend les éclairs lourds et trop sucrés ; si le fondant est trop épais, il se ternit très vite, ajoutez un peu de café ou quelques gouttes d'eau.

Le fondant trop clair coule et reste mou, on peut le corriger en y ajoutant un peu de sucre en poudre, dit glace ; mais il n'est plus aussi brillant ni aussi fin. Ce travail réclame beaucoup d'attention.

Essence de Café

Formule : 500 gr. de café frais torréfié, moulu; 500 gr. de sucre raffiné; 1 lit. 75 cent. d'eau bouillante.

Opération. — Mouillez le sucre avec un quart de litre d'eau froide filtrée et cuisez-le au caramel (fortement doré seulement); jetez-y le café moulu et, de suite après, l'eau bouillante : remuez le tout sur le feu pendant quelques minutes, afin de bien faire dissoudre le caramel ; retirez du feu et couvrez. Une heure après, soumettez à la presse pour en extraire tout le liquide (environ 75 centilitres, puisque 5oo gr. de café moulu prennent juste 1 litre d'eau sans rien rendre) ; filtrez ce liquide à la chausse en molleton, puis mettez-le en très petites bouteilles que vous bouchez, ficelez et passez à l'ébullition (5 minutes de bouillon).

Cette essence, quoique moins parfumée que l'infusion concentrée de café, rend de très grands services dans les compositions où il ne peut entrer beaucoup de liquide et où la couleur foncée est obligée.

Eucalyptus

Eucalyptus globulus. — Myrtacées.

PARTIE EMPLOYÉE. — Les feuilles de seconde année. Toutes les parties de la plante (bel arbre) renferment une essence aromatique, l'eucalyptol. Les feuilles renferment, en outre, du tannin, une matière analogue au principe amer de l'absinthe.

Aujourd'hui très employée en pharmacie sous la forme de poudre (1 gr. à chaque repas), en infusion : 20 gr. pour un litre d'eau bouillante, pour grogs ou tisane ; également pour pastilles.

En teinture d'eucalyptus, extrait, essence, etc.

Fraises

Depuis longtemps on prétendait qu'elles guérissaient les rhumatismes, et récemment les chimistes auraient découvert la cause de la guérison possible. Cependant j'attendrai d'être perclus pour me former une opinion personnelle sur cette question intéressante et n'hésiterai pas à expérimenter une cure qui a des avantages certains sur le traitement par les bains vaseux de Dax. On assure également, avec plus de certitude, que les fraises provoquent des poussées d'urticaire.

Les estomacs de bébés ne peuvent absolument pas les digérer. Le docteur Depasse a vu mourir des enfants en quelques heures *pour y avoir seulement goûté.*

Elles sont exquises, assaisonnées de sucre et d'un vieux vin de Bordeaux, de Bourgogne, de Champagne ou de Xérès qui en tempère la froideur, car cet excellent fruit est lourd à certains tempéraments. La crème le rend indigeste, étant indigeste elle-même comme tous les corps gras pris à la fin d'un repas, surtout quand elle n'est pas fouettée. Le marquis de Cussy, de gourmande mémoire, les mangeait à la « Triple Alliance » : champagne crème fouettée et sucre vanillé. On ose aujourd'hui ajouter dans le compotier un peu de glace cassée en petits morceaux, sans craindre l'indigestion.

D'autres personnes les mangent arrosées d'un jus de citron ou d'orange et largement saupoudrées de sucre, préparation qui leur donne un goût d'ananas très fin et exquis ; ou bien arrosées avec du vinaigre, du kirsch, du rhum, du cognac, du vin blanc ou rouge. La mode, ici, n'a pas d'influence ; généralement le goût préside à cet assaisonnement. Le mien consiste à faire cuire, pendant deux minutes, un décilitre de vieux vin rouge avec autant d'eau, un demi-quart de sucre en pain, un peu d'écorce d'orange et de la cannelle de Ceylan ; de laisser refroidir et d'en arroser 250 gr. de fraises de choix, cultivées ou naturelles.

La fraise du Chili, si belle, y fut importée par les Espagnols, avec la coutume de la manger noyée dans du vin sucré. La plante y prospéra au point de donner des fruits de la grosseur des noix et même des œufs de poule. En 1706, Frézier en rapporta quelques pieds en France, d'où nous tenons la variété actuelle.

La fraise ananas est originaire de la Louisiane ; elle fut ainsi nommée à cause de son parfum.

Louis XIV avait pour les fraises une prédilection qui en favorisa la culture et la multiplication ; les jardiniers de Versailles lui en servaient presque toute l'année sans interruption.

La chronique ne nous dit pas de quelles façons on les lui préparait.

Avec la fraise et sa proche parente la framboise, on fait des glaces d'une finesse rare. De même avec une douzaine de fraises vicomtesse Héricart ou Dʳ Morère, trois ou quatre framboises, un fromage à la crème, et un peu de sucre, on produit un entremets exquis.

La glace aux fraises est un excellent tonique ; mais si on veut ajouter des fraises entières à une glace, il faut les mariner dans du kirsch, rhum ou cognac, les ajouter à la glace, égouttées au moment de la mouler, et ne pas faire trop attendre la glace moulée, si non la fraise durcit,

perd son goût et sa couleur, on mange un morceau de glace qui gèle les dents, et fait éprouver une sensation atroce.

Pierre Dupont chanta ainsi la fraise :

> Quand de Juin s'éveille le mois,
> Allez voir les fraises des bois
> Qui rougissent dans la verdure,
> Plus rouges que le vif corail,
> Balançant comme un éventail,
> Leur feuille à triple découpure.

Fraises et Framboises

On fait des décoctions de fraises et de framboises à 25 o/o d'eau comme tisane et gargarisme et un sirop pour édulcorer les tisanes. (Voir les articles pour les autres usages).

La racine de fraisier donne une décoction d'un beau rouge qui noircit le fer.

Galettes aux Amandes

Formule : 250 gr. de farine de gruau ; 200 gr. de beurre fin ; 125 gr. amandes mondées et râpées ; 30 gr. de sucre en poudre ; 2 blancs d'œufs moyens ; une cuillerée à café de vanille en poudre et pincée de sel.

Faites la fontaine avec la farine ; au milieu, délayez le sucre, le sel, les amandes et la vanille avec les blancs d'œufs, ajoutez le beurre, triturez à la pointe des doigts, incorporez la farine, fraisez la pâte une fois avec la paume de la main ; laissez reposer au frais pendant une heure.

Etendez la pâte à l'épaisseur d'une pièce de cinq francs, découpez des galettes au couteau ou à l'emporte-pièce, dorez-les à l'œuf battu, rayez à la fourchette, cuisez au four un peu chaud sur plaque de tôle forte.

Galette pour Diabétiques

Formule : 125 gr. de farine de gluten ; 80 gr. de beurre fin ; un œuf entier, moyen ; une pincée de sel ; quelques pastilles d'édulcor.

Opération. — Tamisez le gluten sur la table, faites un trou au milieu dans lequel vous mettez le sel, deux ou trois pastilles de sucre édulcor écrasées, l'œuf bien frais et le beurre.

Triturez tous les éléments du milieu, incorporez la farine, lissez la pâte en la fraisant deux fois et mettez-la au frais 2 heures.

Saupoudrez la table avec du gluten, étalez la pâte de l'épaisseur d'une pièce de 5 francs, découpez des galettes à l'emporte-pièce cannelé, rond ou ovale ; mettez sur plaque, dorez à l'œuf battu, cuisez au four chaud de 12 à 15 minutes.

Galettes Fondantes

Formule : 350 gr. de farine de gruau ; 200 gr. de sucre cassé à la main ; 125 gr. de beurre ; 2 blancs d'œufs petits ; vanille, rhum, kirsch ; zeste de citron ou d'orange ; pincée de sel.

Opération. — Pilez les amandes blanchies et séchées avec la moitié du sucre, passez-les au tamis n° 20 ; repilez les amandes non passées avec la moitié du sucre, repassez et repilez une troisième fois avec ce qui reste de sucre. Pilez les amandes qui n'ont passé avec un blanc d'œuf.

Faites la fontaine, dans le milieu triturez les amandes non passées et celles pilées avec le blanc et le 2° blanc, ajoutez le beurre, le sel et le parfum ; liez rapidement, fraisez une fois et mettez la pâte à raffermir une heure ou deux.

Divisez-la en deux, allongez-en une moitié à l'épaisseur d'une pièce de cinq francs et large de 4 ou 6 centimètres ; avec la bande étroite, découpez des carrés ou des losanges ; avec la bande la plus large, des dents de loup ou des petits bâtons larges d'un doigt.

Dorez au lait légèrement sucré et cuisez au four, chaleur moyenne, environ 15 minutes.

Gâteau Chinois

Quantités et proportions pour un gâteau de 22 centimètres de diamètre :

Formule : 125 gr. d'amandes mondées et séchées ; 125 gr. de sucre cassé à la main ; 70 gr. de crème de riz ; 70 gr. de beurre fondu ; deux blancs d'œufs, cuillerée à café de cannelle.

LE FOND DE PATE

Formule : 80 gr. de farine ; 20 gr. de sucre ; 40 gr. de beurre ; prise de sel, un jaune d'œuf frais ; cuillerée de lait.

Triturez tout ensemble et laissez reposer.

Pilez les amandes avec la moitié du sucre, passez au tamis ; remettez les amandes dans le mortier et pilez avec un blanc, puis avec le second, ajoutez les amandes passées et triturez, le beurre, la farine et la cannelle en poudre. Etalez sur la pâte sucrée, dressez sur une plaque de tôle ronde à la dimension indiquée, poudrez d'amandes effilées ou hachées ; sucrez et cuisez à four de moyenne chaleur environ 40 minutes.

Glacez au fondant au kirsch.

PATE A NAPOLITAIN

Formule : 500 gr. de farine ; 400 gr. de beurre ; 250 gr. de sucre ; 250 gr. amandes râpées ; 6 gr. de sel ; 1 œuf entier et 3 jaunes ; vanille en poudre ; quelques gouttes d'eau fraîche.

Cette pâte est très délicate et brûle facilement si on la travaille trop longtemps à la main.

La laisser reposer avant de dresser le gâteau.

Gâteaux aux Marrons

Formule : 250 gr. d'œufs (environ 4 œufs) ; 125 gr. de sucre semoule ; 400 gr. de marrons, avec leur peau ; 200 gr. de beurre fin ; le quart d'un bâton de vanille ; trois morceaux de sucre ; deux décilitres de lait ; pincée de sel égrugé ; moule de 22 centimètres de diamètre.

Opération. — Choisissez des marrons bien sains. Enlevez la première peau, veillez à ce qu'il n'y en ait aucun de véreux — un seul suffit pour donner mauvais goût. — Mettez-les dans une casserole un peu grande ; couvrez-les largement d'eau, posez le couvercle et portez à l'ébullition sur feu vif. Retirez du feu immédiatement.

Epluchez-les de leur deuxième peau, jetez-les à mesure dans le lait mis chauffer pendant l'ébullition et tenez à côté du feu sans bouillir ; puis, remettez-les à cuire sur feu très doux, couverts, environ 25 minutes.

Pendant cette cuisson, travaillez au fouet dans le bassin à blancs d'œufs, le sucre écrasé et les œufs, comme pour

préparer un biscuit de Savoie ou génoise :
pilez la vanille avec un peu de sucre ; faites
fondre le beurre sans le laisser bouillir.

Beurrez le moule, laissez figer et farinez.

Passez au tamis les marrons, trois par
trois, les pressant vivement avec le champignon de bois ; mélangez la purée et la
vanille dans les œufs battus avec le sucre,
avec la cuillère de bois et non avec le
fouet ; versez le beurre à peine chaud en
continuant à tourner la pâte en tous les
sens, la soulevant du fond pour bien mélanger; versez dans le moule, posez dans
une plaque avec un peu d'eau au pied,
portez dans le four chaud et cuisez le
gâteau de 45 à 5o minutes.

Renversez le gâteau à sa sortie du four
sur un tamis pour qu'il refroidisse régulièrement, assurez-vous qu'il est bien
cuit en dessous, et s'il ne l'est pas remettez-
le au four. Saupoudrez de sucre.

Ce gâteau, meilleur le lendemain que le
jour même, encore chaud, est facile à
emporter en voyage, enveloppé d'une
feuille d'étain.

Gâteau à l'Orangeat

Formule : 4 œufs, de 60 gr. chacun ; 125 gr.
de sucre semoule ; 50 gr. d'amandes blanchies, séchées et 100 gr. orangeat haché ;
60 gr. de crème de riz ; 60 gr. de beurre
fin ; zeste et jus de deux belles mandarines ; un moule à cylindre festonné, bas, de
24 centimètres.

Ces quantités conviennent pour un
gâteau moyen.

Avec la râpe spéciale, on a vite fait de
réduire en poudre les amandes.

A son défaut, il faut broyer très fin les
amandes dans le mortier, avec les jaunes
d'œufs d'abord, le jus des mandarines
ensuite. Mais cette pâte doit être très fine,
et malgré les soins apportés la légèreté du
gâteau se ressentira du manque de râpe.
Je vais indiquer de procéder comme si on
devait se servir de la râpe.

Faites fondre le beurre sans le laisser
bouillir.

Beurrez un moule à torsade ou, à défaut,
un moule à bordure festonné ou à trois-
frères, laissez figer le beurre et farinez le
moule avec un peu de crème de riz.

Mettez dans un bol le jus et les zestes
des mandarines et les jaunes d'œufs ; mettez les blancs d'œufs dans la bassine en
cuivre pour les monter en neige ; le sucre
semoule sur une feuille de papier ; et la
crème de riz sur une autre feuille.

Fouettez les blancs bien fermes, saupoudrez-les d'une bonne cuillerée de sucre et
fouettez-les encore pour les raffermir.
Enlevez le fouet, versez d'une main le
sucre en pluie sur les blancs pendant que
l'autre main le mélange à l'aide de la
spatule ; mélangez aussitôt le contenu du
bol, le beurre à peine chaud, puis finalement la crème de riz.

Versez dans le moule, et mettez au feu
sur une plaque de tôle pour que le moule
soit bien d'aplomb.

Cuisez pendant environ 40 minutes à
chaleur modérée, mais suffisante.

Retirez du feu, et posez-le sur un tamis
pour faire refroidir.

Avant de servir, arrosez le gâteau avec
un peu de bon curaçao.

Gâteau " Le Succès "

Les gâteaux « Saint-Honoré » ont beaucoup fait parler d'eux, ces derniers temps,
et en bien mauvaise part : on les accuse
d'empoisonner. L'enquête achevée, ils seront de nouveau convaincus d'homicide,
puisque les mêmes accidents se sont présentés à de nombreuses époques chez des
pâtissiers réputés, quoique jamais dans les
maisons bourgeoises. Voici un gâteau bien
supérieur au Saint-Honoré, que l'on pourra manger sans crainte, quelle que soit sa
provenance, et qui saura toujours mériter
son nom : « Le Succès ».

Il se compose d'un fond carré garni
d'une pâte d'amande et d'une crème pralinée, puis recouvert d'un même fond.

La Pate pour les Fonds

Formule (pour un gâteau carré de 20 centimètres) : 280 gr. de farine de gruau ; 60 gr.
de sucre semoule ; 80 gr. de beurre ; 2 petits
œufs ; rhum, sel.

Versez la farine sur la table, creusez-la
jusqu'au fond, dans le milieu mettez le
sucre, le beurre, les deux œufs, deux

cuillerées de rhum et une prise de sel, triturez le tout à la pointe des doigts, fraisez la pâte deux fois avec la paume de la main (en l'écrasant), roulez-la en deux boules égales et mettez au frais.

Peut se préparer la veille ou le matin, à condition d'être tenue sous un linge, à l'abri de l'air.

LA PATE D'AMANDES

Formule : 150 gr. d'amandes sans coque (amandes flot) ; 150 gr. de sucre glace ; 6 blancs d'œufs moyens ; vanille.

Suivant les localités, on se procure les amandes avec ou sans la coque. En les achetant dans leur coque, on risque d'avoir des amandes rances, il vaut donc mieux les acheter sans coquilles. Au décorticage, les amandes rendent environ les 2/5 du poids brut.

Pesez 150 grammes d'amandes sans coques, résultant de 375 grammes environ d'amandes avec la coque, jetez-les dans un demi-litre d'eau bouillante, couvrez et laissez trois minutes. Egouttez-les, enlevez la peau en pressant les amandes l'une après l'autre entre les doigts, contre la table, l'autre main par devant pour recevoir le fruit qui s'échappe ; lavez, essuyez-les. Pilez-les dans le mortier de marbre avec le huitième environ d'une gousse de bonne vanille coupée très fin et un blanc d'œuf d'abord, puis un second, puis un troisième blanc : vous aurez une pâte très fine et blanche ; ajoutez le sucre glace, triturez en tournant le pilon.

Réservez cette pâte dans un vase que vous couvrez et tenez au frais. On peut la préparer d'avance, même la veille pour le lendemain.

MOULAGE DU GATEAU

Au moment de former le gâteau, abaissez au rouleau les deux boules et faites de chacune un carré de 20 centimètres (sur chaque côté) ; posez-les sur du papier d'office coupé à 22 centimètres, mettez-les sur une forte plaque de tôle beurrée, et distribuez par-ci par-là quelques coups de pointe du couteau d'office.

Montez en neige ferme les trois blancs d'œufs restant des six blancs indiqués dans la formule de la pâte d'amandes, mélangez-leur cette pâte, recouvrez-en les deux carrés séparés, égalisez les bords et cuisez à four très doux. Laissez refroidir.

Retournez l'un des carrés. Mouillez au pinceau le papier afin de le décoller, attendez quelques instants : il s'enlèvera sans difficulté.

Retournez-le (du côté primitif) sur le plat de service et laissez de côté.

LA CRÈME PRALINÉE

Formule : 225 gr. de sucre semoule ; 150 gr. de beurre très fin ; 6 jaunes d'œufs moyens ; 3 cuillerées de crème à thé ou de lait ; 10 gr. d'amandes (quinze amandes).

Faites griller légèrement une quinzaine d'amandes.

Dans une petite casserole, faites fondre une cuillerée à bouche du sucre, sur feu doux et *sans eau* ; jetez-y les amandes grillées, remuez pour les envelopper de sucre; versez ce pralin sur une petite plaque et laissez refroidir ; puis pilez-le au mortier et passez-le au tamis de fil de fer fin, sur une feuille de papier.

Mettez le beurre dans un saladier à côté du feu, juste chauffé pour le dégourdir.

Pendant ce temps, triturez les jaunes d'œufs et le sucre dans la casserole au pralin, ajoutez la crème ou le lait, mettez sur feu doux et chauffez, sans laisser bouillir, au point que le doigt sente une forte chaleur sans éprouver la sensation de brûlure.

Versez la crème d'œuf chaude sur le beurre, le tournant avec le petit fouet, puis ajoutez le pralin. Versez le mélange sur le carré de pâte qui repose dans un plat, étalez jusqu'au bord, laissez raffermir un moment et retournez dessus l'autre carré, bien au milieu. Décollez le papier comme vous avez fait pour le premier carré. Enfin, laissez raffermir au frais.

Au moment de servir, poudrez le dessus avec du sucre glace.

Gâteau Viennois à la Frangipane

POUR LE LEVAIN

Formule (pour garnir le fond d'un moule rectangulaire de 22 cent. sur 15) : 80 gr. de farine de gruau ; 12 gr. de levure de grains ou de bière ; un décil. et demi de lait tiède.

Opération. — Délayez dans un saladier la levure avec le lait tiède, mélangez la farine, couvrez d'une feuille de papier et laissez la pâte doubler son volume pendant que vous faites la pâte suivante :

Travaillez sur le marbre ou sur la table, 250 grammes de farine, une bonne prise de sel et trois œufs ; quand la pâte est bien fine, incorporez un autre œuf ; puis mélangez 60 grammes de sucre en semoule, enfin 100 grammes de beurre, en dernier lieu le levain et quelques cuillerées de lait. Cette pâte doit n'être ni trop molle, ni trop ferme, de la consistance de la pâte à brioche mollette.

Mettez-la dans le saladier qui a contenu le levain, et laissez lever à la cuisine, jusqu'au moment où son volume aura doublé, pendant deux à trois heures selon la température et la qualité de la levure.

La Frangipane

Formule : 50 gr. de noix ; 30 gr. de beurre ; 30 gr. de sucre semoule ; 10 gr. de cannelle en poudre ; 2 œufs moyens ; petit verre de curaçao.

Opération. — Faites légèrement dorer les noix dans le four, sur une plaque, pour leur enlever la peau. Broyez-les mélangées à un œuf, ajoutez l'autre œuf et achevez de les broyer très finement afin qu'on ne distingue aucune parcelle de noix ; ajoutez le curaçao, le sucre, finalement le beurre à peine fondu. Travaillez en tournant le pilon, pour rendre l'ensemble bien homogène et léger.

Beurrez le moule, qui peut se composer d'une boîte à biscuits de fer-blanc ou de carton solide, dans les dimensions approximatives proposées.

Mettez la pâte levée sur la table farinée, divisez-la en deux parties inégales, l'une légèrement plus forte que l'autre ; allongez en boudin la plus grosse part, à la longueur du moule ; étendez-la à peu près à ses dimensions, garnissez-en le fond et relevez tout autour du moule un centimètre de hauteur de pâte, la pressant contre les bords pour la faire adhérer. Versez la frangipane, égalisez l'épaisseur. Allongez l'autre morceau de pâte aux dimensions du moule, recouvrez-en la frangipane.

Mettez par-dessus une feuille de papier et laissez reposer une heure à côté du fourneau, mais pas au-dessus des plaques, à chaleur douce. Cuisez au four pendant une petite heure, à moyenne chaleur.

Avant de mettre au four, on peut saupoudrer le dessus du gâteau avec des noix grossièrement hachées et du sucre en poudre, dit sucre de glace.

Gaufres à la Crème

Plusieurs abonnées ayant demandé une recette de gaufres à faire pendant le carnaval, nous donnons une formule très friande et par suite difficile à cuire, le feu devant être bien égal sur la surface du gaufrier.

Nous indiquons le gaz comme étant le meilleur feu ; à son défaut, le coke un peu mouillé. Le bois passe trop vite, et la houille chauffe inégalement, trop fort ou pas assez si on tarde à alimenter le foyer.

Formule (pour 18 gaufres environ) : 150 gr. de beurre fin ; 180 gr. de farine de gruau ; 20 gr. de sucre en poudre vanillé ; 6 œufs pesant de 250 à 280 gr. ; 1 pincée de sel égrugé ; 16 cuillerées à bouche de crème épaisse ; 1/2 verre à madère de rhum ; 1 gaufrier creux, dit moule Noel.

Opération. — Réchauffez un saladier ou une soupière en le remplissant d'eau bien chaude ; attendez que la chaleur ait traversé l'épaisseur du vase avant de le vider.

Mettez le beurre divisé en quatre parties, le sel et le sucre ; à l'aide de la spatule, tournez le beurre jusqu'à ce qu'il soit presque fondu ; ajoutez un jaune d'œuf, battez un moment, puis les cinq autres successivement en continuant à battre ; mélangez la crème, fouettée et montée à moitié ; la farine et les blancs d'œufs battus en neige.

Laissez reposer au frais pendant quelques heures.

Cuisez sur un feu clair et soutenu. Ne moulez pas la première gaufre avant que le moule soit chaud et ait été bien graissé avec du beurre clarifié.

Gaufres Polonaises

Formule (pour une douzaine de gaufres environ): 250 gr. de farine de gruau de Hongrie; 5 œufs; 250 gr. de crème double (1/4 de litre); 7 gr. de sel égrugé; 20 gr. de beurre fondu; 25 ou 30 gr. de sucre en poudre vanillé; petit verre de rhum; zeste de citron ou d'orange; 1/2 pot de marmelade d'abricots; 1/2 verre de lait tiède.

Opération. — Battez la farine avec 4 œufs d'abord, ajoutez l'autre et battez encore, le sel et le sucre, le beurre fondu et battez toujours, enfin, la crème peu à peu et le lait.

Laissez reposer dans un endroit tiède 3 ou 4 heures.

Chauffez un gaufrier ovale ou rond, mince, plat et petit modèle; faites-les gaufrer comme à l'ordinaire. Lorsqu'elles sont finies, délayez la marmelade d'abricot avec un peu d'eau; donnez un bouillon; passez-la au tamis de crin; nappez une gaufre, appliquez-en une autre par-dessus; les gaufres étant fourrées, mettez-les sous presse légère quelques instants.

On peut varier les marmelades ou employer des gelées diverses.

Tenez les gaufres au sec et en boîtes.

Gaufrettes
pour servir avec les mousses

Formule: 500 gr. de farine; 120 gr. de cacao en poudre; 180 gr. de beurre; 2 beaux œufs de 65 gr. l'un; verre à madère d'eau tiède; vanille en poudre ou cannelle pilée; sel.

Opération. — Tamisez la farine sur le marbre; formez-la en couronne; dans le milieu, mettez le sucre, le beurre manié, c'est-à-dire pétri pour le ramollir et retirer le petit-lait; les deux œufs, le cacao et le sel fondus dans l'eau tiède.

Mélangez intimement et fraisez la pâte deux fois, par petites quantités. Laissez-la reposer au frais deux heures. Chauffer le fer à gaufres ovales.

Etendez la pâte au rouleau de l'épaisseur d'une pièce de 5 francs.

Découpez des morceaux de forme ovale ayant 7 centimètres de diamètre dans la partie longue, mettez-les à mesure dans le gaufrier et faites cuire sur un feu vif.

Gélatine Animale

La gélatine est le produit de la transformation de la peau, des os et des cartilages d'animaux.

Elle se présente en plaques brillantes, transparentes, dures et cassantes, dont la surface porte la trace des filets en corde, sur lesquelles on dessèche ces plaques.

Elle sert pour raffermir les sirops servant pour faire des gelées de fruits; les jus de viandes, pour mouler des feuilles, pétales, tiges, etc.

Gelée de Pommes
POUR NAPPER UNE COMPOTE DE FRUITS EN JATTE OU COMPOTIER

Pesez 250 gr. de pommes un peu acides, frottez et coupez-les en quatre; enlevez les semences, mettez les quartiers dans le poêlon d'office avec un demi-litre d'eau. Faites bouillir à petit feu une demi-heure. Passez le jus au tamis de crin ou à travers un molleton.

D'autre part, faites tremper 10 à 12 gr. de gélatine fine ou de la colle du Japon, dans de l'eau froide pendant quelques heures.

Faites-la fondre sur feu doux avec un demi-verre d'eau dans laquelle vous avez battu un peu de blanc d'œuf, peu. Au bouillon, passez la colle sur un linge étendu sur un bol. Pesez le jus des pommes, passez. Mettez autant de sucre cristallisé que vous avez de grammes de jus, faites cuire sur feu vif dans le poêlon en cuivre non étamé jusqu'à la nappe, versez-y la gélatine passée, donnez un bouillon et versez la gelée en une couche mince d'un centimètre dans un plat de la taille et forme du compotier de fruits à napper.

Les fruits étant froids, chauffez légèrement le plat et faites glisser la gelée à peine fondue au-dessus.

Genièvre

Les baies de genièvre contiennent une huile volatile, une résine, un sucre particulier, des acides acétique et malique, de la potasse et de la chaux.

Les baies de genièvre se prescrivent en :

Infusion de 10 à 20 grammes par litre d'eau, en teinture, en extrait.

La cuisine l'emploie en marinade, pour la choucroute et aussi pour une liqueur de ménage. Certains salmis l'acceptent.

La distillerie en use assez largement.

Gingembre

Zingiber officinale. — Zingibéracées.
Partie employée. — Rhizome.

Le gingembre entre dans un grand nombre de médicaments. Infusion de 8 à 15 grammes par litre d'eau bouillante.

On en fait de la confiture, conserves au vinaigre, à la moutarde ; il est utilisé dans les condiments et les marinades.

Glace au Melon

Formule (pour 10 personnes environ) : 500 gr. de sucre cristallisé; un demi-litre d'eau filtrée ; 500 gr. de pulpe de melon ; le jus de deux citrons.

Opération. — Donnez un bouillon au sucre avec l'eau, faites refroidir, ajoutez la pulpe du melon passée au tamis de crin, le jus des citrons ; pesez le degré, le pèse-sirop doit marquer 20°, 21° ou 22°, suivant que vous aimez plus ou moins sucré. Glacez comme d'habitude.

N.-B. — Les personnes qui peuvent supporter le vin blanc peuvent remplacer l'eau par du vin blanc vieux de Barsac, Graves ou du Rhin.

Gomme Adragante

Produit de l'*Astralagus verus.* Légumineuse papillonnacée.

Elle se compose d'arabine, de bassorine et d'amidon, d'eau et de substances minérales.

On emploie la gomme adragante pour faire des mucilages, à 10 gr. pour 100 gr. d'eau.

On l'utilise en cuisine et pâtisserie en petites quantités.

Gomme Arabique

Retirée de l'*Acacia Senegalensis* et de l'*Acacia Arabica.* Légumineuses mimosées.

La gomme arabique vraie est une substance ternaire, surtout constituée par l'arabine, soluble dans 2 parties d'eau froide, indissoluble dans l'alcool.

La solution aqueuse forme, avec les sels de peroxide de fer, un précipité gélatineux d'un jaune rougeâtre.

Elle s'administre : 1° En morceaux qu'on fait fondre dans la bouche. 2° En poudre qu'on fait dissoudre dans de l'eau pour faire la tisane. 3° En pastilles. 4° En sirop de gomme.

Gomme blanche...	100 gr.
Eau distillée.................	430 —
Sucre blanc cassé à la main....	670 — .

La gomme arabique fait partie de presque toutes les préparations dites pectorales.

En confiserie et pâtisserie, elle est très employée également, pour dorer les gâteaux dits *petits fours secs*, pour lustrer les imitations de fruits et aussi pour coller les papiers, etc.

La gomme arabique est souvent employée pour lustrer les petits fours aux amandes, ainsi que les macarons, les pralines, etc. On a un grand avantage en employant de la gomme de première qualité, celle du Sénégal est une des meilleures.

Mettez 100 gr. de gomme dans une petite casserole émaillée non craquelée, et deux décilitres d'eau filtrée bouillante (200 grammes); tenez la casserole couverte et dans un endroit un peu chaud ; dans une heure ou deux, remuez avec une cuiller de bois et donnez un bouillon.

Passez une légère couche sur les gâteaux que vous voulez glacer, à l'aide d'un petit pinceau, et laissez sécher à l'étuve quelques instants.

Lorsque vous voudrez glacer des cerises à l'eau-de-vie, au fondant ou au sucre cuit, pour soirée ou thé, roulez-les d'abord dans de la gomme pilée et passée au tamis, puis trempez-les une par une dans le sucre préparé. Les prunes, petites mandarines, etc., se préparent de la même façon.

Langues de Chat au Beurre (*très fines*)

Formule : 65 gr. de beurre fin ; 125 gr. de sucre en poudre vanillé ; 80 gr. de farine de gruau ; 1 cuillerée de crème double ou du lait ; 2 gros blancs d'œufs ; une prise de sel.

Opération. — Faites chauffer une terrine en la remplissant un moment d'eau chaude ; essuyez-la ; mettez-y le beurre divisé en trois ; avec le petit fouet, travaillez-le pour obtenir une crème ; ajoutez-le sucre, travaillez 2 minutes, les deux blancs, travaillez encore, la crème, le sel, et finalement la farine.

Dressez et cuisez comme ci-dessus.

Langues de Chat à la Crème

Formule : 180 gr. de sucre en poudre dit glace ; 180 gr. de farine de gruau ; 200 gr. de crème double, fraîche et douce (2 décilitres) ; 4 blancs d'œufs moyens ; grain de sel ; Parfum à volonté : vanille, citron, orange, etc.

Opération. — Tamisez le sucre et la farine sur un papier ; beurrez légèrement 2 ou 3 plaques de tôle forte ; préparez la poche avec une douille 8 millimètres de diamètre, ou bien un cornet de papier d'office. Que le four soit un peu chaud, sans excès, presque comme pour rôtir.

Battez un peu la crème dans une terrine ; mélangez sucre, farine et parfum avec la spatule ou cuiller de bois ; fouettez les blancs d'œufs un peu fermes, incorporez-les dans la composition de la terrine avec la spatule.

Versez la pâte dans la poche ou le cornet et dressez des bâtonnets un peu plus gros qu'un crayon ordinaire, à 2 doigts les uns des autres.

Si le four est chaud, 8 à 10 minutes de cuisson suffisent. Les langues doivent être dorées et légèrement plus foncées sur le bord. Les tenir au sec, en boîtes closes.

Liqueur Elixir de Garus

Une ménagère n'ayant pas généralement à sa disposition d'appareils distillatoires, nous nous contenterons de donner ici les proportions pour préparer cette liqueur par simple infusion.

Procurez-vous une douzaine de litres de bon alcool chez votre marchand de vins ou liquoriste.

L'alcool dont se servent les fabricants de liqueurs dans notre pays a généralement 90 à 93° et doit être neutre, c'est-à-dire franc de goût.

Mettez dix litres d'alcool dans un petit fût d'une contenance de 20 litres environ et faites macérer, pendant quinze à vingt jours, 15 gr. d'aloès succotrin, 12 gr. de myrrhe et 3 gr. de safran.

Au bout de ce temps, ajoutez-y les deux litres d'alcool qui vous restent encore et dans lesquels vous aurez au préalable fait dissoudre 25 gr. d'essence de cannelle, 25 gr. d'essence de girofle et 8 gr. d'essence de muscade.

Faites fondre 4 kilog. 250 gr. de sucre blanc de premier choix dans 4 litres 25 centilitres d'eau bouillie, refroidie et filtrée.

Ajoutez ce sirop dans le petit tonneau ; battez bien le tout et laissez reposer dans un endroit tempéré pendant une vingtaine de jours. Au bout de ce temps, laissez couler tout doucement à l'aide d'un robinet la liqueur dans un ou plusieurs récipients ; colorez très légèrement en jaune avec du caramel et filtrez.

Pendant le filtrage, qui demande beaucoup de soins, nettoyez bien votre fût à plusieurs eaux et remettez-y la liqueur filtrée.

Laissez reposer un mois ; tirez en bouteilles pour mettre en cave.

Cette dose est facile à diviser par moitié, quart ou dixième, une petite opération suffit.

Looch blanc

Formule : 30 gr. amandes douces mondées fraîchement ; 2 gr. amandes amères ; 50 gr. eau de fleur d'oranger ; 120 gr. eau distillée ; 30 gr. sucre blanc cassé à la main ; 0 gr. 50 gomme adragante pulvérisée.

Opération. — Broyez les amandes très finement au mortier, en ajoutant peu à peu une partie de l'eau ; pressez cette pâte très fortement, mélangez le sucre, la gomme et l'eau de fleur d'oranger ; gardez en flacon.

Agitez le looch avant de boire.

Macarons Russes

Formule : 500 gr. d'amandes mondées et sèches ; 250 gr. de nougat ; 750 gr. de sucre en poudre.

Opération. — Pilez et passez au tamis les amandes avec le sucre, et avec le nougat les amandes qui restent ; mouillez avec des blancs d'œufs, de façon à obtenir une pâte mollette. Mettez-en dans une poche avec douille ronde, unie, un peu grosse. Dressez sur plaque beurrée et farinée, en donnant la forme de macarons ronds, de la grandeur d'une pièce de 2 francs.

Mouillez légèrement le dessus des macarons avec un pinceau trempé dans l'eau et semez sur les macarons des amandes effilées.

Cuisez à four doux.

Marmelade de Coings

Formule : 5 kilog. de coings bien mûrs et sains ; 4 kilog. de sucre cristallisé ; 1 litre d'eau ; jus de citron.

Coupez les coings en quatre quartiers après les avoir frottés comme il est dit précédemment, dans la préparation de leur gelée ; mettez-les dans la bassine à confiture et faites-les cuire jusqu'au moment où une paille peut les traverser.

Egouttez-les, passez-les au tamis de crin, au-dessus d'un récipient vernissé.

Mettez, dans la bassine devenue libre, le sucre cristallisé ou cassé à la main et le litre d'eau; faites cuire au *soufflé*, que vous connaîtrez lorsque, retirant du sirop l'écumoire et soufflant à travers, le sucre s'envole en bulles légères.

Ajoutez alors la purée de coings et faites cuire en remuant jusqu'au moment où la confiture « prend » entre les doigts.

Marrons déguisés

Pilez des débris de marrons glacés dans un mortier en ajoutant, lorsqu'ils sont broyés, gros comme un œuf de beurre pour une livre et un verre à madère de rhum ou de kirsch. Passez au tamis n° 20; mettez la pâte à raffermir au frais.

Roulez la moitié de la pâte en forme de boudin ou saucisse sur la table saupou-drée de sucre glace, coupez des morceaux gros comme des noix, donnez-leur la forme d'un marron, faites-les sécher sur un tamis quelques heures.

Pour les Glacer. — Dans une petite casserole un peu haute, mettez 250 gr. de sucre cristallisé, un décilitre d'eau filtrée ; faites cuire sur feu clair jusqu'au soufflé, retirez à côté du feu et ajoutez gros comme un œuf de beurre fin ; une cuillerée à bouche pleine de glucose et deux cuillerées de bon cacao, remuez avec une cuiller d'argent ou spatule et faites cuire jusqu'au cassé, dit caramel, comme pour les oranges glacées.

Trempez les marrons à la fourchette et posez-les sur le marbre ou une plaque huilée. Chauffez un peu de fondant, coloré légèrement au café noir ; trempez-y le côté plat des marrons.

Menthe poivrée

Partie employée : Somnités fleuries.

La menthe contient une huile essentielle liquide, incolore, jaune pâle ou verdâtre. Son poids spécifique, varie de 84 à 92 centigrammes, son odeur est forte et agréable; sa saveur est aromatique et accompagnée d'une sensation de fraîcheur lorsque l'air aspiré traverse la bouche.

Cette huile essentielle, refroidie à 4°, laisse déposer des cristaux hexagonaux, incolores, d'un alcool nommé *menthol*. Ce corps bout a 212° et sa solution alcoolique dévie la lumière polarisée à gauche. Il est connu dans le commerce sous le nom d'essence chinoise ou japonaise de menthe poivrée.

La menthe s'emploie en infusion de 3 gr. pour 1 litre d'eau.

La *teinture d'essence de menthe,* ou *alcool d'essence de menthe, esprit de menthe,* se prépare avec 2 gr. d'huile volatile de menthe poivrée pour 98 gr. d'alcool à 90°.

L'essence de menthe ou huile volatile de menthe se prépare avec 100 gr. de plantes fraîches pour 300 gr. d'eau.

L'huile volatile entre dans la composition des pastilles de menthe à la goutte, préparées avec 5 gr. d'huile pour 1 kilo de sucre en poudre et 125 gr. d'eau filtrée.

Les *tablettes de menthe* ou *pastilles de menthe anglaise* contiennent 10 gr. d'huile pour 1 kilo de sucre en poudre et 100 gr. de mucilage de gomme. Sirop de menthe, 1750 gr. de sucre cassé, 1 litre d'eau distillée de menthe.

La menthe poivrée fait partie des épices aromatiques, une pincée de feuilles de menthe dans le thé le modifie et le rend plus délicat. On fait aussi une sauce à la menthe estimée en Angleterre pour manger l'agneau rôti.

Merveilles dites Bugnes

Formule : 250 gr. de farine de gruau ; 30 gr. de sucre en poudre ; 5 gr. de bi-carbonate de soude ; 60 gr. de beurre ; 2 œufs moyens ; pincée de sel ; zeste de citron ; petit verre de rhum ; 1 kilo de friture ; graisse de bœuf ou saindoux pâte un peu ferme.

Opération. — Faites la fontaine avec la farine dans le milieu, triturez le beurre, le sel, le sucre, les œufs, le zeste, le bi-carbonate ou sel de Vichy et le rhum ; incorporez la farine, laissez reposer la pâte une heure.

Chauffez la friture sur feu régulier et clair, étendez la pâte au rouleau, épaisse comme un écu de 5 francs ; coupez des lanières larges d'un doigt, longues de 20 centimètres, faites des nœuds, des ronds, des carrés et losanges ; mettez à mesure dans la friture chaude ; aussitôt les gâteaux dorés, enlevez et saupoudrez de sucre vanillé. Dressez les bugnes dans une jolie corbeille ornée de rubans ou serviette dentellée.

Mousse glacée aux Reine-Claude

Formule (pour moule à bombe, à fromage glacé, ou timbale de la contenance d'un litre un quart) : 500 gr. de pulpe de prunes reine-claude, *poids net* ; 400 gr. de sucre en poudre vanillé ; 500 gr. de crème de lait un peu épaisse et très douce ; 2 kilog. 1/2 de glace à rafraîchir ; 500 gr. de sel gris.

Cette mousse est d'une confection très simple lorsqu'on dispose de crème de lait un peu épaisse et très douce.

Mais on ne peut s'en procurer partout. Pour les personnes qui habitent des endroits où il est impossible de s'en procurer, j'indique plus loin un meringuage pouvant la remplacer, qui toutefois nuit à la qualité de l'entremets.

Choisissez les prunes bien mûres et saines, enlevez la peau si vous employez des reines-claude violettes, qui donnerait de l'amertume ; avec les blanches ce n'est pas nécessaire.

Retirez le noyau, passez les prunes au tamis de crin et pesez la pulpe ; pour en avoir 500 gr., il faut employer 600 à 650 grammes de prunes.

Battez un demi-litre de crème de lait mélangée d'une bonne cuillerée de sucre semoule, jusqu'à ce qu'elle soit ferme, que le fouet commence à marquer ses fils ; en continuant vous feriez du beurre. Il n'est pas nécessaire de mettre de la gomme adragante dans la crème pour la faire monter, puisque vous avez de la glace : faites refroidir quelques instants le saladier et la crème, plus ils sont froids, mieux la crème monte.

Mélangez la pulpe et le sucre dans la crème et versez immédiatement dans le moule que vous avez sanglé jusqu'au bord avec la glace pilée et très peu salée, pour ne pas produire un trop grand froid qui formerait des glaçons dans la mousse.

Mettez une feuille de papier sur le couvercle, recouvrez de glace, ajoutez ce qui reste de sel, posez par dessus un linge humide, de préférence en laine, et tenez au frais pendant deux heures.

Pour servir. — Retirez le moule de la glace, trempez-le quelques secondes dans de l'eau un peu plus que dégourdie, enlevez-le.

Mûre

Morus nigra :

Décoction pour tisane : 60 gr. de mûres pour 3/4 de litre d'eau. Mettez à l'eau froide et retirez du feu aussitôt.

60 gr. d'eau pour 3 décilitres (300 gr.) d'eau pour gargarismes en cas de maux de gorge bénins.

Mûres (Gelées de)

Formule : 600 gr. de mûres ; 500 gr. de sucre cristallisé.

Mettez tout ensemble, donnez un bouillon couvert, versez sur tamis de crin posé sur un récipient en porcelaine.

Mettez en pots ou en bocaux.

Conservez comme les confitures.

Mûres (Sirop de)

Formule ; 1 litre de jus de mûres ; 1.700 gr. de sucre cristallisé.

Donnez un bouillon.

Muscade

Myristica moschata.

.L'arille ou espèce de filet qui enveloppe l'amande s'appelle *macis*.

Le principe le plus important est la graisse, qui forme environ le quart de son poids et qui est connu sous le nom de *beurre de muscade*.

La muscade entre dans plusieurs élixirs, dans les épices, la marinade chaude et froide, dans les ragoûts et les sauces brunes, blanches, roses et vertes.

C'est un arôme délicat qu'il faut employer avec beaucoup de discrétion, afin qu'on ne dise pas comme du temps de Mme de Sévigné « aimez-vous la muscade ? on en a mis partout ». Elle ne doit jamais déceler sa présence.

Noix

Les noix sont de plus en plus employées en pâtisserie.

Une coupe en nougat bordées de noix farcies ou non, glacées au grand cassé, font un très bel effet. C'est moins commun que les dragées.

Farcies à la purée de marrons, de pistaches ou de pignons ; glacées au caramel ou à la glace au chocolat, cuite; sont très appréciées comme petits fours.

Dans les gâteaux secs, les génoises, le beurre de noix, le nougat, elles constituent une variété qui plaît. Les cerneaux font un hors-d'œuvre très estimé.

La noix produit une huile très estimée en certaines contrées pour la salade.

La noix était nommée par les romains *Juglaud*, gland de Jupiter. Le noyer fut apporté de Perse en Italie par les guerriers romains.

L'école de Salerne dit que la noix est lourde.

Qu'aux viandes, pour dessert, succède le fromage ; qu'au poisson succède la noix ; une seule suffit, deux sont trop, l'homme sage se garde bien d'en manger trois.

Noix farcies aux Pistaches

(Pour Thé ou pour Soirée)

Je signale les noix de l'Ardèche, pour cette préparation tout à fait distinguée, pour deux raisons. Elles sont très grosses ; et leur goût est beaucoup plus fin que celui des noix des autres régions. Assurément, on utilise celles qu'on a.

Formule : 25 belles noix ; 100 gr. de pistaches ; 100 gr. de sucre en poudre, dit glace ; 60 gr. de beurre très fin et ferme ; un verre à madère de kirsch.

Formule (pour le sucre au caramel) : 500 gr. de sucre cassé à la main ; demi-verre d'eau ; cuillerée à café de glucose.

Cassez les noix sans briser les amandes ; il est nécessaire d'avoir des moitiés entières pour bien retenir la purée de pistaches lorsque les noix seront trempées dans le sucre au caramel.

La Farce des Pistaches. — La pistache est une petite amande oblongue et verte, à la peau d'une astringence forte qu'il faut enlever pour que le fruit donne toute la délicatesse de son parfum. Son prix, très élevé, lui fait substituer maintes autres amandes. Voyez à ce sujet ce que nous avons dit dernièrement, à propos du gâteau Vert-Vert, page 304.

Faites bouillir un litre d'eau, jetez-y les pistaches, couvrez, retirez du feu et attendez deux minutes. En les laissant plus longtemps, elles blanchissent et perdent leur jolie couleur verte.

Egouttez-les, rafraîchissez-les, épluchez-les comme des amandes, en les pressant sur la table entre le pouce et l'index ;

lavez-les de nouveau. Pilez-les dans un mortier de marbre au pilon de bois — le fer ou le bronze noircissent ; — et lorsqu'elles sont écrasées, un peu sèches, ajoutez la moitié du kirsch, broyez en tournant vivement et longtemps : elles sèchent encore ; ajoutez le reste du kirsch, broyez, afin qu'il ne reste aucun grain. Mettez le sucre en poudre et broyez encore ; le beurre et broyez toujours. Ramassez le contenu du mortier à l'aide d'un morceau de carton, sur une assiette saupoudrée de sucre glace et portez au frais pour que la pâte se raffermisse.

Coupez les noix par le milieu dans le sens de leur cloison, rangez-les sur la table, chaque moitié à côté de l'autre.

Saupoudrez la table de sucre glace. Versez dessus la purée de pistaches, roulez-la en cordon de la grosseur du pouce, et faites-en 25 parts égales que vous roulez en forme d'olive. Prenez les deux moitiés d'une noix, interposez entre elles l'un des 25 morceaux de pistaches, et pressez les deux moitiés sans faire remonter la farce ; la faire tenir, c'est tout le nécessaire. Mettez au frais.

Le Sucre au Caramel. — Mouillez le sucre d'un demi-verre d'eau dans une petite casserole en nickel ou émail non craquelé ; avec une casserole étamée, la couleur n'est jamais aussi brillante. Faites-le partir en ébullition sur un feu clair *ne dépassant pas le fond de la casserole*, pour éviter que brunissent les éclats du sucre bouillant qui s'attachent aux bords. Dès l'ébullition, écumez, ajoutez une cuillerée à café de glucose (chez les droguistes) ou deux gouttes de jus de citron. Avec un linge ou un tampon de coton hydrophile mouillé, nettoyez le bord intérieur de la casserole deux ou trois fois pendant que le sucre cuit à gros bouillons, travail indispensable pour éviter la coloration du sirop qui ternirait le caramel, et pour empêcher le sucre de tourner en sable lorsque vous glacerez les noix. Huilez une plaque de tôle ou un marbre.

Quand le sucre bouillonne avec un certain bruit sec, il approche du point de cuisson. Pour vérifier son état, trempez-y

une pointe de couteau, plongez-la dans de l'eau très froide ; mettez le sucre sous la dent, et s'il casse franc, sans coller aux dents, il est au point désigné sous le nom de *gros cassé* ou de *caramel*.

Retirez la casserole du feu, posez-la sur un linge tourné en couronne, relevez un peu sa queue pour vous faciliter le trempage des noix.

Prenez une fourchette de la main droite, de la gauche jetez une noix dans le sucre, retirez-la aussitôt en frottant le dessous de la fourchette sur le bord de la casserole pour ne pas entraîner trop de sucre, et posez la noix sur la plaque huilée, aussi loin que possible pour ne pas être gêné quand vous posez les autres noix.

Continuez très vite, sans précipitation cependant et avec méthode, le sucre refroidissant vite. Coupez les bavures avec des ciseaux ; mettez chaque noix dans un papier plissé, dit à *petits fours*.

Servir en assiette ou dans une coupe de cristal.

Noix farcies en surprises

Formule : 36 noix de l'Ardèche, grosses comme des œufs ; 350 gr. de débris de marrons confits ; verre à madère de bon kirsch ou rhum ; 600 gr. de sucre cassé à la main ; décilitre d'eau ; 60 gr. de beurre fin ; un peu de vanille.

Opération. — Ouvrez les noix en passant la lame d'un couteau entre les deux écailles (il faut les conserver intactes pour y remettre la noix, farcie et glacée), levez sans la briser.

Étalez l'intérieur sur une plaque, saupoudrez de sucre et dorez-les légèrement au four.

Pilez les débris de marrons avec le kirsch, ajoutez le beurre, triturez ferme pour obtenir une pâte bien fine ; passez au tamis. Réunissez en boule et faites-la raffermir au frais quelques heures.

Étalez la purée sur la table poudrée de sucre glace, faites un boudin de la grosseur du pouce, coupez trente-six morceaux, roulez-les en olives ; appliquez sur chaque olive une moitié de noix de chaque côté.

Faites cuire le sucre au grand cassé. Trempez les noix sur les pointes d'une fourchette et posez-les à mesure sur une plaque huilée ou le marbre bien propre.

Lorsqu'elles sont froides parez avec les ciseaux les bavures du sucre et renfermez-les dans leur coquille. Servez-les tout simplement sur compotier au moment du dessert ou du thé de cinq heures.

La surprise des convives est telle, souvent, qu'ils n'osent y toucher avant que la maîtresse de maison en ait croqué une, sans avoir fait aucune allusion ni offre de ce petit four, qui paraît en effet bizarre. Servir des noix avec le thé.

C'est alors une franche gaîté et les noix ont vite disparu du compotier.

Oranger

L'oranger, arbre très joli et toujours vert, est originaire de la Chine et des îles de la Sonde. Il a été importé en Espagne, en Italie, en Portugal et dans le Midi de la France où il s'est parfaitement acclimaté, vers la fin du xie siècle. Au nord et surtout au centre de la France, on le cultive en caisses pour orner les jardins ; on le rentre en serre pendant l'hiver où il végète et ne produit jamais de fruits mûrs. Il est multiplié au moyen de greffes en écusson sur Bigaradier ou sur sujet franc. Sur sujet franc, il est plus long à se développer, mais devient plus robuste, produit de meilleurs fruits et en plus grande quantité.

Les feuilles de l'oranger sont employées couramment en pharmacie ; celles que l'on cueille sur les arbres venus en pleine terre ont plus de vertu que celles des orangers élevés dans des caisses.

Les fleurs sont beaucoup employées par les confiseurs qui en font des pastilles et des bonbons délicieux. On les distille pour obtenir l'eau de fleurs d'orangers qui est constamment employée par les confiseurs, les distillateurs et les pharmaciens.

La récolte des fleurs d'orangers, dans le climat de Paris, se fait fin juillet et août.

Les fruits de l'oranger doux viennent principalement de Malte et du Portugal, où ils sont délicieux dans le pays même, étant cueillis en maturité ; ceux qui nous arrivent sont beaucoup moins succulents, car, pour supporter le voyage, il est nécessaire de les cueillir encore verts. L'orange (pomme de Médie ou de Perse) contient un suc acidulé fort agréable, doit son acidité à l'acide citrique et sert à faire une limonade connue sous le nom d'*orangeade*. Les écorces fraîches se confisent et prennent le nom d'*orangeat* ; fraîches et sèches elles entrent dans la fabrication du curaçao ; sèches et associées aux écorces d'oranges amères également sèches, elles font la base des sirops stomachiques d'*oranges amères* que font les pharmaciens.

Un Carthaginois, ayant greffé un oranger jaune sur un grenadier, obtint les premières oranges rouges, dites *sanguines*.

L'opinion la plus généralement accréditée est que les fameuses pommes des Hespérides n'étaient autre chose que des oranges.

Quiconque voit pour la première fois ces arbres au moment de la récolte ne peut retenir des exclamations de surprise. C'est une vue inoubliable.

Outre l'oranger doux qui produit une chair délicieuse, il existe aussi l'oranger amer ou Bigaradier dont la pulpe ou chair est rarement employée ; mais son écorce (zeste), amère et aromatique, forme la base d'une liqueur hollandaise que l'on nomme curaçao. Le fruit vert, après avoir été zesté en ruban pour fabriquer le curaçao, est repris par le confiseur qui le confit et lui donne alors le nom de *chinois*, qui a beaucoup de succès étant mis dans l'eau-de-vie.

Le Bigaradier a été apporté de l'Inde, vers l'an 3oo de l'Hégire, il fut répandu en Syrie, en Palestine, puis en Egypte et plus tard dans le midi de l'Europe.

Partie employée : feuille, fleur, fruit.

La feuille, en infusion est calmante. La fleur sert aux confiseurs et aux distillateurs.

Les fleuristes en font des bouquets très estimés à cause de leur emblème.

Le fruit sert à faire tant de choses plus ou moins jolies et gourmandes les unes que les autres. Il ne faut donc pas s'étonner si, pour la possession d'un oranger, les hommes ont soutenu, jadis, de merveilleux et héroïques combats.

Voir les divers articles consacrés à ses diverses préparations.

L'épicarpe du fruit mûr sert à faire *l'essence de Portugal*.

Orangeade
(Liqueur fraîche)

Formule : 2 oranges 1er choix ; 2 kilos de sucre raffiné ; 4 litres d'eau commune filtrée ; 20 gr. d'acide citrique en cristaux.

Opération. — Zestez les oranges le plus proprement possible sur le sucre, que vous avez eu soin de casser en gros éclats ; arrosez ensuite ce sucre avec les 4 litres d'eau et le jus exprimé des oranges ; mettez-y fondre également et en même temps l'acide citrique en cristaux. Lorsque le tout est fondu (à froid), passez au tamis fin, ajoutez une goutte de carmin clarifié pour donner une légère teinte orange et servez à la glace, comme liqueur fraîche, pour les soirées.

Cette composition peut être conservée au cas où l'on manque d'oranges, en la mettant en bouteilles que l'on ficelle et que l'on passe à l'ébullition à 95°, en procédant par la vapeur, et au premier bouillon en employant l'eau pour l'ébullition.

La citronade se fait de la même manière, seulement, on retranche la couleur et on diminue l'acide citrique de moitié.

Orangeade pour soirée

Formule (pour environ 2 carafes) : 4 ou 5 belles oranges juteuses et peau fine ; 2 citrons bien ronds, juteux et peau fine ; 12 gr. d'acide citrique en cristaux ; 250 gr. de sucre cassé ; 1 litre 1/2 d'eau distillée froide.

Opération. — Faites bouillir eau et sucre. Levez les zestes des oranges et des citrons très superficiellement, mettez-les dans le sirop retiré sur le côté du fourneau ; couvrez un moment ; ajoutez l'acide citrique, le jus des fruits bien exprimé et passé au tamis, quelques gouttes de carmin. Aussitôt la composition froide, mettez-la en carafes que vous entourez de glace pilée et légèrement salée, si vous êtes pressé pour servir.

Certaines personnes ajoutent un verre à madère de très bon cognac.

Pour faire la limonade, on renverse la proportion des fruits : 4 ou 5 citrons très juteux, 1 ou 2 oranges, même pas du tout suivant le goût.

Oranges glacées entières

Défaites des oranges de manière à laisser un culot d'écorce d'un bout de la largeur d'une pièce de 5 francs, détachez les quartiers avec beaucoup de précaution jusqu'à ce culot et enlevez le blanc le mieux possible à l'aide d'un couteau ; mettez ensuite chaque orange à cheval sur un carton rond autour duquel il y a autant de dents de loups qu'il existe de quartiers dans l'orange ; suspendez le tout sens dessus dessous par le moyen d'une ficelle passée au milieu du carton, de façon à ce que les quartiers se tiennent bien écartés, et prennent, en séchant, la forme qu'on veut bien leur donner. Quand les oranges sont bien sèches, vous les glacez au sucre cuit au cassé, en les tenant par la ficelle qui sert encore à les suspendre jusqu'à ce que les oranges soient complètement refroidies.

Oranges glacées en quartiers

Prenez des oranges de bonne qualité, enlevez l'écorce en ayant soin de ne pas meurtrir le fruit ; séparez aussitôt les quartiers, et enlevez le blanc ; et surtout ne pas enlever le blanc avant de séparer les quartiers, ce qui donne beaucoup plus de difficultés et contribue à déchirer. Après avoir épluché les oranges, placez-les sur un tamis et laissez-les sécher à l'air ou à l'étuve tempérée ; il faut préférer le premier procédé, car le second est suscesptible de faire sûrir les quartiers d'oranges, ce qui est fort désagréable. Quand les quartiers sont bien essorés, glacez-les au sucre cuit ou cassé, soit à la fourchette, en les plaçant à mesure sur le marbre légèrement huilé, soit en les embrochant avec les broches spéciales en fil de fer. Lorsque vous glacez des oranges pour une pièce montée, il est préférable de les glacer à la fourchette, les quartiers sont toujours plus intacts et ne sont jamais percés. Les oranges glacées en quartiers sont généralement glacées blanches ; pour les pièces montées, on peut en glacer rose pour faire diversion.

Il faut en moyenne 24 à 25 quartiers d'oranges pour produire 5oo grammes, dont : 400 grammes d'oranges et 100 grammes de sucre. Edouard LACOMME.

Pain de foie de porc frais

(Plat de ménage froid)

Proportions et quantités pour un moule à charlotte de 14 centimètres de diamètre :

Formule : 600 gr. de foie de porc, très frais : 300 gr. de lard râpé, mi-sel ; 20 gr. de mie de pain rassis, passé au tamis ; 10 ou 15 gr. de sel, suivant le lard employé ; 1 gr. d'épices, 1 gr. de poivre, muscade ; thym et laurier pulvérisés ; 1 œuf et un jaune ; verre à madère de rhum ; crépine de porc pour tapisser le moule et recouvrir le pain ; cuillerée de graisse, saindoux ou dégraissés.

Coupez le foie de porc en tranches, faites-les sauter dans la poêle pour les raidir et non les cuire, dans la poêle avec la cuillerée de graisse ; hachez-le, pilez ou passez-le à la machine.

Broyez dans le mortier le lard avec les épices et le rhum, remettez le foie, broyez encore, ajoutez la mie de pain, puis l'œuf et le jaune, passez au tamis, broyez encore une fois. Tapissez le moule avec la crépine ou des bandes de lard, minces et grandes, garnissez-le de la farce ; tassez et faites cuire au four au bain-marie, une heure un quart. Laissez refroidir dans le moule.

Le lendemain chauffez un peu le moule, renversez le pain sur un plat rond, décorez-le au cornet avec du beurre ramolli ou des coquilles de beurre, faites à la pointe du couteau en forme de liserons.

Pains Fondants

(Petits fours glacés)

Quantité pour une douzaine et demie de petits fours :

LA PATE

Formule : 150 gr. d'amandes d'abricots, mondées et séchées, ou 65 gr. d'amandes amères et 60 gr. d'amandes douces ou de noisettes ; 700 gr. de sucre cassé à la main ; 350 gr. de beurre ; 400 gr. de farine ; 12 blancs d'œufs (400 gr.) ; quelques pistaches hachées.

LE SIROP

Formule : 300 gr. de sucre cristallisé ; un quart de litre d'eau ; verre à madère de kirsch.

Opération. — Pilez les amandes réunies au quart du sucre, passez au tamis de fil de fer étamé, repilez avec un autre quart de sucre, passez ; et ainsi de suite jusqu'à épuisement du sucre.

Beurrez dix-huit moules ovales ou ronds à petits fours, saupoudrez-les de farine.

Mélangez sucre et amandes avec les blancs d'œufs, ajoutez la farine et ensuite le beurre ; garnissez les moules et cuisez au four, chaleur douce.

Démoulez en sortant du four ; trempez aussitôt dans le sirop préparé comme il va être dit, et faites tomber au-dessus un petit tas de pistaches hachées.

Pour le sirop, donnez une ébullition au sucre mouillé avec l'eau ; laissez refroidir ; et lorsqu'il est à moitié froid ajoutez le kirsch.

Pains de Genève

Formule : 500 gr. de farine ; 50 gr. de beurre ; 10 gr. de levure ; 5 gr. de sel ; 3 décilitres de lait.

Opération. — Faites un levain mollet avec le quart de la farine, la levure et un peu de lait. Laissez-le doubler de volume dans un endroit tempéré ; pendant qu'il lève, travaillez le reste de la farine, le sel, le lait qui reste et le beurre. Ajoutez le levain et laissez lever de nouveau pendant une heure.

Divisez la pâte en 12 à 14 parties, allongez-les dans des moules beurrés à biscuits de Reims, laissez doubler de volume, dorez les petits pains et cuisez au four un peu chaud.

Parfums

EAU DE TOILETTE

Procédé simple et pratique pour parfumer les eaux de toilette, le linge de corps et mouchoirs.

Formule : 80 gr. de jasmin blanc (celui de Virginie est trop fort), de muguet, de tubéricine de lis, lavande, réséda, violettes, lilas, géranium rose, seringa, corylopsis, etc., etc. ; 1 litre d'alcool à 90°.

Opération. — Faites infuser pendant un mois en un bocal hermétiquement clos, filtrez et gardez en petits flacons de préférence aux bouteilles, l'odeur est fugace et s'évapore en débouchant trop souvent.

VINAIGRE DE TOILETTE

Formule : 60 gr. de pétales de fleurs ; 1 litre de bon vinaigre d'Orléans, blanc.

Opération. — Faites macérer 3 semaines, filtrez et réservez pour l'usage externe.

Parfum de Vanille (*Infusion*)

Mettez 60 gr. de vanille du Mexique dans une bouteille d'un litre, à gros goulot ; remplissez d'un sirop de sucre bouillant à 30° ; laissez infuser pendant au moins 48 heures avant de l'employer.

Cette vanille n'est pas épuisée lorsqu'on la retire du sirop ; on peut l'employer en triplant la dose pour faire de la vanille en poudre (voir cette dernière). On peut aussi l'épuiser complètement en la faisant macérer dans l'alcool.

Petits Fours secs
(*Losanges pralinés*)

Ces petits gâteaux sont très fins.

Formule : 250 gr. de farine ; 200 gr. de beurre ; 125 gr. de sucre glacé vanillé ; un jaune d'œuf cuit, un autre cru ; petit verre d'anisette ; un peu de lait ; sel ; une trentaine d'amandes ; 30 gr. de sucre semoule.

Opération. — Commencez par préparer le pralinage, en saupoudrant avec le sucre semoule les amandes épluchées et hachées, étendues sur une plaque de forte tôle, les mettant au four chaud et les laissant colorer et glacer. Cela fait, passer à la pâte.

Écrasez le jaune d'œuf cuit à travers le tamis. Disposez la farine en fontaine, c'est-à-dire en un tas que vous creusez jusqu'au fond ; au milieu, mettez les deux jaunes d'œufs, le cuit réduit en miettes et le jaune cru, le sucre, le petit verre d'anisette, une pincée de sel et le beurre ; malaxez le tout puis incorporez la farine, sans trop manier, parce que la pâte est disposée à *se sabler* à cause de sa grande quantité de beurre. Réunissez en boule, fraisez une fois rapidement avec le bord de la main, mettez-la sur une assiette saupoudrée de farine prise en dehors de la quantité indiquée aux proportions, couvrez d'un papier et laissez raffermir sur glace ou dans un endroit bien frais, pendant quelques heures.

Coupez le bloc de pâte en quatre parties à peu près égales et traitez successivement chacune d'elles de la façon suivante, laissant les autres au frais :

Roulez-la à la grosseur d'une saucisse ordinaire que vous aplatissez en la tapotant sur toute sa longueur avec le plat d'un couteau, par petits coups ; badigeonnez le dessus de la bande avec un peu de lait sucré, saupoudrez avec le quart du pralinage, découpez en losanges et placez ceux-ci sur une plaque de forte tôle, les soulevant sur le couteau ; cuisez un quart d'heure environ dans le four, à chaleur modérée.

Ne préparez pas une autre partie de pâte avant d'avoir une plaque disponible pour y déposer les losanges aussitôt qu'ils sont coupés, la pâte très sensible à la température se collant facilement sur la table ou sur le marbre, ce qui les déformerait lorsqu'on les soulève.

Petits Pains au Lait

Formule (pour une vingtaine de petits pains) : 625 gr. de farine de gruau ; 5 gr. de sucre en poudre ; 5 gr. de sel fin ; 250 gr. de beurre frais, fondu, sans bouillir ; 10 gr. de levure ; un quart de litre de crème à thé ; 4 jaunes d'œufs.

Opération. — Mettez la farine dans une terrine, faites un trou au milieu, délayez la levure avec un peu de crème tiède d'abord, puis avec les jaunes d'œufs, ajoutant ensuite le sel et le sucre; délayez le tout avec le lait. Travaillez la pâte en la soulevant, ajoutez peu à peu le beurre fondu : elle ne s'attachera plus à la main ni à la terrine ; laissez-la lever une heure.

Divisez la pâte sur la table farinée, en vingt morceaux ; dressez-les en flûtes sur papier beurré, sans les faire toucher, ils gonflent à la cuisson ; laissez-les lever une heure.

Dorez-les, cuisez-les à four chaud pendant 20 à 25 minutes.

Pommes reinette en forme de paniers

Choisissez 7 jolies pommes, dites reinette de Hongrie, à chair ferme et bien saine.

Enfoncez un vide-pomme d'un centimètre et demi de diamètre du côté de la queue jusqu'à la moitié du fruit, retirez l'instrument et enfoncez-le de l'autre côté jusqu'à ce qu'il rejoigne la première section, puis repoussez avec le doigt la colonne ainsi taillée. Avec un couteau d'office, pelez le fruit en tournant, sans faire des entailles qui s'exagéreraient à la cuisson; plongez-le à mesure dans l'eau froide fortement acidulée avec du jus de citron, et continuez ainsi pour les autres pommes.

Dans un sautoir, mettez un demi-litre d'eau et 250 grammes de sucre cassé, une cuillerée de jus de citron, faites partir à l'ébullition ; aussitôt joignez les pommes, couvrez et entretenez un léger frémissement pour qu'elles cuisent sans éclater ; retournez-les sans les blesser, dès qu'est gonflé le côté qui touche le fond ; puis, lorsque la cuisson est parfaite, retirez le sautoir du feu et mettez-le, toujours couvert, dans un courant d'air pour qu'il refroidisse vite.

Coupez sept petites bandes d'angélique confite, à la longueur de 13 centimètres et à la largeur de un centimètre. Appointez les deux bouts, trempez-les quelques secondes dans de l'eau tiède, essuyez-les, piquez-les en forme d'anses sur les pommes. Garnissez les trous de cerises mi-sucre.

Dressez sur compotier 6 pommes en rond, une au milieu.

Pommes de terre Pâtisserie

Garnissez le bord intérieur de moules à baba d'une bande de papier, pour obtenir des petits gâteaux très hauts ; garnissez en pâte à plum-cake, cuisez à four doux ; imbibez-les de sirop parfum au rhum : voici le baba. Badigeonnez-les de marmelade d'abricot et roulez-les dans de la poudre de cacao ou du chocolat râpé ; enfin, avec une pointe de bois, imitez les yeux en faisant des trous.

Par-ci par-là, les pâtissiers enrobent les gâteaux avec une pâte d'amandes fondante; mais cette pâte est délicate à faire, et surtout à amincir pour bien entourer la patate; mieux vaut s'en tenir à la simple recette ci-dessus.

Pour Mouler une Brioche

POUR MOULER UNE BRIOCHE EN COURONNE. — La pâte étant levée et raffermie au frais, versez-la sur la table saupoudrée largement de farine. Poudrez aussi la pâte, roulez-la en boule, sans trace de soudure. Posez sur le sommet de la boule de pâte une bonne prise de farine, enfoncez-la avec trois doigts jusqu'à la table, roulez les doigts dans cette position assez vivement pour entraîner la pâte, jusqu'à ce que le trou soit assez grand pour y passer les mains, soulevez la pâte et étendez-la en roulant entre les deux mains, en lui donnant l'ampleur de la couronne.

Posez sur une plaque de tôle forte, de préférence ronde; faites la couronne bien ronde et d'égale épaisseur ; passez, avec un pinceau, de l'œuf battu sur la surface. Avec des ciseaux, faites sur le milieu et tout autour une série de dents de loups se touchant.

Laissez reposer la pâte dans la cuisine, pas trop près du feu, environ une heure. Mettez au four à bonne chaleur, presque comme un rôti. Dès que la couronne prend de la couleur, couvrez d'une feuille de papier et laissez cuire jusqu'au moment où elle est devenue ferme.

(Voir la recette de la *pâte à brioche*).

Profitrolles au Chocolat

Faites la même ou seulement la moitié de la pâte à choux (voyez l'article). Dressez des choux de la grosseur d'une noix, cuisez-les au four un peu moins chaud, laissez-les bien sécher.

La Crème. — Délayez 75 gr. de sucre en poudre avec deux jaunes et un œuf entier ; ajoutez une prise de sel fin ; petite cuillerée de farine ; deux tablettes de chocolat légèrement ramolli au-devant du four ouvert ; triturez le tout ensemble à la spatule pour que cette composition soit bien lisse ; mouillez avec un quart de litre de lait et faites bouillir en remuant avec attention ; versez dans un saladier.

Avec un morceau de bois de la grosseur et pointu comme un crayon, faites un trou sur le sommet de chaque chou ; remplissez un cornet en papier fort ou une poche à douille fine de crème, plantez le cornet ou la douille dans le trou, poussez sur la crème pour remplir le chou.

Pour Glacer les Profitrolles.— Faites fondre 3 tablettes de chocolat dans quatre ou cinq cuillerées d'eau filtrée, tenez le chocolat très épais et fondu sans grumeaux ; trempez le dessus de chaque chou, laissez raffermir au frais, dressez en compotier sur serviette à thé.

Pudding Ecossais

Mettez un demi-litre de lait, 200 gr. de sucre et le zeste d'un citron dans une casserole que vous placez sur le feu ; dès que le lait est bouillant, retirez-le.

D'autre part, placez sur la table 125 gr. de beurre fin auquel vous incorporez à la main 125 gr. de farine.

Retirez du lait bouillant le zeste de citron, ajoutez le beurre fariné divisé par petites parties, afin qu'il fonde plus rapidement dans le lait bouillant.

Placez sur un feu modéré la casserole, remuez le contenu avec une spatule comme pour cuire une crème ; faites cuire cet appareil jusqu'à ce qu'il commence à épaissir. Versez-le dans une terrine, incorporez d'abord 12 jaunes d'œufs puis 8 blancs battus bien fermes.

Beurrez grassement les parois intérieures de deux moules à charlotte, sucrez les parois ; emplissez-les aux trois quarts, placez-les dans une casserole avec de l'eau pour les faire pocher au bain-marie sur le feu pendant une demi-heure et autant au four.

Au bout de ce temps, retirez du four, renversez sur deux plats ronds, creux, et, une fois démoulé, arrosez avec une sauce sabaillon, comme pour le *Pudding Cabinet*, ou bien avec de la gelée de groseille chauffée et délayée avec du rhum ou du kirsch suivant le parfum qu'on a employé pour aromatiser l'entremets.

Pudding à la Française

Formule (pour une douzaine de personnes, poids 1 kilo) : 100 gr. de raisin de corinthe ; 50 gr. de malaga épépiné, coupé en quatre ; 50 gr. d'orange ou fruits confits ; 10 grains de genièvre, très écrasés ; zestes de citron et d'orange râpés ; sel ; muscade ; paprika ; cayenne ; 25 gr. de sucre en poudre ; 300 gr. de mie de pain trempée dans du lait et bien exprimé ; 75 gr. de beurre ; 4 œufs, les blancs battus en neige.

Opération. — Mettez tremper la mie de pain dans du lait froid pendant une dizaine de minutes. Epépinez le malaga, enrobez-le de sucre et coupez les grains en quatre morceaux pour que leur grosseur ne fasse pas écrouler les tranches, lorsqu'on divisera le pudding encore chaud ; hachez fin les fruits confits, orange et angélique ; écrasez le mieux possible dans du sucre en poudre les grains de genièvre dont le parfum pénétrant rend superflu du rhum ou du kirsch ; râpez les zestes de citron et d'orange ; retirez les queues du raisin de corinthe en le frottant entre les mains avec de la farine ; retirez les pierres, lavez les grains.

Exprimez le pain, dont l'excès de lait ferait aqueux le plum-pudding. Mettez-le dans un saladier avec les fruits, les zestes et les raisins, mélangez ; ajoutez les jaunes d'œufs, dont il faut au moins quatre pour lier le pain et les fruits, le beurre à peine fondu, triturez à nouveau ; incorporez les condiments, mis en quantité très modérée, et les blancs d'œuf battus fermes ; mélangez d'une façon parfaite.

Beurrez et farinez un moule de forme haute ; remplissez-le de la pâte, recouvrez d'un papier et cuisez au bain-marie pendant une heure et demie au moins, l'excès n'est pas un défaut.

Démoulez sur un plat.

Se sert chaud, saupoudré de sucre, arrosé de rhum qu'on enflamme.

Pudding Mexicain

Formule : 125 gr. de farine de maïs ; 50 gr. de beurre ; 4 ou 5 œufs, suivant la grosseur ; 1 litre de lait ; 1 décilitre de mélasse ; 125 gr. de sucre en poudre ; 1/4 de zeste de citron et du sel.

La Cuisson. — Portez à l'ébullition, dans une casserole, le lait avec le beurre et du sel. D'une main, versez le maïs, et, de l'autre, battez rapidement avec un fouet pour diluer et éviter les grumeaux. Retirez la casserole à côté du feu, et faites cuire très doucement pendant une demi-heure ; puis, laissez refroidir à moitié.

Battez ensemble les œufs, le sucre, la mélasse et l'essence de citron ; mélangez au maïs ; mettez le tout dans un moule uni, rond ou carré, ou dans un plat à gratin ; puis, faites cuire au bain-marie dans un four de chaleur modérée.

Servez avec un sirop au rhum ou brandy sauce, et une hard sauce composée de :

Formule : 150 gr. de sucre glace ; 175 gr. de beurre fin ; 1 petit blanc d'œuf ou les 3/4 ; un peu de vanille ou de cognac,

et préparée de la façon suivante :

Travaillez vigoureusement à la main, à la spatule ou avec un fouet jusqu'à formation d'une crème ; ajoutez la vanille en poudre ou le cognac ; mettez dans une poche à pâtisserie ou un cornet en papier et servez-vous-en pour décorer le pudding d'un dessin gracieux et correct. Mais si le gâteau était trop chaud, la sauce se fondrait et le dessin disparaîtrait.

Cette sauce se sert toujours avec les plum-puddings, apples dumpling, etc., etc. ; elle est aussi toujours accompagnée de rhum ou de brandy sauce.

J'aurais aimé vous parler du green corn ou maïs vert ; mais je le remets à une autre fois.

La consommation de ces épis dans ces contrées est étonnante, quoique on ne les paie jamais moins de 10 cents ou 50 centimes la douzaine, et les premiers de la saison jusqu'à 1 fr. 50 la douzaine.

Les Indiens en ont fait la base de leur alimentation, comme nous la faisons de pain de froment.

En France, où il s'en récolte tant dans le Midi, on le donne aux animaux. La classe pauvre y trouverait une substance beaucoup plus saine et nutritive que l'est la pomme de terre.

On se sert en certains endroits de la *mola* romaine, ou pierre ronde à main, pour pulvériser les graines ; aussi la besogne est longue. Les gens du peuple se bornent à acheter dans les rues des tornales, des enchiladas assez bonnes et très réconfortantes quand elles sont bien faites. Lorsqu'elles sont faites par un maître-queux soigneux, elles constituent un mets très recherché.

Puits de Nougat aux Fraises

Ce sont de petites timbales de nougat garnies de crème Chantilly et d'une fraise. Le nougat est une pâtisserie très facile à faire, bonne et séduisante.

LE NOUGAT

Formule : 200 gr. d'amandes douces, en coques ; 125 gr. de sucre semoule ; quelques gouttes de citron.

LA GARNITURE

Formule : 200 gr. de crème Chantilly, épaisse ; 50 gr. de sucre semoule vanillé ; quelques fraises.

Les Amandes et le Nougat. — Dans un litre d'eau bouillante, jetez les amandes retirées de leur coque, couvrez la casserole, laissez reprendre l'ébullition et versez dans une passoire. Mettez les amandes sur la table devant vous, prenez-en une entre le pouce et l'index, pressez-la contre la table en la poussant en avant : elle sort de la peau. Continuez ainsi jusqu'à la dernière. Remettez les amandes dans la passoire, faites couler de l'eau froide au-dessus pour les laver ; essuyez-les.

Coupez les amandes sur la table, à la grosseur d'une lentille, les morceaux aussi réguliers que possible ; non pas au hachoir qui les écraserait, mais avec un grand couteau de cuisine. Etendez-les sur du papier ou une plaque, en couche mince, et faites-les sécher à l'étude tiède ou dans le four de la cuisinière, quand le feu va s'éteindre, jusqu'au lendemain. Retirez au tamis les fins éclats qu'elles contiennent, qui pourraient rendre sableux le nougat ; ils serviront pour des gâteaux secs ou autre chose.

Faites fondre le sucre semoule dans un poêlon d'office ou dans une casserole d'émail solide, avec six gouttes de citron, sur feu légèrement vif, le remuant à la cuillère. Dès qu'il est fondu sans grumeaux, a pris couleur d'ambre brun, ajoutez les amandes, mélangez sur feu doux et versez aussitôt sur une plaque huilée, avant que le nougat formé se soit fortement coloré.

Les Moules a Nougat. — Vous avez préparé au préalable un petit emporte-pièce uni, rond, de 4 centimètres environ de diamètre, et quelques petits moules à babas de même dimension ; et taillé une bande de papier fort de même largeur, à la longueur nécessaire pour s'appliquer exactement dans les moules.

Etalez rapidement au rouleau sur le marbre huilé le tiers environ du nougat, et tenez le reste au chaud ; découpez huit ronds à l'emporte-pièce, ils seront les fonds de huit petits puits. Mettez les débris au chaud.

Etalez le reste du nougat, et découpez des bandes à la grandeur de celle du papier posé, bien beurré, sur la pàte ; roulez-les en tube, et mettez-les à mesure dans les moules, les appliquant sur les parois pour les arrondir et les souder. Arrangez-vous pour avoir autant de cylindres que de ronds, en utilisant les débris de nougat réchauffés.

Dans la casserole au nougat faites fondre un peu de sucre semoule ; dès qu'il fume, mouillez-en le bas d'un cylindre et appliquez sur l'un des ronds : le premier puits est fait. Continuez ainsi.

Fouettez la crème Chantilly avec le sucre vanillé, remplissez-en un cornet, pressez-le sur les puits en les garnissant en dôme, posez sur chacun une belle fraise. Dressez sur une assiette à pied, garnie d'une serviette renaissance.

Punch à la Russe

Versez dans une soupière en argent ou ruolz deux bouteilles de champagne ; un ananas coupé en tranches rondes et fines, pouvant contenir dans un verre ordinaire. Chauffez dans une casserole un quart de litre de kirsch, cognac ou rhum, suivant le goût ; chauffez-le jusqu'au moment où le doigt ne peut supporter la chaleur, soit 50°, ajoutez 150 gr. de sucre cassé à la main, allumez et, lorsqu'il est bien enflammé, versez-le doucement sur le champagne. Remuez avec une louche en argent jusqu'au moment où il s'éteint.

Servez en verre ordinaire avec tranche d'ananas.

Punch Suédois

Voici la recette du Punch Suédois. La principale condition pour le faire bon est d'avoir de l'eau-de-vie d'*Arrack ;* on n'en trouve pas à Bordeaux. Savez-vous où l'on peut s'en procurer ?

(Dans les maisons suédoises, il est probable ; et sûrement rue Jemmapes, , à Marseille, chez M. de Peyron).

Je sais que la recette que je vous donne est bonne, parce que j'ai bu du punch que j'avais vu faire d'après elle

Formule : un litre d'eau-de-vie d'Arrack un litre d'alcool ; 10 gouttes éther acétique ; 4 gouttes huile d'orange ; 10 gouttes essence de vanille ; 2 litres d'eau dans laquelle on fait bouillir 2 kilos de sucre candi blanc.

Mélanger le tout à froid, et garder pour l'usage.

Purée de Marrons glacés au Chocolat

Crème délicieuse, qui mérite fort d'être appréciée et dont le prix de revient est très modéré quand on profite des conditions auxquelles nous expédions les débris de marrons glacés.

La quantité de marrons à employer avec du chocolat, contenant moitié cacao, peut varier du double au quadruple de son poids sans modification de goût bien sensible ; être, par conséquent, de 200 à 400 grammes pour 100 grammes de chocolat ou pour 50 grammes de cacao pur.

Formule (pour 8 convives) : 400 gr. de marrons ; 60 gr. de cacao en poudre ou 12 de chocolat ; 60 gr. de beurre fin ; 100 gr. de sucre, avec l'emploi de cacao sans sucre ; 40 gr. avec le chocolat ; jaune d'œuf ; 1/3 de litre de lait ; vanille ou citron ; crème Chantilly pour masquer la purée.

Opération. — Couvrez de lait les débris de marrons, faites-les chauffer à feu très doux pour les ramollir, pendant un quart d'heure, et passez au tamis.

Réchauffez le beurre dans un bol tenu tiède, maniez-le avec le jaune d'œuf et du sucre. Si vous employez du chocolat, faites-le ramollir à chaleur très douce dans un peu de lait.

Liez le cacao ou le chocolat avec l'œuf, mélangez, ajoutez la purée de marrons, parfumez et mélangez bien le tout. Laissez reposer au frais pendant une à deux heures.

Quand le mélange a acquis de la fermeté, passez à travers un tamis un peu gros, d'où il sortira avec un aspect vermicellé, sur le plat qui ira à table. Remettez au frais.

Masquez la purée avec de la Chantilly.

Quelques boissons Américaines

1° Un pile-glace ; 2° un gobelet, contenant deux timbales (shaker) ; 3° une passoire à cocktails ; 4° une autre passoire ; 5° mesures à whisky, à brandy et à liqueurs diverses ; 6° flacons à compte-gouttes ; 7° poivriers et porte-épices ; 8° râpe à muscade ; 9° cuillère à soda ; 10° pailles. On voit que si l'élégance prescrit la multiplicité d'appareils spéciaux, il n'est pas impossible de les suppléer.

Voici deux recettes très simples, qui seront suivies de quelques autres.

Brandy Cocktail

Remplissez à moitié un grand gobelet avec des petits morceaux de glace ; versez par-dessus trois cuillerées à café de sirop de sucre, deux de curaçao, un verre à madère de cognac, cinq à six gouttes de bitter d'Angostura ; mélangez bien avec la cuillère à soda, versez dans un verre à cocktail, et pressez dessus deux tranches de citron. Servir avec des pailles.

Boissons aux Cerises

Pour remplacer l'orangeade : Passez au tamis de crin assez de cerises aigres pour en obtenir un litre de jus ; dans ce jus, faites fondre à froid 500 grammes de sucre cassé en petits morceaux, après avoir ajouté un quart ou un tiers de litre de très bon cognac.

Café Glacé

Il est difficile de faire du café glacé, sans qu'il *gèle*, dans tout autre ustensile que la sorbetière américaine ou Maréchal.

Opération. — Torréfiez 150 grammes de bon café ; faites bouillir un litre de crème à thé avec 250 grammes de sucre cassé à la main, retirez sur le côté du feu, versez-y le café, couvrez hermétiquement et laissez infuser pendant une demi-heure. Passez au tamis et faites glacer comme à l'ordinaire avec très peu de sel dans la glace, 250 grammes pour 3 kilos.

Chicago Cocktail

Remplissez aux trois quarts un grand gobelet avec des petits morceaux de glace pilées, et versez par-dessus un demi-verre à liqueur de sirop de sucre, les trois quarts d'un verre à liqueur de curaçao, un verre à madère de cognac, puis 6 gouttes de bitter.

Mélangez bien avec la cuillère à soda, passez dans un verre à cocktail, achevez de remplir avec du champagne et le jus d'un citron.

Sherry Lemonade

Sur une cuillerée à bouche de sucre en poudre dissous dans un peu d'eau, versez une mesure (un petit verre) de jus de citron, un verre et demi à madère de Xérès pâle, de la glace pilée en quantité suffisante pour remplir à moitié le gobelet et achevez de remplir avec de l'eau fraîche. Mélangez bien avec la cuillère à soda, et garnissez de fraises, de pêche, de groseilles, de framboises, etc.

SOYER AU CHAMPAGNE

Remplissez aux trois quarts un grand gobelet avec de la glace pilée, ajoutez trois quarts de verre à madère de sirop de grenadine, un demi-verre à liqueur de cognac, achevez de remplir avec du champagne, mélangez à la cuiller à soda ; garnissez d'une tranche d'orange et de citron. Servez en même temps de grandes pailles.

Rochers au Cacao

Formule (pour 25 rochers) : 4 blancs d'œufs moyens ; 225 gr. de sucre glace ; 225 gr. amandes blanchies, effilées et séchées ; 60 gr. de cacao de bonne qualité ; vanille en poudre.

Opération. — Mettez les blancs dans la bassine en cuivre non étamée avec le sucre en poudre, battez-les avec le fouet en fil de fer sur un feu *très doux*, environ vingt minutes. La pâte doit être d'un blanc éclatant, épaisse et onctueuse.

Ajoutez la vanille, le cacao et mélangez. Sortez le fouet, ajoutez et incorporez les amandes avec une cuiller à bouche.

Beurrez, très peu, deux plaques fortes, un peu grandes, farinez-les, secouez-les pour faire tomber l'excès de farine.

Dressez des petits tas à la cuiller, un peu distancés les uns des autres, de la grosseur d'un œuf de jeune poule. Faites cuire au four presque froid et la porte entr'ouverte.

Le dessus des rochers doit être lisse, luisant, à peine coloré, juste la nuance du café torréfié, blond, l'intérieur doit être moelleux. Conservez ces rochers en boîtes et au sec.

Rochers aux Noix

Formule (pour trente rochers environ) : 250 gr. de sucre en poudre ; cuillerée à café de sucre vanillé ; 250 gr. de noix nouvelles ; 4 blancs de beaux œufs.

Opération. — Épluchez les noix, hachez-les en menus morceaux sans toutefois les réduire en poudre, séchez-les au four pendant cinq à six minutes, sur plaque de tôle, mais ne les laissez pas brunir.

Tamisez le sucre en poudre pour éviter les grumeaux qu'il contient toujours ; mettez-le avec les blancs d'œufs dans la bassine à battre, posez sur feu doux et fouettez jusqu'à obtenir une crème très fine, onctueuse, ferme, blanche comme de la neige ; versez par-dessus le sucre vanillé et les noix, mélangez.

Beurrez très faiblement une ou deux plaques selon leur grandeur ; saupoudrez-les de farine, secouez, en les frappant, pour détacher l'excès de farine, et disposez par-dessus des petits tas de la grosseur d'un petit œuf, à la distance de deux centimètres les uns des autres.

Cuisez au four à peine plus que tiède, la porte entr'ouverte, aussi peu chauffé que pour les meringues. Le dessus des rochers doit se teinter à peine en se glaçant et l'intérieur être moelleux.

Sablés fins

Formule : 250 gr. de farine de gruau ; 140 gr. de sucre semoule ; 250 gr. de beurre fin ; un jaune d'œuf ; une pincée de sel ; zeste de citron ou de la vanille en poudre.

Opération. — Dans la farine tamisée sur le marbre et creusée dans le milieu mettez le sel, le parfum, le jaune d'œuf, le sucre et le beurre. Triturez à la pointe des doigts, incorporez la farine, fraisez la pâte une fois ; laissez-la reposer une heure au frais.

Étendez la pâte au rouleau sur le marbre fariné, assez mince ; découpez les sablés à l'emporte-pièce cannelé, dorez et cuisez à four très doux, environ 20 minutes. Réservez en boîtes closes et au sec.

Claire BORDIER.

Sherry Cobbler

Formule : 30 centilitres de punch au rhum ; 30 centilitres de sirop d'oranges ; 30 centilitres de madère ; 1 décilitre de cognac vieux ; 5 gr. d'acide citrique ; 1 décilitre d'eau commune.

Opération. — Faites le mélange et servez dans des chopes aux trois quarts pleines de petits morceaux de glace, avec des chalumeaux.

Sirop pectoral des Religieuses de Rennes

Opération. — Prenez 15 gr. de dattes ; 12 gr. de fleurs de nénufar, 18 gr. de jujubes ; 15 gr. de semences de pavot, même quantité de racine de réglisse, et de racine de guimauve sèche ; 15 gr. de capillaire sec et 250 gr. de sucre.

Débarrassez les dattes et jujubes de leurs noyaux, coupez en petits morceaux la guimauve et la réglisse ; séparez les pétales des fleurs de nénufar, et mettez toutes ces substances avec vos 250 gr. de sucre, dans 2 litres d'eau, ajoutez le capillaire. Laissez bouillir, huit à dix minutes, sur un feu doux, ajoutez les semences de pavot. Lorsque le liquide sera réduit de moitié, passez et faites-le cuire jusqu'à consistance de sirop ordinaire.

Une cuillerée matin et soir aux premières atteintes du rhume.

Tarte aux Pommes

Les nombreuses lettres qui nous sont adressées témoignent de l'intérêt de nos lectrices pour les pâtisseries de campagne, d'exécution facile ; les tartes à la marmelade de pommes appartiennent à cette catégorie.

La Pâte

Formule (pour une tarte de 24 centimètres de diamètre) : 250 gr. de farine ; 100 gr. de beurre ; demi-verre de lait ou d'eau ; 30 gr. de sucre en poudre ; pincée de sel.

Opération. — Préparez cette pâte selon la recette que nous avons indiquée maintes fois, et que, pour éviter des recherches, nous répétons selon notre habitude :

Sur la table ou le marbre à pâtisserie, pétrissez ensemble la farine, le beurre et le sel, légèrement ; ramenez le tout en une masse et frottez entre les mains de façon à obtenir une sorte de semoule, mais vivement, sans réchauffer le beurre afin qu'il ne tourne pas en huile. Ramenez de nouveau en masse, formez un creux au milieu, mettez le sucre en poudre et le lait froid ou l'eau, et incorporez peu à peu dans la semoule de farine, de façon à former une pâte onctueuse que vous fraisez trois à quatre fois — *que vous bri-*

sez — en la pressant entre la table et la poussant devant vous avec la paume de la main. Lorsque la pâte est bien lisse, bien liée, faites-en une boule, saupoudrez de farine et placez-la dans un endroit frais, à l'abri de l'air sous un torchon humide, pendant une demi-heure à une heure.

Si la pâte, après son repos, est couverte de crevasses, travaillez-la pendant encore un quart d'heure. Si les crevasses sont peu nombreuses, la pâte est excellente.

La Garniture

Formule : 750 gr. de pommes douces ; 100 gr. de sucre semoule ; 40 gr. de beurre ; kirsch et citron ; un verre et demi d'eau.

Opération. — Pelez les pommes, coupez-les en quartiers, retirez les pépins et leurs cloisons.

Mettez les pelures avec l'eau froide dans une petite casserole et faites cuire très doucement pendant un quart d'heure. Passez le jus au-dessus d'une casserole basse, versez-y le jus d'un demi-citron, joignez les quartiers de pommes et réduisez en purée, en remuant de temps en temps jusqu'à fusion complète. Retirez du feu aussitôt, mélangez le beurre et un peu de kirsch.

Foncez le cercle à tarte, après l'avoir beurré et posé sur une plaque ronde, avec les deux tiers de la pâte, et garnissez avec la purée de pommes jusqu'au bord. Allongez le reste de pâte à l'épaisseur d'une pièce de deux sous, taillez cette abaisse en lanière d'un centimètre au plus de largeur, et disposez celles-ci sur la purée en diagonales, de façon à former une sorte de grillage. Pour cela, posez une bande au milieu, en biais ; mettez-en deux autres par-dessus, en travers, une de chaque bout ; croisez-en deux autres par-dessus et continuez ainsi, en alternant deux par deux.

Saupoudrez le dessus de sucre semoule et faites cuire au four, bonne chaleur, environ une demi-heure.

Pour vous assurer de la cuisson, essayez légèrement de faire glisser le cercle sur la plaque ; si la tarte se déplace, elle est cuite,

Tarte aux Fraises (2ᵉ recette)

Formule (pour 6 personnes, dans un cercle à tarte de 23 centimètres de diamètre) : 150 gr. de farine ; 75 gr. de beurre ; 20 gr. de sucre semoule ; 5 gr. de sel fin ; 250 gr. de petites fraises ; 200 gr. de gelée de groseille ; verre à madère de vin de Bordeaux..

Opération. — Sur la table ou sur le marbre à pâtisserie, pétrissez ensemble la farine, le beurre et le sel, légèrement ; ramenez-le tout en une masse et frottez entre les mains de façon à obtenir une sorte de semoule, mais vivement, sans réchauffer le beurre afin qu'il ne tourne pas en huile. Ramenez de nouveau en masse, formez un creux au milieu, mettez le sucre semoule et 3 cuillerées à bouche d'eau froide, et incorporez peu à peu dans la semoule de farine, de façon à avoir une pâte onctueuse que vous fraisez trois à quatre fois en la pressant contre la table et la poussant devant vous avec la paume de la main. Lorsque la pâte est bien lisse, bien liée, faites-en une boule, saupoudrez de farine et placez-la dans un endroit frais, à l'abri de l'air, sous un torchon humide, pendant une demi-heure.

Si la pâte, après son repos, est couverte de crevasses, elle serait de médiocre qualité ; travaillez-la pendant un quart d'heure. Si les crevasses sont peu nombreuses, la pâte est excellente.

Ftendez la boule, au rouleau, en un disque aussi rond que possible de 30 centimètres de diamètre, c'est-à-dire assez grand pour remplir le moule et déborder les côtés, ce dont vous vous assurez en présentant le cercle sur la pâte.

Beurrez le cercle, posez-le sur une plaque un peu forte, également beurrée, foncez-le avec la pâte, en ayant soin de la faire adhérer dans les angles et sur le tour, par la pression du pouce ou d'un tampon de pâte. Egalisez le tour du cercle en raclant le bord avec le dos d'un couteau, et piquez le fond de quelques coups d'aiguile à brider pour qu'il ne se soulève pas pendant la cuisson. Couvrez le fond et le bord intérieur avec du papier d'office beurré, garnissez de lentilles ou de riz pour maintenir la pâte. faites cuire partiellement pendant 15 minutes à four chaud, retirez la garniture et mettez-la de côté pour vous en servir une autre fois.

Remettez la croûte au four, sans le papier ; faites dorer le fond quelques minutes, la cuisson est achevée.

Retirez du four, garnissez la croûte avec les fraises lavées et séchées, délayez la gelée de groseilles dans le vin rouge légèrement tiède, et versez par-dessus les fraises.

Tourte Croquante

Dans un saladier, triturez à la cuiller de bois, pendant dix minutes, deux blancs d'œufs et 125 grammes de sucre en poudre ; versez dedans 100 grammes de farine tamisée, plus si c'est nécessaire pour obtenir une pâte un peu ferme pouvant être étendue sous le rouleau à pâtisserie.

Beurrez légèrement une plaque de tôle forte.

Roulez en boule les trois quarts de la pâte, étendez-la au rouleau en un rond de 20 à 22 centimètres de diamètre, qui aura l'épaisseur d'une pièce de deux sous, pincez le tour pour former bordure, piquez çà et là avec la pointe du couteau ou bien avec une fourchette pour empêcher la pâte de se boursoufler à la cuisson ; et mouillez légèrement la surface à l'aide d'un pinceau et du lait ou simplement de l'eau.

Allongez le reste de pâte en un carré de dix à douze centimètres, taillez la plaque en filets de la grosseur d'un crayon et disposez-les en rayons de roue ou de soleil, depuis le centre de la tourte jusqu'à son bord, même, gravez par-dessus des dessins quelconques si vous avez un emporte-pièces, fleur de lis ou autre.

Cuisez à four très doux.

Au sortir du four, garnissez les entre-deux des rayons de la roue avec des confitures de couleurs différentes.

Tourte aux Prunes, Mirabelles ou Reine-Claude

LA PATE

Formule : (pour une tarte de 24 centimètres de diamètre) : 250 gr. de farine ; 200 gr de beurre ; un décitre et demi de lait froid, ou d'eau ; une petite cuillerée de sucre ; pincée de sel.

Opération. — Délayez, unissez et fraisez une fois la pâte, tenez-la un peu mollette, mettez au frais à raffermir environ une heure.

Donnez trois tours une première fois comme pour le feuilletage ordinaire et remettez au frais ; deux autres tours après un quart d'heure de repos.

En attendant de mouler la tourte, préparer le cercle dont vous beurrez très peu l'intérieur, ainsi qu'une plaque de tôle forte ronde ; et dénoyautez les prunes, les déformant le moins possible.

Allongez la pâte d'environ 5o centimètres, à la largeur de 20 centimètres, coupez-la en deux portions légèrement inégales par le travers ; l'une de 24 centimètres, légèrement agrandie du côté étroit, donnera juste le dessus ; l'autre de 26 centimètres un peu plus amincie, plus fortement élargie, donnera de quoi envelopper complètement l'intérieur du cercle et débordera juste assez pour y souder le couvercle.

La Garniture

Formule : un kilo de prunes bien mûres ; 120 gr. de sucre semoule ; un verre à madère de rhum.

Opération. — Habillez le cercle, posez-le sur la plaque, saupoudrez avec la moitié du sucre ; dressez par-dessus les prunes en dôme bien rond et serré, saupoudrez du sucre restant; mouillez avec un pinceau le bord de la pâte qui dépasse le cercle, appliquez le couvercle, rognez ce qui dépasse de pâte et serait désagréable à voir, mais rognez-en le moins possible, une tourte devant avoir l'allure de la pâtisserie faite par une campagnarde, qui cherche à utiliser tout ce qui est bon et refuse de comprendre les mignardises du spécialiste des villes.

Dorez le couvercle, faites un petit trou au milieu et mettez au four, chaleur moyenne.

Dans dix minutes ou un quart d'heure, couvrez la tarte de papier afin de l'empêcher de trop colorer ; et dans une demi-heure enlevez le cercle, si vous pouvez, pour que le tour colore ; mais il se peut que la pâte ait légèrement débordé et

que vous renonciez à l'enlever, jusqu'à ce que, après cuisson complète, la tourte soit raffermie par l'air froid. Le cercle enlevé ou non, versez le rhum et remettez huit à dix minutes au four pour que les parfums se combinent.

Cette tourte peut se servir toute chaude. Elle est une sorte de charlotte très délicate et originale, qui rappelle la cuisine du dix-septième siècle.

On peut faire la tourte avec des brugnons, un peu fermes pour éviter que le jus déborde.

Yorkshire Pudding

Cette espèce de galette se sert en même temps qu'un rôti à la broche sous lequel elle a cuit en recevant la graisse et le jus qui tombent.

La confection en est facile ; la cuisson ne demande qu'une surveillance restreinte pour empêcher cette galette de prendre trop de couleur.

Formule (pour 5 ou 6 personnes) : 125 gr. de farine de gruau ; 2 œufs moyens, entiers ; demi-décilitre de lait ; pincée de sel

Mettez la farine dans une terrine ainsi que le sel et un œuf, mélangez ; ajoutez le deuxième œuf, battez pour donner du corps à la pâte, et diluez dans le lait froid versé peu à peu pour éviter des grumeaux.

Mettez le rôti au feu, comme vous avez l'habitude de le mettre. Si la pièce est petite, dès qu'elle a rendu un peu de graisse versez la pâte dans la lèchefrite, où se feront naturellement la cuisson et l'arrosage avec le mœlleux parfait.

Si la pièce à rôtir est de forte taille, mettez la pâte une demi-heure seulement avant la fin de la cuisson.

Pour que la cuisson se fasse bien, l'air devra circuler librement entre le pudding et le rôti ; celui-ci est à la broche, par conséquent.

Le rôti étant cuit et dans son plat, découpez le pudding en petits carrés ou losanges, dressez-les dans un légumier chaud, et servez en même temps pudding et rôti.

Mme Zimmerli.

TERMES TECHNIQUES

Installation de la cuisine

Il est trois sortes de cuisines, nécessitant chacune une installation différente :

1º La cuisine ménagère, la plus commune et la plus répandue.

2º La cuisine bourgeoise ou de maison.

3º La cuisine commerciale ou de restaurant.

Toutes les trois réclament au même titre la propreté et l'aération, de l'eau à discrétion.

Les ustensiles, simples et généralement émaillés pour la première, sont les plus convenables sous le rapport de la propreté et de l'économie.

En porcelaine, nickel, argent et cuivre pour la seconde, et en cuivre fort scrupuleusement étamé pour la troisième.

Rien ne doit y être superflu ; car en outre que cela oblige à des nettoyages longs et dispendieux, cela occupe une place et sert de repaire à une foule d'animaux et parasites nuisibles et malsains.

Le parquet doit être en carrelage et nettoyé tous les jours. Les murs doivent être soigneusement unis et de teinte jaune ou bleutée, à moins qu'ils ne soient en stuc ou en carrelage de ces couleurs, ce qui est encore préférable.

Le meilleur fourneau est celui qui a un tirage direct s'il brûle de la houille, à l'air libre, s'il brûle du gaz.

Les petits ménages ont le choix entre le gaz et le charbon de bois. Le premier est plus économique et rapide.

Les vêtements du cuisinier ou de la cuisinière doivent être blancs, en outre que cela en permet le lavage fréquent, cette couleur repousse la chaleur, et, bien des travaux longs et pénibles sont possibles ainsi vêtus, ils ne le seraient pas habillés de noir.

La propreté, l'exactitude et l'économie sont aussi indispensables au cuisinier ou à la cuisinière que la sobriété et la vigilance. Le sang-froid, la patience, l'abnégation et l'émulation ne doivent jamais les abandonner.

Batterie de cuisine et Moules à pâtisserie

Nous allons donner une liste à peu près complète des ustensiles nécessaires à la confection d'un dîner officiel pour douze personnes ; il est clair qu'avec ces éléments une personne adroite sachant se *débrouiller*, saura très bien, avec ces mêmes ustensiles, faire un dîner de 24 couverts, tandis qu'une autre personne sans ordre éprouvera de grandes difficultés, et sera *engorgée*, comme on dit en terme du métier.

On ne peut ici qu'indiquer la façon d'opérer ; aux maîtresses de maisons incombe le soin d'encourager et de donner à chaque sujet les conseils nécessaires.

Un fourneau de cuisine brûlant de la houille, de un mètre à un mètre dix de long, avec sa soute à charbon sur galets de caoutchouc. Si l'on peut disposer du gaz il y a des fourneaux mixtes de la même mesure que celle ci-dessus, dans lequel on peut faire le même dîner avec beaucoup moins d'embarras.

Il existe pareillement des foyers à gaz mobiles et des fours portatifs que l'on peut voir fonctionner à mon école, occupant peu d'espace et rendant les mêmes services.

Il faut, au milieu de la cuisine, une table solide sur ses 4 pieds, épaisse de 0,06 à 0,08, de préférence en bois de hêtre, pour pouvoir découper, dresser et travailler avec sûreté et précision ; autant que possible, elle sera munie de deux tiroirs.

Une autre table plus légère et plus étroite sera dressée le long du mur en face du fourneau, si c'est possible, et sous la batterie de cuisine proprement dite.

Un placard ou une armoire sont indispensables pour la réserve du linge et les provisions courantes.

Au moins deux étagères seront disposées à 5o centimètres du plafond, sur lesquelles on aligne les marmites, braisières, poissonnières et les moules à pâtisserie.

Des planches en chêne de 10 à 15 centimètres environ de largeur seront scellées dans les murs et, sur celles-ci, des tringles à coulisse avec des crochets en bronze, mobiles, qui permettront aux casseroles de prendre leur position adéquate.

Six casseroles en cuivre étamé, argenté ou en nickel, suivant la fortune et le goût de la maîtresse de maison ; elles auront la forme haute appelée généralement russe, le diamètre sera environ de : 0,08 ; 0,10 ; 0,12 ; 0,14 ; 0,18 et 0,20 ou 0,22 de diamètre.

Trois sautoirs plats non évasés de 0,14 ; 0,18 et 0,20 ou 0,22.

Trois sauteuses légèrement évasées de 0,10 ; 0,12 et 0,14.

Six couvercles plats en cuivre de la dimension des casseroles russes.

Une marmite de 0,3o à 0,35 et une deuxième de 0,20 à 0,25.

Une braisière ovale, une ronde de 0,20 environ ou *fait-tout*.

Une bassine pour monter les blancs en forme de calotte de 0,20 à 0,22 de diamètre.

Une bassine à confiture avec son écumoire de 0,25 à 0,3o.

Un poêlon d'office, douille en cuivre de 0,15.

Une turbotière de 0,45 à 0,5o avec sa grille.

Une poissonnière avec sa grille de 0,5o à 0,60 ; une autre plus petite.

Une marmite à cuire les pommes de terre à la vapeur avec sa grille et son couvercle de 0,20 à 0,25.

Six casseroles émaillées 0,06 ; 0,08 ; 0,10 ; 0,12 ; 0,14 ; 0,16.

Un chinois pointu en cuivre étamé.

Un deuxième en toile métallique.

Une cuiller à pot grande, une moyenne et deux petites.

Une écumoire, une pelle à poisson.

Une trident et un égouttoir pour les accrocher, appelé ménagère.

Trois bassines en fer galvanisé pour les nettoyages, grande, moyenne et petite.

Trois bassines émaillées pour laver les légumes.

Six calottes émaillées, trois tailles, et six plus petites pour garder les fonds de sauce, jus, etc.

Six boîtes émaillées avec leur couvercle, 6 tailles, pour la farine, le sucre, etc.

Une boîte à épices à 4 compartiments.

Une râpe tournante pour le fromage, les amandes, etc., une plus petite pour les zestes.

Un panier à salade, rond, à poignées.

Deux bassines à friture avec le panier et l'écumoire.

Trois coupes lyonnaises en fer forgé (*vulgo* poêles).

Deux grils en fer forgé.

Six cuillers en bois, trois tailles.

Trois spatules en buis.

Une feuille.

Un couperet.

Un couteau à découper.

Un tranche-lard.

Un à désosser.

Un d'office.

Un mécanique à légumes.

Un rabot à légumes.

Un fusil.

Un étui garni d'aiguilles à piquer et à brider.

Une raclette pour la pâte.

Un rouleau à pâtisserie en buis, uni.

Un marbre mobile de 0, 8o à 1 mètre, pour la pâtisserie et la confiserie.

Une planche à découper, mobile.

Un billot.
Un mortier et son pilon en buis.
Un tamis en fil de fer étamé n° 20.
Un deuxième en toile de Venise.
Un plus petit en soie.
Un champignon en bois pour passer les purées.
Deux passoires en cuivre étamé à gros trous.
Trois mesures : litre, demi-litre, décilitre.
Deux marmites en terre de 4 et 6 litres pour le potage.
Deux fouets à pâtisserie.
Deux autres à sauce.
Trois bains-marie avec leur couvercle.
Trois moules à génoises dits manqués, 0,22, 0,18, 0,14.
Trois à savarins, 0,18, 0,16, 14.
Trois à biscuits de Savoie, 0,16, 0,18, 0,22.
Trois moules festonnés pour entremets et gelées.
Deux festonnés, à douilles, pour bordure de gelées.
Deux moules à charlotte en cuivre uni, à oreilles.
Deux en fer battu à pâtés, un ovale et l'autre rond, 0,24 et 0,16.
Une boîte emporte-pièce cannelé, ronde.
—   ronde, unie.
Une boîte à colonnes.
Une poche en flanelle.
Trois cuillers à légumes.
Trois poches à pâtisserie et 4 douilles, deux unies et deux à fleurs.
Une pince à pâte.
Une poudrière (boîte à sucre).
Une poire à citrons.
Une forte paire de ciseaux.
Un ouvre-boîte.
Un tire-bouchon.
Un entonnoir.
Une balance et ses poids (5 kilos).
Une sorbetière américaine ou Maréchale.
Deux moules à fromages glacés.
Une bombe.
Quatre plaques à pâtisserie en tôle, carrées.
Quatre   —   , rondes.
Quatre cercles à tarte.

Un pinceau plat et un rond.
Une boîte à ordures.
La pelle et le balai.
Une boîte à grès.
Une boîte à allumettes.
Une boîte à savon.
Une prussienne ou grillade.

Abaisse

On appelle *abaisse*, en termes de pâtisserie, une couche de pâte plus ou moins mince, que l'on allonge au rouleau. Certains gâteaux, comme les tartes, les vol-au-vent, les bouchées, sont formés de deux *abaisses* ; on dit également : enlevez une *abaisse*, c'est-à-dire une tranche d'un biscuit, d'une génoise, d'une brioche, que l'on veut *fourrer* ou garnir d'une crème, d'une confiture ou d'une couche de fruits.

Abaisser indique le mouvement d'allonger et d'élargir une plus ou moins grande quantité de pâte crue.

On découpe une *abaisse* trop grande en y appliquant un cerle au-dessus et en passant la pointe du couteau d'office tout autour.

Amalgamer

On dit *amalgamer* pour mélanger les parties diverses de l'*appareil* ou *composition* qui doit constituer le ou les gâteaux.

Appareil

En pâtisserie, on appelle *appareil* la composition opérée par le mélange de plusieurs substances : sucre, œufs, beurre, amandes, farines de gruau, de maïs, de sarrazin, crème de riz, fécule de pomme de terre.

Ainsi : versez l'appareil sur les blancs montés en neige, cela comprend les jaunes travaillés avec le sucre et la farine ; dans les pâtes biscuitées, on dit aussi appareil à glacer, divers parfums, sirop de fruits, etc.

On dit aussi la *composition*, mais ce mot indique plutôt un mélange beaucoup plus compliqué et généralement liquide.

Appareil veut dire plutôt épais que *coulant*.

Atre

L'*Atre* du four veut dire le dessus par opposition à la *sole* qui est le *dessous*.

Bain-Marie

Le *bain-marie* est un récipient quelconque dans lequel on fait cuire les crèmes renversées, divers puddings, etc., pour éviter que la chaleur ne les frappe trop brutalement et par suite les décompose en cuisant.

Bande

Abaisse de pâte découpée en lanière plus ou moins large, plus ou moins épaisse, pour fermer les parois du vol-au-vent, des tartes, tourtes.

Bande de papier collée dans les ou sur le bord supérieur des moules pour tenir les gâteaux, pâtés, brioches, biscuits, etc., à la cuisson.

Barder

On dit *barder* pour envelopper d'une couche de lard, mince et frais, les foies-gras, viandes blanches et gibiers cuits au four, à la broche, en terrine ou en pâtés en croûte.

Bassin

Bassin ou *bassine*, chaudron en cuivre rouge non étamé, a deux anses, dans lequel on fait cuire les confitures, les sirops, les blanchiments de fruits et légumes. La *bassine* à battre les blancs et les pâtes biscuitées est également en cuivre rouge non étamé : la forme est bombée plus ou moins, suivant la capacité de l'outil.

Beurrer

Enduire de *beurre* cru, chaud ou clarifié l'intérieur des moules ou les plaques sur ou dans lesquels on cuit les gâteaux, petits ou grands. On dit aussi *beurrer* la pâte pour le feuilletage, *beurrer* la crème, lorsqu'elle est mi-froide. Il est utile de savoir que le beurre chauffé ou clarifié change de goût et devient plus lourd à la digestion.

Blanchir

On dit *blanchir* un fruit, des légumes, des amandes, c'est-à-dire les jeter dans l'eau bouillante plus ou moins longtemps.

Pour *blanchir* les amandes ou les *monder*, il suffit de les jeter dans l'eau bouillante et de les y laisser couvertes deux ou trois minutes.

Les égoutter, les rafraîchir et les écraser sous la pression du pouce sur la table pour faire craquer la peau.

Bouche du four

La bouche est l'entrée du four. Tenir un gâteau à la *bouche du four*, cela veut dire qu'il doit rester tout à fait sur le devant pour y sécher, ressuyer ou y cuire à feu très doux.

Calottes

Vases de terre vernissés plus ou moins grands, dans lesquels on débarrasse les petits restes, qui peuvent être utilisés plus tard.

Cassé

On cuit le sucre au *cassé*, c'est-à-dire qu'en en prenant un peu à la pointe d'un couteau trempé dans l'eau froide, dans le sucre et dans l'eau, on le brise sous la dent ; s'il y colle c'est le *petit cassé* ; s'il se pulvérise comme du verre, c'est le *grand cassé* ou caramel, bon à glacer les oranges, les éclairs et les petits fours divers.

Cercle à flanc ou à tarte

Espèce de couronne à deux rebords en fer battu, plus ou moins haut, qui sert à découper et aussi pour y cuire des tartes aux fruits, à la crème, etc.

Cerner

On dit *cerner* pour découper en rond, autour, au bord, ou au milieu d'un gâteau cru ou cuit ; pour creuser une brioche, biscuit, etc., cuits, et les garnir ensuite de crème, confiture, fruits.

Concasser

Se dit pour hacher ou écraser grossièrement, sucre, amandes, tomates, poivre, etc.

Coucher

On dit *coucher* la pâte à brioche, à gâteaux de roi et toutes les pâtes à levain, pour les faire lever dans un récipient en bois ou en terre. Coucher les biscuits à la cuiller, les éclairs, etc.

Coupe-pâte

Ustensile en fer battu qui sert à découper et aussi à ramasser la pâte à brioche, et toutes les pâtes qui se travaillent sur la table.

Découpoirs ronds, unis, cannelés ou de diverses formes, avec lesquels on découpe les gâteaux.

Corne

Les pâtissiers emploient une *corne* de forme oblongue, très mince, tenue toujours dans l'eau froide où elle se tient molle, pour faire tomber la pâte dans les moules, les crèmes dans les calottes, en raclant dans la bassine ou les casseroles, par ce système on ne perd rien. En maison bourgeoise, on remplace la *corne* par un bout de carton très propre et légèrement résistant, de la taille et forme d'une carte de visite ordinaire.

Cornet

(*Voyez l'article poche*)

Le *cornet*, inventé par un Bordelais, d'après ce que dit Carème, notre illustre aïeul, est fait de papier d'office, écolier ou autre sans colle. La feuille doit être coupée en diagonale et roulée en pointe plus ou moins fine. Le haut replié enferme la pâte que l'on veut *dresser* ou *pousser*. Le *cornet* remplace difficilement la *poche* parce qu'il crève souvent, de là perte de temps et de matière.

La personne, qui sait utiliser la *poche* ou le *cornet*, fait les travaux rapidement et de façon beaucoup plus artistique. Dans les expositions, on voit des travaux qui étonnent par leur légèreté, ces travaux sont faits au cornet et avec de la glace royale.

Corps-cordé, ée

Se dit de la pâte que l'on travaille plus ou moins pour lui donner de l'élasticité et lui faire absorber plus de liquide.

Trop de *corps* nuit dans les pâtes à découper.

Cuisson

Cuisson se dit de tout ce que l'on pose sur le feu direct, la vapeur ou dans le feu.

Décorer

Faire des ornements à la pointe du couteau, avec une douille et une poche, un cornet ou des emporte-pièces.

Faire des dessins avec des fruits secs, confits, des pâtes cuites ou crues.

Dépouiller

Se dit lorsqu'on veut écumer ou réduire un sirop, un jus, une sauce. L'ébullition doit se faire méthodiquement, très peu apparente et seulement sur le devant de la casserole.

Dessécher, é, ée

Se dit d'une pâte à choux, éclairs, beignets, que l'on fait *dessécher* sur le feu en remuant à la spatule.

Un gâteau cuit au four trop froid *dessèche* et ne gonfle pas.

Détremper

On fait une *détrempe* en liant de la farine avec de l'eau, du sel, du sucre et du beurre en petite quantité. Les pâtes à œufs et sucrées ne se *détrempent* pas, on les *lie* ou on les *amalgame...*

Dorer-Dorure

On appelle *dorer* l'action de passer avec un pinceau un liquide sur les gâteaux découpés ou dressés, avant de les mettre au four.

La dorure se compose : de jaunes d'œufs, lorsque l'on veut obtenir une couleur foncée ; d'œufs entiers battus avec un peu de sel pour le feuilletage ou autres gâteaux à glacer au sucre en poudre dit glace, tartes, etc., ou rendre un peu brillants les gâteaux qui ne doivent pas être sucrés : galettes, gâteaux secs, etc. ; avec du lait ; avec de l'eau et un peu de sucre ; avec de l'eau et de la gomme seulement, avec des blancs d'œufs lorsque l'on veut économiser ou que le gâteau se dore de lui-même. Avec du blanc d'œuf et du sucre : allumettes royales, conversations, certains croquets et macarons.

Toutes ces indications sont données dans les articles respectifs.

Douille

(Voyez l'article poche et cornet)

De forme conique tronquée, à trou plus ou moins grand, de 18 millimètres à 2 $^{m/m}$, en fer-blanc ou en argent, c'est la douille unie. Il en est dont l'orifice est fait de quatre feuilles taillées en dents de loup, légèrement serrées les unes sur les autres, d'autres à 6 et à 8 feuilles. Celles-ci servent pour les décors, imitant le bois, les feuilles, les roses. D'autres ont des cannelures, griffes, ou sont plates.

En cuisine bourgeoise, une grosse de 12 à 14 $^{m/m}$ et une autre de 4 ou 5 $^{m/m}$, une à 6 branches et l'autre à cannelures suffisent.

Dresser

Donner la forme aux gâteaux avant ou après cuisson, *dresser* en pyramide, en cassé etc.

Dresser les plats ou les pièces montées.

Ecumoire

Ustensile en fer battu, cuivre ou émail.

Emincer

Couper par feuilles minces et égales.

Etamine

Il a y des étamines en laine et en lin pour passer les purées, les sauces et les marmelades. Il ne faut pas les laver à l'eau bouillante, elles se racornissent et ne passen plus.

Etuve

Petit, ou plutôt *faux four* pour tenir au chaud. Etuver veut aussi bien dire tenir au chaud sous le four, au frais dans le timbre à glacer.

Foncer

Garnir l'intérieur d'un ou plusieurs moules avec de la pâte feuilletée, sucrée ou levée.

Fontaine

On dit faire *la fontaine*, c'est-à-dire, après avoir tamisé la farine sur la table, faire un puits dans le milieu pour y verser le liquide qui doit servir à la détrempe.

L'analogie est facile à saisir, on dirait une *vasque* de fontaine, le liquide complète l'illusion.

Fouetter

Battre, avec un fouet en fil de fer étamé ou une manivelle, les blancs, les pâtes biscuitées, les sauces, les gelées à clarifier, la crème de lait, etc.

Frapper

Mettre à la glace fortement salée.

Garnir et Garniture

C'est remplir, avant ou après cuisson, moules ou gâteaux, timbales, terrines et pâtés.

Glacer au four

C'est faire fondre, à une très forte chaleur, une légère couche de sucre glace qui fait sur les gâteaux comme une légère plaque de verre.

Grumeleux

Qui a des grumeaux, des inégalités, des boules de farine ou de beurre ; *pâte grumeleuse*, mal faite et par suite de mauvaise façon à la cuisson.

Hacher

Couper en menus morceaux : fruits, tamandes, viandes, œufs, fines herbes, etc.

Infusion

Jeter dans l'eau bouillante : feuilles, fleurs, styles, dont on veut obtenir l'essence ou la couleur.

On dit *macération* lorsque l'on *infuse* à froid et *décoction* lorsque l'on fait bouillir le tout ensemble.

Liaison

Réunir intimement plusieurs parties liquides ou solides rendues molles par la chaleur.

Manipuler ou manier

Mélanger avec les mains par opposition avec remuer à la cuiller, à la spatule, au fouet.

Masquer

Recouvrir d'une légère couche de crème, de confiture ou d'une glace au sucre, au chocolat, au fondant, les gâteaux grands ou petits, dit *fours fins*.

Meringuer

Masquer d'une couche de blancs battus en neige et sucrés, suivant le besoin, depuis 5o gr. par œuf jusqu'à 25 gr.

Mortier

Ustensile creux en marbre ou pierre dure, dans lequel on pile, avec un pilon de buis ou de gaïac, les amandes, le sucre, les viandes, les pâtes à marrons, massepains, etc.

Mouilloir ou Doroir

Pinceau plat ou rond qui sert à mouiller, pour coller les abaisses ou dorer les gâteaux avant la cuisson. Ce même pinceau sert à étendre la gelée ou marmelade sur les gâteaux avant de les glacer.

Mouler

Donner une forme à la main, au couteau ou dans des formes dites *moules*, avant ou après cuisson.

Mouvettes

Vieux terme remplacé par spatule ou cuiller.

Nappe

Napper se dit lorsqu'on étend une légère couche de crème, glace, gelée ou confiture sur les gâteaux avant ou après cuisson.

Office

Réserve de tout ce qui regarde l'entremets pâtisserie, desserts et conserves.

Opération

Se dit de tous les mouvements qui doivent concourir à la confection d'un article en mains.

Panacher

Mélanger plusieurs couleurs, fruits, légumes glacés et gelées de fruits ou de viande.

Parures

On appelle *parures* toutes les rognures de pâtes ou de gâteaux, qui peuvent être utilisées.

Petits Fours

Petite pâtisserie fine, vendue généralement au kilo.

Pince à pâte

Petite pince à dents qui sert à unir deux abaisses, en les soudant fortement ensemble, et leur donne en même temps un joli coup d'œil.

Indispensable pour souder les pâtés et les tourtes.

Pincer

Faire des dessins avec la pince ou les doigts autour des pâtés chauds, des tourtes et des timbales.

Plaques

Il y en a de 3 sortes : carrées, oblongues et rondes. Elles doivent être en tôle forte, à rebord plus ou moins haut, de diverses tailles.

Les plaques et les moules ne doivent jamais être rangés sans les nettoyer, les bien sécher et les tenir au sec, à l'abri des coups et de la poussière.

Poche

Poche ou sac de forme conique en toile forte ou coutil croisé, qui sert pour coucher les petits et grands gâteaux.

Pocher

Jeter dans l'eau bouillante et laisser cuire sans faire bouillir ; terme très important à retenir.

Poêlon

Le poêlon est une casserole en cuivre rouge non étamé, à manche de cuivre et à bec, pour la cuisson des sucres, sirops, etc.

Réduction

Faire réduire ou cuire un liquide trop peu sucré, un lait trop étendu d'eau, un jus, une sauce, une confiture ou gelée.

Rompre la pâte

On *rompt* une pâte qui lève trop vite ou qui, étant levée, ne peut être cuite à l'instant. On la verse sur la table farinée et on la tasse en la pliant plusieurs fois sur elle-même. La reporter aussitôt au frais.

Rouleau

Instrument indispensable en pâtisserie. Le rouleau doit être en buis ou en gaïac, rond, uni, sans poignées, d'une seule pièce, long d'environ 5o centimètres. Le laver le mieux possible, ne pas le tenir près du feu, le poser sur deux clous parallèles, bien de niveau. Dans les tiroirs, il reçoit des coups, devient bistordu et ne sert plus.

Eviter surtout de s'en servir comme d'un marteau, ce que j'ai vu plusieurs fois.

Sangler

Entourer de glace pilée et salée un moule à bombe, à fromage glacé, les biscuits glacés, le vin de champagne, les carafes à frapper, etc.

Saupoudrer

De sucre ou de farine, de son ou repasse.

Socle

Base d'une grosse pièce de pâtisserie ou de cuisine.

Sorbetière ou Sabotière

Instrument à congeler les glaces. Il y en a de plusieurs sortes, à manivelle, à la main, aux acides et aux sels.

Tamiser

Passer au tamis de fil de fer, de crin ou de soie : farine, sucre, fécules, sirop et crèmes, marmelades et purées diverses.

Terrine

Vase en terre pour cuire et conserver les pâtés cuits sans croûte de pâte.

Tourer

Se dit lorsque l'on replie plusieurs fois la pâte sur elle-même. On donne de un jusqu'à dix tours, suivant la pâte ou les gâteaux désirés.

Tourer
ou donner des tours au feuilletage
(c'est le terme employé en pâtisserie)

Rien n'est plus simple et aucun mouvement n'a été plus mal compris, si j'en juge d'après les lettres reçues me demandant des explications.

Voici un *schema* qui explique le mouvement.

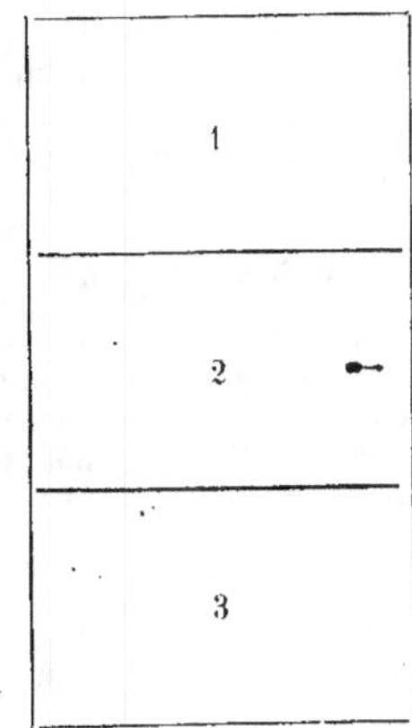

Le beurre étant emprisonné au milieu de la pâte et allongé de 5o centimètres sur 3o centimètres de largeur, pliez le n° 3 sur le n° 2 et le n° 1 sur les deux numéros 2 et 3. Allongez de nouveau dans le sens de la flèche, en donnant un demi-tour de droite à gauche au baton une fois plié.

Après chaque 2 tours, laissez reposer un quart d'heure, à 6 tours le feuilletage est fini.

Transvaser

Verser d'un vase dans un autre pour donner de l'air et refroidir plus vite la substance qui risque à tourner ou brûler.

Velouter

Donner du fini, de la finesse et un coup d'œil agréable à une crème, une sauce, une purée, un potage, etc.

Pèse-sirop

Le pèse-sirop est indispensable dans toutes les maisons où l'on fait les gelées, les glaces aux fruits, les sirops, les jus de fruits pour glacer en hiver, les liqueurs de ménage, etc.

Les pèse-sirops doivent-être à tube raccourci autant que possible, les tubes longs sont moins commodes. Le pèse sirop doit flotter librement dans le liquide, pour savoir le degré exact, et lorsque le tube est trop long il faut un flacon trop haut pour pouvoir peser le sirop aisément.

Si la quantité de sirop est assez profonde pour pouvoir faire plonger le pèse-sirop dans la bassine, on peut l'y plonger sans inconvénient, quoique le sirop soit bouillant le verre ne casse pas. Lorsque le sirop est en petite quantité, on en verse une partie dans une flûte à champagne ou un flacon à large goulot et on y plonge le pèse-sirop ; après s'être assuré qu'il ne touche pas le fond, on regarde le degré et le chiffre marqué sur l'échelle graduée, qui est à l'intérieur, indique la quantité de sucre contenue dans le liquide.

Il est bon de savoir qu'à tous les dix degrés de sirop bouillant on doit ajouter un degré de plus lorsque le sirop aura refroidi.

Ainsi 30° à chaud donneront un sirop à près de 33° à froid. Lorsque l'on fait des glaces aux fruits très délicates au sujet du degré, si on ne tenait pas compte de cette relation, ces glaces seraient grasses et ne raffermiraient pas au point désiré; elles seraient aussi trop sucrées.

Poche et Cornet

Dans les ménages où l'on fait souvent de la pâtisserie, il est nécessaire d'avoir deux *poches* en coutil croisé, et une *poche* ou même deux en molleton, pour passer les gelées.

Celles en coutil servent avec une série de *douilles* (voir cet article) pour dresser une infinité de petits gâteaux, biscuits à la cuiller, langues de chat, tortillons, éclairs, petits choux, macarons, gâteaux pour le thé, etc. Il est très facile de se les procurer chez les chaudronniers, fabricants de moules et batteries de cuisine, le prix varie de o fr. 75 à 1 fr. 25, suivant la taille et la qualité. Ces poches doivent être lavées à l'eau tiède dans laquelle on délaye, un peu de farine. De temps en temps on les lessive. Elles doivent être enfermées avec les douilles dans une boite spéciale, à l'abri de la poussière et des allées et venues des ustensiles.

A défaut de poches, on se sert de grands cornets que l'on fait avec du papier d'office ou autre papier sans colle. Avec les cornets, on perd très souvent de la pâte parce que le papier éclate et qu'il en garde toujours dans les plis.

A propos des poids et mesures

Beaucoup d'abonnés à l'étranger sont embarrassés lorsqu'il s'agit de peser exactement les quantités nécessaires pour exécuter les recettes, les poids de certains pays ne correspondant pas avec notre système métrique de poids et mesures.

Voici un tableau qui leur permettra de vaincre facilement cette difficulté :

France : Le poids légal est le kilo, soit 1.000 gr. ; 1/2 kilo, 500 gr.

Grande Bretagne (Angleterre) : La livre n'est que de 454 gr. en chiffres ronds.

L'once française est de 31 gr.; l'once anglaise est de 28 un tiers.

Pays-Bas : La Hollande a le système métrique, mais tolère l'usage des anciens noms qui correspondent du reste à notre unité : Pond (10 onsen) correspond à notre kilogramme ; une *onsen* pèse donc 100 gr.

Russie : La livre russe est de 409 gr., se divise en 16 onces de 25 gr. 1/2.

Corée : Le nyang ou once = 38 gr. La livre = 608 gr.

Japon: L'unité est le momme = 3gr.7565. Un hyakunée = 100 mommes ou 385 gr.

Siam : L'unité de poids est basée sur l'unité monétaire, le tical (1 fr. 65) qui pèse 45 gr.

Ethiopie: L'unité de poids est le *rotolo* = 12 waki ou wakiah = 312 gr.

Maroc : L'unité de poids est le *réal*, valant 500 gr.

Transvaal : La livre est de 453 gr. 1/2 et l'once de 28 gr. 1/3.

Etats-Unis : Le système métrique français est obligatoire depuis le 1er janvier 1901. Mais les anciens poids sont encore en usage dans le commerce. La livre est de 454 gr. en chiffres ronds, comme en Angleterre, et l'once correspond à 28 gr. 1/3.

Ile de Cuba : Livre anglaise de 454 gr.

République Dominicaine : Malgré le système métrique, poids officiel, le commerce se sert des anciennes mesures. La livre = 554 gr. ; l'once = 35 gr.

Haïti : La livre de 489 gr. est encore en usage, malgré l'adoption officielle du système métrique français.

Paraguay : La livre est de 460 gr. ; l'once de 25 gr., malgré l'adoption officielle du système métrique français.

TABLE DES MATIÈRES

COURS ABRÉGÉ

DE

 GÉOGRAPHIE

———

DEUXIÈME ANNÉE

A LA MÊME LIBRAIRIE

Schrader et **Gallouédec** : *Cours abrégé de géographie* rédigé conformément aux programmes officiels de l'enseignement secondaire des jeunes filles et de l'enseignement primaire supérieur. 3 vol. in-16, avec de nombreuses cartes en noir, cart. toile.

1re année : *Notions générales, Afrique, Océanie et Amérique*. 1 vol.   3 fr. 50
2e année : *Europe et Asie*. 1 vol.. 3 fr. 50
3e année : *France et colonies*. 1 vol.. . . . . 3 fr. 50

—— *Cours complet de géographie* avec 40 cartes en couleurs et 127 cartes en noir et un index des noms cités. 4e édit. 1 fort vol. in-16, cart.   6 fr.

Schrader, Prudent et **Anthoine** : *Atlas de géographie moderne*, 64 cartes in-folio imprimées en couleurs et accompagnées d'un texte géographique, statistique et ethnographique, et d'un grand nombre de cartes de détail, figures, diagrammes, etc. Nouvelle édition mise au courant des derniers changements géographiques, relié. .   25 fr.

Schrader et **Gallouédec** : *Petit cours de géographie* à l'usage de l'enseignement primaire supérieur, des classes élémentaires de l'enseignement secondaire et de l'enseignement des jeunes filles. 3e édition augmentée de la géographie économique de la France et de ses colonies. 1 vol. in-16, avec 112 gravures, cartes ou figures, cart.   2 fr.

—— *Petit atlas de géographie*, contenant 65 cartes en couleurs ; et une grande carte de France au 2 500 000e, physique et politique, en couleurs. 1 vol. in-4° cartonné. . . . .   3 fr. 50

54851. — Imprimerie Lahure, rue de Fleurus, 9, à Paris.

F. SCHRADER ET GALLOUÉDEC

COURS ABRÉGÉ

DE

GÉOGRAPHIE

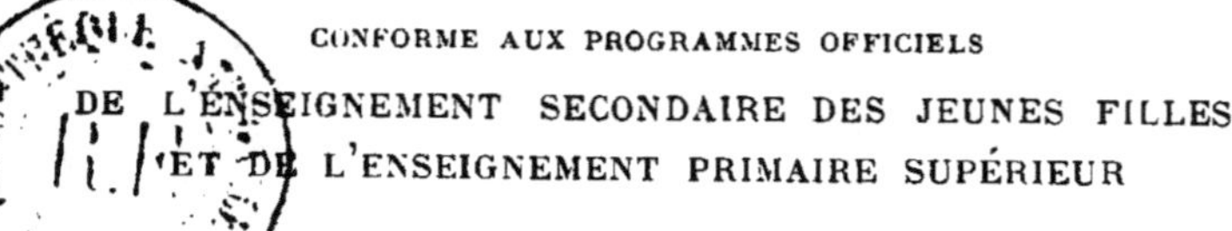

CONFORME AUX PROGRAMMES OFFICIELS
DE L'ENSEIGNEMENT SECONDAIRE DES JEUNES FILLES
ET DE L'ENSEIGNEMENT PRIMAIRE SUPÉRIEUR

DEUXIÈME ANNÉE

—

EUROPE, ASIE

OUVRAGE CONTENANT 51 CARTES EN COULEURS ET EN NOIR

DEUXIÈME ÉDITION REVUE

PARIS

LIBRAIRIE HACHETTE ET Cie

79, BOULEVARD SAINT-GERMAIN, 79

—

1905

DEUXIÈME ANNÉE

GÉOGRAPHIE
DE L'EUROPE ET DE L'ASIE

PREMIÈRE PARTIE
L'EUROPE

CHAPITRE PREMIER
APERÇU GÉNÉRAL

L'Europe, la moins étendue des cinq parties du monde, a 10 010 000 kilomètres carrés de superficie, environ 20 fois l'étendue de la France. Comparée à l'Asie, bien plus vaste, avec laquelle elle fait corps, elle apparaît comme formant sa péninsule avancée vers l'ouest.

Les bornes de l'Europe sont : à l'est, les *monts Ourals*, le *fleuve Oural* et la *mer Caspienne*, qui la séparent de l'Asie ; au sud, le *Caucase*, la *mer Noire*, le *Bosphore*, la *mer de Marmara*, les *Dardanelles*, la *Méditerranée* et le *détroit de Gibraltar*, qui la séparent de l'Asie et de l'Afrique ; à l'ouest, l'*océan Atlantique*, sur le bord opposé duquel s'allonge le continent américain, avec les États-Unis et le Canada, vers la même latitude ; au nord enfin, l'*océan Glacial Arctique*. En ces limites, l'Europe mesure environ 4 000 kilomètres du nord au sud, et 5 600 de l'ouest à l'est.

On lui rattache : dans la Méditerranée, les *Cyclades*, la *Crète* ou *Candie*, la *Sicile*, la *Sardaigne*, la *Corse* et les *Baléares* ; dans l'océan Atlantique, l'*archipel Britannique*, les *Far Oër* et l'*Islande ;* dans l'océan Glacial, la *Novaïa-Zemlia*, le *Spitzberg* et la *Terre de François-Joseph*.

Située au centre de l'hémisphère boréal, le plus peuplé, et au milieu de la zone tempérée, richement frangée de péninsules et d'îles, et très ouverte par suite aux influences marines, l'Europe doit à ces avantages d'être devenue depuis longtemps le point le plus vivant du globe. C'est la partie du monde la plus peuplée, eu égard à son étendue, la plus riche, la plus civilisée; c'est elle qui commande depuis de nombreux siècles la marche de la civilisation générale.

§ 1. — DESCRIPTION PHYSIQUE

Mers de l'Europe. — L'Europe est baignée par trois grands systèmes marins et par une mer intérieure. Les systèmes marins sont l'océan Glacial Arctique, l'océan Atlantique et la Méditerranée. La mer intérieure est la Caspienne.

L'*océan Glacial Arctique* baigne l'Europe depuis la mer de Kara jusqu'au cap Nord, à l'extrémité septentrionale de la Norvège. Peu profond et couvert de glaces pendant une partie de l'année, il renferme quelques îles importantes, l'île volcanique de *Jan Mayen*, l'archipel du *Spitzberg*, l'île *Kolgouïev*, l'île *Vaïgatch* et la *Novaïa-Zemlia*.

Il forme la *mer Blanche*, sorte de golfe que prolongent trois grandes baies à l'intérieur du continent russe et qui servirait au commerce s'il n'était pris par les glaces pendant huit mois de l'année. Le seul port qu'on y trouve est Arkhangelsk.

L'*océan Atlantique*, qui baigne l'Europe au nord-ouest depuis le cap Nord jusqu'au détroit de Gibraltar, forme un grand nombre de mers secondaires qui font pénétrer très avant dans les terres les influences marines. Ces mers secondaires sont la *mer du Nord*, la *mer Baltique*, la *Manche* et la *mer d'Irlande*. En outre, l'Atlantique dessine un grand golfe entre la France et l'Espagne, le *golfe de Gascogne* ou mer de Biscaye.

La **mer du Nord**, située entre la Norvège, le Jutland, l'Allemagne, les Pays-Bas et la Grande-Bretagne, est peu profonde et semée de bancs dangereux. Elle forme le golfe du *Zuiderzée*. On n'y trouve que quelques îles côtières, comme les *îles Frisonnes* et l'*archipel de Zélande*. Ses principaux ports sont : en Angleterre, Newcastle, Hull et Londres, le premier port du monde; en France, Dunkerque; en Belgique, Anvers; en Hollande, Rotterdam et Amsterdam, ce dernier sur le golfe du Zuiderzée; en Allemagne, Brème et Hambourg; en Norvège, Bergen.

La **mer Baltique**, située entre Suède, Russie et Allemagne, communique avec la mer du Nord par cinq détroits fameux, *Skagerrak, Kattégat, Petit-Belt, Grand-Belt* et *Sund* : ces trois derniers sont séparés les uns des autres par l'archipel danois. De nombreuses îles se rencontrent dans la Baltique : à l'entrée, l'*archipel Danois* (Seeland, Fionie, etc.); le long de l'Allemagne, *Rügen*; plus à l'est, *Bornholm, Œland, Gotland, Œsel, Dago*. Trois golfes la prolongent : golfes de Riga, de Finlande et de Botnie. Les principaux ports sont : en Suède, Stockholm; en Russie, Saint-Pétersbourg et Riga; en Allemagne, Danzig, Stettin et Lubeck; sur le Sund, Copenhague, dans l'île danoise de Seeland.

La **Manche**, que les Anglais appellent le *Canal*, est en effet un simple détroit entre la France et l'Angleterre : à l'est, il communique avec la mer du Nord par le *Pas de Calais*, large d'environ 30 kilomètres; à l'ouest, il s'ouvre sur l'Atlantique entre le cap Land's End, qui termine l'Angleterre au sud-est, et le cap Saint-Mathieu, à l'ouest de la Bretagne française. Mer très peu profonde, elle présente sur ses deux bords des rivages semblables par leur aspect et leur constitution géologique : à l'est des roches calcaires, usées par la mer en falaises blanches; à l'ouest des roches granitiques et schisteuses. Peu d'îles dans la Manche; les principales sont : le long de la côte anglaise, *Wight* et les *Scilly* ou *Sorlingues*; le long de la côte française, les *îles Anglo-Normandes* (Jersey, Guernesey, Auregny), *Bréhat, Batz*, sans compter nombre d'écueils moins importants.

La Manche, grand chemin entre la France et l'Angleterre, route obligée des navires qui se rendent des Pays-Bas, d'Allemagne, de Russie et de Scandinavie dans l'Europe occidentale et méridionale, ainsi qu'en Afrique et en Amérique, est de toutes les mers celle qui voit passer le plus grand nombre de navires. Ses ports principaux sont : en Angleterre, Douvres, Folkestone, Newhaven, Southampton, Plymouth; en France, Calais, Boulogne, Dieppe, le Havre, Cherbourg et Saint-Malo.

La **mer d'Irlande**, beaucoup moins importante, sépare la Grande-Bretagne de l'Irlande. Elle s'ouvre sur l'océan Atlantique par deux détroits : au nord, par le *canal du Nord*; au sud, par le *canal Saint-Georges*. Deux îles s'y élèvent, *Man* et *Anglesea*, cette dernière séparée de l'Angleterre par le détroit de Menai. On y trouve trois ports importants : Liverpool en Angleterre, Belfast et Dublin en Irlande.

Depuis la pointe Saint-Mathieu jusqu'au détroit de Gibraltar, l'Europe est baignée directement par l'océan Atlantique, qui y forme le *golfe de Gascogne* et le *golfe de Cadiz*, au nord et au sud de la Péninsule Ibérique. On trouve peu d'îles le long de ce littoral : les principales bordent la côte de France, telles que *Belle-Ile, Ré, Oléron*. Les ports principaux de cette partie de l'océan sont : en France, Brest, Lorient, Saint-Nazaire et Nantes, La Rochelle et Bordeaux; dans la Péninsule Ibérique, Santander, Porto, Lisbonne, Séville et Cadiz.

La *Méditerranée*, qui communique avec l'océan Atlantique par l'étroite fente du détroit de Gibraltar (13 kil.), baigne l'Europe au sud depuis la Péninsule Ibérique jusqu'à l'Asie Mineure. La mer Méditerranée baigne les pays de la terre les plus favorisés par le climat. Ses eaux, d'un bleu profond, sont éclairées par le soleil plus souvent que les flots vert foncé de l'Atlantique. Les tempêtes y sont subites et terribles, mais courtes. On la divise en deux bassins, qu'unit le détroit situé entre la Sicile et la Tunisie. Elle se prolonge au sud de la Russie par la mer Noire.

Le bassin occidental porte le nom de **Méditerranée latine**. Il est relativement peu ramifié : compris entre l'Espagne, la France, l'Italie, la Sicile et le littoral septentrional de l'Afrique, il ne présente que trois échancrures largement ouvertes, *golfe de Valence, golfe du Lion, golfe de Gênes*. Les îles qu'il renferme sont peu nombreuses, mais importantes : ce sont les *Baléares*, la *Corse* et la *Sardaigne* séparées par les bouches de Bonifacio, les îles *Lipari*, la *Sicile*, séparée de l'Italie par le détroit de Messine (4 kil.) et de la Tunisie par un bras de mer large d'environ 138 kilomètres. Les principaux ports de la Méditerranée latine sont en Europe, Valence, Barcelone, Cette, Marseille, Gênes, Livourne, Naples, Palerme.

Le bassin oriental ou **Méditerranée grecque** forme, au contraire, plusieurs mers secondaires : 1° la *mer Adriatique*, entre l'Italie et la péninsule des Balkans, avec les ports de Venise et de Trieste; elle s'ouvre au sud par le canal d'Otrante, sur lequel se trouve Brindisi; 2° la *mer Ionienne*, entre la Sicile, l'Italie et les Balkans, avec le golfe de Tarente, le golfe de Corinthe, et l'archipel des îles Ioniennes (Corfou, Leucade, etc.); 3° la *Méditerranée orientale*, entre la Grèce, la Crète, l'Asie Mineure, la Syrie et l'Égypte, avec le cap Matapan, le golfe d'Alexandrette et les îles de Crète, de Rhodes, de Chypre; 4° l'*Archipel*, avec les golfes d'Égine, de Salonique et de Smyrne, la presqu'île de Chalcidique, l'île de Négrepont (ancienne Eubée) et les Cyclades, rangées en cercle autour de Délos : les principaux ports de l'Archipel sont Athènes et Salonique.

Au nord-est, l'Archipel communique par le détroit des Dardanelles avec la *mer de Marmara*, et celle-ci communique avec la mer Noire par le *Bosphore*. Ce détroit, qui n'a que 550 mètres de largeur en son point le plus resserré, sépare l'Asie et l'Europe. Constantinople défend l'entrée du Bosphore : sa situation lui vaut une importance capitale.

La **mer Noire**, grand bassin ovale compris entre la péninsule des Balkans, la Russie, la Caucasie et l'Asie Mineure, est loin de jouir du climat tempéré de la Méditerranée. Elle projette au nord deux grands golfes médiocrement profonds entre lesquels s'étend la *presqu'île de Crimée*, rattachée au continent russe par l'isthme de Pérékop. A l'ouest de la Crimée est le golfe d'Odessa ; à l'est, s'étend la *mer d'Azov*, qui communique avec la mer Noire par le détroit de Kertch ou d'Iénikalé. Les principaux ports de la mer Noire sont : Varna, dans la péninsule des Balkans, Odessa en Russie, Sébastopol en Crimée, Batoum dans la Caucasie, Trébizonde en Asie Mineure.

La **mer Caspienne**, qui baigne l'Europe au sud-est, n'occupe plus qu'une partie de son étendue ancienne. Séparée des autres mers avec lesquelles elle communiqua jadis, située sous un climat desséchant, elle s'est appauvrie et continue à se vider par évaporation. Son niveau est déjà de 26 mètres inférieur à celui des océans ; les régions qu'elle a cessé de recouvrir sont parsemées de lacs salés et d'amas de sel. Peu profonde au nord, elle a pour ports principaux Astrakhan, Derbent et Bakou, qui appartiennent à la Russie, Recht à la Perse.

On a parlé mainte fois de relier la Caspienne à la mer Noire par un canal longeant le Manytch : ce fleuve, qui reçoit ses eaux du Caucase, se dédouble, à l'époque des pluies, et envoie également des eaux à ces deux mers.

Relief de l'Europe. — Les deux tiers de l'Europe sont occupés par des plaines ; les montagnes et les plateaux se partagent le dernier tiers. Les hauteurs dominent dans le sud et le centre, qui ne renferment que peu de plaines ; les plaines occupent, au contraire, presque entièrement le nord de l'Europe à l'exclusion des hauteurs.

Les Alpes sont le principal massif montagneux de l'Europe. Des bords de la Méditerranée jusqu'au Danube, près de Vienne, elles mesurent 1 200 kilomètres de longueur et jusqu'à 250 kilomètres de largeur. On les divise généralement en Alpes occidentales, Alpes centrales et Alpes orientales. Les premières, comprises entre la Méditerranée et le passage du Saint-Gothard, ont pour sommets principaux le *mont Viso*, la *Barre des Écrins*, le *Mont-Blanc* (4 810 m.), le *Cervin*, le *mont Rose* (4 638 m.), la *Jungfrau*, le *Finsteraarhorn*. Les secondes culminent au *Rheinwaldhorn*, au *Bernina* (4 052 m.) et dans le massif de l'*Ortler*. Les troisièmes, comprises entre la coupure du Brenner et le Danube, dépassent 3 000 mètres en plusieurs points, entre autres au *Dreiherrn Spitze* et au *Gross Glockner* (3 797 m.)

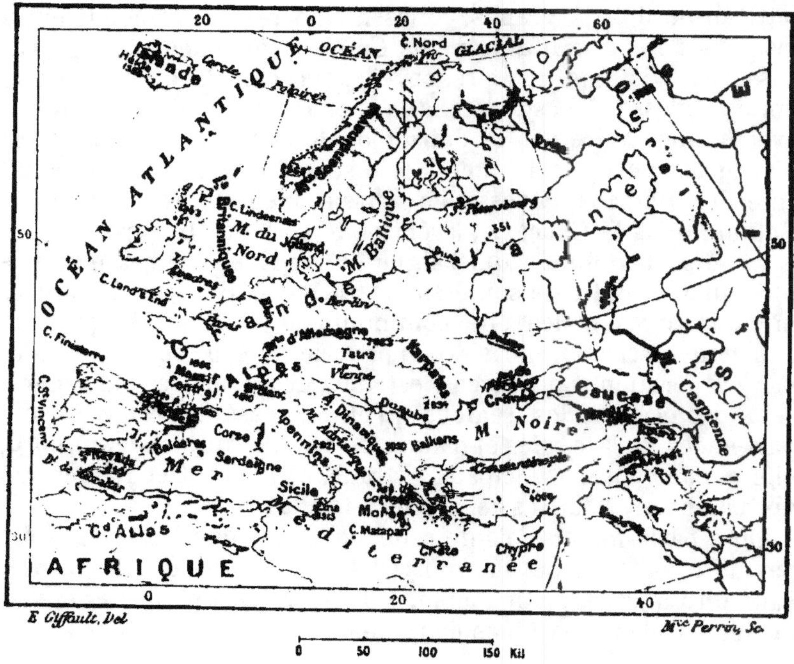

E. Giffault, Del.   Mme Perrin, Sc.

Relief de l'Europe.

Très élevées, très larges et couvertes d'énormes glaciers, les Alpes sont cependant relativement faciles à franchir. Les principaux passages n'ont qu'une altitude assez faible. Parmi eux on peut citer les *cols de Tende*, du *mont Genèvre*, du *mont Cenis* et du *Petit Saint-Bernard*, entre la France et l'Italie; les cols du *Grand Saint-Bernard*, du *Simplon*, du *Saint-Gothard* et du *Splügen*, entre la Suisse et l'Italie; et enfin les cols du *Brenner* (1 362 m.), de *Tarvis* et d'*Adelsberg*, qui font communiquer l'Autriche et l'Italie. Cinq voies ferrées traversent aujourd'hui les Alpes : sous le Cenis, le Saint-Gothard, le Brenner, les cols de Tarvis et d'Adelsberg. On parle d'en construire une sixième sous le Simplon.

A l'ouest des Alpes sont situées plusieurs chaînes : les **Pyrénées**, moins hautes (3 404 m. dans le massif de la Maladetta, point culminant), mais plus difficiles à franchir, en raison de la rareté et de l'élévation des passages; les *monts Cantabres* et les *sierras* espagnoles (sierra Nevada, 3 481 m.); le *Massif Central français*, qui culmine à 1 886 mètres au Puy de Sancy, dans les monts d'Auvergne; enfin le *Jura*, haut de 1 723 mètres en son point le plus élevé, le Crêt de la Neige.

Au nord des Alpes se trouvent les *Vosges* (1 426 m.), la *Forêt Noire* (1 493 m.) et les montagnes, boisées et pittoresques, mais de hauteur médiocre, qui couvrent l'Allemagne rhénane et centrale.

A l'est des Alpes s'élèvent les *Karpates* et les *Alpes de Transylvanie*, qui n'atteignent en aucun point 3 000 mètres, et les différents groupes montagneux qui couvrent la péninsule des Balkans, entre autres le *Tchar-Dagh* (3 050 m.), la chaîne proprement dite des *Balkans*, la chaîne de l'*Olympe*, etc.

Au sud des Alpes se dressent les montagnes de Corse (*Monte Cinto*, 2 710 m.), celles de Sardaigne, la longue chaîne de l'*Apennin* (Gran Sasso d'Italia, 2 921 m.) et enfin les monts de Sicile, dominés par la gigantesque cime du volcan *Etna* (3 313 m.). D'autres volcans s'ouvrent non loin de l'Etna, le *Vésuve*, près de Naples, et le *Stromboli*, dans les îles Lipari.

Les plaines sont rares dans le centre et le sud de l'Europe. On y rencontre seulement la plaine d'Andalousie en Espagne, la plaine du Pô en Italie et la plaine de Hongrie. Par contre, tout le nord de l'Europe est occupé par une vaste plaine, toujours basse, parfois presque horizontale et marécageuse, qui comprend les Pays-Bas, s'élargit en Allemagne, et s'épanouit en Russie dans toute la largeur du continent, entre les mers Blanche et Noire. Quelques massifs montagneux bastionnent cette plaine : au nord-ouest, les *montagnes d'Angleterre et d'Écosse*, dont le point culminant, le Ben Nevis, monte à 1 343 mètres; au nord, les *Alpes Scandinaves*, qui s'élèvent à 2 560 mètres de hauteur.

Climat. — Située presque tout entière dans la zone tempérée, facilement pénétrable aux influences marines en raison de sa configuration, n'ayant enfin qu'un relief assez modéré et peu de plateaux, l'Europe jouit dans son ensemble d'un climat tempéré, ni trop chaud, ni trop froid, ni trop humide, ni trop sec.

Cependant on peut distinguer en Europe trois zones de climats, qui ne participent pas à ces avantages dans une mesure égale : 1° la *zone méditerranéenne*, limitée à l'Europe méridionale, est caractérisée par des hivers tièdes, des étés chauds et secs, une lumière éclatante; plusieurs mois s'y passent généralement sans humidité pendant la belle saison; les pluies y tombent rarement, et y sont courtes mais abondantes; — 2° la *zone atlantique*, qui comprend la France occidentale, l'Archipel Britannique, les Pays-Bas, le Danemark et la Norvège, jouit d'un climat maritime; les pluies y sont surtout fréquentes en automne, mais aucune saison n'en est dépourvue; de cette humidité résulte une certaine égalité de température; les étés y sont rarement brûlants et les hivers rarement rigoureux; — 3° la *zone de l'Europe orientale*, qui comprend l'Allemagne orientale et la Russie, est peu humide et fort inégale; les hivers y sont très durs, même sur les bords de la mer Noire ou de la Caspienne, qui sont pourtant placés sous une latitude déjà méridionale, celle de Bordeaux ou de Marseille; les étés ont de grandes chaleurs, même aux abords de la mer Blanche, situés sous le cercle polaire; dans ce climat, on passe brusquement de l'été à l'hiver et de l'hiver à l'été.

Hydrographie. — L'Europe a beaucoup de cours d'eau, mais les plus longs ne comptent parmi les principaux de la terre ni pour la longueur, ni pour le volume. Très divers, les fleuves européens peuvent, d'après leur nature, se répartir en trois groupes : les rivières méditerranéennes, rapides et de débit très inégal; les fleuves de l'Europe atlantique, en général assez modérés et utiles au commerce maritime; les fleuves de l'Europe orientale, très longs et très plats, par suite très favorables à la navigation, sauf pendant les hivers où les glaces les rendent impraticables pendant plusieurs semaines ou même plusieurs mois chaque année.

Les cours d'eau européens proviennent de deux centres principaux de dispersion : à l'est, le *plateau de Valdaï*; au centre, les *Alpes*. Ces eaux se partagent en deux grands versants, l'un extérieur, tourné vers l'océan Glacial, la mer Baltique, la mer du Nord, la Manche, l'océan Atlantique; l'autre intérieur, tourné vers la mer Méditerranée, la mer Adriatique, la mer Noire, la mer Caspienne.

L'**océan Glacial** reçoit plusieurs grands cours d'eau, peu importants à cause de la désolation des pays glacés qu'ils traversent. Les deux plus longs sont la *Petchora* et la *Dvina*, qui arrive à l'Océan par la mer Blanche.

La **mer Baltique** reçoit : la *Néva*, déversoir des lacs Onéga, Ilmen et Ladoga; la *Duna*, le *Niémen*, la *Vistule* et l'*Oder*. Dans les détroits qui unissent la Baltique à la mer du Nord, se déverse le *Glommen*, le fleuve le plus abondant de la péninsule scandinave.

La **mer du Nord** reçoit : l'*Elbe* et le *Weser*, descendus des monts d'Allemagne; le *Rhin*, qui descend des Alpes centrales, traverse le lac de Constance, qui sert de régulateur à ses eaux, arrose la Suisse, l'Alsace, l'Allemagne, et se jette dans la mer en Hollande : ses embouchures, sans profondeur et se ramifiant en bras nombreux au milieu d'une vaste plaine, sont à peine navigables. En outre, la mer du Nord reçoit la *Meuse* et l'*Escaut*, qui naissent en France, traversent la Belgique, et se terminent en Hollande; elle reçoit aussi la *Tamise*, rivière principale de la Grande-Bretagne, très profonde et accessible aux gros navires jusqu'à Londres.

La **Manche** reçoit un seul grand fleuve : c'est la *Seine*, qui traverse Paris.

L'**océan Atlantique** reçoit directement la *Loire*, venue du Massif Central français, la *Garonne*, qui descend des Pyrénées, le *Douro*, le *Tage*, le *Guadiana* et le *Guadalquivir*, qui naissent sur les plateaux de la Péninsule Ibérique. Ces derniers fleuves, à l'exception du Guadalquivir, sont peu abondants et peu navigables.

La **Méditerranée** ne reçoit directement que deux grands fleuves européens : l'*Èbre*, qui descend des Pyrénées espagnoles, et le *Rhône*, qui prend sa source au Saint-Gothard, non loin des sources du Rhin, traverse le lac de Genève, et descend rapidement à la mer entre les Alpes et le Massif Central français. On peut citer encore le *Tibre*, petit fleuve italien qui traverse Rome.

La **mer Adriatique** reçoit deux grands fleuves qui descendent des Alpes et fécondent la plaine de Lombardie, le *Pô* et l'*Adige*. Le Pô transporte de telles masses d'alluvions que sur certains points il coule plus haut que les campagnes environnantes. Son delta se mêle à celui de l'Adige et de quelques rivières voisines et se prolonge dans la mer en lagunes, parmi lesquelles se trouve, un peu plus au nord, la lagune de Venise.

— La mer Ionienne et l'Archipel ne reçoivent guère que des torrents presque sans eau la moitié de l'année.

La **mer Noire** reçoit trois fleuves importants : le *Danube*, le *Dniestr* et le *Dniepr*. Le Danube est le principal des trois; il descend de la Forêt Noire et reçoit les eaux d'une partie des Alpes; il traverse en quelque sorte plusieurs bassins successifs : le plateau de Bavière, l'Autriche, puis les deux plaines de Haute et Basse-Hongrie, où il reçoit des affluents, comme la Drave, la Save, la Tisza ou Theiss, qui seraient ailleurs de grands fleuves; il perce ensuite les montagnes entre les Karpates et les Balkans par le fameux défilé des Portes-de-Fer, traverse la plaine de Valachie et se jette dans la mer Noire par trois branches enserrant un delta en progression constante. — La **mer d'Azov** reçoit le *Don*, qui, de sa source à son embouchure, coule parallèlement au Dniepr.

La **mer Caspienne** enfin reçoit dans son bassin fermé le plus grand fleuve de l'Europe : c'est la *Volga*, qui parcourt 3 560 kilomètres, du plateau de Valdaï à l'extrémité de son delta; elle a dix fois la longueur de la Tamise, six fois la longueur de la Garonne. Par la Volga et ses principaux affluents, Oka, Kama, etc., on a pu établir un réseau de navigation à travers toute la plaine russe jusqu'à la mer Baltique par des canaux navigables. — A l'est de la Volga, un fleuve peu abondant, l'*Oural*, coule à la limite conventionnelle de l'Europe et de l'Asie.

Ressources diverses. — L'Europe possède à la fois d'abondantes ressources végétales et de grandes richesses minérales.

La **végétation** européenne, en raison de la modération du climat, n'a point la variété ni l'abondance qui se rencontrent en certaines autres parties du monde, plus arrosées et plus chaudes. En revanche, l'Europe offre une surface proportionnellement plus vaste aux cultures utilisables par l'homme. Grâce à la tiédeur de son climat maritime, la vigne, bornée en Amérique au 43° degré, y prospère jusqu'au 50°: les céréales, limitées ailleurs au 60° degré, s'y montrent jusqu'au 70°, au delà du cercle polaire.

On distingue en Europe trois zones de végétation, qui correspondent naturellement aux trois zones de climat : zone méditerranéenne, zone atlantique, zone continentale.

La *zone méditerranéenne* possède un sol rocheux, un climat chaud, lumineux et remarquablement sec pendant une partie

de l'année. Par suite, la végétation s'y distingue par l'absence
des prairies et des forêts qui caractérisent les pays humides :
la forêt y est remplacée par le *maquis*, fourré de broussailles
pour la plupart épineuses. Les arbres propres à cette région
sont des arbres toujours verts, dont la feuille, épaisse et coriace,
conserve même pendant les sécheresses prolongées la sève
nécessaire à la vie de la plante : tels sont l'olivier, l'oranger, le
citronnier. Quant aux cultures, ce qui domine dans les terres

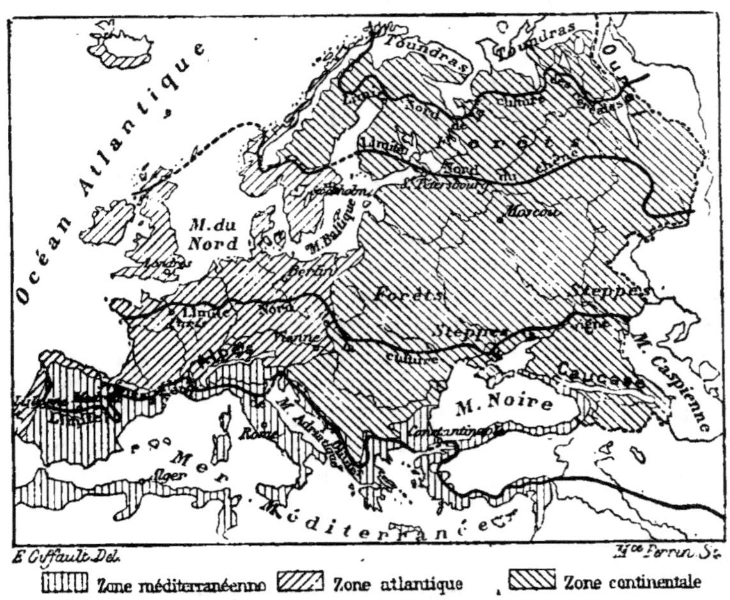

Zones de végétation de l'Europe.

basses, formées d'alluvions humides, malsaines, mais fécondes,
ce sont des champs de maïs et des rizières; sur les pentes
rocailleuses des montagnes, qui si souvent bordent la Méditerranée, s'étagent en terrasses des vignobles, des champs de
légumes et d'arbres fruitiers.

La *zone atlantique*, qui jouit d'un climat égal tempéré et de
pluies fréquentes en toute saison, a pour végétation naturelle
la forêt, où dominent les arbres à feuillage caduc, à feuilles
douces et tendres : hêtre, chêne, tilleul, ormeau, frêne. L'Europe
occidentale fut jadis presque entièrement couverte de forêts
qui, depuis la Gaule, s'étendaient par l'Ardenne jusqu'aux som-

bres bois de la Germanie. Au fur et à mesure de ses besoins nouveaux, l'homme les a défrichées pour les remplacer par des cultures. Les forêts ne couvrent plus que certaines montagnes et quelques lambeaux des plaines. Leur destruction exagérée a eu pour conséquence des désastres divers qui obligent maintenant à reboiser les régions de montagnes.

Les cultures qui occupent la place des forêts sont nombreuses. La vigne et le maïs, plantes méditerranéennes, y réussissent encore dans quelques plaines chaudes et basses. Mais les plantes les plus cultivées sont le blé, l'avoine, le seigle, l'orge, puis la pomme de terre, la betterave, le tabac, le chanvre et le lin. Où la vigne ne mûrit plus, les hommes de l'Europe atlantique boivent du cidre, fabriqué avec la pomme, et de la bière, produit du houblon et de l'orge. Enfin les prairies, destinées à l'élevage du gros et du petit bétail, y couvrent de grandes étendues, principalement dans les plaines humides et sur les pentes des montagnes.

La *zone continentale*, dont le climat est excessif et où l'humidité devient de plus en plus rare à mesure qu'on s'avance vers l'est, n'admet plus certaines essences de plantes ou d'arbres qui croissaient dans les zones précédentes, en particulier la vigne et les hêtres. Au sud-est, vers la Caspienne, le manque d'humidité produit la steppe, désert qui ne s'anime que pour quelques semaines chaque année avec les pluies de printemps, puis se dessèche jusqu'à la prochaine saison humide. Au nord, vers la mer Blanche et l'océan Glacial, le manque de chaleur engendre la *toundra*, région désolée, couverte de neige huit mois de l'année, marécage humide pendant l'été qui en dégèle la surface, mais sans dégeler la profondeur au-dessous de quelques mètres. Dans les autres parties de cette zone continentale, s'étendent la plupart des cultures de la zone atlantique, plantes alimentaires et industrielles. On y trouve aussi de grandes forêts, composées vers le sud des arbres de l'Europe occidentale, mais vers le nord formées plutôt d'arbres verts à feuillage persistant, comme les pins, les sapins et les mélèzes.

Les **ressources minérales** de l'Europe sont nombreuses, bien qu'elles ne puissent soutenir la comparaison avec celles que recèlent les sous-sols de l'Asie ou de l'Amérique.

L'Europe est pauvre en minéraux précieux, or et argent. Elle se trouve dans la même pénurie relative de minerais utiles à l'industrie : le cuivre, le plomb, le zinc, l'étain n'y forment que des dépôts médiocres ; le mercure n'abonde qu'en Espagne, le pétrole que dans la Caucasie; en revanche, le fer y existe en nombreux et puissants gisements, et l'Europe produit 17 des 20 millions de tonnes que fournit annuellement le monde entier. Quant à la houille, elle y est relativement rare : la superficie de tous les bassins houillers du monde étant évaluée à 1 million de kilomètres carrés, tous ceux de l'Europe ne

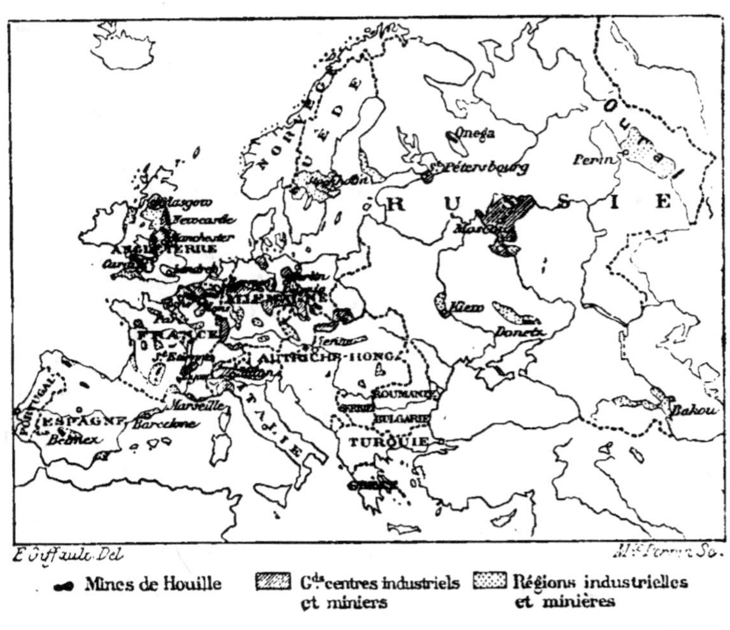

Centres miniers.

montent qu'à 30 000 kilomètres carrés. Il est vrai de dire que l'exploitation en est incomparablement plus active : l'Europe produit 450 millions de tonnes sur un total de 670 millions.

Parmi les contrées européennes qui recèlent les métaux avec une certaine abondance, on peut citer l'Angleterre, l'Espagne, la France, la Belgique, l'Allemagne, la Suède-Norvège, la Hongrie et la Russie. Les États de l'Europe méditerranéenne en sont mal pourvus ou même en manquent presque totalement.

RÉSUMÉ

L'Europe (10 millions de kil. carrés d'étendue) a pour bornes les monts Ourals, le fleuve Oural, la mer Caspienne ; la mer Noire et la Méditerranée ;

l'océan Atlantique et l'océan Glacial Arctique ; elle mesure 4 000 kilomètres du nord au sud, sur 5 600 de l'ouest à l'est.

I. **Mers.** — L'Europe est baignée par trois grands systèmes marins : 1° l'océan Glacial Arctique (Spitzberg, Novaïa-Zemlia, mer Blanche) ; 2° l'océan Atlantique, qui baigne l'Europe du cap Nord au détroit de Gibraltar, forme : la mer du Nord (Zuiderzée, îles Frisonnes. Zélande) ; la mer Baltique (détroits du Danemark, golfes de Finlande, de Riga, de Botnie ; îles nombreuses) ; la Manche (Pas de Calais, Wight, îles Anglo-Normandes) ; la mer d'Irlande (Man, Anglesea) ; les golfes de Gascogne et de Cadiz ; 3° la Méditerranée, qui comprend la Méditerranée latine, avec les golfes de Valence, du Lion et de Gênes, les Baléares, la Corse, la Sardaigne et la Sicile ; et la Méditerranée grecque, avec la mer Adriatique, le canal d'Otrante, la mer Ionienne, l'île de Crète, l'Archipel (Cyclades), la mer de Marmara entre les Dardanelles et le Bosphore, la mer Noire (presqu'île de Crimée, mer d'Azov). Au sud-est, l'Europe est en outre baignée par la mer Caspienne.

II. **Relief.** — L'Europe a ses principales montagnes au centre et au sud. Ce sont d'abord les Alpes, longues de 1 200, larges de 200 à 250 kilomètres, ayant pour points culminants le mont Viso. le Mont-Blanc (4 810 m.), le mont Rose, la Jungfrau. le Bernina, le Gross Glockner, et pour passages principaux les cols de Tende. du mont Genèvre et du mont Cenis, les deux Saint-Bernard, le Simplon, le Saint-Gothard. la Maloïa, le Brenner, etc. Ce sont ensuite les Pyrénées, avec les sierras espagnoles (Nevada, 3 481 m.) ; le Massif Central français, le Jura, les Vosges, les monts Allemands, les Karpates, l'Apennin, les monts des Balkans (3 052 m.), etc.

Au nord, dominent de grandes plaines, toutefois avec les montagnes d'Angleterre et d'Écosse (1 343 m.), et les Alpes Scandinaves (2 560 m.).

III. **Climat.** — Dans l'ensemble, climat tempéré. Trois zones assez distinctes : zone méditerranéenne, zone atlantique, zone de l'Europe orientale ; la seconde est plus maritime, la dernière plus continentale.

IV. **Hydrographie.** — Cours d'eau nombreux, mais en somme de moyenne abondance et de moyenne longueur ; les deux centres principaux de dispersion sont le plateau de Valdaï et les Alpes ; ils se divisent en deux versants, extérieur et intérieur. Au premier appartiennent : Petchora et Dvina (mer Blanche) ; Néva, Duna. Niémen, Vistule, Oder (mer Baltique) ; Elbe, Weser, Rhin, Meuse. Escaut, Tamise (mer du Nord) ; Seine (Manche) ; Loire, Garonne, Douro, Tage. Guadiana. Guadalquivir (océan Atlantique). Au second appartiennent : Èbre. Rhône, Tibre (Méditerranée latine), Pô et Adige (Adriatique), Danube, Dniestr, Dniepr, Don (mers Noire et d'Azov), Volga (Caspienne).

V. **Ressources diverses.** — 1° Comme ressources végétales. trois zones de productions, toutes trois propres à la culture, à l'exception des trop hautes montagnes, de quelques steppes des bords de la Caspienne trop privées d'eau, et des bords de l'océan Glacial ; 2° comme ressources minérales, disette de métaux précieux, pénurie relative de métaux utiles et de houille. Les régions les mieux pourvues forment une grande bande centrale traversant l'Europe de l'ouest à l'est, par l'Angleterre, la France, l'Espagne, la Belgique, l'Allemagne, la Russie.

§ 2. — DESCRIPTION POLITIQUE

Populations européennes. — L'Europe, qui occupe la dix-septième partie des terres émergées, nourrit 390 millions d'habitants, près du quart de la population totale du globe. C'est, relativement à sa superficie, la partie du monde de beaucoup la plus peuplée (39 en moyenne par kil. carré). L'Asie, qui compte 900 millions d'habitants, mais dont l'étendue est beaucoup plus considérable, n'en possède en moyenne que 20 au kilomètre carré.

L'Europe est aussi celle des parties du monde dont la population est le plus également répartie. De même qu'on y trouve moins de terres complètement incultes qu'en Asie, en Afrique ou en Amérique, de même on y rencontre moins de régions absolument dénuées d'habitants : seuls les bords de la Caspienne et de l'océan Glacial font exception. Par contre, l'Europe n'a pas non plus d'immenses agglomérations humaines, sauf sur un très petit nombre de points. C'est dans l'Europe occidentale que la population atteint sa plus forte densité : sur un kilomètre carré, la Belgique compte 231 habitants, la Hollande 157, les Iles Britanniques 132, l'Italie 114, l'Allemagne 104, la France 72. La Russie, qui occupe toute l'Europe orientale, n'en possède que 19 sur le même espace. Il est juste d'ajouter qu'avec le temps cette différence de peuplement s'atténue : tandis que les pays de l'Europe occidentale voient se ralentir graduellement l'accroissement de leur population, la Russie voit augmenter considérablement celui de la sienne.

A l'exception des *Hongrois* ou *Magyars*, qui habitent la Hongrie, des *Ottomans*, qui forment encore des groupes nombreux en Turquie, enfin des *Finnois, Lapons* et *Samoyèdes*, les peuples européens appartiennent à la race blanche. Ils composent trois grandes familles de peuples qui se distinguent par la race, par la langue, et même, d'une manière plus vague, par la religion. Ce sont : le groupe gréco-latin, le groupe germanique et le groupe slave.

Les *Gréco-Latins* sont ainsi nommés parce qu'ils ont reçu

jadis leur civilisation de la Grèce et de Rome. Ils comptent en
Europe pour 130 millions. Ils habitent surtout l'ouest, le sud-
ouest et le sud de l'Europe; la Méditerranée est leur domaine
propre. La France, l'Italie, l'Espagne, la Belgique, la Grèce, la
Roumanie sont des pays latins. On y parle les langues dites
latines : le français par exemple est une langue dérivée du
latin. C'est le catholicisme qui domine dans ces pays.

Les *Germains* sont aussi nombreux, environ 135 millions
également. Ils peuplent le centre, le nord-ouest et le nord de

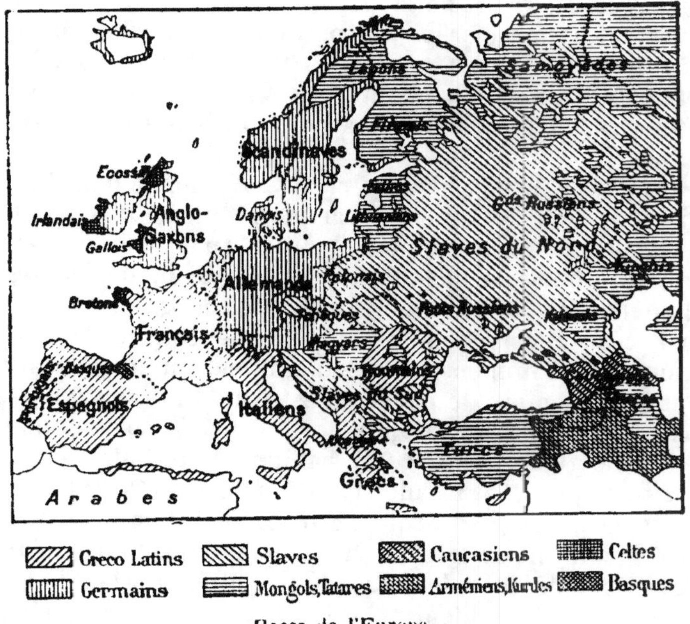

Races de l'Europe.

l'Europe. L'Angleterre, les Pays-Bas, les pays Scandinaves,
l'Allemagne, une partie de la Suisse et de l'Autriche-Hongrie,
tels sont les pays Germaniques de l'Europe. On y parle les
langues dites germaniques. Chez la plupart des peuples germains la majorité professe la religion protestante.

Les *Slaves* sont un peu moins nombreux que les précédents,
pour le moment du moins : ils ne dépassent guère 105 millions.
Venus après les Latins et les Germains, ils sont établis principalement dans l'Europe orientale. Toutefois, par la Bohême et
la Pologne au nord, par les vallées de la Drave et de la Save

au sud, ils ont fait plusieurs trouées jusqu'au centre même de l'Europe. Les Slaves, qui occupent la Russie, la Pologne, la Bohême, une partie de la péninsule des Balkans, parlent les langues dites slaves. La religion grecque ou orthodoxe est celle qu'ils professent le plus communément. La principale exception est fournie par les Polonais, qui sont catholiques. Dans la presqu'île des Balkans, la conquête turque a introduit l'islamisme, qui domine surtout dans l'est de la péninsule.

Outre ces peuples de race blanche ou de race jaune, on trouve

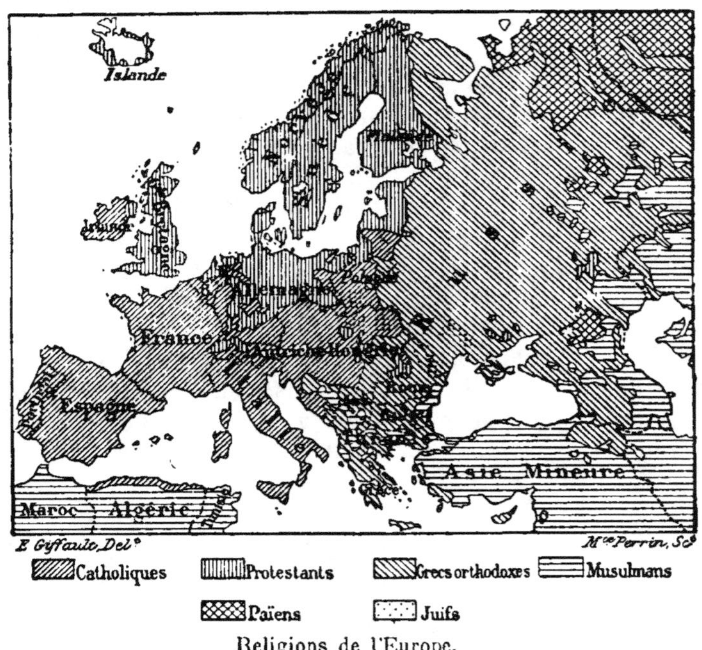

Religions de l'Europe.

disséminés en différents pays de l'Europe environ 5 millions de *Juifs* : appartenant à un rameau de la race blanche, au rameau sémitique, ils professent le judaïsme. C'est en Russie, en Pologne, en Hongrie, dans la péninsule des Balkans, et dans les grandes villes industrielles ou commerçantes que se rencontrent les colonies juives les plus nombreuses.

États et systèmes de gouvernement. — L'Europe, si variée dans sa configuration, est partagée en un nombre assez considérable d'États, qui correspondent pour la plupart aux divisions naturelles du continent. Les péninsules et les îles découpées par les mers, les vallées et les plaines enfermées par les montagnes, formaient autant de cadres naturels pour l'éclosion de nations qui sont devenues des États distincts. Seule l'Europe orientale fait exception : là, une plaine immense, indéfinie à l'ouest comme à l'est, s'est prêtée à l'établissement d'un empire immense, qui déborde sur une partie de l'Asie.

L'Europe contient 20 États et 4 petits territoires indépendants. Les États sont :

1° Dans l'*Europe méridionale* ou *méditerranéenne*, jadis centre de l'activité du monde, aujourd'hui bien déchue, les six États des Balkans (Roumanie, Serbie, Monténégro, Bulgarie, Turquie, Grèce), l'Italie, l'Espagne et le Portugal;

2° Dans l'*Europe occidentale*, les deux grandes puissances maritimes et coloniales, la France et l'Angleterre;

3° Dans l'*Europe centrale*, essentiellement continentale, l'Autriche-Hongrie, la Suisse, les Pays-Bas (Belgique, Hollande, Luxembourg) et l'Allemagne;

4° Dans l'*Europe septentrionale*, trop écartée du centre du continent et trop déshéritée du fait même de son climat, le Danemark et la Suède-Norvège;

5° Dans l'*Europe orientale*, vaste plaine où se succèdent par transitions insensibles tous les sols, tous les climats, tous les produits, et qui, nouvelle venue à la civilisation, semble avoir un immense avenir devant elle, un seul mais gigantesque empire, la Russie.

Ces États sont de grandeur et d'importance très inégales. Le plus étendu, la Russie, occupe plus de la moitié du continent européen et compte plus de 100 millions d'habitants; le plus petit, le Monténégro, situé dans la péninsule des Balkans, couvre à peine la millième partie de l'Europe et n'a que 227000 habitants. Le plus peuplé, eu égard à son étendue, est la Belgique, qui, sur un territoire cent quatre-vingts fois moins vaste que la Russie, nourrit 6 815 000 habitants : à ce compte, la Russie serait peuplée de plus d'un milliard d'hommes.

Les six principaux États de l'Europe sont : la *Russie* (106 millions d'habitants), l'*Allemagne* (56 millions), l'*Autriche-Hongrie* (46 millions), la *France* (39 millions), les *Iles Britanniques* (41 millions) et l'*Italie* (32 millions). Ces six États exercent une influence prépondérante sur les destinées de l'Europe, dont ils occupent, à eux seuls, les trois quarts, en même temps qu'ils

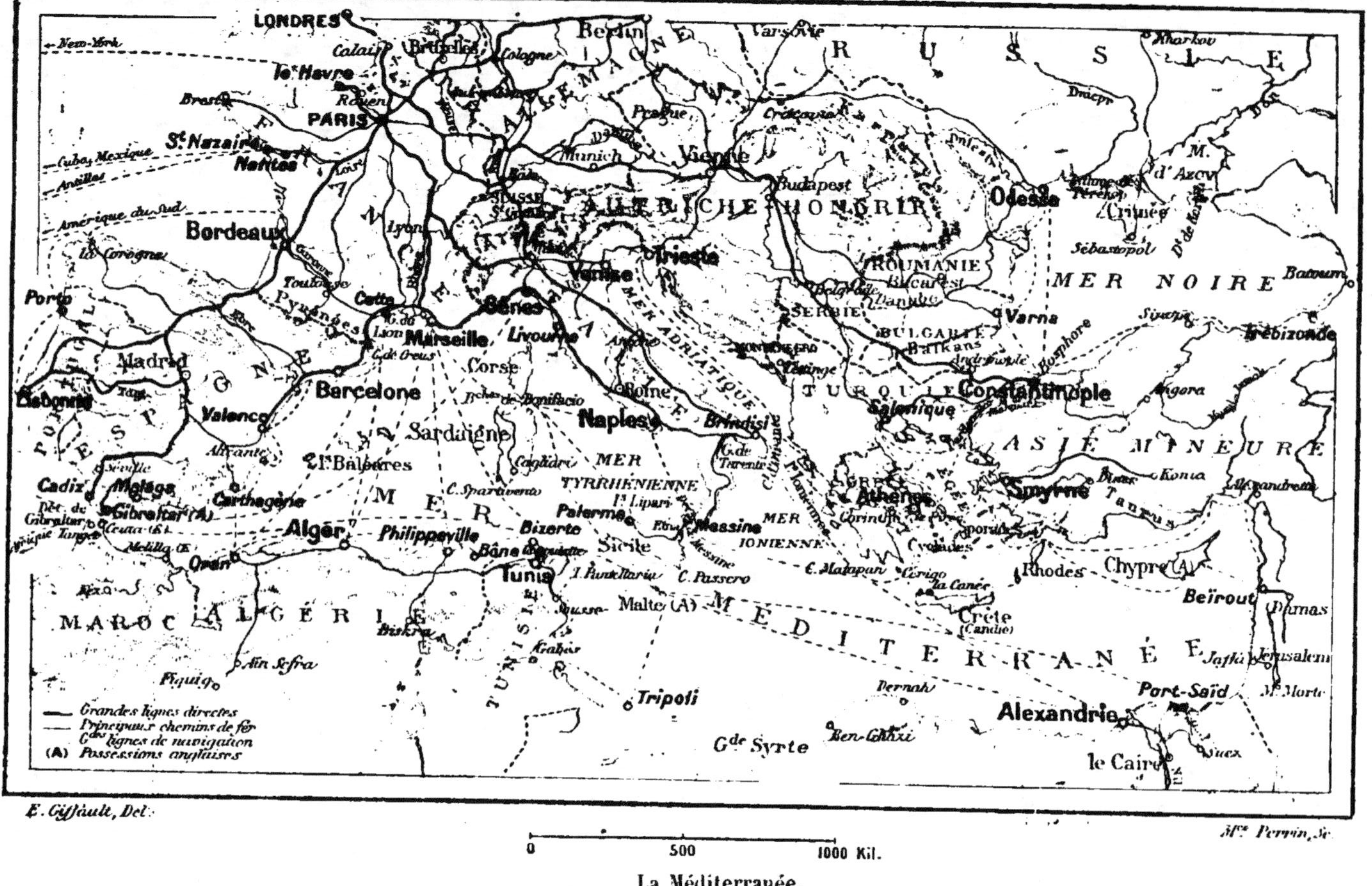

La Méditerranée.

possèdent les cinq sixièmes de sa population totale. C'est l'accord de ces six puissances qu'on nomme le concert européen.

Les États de l'Europe diffèrent enfin les uns des autres par leurs constitutions politiques. Les principales formes de gouvernement y sont représentées. La plupart des États ont adopté le système de la *monarchie constitutionnelle* ou *parlementaire*, dont l'Angleterre offre le type le plus remarquable ; le souverain n'y exerce que le pouvoir exécutif, le pouvoir législatif appartenant à une ou plusieurs Chambres qui représentent la nation de diverses manières. Un seul État européen, la Russie, conserve le *gouvernement absolu*, où le souverain régit à son gré les destinées du pays. Deux États, la France et la Suisse, sont régis par un *gouvernement républicain*.

Contrées et villes principales. — 1° L'*Europe méditerranéenne* comprend trois péninsules, des Balkans, italique, ibérique, qui furent autrefois le centre du monde, mais qui ont perdu cet avantage à la suite de la découverte de l'Amérique.

La **Péninsule des Balkans**, pays rude et morcelé par la nature en bassins isolés, fut unifiée au moyen âge sous la domination turque. Mais les races blanches et chrétiennes, soumises par les envahisseurs, se sont révoltées depuis lors et ont reconquis leur indépendance. La Turquie ne comprend plus aujourd'hui qu'une mince partie de la péninsule, un tiers environ de sa superficie. Des lambeaux qu'elle a perdus se sont formés cinq États, Roumanie, Serbie, Monténégro, Bulgarie et Grèce.

La *Turquie* compte encore 6 130 000 habitants. Elle est gouvernée par un sultan qui concentre entre ses mains tous les pouvoirs, civil, militaire et religieux ; outre la Turquie d'Europe, il a sous sa domination la Turquie d'Asie ainsi que la Tripolitaine, et dans sa vassalité l'Égypte. — La capitale est *Constantinople* (1 125 000 hab.), dans une admirable situation sur le Bosphore ; villes principales, Andrinople, dans l'intérieur, et le port très important de Salonique (105 000 hab.), dont l'importance grandit chaque jour.

La *Roumanie*, composée de la Moldavie et de la Valachie réunies en royaume en 1881, renferme 6 195 000 habitants (1903). Elle a le régime constitutionnel. — Capitale : *Bukarest* (282 000 hab.) ; villes principales : Iassi et le port fluvial de Galatz, sur le Danube.

La *Serbie*, autre royaume constitutionnel, renferme 2 579 000 habitants. Capitale : *Belgrade* (73 000 hab.), sur le Danube.

Le *Monténégro*, principauté petite et pauvre, n'a que 227000 habitants. Sa capitale, *Cettinyé*, est un bourg de 4 000 habitants.

La *Bulgarie* et la *Roumélie orientale*, réunies en 1885 à la suite d'une révolution, comptent une population de 3 733 000 habitants. Les capitales sont *Sofia*, en Bulgarie, et *Philippopoli*, en Roumélie.

La *Grèce*, formée d'une partie continentale et d'une partie insulaire, possède 2 433 000 habitants. La capitale est *Athènes* (111 000 hab.), qui a pour port le Pirée. Athènes fut dans l'antiquité le centre des arts; le plateau de l'Acropole, qui domine la ville, contient les restes des plus beaux monuments de l'architecture et de la sculpture.

L'**Italie**, longue péninsule traversée par une arête montagneuse, a 32 449 000 habitants. Jusqu'à ces derniers temps elle était composée de plusieurs États distincts, dont quelques-uns relevaient de pays étrangers. Les principaux de ces États étaient le royaume de Naples et de Sicile, au sud; les États pontificaux et la Toscane, au centre; le royaume de Piémont et le royaume Lombardo-Vénitien, au nord, ce dernier soumis à l'Autriche. C'est de 1859 à 1870 que le Piémont, soutenu par la France, a fait l'unité italienne. L'Italie forme un royaume constitutionnel.

La capitale de l'Italie est *Rome* (463 000 hab.), où siègent deux souverains, le roi d'Italie au Quirinal, le pape au Vatican, et où se voient des vestiges de l'antiquité, des monuments de la Renaissance, des statues, des tableaux. Les autres grandes villes sont : *Naples* (563 000 hab.), au pied du Vésuve; *Palerme*, en Sicile; *Florence*, les villes industrielles de *Milan* (491 000 hab.) et de *Turin* (335 000 hab.), *Venise*, dans les lagunes de l'Adriatique, *Gênes*, etc.

L'**Espagne** occupe les 4/5 de la Péninsule Ibérique. C'est un vaste plateau, au climat sec et extrême, avec quelques vallées très riches. Elle n'a que 18 100 000 habitants, ce qui est relativement fort peu; mais elle a peuplé une partie de l'Amérique. C'est une monarchie constitutionnelle.

Sa capitale est *Madrid* (512 000 hab.), sur le plateau de Nouvelle-Castille, au centre de la péninsule. Les autres cités importantes sont *Barcelone* (509 000 hab.), premier port de commerce et première ville industrielle de l'Espagne, *Valence*, *Séville*, *Cadiz*, *Malaga*, etc.

Le **Portugal**, qui occupe le reste de la Péninsule Ibérique, est un autre royaume constitutionnel. Sa population s'élève à 5 049 000 habitants. Il a pour capitale *Lisbonne* (357 000 hab.), grand port à l'embouchure du Tage ; pour ville principale *Porto*, autre port important.

2° L'*Europe occidentale* comprend la France et l'Angleterre, les deux plus grandes puissances maritimes et coloniales. Toutes-puissantes en Europe dans les derniers siècles, elles ont de nos jours perdu toutes deux de leur prééminence au profit de certains autres États européens, plus jeunes, mais ayant acquis un développement rapide.

La **France**, avec ses 536 000 kilomètres carrés, est une puissance d'étendue moyenne ; son sol présente une remarquable unité, qui a favorisé de bonne heure la fusion de ses habitants en un peuple. Elle compte 39 031 000 habitants, c'est-à-dire une population dont la densité ne répond pas tout à fait à son étendue : presque tous les États avoisinants renferment proportionnellement un plus grand nombre d'habitants. La France forme une République unitaire, dont le chef est un président élu pour sept ans ; deux assembléees, le Sénat et la Chambre des Députés, y exercent le pouvoir législatif.

La France a pour capitale *Paris* ; c'est la plus belle et en même temps la plus élégante des villes de l'Europe, celle où les étrangers séjournent le plus volontiers ; pour la population, elle ne vient qu'au troisième rang avec ses 2 714 000 habitants ; le premier rang appartient à Londres ; le second à New-York.

Les autres grandes villes de France sont *Lyon* (459 000 hab.), renommée pour ses soieries ; les grands ports de *Marseille* (491 000 hab.) et de *Bordeaux* (257 000 hab.) ; puis Lille, Toulouse, Saint-Étienne, Nantes, le Havre, Rouen, etc.

Le **Royaume-Uni de Grande-Bretagne et d'Irlande**, qui se compose de deux grandes îles et d'un grand nombre de petites, comprend quatre divisions politiques : l'Angleterre, le Pays de Galles, l'Écosse et l'Irlande. Le tout forme une étendue équivalente aux 3/5 de l'étendue de la France. Pourtant le Royaume-Uni, sur une superficie bien moindre, compte un peu plus d'habitants, 41 millions. Au point de vue politique, il est le type des monarchies constitutionnelles.

L'Angleterre est la plus peuplée et la plus riche des quatre divisions du Royaume-Uni. Sa capitale est *Londres*, qui est à la fois la plus grande ville et le plus grand port du monde ; elle renferme près de 5 millions d'habitants avec ses faubourgs ;

mais cette ville immense est triste; ses maisons sont noires, son ciel presque toujours chargé de brouillard et de fumée. L'Angleterre possède encore les grandes villes industrielles de *Liverpool* (685 000 hab.), troisième port du monde entier, *Manchester* (543 000 hab.), *Birmingham* (522 000 hab.), *Sheffield* (380 000 hab.), *Leeds* (429 000 hab.), *Newcastle*, etc.

L'Écosse a pour capitale *Edimbourg* (316 000 hab.), et pour principale ville *Glasgow* (760 000 hab.), ville industrielle et commerçante. L'Irlande a pour capitale *Dublin* (373 000 hab.), et pour seconde ville *Belfast*.

3° L'*Europe Centrale* comprend deux grands empires, l'Autriche-Hongrie et l'Allemagne, puis trois États secondaires neutres, qui jouent le rôle de tampons entre les pays allemands et la France. Ces trois États sont la Suisse, la Belgique et la Hollande. Cette Europe centrale est essentiellement continentale, bien que l'Allemagne et l'Autriche soient devenues puissances maritimes grâce à une longue suite d'efforts et d'artifices.

L'Autriche-Hongrie, comprise entre la mer Adriatique et l'Italie, la Suisse, l'Allemagne, la Russie, la péninsule des Balkans, est essentiellement un État continental. Plus étendue d'un quart que la France, elle mesure une superficie de 676 000 kilomètres carrés. Ce grand pays manque entièrement d'unité. Il comprend de vastes étendues montagneuses et de grandes plaines, entres autres celle de Hongrie. On y compte 46 900 000 habitants, soit en moyenne 69 par kilomètre carré. Ces habitants appartiennent à presque toutes les races de l'Europe. On trouve parmi eux des Allemands, des Hongrois ou Magyars, des Slaves, des Italiens, etc.

L'empire austro-hongrois se compose de deux pays : l'*Autriche*, qui comprend les pays cisleithans, ou en deçà de la Leitha, affluent de droite du Danube; la *Hongrie*, qui comprend les pays transleithans, ou au delà de la Leitha. Les deux pays forment un seul État, avec deux gouvernements distincts. Pour l'armée, les finances, la politique extérieure, il y a une administration unique.

L'Autriche a pour capitale *Vienne* (1 662 000 hab.), grande et belle ville, sur le Danube; pour autres grandes villes, *Prague* en Bohême, et le port de *Trieste* au fond de l'Adriatique. La Hongrie a pour capitale *Budapest* (713 000 hab.), formée de deux villes que sépare le Danube.

La Suisse (41 000 kil. carrés) occupe le centre de l'Europe,

Dans la partie des Alpes qui la couvrent naissent le Rhône, le Rhin, l'Inn, affluent du Danube, et le Tessin, affluent du Pô. Ce pays rude, mais pittoresque, forme une confédération, c'est-à-dire une république composée de 22 États, nommés *Cantons*, dont chacun possède une administration autonome. Il renferme 3 313 000 habitants, qui se divisent en trois groupes : Suisse française, Suisse allemande, Suisse italienne.

La capitale fédérale est *Berne*; les autres grandes villes, *Zurich* (153 000 hab.) et *Bâle*, dans la Suisse allemande; *Genève*, dans la Suisse française.

La **Belgique**, si semblable aux départements français qui l'avoisinent, mesure seulement 29 450 kilomètres carrés d'étendue. Pays au sol riche et à l'industrie prospère, elle renferme 6 815 000 habitants, 231 en moyenne par kilomètre carré; c'est le pays relativement le plus peuplé de l'Europe entière. Ses habitants, en majorité catholiques, parlent la langue française et la langue flamande.

La capitale est *Bruxelles* (561 000 hab.); les autres grandes villes sont le grand port d'*Anvers*, *Gand* et *Liège*, centres industriels.

La **Hollande**, un peu plus étendue, mais moins peuplée (superficie, 33 000 kil. carrés; population 5 103 000 hab., 15.7 par kil. carré), est habitée par des hommes de race germanique, dont la religion est pour les deux tiers le calvinisme.

Le gouvernement réside à *la Haye*; mais la vraie capitale est le grand port d'*Amsterdam* (520 000 hab.), sur un golfe du Zuiderzee; à citer encore *Rotterdam*, autre très grand port.

L'**Allemagne**, qui va des Alpes à la mer du Nord, et confine à la France, à l'Autriche et à la Russie, mesure une étendue de 540 000 kilomètres carrés, à peu près la même que la France. Sous un climat moins tempéré que notre pays, douée d'un sol moins fécond, mais de richesses minérales plus abondantes, l'Allemagne renferme une population d'environ 56 millions d'habitants, soit 104 en moyenne par kilomètre carré. Ces habitants sont en majorité Allemands; toutefois parmi eux se trouvent des Polonais, des Danois et des Alsaciens-Lorrains, annexés par force à l'Allemagne.

L'Empire d'Allemagne, créé en 1871, forme une confédération de 26 États, gouvernée par le roi de Prusse, qui a le titre héréditaire d'empereur allemand. Les 26 États, d'importance inégale, sont : quatre royaumes, Prusse, Bavière, Saxe, Wurtemberg; plusieurs grands-duchés et duchés; trois villes libres, Brème,

Hambourg, Lübeck, et une terre d'empire, l'Alsace-Lorraine.

Le royaume de Prusse (34 millions d'habitants) a pour capitale *Berlin* (1 888 000 hab.), sur la Sprée; les autres grandes villes sont *Breslau* (422 000 hab.), *Kœnigsberg, Danzig, Magdebourg, Cologne, Francfort-sur-le-Main.*

Dans le reste de l'Allemagne, on peut citer : en Bavière, *Munich* (500 000 hab.) et Nuremberg; en Saxe, *Dresde* (395 000 hab.) et Leipzig; dans le Wurtemberg, *Stuttgart*; enfin, *Carlsruhe, Strasbourg, Hambourg* (705 000 hab.), sur l'Elbe, premier port de l'Europe continentale.

4° L'*Europe septentrionale* est occupée par trois États, habités par des hommes de même race et de même religion, dont, au moyen âge, les destinées furent quelque temps confondues. Ces trois États sont : le Danemark, la Suède et la Norvège.

Le **Danemark** (38 400 kil. carrés) comprend deux parties distinctes, la partie septentrionale du Jutland, et un groupe d'îles, dont les principales sont Seeland et Fionie. Il renferme 2 464 000 habitants. En outre, il possède en Europe les Færöer et l'Islande. Sa capitale est *Copenhague* (476 000 hab.), port important sur le Sund.

La **Suède**, très grande (450 000 kil. carrés), mais déjà élevée en latitude, froide et en partie inculte, compte 5 136 000 habitants. La capitale est *Stockholm* (300 000 hab.); on y remarque encore le port de *Göteborg.*

La **Norvège** (325 000 kil. carrés), hérissée de montagnes et de glaciers, découpée par une multitude de fiords, n'a que 2 239 000 habitants. On y trouve une grande ville, la capitale, *Kristiania*, et un port important, celui de *Bergen.* La Norvège, réunie au Danemark jusqu'en 1815, est depuis cette époque rattachée à la Suède. Les deux pays ont le même souverain, mais leurs administrations sont distinctes.

5° L'*Europe orientale* est occupée par un seul État, la Russie, qui s'étend depuis l'Allemagne et la Hongrie jusqu'aux frontières de l'Asie, et depuis la mer Noire et la Caspienne jusqu'à la mer Blanche et à l'océan Glacial Arctique.

La **Russie** couvre en Europe une étendue de 5 515 000 kilomètres carrés, c'est-à-dire la moitié de l'Europe. Grande plaine, avec des climats très divers du nord au sud, mais de caractère essentiellement continental, elle renferme 106 millions d'habitants, 19 seulement par kilomètre carré. Elle est gouvernée par un empereur qui porte le titre de *tsar*. C'est le seul pays d'Europe qui ait encore le gouvernement absolu.

La Russie comprend trois divisions politiques. La plus considérable est la Russie proprement dite, qui a pour capitale *Saint-Pétersbourg*, ville récente, puisqu'elle ne date que de 1703, et déjà considérable (1 439 000 hab.); située sur le golfe de Finlande, à l'embouchure de la Néva, elle est défendue par Kronstadt. A citer encore : l'ancienne capitale, *Moscou* (1 035 000 hab.), vieille cité russe; *Kiiev*; les ports d'*Odessa*, sur la mer Noire, et de *Riga*, sur la Baltique.

Les deux autres divisions sont la Pologne (9 456 000 habitants), capitale *Varsovie* (638 000 hab.), sur la Vistule; et la Finlande, pays d'étangs, froid et faiblement peuplé.

Civilisation de l'Europe. — La structure de l'Europe permet aux différents peuples un développement indépendant, toutefois elle ne les isole pas. Bien au contraire, les vallées transversales des montagnes, les grandes artères fluviales, les découpures multiples des côtes, ont invité les hommes à entrer en relations suivies. C'est ce qui a amené la constitution d'une civilisation européenne unique.

L'Europe est de nos jours à la tête de la civilisation. Nulle part l'instruction n'est plus développée. C'est là qu'ont été trouvées toutes les grandes découvertes modernes, vapeur, électricité, avec leurs nombreuses applications pratiques, qui ont transformé la face du monde.

Tous les États d'Europe sont aujourd'hui pourvus de lignes ferrées, et toutes les grandes villes de l'Europe continentale sont reliées à l'ensemble du réseau des chemins de fer. On peut ainsi aller de Cadiz ou de Lisbonne, sur l'Atlantique, à Orenbourg, sur le fleuve Oural, ou bien au pied du Caucase, c'est-à-dire aux portes de l'Asie. Entre les pays de l'Europe septentrionale et ceux de l'Europe méridionale, les voies ferrées sont encore plus nombreuses, surtout dans l'Europe centrale. Les plus hautes montagnes elles-mêmes n'ont pas constitué un obstacle insurmontable : on y a percé des tunnels.

Les communications maritimes ne sont pas moins importantes. Une nombreuse flotte de navires à voiles et à vapeur se presse dans les ports des diverses régions, mettant chaque pays de l'Europe en rapport avec le reste du monde. Les communications par mer ont trois centres principaux : 1° la *mer Bal-*

tique (Stockholm, Saint-Pétersbourg, Riga, Danzig, Copenhague) et la *mer du Nord* (Hambourg, Brême, Amsterdam, Rotterdam, Anvers, Londres); 2° l'*océan Atlantique* (Glasgow, Liverpool, Dublin, Southampton, le Havre, Bordeaux, Lisbonne, Cadiz); 3° la *Méditerranée* (Barcelone, Marseille, Gênes, Palerme, Trieste, Constantinople; Odessa, sur la mer Noire).

L'Europe est ainsi devenue le centre industriel du monde. Elle reçoit des autres parties de la terre les matières premières qui lui manquent ou dont elle n'a pas assez. Elle leur rend des objets fabriqués, machines, ustensiles, armes, vêtements, articles de luxe. Les quatre autres parties du monde sont ainsi tributaires de l'Europe. L'Angleterre est au premier rang des États européens pour la puissance industrielle, commerciale et maritime. La France et l'Allemagne viennent ensuite. La Russie, dernière née à la civilisation, progresse rapidement.

L'Europe est aujourd'hui à la tête du mouvement de la civilisation dans le monde. Les peuples européens ont fondé sur tous les continents des colonies où s'installent leurs nationaux. De grands pays, comme les Indes, l'Indo-Chine, la Sibérie, l'Algérie, la Tunisie, la majeure partie de l'Afrique, l'Australie, le Canada, sont des dépendances de l'Europe. Ce sont des Européens qui ont colonisé l'Amérique tout entière. Par ces colonies et par l'émigration, l'Europe impose peu à peu aux régions lointaines ses langues, ses croyances, ses idées, ses inventions modernes, tout le développement de sa civilisation. Quelques personnes craignent même qu'en instruisant et en transformant ainsi d'immenses pays, comme la Chine ou les Indes, qui sont loin d'avoir donné toute leur mesure, l'Europe ne se prépare pour l'avenir des rivaux redoutables.

RÉSUMÉ

I. **Populations européennes.** — L'Europe a 390 millions d'habitants; c'est la partie du monde la plus peuplée relativement à son étendue (39 par kil. carré). L'Europe occidentale est, du reste, bien plus peuplée que l'Europe orientale. Presque tous ses habitants appartiennent à la race blanche, soit au groupe gréco-latin, soit au groupe germanique, soit au groupe slave. Ils professent presque tous la religion chrétienne sous l'une de ses trois formes, catholicisme romain, protestantisme, religion orthodoxe. Les musulmans se rencontrent seulement dans le sud-est.

II. **États et systèmes de gouvernement.** — L'Europe contient 20 États et 4 petits territoires indépendants. Ces États sont de grandeur et d'importance très inégales ; les six principaux sont la Russie, l'Allemagne, l'Autriche-Hongrie, la France, l'Angleterre et l'Italie. La plupart forment des royaumes constitutionnels ; la Russie a conservé le gouvernement absolu ; la France et la Suisse sont deux républiques.

III. Contrées et villes principales. — 1° L'Europe méditerranéenne comprend : dans la péninsule des Balkans, la Turquie, capitale Constantinople (1 125 000 hab.) ; la Roumanie, capitale Bukarest ; la Serbie, capitale Belgrade ; le Monténégro, capitale Cettinyé ; la Bulgarie et la Roumélie orientale, capitale Sofia ; la Grèce, capitale Athènes ; — le royaume d'Italie, capitale Rome (463 000 hab.) ; villes principales : Naples (563 000 hab.), Milan, Turin, Gênes, etc. ; — dans la Péninsule Ibérique, l'Espagne, capitale Madrid (512 000 hab.) ; villes principales : Barcelone, Valence, Séville ; le Portugal, capitale Lisbonne (357 000 hab.), ville principale Porto.

2° L'Europe occidentale comprend : la France (39 millions d'hab.), capitale Paris (2 714 000 hab.) ; villes principales : Lyon, Marseille, Bordeaux, Lille, etc. ; — le Royaume-Uni de Grande-Bretagne et d'Irlande (41 millions d'hab.), formé de l'Angleterre. capitale Londres (5 millions d'hab.) ; villes principales : Liverpool (685 000 hab.), Manchester (543 000 hab.), Birmingham, etc. ; de l'Écosse, capitale Édimbourg, ville principale Glasgow (760 000 hab.) ; de l'Irlande, capitale Dublin, ville principale Belfast.

3° L'Europe centrale comprend : l'Empire d'Autriche-Hongrie (46 millions d'hab.), formé de l'Autriche, capitale Vienne (1 662 000 hab.) ; villes principales : Prague, Trieste ; et de la Hongrie, capitale Budapest (713 000 hab.) ; — la Suisse, capitale fédérale Berne ; villes principales : Zurich. Genève, Bâle ; — la Belgique, capitale Bruxelles (561 000 hab.) ; villes principales : Anvers, Gand, Liège ; — la Hollande, capitale la Haye ; villes principales : Amsterdam (520 000 hab.) et Rotterdam : — l'Empire d'Allemagne (56 millions d'hab.), formé du royaume de Prusse, capitale Berlin (1 888 000 hab.) ; villes principales : Breslau, Magdebourg, Cologne ; des royaumes de Bavière, capitale Munich ; de Saxe. capitale Dresde ; de Wurtemberg, capitale Stuttgart ; de principautés diverses et de trois villes libres : Hambourg (705 000 hab.), Brême, Lubeck.

4° L'Europe septentrionale comprend : le Danemark. capitale Copenhague (476 000 hab.) ; — la Suède, capitale Stockholm (300 000 hab.) ; la Norvège. capitale Kristiania.

5° L'Europe orientale comprend l'Empire de Russie, immense et peuplé de plus de 106 millions d'habitants : sa capitale est Saint-Pétersbourg (1 439 000 hab.) ; villes principales : Moscou (1 035 000 hab.), Kiiev, Odessa ; en Pologne, Varsovie (638 000 hab.).

IV. Civilisation de l'Europe. — L'Europe marche actuellement à la tête de la civilisation, pour l'instruction, les découvertes. le développement des voies ferrées et des lignes de navigation. Elle est devenue le centre industriel du monde ; la civilisation rayonne sur le monde entier, qu'elle colonise et qu'elle convertit chaque jour davantage à ses idées, à ses croyances, à ses langues, à ses inventions de toute sorte.

CHAPITRE II

L'EUROPE MÉRIDIONALE

Trois péninsules européennes, qui s'allongent dans la Méditerranée, vers le sud, à la rencontre de l'Afrique, constituent l'Europe méridionale ou méditerranéenne. Ce sont : la péninsule des Balkans, la péninsule Italique et la péninsule Ibérique.

Leurs destinées ont été très variables. Dans l'antiquité, ces péninsules furent les seules contrées civilisées de l'Europe; la connaissance de notre planète ne s'étendait guère, du reste, au delà des rivages de la Méditerranée, alors la mer par excellence. Longtemps, au moyen âge, la Méditerranée resta encore le centre du monde : l'Empire Grec, l'Italie, l'Espagne, continuèrent à marcher à la tête de la civilisation, mais insensiblement la France, puis l'Angleterre, prirent place à côté d'eux, et finalement la découverte de l'Amérique leur enleva la suprématie. Du coup, la prépondérance passa aux États de l'Atlantique; la Méditerranée fut délaissée, n'ayant point d'issue à l'est vers l'Inde et l'Extrême-Orient. De nos jours, le percement de l'isthme de Suez a rendu aux États méditerranéens une partie de leur ancienne importance; toutefois, pour des raisons multiples, ils ne se sont pas encore relevés au point d'égaler les autres grandes puissances européennes.

§ 1. — LA PÉNINSULE DES BALKANS

La péninsule des Balkans est la plus orientale des trois péninsules méridionales de l'Europe. Elle doit son nom à la chaîne des Balkans, qui y est située vers le centre. Comme cette chaîne n'a en somme qu'une importance médiocre dans la plastique de la contrée, tandis que la lutte des races, en particulier des races slave et grecque, constitue un des traits dominants de son histoire contemporaine, on a proposé quelquefois de l'appeler *péninsule slavo-grecque.*

Nettement triangulaire, elle a pour limites : à l'ouest, la mer Adriatique et la mer Ionienne; à l'est, la mer Égée ou Archipel, le détroit des Dardanelles, la mer de Marmara, le Bosphore, la mer Noire; au nord, la Save, le Danube et les Alpes de Transylvanie.

Elle mesure ainsi 925 kilomètres du nord au sud, entre le Danube et le cap Matapan, et 700 kilomètres de l'ouest à l'est, sur le parallèle d'Andrinople. Sa superficie est d'environ 500 000 kilomètres carrés.

Conditions physiques générales. — Ces conditions sont la situation, la constitution géologique du sol, le relief et le climat.

1° La *situation* de la péninsule des Balkans est nettement maritime. Des mers la baignent sur les trois quarts de son pourtour; par elles elle peut communiquer facilement avec l'Asie Mineure, dont la séparent de minces détroits ou des mers semées d'îles; avec l'Italie, dont elle n'est distante que de 75 kilomètres à la hauteur du canal d'Otrante; enfin avec le reste de la Méditerranée. Toutefois la situation générale de cette péninsule au sud-est de l'Europe, loin du cœur du continent, en fait une contrée écartée, excentrique.

2° La *composition géologique* du sol est fort mal reconnue. Le noyau de la péninsule est constitué par un massif de roches cristallines, percé d'éruptions volcaniques. Tout autour de ce noyau s'étendent des chaînes crayeuses ou calcaires, allongées parallèlement à l'Adriatique, à la mer Ionienne et au Danube. Le long des rivières se développent des bassins tertiaires, d'importance souvent minime, sauf le long du Danube.

3° Le *relief*, également mal reconnu jusqu'à présent, est très compliqué. Deux séries de chaînes s'y entre-croisent, les unes orientées du nord-ouest au sud-est, les autres dirigées de l'ouest à l'est. A l'ouest de la péninsule s'étendent les *Alpes Dinariques*, chaînes crayeuses parallèles dont les points culminants sont le Dormitor, le Kom, le Lioubotin (3 050 m.). — Au sud, se dressent le **Pinde**, dans la Grèce continentale, avec le Veloukhi et

le Parnasse (2 459 m.); la *chaîne de l'Olympe*, le long de l'Archipel, avec l'Olympe (2 972 m.), l'Ossa et le Pélion; les *montagnes de Morée*, qui ont pour sommet principal le Taygète
(2 408 m.), en Laconie. — Au centre de la péninsule, on trouve
le *Rhodope*, avec le Rilo-Dagh (2 930 m.) et le mont Vitoch, et
les **Balkans**, avec le Jumruktchal (2 374 m.), le col de Troïan
et le pas de Chipka.

4° Le *climat* est très variable d'un point à l'autre de la péninsule, en raison du morcellement qui résulte du relief. On y
passe du climat russe, au nord, au climat méditerranéen, au
sud. Les plaines du nord-est, ouvertes sans obstacle aux vents
des steppes russes et peu visitées par les vents pluvieux, ont
des étés brûlants, des hivers longs et rigoureux, des saisons
intermédiaires très courtes. Au contraire, les côtes dalmates et
grecques peuvent porter en pleine terre les caroubiers, les lau-
riers, les citronniers, les orangers; les amandiers y fleurissent
en décembre; en ces régions vraiment méditerranéennes, l'hiver
est presque un printemps, sauf quand soufflent les vents froids
du Nord, venus des Alpes ou du Pinde, comme la *bora* de
l'Adriatique et le terrible *Vorias* (Borée) des Grecs.

Aptitudes diverses. — De ces conditions physiques générales dépendent les caractères des côtes et de l'hydrographie,
ainsi que les ressources diverses que la péninsule offre à
l'homme.

1° Les *côtes* sont extrêmement découpées. Les anses, les
baies, les golfes s'y succèdent entre des presqu'îles et des
caps; les soulèvements montagneux se prolongent jusque dans
les flots par des traînées d'îles et d'îlots. Peu de régions européennes possèdent un si long développement de côtes proportionnellement à leur étendue.

Le long de la mer Adriatique, la côte dalmate offre à la navigation une multitude de baies, de ports et d'abris. Une sorte
de chenal intérieur longe, pour ainsi dire, la Dalmatie derrière
une ligne d'îles élevées, étroites, longues et dirigées dans le
même sens que les soulèvements littoraux. Les îles *Brazza* et
Lesina, la presqu'île de Sabbioncello, les *bouches de Cattaro*
sont les points les plus remarquables de cette côte.

Le pourtour de la Grèce, tant sur la mer Ionienne que sur la
mer Égée, n'est ni moins découpé ni moins riche en îles. A
l'ouest, ce sont les golfes d'*Arta*, de *Patras*, de *Corinthe*, d'*Arcadie*, avec l'archipel des *îles Ioniennes* (Corfou, Paxos, Leu-

cade, Céphalonie, Thiaki, Zante). Au sud, les golfes de *Coron* et de *Marathonisi*, bordés par les *presqu'îles du cap Matapan* et du *cap Malée*, cette dernière prolongée par les îles *Cerigo* et *Cerigotto*. A l'est, le *golfe de Nauplie*, formé au nord-est par la presqu'île d'Argolide et l'île d'Hydra; le *golfe d'Égine*, avec les îles d'Égine et de Salamine, fermé au nord-est par la presqu'île de l'Attique; les *îles Cyclades*, disposées en un cercle, très irrégulier d'ailleurs, autour de Délos; la grande *Eubée* ou *Négrepont*, que d'étroits chenaux séparent du continent, le *golfe de Volo* et les *Sporades*. Ces golfes, abrités des vents par les hauts promontoires, et ces cordons d'îles, harmonieuses et belles, qui se prolongent sans interruption de l'Europe à l'Asie, comme les arches d'un pont gigantesque, appelaient la vie maritime.

La partie méridionale de la Grèce, ou **Morée**, n'est qu'une grande presqu'île, séparée de la Grèce continentale par les golfes de Corinthe et d'Égine. Entre eux, sur une longueur d'environ 40 kilomètres, s'allonge l'*isthme de Corinthe*, large au minimum de 5 kilomètres, avec une altitude qui s'abaisse à moins de 24 mètres au col même de l'isthme. Cette faible élévation et cette médiocre largeur ont permis de creuser un canal pour éviter la navigation toujours un peu périlleuse du cap Malée : commencé en 1882, inauguré en 1893, il abrège de 340 kilomètres la distance entre les ports de l'Adriatique et ceux de la mer Égée et de la mer Noire.

La côte turque sur l'Archipel comprend de même le *golfe de Salonique*, la *péninsule de Chalcidique*, avec les trois presqu'îles secondaires qui la terminent, le *golfe d'Orfano*, le *golfe d'Enos*, avec les îles de Thasos et de Samothrace, enfin le *golfe de Saros* et la *presqu'île de Gallipoli*. En revanche, sur la mer Noire, la côte turque ne présente aucune indentation marquée profondément.

2° Les *fleuves* de la péninsule des Balkans sont nombreux. Mais, en raison du relief, ils sont rapides à l'extrême; en raison du climat, ils ont un débit très inconstant. En un mot, ce sont des torrents plutôt que des fleuves, et ils n'offrent à l'homme qu'un faible secours pour ses échanges commerciaux. La plupart de ces cours d'eau prennent naissance dans le plateau de roches anciennes qui forme le cœur de la péninsule. Ils appartiennent à quatre versants : du Danube, de l'Archipel, de la mer Ionienne et de l'Adriatique.

Vers le Danube ou vers la Save, son affluent, coulent l'*Una*, la *Bosna*, la *Drina*, la *Morava*, formée par la jonction d'une Morava serbe et d'une Morava bulgare, l'*Isker*, le *Vid*.

Vers l'Archipel, coulent la *Maritsa*, la *Strouma*, et le *Vardar* : la vallée de ce dernier ouvre une importante route de pénétration vers l'intérieur de la péninsule.

Vers la mer Ionienne et l'Adriatique, coulent l'*Aspro-Potamo*, qui forme un delta actif à l'entrée du golfe de Patras, la *Voïoutza*, le *Drin* et la *Narenta*.

3° Les **productions végétales** varient du nord-est au sud-ouest en même temps que le climat. Aux végétaux de l'Europe centrale succèdent, par une transition insensible, les espèces méditerranéennes : l'oranger et le citronnier se montrent d'abord; l'olivier apparaît en Macédoine; le palmier croît dans quelques îles de l'Archipel.

Les céréales constituent la principale richesse des régions danubiennes, régions tertiaires au sol facilement fécond. Plus au sud, dominent le tabac, le coton, le riz. En Grèce, plus de champs, sauf dans quelques plaines basses et humides; la sécheresse persistante des étés rend la culture impossible sur un terrain calcaire fissuré, où l'eau superficielle disparaît comme en un crible; les pentes ensoleillées des collines et des monts sont couvertes de maigres pâturages, de fourrés d'arbustes épineux aux feuilles charnues, de bouquets d'arbres verts, le tout saupoudré d'une poussière calcaire fine et blanche : c'est, du reste, le spectacle qu'offrent en général les rivages de la Méditerranée.

4° Les **productions minérales** des Balkans sont très imparfaitement reconnues. On sait toutefois qu'il en existe dans différents massifs de roches anciennes. Au nord du Danube, les Alpes de Transylvanie renferment l'or et l'argent, la houille et l'anthracite, le plomb, le cuivre, le fer, etc. Tout le massif central, qui est formé de roches cristallines, recèle également des métaux variés, et est bordé, vers l'ouest, dans la région du Drin, par des bassins houillers d'une certaine importance.

Populations des Balkans. — Environ 21 millions d'habitants peuplent la péninsule des Balkans, soit 40 en moyenne par kilomètre carré.

Ces habitants appartiennent à des races fort diverses. Placée sur le chemin le plus direct entre l'Asie et l'Europe, la péninsule s'est trouvée visitée successivement par les flots des divers envahisseurs barbares, et ils y ont tous laissé des tribus qui s'y sont maintenues en raison de l'inextricabilité du relief. C'est ainsi qu'on y trouve des *Albanais*, descendants des anciens Pélasges ; des *Grecs*, descendants des anciens Hellènes, fortement modifiés par des mélanges divers ; des *Roumains*, descendants d'anciens colons militaires romains établis par Trajan sur le Danube ; des *Slaves*, représentés par les Serbes et les Bul-

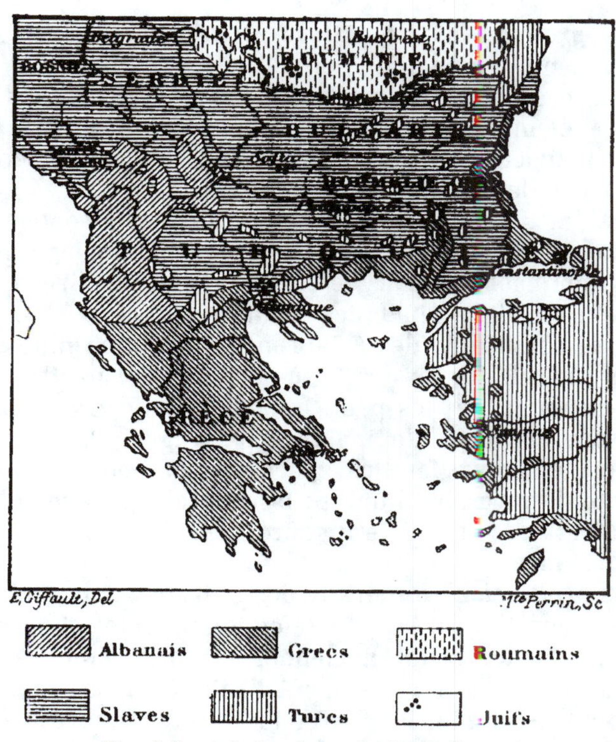

Populations de la péninsule des Balkans.

gares ; des *Turcs*, établis par conquête dans la péninsule depuis le XII° siècle ; enfin des *Juifs*, qui forment un élément important de la population dans les principales villes de commerce.

Ces races diverses, profondément différentes de mœurs et de types, pratiquent également des religions différentes. La plupart d'entre elles professent la religion grecque orthodoxe. Toutefois beaucoup de Slaves sont catholiques ; les Turcs ont conservé le mahométisme, et les Juifs le judaïsme.

Partage politique. — L'histoire de la péninsule des Balkans n'est que la longue suite des réactions de ces diverses races les unes sur les autres. Au xv° siècle, la conquête turque donna à la région une unité politique momentanée; mais aussitôt les peuples subjugués aspirèrent à recouvrer l'indépendance, et, soutenus par divers peuples européens, principalement par l'Autriche et la Russie qui voulaient s'agrandir des dépouilles des Turcs, ils eurent peu à peu raison des Turcs, restés barbares et trop peu nombreux pour défendre un empire trop vaste. Victorieux jusqu'à la fin du xvii° siècle, les Turcs n'ont depuis cessé de reculer : les derniers traités de San Stefano et de Berlin (1878) ont marqué une nouvelle défaite.

Aujourd'hui, il existe six États, d'importance diverse, dans la péninsule des Balkans. Ce sont :

1° Turquie proprement dite . . .	169 300 kil. c.	6 091 000 hab.	
2° Royaume de Roumanie	131 000 —	5 912 000	—
3° Royaume de Serbie.	48 589 —	2 452 000	—
4° Principauté de Monténégro . .	9 085 —	227 000	—
5° Bulgarie et Roumélie orientale.	96 660 —	3 733 000	—
6° Royaume de Grèce	64 600 —	2 433 000	—

Cette division est purement transitoire. Les causes de conflits abondent. Chacune de ces races, en particulier les races serbe, bulgare, grecque, aspire à acquérir la prépondérance, sinon l'hégémonie, de la péninsule, au détriment des autres. Ces rivalités latentes rendront pour longtemps précaire le partage politique des Balkans.

Turquie. — Réduite à son étendue actuelle, la Turquie d'Europe comprend l'*Albanie*, la *Macédoine* avec les pays de Monastir et de Kossovo, la *Chalcidique* et la *Roumélie* méridionale : elle s'étend donc de la mer Adriatique à l'Archipel et à la mer Noire, dans toute la largeur de la péninsule. A ces possessions continentales, il faut joindre quelques îles de l'Archipel rattachées administrativement à la Turquie d'Europe, et dont les principales sont *Thasos*, à l'est de la Chalcidique, *Crète* ou *Candie*, au sud de l'Archipel; les autres îles orientales de la mer Égée sont rattachées à la Turquie d'Asie. Ainsi délimitée, la Turquie d'Europe couvre une étendue de 169 300 kilomètres carrés; elle est peuplée par 6 091 000 habitants, soit une moyenne de 36 par kilomètre carré.

La Turquie d'Europe est couverte en majeure partie par

des montagnes élevées et difficilement praticables, au travers desquelles courent de grandes vallées. Le pays qui va d'Andrinople à la mer Noire et à la mer de Marmara ne comprend guère que des plaines, des collines ou des coteaux. Le climat se ressent de ce relief tourmenté. Il n'est doux que dans les contrées voisines de l'Archipel et du Bosphore. Là seulement prospèrent les cultures : céréales en Thrace; céréales, vin et tabac en Macédoine. Les rives du Bosphore sont un pays enchanteur av   bouquets d'arbres toujours verts, orangers, térébinthes,   s, que peuplent des légions d'oiseaux et où se cache   de coquettes villas. Les îles de l'Archipel portent des bois d'oliviers, d'orangers, de citronniers, de figuiers, et, sur leurs pentes, s'étagent des cultures en gradins. Au contraire, les hautes vallées et les montagnes de l'intérieur n'ont que des forêts et des pâturages que paissent des troupeaux nomades de moutons et de chèvres; le maïs, le vin, le riz n'y croissent que dans quelques vallées favorisées.

La Turquie sait mal tirer parti de ses ressources naturelles. Les Turcs, droits et honnêtes, bienfaisants, charitables, hospitaliers, mettent trop exclusivement leur bonheur dans la béatitude et la contemplation. Chez eux l'instruction est peu développée; les travaux publics sont peu nombreux[1]; enfin l'administration est fort imparfaite et vit trop souvent de rapines et d'exactions.

Ainsi dépérit tout ce qui a besoin d'initiative, d'activité, d'ordre, de sécurité. Beaucoup de territoires restent en friche; malgré la fécondité du sol, l'agriculture nourrit à peine la population. Sauf quelques établissements industriels récemment créés à Constantinople et à Salonique, l'industrie est presque nulle dans la Turquie d'Europe. Le commerce, qui se fait principalement par les ports de Constantinople, de Dédé-Agatch et de Salonique, ne dépasse pas 700 millions de francs, cinq fois moins que le commerce annuel du port de Marseille.

La capitale de la Turquie est **Constantinople**. Admirablement située à l'entrée du Bosphore, entre la mer de Marmara et le golfe de la Corne-d'Or, elle commande les abords de la mer Noire et le passage le plus court d'Asie en Europe; de là son importance à tous les siècles de l'histoire. Avec ses faubourgs

---

1. Chemins de fer de la Turquie : 1° de *Constantinople à Andrinople et Philippopoli*. avec embranchement sur Dédé-Agatch; 2° de *Salonique à Uskub et Mitrovitza*.

de Galata, de Péra et de Khas-Kœi sur la rive gauche de
la Corne-d'Or, et celui de Scutari sur la rive asiatique du
Bosphore, elle renferme une population qu'on évalue très
approximativement à 1 125 000 habitants, population cosmopolite, comprenant des Turcs, des Grecs, des Bulgares, des

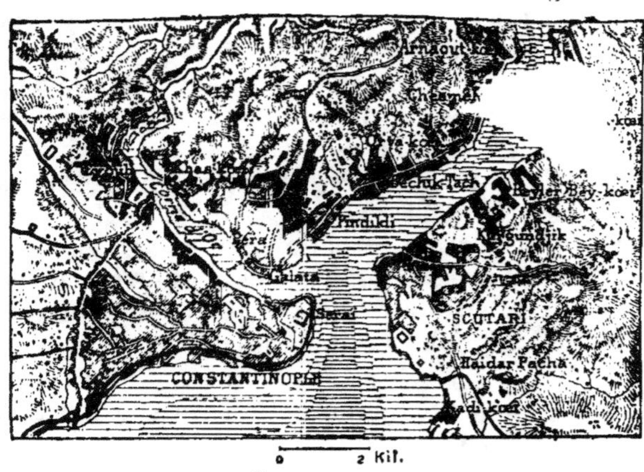

Constantinople.

Arméniens, des Juifs, des « Francs », c'est-à-dire des Européens de nations diverses.

Parmi les autres grandes villes, on peut citer *Andrinople*
(81 000 hab.), sur la Maritza, entrepôt central du commerce de
la Thrace; *Monastir* (45 000 hab.), au centre d'un bassin fertile
de la Macédoine; *Scutari* et *Janina*, en Albanie; enfin le port
de *Salonique*. Assise au fond d'un golfe profond presque en
face des embouchures du Vardar et de la Vistritza, cette dernière ville commande toutes les relations des régions comprises
dans leurs bassins, c'est-à-dire de la Macédoine entière; elle a
reçu en outre un surcroît d'importance par sa jonction avec les
chemins de fer orientaux, qui en fait la tête de ligne de la
grande voie ferrée internationale qui traverse toute l'Europe
centrale pour aboutir à Paris. Aussi son importance n'a-t-elle
cessé de grandir. Elle compte aujourd'hui 105 000 habitants
environ, qui sont pour une moitié des Juifs, descendants des
Juifs chassés d'Espagne à l'époque de l'Inquisition; ils y possèdent les plus grandes entreprises de commerce, de banque et
d'industrie; c'est à leur initiative qu'est due la création récente de
grandes filatures à vapeur admirablement outillées.

La Turquie a conservé son régime politique ancien. C'est une monarchie absolue et théocratique; tous les pouvoirs civils, militaires et religieux sont concentrés entre les mains du sultan, qui est en même temps Commandeur des Croyants. Il gouverne son empire par l'intermédiaire de ministres, de gouverneurs généraux et de mouchirs, maréchaux commandant les corps d'armée, qu'il nomme et révoque à son gré. La nécessité de la défense a cependant conduit le gouvernement turc à se donner une armée et une flotte à l'européenne. L'armée comprend les trois corps d'armée de Constantinople, d'Andrinople et de Monastir : forte en temps de paix de 200 000 hommes, elle peut s'élever avec toutes les réserves à 1 million. La flotte compte 45 bâtiments, cuirassés, torpilleurs et canonnières. Ces forces seraient insuffisantes à défendre la Turquie, qui est mieux protégée par les compétitions rivales de la Russie, de l'Autriche et de l'Angleterre.

Roumanie. — La Roumanie, constituée par la jonction de la Moldavie et de la Valachie, est située au nord du Danube, sur le versant extérieur de la chaîne anguleuse formée par les Karpates et les Alpes de Transylvanie; elle couvre une superficie de 131 000 kilomètres carrés. Sa population, composée en grande majorité de Roumains, et, pour une petite partie seulement d'Israélites et de Tsiganes, s'élève à 5 912 000 habitants. La densité de la population roumaine est donc de 45 habitants par kilomètre carré.

La Roumanie présente, au point de vue du relief, deux aspects assez différents. La *Valaquie*, tournée vers le sud et comprise entre les Alpes de Transylvanie et le Danube, est une grande plaine, absolument plate et d'une altitude très faible, dont la monotonie n'est interrompue que par les nombreux cours d'eau, orientés du nord au sud, qui la sillonnent d'une série de rigoles peu profondes. La *Moldavie*, tournée vers le nord-est, adossée à l'ouest aux Karpates, et allant à l'est jusqu'au Prout, est un pays de collines moyennes qui s'étagent jusqu'aux Karpates et dont les rangées sont séparées par les vallées où coulent le Sereth, le Prout et leurs affluents. La partie de plaines, comme la partie de collines, a du reste un climat extrême. L'hiver, qui dure de novembre à mars, amène d'abondantes chutes de neige; le vent glacial du nord-est, qu'aucun obstacle n'arrête, fait tomber le thermomètre à — 20, — 30 et même — 35 degrés. En mars, la neige fond parfois si subitement que toute la plaine se trouve transformée en un immense marais que les froids de la nuit reglacent. L'été est chaud, mais avec des nuits souvent fraîches. La température y varie ainsi d'une saison à l'autre, d'un jour au jour suivant, du matin au soir, avec une rapidité extrême.

Avec ces conditions de relief et de climat, la Roumanie n'est point déshéritée. Sur une superficie totale de 131 000 kilomètres carrés, elle compte 20 000 kilomètres carrés de forêts, 42 000 affectés aux cultures de céréales, 25 000 consacrés aux pâturages.

Ses hautes montagnes sont couvertes de forêts, où dominent presque exclusivement le sapin, le mélèze, le pin, le bouleau, auxquels la rudesse même du climat communique une précieuse dureté qui leur permet de se conserver longtemps. Elles renferment, en outre, des produits minéraux de toute nature : l'or et l'argent, le plomb, le cuivre, le fer; une couche de matières végétales fossiles (anthracite, houille, lignite) se prolonge tout le long de la ligne des montagnes qui borde la Roumanie; des gisements pétrolifères se développent également de Bakau à Tirgoviste, à travers un pays accidenté par les contreforts de la chaîne principale.

Les parties basses n'ont point de dépôts minéraux, mais elles se prêtent merveilleusement à la culture. Malgré la rigueur des hivers, presque toutes les cultures y réussissent, grâce à la précocité du printemps, à la sécheresse des étés et à la longueur des automnes. Dans aucun pays de l'Europe le maïs ne pousse mieux et ne porte de plus gros épis; la vigne y donne d'excellents produits; le coton annuel et le sorgho à sucre y prospèrent. En général, la nature du sol, formé d'alluvions quaternaires, est favorable; presque partout la couche de terre arable est profonde et perméable, et la quantité d'humus qu'elle contient si considérable, que la fumure des terres est à peine pratiquée par l'agriculteur roumain. Dans les régions dont le sol, trop léger et trop sec en été, se prête mal à l'agriculture, on se livre à l'élevage : la plus connue est la *steppe de Baragan*.

Le peuple roumain, intelligent et travailleur, a fait de grands progrès depuis son émancipation. L'instruction s'est développée : gratuite à tous les degrés, elle est obligatoire pour l'école primaire. Les voies de communication ont été l'objet de sacrifices importants : bien qu'elle possédât un magnifique débouché naturel dans la grande voie du Danube, la Roumanie s'est créé un réseau de routes qui dépasse 20 000 kilomètres, et 3 300 kilomètres de voies ferrées[1].

Jusqu'à ce jour, malgré ces richesses naturelles et ces efforts, l'industrie ne s'est que peu développée. On n'exploite guère que les mines de sel gemme et quelques gisements de pétrole par des procédés très primitifs. Toute l'activité du peuple roumain s'est portée sur l'agriculture et l'élevage du bétail. Les céréales, le tabac, le chanvre, le lin, la betterave, la vigne, donnent des produits très rémunérateurs, bien que les systèmes de culture et les instruments aratoires soient encore primitifs. Outre que l'agriculture roumaine suffit à nourrir le peuple roumain, elle alimente encore une exportation annuelle qui dépasse 270 millions. On évalue à 8 500 000 le nombre des têtes de bétail. Aussi le commerce de ce pays ne cesse-t-il de croître : de 551 millions en 1886, il a passé en 1887 à 660 millions. L'Autriche-Hongrie, l'Allemagne et la Grande-Bretagne sont les pays qui font le plus d'affaires avec la Roumanie.

La Roumanie a pour capitale *Bukarest*, sur la Dimbovitza, à mi-chemin des Alpes de Transylvanie et du Danube : petit village du XVe siècle, elle grandit peu à peu et remplaça Tirgoviste, l'ancienne capitale; sa population, qui était de 122 000 habitants en 1882, atteint aujourd'hui le chiffre de 282 000. L'ancienne capitale de la Moldavie, *Iassi*, non loin du Prout, compte environ 78 000 habitants. Les autres villes importantes sont *Galatz* (62 000 habitants) et *Braïla* (58 000 habitants), ports sur le Danube, et entrepôts des céréales du pays; les navires de la mer Noire remontent facilement jusqu'à Galatz, sauf pendant les trois mois d'hiver.

La Roumanie, affranchie définitivement par le traité de Berlin (1878), s'est érigée en royaume indépendant le 23 mai 1881.

Serbie. — La Serbie est une sorte de grand quadrilatère irrégulier, situé au nord de la péninsule un peu plus près de l'Adriatique que de la mer Noire, et limité vers le nord par la Save et le Danube. Puissance entièrement continentale, entre la Hongrie, la Bosnie, la Turquie, la Bulgarie et la Roumanie, elle a une superficie totale de 48 589 kilomètres carrés, avec

---

1. Chemin de fer des *Portes de Fer à Bukarest et Galatz* vers Odessa; embranchements de *Bukarest à Varna*, de *Bukarest à Kustendjé*, et de Buzau à l'extrémité septentrionale de la Moldavie.

une population de 2 493 000 habitants, soit une densité moyenne de 52.

La Serbie a un relief très accidenté; différents systèmes orographiques s'y croisent, ramifications des Alpes Dinariques, contreforts des Karpates, des Balkans et du Rhodope. Ces montagnes sont médiocrement élevées : à peine quelques sommets dépassent-ils 2 000 mètres. Mais elles s'étendent de tous côtés. Les vallées sont rares, étroites, longues et profondes, tantôt formant des gorges pittoresques ou *klissoura*, tantôt s'étendant en jolies prairies, parcourues par des torrents et ruisseaux rapides. Deux ou trois vallées ont seules plus d'ampleur, en particulier celles de la Morava, de la Drina et du Timok. Les montagnes ne jouissent pas sans doute de la même douceur de température que les vallées. Dans l'ensemble, le climat de la Serbie est tempéré et modérément continental. Si l'hiver y est parfois rude, parfois aussi il est humide, pluvieux et doux; la belle saison dure en moyenne sept mois. Tandis que la Roumanie a le climat de l'Europe orientale, le climat serbe rappelle celui de l'Europe centrale.

Malgré les montagnes, la Serbie offre de grandes étendues à l'agriculture, surtout dans les vallées, formées d'alluvions, de lœss et de dépôts lacustres. Le maïs y prospère dans les plaines basses et humides, à proximité des cours d'eau; il forme la base de l'alimentation du peuple, et sert à l'élevage des porcs; les autres céréales, en particulier le blé, réussissent merveilleusement; la vigne et les arbres fruitiers, principalement le prunier, y donnent d'excellents produits. Des pâturages et des forêts, malheureusement trop entamées sur plusieurs points, couvrent les pentes et les sommets des montagnes. Enfin, dans presque toutes les formations, sauf dans quelques couches récentes, le sol serbe renferme d'abondants gisements miniers, qui furent au temps des Romains l'objet d'une très active exploitation. On y trouve le plomb argentifère, le cuivre, le fer, la houille, l'or; la région la plus riche comprend les bassins supérieur et moyen du Pek, affluent du Danube.

Le peuple serbe, intelligent et passionnément épris de liberté, a fait depuis un siècle des progrès considérables : l'instruction s'est développée; les routes terrestres, détestables sous le régime turc, se sont améliorées et atteignent une longueur totale de 4 000 kilomètres environ; les cours d'eau les plus importants, tels que la Drina et la Morava, exigeront des travaux de régularisation pour devenir accessibles au commerce; mais

la Save et le Danube servent depuis longtemps aux relations;
enfin la Serbie compte environ 600 kilomètres de voies ferrées[1].

Ces travaux ont porté leurs fruits. L'industrie, même l'exploitation des mines ruinée par la dure domination des Turcs, est
encore à renaître. Mais l'agriculture a réalisé d'importants progrès. Les pâturages qui, au temps des Turcs, couvraient
presque tout le pays, ont été défrichés, et les cultures ne
cessent de s'étendre : elles ont actuellement une superficie de
25 300 kilomètres carrés; les pâturages couvrent 7 600 kilo-

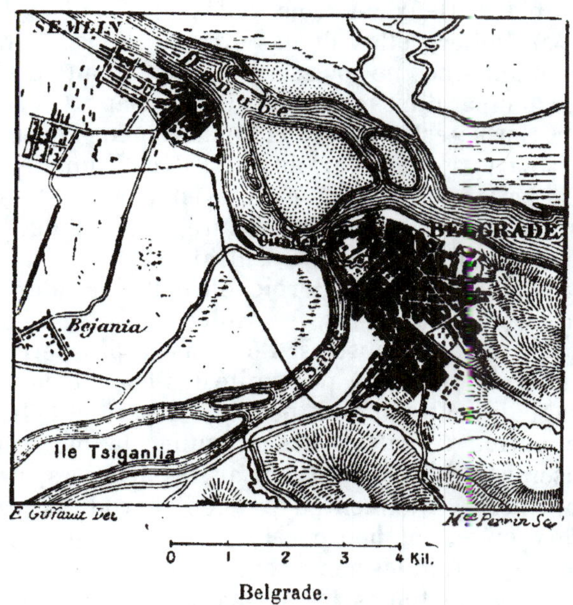

Belgrade.

mètres carrés, les forêts 6 400. L'agriculture est encore primitive, l'alternance des cultures est presque inconnue : on
n'emploie guère d'engrais. Cependant, outre qu'elle nourrit
tous les habitants, l'agriculture serbe fournit à l'exportation
annuelle un contingent de plus de 60 millions de francs. La
majeure partie du commerce de la Serbie (les deux tiers) se
fait avec l'Autriche-Hongrie.

Les vallées, qui sont les parties les plus fertiles de la Serbie,

1. Chemin de fer de *Belgrade à Nich et à Pirot* vers Sofia et Constantinople; embranchement de *Nich à Vrania*, dans la direction d'Uskub
et de Salonique.

en sont aussi les parties les plus peuplées. Les villes principales s'y élèvent : toutefois celles-ci n'ont qu'un faible développement, comme dans tous les pays agricoles : la majorité de la population préfère la vie rurale à la vie urbaine. La capitale est **Belgrade** (69 000 habitants), sur le Danube, au confluent de la Save. On peut citer encore *Nich* (24 000 habitants), près du confluent de la Morava bulgare avec la Nichava, et bifurcation importante de voies ferrées vers Constantinople et Salonique; *Kragouiévats*, l'ancienne capitale.

La Serbie, proclamée indépendante par le traité de Berlin (1878), a été érigée en royaume en 1882.

Monténégro. — Le Monténégro forme une petite principauté indépendante, encadrée par la Dalmatie, l'Herzégovine, la Bosnie et les possessions turques, ayant toutefois une cinquantaine de kilomètres de côtes sur l'Adriatique, avec les ports d'Antivari et de Dulcigno. Sa superficie ne dépasse pas 9 085 kilomètres carrés; sa population s'élève à 227 000 habitants, soit en moyenne 25 par kilomètre carré.

Très accidenté, le Monténégro se compose de deux massifs montagneux absolument différents de caractère : à l'ouest, la *Tchernagora*, pays calcaire, sans sources et sans rivières, qui n'est habitable que dans des vallées circulaires creusées dans le plateau et semblables, dit Élisée Reclus, « aux alvéoles d'un vaste gâteau de cire »; à l'est, la *Berda*, vrai pays de montagnes, accidenté, sillonné de rivières encaissées et tortueuses, pays de rocs et de forêts, malheureusement trop dépourvu de routes. Entre les deux systèmes s'étend la région des plaines, formée par les bassins successifs de la vallée de la Zeta et s'ouvrant sur le lac de Scutari. En résumé, le Monténégro forme une terre ingrate pour l'envahisseur : un peuple énergique y serait difficile à forcer.

Le Monténégro est un pays fort arriéré. Il a quelques bonnes routes, quelques écoles, mais point de chemins de fer. Par suite, il ne peut exploiter ni ses forêts, ni les gisements métallifères et houillers qu'on a reconnus près de Dulcigno. La culture n'existe que dans la vallée de la Zeta; aussi, quand la récolte de maïs vient à manquer, le pays souffre-t-il de la disette, et les Monténégrins doivent s'expatrier.

Les villes ne sont que des bourgs : la capitale, *Cettinyé*, n'a que 4 000 habitants; on en compte 2 000 au port de *Dulcigno*, principal débouché du pays.

Le Monténégro est gouverné par un prince héréditaire, assisté de quelques ministres qui ne relèvent que de lui.

Bulgarie et Roumélie Orientale. — Habités également par des Bulgares, conquis en même temps par les Turcs, ces deux pays firent partie intégrante de l'Empire Ottoman jusqu'à la guerre russo-turque de 1877-1878. Contrairement à toute logique, le traité de Berlin les sépara : tandis que la Bulgarie devenait principauté indépendante avec un prince élu, sous la suzeraineté nominale de la Porte, la Roumélie Orientale était constituée en province autonome relevant de l'Empire Turc. Cette combinaison ne put tenir longtemps sous la poussée des aspirations nationales. En 1885, une révolution éclata à Philippopoli et proclama la réunion des deux provinces. Bien que le fait accompli n'ait pas encore reçu la sanction définitive par la reconnaissance officielle de toutes les puissances, l'union des deux pays est si consolidée, qu'on ne peut les étudier séparément.

Compris entre la Roumanie, dont le Danube le sépare, la Serbie, la Turquie et la mer Noire, ce grand pays couvre une superficie de 96 660 kilomètres carrés et compte une population de 3 733 000 habitants : la densité kilométrique de cette population est donc de 39 habitants.

La Bulgarie est parcourue, au centre, dans toute son étendue, par la chaîne des Balkans qui s'abaisse rapidement au sud sur les plaines de la Toundja et de la Maritza, tandis qu'au nord elle descend jusqu'au Danube par une série de terrasses que sillonnent les ravins de nombreuses rivières parallèles, tributaires du fleuve. Les deux versants des Balkans ne diffèrent pas seulement par le relief, mais aussi par le climat et les productions. Abritée derrière le rempart de la grande chaîne, la Roumélie Orientale ne souffre point des vents du nord qui font de la Bulgarie, en hiver, une dépendance des steppes glacées de la Russie. La douceur du climat permet d'y cultiver, outre les céréales qu'on trouve aussi en Bulgarie, des produits qui ne réussissent point au nord des Balkans. Le riz y prospère dans les terrains bas, faciles à irriguer, notamment dans la plaine qui entoure Philippopoli; la vigne y est cultivée; enfin le rosier de pleine terre fait l'objet de grandes cultures dans la vallée bien abritée de Kazanlik : c'est là que viennent s'approvisionner d'essence de roses les capitales européennes; on évalue à 1 650 kilogrammes la quantité d'essence qui y est annuellement produite, et il ne faut pas moins de 3 200 kilogrammes de roses pour donner 1 kilogramme d'huile.

Intelligents, laborieux, opiniâtres, les Bulgares sont indépendants depuis trop peu de temps pour avoir pu transformer leur pays, longtemps déprimé sous la domination turque. Ils s'instruisent peu à peu, établissent des voies ferrées. Ils en ont actuellement 1 560 kilomètres. Comme dans le reste de la péninsule, l'industrie languit, mais l'agriculture est florissante.

La population bulgare, composée principalement d'agriculteurs, est surtout agglomérée dans les régions fertiles et le long du Danube. La capitale est **Sofia** (68 000 hab.), sur l'Isker, au point de convergence des routes du Danube, de la Strouma et de la plaine de la Maritza. Les principales villes sont : *Philippopoli* (43 000 hab.), ancienne capitale de la Roumélie Orientale, *Slivno*, qui fait le commerce des vins et des soies, les ports de *Bourgas* et de *Varna* (33 000 hab.) sur la mer Noire, les cités agricoles de *Choumla* et de *Rouchtchouk* (32 000 h.); cette dernière ville est l'une des escales des bateaux à vapeur austro-hongrois qui font la navigation du Danube.

La Bulgarie et la Roumélie Orientale sont gouvernées par un prince, élu par la grande Sobranié, réunion des représentants du pays, et par un ministère responsable devant une assemblée unique.

Grèce. — Limitée par l'Arta et par une ligne qui va du mont Zygos au golfe de Salonique, en passant au sud de l'Olympe, la Grèce comprend la partie méridionale de la péninsule des Balkans, avec la majeure partie des îles de l'Archipel. Sa superficie totale s'élève à 64 600 kilomètres carrés, dont 33 150 pour le tronc continental, 22 200 pour la Morée, 9 250 pour les îles. Sur cette étendue vivent 2 433 000 habitants, 1 950 000 sur la partie continentale, 500 000 dans les îles. La densité de la population est en moyenne de 37 habitants par kilomètre carré, sensiblement plus forte dans les îles que dans la Grèce continentale.

La Grèce est un pays montagneux. Elle est couverte de chaînes de formation calcaire, de massifs et de plateaux qui rayonnent dans tous les sens en presqu'îles, se projetant en contreforts et en saillies innombrables, où la mer et la terre multiplient, plus qu'en aucune autre partie du globe, les indentations si favorables au développement de la vie maritime et du commerce. Des îles, en nombre infini, prolongent au milieu des flots ces presqu'îles et ces promontoires, environnant ainsi le continent grec d'une guirlande de petites terres : telles l'Eubée, les Cyclades, les îles Ioniennes.

Les montagnes grecques sont en général peu élevées. Nulle part elles ne s'élèvent jusqu'à l'altitude de 3 000 mètres, où pourraient commencer à se montrer, sous ce climat, les neiges permanentes. Les *monts de Magnésie* n'ont pas 2 000 mètres (Kissovo ou Ossa, 1 954 mètres; Pélion, 1 618 m.); de même les *monts Othrys* (1 726 m.); les *monts de l'Étolie et de la Phocide* élèvent plus haut leurs points culminants, le mont Kiona à 2 512 mètres, le Parnasse à 2 459 mètres; les montagnes de l'Attique, le Parnès (1 416 m.), le Pentélique (1 110 m.), l'Hymette (1 027 m.), dépassent à peine l'altitude des collines; les *montagnes de la Morée*, enfin, n'atteignent que 2 408 mètres au Saint-Élie, point culminant de la chaîne du Taygète. Les nombreux « monts Saint-Élie » qui s'élèvent dans les îles de l'Archipel, ne dépassent 1 000 mètres que dans l'Eubée et dans Céphalonie. Mais ces chaînes, en somme médiocrement considérables, s'entre-croisent si bien, qu'elles couvrent presque tout le pays. Il n'existe de plaines qu'à l'est : ce sont des bassins fermés, indépendants les uns des autres, telles la Thessalie et la plaine de Béotie. La nature favorisait ainsi le morcellement de la Grèce; elle la divisait en États aussi nombreux que ses régions naturelles, Achaïe, Béotie, Laconie, Arcadie, qui se subdivisaient encore en petites cités, dont l'indépendance se maintenait par la difficulté des communications. De là pour chaque petit État une individualité prononcée, un patriotisme énergique et rétréci. Les limites des petites patries bornaient la vue et empêchaient d'apercevoir la grande patrie.

Ni sous le rapport agricole, ni sous le rapport industriel, la Grèce n'a été particulièrement favorisée par la nature. L'agriculture y trouve, il est vrai, un climat doux, où la prédominance des vents de mer tempère les saisons; dans les hivers ordinaires, le thermomètre s'abaisse rarement au-dessous de zéro, et il est fort rare de voir la neige tomber dans les plaines basses; de même, en été, la chaleur n'est excessive que les jours où souffle le sirocco, quelques jours en moyenne par an. Mais le sol est pierreux, montueux, âpre. En outre, l'humidité fait trop défaut. Quelques pluies tombent à l'automne, en hiver, au printemps; le reste de l'année, du 1er mai au 1er octobre, est sec à l'extrême. S'il vient à tomber une pluie torrentielle, elle est vite absorbée dans les fissures d'un sol poreux.

La plupart des rivières grecques n'ont, par suite, qu'un cours intermittent : alimentées par les pluies d'hiver et par la fonte des neiges, c'est à peine si vers la fin de l'été elles gardent quelques filets d'eau.

Sur ce sol aride et desséché ne peuvent croître que des arbustes qui défient la sécheresse, l'olivier qui fut l'arbre de l'Attique, l'oranger, le citronnier et le figuier qui prospèrent dans le Péloponèse, la vigne qu'on trouve dans de nombreux cantons du continent et dans les îles. Des pâturages maigres couvrent les pentes des montagnes. Des forêts, trop dévastées par les incendies, s'y voient encore; quant aux cultures proprement dites, céréales, tabac, coton, elles ne sont possibles que dans certaines vallées humides dont le sol est formé d'alluvions, dans les plaines de Thèbes et de Livadie.

L'industrie ne trouve en Grèce ni houille en abondance, ni fer, ni la plupart des métaux : seules les mines de plomb argentifère du Laurion, dans l'Attique, pourraient alimenter une exploitation active.

Il faudrait, pour transformer la Grèce, des bras, des capitaux, des voies de communication. Mais le Grec n'est pas cultivateur; son rêve est d'être à la ville, à la tête d'une petite boutique, et de gagner beaucoup d'argent sans peine : ses instincts mercantiles se révoltent contre le labeur incertain et tenace de la campagne. D'autre part, les voies de communication sont rares. Les Grecs se sont donné quelques bonnes routes et 972 kilomètres de voies ferrées qui unissent Athènes au Péloponèse et aux provinces du nord-est, ce qui n'est pas une œuvre médiocre en ce pays de montagnes. Ces efforts sont encore trop insuffisants pour avoir amené des progrès sérieux. De 1863 à 1878, environ 200 000 hectares ont été conquis par la culture; la vigne est cultivée trente fois plus qu'en 1830; le mûrier, le coton, le tabac ont gagné du terrain; mais on estime qu'un quart seulement du sol grec est productif. Quant à l'industrie, elle ne comprend guère que quelques usines de création récente, pour la plupart établies au Pirée : ce sont des moulins à blé ou à huile, des filatures de coton ou de soie.

Peu disposée par la nature pour l'agriculture et l'industrie, la Grèce était en revanche prédestinée à un brillant développement commercial. Ces îles nombreuses qui servaient de points de relâche et de places de commerce, cette disposition des côtes, où des golfes profonds laissent arriver les navires jusqu'au milieu des terres, au pied même des rochers, enfin la stérilité du sol qui obligeait les habitants à chercher au dehors une partie de leur subsistance, toutes ces causes devaient faire naître le goût du commerce et favoriser la marine chez un peuple dont l'esprit avait la mobilité de la poussière qui vole de son sol desséché. Dans tout Grec se trouve l'étoffe d'un marin et d'un marchand. A Hydra, la statistique officielle compte dix propriétaires et soixante-dix bergers contre mille marins. La Grèce possède aujourd'hui 137 vapeurs et un nombre considérable de bateaux de cabotage à voiles. Ceux-ci sont construits en simple sapin; mais, tels qu'ils sont, ils durent assez pour enrichir leur armateur. Un capitaine y monte avec quelques hommes d'équipage : il achète à crédit des marchandises qu'il porte dans un port de Turquie, où, après les avoir vendues, le plus souvent à gros bénéfice, il renouvelle la même opération, allant ainsi de port en port, faisant la *caravane*, suivant l'expression consacrée, restant absent deux ou trois ans, au bout desquels il revient enrichi par ces échanges. La flotte commerciale de la Grèce est aujourd'hui de 339 000 tonneaux. La valeur annuelle du commerce est de plus de 240 millions, le mouvement des ports de 3 313 000 tonneaux à l'entrée. Les trois ports les plus actifs sont le Pirée, Syra et Volo.

La Grèce n'a que peu de villes importantes. Sa capitale est **Athènes**, dont les monuments, le Parthénon, le temple de la Victoire Aptère, l'Érechtéion, le Théséion, évoquent les

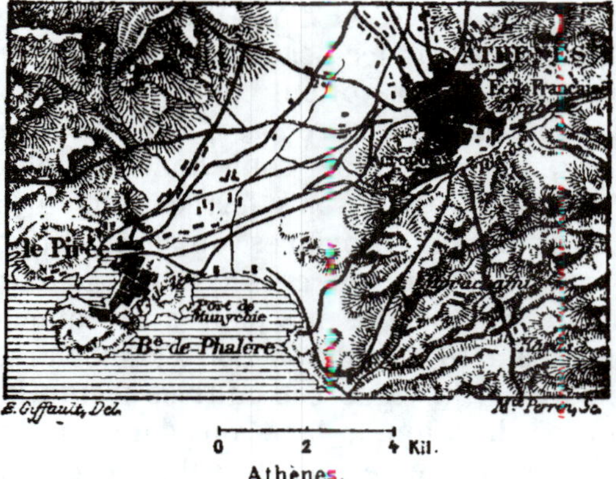

Athènes.

plus grands souvenirs de l'hellénisme. Sous la domination turque, Athènes n'était qu'une sorte de grand village; aujourd'hui c'est une jolie ville, gaie, propre, percée de larges boulevards; elle n'a du reste cessé de s'étendre : le recensement de 1879 lui attribuait 68 675 habitants; en 1896, elle en comptait 111 000. Près d'Athènes est son port, le *Pirée*, relié à la capitale par un chemin de fer : ce port important, qui gagnera encore au percement récent de l'isthme de Corinthe, a vu s'établir de nombreuses et importantes usines : en 1835, il n'avait pas 100 habitants; en 1870, il en comptait 11 000, il en a aujourd'hui 42 000. On peut citer encore *Patras* (38 000 habitants), centre du commerce des raisins secs, et *Hermopolis* dans l'île de Syra, port d'escale des navires qui de l'Occident se rendent vers Smyrne ou Constantinople. *Thèbes* n'est aujourd'hui qu'une bourgade de 6 000 habitants au milieu d'une plaine fertile, mais malsaine. *Sparte*, l'ancienne rivale d'Athènes, avait disparu dès l'antiquité; au moyen âge, un château fort y fut construit par les Francs lors de la quatrième croisade; de nos jours, une nouvelle Sparte s'est élevée sur les ruines de l'ancienne, avec assez de rapidité puisqu'elle compte plus de 12 000 habitants.

Depuis la guerre qui lui a rendu son indépendance (1822-1830), la Grèce est régie par une royauté constitutionnelle.

RÉSUMÉ

La péninsule des Balkans, ou slavo-grecque, a pour limites la Save et le Danube, la mer Noire, la mer de Marmara et l'Archipel, la mer Ionienne et la mer Adriatique. Sa superficie égale 575 000 kilomètres carrés.

I. Conditions physiques générales. — 1° La situation est nettement maritime; des mers la baignent sur les trois quarts de son pourtour; toutefois cette situation est trop excentrique; — 2° sa constitution géologique est mal reconnue : elle comprend un noyau de roches cristallines, flanqué de roches crayeuses ou calcaires; quelques bassins tertiaires le long du Danube; — 3° le relief, très compliqué, comprend deux séries de chaînes entre-croisées, Alpes Dinariques (Lioubotin, 3 050 m.), Pinde, chaîne de l'Olympe, monts de Morée, Rhodope, Balkans (2 374 m.); — 4° son climat, très divers, varie du climat de l'Europe orientale (Roumanie) au climat méditerranéen (Grèce).

II. Aptitudes diverses. —Ces aptitudes sont commerciales (côtes, hydrographie), agricoles, industrielles (richesses minières). Les côtes sont très découpées, anses, baies, promontoires, îles (golfe de Corinthe, îles Ioniennes, golfes de Nauplie et d'Égine, isthme de Corinthe, Négrepont ou Eubée, Cyclades, golfe de Salonique. etc.). Les fleuves sont nombreux, mais torrentueux; ils coulent vers le Danube (Una, Bosna, Morava, Isker), vers l'Archipel (Maritsa, Vardar), vers la mer Ionienne (Aspro-Potamo). Les productions végétales varient des plantes de l'Europe centrale (céréales) à celles des régions méditerranéennes (oliviers, tabac, coton). Les productions minérales. imparfaitement reconnues, existent en assez grande abondance sur divers points.

III. Populations des Balkans. — 21 millions d'habitants, 40 par kilomètre carré. Ces populations sont mélangées. On trouve parmi elles des Albanais, des Grecs, des Roumains, des Slaves (Serbes et Bulgares), des Turcs et des Juifs. Les religions principales sont la religion grecque, le catholicisme, le mahométisme.

IV. Partage politique. — Unifiée politiquement par la conquête turque, la péninsule n'a cessé depuis lors d'être agitée par le soulèvement des diverses nationalités opprimées. Les Turcs ont peu à peu reculé et reconnu l'indépendance des pays autrefois conquis. Les Balkans renferment aujourd'hui, outre la Turquie, les royaumes de Roumanie, de Serbie, de Grèce, la principauté de Monténégro et la principauté de Bulgarie, Roumélie Orientale.

V. Turquie. — 169300 kilomètres carrés, 6091000 habitants. La Turquie n'a que des montagnes peu accessibles et quelques bassins de rivières. Le climat y est rude, sauf sur les versants de l'Archipel. Les produits sont quelques céréales, des vignes, du riz. Tout cela peu exploité, faute de voies de communication. Capitale : Constantinople, sur le Bosphore (1125000 hab.); villes principales, Andrinople, Salonique.

VI. Roumanie. — Formée par la jonction de la Moldavie et de la Valaquie, la Roumanie (131000 kil. carrés, 5900000 hab.) comprend une grande plaine basse sillonnée de rivières (Valaquie) et une région de médiocres collines (Moldavie) : les collines comme la plaine ont un climat continental. La Roumanie est à la fois un pays de céréales, de vignes, et un pays minier. Mais elle commence à peine à tirer parti de ses ressources. Capitale, Bukarest (282000 hab.); ville principale, Iassi.

VII. Serbie. — Grand quadrilatère que ne baigne aucune mer (48000 kil. carrés, 2 4 3000 hab.), la Serbie est couverte de montagnes, mais jouit d'un climat relativement tempéré. Ses ressources agricoles, céréales, vignes, sont nombreuses. Les mines abondent, mais sont peu exploitées. Capitale, Belgrade (69000 hab); ville principale, Nich.

VIII. Monténégro. — Petit pays tout montagneux, très primitif (9000 kil. carrés, 227000 hab.). Capitale, Cettinyé (4000 hab.); port principal, Dulcigno (5000 hab.).

IX. Bulgarie et Roumélie Orientale. — 101000 kilomètres carrés, 3733000 hab. Ce pays est traversé par la chaîne des Balkans, qui s'abaisse au nord par des terrasses jusqu'au Danube, au sud brusquement sur les plaines. Pays d'ailleurs riche, surtout au sud où le climat a plus de douceur. L'agriculture est florissante. Capitale, Sofia (68000 hab.); villes principales : Philippopoli, Varna, Rouchtchouk.

X. Grèce. — 64600 kil. carrés, 2433000 hab. Pays montagneux, n'ayant que quelques plaines (Thessalie, Béotie), mais admirablement découpé par la mer et les îles, presqu'îles, caps, golfes. Le climat est doux, mais sec; le sol, trop pierreux, se prête mal à la culture; peu de gisements miniers, mais d'admirables avantages pour le commerce pa :

mer. Capitale, Athènes (111 000 hab.), qui ne cesse de croître; ports
principaux, le Pirée, port d'Athènes; Syra, au milieu de l'Archipel, Volo;
autres villes, Patras, Thèbes, Sparte.

§ 2. — L'ITALIE

L'Italie a pour limites : au nord, les *Alpes*, dont elle possède
le versant oriental et méridional, du col de Tende au col de
Tarvis, à l'exception de quelques hautes vallées; à l'ouest, la
mer Tyrrhénienne, du golfe de Gênes au détroit de Messine
et au cap Spartivento; à l'est, la *mer Adriatique*, du golfe de
Venise au cap Leuca; au sud, la *mer Ionienne*.

En y joignant la Sardaigne, la Sicile et quelques îlots de
faible étendue, l'Italie mesure 286 588 kilomètres carrés (dont
50 000 pour les îles), soit 53 pour 100 de la superficie de la
France.

Conditions physiques générales. — 1° La *situation* de l'Italie
au centre de la Méditerranée est très favorable : elle n'a pas
moins de 6 785 kilomètres de côtes contre 1 400 kilomètres de
frontières continentales. On ne saurait en dire autant de sa
configuration : l'Italie est trop longue pour sa largeur. Tandis
qu'elle mesure 1 160 kilomètres du Mont-Blanc au cap Spartivento, elle n'en a que 500 entre le Mont-Cenis et l'embouchure
du Pô, que 130 entre le golfe de Gaëte et l'Adriatique. L'Italie
se trouve ainsi divisée en trois parties : l'une continentale, celle
du nord, large et ne s'ouvrant qu'à l'est, sur une assez petite
étendue; une autre, péninsulaire, qui a pour axe l'Apennin et
qui forme un long rectangle dont la mer baigne trois côtés;
enfin une partie péninsulaire. Ce manque d'unité et de cohésion
a contribué sans nul doute à retarder jusqu'à nos jours l'uni-
fication politique de la péninsule. Encore aujourd'hui, bien que
l'unité existe au point de vue politique, de nombreuses différences s'y constatent entre le nord et le sud.

2° Comme *relief* et comme *constitution géologique*, l'Italie
présente du nord au sud des différences importantes. La partie
continentale, limitée par l'Apennin et les Alpes, représente un
ancien golfe marin comblé par les alluvions. Tout autour se
dressent les plus hauts sommets alpestres, Viso, Grand-Paradis,
Mont-Blanc, Cervin, Mont-Rose, Bernina, Adamello, Marmolada.
La plaine elle-même, formée de débris divers arrachés par les

torrents aux montagnes du pourtour, est basse, presque sans pente. Çà et là se dressent seulement quelques hauteurs, dont les principales sont les *collines du Montferrat* et de l'*Astésan*, au sud-est de Turin. Sur la mer, la plaine se termine par une bordure de lagunes : ce sont les *lagunes de Venise* et *de Chioggia*, les *marais de Caorle* et de *Comacchio*, moitié terre et moitié eau, que des apports nouveaux ne cessent de modifier : la ville d'Adria, qui a donné son nom à l'Adriatique, s'en trouve distante aujourd'hui de 35 kilomètres.

La partie péninsulaire, au contraire, est montagneuse : elle est formée, non d'alluvions, mais de roches jurassiques et crétacées, recouvertes çà et là d'épanchements volcaniques. L'Italie péninsulaire est traversée par l'**Apennin**, depuis le col de Cadibone, non loin de Gênes, jusqu'au cap Spartivento, en face de la Sicile. Au nord, l'Apennin est peu élevé et coupé de passages faciles : *col de Cadibone* (495 m., chemin de fer de Savone à Turin), *col de la Bocchetta*, *col de Giovi* (472 m., chemin de fer de Gênes à Milan), *col de la Cisa*, *monte Cimone* (2 165 m.), *monte Falterona*. Au centre, l'Apennin est plus compliqué et plus élevé; la chaîne principale se double d'un système de soulèvements parallèles, à travers lesquels les eaux ont peine à se frayer passage : *monte Vettore*, *Gran Sasso d'Italia* (2 921 m.), *mont Meta*, *col de Fossato* (535 m.). Vers le sud, les montagnes de la Calabre, formées de granits et de gneiss, sont plus aplaties et affectent l'apparence de plateaux, *plateau de Sila* et *Aspromonte* (1 958 m.).

Dans la concavité de l'arc de l'Apennin se manifestent des actions volcaniques dont l'intensité va croissant vers le sud. Le plateau toscan est creusé de lacs circulaires qui occupent l'emplacement d'anciens cratères. La campagne romaine est constituée par des tufs volcaniques. Dans la Campanie, vers Naples, se trouvent les *Champs Phlégréens*, avec le cratère de la Solfatare qui exhale des vapeurs d'hydrogène sulfuré, et le **Vésuve**, dont les éruptions semblent être devenues particulièrement fréquentes depuis la fin du xvii° siècle. Près de la côte de Calabre surgissent les îles Lipari, qui renferment le volcan du *Stromboli*, continuellement actif. Toute cette région de l'Italie est secouée par de fréquents tremblements de terre.

Le long des côtes se sont formées sur plusieurs points des plaines marécageuses et malsaines : on les nomme *maremmes* et *marais Pontins*; les rivières débordées se répandent sur ces plaines basses et y laissent, en se retirant, des flaques croupis-

santes qui dégagent en été des miasmes dangereux. A l'est,
les alluvions ont peu à peu soudé au continent le *Monte Gargano*
(1055 m.), ancienne île de l'Adriatique.

Au large de l'Italie se dressent plusieurs petites îles, entre
autres l'île d'Elbe, entre la Corse et la Toscane; Ischia, Pro-
cida et Capri, aux abords du golfe de Naples; les îles Lipari, etc.
De l'Italie dépendent aussi deux grandes îles : la **Sardaigne**,
couverte de montagnes qui s'élèvent à 1793 mètres au Monte
Gennargentu, et la **Sicile**, également montagneuse et dominée

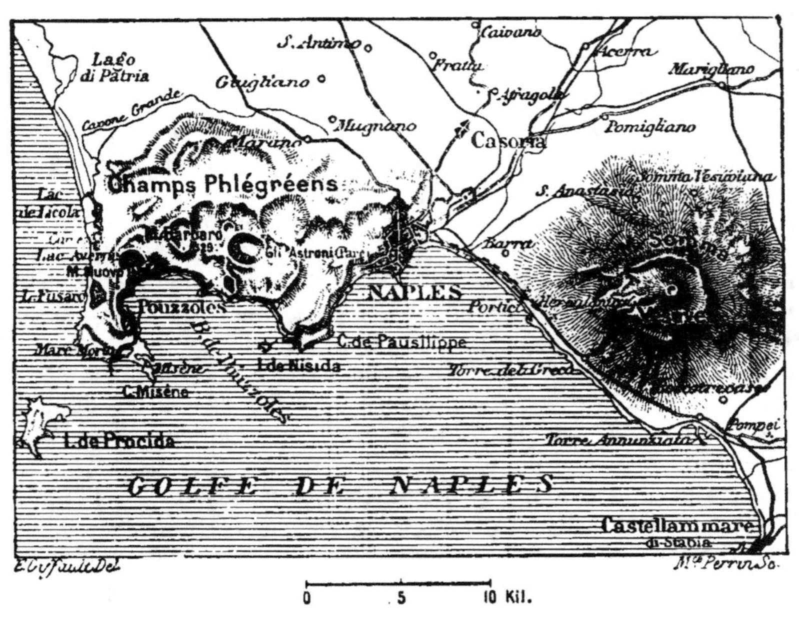

Champs Phlégréens.

par le grand volcan *Etna*, qui s'élève à 3313 mètres et dont
la dernière éruption ne date que de 1892.

3° Le **climat** présente, comme le relief, des différences marquées du nord au sud de l'Italie. Le nord n'a point le climat
qu'on attendrait de sa latitude; les hivers y sont rudes, la neige
n'y est pas rare, le température moyenne de janvier reste inférieure à celle de Paris. La partie péninsulaire jouit d'un climat
bien plus égal, vraiment méditerranéen, aux hivers tièdes et pluvieux, aux étés chauds et secs. Le climat le plus heureux de
toute l'Italie est celui de la Sicile.

Aptitudes diverses. — Ces conditions physiques générales valent à l'Italie des côtes fort diverses, des fleuves peu importants, sauf dans la plaine du nord, des richesses végétales sérieuses, mais peu de ressources minérales.

1° Les *côtes* de l'Italie présentent deux aspects tout différents, parfois celui d'une plage basse formée de débris alluviaux : telle la côte des maremmes de Toscane et des marais Pontins, la côte du golfe de Tarente, toute la côte de l'Adriatique; parfois, au contraire, celui d'une côte rocheuse et dentelée : par exemple le long du golfe de Gênes, des golfes de Gaëte, de Naples et de Salerne, enfin le long de la Calabre. Les premières n'ont point de ports; les secondes en renferment, au contraire, qui sont naturellement profonds et bien abrités.

2° Les *cours d'eau* de l'Italie se classent en deux groupes distincts : les fleuves de la plaine du nord, et les fleuves de la péninsule.

Les fleuves de la plaine du nord descendent des Alpes et de l'Apennin, et coulent vers l'Adriatique. Ce sont le *Tagliamento*, la *Piave*, la *Brenta*, l'*Adige*, le *Pô*, etc. Ce dernier mis à part, les deux plus importants sont la Brenta, canalisée jadis par la République de Venise dont elle menaçait de combler les lagunes, et l'Adige, qui naît dans les Alpes Rhétiques et n'appartient à l'Italie que par son cours inférieur en plaine, depuis Vérone : il se termine par un delta dont une branche se confond aujourd'hui avec le Pô.

Le **Pô** naît au pied du Viso, entre presque aussitôt en plaine, fait un coude vers le nord pour contourner le Montferrat, puis coule directement vers l'est jusqu'à la mer. Son cours est très lent; le fleuve laisse déposer dans son lit des limons qui l'exhaussent; il a fallu le border de digues pour mettre les plaines voisines à l'abri de ses inondations; dans les hautes eaux, son niveau est bien supérieur à celui des campagnes voisines. Pour cette raison, les villes, qui d'ordinaire aiment à se bâtir près des fleuves, évitent celui-là. Les principaux affluents du Pô sont : à droite, le *Tanaro*, grossi de la Bormida, la *Trebbia* et le *Taro*; à gauche, la *Doire Ripaire* et la *Doire Baltée*, le *Tessin*, qui descend du Saint-Gothard et traverse le lac Majeur, l'*Adda*, qui passe dans le lac de Côme, l'*Oglio*, et le *Mincio*, déversoir du lac de Garde. — Grossi par tous ces affluents, le Pô est un fleuve énorme, charriant beaucoup d'eau et beaucoup de débris. Il se termine par plusieurs bras, Pô della Maestra, Pô di Primaro, Pô di Volano, qui enserrent un delta très actif.

Les fleuves de la partie péninsulaire se divisent en plusieurs versants : 1° vers la mer Tyrrhénienne coulent l'*Arno*, qui arrose la Toscane et gagne la mer, près de Pise, à travers une région de terres alluviales qu'il ne cesse d'agrandir; le *Tibre* (393 kil.), qui coule longtemps dans les montagnes, entre dans la plaine en amont de Rome, et atteint la mer où ses alluvions font avancer incessamment le rivage : une barre ferme le Tibre à la navigation; le *Garigliano*; — 2° vers la mer Ionienne coulent le *Basente* et le *Bradano*, qui débouchent dans le golfe de Tarente; — 3° vers la mer Adriatique descendent l'*Ofanto*, la *Potenza* et le *Metauro*. Ces divers cours d'eau, courts, rapides, coulant entre des montagnes, ne sont que des torrents, presque à sec une partie de l'année.

3° Les ***ressources végétales*** de l'Italie varient du nord au sud comme le sol, le relief et le climat.

L'Italie septentrionale est fort riche. En raison de la rigueur des hivers, on n'y trouve point la flore méditerranéenne, ni orangers, ni citronniers. Par contre, les céréales, froment et maïs, les rizières et les mûriers y prospèrent. Le riz, semé en avril, inondé jusque vers la Saint-Jean, se récolte en septembre. Toutefois de nombreux canaux d'irrigation ont été nécessaires pour suppléer à la sécheresse des étés; toute l'Italie du nord en est sillonnée : Naviglio Grande, canal de Martesana, canal de Pavie, canal de Villoresi, canal Cavour, etc.

L'Italie péninsulaire n'a point du tout le même aspect. Sur un sol rocailleux, dans un climat chaud, caractérisé par une longue période de sécheresse, la principale ressource est la culture des arbres verts de la flore méditerranéenne, oranger, citronnier, figuier de Barbarie; la vigne y grimpe aux arbres et y donne des vins renommés; sur les pentes sont encore des forêts et des taillis, restes d'anciennes forêts qu'on a dévastées pour fournir des pâturages aux troupeaux transhumants. La grande culture n'y existe que dans quelques plaines basses, comme la Campanie et la Pouille, qui ont des rizières, des champs de coton, de céréales et de safran. La Campagne romaine, les marais Pontins et les maremmes toscanes ne produisent guère que des pâtis marécageux.

4° Les ***ressources minérales*** de l'Italie sont à peu près nulles. Quelques mines de fer en Lombardie, les marbres de Carrare, les gîtes de fer de l'île d'Elbe, les plus riches de la Méditerranée ; quelques gisements d'argent, de plomb, de zinc et de fer en Sardaigne; du soufre dans les solfatares de la Campanie et de la Sicile : telles sont les seules richesses minières qu'elle possède.

L'Italie manque absolument de combustibles fossiles, anthracite, lignite, houille, qui sont indispensables actuellement à un grand développement industriel.

Populations. — Au 9 février 1901, l'Italie comptait 32 449 000 habitants, soit 113 en moyenne par kilomètre carré. Seules en Europe, la Belgique, la Hollande et les Iles Britanniques possèdent une population plus dense. La France n'en a en moyenne que 72.

Cette population augmente rapidement. L'accroissement annuel depuis 1871 a été d'environ 178 000 habitants. Il serait bien plus considérable encore sans l'émigration, qui emporte chaque année plus de 200 000 individus (352 000 en 1900) vers les pays étrangers. Beaucoup de ces émigrants ne s'exilent que temporairement, comme les terrassiers et les manœuvres que le Piémont et la Vénétie envoient en si grand nombre dans notre pays (291 000 Italiens en France). D'autres, partis sans espoir de retour, ont fondé en divers pays de l'Amérique, notamment aux États-Unis, au Brésil et dans la République Argentine, des colonies importantes : on compte 1 300 000 Italiens établis au Brésil; 452 000 dans la République Argentine, 286 000 aux États-Unis.

Le peuple italien présente une assez grande complexité ethnographique, tant la péninsule a été envahie de fois, soit par des hommes venus du nord, comme les Celtes, les Ligures, les Gaulois, les Goths, les Lombards, soit par des étrangers venus par le sud, tels que les Arabes et les Normands. La plupart des races s'y sont mêlées. Toutefois, plus encore que la race, les influences du climat et du genre de vie ont contribué à établir des différences profondes entre les divers habitants actuels de l'Italie, entre le Piémontais ou le Ligurien, intelligent, industrieux, énergique, un peu âpre, et le Vénitien ou le Milanais, dont la grâce et l'élégance résument de nombreux siècles de culture; entre le Calabrais, grave et taciturne, ou le pasteur des Abruzzes, à moitié brigand avec sa peau de mouton, ses guêtres, ses sandales, qui, suivant la saison, pousse ses troupeaux de la montagne à la plaine ou de la plaine à la montagne, et le Napolitain, superstitieux, gai, indolent, vivant au jour le jour, sujet parfois à des accès de violence et à de subites paniques.

La presque totalité des Italiens professe le catholicisme. On
y compte 62 000 protestants, la plupart dans les vallées « vau-
doises » des Alpes, et 38 000 israélites.

État actuel et villes. — L'Italie se compose d'un grand
nombre de régions fort diverses d'aspect et de produits. Les
principales sont : au nord, le Piémont, la Lombardie, la
Vénétie, l'Émilie, la Ligurie; au centre, la Toscane et le Pays
Romain; au sud, le royaume de Naples. A ces régions, il faut
ajouter la Sardaigne et la Sicile.

Le *Piémont*, situé sur le versant oriental des Alpes françaises,
comprend des vallées alpestres, la plaine supérieure du Pô et
les collines du Montferrat. Région agricole, au sol fertile, il
produit des vins renommés (vins d'Asti et de Barrolo), des
céréales diverses, en particulier le maïs, qui forme la base de
la nourriture des habitants, le riz et la soie : tous les chemins
y sont bordés de mûriers. L'industrie y est, en outre, prospère;
le Piémont renferme des filatures de soie, des fabriques d'étoffes
de soie, de laine, de lin et de coton, et des fonderies de fer.

Le Piémont est en résumé un des pays les plus riches et les
plus peuplés de l'Italie; mais la fortune y est fort inégalement
répartie; aussi envoie-t-il au dehors nombre d'émigrants. La
principale ville est **Turin** (335 000 hab.), ancienne capitale,
aujourd'hui ville d'industrie. A citer encore *Alexandrie*, *Asti*,
Novare, *Casale*, *Coni*, et l'industrielle *Biella*, qui fabrique des
étoffes de laine et de coton.

La *Lombardie* se compose principalement d'une plaine qui,
admirablement arrosée par des rivières et des canaux, et très
bien cultivée, possède une remarquable fécondité. Elle produit
en abondance les céréales, les plantes fourragères, les feuilles
de mûrier, les légumes et les fruits; quant aux vignobles, ils
sont généralement mal entretenus et ne donnent que des produits de médiocre qualité. Le riz, qui y fut introduit au xvie siècle, y réussit admirablement dans les parties basses qui peuvent être inondées. La Lombardie travaille en outre le fer et
l'acier. Mais sa principale industrie est celle de la soie; presque
toute la Lombardie y prend part; les cocons sont filés dans le
pays, l'on exporte les soies grèges en France, en Suisse, en
Allemagne; toutefois le tissage lui-même n'a d'importance qu'à
Milan. Malheureusement cette plaine fertile est très malsaine;
les vapeurs du sol, et aussi la mauvaise nourriture des habitants,
étiolent la population.

La Lombardie renferme en moyenne 175 habitants par kilomètre carré. Sa capitale est **Milan** (491 000 hab.), au débouché des routes alpines allant du Simplon au Stelvio : c'est la plus grande ville commerciale de l'Italie du Nord et même de toute l'Italie. Les autres villes principales sont situées, comme Milan, à mi-chemin des Alpes et du Pô : telles *Côme*, enrichie par ses filatures de soie, *Pavie*, ancienne capitale des rois lombards, *Lodi*, *Bergame*, *Brescia*, et la forteresse de *Mantoue*, sur le Mincio.

La *Vénétie*, également basse, fertile et malsaine, a pour principale ville **Venise** (151 000 hab.), bâtie à pilotis sur une lagune de l'Adriatique ; on y circule en gondoles sur des canaux que bordent des palais anciens : jadis Venise régna sur l'Adriatique, la Méditerranée orientale et la mer Noire ; elle a perdu aujourd'hui une partie de son trafic au profit des ports de Trieste et de Gênes, qui sont mieux placés qu'elle. Les autres villes principales sont *Vérone*, *Padoue* et *Trévise*.

L'*Émilie,* située entre l'Apennin et le Pô, a de gras pâturages, des vignobles, des mûriers, des rizières, des champs de maïs et de légumes. Pays riche et peuplé, elle a pour villes principales **Bologne** (152 000 hab.), que sa position centrale au nord de l'Apennin, au point de croisement des voies ferrées, a désignée pour servir de place d'armes ; *Ferrare*, sur le delta du Pô ; *Parme* et *Modène*.

La *Ligurie* est bien plus rude que les pays précédents. Elle se compose de montagnes qui descendent jusqu'à la mer, montagnes dénudées, couvertes seulement de pins et de broussailles, au milieu desquelles l'art de l'agriculteur et du jardinier entretient à grands frais quelques champs et quelques pelouses. Le littoral, très dentelé, se prête à la vie maritime ; malheureusement la mer y est infertile, et les riverains, en grand nombre pêcheurs, sont obligés d'aller chercher fortune sur les côtes de Sardaigne ou vers la Toscane. La Ligurie ne manque pas d'une certaine industrie ; des usines s'y montrent presque partout au milieu d'innombrables villas.

La Ligurie est la région d'Italie la plus peuplée : elle a, en moyenne, 204 habitants par kilomètre carré. Aucune partie de l'Italie n'émigre davantage : plus du dixième de sa population s'expatrie ; presque toutes les embarcations qui naviguent sur le Parana, l'Uruguay et l'estuaire de la Plata sont montées par des équipages génois, et, aux alentours de toutes les grandes villes de la Méditerranée, on trouve d'habiles jardiniers qui en viennent.

Elle a pour capitale **Gênes** (234 000 hab.), dont le port, admirablement situé au fond d'un large golfe, est devenu le débouché principal, non seulement de l'Italie du Nord, mais encore, depuis le percement du Saint-Gothard, de la Suisse et de l'Allemagne rhénane. Les autres agglomérations sont échelonnées le long de la côte, à l'ouest de Gênes, sur la rivière du Ponant (Savone), ou à l'est, sur la rivière du Levant (Rapallo, la Spezia, dont la magnifique baie est toute bordée de forts, de chantiers, d'arsenaux).

La *Toscane* est située entre l'Apennin et la mer Tyrrhénienne. Elle a pour capitale **Florence** (205 000 hab.), sur l'Arno : ancienne ville des Médicis, remplie de monuments, de palais, de musées, c'est la capitale intellectuelle et artistique de l'Italie. Au sud-ouest, sur la mer, se trouve *Livourne* (98 000) hab.), principal port et principale ville industrielle de la Toscane. Près de l'embouchure de l'Arno est *Pise*, jadis grand port, aujourd'hui ville peu importante par son commerce, mais fameuse par ses souvenirs du moyen âge.

Le *Pays Romain* est loin de former la partie la plus prospère de l'Italie. Ses montagnes sont pittoresques, mais sauvages; la plaine est trop souvent marécageuse, insalubre et déserte. La capitale est **Rome**, sur le Tibre inférieur, à 41 kilomètres de son embouchure. Bien qu'au centre de l'Italie, à peu près à égale distance des Alpes et de la mer Ionienne, elle n'occupe pas le foyer de la vie italienne, qui s'est déplacé vers le nord; elle est trop loin de la mer pour profiter des avantages d'une situation maritime. Son illustration lui vient des glorieux souvenirs qu'elle rappelle et de ses antiques monuments; métropole religieuse de la chrétienté, elle est devenue tout naturellement la capitale du nouveau royaume. Elle compte aujourd'hui 463 000 habitants. Le roi d'Italie y réside au palais du Quirinal, le pape au Vatican. L'ancienne Ostie, port de Rome au temps des Romains, est ensablée; le port actuel de Rome est *Civita-Vecchia*, à plusieurs lieues au nord du fleuve.

A l'est, le Pays Romain comprend : sur le versant de l'Adriatique, les *Marches*, dont le nom rappelle les luttes fréquentes qui s'y livrèrent; la ville principale est *Ancône*; — dans les montagnes, l'*Ombrie*, avec Pérouse, et les *Abruzzes*, avec Aquila.

L'*ancien royaume de Naples* comprend tout le sud de l'Italie. On y trouve la riche *Campanie*, qui abonde en céréales, en vignes, en arbres fruitiers, et qui compte jusqu'à 222 habitants par kilomètre carré; la *Basilicate* (49 hab. par kil. carré), non moins riche, mais marécageuse et ravagée chaque été par la fièvre; la rugueuse *Calabre*, couverte de larges croupes avec forêts et pâturages, et de petites plaines que les eaux stagnantes et les fièvres rendent inhabitables pendant l'été; enfin la *Pouille*, région également malsaine, mais chargée de cultures.

La capitale est **Naples** (563 000 hab.), sur la mer, au pied du Vésuve : c'est la ville la plus belle et la plus peuplée de

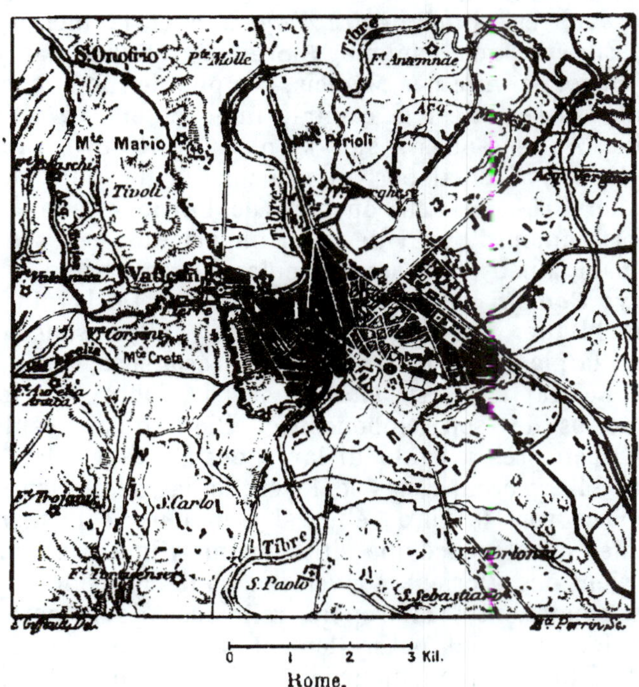

0   1   2   3 Kil.

Rome.

l'Italie entière; pour l'industrie, elle occupe le premier rang; pour la navigation, elle a le second, le premier revenant à Gênes. Les autres villes notables sont *Bari*, port de pêche important, *Tarente*, port militaire, et *Brindisi*, centre important pour les communications avec l'Égypte et l'Inde. Dans l'Italie méridionale, la population, même agricole, ne vit pas dispersée. Elle réside dans des petites villes ou dans des bourgs, les quitte au matin pour le travail des champs, y revient le soir avant la nuit close.

La **Sardaigne**, composée de plusieurs massifs montagneux

que séparent de petites plaines, est rugueuse et sauvage. Elle
abonde en minerais qu'on exploite, qui s'exportent au dehors,
mais qui n'alimentent aucune industrie importante. La vigne
et les arbres fruitiers forment la principale de ses ressources
agricoles. La Sardaigne renferme 789 000 habitants, 32 par
kilomètre carré. Sa capitale est le port sûr, mais peu important, de *Cagliari*.

La *Sicile* est incomparablement plus fertile. Déjà les Romains
l'avaient surnommée « le grenier de l'Italie ». Favorisée par
des conditions exceptionnelles de température et d'humidité, la
végétation de la Sicile présente un caractère semi-tropical dans
les plaines et les vallées basses; les dattiers, les palmiers,
diverses espèces de cotonniers, le bananier, la canne à sucre, le
bambou, le figuier de Barbarie, y croissent spontanément ou y
ont été introduits avec succès. La campagne y est verdoyante,
même en hiver. Les jardins et les vergers produisent par millions les oranges, les citrons, les amandes, les figues, les olives.
Comme pays vignoble, enfin, la Sicile tient un des premiers
rangs en Europe et produit un quart des vins récoltés en Italie.

Sa population totale s'élève à 3 529 000 habitants, soit 127 en
moyenne par kilomètre carré. La plus grande partie de ces
habitants est misérable; la pauvreté y a provoqué récemment de terribles révoltes. La capitale est **Palerme** (310 000 hab.),
port très actif sur la côte septentrionale et vieille métropole
historique. On remarque encore *Messine* (150 000 hab.), qui
garde le détroit, large en cet endroit de 4 kilomètres, et
occupe une des grandes positions de transit de la Méditerranée;
Catane (149 000 hab.), port sur la côte orientale de la Sicile,
au pied de l'Etna. De nombreuses ruines rappellent un peu
partout l'éclat dont brilla la Sicile dans l'antiquité (Syracuse,
Agrigente, etc.).

L'Italie contemporaine. — Morcelée par son relief en compartiments séparés, l'Italie ne fut pendant longtemps qu'une
« expression géographique ». Rome réussit, dans l'antiquité, à
fondre en un seul peuple les hommes profondément divers qui
l'habitaient. Mais quand son empire croula sous les coups des
barbares, le morcellement reparut. Au moyen âge, chaque
ville d'Italie était le siège d'une république en luttes inces-
santes contre ses voisines, Milan contre Venise, Gênes contre
Pise, Florence contre Arezzo, Rome contre Florence ou contre
Naples. Les étrangers profitèrent de ce manque d'unité poli-

tique et de ces querelles pour dominer le pays : du xve au xviiie siècle, l'Italie fut un champ clos que se disputèrent la France, l'Espagne et l'Autriche.

Presque unifiée à l'époque de la Révolution française, puis de nouveau divisée en États distincts en 1815, l'Italie a conquis de nos jours son unité définitive. Soutenu par la France et par le sentiment populaire italien, le Piémont s'est agrégé le Milanais, en 1859; Parme, Modène, la Toscane, Naples et la Sicile, de 1860 à 1862; la Vénétie, en 1866; Rome et les États du pape en 1870. L'Italie devint une monarchie constitutionnelle sous le gouvernement de la maison de Savoie. La capitale, qui avait été Turin, puis Florence, fut désormais Rome.

L'Italie actuelle a voulu se placer tout de suite au rang des grandes puissances européennes. Son armée peut s'élever, en temps de guerre, à 3 300 000 hommes. Sa flotte comprend 52 navires de combat, dont plusieurs sont les plus formidables qui existent. L'Italie s'est même donné des colonies, et a fondé sur la mer Rouge les comptoirs de Massaouah et d'Assab, d'où elle cherche à s'étendre sur l'Abyssinie. Enfin, elle possède 15 815 kil. de voies ferrées[1], et 3 055 kil. de tramways à vapeur.

Par malheur, ces dépenses ne sont pas soutenues par des ressources en rapport avec elles. L'agriculture, considérée dans l'ensemble, est médiocrement florissante : d'immenses territoires sont incultes, l'outillage est défectueux; faute d'un bétail suffisant, les engrais manquent. L'industrie, dépourvue de houille, reste fort en arrière des autres nations européennes. Le commerce, qui de 1861 à 1900 s'est élevé de 1 600 millions à 3 038 millions, est faible pour la population totale de l'Italie.

Il en résulte pour le peuple italien des charges financières énormes, sous le poids desquelles il succombe. Les statistiques officielles décèlent par toute l'Italie une affreuse misère. Dans ce pays qui produit du vin en abondance, l'eau est la seule boisson ordinaire d'un grand nombre d'habitants. En certains cantons des Abruzzes, les paysans mangent du pain fait avec des glands. En Lombardie, la nourriture presque exclusive des paysans est la *polenta*, pain de maïs détrempé dans l'eau, rance et mal cuit, qu'on s'accorde à regarder comme la cause de la

---

1. Principales voies ferrées : 1° *Nice à Gênes, Livourne, Rome, Naples, Brindisi;* — 2° *Mont-Cenis à Turin, Bologne, Ancône, Brindisi;* — 3° *Milan à Venise;* — 4° *Turin et Milan à Gênes;* — 5° *Trieste et Venise à Bologne et Florence;* — 6° *Florence à Sienne et Rome.*

maladie de la *pellagra*. Partout une nourriture insuffisante, des logements malsains, une existence précaire et misérable. Ainsi s'explique que parfois des provinces entières se soulèvent, et, nouvelle jacquerie, se jettent sur les fermes des riches, égorgent et pillent.

RÉSUMÉ

Bornes : Alpes, mer Tyrrhénienne, mer Ionienne, mer Adriatique. Superficie : 286 588 kilomètres carrés (53/100 de la France).

I. Conditions physiques générales. — Situation très favorable au centre de la Méditerranée, mais configuration malheureuse, manque d'unité et de cohésion ; — comme relief et sol, au nord une plaine basse, alluviale, marécageuse sur la côte ; au centre et au sud, des montagnes et des plateaux, l'Apennin (Gran Sasso d'Italia, 2 921 m.), traces volcaniques en Toscane et dans le Latium, volcans actifs en Campanie (Vésuve), dans les îles Lipari (Stromboli), en Sicile (Etna) ; — comme climat, des extrêmes quasi continentaux au nord, le climat méditerranéen au centre et au sud.

II. Aptitudes diverses. — Comme côtes, alternance de rivages bas, marécageux, peu favorables, et de rivages rocheux, dentelés, riches en ports et en abris ; — comme cours d'eau, un grand fleuve dans la plaine du Nord, le Pô, grossi du Tanaro, du Tessin, de l'Adda, du Mincio ; des torrents, en général peu longs dans la péninsule, entre autres l'Arno et le Tibre ; — ressources végétales variables, mais bien plus abondantes au nord que dans la partie péninsulaire ; — richesses minérales peu nombreuses et peu abondantes ; le fer et le soufre dominent ; point de houille.

III. Populations. — L'Italie compte 32 449 000 habitants, 113 en moyenne par kilomètre carré. L'émigration s'élève par an jusqu'à 350 000 individus et au delà. Les habitants de l'Italie présentent des types physiques et des mœurs très différents.

IV. État actuel et villes. — Les villes principales sont : dans le Piémont, Turin (335 000 hab.) et Alexandrie ; en Lombardie, Milan (491 000 hab.), Côme et Mantoue ; dans la Vénétie, Venise (151 000 hab.) ; dans l'Émilie, Bologne (152 000 hab.) ; en Ligurie, Gênes (234 000 hab.) ; en Toscane, Florence (205 000 hab.) et Livourne (105 000 hab.) ; dans le Pays Romain, Rome (463 000 hab.), capitale de l'Italie ; dans l'ancien royaume de Naples, Naples (563 000 hab.) ; en Sardaigne, Cagliari ; en Sicile, Palerme (310 000 hab.), Messine (150 000 hab.), Catane, (149 000 hab.).

V. L'Italie contemporaine. — Longtemps morcelée en pays distincts et profondément divisés, l'Italie a rétabli son unité de nos jours (1859-

1870) ; c'est actuellement une monarchie constitutionnelle, aspirant au rang de grande puissance européenne. Par malheur pour elle, ses ressources présentes ne répondent guère à ses prétentions : de là une une misère très grande et de fréquentes révoltes.

§ 3. — LA PÉNINSULE IBÉRIQUE

La péninsule Ibérique est la plus massive des trois presqu'îles européennes. Semblable à un trapèze dont les angles sont marqués par les caps Finisterre, Saint-Vincent, de Gata, de Creus, elle mesure 900 kilomètres de l'ouest à l'est, 850 du nord au sud ; sa superficie totale égale 586 000 kilomètres carrés, c'est-à-dire la France, plus la Suisse.

Ses limites maritimes sont le golfe de Gascogne, l'océan Atlantique et la Méditerranée. Au nord-est, un isthme de 420 kilomètres la rattache à l'Europe ; au sud, le détroit de Gibraltar, large de 13 kilomètres au minimum, la sépare de l'Afrique.

Conditions physiques générales. — 1° La *situation* de la péninsule sur les deux grands systèmes marins de l'Europe est un avantage. Toutefois cet avantage est singulièrement atténué par l'éloignement de la péninsule, loin du cœur du continent européen, par la faiblesse des échancrures que présentent ses contours presque rectilignes, et par l'âpreté du relief intérieur.

2° *Comme sol*, la péninsule Ibérique offre des terrains divers. Toute la moitié occidentale est constitué par un noyau primitif, schistes et granits, le long duquel se répartissent les principaux bassins houillers de l'Espagne. A ce noyau s'appuient vers l'est deux hautes plaines tertiaires, plateau des Castilles et plaine de l'Èbre, où pointent des terrains crétacés et calcaires. D'autres dépôts tertiaires, moins étendus, forment la vallée du Guadalquivir et le bassin inférieur du Tage.

3° *Comme relief*, la péninsule Ibérique comprend essentiellement un ensemble de hautes terres, que sillonnent des plissements plus ou moins considérables, alignés de l'ouest à l'est. Quelques plaines basses se répartissent isolément sur la périphérie. La prédominance des formes élevées est frappante : on évalue à 700 mètres l'élévation moyenne de la péninsule ; la Suisse, seule en Europe, a une altitude moyenne supérieure.

Les principaux soulèvements montagneux sont : les **Pyrénées**, qui portent en Espagne leurs plus hauts sommets (*pic d'Aneto*,

3404 m.; pic *Posets*, 3 367 m.; *Mont-Perdu*, 3 352 m.) et qui sont longées, sur leur versant espagnol, par des rangées de montagnes décroissantes (Sierra del Cadi, Monseny, Montserrat, Sierras de Boumort, de Monsech, etc.); — les *Monts Cantabriques*, prolongement des Pyrénées à l'ouest (Picos de Europa, 2 642 m.); — les *Monts Ibériques*, orientés du nord-ouest au sud-est, et composés de soulèvements distincts, dont le principal est la Sierra de Moncayo (2 349 m.); — la *Sierra de Guadarrama*, dont plusieurs sommets dépassent 2 400 mètres; — la *Sierra Morena*, moins haute, que traverse le défilé de Despeña-Perros, et que prolongent les monts de l'Algarve; — enfin, la **Cordillère Bétique**, qui porte les sommets les plus élevés de l'Espagne dans la *Sierra Nevada* (Mulahacen, 3 481 m., picacho de Veleta, 3 470 m.) et qui tombe sur la Méditerranée, au sud, par les escarpements rapides des Alpujarras.

Le grand plateau central porte le nom de *Plateau des Castilles*. Il est divisé en deux par la Sierra de Guadarrama. Au nord, s'étend le plateau de Vieille-Castille, élevé de 800 à 850 mètres; au sud, s'étend le plateau de Nouvelle-Castille, élevé de 500 à 700 mètres, et prolongé par les hautes plaines de l'Estramadoure et de la Manche : dans ce dernier pays, le sol est si horizontal, que les eaux indécises ne peuvent s'incliner sur les pentes et s'évaporent sur le sol.

Les principales plaines sont : au nord-est, la *plaine de l'Èbre*, entre les Pyrénées et les monts Ibériques; à l'est, la *plaine de Valence* et la *plaine de Murcie*, basses et alluviales; au sud-ouest, la *plaine d'Andalousie*, entre la Sierra Nevada, la Sierra Morena et l'Atlantique; à l'ouest, la *plaine du Portugal*, assez faiblement ondulée.

4° Le **climat** est méditerranéen, presque africain, dans toutes les régions basses, comme il est naturel, étant donné que l'Espagne se trouve comprise entre 35 et 43 degrés de latitude. Dans les plaines, la moyenne isothermique de l'année s'élève à 20 degrés; l'hiver y est à peine connu. Mais l'altitude a pour effet d'abaisser sensiblement la température sur les deux tiers de l'étendue de la péninsule. Les plateaux et les montagnes ont un climat tout continental, sujet à des variations extrêmes, avec des hivers longs et rudes, des étés courts et très chauds : « Neuf mois d'hiver, trois mois d'enfer », dit un proverbe castillan du climat de Madrid.

L'absence d'humidité contribue à accentuer ce caractère. Les pluies ne sont abondantes que sur le littoral du nord-ouest.

L'intérieur reçoit quelques averses à l'automne, en hiver, au printemps ; mais l'été y reste sans nuage des mois durant : la hauteur des pluies annuelles y varie de 545 à 200 millimètres.

Aptitudes diverses. — 1° Les *côtes* de la péninsule Ibérique présentent alternativement le type rocheux et découpé, partout où les montagnes bordent la mer, et le type bas, marécageux, le long des plaines alluviales.

Le type rocheux existe le long du golfe de Gascogne : le littoral y est partout hérissé et montagneux ; ce n'est qu'une dentelure de promontoires abrupts, de petites baies, de ports sûrs. En Galice, au nord-ouest, les indentations, ou *rias*, sont plus marquées et rappellent les fiords de la Scandinavie : telles les baies du Ferrol, de Pontevedra, de Vigo ; des ports excellents s'ouvrent sur leur pourtour. Les deux points les plus saillants sont les caps Ortegal et Finisterre.

Le long de l'océan Atlantique, la côte dessine quatre grandes courbes dans le continent : elles vont du cap Finisterre au cap da Roca ; du cap da Roca au cap Espichel ; du cap Espichel au cap Saint-Vincent ; de ce dernier à la pointe de Tarifa : cette courbe porte le nom de *golfe de Cadix*. La côte basse domine le long de ces golfes ; des dunes bordent le littoral, souvent marécageux.

Au sud, l'Espagne se termine par le *cap Trafalgar*, la *pointe de Tarifa* et la *pointe d'Europe*, qui porte Gibraltar : ces deux dernières enserrent la *baie d'Algeciras*.

La côte méditerranéenne de l'Espagne présente également quatre vastes échancrures entre de hauts promontoires. La première va de la pointe d'Europe au cap de Gata : elle est rocheuse et abrite de bons ports, Malaga, Alméria. La seconde, comprise entre les caps de Gata et Palos, renferme la *baie de Carthagène*. La troisième va du cap Palos au cap de la Nao, que les îles Baléares semblent prolonger au large. La quatrième échancrure, ou *golfe de Valence*, dessine une longue concavité rompue par les deltas de l'Èbre et du Llobrégat ; la côte est basse, bordée d'étangs comme l'*Albuféra* de Valence ; presque partout les sables ont obstrué les entrées des rivières, ou *graos* ; le seul port important est Barcelone.

2° Les *fleuves*, suivant la pente de la péninsule, inclinée au sud-ouest, coulent presque tous vers l'océan Atlantique. Un seul grand fleuve espagnol, l'Èbre, est tributaire de la Méditerranée, avec quelques rivières d'allure torrentielle.

A l'océan Atlantique coulent le *Minho*, grand torrent de montagnes; le **Douro** (850 kil.), qui traverse la Vieille-Castille et s'y grossit de la Pisuerga et du Tormes; le **Tage** (1 050 kil.), qui traverse la Nouvelle-Castille, et forme à son embouchure le magnifique estuaire de la Mer-de-Paille, en face de Lisbonne; le *Guadiana* (900 kil.), qui naît dans la Manche; le **Guadalquivir**, grossi du Génil qui descend de la Sierra Nevada.

A la Méditerranée vont : la *Ségura*, le *Jucar*, le *Guadalaviar*, qui arrose Valence; l'**Èbre**, qui naît dans les Pyrénées Cantabriques, traverse l'Aragon et reçoit, à droite, le Jalon, à gauche l'Aragon, le Gallego et la Sègre, rivières pyrénéennes qui lui amènent en été de puissantes masses d'eau; le *Llobregat* de Barcelone.

Qu'ils aillent à la Méditerranée ou à l'Océan, ces fleuves coulent inutiles au fond de ravins encaissés; des rapides les coupent à leur entrée en plaine et arrêtent la navigation; enfin, alimentés par des pluies très irrégulières, ils ressemblent, dit-on en Espagne, à l'ancienne Université de Salamanque, avec « deux mois de cours et dix mois de vacances ». Les tributaires de la Méditerranée ont été régularisés par des réservoirs, ou *pantanos*, dans lesquels on recueille les pluies à la saison humide pour les faire servir à l'irrigation quand arrivent les sécheresses. Ce sont eux qui fécondent les huertas de Murcie, d'Orihuela et de Valence. Le Guadalquivir est le seul fleuve d'Espagne bien navigable : les navires le remontent jusqu'à Séville, à 120 kilomètres de la mer.

3° Les *ressources végétales* de la péninsule Ibérique sont relativement assez peu abondantes. Le manque d'humidité est une cause de pauvreté : certaines régions centrales rappellent en été les régions desséchées, presque désertes, de l'Afrique. Toutefois la diversité des altitudes et de l'exposition y fait varier sensiblement la végétation. Au nord-ouest, dans la Galice ou les Asturies, contrées très arrosées, les productions rappellent celles de notre Dauphiné. La région des plaines orientales présente l'aspect de toutes les contrées méditerranéennes. Au sud, la vallée du Guadalquivir, ou Andalousie, arrosée et brûlante, est déjà vraiment africaine : la canne à sucre et le dattier y croissent parmi les oliviers, les cyprès, les eucalyptus, les figuiers de Barbarie.

4° Les *ressources minérales* sont plus nombreuses. Constituée en majeure partie par des terrains anciens, la péninsule Ibérique est une des régions d'Europe les plus riches en gisements minéraux. Le fer, le cuivre, le plomb, le zinc, s'y rencontrent en grandes quantités sur de nombreux points, notamment dans les Pyrénées Cantabriques, dans la Sierra Morena, dans la Sierra Nevada. Les gisements de mercure les plus abondants de l'Europe y sont situés, dans la Sierra Morena. La houille s'y trouve en plusieurs endroits. Telle est la richesse de ces gisements que, malgré l'amas de scories qui prouve l'activité de l'exploitation depuis les temps les plus reculés, la plupart d'entre eux sont encore fort abondants.

Populations. — La population actuelle de la péninsule Ibérique s'élève à près de 23 millions d'habitants, chiffre peu considérable, eu égard à l'étendue du pays ; la densité moyenne ne dépasse pas 37 habitants par kilomètre carré. Il ne semble pas, au reste, que cette population s'accroisse bien rapidement. Si la natalité est forte, la mortalité l'est à peine moins, et une émigration sérieuse emporte chaque année un assez grand nombre d'Espagnols : ceux du nord, Galiciens et Basques, vers l'Amérique du Sud ; ceux de l'est et du sud, Catalans et Andalous, vers l'Algérie, et notamment vers la province d'Oran.

La répartition de la population dans la péninsule répond à la diversité des ressources qu'elle présente. Les plateaux de l'intérieur, plus secs et plus stériles, sont peu peuplés : en telle province centrale la densité tombe à moins de 15 habitants par kilomètre carré. Les contrées qui bordent la mer extérieure voient, au contraire, monter la leur à 80 dans la province d'Alicante, à 134 dans celle de Barcelone, à 134 dans la Biscaye, à 102 dans la Galice, à 161 dans la province portugaise d'Entre-Douro-et-Minho.

Les habitants actuels de la péninsule Ibérique ont des ancêtres multiples : Ibères, Celtes, Phéniciens et Carthaginois, Romains, Goths, Juifs, Berbères, Arabes, Nègres même, venus soit par le Maroc, soit par mer. C'est à ces mélanges multiples qu'on attribue la facilité qu'ont les Espagnols et les Portugais à s'acclimater dans les pays où les autres Européens ne peuvent vivre.

Le peuple né de ces mélanges est vraiment grand, viril, d'une originalité saisissante. Il a le sérieux, la fierté, la dignité, le courage, la ténacité, l'amour ardent de sa patrie et de ses convictions. Toutefois ce sérieux dégénère souvent en sauvagerie, cette fierté en forfanterie, cette dignité en vanité ; ce courage et cette conviction s'accompagnent de fanatisme et de rudesse :

nulle part les guerres civiles ne sont aussi promptes à éclater
qu'en Espagne.

Il existe du reste des différences de caractère sensibles
entre les Espagnols du nord et ceux du sud. Ceux du nord forment une population énergique et vaillante, Galiciens, Bis-
cayens, Basques, Aragonais, Catalans; les duretés du climat
et la lutte opiniâtre contre le sol en ont fait une race robuste et
courageuse. Ceux du sud ont à la fois plus de noblesse et d'in-
dolence; ils sont paresseux, rêveurs, superstitieux, mais plus
aimables et plus artistes.

Division politique. — Morcelée par la nature en régions fort
diverses et habitée par des groupes ethniques variés, la péninsule Ibérique a été rarement placée tout entière sous la même
domination. Les Carthaginois, les Romains, puis les Visigoths
n'en possédèrent jamais qu'une partie. Quand les Arabes l'en-
vahirent au viii° siècle, ils ne purent conquérir l'étroite région
des montagnes septentrionales d'où partit bientôt le mouvement
de la « reconquête ». Pendant quatre siècles, l'Espagne vécut
occupée d'une incessante croisade où l'âme espagnole s'impré-
gnait à la fois d'esprit chevaleresque et de mysticisme. A mesure
que les musulmans reculaient, de leurs dépouilles se formèrent
divers royaumes chrétiens, de Castille, d'Aragon, de Navarre,
qui se développèrent à l'écart, n'ayant en commun que l'aver-
sion de l'infidèle. Réunies dans les mêmes mains par le hasard
des mariages, les forces de ces États réussirent à chasser les
Arabes de Grenade, leur dernière position. Au xvi° siècle, toute
la Péninsule se trouva ne former qu'une seule domination.

A partir de ce moment, les forces qui avaient reconquis
l'Espagne hâtèrent sa chute. A la guerre chevaleresque de la
reconquista succédèrent des luttes religieuses, à la civilisation
arabe une sorte de sombre moyen âge. En même temps,
l'extension des colonies remplaça le travail par la soif de l'or·
et le peuple espagnol, sans avoir rien perdu de ses belles qua·
lités, perdit sa place dans le monde.

L'unité politique de la Péninsule ne s'est pas maintenue.
Aujourd'hui, deux États y existent : l'*Espagne*, 497 000 kilo··
mètres carrés (Baléares comprises), 17 744 000 habitants; le
Portugal, 89 000 kilomètres carrés, 5 021 000 habitants.

L'Espagne; état actuel et villes. — L'Espagne se divise en
régions qui, par suite de la diversité de l'altitude et du climat,

présentent des aspects tout différents. Les principales sont la Galice et les Asturies, les Provinces Basques et la Navarre, l'Aragon, la Catalogne, les Castilles, les anciens royaumes de Valence et de Murcie, l'Andalousie.

La *Galice* et les *Asturies*, couvertes de montagnes enchevêtrées et ruisselantes de pluies, sont par excellence la région verte de la péninsule ; elles rappellent le Dauphiné par leurs ruisseaux bondissants, leurs bois feuillus de châtaigniers et de noyers, leurs pâturages, leurs prairies, leurs champs d'orge et de lin. L'agriculture ne suffirait pas à en nourrir les habitants ; l'industrie y trouve heureusement un bassin houiller, près de Gijon, et des minerais de fer. C'est l'Auvergne de l'Espagne. Les hommes, race rude, parlant un patois grossier, vont, pendant la belle saison, louer leurs bras vigoureux dans les villes et les campagnes du sud. Ce sont eux qui, au moyen âge, commencèrent le mouvement de réaction contre les envahisseurs. Les principales villes n'ont qu'une importance médiocre. Ce sont : en Galice, les ports de la *Corogne* et du *Ferrol* ; dans les Asturies, *Oviedo*, *Gijon* et *Santander*.

Les *Provinces Basques* et la *Navarre* présentent sensiblement le même aspect. Elles sont habitées en partie par l'ancienne et originale race basque. On y trouve les ports importants de *Bilbao*, qui exporte beaucoup de minerais de fer, et de *Saint-Sébastien*, les villes de *Vitoria* et de *Pampelune*.

L'*Aragon*, plus pierreux et plus sec, se compose en majeure partie de plaines arides, sauf le long des rivières. Habité par un peuple énergique et fier, l'Aragon fut au moyen âge le siège d'un puissant royaume qui s'étendit jusqu'à la Méditerranée et déborda même sur les îles de la Méditerranée et sur l'Italie méridionale. Les Aragonais ont un entêtement proverbial : « Ils enfonceraient, dit un proverbe, un clou avec leur tête ». La seule grande ville de l'Aragon est **Saragosse**, sur l'Èbre ; elle est fameuse par les deux sièges qu'elle soutint héroïquement contre Napoléon Ier.

La *Catalogne* a l'aspect bien plus méditerranéen : des collines calcaires, des bois de pins et de chênes-lièges, des touffes d'arbousiers et de genévriers, enfin, dans les vallées, des plantations d'oliviers, de vignes, de mûriers, d'arbres fruitiers divers. En outre, des mines de houille et la proximité de la mer ont permis à l'industrie de s'y développer. La Catalogne a des fabriques et des usines : on dirait presque un coin de l'Angleterre sous un ciel méridional. Le peuple catalan est du reste actif et ingénieux; il a su tirer un admirable parti de son sol : « Donnez des pierres à un Catalan, dit-on en Espagne, il saura en extraire du pain ». — La Catalogne renferme la seconde ville de la péninsule : c'est l'industrieuse et magnifique **Barcelone** (272000 hab., 509000 avec les faubourgs), premier port et première ville industrielle de toute l'Espagne. Les autres cités les plus connues sont *Lérida, Gérone, Figueras*, forteresses illustrées par les guerres.

Les *Castilles* sont les grands plateaux de l'intérieur. Leur altitude est trop grande, leur climat sujet à des variations trop extrèmes; l'humidité leur est enfin trop parcimonieusement ménagée. Trop élevés, trop chauds ou trop froids suivant la saison, ils ne présentent le plus souvent à la vue que de vastes espaces désolés, des landes monotones que paissent des troupeaux transhumants, et des champs de céréales; très peu de bois et d'arbres isolés. Leur aridité est telle que, selon un proverbe espagnol, l'alouette qui veut traverser les Castilles doit emporter son grain. Des moulins à vent et des châteaux forts (d'où le nom du pays), datant de la lutte contre les Maures, s'y dressent sur les éminences.

Les Castilles n'ont, pour ainsi dire, que des villes anciennes : ces cités ont un aspect fier, de majestueuses enceintes crénelées, de grandes églises, des couvents et très peu d'habitants. On dirait des villes mortes, des reliques d'un autre âge. Telles *Léon, Burgos, Zamora, Salamanque, Ségovie* et *Avila*, dans la Vieille-Castille; *Tolède*, ancienne capitale pleine de merveilleux monuments, et *Ciudad-Real*, dans la Nouvelle-Castille. La seule ville importante de la Vieille-Castille est *Valladolid* (68000 hab.). La seule de la Nouvelle-Castille est **Madrid** (512000 hab.), sur l'insignifiant Manzanarès, sous-affluent du Tage, à 655 mètres d'altitude; c'est la capitale de l'Espagne; elle doit cet honneur à sa situation centrale et aussi à l'esprit énergique de Tolède qui déplut aux rois absolus et leur fit transférer le siège du pouvoir dans une ville sans traditions. Située au milieu du réseau des routes et des voies ferrées, elle a un climat rude et excessif; son développement a marché de pair avec la centralisation et l'affaiblissement de l'Espagne.

Les *royaumes de Valence, de Murcie* et *l'Andalousie* sont la partie la plus favorisée de la péninsule. Point d'hiver, un printemps et un été presque ininterrompus. Les montagnes donnent de l'eau qu'on emmagasine dans les *pantanos*, qu'on distribue au fur et à mesure des besoins, et dont un « tribunal des eaux » surveille jalousement la répartition. Ce soleil et cette eau produisent des merveilles, des oasis de verdure, *huertas* et *vegas*, des jardins fruitiers ou *glorietas*, des champs de blé et de maïs, dont les tiges atteignent jusqu'à 8 mètres, des plantations de cannes à sucre, des rizières, des vignes, des bois d'orangers en haute futaie, des oliviers, des dattiers, des aloès, des eucalyptus, des cyprès, tout un fouillis de végétation africaine. Cette région, en effet, rappelle l'Afrique plus que l'Europe. Ce fut le séjour préféré des Maures, qui y retrouvaient

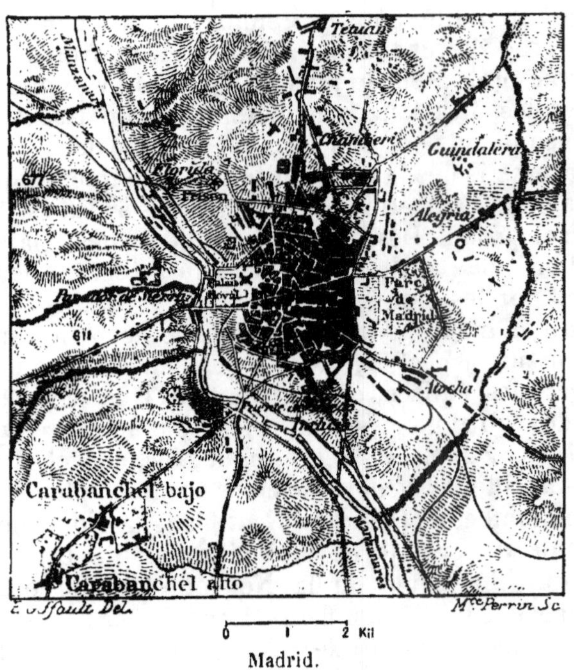

Madrid.

l'Orient. Ils y ont laissé d'innombrables monuments, merveilles d'architecture. Les ressources agricoles ne sont pas, au reste, les seules de la région. Les montagnes qui l'avoisinent abondent en minerais : à l'ouest, se trouvent les dépôts de cuivre de Huelva, de Tharsis, de Rio Tinto; dans la Sierra Morena, on rencontre la houille à Belmez, le mercure à Almaden, le plomb argentifère à Linarès; les montagnes qui entourent Grenade et Malaga recèlent du fer.

Cette région renferme un grand nombre de villes importantes : **Valence** (204 000 hab.), au milieu de riches vergers qui produisent annuellement 80 000 tonnes d'oranges, d'une valeur de plus de dix millions de francs; son port est le Grao; **Murcie** (108 000 hab.), au milieu d'une autre région agricole très riche; le port militaire de *Carthagène*; le port de **Malaga** (125 000 hab.); la riante *Grenade*, enfouie dans des jardins et des bosquets, d'où émergent tant d'illustres monuments, le Généralife, la Cathédrale, l'Alhambra, qui est tout un monde avec ses palais, ses tours innombrables, ses jardins et ses cours, dont la plus fameuse est la cour des Lions; *Cordoue*, sur le Guadalquivir, surnommée par les Arabes « la perle d'Occident »; **Séville** (146 000 hab.), « l'Athènes espagnole », qui, à son doux climat, à sa tour de la Giralda et à son palais de l'Alcazar, joint l'avantage d'être un port actif, où remontent les navires de mer, et un centre industriel qui ne cesse de se développer; enfin *Jerez*, productrice de vins, et *Cadiz*, port de transit et de guerre, à l'extrémité d'une très étroite langue de sable.

Les Anglais possèdent, au sud de l'Espagne, la place forte de **Gibraltar**, qui commande l'entrée de la Méditerranée. Elle s'élève sur un promontoire abrupt et resserré, ancienne île qu'un mince pédoncule relie à la terre ferme.

L'Espagne, qui fut jadis la première puissance du monde, fut ruinée, aux xvi⁰ et xvii⁰ siècles, par l'immensité du rôle politique qu'elle tenta de soutenir, et aussi par l'abondance des métaux précieux qu'elle tira de ses colonies d'Amérique et qui la déshabituèrent du travail industriel et agricole. Les révolutions qu'elle a traversées si fréquemment au xix⁰ siècle ne lui ont guère permis de se relever, et elle a usé ses forces dans des luttes intestines sans profit pour son développement économique. L'Espagne contemporaine manque de bras et de voies de communication; son réseau de routes est incomplet et mal entretenu; peu de ses rivières sont navigables; elle ne possède que 13 121 kilomètres de voies ferrées.

L'Espagne souffre de cette situation. Le cinquième de son étendue est improductif; un tiers seul est cultivé; l'Espagne doit importer annuellement pour 85 millions de francs de céréales; les deux seules cultures rémunératrices sont les fruits et la vigne (vins d'Aragon, de Valence, d'Alicante, de Malaga, de Jerez). L'industrie n'est pas florissante, malgré la richesse des mines : faute de voies de communication, on ne peut les exploiter. Le commerce enfin est médiocre : l'Espagne languit d'être reléguée à une extrémité du continent européen, loin des voies internationales de transit. La valeur de ses transactions commerciales ne dépasse pas un milliard et demi de francs, c'est-à-dire la valeur du commerce de la Suisse.

En résumé, l'Espagne n'occupe plus en Europe qu'une place de second ordre. Ni son armée, ni sa marine ne peuvent soutenir la comparaison avec les forces des grands Etats. De son ancien empire colonial, elle n'a conservé que quelques îles de l'Afrique. Et pourtant la place de l'Espagne dans le monde reste grande par l'étendue des pays d'Amérique qu'elle a colonisés, où elle a créé des races nouvelles et où l'on parle sa langue. Aucun langage, sauf l'anglais et le russe, n'a devant lui un pareil avenir.

Le Portugal; état actuel et villes. — Bas, chaud et suffisamment arrosé, à part quelques districts de l'Alemtejo, le Portugal a des cultures assez riches. On y trouve des vignobles renommés (vins de Porto), des champs de céréales, des vergers, des plantations d'orangers et d'oliviers. Les gisements miniers sont rares et peu abondants.

La capitale est **Lisbonne** (357 000 hab.), sur une rade vaste et naturellement protégée que forme le Tage un peu en amont de son embouchure; c'est un port de relâche presque obligatoire pour les navires européens qui se rendent vers l'Afrique et l'Amérique méridionale; c'est en outre un marché fort important pour les produits africains. — On peut citer encore **Porto** (172 000 hab.), industrielle et commerçante, sur le Douro, à six kilomètres de l'embouchure, et *Braga* (24 000 hab.).

Le Portugal souffre des mêmes difficultés que l'Espagne, manque de capitaux et de voies de communication. L'agriculture est peu prospère : 40 000 kilomètres carrés sur 89 000 sont incultes; l'industrie, qui commence à se développer, est encore peu importante; le commerce ne s'élevait en 1900 qu'à 410 millions de francs. Outre son territoire européen, le Portugal possède diverses colonies, Açores, Madère, Angola, Moçambique, etc. Son ancienne dépendance, le Brésil, s'est affranchie en 1822, mais la langue portugaise y est toujours employée, et les rapports sont incessants entre les deux pays qu'unissent des rapports de parenté, la communauté de langue et de traditions.

RÉSUMÉ

Péninsule massive; 900 kilomètres de l'ouest à l'est, 850 du nord au sud; superficie, 586 000 kilomètres carrés.

I. Conditions physiques générales. — Situation avantageuse entre les deux systèmes marins de l'Europe, mais malheureusement trop excentrique; — terrains divers, principalement primitifs et tertiaires; — relief élevé, montagnes (Pyrénées, 3 404 m., monts Cantabriques, sierras de Guadarrama et Morena, Cordillère Bétique, 3 481 m.), plateaux des Castilles, plaines de l'Èbre, d'Andalousie, etc.; climat variable avec la situation et le relief, en général sec et continental.

II. Aptitudes diverses. — Comme côtes, alternance de deux types divers, rocheux (golfe de Gascogne, côte du sud-est) et marécageux (golfes de Cadiz et de Valence); — comme fleuves, des cours d'eau de plateaux, coupés de rapides, du reste de débit irrégulier : vers l'Océan, Minho, Douro, Tage, Guadiana, Guadalquivir; vers la Méditerranée, Segura, Guadalaviar, Èbre; — comme ressources végétales, peu de variété et d'abondance; le centre presque désert; — de nombreuses et riches ressources minérales.

III. Populations. — 21 millions et demi d'habitants, 36 en moyenne par kilomètre carré; l'accroissement en est lent, le centre a beaucoup moins d'habitants que le pourtour, plus favorisé. La diversité des races dont descendent les Espagnols, et aussi la diversité des conditions de vie, ont occasionné des contrastes frappants entre Espagnols du Nord et Espagnols du Midi.

IV. Divisions politiques. — Très tourmentée, l'histoire de la péninsule Ibérique est surtout remplie, pendant le moyen âge, par la lutte des chrétiens contre les Maures, et la reconquête sur les musulmans. Il s'y forma successivement plusieurs royaumes chrétiens, momentanément fondus en un seul (1580-1640). Actuellement la péninsule comprend deux États, du reste fort inégaux : le royaume d'Espagne (497 000 kil. carrés, 17 744 000 hab.), le royaume de Portugal (89 000 kil. carrés, 5 021 000 hab.).

V. L'Espagne. — Dans la Galice, la Corogne, le Ferrol; dans les Asturies, Santander; dans les Provinces Basques et la Navarre, Bilbao, Pampelune; dans l'Aragon, Saragosse; en Catalogne, Barcelone (509 000 hab.); dans les Castilles, Madrid (512 000 hab.), capitale de l'Espagne; dans l'Espagne méridionale, Valence (204 000 hab.), Murcie, Malaga (125 000 hab.), Grenade, Cordoue, Séville (146 000 hab.), Jerez, Cadix. — L'Espagne, peu peuplée et manquant de voies de communication, n'est plus qu'un État de second ordre.

VI. Le Portugal. — Capitale Lisbonne (357 000 hab.); villes principales, Porto (172 000 hab.) et Braga. Le Portugal souffre des mêmes difficultés que l'Espagne. Il est peu prospère et faiblit sous le poids de sa dette publique.

CHAPITRE III

L'EUROPE OCCIDENTALE

L'Europe occidentale comprend, avec une partie de la péninsule Ibérique, deux puissances de premier ordre, la France et l'Angleterre. Privilégiés par les conditions physiques les plus favorables, ces deux pays sont devenus le siège d'États prospères qui, dans l'Europe du moyen âge et dans l'Europe moderne, ont exercé une influence souvent prépondérante sur les destinées du monde entier.

Aujourd'hui encore, ils comptent l'un et l'autre parmi les six plus grandes puissances européennes, par leur étendue, leur population, leurs ressources, leurs richesses. D'immenses territoires leur obéissent sur toute la terre. Toutefois ils ont, dans l'époque contemporaine, perdu tous deux de leur prééminence au profit d'États venus plus tard à la civilisation, et déjà puissants, Allemagne, Russie, États-Unis d'Amérique.

La France faisant l'objet d'un volume séparé, il nous reste à étudier le Royaume-Uni de Grande-Bretagne et d'Irlande.

§ 1. — ROYAUME DE GRANDE-BRETAGNE ET D'IRLANDE

L'Archipel Britannique, ou Royaume-Uni de Grande-Bretagne et d'Irlande, repose sur un plateau qu'un exhaussement de 100 à 200 mètres suffirait à rattacher au continent. Il comprend : 1° la *Grande-Bretagne* (Angleterre, Pays de Galles, Écosse), 230 000 kilomètres carrés; 2° un certain nombre de petites îles littorales, Wight, îles Anglo-Normandes (Jersey, Guernesey, Auregny), archipel des Scilly ou Sorlingues, Anglesea et Man, Hébrides, Orcades, Shetland; 3° l'*Irlande* (84 000 kil. carrés).

La superficie totale de l'Archipel Britannique s'élève à 314 000 kilomètres carrés (3/5 de la surface de la France).

Conditions physiques générales. — Il importe de distinguer nettement les deux grandes îles de l'Archipel Britannique, qui sont soumises à des conditions physiques assez sensiblement différentes.

La *Grande-Bretagne* est la plus favorisée des deux.

1° La *situation* insulaire de la Grande-Bretagne est un premier avantage : elle l'a mise à l'abri de la plupart des invasions qui se sont abattues du dehors sur les pays continentaux ; elle lui a permis de maintenir son indépendance sans conteste ; elle lui a permis enfin de tourner vers l'industrie et le commerce des énergies que d'autres étaient obligés de consacrer à leur sauvegarde. Cette situation maritime et insulaire en avant de l'Europe offrait un second avantage : la Grande-Bretagne, devenue par nécessité puissance maritime, a pris un développement soudain et considérable, le jour où la découverte des pays lointains de l'Amérique et de l'Extrême-Orient a ouvert un champ indéfini à l'activité commerciale de l'Europe.

2° Comme *sol*, la Grande-Bretagne comprend les terrains les plus divers : à l'ouest et au nord, s'étendent exclusivement des terrains anciens, granits, schistes, terrains carbonifères, dont la décomposition ne donne que des sables durs ou des tourbières médiocrement favorable à la culture ; à l'est, il n'existe, au contraire, que des terrains beaucoup plus récents, calcaires jurassiques, craies, argiles et sables tertiaires, qui présentent en général des conditions bien plus favorables à l'agriculture.

3° Le *relief* est peu accentué. Toute la partie orientale de la Grande-Bretagne n'est qu'une vaste plaine basse, coupée d'ondulations qui varient les aspects sans gêner les rapports. La Grande-Bretagne n'a guère de véritables montagnes qu'au nord et au sud-ouest ; montagnes médiocres du reste, inférieures non seulement au Massif Central de France, mais même au Jura et aux Vosges. Les principales sont les *monts de Cornouailles* dont les bombements rappellent ceux de notre Bretagne ; les *monts Cambriens* (Snowdon, 1 089 m.), dans le Pays de Galles ; la *chaîne Pennine*, les *monts Cheviot*, entre l'Angleterre et l'Écosse ; enfin, en Écosse, les *monts Grampians* (Ben Nevis, 1 343 m., Ben Macdui, 1 309 m.), et les *monts de Ross* (Ben Attaw, 1 219 m.), qui constituent la région des Highlands ou Hautes-Terres. Des dépressions transversales séparent ces soulèvements, qui n'offrent nullement la continuité d'une arête.

4° Le *climat* enfin est essentiellement maritime. Il l'est doublement : d'abord par la situation du pays au milieu des eaux, puis par la prédominance des vents qui soufflent de la mer la plus vaste et la plus tiède, de l'Atlantique. Ces vents marins tempèrent l'atmosphère, la brassent, la vivifient, tout en y versant des pluies fréquentes. Il pleut les 3/5 de l'année sur l'Angleterre. Rien toutefois de pareil aux fortes précipitations des tropiques; c'est par menues averses, par giboulées, par brumes impalpables, par brouillards, par ondées passagères, que l'eau découle de l'atmosphère britannique. Les Gaëls, habitants anciens de l'archipel, avaient ajouté le brouillard aux quatre éléments primitifs. Cette fréquence d'humidité égalise les saisons; l'été y est sans chaleur, même au sud; la température de l'hiver n'est pas plus basse au nord de l'Écosse, par 57 ou 58°, que dans la ville américaine de Baltimore, de 20° plus rapprochée de l'équateur.

L'*Irlande* est moins heureuse. Par sa situation : rejetée plus à l'ouest, cachée par la grande île voisine, elle est plus isolée de la masse continentale. Par sa constitution géologique, qui ne comprend que des terrains anciens, et principalement des schistes, pourris en tourbières par l'humidité du climat. Par son relief : l'Irlande est plate au milieu, creuse, pourrait-on dire, et bordée d'un bourrelet de collines et de petites montagnes que les eaux doivent traverser pour se rendre à la mer (monts du Kerry, 1041 m., massifs de Wicklow, de l'Ulster et de Connemara). Enfin par son climat : la faible chaleur solaire, la perpétuelle nébulosité qui ternit le ciel, s'opposent à l'évaporation des eaux pluviales; le sol en reste imprégné; si l'Angleterre en est baignée, l'Irlande en est noyée.

Aptitudes diverses. — 1° Les *côtes* de la Grande-Bretagne sont baignées par trois mers, l'océan Atlantique, la mer du Nord et la Manche; leur développement total dépasse 4500 kilomètres.

Vers l'est et vers le sud, ces côtes, assez faiblement découpées dans leur ensemble, abritent de bons ports : à l'est, Leith, sur l'estuaire du Forth; Newcastle, Sunderland, Hartlepool, Hull, Londres, sur la Tamise, en arrière de la côte du pays de Kent, dont les flots ont déjà englouti de larges espaces; au sud, Douvres et Folkestone, sur le Pas de Calais; Newhaven, Portsmouth et Southampton, sur deux baies que protège l'île de Wight et qui communiquent avec la Manche par la rade de

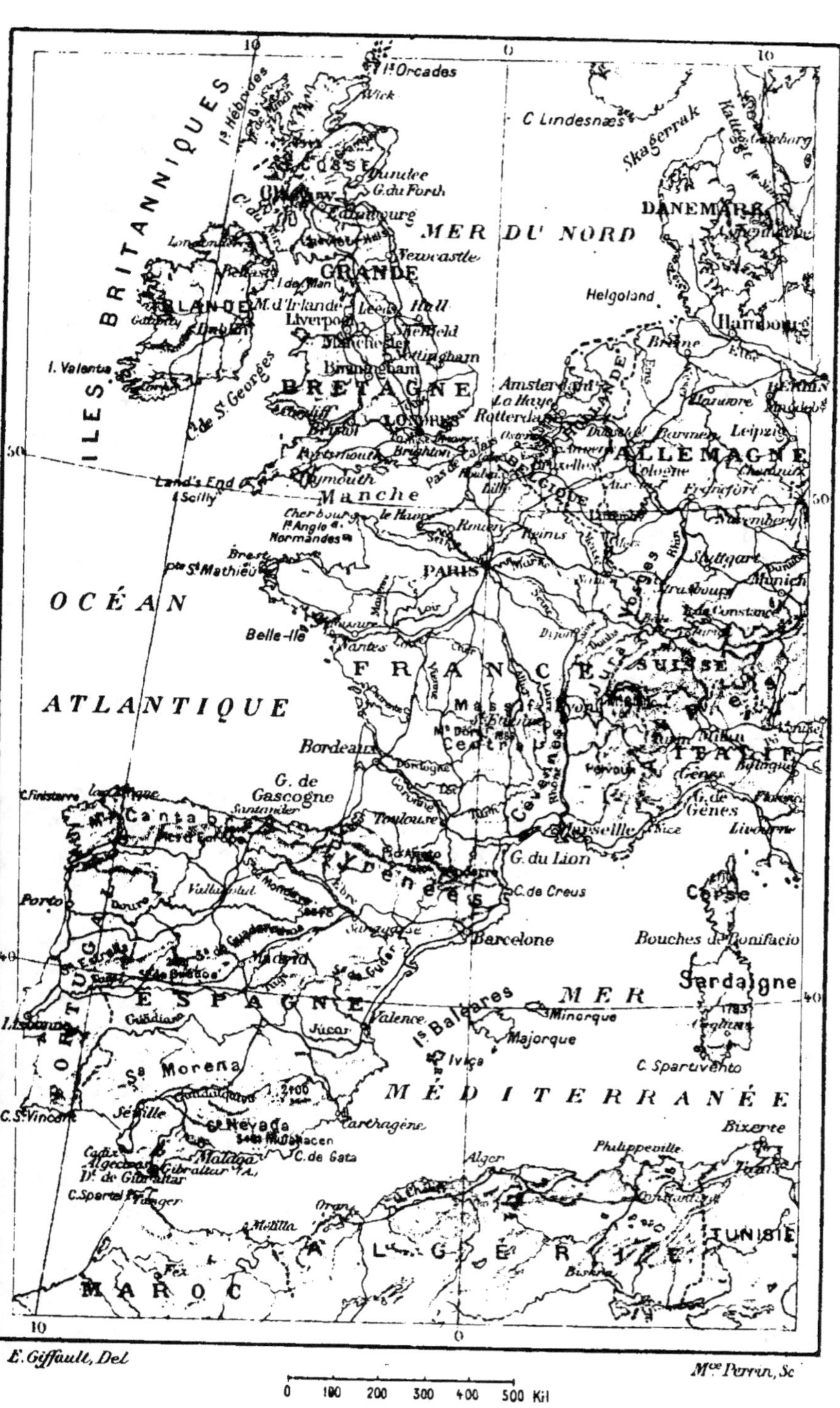

Europe occidentale.

Spithead et le Solent; Plymouth, sur la baie de même nom, entre Start Point et le cap Lizard. L'angle sud-ouest de la Grande-Bretagne est marqué par le cap Land's End, que prolonge au large l'archipel des Scilly, appelé Sorlingues par nos marins bretons.

Vers l'ouest et vers le nord, à la rencontre des vagues plus violentes de l'Océan, le rivage se découpe bien davantage; il se frange comme celui de notre Bretagne, et même parfois, tout au nord, il s'entr'ouvre en vrais fiords, semblables à ceux de Norvège. Caps, baies, îles découpent et accidentent toute cette côte : presqu'île de Cornouailles, canal de Bristol (Bristol, Cardiff, Swansea, Milford), Pays de Galles, baie de Cardigan, île d'Anglesea et détroit de Menai, estuaire de la Mersey (Liverpool), baie de Morecambe, firth (ou estuaire) de Solway, île de Man, firth de la Clyde (Glasgow), presqu'île de Cantire, firth du Lorn, îles de Mull, de Skye, archipels des Hébrides, des Orcades, et, plus au nord, des Shetland.

De telles côtes étaient éminemment propres au développement du commerce maritime.

2° Les *fleuves* de la Grande-Bretagne sont nombreux; ils n'ont pas assez de place pour devenir de grands fleuves et coulent en rivières de faible longueur; mais ces rivières, en approchant de la mer, s'élargissent sous l'effort de la marée, se creusent en larges estuaires, offrent de toutes parts des abris profonds. Menus cours d'eau entre les collines, les fleuves britanniques s'enflent, se creusent soudain, et peuvent recevoir par milliers les plus gros navires. Les plus importants sont : la **Tamise** (en anglais *Thames*), tributaire de la mer du Nord; la *Severn*, la *Mersey* et la *Clyde*, tributaires de l'océan Atlantique.

3° Les *ressources végétales* sont assez variées. Sur ces terres mouillées, éventées, jamais bien chaudes, la végétation naturelle serait et fut jadis la forêt. L'homme l'a si bien abattue qu'on n'en trouve presque plus de restes. A l'ouest, région de terres maigres, la lande inculte a pris le plus souvent sa place. Le plus souvent, surtout à l'est. la forêt a été remplacée par des cultures, celles des pays tièdes sans chaleur, c'est-à-dire point de vignes, mais des champs de céréales, de houblon, de plantes industrielles, de légumes. Mais ce qui domine, c'est le *pâturage*, et, avec lui, la nourriture animale, l'élevage : partout s'étendent des prés, à l'herbe haute et drue, où broute et rumine le bétail alourdi. La campagne anglaise est verte d'un vert humide et doux; la végétation herbeuse qui jaillit de son sol est grasse, épaisse, gonflée d'eau.

4° Les *ressources minérales* sont presque incomparables. Quand les conditions économiques furent bouleversées au commencement de ce siècle par les découvertes de la science et les besoins nouveaux de l'industrie, aucun pays de l'Europe n'était plus en état que la Grande-Bretagne de gagner à cette transformation.

Son sous-sol, en effet, continue la longue bande de terrain houiller du nord-ouest de l'Europe, et, par une circonstance exceptionnellement favorable, la quantité et la qualité de cette houille vont de pair. L'Écosse possède quelques mines échelonnées au pied des Grampians. L'Angleterre en renferme plusieurs bassins de premier ordre, ceux du Northumberland, avec Newhaven, la « cité du charbon »; du Lancashire, qui alimente Liverpool et Manchester; du Yorkshire, du Staffordshire et du Pays de Galles.

Ce sol renferme encore d'autres richesses minérales, surtout dans les massifs occidentaux. Le cuivre, le plomb et le zinc s'y rencontrent; l'étain des « îles Cassitérides » nous a valu la première mention historique sur ce pays. Quant au fer, on le trouve presque partout, et, par une coïncidence heureuse pour l'industrie britannique, principalement dans le voisinage des houillères.

L'Irlande a aussi des côtes bien découpées, principalement au sud-ouest, où s'ouvrent les baies de Bantry et de Dingle, et le long des principaux massifs montagneux; mais elle est trop isolée et trop pauvre pour avoir un grand commerce maritime. Son seul fleuve, le *Shannon*, est un chapelet de lacs séparés par des rapides. Quant au sous-sol, il est pauvre en minerais et en houille.

Les ressources végétales sont assez médiocres elles-mêmes. Sa plaine centrale, sorte de cuvette à fond plat, est une vaste éponge de tourbe formée par les eaux et la décomposition des schistes : un septième du sol de l'île en est couvert. Ailleurs sont des cultures; mais le froment, faute de chaleur, y mûrit tardivement; le seigle, l'avoine et l'orge même ne peuvent être moissonnés que vers la fin de l'été. Des pâturages humides et surtout la pomme de terre, telles sont les seules ressources véritables de l'Irlande.

Populations. — Au recensement de 1901, la population du Royaume-Uni s'élevait à 41 605 000 habitants : Angleterre et Pays de Galles 32 526 000, Écosse 4 472 000, Irlande 4 456 000. Malgré la désolation des hautes terres d'Écosse et des marécages d'Irlande, la densité moyenne atteint 121 habitants par kilomètre carré (Angleterre et Pays de Galles 215, Écosse 56, Irlande 53).

Cette population s'accroît rapidement. En 1800, la population du Royaume-Uni ne montait qu'à 19 millions (Angleterre 9, Écosse 2, Irlande 8). L'émigration est pourtant considérable et a atteint, certaines années, jusqu'à 300 000 départs. Mais l'excédent des naissances sur les décès compense, et au delà, ces pertes : on compte dans le Royaume-Uni 153 naissances pour 100 décès. Seule l'Irlande diminue : on verra pourquoi.

Les habitants de l'Archipel Britannique sont issus de nombreux mélanges. Au début de l'histoire, des Celtes y étaient établis. Sur ce fonds primitif sont venus se greffer successivement les Romains, qui y séjournèrent deux siècles; les Germains et les Scandinaves, qui y arrivèrent pour piller et même y dominèrent avec Canut le Grand; puis les Normands et les Français de Guillaume le Conquérant. En résumé, ces divers éléments ethniques se ramènent à deux principaux : 1° l'*élément celtique* ou *gaélique*, qui a été refoulé par les invasions successives dans les massifs montagneux de l'ouest et en Irlande; il comprend, en effet, les Cornouaillais, les Gallois, les Écossais et les Irlandais, hommes au visage plus brun, parlant des langues apparentées à notre bas-breton; — 2° l'*élément anglo-saxon*, qui domine dans les riches plaines de l'est; il parle la langue anglaise, langue à moitié monosyllabique, avec une syntaxe rudimentaire, une grammaire presque réduite à rien; langue forte, concise, énergique, simple et allant droit au but. Au physique, l'Anglo-Saxon est athlétique, vigoureusement charpenté d'os et de muscles, charnu et sanguin; au moral, ce qui domine chez lui, ce sont plutôt les qualités fortes que les qualités douces : le sang-froid, la résignation patiente, l'esprit d'initiative et d'invention, l'ardeur des aventures, la passion de réussir; il a plus de personnalité que d'humanité; aussi lui a-t-on reproché mainte fois, et avec raison, son égoïsme, sa rapacité, et l'étroitesse de son idéal trop exclusivement borné à acquérir, à gagner de l'argent.

Les Anglais sont en grande majorité protestants. L'Angleterre et l'Écosse furent des premières à embrasser la Réforme.

Ces deux pays ne comptent plus aujourd'hui que 1500000 catholiques, contre 21 millions d'anglicans, 1900000 presbytériens, 5700000 protestants dissidents. L'Église anglicane est
l'Église officielle, richement dotée. L'Église presbytérienne est
l'Église nationale d'Écosse, aux termes de l'Acte d'Union.
Parmi les infinies sectes dissidentes qui existent dans le Royaume-
Uni, quelques-unes sont parfaitement bizarres, mais beaucoup
sont vivantes, agissantes, grandissantes : le travail des missionnaires anglais chez les barbares et les policés de toutes les
contrées du globe est une des forces les plus considérables
d'action de l'Angleterre dans le monde. L'Irlande est, au contraire, restée presque exclusivement catholique; le protestantisme n'y domine qu'au nord-est.

État actuel et villes. — Il faut distinguer, dans le Royaume-
Uni, l'Angleterre, l'Écosse et l'Irlande.

1° L'*Angleterre*, de beaucoup la plus importante des trois
contrées qui forment le Royaume-Uni, a sur les autres l'avantage d'être plus méridionale, plus voisine de l'Europe, plus
riche tout à la fois en produits végétaux et minéraux. Elle renferme les 3/4 des habitants du Royaume-Uni.

La **région de l'est** est surtout agricole. Elle comprend les
principales régions de cultures et d'élevage. Aussi les villes les
plus anciennes y sont-elles situées. On y trouve d'abord la
capitale de l'Angleterre, **Londres.** Située à l'issue de la riche
vallée de la Tamise, la plus fertile de l'Angleterre, et sur un
fleuve marin qui a son embouchure en face de celle des fleuves
de l'Europe centrale, elle a eu de tout temps une influence
prépondérante en Angleterre, et n'a point souffert des révolutions économiques modernes. C'est une ville immense, aux
maisons sombres, perpétuellement couverte d'un dôme de
fumée; c'est le premier port marchand du Royaume-Uni et du
monde entier, en même temps que le premier marché des capitaux et la première place pour le commerce des thés, des cafés
et des denrées coloniales. Elle contient 4536000 habitants,
sans compter un ou deux millions qui vivent dans sa banlieue.
C'est la ville la plus populeuse, la plus riche, la plus active, la
plus puissante du globe.

Les autres villes de cette région sont en général restées
presque stationnaires et un peu mortes : c'est *York* (77000 hab.),
jadis la seconde cité de l'Angleterre, siège d'un archevêché
illustre; les villes universitaires d'*Oxford* (30000 hab.) et de

Cambridge. On y trouve cependant quelques ports actifs et peuplés : *Hull* (240 000 hab.), sur l'Humber; *Douvres*, *Folkestone* et *Newhaven*, qui ont des relations quotidiennes avec la

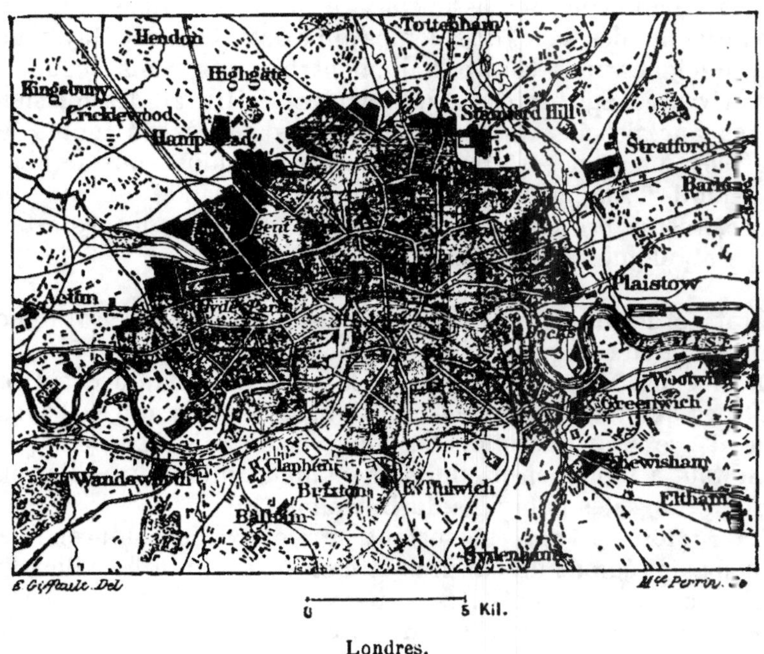

Londres.

France; les ports militaires de *Portsmouth* (189 000 hab.), en face de Wight, et de *Plymouth* (107 000 hab.), dans la Cornouailles.

La **région de l'ouest**, montagneuse et moins fertile, était jadis beaucoup plus déshéritée que la région de l'est. Mais elle recelait la houille et des minerais divers. Aussi le progrès mécanique moderne l'a-t-il transformée. Tandis que la région de l'est, restée agricole, continuait à se développer lentement, l'occident est devenu un centre d'attraction; les hommes ont afflué vers les gisements de houille et de fer; il s'est élevé de tous côtés des villes qui ont surgi en un clin d'œil, sorte de champignons gigantesques, et ces villes ne cessent de s'accroître par un développement intensif. Des bourgades peuplées au commencement du XVIII° siècle de quelques milliers d'habitants à peine, en comptent aujourd'hui de 300 000 à 700 000.

Le comté de Lancastre, alors presque désert, qu'on fuyait pour ses marécages et ses landes incultes, possède aujourd'hui la densité énorme de 800 habitants par kilomètre carré.

Les principales villes de cette région de l'ouest sont : **Liverpool** (685 000 hab.), sur la Mersey, le second port du Royaume-Uni et le grand marché de coton ; **Manchester** et *Salford*, qui forment une seule ville de 544 000 habitants, centre de l'industrie cotonnière ; **Birmingham** (522 000 hab.), la ville du fer ; **Leeds** (428 000 hab.), et *Bradford* (279 000 hab,), les villes de la laine ; **Sheffield** (380 000 hab.), la ville de l'acier ; *Newcastle* (214 000 hab.), la ville du charbon. Au sud du Pays de Galles, dont les agglomérations sont nombreuses, mais moins populeuses, se trouve le port marchand de *Bristol* (328 000 hab.), qui fut longtemps le rival de Londres, et qui a été détrôné par Liverpool.

2° **L'*Écosse*** (4 472 000 hab.), longtemps ennemie de l'Angleterre, s'est unie à elle au commencement du xvii° siècle, quand les Stuarts d'Écosse furent appelés à régner sur l'Angleterre. Elle se divise en deux parties bien nettes : au sud, les *Lowlands*, ou Basses Terres, plus tièdes, plus plates, plus fertiles ; au nord, les *Highlands* ou Hautes Terres, amas de chaînes enchevêtrées, mélancoliques, tristes et stériles, presque désertes. C'est au sud que s'élèvent les principales villes.

La capitale est **Édimbourg** (316 000 hab.) : c'est une ville savante, l'Athènes du Nord, comme elle s'intitule, et une cité très curieuse avec son vieux château d'Holyrood, ses rues escarpées, ses ruelles et ses maisons enchevêtrées. Elle a pour port *Leith*, sur le Forth.

La grande ville industrielle et commerçante est **Glasgow** (760 000 hab.), sur la Clyde ; elle compte 4 000 fabriques de toute sorte, file le coton, fabrique des draps et des étoffes de soie, travaille le fer et les métaux, construit des navires. — *Dundee* (160 000 hab.) travaille le jute ; *Aberdeen* (153 000 hab.) est une ville industrielle et universitaire.

3° **L'*Irlande*** est de beaucoup la moins prospère des parties du Royaume-Uni. Elle jouissait sans doute de conditions infiniment moins avantageuses que la Grande-Bretagne. Toutefois sa misère est moins la faute de la nature que celle des hommes.

Du v° au ix° siècle, l'Irlande, habitée par des Celtes, fut un foyer de vie intellectuelle et de propagande religieuse qui rayonnait sur toute l'Europe occidentale. Mais l'Irlande, restée celtique, était trop voisine de l'Angleterre anglo-saxonne. Les

4° Les *ressources minérales* abondent dans la zone des montagnes. Les Alpes en renferment relativement peu : des mines de fer à Graz, en Styrie ; le mercure à Idria, en Carniole ; quelques gisements de plomb en Carinthie, et des mines de sel gemme dans la région de Salzbourg.

Les montagnes de Bosnie, de Transylvanie et de Bohême, qui sont constituées par des terrains plus anciens, en renferment davantage. La Bosnie a de l'argent, du plomb, du cuivre, du fer. La Transylvanie recèle de l'or, de l'argent, du fer, du plomb, ainsi que des mines de pétrole. Quant à la Bohême, sa richesse minérale est considérable ; elle fut regardée autrefois comme le pays d'Europe le mieux pourvu d'or et d'argent ; l'argent et l'étain y sont encore très abondants ; la houille s'y trouve en gisements très étendus le long des principaux cours d'eau ; elle possède enfin du plomb, du fer et du cuivre.

Populations. — L'Autriche-Hongrie comptait en 1900 une population de 46 900 000 habitants, 4 200 000 de plus qu'en 1890. La densité moyenne est donc de 69 habitants en moyenne par kilomètre carré, et elle augmente rapidement.

Cette population est très inégalement répartie. L'Autriche proprement dite a une densité moyenne de 87 habitants, la Hongrie en possède 59, la Bosnie-Herzégovine 31 seulement. Les grandes plaines hongroises et les plateaux de Transylvanie et de Bosnie sont, avec les régions supérieures des Alpes, les contrées de l'Autriche-Hongrie qui ont proportionnellement le moins d'habitants. La population se condense dans les pays de collines ou dans les bassins des fleuves : la région de Vienne, la Bohême, la Silésie autrichienne, la Moravie, comptent plus de 100 habitants par kilomètre carré. La densité atteint son maximum sur le littoral de l'Adriatique, près des rivages du golfe de Trieste, unique région maritime de l'empire.

Ces habitants ont une très grande complexité ethnographique : c'est naturel, le Danube ayant servi de grand chemin à beaucoup d'invasions. L'Autriche-Hongrie est, avec la Turquie, le pays d'Europe qui renferme le plus de nationalités distinctes et la plus grande diversité d'idiomes ; il s'y parle, dit-on, vingt langues différentes ; suivant le mot d'un publiciste, « il y a là de quoi ravir le philologue et désespérer le politique ».

Trois grandes races y sont représentées : la race indo-européenne (Allemands, Slaves, Italiens et Roumains) ; — la race

La puissance britannique. — Moins menacée dans son intégrité que les puissances continentales, l'Angleterre, en raison de sa situation insulaire, s'est développée plus régulièrement que la plupart des autres pays. La nation, n'ayant pas à combattre pour son indépendance, n'a point éprouvé le besoin de se concentrer sous le pouvoir royal. Moins absorbée par la défense de ses frontières, elle a consacré à développer ses ressources les forces que les autres employaient à se protéger. C'est ainsi que l'Angleterre est devenue, par excellence, le pays des libertés constitutionnelles, et en même temps le premier pays industriel, commerçant et colonial de l'Europe. Au moyen âge elle chercha d'abord sa voie sans succès et perdit ses forces à tenter d'asservir la France et d'en faire une dépendance économique de l'Angleterre. Son grand essor date de la fin des guerres civiles et étrangères du xvᵉ siècle et de la découverte de l'Amérique. Au xviᵉ, elle développa son industrie; à la fin du xviᵉ et au xviiᵉ, sous Élisabeth et Cromwell, elle créa sa marine marchande; dès ce temps, surtout au xviiiᵉ siècle et grâce aux abandons successifs et aux changements d'opinion de la France, qui savait créer des colonies, mais s'inquiétait peu de les conserver, elle fonda son empire colonial, sans cesse accru jusqu'à ce jour, diminué toutefois, en 1783, par la perte des États-Unis d'Amérique.

L'Angleterre est régie par un système représentatif, comprenant un souverain, chef du pouvoir exécutif, et deux chambres, Chambre haute ou des Lords, Chambre basse ou des Communes, investies du pouvoir législatif. L'administration anglaise a pour principe l'initiative du pays; on n'y trouve rien de notre centralisation étroite; nulle part la dignité individuelle et la libre action ne sont mieux garanties. Dans le *comté* (*shire*), unité administrative de l'Angleterre, l'État n'est représenté que par des fonctionnaires décoratifs, sans pouvoir réel, le lord lieutenant et le shérif; tout le pouvoir appartient à l'assemblée des juges de paix, nommés parmi les grands et moyens propriétaires du pays, et chargés de diriger, sous leur responsabilité, la police du comté.

Nul pays en Europe ne possède un outillage plus complet et plus perfectionné. Les rivières profondes, accessibles à la marée, ouvraient des voies d'accès vers l'intérieur du pays : mettant à profit la forme étroite de la Grande-Bretagne, son faible relief, les brèches de ses montagnes, on les a complétées par des canaux qui unissent la mer du Nord à l'Océan : Tamise à

Severn, Humber à Mersey, Forth à Clyde, etc. Ces voies fluviales sont doublées par un réseau ferré qui a 35 171 kilomètres de développement total, presque autant que la France, dont

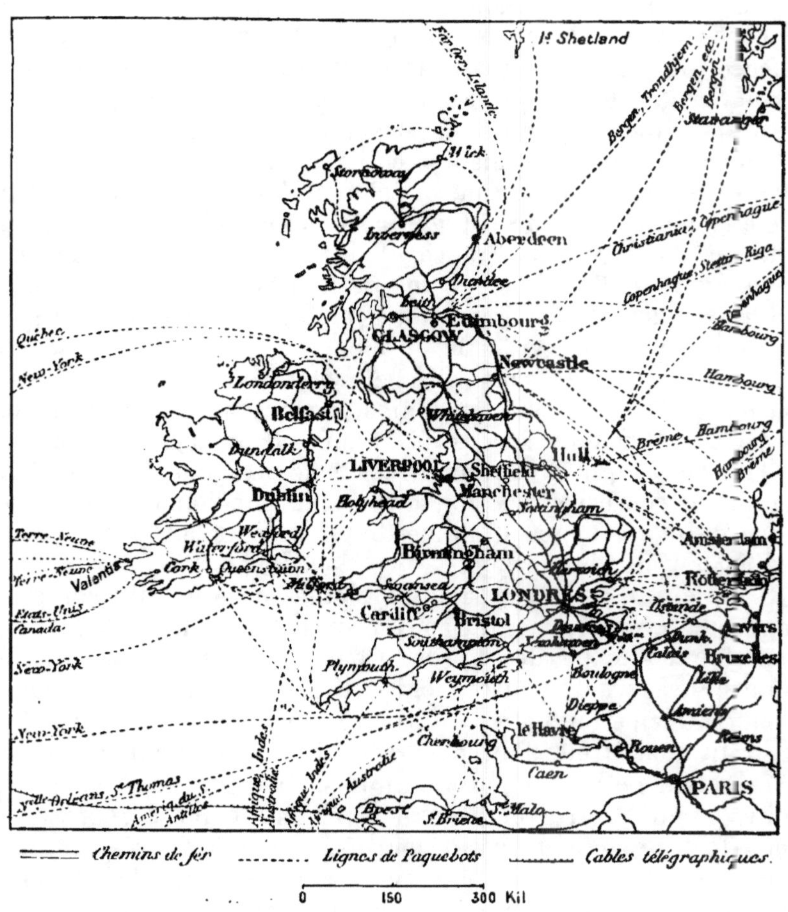

Lignes de navigation.

l'étendue est cependant plus considérable. Seule en Europe, la Belgique possède un réseau aux mailles plus nombreuses et plus étroites. Quant à la marine, seul moyen pour l'Angleterre de communiquer avec l'extérieur, elle a pris naturellement une extension extraordinaire : elle ne comprend pas moins de

20 000 navires, — dont 9 200 steamers, — qui jaugent ensemble plus de 9 300 000 tonneaux.

Ces efforts ont eu pour conséquence un remarquable développement économique : 1° L'*agriculture*, plus savante que l'agriculture française, tire du sol anglais des produits plus considérables qu'en aucun autre pays; suivant un économiste français, pendant que le sol français donne 100 francs de profit, le sol anglais en produirait le double. C'est l'élevage qui constitue la principale richesse de l'agriculture britannique. Le blé anglais ne pouvant soutenir la concurrence des blés étrangers, jetés en masse sur le marché par les navires et vendus à vil prix, les diverses cultures industrielles ne pouvant de même lutter avec avantage contre les produits du dehors, l'agriculteur anglais s'est trouvé amené à pratiquer presque exclusivement l'élevage; le climat humide favorisait du reste cette transformation du sol en prairies. La Grande-Bretagne reste le premier pays de l'Europe pour ses bestiaux, bœufs de Durham, vaches laitières du Devon, poneys du Hampshire, chevaux d'York et de Lincoln, moutons des Cheviots et des Downs. — 2° L'*industrie*, ayant à discrétion la houille, le fer, et pouvant recevoir par mer toutes les matières premières dans des conditions avantageuses, ne peut manquer d'être prospère. En toutes ou presque toutes les branches de l'industrie, la Grande-Bretagne occupe la première place et souvent dépasse de beaucoup ses rivales. La moitié de la fonte, du fer et de l'acier qui se fabrique en Europe, en vient. Elle possède, à elle seule, les deux tiers des broches de coton en mouvement en Europe. Elle a la prééminence pour la confection du jute et des toiles. C'est seulement dans l'industrie des soies et des laines qu'elle est inférieure à la France. — 3° Le *commerce* est à proportion de l'industrie. En 1900, il a atteint 22 000 millions, dont 13 000 millions pour l'importation et 8 900 pour l'exportation. C'est avec les États-Unis (3 960 millions), puis avec la France (1 840 millions), l'Allemagne (1 480 millions), la Hollande, la Belgique, la Russie, que l'Angleterre fait le plus d'échanges commerciaux.

La fortune du Royaume-Uni, conséquence des gains multiples qui proviennent de l'agriculture, de l'industrie et du commerce, est considérable et s'accroît sans cesse. On évalue à 2 500 millions de francs l'épargne qui s'y accumule annuellement. Mais cette fortune est très inégalement distribuée. Au haut de l'échelle sociale sont quelques personnes démesurément riches. En revanche, dans les bas-fonds de la société, il y a des pauvres plus nombreux et plus misérables que partout ailleurs. La pauvreté, comme la richesse, n'y a pas de bornes, malgré le grand nombre des institutions charitables.

L'Angleterre a une dernière force : un empire colonial incomparable. Aucun peuple n'a fait plus de sacrifices, n'a dépensé plus de travail, de vigilance, de ténacité et parfois aussi de perfidie, pour étendre sa domination sur la terre. L'Angleterre possède d'immenses empires, l'Inde et la Barmanie; la colonie du Cap, étendue jusqu'au delà du Zambèze; l'Australie, la Tasmanie et la Nouvelle-Zélande; le Dominion canadien. Elle occupe en outre des comptoirs qui lui servent de lieux d'échange, Hong-Kong, Sierra-Leone, etc. Elle s'est assuré enfin des lignes de postes qui font le tour de la terre, Gibraltar, Malte, Chypre, Aden, Singapour, les Fidji, Maurice, Sainte-Hélène, l'Ascension, les Falkland. De nos jours, l'Angleterre étend son empire sur 28 millions de kilomètres carrés (plus du huitième des terres émergées) et sur 394 millions d'hommes (plus du cinquième de la population du globe). Tous les pays sont tributaires de son industrie et de son commerce. Sa langue, répandue dans le monde entier par l'émigration, tend à devenir une langue générale, comme autrefois le latin, et marche vers la conquête d'une grande partie de l'univers.

En résumé, l'Angleterre est un des colosses dont dépend la paix du monde. Toutefois cette grandeur présente quelques symptômes menaçants pour l'avenir. C'est d'abord sa suprématie industrielle et commerciale, longtemps incontestée, qui diminue d'une manière continue : non que l'Angleterre ait perdu de ses qualités d'initiative et d'énergie, mais parce qu'elle est obligée de compter désormais avec des rivales jadis négligeables, Allemagne, États-Unis, France, Russie. C'est ensuite son empire colonial qui se distend peu à peu, les peuples colonisés se sentant devenir majeurs et aspirant graduellement à secouer une tutelle qui les gêne, si peu lourde qu'elle soit. C'est enfin l'étroitesse du système aristocratique, qui ne répond plus au désir populaire et fournit aux révolutions sociales un terrain plus favorable qu'en beaucoup d'autres États.

Il est impossible de prévoir l'avenir de la puissance britannique. Peut-être est-elle réservée à des mécomptes dans un délai plus ou moins éloigné. Peut-être, avec cet esprit pratique dont le peuple anglais a donné tant de preuves, saura-t-elle une fois de plus faire face aux circonstances et s'accommoder, pour son plus grand intérêt, aux conditions des temps nouveaux.

RÉSUMÉ

L'Archipel Britannique (superficie 314 000 kil. carrés) comprend la Grande-Bretagne (Angleterre, Pays de Galles, Écosse, 230 000 kil. carrés); un certain nombre d'îles et d'archipels littoraux; enfin l'Irlande (84 000 kil. carrés).

I. Conditions physiques générales. — 1° Situation maritime et insulaire qui présente deux avantages, sécurité contre les invasions, nécessité de développer sa marine; — 2° comme sol, à l'ouest et au nord, prédominance des terrains anciens, médiocrement favorables à la culture, mais riches en minerais; à l'est et au sud, terrains plus récents, en général féconds; — 3° comme relief, une grande plaine ondulée à l'est et au sud; des massifs montagneux médiocrement élevés à l'ouest et au nord (monts du Pays de Galles, monts Grampians 1 343 m., monts de Ross); — 4° comme climat, un climat essentiellement maritime, point froid pour la latitude, mais point chaud, humide parfois à l'excès, sinon par la quantité des pluies tombées, du moins par le nombre des jours pluvieux. — Les conditions physiques de l'Irlande sont, d'une manière générale, beaucoup moins favorables que celles de la Grande-Bretagne.

II. Aptitudes diverses. — 1° Les côtes sont assez médiocrement découpées et favorables au commerce vers l'est et vers le sud; on y trouve cependant quelques bons ports (Newhaven, Hull, Londres, Southampton, etc.); vers l'ouest et vers le nord, les découpures sont plus nombreuses et plus profondes (Bristol, Liverpool, Glasgow); — 2° les fleuves sont nombreux, mais courts et insignifiants jusqu'à l'approche de la mer, qui a creusé et élargi profondément leurs estuaires: parmi eux, Tamise, Severn, Mersey, Clyde; — 3° les ressources végétales sont variées, cultures diverses, mais prédominance des pâturages et des prairies; — 4° les ressources minérales sont incomparables: houille (Northumberland, Lancashire, Staffordshire, Pays de Galles), fer, cuivre, plomb, zinc, étain. — L'Irlande a des aptitudes bien moindres que la Grande-Bretagne pour l'agriculture et l'industrie comme pour le commerce.

III. Populations. — Le Royaume-Uni renferme 41 605 000 habitants, 132 en moyenne par kilomètre carré. Cette population s'accroît rapidement, malgré l'importance de l'émigration (jusqu'à 300 000 départs par an). Les habitants appartiennent soit aux races celtique et gaélique (Irlandais, Gallois, Écossais), soit surtout à la race anglo-saxonne, race forte, énergique, très individualiste. Les Anglais sont en grande majorité protestants; les Écossais sont presbytériens; les Irlandais surtout catholiques.

IV. État actuel et villes. — L'Angleterre (32 millions d'hab.) est surtout agricole à l'est, industrielle à l'ouest; c'est dans cette dernière partie que se trouvent la plupart de ses grandes villes, à l'exception de Londres. On trouve : à l'est, Londres (4 536 000 hab.), York, Oxford et Cambridge, Hull (240 000 hab.); au sud Portsmouth (189 000 hab.) et Plymouth (107 000 hab.); à l'ouest, Liverpool (685 000 hab.), Manchester-Salford (544 000 hab.), Birmingham (522 000 hab.), Leeds (428 000 hab.) et Bradford (279 000 hab.), Sheffield (380 000 hab.), Newcastle (214 000 hab.), Bristol (328 000 hab.).

L'Écosse, divisée en Terres Basses et en Terres Hautes (4 472 000 hab.), a pour capitale Édimbourg (316 000 hab.), pour villes principales Glasgow (760 000 hab.), Dundee (160 000 hab.), Aberdeen (153 000 hab.).

L'Irlande (4 456 000 hab.), pauvre, opprimée, dépeuplée par la misère la famine et les persécutions, a pour capitale Dublin (373 000 hab.), pour autres villes Belfast (349 000 hab.), Cork et Limerick.

V. La puissance britannique. — L'Angleterre est le pays des libertés constitutionnelles : grâce à sa position insulaire, elle a pu consacrer presque toutes ses forces à son développement économique; elle possède 35 000 kilomètres de voies ferrées et 20 000 navires. Son agriculture (élevage), son industrie, son commerce lui ont attiré d'énormes richesses, réunies malheureusement dans un petit nombre de mains. L'Angleterre, par ses ressources et par un empire colonial immense, qui s'étend sur plus du huitième des terres émergées, est un des colosses dont dépend le sort du monde. Mais peut-être est-elle menacée actuellement dans sa prééminence industrielle, commerciale et coloniale; peut-être même son système politique intérieur pourrait-il subir des changements qui auraient un contre-coup important sur les intérêts du pays.

CHAPITRE IV

L'EUROPE CENTRALE

Le pays qui s'étend de la mer du Nord et de la Baltique à la mer Adriatique, et du Rhin à la Vistule, mérite à plusieurs titres le nom d'*Europe centrale* : 1° pour sa position : les lignes tirées entre les extrémités de l'Europe, d'Édimbourg à Constantinople, et de Gibraltar à la mer Blanche, s'y croisent vers Dresde; 2° pour son relief, qui rappelle l'Europe orientale par ses plaines, l'Europe occidentale par ses montagnes; 3° par ses habitants, qui sont en majorité des Germains, interposés entre les Latins du sud-ouest et les Slaves de l'est. Le nom d'Europe centrale se trouve ainsi justifié; toutefois il l'est seulement depuis l'entrée de la Russie dans le monde européen, c'est-à-dire depuis deux siècles. Auparavant, l'axe de l'Europe était situé plus à l'ouest, vers le Rhin.

Cette situation de centre géographique vaut à l'Europe centrale de précieux avantages. Elle devient ainsi le lieu de transit obligé des communications entre Madrid, Paris, Londres, d'une part, Saint-Pétersbourg, Moscou, Constantinople, de l'autre. Son importance s'en est trouvée accrue, sa population augmentée; elle a appris à tirer parti de ces ressources. Pays essentiellement continental, l'Europe centrale est même devenue pays maritime; les deux grands États qui s'y sont constitués, l'Allemagne et l'Autriche-Hongrie, font aujourd'hui une concurrence active aux deux grandes puissances maritimes d'autrefois, l'Angleterre et la France.

Ces avantages ne vont pas sans inconvénients. Grand chemin entre l'ouest et l'est, entre le nord et le midi, l'Europe centrale a souffert, plus que toute autre région européenne, des invasions et des guerres. Aujourd'hui elle doit faire face à la fois à l'ouest et à l'est. Vers l'ouest, le contact avec la France était moins intime depuis la constitution en États neutres de la

Belgique et de la Suisse; il est redevenu difficile par la conquête de l'Alsace-Lorraine. A l'est, rien ne sépare les empires d'Allemagne, d'Autriche-Hongrie, de Russie : d'où la nécessité d'entretenir des forces considérables pour surveiller les frontières.

L'Europe centrale comprend cinq États : Autriche-Hongrie, Suisse, Belgique, Hollande, Allemagne. Trois de ces États sont de petites puissances, maintenues principalement pour éviter des heurts entre les grands États voisins. L'Allemagne et l'Autriche-Hongrie comptent parmi les puissances européennes de premier ordre; longtemps rivales, elles se sont disputé la prééminence dans l'Europe centrale. L'Allemagne semble l'avoir emporté et s'efforce de pousser l'Autriche-Hongrie vers les pays slaves du sud-est et vers les Balkans, afin de dominer seule sur l'Europe centrale.

§ 1. — L'AUTRICHE-HONGRIE

L'empire d'Autriche-Hongrie est une juxtaposition d'éléments divers, hétérogènes, souvent opposés les uns aux autres par le jeu même des dispositions de la nature; il manque d'unité naturelle, et c'est par un effort persévérant d'art politique et administratif que son unité se maintient.

Il a pour limites : à l'ouest la Suisse et l'empire d'Allemagne, au nord l'Allemagne, à l'est la Russie et la Roumanie, au sud la Serbie, la Turquie, le Monténégro et l'Italie. Toutes ses frontières sont continentales, à l'exception d'un littoral de 700 kilomètres sur la mer Adriatique.

En y comprenant les territoires annexés de la Bosnie et de l'Herzégovine, l'empire d'Autriche-Hongrie mesure 676 665 kilomètres carrés, un quart de plus que la France.

Conditions physiques générales. — L'empire austro-hongrois manque essentiellement d'unité. Il se compose d'un grand nombre de régions distinctes, dont le seul élément d'unité consiste dans le Danube et ses affluents.

1° Comme *sol*, on y trouve toutes les variétés de terrains : des roches anciennes, dans les Alpes et les Karpates, des terrains jurassiques et crétacés dans les mêmes montagnes, des terrains tertiaires de composition diverse.

2° Comme *relief*, un morcellement extrême; des montagnes

E. Giffault, Del.

Mce Perrin, Sc

0   100   200   300   400   500 Kil

Europe centrale.

sur les trois quarts de son étendue, des plaines sur le quatrième quart, plaines dispersées, sortes de bassins fermés qu'encadrent des montagnes. Les montagnes se répartissent en trois groupes : les *Alpes*, qui couvrent l'ouest et le sud-ouest (Alpes Rhétiques, 3 905 m., Alpes Noriques, Alpes Cadoriques, Alpes Juliennes, Alpes de Carinthie et de Styrie, Alpes d'Autriche); les *Karpates*, à l'est (Petites Karpates, Tatra, 2 663 m., Waldgebirge, Alpes de Transylvanie, 2 994 m.); les *monts de Bohême*. Les plaines principales sont la plaine de Vienne ou Marchfeld, la plaine des Schütt, entourée par des bras du Danube, et aux deux tiers marécageuse, enfin la grande *plaine de Hongrie*, si plate qu'on y trouverait difficilement un monticule dominant de 30 mètres le niveau du Danube.

3° Comme *climat*, un climat en somme continental; plus froid sur les montagnes, quoique plus humide et plus régulier; plus chaud en moyenne dans les plaines, mais avec des hivers généralement fort rudes qui couvrent le sol de neige, et avec des étés très chauds et secs qui craquèlent le sol; en ces plaines, il arrive que le thermomètre oscille de 20 ou 25 degrés en l'espace de quelques heures.

Aptitudes diverses. — 1° Les *côtes* de l'Autriche-Hongrie n'ont qu'un faible développement, 700 kilomètres sur une seule mer, l'Adriatique, au sud. Cette côte rocheuse, élevée, bordée d'une rangée d'îles parallèles au rivage, offre aux navires d'excellents abris et des ports, tels que Trieste et Fiume en Istrie, Raguse plus au sud. Mais la difficulté des communications entre la côte et l'intérieur diminue les avantages de la plupart de ces ports.

2° Les *fleuves* de l'Autriche-Hongrie sont nombreux. Ils coulent vers quatre mers. Elle envoie : 1° à la mer Baltique, la Vistule et l'Oder, dont elle ne possède que la source; 2° à la mer du Nord, l'Elbe, qui lui appartient par son cours supérieur en Bohême, et par ses deux affluents, la Moldau et l'Eger; 3° à la mer Adriatique, quelques fleuves côtiers de médiocre importance, Isonzo, Narenta, ainsi que l'Adige, dont l'Autriche possède le cours supérieur; 4° à la mer Noire, le Danube et le Dniestr, dont les sources sont à elle.

Le **Danube** comprend dans son bassin les cinq sixièmes de l'Autriche-Hongrie : c'est ce fleuve seul qui établit l'unité entre les différentes plaines qui la composent. Né dans l'empire d'Allemagne, en Souabe, il entre en Autriche, après avoir traversé la Bavière, près du confluent de l'Inn. Il y coule jusqu'au défilé des Portes de Fer, entre les Karpates et les Balkans. Son cours s'y déroule, tantôt resserré au passage des montagnes en détroits et en rapides défilés, tantôt s'élargissant dans les plaines et s'y divisant autour d'îles de sable. Le Danube traverse ainsi successivement la plaine de Haute-Autriche, les défilés de Krems et du Kahlenberg, la plaine de Vienne ou Marchfeld, la porte de Hongrie, la plaine de Haute-Hongrie ou de Presbourg, les défilés de Gran, et la plaine de Basse-Hongrie, où il s'étale largement au temps des inondations.

Il reçoit successivement : dans le bassin de Haute-Autriche, le *Traun* et l'*Enns*, descendus des Alpes Autrichiennes ; dans le bassin de Vienne, la *March* ou *Morava*, venue des Sudètes ; dans le bassin de Presbourg, la *Leitha* et le *Raab* à droite, le *Vag*, le *Gran* et l'*Ipoly* à gauche ; dans le bassin de Basse-Hongrie, à droite, le *Sio*, issu du lac Balaton, la *Drave*, grossie de la Mur, puis la *Save*, rivières alpestres, longues et énormes ; à gauche, la *Tisza*, grossie des rivières hongroises.

Quand le Danube quitte l'Autriche-Hongrie, c'est un fleuve considérable. Il a reçu tous ses principaux affluents, et roule, au temps des crues, une masse d'eau si énorme, qu'elle ne peut trouver une suffisante issue par le défilé trop étroit des Portes de Fer, et reflue sur la plaine, qu'elle inonde sur une largeur de plusieurs lieues. Le Danube est navigable, sauf dans les défilés où des bancs de roches gênent parfois la navigation.

3° Les *ressources végétales* diffèrent des montagnes aux plaines. On distingue en Autriche-Hongrie deux zones de productions entièrement dissemblables.

Les montagnes sont couvertes principalement de forêts, qui ont pour essences dominantes le chêne et le pin, suivant l'altitude. On en trouve d'immenses sur les versants alpestres, en Bosnie, sur les Karpates, sur les monts Sudètes. Les bois couvrent 35 pour 100 de l'Autriche, 29 pour 100 de la Hongrie.

Les plaines sont plutôt agricoles. Formées d'alluvions, elles ont une fécondité merveilleuse et se prêtent à la culture des céréales, des vignes, des plantes industrielles, ou à l'établissement des pâturages. Jusqu'au 50° degré, c'est-à-dire sur le versant méridional des Karpates et dans la Bohême méridionale, dominent le maïs, le tabac, les blés et la vigne : au delà, la vigne ne croît plus ou ne donne que des vins médiocres, et le maïs fait défaut ; mais le houblon et la betterave, l'orge, l'avoine et le seigle y réussissent.

Anglais y parurent au XIIe siècle, s'étendirent peu à peu, favorisés par les discordes des chefs irlandais, et finirent par imposer leur domination à l'île entière, au XVIIe siècle, sous Cromwell. Une partie des habitants fut massacrée, chassée, et les terres vacantes devinrent la proie du vainqueur. Alors a commencé le martyre de l'Irlande. Celtique d'origine, de traditions et de langue, elle a dû obéir à la nation conquérante. Devenus fermiers sur les terres qu'ils avaient possédées comme propriétaires, les paysans irlandais ont été réduits à travailler pour le *landlord* anglais, qui dépensait en Angleterre la rente arrachée à ses tenanciers.

L'Irlande appauvrie, et du reste médiocrement pourvue de mines, n'a pris qu'une faible part au développement industriel britannique : il n'y a d'exception que pour l'Ulster, au nord-est. L'agriculture est précaire, car le paysan devient paresseux, n'ayant aucun goût pour cultiver la terre d'un autre, dont il sera expulsé si une mauvaise récolte, une épizootie ou quelque autre accident le met dans l'impossibilité de payer son fermage. Nulle part le tenancier n'a une condition plus lamentable. Sa maison est une chaumière au sol de terre battue, aux murs de pierre cimentés de boue, sans plafond, couverte de chaume ; sa nourriture se compose exclusivement de pommes de terre et de choux. Que la récolte vienne à manquer, c'est la famine : en 1847, 500 000 Irlandais moururent de faim. Comme conséquence, l'Irlande s'est dépeuplée : elle comptait 8 175 000 habitants en 1841, près de 9 millions en 1846 ; elle n'en a plus aujourd'hui que 4 456 000. L'Angleterre elle-même a fini par s'émouvoir de cette dure compression, et le parti libéral anglais s'efforce de faire adopter pour l'Irlande une politique nouvelle et plus généreuse.

La capitale de l'Irlande est **Dublin**, qui, avec ses faubourgs, renferme 373 000 habitants : située sur la côte orientale, en face d'Anglesea et de Liverpool, elle est le centre des chemins de fer irlandais, le point de départ des canaux qui traversent l'île, le port par lequel s'exportent en Angleterre les denrées agricoles et le bétail. On peut citer encore *Cork* (76 000 hab.), sur la côte méridionale, et *Limerick* (40 000 hab.), à l'embouchure du Shannon : ce sont deux ports d'exportation.

Une région de l'Irlande contraste avec les autres : c'est l'Ulster, au nord-est, région industrielle active et en majorité protestante. Elle a pour ville principale *Belfast* (349 000 hab.), qui vit surtout du tissage du lin.

sémitique, par des Juifs; — la race altaïque par les Magyars
ou Hongrois.

Les **Allemands** (11 à 12 millions) peuplent surtout l'ouest,
les bassins supérieurs du Danube et une partie des versants
alpestres; on les trouve encore, en colonies, dans la Hongrie
et la Transylvanie. Leur importance tient moins à leur nombre

Races de l'Autriche-Hongrie.

qu'à la place qu'ils occupent au point de vue intellectuel et
politique. La langue allemande est celle du souverain, celle des
relations extérieures, des classes cultivées, de la science, du
haut commerce et de la grande industrie.

Les **Slaves** (21 millions) forment deux masses compactes,
l'une au nord, l'autre au sud, séparées par une traînée de races
hétérogènes. Parmi les Slaves du Nord sont les *Tchèques*, qui
peuplent la Bohême, les *Polonais* et les *Ruthènes*; les Tchèques ont conservé intacte leur nationalité; leur littérature, la

plus développée de la langue slave, a brillé dans les sciences et l'histoire, aussi bien que dans la poésie. Les Slaves du Sud, *Slovènes*, *Croates*, *Serbes* et *Bulgares*, ne forment qu'un groupe de 4 à 5 millions d'individus, moins compact et offrant moins de résistance à la pression des races environnantes.

Les *Italiens* et les *Latins* (800 000 h.) peuplent les vallées du Tyrol méridional et les côtes de l'Istrie.

Les *Roumains* (3 millions), au sud-est, occupent la région des Karpates et la plus grande partie de la Transylvanie.

Les *Juifs* n'occupent exclusivement aucune région de l'empire d'Autriche; mais ils forment dans certaines de ses parties une fraction importante de la population. Ils sont, par exemple, 700 000 dans la Galicie et la Bukovine, où leurs progrès ont provoqué des haines farouches, d'où est sorti l'antisémitisme. Ils parlent en général l'allemand.

Les **Magyars** ou **Hongrois** (9 millions) sont des populations venues d'Asie il y a un millier d'années, puis converties au christianisme, et adoucies graduellement par l'influence d'une vie nouvelle et par des croisements. Au physique, c'est une race vigoureuse, à l'attitude leste et décidée, aux traits fortement accusés, aux yeux noirs et brillants, aux grandes moustaches. Au moral, deux sentiments dominent chez eux tous les autres, l'orgueil de la race et le sentiment de l'indépendance nationale; ils sont, du reste, vifs jusqu'à l'emportement, francs jusqu'à la rudesse, mais ouverts, accueillants, enjoués. De leurs anciennes mœurs nomades, les Magyars ont gardé l'amour des exercices corporels et de la vie libre.

La religion la plus répandue dans l'Autriche-Hongrie est le catholicisme romain, qui compte parmi ses fidèles 67 pour 100 de la population totale de l'empire. La religion orthodoxe est pratiquée en Roumanie; le protestantisme par les colonies allemandes de Hongrie.

État actuel et villes. — Depuis 1867, l'empire d'Autriche est devenu l'empire d'Autriche-Hongrie. L'Autriche et la Hongrie forment deux États distincts sous un même souverain, empereur en Autriche et roi en Hongrie. La première a son parlement à Vienne, la seconde a le sien à Budapest. L'une et l'autre ont un ministère et un budget spéciaux, à l'exception des départements des affaires étrangères, des finances et de la guerre, qui sont communs. La limite des deux États est formée par la rivière Leitha : l'Autriche comprend les provinces Cisleithanes, la Hongrie, les provinces Transleithanes.

La *Cisleithanie* se compose de 14 pays :

1° La *Basse-Autriche*, ou Autriche au-dessous de l'Enns, sur le Danube. C'est une province agricole et commerçante, centre

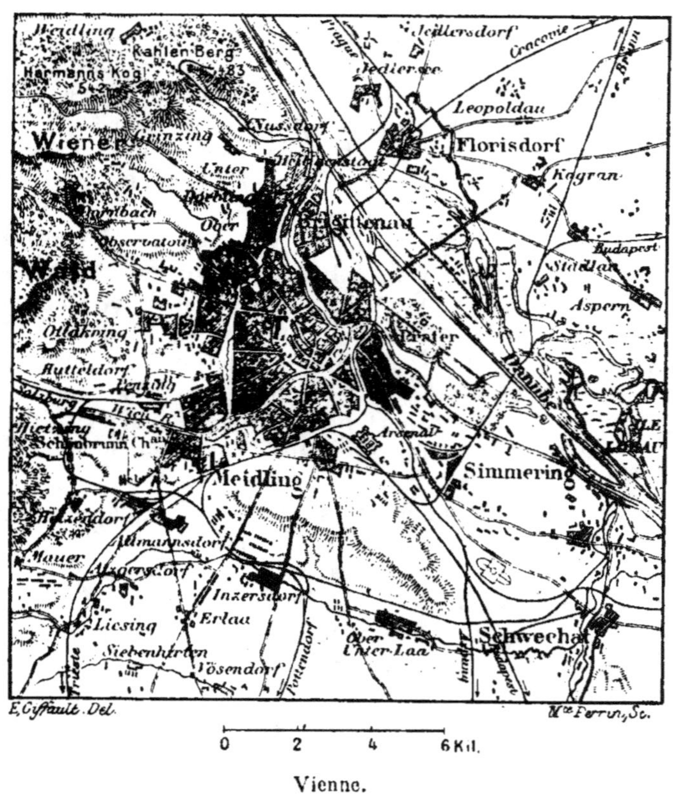

Vienne.

de l'empire. Elle a une population allemande. Elle renferme la capitale, **Vienne** (1 662 000 hab.). Cette ville, une des plus belles et des plus élégantes de l'Europe, doit sa fortune à sa situation; elle est placée, en effet, au point de croisement des grandes voies ferrées de Paris à Constantinople, de Pétersbourg et de Berlin à Rome.

2° La *Haute-Autriche*, ou Autriche au-dessus de l'Enns, sur le Danube : région agricole et allemande, comme la précédente, mais moins riche. Sa capitale est *Linz*, qui renferme quelques manufactures.

3° La *Styrie*, région de montagnes élevées et enchevêtrées, où coulent la Drave et son affluent la Mur. Comme elle renferme des mines de fer, c'est surtout une région industrielle. Sa population se compose surtout d'Allemands; on y trouve pourtant des Slaves. La capitale est *Graz* (138 000 hab.), qui renferme d'importantes manufactures d'acier.

4° La *Carniole*, couverte par les Alpes Carniques et Juliennes, et traversée par la Save, est médiocrement riche et peuplée. Ses habitants appartiennent à la race slave. Elle a pour capitale *Laybach*, sur la Save; pour villes principales, *Idria*, célèbre par ses mines de mercure, et *Adelsberg*, dont les grottes sont fameuses.

5° L'*Istrie* est formée en majeure partie par une presqu'île habitée par des Italiens : à ce titre, certains patriotes italiens la revendiquent comme possession nationale. Débouché naturel de l'Autriche et de l'Allemagne centrale sur l'Adriatique et la Méditerranée, l'Istrie possède une population très dense. Elle a pour capitale **Trieste**, qui a supplanté Venise, moins bien placée qu'elle; premier port de l'Adriatique, Trieste renferme 178 000 habitants, faubourgs compris. On y trouve encore le port militaire de Pola.

6° La *Dalmatie*, baignée par la mer Adriatique, est presque partout couverte par les Alpes Dinariques, entre lesquelles s'ouvrent des abîmes, des précipices profonds, et, çà et là, de petites plaines fertiles, des vallées chaudes et riantes, où la vigne, les oliviers, les figuiers donnent des produits renommés. Le fond de la population, du reste peu nombreuse, est slave; sur les côtes vivent quelques groupes d'Italiens. La capitale est *Zara*, ville maritime; on peut citer encore *Raguse*, qui fut l'une des places maritimes les plus importantes de l'Adriatique.

7° La *Carinthie*, montagneuse et traversée par la Drave supérieure, est une province allemande, mais les Slaves s'y étendent. La capitale est *Klagenfurt*, qui possède d'importantes manufactures de draps.

8° Le *Tyrol* et le *Vorarlberg* sont couverts par les Alpes Rhétiques. Pays de hautes montagnes, de neiges et de glaces, froid et pauvre, il ne peut nourrir facilement ses habitants, qui émigrent chaque année en grand nombre. Ces habitants sont allemands au nord, dans la vallée de l'Inn, italiens au sud, dans la vallée de l'Adige. On pourrait presque dire que la principale ressource du pays réside dans ses monts pittoresques et grandioses qui attirent chaque année de nombreux visiteurs. La capitale est *Innsbrück*, sur l'Inn, au débouché du col du Brenner, un des plus fréquentés des Alpes; sur l'Adige, se trouve la ville de *Trente*, dans la partie italienne du Tyrol.

9° Le *pays de Salzbourg*, au sud-ouest de l'Autriche, est montagneux et pittoresque. C'est une province entièrement allemande. On y remarque *Salzbourg*, dans une région riche en sel, et *Gastein*, célèbre par ses eaux minérales.

10° La *Bohême*, située au nord de l'Autriche, comprend le bassin supérieur de l'Elbe, et ceux de ses affluents, Moldau et Eger. Douée d'un sol fertile, très riche en houille et en mines diverses, c'est une région à la fois agricole et industrielle, une des plus prospères de l'empire et une des plus peuplées. Jadis cette province était surtout allemande. De nos jours, l'élément slave, représenté par les Tchèques, augmente rapidement et élimine graduellement les Allemands : on ne compte plus qu'un tiers d'Allemands contre deux tiers de Tchèques. La capitale est **Prague** (225 000 hab.), sur la Moldau, célèbre à la fois par son université, par ses monuments et par ses usines. *Reichenberg*, au pied du Riesen-Gebirge, fabrique des draps renommés. On peut citer encore les villes d'eaux très fréquentées de Carlsbad, Sedlitz, Marienbad, Franzensbad, etc.

11° La *Moravie*, ou plaine de la Morava, est également agricole, industrielle, et slave pour plus des deux tiers. Sa capitale est *Brünn* (108 000 hab.), qui doit sa prospérité à ses filatures, à ses teintureries, à ses manufactures de drap.

12° La *Silésie autrichienne*, située aux sources de l'Oder, est peuplée d'Allemands, de Polonais et de Tchèques. Elle a pour capitale *Troppau*, au nord des monts Sudètes.

13° La *Galicie*, sur le San, le Prout et le Dniestr, est une région de grandes plaines agricoles, au nord des Karpates. L'Autriche l'enleva à la Pologne à la fin du xviiiᵉ siècle. Elle est habitée surtout par des Polonais et par des Ruthènes. Les Juifs y forment dans les villes un élément nombreux de la population. La capitale est *Lwow* ou *Lemberg* (159 000 hab.), célèbre par ses foires. La seconde ville est *Cracovie* (73 000 hab.), ancienne ville polonaise, réunie à l'Autriche en 1846; elle est demeurée, grâce à son université, le centre de la culture et de la nationalité polonaises.

14° La *Bukovine*, à l'est des Karpates, sur le Dniestr, le

Sereth et le Prout, est une province ruthène au Nord et roumaine au Midi. Elle a pour capitale *Czernowitz*.

La ***Transleithanie*** ne comprend que trois pays :

1° La *Hongrie* proprement dite est une région de grandes plaines arrosées par le Danube et la Tisza, appelée Theiss par les Allemands. Couverte autrefois d'immenses forêts, aujourd'hui presque entièrement détruites, elle rappelle parfois la steppe russe; des sables mouvants et des salines s'y étendent; certains pâturages, situés dans des régions peu arrosées, n'ont qu'une végétation temporaire et présentent, en été, l'apparence d'un désert où les vents soulèvent des tourbillons de poussière. En général, elle nourrit des troupeaux de bœufs à demi sauvages, de moutons, de chevaux, de buffles; elle renferme des champs de betteraves, de tabac et de céréales : la région de l'Alfœld, ou « bas pays », comprise entre le Danube et la Tisza, donnerait, dit-on, le meilleur blé du monde par la quantité de gluten qu'il contient. Les vignes y produisent des vins renommés, en particulier ceux de Tokaï. Elle est peuplée surtout de Magyars.

La Hongrie a pour capitale **Budapest** (713000 hab.), formée de deux villes, Pest qui longe la rive gauche du Danube, en plaine, et, sur la rive droite, Buda ou Ofen, qui entoure une fière colline : son développement subit, extraordinaire, date de ce siècle. On y remarque encore *Szegedin* (100000 hab.), au confluent de la Tisza et du Maros, *Szabadka* (81000 hab.), que les Allemands nomment Maria-Theresiopel, *Debreczen* (72000 hab.) : toutes ces villes magyares ont l'aspect d'infinis villages faits d'une multitude de chaumières et de quelques maisons, sur des rues sans pavé : Szabadka couvre 896 kilomètres carrés, plusieurs fois l'étendue de Paris. Sur le Danube, en remontant vers Vienne, on trouve *Gran*, la place forte de *Comorn*, et *Presbourg*.

2° La *Transylvanie*, située dans les Karpates, est avant tout fort riche en minerais. L'or, l'argent, le cuivre, le plomb, le sel gemme, les pierres précieuses, s'y trouvent en gisements abondants et nombreux. C'est un pays surtout roumain, mais avec des mélanges de Magyars et des colonies allemandes. La ville principale est *Klausembourg* ou *Kolosvar*; on y remarque les villes industrielles de *Kronstadt*, d'*Hermannstadt* et de *Carlsbourg*.

3° La *Croatie-Esclavonie*, sur la Drave et la Save, est un

pays purement slave, qui vient de s'annexer une autre contrée slave, les Confins Militaires, territoire long, mais étroit, situé sur la rive gauche de la Save, près du Danube. On y trouve *Agram*, en slave *Zagreb* (58 000 hab.), centre politique et industriel; la ville épiscopale de *Diakovar*, plus à l'est; la forteresse de *Peterwardein*, sur le Danube.

La **Bosnie-Herzégovine** complète l'Autriche-Hongrie. Elle en fait partie depuis le traité de Berlin, en 1878. Sa superficie s'élève à 51 000 kilomètres carrés, sa population à 1 591 000 habitants, 31 en moyenne par kilomètre carré. Elle a pour capitale *Seraïevo* ou *Bosna-Seraï* (41 000 hab.), dans la haute vallée de la Bosna.

L'Autriche-Hongrie contemporaine. — L'Autriche-Hongrie eut pour origine première une marche fondée par Charlemagne autour de Vienne pour défendre la route du Danube contre les invasions des hordes orientales. Son nom, *Œsterreich*, signifie royaume de l'Est, et ses premiers siècles d'existence ne furent qu'une longue lutte contre les Avares, les Hongrois, les Slaves, puis contre les Turcs qui menaçaient l'Europe occidentale.

D'abord resserré sur le Danube, le petit royaume alla s'agrandissant par conquêtes, achats et mariages; la Styrie, la Carniole, la Carinthie furent d'abord annexées. Gouverné par les Habsbourg à partir du xiii° siècle, il réalise des progrès soudains, règne en maître sur l'Allemagne, place sous sa domination directe, au xvi° siècle, la Bohême et la Hongrie, au xvii° la Transylvanie, au xviii° la Galicie et la Bukovine, au xix° la Croatie et l'Esclavonie, puis la Bosnie et l'Herzégovine. Quelques provinces, par contre, ont été perdues par lui, la Suisse et l'Alsace par exemple; enfin la guerre de 1866 lui a enlevé l'hégémonie allemande.

Ainsi cette puissance, d'origine germanique, après avoir dominé en Allemagne, n'a cessé dans les derniers siècles d'y perdre du terrain et de se laisser dériver vers les pays slaves ou magyars du Danube. D'abord exclusivement allemande, elle est devenue un État essentiellement composite, où les Allemands n'entrent plus que pour 24 pour 100 dans le chiffre total de la population, tandis que les Slaves sont 45 pour 100 et les Magyars 18 pour 100.

De cette situation sont nées pour l'Austro-Hongrie des difficultés particulières. L'élément allemand qui continuait à diriger le gouvernement, quoique numériquement inférieur, s'est trouvé en butte aux réclamations des Magyars et des Slaves, qui ont réclamé une certaine autonomie. De là des agitations, des conflits, des révolutions, chaque nationalité réclamant le droit de se diriger, et devenant plus pressante à mesure qu'elle prenait une plus pleine conscience d'elle-même. Seules jusqu'à ce jour, les revendications hongroises ont été couronnées de succès. Mais les Tchèques de Bohème réclament à leur tour leur émancipation et travaillent à la conquérir en dépit de l'opposition des Allemands et des Hongrois qui ne veulent pas devenir un tiers, là où ils comptent pour une moitié. Le conflit de ces intérêts contraires provoque dans l'Autriche-Hongrie des troubles graves qui l'inquiètent.

En attendant, c'est encore une des principales puissances de l'Europe. Longtemps en retard comme développement sur les autres grands pays, et particulièrement sur l'Allemagne, elle possède actuellement plus de 100 000 kilomètres de routes, la grande artère du Danube, constamment améliorée, et plus de 36 700 kilomètres de voies ferrées, dont les plus importantes appartiennent aux grandes lignes internationales qui sillonnent l'Europe de l'Ouest à l'Est et du Nord au Sud[1]. L'agriculture, qui naguère ne nourrissait pas les habitants du pays, alimente aujourd'hui un grand commerce d'exportation, qui se fait surtout par le Danube. L'industrie, longtemps bornée à l'extraction des minerais du sous-sol, commence à fabriquer des produits divers; seule la Hongrie reste presque entièrement agricole. Le commerce dépasse aujourd'hui 3 600 millions de francs : c'est naturellement avec l'Allemagne que l'Autriche-Hongrie fait le plus grand nombre d'échanges.

Peuplée et riche, l'Autriche-Hongrie est une des six grandes puissances dont l'accord constitue le concert européen.

RÉSUMÉ

L'Autriche-Hongrie a 676 000 kilomètres carrés, y compris la Bosnie et l'Herzégovine. Elle n'a que 700 kilomètres de côtes.

I. Conditions physiques générales. — 1° Comme sol, toutes les

---

1. Principales voies ferrées : 1° *Vienne vers Cracovie, Varsovie et Saint-Pétersbourg,* avec embranchement sur *Brünn, Prague, Dresde et Berlin ;* — 2° *Vienne à Presbourg, Budapest,* vers *Belgrade, Constantinople et Salonique ;* — 3° *Vienne à Graz, Laybach et Trieste* (Venise et Italie); — 4° *Vienne à Linz, Salzbourg,* vers *Munich et Paris.*

variétés, terrains primaires, secondaires et tertiaires; — 2° comme relief,
trois quarts de son étendue en montagnes (Alpes, Karpates, monts de
Bohême), un quart en plaines (plaine de Hongrie, etc.); — 3° comme
climat, un climat extrême, aux hivers fort rudes, aux étés très chauds
et secs, du moins dans les plaines.

II. Aptitudes diverses. — 1° Les côtes, peu nombreuses, sont bien
découpées, mais trop séparées de l'intérieur; — 2° les fleuves sont nombreux, mais le principal est le Danube, grossi de la March ou Morava,
de la Leitha, de la Drave, de la Save et de la Tisza; l'Autriche a dans
le Danube une voie commerciale de premier ordre; — 3° ses ressources
végétales consistent en forêts sur les montagnes; en céréales, vignes,
cultures industrielles dans les plaines; — 4° ses ressources minérales
sont nombreuses en Transylvanie et surtout en Bohême, plus faibles
dans les Alpes, nulles dans les plaines.

III. Populations. — 46 900 000 habitants, 69 en moyenne par kilomètre carré, beaucoup plus nombreux dans les plaines que sur les
montagnes. On compte parmi eux 11 à 12 millions d'Allemands, 21 millions de Slaves, 800 000 Italiens, 3 millions de Roumains, 9 millions de
Magyars et des Juifs. 67 pour 100 sont catholiques.

IV. État actuel et villes. — Deux grandes parties dans l'empire,
l'Autriche ou Cisleithanie, la Hongrie ou Transleithanie. En Autriche,
14 pays : capitale Vienne (1 662 000 hab.); villes principales, Graz
(138 000 hab.), Trieste (178 000 hab.), Prague (225 000 hab.), Brünn,
Lemberg (159 000 hab.), Cracovie; — en Hongrie, trois pays : capitale
Budapest (713 000 hab.); villes principales, Presbourg, Szegedin, Szabadka, Agram ou Zagreb; — en Bosnie-Herzégovine, Seraïevo.

V. L'Autriche-Hongrie contemporaine. — État allemand par ses
origines, l'Autriche-Hongrie a été ansformée par le hasard des événements en un empire plus slave qu'allemand; de plus en plus elle
s'éloigne de l'Allemagne, où la Prusse prend sa place, et s'étend vers la
péninsule des Balkans, au sud-est. Aussi les populations annexées,
Slaves et Magyars, qui avaient pour elles le nombre, se refusent-elles
à subir la domination de l'État allemand; la Hongrie a obtenu son
autonomie en 1867, les Tchèques de Bohême s'efforcent de l'obtenir.
Ces conflits de races troublent le développement de l'Autriche-Hongrie,
qui n'en est pas moins une des grandes puissances de l'Europe.

§ 2. — LA SUISSE

La Suisse a pour limites la France, l'Italie, l'Autriche et l'Allemagne. Puissance entièrement continentale, elle peut être
regardée comme le centre du continent européen; ses hautes

montagnes versent, en effet, l'humidité dans toutes les directions et vers les diverses mers européennes.

Longue d'environ 200 kilomètres du nord au sud, large de 300 kilomètres de l'est à l'ouest, elle ne mesure qu'une superficie de 41 350 kilomètres carrés, la treizième partie environ de la France.

Conditions physiques générales. — Deux des conditions physiques de la Suisse priment les autres : ce sont la situation et le relief.

1° Sa *situation* est des plus favorables pour son importance générale. La Suisse touchant à quatre des plus grandes puissances européennes, France, Italie, Autriche et Allemagne, qu'elle sépare comme un tampon, est devenue tout naturellement le lieu de passage qui les unit deux à deux, l'Allemagne à l'Italie, la France à l'Autriche. Elle a pu redouter pour son indépendance les conséquences de cette situation ; en revanche, son importance commerciale y a manifestement gagné.

2° Son *relief* est essentiellement montagneux. Les Alpes au sud et à l'est, le Jura au nord-ouest, couvrent un peu plus des deux tiers de sa surface ; le reste seul appartient à la plaine, plaine encore si élevée, qu'on évalue à 1 300 mètres l'altitude moyenne du pays entier.

Les **Alpes**, avec leurs ramifications, couvrent plus de la moitié du sol suisse. Elles y atteignent, non leur plus grande hauteur absolue, puisque le Mont-Blanc (4 810 m.) s'élève en territoire français, mais leur plus grande hauteur moyenne. Les Alpes suisses ne sont que massifs grandioses, cimes dépassant 4 000 mètres, sombres couloirs aux rochers amoncelés, cirques où les neiges permanentes se sont accumulées en névés et en glaciers d'où découlent des torrents. Les glaciers de Suisse, au nombre de plus de 1 100, recouvrent 210 000 hectares, le vingtième du sol helvétique.

Les principaux soulèvements des Alpes suisses sont les *Alpes Pennines*, qui portent les plus hautes cimes, le Grand Combin (4 317 m.), le Cervin ou Matterhorn (4 505 m.), et le Mont-Rose, couronné par neuf sommets, dont le plus élevé monte à 4 638 mètres ; — les *Alpes Lépontiennes* et les *Alpes Rhétiques*, dont les pics sont moins hauts et les glaciers moins étendus, mais dont les vallées sont à une altitude bien supérieure ; on y trouve le Rheinwaldhorn (3 398 m.), le massif du Bernina (4 052 m.) et le Piz Linard (3 416 m.) ; les principales vallées sont celles du Rhin ou Rheinthal, de l'Inn ou Engadine, du Tessin ou val Leventina, de l'Adda ou Valteline; — les *Alpes Bernoises*, presque aussi hautes que les Alpes Pennines, auxquelles elles font face par delà la vallée du Rhône, ou Valais : elles portent les Diablerets, le Wildhorn, l'Aletschhorn (4 207 m.), au pied duquel s'étend le glacier d'Aletsch, le plus vaste d'Europe avec ses 23 kilomètres de longueur et sa superficie de 14 000 hectares; la Jungfrau (4 166 m.), le Mönch (4 105 m.) et le Finsteraarhorn (4 275 m.) ; — les *Alpes des Quatre-Cantons*, les *Alpes de Glaris* et les *Alpes d'Appenzell*, qui forment au nord des Alpes Lépontiennes et Rhétiques un immense enchevêtrement de montagnes, moins hautes et moins glacées, mais compactes, à travers lesquelles les rivières, tantôt resserrées et tantôt étalées en lacs pittoresques, ouvrent des voies de pénétration naturelles. Dans les Alpes des Quatre-Cantons, groupés autour du lac des Quatre-Cantons, se dressent le Titlis (3 239 m.), le Pilate (2 133 m.), le Rigi (1 800 m.) et le Rossberg. Le point culminant des Alpes de Glaris est le Tödi (3 624 m.); celui des Alpes d'Appenzell est le Sentis (2 504 m.). Les principales rivières qui traversent ces massifs sont l'Aar et la Reuss; les principaux lacs sont les lacs de Brienz et de Thoune, le lac des Quatre-Cantons, le Wallen-See et le lac de Zurich.

Les Alpes suisses, comme le reste du système des Alpes, sont du reste faciles à franchir, en dépit de leur altitude, de leurs neiges et de leurs glaciers. Les vallées des rivières et les cols déprimés donnent accès à des routes qui relient leurs versants. Les principales sont : dans les Alpes Pennines, le Grand Saint-Bernard et le Simplon (2 010 m.); dans les Alpes Lépontiennes, le passage du Saint-Gothard, où passent quatres routes, et, sous un tunnel long de 15 kilomètres, une voie ferrée reliant la vallée de la Reuss à celle du Tessin, la mer du Nord à l'Adriatique; puis viennent les routes du San Bernardino, du Splügen, de la Maloggia (1 811 m.) et du Bernina. Tous ces passages servent depuis longtemps aux relations internationales.

Le **Jura** se développe à l'ouest de la Suisse en une longue courbe de 280 kilomètres dont les extrémités, sur le territoire helvétique, sont Genève, sur le Rhône, et Schaffhouse, sur le Rhin. Tandis que, sur le versant français, le Jura se prolonge par des plateaux qui s'étendent jusqu'à la plaine de la Saône, il s'abaisse sur le versant suisse par un talus rapide au pied duquel s'étendent les lacs de Neuchâtel, de Bienne et de Morat. D'ailleurs c'est encore le même aspect, rangées parallèles de chaînes aux profils rectilignes et horizontaux où font saillie quelques pointes ou *crêts*, coupures transversales ou *cluses* rompant brusquement les soulèvements, *vals* latéraux séparant les divers soulèvements.

Les principaux sommets du Jura en Suisse sont la *Dôle* (1 678 m.), à l'angle de la frontière, le *Mont-Tendre* (1 680 m.), le *Suchet* (1596 m.), le *Chasseral* (1610 m.), au-dessus du lac de Bienne, le *Weissenstein* et le *Hauenstein* (732 m.), sous lequel passe le chemin de fer de Bâle à Lucerne. Les principaux vals latéraux qui unissent la France à la Suisse à travers le Jura sont le *Val d'Orbe* et le *Val de Travers*, qui conduisent de Lausanne et de Neuchâtel à Pontarlier; le *Val Saint-Imier*, qui mène de Bienne au Locle et à Morteau. Des voies ferrées suivent ces vallées.

La **Plaine suisse** comprend le pays situé entre les Alpes et le Jura, entre les lacs de Genève et de Constance; son altitude moyenne est de 500 à 600 mètres. Elle est formée de molasse, provenant des débris des torrents de la période diluviale.

3° La *composition géologique* du sol n'a qu'une médiocre importance, étant donné le puissant relief du pays.

4° Le *climat* est la conséquence directe du même relief. Les hautes régions rappellent par leur froidure les climats polaires. Dans les vallées élevées, l'année se divise en « neuf mois d'hiver et trois mois de froid », ainsi que disent les habitants de l'Engadine. La plaine a des hivers rudes, et la chaleur des étés y est souvent abaissée par les vents venus du sud et refroidis au contact des neiges alpestres; par contre la température est parfois relevée soudain par un vent tiède, sec et énervant : c'est le *föhn*, qui balaye et fond les neiges. « Sans le föhn, disent les habitants des Grisons, ni le bon Dieu ni le soleil d'or ne peuvent rien. »

Les pluies sont fréquentes en Suisse, comme dans tous les pays élevés. La plaine reçoit 80 centimètres à 1 mètre; le Jura, de 1 à 2 mètres; les Alpes, 2 ou 3 mètres et même davantage : on a vu jusqu'à 17 mètres de neige sur certains cols.

Aptitudes diverses. — 1° *Fleuves*. Avec ses pluies abondantes, ses névés et ses mers de glace, la Suisse alimente de nombreuses rivières; mais ces cours d'eau, coulant dans d'âpres et sombres couloirs, sont tous des torrents indomptés. Ils ne s'apaisent que dans les grandes nappes bleuâtres des lacs, où leurs flots, un instant adoucis, se purifient de leurs impuretés.

La Suisse envoie ses eaux aux quatre points de l'horizon; elle apparaît comme le cœur hydrographique de l'Europe. Vers la mer Noire, elle envoie l'Inn, affluent du Danube; vers la mer du Nord, le Rhin; vers la Méditerranée, le Rhône; vers la mer Adriatique, le Tessin, affluent du Pô.

L'*Inn* traverse la Suisse orientale; il naît près du col de la Maloggia, et coule entre le Bernina et les Alpes Grisonnes, dans la vallée de l'Engadine, la plus élevée de l'Europe, « immense dos de montagne, dit Michelet, où la vallée est montagne elle-même ».

Le **Rhin** reçoit les eaux de plus des deux tiers de la Suisse. Trois torrents des Grisons le forment : le Rhin antérieur, issu du Saint-Gothard, le Rhin du milieu, et le Rhin postérieur; ce dernier descend du massif de l'Adula par l'étranglement formidable de la Via Mala; quand le föhn fond à torrents la neige des névés et des glaciers, le fleuve, opprimé par deux murs rigides de roches, s'y élève parfois de plus de 60 mètres au-dessus de son niveau habituel. Définitivement constitué à Tamins, il traverse le *lac de Constance* ou *Boden-See*, et s'y épure. Il en sort pour se briser au-dessous de Schaffhouse par une cascade de 20 mètres, et coule à l'ouest jusqu'à Bâle, où il quitte la Suisse. — En amont de Bâle, il est plus que doublé par l'*Aar*, qui, grossie de la Reuss, de la Limmat, de la Sarine et de la Thièle, draine les eaux des massifs alpestres, des lacs alpestres et des lacs jurassiens de la Suisse.

Le **Rhône** n'emporte à la Méditerranée que les eaux d'une petite partie de la Suisse, mais c'est celle où les glaciers sont le plus nombreux et le plus étendus : la Suisse ayant 210 000 hectares de glaciers, le Rhône en déverse à lui seul 104 000. Il s'échappe violemment du glacier de la Furka, et traverse l'étroit sillon du Valais, où il se grossit de nombreux torrents, la *Massa*, venue du glacier d'Aletsch, la *Viège* ou *Visp*, descendue du Mont-Rose, la *Navisance*, la *Borgne*, la *Dranse valaisane*. Après avoir franchi le défilé de Saint-Maurice, entre la Dent de Morcles et la Dent du Midi, il se perd dans le Léman (58 000 hectares), dont ses limons comblent assez rapidement l'extrémité sud-est. Il s'y assagit et s'y épure, puis en sort à Genève.

Le *Tessin* naît au sud-ouest du Saint-Gothard et coule dans la vallée Leventina jusqu'au lac Majeur, dont la partie méridionale appartient à l'Italie.

2° Les *ressources végétales* de la Suisse, en raison du re-

lief, ne peuvent être très abondantes. Les rocs, les entasse-
ments de glaces et de neiges, la froidure, rendent une partie
du sol de la Suisse entièrement ou presque entièrement inca-
pable de produire : 28 pour 100 de la superficie du pays sont
absolument improductifs.

Sur les montagnes se rencontre la végétation naturelle des
régions froides et humides. Les sombres forêts, composées
d'arbres du Nord, ont été fort réduites, mais occupent encore
18 pour 100 du sol suisse. Les pâturages (32 pour 100) verdoient
sur les versants moyens et sur les plateaux que ne glace pas
l'altitude. Quant aux cultures proprement dites, champs de
céréales, de tabac, de lin, de chanvre, vergers d'arbres fruitiers,
vignobles, elles ne se trouvent naturellement que dans la plaine;
elle couvrent 24 pour 100 seulement de la Suisse.

3° Les *ressources minérales* sont encore plus faibles, bien
qu'elles ne fassent pas entièrement défaut. La Suisse recèle
seulement un peu d'anthracite dans le Valais, un peu de
houille dans les Alpes d'Appenzell, de l'asphalte dans le Val de
Travers, du fer sur plusieurs points. La production de toutes
ces mines est fort minime.

Populations. — En 1900, la Suisse comptait **3 313 000** habitants, 80 en moyenne par kilomètre carré, juste autant que la
France. Si l'on re-
marque qu'un
tiers de la Suisse
est absolument in-
habitable, on trou-
vera que dans l'en-
semble le pays est
fort peuplé. Les
pays de Saint-
Gall, de Bâle et
de Genève, dans
la plaine, ren-
ferment plus de
200 habitants par
kilomètre carré.

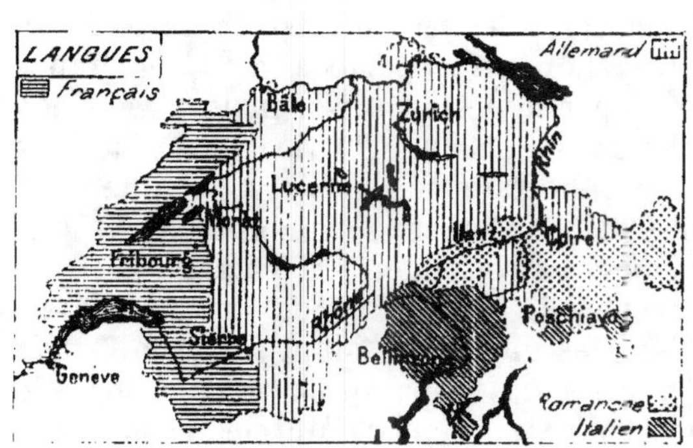

Langues de la Suisse.

Ces habitants, d'origines très diverses, celtique, germanique
et romanche, se répartissent, suivant la langue, en quatre
groupes d'importance fort inégale : 1° *Suisse allemande*
(69 pour 100), qui occupe l'est, le nord et le centre du pays avec

2 319 000 habitants; 2° la *Suisse française* (733 000 personnes, 23 pour 100), qui occupe l'ouest et n'a cessé de gagner sur la Suisse allemande depuis le commencement du siècle; 3° la *Suisse italienne* (222 000 hab.), qui comprend les versants tournés vers l'Italie; 4° la *Suisse romanche* (38 000 hab.), qui comprend les parties les plus abruptes des Grisons et l'Engadine; n'ayant point de littérature écrite, la langue romanche ne cesse de reculer.

Au point de vue religieux, la Suisse compte 1 950 000 protestants de confession diverse (zwingliens, calvinistes, etc.,) et 1 350 000 catholiques, répartis principalement dans le Centre et le Sud.

Malgré ces différences, il serait difficile de trouver un peuple plus uni que le peuple suisse dans l'amour de la patrie.

État actuel et villes. — La Suisse est une république fédérative; elle comprend 22 cantons et 3 demi-cantons qui forment en réalité 25 États indépendants, ayant chacun sa constitution spéciale et ses propres souvenirs historiques. Ce morcellement fédéral résulte naturellement de la difficulté des relations entre régions différentes que séparent des montagnes hautes et souvent infranchissables. L'unité est maintenue par une Assemblée fédérale, composée des députés élus par les cantons, par le Conseil fédéral, ou pouvoir exécutif, et par le Tribunal fédéral.

La *Suisse allemande* est la plus riche et la plus active. Elle renferme la plupart des industries du pays, en particulier des manufactures de cotonnades et de soieries. Elle renferme la capitale fédérale, **Berne** (64 000 hab.), sur l'Aar; cette ville doit sa fortune à sa situation intermédiaire entre la Suisse allemande et la Suisse française. Elle renferme, en outre, l'industrieuse **Zurich**, sur la Limmat, qui compte, avec ses faubourgs, 151 000 habitants; on l'appelle l'Athènes helvétique; elle a de nombreuses fabriques, surtout de soieries, et d'importants établissements scientifiques; **Bâle** (109 000 hab.), sur le Rhin, bien déchue de la royauté littéraire qu'elle exerça au XVI⁰ siècle, mais toujours curieuse à visiter, commerçante et riche; *Lucerne*, belle et pittoresque; *Saint-Gall*, active et manufacturière.

La *Suisse française* est en général moins industrielle; mais elle est plus fertile et plus riante. Les environs du Léman sont une région particulièrement aimable; la vue s'y étend sur des campagnes boisées, coupées de coteaux aux lignes onduleuses, semées de villas ombreuses, de parterres de fleurs, de bosquets, de pelouses, de vergers, de vignobles, qui se mirent dans les eaux azurées du lac. La principale industrie de la Suisse française est l'horlogerie. C'est sur les limites des Suisses allemande et française que se fabriquent les fromages de Gruyère et de l'Emmenthal, une des richesses de la Suisse. La principale ville de la Suisse française est **Genève** (105000 hab.), centre intellectuel et religieux, sorte de Rome protestante, en même temps que ville importante pour la fabrication des montres; elle est située sur le Rhône, à sa sortie du lac Léman. On peut citer encore *Lausanne* (46000 hab.), très fréquentée par les voyageurs; les villes pittoresques de *Neuchâtel* et de *Fribourg*; enfin, la *Chaux-de-Fonds* et le *Locle*, dans le val Saint-Imier, enrichis par le travail de l'horlogerie.

La **Suisse italienne** ne renferme qu'une petite ville de 3000 habitants seulement, *Bellinzona*, sur le Tessin, au débouché du Saint-Gothard.

La **Suisse romanche** est de toutes la moins favorisée par ses ressources agricoles, minérales, et par son climat. Mais elle a une beauté incomparable dans ses montagnes grandioses, que viennent visiter chaque année de nombreux touristes. Les populations de ces régions fournissent la majeure partie de l'émigration suisse. Plus de 600000 Suisses sont établis à l'étranger, en France, en Italie, en Allemagne, et dans l'Amérique du Nord, où ils forment, avec les Franco-Canadiens, l'élément qui résiste le mieux à l'absorption des Anglo-Saxons. La principale ville de la Suisse romanche est *Coire*, non loin du Rhin; dans l'Engadine, se trouvent les villes d'eaux bien connues de *Saint-Moritz* et de *Pontresina*.

La Suisse contemporaine. — La Suisse, ancien grand chemin des invasions barbares et dépendance de l'empire de Charlemagne, faisait partie du domaine des empereurs d'Allemagne, quand, au commencement du xive siècle, les exactions des baillis impériaux y provoquèrent des révoltes. Les cantons forestiers d'Uri, de Schwytz et d'Unterwalden formèrent le noyau de la confédération helvétique (1308), et par les victoires de Morgarten, de Sempach et de Naefels (1315-1388) anéantirent définitivement la puissance de l'Autriche en Suisse. Presque aussitôt les cantons voisins vinrent s'agréger aux cantons primitifs, bientôt suivis par d'autres : Lucerne (1332), Zurich (1351), Glaris et Zug (1352), Berne (1353), Fribourg et

Soleure (1481), Bâle et Schaffhouse (1501), Appenzell (1513), Argovie, Thurgovie, Saint-Gall, Grisons, Tessin et Vaud (1803), Neuchâtel, Genève et Valais (1815). Ainsi s'est constituée par étapes successives la Confédération suisse.

L'unité de cette confédération s'explique avant tout par une raison physique. La montagne l'a faite, la montagne l'a empêchée de se briser. A la fois défense naturelle et barrière, avant que le génie humain eût percé à travers les Alpes des routes et des tunnels, si elle mettait la population à l'abri des incursions des peuples voisins, elle l'encerclait aussi dans d'étroites limites où, bon gré mal gré, l'entente et l'accord étaient de rigueur, à moins de vouloir s'entre-détruire et ouvrir une brèche aux convoitises étrangères. Les cantons suisses, sans du reste se mélanger, se sont donc confédérés de manière à former un domaine complètement barré au sud et à l'est par les Alpes, à l'ouest par le Jura.

Peu de peuples ont déployé plus d'énergie que le peuple suisse pour tirer parti d'un sol souvent ingrat. L'instruction y est très développée. Malgré le hérissement de ses montagnes, la Suisse possède 4 500 kilomètres de belles routes, avec ponts en pierre, en bois, en fils de fer, et 3 960 kilomètres de voies ferrées, dont les deux plus importantes sont des fragments de voies internationales qui unissent Paris à Vienne, par Bâle, Zurich et le tunnel de l'Arlberg; et l'Allemagne à l'Italie, par Zurich, la vallée de la Reuss et le tunnel du Saint-Gothard.

La Suisse actuelle est riche. Si l'agriculture proprement dite ne suffit pas à nourrir toute la population, l'élevage du bétail et la fabrication des fromages donnent de beaux profits. L'industrie, qui longtemps avait été bornée à l'horlogerie, s'est développée de nos jours, malgré le manque de houille et de minerais, grâce à l'esprit laborieux et tenace du peuple suisse, à l'abondance et à la multitude des chutes d'eau, à la modicité des impôts, au faible prix de la main-d'œuvre et des denrées. Le commerce atteint une valeur annuelle de près de 2 milliards de francs. Il faut ajouter à ces ressources celles que le pays doit à sa beauté; l'organisation des voyages a atteint en Suisse un développement et des raffinements qui font de l'industrie des hôtels l'une des sources les plus considérables de la richesse du pays. On compte qu'un capital de 300 millions est engagé dans cette industrie, et rapporte de 50 à 60 millions par an; le service des hôtels occupe 10 000 à 15 000 personnes, et procure indirectement de l'occupation à 20 000 ou 25 000 autres.

La Suisse est prospère. Elle n'en est pas moins un très petit pays européen entre de puissantes voisines. Pour assurer son indépendance, le Congrès de 1815 a proclamé la neutralité de la Suisse.

RÉSUMÉ

Suisse, 200 kilomètres du nord au sud, 300 de l'ouest à l'est, 41 350 kilomètres carrés de superficie.

I. Conditions physiques générales. — 1° La situation de la Suisse au centre du continent est des plus importantes; — 2° son relief est essentiellement montagneux : un tiers seulement en plaine, plaine d'altitude moyenne de 500 à 600 mètres; deux tiers en montagnes, Alpes (Pennines, Lépontiennes, Rhétiques, Bernoises, des Quatre-Cantons, de Glaris, d'Appenzell), Jura (Dôle, Mont-Tendre, Suchet, Chasseral) : l'altitude moyenne du pays entier est évaluée à 1 300 mètres; — 3° sa composition géologique importe peu, étant donné le relief; — 4° son climat est généralement froid, en raison de l'altitude.

II. Aptitudes diverses. — 1° Les fleuves sont nombreux, mais torrentiels, par suite du relief; ce sont : l'Inn, tributaire du Danube et de la mer Noire; le Rhin, grossi de l'Aar, tributaire de la mer du Nord; le Rhône, affluent de la Méditerranée; le Tessin, qui va se jeter dans le Pô, tributaire de l'Adriatique; — 2° les ressources végétales sont médiocres : 28 pour 100 du sol improductifs (rocs, neiges, glaces); 16 pour 100 en forêts, 32 pour 100 en pâturages, 24 pour 100 seulement en cultures; — 3° les ressources minérales sont à peu près nulles.

III. Populations. — 3 313 000 habitants, 80 en moyenne par kilomètre carré, densité élevée, puisque un tiers de la Suisse est inhabitable. Ces habitants, d'origines diverses, se divisent, suivant la langue, en quatre groupes : Suisse allemande (69 pour 100), française (23 pour 100), italienne et romanche; — 1 950 000 protestants, 1 350 000 catholiques. Malgré ces différences, il est peu de peuples plus unis.

IV. État actuel et villes. — La Suisse est une république fédérative, comprenant 22 cantons et 3 demi-cantons. La Suisse allemande, la plus riche et la plus peuplée, renferme Berne (64 000 hab.), capitale fédérale; Zurich (151 000 hab.), Bâle(109 000 hab.), Lucerne, Saint-Gall; — la Suisse française renferme Genève(105 000 hab.), Lausanne, Neuchâtel, Fribourg, la Chaux-de-Fonds, le Locle; — la Suisse italienne a pour capitale Bellinzona; — la Suisse romanche, Coire.

V. La Suisse contemporaine. — Unis par l'intérêt d'une défense commune, les cantons suisses sont habités par un peuple énergique qui n'a rien ménagé pour développer ses ressources; la Suisse a 4 500 kilomètres de belles routes, 3 960 kilomètres de voies ferrées;

elle a même des industries (coton, soie); elle est, en un mot, prospère. Petite, elle n'en a pas moins gardé son indépendance, garantie par les traités de 1815 qui l'ont proclamée pays neutre.

§ 3. — LES PAYS-BAS

La grande plaine de l'Europe se termine sur la mer du Nord par la région déprimée qu'on nomme Pays-Bas. Cette région présente, du nord au sud, les plus grandes différences, comme sol, ressources et habitants. La partie septentrionale, ou *Hollande*, formée de terrains d'alluvion, est basse, sans relief, principalement agricole et commerçante; ses habitants sont de race germanique. La partie méridionale, ou *Belgique*, constituée par des terrains tertiaires et par des schistes, possède un relief plus sensible; l'industrie forme sa principale richesse; ses habitants appartiennent, pour la moitié, à la race latine et parlent la langue française.

La politique a consacré ces différences. Parfois placés sous un même pouvoir, ces deux États n'ont jamais tardé à se désunir. Au xvie siècle, ils ne s'entendirent pas pour reprendre en commun leur indépendance contre l'Espagne. Momentanément unis en un seul État par le congrès de Vienne en 1815, ils n'ont pu supporter l'union que durant quinze ans, au bout desquels la Belgique, insurgée contre la Hollande, reprit sa liberté d'action.

I. — LA BELGIQUE

Comprise entre la Hollande, l'Allemagne, le Grand-Duché du Luxembourg, la France et la mer du Nord, la Belgique est, après le Monténégro, le plus petit État de l'Europe entière. Elle mesure 29 457 kilomètres carrés, moins que les cinq départements de notre Bretagne.

Conditions physiques générales. — 1° La *situation* de la Belgique, sur la mer du Nord, au débouché des grandes vallées de la Meuse et du Rhin qui viennent de l'Europe centrale, et en face de l'Angleterre, est une situation favorable pour son commerce; la Belgique lui a dû de devenir une région commerciale depuis longtemps importante.

2° La **constitution géologique** du sol y varie beaucoup du sud-est au nord-ouest. Les terrains les plus divers s'y succèdent, depuis les terrains anciens qui constituent toute la région du sud-est, ou Ardenne, jusqu'aux terrains d'alluvion qui forment la zone littorale. La partie moyenne est tertiaire.

3° Le *relief* n'est pas très compliqué. Il présente toutefois deux parties distinctes. Au sud et à l'est s'étend l'*Ardenne*, composée de roches schisteuses et quartzeuses : c'est une région de plateaux profondément ravinés, d'une hauteur moyenne de 300 à 400 mètres; le point culminant, la Baraque Michel, atteint 674 mètres. A l'ouest, entre la Meuse et la mer, le pays va en s'abaissant des hautes plaines de *Hesbaye*, élevées de 150 à 200 mètres, jusqu'à la mer du Nord; ces plaines basses, formées de sable, d'argile et de craie, sont semées de collines sableuses, qui ne dépassent guère 150 mètres et pourtant ont presque l'apparence de montagnes.

4° Le *climat* varie de l'une à l'autre de ces deux régions physiques. La région du sud-est est beaucoup plus froide, plus sèche et plus excessive. La région basse du nord-ouest, située à proximité de la mer, est très humide, et douée, malgré la latitude déjà élevée, d'un climat relativement modéré; cependant il n'est pas rare qu'au fort de l'hiver les rivières gèlent assez profondément pour livrer passage aux voitures.

Aptitudes diverses. — 1° Les *côtes* de la Belgique, malgré l'avantage de leur situation, ne se prêtent pas beaucoup par leur nature au développement de la vie maritime. Comme les côtes des régions basses et alluviales, elles sont presque rectilignes, bordées d'un léger cordon de dunes et de sables d'origine marine. Ce littoral a du reste subi des changements notables depuis quelques siècles; de larges baies qui s'ouvraient sur la mer se sont ensablées; Bruges, Damme et l'Écluse ont vu se combler leurs bassins et disparaître leur prospérité maritime. Les ports actuels manquent de profondeur, à moins de travaux gigantesques; un seul est admirablement disposé, celui d'Anvers, situé non sur la côte, mais dans l'intérieur, sur le cours inférieur de l'Escaut.

2° Les *fleuves* de la Belgique ne lui appartiennent pas en propre. Elle se partage entre deux bassins principaux, celui de la Meuse et celui de l'Escaut, deux fleuves dont les cours supérieurs appartiennent à la France, et dont les embouchures sont situées en Hollande.

La **Meuse** est le fleuve de la partie accidentée : entrée en

Belgique en aval de Givet, elle coule jusqu'à Namur, à travers les schistes de l'Ardenne, au fond d'une vallée escarpée, puis tourne au nord-est et au nord, pour entrer en Hollande après une traversée de 180 kilomètres sur le territoire belge. Elle y reçoit la *Sambre*, née en France ; la *Lesse* et l'*Ourthe*, cours d'eau de l'Ardenne.

L'**Escaut** est le fleuve de la partie basse. Il entre en Belgique long déjà de 107 kilomètres, et n'ayant plus que 17 mètres d'altitude. Aussi son courant est-il insensible entre ses rives plates, qu'on a dû protéger par des digues contre les inondations. La marée s'y fait sentir jusqu'à Gand. A Anvers sa profondeur est si considérable, que les gros vaisseaux de guerre peuvent y remonter. Il reçoit à gauche la *Lys*, venue de France comme l'Escaut ; à droite, la *Dender*, rivière canalisée, et la *Rupel*, formée de la Senne, de la Dyle et de la Nèthe. — Le cours inférieur de l'Escaut appartient à la Hollande sur une longueur de 90 kilomètres.

3° Les ***ressources végétales*** de la Belgique sont abondantes et variées. Le climat humide se prête à la création des pâturages et des prairies ; le sol, formé de calcaires ou de terrains tertiaires, est propre à la plupart des cultures alimentaires et industrielles, sauf en certaines parties formées trop exclusivement de sable ou d'argile : toutefois la vigne n'y croît plus ; les cultures consistent principalement en céréales, lin, chanvre, tabac, houblon, betteraves, légumes et plantes fourragères.

La seule région peu abondante en ressources végétales est celle du sud-est. Élevée, froide, couverte d'une mince couche d'humus, formée d'éléments maigres, elle ne porte que des forêts, des pâtures chétives et des landes, à l'exception des vallées qui, abritées et tièdes, ont des prairies et des champs.

4° Les ***ressources minérales*** sont très abondantes. La Belgique méridionale est traversée par la bande de terrain houiller qui s'étend, dans l'Europe occidentale, depuis les bords du Rhin jusqu'à la mer d'Irlande. Cette bande forme, à l'est, un premier bassin houiller qui se développe autour de Liège et vers la frontière de la Prusse Rhénane. A l'ouest, elle forme un second bassin, encore plus important, où les couches de houille, nombreuses, puissantes et de bonne qualité, ne sont séparées de la surface que par une mince épaisseur de morts-terrains : c'est le *Borinage*, qui s'étend le long des vallées de la Sambre, de l'Haine et de l'Escaut, entre Charleroi, Mons et Valenciennes.

Outre la houille, la Belgique méridionale possède des dépôts de fer, de zinc et des métaux divers.

Population. — La population de la Belgique s'élevait en 1900 à 6 815 000 habitants, soit une moyenne de 231 habitants par kilomètre carré, la plus considérable de l'Europe entière. Cette population, qui s'accroîtrait annuellement de 60 000 individus, présente sa densité majeure dans les Flandres, le Brabant et la région industrielle de la Meuse. Certains cantons de l'Ardenne ne renferment en moyenne que 50 habitants.

Deux races peuplent la Belgique. Au sud et à l'est, limités par une ligne Courtrai-Bruxelles-Liège, sont les *Wallons* (46 pour 100), frères des anciens habitants de la Gaule, parlant un idiome français. A l'ouest et au nord, sont les *Flamands*, qui rappellent les populations germaniques d'Angleterre ou de Hollande, dont leur langue les rapproche. Ces deux races ne s'aiment point. Vers Bruxelles seulement, il existe une zone intermédiaire où les deux éléments se pénètrent et se fondent.

État actuel et villes. — On distingue en Belgique quatre grandes régions, Ardenne, Hesbaye, Campine et Flandre.

L'*Ardenne* est une suite de plateaux monotones, coupés de déchirures profondes. Les plateaux sont creusés de dépressions marécageuses, nommées *fagnes*. La végétation est triste, le climat froid, la vie difficile et rare. Les hommes se pressent de préférence dans les vallées, qui sont industrielles. Les seules villes du plateau sont *Arlon* et *Bouillon*. Sur la Meuse, s'élèvent *Namur*, qui a des fabriques d'armes; *Seraing*, qui a des usines à fer; **Liège** (173 000 hab.), intéressante par ses fabriques d'armes, ses manufactures de glaces, de cristaux et de draps, ses industries métallurgiques. A l'est de Liège, se trouvent la ville industrielle de *Verviers*, les mines de zinc de la *Vieille-Montagne*, et la ville d'eaux de *Spa*.

La **Hesbaye**, située au nord de la Sambre et de la Meuse, est une plaine dont le sol, formé de calcaire, est prodigieusement fertile : c'est la Beauce belge. C'est la région des vieux châteaux historiques, des antiques maisons féodales, des parcs princiers; les fermes se composent d'énormes bâtiments en briques, aux murs épais, aux fenêtres grillées, aux portes solides, capables de soutenir un assaut, comme les fermes de l'apelotte et de la Haie-Sainte, qu'on se disputa si rudement sur le champ de bataille de Waterloo. Cette riche région agricole, avoisinant le Borinage est devenue de nos jours, une riche région industrielle. Son ciel est continuellement assombri par la fumée d'innombrables usines.

On trouve dans la Hesbaye les villes de *Mons* et de *Charleroi*, au milieu d'une riche région houillère. Aux environs se trouvent les champs de bataille de Jemmapes, de Fleurus, de Senef, de Steinkerque, et, un peu plus au nord, celui de Waterloo.

La *Campine*, située sur la frontière hollandaise, est comprise entre les embouchures de l'Escaut et de la Meuse. C'est un pays plat, traversé dans toute sa longueur par une file de dunes sans végétation, dont le sable blanc et fin, mû par le vent, couvre les routes et les terres cultivées. Dans les dépressions, les eaux de pluie accumulées forment des marais, couverts d'un tapis spongieux de mousse qui dissimule des fondrières dangereuses. Aucun arbre ne croît spontanément dans la Campine. Ses terrains sablonneux ne portent que des ajoncs, des genêts et des bruyères emmêlées de broussailles. De loin en loin seulement, se montrent de riants villages, entourés de cultures, analogues aux oasis des déserts. La Campine n'a point de villes, à proprement parler.

La *Flandre* comprend toute la région littorale depuis la frontière française jusqu'à Anvers. Le sol y est formé de terrains tertiaires et de diluvium quaternaire, reposant sur un fond de craie : sols froids, peu fertiles par nature, qu'il faut façonner, engraisser, amender, enrichir de fumier et d'engrais; pays bas, situés en partie au-dessous de la mer, que l'homme a dû dessécher d'abord, puis protéger contre les flots par des digues épaisses. La Flandre est une conquête de l'homme. Les Flamands l'ont arrachée à la mer et aux eaux fluviales, leur labeur opiniâtre l'a ensuite transformée en terroir fertile.

Aujourd'hui, c'est une région de riches campagnes, coupées de longues files d'arbres marquant les routes. Les pâturages dominent, d'un vert luisant et sombre, formés de hautes herbes où les bestiaux plongent à pleins fanons. Mais on y voit aussi des champs de céréales, de lin, de chanvre, de tabac, de houblon, de betteraves, de cultures diverses. Vue du haut d'un clocher, au printemps, écrit un voyageur, « la campagne ressemble à un immense tapis turc orné des tons les plus vifs et les mieux assortis ». Les fermes, badigeonnées de teintes éclatantes et couvertes de toits en tuiles rouges, s'élèvent sur les monticules à l'abri des inondations d'hiver. C'est bien la sensuelle Flandre, riche en bétail, en céréales, en houblon, adonnée aux grandes nourritures et aux joyeuses kermesses.

C'est la région la plus peuplée de la Belgique, et celle qui renferme les plus grandes villes. A la limite se trouve la capitale, **Bruxelles**, sur une très petite rivière, la Senne, dans le Brabant. Son importance lui vient de la position centrale qu'elle occupe entre la Meuse et la mer, entre la France et la Hollande; elle ne s'est guère développée que depuis le xv⁰ siè-

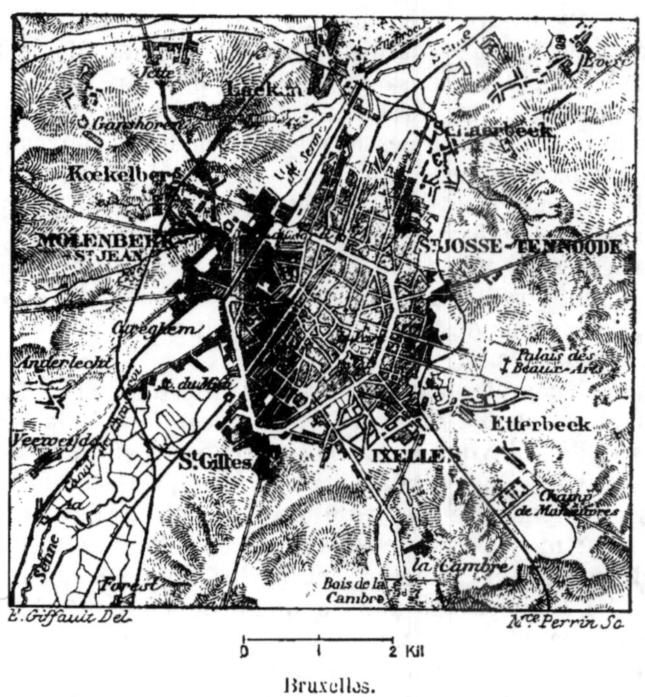

Bruxelles.

cle; à part l'hôtel de ville et quelques autres monuments, on n'y trouve presque plus d'antiquités; c'est une ville cosmopolite, un Paris en miniature : elle compte 211 000 hab., et, avec ses faubourgs, 561 000. Non loin de Bruxelles sont *Louvain*, ville d'université, et *Malines* (56 000 hab.), ville épiscopale. Plus au sud, se trouvent les villes industrielles de *Tournai* et de *Courtrai*, ainsi qu'*Ypres*, qui eut longtemps le monopole de l'industrie des draps, et compta, au xiv⁰ siècle, plus de 200 000 habitants : elle n'en a plus que 17 000.

L'ancien grand port de la Flandre était *Bruges* (53 000 hab.), qui arma des flottes et compta 200 000 habitants, mais qui a décliné depuis que les apports de la mer ont comblé son port et l'ont transformée en ville continentale. Les ports actuels sont *Ostende*, et surtout Gand et Anvers. **Gand** (161 000 hab.), sur l'Escaut, est reliée directement à la mer par le canal de Terneuzen; elle file, tisse, blanchit le coton, travaille le lin. **Anvers** (285 000 hab.) est bâtie sur l'estuaire de l'Escaut, qui donne accès à des navires calant plus de 10 mètres; longtemps condamné à végéter par la jalousie des puissances voisines, le port d'Anvers s'est merveilleusement développé de nos jours; il tend à devenir un des premiers ports du continent et a grandement dépassé tous les autres, sauf Hambourg : il n'en est point de mieux placé pour servir de débouché, non seulement à la Belgique, mais encore aux pays rhénans et au nord de la France; Paris seul lui serait supérieur si la Seine était ouverte aux navires.

La Belgique contemporaine. — La Belgique forme, depuis 1830, un État indépendant neutre. C'est une monarchie constitutionnelle parlementaire, avec un roi qui commande l'armée, et deux Chambres, un Sénat et une Chambre des Représentants, investies du pouvoir législatif.

Sa prospérité est remarquable. Très riche en voies ferrées, et possédant 4 600 kilomètres sur une si petite superficie, plus en moyenne que tout autre État européen, la Belgique est de toutes les nations la mieux outillée pour la lutte économique. L'agriculture est en voie de progrès. Le commerce dépasse 3 milliards (exportation 1 578 millions, importation 1 633 millions) : c'est à peine moins que l'Autriche-Hongrie, vingt-trois fois plus étendue et sept fois plus peuplée : c'est d'abord avec la France, puis avec l'Allemagne, l'Angleterre et les Pays-Bas que la Belgique fait le plus d'échanges. Quant à l'industrie, elle forme la grande richesse de ce pays; l'extraction de la houille occupe 200 000 mineurs et produit annuellement 20 millions de tonnes; les industries métallurgiques et textiles y sont également florissantes.

Ainsi une petite contrée, qui n'occupe sur la carte d'Europe qu'une place insignifiante, s'est élevée par l'avantage d'une situation heureuse et de ressources minières abondantes, et surtout par son activité industrieuse, au rang des États les plus prospères de l'Europe. Cette richesse constitue sa principale force au point de vue extérieur. Placée entre la France, l'Angleterre et l'Allemagne, la Belgique a son indépendance assurée par l'intérêt de chacune de ces puissances à ne pas laisser un autre État mettre la main sur un pays si florissant.

II. — LA HOLLANDE

La Hollande (de *hol land*, « terre creuse »), appelée aussi Néerlande (de *neder land*, « bas pays »), a pour limites la Belgique au sud, l'Allemagne à l'est, la mer du Nord à l'ouest et au nord. Les deux frontières continentales sont arbitraires; toutefois des étendues marécageuses lui constituent une barrière sérieuse du côté de l'Allemagne. Elle a une superficie de 33 000 kilomètres carrés.

Conditions physiques générales. — La Hollande n'est, à proprement parler, que le delta où l'Escaut, la Meuse et le Rhin viennent mêler leurs eaux.

1° Sa *situation* est avantageuse. La Hollande est, comme la Belgique, un des débouchés de l'Europe centrale; mais, un peu plus septentrionale que la voisine, elle s'éloigne davantage du centre du continent, ce qui est pour elle un désavantage.

2° Sa *constitution géologique* est celle de tous les deltas. La Hollande est constituée uniquement par des terrains de transport, sables et graviers du diluvium, boues alluviales, charriées par les fleuves.

3° Son *relief*, étant donné le mode de formation, ne saurait être ni très élevé, ni très accidenté. L'altitude moyenne de la Hollande au-dessus des flots ne paraît pas dépasser pas 46 mètres. La partie orientale est la plus élevée; elle renferme même quelques hauteurs médiocres, auxquelles on donne pompeusement le nom de montagnes et qui vont à 200 mètres. La partie occidentale est sans pente, mélangée de terre et d'eau, formant transition entre la terre et la mer; l'altitude, partout faible, y descend souvent au-dessous du niveau des océans : à son niveau ordinaire, la mer du Nord submergerait entièrement, si elles n'étaient protégées par des digues, les provinces de Zélande et de Hollande, ne laissant plus apparaître que les dunes, qui forment sur la côte une digue naturelle relativement très haute et large par endroits de 4 kilomètres; elle recouvrirait également toute la région du cours inférieur de la Meuse et du Rhin, une partie du littoral oriental du Zuiderzée : près d'un tiers de la Hollande se trouve en contre-bas des flots voisins.

4° Le *climat* de la Hollande présente les caractères généraux des climats maritimes. Il est très humide, avec prédominance

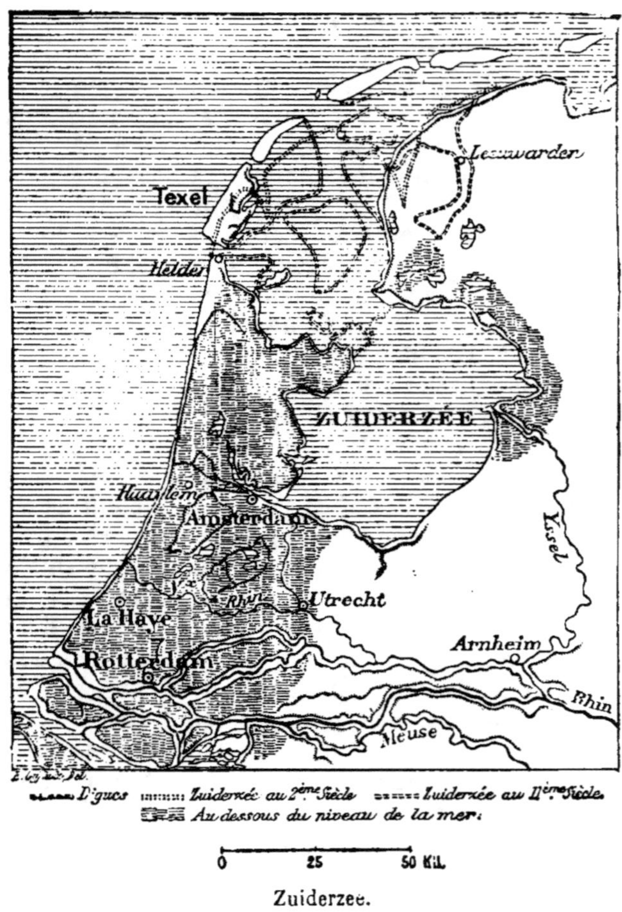

Zuiderzee.

des brouillards, des voiles de vapeurs, des pluies fines. Il est tempéré, quoique déjà froid à cause de la latitude. L'été est court, l'hiver long. Chaque hiver, pendant un mois ou deux, les canaux et les rivières gèlent ; les femmes se rendent alors au marché sur des patins. Parfois, mais plus rarement, le Zuiderzée lui-même est pris par les glaces.

Aptitudes diverses. — Dans l'ensemble, la nature a peu fait pour la Hollande. Non seulement elle n'y fournissait à l'homme que des ressources fort précaires, mais la vie même s'y trouvait placée sous la menace perpétuelle de l'invasion des flots marins ou des débordements des rivières. L'histoire de la Hollande est remplie des irruptions subites de la mer ; en 1170, pendant une tempête, la mer commença la destruction d'un isthme qui rattachait la Hollande à la Frise, au nord d'un lac intérieur, le lac Flevo ; en 1250, une seconde invasion achevait l'œuvre commencée et donnait naissance au Zuiderzée. En 1277, une tempête analogue engloutit une ville et près de 50 villages à l'embouchure de l'Ems, et creusa le golfe sinueux du Dollart qui s'enfonce de 30 kilomètres dans les terres. En 1825, 40 villages furent submergés de même, de Zaandam à Alkmaer. La première nécessité pour la Hollande fut d'assurer sa sécurité, sans laquelle les autres aptitudes devenaient nulles.

Ces autres ressources étaient du reste faibles. Du côté de la mer, une côte basse, sans ports naturels. Du côté de la terre, point de minerais ni de houille en ces terrains d'alluvion ; des marais suivis d'autres marais, un terrain fangeux, des fourrés derrière des fourrés, d'immenses forêts de pins, de chênes et d'aunes, des prairies humides et vaseuses, mais point de champs ni de cultures. Les premiers hommes qui vinrent se fixer sur ces « terres flottantes », comme les appellent les historiens latins, durent s'y élever des monticules à l'abri des inondations ; ils y vécurent comme des naufragés sur des îlots solitaires, n'en descendant, à la retraite des eaux, que pour demander leur nourriture à la pêche et à la chasse, et recueillir les œufs déposés dans le sable par les oiseaux marins.

Ainsi l'homme a dû conquérir la Hollande. C'est lui qui a tiré parti des ressources que la nature lui avait si parcimonieusement mesurées et qui, par son travail, par ses efforts persévérants et infatigables, les a décuplées.

Tout d'abord il s'est garé de la mer qui menaçait d'engloutir les parties les plus basses. La Hollande est protégée par une ceinture de digues, véritables remparts de terre, de bois, de granit, qui s'enfoncent jusqu'à une grande profondeur, dominent les flots de 8 à 10 mètres, ont une épaisseur de 50 à 100 mètres, et forment autour de la Hollande entière une muraille continue qui ne s'abaisse qu'aux embouchures des fleuves, elles-mêmes endiguées ou barrées par des écluses. Dans la seule Zélande, les digues n'ont pas moins de 400 kilomètres de développement ;

il faut les réparer sans cesse, car la moindre négligence serait
fatale. Les moindres ruisseaux sont pourvus d'écluses qui arrêtent la marée haute et laissent descendre les eaux à marée basse.

Le pays ainsi protégé, on l'a asséché. Depuis le xvᵉ siècle, une
légion de grands moulins à vent pompe nuit et jour l'humidité
du sol. De nos jours, on leur a substitué la vapeur, qui
actionne des roues, des pompes, des turbines ; au 1ᵉʳ janvier
1887, 532 machines, d'une force totale de 19 932 chevaux-vapeur,
étaient employées à cette œuvre de dessèchement. De 1500 à
1858, on a ainsi conquis 388 000 hectares à la culture. La
mer de Haarlem, qui mesurait 44 kilomètres de circuit, a été
asséchée au prix de 39 mois de travail. On projette même,
depuis 1849, de reconquérir une partie du Zuiderzée sur la
mer ; suivant les estimations, il faudrait 32 années et 400 millions de francs pour faire réussir cette entreprise, qui rendrait
à la culture une surface de 232 000 hectares.

Une fois l'eau chassée, il a fallu enfin fertiliser les sables, et,
pour cela, les couvrir d'une couche d'humus apportée de loin,
répandre le silex des dunes sur les prairies encore humides,
mêler aux terres trop sablonneuses les détritus des tourbes
tirés du fond des eaux, en un mot créer de toutes pièces, ou à
peu près, le sol apte à produire. Ces efforts ont été couronnés
de succès. Le marais s'est changé en un pays riant, où dominent
les pâturages, étant donné le climat, mais où se trouvent aussi
des champs de céréales, de légumes et de plantes industrielles.

Populations. — La Hollande, ainsi amendée, créée pour ainsi
dire par l'homme, renferme 5 103 000 habitants, soit 157 en
moyenne par kilomètre carré : seule en Europe, la Belgique
possède un nombre proportionnel d'habitants plus élevé.

Les Hollandais sont de race germanique. Ils descendent de
ces Frisons qui, au moyen âge, occupaient tout le littoral de la
mer du Nord, entre les embouchures du Weser et du Rhin. Ce
sont, en général, des hommes grands, au visage blanc, aux
cheveux blonds, aux yeux clairs. Leur langue est une sorte
d'allemand traînant et guttural. La religion la plus répandue
est le protestantisme : près des deux tiers du pays le professent.

Au moral, le type hollandais est des plus originaux. La nécessité d'une lutte sans trêve contre la nature a rendu ce peuple
ferme et patient, doué d'un courage constant et calme, profondément pratique et économe, remarquable par son bon sens,
ayant puisé dans la conscience de se devoir tout à lui-même

un sentiment très élevé de sa propre dignité, avec un indomptable esprit de liberté et d'indépendance. Le peuple hollandais excelle dans les arts utiles; avec une littérature féconde, il n'a pas produit un seul auteur qui soit devenu universel, Spinoza excepté; plus conservateur que créateur, plus patient et laborieux qu'original, il a fourni à l'édifice de la pensée moderne beaucoup de travailleurs utiles et d'habiles ouvriers, mais peu de grands architectes. Même en peinture, où sa renommée est incontestable, il vit d'idées nettes plus que de belles images, et son originalité consiste principalement dans la sincérité d'une reproduction fidèle de la vie quotidienne, des intérieurs, de la campagne, des animaux hollandais, de tous les objets simples au milieu desquels la vie de ce peuple se déroule. Cette application aux choses pratiques, en lui donnant une grande puissance commerciale, a fini par en faire le possesseur d'importantes colonies.

État actuel et villes. — La partie orientale de la Hollande, qui comprend les provinces de Frise, de Groningue, de Drenthe, d'Over-Yssel, de Gueldre, de Limbourg, est la moins pittoresque, la moins riche et la moins peuplée. On n'y trouve que des villes de second ordre, dont les principales sont *Groningue* (67 000 hab.), qu'un canal relie à la mer, *Leeuwarden*, *Zwolle*, *Arnhem* sur le Rhin, *Nimègue* sur le Waal, et la grande place forte de *Maestricht* sur la Meuse.

La région centrale, déjà plus prospère, renferme la province d'Utrecht, avec la ville d'*Utrecht* (104 000 hab.), ville universitaire, célèbre aussi par ses manufactures de draps et de velours, et le Brabant septentrional, avec les places fortes de *Bois-le-Duc*, de *Breda* et de *Berg-op-Zoom* ou mieux Bergen-op-Zoom.

La région occidentale comprend la Hollande proprement dite. C'est un pays riant, malgré sa platitude, très vert, émaillé de taches noires et blanches qui sont des troupeaux, tacheté par le rouge vif des toits, avec des groupes d'arbres, et çà et là des pointes de clochers, des ailes de moulins à vent qui tournent, une voile de navire qui passe dans un canal et qui, de loin, semble glisser sur l'herbe des prairies. C'est la partie riche par excellence. Elle renferme la capitale nominale, **la Haye** (212 000 hab.), ville aimable, avec de beaux hôtels, de larges rues, des promenades, mais silencieuse et morte; c'est le siège du gouvernement. On y trouve la vraie capitale, **Amsterdam** (520 000 hab.), sur le golfe de l'Y (pron. *Aï*), au fond du Zuiderzée : petit village inconnu au IX⁰ siècle, elle devint au XVI⁰ le marché de grains de l'Europe septentrionale, et dès lors s'étendit rapidement sur un terrain vaseux où il fallut enfoncer des pieux de 16 à 18 mètres pour porter ses maisons; c'est un très grand port; toutefois plusieurs circonstances menacent son avenir; le Zuiderzée a des bancs de sable qui gênent la circulation des gros navires, et le canal de grande navigation qui la relie directement à la mer du Nord est trop sujet aux gelées.

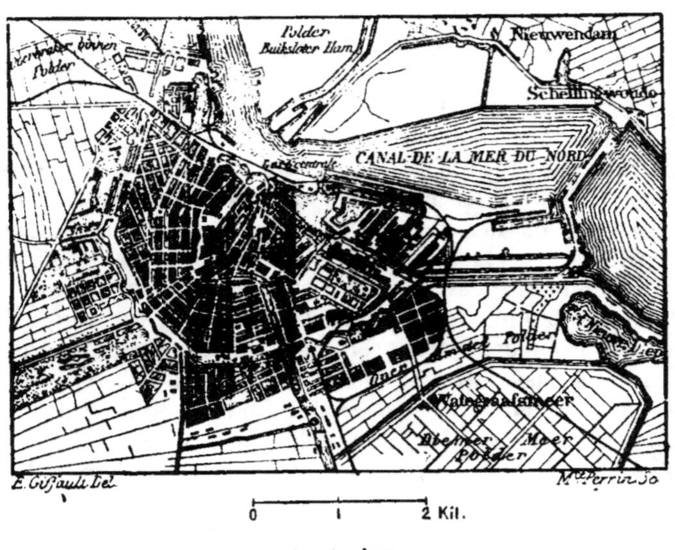

Amsterdam.

La Hollande proprement dite renferme encore, sur un bras du Rhin-Meuse, **Rotterdam** (332 000 hab.), dont le port, mieux situé que celui d'Amsterdam, plus profond, moins menacé par les glaces, semble avoir plus d'avenir : c'est déjà la tête de ligne de grandes compagnies transatlantiques, en même temps qu'un des premiers marchés du monde pour les grains, le café, le tabac, l'indigo; le port militaire du *Helder*, la ville universitaire de *Leyde*, *Haarlem*, la ville des fleurs, *Dordrecht* sur le Rhin-Meuse, *Delft*, etc.

La province de Zélande, ou pays de la mer, se compose des îles situées aux bouches de l'Escaut. Il n'en existe plus que dix; une onzième, située plus à l'ouest, a disparu dans une tempête avec deux grands villages qui s'y élevaient. Les principales sont Nord-Beveland, Zuid-Beveland et Walcheren. La ville principale est *Middelbourg*, dans l'île de Walcheren.

La Hollande contemporaine. — La Hollande, qui fut la première république européenne, est aujourd'hui une monarchie constitutionnelle parlementaire, où le pouvoir législatif est exercé conjointement par deux chambres, les États Généraux et les États Provinciaux. Toutefois du régime républicain elle a perdu la forme plutôt que l'esprit. La monarchie est une sorte de présidence couronnée. Les institutions municipales ont gardé une grande puissance et des pouvoirs très étendus.

A force d'énergie, les Hollandais se sont donné l'outillage nécessaire à tout développement économique important. La Hollande avait des voies de communication naturelles dans ses fleuves infiniment ramifiés, et dans ses canaux qui se croisent en tous sens comme les mailles d'un réseau, les grands allant de ville à ville, ou des villes aux villages, les petits entourant les propriétés, les pâturages, les jardins, faisant l'office de murs d'enceinte et transformant chaque maison en un petit port : en Hollande, les canaux remplacent les routes ; les bateaux de transport parcourent la campagne comme ailleurs les chariots et les voitures ; toutes les relations se font par les rivières, en été sur la *treksuiten*, grande barque traînée par des chevaux, en hiver à patins sur la glace. Cette richesse des voies fluviales devint un gros inconvénient quand la Hollande voulut se donner des chemins de fer ; il fallut consolider le sol trop meuble et multiplier les travaux d'art, toujours très coûteux : pour cette raison, la Hollande ne possédait encore en 1860 que 335 kilomètres de voies ferrées en exploitation ; elle en a aujourd'hui 2830.

La Hollande a peu d'industrie : les minerais et la houille font défaut ; cependant on trouve quelques établissements industriels traitant les produits du sol, sucreries, raffineries, brasseries, minoteries, fabriques de liqueurs. En revanche, l'agriculture est extrêmement florissante ; elle produit, dans les polders ou marais asséchés, des légumes renommés, des fruits en abondance, des fleurs universellement célèbres ; les prairies et les pâturages hollandais nourrissent des troupeaux remarquables de bestiaux, principalement de vaches, qui alimentent un énorme commerce de beurres et de fromages : en 1885, la Hollande exporta 63 500 tonnes de beurres valant 106 690 000 francs, et 15 065 tonnes de fromages valant 25 310 000 francs. Quant au commerce, il est, toutes proportions gardées, un des plus considérables du globe : il dépasse 4 300 millions de francs.

Il résulte de tout cela une fortune considérable. La Hollande est encore aujourd'hui, malgré le développement des pays industriels, un des États les plus riches de l'Europe. Outre ses possessions européennes, elle a un grand empire colonial qui lui sert à écouler ses marchandises et où elle va chercher en même temps des éléments de richesse pour la métropole. Cet empire comprend deux groupes de possessions : 1° les Indes Orientales : Java, Sumatra, Bornéo, Célébès, les Moluques, etc.; 2° les Indes Occidentales : Guyane hollandaise et quelques Antilles.

Le Grand-Duché de Luxembourg. — Le Luxembourg, enclavé entre la Belgique, la France et l'Allemagne, est une petite principauté, qui fut jusqu'en 1890 une propriété du roi des Pays-Bas, et qui est gouvernée actuellement par un prince allemand de la maison de Nassau. Il appartient à la région de l'Ardenne. Le sol, montueux et creusé seulement de quelques vallées profondément encaissées, est peu fertile, sauf dans la région méridionale, nommée le « Bon Pays ».

Le Luxembourg possède 236 000 habitants, presque tous catholiques; on y parle le français et l'allemand. Sa capitale est *Luxembourg* (21 000 hab.), sur l'Alzette. La grande ligne d'Ostende à Bâle, qui établit la communication la plus directe entre Londres et le Saint-Gothard, traverse le Luxembourg.

RÉSUMÉ

Les Pays-Bas comprennent deux pays, la Belgique et la Hollande, qui ont pu être unis pendant quelques années sous une même domination, mais qui diffèrent notablement par l'origine, la religion, la langue de leurs habitants, ainsi que par leurs ressources naturelles.

I. — BELGIQUE.

Superficie, 29 457 kilomètres carrés, moins que la presqu'île de Bretagne.

I. **Conditions physiques générales.** — 1° La situation, au débouché des vallées de la Meuse et du Rhin, est avantageuse; — 2° comme sol, la Belgique a des terrains anciens au sud-est, des terrains plus récents, surtout tertiaires et quaternaires, au nord-ouest; — 3° comme relief, le sud-est est couvert de plateaux (Ardenne), tandis que le nord-ouest est une plaine très plate avec quelques collines isolées; — 4° le climat, humide et maritime à l'ouest, est bien plus froide dans l'Ardenne.

II. Aptitudes diverses. — 1° Les côtes sont bordées de dunes, rectilignes et peu favorables au commerce, à l'exception du port d'Anvers, sur l'Escaut; — 2° les fleuves belges sont la Meuse (Sambre, Lesse, Ourthe) et l'Escaut (Lys, Dender, Rupel), qui naissent en France et se terminent en Hollande; — 3° les ressources végétales sont abondantes et variées, sauf dans la région de l'Ardenne; — 4° les ressources minérales sont très abondantes; bassins houillers de Liège et du Borinage, fer, zinc, etc.

III. Populations. — 6 815 000 habitants, 231 en moyenne par kilomètre carré. Ces habitants sont des Wallons et des Flamands.

IV. État actuel et villes. — Quatre régions : 1° l'Ardenne, froide, triste, pauvre, sauf le long de la coupure de la Meuse : Namur, Liège (173 000 hab.), Seraing, Verviers; — 2° la Hesbaye, très riche comme agriculture, très abondante en mines : Mons, Charleroi, nombreux champs de bataille; — 3° la Campine, dunes de sable et marais, région pauvre, sans villes; — 4° la Flandre, région alluviale, fécondée par l'industrie humaine, région de prairies et de cultures : Bruxelles, capitale (561 000 hab.), Louvain, Malines, Courtrai, Ypres, Ostende, Gand (161 000 hab.), Anvers (285 000 hab.).

V. La Belgique contemporaine. — État indépendant neutre depuis 1830, la Belgique possède une prospérité remarquable. C'est le plus petit pays de l'Europe, mais un des plus florissants.

II. — LA HOLLANDE.

Superficie, 33 000 kilomètres carrés.

I. Conditions physiques générales. — 1° Par sa situation, la Hollande est, comme la Belgique, un débouché de l'Europe centrale; — 2° comme sol, elle est formée presque exclusivement de terrains de transport : c'est un delta; — 3° comme relief, c'est vraiment un pays bas, situé sur beaucoup de points au-dessous du niveau de la mer; — 4° comme climat, c'est un pays maritime, qui se ressent déjà de son élévation en latitude.

II. Aptitudes diverses. — La nature a peu fait pour la Hollande; sans les digues, la mer l'envahirait; le sol est d'ailleurs marécageux et infertile, manquant de minerais. La Hollande est une conquête de l'homme. C'est lui qui l'a garée de la mer par des digues, qui a enfermé les fleuves dans des canaux, et qui, après avoir desséché les marais qui en couvraient la surface, a amendé et fertilisé le sol.

III. Populations. — 5 103 000 habitants, soit 157 par kilomètre carré. Les Hollandais, de race germanique, parlent une langue apparentée à l'allemand. Au moral, c'est un peuple tenace, ordonné, propre, profondément pratique et économe, avec un sentiment très élevé de sa dignité.

IV. **État actuel et villes.** — La partie orientale est la moins riche et la moins peuplée : Groningue (67 000 hab.), Nimègue, Maestricht. La région centrale, plus riche, a pour principale ville Utrecht(104000 hab.). La région occidentale, ou Hollande proprement dite, est de toutes la plus prospère : elle renferme la Haye, capitale politique (212 000 hab.), Amsterdam (520 000 hab.), Rotterdam (332 000 hab.), Delft, Dordrecht Leyde, Haarlem. En Zélande, Middelbourg.

V. **La Hollande contemporaine.** — Monarchie constitutionnelle parlementaire. La Hollande a peu d'industrie, mais son agriculture et son commerce sont remarquablement prospères. Sa fortune est grande ; son empire colonial encore important.

VI. **Le Grand-Duché de Luxembourg.** — Petit pays de 2586 kilomètres carrés et de 236 000 habitants. Capitale, Luxembourg (21 000 h.).

§ 4. — L'ALLEMAGNE

L'Allemagne n'a de frontières naturelles qu'au nord, le long de la mer du Nord et de la Baltique, et sur quelques points du sud, où elle touche au Rhin et s'adosse aux Alpes. Ailleurs ses bornes sont conventionnelles, et se sont maintes fois déplacées. Elle touche aux Pays-Bas, à la France, à la Suisse, à l'Autriche-Hongrie, à la Russie, au Danemark.

Tel que l'ont fait les traités de 1864, 1866 et 1871, l'empire d'Allemagne mesure une superficie de 540 684 kilomètres carrés (France 536 408.

Conditions physiques générales. — 1° Par sa *situation*, l'Allemagne appartient à l'Europe centrale, trop large pour que le même pays y ait à la fois vue sur la Méditerranée et sur les mers océaniques. L'Allemagne n'a de débouché que sur ces dernières. D'un autre côté, elle occupe toute la largeur de la plaine européenne au nord des Alpes, ce qui lui vaut l'avantage d'être un lieu de passage nécessaire pour les relations commerciales entre le nord et le sud, l'ouest et l'est, mais ce qui entraîne aussi pour elle l'inconvénient d'être placée sur la route de toutes les grandes guerres européennes. L'Allemagne a longtemps souffert de cette situation.

2° Son *relief* est assez simple. L'Allemagne se compose de

trois régions, une région de hautes montagnes au sud, une région de plateaux au centre, une région de plaines basses au nord. Cette dernière a le plus d'ampleur ; aussi l'altitude moyenne de l'Allemagne est-elle en somme assez basse.

La région haute est peu considérable. Elle comprend seulement les *Alpes Bavaroises*, avec le Zug Spitze (2 974 m.).

La région moyenne, bien plus étendue, est sillonnée de chaînes boisées de hauteur médiocre encadrant des plateaux : le mot *Wald*, presque toujours joint à leur nom, indique que ces chaînes présentent l'aspect de forêts autant que de montagnes. Ces soulèvements affectent deux directions principales, du sud-ouest au nord-est et du sud-est au nord-ouest. A l'ouest, la première direction domine avec l'*Eifel*, plateau schisteux et désolé, semblable à l'Ardenne ; plus au sud, avec les *Vosges* (1426 m.) prolongées par le Hunsrück, et, au delà du Rhin, le Taunus, le Vogelsgebirge ; avec la *Forêt Noire* ou *Schwarzwald* (1 495 m.), qui fait pendant aux Vosges, sur la rive droite du Rhin, et se prolonge par l'Odenwald, entre Neckar et Main, le Spessart et le Hohe Rhœn, au delà du Main ; avec la *Rauhc-Alp*, formée de plateaux fissurés calcaires et prolongée à l'est par le *Jura franconien*.

Au centre et à l'est, les deux directions se croisent bien plus ; de grands nœuds montagneux se dressent au point de croisement. Les principaux soulèvements sont le *Thüringer-Wald* (984 m.), aux sources du Weser ; le *Harz* (1 141 m.), qui forme au-dessus de la plaine un grand promontoire où s'accrochent les nuées ; le *Fichtel-Gebirge* (1 063 m.), aux sources du Main ; le *Bœhmer-Wald* (1 476 m.) et l'*Erz-Gebirge* (1 244 m.), qui limitent la Bohême à l'ouest et au nord-ouest, le *Riesen-Gebirge* (Schneekoppe, 1 603 m.), qui la borne au nord-est.

La région basse comprend toute la partie septentrionale. C'est une immense plaine, formée de marnes, de sables, d'argiles et de graviers ; les roches y sont si rares, qu'un géologue, né dans le Brandebourg, raconte comme un des événements de son existence l'exploration d'une carrière où il put en observer sur place. Cette plaine, sans ondulations apparentes, ne présente que deux séries de renflements, l'une qui contourne la Baltique, l'autre plus méridionale ; elles sont séparées par une zone marécageuse qui couvre l'Oldenbourg, le Hanovre, le Brandebourg et la Lusace : tout le cours supérieur de la Sprée, ou Spreewald, forme un labyrinthe aquatique et boisé où l'on ne circule guère qu'en bateau.

3° La *constitution géologique* de l'Allemagne présente une grande variété. Dans la région des montagnes dominent les roches anciennes, granits, gneiss, schistes, qui constituent la majeure partie des soulèvements; toutefois quelques-uns de ces derniers, en particulier les Alpes Bavaroises et le Rauhe-Alp, sont formés de terrains plus récents, principalement de calcaires. Quant à la plaine, elle est constituée surtout par des terrains de transport; quelques-uns sont à base calcaire, comme les marnes; les sables, les argiles pures et les graviers y occupent le plus d'étendue.

4° Le *climat* ne varie guère du nord au sud, l'augmentation d'altitude combattant, au sud, l'effet d'une latitude plus méridionale : Augsbourg et Munich, en Bavière, ont un climat un peu plus dur en moyenne que Breslau et Stralsund, plus septentrionales, cette dernière ville même située sur la mer Baltique.

De l'ouest à l'est, au contraire, le climat varie beaucoup. A mesure qu'on s'éloigne de l'Atlantique, les pluies dont l'influence est partout modératrice vont en diminuant, et l'on se rapproche graduellement du climat extrême ou continental; le contraste des saisons froide et chaude s'accentue, et les variations de température deviennent plus brusques. Par une transition insensible, le climat français de l'ouest fait place au climat russe de l'est.

Aptitudes diverses. — L'Allemagne possède des côtes médiocrement favorables au commerce, des fleuves bien navigables et bien disposés, des ressources végétales assez faibles, mais d'abondantes ressources minérales.

1° Les *côtes* de l'Allemagne offrent un développement total de 2100 kilomètres 600 sur la mer du Nord, 1500 sur la mer Baltique. Mais ces côtes, comme toutes celles que forment les terrains de transport, sont marécageuses, basses, incertaines, moitié terre et moitié eau; elles ont été maintes fois ravagées par les flots et on a dû les protéger par de puissantes digues.

Sur la côte de la mer du Nord s'ouvrent la *rade de la Jade*, et les *estuaires du Weser* et *de l'Elbe*; c'est sur ces indentations que se trouvent les principaux ports. Au large, une rangée d'îles presque ininterrompue (Borkum, Norderney, Helgoland, Sylt, etc.) marque l'emplacement d'un littoral antérieur, rongé par la mer.

La côte occidentale de l'Allemagne sur la mer Baltique présente plusieurs baies qui offrent des abris aux navires : les deux principales sont la *baie de Kiel* et la *baie de Neustadt*, sur laquelle se trouve le port de Lübeck : de nombreuses îles s'étendent au large, entre autres *Fehmarn*, qui touche à l'Archipel Danois, *Rügen*, séparée de la côte par un détroit de 2 kilomètres, *Usedom* et *Wollin*, qui barrent l'embouchure de l'Oder. La partie orientale de cette côte est bien plus monotone et plus rectiligne ; les seules indentations qu'on y remarque sont des *haffe*, ou lagunes, que des flèches de sables, longues et minces, percées d'étroites passes, isolent presque complètement de la mer : tels le *Frisches Haff*, qui s'ouvre sur le golfe de Danzig, et le *Kurisches Haff*.

2° Les *fleuves* de l'Allemagne sont nombreux. Presque tous, suivant l'inclinaison de la plaine allemande, s'écoulent au nord, vers la mer du Nord (Rhin, Ems, Weser, Elbe) ou vers la Baltique (Oder, Vistule, Pregel, Niemen). Seul le plateau bavarois envoie ses eaux à la mer Noire par le Danube, orienté de l'ouest à l'est.

Le **Rhin**, si souvent considéré comme le fleuve germanique par excellence, n'appartient pas à l'Allemagne par son cours supérieur. Une partie de son cours moyen ne lui a longtemps appartenu que comme frontière. Enfin son cours inférieur est hollandais. Le Rhin n'est allemand aujourd'hui même que sur les deux tiers environ de sa longueur. Entré en Germanie en aval de Bâle, il y coule d'abord au nord, entre les Vosges et la Forêt-Noire, jadis très ample, libre, tout en bras et en îles, aujourd'hui rétréci par des digues. Grossi de l'*Ill* à gauche, du *Neckar* et du *Main* à droite, il se fraye au-dessous de Mayence un passage difficile à travers les schistes du Hunsrück et de l'Eifel, passage sombre, pittoresque, où le fleuve se brise sur des écueils, entre des monts sauvages, couronnés de vieux châteaux en ruines : les Allemands appellent ce passage la « trouée héroïque ». Le Rhin y reçoit, à droite, la *Lahn*, venue du Nassau, à gauche la *Moselle*, issue du plateau lorrain. Vers Bonn, après avoir reçu la *Ruhr*, le grand fleuve entre dans des plaines presque horizontales, dont la pente insensible le mène en Hollande.

Le *Weser*, formé par la jonction de la Werra et de la Fulda, descend des collines de l'Allemagne moyenne, du Rhœn et du Thuringer-Wald. Son cours est longtemps tourmenté. Le Weser entre en plaine à Minden, après une dernière brèche rocheuse, nommée « porte de Westphalie ». Dès lors sa pente devient insensible ; la marée y remonte jusqu'à Brême, à

80 kilomètres de la mer. Des bancs de sable encombrent l'estuaire. Le Weser reçoit l'*Aller*, grossi de la Leine.

L'**Elbe** est l'artère centrale de l'Allemagne. Elle lui arrive toute faite de Bohême par les défilés de la Suisse saxonne. Dès lors, c'est un fleuve de plaine au cours lent et ramifié. Il commence à sentir l'action de la marée en amont de Hambourg, situé pourtant à 100 kilomètres de la mer. Son estuaire est large et profond. Les affluents de l'Elbe sont : à gauche, la *Mulde* et la *Saale*; à droite, l'*Elster* et la *Havel*, qui n'est qu'un chapelet d'étangs; cette dernière rivière reçoit la Sprée de Berlin.

L'**Oder**, issu des Sudètes et des Karpates, en Autriche, entre presque aussitôt en Allemagne et en plaine. En 900 kilomètres il descend à peine de 200 mètres. Après avoir arrosé Stettin, l'Oder aboutit à une lagune intérieure, le *Haff*, séparée de la haute mer par les îles Usedom et Wollin, entre lesquelles s'ouvre une passe très fréquentée, la *Swine*. L'Oder reçoit : à droite, la *Wartha*, grossie de la Netze; à gauche, la *Neisse* de Glatz et la *Neisse* de Goerlitz.

La *Vistule*, née en Autriche, coule longtemps en Pologne et n'appartient à l'Allemagne que par son cours inférieur, qui se termine par un delta aux bras multiples aboutissant soit dans le golfe de Danzig, soit dans le Frisches Haff. La *Pregel*, également tributaire du Frisches Haff, est médiocrement longue. Le *Niémen* n'est allemand qu'en son cours inférieur, aux abords du Kurisches Haff.

Considérés dans leur ensemble, ces fleuves lents et navigables offrent la plus heureuse disposition. Ils forment, de Thorn à Hambourg, une ligne d'eau presque ininterrompue; la Netze, la basse Wartha, la Sprée, la Havel et l'Elbe semblent se prolonger; il a suffi de l'établissement de deux petits canaux entre la Vistule et la Netze, puis entre l'Oder et la Sprée, pour donner à l'Allemagne un réseau admirable et complet de navigation intérieure.

Le **Danube** forme un groupe fluvial à part; il regarde non pas vers le nord, comme les autres fleuves allemands, mais vers l'est. Né dans la Forêt Noire, il coule au nord du plateau bavarois et au pied de la Rauhe-Alp, puis du Jura franconien, puis du Böhmer-Wald. Il se grossit, en Allemagne : à droite, du *Lech*, de l'*Isar* et de l'*Inn*, cette dernière rivière enflée par les neiges des grandes Alpes; à gauche, de l'*Altmühl*, du *Naab* et de la *Regen*. Quand le Danube entre en Autriche, c'est déjà un grand fleuve.

3° Les *ressources végétales* de l'Allemagne sont en général assez médiocres.

Les montagnes appartiennent à des formations variées : elles sont constituées par des roches très diverses, roches éruptives anciennes, roches primaires, calcaires, roches volcaniques. Mais toutes sont bien arrosées. Elles conviennent par suite à la croissance des arbres. D'immenses forêts les couvrirent autrefois; il en subsiste encore beaucoup. Des cultures, et surtout des landes et des pâturages, ont remplacé les forêts détruites.

La plaine se compose alternativement de régions sablonneuses ou de dépressions marécageuses et tourbeuses. Le plus souvent son aspect rappelle celui de notre Sologne ou de nos Landes : des bruyères, des plaques de verdure, des flaques d'eau, des bois de pins rabougris, une platitude silencieuse sous un grand ciel. L'homme a dû s'ingénier pour féconder ce sol et le forcer à produire.

4° Les *ressources minérales* sont, par contre, beaucoup plus abondantes. L'Allemagne moyenne, située dans la zone des plissements hercyniens, les mieux pourvus de minerais, renferme quatre bassins de grande importance, ceux de la *Westphalie*, de la *Lorraine allemande*, de la *Saxe* et de la *Silésie*.

Le bassin de Westphalie est le plus riche; la Ruhr y creuse son lit dans une région schisteuse qui comprend de puissantes assises de houille, du fer et du zinc. Au pied des Vosges, le bassin de la Lorraine allemande possède de la houille et du fer. La Saxe, dans l'Erz-Gebirge (monts métalliques), les monts de Thuringe et le Harz, a des gisements de houille, de plomb argentifère, de fer et de cuivre. En Silésie, enfin, sur l'Oder supérieur et dans le Riesen-Gebirge, se trouvent des mines de plomb, de fer et de houille.

Populations. — L'Allemagne renferme, dans ses limites actuelles, une population de 56 356 000 habitants (1900), soit 104 en moyenne par kilomètre carré. Les régions industrielles, Westphalie, Prusse Rhénane, Saxe, Silésie, sont naturellement celles qui ont la plus forte densité de population.

Cette population augmente rapidement, au contraire de la population française qui est presque stationnaire. Malgré l'émigration qui, de 1830 à 1900, a enlevé plus de six millions d'Allemands, et qui en enlève encore de 30 à 40 000 par an, l'Allemagne actuelle s'accroît chaque année d'environ 750 000 personnes. La population de l'empire n'était en 1871 que de 41 050 000 habitants. Si la même progression se maintenait, l'Allemagne compterait 170 millions d'habitants à la fin du XX° siècle.

L'Allemagne ne comprend pas seulement des populations germaniques et ne comprend pas non plus toutes les populations germaniques. En dehors de l'Empire Allemand, on compte comme Allemands environ 11 millions d'Autrichiens, plus de 2 millions de Suisses, environ 40 000 Belges, 230 000 Luxembourgeois, 1 500 000 Allemands dispersés en Russie, 8 à 9 millions disséminés en Amérique, au Canada, aux États-Unis et au Brésil. Par contre, l'Empire Allemand s'est annexé malgré elles des populations qui n'avaient rien de germanique, Polonais et Lithuaniens, Danois, Lorrains, ou qui voulaient rester attachés à d'autres pays, comme les Alsaciens. En vain il a tenté de les germaniser : ses efforts ont jusqu'à présent échoué.

L'Allemagne renferme 53 millions d'Allemands fort dissemblables d'une province à l'autre, en particulier du nord au sud. L'Allemand du Nord est triste, rude et sévère, peu artiste; celui du Sud possède plus de gaieté et d'abandon expansif. Le dialecte du Nord, ou *plattdeutsch*, diffère aussi sensiblement du dialecte du Sud, ou *hochdeutsch*, devenu la langue de la littérature.

En dépit de ces différences, il existe un type allemand. Au physique, il est grand, fort, un peu épais, il a les cheveux blonds et les yeux bleus. Au moral, il est caractérisé par la ténacité, l'ardeur au travail, le respect de la discipline et de l'autorité; ce sont ces qualités qui ont fait du peuple allemand ce peuple de soldats qui manœuvrent avec la précision de machines, et ce peuple de savants, de chercheurs acharnés, méticuleux, jamais las, auxquels manquent trop souvent la proportion, la mesure et le goût, mais qui ont en partage des qualités peu communes, la profondeur de l'esprit d'analyse et l'aptitude consciencieuse aux patientes investigations. Pourquoi ce peuple, digne d'estime à tant d'égards, mérite-t-il plus que tout autre le reproche de nourrir pour tout ce qui vient de lui une préférence exagérée, une haine arrogante pour le reste, et d'avoir, par orgueil de la domination, faussé l'histoire en mettant la force brutale au-dessus du droit et de la justice?

Au point de vue religieux, l'Allemagne compte 34 millions de protestants et 21 millions de catholiques. On trouve ceux-ci à la périphérie, en Posnanie (ancienne Pologne), en Bavière, en Wurtemberg et le long du Rhin.

Organisation politique. — L'Allemagne a eu un développement des plus tourmentés. Sans frontières naturelles vers l'est et vers l'ouest, elle a vu passer mainte invasion; elle a vu se livrer des luttes longues et difficiles entre les races diverses que le hasard y avait jetées et qui cherchaient à s'y étendre les unes aux dépens des autres; elle a été foulée en tous sens par nombre d'armées venues de toutes parts, de l'ouest, comme les Français, du nord, comme les Suédois, du sud, comme les Autrichiens, de l'est comme les Russes. L'Allemagne n'a été longtemps qu'un champ clos où se sont débattus les intérêts de l'Europe.

D'ailleurs l'unité mit longtemps à s'y établir. La nature a divisé l'Allemagne en petites individualités distinctes, groupées autour d'un fleuve ou d'une rivière, et encadrées par une ceinture de montagnes couronnées de forêts. Ces petits États se développèrent chacun à part, en lutte les uns contre les autres. L'Allemagne mérita longtemps d'être appelée « les Allemagnes ». Plus de 300 États y étaient encore constitués à la fin du xviii° siècle. La Prusse, le Brandebourg, le Hanovre, la Saxe, le Palatinat, la Bavière, Bade, la Hesse, Trèves, Cologne, Mayence, les Villes libres, etc., formaient autant de propriétés distinctes, ayant leur politique et leurs ambitions particulières.

Cependant, malgré des dissemblances profondes, malgré le morcellement infini de son territoire, et malgré les rivalités princières qui cherchaient à le perpétuer, la nation allemande ne perdait point conscience des liens d'origine et de langage qui formaient son unité morale. Pendant plusieurs siècles elle a constamment aspiré à l'unité politique, sinon à l'unité absolue, du moins à une sorte d'unité relative centralisant les intérêts et les forces, en aliénant le moins possible l autonomie des souverainetés partielles. Le problème était difficile à résoudre : il l'a été plusieurs fois de manières diverses. Durant plus de cinq cents ans, le *Saint-Empire* réalisa, dans une certaine mesure, l'unité politique sous l'autorité élective de la maison d'Autriche. En 1806, l'unité s'est appelée *Confédération du Rhin;* en 1815, *Confédération germanique.* En 1870, elle a repris, sous la main autoritaire de la Prusse, le titre imposant d'*Empire Allemand.*

L'empire d'Allemagne, tel que l'a fait la Constitution du 4 mai 1871, se compose de plusieurs gouvernements particuliers, pourvus de leurs rouages spéciaux et chargés de leur budget spécial; l'administration locale leur appartient; l'instruction publique leur reste confiée. Mais l'unité est assurée par le pouvoir central donné au roi de Prusse devenu empereur d'Allemagne, et par deux grandes institutions d'empire, le Conseil fédéral et le Reichstag.

L'*Empereur* agit seul au nom de l'Allemagne dans les affaires nationales; il nomme le chancelier d'Empire; il convoque le Conseil fédéral et le Reichstag; il est le chef militaire, le chef suprême d'une armée qui compte parmi ses généraux et ses officiers la plupart des princes des maisons régnantes d'Allemagne. — Le *Conseil fédéral* se compose des délégués des gouvernements d'après une proportion déterminée, la Prusse ayant 17 voix sur 58, ce qui lui permet de s'opposer à tout changement de Constitution, 14 voix suffisant à l'empêcher. — Le *Reichstag* est une assemblée démocratique, nommée directement par le suffrage universel, à raison d'un député par 100 000 habitants.

De l'empire dépendent l'armée et la marine; c'est l'empire qui règle les relations diplomatiques, les relations commerciales, et qui administre directement les postes et les télégraphes. Il a un budget distinct, alimenté par les revenus des douanes (*Zollverein*), par des impôts de consommation sur le sucre, le sel, le tabac, l'eau-de-vie, la bière, et par les revenus des postes et télégraphes.

Les gouvernements particuliers sont au nombre de 25, du reste fort inégaux : le plus grand, le royaume de Prusse, mesurant 348 607 kilomètres carrés de superficie; le plus petit, la principauté de Reuss (branche aînée), en ayant seulement 316 (environ 18 kilomètres de longueur sur autant de largeur). Ces 25 États sont : 1° quatre royaumes, Prusse, Bavière, Saxe, Wurtemberg; — 2° six grands-duchés, Bade, Hesse, Oldenbourg, Mecklembourg-Schwerin, Mecklembourg-Strelitz, Saxe-Weimar; — 3° cinq duchés et sept principautés diverses; — 4° trois villes libres, Hambourg, Lübeck et Brême.

Il faut mettre à part l'Alsace-Lorraine, pays conquis, placé comme terre d'empire sous un régime dictatorial et gouvernée par un *Statthalter*, ou lieutenant, représentant de l'empereur.

Principaux États et Villes. — I. *Le Royaume de Prusse* : c'est le plus important des États allemands. Composé à l'origine de trois principautés disséminées à travers l'Allemagne, Prusse à l'est, Brandebourg au centre, duché de Clèves à l'ouest, il s'est appliqué à recoudre ces morceaux épars ; à force de persévérance et d'une activité souvent peu scrupuleuse, ses princes, devenus rois en 1701, y ont réussi. La Prusse embrasse aujourd'hui tout le nord de l'Allemagne, du Niémen au delà du Rhin, soient 348 607 kilomètres carrés.

Le royaume de Prusse n'est pas, à beaucoup près, la plus riche partie de l'empire. Son climat est rude, son sol souvent ingrat. Il renferme 34 468 000 habitants, soit 99 par kilomètre carré, la moyenne de toute l'Allemagne étant 104. Dans ce nombre figurent 3 500 000 hommes qui n'ont rien d'allemand, des Danois et des Polonais, qui tiennent bon contre la germanisation. Le reste se compose principalement de Prussiens. Moins simple, moins sentimental, moins poétique que l'Allemand du Sud, le Prussien a en revanche plus d'énergie et de persévérance; sa politesse est raide et dissimule mal un fond d'arrogance; il est surtout bureaucrate et militaire. Ce sont ces qualités d'esprit guerrier et de volonté qui lui ont permis d'imposer son hégémonie au reste de l'Allemagne, où sa raideur n'est pas toujours sympathique.

La Prusse comprend 12 provinces: 3 à l'est, Prusse Orientale, Prusse Occidentale, Posnanie; 6 au centre, Silésie, Brandebourg, Poméranie, Schleswig-Holstein, Saxe prussienne, Hanovre; 3 à l'ouest, Hesse-Nassau, Westphalie, Prusse rhénane.

La *Prusse Orientale* a un climat rude et froid, un sol plat, sablonneux et argileux; c'est une région triste, marécageuse, peu peuplée. On y parle, à côté de l'allemand, le polonais et le letton; la capitale est **Kœnigsberg** (187 000 hab.), place forte et port sur le Pregel. Plus au nord, est le port important de Memel.

La *Prusse Occidentale* est assez semblable à la précédente, sauf dans la région basse formée par la vallée de la Vistule et par le Werder, pays d'alluvions marines, fertiles et riches. La capitale est **Danzig** (140 000 hab.), port sur la mer Baltique, au débouché de la vallée de la Vistule, en outre ville industrielle renfermant des distilleries d'eau-de-vie.

La *Posnanie*, grande et fertile plaine, est traversée par la Wartha et la Netze. Elle vit surtout d'agriculture et d'élevage. Arrachée à la Pologne à la fin du xviii° siècle, cette province est encore slave par la population et par la langue. Elle a pour capitale *Posen* (117000 hab.), pour villes principales Bromberg et Gnesen, dont l'archevêque est primat de Pologne.

La *Silésie*, sur l'Oder supérieur, est une province enlevée à l'Autriche en 1740. Riche en pâturages qui nourrissent des

moutons renommés, admirablement cultivée, abondante en produits miniers de toute sorte, houille, zinc, plomb, fer, c'est une
province très prospère et peuplée de 116 habitants par kilomètre carré. La capitale est **Breslau** (422000 hab.), grande
ville industrielle, bâtie au bord de l'Oder. On y remarque encore
la place forte de Glogau, ainsi que les villes industrielles de
Liegnitz et Gœrlitz.

Le *Brandebourg* est une terre de sables et d'argiles, d'étangs

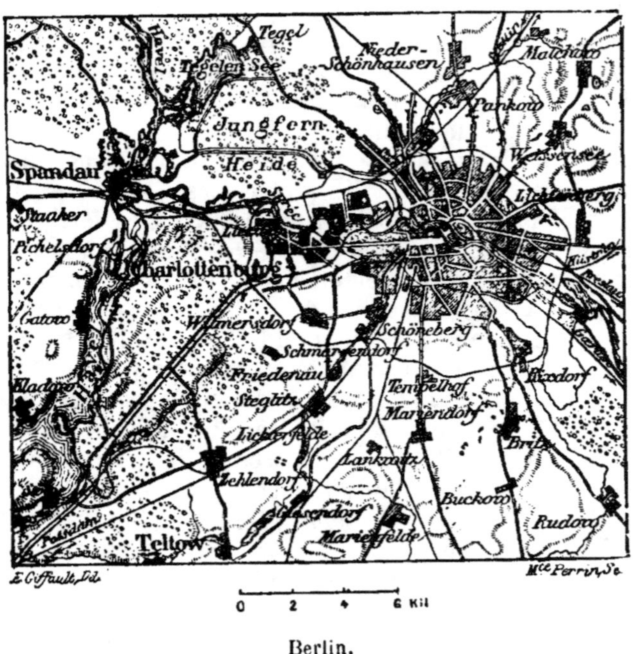

Berlin.

et de bois de pins qu'un opiniâtre labeur a pu seul fertiliser.
Par bonheur pour elle, cette province est située au centre de
l'Allemagne, au point de croisement des routes du nord au sud
et de l'ouest à l'est. Le chef-lieu est *Potsdam* (59000 hab.), sur
la Havel. On y trouve également la place forte de Spandau, la
ville manufacturière de Charlottenbourg, et Francfort-sur-l'Oder,
célèbre par ses foires. Mais la principale ville de la province est
Berlin (1888000 hab.), capitale de l'empire, sur la Sprée : elle
s'élève dans une plaine sablonneuse et monotone, où elle grandit avec rapidité.

La *Poméranie* est encore plus pauvre de par son climat rude, aux fréquentes gelées tardives, qui permet à peine aux céréales d'arriver à maturité. Elle a pour capitale **Stettin** (210 000 hab.), port sur l'Oder, à la fois fluvial et maritime; pour autres villes, Swinemunde, avant-port de Stettin, et Stralsund, port en face de Rügen.

Le *Schleswig-Holstein*, autre terre aux ressources médiocres, sauf pour l'élevage, a été enlevé au Danemark en 1864, bien que la majorité de la population fût composée de Danois. Située sur la mer du Nord et sur la Baltique, elle n'a de ports que sur la seconde de ces mers; ce sont Flensbourg et *Kiel* (121 000 hab.), port militaire très important qu'un canal unit à la mer du Nord; la ville la plus peuplée est *Altona* (161 000 hab.), sur l'Elbe, tout près de Hambourg.

La *Saxe prussienne*, située sur l'Elbe, au sud-ouest du Brandebourg, est une des parties les plus riches et les plus peuplées de la monarchie. Elle a tout à la fois un sol très fertile et des mines abondantes. Sa capitale est **Magdebourg** (229 000 hab.), la forteresse qui défend Berlin sur l'Elbe. Les autres villes notables sont la ville universitaire de *Halle* (156 000 hab.), sur la Saale, les villes manufacturières d'Erfurt et d'Halberstadt.

Le *Hanovre*, ancien royaume réuni à la Prusse en 1866, est une plaine couverte d'immenses marais et de bruyères, que la culture transforme lentement; les terrains bas du bord de la mer sont, comme la Hollande, exposés à de terribles inondations. Ce n'est que tout à fait au sud que se montrent quelques hauteurs. La capitale est *Hanovre* (235 000 hab.), sur les rives de la Leine, sous-affluent du Weser, bâtie dans une grande plaine qui s'en va jusqu'à l'Elbe hambourgeoise par les vastes landes de Lünebourg. A citer encore *Gœttingue*, dont l'université est célèbre. Du Hanovre dépendait originairement l'île d'Helgoland, anglaise jusqu'en 1890, allemande depuis.

La *Hesse-Nassau*, annexée par la Prusse en 1866, est une contrée montagneuse allant des cours supérieurs de la Werra et de la Fulda au Main et au Rhin. Bien arrosée, elle a surtout des forêts et des prairies. La capitale est *Cassel* (106 000 hab.), sur la Fulda. On y remarque encore la ville manufacturière de Hanau, sur le Main; *Francfort-sur-le-Main* (288 000 hab.), par excellence la ville des spéculations sur l'argent, les papiers, les titres; il s'y tient chaque année deux foires très importantes; plusieurs villes d'eaux, entre autres Nauheim, Hombourg, Wiesbaden, Ems, etc.

La *Westphalie*, arrosée par le Weser et l'Ems, est couverte
de petites montagnes. Riche en pâturages et en cultures diverses,
principalement en champs de lin et de chanvre, bien pourvue
de houille et de minerais divers, elle est remarquablement
prospère. Elle compte 158 habitants par kilomètre carré. Le
chef-lieu de la province est une ville moyenne, *Munster*
(63000 hab.). Les trois principales villes sont *Dortmund*
(142 000 hab.) et *Bochum* (65 000 hab.) dans un bassin houiller ;
Iserlohn, qui a de nombreuses usines (bronze, aiguilles à
coudre, dés, etc.).

La *Prusse Rhénane* est encore plus riche. Ses cultures sont
prospères ; elle produit des vins renommés ; ses mines abondantes et variées alimentent des industries remarquablement
actives. Nulle province prussienne n'est plus prospère ni plus
peuplée : elle renferme 213 habitants en moyenne par kilomètre
carré. Le chef-lieu est *Coblentz* (45 000 hab.), ville très forte,
au confluent de la Moselle et du Rhin, que domine la forteresse d'Ehrenbreitstein. Les principales villes sont **Cologne**
(372 000 hab.), ville industrielle sur le Rhin ; *Elberfeld* et
Barmen (dentelles, soieries), villes contiguës qui n'en font
qu'une, peuplée de 300 000 habitants ; *Dusseldorf* (213 000 hab.),
débouché sur le Rhin des deux villes précédentes ; *Crefeld*
(109 000 hab.), célèbre par ses soieries ; *Essen* (118000 hab.),
qui fabrique des canons ; Duisbourg, Solingen, Remscheid, autres
villes industrielles ; la cité universitaire de *Bonn*, et, à l'ouest
du Rhin, l'antique *Aix-la-Chapelle* (135 000 hab.), dont les eaux
thermales sont encore très fréquentées. La Prusse Rhénane est
la région allemande qui renferme, sur un espace relativement
resserré, le plus grand nombre de villes populeuses.

II. Le **Royaume de Bavière** a le second rang des États allemands comme étendue et population. Il comprend quelques
versants des Alpes, la haute plaine du Danube, la Franconie ou
région du Main, et, sur la rive gauche du Rhin, le Palatinat,
au nord de l'Alsace. Le plateau bavarois proprement dit, haute
plaine située à près de 500 mètres d'altitude moyenne, est
formé de terrains diluviens ; le climat en est froid, le sol
presque toujours caillouteux ou marécageux. A côté de bons
terrains gelés pendant près de six mois, en raison de l'altitude,
on y trouve de grands marais, appelés *ried* ou *moos*, plus ou
moins desséchés, plus ou moins insalubres : c'est un pays
monotone et triste. La Franconie et le Palatinat, dont le climat

est plus doux, ont aussi le sol plus naturellement fécond.

Sur une superficie de 75 865 kilomètres carrés, le royaume de Bavière nourrit 6 175 000 habitants, environ 81 en moyenne par kilomètre carré. Les Bavarois sont catholiques fervents; aussi n'aiment-ils guère les Prussiens qui pour eux représentent le protestantisme. Entre les deux peuples règne une sourde antipathie. De toutes les tribus allemandes, aucune ne se plie plus malaisément à l'hégémonie prussienne.

La Bavière a pour capitale **Munich** (499 900 hab.), à 500 mètres d'altitude, dans une plaine de graviers nue, que traverse le rapide Isar; ses monuments, copiés sur le grec, lui ont valu chez les Allemands le surnom d' « Athènes allemande ».

Les villes principales sont : sur le plateau bavarois, *Augsbourg* (89 000 hab.), Ratisbonne et la ville forte de Passau; — en Franconie, la pittoresque *Nuremberg* (261 000 hab.), qui a conservé les souvenirs d'autrefois, les maisons à pignons, les fenêtres sculptées, les corniches en bois ouvragé, les hautes tours où le veilleur sonne les heures et crie à l'incendie; elle fait du reste un grand commerce et possède diverses industries; *Bayreuth, Schweinfurth* et *Wurzbourg*, sur le Main; — dans le Palatinat, les villes historiques de *Spire* et de *Landau*, le port fluvial de Ludwigshafen sur le Rhin, et la ville de *Kaiserslautern*.

III. Le *Royaume de Saxe* est adossé à l'Erz-Gebirge qui le sépare de la Bohème; l'Elbe le traverse. Montagnes fraîches au midi, collines et plaines au nord, c'est une des parties les plus riantes et les plus prospères de toute l'Allemagne. Ses montagnes, en effet, recèlent une grande variété de métaux, le fer, l'argent, l'étain, etc.; ses plaines, faites d'alluvions, portent de riches cultures.

Nulle région allemande n'est plus peuplée. Elle a 4 199 000 habitants sur 15 000 kilomètres carrés, soit une moyenne de 280 par kilomètre carré. Pays slave à l'origine, elle est devenue entièrement germanique. La Réforme religieuse y naquit, au XVIe siècle, avec Luther. Depuis, par ses savants, ses penseurs, ses poètes, ses universités, la Saxe n'a cessé de contribuer aux progrès du germanisme. Le Saxon diffère notablement du Prussien : « A Dresde, écrit un voyageur, les lèvres ont plus de sourires qu'à Berlin; le rire se mêle plus volontiers à la conversation; la démarche est moins raide, l'allure générale moins tendue. »

La capitale de la Saxe est **Dresde** (395000 hab.), sur l'Elbe :
par ses monuments, par les tableaux et les objets d'art qui rem-
plissent ses musées, elle mérite le surnom qu'on lui a donné de
« Florence allemande ». — Les autres grandes villes sont
Leipzig (455000 h.), en plaine, sur l'Elster : elle possède une
importante université, fait un grand commerce de livres et a des
foires célèbres; *Chemnitz* (206000 hab.), ville industrielle qui
travaille principalement le coton; *Zwickau* et *Plauen*, autres
villes industrielles.

IV. Le *Royaume de Wurtemberg* occupe en partie l'ancienne
Souabe, à l'est de la Forêt Noire, dans le bassin du Neckar,
affluent du Main. C'est un pittoresque et gracieux pays où, avec
les forêts et les montagnes, alternent les prairies, les champs de
céréales et les vignobles. C'est un pays exclusivement agricole.
Il compte 2 169 000 habitants sur 19 500 kilomètres carrés, soit
111 en moyenne. Ces habitants sont en majorité protestants.
  Le Wurtemberg a pour capitale **Stuttgart** (176 000 hab.), dans
une fertile vallée, près du Neckar, rivière centrale du royaume
et lien des diverses régions wurtembergeoises; pour villes
principales, *Heilbronn*, la « ville des fleurs », *Tübingen*, ville
universitaire, et la place forte d'*Ulm*, sur le Danube.

V. Le *Grand-duché de Bade*, longue bande qui s'étend du lac
de Constance au Rhin et au Neckar, ressemble à l'Alsace qui lui
fait vis-à-vis par delà le Rhin. Comme elle, il se compose d'une
vaste plaine féconde, de ravissantes vallées et de gorges, dont
les clairs torrents descendent, par moulins et scieries, du haut
de mamelons couronnés de sapins. Au sud-est, le Danube y roule
ses premières eaux. Ce pays, en majorité catholique, renferme
1 866 000 habitants sur 15 080 kilomètres carrés, soit une
moyenne de 124.
  Il a pour capitale **Carlsruhe** (97000 hab.), régulière et bien
bâtie. On peut citer encore le grand port fluvial de *Mannheim*
(140000 hab.), au confluent du Neckar et du Rhin; l'universitaire
Heidelberg, sur le Neckar; *Bade*, qui a des bains d'eaux minérales très fréquentés; *Fribourg-en-Brisgau*, qui possède une
importante université; enfin *Constance*, sur la frontière suisse,
à l'endroit où le Rhin sort du lac de Constance pour entrer dans
le lac Inférieur.

VI. L'*Alsace-Lorraine*, arrachée brutalement à la France en

1871, forme aujourd'hui une terre d'empire. Elle comprend une plaine opulente, l'Alsace, chargée de champs de céréales, de cultures industrielles, de houblonnières et de vignobles; des montagnes, les Vosges, noires de forêts, riches en torrents qui font mouvoir des tissages, des scieries, des moulins; enfin, un plateau, le plateau lorrain, coupé de vallons riants et incliné jusqu'à la Moselle : on y trouve d'importantes salines.

Pays de cultures prospères et d'industries merveilleusement développées, l'Alsace-Lorraine, qui a 14 510 kilomètres carrés d'étendue, compte 1 717 000 habitants, soit une moyenne de 118. Un cinquième seulement de cette population a le français pour langue maternelle, dans certaines hautes vallées de l'Alsace, et, en Lorraine, sur la Seille et la Moselle. Mais, tout en parlant allemand, les Alsaciens-Lorrains étaient Français de cœur; ils ont fourni à la France des légions de soldats et de généraux dévoués; une lourde oppression ne leur a pas fait oublier leur patrie.

L'Alsace-Lorraine compte de nombreuses villes actives. Les principales sont : en Alsace, **Strasbourg** (150 000 hab.), sur l'Ill, à 5 kilomètres du Rhin, et *Mulhouse* (89 000 hab.), qui a des manufactures de coton et de tissus imprimés; — en Lorraine, *Metz* (58 000 hab.), sur la Moselle, au confluent de la Seille.

VII. Parmi les villes les plus importantes qui sont situées dans les principautés autres que les principautés principales, on peut citer : dans le nord, *Schwerin* et *Rostock*, en Mecklembourg; dans le centre, en Saxe, *Weimar* et *Gotha*, villes d'étude et d'établissements scientifiques; *Dessau*, sur la Mulde, et *Brunswick* (128 000 hab.), sur un affluent de l'Aller; à l'ouest, *Darmstadt* et *Mayence* (84 000 hab.), au confluent du Main et du Rhin.

Il faut y joindre les trois villes libres, Hambourg, Brême et Lubeck, anciennes villes hanséatiques, très prospères au moyen âge, mais dont deux, situées sur de petits fleuves, assez loin de la mer, n'admettent plus les gros navires modernes.

Hambourg (705 000 hab., faubourgs compris) est la plus prospère de ces trois villes : bâtie sur l'Elbe, à 110 kilomètres de la mer, elle est devenue le grand port de l'Allemagne, la tête de ligne des grandes lignes de navigation vers l'Amérique du Nord et du Sud, l'Extrême-Orient, l'Australie et la côte d'Afrique. Son mouvement maritime, qui grandit chaque année, dépasse 16 millions de tonnes ; son commerce est évalué à 9 000 millions de francs. C'est le premier port du continent avec Anvers.

Brême, sur le Weser, à 80 kilomètres de la mer, n'est plus accessible aux gros navires, et a dû se créer, vers l'embouchure, l'avant-port de Bremerhafen. Brême (163 000 hab.) est restée un grand marché de tabacs.

Lübeck, sur la Trave, à 45 kilomètres de la mer Baltique, ancienne capitale de la Hanse, a perdu plus encore que Brême ; elle ne reçoit plus qu'un petit nombre de navires, bien que les travaux de canalisation permettent aux navires de mer de remonter jusqu'à ses quais. Lübeck (82 000 hab.) a le désavantage de s'ouvrir sur la mer Baltique, trop reculée pour le commerce.

L'Allemagne contemporaine. — Le développement de l'Allemagne est, à proprement parler, un fait contemporain. Aux siècles passés, l'Allemagne n'était qu'un patient de la politique. Les guerres absorbaient son activité, la dévastaient et la dépeuplaient. Quand par hasard les princes indigènes faisaient trêve à leurs querelles, les étrangers y venaient mesurer leurs rivalités nationales comme en un champ clos. On pourrait dire que, pas une fois en de longs siècles, l'Allemagne n'a goûté trente années consécutives de paix. Comment aurait-elle pu tirer profit de ses ressources naturelles? Quelques princes intelligents et actifs utilisèrent quelques périodes de calme; ils n'obtinrent aucun résultat durable. C'est de nos jours seulement que l'Allemagne, en s'unifiant et en devenant forte par cette unité, a pu s'élever au rang de grande puissance.

L'instruction publique y est si développée, qu'en certaines régions la proportion des conscrits illettrés tombe à 2 pour 1000 ; l'enseignement supérieur est donné dans des universités très fréquentées, dont les principales sont celles de Berlin, de Halle, de Leipzig, d'Iéna, de Munich, de Tübingen, de Bonn.

Les travaux publics sont très considérables. L'Allemagne possède 28 000 kilomètres de voies navigables, trois fois plus que la France. Il a suffi de 2 000 kilomètres de canaux pour réunir les bassins différents (canal Ludwig, entre Main et Danube; canal de Finow et canal Frédéric-Guillaume, entre Elbe et Oder; canal de Bromberg, entre Oder et Vistule). Un canal maritime permet, depuis 1895, aux navires allemands de passer de la mer Baltique dans la mer du Nord, et réciproquement, sans avoir à franchir le Sund et à doubler le Jutland.
— L'Allemagne possède enfin 425 000 kilomètres de routes di-

verses, 51 850 kilomètres de voies ferrées, et, pour son commerce par mer, un effectif de 3760 navires, dont 1 300 à vapeur.

La situation économique de l'Allemagne, favorisée de la sorte, est fort remarquable. En dépit d'une infertilité naturelle marquée, le sol allemand porte des cultures nombreuses et rémunératrices : avoine, seigle et orge, plus que froment; pommes de terre; vins estimés (de Constance, du Wurtemberg, du Rhin); betteraves, houblons, tabac, lin et chanvre. L'indus-

Cours inférieur de l'Elbe et canal maritime de Kiel.

trie est très active, principalement dans la Prusse Rhénane, dans la Saxe et la Thuringe, dans la Silésie : l'Angleterre et la France sont les seuls pays européens qui, sur ce terrain, égalent ou dépassent encore l'Allemagne, mais celle-ci progresse plus vite. Quant au commerce, il s'est élevé en 1900 à 12 960 millions de francs (importations 7 200, exportations 5 760) : c'est avec les États-Unis, l'Angleterre et l'Autriche-Hongrie que l'Allemagne fait la majeure partie de ses échanges. Le commerce extérieur de l'Allemagne, qui dépasse de beaucoup celui de la France, n'est inférieur qu'à celui de l'Angleterre.

On ne saurait trop admirer le magnifique épanouissement de

l'Allemagne contemporaine. A force de labeur et d'opiniâtrete, trop souvent aussi, il est vrai, par l'emploi de moyens que réprouvent la justice et la morale, l'Allemagne a réalisé son unité politique et conquis parmi les puissances du monde une des places majeures. En Europe, elle possède une force militaire formidable qui, sans cesse accrue, compte sur le pied de guerre plus de 3 millions d'hommes; sa flotte, toute de création récente, est déjà des plus sérieuses; cette force, un peu factice à l'origine, repose aujourd'hui sur une indéniable richesse économique. Hors d'Europe, à l'imitation des grandes puissances rivales, elle s'est créé un empire colonial qui comprend : en Afrique, le Togoland, le Cameroun, les territoires du Sud-Ouest et de l'Est africains; en Océanie, la Terre de l'Empereur-Guillaume, l'archipel Bismarck, les îles Marshall, les Carolines, les Palaos, les Mariannes et une partie des Salomon et des Samoa.

Toutefois, en reconnaissant la grandeur de l'œuvre réalisée de nos jours par le peuple allemand, on doit constater que la violence et la brutalité l'ont souvent entachée. La « poétique et rêveuse » Allemagne s'est laissé trop aveuglément dominer par l'âpre et dure Prusse, agrandie par trois siècles d'une politique presque toujours sans scrupules et sans humanité.

RÉSUMÉ

Allemagne : superficie 540 684 kilomètres carrés (France, 536 408).

I. Conditions physiques générales. — 1° Par sa situation, l'Allemagne est un lieu de passage nécessaire, ce qui lui a valu mainte invasion, mais ce qui lui vaut de servir à de nombreuses relations commerciales; — 2° son relief est simple : au sud, quelques hautes montagnes (Alpes Bavaroises); au centre, nombreuses chaînes boisées d'altitude médiocre, Eifel, Vosges, Schwarzwald, Rauhe-Alp, Thuringer-Wald, Harz, Fichtel-Gebirge, Erz-Gebirge, Riesen-Gebirge (1603 m.); au nord, une grande plaine basse, assez peu ondulée; — 3° comme sol, des roches anciennes, calcaires, volcaniques, dans les montagnes; des argiles, des sables, des marnes, dans la plaine; — 4° un climat déjà rude et continental, annonçant graduellement vers l'est le climat russe.

II. Aptitudes diverses. — 1° Les côtes (2100 kil.) sont marécageuses, basses, assez peu favorables à la vie maritime; les meilleurs ports sont situés à l'intérieur sur les principaux fleuves; — 2° les fleuves sont nombreux, lents, fort utiles; les principaux sont : le Rhin (Ill, Neckar, Main, Lahn, Moselle, Ruhr), le Weser (Aller), l'Elbe (Mulde, Saale, Elster, Havel), l'Oder (Wartha). La Vistule et le Niemen appartiennent à l'Allemagne par leurs embouchures, le Danube par son cours supérieur, 3° les ressources végétales sont médiocres ; marécages et landes nombreux ; 4° les ressources minérales abondent : quatre grands bassins, de Westphalie, de Lorraine allemande, de Saxe et de Silésie.

III. Populations. — 56 356 000 habitants en 1900, soit une moyenne de 104 habitants. Sur ce nombre, 3 millions de populations non allemandes, Polonais, Lithuaniens, Danois, Lorrains ; 53 millions d'Allemands, etc., du reste assez différents du nord au sud.

IV. Organisation politique. — L'Allemagne, très longtemps divisée en un nombre considérable d'États, forme depuis 1871 un Empire, constitué comme une confédération de 25 États (plus une « terre d'Empire »), d'étendue très inégale, régie par un Empereur qui est le roi de Prusse, par un Conseil de princes ou Conseil fédéral, et par une Chambre élue au suffrage universel, ou Reichstag. En réalité, c'est la Prusse qui domine l'Allemagne.

V. Principaux États et villes. — L'Allemagne comprend :
1° Le royaume de Prusse (0,64 de l'Allemagne entière), formé de douze provinces et peuplé de 34 millions d'habitants. Sa capitale est Berlin (1 888 000 hab.) ; ses villes principales, Kœnigsberg, Danzig, Breslau, Magdebourg, Hanovre, Francfort-sur-le-Main, Cologne.
2° Trois autres royaumes : de Bavière (6 175 000 hab.), capitale Munich (500 000 hab) ; ville principale, Nuremberg ; — de Saxe (4 199 000 hab), capitale Dresde (395 000 hab.) ; villes principales, Leipzig et Chemnitz ; — de Wurtemberg (2 169 000 hab.), capitale Stuttgard (176 000 hab.).
3° Six grands duchés : de Bade (1 866 000 hab.), capitale Carlsruhe (97 000 hab.), ville principale Mannheim ; de Hesse, d'Oldenbourg, etc.
4° Cinq duchés et sept principautés diverses.
5° Trois villes libres : Hambourg (705 000 hab.) sur l'Elbe ; Brême (163 000 hab.), sur le Weser ; Lübeck (82 000 hab.), sur la Trave.
6° Enfin une « terre d'Empire », l'Alsace-Lorraine (1 717 000 hab.), arrachée par violence à la France en 1871, capitale Strasbourg (150 000 h.), villes principales Mulhouse et Metz.

VI. L'Allemagne contemporaine. — Le développement de l'Allemagne est un fait contemporain. L'instruction publique, les travaux publics (28 000 kil. de voies navigables, 51 800 kil. de voies ferrées, 3700 navires) se sont merveilleusement développés. Les progrès de l'agriculture, de l'industrie et du commerce l'ont enrichie. Par son armée, sa marine, son empire colonial, l'Allemagne s'est élevée au rang des plus grandes puissances européennes. On doit regretter que l'Allemagne, conduite par la Prusse, représente dans le monde moderne la politique de violence et de la conquête.

CHAPITRE V

L'EUROPE SEPTENTRIONALE

L'Europe septentrionale comprend les trois États Scandinaves, Danemark, Suède, Norvège, prolongement de la plaine européenne du centre, dont ils sont séparés par des détroits sans largeur et par des mers sans profondeur. Leur sol, incliné vers la plaine européenne, est constitué principalement de couches meubles, sauf à l'ouest, le long de l'Atlantique, où se dressent les débris de massifs anciens.

Constitués par les mêmes terrains, assez semblables d'aspect, habités par des hommes de même race, ces trois pays, qui ont fait jadis partie d'un même ensemble politique, ont eu des destinées analogues. Leur éclat a toujours été momentané. Leur situation, à une extrémité du continent, les condamnait à ne jouer qu'un rôle secondaire dans l'histoire de l'Europe.

§ 1. — LE DANEMARK

De beaucoup le moins étendu des États Scandinaves, le Danemark a une superficie de 38 455 kilomètres carrés. Il se compose : pour deux tiers, d'une péninsule effilée ; pour le reste, d'îles assez médiocrement étendues qui ferment l'entrée de la Baltique. La péninsule s'appelle le *Jutland* ; le Danemark en a perdu la partie méridionale, que la Prusse lui a enlevée en 1864. Les principales îles sont *Fionie* (3000 kil. carrés), *Laaland*, *Falster*, *Moën*, *Seeland* (7000 kil. carrés), et, à 150 kilomètres plus à l'est, *Bornholm*.

Ces îles, qui tinrent jadis au Jutland et à la Suède, sont séparées les unes des autres et de ces deux continents par cinq détroits principaux : *Skagerrak* et *Kattégat*. entre Jutland et Suède-Norvège ; *Petit-Belt*, entre Jutland et Fionie ; *Grand-*

Belt, entre Fionie et Seeland ; *Sund*, entre Seeland et la Suède. De ces trois détroits méridionaux, le dernier seul est très navigable ; c'est la véritable porte de la Baltique.

Conditions physiques générales et aptitudes. — La situation du Danemark à l'entrée de la mer Baltique lui vaut une grande importance. Pour le reste, le Danemark, îles et presqu'île, rappelle de tous points la plaine allemande qui l'avoisine. Le sol, formé principalement de terrains de transport, est semé de tourbières, de fonds vaseux, de lacs et d'étangs. Le relief est insignifiant : la plus haute colline atteint seulement 180 mètres. Quant au climat, il est plus maritime que celui de la plaine allemande : l'été y est court, mais le printemps et l'automne sont doux et pluvieux, et les hivers, qui parfois sont extrêmement rudes, n'ont d'autres fois pas même assez de rigueur pour geler les détroits pendant un seul jour.

Un tel pays ne saurait avoir des côtes bien favorables au commerce maritime. La côte occidentale du Jutland a été ravagée maintes fois par la mer ; des lagunes s'y étendent, entre autres le Liim Fiord ; pas un port ne s'y rencontre, et, comme les naufrages y sont fréquents, on l'a surnommée la « côte de Fer ». Le rivage oriental est mieux découpé ; il est frangé de plusieurs golfes étroits et sûrs, où se sont établis les ports. Il en est de même des îles.

Le Danemark, pays humide, a beaucoup de fleuves ; mais, pays étroit, il ne saurait en avoir d'importants. Le plus long, le *Gudenaa*, dans le Jutland, n'a que 158 kilomètres.

Il ne faut pas demander de ressources minérales aux terrains de transport qui constituent le Danemark. Mais le sol est propre à l'agriculture ; les forêts primitives, une fois défrichées, ont fait place à des cultures diverses, et principalement à des pâturages, comme il est naturel sous un climat essentiellement humide. Comme la campagne anglaise, le Danemark possède une incomparable fraîcheur. « On dirait, écrit un voyageur, qu'une ondée bienfaisante vient à peine de raviver l'éclat du feuillage, de ranimer les fleurs, et de donner à la campagne désaltérée une expression de repos et de contentement. »

Populations. — Le Danemark renferme 2 464 000 habitants, 64 en moyenne par kilomètre carré. Les îles ont une densité supérieure à celle du Jutland.

Les Danois sont des Scandinaves, plus ou moins mêlés d'élé-

ILES BRITANNIQUES
NORVÈGE
SUÈDE
Golfe de Botnie
RUSSIE
L. Onega
L. Ladoga
G. de S.-Pétersbourg
G. de Finlande
Åland
Helsingfors
Revel
L. Peïpous
L. Ilmen
Dagö
Ösel
G. de Riga
Riga
Duna
Memel
Vilna
Minsk
MER BALTIQUE
Gotland
Öland
Königsberg
Danzig
Stockholm
Vettern
Venern
Göteborg
Kalmar
Bornholm
Rügen
Stralsund
Ynes Field
Bergen
Kristiania
C. Lindesnæs
Skagerrak
Kattegat
DANEMARK
Jutland
Copenhague
Kiel
Faeröer
Shetland
I.? Orcades
Wick
I.? Hébrides
ÉCOSSE
Dundee
G. du Forth
Edimbourg
Cheviot Hills
Glasgow
MER DU NORD
Helgoland
Hambourg
Brème
Stettin
Hanovre
BERLIN
Magdebourg
Oder
Posen
Varsovie
Lodz
Brest-Litowsk
POLOGNE
Marais de Pinск
Pripet
Kiew
Dnieper
Londonderry
Belfast
IRLANDE
I. de Man
M. d'Irlande
GRANDE
BRETAGNE
Dublin
Cork
Galway
Liverpool
Leeds
Hull
Sheffield
Manchester
Nottingham
Birmingham
I. Valentia
C. de S.-Georges
Cardiff
Bristol
LONDRES
Amsterdam
La Haye
Rotterdam
HOLLANDE
BELGIQUE
Bruxelles
Anvers
Gand
Portsmouth
Brighton
Plymouth
Land's End
Calais
Boulogne
Lille
Manche
Cherbourg
Le Havre
I.?Anglo.
Normandes
Brest
P.? S.-Mathieu
Rouen
Reims
PARIS
FRANCE
ALLEMAGNE
Barmen
Cologne
Aix-la-Ch.
Francfort
Leipzig
Chemnitz
Dresde
Breslau
Prague
BOHÊME
Nuremberg
Stuttgart
Munich
Danube
AUTRICHE-HONGRIE
VIENNE
Tatra
Lemberg
Karpates
Dniester
Bug
Kichinev
Odessa
10
0
20
30
60
E. Giffault, Del.
M.? Perrin, Sc.
0   100   200   300   400   500 Kil
Europe septentrionale.

ments hétérogènes. principalement d'éléments saxons et frisons. Ils se rattachent donc à la race germanique, dont ils ont la grandeur, la force, les cheveux blonds et les yeux bleus. Leur langue, d'origine scandinave, est fortement imprégnée de mots allemands. Au moral, ils se distinguent par l'énergie calme, par la probité, l'amour de la famille, le goût de l'étude. Très patriotes, ils cherchent le salut de leur petit pays dans une union serrée avec leurs frères de Norvège et de Suède.

Les Danois pratiquent presque exclusivement le luthéra-

Copenhague.

nisme; à peine compte-t-on dans le Danemark 23 000 dissidents religieux.

État actuel et villes. — Les îles sont la partie la plus fertile et la plus riante du Danemark. L'aspect en est agréable : collines de sables aux larges ondulations; vallons ouverts, semés de lacs; champs de blé, d'avoine, surtout de seigle et d'orge; pelouses vertes et fleuries, rideaux de saules, habitations rustiques aux murailles de briques, enclos d'arbres fruitiers.

Dans Seeland se trouve la capitale, **Copenhague**, le « havre des marchands » (476 000 habitants). Elle concentre presque toute la vie industrielle du Danemark ; mais son importance lui vient surtout de la situation qu'elle occupe sur le Sund, à l'entrée de la Baltique, entre le Jutland, la Suède, l'Allemagne et la Russie : sa rade sûre, placée entre Seeland et l'îlot Amager, attirait les navires dès l'an 1200. Seeland renferme encore *Elseneur*, où l'on percevait jadis les péages du Sund, et *Rœskilde*, l'ancienne capitale, la vieille métropole du pays, abandonnée à cause du difficile accès de son port. Dans Fionie, est située *Odense*, la « ville d'Odin » (40 000 hab.).

Le Jutland comprend deux parties assez distinctes. Dans la partie occidentale, le sol maigre, à base de sable et d'argile, ne porte que des bruyères et des pins, tordus par les rafales du vent d'ouest, qu'on a plantés pour fixer les dunes littorales ; la côte est inhospitalière. Au contraire, la partie orientale est fertile, riche en ports, et bien située en face de Fionie et de la Suède. Les principales villes du Jutland se sont bâties au fond des golfes étroits qui s'ouvrent sur la Baltique : tels *Aalborg* (31 000 hab.), sur le Liim fiord, *Randers*, *Aarhuus* (51 000 h.). Deux villes font exception : l'évêché luthérien de *Ribe*, voisin de la mer du Nord, et la ville épiscopale de *Viborg*, au centre de la péninsule.

Le Danemark contemporain. — Le Danemark dut principalement à sa situation d'être au moyen âge le premier des États Scandinaves et d'occuper en Europe une place fort honorable. L'Union de Kalmar, en 1397, le mit en possession de l'ensemble des pays scandinaves ; sa puissance déborda même en Allemagne. Dans les temps modernes, la création de l'unité allemande et l'isolement du Danemark à l'une des extrémités du monde scandinave ont été pour ce pays deux causes de décadence. Il a perdu la Suède centrale en 1523 par la révolte de Gustave Wasa, la Suède méridionale au milieu du siècle suivant. Allié de Napoléon contre les Anglais, il perdit la Norvège pour avoir trop fidèlement servi notre cause. Enfin, le traité de 1864 lui a ôté, pour les donner à l'Allemagne, le Schleswig et le Holstein, c'est-à-dire tout le Jutland méridional.

Au point de vue économique, la situation générale du Danemark est assez satisfaisante. L'industrie y végète, par suite du manque de houille et de minerais : Copenhague est la seule ville qui possède des établissements industriels d'une certaine importance. En revanche, l'agriculture est prospère ; les céréales, les fruits, les produits de l'élevage non seulement suffisent à l'alimentation du peuple danois, mais encore entretiennent un important commerce d'exportation : les habitants, préférant les revenus assurés de leurs champs aux gains hasardeux de la pêche, ne sont point pêcheurs.

Le Danemark n'en est pas moins, en son état actuel, l'un des plus petits États de l'Europe. Il peut mettre sur pied 61 000 hommes en temps de guerre, et sa flotte ne compte que 11 cuirassés. Ces forces ne suffiraient pas à le protéger contre l'agression d'une grande puissance européenne. Mais il puise la garantie de son indépendance dans sa faiblesse même et dans l'importance de sa situation géographique. L'Allemagne, la Russie, l'Angleterre sont trop jalouses de leurs intérêts commerciaux pour laisser l'une d'entre elles confisquer le Sund. En ce qui concerne la France, le Danemark mérite une place à part dans ses sympathies. Il y a droit pour l'amitié qu'il nous porte depuis longtemps et qu'une communauté de malheurs récents a, pour ainsi dire, encore resserrée. Il est peu de peuples qui montrent plus de patriotisme et qui aient conservé plus de dignité aux jours les plus sombres de son histoire.

Les Færöer et l'Islande. — Le Danemark possède plusieurs colonies : en Amérique, le Groenland, grande île couverte de glaces, trois fois étendue comme la France, mais avec 10 000 habitants seulement ; en Europe, les Færöer et l'Islande.

Les *Færöer*, à 300 kilomètres au nord de l'Écosse, comprennent 22 îles montagneuses, d'origine volcanique. L'océan les enveloppe si constamment de ses brouillards, qu'on y compte par an plus de 300 jours pluvieux ou nuageux, et que la température n'y varie guère. Le blé n'y peut mûrir ; l'orge y arrive à maturité une année sur trois. Les habitants, au nombre de 15 200, y vivent de la pêche.

L'Islande, ou « pays des glaces » (104 700 kil. carrés), est située à 450 kilomètres au nord des Færöer. Son vaste plateau de roches anciennes est recouvert tour à tour de champs de laves et de névés ; ses points culminants sont l'Oraefa Jokull (2 027 m.) et l'Hékla (1 553 m.), dont la dernière éruption date de 1766. Autour jaillissent des geysers d'eau bouillante.

Malgré ses roches, son dur manteau de laves et la proximité du cercle polaire, l'Islande ne fut pas jadis trop déshéritée. A défaut de champs de céréales, elle possédait des pâturages que paissaient des chevaux, des moutons, des rennes, et des gisements miniers assez abondants. Le déboisement, et peut-être un abaissement de la température moyenne, dû au refroidissement de notre globe, y ont changé peu à peu les conditions de la vie. Il n'y a guère que les deux cinquièmes de l'île qui soient aujourd'hui habitables.

La population diminue graduellement d'année en année, par suite d'un exode lent des habitants. L'Islande ne renferme plus que 70 000 habitants.

Le représentant du Danemark réside à *Reykjavik*, pauvre port situé sur un fiord de la côte du sud-ouest, la partie la moins déshéritée de l'île ; on y compte environ 3 000 habitants.

RÉSUMÉ

Danemark, 38 455 kilomètres carrés. Il se compose d'une partie péninsulaire ou Jutland septentrional, et d'une partie insulaire, Seeland, Fionie, Bornholm, etc. ; principaux détroits : Skagerrak, Kattégat, Petit-Belt, Grand-Belt, Sund ; ce dernier est la porte de la Baltique.

I. Conditions physiques et aptitudes. — Bonne situation, sol formé de terrains de transport, relief insignifiant, climat froid en raison de la latitude, maritime par suite de la proximité des flots. Les côtes favorisent assez peu le commerce, sauf à l'est. Les fleuves sont trop courts. Point de richesses minérales. Comme végétation, surtout des pâturages.

II. Populations. — 2 464 000 habitants, 64 en moyenne par kilomètre carré. Les Danois sont des Scandinaves se rattachant à la race germanique. Ils pratiquent presque exclusivement le luthéranisme.

III. État actuel et villes. — Dans Seeland, Copenhague (476 000 hab.), sur le Sund, Elseneur. Rœskilde ; dans la Fionie, Odense ; dans le Jutland, Aalborg, Randers, Aarhuus, Ribe, Viborg.

IV. Le Danemark contemporain. — Monarchie constitutionnelle, le Danemark n'a, faute de houille, qu'une industrie médiocre ; mais l'agriculture est très prospère (céréales, fruits, beurre, bétail). Longtemps placé à la tête des États Scandinaves, le Danemark est actuellement l'un des plus petits États de l'Europe. Toutefois son indépendance est garantie par sa faiblesse même et l'importance de sa situation géographique à l'entrée de la mer Baltique. Du Danemark dépendent, en Europe, le pauvre archipel des Færœer, ainsi que la montagneuse, volcanique et désolée Islande, que ses habitants eux-mêmes désertent.

§ 2. — LA SUÈDE-NORVÈGE

La Suède et la Norvège, dont l'organisation politique diffère, bien qu'elles aient le même souverain, constituent un seul ensemble physique, la Péninsule Scandinave. Limitée par l'océan Glacial, l'Atlantique et la mer du Nord, la Baltique et le golfe de Botnie, elle est rattachée au continent par l'isthme lapon, au nord-est. Cette presqu'île mesure 2 000 kilomètres du nord au sud, entre les caps Nord et Falsterbo; elle a de 400 à 700 kilomètres de largeur. Sa superficie s'élève à 775 000 kilomètres carrés.

Conditions physiques générales. — 1° La *situation* de la Suède-Norvège est médiocrement favorable; c'est une contrée trop excentrique en Europe, trop éloignée du cœur du continent.

2° Le *relief* offre une disposition très simple. Suivant une comparaison pittoresque, la Péninsule Scandinave ressemble à une vague prodigieuse qui se serait figée soudain au moment de déferler. Vers l'ouest se dresse un grand bombement, allant du cap Lindesnaes au cap Nord : ce sont les *Alpes Scandinaves*, montagnes anciennes dont les arêtes vives ont disparu et se sont transformées en plateaux par l'usure des agents externes d'érosion. Au nord, elles portent le nom de *monts Kiölen*, et atteignent 2 086 mètres au Kebnekaisse, 1 831 au Sulitjelma. Au sud, elles ne présentent guère que de grandes étendues rocheuses, nommées *fielde*, couvertes de glaciers et coupées de vallées étroites et profondes : tels le Dovrefield, avec le Snehaetten (2 300 m.), l'Ymes Field (2 560 m.) et le glacier de Justedal (900 kil. carrés), le plus étendu de l'Europe; le Sognefield et le Langefield.

A l'ouest, les Alpes Scandinaves tombent en pentes brusques sur l'océan Atlantique. Vers l'est, elles s'abaissent en longues déclivités et en terrasses jusqu'aux plaines alluviales qui bordent la Baltique. Sur les deux versants se montrent les traces d'une action glaciaire qui fut considérable; elle est manifestée sur le versant occidental par l'existence des fiords côtiers, sur le versant oriental par celle des lacs qui s'échelonnent le long des Alpes Scandinaves.

3° Comme *sol*, le versant occidental et la région montagneuse sont constitués exclusivement de terrains cristallins et primaires

(granits, gneiss, schistes siluriens), terrains médiocrement fertiles, étant donnée surtout l'altitude. Le versant oriental est,
comme la plaine d'Allemagne et comme le Danemark, formé
de terrains de transport et principalement d'argiles. Certaines
régions basses ont le caractère alluvial très marqué; de nombreux étangs les parsèment, notamment dans le Södermannland,
au sud de Stockholm : « Quand Dieu sépara la terre de l'eau,
dit un proverbe suédois, il oublia le Södermannland ». Quelques-uns de ces lacs (Mälären, Hielmaren, Venern, Vettern)
comptent parmi les plus étendus de l'Europe.

4° Le *climat* est rude dans ce pays, étendu du 56° au 72° degré
de latitude. Toutefois il l'est moins que dans la plupart des
autres régions de la terre qui se trouvent à la même distance
de l'équateur : c'est un pays froid, mais non glacé.

Il importe d'ailleurs d'établir une grande différence entre les
deux versants des Alpes Scandinaves. Le versant occidental,
baigné par l'Atlantique, est plus humide et plus tempéré; celui
de l'est est plus sec et plus continental. Sous une même latitude,
la température moyenne de l'hiver est de 5 degrés plus élevée
à Bergen en Norvège qu'à Falun en Suède; par contre, en
été, la Suède reçoit plus de chaleur que la Norvège.

Aptitudes diverses. — 1° Les *côtes* des deux versants de la
Péninsule Scandinave offrent un contraste complet.

La côte occidentale est rocheuse; les Alpes Scandinaves ont
été déchiquetées par les flots. Des centaines d'îles, d'îlots,
d'écueils, s'allongent en face de la côte « qu'ils semblent
escorter, disent les Norvégiens, comme des baleineaux leur
mère ». Les principaux sont l'archipel de Bergen, l'archipel de
Trondjhem, les îles Lofoden, au milieu duquel s'ouvre le tour-
billon jadis si redouté du Malström, l'archipel de Tromsö, etc.
Cette côte est en outre percée de *fiords*, ou fissures étroites qui
s'enfoncent comme de longues vallées entre de hautes murailles
à pic. Les principaux sont le *fiord de Kristiania*, le *Lyse
Fiord*, le *Sogne Fiord*, long de 170 kilomètres, et le *fiord de
Trondjhem*. Les navires y trouvent des abris profonds et
sûrs.

La côte orientale, formée d'alluvions, est au contraire indé-
cise et vague; elle se prolonge dans la peu profonde Baltique
par un inextricable fouillis de promontoires de sable et d'îles
basses, moitié terre et moitié eau. Les îles Œland et Gotland,
et l'archipel de Stockholm, en sont les plus étendus.

2° Les *fleuves* sont nombreux dans la Péninsule Scandinave; mais ils ne peuvent se développer que sur le versant oriental. Sur ce versant lui-même, entraînés vers la mer par la pente du sol, ils restent isolés et ne forment aucun grand bassin. Ces fleuves traversent des chapelets de lacs séparés par des rapides et des chutes d'eau.

Parmi eux, on peut citer le *Torne Elf*, le *Lule Elf*, le *Pite Elf*, l'*Ume Elf*, l'*Indals Elf* et le *Dal Elf*. Les deux plus importants coulent dans le sud de la péninsule : ce sont le *Göta Elf*, qui épanche le lac Venern dans le Kattégat, et le *Glommen*, qui jette à l'extrémité du Skagerrak les eaux du Dovrefielde.

3° Les *ressources végétales* de la péninsule sont plus importantes qu'on ne l'attendrait d'un pays situé à une latitude si élevée. Même dans les plaines de Laponie, placées dans la zone polaire, au milieu des plaines caillouteuses, des marais et des forêts d'arbres nains, se montrent quelques champs de blé et de seigle, de pommes de terre et d'orge, qui mûrissent leur récolte en trois mois, au soleil des longs jours d'été.

Toutefois les trois cinquièmes environ de la péninsule sont tout à fait incultes par les rocs, les glaces et les neiges. Les forêts couvrent la majeure partie des régions productives; puis viennent les prairies et les cultures. Celles-ci ne sont naturellement possibles que sur 36 000 à 40 000 kilomètres carrés.

4° Les *ressources minérales* sont très abondantes. Il n'est guère de minerais dont la péninsule ne soit pourvue. La région des Fielde possède des gisements d'or à Arendal, des mines d'argent à Kongsberg, du cuivre à Roraas sur le haut Glommen, du fer et du nickel.

La région septentrionale n'est pas moins bien partagée. A Falun, en Dalécarlie, le cuivre s'extrait presque pur; dans la même province, les mines de Dannemora donnent un fer magnétique excellent; en Laponie, se trouvent également des mines de fer, à Gellivara. La houille seule est rare dans la péninsule; il n'en existe qu'un gisement peu important, à Helsingborg sur le Sund.

Populations. — Grande une fois et demie comme la France, la Péninsule Scandinave ne compte que 7 376 000 habitants, 9 environ par kilomètre carré. Malgré la latitude élevée, ce peuple croîtrait vite sans une émigration importante vers les

États-Unis ; chaque année voit partir environ 28 000 à 30 000 Norvégiens et Suédois.

Ces habitants appartiennent à deux races distinctes.

Au nord, sont des *Lapons*, au nombre d'environ 25 000. Ils ont été refoulés peu à peu vers la zone polaire par les Scandinaves, qui les regardent comme un peuple inférieur. Petits, trapus, avec leurs yeux obliques, leurs pommettes saillantes, leurs genoux arqués, leurs sentiments rudimentaires parmi lesquels domine la cupidité, ils ne sont pas encore entrés parmi les fractions avancées de l'espèce humaine. La science moderne les fait descendre des Finnois ; ils seraient de race jaune. Les Lapons n'ont point de villes, seulement des campements où ils déposent des outils, des provisions, des fourrures. Ils répugnent à la vie sédentaire et vivent de la pêche ou de la chasse, poussant devant eux leurs troupeaux de rennes.

Les autres habitants sont des *Scandinaves*. De race germanique, ils ont la taille élevée, la carrure puissante, la chevelure blonde, la barbe roussâtre, les yeux bleus. Leurs différents dialectes ont avec la langue allemande une étroite parenté. Presque tous professent le luthéranisme.

Suédois et Norvégiens ont tous ces traits en commun. Cependant les différences des climats et des genres de vie ont à la longue produit entre les deux peuples des contrastes sensibles. Les Norvégiens sont avant tout marins et commerçants, les Suédois agriculteurs. Les premiers sont républicains d'instinct, les autres monarchistes par tradition. Les Norvégiens, qui pratiquent toujours la vie maritime de leurs ancêtres, ont conservé bien mieux leur caractère primitif, tandis que les Suédois, devenus sédentaires, ont acquis une douceur de manières, une urbanité qui leur ont valu le surnom de « Français du Nord ». La langue française est, du reste, la langue étrangère la plus répandue en Suède ; en Norvège, c'est l'allemand.

État actuel et villes. — La péninsule comprend deux États qui vivent côte à côte : la Suède à l'est, 450 000 kilomètres carrés ; la Norvège à l'ouest, 325 000.

La *Suède* est plus étendue et surtout comprend un plus grand nombre de pays plats. 48 pour 100 seulement de sa superficie sont improductifs par les roches ou le froid ; les forêts couvrent 40 pour 100 du sol, les cultures 7 pour 100, les prairies 5 pour 100. La Suède a 5 136 000 habitants, 11 en moyenne par kilomètre carré.

La Suède méridionale forme la partie la plus fertile de la région. Les hivers rigoureux y sont suivis d'étés chauds ; le sol y est constitué par des argiles d'origine glaciaire et autres terrains de transport qu'il est possible de féconder. L'aspect de cette région est d'une extrême fraîcheur ; des pelouses verdoyantes, fleuries d'aubépine et de lilas, des champs de blé, d'avoine, d'orge, de chanvre, entourent des fermes coquettement ombragées d'arbres fruitiers ; l'abricot, la pêche, le raisin même y mûrissent en quelques cantons ; des forêts, où aux pins se mêlent des hêtres et des charmes, se mirent dans les lacs.

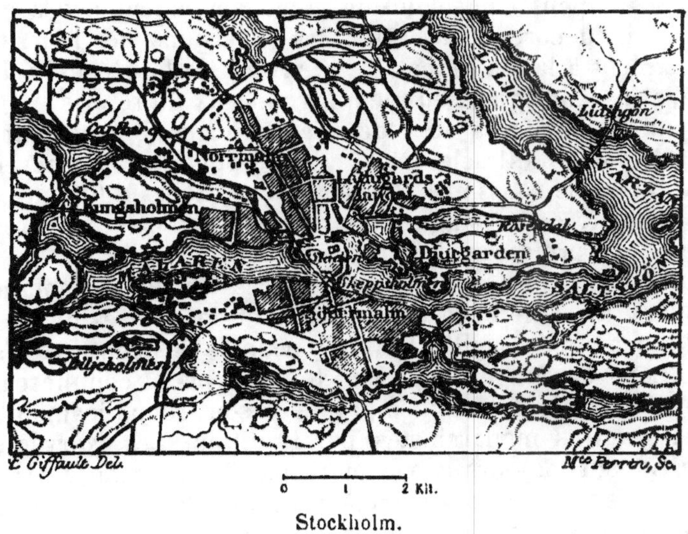

Stockholm.

C'est en outre la principale région industrielle de la péninsule.

Par suite, la Suède méridionale renferme la plus forte proportion d'habitants et le plus grand nombre de villes importantes. On y trouve la capitale, **Stockholm** (300 000 hab.), bâtie sur sept îles à l'entrée du lac Mälaren, au centre de la Baltique, en face du golfe de Finlande, et au débouché de la route qui par les lacs mène au Kattégat : de là une importance commerciale de premier ordre. La Suède méridionale possède encore le port actif et fréquenté de *Göteborg* (130 000 hab.), sur le Kattégat, *Malmö* (60 000 hab.), sur le Sund, ville de commerce et d'industrie ; les villes industrielles de *Jonköping* et de

Norrköping, qui fabriquent des cotonnades et des draps; les villes universitaires de *Lund* au sud, d'*Upsala* au nord.

Plus au nord, dans la Dalécarlie et le Norrland, les forêts n'ont plus que des arbres verts, les cultures se font plus rares et les pâturages s'étendent. L'élevage devient la principale ressource humaine, avec les saumons et les truites qui abondent dans les rivières et les lacs, et avec les pêcheries de harengs très prospères dans le golfe de Botnie. La région comprend en outre des minerais qui alimentent un actif travail d'extraction. Dans cette Suède moyenne, on trouve la ville minière de *Falun*, centre d'extraction du cuivre, et le port de *Gêfle*, débouché de toute la région minière de Dalécarlie.

Au nord du Dal se fait le désert, puis le demi-désert. L'intérieur ne renferme plus que deux petites bourgades, *OEstersund* (800 hab.) et *Gellivara*, renommée pour ses mines. Chaque famille vit isolée dans son *gaard*, ensemble de constructions, chalets d'habitation, magasins, hangars, qui permettent à la colonie de se suffire, sorte d'État en miniature dont le père de famille est chef absolu. Les principales agglomérations de la Suède septentrionale se sont groupées sur la mer au débouché des bassins fluviaux : à part *Sundswall*, qui compte 14 800 habitants, ce sont de pauvres bourgades de quelques centaines d'âmes, portant en général le nom du fleuve sur lequel elles sont bâties : la plus septentrionale est *Haparanda*, construite par la Suède, après la perte de la Finlande, en face de la ville russe de Tornéa.

La *Norvège*, ou versant occidental des Alpes Scandinaves, n'a que 325 000 kilomètres carrés. Si elle jouit d'un climat plus doux, en revanche son sol est plus rugueux; ses champs n'occupent que d'étroits espaces dans le fond de quelques vallées bien abritées ou le long de certains fiords. Les pâturages sont plus étendus, et permettent d'élever des bœufs, des moutons, des rennes. Le sol norvégien ne suffirait pas à nourrir ses habitants sans la pêche des morues et des harengs, qui abondent sur toute la côte. En résumé, les champs occuperaient 1 1/2 pour 100 du sol norvégien, les prairies 4 pour 100, les forêts 20 pour 100; environ 75 pour 100 seraient totalement improductifs. La Norvège, moins favorisée que la Suède, compte moins d'habitants; elle en renferme 2 239 000 seulement, 7 en moyenne par kilomètre carré.

Les villes norvégiennes ont leur emplacement réglé par le relief et le climat. A part celles qui sont bâties à l'intérieur près des gisements miniers, et qui sont assez petites (Kongs-berg, Röraas, etc.), elles s'élèvent toutes sur la mer, de préfé-rence sur quelque fiord.

La capitale est **Kristiania**, dont la population a passé en un siècle de 10 000 à 227 000 habitants; sa fortune s'explique par sa situation sur la mer au milieu des terres les plus fertiles de la Norvège. Dans la partie méridionale sont bâtis les ports de *Stavanger* (30 000 hab.), de *Bergen* (72 000 hab.) et de *Trond-hjem* (38 000 hab.), qui vivent de la pêche; l'ancienne ville hanséatique de Bergen reçoit chaque année six cent mille mo-rues des Lofoden et renvoie à l'Europe deux cent mille barils d'huiles et de salaisons.

Au nord de Trondjhem, on ne trouve plus que des stations d'armement pour la pêche dans les mers polaires, tels Bodö, Tromsö et Hammerfest.

La Suède-Norvège contemporaine. — La Suède et la Nor-vège obéissent au même souverain. En 1814, Bernadotte, roi de Suède, obtint la cession de la Norvège, vassale du Danemark, pour prix de son alliance contre Napoléon. La Norvège s'insurgea et proclama son indépendance; mais elle fut vaincue et dut se résigner. Toutefois la Norvège, tout en obéissant au roi de Suède, a conservé sa charte, ses lois, son individualité. Le roi de Suède doit venir chaque année passer deux mois à Kris-tiania, environné seulement d'une cour norvégienne. La Norvège a son armée, sa marine, son budget distincts. Un cordon de douanes sépare les deux pays et il a fallu de longs efforts à la Suède pour amener la Norvège à accepter l'unité monétaire. Il existe au fond une antipathie traditionnelle entre les deux peuples, antipathie qui pourrait amener une séparation complète.

La Suède-Norvège a fait beaucoup pour son développement économique. L'instruction y est fort étendue; des canaux relient la Baltique aux détroits de l'ouest par les lacs du Götaland; les voies ferrées, dont l'établissement était favorisé par l'abondance des forêts et la platitude d'une partie de la péninsule, mesurent une longueur de 12 978 kilomètres. Une marine considérable (Suède 2 900 navires, Norvège 6 800) met la péninsule en rela-tions avec le reste du monde.

Malgré ces efforts, l'état économique de la Suède-Norvège reste assez médiocre. L'agriculture occupe trop peu de place pour être une source de profits; heureusement les pâturages suppléent à l'insuffisance de leurs produits; les forêts sont en outre d'un bon rapport; non seulement elles servent à bâtir les villes, presque toutes en bois, de la péninsule, à faire mouvoir les usines, à chauffer les habitants, mais encore elles entretiennent un commerce d'exportation qui dépasse 256 millions de francs. L'industrie est peu florissante; malgré l'abondance des minerais et des bois, le manque de houille et la froidure du climat pèsent grandement sur le développement industriel.

En résumé, la dignité et l'énergie ne suffisent pas pour faire une puissance de premier ordre d'une nation qui n'a ni population nombreuse ni ressources abondantes. La Péninsule Scandinave est trop excentrique et trop glacée. Si parfois, comme au xvii° siècle, la Suède a pu se mêler aux grandes affaires européennes, son succès n'a été que passager, et, après avoir en un moment de fièvre jeté un vif éclat, elle est vite retombée dans son obscurité, ruinée pour avoir rêvé des destins que ne comportaient pas les conditions naturelles de son existence.

RÉSUMÉ

Suède-Norvège, 775 000 kilomètres carrés.

I. Conditions physiques générales. — 1° Situation trop excentrique. 2° Relief assez simple : à l'ouest, un grand bombement, les Alpes Scandinaves (monts Kiölen et Dovrefield); un versant occidental abrupt; un versant oriental formé de longues terrasses et de plaines alluviales. 3° comme sol, des terrains anciens à l'ouest, des terrains de transport à l'est. 4° Climat en somme moins rude que ne comporterait la latitude, plus tempéré à l'ouest, plus extrême à l'est.

II. Aptitudes diverses. — 1° Côtes très découpées à l'ouest. îles et fiords (fiord de Kristiania, Sogne fiord, archipel de Bergen, fiord de Trondjhem, îles Lofoden, etc.); côtes alluviales, plates et basses à l'est (îles OEland et Gotland). 2° Fleuves nombreux, élargis, presque tous en lacs, mais non formés en grands bassins : à citer surtout le Göta Elf et le Glommen, au sud. 3° Ressources végétales assez médiocres, trois cinquièmes de la péninsule improductifs par les rocs et les glaces. 4° Ressources minérales abondantes, à l'exception de la houille.

III. Populations. — 7 376000 habitants, 10 en moyenne par kilomètre carré. Au nord, 25 000 Lapons, de race finnoise; dans le reste de la péninsule, des Scandinaves, de race germanique. Ces derniers sont en majorité luthériens.

IV. État actuel et villes. — 1° La Suède, plus étendue et plus prospère, a 5 136 000 habitants. 11 en moyenne par kilomètre carré. Les habitants s'y pressent surtout au sud; on y trouve Stockholm

(300 000 h.), Goteborg (130 000 hab.) Lund, Malmö, Jonköping, Norrköping, Upsala. Plus au nord, les agglomérations deviennent plus rares
et plus petites. Les Lapons sont nomades. — 2° La Norvège, toute hérissée
de rocs, n'a que 2 239 000 habitants, 7 seulement par kilomètre carré.
Capitale Kristiania (227 000 hab.); villes principales, Stavanger, Bergen
(72 000 hab.) et Trondhjem.

V. **La Suède-Norvège contemporaine.** — Unies sous un même
souverain, la Suède et la Norvège supportent impatiemment le joug
commun. Trop froides et trop peuplées, elles n'ont, malgré leurs efforts,
qu'une prospérité assez précaire. La nature les condamne à ne jouer en
Europe qu'un rôle secondaire, excepté en quelques moments de fievre,
comme au xviie siècle.

CHAPITRE VI

L'EUROPE ORIENTALE. — LA RUSSIE

La moitié orientale de l'Europe forme un contraste frappant avec sa moitié occidentale. Ce n'est plus l'Europe aux contours littoraux si animés, au sol mouvementé, que Strabon considérait comme la partie du monde la plus variée d'aspect : c'est, au contraire, ainsi que l'Asie à laquelle elle touche, un grand territoire massif, lourd, très peu découpé, essentiellement continental. Dans le relief, point de variété, une grande plaine d'une horizontalité presque absolue, aux élévations humbles et rares, où climats, zones de végétation, se succèdent par transitions insensibles ; en un mot, un cadre uniforme qui devait engendrer l'uniformité des mœurs, et rendre facile l'unité de commandement.

En effet, l'Europe orientale n'est occupée que par un seul empire, immense, colossal, aux infinies et multiples ressources, la Russie. Ses limites actuelles sont : au nord, l'océan Glacial ; à l'ouest, la Suède-Norvège, la Baltique, l'Allemagne, l'Autriche-Hongrie et la Roumanie ; au sud, la mer Noire et le Caucase ; à l'est, la Caspienne, le fleuve Oural et la chaîne de l'Oural.

La Russie d'Europe mesure ainsi 2740 kilomètres du nord au sud, 2700 de l'ouest à l'est. Sa superficie s'élève à 5515055 kilomètres carrés ; elle dépasse la moitié de la superficie totale du continent européen. Ajoutons que la partie asiatique de cet empire, Sibérie, Turkestan et Arménie, est deux fois plus vaste que la partie européenne, et que les Russes se refusent à faire aucune distinction entre l'une et l'autre.

Conditions physiques générales. — 1° La *situation* de la Russie n'est pas parmi les plus favorables. Premier désavantage, elle est trop excentrique, trop éloignée du cœur du continent européen : pour cette raison, elle n'est arrivée qu'après les autres à la civilisation. Deuxième désavantage, à l'exception de l'océan Glacial que les glaces couvrent une bonne partie de l'année, la Russie n'a vue que sur des mers fermées, comme la mer Baltique, la mer Noire et la mer Caspienne, qui ne mènent nulle part ou dont l'entrée ne lui appartient pas. Elle souffre profondément de cette situation.

2° Le *relief* de la Russie est en somme peu accentué. On attribue à la Russie entière une altitude moyenne de 169 mètres; et, en effet, les montagnes y sont rares, et, pour ainsi dire, extérieures, tandis que les plaines s'y déroulent sur des espaces énormes.

Les principales montagnes sont : 1° au sud, les *monts de Crimée*, dont la hauteur ne dépasse pas 1 500 mètres; — 2° au sud-est, entre la mer Noire et la mer Caspienne, le *Caucase*, long de 1 200 kilomètres, large de 200 à 300, avec des sommets considérables, chargés de glaciers et de névés, l'Elbrouz (5 647 m.), le Kachtan-Taou, le Dykh-Taou, le Chkara et le Kazbek : le passage grandiose du Darial (2 590 m.) permet de franchir le Caucase dans sa partie centrale; — 3° à l'est, l'*Oural*, long de 2 400 kilomètres; la largeur varie de 150 kilomètres à 1 700 mètres; la hauteur s'élève parfois au delà de 1 600 mètres et parfois s'abaisse à près de 300 : les points culminants sont, au sud, le Iaman-Taou et le mont Irémel, au nord le Teulposs-Iss (1 656 m.) et le mont Sablia; la dépression principale s'étend entre les villes de Perm et d'Iekaterinbourg et permet de passer sans aucun obstacle d'Europe en Asie.

Tout le reste du territoire russe, de l'Oural aux Karpates, et du Caucase à l'océan Glacial, est occupé par une plaine basse sillonnée de longues ondulations, dont les principales sont les hauteurs du *Valdaï* (Popovagora, 351 m.), non loin de la Baltique, et le plateau volgaïque, qui s'étend entre le Don et la Volga, sur laquelle il se termine par une falaise abrupte montant jusqu'à 200 mètres. Entre ces hauteurs sont situées des dépressions plus basses, souvent marécageuses, dont les deux plus connues sont celle des marais de Pinsk, à l'ouest, et la dépression caspienne, au sud-est : cette dernière s'étend au-dessous du niveau de la mer.

3° La ***constitution géologique*** du sol russe présente d'importantes différences. La plupart des terrains y sont représentés : les terrains cristallins en Finlande, au nord-ouest; les terrains primitifs, au sud des précédents et le long de l'Oural formé

20
30
M. BLANCHE
40
50
G. de Botnie
Osterbotten
Uleaborg
Arkhangelsk
Pinega
Vigozero
Onega
Dvina
Segozero
Vytchegda
L'
L. Onega
Abo
Helsingfors
Lac Ladoga
Svir
Belo-ozero
Soukhona
G. de Finlande
St Petersbourg
Dagô
Revel
L. Peipous
Mologa
L. Rhibinskoie
Viatka
Orel
Kovno
L. Ilmen
Iaroslavl
Vologda
G. de Riga
Hauteurs de Valdai
Viatka
Riga
Volga
Nijni-Novgorod
Kazan
Libau
Doinsk
Dvina
Kliazma
Riv. basse de la Volga
Riv. haute de la Volga
Kama
Niemen
Moscou
Moskwa
Samara
Vilna
Smolensk
Oka
Minsk
Berezina
Dniepr
Pripa
Osa
Tsna
Don
M a r a i s
Orel
Bug
de Pinsk
Desna
Kovsk
Voronej
Khoper
Saratov
Jitomir
N o i r e s
Lemberg
Kiew
Steppes
Berditchev
Dniepr
Kharkov
Volga
Boug
Donets
Don
Collines d'Ergeni
Plaine du Don
Kichinev
Rostov
Manytch occ
Astrakhan
Odessa
Isthme de
Pérékop
L. Sang-Kumych
Manytch or
Koruna
M. CASPIENNE
M. Morte
M. d'Azov
Crimée
Kertch
Kouban
ROUMANIE
Bukarest
Sébastopol
Dt de
Danube
Terek
BULGARIE
C a u c a s e
Vladikavkaz
Balkans
Varna
M E R   N O I R E
5660
Elbrous
Koban
Andrinople
Poti
Tiflis
TURQUIE
Bosphore
Sinope
Batoum
Koura
Constantinople
Scutari
Trébizonde
L. Goktcha
A S I E   M I N E U R E
30
40
E. Giffault, Del
Mce Perrin, Sc
0   100   200   300   400   500 Kil
Europe orientale.

principalement de granits ; les terrains quaternaires, dans la dépression caspienne et le long de la mer Noire. Toutefois ce sont les terrains tertiaires et crétacés qui composent la majeure partie de l'étendue de la plaine russe.

4° Le *climat* russe varie sans doute du nord, étendu au delà du cercle polaire, au sud, qui touche au 45° degré de latitude. Toutefois, en raison de l'affaiblissement des influences océaniques et de l'absence de montagnes dans l'intérieur du pays, la Russie d'Europe a un climat relativement uniforme, de caractère continental, plus froid en général que ne comporterait sa situation en latitude.

Les saisons se succèdent en Russie sans transitions. L'hiver y est partout rude ; à Saint-Pétersbourg, la neige commence à tomber vers novembre, pour ne fondre qu'en avril ; on ne circule plus qu'en traîneaux ; les maisons ont doubles fenêtres, de même les voitures et les wagons de chemins de fer. Au sud, le Dniepr à Kherson, le Don à Rostov, la Volga à Astrakhan, restent gelés de trois à quatre mois. Le printemps est court et subit : on voit littéralement à l'œil nu les feuilles pousser sur les arbres. Puis arrive l'été, dont les ardeurs, même au nord, rachètent les froids des hivers : dans l'Ingrie et la Finlande, il suffit de quarante-deux jours pour faire les semailles, pour permettre au blé de pousser et de mûrir, et pour le récolter.

La Russie ne diffère pas moins de l'Europe occidentale par son régime pluvieux. Abritée contre les vents d'ouest par l'ensemble des hautes terres de l'Europe, surtout par les montagnes du sud, la Russie reçoit en général peu de pluie. Les chutes d'eau vont en diminuant du nord-ouest (50 à 60 centim.) vers le centre (35 à 40 centim.) et vers le sud-est (15 centim.). La saison pluvieuse par excellence est l'été, alors que le pays, chauffé par les ardents rayons du soleil continental, devient un foyer d'appel pour les vents humides de l'Océan.

Les vents contribuent à accentuer la différence des climats de l'Europe occidentale et de la Russie. Sur la surface unie de la Russie, la force des vents est plus considérable que dans l'Europe occidentale, coupée en divers sens par de hautes chaînes de montagnes. Les vents du nord-est et du nord, en hiver, deviennent de terribles tempêtes de neige, accompagnées de froids intenses. Il n'est pas rare de les voir sévir sur une grande partie du pays plusieurs jours de suite, en transformant le jour en une nuit blanchâtre, sinistre, en amoncelant des collines de neige sur villes et villages, en laissant des trains et des convois en détresse. Dans ces désastres, les hommes et les troupeaux périssent par centaines.

Aptitudes diverses. — La Russie a de nombreuses côtes, beaucoup de fleuves importants, des ressources végétales et minérales très variées.

1° Les *côtes* de la Russie ont un développement total de 21 000 kilomètres. Elles s'étendent sur quatre mers : océan Glacial et mer Blanche, mer Baltique, mer Noire et mer d'Azov, mer Caspienne. Cette étendue de côtes est faible pour l'étendue de tout le pays. Ces mers ont d'ailleurs le désavantage ou d'être bloquées de longs mois chaque année par les glaces, ou d'être des mers fermées dont l'accès appartient à d'autres puissances, ou encore d'être des bassins intérieurs, comme la Caspienne.

L'océan Glacial, bordé de plaines marécageuses, ne sert à la Russie que par la *mer Blanche*, vaste golfe que trois grandes ramifications prolongent à l'intérieur du continent : la navigation y est possible pendant cinq mois et demi, de la mi-mai à la fin octobre. La presqu'île de Kanin, les îles Kolgouiev, Vaïgatch et la Novaïa-Zemlia sont les autres points remarquables de cette côte russe.

La **Baltique**, avec ses trois grands *golfes de Botnie, de Finlande* et *de Riga*, baigne la Russie depuis l'embouchure du Torne-Elf jusque près du port de Memel. Au large sont les îles *Aland, Dago, Œsel*. Le littoral du golfe de Botnie est tout taillardé de petites baies, hérissé de caps, flanqué d'îles et d'îlots ; il convient à la vie maritime : mais cette partie de la mer Baltique reste gelée six mois de l'année. Le long des golfes de Finlande et de Riga, la côte est bordée de falaises qui abritent plusieurs ports importants ; mais les glaces s'y maintiennent encore quatre à cinq mois. Au sud de Riga, l'hiver ne dure plus que trois mois, de mi-décembre à mi-mars, mais la côte est plate et basse, peu propre au commerce de mer.

La **mer Noire** forme le long de la Russie un grand golfe peu profond, aux côtes basses, le *golfe d'Odessa*, dont le littoral offre une série de *limans*, ou golfes d'eau douce séparés actuellement de la mer par des flèches d'alluvions : ce golfe est échancré par le grand estuaire du Dniestr, et par ceux du Boug et du Dniepr. A l'est du golfe d'Odessa, s'avance la *presqu'île de Crimée*, réunie au continent par l'isthme de Pérékop, qu'on est en train de percer d'un canal. A l'est de la Crimée s'enfonce la *mer d'Azov*, sorte de grand lac salé, peu profond et à fond plat, qui communique avec la mer Noire par le détroit de Kertch; le Don s'y jette par un long estuaire.

La **mer Caspienne** est, dans sa partie septentrionale qui baigne la Russie, une mer sans profondeur, aux côtes basses, plates, sablonneuses, couvertes de roseaux. Le littoral ne commence à s'élever et la mer à se creuser qu'aux abords du Caucase.

2° Les *fleuves* russes sont très nombreux; la plupart prennent leur source dans le plateau du Valdaï, qui est le grand centre de dispersion de la Russie. Ces fleuves, coulant dans des plaines basses, forment un développement considérable de voies navigables. L'hiver les gèle plus ou moins longtemps, mais même alors ils se prêtent facilement à la circulation des traîneaux et ne cessent pas d'être utiles. Les fleuves russes sont donc l'idéal de tous les fleuves. Toutefois leur importance se trouve diminuée par ce fait que les deux plus grands bassins du pays, ceux de la Caspienne et de l'océan Glacial, tournent leur face, l'un vers l'Asie centrale à demi déserte, l'autre vers la mer la moins hospitalière de toute l'Europe.

Les fleuves russes se répartissent entre quatre bassins : ceux de l'océan Glacial, de la Baltique, de la mer Noire et de la Caspienne.

Vers l'océan Glacial coulent la *Kara*, que suit la frontière entre l'Europe et l'Asie; l'énorme *Petchora*, dont les bords sont malheureusement déserts; la *Mézen* et la *Dvina*, qui aboutissent dans la mer Blanche; la *Tana*.

Vers la Baltique : la *Néva*, longue seulement de 72 kilomètres, mais roulant une masse d'eau énorme sortie des lacs Onéga, Ilmen et Ladoga, qu'elle déverse; la *Narva*, émissaire du lac Peïpous; la *Duna* (1024 kil.), qui naît dans le plateau de Valdaï et se jette dans le golfe de Riga; le *Niémen*, dont l'embouchure appartient a l'Allemagne; la *Vistule*, autrichienne par sa source, prussienne par son embouchure, mais russe par tout son cours moyen à travers la Pologne, où elle reçoit son affluent le plus important, le Boug. grossi lui-même de la Narev.

Vers la mer Noire et la mer d'Azov : le *Dniestr*, très sinueux, russe sur les deux tiers de sa longueur; le *Boug*, véritable fleuve indépendant, bien qu'il se jette dans l'estuaire du Dniepr; son cours inférieur est accessible aux grands navires; le *Dniepr* (2 146 kil.), le deuxième fleuve par importance de la Russie d'Europe : il naît dans un petit lac au pied du Valdaï et

se jette dans la mer Noire par un large estuaire, à l'est
d'Odessa ; il reçoit, à droite, la Bérézina et le Pripet qui traverse les marais de Pinsk, à gauche la Desna ; le Dniepr est
abondant et navigable sur près de 2 000 kilomètres, mais une
barrière de rapides, longue de 65 kilomètres, interrompt la
navigation ; le *Don* (1855 kil.) traverse une région plus sèche
et roule beaucoup moins d'eau : il se jette dans la mer d'Azov ;
ses affluents sont le Voronèje, le Donetz et le Manytch Occidental, qui, au temps des crues, ne fait qu'un avec le Manytch
Oriental, tributaire de la Caspienne.

Vers la Caspienne descendent : l'*Oural*, pauvre rivière, en
partie absorbée par les sables avant d'atteindre la mer ; le
Manytch Oriental, la *Kouma* et le *Terek*, qui viennent du
Caucase. Le plus important des tributaires de la Caspienne est
la *Volga* (3 566 kil.), à la fois le plus long et le plus abondant
des cours d'eau européens. Ce beau fleuve naît dans le Valdaï,
à 249 mètres d'altitude ; sa pente est donc presque nulle ; c'est,
par excellence, un fleuve de plaine navigable presque dès son
origine. Il coule d'abord à l'est jusqu'à Kazan, puis au sud,
entre une rive gauche basse, nivelée par le fleuve, semée
d'étangs, et une rive droite élevée, bordée de falaises, qu'il
mine et dont il emporte les débris. Ses principaux affluents
sont l'Oka (1 546 kil.), grossie de la Moskva, la Mologa et la
Kama (1 886 kil.), immense rivière qui vient de l'Oural. La
Volga se jette dans la Caspienne par des chenaux innombrables, que séparent des îles basses couvertes de roseaux ; au
temps des crues, elle les inonde et couvre une étendue de 15 à
16 000 kilomètres carrés.

3° Les ***ressources végétales*** de la Russie diffèrent naturellement du nord au sud d'un pays si étendu. La Russie se partage
en quatre grandes zones de production, marquées chacune par
une aptitude spéciale et exclusive : *toundras* dans l'extrême
nord, c'est-à-dire marais au sous-sol glacé, mousses et lichens ;
puis, plus au sud, *foréts*, composées d'abord de bouleaux, mélèzes, saules, conifères variés, ensuite d'arbres plus méridionaux, trembles, tilleuls, chênes, frênes, érables ; — plus au sud
encore, vient la *région agricole* dans le pays de la terre noire
ou *tchernoziom*, sorte de terre provenant de la décomposition
des riches herbes des steppes, contenant des principes fertili-
sants nombreux et des matières organiques, et produisant, sans
engrais, des céréales diverses, des plantes textiles, des betteraves, etc. ; — enfin, vers le sud-est, les *steppes*, dans la région

de la Caspienne, où les pluies sont trop peu abondantes et trop irrégulières pour entretenir une végétation constante.

Seules la Pologne, les provinces baltiques, et, à un moindre degré, la région de Moscou, rappellent l'Europe occidentale par leur variété, par la complexité de leur vie agricole et industrielle.

4° Les *ressources minérales* de la Russie sont très abondantes. C'est la région septentrionale, formée de terrains anciens, qui renferme les mines les plus nombreuses.

Les principaux centres miniers sont : la *Finlande*, qui possède de l'or, du plomb argentifère, du cuivre et de l'étain; la *Pologne*, qui possède du zinc et des gisements de houille faisant suite au bassin allemand de Silésie; le *pays de Moscou*, qui renferme un bassin houiller dont l'étendue dépasserait 75 000 kilomètres carrés; le *bassin du Donetz*, au nord de la mer d'Azov, qui possède de la houille.

Au premier rang se placent l'Oural et le Caucase. L'*Oural* est prodigieusement riche en minéraux divers, or, platine, cuivre, fer, nickel, houille. Le *Caucase* a pour principale richesse minérale ses sources de naphte, échelonnées sur les deux versants, mais principalement sur le versant méridional : tout le sous-sol de la péninsule d'Apchéron, le long de la Caspienne, ne forme qu'une immense éponge de naphte, d'où l'huile minérale jaillit par des sources artésiennes.

Populations. — L'Empire Russe n'eut pas pendant longtemps de recensements réguliers; le mouvement de la population était évalué approximativement d'après les données fournies annuellement par la police et l'administration. Le premier recensement a eu lieu en janvier 1897. Il a dénombré dans la Russie d'Europe 106 200 000 d'habitants, 19 en moyenne par kilomètre carré. La Suède et la Norvège sont les seuls pays européens qui aient une densité de population plus faible. En effet, si la Pologne, la région de Moscou et le pays du tchernoziom ont une densité comparable à celle des États moyens de l'Europe occidentale, les régions glacées du nord et les steppes du sud-est sont à peu près désertes.

La population de la Russie d'Europe augmente du reste avec rapidité. L'immigration est insensible ; mais l'excédent des naissances sur les décès dépasse annuellement 1 700 000. D'après les calculs les plus probables, cette population se doublerait en 29 ans. A ce compte, elle s'élèverait à plus de 400 millions à la fin du vingtième siècle.

La population de la Russie d'Europe est formée d'éléments très divers. Elle comprend des *Finnois* au nord-ouest et au nord, des *Tatars* et des *Mongols* au sud-est : ces peuples représentent les races néo-asiatiques. On y trouve des *Juifs*, principalement en Pologne, au sud-ouest et au sud ; des *Germains*, surtout dans les provinces baltiques et en Pologne ; des *Lithuaniens*, en Lithuanie.

Plus des trois quarts des habitants de la Russie sont des *Russes* proprement dits : toute la Russie centrale est occupée par eux, de la mer Blanche à la mer Noire. Ce sont des Slaves plus ou moins mélangés. On les divise en Grands-Russiens (66 pour 100), en Petits-Russiens (27 pour 100) au sud-ouest, en Blancs-Russiens (7 pour 100) dans la région du Valdaï. Considéré dans l'ensemble, le peuple russe se fait remarquer par l'aptitude à l'assimilation et par une vive intelligence. Son cœur, pareil en cela à celui du Français, bat à chaque grand mouvement de l'humanité. Mais, comme les formes politiques de son pays rendent impossible pour le Russe toute action sur ses compatriotes, il se réfugie surtout dans le domaine de la théorie, pense plus qu'il n'agit, et semble encore peu capable d'une action continue et opiniâtre. Par contre, dans l'observation et dans l'analyse, il possède une merveilleuse finesse : témoin les romans des grands écrivains russes, où l'action est relativement nulle et où tout pivote autour d'une psychologie souvent poussée à l'extrême.

Les Russes parlent principalement la langue russe, d'origine slave, qui comprend plusieurs dialectes, entre autres le petit-russien, langue des poésies populaires, et le grand-russien, qui sert de base à la langue littéraire russe. L'allemand se parlait jadis beaucoup dans les provinces baltiques, mais il disparaît depuis que le gouvernement a rendu l'emploi de la langue russe obligatoire dans la vie publique. Le français est encore la langue de la haute société.

Au point de vue religieux on compte en Russie : 10 millions de catholiques (Pologne et Lithuanie), 4 millions de protestants (provinces baltiques et Finlande), 3 millions de musulmans au sud-est, 3 millions de juifs à l'ouest. Les trois quarts des Russes appartiennent à l'Église grecque, qui ne reconnaît ni au pape ni à aucune personne la qualité de vicaire de Jésus-Christ. Il est donc inexact de dire que le tsar est le chef spirituel en même temps que temporel de ses sujets, bien qu'administrativement il régisse l'Église. D'innombrables sectes, les unes grotesques ou même monstrueuses, les autres rationalistes, vivent à côté de l'Église orthodoxe.

État politique et social. — La Russie forme une monarchie absolue, ayant à sa tète l'empereur ou tsar, auquel on doit obéissance comme à Dieu lui-même. L'empereur est la source unique de tout pouvoir, législatif, administratif, judiciaire; il ne le partage pas, il délègue seulement quelques-unes de ses fonctions inférieures à diverses personnes ou institutions. Le Sénat, qui l'assiste, et dont il nomme les membres, n'est qu'une simple chambre enregistrant les ukases ou décrets du tsar et une cour suprème de cassation. Le Conseil d'État, qui étudie les projets de loi, n'est au fond qu'une chambre consultative. Rien ne borne la volonté impériale, qui se transmet dans l'empire par l'intermédiaire de six gouverneurs généraux (en Europe) et de gouverneurs civils. Chaque gouvernement se divise en districts, chaque district en cantons. Depuis 1864, des Assemblées électives participent à l'administration des gouvernements, des districts et des villes, mais sous le contrôle très minutieux des représentants de l'autorité impériale.

Ce régime absolutiste est accepté sans récrimination par la masse de la nation; mais les classes éclairées se plaignent des abus de la centralisation et du despotisme administratif. De ces mécontentements est né le mouvement nihiliste.

La nation russe comprend quatre classes principales : le clergé, vivant presque en caste et se mariant dans son milieu; la noblesse, dépendante en majeure partie du gouvernement, qui récompense ses officiers et ses fonctionnaires par des titres de noblesse héréditaire ou personnelle; la classe des bourgeois et des marchands; enfin les paysans, dont la très grande majorité sont des cultivateurs. A part se trouvent l'armée, les étrangers. La proportion de chacune de ces classes est ainsi établie : clergé 0,9 pour 100 de la population; noblesse 1,2; bourgeois et marchands 9,2; paysans 81,5.

En somme, la classe moyenne est réduite. En haut de l'échelle sociale, se trouve une aristocratie très brillante, très civilisée. En bas, il existe une masse profondément ignorante, superstitieuse, arriérée. En maint endroit, le régime patriarcal existe encore; le père de famille tout-puissant ordonne et commande à son gré, même à son fils marié. La misère est grande dans les campagnes russes : peu de viande en général, du pain noir et de la morue sèche; l'ivrognerie est un mal presque uni-

versel. Quant au fatalisme du paysan russe, il est proverbial :
« Ne nous inquiétons pas, répète-t-il, il ne nous arrivera pas
de mal, à moins que ce ne soit la volonté de Dieu ». La super-
stition n'est pas moins forte; des révoltes terribles éclatent
pour des prescriptions sans importance, comme le port de la
barbe, l'usage du tabac, le droit de sucrer son thé. Cette demi-
barbarie du peuple russe a pu faire dire qu'il n'avait qu'un
vernis de civilisation plaqué sur un fond primitif de sauvagerie.

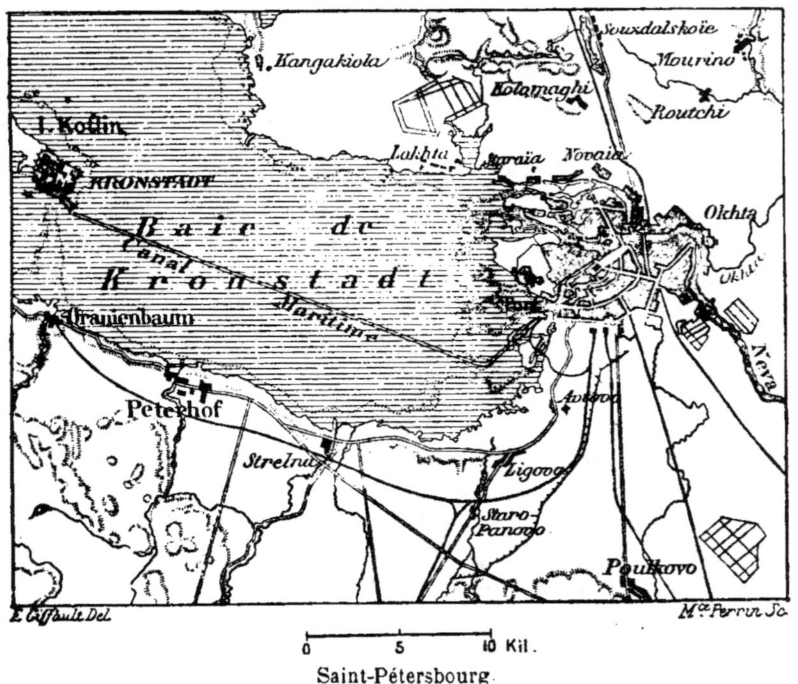

Saint-Pétersbourg

Toutefois, de l'aveu de ceux qui l'ont fréquenté, le fond primitif
du paysan russe est une bonté profonde et naïve.

État actuel et villes. — Au point de vue administratif, la
Russie comprend trois grandes divisions : la Russie, la Pologne
ou « provinces vistuliennes » et la Finlande. Dans ces trois
pays, la population est plus rurale qu'urbaine. On ne compte
que 16 villes russes ayant plus de 100 000 habitants, et 32 autres
dépassant le chiffre de 50 000.

1° La **Russie** proprement dite est de beaucoup la plus importante des trois divisions administratives de la Russie. Elle comprend les provinces baltiques, la zone des toundras, la zone des forêts, la zone du tchernoziom et la zone des steppes.

Les provinces baltiques, Ingrie, Esthonie, Livonie, Courlande, comprennent les provinces enlevées par la Russie à la Suède et à la Pologne, le long de la mer Baltique, au xviiiᵉ siècle. Humides, elles ont des champs de lin, des cultures de pommes de terre; elles servent en outre de débouchés à la Russie sur la Baltique. Naguère encore elles formaient une sorte de Russie allemande; le gouvernement russe en pousse très activement la « russification » depuis 1885. On y trouve la capitale de l'empire, **Saint-Pétersbourg** (1 439 000 hab.), ville toute moderne, fondée par Pierre le Grand sur la Néva en 1703, pour tourner la Russie vers l'Europe : c'est la cité impériale, remplie de palais, de ministères, de grands établissements scientifiques; elle possède en outre des filatures, des fabriques, et prend une extension croissante comme place de commerce. Ses abords sur le golfe de Finlande sont défendus par la forteresse de Kronstadt. — Les autres villes de la région baltique sont la ville universitaire de *Dorpat*, la ville de *Dunabourg*, sur la Duna, *Vilna* (154 000 hab.), les ports de *Revel*, de *Riga* (283 000 hab.), à l'embouchure de la Duna, et de *Libau*, non loin de la frontière allemande.

La zone des toundras est déserte. L'hiver y dure neuf mois avec des températures rigoureuses. C'est un pays au sous-sol toujours glacé, marécages et terres nues, sans arbres. « Des marais, dit un voyageur, toujours des marais, un sol de mousse élastique et spongieux, qui trompe le regard, se dérobe sous le pied. » Les seuls habitants, du reste extrêmement rares, sont des Lapons et des Samoyèdes, vivant de la pêche ou de l'élevage du renne. Beaucoup d'entre eux sont nomades.

La zone des forêts, bien que plus méridionale, n'est pas très sensiblement plus peuplée. Les hommes y sont comme perdus au milieu des étendues continues d'arbres. On n'y trouve qu'une ville notable vers le nord, le port d'*Arkhangelsk*, qui pendant les cinq mois d'été fait surtout le commerce des bois et des salaisons. Vers le sud, la forêt s'éclaircit; la culture s'essaye dans les clairières; les champs de seigle, de lin et de chanvre se multiplient. La vie industrielle, favorisée par la présence d'abondants gisements houillers dans le sous-sol, commence à s'y développer. La grande ville de cette région moyenne est **Moscou**(1 035 000 hab.), dans la Grande-Russie; c'est l'ancienne capitale de l'empire ; elle est célèbre par ses tours, ses églises, ses coupoles, son Kremlin ; c'est encore aujourd'hui le centre des voies ferrées russes, la première ville industrielle et manufacturière de la Russie. On trouve dans la même région : à l'ouest de Moscou, *Vitebsk* sur la Duna, et *Smolensk* sur le Dniepr, position stratégique importante ; autour de Moscou, *Tver*, *Iaroslav*, *Riazan*, *Toula* (111 000 hab.), *Orel*, villes d'industrie ; à l'est de Moscou, au confluent de la Volga et de l'Oka, le grand marché de *Nijni-Novgorod*, dont les foires annuelles attirent plus de 200 000 visiteurs, parmi lesquels beaucoup d'Asiatiques ; plus à l'est encore, en tirant vers l'Oural, la ville universitaire et commerçante de *Kazan* (131 000 hab.) sur la Volga, en amont du confluent de l'Oka, et *Perm*, au centre de la région minière de l'Oural.

La zone du tchernoziom, qui continue vers le sud la région des forêts, est par excellence la région riche et peuplée de la Russie. D'une extrême fécondité agricole, elle produit sans engrais les céréales et les plantes industrielles ; elle renferme le petit bassin houiller du Donetz et divers gisements de fer ; la moitié de la population totale de la Russie y vit. On y trouve : à l'est, les deux villes de *Samara* et de *Saratov* (137 000 hab.), grands marchés de céréales, sur la Volga ; plus à l'ouest, *Koursk*, nœud important de chemins de fer ; *Kharkov* (174 000 hab.), industrieuse et commerçante, célèbre par ses foires et par son université ; **Kiiev** (247 000 hab.), ancienne métropole religieuse de la Russie, sur le Dniepr ; *Kichinev* (108 000 hab.), entrepôt de grains et de bestiaux ; *Kherson*, sur l'estuaire du Dniepr ; *Nikolaïev*, sur celui du Boug, arsenal maritime ; *Rostov* (120 000 hab.), *Iekatérinoslav* (121 000 hab.), *Sébastopol*, en Crimée, ancien port de guerre. La plus grande ville de la région est *Odessa*, située sur la mer Noire, à l'est de l'embouchure du Dniestr : c'est le centre de l'exportation des blés de la Russie ; sa croissance a été remarquablement rapide ; fondée en 1794, elle compte 405 000 habitants.

La zone des steppes, au sud-est, remplace la région agricole à mesure que l'humidité diminue. C'est d'abord la steppe herbeuse, encore animée par des troupes de chevaux demi-sauvages, par des oiseaux, des papillons, des abeilles ; elle sert à l'élevage, et se défriche même lentement malgré la rudesse du climat, la sécheresse extrême des étés et le manque de bois de chauffage. Mais, en approchant de la Caspienne, la steppe devient aride, véritable désert au sol poudreux. Plus de terre végétale, mais seulement des alternances de pierres, de sables, de lacs salins, restes non encore évaporés de l'antique Caspienne, dont le niveau a été lentement abaissé de 26 mètres par l'évaporation; point d'arbres ni d'arbustes; une végétation d'euphorbes et de salicornes, et des herbes diverses que l'été flétrit, dessèche, et que le vent roule en boules. C'est déjà l'Asie avec la vie asiatique : plus de sédentaires, rien que des nomades, Nogaïs, Tatars, Kalmouks, Kirghiz, peuples pasteurs qui élèvent des moutons et des chameaux. Sans les troupeaux et sans les poissons qui pullulent dans la Caspienne et la Volga, l'homme n'y pourrait vivre. Peu de villes : *Taganrog* sur la mer d'Azov, *Rostov* sur l'estuaire du Don, *Astrakhan* (113 000 hab.), centre des pêcheries de la basse Volga et de la Caspienne.

2° La **Pologne**, annexée par la Russie à la fin du XVIIIe siècle et au commencement du XIXe, eut longtemps un gouvernement spécial; incorporée complètement à l'Empire Russe en 1867, elle n'a même plus de budget distinct. Le pouvoir suprême y est exercé par un gouverneur général, nommé par le tsar; ce gouverneur est en outre commandant en chef de la circonscription militaire de Varsovie.

Jadis inculte, couverte uniquement de forêts, de prairies humides et de maigres pâturages, la Pologne forme aujourd'hui une des régions les plus riches de la Russie. L'agriculture et l'industrie l'ont transformée. Les céréales diverses, la pomme de terre, la betterave, le chanvre, le lin, le houblon couvrent de grands espaces; l'élève du bétail est très soignée; favorisées par l'abondance de la houille dans le sol, des industries s'y sont développées et y prospèrent, fabriques de cotonnades, distilleries, sucreries, filatures de laine, hauts fourneaux et fonderies de fer, filatures de lin, etc. Ainsi améliorée, la Pologne comptait en 1897 une population de 9 442 600 habitants, soit en moyenne 75 par kilomètre carré. Les Polonais se distinguent des Russes par leur religion qui est le catholicisme, et par leur langue : toutefois depuis 1867 la langue russe a remplacé le polonais dans tous les actes officiels.

La capitale de la Pologne est **Varsovie** (638 000 hab.), sur la Vistule : située au centre de la région vistulienne et sur les grandes voies ferrées qui relient la Russie à l'Europe, elle a une importance de premier ordre comme ville industrielle et comme marché; de l'autre côté de la Vistule s'étend Praga, son faubourg. La Pologne possède encore la grande ville industrielle de *Lodz* (cotonnades, draps, sucres, houilles), qui comptait 800 habitants au commencement du siècle et en a maintenant 315 000 ; elle est située tout à fait à l'ouest, près de la frontière de l'Allemagne.

3° La **Finlande**, ancienne province suédoise, annexée par la Russie en 1809, forme un grand-duché, avec l'empereur de Russie pour grand-duc. Le pouvoir législatif est entre les mains d'une diète composée de quatre ordres, noblesse, clergé, bourgeoisie, paysans. Le grand-duc est représenté par le gouverneur général, qui réside à Helsingfors, préside le Sénat impérial et commande l'armée. On y parle trois langues : le finnois, le suédois et le russe.

Formée de roches dures, de tourbières, de marécages, de lacs, de landes semées de blocs erratiques, la Finlande, sur presque les trois quarts de l'étendue de la France, ne nourrit que 2 563 000 habitants, soit 7 environ par kilomètre carré. Les deux principales villes sont *Helsingfors* (88 000 hab.), nouvelle capitale, et *Abo*, l'ancienne capitale.

La Russie contemporaine. — Par suite de sa situation, la Russie resta longtemps un État plus asiatique qu'européen, divisé en principautés diverses et habité par des populations nomades ou à moitié barbares. Le christianisme s'y répandit au x° siècle, prêché par des missionnaires byzantins. Quelques princes énergiques réussirent à grouper de petits États et empires. L'un d'eux même, Iaroslav, noua des relations avec l'Europe occidentale et maria l'une de ses filles au roi de France Henri Iᵉʳ. Ces dominations éphémères s'écroulèrent avec leur fondateur et le pays divisé ne put repousser les invasions des Tatars (xiiie siècle) et des Lithuaniens (xive siècle) qui ravagèrent le pays et y anéantirent la civilisation.

C'est au xviie siècle seulement que commencèrent pour la Russie des destinées nouvelles. La principauté de Moscou, agrandie et devenue prépondérante, tomba entre les mains de la dynastie des Romanov, dont issut le tsar Pierre le Grand (1682-1725). Faire de la Russie une puissance européenne en adoptant les usages de l'Occident et en prenant place dans le concert européen, s'entourer d'étrangers, s'avancer vers l'ouest, vers la Baltique aux dépens de la Suède, vers l'Allemagne en démembrant la Pologne, vers la mer Noire en dépouillant la Turquie : tel fut le plan de la politique inaugurée par Pierre le Grand et suivie fidèlement par ses successeurs. Le succès l'a couronnée : Pierre le Grand, conquérant des provinces baltiques, y bâtit Saint-Pétersbourg. Dès ce jour, la Russie était orientée vers l'Europe. Catherine II s'empara de la Pologne et des bords de la mer Noire ; Alexandre Ier, vainqueur de Napoléon, puis Nicolas Ier, exercèrent en Europe un rôle souvent prépondérant. En même temps l'Empire Russe débordait sur l'Asie, et s'avançait par la Sibérie jusqu'au Grand Océan, par le Turkestan jusqu'à l'Iran, par la Transcaucasie jusqu'au centre de l'Arménie. Enfin, au contact des influences française et allemande, tour à tour dominantes, les mœurs se modifiaient, au

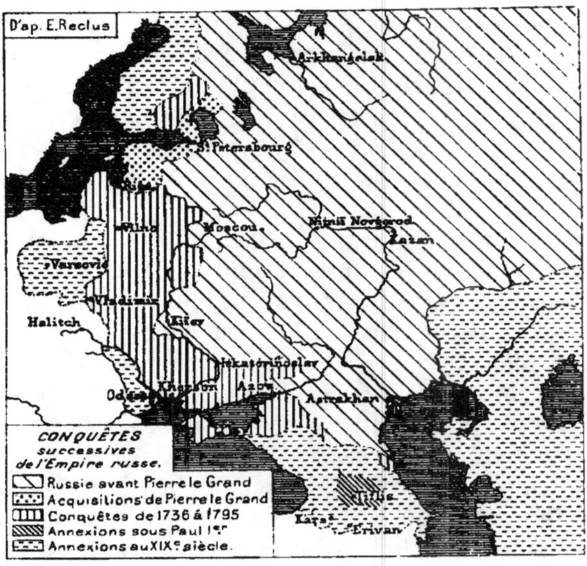

Formation territoriale de la Russie.

moins celles des classes élevées, et la Russie se laissait pénétrer par tous les progrès de la civilisation moderne. L'œuvre est loin d'être achevée ; mais les résultats acquis sont déjà considérables.

L'instruction publique se trouve fort en retard, excepté en Finlande. La Russie possède 52 700 kilomètres de rivières navigables, 711 de canaux, 74 000 de routes postales, 34 000 de voies ferrées, ce qui est encore relativement fort peu. De nombreux chemins de fer sont encore en voie d'exécution ou à l'étude, et il est question de creuser, en utilisant les fleuves, un canal de grande navigation pour unir la Baltique à la mer Noire.

L'agriculture est la principale source de richesse de la
Russie; bien que la culture soit primitive et que les terres
arables ne couvrent que 27 pour 100 de la superficie totale, la
production dépasse la consommation, et, année moyenne, la
Russie expédie au dehors pour 700 à 800 millions de francs de
céréales. L'industrie, toute récente, est en voie rapide de développement : de 1866 à 1883, le nombre des fabriques de l'Empire Russe s'est élevé de 82 000 à 83 500, celui des ouvriers de
906 000 à 1 150 000, la production de 1 600 millions de francs
à 3 305 millions. Le commerce, jadis presque nul, s'est accru
dans la même proportion; il s'est élevé en 1899 à 3 380 millions
de francs (exportation 1 660; importation 1.720).

Les progrès accomplis depuis deux siècles par la Russie sont
tels, qu'elle compte aujourd'hui parmi les plus grandes puissances européennes. Aucun pays européen ne possède une
pareille force militaire ; en paix 940 000 hommes, 150 000 chevaux, 2 800 canons de campagne; en guerre 2 500 000 hommes
(5 millions avec les réserves), 835 000 chevaux, 4 000 canons.
Sa flotte n'est pas moins remarquable. Et ces forces ne cessent de s'accroître dans des proportions considérables : la
Russie peut évaluer par armées le gain de sa natalité annuelle.
Sans doute, manquant par elle-même de ressources suffisantes,
elle a dû jusqu'à ce jour faire appel au crédit étranger pour
entretenir ses armées, créer son armement et ses flottes,
construire ses voies ferrées, défricher son sol : depuis 1887, la
Russie n'a pas emprunté à la France moins de 3 milliards et
demi. Mais avant peu ce pays neuf saura certainement se suffire à lui-même. La force de la puissance russe est incalculable.

Il est juste d'ajouter que la Russie doit faire face à trois
redoutables voisins : à l'Allemagne sur la Vistule, à l'Angleterre dans toute l'Asie occidentale, à la Chine sur les bords du
Pacifique; que sa force incommensurable se trouve nécessairement très disséminée; enfin que des difficultés sociales pourront résulter quelque jour de son organisation autocratique,
qui n'a pas suivi la transformation du pays, et risquent ainsi
d'entraver son développement régulier.

RÉSUMÉ

L'Europe orientale, transition de l'Europe à l'Asie, ne comprend qu'un
État, la Russie, comprise entre l'océan Glacial, la Baltique, les Karpates,

la mer Noire. le Caucase, la Caspienne et l'Oural : en tout 5 515 055 kilomètres carrés; plus de dix fois l'étendue de la France.

I. Conditions physiques générales. — 1° Situation trop excentrique, sans compter le désavantage résultant de ce que la Russie est baignée par des mers fermées ou glacées; — 2° le relief est peu accentué; les montagnes sont à l'extérieur, monts de Crimée. Caucase (Elbrouz, 5 647 m., Kazbek, passe du Darial), Oural (1 656 m.); l'intérieur n'est qu'une immense plaine avec larges ondulations (plateau de Valdaï, 351 m.); — 3° comme sol, terrains de toute sorte, mais prédominance des terrains tertiaires; — 4° climat variable du sud au nord, de l'ouest à l'est, mais en somme partout plus ou moins continental.

II. Aptitudes diverses. — 1° Côtes : 21 000 kilomètres sur des mers glacées ou fermées; au nord, océan Glacial et mer Blanche, côte basse, sept mois et demi de glaces; à l'ouest, mer Baltique, côtes assez favorables au commerce, sauf près de l'Allemagne, mais de trois à cinq mois de glaces; au sud, mer Noire, côtes basses, sauf la presqu'île de Crimée et le Caucase, enfin mer d'Azov, sorte de marécage; au sud-est, mer Caspienne, côtes basses, sauf au pied du Caucase. — 2° fleuves nombreux, abondants, lents, très navigables : vers l'océan Glacial, Petchora et Dvina; vers la Baltique, Néva, Duna, Niémen, Vistule; vers la mer Noire et la mer d'Azov, Dniestr, Boug, Dniepr, Don; vers la Caspienne, Oural et Volga (3 566 kil.); — 3° ressources végétales diverses du nord au sud, toundras, forêts, cultures dans le *tchernoziom*, steppes; — 4° ressources minérales abondantes et variées, Finlande, Pologne, Moscovie, bassin du Donetz, Oural, Caucase.

III. Population. — Environ 106 millions d'habitants. 19 en moyenne; cette population s'accroîtrait par année de 1 700 000 individus. La majorité de cette population se compose de Russes (Grands-Russiens, Petits-Russiens, Blancs-Russiens), Slaves d'origine et de langue, chrétiens orthodoxes.

IV. État politique et social. — La Russie forme une monarchie absolue, ayant à sa tête l'empereur ou tsar, source unique de tout pouvoir, législatif, administratif, judiciaire. Quant à la nation, elle se compose de quatre classes principales, clergé, noblesse, marchands et bourgeois, paysans. La haute société est très civilisée. La masse est encore profondément ignorante et superstitieuse, mais bonne et simple.

V. État actuel et villes. — 1° Dans la Russie : provinces Baltiques, Saint-Pétersbourg (1 439 000 h.), Revel, Riga (283 000 h.); zone des toundras, déserte; zone des forêts, Moscou (1 035 000 h.), Nijni-Novgorod, Kazan (131 500 h.); zone du tchernoziom, Saratov, Kharkov (174 000 h.); Kiiev (247 000 h.), Kichinev, Odessa (405 000 h.); zone des steppes, peu d'habitants, nomades; ville d'Astrakhan; — 2° en Pologne, Varsovie (638 000 h.), Lodz (315 000 h.); — 3° en Finlande, Helsingsfors, Abo.

VI. La Russie contemporaine. — La Russie n'a commencé à se mêler réellement aux affaires européennes qu'à la fin du xvii° siècle, sous Pierre le Grand ; depuis elle n'a cessé de s'étendre et de se civiliser. Ses progrès sont partout remarquables. L'agriculture russe nourrit le peuple russe et alimente la majeure partie du commerce d'exportation. L'industrie est en voie de développement. Le commerce extérieur atteint deux milliards et demi de francs. En résumé, par son étendue et par le chiffre de sa population, la Russie est un empire formidable : c'est un des colosses du monde.

DEUXIÈME PARTIE

L'ASIE

CHAPITRE PREMIER

APERÇU GÉNÉRAL

L'Asie est à la fois la partie la plus vaste de l'ancien monde et du monde entier. Son étendue s'élève à 42 500 000 kilomètres carrés. L'Asie équivaut ainsi à plus de quatre fois l'Europe.

Les bornes de l'Asie sont : au nord, l'*océan Glacial Arctique*, depuis la mer de Kara, qui baigne aussi l'Europe, jusqu'au détroit de Bering, large de 92 kilomètres, qui sépare l'Asie de l'Amérique ; à l'est, le *Grand Océan*, le long duquel l'Asie se prolonge par des guirlandes d'archipels jusqu'aux îles de la Sonde ; au sud, l'*océan Indien* ; à l'ouest, la *mer Rouge*, qui sépare l'Asie de l'Afrique, l'*isthme de Suez*, qui relie les deux mêmes parties du monde, la *Méditerranée*, l'*Archipel*, les *Dardanelles*, la *mer de Marmara*, le *Bosphore*, la *mer Noire*, le *Caucase*, la *mer Caspienne*, enfin le *fleuve Oural* et les *monts Ourals*. De ce côté l'Asie communique facilement avec l'Europe ou n'en est séparée que par des mers peu larges. En ces limites, l'Asie mesure 10 000 kilomètres de l'ouest à l'est, 9 000 du nord au sud.

On lui rattache : dans l'océan Glacial, les îles *Liakhoff*, *Anjou*, *Wrangel* ; dans le Grand Océan, les îles *Aléoutiennes*, les *Kouriles*, l'île *Sakhalin*, l'*Archipel Japonais*, les *Riou-Kiou*, *Formose*, *Haïnan* : on devrait y joindre aussi les îles de la Sonde, véritable prolongement de l'Indo-Chine, qu'une coutume irrationnelle attribue à l'Océanie ; dans l'océan Indien, les *Andaman* et les *Nicobar*, *Ceylan*, les *Laquedives* et les *Maldives* ; dans la Méditerranée, *Chypre*, *Rhodes* et les *Sporades*.

Très lourde de formes, très large et très massive, l'Asie est, dans son ensemble, beaucoup moins favorisée que l'Europe. De riches plaines s'étendent sur son pourtour, sauf dans le nord qui est trop glacé. Mais d'immenses déserts et de hautes montagnes occupent le centre, séparant les plaines extérieures, les empêchant de se mêler les unes aux autres et de vivifier leurs civilisations particulières par un contact réciproque.

§ 1. — DESCRIPTION PHYSIQUE

Mers de l'Asie. — L'Asie est baignée par quatre grands systèmes marins et par une mer intérieure. Les systèmes marins sont l'océan Glacial Arctique, le Grand Océan, l'océan Indien et la Méditerranée; la mer intérieure est la Caspienne.

1° L'*océan Glacial Arctique* baigne l'Asie depuis la mer de Kara jusqu'au détroit de Bering. C'est une mer peu profonde et couverte par les glaces pendant la majeure partie de l'année; les glaces, qui y persistent à des latitudes moins élevées que le long de l'Europe, par suite de l'absence de courants chauds dans cette partie de l'océan Glacial, arrivent à border le rivage jusqu'en été. Cet océan renferme peu d'îles : les archipels *Liakhoff* et *Anjou*, l'île *Wrangel* sont les seules. Le rivage est peu découpé. On n'y remarque que les *baies de l'Ob* et *du Iénisséi* à l'ouest, le *cap Tchéliouskine*, la *baie de la Khatanga* à l'est.

2° L'*océan Pacifique*, qui baigne l'Asie depuis le cap Oriental, sur le détroit de Bering, jusqu'au cap Romania, au sud-est de la presqu'île de Malacca, forme un plus grand nombre de mers secondaires. Mais ces mers ne pénètrent jamais bien avant dans le continent. Elles sont fermées, du côté du large, par des rangées d'îles disposées en guirlandes, et composant comme une seconde côte qui double, pour ainsi dire, la première. Ces mers secondaires sont la mer de Bering, la mer d'Okhotsk, la mer du Japon, la mer Jaune et la mer de Chine.

La **mer de Bering**, unie à l'océan Glacial par le détroit de Bering, large au minimum de 92 kilomètres, profond au maximum de 58 mètres, et encombré d'îles et d'îlots, est séparée de l'océan Pacifique par les *îles Aléoutiennes*, qui forment une longue guirlande entre l'Asie et l'Amérique. Très souvent prise par les glaces, elle n'est guère visitée, chaque été, que par des pêcheurs de phoques.

La **mer d'Okhotsk**, qui pénètre plus avant dans le territoire asiatique, est séparée de la mer de Bering par la presqu'île volcanique du Kamtchatka, terminée au cap Lopatka. Au sud, elle est séparée de la mer du Japon par l'île Sakhalin. Enfin,

elle est séparée de l'océan Pacifique par une traînée d'îles, en
général très petites, qui forment comme les arches d'un pont
entre le Kamtchatka et l'archipel du Japon. Cette mer, comme
la précédente, sert peu au commerce : les glaces la recouvrent
trop longtemps chaque année.

La **mer du Japon**, plus méridionale, plus tiède et par suite

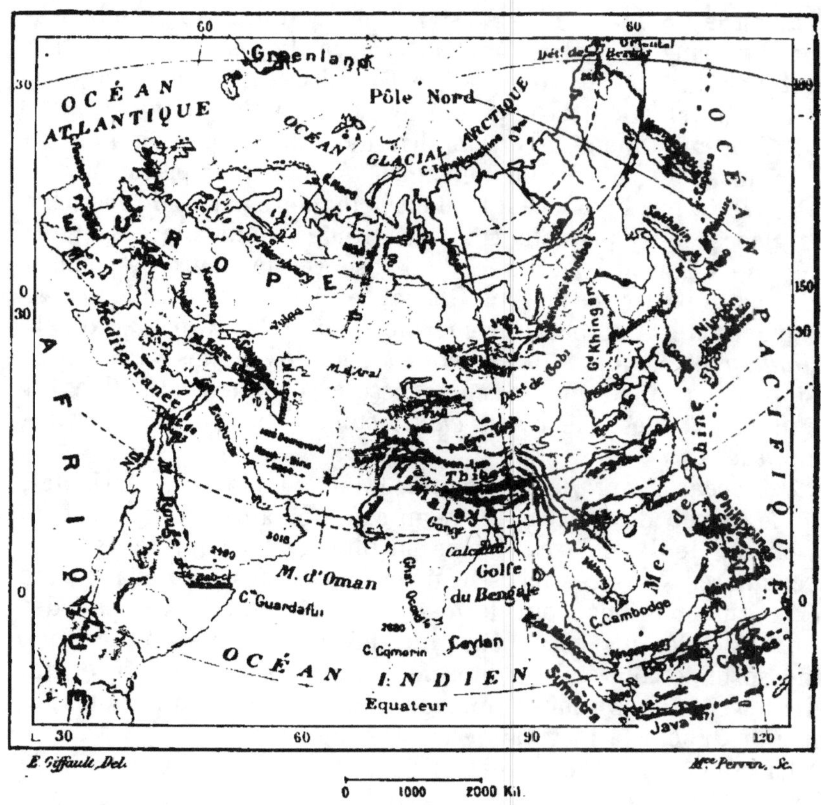

Relief de l'Asie.

plus importante, est fermée par l'île Sakhalin, l'archipel du
Japon, et la presqu'île de Corée. Elle communique avec la mer
d'Okhotsk par la *Manche de Tartarie*, entre le continent et l'île
Sakhalin, par le *détroit de la Pérouse*, entre l'île Sakhalin et
l'île japonaise de Yeso, par le *détroit de Corée*, entre la presqu'île de Corée et l'archipel japonais : au milieu de ce dernier
détroit se trouve l'*île Quelpaert*. Le Japon a ses principaux ports

situés sur l'océan Pacifique; mais la Russie possède sur la mer
du Japon le port de Vladivostok, au fond de la baie de Pierre-
le-Grand; sur le rivage coréen se trouvent les ports de Gensan
et de Fousan.

La **mer Jaune** s'étend entre la Corée, la Chine, l'île Formose
et les îles Riou-Kiou, qui vont de Formose à l'Archipel Japonais.
Elle se prolonge, au nord-est, par la *baie de Corée*, le *golfe de
Liao-Toung*, fermé par la presqu'île de même nom, et le *golfe
de Petchili*, fermé par la presqu'île de Chan-Toung. La mer
Jaune est fort importante. Le Japon y possède le port de Nagasaki, la Corée celui de Chémulpo, la Chine ceux de Tien-Tsin,
de Chang-Haï et de Fou-Tcheou.

La **mer de Chine**, exposée aux cyclones, s'étend entre la
Chine, l'Indo-Chine, la presqu'île de Malacca, Bornéo, Luçon et
Formose. Des deux côtés de l'Annam, elle projette deux grands
golfes, au nord le *golfe du Tonkin*, en partie fermé par l'île
Haï-Nan, au sud le *golfe de Siam*. On trouve sur cette mer :
en Chine, les ports de Hong-Kong et de Canton; au Tonkin,
Hanoï; dans le Siam, Bangkok; dans l'île Luçon, Manille. Au
sud de la presqu'île de Malacca, à l'entrée du détroit qui conduit de la mer de Chine vers l'océan Indien, se trouve dans
une petite île le port très important de Singapour.

3° L'*océan Indien*, qui baigne au sud le continent asiatique,
le mord plus profondément que le Grand Océan. Il y découpe
plusieurs mers intérieures que séparent les péninsules d'Indo-
Chine, d'Inde et d'Arabie. Ces mers secondaires sont le *golfe du
Bengale*, la *mer d'Oman*, prolongée par le golfe Persique, et
la *mer Rouge*.

Le **golfe du Bengale** s'enfonce entre les presqu'îles d'Indo-
Chine et d'Inde. On y trouve les *îles Andaman* et *Nicobar*, au
large de l'Indo-Chine, et la grande île de *Ceylan*, au sud-est de
l'Inde, dont la sépare le détroit de Palk. Plusieurs ports importants sont situés sur le golfe du Bengale, que les ouragans,
les moussons dévastent souvent; tels Moulmeïn, Rangoun, Calcutta, Madras.

La **mer d'Oman**, comprise entre l'Inde, l'Iran et l'Arabie, ne
renferme point d'îles importantes. Dans une petite île voisine de
la côte de l'Inde se trouve le grand port de Bombay. La mer
d'Oman se prolonge, vers le nord-ouest, par le *golfe Persique*,
allongé entre l'Iran et l'Arabie : on y pénètre par le détroit
d'Ormuz.

La **mer Rouge** a comme vestibule, du côté de l'océan Indien, le golfe d'Aden, entre l'Arabie et la presqu'île africaine des Somalis. On passe de ce golfe dans la mer Rouge par le détroit de Bab-el-Mandeb, près duquel l'Angleterre possède Aden, et la France Obok. Quant à la mer Rouge, c'est une étroite fissure entre l'Arabie et l'Égypte orientale, pays également chauds, secs et déserts. Elle se termine, au nord, des deux côtés de la presqu'île du Sinaï, par les longues baies d'Akaba et de Suez.

4° La *Méditerranée* baigne, en Asie, la Syrie et l'Asie Mineure. Elle projette entre ces deux pays le *golfe d'Alexandrette*, en face duquel se trouve l'île de *Chypre* ; le long de l'Asie Mineure, son rivage est très découpé de baies et de presqu'îles ; il est en outre longé d'îles nombreuses, dont les principales sont *Rhodes, Samos, Chio* et *Mytilène*. Les deux ports principaux de la Méditerranée asiatique sont *Beïrout* en Syrie, *Smyrne* en Asie Mineure.

Les détroits qui unissent à la Méditerranée la mer de Marmara et la mer Noire, ainsi que ces mers elles-mêmes, ont été étudiés dans la description physique de l'Europe. De même la mer Caspienne.

Relief de l'Asie. — L'Asie est par excellence une région de hautes terres. De grands plateaux couvrent plus de la moitié de sa surface, et sont sillonnés ou bordés de chaînes montagneuses où se dressent les plus hauts sommets du globe.

Les plateaux couvrent tout le centre et l'ouest de l'Asie. Les principaux d'entre eux sont le Pamir, le plateau du Thibet, le plus vaste et le plus élevé du globe, les plateaux d'Iran, d'Asie Mineure et d'Arabie.

Le **Pamir**, nommé par les indigènes *Toit du Monde*, est comme le nœud de cette masse de plateaux. Il s'élève à 4 000 et 4 500 mètres. Tout autour se dressent d'énormes montagnes, dont les principales sont, au nord-est, les *Thian-Chan* ou *monts Célestes*, qui dépassent 7 000 mètres, et qui se prolongent, dans la direction du nord-est, par l'*Altaï* et la longue chaîne du *Stanovoï*. Ce sont des chaînes entrecoupées qui se succèdent obliquement.

Le **Thibet** forme une région encore plus âpre et infiniment plus étendue. Il est couvert de lacs salés, dont quelques-uns sont à près de 5 000 mètres d'altitude. De grandes chaînes s'élèvent sur ce socle déjà énorme et portent les sommets majeurs de la terre. Ce sont : au nord, l'*Astyn-Tagh* et le *Nan-Chan* ; à l'ouest, près du plateau de Pamir, le *Karakoroum*

(Dapsang, 8 615 m.); au centre, le *Kouen-Lun* (7 200 m.); au sud, l'**Himalaya** ou *Séjour des neiges*, où se trouve le *Gauri-sankar* ou *pic Everest* (8 840 m.), le sommet le plus élevé qui ait été mesuré sur la terre entière. Ces énormes montagnes sont couvertes de neiges et de glaciers.

L'**Iran**, beaucoup moins élevé que les plateaux précédents, est encadré comme eux par de hautes montagnes : au nord-est, l'*Hindou-Kouch* (7 500 m.), voisin du Pamir ; au nord, l'*Elbours* (5 600 m.) et les monts d'Arménie.

L'**Asie Mineure** et l'**Arabie** ont une altitude moindre. Souvent elle ne dépasse pas 1 000 mètres. Les chaînes qui les bordent ne montent guère au delà de 4 000 mètres. La plus importante est le *Taurus*, au sud de l'Asie Mineure.

Les plaines n'occupent sur le pourtour de l'Asie qu'une surface proportionnellement restreinte. A l'ouest, elles manquent presque complètement; la *Mésopotamie* fait seule exception. Au sud de l'Himalaya, s'étend la longue *plaine indo-gangétique*, qui se relève au sud et forme le plateau triangulaire et peu élevé qu'on nomme le *Dekkan*. A l'est, entre le Thian-Chan et le Thibet, s'ouvrent la *Kachgarie* et le *désert du Gobi*, hautes plaines qui s'évasent vers l'océan Pacifique en formant la Chine. Tout au nord enfin s'étend la *plaine de Sibérie*, la plus vaste de tout l'Ancien Continent; elle est doucement inclinée vers l'océan Glacial Arctique.

Climat. — L'Asie occupe toute la largeur de la zone tempérée, s'approche de l'équateur au sud, et du pôle au nord. Mais elle n'a presque sur aucun point de climat vraiment tempéré. Son énorme étendue, sa forme massive, son relief élevé, ses montagnes qui arrêtent les vents marins, tout contribue à y faire prédominer un régime continental extrême.

D'une manière générale, pendant l'hiver, le vent souffle continuellement du continent très froid vers les mers qui l'entourent au sud. Pendant l'été, le contraire se produit; la terre, plus fortement réchauffée que la mer, attire l'air à son tour, et les vents se précipitent de l'océan Indien ou de la mer de Chine vers le sud et l'est de l'Asie, en y versant des torrents de pluie. Ces vents chargés d'humidité s'appellent les *moussons*. Les hautes montagnes qui s'élèvent en Asie de tous côtés empêchent l'action de ces moussons de se faire sentir bien avant dans l'intérieur du continent.

Les régions des moussons, fraîches l'hiver, mais très chaudes et très humides pendant l'été, sont le pays les plus riches de la terre.

Partout où les moussons ne soufflent pas, les climats restent extrêmes, surtout en raison de la sécheresse absolue. Sur les plateaux ou dans les plaines du centre, la différence entre les températures les plus froides et les plus chaudes peut dépasser 80 degrés. A Verkhoïansk, au nord de la Sibérie, on a eu plus de 60 degrés de froid en hiver, et plus de 30 degrés au-dessus de zéro en été. Entre le jour et la nuit, les différences ne sont pas moins grandes. Parfois même, dans un seul instant, on ressent des températures extrêmes ; les voyageurs sont quelquefois obligés de se retourner sur leurs chevaux, étant brûlés d'un côté par le soleil, et gelés de l'autre côté par le vent glacé. Aussi tout le centre de l'Asie est-il un pays de steppes, de déserts, qui ne produit rien que par l'irrigation.

Hydrographie. — L'Asie offre deux régimes hydrographiques bien différents. Le centre du continent, mal approvisionné par les pluies, n'a que des fleuves trop pauvres pour s'ouvrir un chemin jusqu'à la mer ; descendus des montagnes, ils sont bus par les sables et par l'air, et s'arrêtent dans des bassins fermés ou même dans de simples dépressions marécageuses. Au contraire, les versants extérieurs de l'Asie sont parcourus par des fleuves immenses qu'alimentent les neiges des hauts sommets et en outre, au sud-est, les masses pluvieuses des moussons : ces fleuves immenses sont pour la plupart très propres à la navigation.

Les fleuves des versants extérieurs de l'Asie coulent de deux centres de dispersion principaux, l'Himalaya et le plateau du Thibet d'une part, la région de l'Altaï d'autre part. Le Thian-Chan et les monts d'Arménie donnent également naissance à quelques fleuves importants. Ces fleuves appartiennent à trois versants principaux : de l'océan Glacial Arctique, du Grand Océan et de l'océan Indien.

L'**océan Glacial Arctique** reçoit les grands cours d'eau sibériens, l'*Ob* ou *Obi* (4 230 kil.), que grossissent des affluents aussi considérables que lui, Tom, Irtych ; le *Iénisséi*, doublé de l'*Angara* et de la *Selenga* (4 750 kil.) et la *Léna*. Ces rivières, larges et lentes, sont très favorables pour la navigation ; elles traversent malheureusement de grandes régions froides et presque désertes ; en outre, leur embouchure dans l'océan Glacial est obstruée la majeure partie de l'année par d'énormes embâcles de glaces. On les utilise assez peu, sauf dans leur cours supérieur et moyen.

L'océan Pacifique reçoit : l'*Amour* (4 400 kil.), qui se termine dans la Manche de Tartarie ; le *Hoang-Ho* ou *fleuve Jaune* (4 200 kil.), qui naît dans le Thibet et vient se jeter dans la mer Jaune par des embouchures qui se déplacent tantôt au nord et tantôt au sud de la péninsule de Chan-Toung ; le *Yang-tsé-Kiang* ou *fleuve Bleu* (5 082 kil.), qui prend sa source dans la même région que le fleuve précédent et a son embouchure non loin de la sienne, mais s'en écarte considérablement dans tout le cours moyen ; le *Si-Kiang*, qui arrose la Chine méridionale ; le *Song-Koï* ou *fleuve Rouge*, qui traverse le Tonkin ; le *Mékong* (4 240 kil.), qui naît dans le Thibet, à peu de distance du fleuve Jaune et du fleuve Bleu, coule au sud, traverse la péninsule indo-chinoise, et se jette dans la mer de Chine méridionale par un vaste delta, à l'est du golfe de Siam.

L'océan Indien reçoit : par le golfe du Bengale, la *Salouen* et l'*Irraouaddi*, issus de la même région que le Mékong ; le *Brahmapoutra* et le *Gange*, descendus de l'Himalaya : ces deux dernières rivières mêlent leurs eaux dans un delta commun, qui est énorme ; — dans la mer d'Oman, l'*Indus* (3 200 kil.), considérable à la sortie des montagnes, puis progressivement appauvri à la traversée des déserts de son cours inférieur ; — par le golfe Persique, le *Tigre* et l'*Euphrate*, qui naissent sur le plateau d'Arménie, fécondent de leurs eaux la plaine de Mésopotamie, et se réunissent pour former le *Chat-el-Arab*.

La Méditerranée et ses mers secondaires ne reçoivent de l'Asie que des cours d'eau d'importance secondaire.

Parmi les fleuves à bassins fermés, plusieurs alimentent des lacs assez importants. Dans la mer d'Aral, se jettent le *Syr-Daria* et l'*Amou-Daria* (2 500 kil.) ; dans le lac Balkach, se jette l'*Ili* ; dans la mer Morte, le *Jourdain* ; dans le Lob Nor, le *Tarim*. D'autres fleuves, moins importants ou moins connus, se terminent dans les lacs de l'Iran ou du Thibet, également sans issue vers la mer extérieure.

Ressources diverses. — L'Asie offre à l'homme des ressources agricoles variées, en même temps que d'abondants trésors minéraux.

1° La *végétation* de l'Asie est variée en raison de son étendue, qui va de l'équateur jusqu'au delà du cercle polaire. Mais, conséquence évidente du climat continental aux hivers trop froids, les limites de végétation des diverses plantes s'avancent, en règle générale, beaucoup moins loin vers le nord en Asie qu'en Europe : les céréales, qui atteignent en Norvège le 70° degré de latitude, ne dépassent pas le 62° en Sibérie ; la vigne n'y mûrit ses raisins que jusqu'au 42° degré, au lieu du 50°.

L'*Asie septentrionale*, continuation de la plaine russe, aux pluies d'été peu abondantes, mais régulières, est une zone de forêts ; la forêt s'y rencontre jusqu'au delà du 70° degré ; elle est peuplée par des animaux à fourrure, des ours, des rennes, etc.

L'*Asie centrale*, région des hauts plateaux, Gobi, Thibet, Pamir, Turkestan, Iran, Arabie, est par excellence la région sèche et à climat extrême. C'est une zone de steppes. Les troupeaux de chèvres, de moutons, sont nombreux, mais nécessairement nomades, par suite du peu d'abondance des pâturages. Toutefois les vallées humides de la Syrie, de l'Asie Mineure, de la Transcaucasie, ainsi que les plaines irriguées de la Mésopotamie et du Turkestan, offrent des conditions meilleures : elles peuvent recevoir toutes les cultures, depuis les céréales jusqu'au coton et à l'indigo. La région méditerranéenne semble être la patrie de la plupart de nos arbres à fruits.

L'*Asie du sud-est*, ou *Asie des moussons*, est la région la plus riche, au point de vue agricole, du continent asiatique. Elle possède à la fois sol fécond, chaleur, humidité. On y trouve de grandes jungles et d'immenses forêts, où vivent des éléphants, des rhinocéros et des tigres. Les céréales y croissent sur les plateaux. Les rizières occupent les parties basses. Le thé, le mûrier, les épices, le coton, l'opium, l'indigo, y réussissent tous plus ou moins selon le sol ou l'exposition. Dans cette région des moussons, la végétation est entièrement à la merci des pluies ; il suffit parfois d'un retard de quelques jours dans le renversement des vents et dans l'arrivée de la période humide pour ruiner les moissons et provoquer de terribles famines.

2° Les **productions minérales** de l'Asie sont abondantes autant que variées. Les métaux précieux, tels que l'or, l'argent, le platine, s'y rencontrent, de même que les métaux utiles à l'industrie, fer, cuivre, plomb, zinc, et ainsi que les combustibles, houille et pétrole. Ces gisements miniers sont assez considérables pour fournir à l'industrie un combustible et une matière première presque inépuisables.

Les principales régions riches en minerais de l'Asie sont la

Sibérie, la région du Caucase et l'Arménie, l'Indo-Chine, la Chine et le Japon. Beaucoup de richesses minérales de l'Asie ne sont pas ou sont imparfaitement reconnues.

RÉSUMÉ

L'Asie (42 500 000 kil. carr.) a pour bornes l'océan Glacial Arctique, le Grand Océan, l'océan Indien, la Méditerranée et l'Europe. C'est un continent très large et très massif.

I. Mers. — L'Asie est baignée par quatre grands systèmes marins : 1° l'océan Glacial Arctique, avec le cap Tchéliouskine, les archipels Liakhoff, Anjou et l'île Wrangel ; 2° le Grand Océan forme une série de mers secondaires fermées du côté du large par des archipels : la mer de Bering, par les Aléoutiennes ; la mer d'Okhotsk, par la presqu'île du Kamtchatka ; la mer du Japon, par l'île Sakhalin, l'archipel du Japon et la Corée ; la mer Jaune, prolongée par le golfe de Petchili ; la mer de Chine, avec les îles Formose et Haï-Nan, les golfes du Tonkin et du Siam ; 3° l'océan Indien, qui forme le golfe du Bengale, la mer d'Oman prolongée par le golfe Persique, et la mer Rouge ; 4° la Méditerranée, avec le golfe d'Alexandrette, les îles de Chypre, Rhodes, Samos, Chio et Mytilène.

II. Relief. — L'Asie est un pays de hautes terres. Elle renferme des montagnes très élevées et des plateaux très vastes. Ce sont : le Pamir avec le Thian-Chan (7000 m.) et l'Altaï ; le Thibet, avec le Karakoroum (8600 m.), le Kouen-Lun (7200 m.) et l'Himalaya (8840 m.) ; l'Iran, avec l'Hindou-Kouch (7500 m.) et l'Elbours ; l'Asie Mineure, avec le Taurus et l'Arabie. — Les plaines s'étendent sur le pourtour seulement : Sibérie, Chine, plaine Indo-Gangétique, Mésopotamie.

III. Climat. — L'Asie a du nord au sud des climats fort divers ; toutefois les caractères extrêmes y prédominent presque partout. Au centre, sécheresse extrême, étés brûlants, hivers rigoureux. Au sud-est, l'Inde, l'Indo-Chine, le Japon et la Chine, pays des moussons, reçoivent de grandes masses pluviales qui équilibrent le climat : ce sont des pays à climat équatorial, humide et chaud.

IV. Hydrographie. — Le centre de l'Asie, peu arrosé, n'a que des fleuves intermittents, bientôt perdus au milieu des sables. Les versants extérieurs possèdent en revanche des cours d'eau immenses : vers l'océan Glacial coulent l'Ob, le Iénisséi, la Léna ; vers le Pacifique, l'Amour, le Hoang-Ho, le Yang-tsé-Kiang, le Mékong ; vers l'océan Indien, l'Irraouaddi, le Brahmapoutra, le Gange, l'Indus, le Chat-el-Arab (Tigre et Euphrate). Les principales mers intérieures de l'Asie sont : la mer Caspienne, la mer d'Aral, le lac Balkach.

V. Ressources diverses. — Le centre de l'Asie, trop sec, n'est que

déserts et steppes : Arabie, Iran, Turkestan, Gobi. L'Asie Mineure, plus
arrosée, a la végétation des pays méditerranéens. Les pays à moussons,
Chine, Japon, Indo-Chine, Inde, produisent, avec des forêts énormes, des
céréales, du riz, du sucre, du coton. En outre, les richesses minières
sont aussi abondantes que variées.

§ 2. — DESCRIPTION POLITIQUE

Populations asiatiques. — L'Asie, qui occupe le quart de la
superficie des terres émergées, renferme 850 millions d'habitants (900 si l'on y rattache l'Archipel Asiatique). Ce chiffre
énorme dépasse la moitié du chiffre de la population totale du
globe; pourtant l'Asie a proportionnellement deux fois moins
d'habitants que l'Europe.

C'est qu'en raison de la diversité des conditions physiques
qu'offre l'Asie, les différentes régions en sont très inégalement
peuplées. Les contrées du sud et de l'est, l'Inde et la Chine,
plaines au sol profond, arrosées par les moussons et merveilleusement fécondes, sont les deux plus grandes fourmilières
d'hommes de la terre; les villes énormes y abondent. Par
contre, les plateaux surélevés et desséchés de l'Asie occidentale
et centrale, ainsi que les plaines froides qui s'inclinent vers
l'océan Glacial Arctique, sont déserts ou n'ont qu'un petit
nombre d'habitants.

Les populations asiatiques diffèrent profondément les unes
des autres. Elles appartiennent à deux races principales.

A l'ouest dominent des hommes de la race blanche, aryens
(Hindous, Mahrattes, Persans, Caucasiens, Grecs) et sémites
(Juifs, Arabes). Les principales religions professées par ces
peuples sont le *mahométisme*, qui a conquis presque toute
l'Asie occidentale, le *judaïsme*, pratiqué dans des colonies
éparses, et le *brahmanisme*, qui domine dans l'Inde, principalement dans la grande plaine indo-gangétique.

A l'est l'Asie est occupée par la race jaune ou mongole,
à laquelle appartiennent les rares populations indigènes de la
Sibérie, les Japonais, les Chinois, les Annamites, les Thibétains.
Ces populations professent pour la plupart le *bouddhisme*, qui
est moins une religion qu'un code de morale sociale.

De tous ces peuples, les Hindous, les Chinois et les Japonais,
habitants d'un sol prodigieusement fécond, sont les seuls qui
se soient créé des civilisations originales et remarquables. Il a

manqué à ces civilisations de se compléter et de se vivifier l'une par l'autre. Enserrées dans des cadres trop fixes, sans rapport avec le reste du monde, elles se sont comme figées; après un rapide et brillant développement, elles sont restées stationnaires durant des siècles. Dans le reste de l'Asie, c'est-à-dire dans les deux tiers de son étendue, la vie pastorale et nomade est seule possible, par suite de la stérilité de sols trop parcimonieusement arrosés : là, les peuples ont gardé l'organisation patriarcale en tribus; ils errent avec leurs troupeaux, de pâturage en pâturage, et n'ont point formé d'États.

Partage politique de l'Asie. — L'Asie se répartit entre un petit nombre d'États, presque tous de proportions énormes. Quelques-uns seulement d'entre eux ont réussi à maintenir leur indépendance : ce sont, à l'exception de la Chine, ceux qui renferment la population la moins pressée. Les autres ont été soumis par des peuples européens qui en exploitent les richesses.

Parmi les pays restés indépendants se trouvent : à l'est, la **Chine**, qui, outre la Chine proprement dite, comprend la Mandjourie et l'ensemble du haut plateau central asiatique; le **Japon**, le *Siam*; à l'ouest, les trois États du plateau de l'Iran, c'est-à-dire le *Baloutchistan*, l'*Afghanistan* et la *Perse*, ainsi que l'*Empire Turc*, dont la capitale est en Europe, mais qui possède en Asie la majeure partie de ses territoires, Asie Mineure, Mésopotamie, Syrie, Palestine, partie de l'Arabie.

Les autres régions obéissent à trois peuples européens, Russes, Anglais, Français.

La **Russie**, qui n'était séparée de l'Asie que par la barrière peu escarpée de l'Oural, par l'étroite mer Caspienne, et par le Caucase, où se trouve au centre un passage relativement facile, a débordé sur l'Asie par l'est, le sud-est et le sud. Elle a conquis successivement la *Sibérie*, la *Caucasie* et le *Turkestan occidental*. Ses possessions vont aujourd'hui sans interruption de la mer Noire au Pacifique et de l'Iran à l'océan Glacial.

L'**Angleterre** s'est établie au sud. Elle a soumis presque toute l'*Inde*, que le français Dupleix avait conquise, et que la France aurait pu posséder au xviiie siècle. Elle domine, en outre, plus à l'est, sur la partie occidentale de l'Indo-Chine (*Barmanie* et *presqu'île de Malacca*), ainsi que sur quelques îles ou archipels qui en dépendent. Enfin elle possède *Aden* sur la côte d'Arabie.

La **France,** après avoir perdu l'Inde, s'était laissé distancer ɔn Asie. Son empire colonial asiatique ne date, en majeure partie, que de la fin du XIX° siècle. Depuis 1860, elle a conquis ou placé sous son protectorat le *Cambodge*, la *Cochinchine*, l'*Annam* et le *Tonkin*, c'est-à-dire l'Indo-Chine orientale. Dans

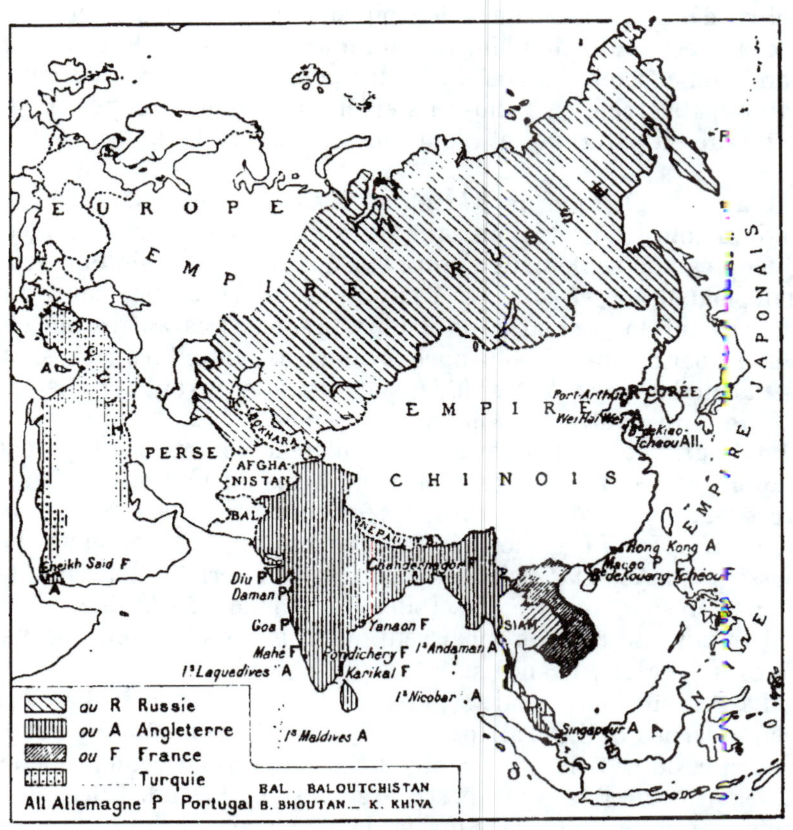

Partage politique de l'Asie.

l'Inde, où elle resta établie quelque temps au XVIII° siècle, elle a conservé cinq comptoirs, dont le principal est *Pondichéry*. Trois petits territoires de l'Inde appartiennent au Portugal.

Contrées et villes principales. — *1° L'Asie septentrionale* comprend l'ensemble de l'Asie russe, c'est-à-dire la Sibérie, les provinces du Caucase et le Turkestan occidental. Ces trois pays couvrent plus du tiers du continent asiatique, mais ils ne renferment que 23 millions d'habitants seulement.

La **Sibérie**, pays d'immenses plaines, couvertes pour la plupart de forêts immenses et de toundras, possède 5 730 000 habitants (1897), c'est-à-dire à peine un peu plus que la population de la ville de Londres, sur une étendue supérieure à l'Europe. Une partie de ces habitants est nomade : Samoyèdes, Toungouses; le reste se compose de colons russes.

La capitale est *Irkoutsk* (51 000 hab.), bâtie dans la Sibérie centrale, non loin du lac Baïkal. Les autres villes importantes sont : à l'ouest, Omsk, Tobolsk, Tomsk; à l'est, Iakoutsk et le port de Vladivostok, sur le Pacifique. Une voie ferrée transsibérienne relie aujourd'hui Moscou et Saint-Pétersbourg à Vladivostok et au chemin de fer du Nord de la Chine.

La **Caucasie** s'étend sur les deux versants de la chaîne du Caucase. Elle ne renferme guère, au nord de la chaîne, que des steppes désolées; le versant méridional, plus arrosé et plus fertile, a beaucoup plus d'habitants. L'ensemble de la Caucasie en possède 9 250 000.

La Caucasie a pour capitale *Tiflis* (160 000 hab.), dans une importante position stratégique; pour autres villes notables, la forteresse de *Kars* dans les monts d'Arménie, et *Bakou*, sur la Caspienne, au centre d'une région pétrolifère. Un chemin de fer transcaucasien, partant de Batoum, et aboutissant à Bakou, relie la mer Noire à la mer Caspienne.

. Le **Turkestan occidental**, compris entre la mer Caspienne, l'Iran, le Pamir et le Thian-Chan, est un désert partout où l'humidité des rivières ne vient pas féconder les sables, presque absolument dénués de pluie. On y compte 9 970 000 habitants. Les Russes ne possèdent en propre que les 4/5 du Turkestan; les deux Etats musulmans de Khiva et de Bokhara sont seulement dans leur vassalité.

La capitale des possessions russes est *Tachkent* (156 000 hab.), au pied du Thian-Chan; les autres grandes villes de la partie russe sont *Kokan*, *Khodjent* et *Samarkand* : cette dernière cité est, pour le moment, le point terminus du chemin de fer transcaspien, qui quitte la Caspienne à Ouzoun-Ada et dessert l'oasis de Merv et les villes de Bokhara et de Samarkand

Dans la partie vassale du Turkestan, se trouvent *Khiva*, dans une oasis fertilisée par les dérivations de l'Amou-Daria, et *Bokhara* (70 000 hab.), sur le Zaravchan.

2° L'Asie orientale comprend l'Empire Chinois, le Japon et la péninsule d'Indo-Chine.

L'**Empire Chinois**, outre la *Chine* proprement dite, comprend les steppes et les déserts de la *Mandjourie*, de la *Mongolie* et du *Turkestan oriental*, ainsi que les hauts plateaux du *Thibet*. Son étendue est donc énorme; elle dépasse 11 millions de kilomètres carrés, c'est-à-dire qu'elle est supérieure à celle de l'Europe. La population totale comprendrait 330 millions d'habitants, un peu moins que l'Europe; la Chine proprement dite en renferme à elle seule 320 millions.

La Mandjourie, la Mongolie et le Turkestan oriental n'ont que des populations clairsemées et nomades. Les villes y sont rares. Les principales sont *Ourga*, en Mongolie; *Khotan*, *Yarkend* et *Kachgar*, dans le Turkestan occidental; *Lhassa*, métropole du bouddhisme, dans le Thibet. La Mandjourie ou Mandchourie a pour capitale *Moukden*.

La Chine proprement dite, extrèmement peuplée, est habitée par deux peuples de race jaune, les Tartares ou Mandjous (l'orthographe *mandchou* est moins exacte), qui composent plutôt la classe militaire, et les Chinois, qui composent la classe agricole et industrielle. La Chine renferme de très grandes villes. La capitale est *Péking*, située au nord de l'empire; on estime diversement sa population, qui est en tout cas supérieure à 500 000 habitants; le port de Péking est *Tien-Tsin*. On peut citer encore la ville de *Canton* (2 500 000 hab.), grande cité commerciale, au sud; *Lan-Tchéou*, dans le bassin du fleuve Jaune; *Han-Koou*, sur le fleuve Bleu; *Nan-King*, ancienne capitale déchue; *Chang-Haï*, grand port.

La Chine était civilisée longtemps avant notre ère. Mais elle s'est enfermée chez elle, et est demeurée ainsi volontairement stationnaire, mettant sa sagesse à conserver ses anciennes traditions. Depuis 1842, elle a dû toutefois ouvrir un certain nombre de ses ports aux commerçants européens.

La **Corée** a fait longtemps partie, comme vassale, de l'Empire Chinois. Elle a été proclamée indépendante à la suite d'une guerre entre la Chine et le Japon (1894-1895). C'est une grande presqu'île, montagneuse et humide, dans laquelle vivent 7 500 000 habitants. Sa capitale est *Séoul*, qui a 211 000 habitants environ.

Le **Japon** comprend, à l'est de la Chine septentrionale, un archipel composé de quatre grandes îles, *Yéso*, *Nippon* ou *Hondo*, *Sikok* et *Kiou-Siou*, et des traînées d'îles plus petites. Il s'est annexé récemment l'île *Formose*, enlevée à la Chine. 43 millions d'habitants peuplent l'archipel japonais. L'île Formose en renferme près de 3 millions.

Les principales villes du Japon sont bâties dans l'île centrale de Hondo. La capitale actuelle est *Tokio* ou *Yeddo* (1 440 000 hab.), sur une baie de la côte orientale. On peut citer encore *Kioto*, ancienne capitale, *Ohosaka* (821 000), *Hiogo-Kobé*, *Nagasaki*, *Yokohama*. Au contraire de la Chine, le Japon a, depuis 1868, embrassé les usages européens avec une sorte de furie ; il possède aujourd'hui des chemins de fer, des bateaux à vapeur, des télégraphes ; son gouvernement est un gouvernement constitutionnel.

L'Indo-Chine, péninsule quatre fois plus vaste que la France, renferme une population qu'on évalue à 36 ou 37 millions d'habitants, sans grande relation les uns avec les autres, et très différents de mœurs, bien qu'appartenant presque tous à la race jaune. Au centre, le royaume de Siam est indépendant ; la partie orientale obéit à la France ; la partie occidentale est rattachée à l'Inde anglaise.

L'Indo-Chine française se compose de la *Cochinchine*, acquise en 1862, du *Cambodge*, placé vers la même époque sous le protectorat de la France, enfin du *Tonkin* et de l'*Annam* (1885). On évalue son étendue actuelle à plus de 660 000 kilomètres carrés et sa population totale à 20 ou 21 millions d'habitants.

Les principales villes sont : *Saïgon*, en Cochinchine, non loin du delta du Mékong ; *Pnom-Penh*, capitale du Cambodge, sur le fleuve ; *Hué*, capitale de l'Annam. Le Tonkin, beau pays qui constitue la partie la plus florissante de l'Indo-Chine française et qui renferme, à lui seul, 12 à 13 millions d'habitants, a pour capitale *Hanoï* (103 000 hab.), bâtie sur le fleuve Rouge.

Le **Siam** forme un royaume indépendant. Il constitue comme un tampon, au centre de la péninsule, entre les dépendances anglaises et françaises. On y compte 6 à 7 millions d'habitants. La capitale est *Bangkok*, à peu de distance de la mer.

L'Indo-Chine anglaise comprend le *Gouvernement des Détroits* et la *Barmanie*. La première de ces colonies comprend plusieurs postes échelonnés le long de la presqu'île de Malacca, entre autres Singapour, Malacca et Georgetown. La seconde renferme les villes de *Mandalé*, de ·*Bhamo*, de *Rangoun* et de *Moulmeïn*; ces deux dernières sont des ports importants.

3° L'Asie méridionale et sud-occidentale se compose de l'Inde, des trois États de l'Iran, Baloutchistan, Afghanistan, Perse, et de la Turquie d'Asie.

L'**Inde** forme une péninsule triangulaire entre l'Himalaya, le golfe du Bengale et la mer d'Oman. En outre, elle comprend la belle île de Ceylan. Ce grand pays, qui couvre une superficie de 3 millions 1/2 de kilomètres carrés et qui est une région de moussons, humide et fertile, nourrit près de 300 millions d'habitants. La plupart sont des Hindous ; ils appartiennent à la race blanche. Les Anglais, qui se sont emparés du pays au xviii° siècle, à la suite des dissensions des Français entre eux, ne sont qu'au nombre de 76 000, pour la plupart soldats. L'Inde forme un Empire, administré par un vice-roi au nom du roi d'Angleterre, Empereur des Indes.

L'Inde compte près de 700 000 villes, villages et hameaux. La capitale est *Calcutta* (1 321 800 hab.) sur l'Hougli, bras du Gange. Les autres villes les plus considérables sont le port de *Bombay* (770 000 hab.), sur la mer d'Oman, *Madras* (509 000 hab.) port sur le golfe du Bengale, *Haïderabad* (446 000) à l'intérieur. On peut citer encore *Agra*, *Bénarès*, *Delhi*, *Lahore*.

Les Anglais possèdent l'Inde entière, à l'exception des territoires français de Pondichéry, Chandernagor, Yanaon, Karikal et Mahé ; des territoires portugais de Diu, Daman et Goa ; de quelques États indépendants, tels que le Bhoutan et le Népal. Quelques États indigènes ne sont que protégés et ont conservé une apparence de souveraineté.

Le **Baloutchistan**, pays peu arrosé, situé au sud-est de l'Iran, ne renferme que 847 000 habitants et des villes médiocres : la capitale, *Kalat*, est une petite ville de 14 000 habitants.

L'**Afghanistan**, qui occupe l'angle nord-est du même plateau, a une population de 5 millions d'habitants, divisés en tribus à peu près sans lien entre elles. On y trouve trois villes principales : *Hérat*, dans une vallée ouverte sur le Turkestan ; *Kaboul* et *Kandahar*, deux « clefs de l'Inde ».

La **Perse**, beaucoup plus considérable que les deux États précédents, comprend toute la partie occidentale de l'Iran depuis la mer d'Oman jusqu'à la mer Caspienne. C'est un pays peu arrosé, sauf au pied des montagnes. Elle renferme 9 millions d'habitants, c'est-à-dire plus de la moitié de la population totale du plateau. La Perse est une monarchie absolue, commandée par un roi ou *chah*.

La capitale est *Téhéran* (250000 hab.), à peu de distance de la mer Caspienne. Les autres grandes villes sont *Tabriz Hamadan* et *Ispahan*.

La **Turquie d'Asie**, qui couvre une superficie de 2 millions de kilomètres carrés et compte 17 millions d'habitants, se compose de pays très divers. Elle comprend l'*Asie Mineure*, plateau dont l'intérieur est désert; l'*Arménie*, toute hérissée de montagnes; la *Syrie* et la *Palestine*, pays accidentés; la grande plaine de *Mésopotamie*; enfin l'*Arabie*, qui, à l'exception d'une étroite bordure côtière, n'est que déserts de sables, absolument stériles.

Les principales villes sont : en Asie Mineure, *Smyrne* (200 100 hab.), grand port cosmopolite sur l'Archipel; en Syrie et en Palestine, le port de *Beyrout, Alep, Damas* (140 000 hab.), *Jérusalem*; en Mésopotamie, *Mossoul*, près de l'emplacement de l'ancienne Ninive, *Bagdad* sur le Tigre, et *Hilleh* sur les ruines de la fameuse Babylone; en Arabie enfin, *la Mecque*, métropole religieuse des Mahométans.

Place de l'Asie dans le monde. — L'Asie semble avoir été le point de départ des migrations du genre humain. C'est des vallées ouvertes à l'ouest de ses hauts plateaux que se seraient écoulées en tous sens les populations qui ont occupé l'Europe. C'est aussi l'Asie qui a vu naître presque toutes les religions, le judaïsme, le christianisme et le mahométisme, qui se sont répandus dans les autres parties du monde, le brahmanisme et le bouddhisme, qui n'en sont point sortis, mais qui y comptent des centaines de millions d'adhérents.

Aujourd'hui l'Europe reflue sur l'Asie. C'est au moyen âge que furent faits les premiers voyages sérieux des Européens en Asie : les plus remarquables furent ceux du moine flamand Guillaume de Rubrouck et du marchand vénitien Marco Polo : ce dernier, parti de la côte méditerranéenne, gagna la Chine par le plateau de l'Iran, le Pamir et les grands déserts de l'Asie centrale. Les explorations devinrent surtout fréquentes après la découverte de la route maritime des Indes par le Portugais Vasco de Gama, en 1498. Depuis cette époque, le désir d'exploiter les ressources naturelles des différentes contrées asiatiques, et la tendance à s'y créer des marchés d'approvisionnement en même temps que des débouchés pour les produits industriels, ont amené plusieurs peuples européens à y fonder des établissements.

Entre l'Europe et l'Asie il se fait chaque jour de fréquents départs de navires : Bombay, Madras, Calcutta, Singapour, Saïgon, Hong-Kong, Chang-Haï, Yokohama, sont les principaux ports intermédiaires. La Chine et le Japon ont en outre, par l'océan Pacifique, des relations actives avec l'Amérique du Nord, principalement avec San Francisco. Les parties voisines de la mer profitent seules de ces avantages ; à l'intérieur, les hautes chaînes de montagnes et les déserts arrêtent les tentatives de pénétration ; le commerce s'y fait encore par caravanes, sauf dans les rares contrées pourvues de voies ferrées, comme l'Inde et le Turkestan russe.

Ces relations entre l'Europe et l'Asie ont eu pour résultat principal l'introduction dans ce dernier pays d'une partie de nos usages et de plusieurs de nos découvertes modernes. L'Inde devient de jour en jour plus semblable à notre Europe. Le Japon et la Chine, qui d'abord s'étaient enfermés opiniâtrément chez eux, commencent, le premier avec fougue, la deuxième avec circonspection, à adopter nos procédés manufacturiers, nos chemins de fer et jusqu'aux constitutions politiques des États de l'Europe occidentale. On peut se demander si, initiées à notre progrès moderne, les énormes masses de populations qui vivent dans la Chine et dans l'Inde ne constitueront pas quelque jour une rivalité redoutable pour l'Europe.

RÉSUMÉ

I. **Populations asiatiques.** — L'Asie est peuplée par 900 millions d'habitants, très pressés dans l'Inde et la Chine, très dispersés sur les hauts plateaux du centre et de l'ouest ou dans les pays trop froids du nord. Les peuples de l'Asie occidentale appartiennent à la race blanche et professent le mahométisme, le judaïsme et le brahmanisme ; les peuples de l'Asie orientale sont de race jaune et bouddhistes. A part les Hindous, les Chinois et les Japonais, les peuples asiatiques mènent la vie pastorale et ne se sont créé aucune civilisation stable.

II. **Partage politique.** — Une partie seulement de l'Asie a maintenu jusqu'à ce jour son indépendance : ainsi la Chine, le Japon, le Siam, la Perse, l'Empire Turc. Les autres contrées appartiennent soit aux Russes (Sibérie, Turkestan, pays du Caucase), soit aux Anglais (Inde, Barmanie), soit aux Français (Cambodge, Cochinchine, Annam, Tonkin, comptoirs de l'Inde).

III. **Contrées et villes principales.** — 1° L'Asie septentrionale comprend : la Sibérie, capitale Irkoutsk ; la Caucasie, capitale Tiflis

(160 000 hab.). ville principale Bakou; le Turkestan occidental, capitale
Tachkent (156 000 hab.), villes principales Kokan, Samarkand, etc. Ces
trois pays, qui ont ensemble 23 millions d'hab., appartiennent aux
Russes.

2° L'Asie orientale comprend : l'Empire chinois, qui renferme plus de
330 millions d'habitants, et qui a pour capitale Péking, pour villes principales Tien-Tsin, Canton (2 500 000 hab.), Han-Koou, Chang-Haï; la
Corée (7 500 000 hab.), capitale Séoul; le Japon (46 millions d'hab. avec
Formose), capitale Tokio ou Yeddo (1 440 000 hab.), villes principales
Kioto, Ohosaka (821 000 hab.), Nagasaki, Yokohama; l'Indo-Chine française à l'est (20 millions d'hab.), principales villes Hanoï, Hué, Pnom-
Penh, Saïgon; anglaise à l'ouest (Singapour, Mandalé, Rangoun),
indépendante au centre (royaume de Siam, capitale Bangkok).

3° L'Asie méridionale et sud-occidentale comprend : l'Inde (près de
300 millions d'hab.), capitale Calcutta (1 321 000 hab.); villes principales,
Bombay (770 000 hab.). Madras (509 000 hab.), Haïderabad; elle est
anglaise pour la majeure partie; le Baloutchistan, capitale Kalat; l'Afghanistan, villes principales Hérat, Kaboul et Kandahar; la Perse, capitale Téhéran (250 000 hab.); la Turquie d'Asie, avec Smyrne (201 000 hab.)
en Asie Mineure, Beïrout et Damas (140 000 hab.) en Syrie; Mossoul et
Bagdad en Mésopotamie; la Mecque en Arabie.

IV. **Place de l'Asie dans le monde.** — L'Asie semble avoir été le
point de départ du genre humain; elle a longtemps jeté sur l'Europe des
avalanches d'hommes, nommées invasions. Aujourd'hui c'est l'Europe
qui reflue sur l'Asie. Les premiers voyages d'Europe en Asie, qui
s'étaient faits par terre, furent très espacés; depuis que Vasco de Gama
a découvert la route maritime de l'Inde, ils sont devenus fréquents et
même continuels. Ces voyages ont rendu quelques-unes des contrées
d'Asie tributaires des nations européennes; mais celles-ci pourraient un
jour rencontrer des concurrents redoutables dans les populations asiatiques.

CHAPITRE II

L'ASIE SEPTENTRIONALE OU RUSSE

Les Russes étaient attirés vers l'Asie par le désir de toucher à une mer qui ne fût ni glacée, ni fermée. L'absence d'une barrière sérieuse, le peu de différence des climats et des conditions de la vie sur les deux versants de l'Oural facilitaient leur expansion à l'est.

C'est à la fin du xvi° siècle qu'ils franchirent l'Oural pour la première fois; ils voulaient châtier des déprédations commises par le khan tatar de l'ancienne ville de *Sibir*, aujourd'hui disparue. Depuis cette époque, ils n'ont cessé de s'y étendre dans trois directions : 1° *A l'est*, ils ont fondé leur grande colonie de *Sibérie* par étapes successives : en 1618, ils atteignaient le Iéniséi; en 1629, la Léna; Iakoutsk fut fondée en 1632; toute la Sibérie orientale était reconnue jusqu'à la mer d'Okhotsk en 1648. Les Russes ont de nos jours complété leur conquête par l'adjonction des provinces de l'Amour (1858) et de l'Oussouri (1860), enlevées à la Chine; enfin par l'acquisition de l'île de Sakhalin, échangée avec le Japon contre l'archipel des Kouriles; — 2° *Au sud-est*, après plusieurs tentatives malheureuses, ils ont réussi à s'établir dans le *Turkestan occidental*, à l'est de la mer Caspienne et au nord de l'Iran; ils y ont occupé Tachkent en 1865, Samarkand en 1868, Khiva en 1873, Merv et Sarakhs en 1884; actuellement la Russie possède les quatre cinquièmes de cette région, et le reste est dans sa vassalité; — 3° *Au sud*, les Russes, qui avaient déjà franchi le Caucase à la fin du xviii° siècle, ont débordé sur la *Caucasie*, ou isthme ponto-caspien ; ils s'y sont agrandis par de longues guerres contre les peuplades indigènes de l'Empire Turc. Leurs dernières conquêtes datent de 1878.

Dans son étendue actuelle, l'Asie Russe couvre à elle seule toute la partie septentrionale du continent asiatique, plus du tiers de son étendue, environ 16 millions et demi de kilomètres carrés. Toutefois cette énorme superficie inclinée vers le nord, séparée du sud par de hautes montagnes, composée, en majeure partie, de steppes ou de régions froides et glacées, ne renferme que 23 millions d'habitants environ, la 37° partie seulement de la population de l'Asie.

§ 1. — LA SIBÉRIE

La Sibérie forme un long rectangle entre l'Oural à l'ouest, l'océan Glacial Arctique au nord, l'océan Pacifique à l'est, les montagnes bordières du plateau de Mongolie. Au sud-ouest, vers la mer d'Aral, aucune barrière naturelle ne sépare la Sibérie du Turkestan ; au sud-est, vers le Pacifique, la Sibérie, dépassant les montagnes, s'étend jusqu'au fleuve Amour, qui la sépare de la Chine.

Longue de 6 750 kilomètres de l'ouest à l'est, de 3 200 du nord au sud, la Sibérie occupe une superficie de 12 500 000 kilomètres carrés.

Conditions physiques générales. — 1° La *situation* de la Sibérie est assez médiocrement favorable : elle est plus excentrique encore que la Russie, plus éloignée qu'elle des divers centres de civilisation. En outre, elle s'ouvre sur deux mers peu propres à faciliter son développement : au nord, l'océan Glacial, que les glaces couvrent la majeure partie de l'année ; à l'est l'océan Pacifique, peu fréquenté dans sa partie septentrionale.

2° Le *relief* de la Sibérie est formé par une grande plaine fermée au sud et à l'est, depuis le Tarbagataï jusqu'au détroit de Bering, par une série de chaînes que relient des arêtes transversales irrégulières et des plateaux. L'ensemble de ce relief garde une direction générale continue du sud-ouest au nord-est.

Les principaux de ces soulèvements montagneux sont, en

allant de l'ouest vers l'est : l'*Altaï*, ou « montagne d'Or », dont le point culminant, le Béloukha (3 350 m.), est couvert de neiges persistantes et d'un long glacier ; les *monts Saïan*, qui montent à 3 490 mètres au Mounkou-Sardyk, ou « mont d'Argent » ; les *monts du Baïkal*, les *monts Khantaï* (2 815 m.), les *monts Iablonovyi*, ou « monts des Pommiers » ; enfin les *Stanovoï*, dont le dessin est encore très mal reconnu, et qui se terminent par le cap Oriental, sur le détroit de Bering.

Le long du Pacifique se dressent encore les monts *Sikhota-Alin*, entre la Corée et la mer d'Okhotsk, et les *monts du Kamtchatka* : ces derniers, qui sont formés de roches anciennes couvertes de laves, sont des montagnes considérables ; le point culminant, le volcan de Klioutchev, monte à 4 804 mètres ; on y trouve plus de 40 volcans, dont une dizaine encore en activité.

La plaine sibérienne elle-même offre une pente doucement et régulièrement inclinée vers le nord-ouest. La partie orientale est plus accidentée, caillouteuse, çà et là percée de roches. La partie occidentale s'étend toute plate et sans collines, à l'exception des monts Byrranga (500 m.), qui se prolongent dans l'océan Glacial par la double presqu'île de Taïmyr : certaines régions ont une horizontalité si parfaite, que les eaux sans écoulement croupissent en marécages à la surface.

3° Le *climat* varie nécessairement du nord au sud d'un si vaste pays, étendu sur 29 degrés de latitude (du 48° au 77° degré), le tiers de la distance du pôle à l'équateur. L'hiver augmente en durée et en rudesse du sud au nord, et, au contraire, à mesure qu'on s'éloigne de l'équateur, l'été se fait moins brûlant et moins long.

D'une manière générale, le climat sibérien est continental. Baignée par un océan glacé, n'ayant point de montagnes au nord pour l'abriter des vents polaires, la Sibérie subit des froids excessifs ; le thermomètre y descend communément à — 30 degrés, parfois jusqu'à — 50 degrés ; dans la province d'Iakoutsk, la plus froide, il est vrai, de toute la Sibérie, on a constaté la température de — 62 degrés. Au reste, tout rigoureux qu'il est, l'hiver sibérien n'est pas malsain ; le froid s'y établit régulièrement, sans alternatives pernicieuses de froid et de chaud, de gel et de dégel. Le printemps est soudain, court ; en quelques jours la nature semble renouvelée. Puis vient l'été, chaud, presque brûlant, même sous les latitudes les plus élevées ; le thermomètre monte jusqu'à 38 degrés à Iakoutsk ; mais, si l'été est chaud, il est court ; son action ne se fait sentir

qu'à la surface de l'écorce terrestre; au-dessous de 2 mètres, la
terre reste constamment gelée jusqu'à une centaine de mètres
de profondeur. Dès le mois d'août, il gèle au nord.

Aptitudes diverses. — La modération du relief sibérien qui
entraîne la formation de grands fleuves navigables, vaudrait à
la Sibérie des aptitudes sérieuses, sans la situation et les
rigueurs du climat.

1° Les *côtes* de la Sibérie ont un grand développement. Elles
s'étendent, au nord, sur l'océan Glacial, à l'est sur l'océan
Pacifique.

La côte septentrionale est plate, basse, marécageuse, et
aboutit à une mer sans profondeur, gelée presque jusqu'au ras
de la côte pendant les deux tiers de l'année : on ne peut contourner l'Asie par le nord qu'en des étés exceptionnellement
chauds. On y trouve à l'ouest les *baies de l'Ob, du Taz, du
Iéniséi*; en cette partie de la côte, toute terre est île ou
péninsule. Au centre, s'enfonce vers le nord la *presqu'île de
Taïmyr*, prolongée par le *cap Tchéliouskine*, point septentrional du continent asiatique. A l'est, il n'existe qu'une indentation profonde, la *baie de la Khatanga*; au large se dressent les
îles Liakhoff, Anjou et *Wrangel*.

Au nord-est, séparant l'Asie de l'Amérique et permettant à
l'océan Glacial de communiquer avec l'océan Pacifique, s'ouvre
le *détroit de Bering* : il mesure environ 70 kilomètres de largeur entre le cap Oriental à l'ouest et le cap du Prince de
Galles à l'est. Sa profondeur maxima est de 58 mètres; des
îlots et des écueils le parsèment.

La côte orientale est rocheuse, frangée de péninsules et de
mers intérieures, bordée d'îles et d'archipels. Les bons ports
y abondent. On y trouve d'abord la *mer de Bering*, avec le
golfe de l'Anadyr, la presqu'île du Kamtchatka, les îles Saint-
Laurent, du Commandeur et Aléoutiennes; puis la *mer
d'Okhotsk*, fermée par la presqu'île du Kamtchatka et les îles
Kouriles; enfin la *mer du Japon*, fermée par l'île Sakhalin et
l'Archipel Japonais, et découpant le long de la côte sibérienne
la baie de Pierre-le-Grand, toute déchiquetée, avec le port de
Vladivostok.

2° Les *fleuves* sibériens sont nombreux; fleuves de plaine,
sans pente excessive, ils descendent lentement, larges et profonds, enserrant des îles; ce sont, par excellence, des chemins
qui marchent. Leur utilité, comme voies de navigation, est

d'autant plus grande que leurs cours s'approchent parfois jusqu'à presque se toucher. Il suffirait de percer deux ou trois canaux d'une centaine de kilomètres chacun pour établir une grande voie fluviale traversant la Sibérie tout entière depuis l'Oural jusqu'au Pacifique. Malheureusement la glace immobilise ces fleuves une partie de l'année, surtout vers leurs embouchures, situées pour la plupart au nord du cercle polaire.

A l'océan Glacial coulent : l'*Ob* ou *Obi*, qui descend de l'Altaï, entre bientôt en plaine où il atteint jusqu'à 40 kilomètres de largeur en temps de crue, s'y grossit, à droite, du Tom et du Ket, à gauche de l'immense Irtych, grossi lui-même de l'Om, de l'Ichim et du Tobol; l'Ob se termine par un vaste estuaire, long de 800 kilomètres, large de 50; — le *Iéniséi*, qui descend des monts Saïan qu'il perce par des gorges étroites et rentre en plaine à Krasnoïarsk, où il n'est déjà plus qu'à 110 mètres d'altitude; il se termine par un grand fiord d'eau douce; il reçoit la Toungouska supérieure ou Angara, émissaire du grand lac Baïkal (35 000 kilom. carrés, profondeur maxima 1 373 m.), et la Toungouska inférieure; — la *Léna*, issue des monts Baïkal, et grossie du Vitim, de l'Aldan, du Viliouï; elle se termine par un énorme delta; — l'*Indigirka*, la *Kolyma*, etc.

Au Pacifique vont : l'*Anadyr*, et le grand fleuve *Amour*, qui sépare la Sibérie de la Chine. Formé par la réunion de la Chilka et de l'Argoun, qui naissent au sud du Baïkal, l'Amour traverse un pays assez accidenté; il coupe diverses chaînes montagneuses, entre lesquelles il s'étend à travers des plaines basses; ses principaux affluents sont la Zeïa, le Soungari et l'Oussouri; son cours inférieur, recourbé malheureusement vers le nord, se termine par un large estuaire ouvert sur la Manche de Tartarie, dans une mer froide.

3° Les **ressources végétales** varient comme le climat, en ce vaste pays. On y distingue trois zones principales de végétation. Au nord, c'est la *zone des toundras* où l'hiver dure neuf mois, et où l'été, malgré sa chaleur, ne réussit qu'à fondre la neige superficielle et à dégeler le sol sur une profondeur d'un demi-mètre environ. La culture n'y est pas possible; on n'y trouve que des mousses jaunâtres, des lichens blancs, quelques ronces, des airelles, etc.

Au centre, sur 15 degrés environ de latitude, s'étend une bande de forêts, la *taïga*, que de loin en loin interrompent seulement les coulées des rivières, de rares clairières naturelles provenant d'un incendie, et quelques cultures le long des rives moins froides des fleuves. Les conifères y dominent surtout au nord. Les arbres de la taïga sont rarement gros : le climat n'a pas assez d'humidité pour alimenter leur sève ; le sol gelé presque jusqu'à la surface ne donne à leurs racines qu'une nourriture insuffisante ; les alternatives de grande chaleur et de froidure contribuent enfin à contrarier leur développement. La taïga n'a ni insectes, ni oiseaux. Ses seuls habitants sont des hermines, des renards dont le pelage blanchit l'hiver, des écureuils roux ou bruns, des lièvres, des marmottes, des ours, toute la variété des animaux à fourrure.

Au sud, s'étend la *zone des steppes*, qui comprend la partie méridionale de la Sibérie occidentale et la région de l'Amour. L'humidité y fait trop complètement défaut ; les cultures n'y peuvent prospérer, sauf sur les bords des fleuves, Irtych, Sélenga, Amour, où la grande lumière et les chaleurs d'été permettent aux plantes de l'Europe tempérée de se développer avec une rapidité prodigieuse.

4° Quant aux **ressources minérales**, elles abondent dans les montagnes de la Sibérie, qui sont formées presque exclusivement de roches anciennes. La Sibérie est un des pays du monde les plus riches en mines.

Les principales régions minières sont : l'*Oural*, qui renferme de l'or, du platine, du cuivre, des gisements de fer presque pur, des roches de malachite, etc. ; l'*Altaï*, qui renferme de l'or, du fer, de la houille, et surtout du plomb argentifère ; les *monts Saïan*, etc. Tout le bassin de la Léna abonde en richesses minières diverses. Toutefois la rigueur du climat et la difficulté de creuser le sol, qui dégèle en été de 50 à 60 centimètres à peine, sont de sérieux obstacles à une exploitation régulière dans le nord de la Sibérie.

Populations. — La Sibérie a très peu d'habitants : environ 5 730 000 sur une superficie égale à 23 fois la France. La densité moyenne de la population est seulement de 0,46 habitant par kilomètre carré. Ces habitants sont des indigènes et des Russes.

Les *indigènes*, dont le nombre est difficile à préciser, appartiennent à la race jaune. La plupart professent encore l'idolâtrie et ont des idoles qui rappellent, dit-on, celles des Polynésiens et qu'ils habillent en général de vêtements rouges. Ils vivent soit de la pêche ou de l'élevage du bétail, soit de la chasse ou du trafic des fourrures. En général, ils tendent à disparaître.

Les principales tribus indigènes sont les Vogoules et les Ostiaks, sur l'Ob inférieur; les Toungouses, sur la rive gauche du Iéniseï; les Iakoutes, sur le cours moyen de la Léna; les Samoyèdes et les Ioukaghirs, vers l'océan Glacial, au nord-est.

Les *Russes*, nouveaux venus dans le pays, occupent les régions de cultures et les districts miniers. Ils vivent groupés en communes, ou *mirs*. Longtemps la Sibérie ne compta comme colons russes que des déportés, criminels ou voleurs, condamnés de droit commun, mais aussi opposants religieux, condamnés politiques, Polonais, etc. C'est surtout à cette dernière catégorie de condamnés que la Sibérie doit ses progrès intellectuels. De nos jours, il y vient des colons libres, attirés par la promesse de concessions de terres : l'immigration annuelle dépasse actuellement 200 000 individus et augmente d'année en année; on évalue à 5 millions le nombre des colons russes établis aujourd'hui en Sibérie.

État actuel et villes. — C'est naturellement la Sibérie occidentale qui possède aujourd'hui le développement le plus avancé et le plus grand nombre d'habitants. On y trouve presque toutes les villes de la Sibérie. Ces villes sont : **Omsk** (37 000 hab.), capitale de la Sibérie occidentale, bâtie dans la steppe, au confluent de l'Om et de l'Irtych; *Tobolsk* (20 000 hab.), à la jonction des vallées de l'Irtych et du Tobol; *Tioumen, Tomsk* (52 000 hab.), le « Moscou de la Sibérie », ville commerciale de grande importance et siège d'une université.

La Sibérie orientale est presque déserte au nord. Des étendues larges comme la France n'ont pas même un millier d'habitants. Sauf Iakoutsk (6 200 hab.), les agglomérations marquées sur les cartes sont de pauvres hameaux n'ayant pas 20 habitants. Le sud est plus peuplé. On y trouve : **Irkoutsk** (51 500 hab.), capitale de la Sibérie orientale; située sur l'Angara, non loin du lac Baïkal : c'est le principal centre industriel de la Sibérie et la ville des chercheurs d'or, qui viennent y passer l'hiver; *Krasnoïarsk* sur le Iéniséi; *Kiakhta*, à la frontière, sur la route des caravanes qui viennent de Chine; *Nertchinsk*, sur la Chilka, au centre d'une région minière.

La région du Pacifique, longtemps abandonnée, se développe rapidement. Le gouvernement russe y dirige de préférence ses colons; leur nombre s'accroît très rapidement. Naguère, le port principal des Russes sur le Pacifique était *Nikolaïevsk*, à l'embouchure de l'Amour, que les glaces bloquent pendant six

mois de l'année. Depuis l'annexion de l'Oussouri, ils ont bâti,
pour le remplacer, leport de *Vladivostok*, ou « Dompte-Orient »,
sur l'admirable baie de Pierre-le-Grand : les Russes fondent
sur ce port un grand espoir pour l'avenir.

La Sibérie actuelle. — La Sibérie n'est ouverte que d'hier à

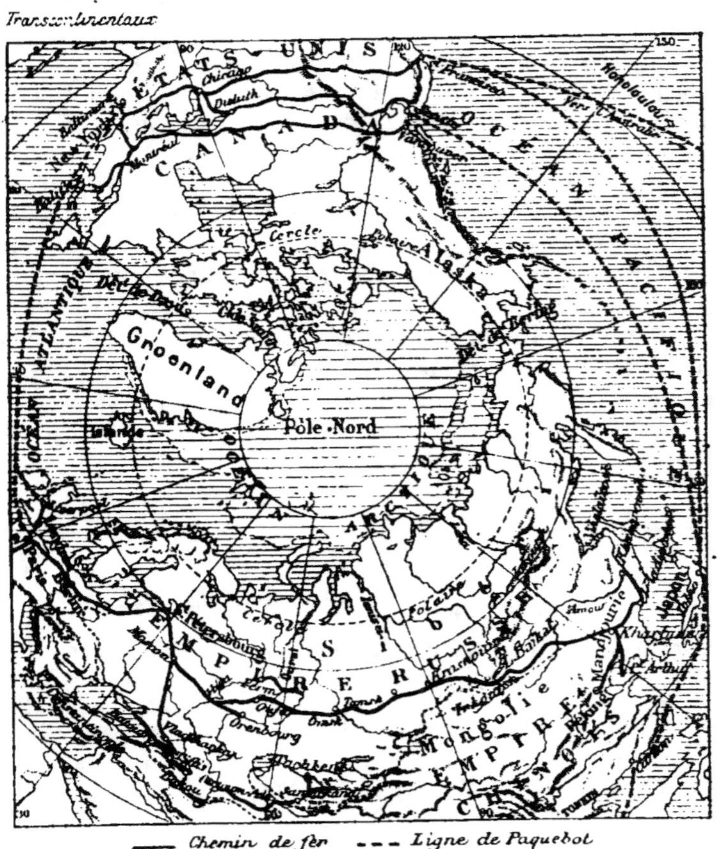

______ Chemin de fer   _ _ _ Ligne de Paquebot

Voies circumpolaires.

la civilisation : elle en est, en quelque sorte, a sa période
embryonnaire. L'agriculture suffit à peine à nourrir tous les
habitants : routiniers, médiocrement instruits, et ayant à leur
disposition de vastes étendues de terrains, les paysans sibériens ne se servent point d'engrais, laissent le sol se reposer
pendant deux ou trois ans quand ils en ont tiré une récolte, et

n'utilisent jamais qu'un tiers au plus de leurs terres. L'industrie y trouve de la houille en abondance et de nombreux minerais; cependant la Sibérie ne possède encore que quelques fonderies et quelques distilleries; elle achète au dehors, à l'Europe ou à la Chine, tous les objets dont elle a besoin.

En l'état actuel, il manque à la Sibérie un élément essentiel de prospérité, des habitants en nombre suffisant. Il faudra de nombreuses années encore avant que la Sibérie ait assez d'habitants pour pouvoir exploiter toutes ses richesses.

Longtemps aussi, il lui manqua des voies de communication rapides et utilisables en toute saison. Ses fleuves étaient trop longtemps glacés, chaque année; la route postale, le *trakt*, était coupée de fondrières, et, du reste, fort longue. Aujourd'hui, la Sibérie est traversée de part en part par le *chemin de fer transsibérien*, long de 7500 kilomètres. Il passe par Omsk, Krasnoïarsk, Irkoutsk, le lac Baïkal, et la Mandjourie, pour se terminer par deux bras qui aboutissent, l'un à Port-Arthur, sur la mer Jaune, l'autre à Vladivostok. Ce chemin de fer, qui permet d'aller de Paris à Vladivostok en 13 jours, et de Paris au Japon en 17 jours (au lieu de 26 par le Canada et de 33 par Suez) contribuera certainement beaucoup au développement de la Sibérie.

RÉSUMÉ

La Sibérie, long rectangle, a 12500(0) kilomètres carrés d'étendue.

I. Conditions physiques générales. — 1° Situation excentrique et débouché sur deux mers, l'une glacée, l'autre peu fréquentée; 2° relief assez simple : au sud, montagnes et plateaux, Altaï, monts Saïan (3490 m.), monts du Baïkal, Iablonovyi, Stanovoï; au nord, vaste plaine, souvent horizontale; 3° climat variable du nord au sud, mais de caractère très continental, aux hivers glacés, même au sud, aux étés brûlants, même au nord.

II. Aptitudes diverses. — 1° Les côtes donnent sur deux mers : au nord, sur l'océan Glacial (baies de l'Ob, du Taz, du Iéniséi, presqu'île de Taïmyr, baie de la Khatanga); à l'est, sur le Pacifique (mers de Bering, d'Okhotsk, du Japon); ces dernières seules offrent des abris; 2° les fleuves sont longs, navigables; ils se prolongent les uns les autres; malheureusement ils sont glacés, surtout vers leurs embouchures : deux versants, de l'océan Glacial (Ob, Iéniséi, Léna), du Pacifique (Amour); 3° les ressources végétales varient du nord au sud; trois zones de végétations, toundras, forêts, steppes et cultures; 4° les ressources minérales abondent, principalement dans l'Oural, l'Altaï, les monts Saïan ; la rudesse du climat en rend parfois l'exploitation impossible.

III. Populations. — La Sibérie n'a que 5 730 000 habitants, soit 0 46 en moyenne par kilomètre carré. Ces habitants se partagent en indigènes, qui vivent de la chasse ou de la pêche, et en colons russes. Le nombre de ces derniers est déjà de 5 000 000 ; il ne cesse d'augmenter.

IV. État actuel et villes. — La Sibérie occidentale, la plus développée, a pour villes principales Omsk, Tobolsk, Tioumen, Tomsk (52 000 hab.) ; la Sibérie orientale, Irkoutsk (51 500 hab.), Krasnoïarsk, Kiakhta, Nertchinsk ; la région du Pacifique, qui est en voie de développement assez rapide, les ports de Nikolaïevsk et de Vladivostok

V. La Sibérie actuelle. — La Sibérie est actuellement dans l'état embryonnaire de la colonisation. Les paysans ne tirent encore que peu de profits d'un sol pourtant fertile. Les mines sont une richesse qui croîtra sans cesse et qui sollicitera l'industrie. Le gouvernement russe s'occupe à y pousser des colons et à en développer les voies de communication : la principale est le chemin de fer transsibérien qui aboutit à Port-Arthur et à Vladivostok, sur le Pacifique.

§ 2. LE TURKESTAN CASPIEN

Assez nettement limité sur presque tout son pourtour, le Turkestan caspien a pour bornes : à l'ouest, les monts Oural, le fleuve Oural et la Caspienne ; au sud, les rebords élevés du plateau de l'Iran, l'Alaï-Tagh (6 800 m.) et le Pamir ; à l'est, les Thian-Chan et le Tarbagataï, entre lesquels la porte de Dzoungarie ouvre vers la Mongolie un accès facile. Toutefois au nord le Turkestan n'est séparé de la Sibérie que par des collines médiocres, les Dengiz-Taou.

Conditions physiques générales. — 1° La *situation* du Turkestan, quoique continentale, n'est point trop désavantageuse. Ouvert sur la Caspienne, il est d'un accès relativement facile. En outre, grâce aux brèches qui s'ouvrent à travers les rebords de l'Iran, et grâce à la disposition des montagnes qui le limitent du côté de la Mongolie, c'est un lieu de passage nécessaire entre trois pays fort divers.

2° Le *sol* y est formé d'alluvions, argiles et sables. Une bonne partie de sa surface est constituée, sur une profondeur qui atteint jusqu'à 30 et 40 mètres, par une couche de *loess* dont la composition chimique est identique à celle de la fameuse terre jaune de Chine. Un tel sol se prête admirablement à la culture et porte sans engrais des moissons très amples.

3° Comme **relief**, le Turkestan est une vaste plaine basse. Les géologues disent qu'autrefois la mer Noire et la mer Caspienne étaient unies à l'océan Glacial Arctique par une étroite et longue méditerranée qui couvrait le pays de l'Ob, de l'Irtych et de ses affluents de l'Aral, ce que certains géographes nomment encore l'*Eurasie*, c'est-à-dire une contrée intermédiaire entre l'Europe et l'Asie. Le Turkestan caspien était presque tout entier couvert par cette mer. Sa surface a une horizontalité remarquable. On n'y trouve guère de points ayant une altitude supérieure à 200 mètres. La principale élévation est le plateau rocheux d'Oust-Ourt, qui sépare la Caspienne de l'Aral, sur lequel il se termine par une falaise abrupte que des ravins échancrent de distance en distance.

Au milieu de cette plaine il convient toutefois de citer quelques soulèvements bien marqués. Vers la mer Caspienne, et dans le prolongement du Caucase, se dressent le *Grand Balkhan*, le *Petit Balkhan* et le *Kopet-Dagh* (2 100 m.), qui vont se souder à l'Iran. Au sud-est se dressent trois ou quatre chaînes courtes, mais élevées de 4 000 mètres, sortes d'éperons montagneux du plateau d'Asie, dont les principaux sont les *monts du Zaravchan*, et l'extrémité occidentale du *Thian-Chan* (mont Séménoff, 4 685 m.).

En outre, la plaine est semée de dépressions et de bassins lacustres, restes de l'ancienne mer desséchée. Ce sont, en général, des marais peu profonds, semés d'îles basses et de bancs de sable encombrés de roseaux. Les principaux de ces lacs sont le *Balkach*, le *Sasy-Koul* et l'*Ala-Koul*, l'*Achi-Koul*, le *Dengiz*, et la *mer d'Aral*, ou « mer des îles », qui occupe une superficie de 60 000 kilomètres carrés et atteint une profondeur maxima de 68 mètres.

4° Le **climat** devrait être tempéré, la latitude du Turkestan étant de 37 à 50 degrés, c'est-à-dire celle de l'Espagne et de la majeure partie de la France. Mais trop loin des influences modératrices de la mer, le Turkestan est sujet, faute d'humidité, à des écarts extrêmes de température. Les hivers y sont terribles, même au sud ; en 1839, une expédition russe dans l'Oust-Ourt dut reculer devant le froid ; le vin, l'eau-de-vie même gelaient. Les étés y sont brûlants ; on a peine à y marcher sur les sables échauffés par le soleil.

Le manque d'humidité est extrême. Les régions les plus favorisées, c'est-à-dire les districts montagneux du sud et de l'est, ne reçoivent que 32 à 34 centimètres de pluie annuelle, la moitié de la France. Tel district n'en reçoit pas plus de 6 millimètres. Soumises à un climat brûlant et à une évaporation intense, les nappes lacustres du Turkestan diminuent rapidement. Depuis 1860, plus de 300 petits lacs, dont l'existence avait été constatée par les premiers explorateurs russes, ont disparu, laissant à leur place des amas de sel. La mer d'Aral diminue sensiblement ; deux golfes qui la prolongeaient vers 1850, l'un au nord-ouest, le Barsout (2 230 kil. carrés), l'autre au sud-ouest, l'Aïboughir (2 800 kil. carrés, l'étendue du département du Rhône), ont été graduellement asséchés. C'est l'évaporation qui a abaissé de 26 mètres au-dessous des océans le niveau de la mer Caspienne.

Aptitudes diverses. — 1° Les *fleuves* du Turkestan, alimentés par les neiges des hautes montagnes voisines, sont nombreux ; ils vont se jeter dans les différents lacs qui parsèment le Turkestan : c'est dire que malheureusement ils ne mènent nulle part.

Le lac Balkach reçoit l'*Ili*, qui s'y déverse par un delta très étendu. L'Achi-Koul reçoit la *Tchou*. La mer d'Aral est alimentée par les deux plus considérables de ces cours d'eau : ce sont le *Syr-Daria* et l'*Amou-Daria*.

Le **Syr-Daria** descend des monts Thian-Chan ; il arrose la vallée du Ferghana, puis, coulant au nord, va se jeter par un delta à l'extrémité nord-est de la mer d'Aral, après un parcours total de 1 650 kilomètres. — L'**Amou-Daria** (2 500 kil.), ancien Oxus, sort du Pamir et coule parallèlement au Syr pour aboutir à l'extrémité sud-ouest de la mer d'Aral, où il se termine par un vaste delta. Cependant l'Amou n'a pas été toujours tributaire de la mer d'Aral ; les historiens et les géographes nous le montrent se déversant tour à tour dans l'Aral et dans la Caspienne ; c'est au xvi° siècle qu'il aurait définitivement quitté la direction de cette dernière mer pour prendre celle qu'il suit actuellement. En son état présent, l'Amou est un grand fleuve. Né sur un des plateaux les plus élevés de l'Ancien Monde, il a des crues régulières à la fonte des neiges ; l'inondation commence en mai et atteint son maximum dans les premiers jours d'août ; le débit moyen de l'Amou est sensiblement le même que celui du Rhône.

Ces cours d'eau vont en s'asséchant. Assez volumineux tant qu'ils coulent dans le voisinage des montagnes dont les neiges les alimentent, ils dépérissent à mesure qu'ils s'en éloignent, par suite de l'évaporation, par suite aussi des saignées nombreuses pratiquées par les riverains. D'anciens tributaires de l'Amou, le *Mourghab* de Merv, le *Tedjent*, le *Zaravchan* de Samarkand et de Bokhara, se perdent aujourd'hui dans les sables sans pouvoir atteindre le fleuve qu'ils rejoignaient jadis. Tôt ou tard, malgré leur force, le Syr et l'Amou cesseront eux-mêmes d'aller grossir le lac d'Aral; déjà leur lit inférieur est encombré d'îlots de boue et de bancs de sable qui les obstruent. — En dépit de cet assèchement graduel, ces fleuves, lents et navigables, sont d'une grande utilité pour les communications.

2° Les *ressources végétales* du Turkestan dépendent du climat; le relief est favorable; le sol est formé d'éléments fertiles. Dès qu'il y a de l'eau, le sol est d'une prodigieuse fécondité : « Plantez, dit un proverbe, un bâton dans le sable de la steppe; arrosez-le d'un filet d'eau, et l'année prochaine vous aurez un arbre ». Les parties humides portent des champs de riz, de coton, de lin et de chanvre, des vergers touffus où croissent pèle-mêle les abricotiers, les mûriers, les cerisiers, les pommiers et les vignes.

Où l'eau manque, c'est le désert. Au printemps, il tombe quelques pluies légères, à la suite desquelles le sol se recouvre pour quelques semaines d'une maigre végétation qui varie suivant la nature du terrain : une herbe courte, parsemée de plantes aromatiques et de liliacées; çà et là, quelques arbustes épineux, les saksaouls, dont les racines fixent les sables; du reste, ni arbres, ni roseaux. Viennent l'été et ses chaleurs, tout est desséché, brûlé; il reste le sable nu, que le vent soulève en longs tourbillons. La végétation cesse et reparaît avec l'humidité : « Chaque goutte d'eau, dit le voyageur Vambéry, y est une goutte de vie ».

3° Les *ressources minérales* du Turkestan se rencontrent uniquement dans les montagnes bordières. Elles semblent assez importantes, bien qu'encore imparfaitement connues. Ces ressources consistent en gisements assez abondants de houille, de plomb, d'argent et même de naphte. La vallée supérieure de l'Ili et celle du Syr-Daria sont les mieux partagés des districts miniers.

Populations. — Le Turkestan caspien est maigrement peuplé.

Suivant le recensement officiel de 1897, cet immense pays ne compte que 9970000 habitants, environ 2 en moyenne par kilomètre carré.

Ces habitants se répartissent en deux groupes fort distincts : les *Iraniens* (Galtchas, Tadjiks, etc.), cultivateurs ou commerçants, qui mènent la vie sédentaire ; les *Touraniens* (Turkmènes, Kirghiz, Kalmouks, Ouzbegs), qui ont, au contraire, pour l'agriculture une sainte horreur, et préfèrent aux assujettissements de la vie agricole l'existence nomade et pastorale des steppes. Ces deux groupes de peuples ne sauraient vivre ainsi côte à côte sans difficultés. C'est entre eux une lutte incessante. Les nomades pillent les cultures des sédentaires : « Le désert, dit Élisée Reclus, assiège l'oasis, et le pasteur errant menace le cultivateur ».

Les Russes, nouveaux venus dans le pays, se rattachent au groupe des Iraniens. On n'en compte encore que 600 000 environ dans tout le Turkestan, mais leur nombre ne cesse d'augmenter. C'est l'arrivée ininterrompue de colons russes qui fait croître assez rapidement la population du Turkestan.

État actuel et villes. — Le Turkestan se divise en deux parties bien différentes : la partie septentrionale, qui est un désert, et la partie méridionale, bien plus riche en ressources et bien plus peuplée.

Au nord, le manque complet d'humidité empêche la croissance de toute végétation. Autrefois, dit-on, une forêt continue s'étendit de l'Oural au lac Balkach. Aujourd'hui rien ne voile plus l'aridité des sables. Le désert porte différents noms, suivant la couleur des différents sables qui constituent le sol : on l'appelle *Kara Koum* (sables noirs), *Kyzyl Koum* (sables rouges), *Ak Koum* (sables blancs). Sous tous ces noms, c'est le désert complet. On n'y trouve point de végétation, très peu d'animaux, et principalement des scorpions et des serpents, point d'hommes, à l'exception de quelques nomades. Le nom de *Steppe de la Faim* (Bek-pak-dala) donné à l'un de ces déserts est significatif. De loin en loin seulement le passage d'une rivière fertilise les sables et anime le pays. Les principales de ces oasis sont *Perovsk*, sur le Syr ; le fort de *Petro-Alexandrovskoïé*, sur l'Amou ; *Khiva* (30 000 hab.) et *Ourgentch* (30 000 hab.), dans des oasis fertilisées par des dérivations de l'Amou ; l'oasis de *Merv*, sur le Mourghab, dont la renommée est proverbiale : « Les Merviens, dit-on, pour un boisseau semé, récoltent cent boisseaux » ; enfin *Askhabad* et *Sarakhs*, au pied des montagnes bordières de l'Iran.

Au sud-est, entre les montagnes, s'étendent des vallées bien abritées, bien arrosées, qui sont de riches pays de culture, des régions abondantes en mines, et des lieux tout indiqués pour les échanges commerciaux.

Dans la vallée de l'Ili, où passe la grande route de la Chine par la porte de Dzoungarie, se trouvent les districts miniers de *Vernyi* et de *Nouvelle-Kouldja*. — La vallée du Syr ou Ferghana est surtout agricole ; c'est, dit un voyageur, une terre de verdure et de fleurs, la Lombardie ou la Mésopotamie de l'Asie centrale. Elle renferme *Andidjan*, *Namangan* (62 000 hab.), *Margelan*, la ville de *Kokan* (82 000 hab.), la place forte de *Khodjent* (30 000 hab.), qui commande le coude du Syr, et enfin, plus au nord, au pied du Thian-Chan, la ville de **Tachkent** (156 000 hab.), dont les Russes ont fait leur capitale et qu'ils ont transformée depuis l'occupation. — La vallée du Zaravchan n'est pas moins fertile ; le nom de Zaravchan signifie d'ailleurs « semeur d'or ». On y trouve deux grandes villes : **Samarkand** (55 000 hab.), qui renferme un des bazars les plus beaux et les plus vastes de l'Orient ; **Bokhara** (70 000 hab.), qui est bâtie au milieu d'une plaine fertile et a pris rang parmi les entrepôts les plus célèbres de l'Asie centrale. — La haute vallée de l'Amou, dont la rive droite seule appartient au Turkestan russe, n'a point de centres comparables aux précédents.

Tout le Turkestan n'appartient pas aux Russes. Ils n'en possèdent qu'environ les 4/5 (7 720 000 h.). Les *États de Khiva* (800 000 hab.) et de *Bokhara* (1 250 000 hab.) ont gardé leurs chefs avec les apparences de la souveraineté, droit de lever des impôts, de rendre la justice, d'avoir des soldats ; mais ils sont placés sous la surveillance d'un gouverneur militaire russe. En outre, Bokhara étant située sur le Zaravchan, dont les Russes possèdent le cours supérieur, le tsar peut, à sa volonté, lui donner ou lui refuser l'eau dont elle a besoin et sans laquelle elle ne saurait subsister.

Le Turkestan actuel. — Le Turkestan est un pays qui exige de ses habitants des soins constants ; la nature n'y est prodigue que si on l'aide. S'il est habité par un peuple intelligent, actif, ami de l'ordre, la prospérité y règne. Sous la domination de nomades pillards et barbares, il ne peut que végéter. L'histoire du Turkestan, avec ses alternatives de grandeur et de misère, en est la démonstration.

Il y a trop peu de temps encore que le pillage s'y exerçait impunément pour que l'état actuel du pays soit bien florissant. L'agriculture y est peu développée; plus de la moitié du sol est tout à fait inculte, et la majeure partie du reste est en pâturages; un cinquantième seulement de la superficie totale est occupé par de vraies cultures. L'industrie y est à peu près nulle ou n'est représentée que par des fabriques rudimentaires. Le commerce ne dépasse pas 60 millions de francs.

Il est permis de croire qu'avant peu la conquête russe, en assurant au Turkestan la sécurité et l'ordre, lui rendra la prospérité. Ce que demande l'agriculture en ces régions sèches, c'est l'eau; le commerce et l'industrie exigent des voies de communication. Les Russes, reprenant des travaux de colonisation accomplis par les Arabes au moyen âge, puis abandonnés, projettent de dériver une partie du Mourghab pour fertiliser la plaine située à l'est de Merv. D'autre part, ils ont construit le *chemin de fer transcaspien*, qui quitte la Caspienne à Ouzoun-Ada; il longe la base des hauteurs de l'Iran, où se trouve de l'eau, et par Kyzyl-Arvat et Askhabad gagne Merv; il traverse alors le milieu du désert en se dirigeant en droite ligne vers Bokhara, franchit l'Amou-Daria à Tchardjoui, et remonte la vallée du Zaravchan par Bokhara jusqu'à Samarkand, puis gagne Tachkent, la capitale. On travaille même actuellement à compléter le transcaspien, au nord et au sud, par des amorces vers la Sibérie et vers l'Afghanistan. Ces efforts permettront au Turkestan de redevenir ce qu'il fut autrefois, un des pays les plus riches de l'Asie centrale.

RÉSUMÉ

Le Turkestan caspien a pour limites la Caspienne, l'Iran et le Pamir, la Mongolie et la Sibérie.

I. Conditions physiques générales. — 1° Situation continentale, mais en somme centrale; 2° sol d'alluvions, de composition favorable à l'agriculture; 3° comme relief, une grande plaine basse, bordée ou sillonnée de chaînes montagneuses, Kopet-Dagh, monts du Zaravchan, Thian-Chan; elle est, en outre, semée de nappes lacustres, Balkach, mer d'Aral (60 000 kil. carrés), etc.; 4° le climat est absolument continental, d'une sécheresse absolue; aussi les lacs ne cessent-ils de s'assécher; l'évaporation a abaissé de 26 mètres le niveau de la mer Caspienne.

II. **Aptitudes diverses**. — 1° Les fleuves sont nombreux, navigables, mais aboutissent à des mers fermées; dans le Balkach aboutit l'Ili; dans la mer d'Aral, se jettent le Syr-Daria et l'Amou-Daria, qui tour à tour a déversé ses eaux dans la mer d'Aral et dans la mer Caspienne; ces cours d'eau s'assèchent graduellement; 2° les ressources végétales dépendent uniquement de l'humidité : point d'eau, le désert; de l'eau, des cultures prospères; aussi le pied des montagnes et les rives des fleuves sont-ils les seules parties riches du Turkestan; 3° les montagnes bordières renferment des richesses minérales mal reconnues, mais certainement abondantes.

III. **Populations**. — 10 millions d'habitants, 2 environ par kilomètre carré. Ils appartiennent à deux races : les Iraniens, cultivateurs et sédentaires; les Touraniens, pasteurs et nomades. Les Russes immigrent beaucoup au Turkestan; ils sont actuellement 600 000.

IV. **État actuel et villes**. — Au nord, désert continu sous différents noms, Kara-Koum, Kyzyl-Koum, Ak-Koum; rares oasis, Khiva, Ourgentch, Merv, etc. Au sud, cultures et villes : dans le Ferghana, Andidjan, Margelan, Kokan, Khodjent, Tachkent (156 000 hab.); sur le Zaravchan, Samarkand et Bokhara (70 000 hab.). — Les Russes possèdent tout le Turkestan, à l'exception des États vassaux de Khiva et de Bokhara.

V. **Le Turkestan actuel**. — Pays riche, à la condition que l'homme le féconde; il exige des irrigations et des voies de communication. En proie au désordre et à la barbarie jusqu'à ces dernières années, le Turkestan était dans un état lamentable quand les Russes l'ont soumis. Ils y ont déjà entrepris des travaux de colonisation, construit le chemin de fer transcaspien d'Ouzoun-Ada à Tachkent. Chaque jour marque un progrès nouveau pour le Turkestan.

§ 3. — LA CAUCASIE

La Caucasie comprend l'isthme ponto-caspien, c'est-à-dire l'isthme compris entre la mer Noire (ancien Pont-Euxin) et la Caspienne. Au centre se dresse le Caucase; au nord, la dépression rectiligne du Manytch forme une limite naturelle; vers le sud, une ligne toute conventionnelle sépare la Caucasie de la Turquie et de la Perse, à travers le plateau d'Arménie.

La Caucasie a, dans ces limites, une superficie de 472 500 kilomètres carrés.

Conditions physiques générales. — 1° La *situation* de la Caucasie est meilleure que celle de la Sibérie et que celle du Turkestan; elle est un lieu de passage nécessaire comme tout isthme; bordée par la mer Noire, elle possède en outre l'avantage d'être en relation directe avec tous les pays méditerranéens; c'est enfin par son territoire que s'établissent le plus facilement les relations entre la mer Noire et la mer Caspienne.

2° Le *relief* de la Caucasie est très divers; on y trouve tout à la fois des plaines basses, de très hautes montagnes et des plateaux.

La région septentrionale est une grande plaine toute plate, ancien fond de mer asséché, au relief insignifiant. Au sud de cette plaine, et semblable à un mur de 1 200 kilomètres, se dresse le **Caucase**, de la péninsule de Taman à la péninsule d'Apchéron; sa hauteur est considérable; les principaux sommets, l'Elbrouz (5 630 m.), le Kachtan-Taou, le Dykh-Taou, le Kazbek, dépassent l'altitude du Mont-Blanc; vers le centre s'ouvre un col relativement bas et d'accès facile, la passe du Darial (2 590 m.), par où les deux versants peuvent communiquer. Les tremblements de terre sont fréquents dans la région du Caucase, et des volcans de boue s'y rencontrent.

La région méridionale comprend un sillon de vallées étroites où coulent le Rion et la Koura, dont les bassins sont séparés par les *Montagnes Mesques*, à travers lesquelles s'ouvre le défilé de Borjom ou de Souram (923 m.). Puis se dresse le *Massif d'Arménie*, très haut et très enchevêtré, avec de très hauts sommets, comme l'Alagœz (4 095 m.) et l'Ararat (5 157 m.), des gorges profondes et des cavités remplies de lacs : l'Ararat est couvert de laves; sa dernière éruption remonte à 1840.

3° Le *climat* de la Caucasie est, d'une manière générale, inégal et rude; dans les grandes plaines du nord, dans le bassin de la Koura, sur les plateaux ou entre les massifs d'Arménie, l'écart entre les températures des diverses saisons est considérable. L'été y est brûlant; la température moyenne dépasse 24 degrés. L'hiver y est excessif, à geler le sol à près d'un mètre de profondeur, ou à solidifier pour plusieurs mois les lacs des hauts plateaux arméniens. Ces excès de climat tiennent à l'éloignement de la mer, à l'absence d'obstacles s'opposant aux vents du nord, à l'altitude, mais surtout à l'extrême rareté des pluies.

Une seule partie de la Caucasie est bien arrosée, bien abritée contre les vents du nord et jouit d'un climat égal : c'est le littoral de la mer Noire. On y trouve quelque chose de la tiédeur des hivers méditerranéens, et les étés sont tempérés par la fréquence des brises rafraîchissantes de la mer.

Aptitudes diverses. — 1° Les *côtes* de la Caucasie, tant sur la mer Caspienne que sur la mer Noire, présentent les caractères des côtes rocheuses, indentations multiples plus ou moins profondes, nombreux ports. La côte n'apparaît basse et marécageuse que le long des embouchures du Rion et de la Koura, dont les deltas très actifs sont parsemés d'étangs.

2° Les *fleuves* sont nombreux : vers l'ouest coulent le *Kouban* (880 kil.), qui naît dans l'Elbrouz, devient navigable au confluent de la Laba, et se termine par plusieurs bras qui se déversent, des deux côtés de la péninsule de Taman, les uns dans la mer d'Azov, les autres dans la mer Noire; le *Rion*, l'*Ingour* et le *Tchorokh*, rivières de montagnes, alimentées par des neiges, des glaciers et des pluies abondantes; vers l'est, coulent la *Kouma* (635 kil.), dont la source est voisine de celle du Kouban, mais dont l'embouchure est dans la Caspienne; le *Terek* (615 kil.), qui naît sur les pentes du Kazbek et traverse le défilé du Darial; la **Koura** (1 327 kil.), grossie d'un affluent à peine moins important, l'*Araxe* (1 022 kil.) : en réalité, ces deux rivières sont indépendantes; au temps de Strabon, leurs embouchures étaient séparées, et aujourd'hui elles ne se rejoignent qu'au moment d'atteindre la mer.

A la limite septentrionale de la Caucasie, coule un fleuve singulier, le *Manytch*, qui, à la saison des pluies, se déverse à la fois dans la mer Caspienne et dans le Don, c'est-à-dire dans la mer d'Azov. C'est moins une rivière proprement dite qu'une suite d'étangs saumâtres, larges de 4 à 5 kilomètres et couverts de roseaux. Le Manytch occupe le fond d'un ancien détroit par où communiquaient jadis la mer Noire et la Caspienne. De nos jours on a parlé d'utiliser cette dépression pour relier la Caspienne à la Méditerranée par un canal de grande navigation; le projet semble pour le moment abandonné.

3° Les *ressources végétales* de la Caucasie varient suivant les conditions d'altitude, d'exposition et de climat. Les deux tiers de ce pays sont trop secs et ont un climat trop extrème pour être très fertiles; les cultures y sont rares; on n'y trouve que des pâturages temporaires; la vie y est presque forcément nomade. Une partie du reste est stérilisée par l'altitude ou par l'affleurement des roches à la surface.

Il n'existe qu'une petite partie de ce pays possédant des conditions de sol, de climat et d'humidité qui permettent d'y établir des cultures : c'est la région des bassins qui se déversent dans la mer Noire; la végétation y est celle des pays chauds et humides, rizières, cotonniers, indigotiers, camphriers; des champs de maïs et de tabac s'y rencontrent aussi avec les grenadiers, les mûriers, la vigne et diverses plantes du bassin méditerranéen.

4° Les **ressources minérales** abondent en Caucasie, principalement sur les flancs du Caucase, qui est constitué en partie par diverses roches anciennes. Le plomb argentifère, le plomb, le fer, le manganèse, le cuivre, le soufre, l'alun, le sel gemme y existent en gisements nombreux. Près de Koutaïs, dans le bassin supérieur de Rion, on a reconnu d'abondants dépôts de houille.

Mais la principale richesse minérale de la Caucasie est constituée par ses dépôts de *naphte* et de *pétrole*. On en trouve à peu près partout sur les deux versants, au pied du Caucase. Tiflis leur doit son nom de « ville brûlante ». Les dépôts les plus riches sont ceux de la péninsule d'Apchéron; tout le sous-sol de cette presqu'île, qui fut le berceau de la religion du feu, ne forme qu'un immense lac de naphte; en maint endroit, il suffit de gratter le sol avec le doigt pour déterminer une émanation de carbure, inflammable au contact d'un charbon ou d'une allumette. Toute la cuisine indigène se fait à ce feu; des sources jaillissent même au milieu de la mer, et ce pétrole, supérieur au pétrole américain pour le pouvoir éclairant, se trouve partout à une profondeur deux ou trois fois moindre.

Populations. — La Caucasie compte 9 251 000 habitants, soit 19 environ au kilomètre carré (1897). Mais cette population est fort inégalement répartie. Elle est très clairsemée dans les steppes du nord et de l'est, où l'on ne trouve presque que des peuples nomades. Elle est presque nulle sur la chaîne du Caucase. Elle est au contraire assez dense dans les vallées du sud et même sur le plateau d'Arménie.

Cette population, de densité encore assez faible, s'est accrue rapidement depuis la conquête russe, malgré les guerres, les émigrations, les exils en masse, l'insalubrité de quelques régions basses qui a fait de nombreuses victimes parmi les conquérants. L'immigration des Cosaques et des paysans russes, et celle des Arméniens qui fuient l'Arménie turque, ont compensé les départs. Le nombre des décès n'y représente du reste en moyenne que les deux tiers de celui des naissances. Cette population est très mélangée. Au point de vue ethnographique, les pays du Caucase forment un véritable chaos; les races, les langues, les religions les plus diverses s'y coudoient. Déjà, selon Pline l'Ancien, les Romains y entretenaient 130 interprètes. Les principaux peuples sont les *Géorgiens*, les *Tatares* et les *Turcs*, les *Arméniens*, les *Lezghiens*; on y compte 2 200 000 *Russes*.

État actuel et villes. — La région située au nord du Caucase est la plus déshéritée de la Caucasie. Formée de terrains imprégnés de sel, soumise à un climat tout continental, arrosée par des pluies trop rares et par des rivières qui se traînent presque toutes en flaques stagnantes, elle n'a de vignobles, de vergers et de cultures qu'au pied même du Caucase; au delà, c'est la steppe infertile et désolée. Les villes y sont rares. On y trouve cependant *Derbent*, qui garde la route du littoral de la Caspienne; *Vladikavkaz*, (43 000 hab.) la ville « Dompte-Caucase », qui commande le débouché septentrional de la passe du Darial; *Stavropol* (41 000 hab.) et *Iékatérinodar* (65 000 hab.), sur le Kouban.

La chaîne elle-même du Caucase est naturellement peu peuplée. On n'y trouve que quelques populations de montagnards qui ont opposé une vive résistance à la domination des Russes et qu'on n'a soumises qu'après de longues guerres.

Le bassin du Rion, au sud du Caucase, forme la région la plus fertile de la Caucasie. L'humidité est abondante; les étés sont chauds; les hivers restent doux, à cause de la barrière du Caucase qui intercepte les vents du nord. On y rencontre les productions les plus variées. Dès l'antiquité, cette contrée fut renommée pour sa fécondité sous le nom de Colchide, et les Grecs y fondèrent des colonies. La principale ville est *Koutaïs* (32 000 hab.); sur la côte de la mer Noire se trouvent situés les ports de *Poti* et de *Batoum*, points de départ du chemin de fer transcaucasien.

La vallée de la Koura, moins humide, au climat déjà plus continental, devient de moins en moins fertile, à mesure qu'on s'y avance vers l'est. C'est là que se dresse **Tiflis** (160 000 h.), capitale de la Caucasie, sur la Koura, presque au centre de l'isthme ponto-caspien, au débouché de la passe du Darial; son nom, qui signifie « ville brûlante », lui vient des gisements pétrolifères qui l'avoisinent. Vers la Caspienne, les cultures font place à la steppe, la vie sédentaire à la vie nomade. Sur les bords de la Caspienne, au sud de la presqu'île d'Apchéron, est situé *Bakou*, sur une baie profonde et bien abritée, au centre des plus riches gisements de pétrole; elle grandit très rapidement; de 1870 à 1897, sa population s'est élevée de 12 000 à 112 000 habitants; elle expédie annuellement 21 millions d'hectolitres de pétrole, qui s'en vont dans la Méditerranée par la Caspienne, la Volga, le chemin de fer entre Volga et Don, la mer d'Azov et la mer Noire.

Le plateau arménien, plus rocailleux et situé à une altitude plus élevée, est le plus souvent triste et sévère. La vigne n'y subsiste qu'à la condition d'être cachée sous terre en hiver et arrosée au temps des chaleurs. Les cultures n'y prospèrent que dans les vallées et bassins qui se succèdent le long des cours d'eau : on y remarque surtout d'admirables vergers. Ce plateau est habité par le peuple actif et industrieux des Arméniens, qui forment un groupe compact autour du mont Ararat; ils y ont leur sanctuaire vénéré, le monastère d'Etchmiadzin. Bien. que divisé en trois tronçons qui obéissent à la Russie, à la Turquie et à la Perse, le peuple arménien garde un sentiment de nationalité tenace. Les principales villes sont : *Kars*, sur la route de la Turquie d'Asie, *Alexandropol* (32 000 hab.), *Érivan* et *Choucha*.

La Caucasie actuelle. — Dès la fin du xviiᵉ siècle, les Russes occupaient presque tout le versant septentrional du Caucase. Vers 1800, il commencèrent l'annexion de la Transcaucasie par la prise de Tiflis; leurs dernières conquêtes y datent de 1878, où ils réunirent Batoum et Kars.

Bien que récente, la domination russe commence à porter ses fruits. Des travaux d'irrigation ont été accomplis, comme le canal Mariinsk, qui arrose la steppe de Karaïa, en aval de Tiflis. Les ports de Batoum et de Bakou ont été améliorés. Les Russes ont, en outre, construit le *chemin de fer transcaucasien* qui relie Poti et Batoum, sur la mer Noire, à Bakou, sur la Caspienne, par la vallée du Rion, le col de Souram, Tiflis et la Koura.

Ces travaux ont amélioré la situation économique de la Caucasie. La terre, mieux exploitée, s'y vend trois ou quatre fois plus cher aujourd'hui qu'il y a vingt ans. Les produits divers de l'agriculture, coton, tabac, et l'exploitation des gisements de naphte alimentent un commerce d'exportation très important.

L'œuvre n'est pas achevée. En particulier, tout reste à faire dans les plaines de la Koura et de l'Araxe inférieurs, aujourd'hui désertes, peuplées autrefois de villes et d'habitants. Au dire des écrivains arabes, la Transcaucasie compta jusqu'à 16 millions d'habitants au xiii° siècle. Nul doute qu'elle ne retrouve cette ancienne prospérité sous le gouvernement intelligent et réparateur de la Russie.

RÉSUMÉ

Superficie de la Caucasie, 472 000 kilomètres carrés.

I. Conditions physiques générales. — 1° Situation assez favorable sur la Caspienne et sur la mer Noire ; 2° Relief très divers : au nord, une grande plaine ; au centre, le mur du Caucase (Elbrouz, 5 630 m., Kazbek, passe du Darial) ; plus au sud, sillon des vallées divergentes séparées par les montagnes Mesques à travers lesquelles passe le défilé de Souram, puis plateau arménien culminant à 5 157 mètres, au mont Ararat ; 3° Climat en général rude, inégal, très sec ; les bords de la mer Noire font seuls exception.

II. Aptitudes diverses. — 1° Côtes alternativement rocheuses et alluviales ; 2° fleuves nombreux : coulant vers l'ouest, Kouban, Rion ; vers l'est, Kouma, Terek, Koura (1 327 kil.), grossie de l'Araxe ; 3° ressources végétales, médiocres au nord du Caucase et le long de la Caspienne, abondantes dans le bassin du Rion et sur le littoral de la mer Noire ; 4° ressources minérales, nombreuses et abondantes : on y trouve principalement les plus importants gisements de naphte de l'Ancien Monde.

III. Populations. — 9 251 000 habitants, 19 en moyenne par kilomètre carré ; la population s'accroît rapidement par l'immigration et l'excédent des naissances sur les décès. Les races y sont du reste extrêmement variées : Géorgiens, Tatares, Turcs, Arméniens, Lezghiens, 2 200 000 Russes.

IV. État actuel et villes. — Au nord du Caucase, steppes peu peuplées : Derbent, Vladikavkaz, Stavropol, Iékatérinodar ; — la chaîne du Caucase, à peu près déserte ; — au sud-ouest, plaine du Rion ou ancienne Colchide ; pays très riche, villes de Koutaïs, Poti et Batoum ; — au sud-est, Tiflis (160 000 hab.) sur la Koura, Bakou, la ville du pétrole, sur la Caspienne ; — sur le plateau arménien, Kars, Alexandropol, Érivan, Choucha.

V. La Caucasie actuelle. — La conquête russe a amené plus de stabilité et a permis de développer les ressources du pays : irrigation, chemin de fer transcaucasien. L'agriculture prospère ; l'exportation du pétrole par le port de Bakou est montée de 41 000 hectolitres (1821) à 21 millions. Ce n'est qu'un début. La Caucasie bien aménagée pourrait nourrir autant d'habitants que la France.

CHAPITRE III

L'ASIE ORIENTALE

L'Asie orientale comprend la Chine et le grand plateau central qui en dépend, Turkestan oriental, Mongolie, Thibet, Mandjourie, — la Corée, le Japon et l'Indo-Chine.

§ 1. — LE PLATEAU CENTRAL DE L'ASIE.

Le plateau central de l'Asie a pour limites : au nord, les montagnes qui bordent la Sibérie au sud; à l'ouest, le Thian-Chan, l'Altaï, le plateau de Pamir; au sud, le Karakoroum et l'Himalaya; à l'est, les monts Ala-Chan, In-Chan, Khingan.

Sa superficie est considérable : elle dépasse 7 000 000 de kilomètres carrés. Divers pays s'y étendent, Turkestan oriental, Mongolie, Thibet; mais tous font également partie des dépendances de l'Empire Chinois.

Conditions physiques générales. — 1° La *situation* de ce grand plateau central est essentiellement continentale. Non seulement il ne touche à la mer sur aucun point de son pourtour; mais nulle part ailleurs sur la terre on n'est situé à une aussi grande distance de tout océan.

2° Comme *relief*, c'est la plus énorme protubérance du globe. Nulle part il n'existe un pareil amas de hautes terres.

Tout d'abord, le plateau central est entouré de montagnes qui, comme de formidables remparts, en défendent l'abord. Ce sont : l'**Himalaya**, composé de deux arêtes parallèles, que sépare le sillon profond et étroit où coulent en divergeant, à 3 000 et 4 000 mètres d'altitude, l'Indus et le Tsan-Po, cours supérieur du Brahmapoutra; il est dominé par le Kantchindjinga, le Gaourisankar ou pic Everest (8 840 m.), point culminant mesuré de tout le globe, et le Davalaghiri; — le *Karakoroum*, situé plus à l'ouest et presque aussi élevé, avec le Dapsang (8 615 m.); — le *Pamir*, dont l'altitude moyenne dépasse 4 000 mètres, et qui porte trois sommets principaux, le Tiritchmir (7 500 m.), le pic Kaufmann et le Tagharma (6 480 m.); — le *Thian-Chan*, ou « monts Célestes », avec le Khan-Tengri (7 340 m.).

Le plateau lui-même est très élevé. De puissants soulèvements le sillonnent de l'ouest à l'est et portent des hauteurs considérables. Parmi eux, on remarque : l'*Astyn-Tagh*, qui monte à 4 500 mètres; le *Nan-Chan*, qui le prolonge vers l'est avec des hauteurs de 5 000 à 6 000 mètres; et le *Kouen-Lun*, dont le plus haut sommet connu, le Haring-Hou, n'a pas moins de 7 283 mètres d'altitude. Sur cet immense plateau, l'on peut cheminer des semaines entières sans descendre au-dessous de 4 000 mètres d'altitude.

3° Le *climat* est en rapport avec cette situation toute continentale et cette élévation de relief. Il est extrême. L'hiver y est si froid, que le voyageur russe Prjévalsky vit geler le mercure. Pendant l'été, qui a des chaleurs presque tropicales, les sables s'échauffent jusqu'à 50 et 60 degrés. Presque toute l'année, des vents violents y soufflent, en général de l'ouest à l'est, en soulevant d'immenses nuages de poussière qui obscurcissent l'air. Quant à l'humidité, elle fait complètement ou presque complètement défaut : les chaînes qui encadrent le plateau arrêtent toutes les nuées qui pourraient amener la pluie. En aucun point de la terre le climat n'est moins favorable à l'homme.

Aptitudes générales. — 1° Les *fleuves* sont nombreux sur le pourtour du grand plateau central asiatique, qui doit à ses hautes montagnes d'être le principal centre de dispersion des eaux de l'Asie. Il n'est aucune mer du pourtour qui n'en reçoive des cours d'eau. Il envoie : vers l'océan Glacial, l'Ob et le Iéniséi; vers le Pacifique et ses mers secondaires, l'Amour, le Hoang-Ho, le Yang-Tsé-Kiang, le Mékong; vers l'océan Indien, le Brahmapoutra et le Gange. Mais ces fleuves n'y ont que leurs sources; ils coulent en torrents au fond de gorges profondes et ne peuvent servir aux communications.

Quant à l'intérieur même du plateau, il est trop sec pour avoir des rivières importantes. Il en descend quelques-unes des glaciers et des neiges qui couvrent les sommités des montagnes; mais, à mesure qu'elles s'en éloignent, elles se tarissent insensiblement par l'évaporation, ou elles sont bues par

les sables. La plus importante est le *Tarim*, formé par d'innombrables cours d'eau issus du Karakoroum, du Pamir et
du Thian-Chan : puissant d'abord, large de 200 à 300 mètres,
profond de 4 à 6, le Tarim est bordé de digues qu'il rompt parfois pour former d'immenses marécages au milieu des sables ;
mais bientôt, sous l'influence desséchante du climat, il s'appau-
vrit, diminue à la fois de largeur et de profondeur, et finit par
disparaître au milieu de marais plats, couverts de tamaris et de
roseaux. Cette dépression marécageuse est le *Lob Nor* ; elle a
diminué considérablement depuis le siècle dernier : ce serait le
dernier vestige d'une mer aujourd'hui évaporée qui aurait couvert jadis tout le Gobi : du reste, les Chinois appellent le Gobi
Han-Haï, c'est-à-dire « mer desséchée ».

2° Les **ressources végétales** sont des plus médiocres, comme
il est naturel en un pays de sécheresses excessives et de températures extrêmes, où le sol est imprégné de substances
salines provenant des anciennes eaux évaporées. Les arbres y
manquent presque partout. La végétation ne s'y présente qu'en
taches isolées, dans les creux mieux abrités du plateau ou le
long des rares cours d'eau ; ce sont alors, suivant l'altitude,
des champs de céréales, des cultures de coton, des vergers, des
pâturages. Ailleurs, c'est le désert, tantôt entièrement nu, tantôt parsemé d'arbustes rabougris, saxaouls ou tamaris, qui
abritent de rares animaux.

Quant aux **ressources minérales**, le pays est trop imparfaitement reconnu pour qu'on puisse s'en faire une idée complète.
On sait seulement que les pentes septentrionales du Karakoroum renferment de l'or, du fer et du jade, depuis longtemps
exploités, et qu'il se trouve d'autres gisements miniers au pied
du Thian-Chan, dans la vallée de l'Ili.

Populations. — Malgré son immensité, le plateau central
de l'Asie ne renferme qu'un nombre très restreint d'habitants.
D'énormes espaces sont entièrement déserts. La vie ne s'y rencontre qu'à l'état sporadique, dans des oasis disséminées pour
la plupart sur le pourtour, à proximité des hautes montagnes
bordières dont les neiges et les glaces donnent naissance à des
cours d'eau.

Ces habitants, *Mongols*, *Thibétains*, *Turkmènes*, appartiennent à la race jaune. Beaucoup mènent la vie nomade et vont de
steppe en steppe en poussant devant eux leurs troupeaux de
chameaux, de moutons à grosse queue, de chevaux et de bêtes
à cornes. La vie sédentaire ne se rencontre que dans les oasis,

où les hommes se livrent à la culture, et sur les bords des lacs, où ils vivent de la pêche ou de la chasse des oiseaux aquatiques, nombreux dans les roselières. Il n'existe aucune cohésion nationale entre ces hommes si disséminés. Cet isolement leur enlève toute confiance en eux-mêmes. Ce sont des mélancoliques, faibles et ayant conscience de leur faiblesse ; leur intelligence, de portée moyenne, s'exerce dans les détails, sans pouvoir s'élever aux idées générales, ni aux hautes spéculations de la science et de la philosophie. « Le cercle étroit de ses conceptions, dit Prjévalsky en parlant de l'habitant du Lob-Nor, ne va pas au delà des rives du lac où il a vécu. L'éternel combat avec le besoin, la faim, le froid, a imprimé à son caractère un sceau d'apathie mélancolique ; il ne rit presque jamais. » On a peine à comprendre qu'au XIII° siècle Gengis-Khan ait pu faire d'un tel peuple une armée et fonder avec elle un empire immense.

État actuel et villes. — On distingue trois grandes parties dans le plateau central de l'Asie : la Mongolie ou Gobi, le Turkestan Oriental et le Thibet.

La *Mongolie* ou *Gobi*, que les Chinois appellent *Chamo* ou « océan de sable », comprend la partie septentrionale du plateau. Il a la forme d'un bassin, dont le fond a 1 000 mètres d'altitude moyenne, tandis que les bords se relèvent à 1500 mètres. Le Gobi a dû être occupé jadis par une mer. Le sol est formé de matières détritiques, galets, graviers, sable mouvant, loess argileux ; il abonde en sel. Le climat y est très continental. L'humidité fait si complètement défaut, que Prjévalsky a pu y parcourir 1 600 kilomètres sans rencontrer un seul cours d'eau.

Aussi point d'arbres et point de cultures ; seulement des broussailles, où s'abritent de rares animaux, lièvres, loups, chevaux et moutons sauvages, lézards. Deux régions du Gobi sont particulièrement désolées, l'*Ordos* et l'*Ala-Chan*, formées de sables mouvants amoncelés en dunes. « Ces sables, dit Prjévalsky, produisent sur l'âme une sorte d'angoisse étouffante. Si, monté sur un de ces tertres, vous interrogez l'espace, aucune végétation ne vient réjouir votre regard ; vous n'apercevez pas un brin d'herbe, pas un animal, excepté le lézard. Le silence n'est même pas troublé par le cri du grillon ; vous êtes perdu au milieu d'une mer de sable ; le calme du tombeau vous entoure, et, malgré vous, vous êtes envahi par une tristesse douloureuse. »

Les rares oasis que possède le Gobi sont situées au pied des montagnes, c'est-à-dire au nord et au nord-ouest. Les principales sont *Khami* et *Barkoul*, au pied du Thian-Chan ; *Kobdo* et *Ouliasoutaï*, au pied de l'Altaï; *Ourga*, important entrepôt et lieu de passage, non loin de la frontière sibérienne. Leur prospérité est médiocre. Le long du rebord septentrional du plateau sont échelonnées, en outre, des ruines qui marquent la résidence des anciens chefs mongols : les plus fameuses sont celles de *Karakoroum*, l'ancienne capitale de Gengis-Khan, à l'ouest d'Ourga.

Le **Turkestan Oriental**, situé à l'ouest du Gobi, est encadré de trois côtés par les hautes cimes du Thian-Chan, du Pamir, du Kouen-Lun et de l'Astyn-Tagh. C'est un grand plateau, d'une altitude moyenne de 1 300 mètres, qui, comme le Gobi, fut autrefois couvert par la mer, et, comme lui, est enveloppé aujourd'hui par un climat essentiellement continental. Toutefois, plus heureux que le Gobi, le Turkestan Oriental a de nombreux cours d'eau, le *Khotan-Daria*, le *Yarkend-Daria*, le *Kachgar-Daria*, le *Taouchan-Daria*, l'*Ak-Sou* et le *Tarim*, qui emportent leurs eaux dans la dépression du Lob-Nor.

Les quatre cinquièmes du Turkestan Oriental sont couverts de déserts, dont le plus connu est, à l'ouest du Lob, le désert de *Takla-Makan*. Ils se composent d'immenses étendues de sable, le plus souvent entièrement nues. Tout autres sont les bords des rivières : la terre, bien arrosée, s'y couvre de cultures et de jardins; le coton, les céréales, le chanvre, le riz y croissent côte à côte, à côté de vergers d'arbres fruitiers divers, pommiers, poiriers, pêchers, abricotiers, vignes, grenadiers. « Des villes et des villages disparaissent en entier sous la verdure; les rues sont garnies de treillages sur lesquels s'enroulent des pampres et des lianes; les terrasses des maisons basses sont ornées de plantes fleuries et parfumées. Le voyageur, qui vient d'échapper aux formidables solitudes du désert, croit entrer dans un lieu de délices lorsqu'il pénètre sous les ombrages, dans les jardins odorants. »

Les principales villes du Turkestan sont situées dans ces oasis, le long des rivières. L'oasis de *Khotan*, couverte de mûriers et de champs de coton, voisine de montagnes riches en gisements miniers, nourrit 300 000 habitants. Plus au nord, *Yarkend*, au débouché des routes de l'Inde, renferme 160 mosquées et 12 caravansérails; *Kachgar*, à l'entrée des passages qui mènent dans le Ferghana, compte 50 000 habitants.

A l'ouest du Turkestan chinois se dresse le **Pamir** ou « Toit du Monde ». C'est un enchevêtrement confus de plateaux, de soulèvements et de ravins. Il n'a que 100 000 kilomètres carrés d'étendue; mais son altitude moyenne n'est pas inférieure à 4 000 mètres. Des vents furieux et des tempêtes de neige le balayent incessamment. La végétation y est pauvre, la vie animale rare; les hommes manquent presque totalement. Pamir, qui, suivant les uns, signifie « solitude », veut dire, suivant les autres, « contrée à vents glacés ».

Le **Thibet**, situé au sud du plateau central, est mal connu. D'accès très difficile, en raison de son altitude, de son étendue, de l'âpreté de ses montagnes, de la rudesse de son climat, du manque de populations, qui entraîne l'absence de vivres et de ressources, il est resté longtemps fermé aux Européens.

C'est la partie la plus haute du grand plateau asiatique. Elle porte des soulèvements montagneux qui culminent à 7 000 et 8 000 mètres; dans les cavités dorment des lacs salés, comme le Tengri-Nor et le Koukou-Nor, situés à 3 000 et 4 000 mètres d'altitude. C'est une grande région de dispersion des eaux. De là découlent le *Tsan-Po*, ou Brahmapoutra supérieur; le *Ken-Po* et le *Our-tcho*, qui, sous les noms d'Irraouaddi et de Salouen, vont se jeter dans le golfe du Bengale; le *Gorghi*, ou Mékong supérieur; le *Mouroui-Oussou*, qui devient le Yang-Tsé-Kiang; enfin le *Hoang-Ho*.

La pauvreté d'un sol le plus souvent rocheux et rude, les froids rigoureux, la sécheresse de l'air, la violence des ouragans, tout contribue à la désolation du Thibet. « On ne voit pas un arbre, dit Prjévalsky, mais seulement par-ci par-là des buissons difformes s'élevant parfois à un pied de terre; dans le voisinage des rivières, là où le terrain est argilo-sablonneux, des oignons, des tulipes et des astragales; partout ailleurs, le sol est entièrement dénudé ou couvert de plaques d'une sorte de mousse mesurant un pouce de hauteur. » Les arbres et les champs de céréales se trouvent seulement dans les bas-fonds bien abrités. Malgré la pauvreté de la végétation, le Thibet nourrit de nombreux troupeaux d'animaux divers.

Les principales villes du Thibet sont situées sur sa lisière méridionale. Ce sont *Gartok*, sur un affluent de l'Indus, *Chigatsé*, près du Tsan-Po, et la capitale **Lhassa**, située à 3 565 mètres d'altitude, sur un affluent du Tsan-Po; métropole du bouddhisme, elle sert de résidence au Dalaï-Lama, chef suprême de cette religion, et à 2 000 prêtres; l'accès en est

rigoureusement interdit aux étrangers de l'Occident, qui n'ont
pu y pénétrer que par surprise, à la faveur de déguisements.
Au sud-est, se trouve la ville de *Batang*, sur le cours supérieur
du Yang-Tsé-Kiang. Plus au nord, sur le Hoang-Ho, à l'extrémité du Nan-Chan, est la ville chinoise de *Lan-Tchéou-Fou*,
point de départ des caravanes qui se rendent de Chine vers la
Mongolie, le Turkestan Oriental et le Thibet.

Les Chinois dans l'Asie centrale. — Le grand plateau cen-

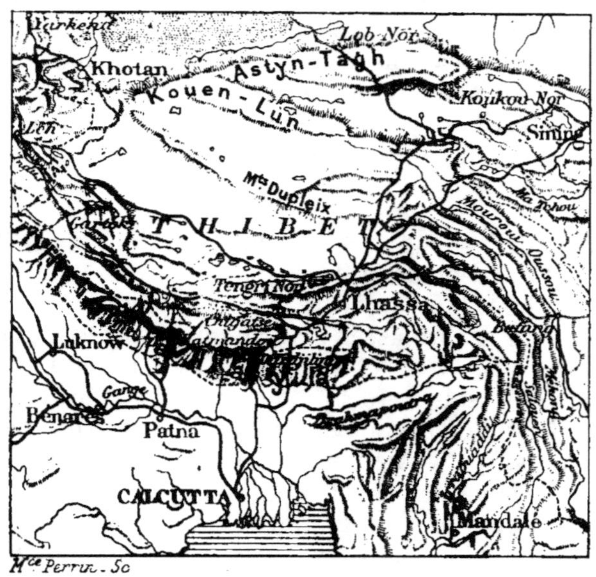

Routes commerciales du Thibet.

tral de l'Asie a considérablement influé sur les destinées de
cette partie du monde. Dressé si haut au milieu du continent,
il isolait les unes des autres les diverses plaines de son pourtour qui ne peuvent communiquer que par lui. D'autre part,
les routes qui le sillonnent ne pouvaient être nombreuses, à
cause des déserts qui en couvrent la surface.

Une route unit Pékin à Kiakhta par Kalgan et Ourga : c'est
« la route du thé ». Une autre, plus occidentale, quitte celle-ci
à Saïr-Oussou, et, le long de l'Altaï, par Ouliasoutaï et Kobdo,
gagne l'Ob et la Sibérie. Une troisième quitte le Hoang-Ho à
Lan-Tchéou-Fou, longe la base du Nan-Chan, franchit l'étranglement du Gobi vers Khami, et pénètre dans le Turkestan par

la porte de Dzoungarie. C'est pour posséder ces routes commerciales que les Chinois ont conquis l'Asie intérieure.

C'est au xvii° siècle qu'ils se sont emparés de ces pays. Ils leur ont laissé leurs chefs, en les astreignant seulement à un tribut annuel. La religion bouddhiste est leur principal instrument de domination; ils se servent des lamas, gagnés par des présents, pour maintenir les habitants. En outre, des fonctionnaires et des garnisons chinois occupent les principales villes. Les Chinois enfin s'y répandent peu à peu, dans les oasis comme agriculteurs, dans les centres de commerce comme marchands.

Ces essais de colonisation n'ont pas eu grand succès jusqu'à ce jour. Les Chinois sont accueillis avec méfiance, sinon avec haine; on ne fait point d'unions avec eux. A diverses reprises, des révoltes terribles y ont même éclaté contre leur domination; pendant quinze ans, le Turkestan Oriental a réussi à se soustraire à leur autorité.

La Mandjourie. — Située à l'est du Gobi, limitée par l'Amour, l'Oussouri et la mer Jaune, la Mandjourie ou Mandchourie, a près de 1 million de kilomètres carrés d'étendue.

C'est un pays encore assez mal connu. Deux chaînes le sillonnent, le *Grand Khingan* et le *Sikhota-Alin* (3 500 mètres). Les rivières coulent, soit vers l'Amour, comme le *Soungari*, soit vers le golfe de Liao-Toung, comme le *Liao-Ho*. Le climat, très continental, est extrêmement sec. A l'exception des bords des fleuves, la Mandjourie est presque déserte.

Cette contrée, deux fois grande comme la France, renferme 12 millions d'habitants. Ce sont des *Mandjoux*, de race mongole, des tribus nomades de *Toungouses*, et surtout des *Chinois*; ces derniers ont envahi peu à peu toute la Mandjourie méridionale, comme agriculteurs, jardiniers et marchands. La capitale est **Moukden** (180 000 hab.), sur un affluent du Liao-Ho; on remarque encore *Girin* (120 000 hab.), et *Tsitsikhar*, qui a des foires très fréquentées (commerce des fourrures).

La Mandjourie est une possession personnelle de la famille impériale chinoise, qui est originaire de Mandjourie, d'où elle s'implanta en Chine au xvii° siècle. Son administration est distincte de celle de la Chine. Les Russes ont une influence croissante en Mandjourie; ils ont obtenu d'y faire passer le Transsibérien: ils y occupent, sur la mer Jaune, *Port-Arthur* et *Dalny*, à l'extrémité de la presqu'île de Liaotoung.

La Corée. — La presqu'île de Corée, qui ferme la mer Jaune à l'est, a 900 kilomètres de long, 220 de large, 220 000 kilomètres carrés de superficie (les deux cinquièmes de la France).

Cette presqu'île est hérissée de montagnes qui se prolongent jusqu'aux mers du pourtour en côtes dentelées, abruptes, bordées d'îles innombrables, dont la plus grande est l'île Quelpaert, au sud. Le climat y est extrême, malgré la proximité de la mer et la latitude, qui est celle de Naples et de la Sicile : La Pérouse y trouva des neiges au mois de mai au fond des ravins. Par suite, les cultures y sont assez rares, sauf dans les vallées. Mais les montagnes recèlent en abondance la houille et tous les métaux, fer, argent, cuivre, plomb, or.

La population de la Corée est évaluée approximativement à 7 500 000 habitants. Les Coréens forment une race à part, qui se rattache tout à la fois aux Toungouses, aux Chinois et aux Japonais; ils professent en majorité le bouddhisme; leur langue est un idiome spécial, très différent et du mandjou et du chinois. La capitale de la Corée est **Séoul** (211 000 hab.), bâtie dans une petite plaine, au milieu des montagnes et au centre de la péninsule. Elle a pour port *Chémulpo*, à l'ouest.

La Corée est restée placée jusqu'en 1895 sous la suzeraineté de la Chine, qui se traduisait par l'envoi d'ambassades annuelles chargées de porter des présents à l'empereur. Toutefois la Corée avait son souverain, et était indépendante de la Chine en ce qui concernait sa politique. A la suite de la guerre sino—japonaise (1895), la Chine a renoncé à tout droit sur la Corée, qui est aujourd'hui complètement indépendante.

Les Européens ont, depuis 1878, le droit d'y faire le commerce dans huit ports, entre autres *Fou-San* et *Gen-San*. Mais ils y sont l'objet de la méfiance générale. Les Anglais, dans la crainte de voir les Russes exercer leur influence sur la Corée, y avaient fortifié naguère *Port-Hamilton*, dans l'île de Quelpaert : sur les instances de la Chine, ils l'ont évacué en 1887.

RÉSUMÉ

Le plateau central de l'Asie (7 millions de kil. carrés) comprend le Turkestan Oriental, la Mongolie et le Thibet.

I. **Conditions physiques générales.** — 1° Situation essentiellement continentale; nulle part on n'est plus éloigné de toute mer: 2° relief très accentué : autour du plateau, montagnes énormes, Himalaya

(8 840 m.), Karakoroum, Pamir, Thian-Chan; sur le plateau, soulève ments considérables, Astyn-Tagh, Nan-Chan, Kouen-Lun (7 283 m.); 3° climat rude, d'une sécheresse extrême, tout continental.

II. **Aptitudes générales**. — 1° Fleuves nombreux sur le pourtour, rares à l'intérieur; le principal est le Tarim, qui se termine dans la dépression du Lob-Nor; — 2° les ressources végétales sont naturellement médiocres : beaucoup de déserts et de roches; les richesses minérales n'ont pu être que partiellement reconnues.

III. **Populations**. — Très peu d'habitants, tous de race jaune, pour la plupart nomades. Quelques oasis ont des sédentaires agriculteurs.

IV. **État actuel et villes**. — 1° En Mongolie, dominent les déserts de sable, oasis de Khami, de Barkoul, de Kobdo et d'Ourga; — 2° dans le Turkestan Oriental, déserts coupés par des cultures, le long des fleuves; villes de Khotan, Yarkend et Kachgar; — 3° dans le Thibet, villes de Gartok, Chigatsé, Lhassa, capitale du bouddhisme; Batang, Lan-Tchéou-Fou.

V. **Les Chinois dans l'Asie centrale**. — Le plateau central d'Asie est traversé par d'importantes routes commerciales qui unissent la Chine à la Sibérie et au Turkestan caspien. Les Chinois, pour posséder ces routes, ont conquis l'Asie intérieure au dix-septième siècle; mais des révoltes ont souvent éclaté dans ces pays contre leur domination peu sympathique.

VI. **La Mandjourie**. — 1 million de kilomètres carrés, à l'est de la Mongolie; montagnes et déserts; 12 millions d'habitants; capitale Moukden. La Mandjourie est possession personnelle de la famille impériale qui règne en Chine. Les Russes y possèdent Port-Arthur et Dalny.

VII. **La Corée**. — 220 000 kilomètres carrés; presqu'île du Pacifique, montagneuse, au climat rude; environ 7 500 000 habitants; capitale Séoul. La Corée est entièrement indépendante depuis 1895. Huit de ses ports sont ouverts aux Européens.

§ 2. — LA CHINE

La Chine proprement dite s'étend du Tonkin à la Mandjourie, du Thibet et de la Mongolie aux mers de Chine et Jaune. Elle mesure plus de 5 millions de kilomètres carrés d'étendue.

Les Chinois l'appellent l'*Empire du Milieu*. Ils ne connaissent ni le nom de Chine, usité chez les peuples occidentaux, ni l'épithète de « Céleste » attribuée à leur empire : l'expression « sous le ciel », dont se sont servis quelquefois leurs poètes, désigne la terre entière aussi bien que leur pays.

Conditions physiques générales. — 1° La *situation* de la Chine n'est qu'à moitié favorable. Du côté de la terre, les hautes montagnes et les déserts qui la bordent l'enferment chez elle et l'empêchent de communiquer facilement avec les autres plaines asiatiques. Ce désavantage est compensé partiellement par la situation maritime de la Chine, qui est baignée par l'océan Pacifique sur un tiers environ de son pourtour, depuis le golfe de Liao-Toung jusqu'au golfe du Tonkin. C'est par cette façade maritime seulement que la Chine pouvait entrer en communication avec le reste du monde et vivifier sa civilisation propre. Sous peine de stagnation, les Chinois devaient être un peuple marin. Ils ne le sont pas suffisamment devenus, sans doute à cause de la trop grande largeur du Pacifique et de la petitesse des archipels extérieurs. Aussi la Chine est-elle demeurée immobile pendant de longs siècles.

2° Le *relief* et la **constitution du sol** varient singulièrement d'un point à l'autre de l'étendue d'un si grand empire. On peut dire qu'il existe un contraste complet entre la Chine septentrionale et la Chine méridionale.

La **Chine septentrionale** est presque entièrement plate et basse. Il ne s'y rencontre que deux massifs montagneux : à l'ouest les monts du *Chan-Si*, qui culminent à 3 600 mètres dans l'Outaï-Chan, « la montagne aux cinq piliers » ; à l'est, le massif du *Chan-Toung* (1 545 m.), sorte d'île montagneuse rattachée au continent par la masse énorme d'alluvions qu'a déposée le Hoang-Ho. Ces deux massifs exceptés, la Chine septentrionale n'est que plaines et plateaux, constitués par des alluvions de terre jaune, amenées là par les eaux et par les vents de l'Asie Centrale. Cette terre jaune, ou Hoang-Tou, est une terre friable et tendre d'une grande fécondité ; son épaisseur atteint jusqu'à 500 mètres.

La **Chine méridionale**, tout au contraire, est une région tourmentée, hérissée de montagnes boisées se croisant en tous sens et presque inextricables. La chaîne la plus septentrionale est celle des *Tsing-Ling*, ou « montagnes Bleues » ; le savant voyageur Richthofen, un de ceux qui connaissent le mieux la Chine, lui assigne une hauteur moyenne de 2 000 mètres ; elle est située dans le prolongement du Kouen-Lun. Au sud-ouest, dans la province de Sé-Tchouen, voisine du Thibet, les montagnes atteignent 5 000 mètres et au delà ; le mont Nenda, à l'est de Batang, atteint 6 250 mètres. Plus près du Pacifique, les monts *Nan-king* ne dépassent pas 2 000 mètres.

A quelques exceptions près, les montagnes chinoises n'ont donc qu'une altitude relativement faible. Mais elles sont si nombreuses, qu'elles couvrent tout le pays; les vallées s'y étendent rarement en plaine; des lacs, comme les lacs Toung-Ting et Po-Yang, occupent les expansions des principales vallées.

3° Le *climat* varie également du nord au sud de la Chine, en raison même de l'étendue du pays, qui s'étend sur 13 degrés de latitude, du 20° au 43° degré. Toutefois les écarts qui existent entre les températures du sud et du nord sont bien plus sensibles que ne le comporte la différence des latitudes. Le climat de la Chine du nord est presque sibérien : saisons fortement tranchées, se succédant sans transition; froids très rigoureux, de novembre à mars; étés brûlants, de mai à septembre; peu de pluies, 60 centimètres en moyenne par an. Le climat de la Chine du sud est presque tropical : étés chauds, hivers doux, alternance régulière des moussons; pluies abondantes, surtout au printemps; 1 m. 20 à 1 m. 50 de pluies annuelles.

Aptitudes générales. — 1° Les *côtes* de la Chine présentent, comme le relief, deux aspects différents : au nord, elles sont en général basses; au sud, elles sont rocheuses.

La côte septentrionale, de la Mandjourie jusque vers l'embouchure du Yang-Tsé, est plate et basse, comme les côtes formées d'alluvions; des lacs et des marécages s'y étendent, comme le *Hang-Tsé-Hou*; point d'îles rocheuses, point de ports; la mer est sans profondeur. Il n'y a d'exception que pour la presqu'île montagneuse de Chan-Toung, qui est découpée et possède un bon port, celui de Tché-Fou-Hien.

La côte méridionale, du Yang-Tsé au golfe du Tonkin, présente tous les caractères des côtes rocheuses, indentations diverses, îles et îlots, récifs, bons ports. On y rencontre les îles *Tsoung-Ming*, le golfe de *Hang-Tchéou*, les îles *Tchou-San*, les îles *Pescadores*, *Hong-Kong*, *Macao*, enfin l'île massive de *Haïnan*, dans le golfe du Tonkin. L'abondance des écueils rend parfois difficile l'accès des ports chinois.

2° Les *fleuves* de la Chine sont peu nombreux, mais longs et bien disposés. Orientés de l'ouest à l'est, ils forment des voies de pénétration faciles de la mer vers l'intérieur, tandis que leurs affluents transversaux établissent du nord au sud des communications presque continues. On en compte quatre principaux : le Peï-Ho, le Hoang-Ho, le Yang-Tsé-Kiang, et le Si-Kiang; tous sont tributaires du Pacifique.

Le *Peï-Ho* naît sur le plateau mongol, traverse une région tourmentée, puis la plaine de Péking, où il s'étale en marécages, et se termine par un delta dans le golfe de Petchili.

Le **Hoang-Ho**, ou **fleuve Jaune** (4 192 kil.), naît dans le pays marécageux de l'Odoun-Tala. Longtemps torrent furieux, il dessine une courbe immense autour du plateau de l'Ordos, puis, perçant les terrasses étagées des monts du Chan-Si, il débouche en plaine. Son cours, subitement ralenti, laisse alors se déposer les masses alluviales de terre jaune dont ses eaux s'étaient chargées dans la traversée des montagnes et qui lui valent son nom. Le lit ne cesse par suite de s'exhausser, ainsi que les berges; sur plusieurs points le Hoang-Ho coule bien au-dessus de la plaine qu'il traverse. Aussi, l'inclinaison de cette plaine étant très faible, le Hoang-Ho, dont le débit est décuplé, vers la fin de l'été, par la fonte des neiges dans la montagne et par les pluies qui tombent dans la plaine, ne cesse-t-il d'y modifier son cours des deux côtés du massif de Chan-Toung; tantôt il va se jeter dans le golfe de Petchili, tantôt il prend la direction de la mer Jaune. En 25 siècles, on compte dix oscillations de ce genre, accompagnées chaque fois de nombreux sinistres. La dernière remonte à 1887 : le Hoang-Ho, qui se jetait dans le golfe de Petchili depuis 1852, reprit tout d'un coup le chemin de la mer Jaune, inondant le pays, les moissons, les villages, et noyant, d'après les évaluations les moins exagérées, plus d'un million d'individus. Il a fallu de gigantesques travaux pour le faire rentrer dans son lit antérieur.

Le Hoang-Ho reçoit comme principal affluent le *Weï-Ho*. Les autres tributaires ont une bien moindre importance.

Le **Yang-Tsé-Kiang**, ou **fleuve Bleu** (5 082 kil.), naît dans la même région que le Hoang-Ho, sous le nom de Mouroui-Oussou. Entré en Chine, il coule du nord au sud, au fond d'une crevasse encaissée de hautes montagnes, comme s'il voulait arroser l'Indo-Chine. Mais bientôt il abandonne cette direction et prend celle de l'est pour ne plus la quitter. C'est dès lors un fleuve de premier ordre, puissant et navigable, accessible sur plus de 1 000 kilomètres aux gros navires. Il se jette dans la mer par une immense embouchure, bordée d'îles de bouc que ses apports ont formées.

Ses principaux affluents sont le *Min-Ho*, le *Kialing-Kiang* et le *Han-Kiang*, dont les sources sont voisines du cours du Weï-Ho, tributaire du fleuve Jaune, et qui est navigable sur 900 kilomètres.

Le *Si-Kiang*, qui traverse les provinces méridionales de la
Chine, et ouvre une voie de pénétration vers le Yun-Nan, a
1 500 à 1 600 kilomètres de longueur; il se jette dans la mer de
Chine par un large estuaire, à l'entrée duquel sont les îles de
Hong-Kong et de Macao. Le Si-Kiang est coupé de défilés et de
rapides; son débit est en outre trop variable; c'est un fleuve qui
a presque toujours trop d'eau ou pas assez.

3° Les *ressources végétales* de la Chine sont nombreuses et
variées. Ce pays de relief moyen, aux étés chauds, au climat
partout suffisamment humide, jouit de conditions végétales

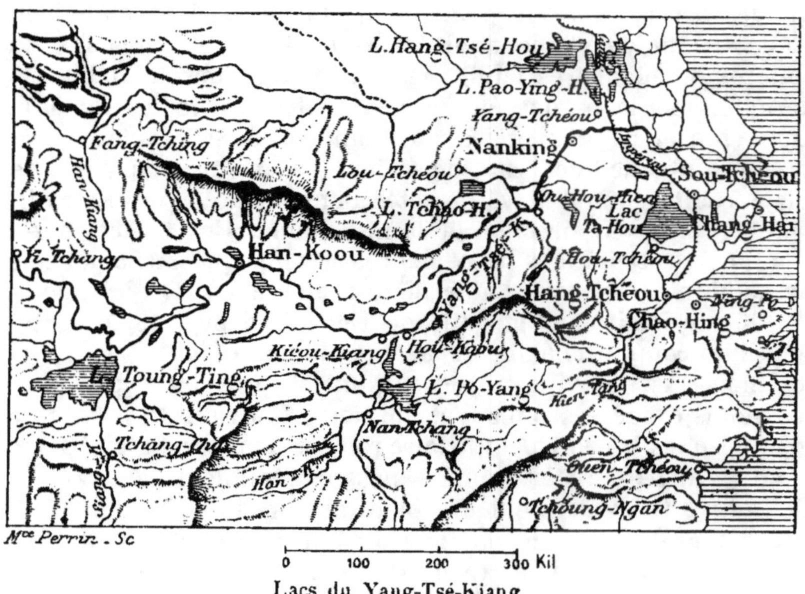

Lacs du Yang-Tsé-Kiang.

avantageuses. Toutefois les mêmes produits n'y sauraient trouver réunies, dans le même temps et dans toutes les régions,
les conditions nécessaires à leur croissance.

La Chine du nord, pays de plaines et de plateaux que recouvre la terre jaune, n'a le climat ni assez chaud ni assez humide
pour se prêter aux cultures tropicales; les rizières, les mûriers,
l'arbre à thé s'y rencontrent, mais sont assez rares; c'est par
excellence la région des céréales.

La Chine du midi, dont les hivers sont plus doux, les étés
chauds et pluvieux, porte une végétation d'une vigueur remarquable. C'est avant tout le pays du riz : les rizières occupent

toutes les parties basses, faciles à inonder, et donnent deux récoltes par an, l'une fin juin, qui sert à la nourriture, l'autre en octobre, qui sert à la distillation du samchou, le vin des Chinois. L'arbre à thé, mince arbrisseau, assez semblable au myrte, couvre la plupart des pentes méridionales. Ailleurs prospèrent les légumes, la plupart des arbres fruitiers, les plantes textiles, comme le coton, ou ligneuses, comme le bambou ; le mûrier, la canne à sucre, l'opium, l'arbre à vernis.

3° Les *richesses minérales* de la Chine ne sont pas moins remarquables. Elle renferme des gisements miniers de toute sorte dans ses roches en majeure partie anciennes. Les pierres précieuses, l'or, l'argent, le cuivre, le plomb, le fer, l'étain, le mercure, le pétrole, il n'est guère de minerai qui ne s'y rencontre. La houille surtout est abondante. M. de Richthofen en évalue le volume à plusieurs milliards de tonnes, qui suffiraient longtemps à la consommation du monde après l'épuisement des mines actuelles d'Europe et d'Amérique.

La presqu'île de Chan-Toung, les montagnes du Chan-Si et celles du sud-ouest (Sé-Tchouen, Yun-Nan) sont les parties de la Chine qui renferment les gisements miniers les plus abon- dants.

Populations. — La Chine renferme une population considé- rable. On l'évalue à 400 millions, soit 80 en moyenne par kilo- mètre carré. Le recensement de 1842 avait dénombré 412 mil- lions d'habitants ; mais des famines et des inondations épouvan- tables, des insurrections ou guerres civiles, une émigration colossale ont produit un recul. En temps normal, loin de dimi- nuer, la population chinoise a un prodigieux accroissement : de 1821 à 1849, on l'estima à 77 millions d'habitants.

Cette population est très inégalement répartie. Les provin- ces montagneuses de l'ouest et du sud-ouest ont une moyenne de 24 à 40 habitants par kilomètre carré, à l'exception du Sé- Tchouen. Les provinces des côtes et des plaines fertiles en ren- ferment de 124 à 221.

Si l'on excepte quelques peuplades primitives, isolées dans les régions montagneuses, comme les *Miao-Tse* du Sé-Tchouen et du Yun-Nan, la presque totalité des habitants de la Chine se compose de *Chinois*. On distingue les Chinois du nord et les Chinois du sud, les premiers, plus grands, ayant le teint rou- geâtre, les autres, plus jaunes et plus foncés ; ils diffèrent par le type physique, le dialecte et les mœurs. Mais les uns et les autres appartiennent indistinctement à la race jaune. Au physique, ils ont la taille plutôt petite, la face aplatie, le nez déprimé, les pommettes saillantes, les yeux bridés et relevés vers les tempes. Au moral, ils se font remarquer par leur intelligence, leur aptitude, sinon à l'invention, du moins à l'assimilation; par leur sobriété, leur endurance au travail, une patience et une persévérance inépuisables, un profond mépris de la mort.

La Chine pratique trois religions officielles : le *confucianisme*, sorte de code de morale, contenu dans les ouvrages de Confucius et de ses disciples; le *taoïsme*, religion grossière, remplie de superstitions, et transformée presque partout en magie; le *bouddhisme*, introduit il y a vingt-deux siècles dans l'Empire Chinois. Ces trois religions, au reste, ne s'excluent pas; l'empereur les professe toutes les trois et en accomplit les rites. — Sont en outre tolérés dans l'empire : le *catholicisme romain* (1 million environ de fidèles) et le *mahométisme* (20 millions), répandu surtout dans les provinces occidentales et méridionales de la Chine. Intolérants et fanatiques, les musulmans de Chine ont provoqué maintes fois des insurrections terribles, comme celle dont la Chine occidentale fut le théâtre de 1850 à 1873.

Aucun peuple n'émigre plus que les Chinois. On les trouve dans tous les pays du Pacifique, au Japon, dans l'Indo-Chine, dans les Philippines et les îles de la Sonde, en Australie, aux États-Unis, dans le Chili et jusque dans les Antilles. En 1888, le nombre des émigrants a dépassé 200 000. Le Chinois possède, en effet, les qualités qui lui permettent de s'établir partout : il se plie à tous les métiers, est mineur, bûcheron, cultivateur, jardinier, terrassier, industriel, commerçant, domestique; il défie toute concurrence. Mais il reste profondément Chinois, même à l'étranger, conserve sa langue, ses mœurs, sa religion, sans se mêler ni se fondre avec la population locale. Le Chinois ne quitte d'ailleurs son pays qu'avec l'esprit de retour et la promesse que, s'il vient à mourir à l'étranger, son corps sera rapporté en Chine pour être enseveli. Les colonies chinoises à l'étranger ont provoqué mainte fois des mouvements violents, notamment aux États-Unis, où le gouvernement a dû interdire récemment l'immigration chinoise.

État actuel et villes. — En Chine, comme dans la plupart des pays agricoles, la majorité de la population habite la campagne. Les grandes villes y sont cependant nombreuses, et dix d'entre elles possèdent au moins 500 000 habitants.

Le bassin du Peï-Ho renferme la capitale de l'empire, **Péking**, résidence de l'empereur ; elle est bâtie au milieu des terres basses qui bordent à l'ouest le golfe de Petchili ; sa position est excentrique, mais commode pour la domination de l'Empire Chinois ; bien qu'il s'y fasse un mouvement d'échanges assez actif, surtout avec les caravanes qui viennent de la Sibé-

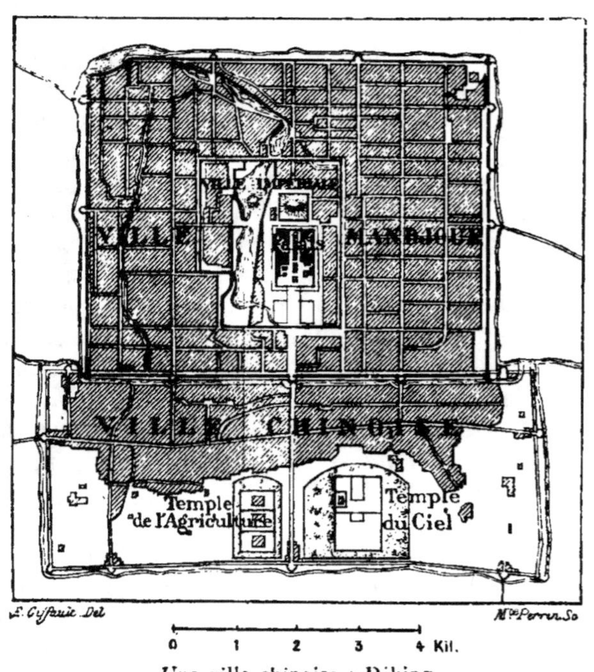

Une ville chinoise : Péking.

rie et de la Mongolie par la passe de Kalgan, c'est surtout une ville administrative : on évalue diversement sa population de 500 000 à 1 650 000 habitants. — Le port de Péking est *Tien-Tsin* (950 000 hab.), à la jonction du Peï-Ho et du canal Impérial qui met les provinces du Nord en communication avec le bassin du fleuve Bleu.

Le bassin du fleuve Jaune possède : *Lan-Tchéou-Fou*, d'où partent les caravanes qui se dirigent vers l'Europe en longeant la base du Nan-Chan; et *Singan*, sur le Weï-Ho, grande cité commerçante au milieu d'une plaine très fertile.

Le bassin du fleuve Bleu renferme : *Tching-Tou-Fou*, (800 000 hab.), capitale du Sé-Tchouen, grand centre de commerce entre le Kan-Sou, le Thibet, le Yun-Nan; *Tchoung-Tcheng-Fou*, entrepôt du Sé-Tchouen; *Han-Koou* (850 000 hab.), au confluent du fleuve Bleu et du Han-Kiang, centre de la préparation du thé en briques, ou de caravane; *Nanking* (500 000 hab.), ancienne capitale de la Chine, bâtie sur le cours maritime du Yang-Tsé, mais fermée au commerce étranger; *Tchin-Kiang* (140 000 hab.), port important à l'embouchure du fleuve Bleu; *Chang-Haï* (620 000 hab.), sur la rive méridionale du même estuaire : c'est le grand emporium du commerce de la Chine avec le dehors; toutes les lignes de paquebots y aboutissent; une nombreuse colonie européenne y est établie et a créé, à côté et en dehors de la ville chinoise, une cité cosmopolite des plus agréables et des plus florissantes.

Sur la côte méridionale de la Chine se trouvent : *Ning-Po* (255 000 hab.), dont l'importance comme port a décru rapidement depuis l'ouverture de Chang-Haï; *Fou-Tchéou* (650 000 hab.), sur le Min-Kiang, à 50 kilomètres environ de son embouchure; *Canton* (2 500 000 hab.), sur le Si-Kiang, le port le plus anciennement ouvert au commerce étranger. — A l'entrée de la rivière de Canton, se trouvent la ville de *Macao* (78 000 hab.), que les Portugais occupent depuis la première moitié du xvie siècle, et l'île de *Hong-Kong* (259 000 hab.), que la Chine céda à l'Angleterre en 1841.

La Chine contemporaine. — La Chine fut civilisée de bonne heure. Il y a 4 000 ans que le peuple chinois a commencé à se grouper en corps de nation et à écrire ses annales. Mais cette civilisation purement continentale, isolée par les montagnes et les plateaux les plus élevés de la terre, s'est immobilisée à la longue, et, pour ainsi dire, figée.

L'organisation politique et sociale de la Chine est ainsi la plus vieille qui soit au monde. En principe, son gouvernement est le gouvernement monarchique héréditaire le plus absolu; l'empereur ne doit compte de son peuple qu'à la puissance céleste; il doit subir néanmoins les remontrances publiques que peuvent lui adresser des censeurs intègres et courageux. En pratique, son autorité se trouve bornée par l'autonomie dont jouissent pour toutes les affaires locales les groupements de familles, les provinces et les gouverneurs généraux qui les administrent.

Jusqu'au commencement du XIXe siècle, la Chine, trouvant
en elle-même la satisfaction de ses besoins et défiante des nou-
veautés étrangères, réussit à s'isoler du reste du monde. Mais
à partir de 1842, de mauvais gré d'abord, plus volontiers
ensuite, les Chinois ont ouvert leur pays aux peuples du dehors.
Ils ont concédé aux Européens le droit de résider et de se
livrer au négoce dans un certain nombre de ports, dont les plus
importants sont situés sur la côte orientale et sur le cours du
fleuve Bleu. Eux-mêmes se sont répandus au dehors pour s'ini-
tier aux innovations européennes, qu'ils ont commencé, timide-
ment il est vrai, et malgré des résistances opiniâtres, à introduire chez eux. Leur défaite dans la guerre contre le Japon
(1894-1895), dont l'organisation à l'européenne était bien plus
complète, a obligé les Chinois à se lancer plus résolument dans
la voie de la civilisation moderne.

A l'heure actuelle, la Chine ne possède que 470 kilomètres de
voies ferrées, et commence à peine à exploiter ses houillères
et ses gisements miniers. L'industrie, peu développée, consiste
surtout dans de petites fabrications délicates, laques, porce-
laines, meubles, vaisselles, éventails, nattes. L'agriculture seule
a atteint un développement incomparable ; les Chinois sont les
premiers agriculteurs du monde : leurs champs sont travaillés
comme des jardins, avec un soin constant et minutieux, avec
une science intelligente de la terre, de ses besoins, de ses ressources diverses. La Chine, qui n'a presque pas de prairies,
partant peu de bétail, arrive, avec ses rizières, ses champs de
céréales, ses fruits, ses plantations de thé, ses volatiles de basse-
cour et les poissons de ses rivières, à suffire à la nourriture,
presque exclusivement végétale, de sa très nombreuse population ; et elle exporte encore, chaque année, des quantités considérables de soie brute et de thé, qu'elle produit et ne parvient
pas à consommer.

On ne saurait prévoir quelle sera la force de la Chine le jour
où, initiée aux secrets de notre civilisation mécanique, elle pos-
sédera la grande industrie. Intelligent, appliqué, d'une in-
croyable sobriété, le peuple chinois peut défier toute concurrence
économique, et devenir redoutable par ses ressources, comme
il l'est déjà par sa population. L'Europe regrettera peut-être
d'avoir fait tomber ces barrières morales derrière lesquelles
la Chine s'était si obstinément retranchée. La Chine a cédé, en
1898, Port-Arthur aux Russes, Weï-Haï-Weï aux Anglais,
Kiao-Tchéou aux Allemands, Kouang-Tchéou à la France.

RÉSUMÉ

Chine, 5 millions de kilomètres carrés d'étendue. Les Chinois l'appellent « Empire du Milieu ».

I. Conditions physiques générales. — 1° Situation isolée du côté de la terre; la Chine ne communique facilement avec le reste du monde que par terre; — 2° relief et constitution du sol très variables du nord au sud : au nord, montagnes rares, plaines nombreuses et vastes, terre jaune; au sud, nombreux soulèvements, monts Tsing-Ling, Nan-Ling, du Sé-Tchouen et du Yun-Nan; peu de plaines; — 3° climat presque sibérien au nord, tropical au sud.

II. Aptitudes générales. — 1° Les côtes de la Chine sont basses et peu favorables au nord du Yang-Tsé, à l'exception du pourtour de la péninsule du Chan-Toung; elles sont bien plus découpées au sud, où le littoral est rocheux; — 2° les fleuves de Chine sont au nombre de quatre principaux : le Peï-Ho, le Hoang-Ho ou fleuve Jaune (3 192 kil.) grossi du Weï-Ho; le Yang-tsé-Kiang ou fleuve Bleu (5 082 kil.) grossi du Han-Kiang; enfin le Si-Kiang; les deux plus longs forment d'admirables voies commerciales; — 3° les ressources végétales diffèrent du nord au sud comme le climat : au nord, les céréales dominent; au sud, c'est le riz, le thé, le coton, l'opium; — 4° les ressources minérales abondent, principalement dans le Chan-Toung, et dans les massifs montagneux du sud-ouest, Sé-Tchouen et Yun-Nan.

III. Populations. — 380 millions d'habitants environ, 80 par kilomètre carré. Cette population s'accroît vite malgré une émigration colossale qui a disséminé des Chinois dans tous les pays du Pacifique. Les Chinois présentent les caractères généraux de la race jaune. Ils professent en majorité une des trois religions officielles, confucianisme, taoïsme, bouddhisme.

IV. État actuel et villes. — Dans la Chine du nord, Péking, capitale de l'empire, et Tien-Tsin (950 000 hab.), Lan-Tchéou-Fou et Singan dans le bassin du fleuve Jaune; Tching-Tou-Fou (800 000 hab.), Tchou-Tcheng-Fou, Han-Koou (850 000 hab.), Nan-King (500 000 hab.), Tchin-Kiang, Chang-Haï (620 000 hab.), dans le bassin du fleuve Bleu; Ning-Po, Fou-Tchéou (650 000 hab.), Canton (2 500 000 hab.), dans la Chine méridionale.

V. La Chine contemporaine. — La Chine possède la plus vieille civilisation du monde, mais cette civilisation s'est figée. Son gouvernement est un gouvernement monarchique héréditaire absolu. La Chine s'est développée à l'écart de l'Europe jusqu'au xixe siècle, sans vouloir ouvrir ses portes aux peuples occidentaux. Petit à petit et d'abord à contre-cœur, elle leur a permis de commercer dans quelques ports, mais n'a pas encore subi beaucoup leur influence. On ne sait ce qui adviendrait si cet énorme peuple, doué de qualités très réelles d'assimilation, s'initiait aux secrets de nos industries modernes.

§ 3. — LE JAPON

Les Japonais appellent leur pays *Nippon*; le nom de *Japon*, « origine du jour », nous vient des Chinois, qui désignent ainsi l'archipel qui les avoisine vers l'orient.

Étendu du nord-est au sud-ouest, en un long chapelet d'îles qui forment trois arcs ayant leur concavité tournée vers le continent asiatique, l'archipel japonais comprend : 1° au nord-est, les *Kouriles*; 2° au centre, les *Huit-Iles* (Ya-Sima), portion principale de l'empire; les plus remarquables sont Yéso (77 800 kil. carrés), Hondo ou Nippon (223 100 kil. carrés), Sikok (18 210 kil. carrés), Kiou-Siou (35 500 kil. carrés); 3° au sud-ouest, les îles *Cécile* et *Riou-Kiou*, auxquelles il faut joindre la grande île de *Formose* (34 900 kil. carrés), que la Chine a dû céder au Japon en 1895.

En résumé, l'archipel japonais est compris entre les 53° et 22 degrés de latitude Nord. Il mesure une superficie totale (y compris Formose) de 417 412 kilomètres carrés.

Conditions physiques générales. — 1° La *situation* du Japon, à l'est de l'Asie, est assez semblable à celle qu'occupent les Iles-Britanniques au nord-ouest de l'Europe. Séparé de la côte asiatique par des mers dont les fonds ne s'abaissent guère au delà de 3 000 mètres, il est baigné à l'est par l'océan Pacifique qui recouvre des abîmes de plus de 8 000 mètres. Il forme ainsi, à l'extrême rebord du continent d'Asie, la berge de quelques-uns des plus profonds abîmes connus de l'Océan.

Plus maritime que la Chine, le Japon était, en raison de sa situation, bien plus pénétrable qu'elle, bien plus ouvert à toutes les influences du dehors, bien plus porté à l'expansion.

2° Le *relief* de l'archipel japonais est très tourmenté : les montagnes couvrent deux tiers de sa superficie. Son système orographique paraît être la conséquence de l'entrecroisement de deux axes, l'un dirigé presque parallèlement au méridien, l'autre très incliné du nord-est au sud-ouest. Ces montagnes n'ont point de grandes hauteurs : peu de sommets dépassent 3 000 mètres et portent des neiges persistantes. Les principaux sommets sont : dans Yéso, le volcan d'*Itasibé* (2 693 m.); dans Hondo, le *Fouzi-Yama* (3 750 m.), couvert d'un manteau de neiges au-dessus des scories et des laves, le *Siro-Yama*

(3 004 m.), le *Taté-Yama*, l'*Asama-Yama* ; dans Kiou-Siou, le *Kirisima-Yama*, qui ne monte qu'à 1 672 mètres. — Quelques rares plaines d'alluvions s'étendent le long de ces montagnes.

La plupart des montagnes japonaises sont des volcans. Le Japon appartient à la « ceinture de feu » qui entoure le Pacifique. Beaucoup de volcans y sont encore en activité ; il ne se passe guère d'année au Japon sans éruptions volcaniques. Quant aux tremblements de terre, ils sont si fréquents que, pour les expliquer, le peuple japonais dit : « Il y a une baleine sous notre pays ». En 1888, l'observatoire de Tokio n'a pas enregistré moins de 181 secousses, d'intensité plus ou moins grande. En juin 1896, 27 000 personnes ont été noyées par la vague d'un tremblement de terre sous-marin.

3° Le *climat* japonais, en raison même de la situation du pays, est essentiellement maritime, c'est-à-dire humide et tempéré. Sa modération n'est pourtant que relative. Le voisinage du continent asiatique et l'altitude du relief intérieur atténuent l'influence modératrice de la mer. Dans les îles du sud, après un été dont la température moyenne n'est pas inférieure à 25 ou 26 degrés, vient un hiver relativement froid ; à Nagasaki, sous le parallèle d'Alexandrie, les gelées et la neige ne sont pas inconnues ; à Tokio, par la latitude de Gibraltar, la moyenne d'hiver ne dépasse pas 4 degrés. Il existe, au reste, de grandes différences du sud au nord de cet archipel allongé sur 31 degrés de latitude, plus que de Biskra à Saint-Pétersbourg. Les Riou-Kiou jouissent d'un printemps éternel, tandis que l'archipel des Kouriles est soumis à des rigueurs polaires.

Le Japon a un climat très humide. Bien que situé en dehors des tropiques, il subit l'influence des moussons qui règnent dans les mers de l'Inde et de la Chine ; il a une saison des pluies qui dure six semaines en juin et juillet, et pendant laquelle tombent parfois des averses ininterrompues pendant 24 heures. Comme il est naturel, la quantité d'humidité décroît vers le nord ; il tombe 2 m. 20 de pluies annuelles à Nagasaki, et 70 centimètres dans Yéso.

Aptitudes diverses. — 1° Les *côtes* du Japon offrent un développement total de 27 000 kilomètres, dont 15 000 pour les quatre grandes îles centrales. Ces côtes, admirablement propres au commerce, présentent l'aspect des côtes rocheuses, promontoires abrupts, rivages escarpés, baies nombreuses, dentelures d'îles, ports profonds et bien abrités. Yéso possède la *baie des*

Baleines et la *baie des Volcans* ; Hondo, les *baies de Vakasa* et de *Toyama*, sur la côte occidentale, celles de *Tokio*, d'*Ovari*, de *Kobé* ou d'*Ohosaka*, sur la côte orientale ; Kiou-Siou, la *baie de Kagosima* et l'admirable *fiord de Nagasaki*, profond de 20 à 30 mètres.

La plus remarquable des indentations de la côte japonaise est la *Méditerranée japonaise*, c'est-à-dire le tortueux bras de mer qui sépare Hondo de Sikok et de Kiou-Siou. Les navires y trouveraient un excellent abri contre les ouragans qui dévastent ces mers, sans le heurt des flots qui s'y superposent, s'y contrarient, et forment par endroits des courants tourbillonnants analogues à ceux des côtes norvégiennes.

2° Les *fleuves* du Japon, par suite de l'étroitesse du pays et de sa nature montagneuse, ne peuvent qu'être peu importants. Ils manquent de longueur et de profondeur, et sont sujets à des crues désastreuses. Les plus longs arrosent Hondo. Ce sont le *Sinano-Gava* (450 kil.), et le *Toné-Gava* (300 kil.) : ce dernier arrose la grande plaine située au nord de Tokio, et se termine par un delta formé de lagunes et de marécages.

3° Les *ressources végétales* sont des plus importantes. La nature du sol, auquel la décomposition des roches volcaniques fournit tous les éléments de fertilité, et le climat moyen très favorable à la végétation, permettent à l'agriculture de se développer facilement. Aucun coin de terre n'y est perdu, à l'exception des hauts sommets formés de roches ou couverts de neige. Sur les montagnes s'étagent, jusqu'à 2 300 mètres, de magnifiques forêts, composées des essences les plus variées. Plus bas s'étend la *hara*, ou « prairie des montagnes », toute fleurie d'anémones, de camélias, de gardénias, de lis, de chrysanthèmes. Plus bas encore sont les cultures, vergers, jardins maraîchers, champs de céréales, de tabac, de coton, plantations de mûriers et de cannes à sucre, rizières, suivant la latitude. Le Japon offre un mélange remarquable de végétation, depuis les plantes des régions tempérées jusqu'aux espèces de l'Inde et de la Malaisie.

4° Les *ressources minérales* n'ont pas une moindre valeur. Les roches du Japon, anciennes pour la plupart, sont parsemées de nombreux filons métallifères. L'or, qui lui valut, au xvii° siècle, la réputation d'un Eldorado, y est rare aujourd'hui. L'argent, le cuivre, le fer se trouvent en plus grande quantité. Des mines de pétrole y ont été récemment découvertes.

Les principales richesses minières de l'archipel sont le soufre et la houille. Le soufre remplit presque toutes les anfractuosités des nombreux volcans éteints. La houille forme d'importants dépôts, en particulier dans Yéso, dans Kiou-Siou, et dans l'île de Takasima, voisine de Nagasaki. Bien qu'un peu grasse, la houille du Japon est très recherchée dans les ports de Chine.

Populations. — Au recensement de 1899, la population du Japon s'élevait à 43 760 000 habitants, soit 114 en moyenne par kilomètre carré. Formose en renferme en outre 2 690 000. Avec l'accroissement annuel de la population, qui est d'environ 400 000 âmes, la population actuelle de l'empire japonais doit atteindre 47 millions d'habitants.

Cette population est loin d'être également répartie. L'île de Hondo, qui occupe un peu moins des trois cinquièmes de l'archipel, renferme les trois quarts des habitants. Certaines provinces de la côte méridionale comptent plus de 200 habitants au kilomètre carré. Kiou-Siou et Sikok sont également très peuplées. Dans Formose, la densité s'élève à près de 80. Au contraire, dans Yéso, bien que la population ait décuplé depuis 1869, elle ne passe qu'à peine 6 habitants par kilomètre carré.

Les habitants du Japon se partagent en deux groupes très divers : 1° les **Aïno**, race ancienne, très chevelue et barbue, en décadence, refoulée dans Yéso et les Kouriles, du reste peu nombreuse ; ils vivent de chasse et de pêche, jamais de la culture du sol ; leurs mœurs sont sauvages ; leur religion est primitive : ils adorent les forces de la nature, depuis le soleil et les astres qui les éclairent jusqu'à la forêt qui les nourrit ; — 2° les **Japonais** proprement dits, race jaune, aux paupières bridées et à la face presque glabre, au caractère aimable et gai, actif et curieux, adroit et propre ; les Japonais ont le sentiment artistique très développé ; par contre, on leur reproche de manquer de ténacité. Leur langue usuelle, le *sino-japonais*, est un mélange de japonais et de chinois. On trouve au Japon deux religions principales : le *sintô*, ancienne religion nationale, fondée sur le culte des génies, des âmes des morts, des forces de la nature, et le *bouddhisme*. Les chrétiens, catholiques romains ou grecs et protestants, n'y sont qu'en très petit nombre.

État actuel et villes. — Les *Kouriles* se composent, sur une

longueur de 1 200 kilomètres, de 16 îles et de quelques îlots
ayant une superficie totale de 14 000 kilomètres carrés. Ces
terres, petites, rocheuses et volcaniques, glacées, n'offrent à
l'homme que peu de ressources. En 1880, le gouvernement
japonais ne comptait que 497 habitants dans tout l'archipel.
Ces habitants, à moitié sauvages, vivent de la pêche ; ils habitent des excavations qu'ils font dans le sol et qu'ils recouvrent
de gazon.

Yéso, trop septentrionale et froide, est surtout couverte de
forêts. Elle est restée longtemps presque entièrement sauvage,
à peine peuplée. En 1869, elle n'avait que 48 000 habitants. Le
gouvernement japonais a réussi à y attirer des colons ; le dernier recensement y dénombrait 610 000 habitants. Par suite,
les cultures ont pris la place de quelques forêts ; les pâturages,
la betterave, l'indigo, les céréales s'y étendent graduellement.
La principale ville est *Hakodaté* (78 000 hab.), au sud, sur le
détroit de Tsougar qui sépare Yéso de Hondo : c'est un port
excellent, fréquenté par les pêcheurs de baleines.

Hondo est l'île la plus grande, la plus fertile, la plus peuplée,
la plus civilisée. Elle renferme les principales villes, qui sont
situées, en général, sur la côte du sud, la plus chaude et la plus
prospère. On y trouve la capitale actuelle, **Tokio**, appelée autrefois *Yédo* (1 440 000 hab.) ; située sur une baie médiocrement
profonde dans sa partie septentrionale, c'est plutôt une ville
industrielle que commerçante ; elle est capitale depuis 1868.
On y trouve encore : sur la baie de Tokio, le port de *Yokohama*
(193 000 hab.), simple village de pêcheurs il y a quarante ans,
aujourd'hui port d'abordage de tous les grands paquebots
européens depuis 1858 ; *Kioto* (353 000 hab.), l'ancienne capitale,
située à l'intérieur non loin du lac Biva ; c'est, dit un voyageur,
« un grand Versailles de bois » ; *Nagoïa* (244 000 hab.), grande
cité industrielle ; *Ohosaka* (821 000 hab.), que le commerce
étranger commence à délaisser pour sa voisine *Hiogo-Kobé*
(215 000 hab.), située sur la même baie ; *Kanazava* (83 000 hab.),
près de la mer du Japon.

Sikok et *Kiou-Siou*, riches et bien peuplées, n'ont que des
villes très inférieures à celles de Hondo. Ce sont : dans Sikok,
le port de *Tokousima* (61 000 hab.), sur la côte orientale ; dans
Kiou-Siou, le port de *Kagosima* (53 000 hab.), sur une admirable baie, et celui de *Nagasaki* (107 000 hab.), qui est ouvert
au commerce européen.

Les *Riou-Kiou*, composées de 44 îles et d'une infinité d'îlots

qui forment un long cordon de 1 100 kilomètres, sont montagneuses; mais leur climat est humide et chaud; la végétation
tropicale et celle des pays tempérés s'y entremêlent; le sol y
est couvert de cultures prospères. Sur une superficie de
4 800 kilomètres carrés, elles renferment plus de 400 000 habi-

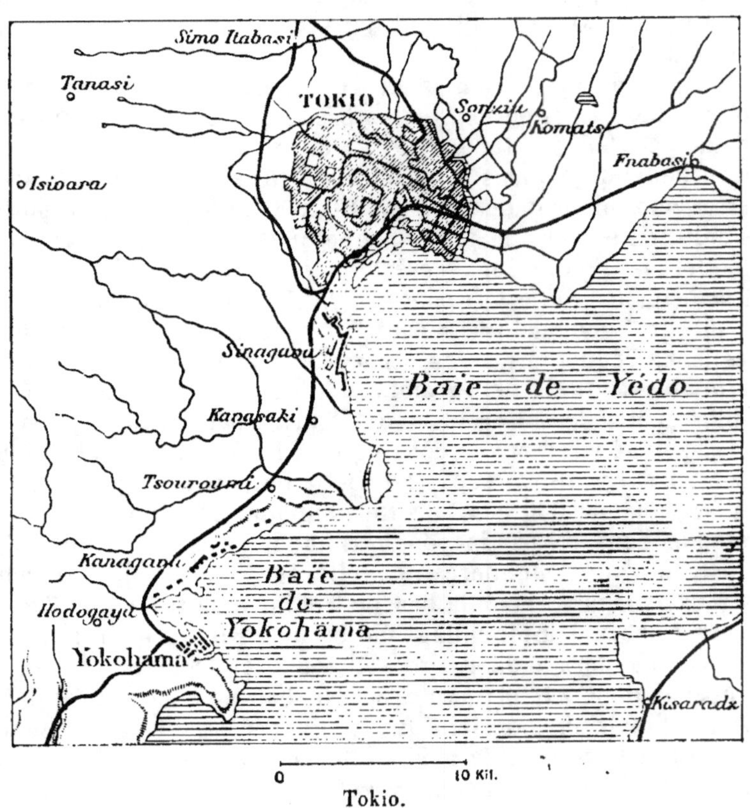

Tokio.

tants. La principale ville est *Siouri* (45 000 hab.), dans l'île
d'Okinava.

Formose, ancienne île chinoise, rattachée au Japon en 1895,
est une île montagneuse et volcanique. Plusieurs pics y
dépassent 3 000 mètres. Située dans la région des moussons,
elle a un climat tropical, chaud et humide; une végétation
luxuriante, bananiers, palmiers, aréquiers, fougères arbores-
centes; des cultures très prospères, riz, maïs, canne à sucre,
camphre, thé, poivre; des prairies utilisées pour l'élevage,
principalement des bœufs; enfin des gisements de charbon et

de soufre. Formose nourrit environ 2 690 000 habitants, pour la plupart Chinois. Les principales villes de Formose sont *Takoou* (120 000 hab.), siège du gouvernement, *Tchang-Hoa, Tam-Choui* et *Kéloung*.

Le Japon contemporain. — Le Japon, plus opiniâtrement encore que la Chine, s'est obstiné à rester isolé du reste du monde jusqu'au xix° siècle. C'est à contre-cœur que, de 1854 à 1862, il ouvrit quelques-uns de ses ports aux Américains et aux peuples européens pour y faire le commerce. L'intervention armée de l'Angleterre et de la France fut même nécessaire (1863-1864) pour l'obliger à tenir ses engagements. Une brusque révolution intérieure vint, en 1868, changer du tout au tout l'attitude du Japon. L'empereur du Japon, ou *mikado*, secouant tout à coup le joug des *taïkouns*, ou maires du palais, qui depuis longtemps gouvernaient effectivement l'empire, brisa l'influence prépondérante des grands vassaux (*daïmios*), et résolut d'adopter les coutumes gouvernementales des peuples de l'Occident. Pour indiquer que les changements étaient irrévocables, le mikado quitta la ville sainte de Kioto et transféra le siège de l'empire à Yédo, appelée désormais Tokio, la « capitale de l'est ».

Le Japon possède aujourd'hui une constitution quasi parlementaire, un code calqué sur le code Napoléon; une nouvelle administration de l'empire en *ken* ou départements remplaçant les anciennes provinces féodales; une armée, une marine, des écoles organisées à l'européenne. Le costume national a été remplacé par le port obligatoire du costume européen.

La transformation a été rapide. Le Japon s'est donné des voies ferrées; 8 800 kilomètres sont actuellement exploités, d'autres sont en construction ou en projet. Il possède 4 129 bureaux de poste, 25 600 kilomètres de lignes télégraphiques. Les ports ont été améliorés. L'agriculture, dans laquelle les Japonais ont toujours excellé, comme les Chinois, s'est encore développée; l'industrie, qui était en retard, a fait et fait toujours d'énormes progrès, même la grande industrie. Devenu une puissance entièrement nouvelle et fortifié par l'assimilation de nos procédés de civilisation, le Japon a pu triompher presque sans peine de l'immense empire de Chine, dont la puissance semblait formidable (guerre de 1894-1895).

Il est impossible de prévoir les résultats définitifs que donnera cette révolution sans précédents; mais il est curieux d'opposer à la prudence avec laquelle les Chinois procèdent à l'introduction des idées occidentales dans leur empire, l'enthousiasme peut-être irréfléchi avec lequel les Japonais leur ont ouvert, subitement et sans réserve, les portes de leur pays.

RÉSUMÉ

Le Japon comprend trois archipels, disposés en arcs de cercle, les Kouriles, les Huit-Iles, les Riou-Kiou, ainsi que l'île Formose. Les quatre grandes îles du centre, Yéso, Hondo, Sikok et Kiou-Siou, forment la majeure partie de cet archipel, qui a 417 000 kilomètres carrés.

I. Conditions physiques générales. — 1° Situation toute maritime à l'est de l'Asie ; 2° relief très tourmenté ; nombreuses et hautes montagnes, Itaribé, Fouzi-Yama (3 750 m.), Siro-Yama, Taté-Yama, etc. ; la plupart sont des volcans ; plaines rares ; 3° climat maritime, avec une saison humide, moins tempéré toutefois que les régions européennes qui ont même situation maritime.

II. Aptitudes diverses. — 1° Côtes très développées, très découpées, admirablement propres au commerce ; Méditerranée japonaise ; 2° fleuves peu importants : dans Hondo, le Sinano-Gava (450 kil.) et le Toné-Gava (300 kil.) ; 3° ressources végétales importantes et variées, forêts, prairies, vergers, champs, cultures diverses suivant la latitude, céréales, tabac, coton, riz ; 4° ressources minérales abondantes, en particulier soufre et houille.

III. Populations. — 43 000 000 d'habitants en 1899 ; il faut y ajouter 2 690 000 habitants pour Formose, annexée par le Japon en 1895. Les îles centrales, Hondo, Sikok et Kiou-Siou, sont de beaucoup les plus peuplées. Deux races d'hommes dans l'archipel : les Aïno et les Japonais ; ces derniers sont de beaucoup les plus nombreux.

IV. État actuel et villes. — 1° Les Kouriles, petites, volcaniques, glacées, 497 habitants ; 2° Yéso, grande, mais encore sauvage, à peine peuplée, 6 habitants en moyenne par kilomètre carré ; ville principale Hakodaté ; 3° Hondo, la plus grande, la plus prospère, la plus civilisée ; villes, Tokio (1 440 000 hab.), la capitale, Yokohama, Kioto (353 000 hab.), Nagoïa, Ohosaka (821 000 hab.), Hiogo-Kobé, Kanazava ; 4° dans Sikok, Takousima ; dans Kiou-Siou, Kagosima, Nagasaki ; 5° les Riou-Kiou, montagneuses, chaudes et humides, 400 000 habitants ; 6° Formose, grande, montagneuse, au climat tropical, fertile, 2 690 000 d'habitants ; villes, Takoou (120 000 hab.), Tchang-Hoa, Tam-Choui, Kéloung.

V. Le Japon contemporain.. — Longtemps fermé, le Japon s'ouvrit aux étrangers en 1854 ; la révolution de 1868 y substitua le régime constitutionnel à l'ancien gouvernement. L'agriculture, l'industrie et le commerce ont fait des progrès considérables, sans qu'on puisse prévoir les résultats définitifs de cette transformation bien rapide.

§ 4. — L'INDO-CHINE

L'Indo-Chine est la péninsule située au sud-est de l'Asie. Son nom, inventé par le géographe Malte-Brun, provient d'une combinaison de ceux de l'Inde et de la Chine, pays entre lesquelles elle se trouve.

Elle a pour limites le golfe du Bengale, le golfe de Siam et la mer de Chine, et se prolonge vers le sud par la presqu'île effilée de Malacca que l'isthme de Kra rattache au continent. Étendue entre 27° et 1° de latitude Nord, elle mesure 2 860 kilomètres du nord au sud, 1 620 de largeur maxima de l'ouest à l'est, 2 114 000 kilomètres carrés de superficie totale.

Conditions physiques générales. — 1° La *situation* de la péninsule indo-chinoise sur les deux grands systèmes marins de l'Asie, et entre l'Inde et la Chine, serait des plus avantageuses, si la configuration et le relief ne rendaient cet avantage illusoire.

2° Le *relief* de l'Indo-Chine est très accidenté. Elle est sillonnée par un grand nombre de soulèvements montagneux qui se prolongent parallèlement du nord au sud. Les principaux sont de l'ouest à l'est : l'*Arrakan-Yoma*, qui se prolonge dans l'océan Indien par le cap Negrais, par les îles Preparis, enfin par les archipels des Andaman et des Nicobar ; — le *Pégou-Yoma*, à l'est de la vallée de l'Irraouaddi ; — le *Chan-Yoma*, qui se prolonge dans la presqu'île de Malacca, et se termine, non loin du détroit de Singapour, par le mont Ophir (1 173 m.) ; — les *monts de Bassac*, entre les bassins du Ménam et du Mékong ; — enfin, les *monts de l'Annam*, qui comprennent, au nord, le Phou-San (2 765 m.), au centre les plateaux de Boloven ou de Saravan, au sud la Mère et l'Enfant.

Ces soulèvements parallèles sont séparés par des plaines longitudinales qui s'épanouissent le long de la mer en régions marécageuses et presque sans relief : les rivières y coulent.

En résumé, les montagnes de l'Indo-Chine forment des chaînes étroites et allongées, dont la hauteur ne dépasse 2 000 mètres qu'en un petit nombre de points. Mais, telles qu'elles sont, ces chaînes morcellent la péninsule en un grand nombre de vallées longitudinales, étroites et divergentes, qui ne peuvent communiquer les unes avec les autres que par des passages peu nombreux et assez difficilement praticables. Cette disposition devait empêcher l'Indo-Chine de réaliser une puissante et forte unité.

3° Le *climat* de l'Indo-Chine varie du nord au sud, des montagnes aux plaines. Toutefois, si l'on excepte les montagnes élevées, on peut dire que ce climat est celui de la zone tropicale. L'année est divisée en deux saisons, déterminées par l'alternance des moussons. La mousson du sud-ouest règne de mars à septembre; c'est alors la saison humide : « le ciel tombe », disent les indigènes pour marquer la violence des abats d'eau. De septembre à mars, souffle la mousson du nord-est qui amène le temps sec. Les périodes intermédiaires sont marquées par de fortes chaleurs, des orages, des cyclones, des tourmentes : telle est alors parfois la violence du vent qu'il faut consolider avec de fortes poutres les murs et les toits des maisons.

En général, la température de la péninsule est très élevée. Mais au sud les écarts sont peu considérables d'une saison à l'autre, tandis qu'au nord il existe un contraste assez marqué entre la saison chaude et la saison froide. A Saïgon, la température ne varie guère qu'entre 25 et 28 degrés; à Hanoï, le thermomètre peut osciller de 7 à 35 degrés.

Les pluies sont inégalement abondantes. Les côtes et les versants occidentaux exposés aux moussons du sud-ouest reçoivent plus de pluie que les côtes et les versants orientaux.

Aptitudes générales. — 1° Les *côtes* de l'Indo-Chine présentent deux aspects très différents. Le long des plaines alluviales, elles sont basses, marécageuses, bordées d'îles de boue : telle la côte du Tonkin, avec les îles de *Ké-Bao*, la *Table* et *Cac-Ba*; la côte de la Cochinchine, avec la *péninsule de Camao*, l'île *Poulo-Condor* et l'île *Tron*, à l'est et à l'ouest du cap Cambodge; la côte du delta de l'Irraouaddi, au nord-ouest du *golfe de Martaban*; et la côte de la Barmanie anglaise.

Le long des soulèvements montagneux, la côte est, au contraire, rocheuse, très découpée, abondante en rades que protègent des archipels d'îles élevées : telle la côte d'Annam, avec les *baies de Tourane*, de *Qui-Nhon* et de *Hon-Khoï*; telle la côte de la presqu'île de Malacca, avec l'île *Singapour* et l'île *Poulo-Pinang*; telle, enfin, la côte de Tenasserim, bordée par l'*archipel de Mergui*.

2° Les *fleuves* de l'Indo-Chine coulent dans les vallées lon-

gitudinales qui séparent les divers soulèvements montagneux.
Chaque vallée a le sien. Ces cours d'eau, pour la plupart issus
de l'Asie centrale, et alimentés par les moussons, sont volumineux, mais coupés malheureusement de chutes et de rapides.
Les principaux sont : le Song-Koï ou fleuve Rouge, le Mékong,
le Ménam, le Salouen, l'Irraouaddi.

Le *Song-Koï*, ou *fleuve Rouge*, naît en Chine dans le Yun-
Nan, vers lequel il ouvre une importante voie de communication.
Entré dans le Tonkin, il reste longtemps profondément encaissé
entre deux murs rocheux couverts de forêts, reçoit la rivière
Noire à droite, la rivière Claire à gauche, et se termine dans
le golfe du Tonkin par un grand delta, entrecoupé de dérivations et de canaux. Ses bouches sont bordées de digues qu'ont
élevées les habitants pour se protéger contre les inondations.
L'une d'elles se réunit au *Taï-Binh*, seconde rivière du Tonkin.
— Le fleuve Rouge est facilement navigable pendant les crues,
de mai à octobre; des bancs de sable et des rapides l'entravent
partiellement au temps des basses eaux.

Le **Mékong** ou **Cambodge** naît dans le Thibet, sous le nom
de Lan-Tsan-Kiang. Il coule du nord-ouest au sud-est, dans
l'axe même de la péninsule, tout en décrivant de vastes courbes.
Son cours tourmenté se déroule longtemps en d'étroites vallées
que dominent des falaises abruptes; il est coupé de rapides,
notamment à Louang-Prabang, à Khong et à Préapatang. Entré
dans son cours inférieur, il devient admirablement propre à la
navigation. A Pnom-Penh, il se bifurque : un de ses bras s'en
va vers le lac *Tonlé-Sap*, qu'il remplit au temps des crues,
qu'il déverse à l'époque des basses eaux; deux autres bras, le
fleuve Postérieur à l'ouest, le *fleuve Antérieur* à l'est, coulent
vers la mer de Chine par des terres basses et marécageuses, à
travers lesquelles ils s'unissent aux deux *Vaïco* et au *Donnaï*.
Les boues du Mékong ont formé au sud-ouest la vaste péninsule
triangulaire de Camao.

Le *Ménam*, formé du Ménam et du Méping, coule au centre
de la péninsule; il est moins coupé de rapides que les précédents; il se termine, au fond du golfe de Siam, par un delta
aux bras nombreux, dont l'un traverse Bangkok.

Le *Salouen*, appelé Kara-Oussou dans le Thibet et Lou-Kiang
dans le Yun-Nan, est mal connu avant son entrée en Barmanie.
Dans ce pays son bassin est étroit, encaissé, son lit encombré
de roches; il se termine dans le golfe de Mar'aban par un delta
peu étendu.

L'Irraouaddi, né dans les montagnes au sud-est du Thibet, en sort par des rapides où son cours a de 20 à 25 kilomètres de vitesse à l'heure. Navigable à partir de Bhamo, il se grossit du Kyendwen; puis se divise en deux bras, ramifiés eux-mêmes à l'infini à travers un vaste delta.

3° Les *ressources végétales* sont abondantes, comme il est naturel en un pays à la fois chaud et humide. Telle est la puissance de végétation, qu'au bout d'un an un champ abandonné est reconquis par la jungle. Les essences sont celles de l'Inde et de la Chine.

Les montagnes sont, en général, couvertes de forêts où dominent l'acacia dont on extrait le cachou, l'arbre à vernis, le bois de teck qui ne se fend ni ne se pourrit, et qui jouit du privilège de résister au ver blanc qui, en Asie, ronge tous les autres bois. D'innombrables animaux vivent dans ces forêts, cerfs, buffles sauvages, rhinocéros, tigres; les éléphants s'y rencontrent et y sont, surtout les éléphants blancs, un objet de vénération pour les indigènes. — Les plaines sont couvertes de cultures. Les céréales, le thé, le café, la canne à sucre, le tabac, le bétel y réussissent. Les régions deltaïques, très chaudes et à demi noyées sous les eaux, disparaissent sous l'épais fourré des mangliers, des bananiers, des pandanus, des palmiers calames; des plantations de coton et des rizières s'y étendent, coupées de bois de cocotiers.

4° Les *ressources minérales* ne sont pas moins abondantes. Presque toutes les montagnes renferment des gisements miniers de toute espèce, fer, plomb, cuivre, étain, argent, or, pétrole, houille. Le cuivre y est si abondant, que les anciennes pagodes du Laos en sont recouvertes par plaques épaisses; l'or brille de même en lames sur les toits des portes des villes et dans l'intérieur des temples. Les mines d'étain de Pérak comptent parmi les plus abondantes du monde entier.

Le Tonkin est une des parties les plus riches en minerais. En 1887, on y trouvait 117 mines en exploitation, entre autres 29 de fer, 32 d'or, 13 d'argent, 7 de cuivre, 6 de zinc. Il faut y ajouter d'abondantes mines de houille à Hongay, à Hatou, à Campha, dans l'île de Ké-Bao : non seulement la houille y existe en quantités presque inépuisables, mais encore elle est remarquable par son extrême pureté et la chaleur intense qu'elle dégage.

Population. — On évalue à 36 ou 37 millions la population

Indo-Chine.

E. Giffault

totale de l'Indo-Chine. La configuration de la péninsule explique
la faiblesse relative de sa population. Les passages sont difficiles d'une vallée à l'autre, les monts sont couverts de forêts;
les vallées elles-mêmes, descendant vers le sud, offrent de brusques contrastes de climat peu favorables à la marche d'invasions
venues du nord. Les régions les mieux placées pour recevoir
une nombreuse population étaient celles des bassins inférieurs
des fleuves, de l'Irraouaddi, du Ménam, du Mékong et du Song-
Koï : c'est là que se sont formés les centres de civilisation de
la péninsule, la Barmanie, le Siam, la Cochinchine, le Tonkin.

Les populations de l'Indo-Chine peuvent se répartir en cinq
groupes : 1° les *Annamites*, les *Thaïs*, subdivisés en Chans,
Laotiens et Siamois, enfin les *Barmans* : ils sont apparentés
aux Chinois, bien qu'ayant subi, à l'ouest, l'influence hindoue;
— 2° les *Khmers* ou *Cambodgiens*, qui ont subi profondément
l'influence hindoue, visible dans les noms de leurs villes, dans
leurs arts, dans leur langue; — 3° les *Moïs*, *Muongs*, *Kakyen*, etc.,
populations sauvages disséminées à l'intérieur, vivant surtout
de chasse et de pêche, se servant, pour combattre, d'arcs et de
flèches empoisonnées; — 4° les populations sauvages de la
presqu'île de Malacca, dont les noms sont tous précédés de
l'appellation générique d'*orang*, qui signifie « homme »; —
5° les *Malais*, qu'on rencontre dans la presqu'île de Malacca, et
même dans l'intérieur de l'Indo-Chine.

A ces divers éléments indigènes, il faut joindre des *Chinois*,
établis en grand nombre dans toutes les villes de la région. Ils
y cultivent la terre, exploitent les mines, exercent toutes les
professions, depuis les plus hautes spéculations du commerce
jusqu'aux plus infimes métiers. On y rencontre enfin un petit
nombre d'*Européens*; mais le climat humide du sud de l'Indo-
Chine ne convient guère à l'homme blanc, qu'il anémie et qu'il
prédispose à des maladies nombreuses. Le nord est plus sain.

État actuel et villes. — L'Indo-Chine a été presque ignorée
par l'antiquité romaine, et l'on ne sait même pas si la
Chersonèse d'Or, dont parle le géographe Ptolémée, est
réellement la presqu'île de Malacca. Elle ne fut connue de
l'Occident que par l'intermédiaire des Arabes, à partir du
vii° siècle de notre ère. Au moyen âge, quelques Génois, Véni-
tiens et Grecs, voyageant dans l'Extrême-Orient, effleurèrent
diverses régions de la péninsule; ainsi Marco Polo visita la
Barmanie, Nicolao di Conti l'Arrakan et le royaume d'Ava. Mais

c'est au xvi° siècle seulement que les Européens vinrent sérieusement dans l'Indo-Chine et y fondèrent des établissements durables. Deux avantages les y attiraient : la situation de la péninsule, qui était une étape obligée du commerce avec l'Extrême-Orient, en même temps que la meilleure voie de pénétration vers la Chine méridionale; en outre, la facilité d'y constituer des empires, en raison du morcellement politique de la contrée.

Aujourd'hui la péninsule se divise politiquement en trois parties : 1° à l'est, l'Indo-Chine française; 2° au centre, le royaume indépendant de Siam; 3° à l'ouest, un certain nombre de pays soumis à l'Angleterre.

1° L'*Indo-Chine française* comprend le Tonkin, l'Annam, la Cochinchine et le Cambodge. C'est la partie la plus peuplée de la péninsule. Sur une superficie de 660 000 kilomètres carrés, elle renferme environ 21 millions d'habitants, appartenant pour la plupart à la race annamite, très rapprochée des Chinois.

Le **Tonkin**, situé sur le golfe de même nom, se compose d'une région montagneuse, riche en mines, mais couverte de forêts et peu peuplée, et du delta du Song-Koï, dont la fertilité est prodigieuse et dont la population atteint une densité de 300 à 400 habitants par kilomètre carré. Les maisons et les villages s'y succèdent presque sans interruption. La capitale du Tonkin est **Hanoï** (103 000 hab.), bâtie sur le fleuve Rouge, au milieu de rizières et de plantations prospères, et très embellie depuis quelques années; les autres villes principales sont le grand port de *Haïphong* sur le Taï-Binh, *Nam-Dinh* et *Haï-Dzuong*.

L'**Annam**, tout en longueur, se compose d'une étroite zone alluviale resserrée entre la mer et les montagnes ou plateaux qui s'étendent parallèlement à elle. Les montagnes, couvertes de forêts, sont peu cultivées et à peine peuplées; la plaine a de riches cultures et renferme la presque totalité des 5 millions d'Annamites. La capitale est **Hué** (50 000 hab.), sur le Tuong-Trien, non loin de la mer, à peu de distance de la baie de Tourane.

La **Cochinchine** comprend la région deltaïque du Mékong, ainsi que les bassins des deux Vaïco et du Donnaï. Marécageuse, chaude, couverte de rizières, elle compte 2 262 000 habitants. Sa capitale est **Saïgon**, qui, avec la cité indigène de *Cholon*, renferme 160 000 habitants, dont un millier d'Européens, presque tous Français. On peut citer encore *Chaudoc, Mytho, Vinh-Long*, et le petit port de *Hatien*.

Le Cambodge (96 900 kil. carr., 1 500 000 hab.) se compose de plaines fertiles qui ondulent sur les deux rives du Mékong et qui s'étendent vers l'ouest jusqu'au Tonlé-Sap. Jadis ce lac fut le centre d'un grand empire, l'empire des Kmers, et d'une remarquable civilisation, dont les ruines d'Angkor offrent de magnifiques restes. Le pouvoir y appartient aujourd'hui à un roi absolu, placé sous le protectorat de la France. La capitale actuelle est *Pnom-Penh* (50 000 hab.), à la bifurcation du Mékong, aux Quatre-Bras.

2° Le *royaume de Siam*, au centre de la péninsule indo-chinoise, occupe une superficie de 633 000 kilomètres carrés et compte une population évaluée à 6 320 000 habitants.

Les Siamois sont un peuple doux, humain, actif, civilisé. Ils possèdent d'excellents agriculteurs, pratiquent le commerce avec succès, connaissent le tissage des étoffes, la teinture, et excellent dans l'art de broder. Ils ont une organisation gouvernementale complète : quatre ministres, une sorte de sénat, une armée à l'européenne, quelques navires. A leur tête se trouvent deux rois : l'un, monarque absolu, maître de la vie et des biens de ses sujets; l'autre, qui a le titre de roi et quelques attributs de la royauté, mais peu de pouvoir. Une partie du royaume de Siam est organisée patriarcalement et se contente de payer un tribut au gouvernement. Vers l'est, le Siam s'étend jusqu'au Mékong, qui le sépare de l'Indo-Chine française.

La capitale est **Bangkok** (600 000 hab.), port très fréquenté sur le Ménam inférieur; elle est traversée de canaux et formée en partie de maisons flottantes. Plus au nord, également sur un bras du Ménam, est *Siam* ou *Ayuthia* (50 000 hab.), qui fut capitale jusqu'en 1767. Dans le Laos, on remarque *Lakhon* et *Xieng-Maï* ou *Zimné* (50 000 hab.), située sur la route commerciale du Yun-Nan à Maulmeïn, marché très important.

3° L'*Indo-Chine anglaise* comprend la partie occidentale de la grande péninsule, c'est-à-dire la Barmanie, avec le Manipour, l'Arrakan et le Ténassérim, et le Gouvernement du Détroit, le long de la presqu'île de Malacca : en tout 700 000 kilomètres carrés d'étendue, avec 10 000 000 habitants.

La **Barmanie**, riche en produits agricoles et en gisements miniers (rubis, jade, houille), doit constituer pour l'Angleterre une riche colonie d'exploitation. On y compte environ 8 millions d'habitants, Barmans, Kakyen, Chan, Laotiens, Karen, en grande partie civilisés et remarquables par leur intelligence et leur activité; mais ils vivent divisés en tribus souvent hostiles

les unes aux autres, et c'est cette division qui a permis aux
Anglais d'établir leur domination dans le pays.

Les principales villes de la Barmanie sont situées sur l'Irraouaddi ou le long de la côte. Ce sont : *Bhamo*, sur l'Irraouaddi,
au point où ce fleuve devient navigable, et sur la route commerciale qui va de Rangoun à Chang-Haï par l'Irraouaddi et le
Yang-Tsé; *Mandalé* (182 000 hab.), *Amarapoura* et *Ava*, plus
au sud, sur le même fleuve, qui furent tour à tour capitales de

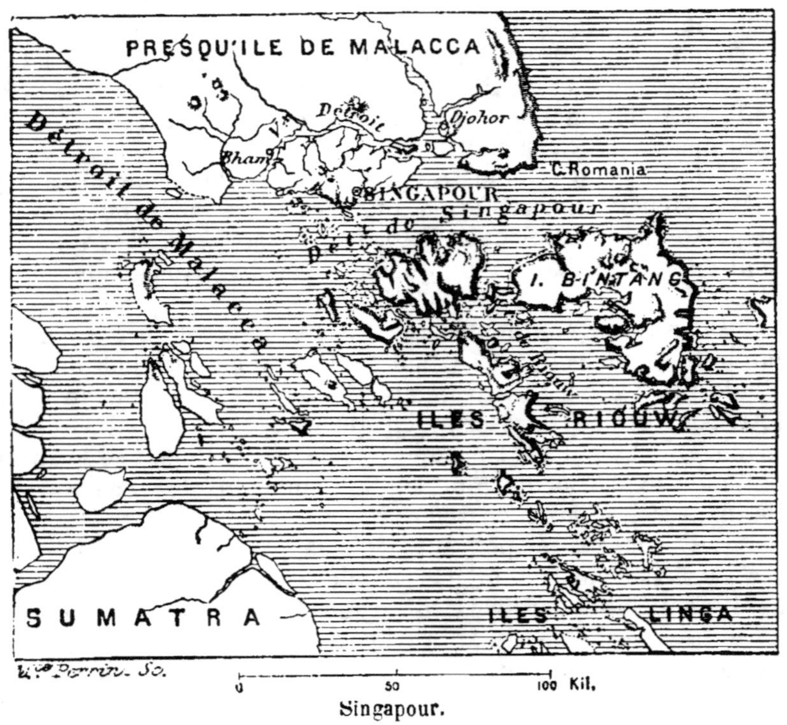

Singapour.

la Barmanie: Mandalé est la capitale actuelle depuis 1857;
Rangoun (232 000 hab.), sur un des bras orientaux du fleuve,
très grand port accessible aux plus gros navires; *Maulmeïn*
autre grand port, moins important toutefois, à l'embouchure du
Salouen.

Le **Gouvernement des Détroits** comprend les îles *Andaman*
et *Nicobar*, l'île *Poulo-Pinang*, avec le territoire de *Wellesley*;
le petit territoire de *Tulu Saggar*, sur la côte de l'État de
Pérak; le *territoire de Malacca* et l'île de *Singapour*. Ce sont

des postes maritimes ou des comptoirs commerciaux. Trois villes principales s'y trouvent : *Georgetown* (60 000 hab.), dans l'île Poulo-Pinang ; *Malacca* (20 000 hab.), et **Singapour**, la « cité des lions » (100 000 hab.). Admirablement situé à l'angle du continent et doué d'un excellent mouillage, ce dernier port fait un commerce considérable ; les échanges qui s'y font atteignent une valeur de 600 millions de francs ; c'est une ville cosmopolite ; tous les peuples de l'Extrême-Orient s'y coudoient. Singapour perdrait une partie de son importance si l'on perçait un canal à travers l'isthme de Kra ; il en est depuis longtemps question : cet isthme n'a en effet que 41 kilomètres de large, 25 m. de hauteur maxima ; le canal qui le traverserait abrége- rait singulièrement la longueur des communications entre l'Europe et l'Extrême-Orient.

4° Outre l'Indo-Chine française, l'Indo-Chine anglaise et le Siam, l'Indo-Chine renferme quelques États indépendants dans la presqu'île de Malacca : le principal est l'*État de Pérak*. Ils sont en général habités uniquement par des tribus sauvages.

L'Indo-Chine contemporaine. — La domination européenne en Indo-Chine est encore toute récente. Les Anglais ont pris Poulo-Pinang en 1786, Singapour en 1824, Malacca en 1825, l'Arrakan et le Ténassérim en 1826, le Pégou ou Basse-Bar- manie en 1852, et la Barmanie intérieure en 1885. Les Français ont annexé la Cochinchine et le Cambodge de 1863 à 1867, l'Annam et le Tonkin en 1885.

Les Européens ne peuvent avoir la prétention de fonder en ces pays, sauf au Tonkin, des colonies de peuplement. Le climat de l'Indo-Chine éprouve trop rudement l'homme blanc. Ils auront peine même à y faire triompher leurs idées et leur civi- lisation, car ils s'y trouvent en présence de peuples qui ont déjà reçu la culture chinoise et qui en garderont l'empreinte. Mais l'Indo-Chine constituera pour l'Europe une admirable colonie commerciale.

En exploiter les richesses, y trouver un chemin vers la Chine méridionale, tels sont les deux buts que les Anglais et les Français poursuivent en Indo-Chine. Pour attirer dans leurs colonies les marchandises de la Chine, les Français comptent sur les admirables voies naturelles qu'offrent le Song-Koï et le Mékong, qu'ils s'efforcent de reconnaître et d'aménager, en les débarrassant de leurs roches et en corrigeant leurs rapides : déjà de grands progrès ont été réalisés, principalement sur le

Song-Koï, qui devient une voie commerciale de plus en plus importante. On pourrait du reste doubler les voies fluviales par des voies ferrées, et plusieurs projets sont en voie d'exécution au Tonkin. — Les Anglais, n'ayant pas à leur disposition de voies fluviales aussi commodes, ont conçu le projet d'une voie ferrée qui relierait Maulmeïn à la frontière chinoise par le Siam et les États des Chans. Cette voie ferrée, longue de 1 100 kilomètres, traverserait des pays sauvages, aurait à franchir des faîtes nombreux et élevés : son exécution est donc difficile.

En ces conditions, l'Angleterre pourra-t-elle supporter la concurrence de la France, mieux placée au Tonkin pour attirer le commerce de la Chine? Cela dépendra de l'activité de nos compatriotes.

RÉSUMÉ

Indo-Chine, superficie 2 114 000 kilomètres carrés.

I. **Conditions physiques générales..** — 1° Situation favorable à l'angle sud-est du continent asiatique; 2° relief très accidenté; soulèvements divergents comme les doigts d'une main et rendant les communications difficiles par le travers de la péninsule : Arrakan-Yoma, Pégou-Yoma, Chan-Yoma, monts de l'Annam (2 765 m.); 3° climat en général tropical, plus humide et d'une température plus constante au sud qu'au nord.

II. **Aptitudes générales.** — 1° Côtes alternativement marécageuses, le long des côtes alluviales; rocheuses et découpées, le long des soulèvements montagneux; 2° fleuves nombreux, volumineux, malheureusement coupés de chutes et de rapides : Song-Koï ou fleuve Rouge, Mékong ou Cambodge, Ménam, Salouen, Irraouaddi; 3° ressources végétales abondantes : essences et cultures des pays tropicaux; bois durs, céréales, thé, café, canne à sucre, riz; 4° ressources minérales non moins abondantes : le Tonkin est en particulier fort bien pourvu.

III. **Populations.** — 37 000 000 habitants, pouvant se répartir en cinq groupes : 1° Annamites, Thaïs et Barmans, apparentés aux Chinois; 2° Kmers ou Cambodgiens; 3° peuples sauvages des Moïs, Muongs, Kakyen, etc.; 4° populations indigènes de la presqu'île de Malacca; 5° Malais. Il faut y joindre des Chinois de plus en plus nombreux, et un petit nombre d'Européens.

IV. **État actuel et villes.** — Si l'on excepte quelques États indépendants de la péninsule de Malacca, l'Indo-Chine comprend : 1° l'Indo-Chine française : Tonkin, capitale Hanoï (103 000 hab.); Annam, capitale Hué; Cochinchine, capitale Saïgon (160 000 hab.); Cambodge, capitale Pnom-Penh; en tout 21 000 000 environ d'habitants; 2° le Siam, royaume indépendant, 6 300 000 habitants ; capitale Bang-Kok (600 000 hab.), villes principales Siam et Xieng-Maï ; 3° l'Indo-Chine anglaise : Barmanie, villes principales, Bhamo, Mandalé, Rangoun (232 000 hab.), Maulmeïn ; le Gouvernement du Détroit, avec Georgetown, Malacca et Singapour (100 000 hab.).

V. L'Indo-Chine contemporaine. — La domination européenne en Indo-Chine est encore toute récente. Elle n'en fera jamais une colonie de peuplement ; mais elle pourra en faire une riche colonie d'exploitation. Les Anglais et les Français rivalisent pour attirer dans leurs dépendances respectives le commerce de transit de la Chine méridionale. Il semble que la France est mieux placée pour l'obtenir, si elle est active.

CHAPITRE IV

L'ASIE DU SUD

Au sud et au sud-ouest de l'Asie s'étendent l'Inde et les trois États du plateau de l'Iran, Afghanistan, Baloutchistan et Perse.

§ 1. — L'INDE

L'Inde est la grande péninsule triangulaire qui a pour base le rebord méridional du Thibet et pour sommet le cap Comorin. Ses bornes sont : à l'ouest, la *mer d'Oman*; à l'est, le *golfe du Bengale*; au nord, les *monts Souleïman*, l'*Himalaya* et les *monts de l'Assam*.

L'Inde mesure 3 520 kilomètres du nord au sud, 2 812 de l'ouest à l'est; sa superficie, y compris la grande île de Ceylan, dépasse 3 millions et demi de kilomètres carrés, 11 fois celle de l'Angleterre.

Conditions physiques générales. — 1° La *situation* de l'Inde rappelle celle de la Chine. Bornée vers le continent par des montagnes, dont quelques-unes sont les plus élevées du globe, l'Inde ne communique que par la mer avec le reste du monde. Aussi resta-t-elle longtemps presque ignorée de l'Europe. Les Européens ne commencèrent d'y affluer qu'après la découverte du passage de Bonne-Espérance : le percement de l'isthme de Suez a surtout grandement contribué à faciliter ses relations avec l'Europe.

2° Le *relief* de l'Inde comprend un vaste plateau triangulaire séparé de l'Himalaya, au nord, par une immense plaine basse à peine ondulée. Si le sol de l'Inde s'abaissait brusquement de 300 mètres, la plaine disparaîtrait sous les eaux de la mer, et le plateau s'élèverait comme une grande île triangulaire.

Le plateau s'appelle le Dekkan. Son altitude varie de 400 à 1000 mètres. Il présente une inclinaison bien marquée de l'ouest vers l'est, comme en témoigne la direction des rivières qui l'arrosent. Il est ceint d'une triple bordure montagneuse. A l'ouest, se dressent les *Ghâtes occidentales*, dont les points culminants sont, au sud-ouest, le mont Dodabetta (2560 m.) et l'Anamoudi (2693 m.); des brèches d'une très faible hauteur permettent de les traverser sans peine sur plusieurs points. A l'est, s'étendent les *Ghâtes orientales*, dont la saillie, moins continue que celle de l'ouest, est également moins proéminente (500 à 1000 mètres). Au nord, se dressent les *monts Satpoura, Maïkal* et *Vindhya*, dont la hauteur varie de 700 à 1200 mètres.

Le Dekkan n'est séparé de la mer que par une étroite bande de terres basses, d'origine alluviale, dont la largeur est d'une soixantaine de kilomètres à l'ouest, d'une centaine à l'est.

La grande plaine du Nord, ou *plaine indo-gangétique*, est remarquable par son peu de relief. Elle n'atteint pas 300 mètres dans le dos de pays qui sépare les eaux du Gange de celles de l'Indus. Ces deux fleuves et leurs affluents l'ont formée à la longue des débris arrachés aux terres hautes du nord et du sud.

On rattache à l'Inde la grande île de *Ceylan*, qui flanque l'Inde au sud-est, comme la Tasmanie flanque l'Australie, et qui en est séparée par le détroit de Palk. Ceylan est couverte au sud d'un massif montagneux, dont les points culminants sont le Pedrotallagalla (2538 m.) et le Pic d'Adam; au nord, l'île est formée d'une plaine basse et marécageuse. — De l'Inde dépendent également les *Laquedives*, les *Maldives* et les *Tchagos*, archipels coralligènes situés à une grande distance au sud-ouest et au sud.

3° Le **climat** de l'Inde réunit les deux traits caractéristiques des climats tropicaux, la chaleur et l'humidité.

L'*Inde est une des contrées les plus chaudes de la terre*, surtout au nord ; pendant l'été, dans la plaine indo-gangétique, le ciel est étouffant, l'air embrasé ; les alluvions sèches reflètent la chaleur ; des nuées de poussière, poussées par les vents, sillonnent le pays ; le soleil allume dans les herbes desséchées de fréquents incendies. Au sud, l'influence d'un relief mieux marqué et la proximité de deux mers concourent à rendre le climat beaucoup plus tempéré, quoique toujours chaud.

Pour l'humidité, l'*Inde appartient à la zone des moussons*. Les sables de la plaine septentrionale forment, pendant la saison chaude, comme un immense foyer d'appel qui attire l'air des mers voisines. De juin à septembre, deux courants d'air y soufflent de l'océan Indien, tout chargés de vapeurs marines qui se condensent au contact du continent. Chaque jour, aux heures les plus chaudes, le ciel s'y couvre de nuages cuivrés, nommés « éléphants » ; puis c'est une succession ininterrompue d'éclairs et d'éclats de tonnerre, et la pluie tombe à torrents.

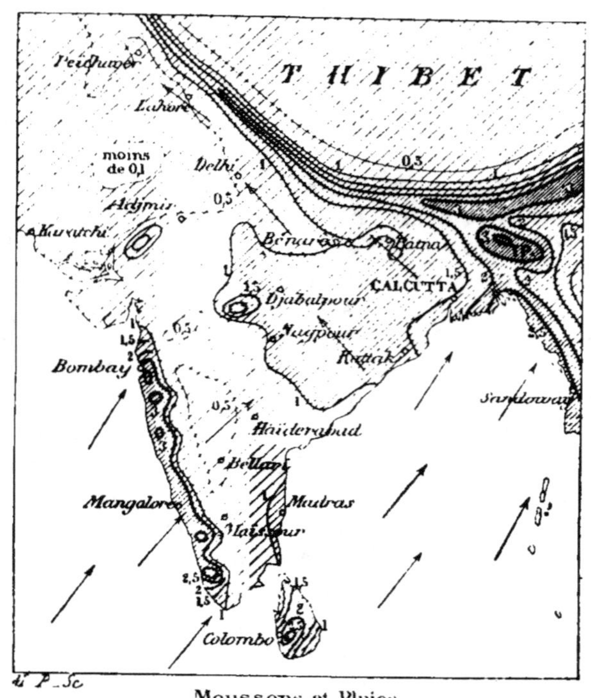

Moussons et Pluies
La hauteur des pluies est exprimée en mètres
T P. = Tcherra Poundji (plus de 12 m. par an)

La tranche annuelle des pluies dépasse partout 1 m. 50 sur la côte occidentale de l'Inde ; les pays du Gange inférieur n'en reçoivent pas moins ; la quantité d'humidité atteindrait jusqu'à 12 mètres dans le Tcherra-Poundji, au nord-est de l'Inde. Une seule région de l'Inde est privée de pluies : c'est la région du Radjpoutana, au nord-ouest ; il n'y tombe en moyenne que 10 centimètres de pluie.

Aptitudes diverses. — 1° Les *côtes* de l'Inde sont alluviales

et remarquablement rectilignes ; on y trouve peu d'îles, peu d'indentations, peu de ports, et ainsi elles se prêtent assez peu au
commerce. La côte de la mer d'Oman, ou *côte de Malabar*, renferme seulement les golfes de Katch et de Cambaye, des deux
côtés de la presqu'île de Goudjerat ; la baie que ferme l'île de
Bombay, et le fiord étroit sur lequel est bâtie Goa. La côte du
golfe du Bengale, ou *côte de Coromandel*, n'a ni rade ni crique ;
elle est semée d'étangs et de marais. Ce manque de ports naturels est d'autant plus regrettable que des cyclones violents
ravagent ces mers.

2° Les *fleuves* de l'Inde se partagent en deux groupes : les
fleuves de la plaine du Nord, *Indus*, *Gange*, *Brahmapoutra* ;
les fleuves du plateau, *Narbadah*, *Tapti*, *Mahanadi*, *Godavéri*,
Krichna et *Cavéri*.

L'**Indus**, dont le cours supérieur appartient au Thibet, s'y
grossit des afflux d'énormes glaciers ; après avoir reçu le
Kaboul, qui lui apporte les eaux de l'Hindou-Kouch et du Kafi-
ristan, il débouche en plaine à Attok. Il reçoit dans l'Inde la
Kouram, descendue de l'Afghanistan, et le *Satledj*, qui lui
amène les eaux du Pandjab. Le cours inférieur de l'Indus est
très lent : en 1200 kilomètres, il descend de 150 mètres seulement ; aussi le fleuve va-t-il en s'appauvrissant et en s'éparpillant à travers des îles et des bancs de sable. Il se termine par
plusieurs bras, dont le nombre et le cours varient sans cesse.

Le **Gange** est formé par la réunion de trois cours d'eau descendus de l'Himalaya ; ce sont, de l'ouest à l'est, la *Djamna*,
grossie du Tchambal, le *Gange* proprement dit, et la *Gogra*. Il
est, en outre, accru de plusieurs rivières importantes, le *Gandaki* et la *Kosi*, également nés dans l'Himalaya, et la *Sone*,
venue des monts Maïkal. Devenu énorme, il entoure des îles
innombrables et se termine par un delta énorme. Ses bras les
plus importants sont la *Padda*, le *Bhagirati*, le plus vénéré par
les Hindous, et le *Hougli*, accessible aux navires qui calent
8 mètres. Ce delta, fort marécageux, est très insalubre.

Le **Brahmapoutra**, né dans le Thibet sous le nom de *Tsan-
Po*, contourne l'Himalaya par l'est avant de déboucher en
plaine : il est dès lors plus considérable que le Rhône ou le
Rhin. Toutefois il reçoit encore des affluents courts, mais très
volumineux, qu'alimentent les pluies énormes du Tcherra-
Poundji. Il se termine par un delta qui se confond avec celui
du Gange. Les deux fleuves ont une bouche commune, la
Megna, dont on évalue le débit à 18 fois celui du Rhône.

Les fleuves du Dekkan ne sont comparables aux précédents ni pour la longueur, ni pour le volume des eaux. Ce sont des fleuves de plateaux : coulant au fond de ravins, ils ne peuvent servir à l'irrigation ; avant d'atteindre la mer, ils sont de plus coupés de rapides ou de chutes, à la traversée des montagnes bordières ; leur débit, enfin, est prodigieusement irrégulier, et peut varier de 5 à 6 mètres cubes jusqu'à 20 000 ou 30 000.

La *Narbadah* et la *Tapti* vont se jeter dans la mer d'Oman ; elles coulent à l'extrémité septentrionale du plateau. Le *Mahanadi*, le *Godavéri*, la *Krichna* et le *Cavéri* descendent, au contraire, vers le golfe du Bengale, en suivant la pente générale du Dekkan.

3° Les **ressources végétales** sont des plus abondantes, comme il est naturel dans un pays au soleil vivifiant et aux énormes abats d'eau qui délayent le sol et en font comme une boue végétale. L'Inde a toute l'exubérance des régions tropicales. D'énormes forêts y couvrent les plaines marécageuses de Ceylan, du Bengale et de l'Assam. Les arbres et les cultures prospèrent dans toute l'étendue du Dekkan. Seule la région de l'Indus, dont la sécheresse est extrême, n'a qu'une végétation d'arbustes épineux et de broussailles maigres qui annoncent l'Iran ou l'Arabie.

Quant aux essences, ce sont toutes celles des pays chauds : comme arbres, vingt espèces de palmiers, le manguier, le magnolia, l'ébénier, le santal, le baobab, l'arbre à pain, le caoutchouc, le bambou ; comme cultures, les céréales, froment, orge, millet, qui s'accommodent des régions modérément humides ; le coton, le tabac, le café, le thé, la canne à sucre, l'opium, le riz, les arbres à épices, les uns sur les plateaux, d'autres sur les pentes rocailleuses des montagnes, d'autres dans les plaines basses. — Dans les forêts s'agitent l'éléphant et le rhinocéros, le tigre royal et la panthère, l'hyène, le chacal et le loup, les grands serpents cobra et les gavials du Gange.

4° Les **ressources minérales** de l'Inde n'ont point la même importance. La principale est la houille : l'étendue des bassins houillers de l'Inde s'élèverait à 90 000 kilomètres carrés, mais la plupart ne renferment que des produits inférieurs : les principaux gisements sont situés dans les vallées du Mahanadi et du Godavéri.

On trouve encore dans l'Inde : du cuivre, dans l'Himalaya ; du fer, dans l'Orissa ; de l'or, dans l'Orissa et le Dekkan méridional; des pierres précieuses, etc. Ces diverses richesses n'ont qu'une importance assez minime.

Populations. — L'Inde renferme 290 millions d'habitants, le cinquième de la population totale du globe. Sa densité moyenne est de 82 habitants par kilomètre carré. Mais certaines régions n'en comptent que fort peu, tel le désert de Thar qui en a 5, et, au contraire, d'autres en ont un très grand nombre, le Bengale 186, les États de Madras, 168; Ceylan en a 55.

Cette population est très mélangée. L'Inde, dont les richesses eurent une renommée fabuleuse, était destinée à provoquer les invasions extérieures. On ne saurait dire le nombre de toutes celles qui s'y sont succédé par terre ou par mer, invasions d'hommes jaunes, comme les Mongols, et d'Aryens, Grecs, Persans, Arabes, Européens.

Au point de vue de la race, on distingue : les *populations Kolariennes*, les *Garro*, les *Thibétains*, descendants de races primitives mal connues, et présentant plusieurs traits du type mongol; — au nord, les *Hindous*, qui sont des peuples de race blanche; le type le plus beau se trouve dans le Radjpoutana; — au sud, les *Dravidiens*, qui se sont fortement mélangés d'éléments hétérogènes, mongols, australiens, malais, etc.; — enfin, les *Anglais* (76 000 environ), qui ne forment qu'un élément ethnique presque négligeable.

Au point de vue des langues, la variété n'est pas moindre. On ne compte pas moins de 120 langues ou dialectes parlés dans l'Inde. Les unes sont des langues littéraires, la plupart ne sont que des patois corrompus. Au premier rang de ces derniers figure l'*hindoustani*, dont on exige la connaissance pour entrer dans l'administration et dans l'armée, et qui tend à devenir la langue générale. L'anglais est parlé par les fonctionnaires et par les indigènes les plus instruits.

Quant aux formes religieuses, elles y sont toutes représentées, depuis le fétichisme grossier jusqu'au monothéisme. La religion la plus répandue est le *brahmanisme*, qui fut apporté dans l'Inde par les Hindous; il a 207 millions de sectateurs; son centre principal est la vallée du Gange. Viennent ensuite le *mahométisme* (57 millions), pratiqué surtout dans le Pandjab; le *bouddhisme*, répandu principalement à Ceylan. L'Inde renferme enfin des *Parsis*, des *Juifs*, des *Sikhs*, et environ 2 300 000 chrétiens. Le *christianisme* y est fort ancien; Vasco de Gama trouva déjà des chrétiens dans l'Inde quand il y aborda.

État actuel et villes. — L'Inde compte près de 700 000 villes, villages et hameaux; 26 de ces villes, situées pour la plupart dans la plaine du nord, ont plus de 100 000 habitants.

Le bassin du Gange est la région la plus prospère de l'Inde entière. Il renferme les riches provinces du Nord-Ouest, l'ancien royaume d'Aoudh, le Béhar et le Bengale. La population, qui est extrêmement dense, se compose presque exclusivement

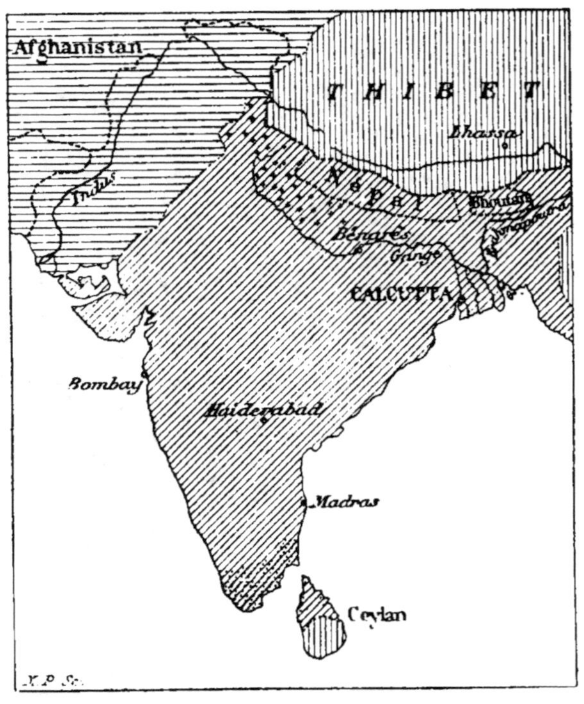

Hindous   Boudhistes   Mahométans
Chrétiens nombreux   Mahométans nombreux

Religions de l'Inde.

d'Hindous. On y trouve la capitale actuelle, **Calcutta** (1 321 000 hab., avec ses faubourgs), située sur le Hougli; elle semblait plutôt destinée à rester une ville de marchands qu'à devenir le siège d'un empire politique; les anciennes capitales politiques étaient placées plus haut sur le fleuve, et les Anglais ont déjà discuté mainte fois la question de reporter leur capitale en quelque point plus central de l'intérieur : bâtie sur un terrain marécageux, Calcutta possède un climat meurtrier. Les autres

agglomérations principales sont : *Patna* (135 000 hab.), sur le
Gange ; *Bénarès* (203 000 hab.), la ville sainte des Hindous ;
Allahabad (175 000 hab.), ville de commerce au confluent du
Gange et de la Djamna ; *Laknô* ou *Lucknow* (263 000 hab.), l'ancienne capitale de l'Aoude, au milieu de campagnes fertiles
qu'on a nommées le jardin de l'Inde ; *Cawnpore* (197 000 hab.),
sur le Gange ; *Agra* (188 000 hab.), sur la Djamna, ancienne
capitale de l'empire des Grands Mongols ; *Delhi* (208 000 hab.),

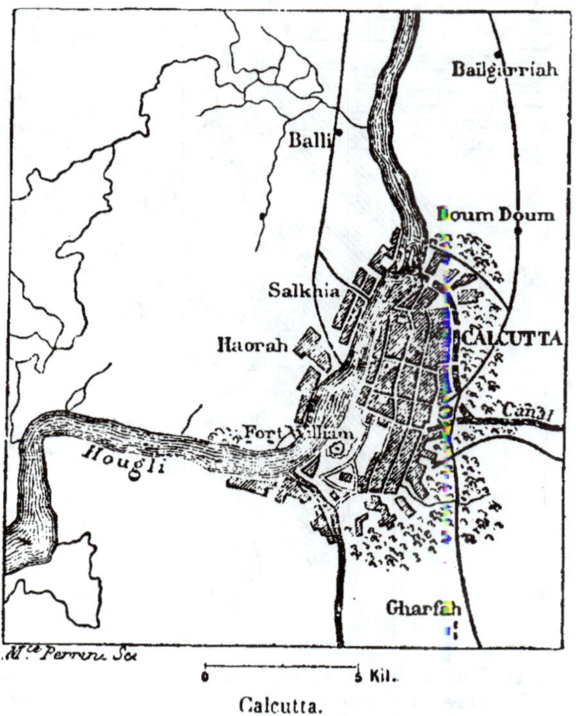

Calcutta.

sur la Djamna, autre résidence préférée des empereurs mongols.
    Le bassin de l'Indus, bien moins arrosé, est beaucoup moins
prospère ; toute une région est même déserte. La partie la
plus riante est celle qui s'étend au pied de l'Himalaya.
Dans le Pandjab, s'élèvent *Amritsar* (162 000 hab.) et *Lahore*
(120 000 hab.), célèbres par leurs temples et par leurs palais.
La capitale du Radjpoutana est *Djaïpour* (159 000 hab.), non loin
de la lisière orientale du désert de Thar. Le port de *Karatchi*
(115 000 hab.) garde le débouché de la vallée de l'Indus.

Le Dekkan n'a point l'exubérante fécondité de la plaine du Bengale; les cultures y sont néanmoins fort prospères. Le climat est généralement plus salubre que dans la plaine elle-même, en raison de l'altitude, et c'est dans les régions élevées des Ghâtes Occidentales que les Anglais vont se refaire, en des sanatoria, des fatigues dues au climat anémiant des parties basses. La principale ville du plateau est *Haïderabad* (446 000 hab., avec ses faubourgs). On peut citer encore, plus à l'ouest, *Pouna* (111 000 hab.), au milieu des Ghâtes Occidentales; plus au sud, *Bangalore* (159 000 hab.), sur le plateau de Maïssour, renommée pour sa salubrité, et *Trichinopoli*, au centre de l'Inde méridionale, si riche en rizières, en palmiers, en vergers, en champs de tabac.

Sur la côte de Malabar, la seule grande ville est **Bombay**, qui compte 770 000 habitants, avec ses faubourgs. Située à l'extrémité méridionale d'un petit archipel qui protège, vers l'est, une large baie où mouillent les vaisseaux à l'abri de la redoutable mousson, elle eut dès l'abord une grande importance commerciale; c'est aujourd'hui une ville industrielle et le premier port de commerce de l'Inde; elle exporte principalement des céréales et le coton du pays de Malwa. Beaucoup plus au sud se trouvent *Goa*, et les anciens comptoirs de *Mangalore* et de *Calicut*, qui eurent jadis presque autant d'importance que Bombay.

Sur la côte de Coromandel, le premier rang revient à **Madras** (509 000 hab.); malheureusement l'atterrissement y était difficile naguère encore, et de grands travaux ont dû être entrepris pour permettre aux navires d'un certain tonnage d'y aborder. Au nord de Madras, se trouve l'ancien comptoir de *Masulipatam*; au sud, sont *Pondichéry*, *Karikal* et *Nagapatam*.

Ceylan est une des régions les plus chaudes, les plus humides, les plus luxuriantes de l'Inde entière. Des forêts exubérantes et diverses cultures tropicales, entre autres le thé qui a remplacé le café depuis 1873, y prospèrent. La population est en moyenne de 55 habitants par kilomètre carré. La capitale est *Colombo* (110 000 hab.), à l'ouest, sur la côte du golfe de Manaar, qui sépare l'île du continent.

L'Inde contemporaine. — Jusqu'à la fin du xvᵉ siècle, l'Inde ne fut guère visitée par les Européens; ils ne s'y répandirent qu'après la découverte de Vasco de Gama. Les Portugais y fondèrent d'abord des comptoirs sur la côte de Malabar; puis les

Anglais et les Français s'en disputèrent la possession; quelques autres peuples y créèrent enfin divers établissements plus ou moins prospères. L'Inde appartient aujourd'hui aux Anglais, qui s'y fixèrent sur quelques points des côtes au xvii° siècle, profitèrent des fautes des Français au xviii°, et enfin, maîtres du Bengale et du Dekkan, complétèrent leur conquête, au xix°, par l'occupation du pays de Maïssour, du royaume d'Aoude, du Sind et du Kachmir.

L'Inde actuelle comprend, au point de vue politique, quatre sortes de territoires : 1° des *colonies étrangères* : Diu, Daman et Goa, 572 000 habitants, aux Portugais; Pondichéry, Mahé, Karikal, Yanaon, Chandernagor, 273 000 habitants, à la France; — 2° *quelques États indépendants*, le Bhoutan et le Népal, situés sur les pentes de l'Himalaya; 3° des *États protégés*, dont les plus importants conservent une apparence de souveraineté sous la haute surveillance de résidents anglais : le plus considérable est l'État médiatisé d'Haïderabad; — 4° les *possessions directement administrées par l'Angleterre* : elles sont divisées en trois présidences, Calcutta, Bombay et Madras; à la tête de l'administration se trouvent le roi d'Angleterre, empereur des Indes, un vice-roi, un conseil des Indes siégeant à Londres, des gouverneurs et lieutenants-gouverneurs assistés de conseils. Les Anglais n'ont qu'une armée de 200 000 hommes, aux deux tiers indigènes, pour y maintenir leur autorité. La force de leur domination vient des rivalités qui existaient dans la péninsule et qu'ils y entretiennent soigneusement, en continuant le système du français Dupleix.

L'Angleterre a fait de remarquables efforts, depuis un siècle, pour améliorer la condition de l'Inde et pour en augmenter tout à la fois le bien-être matériel et moral des populations. L'instruction a été soigneusement répandue, les mœurs se sont adoucies; certaines coutumes barbares ont disparu, comme les anciennes cérémonies funéraires, où les veuves des grands se faisaient brûler sur le corps de leurs époux, comme l'infanticide des filles ou les sacrifices humains. Des routes, des canaux d'irrigation et de navigation, des chemins de fer, des lignes télégraphiques, ont été construits. L'agriculture a pris un merveilleux développement, et, d'année en année, deviennent moins menaçantes les famines qui, comme celle de 1877, enlèvent jusqu'à 4 millions d'hommes. L'industrie est moins florissante, surtout à cause des lois établies par l'Angleterre pour favoriser les industries de la métropole au détriment de celles mêmes de l'Inde. Les progrès du commerce font ressortir le progrès économique réalisé depuis un siècle : le commerce extérieur de l'Inde, qui vers 1750 n'était que de 25 millions de francs, atteint aujourd'hui un total de 4 350 millions. Ce développement ne pourrait que s'accroître si l'on construisait les voies ferrées,

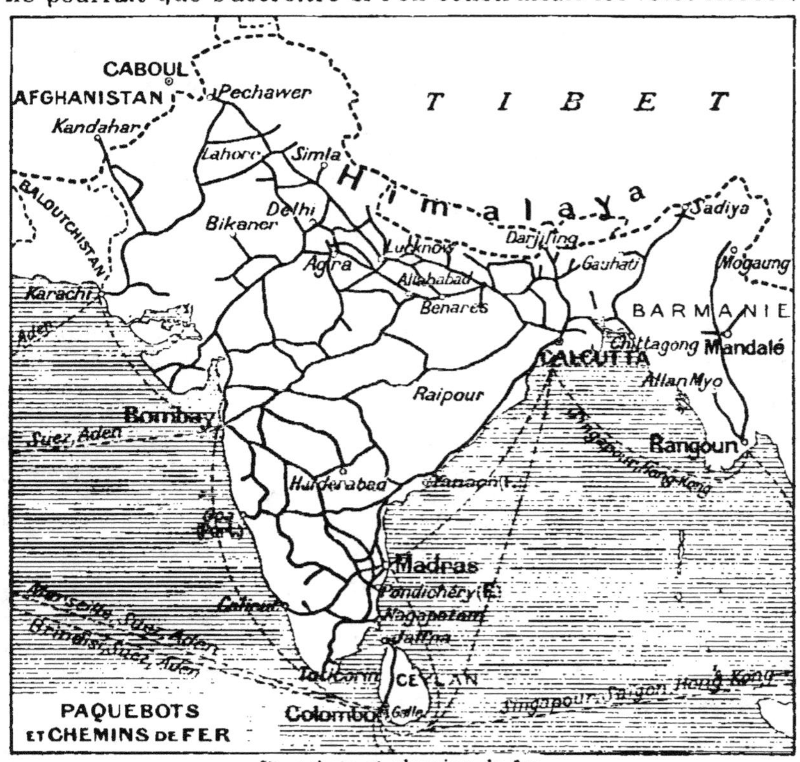

Paquebots et chemins de fer.

depuis longtemps en projet, qui doivent relier l'Inde à l'Europe par l'Asie Mineure, la Mésopotomie et l'Iran.

En attendant, les Anglais n'ont pas pris racine dans l'Inde. Suivant une expression populaire, « le Breton et l'indigène s'associent comme l'huile et l'eau ». L'antipathie entre les deux races va croissant, entretenue par la presse indigène, dont le thème habituel est que l'Inde doit appartenir aux Hindous, qu'elle doit cesser d'être administrée et exploitée dans l'intérêt des Anglais, « qui dévorent sa substance comme les chenilles épuisent la sève des arbres ». Les Anglais ne se font point illusion sur les sentiments qu'ils inspirent en ce pays : « Les plus intelligents des indigènes, écrit l'un d'eux, reconnaissent les bienfaits de notre gouvernement; mais la masse aime mieux être mal gouvernée par ses chefs que bien par nous ».

RÉSUMÉ

Inde : 3 millions et demi de kilomètres carrés d'étendue.

I. Conditions physiques générales. — 1° Situation analogue à celle de la Chine; l'Inde tourne le dos au continent; 2° comme relief, un vaste plateau au sud, le Dekkan, borné par les Ghâtes Occidentales et Orientales, les monts Satpoura, Maïkal et Vindhya; une grande plaine presque sans relief au nord; îles de Ceylan, Laquedives, Maldives et Tchagos; 3° climat tropical, à la fois très chaud et très humide; l'Inde appartient à la zone des moussons.

II. Aptitudes diverses. — 1° Les côtes de l'Inde sont alluviales, rectilignes, assez peu favorables au commerce; on les nomme, à l'ouest, côte de Malabar, à l'est côte de Coromandel; 2° les fleuves se divisent en deux groupes : les fleuves des plaines, Indus (Kaboul, Satledj), Gange (Djamna, Gogra, Gandaki, Kosi, Sône), Brahmapoutra; les fleuves du plateau, Narbadah, Tapti, Mahanadi, Godavéri, Kricnna, Cavéri; 3° les ressources végétales luxuriantes et abondantes : forêts, cultures, essences et plantes tropicales; 4° les ressources minérales n'ont point la même abondance : tout en petite quantité.

III. Populations. — 290 millions d'habitants, 82 en moyenne par kilomètre carré. Population du reste très mélangée : races diverses (populations kolariennes, Thibétains, Hindous, Dravidiens, 76 000 Anglais); environ 120 langues (hindoustani, etc.); religions multiples (brahmanisme, bouddhisme, mahométisme, christianisme, etc.).

IV. État actuel et villes. — Dans le bassin du Gange, Calcutta (1 321 000 hab.), Patna, Bénarès (203 000 hab.), Allahabad, Laknô ou Lucknow (263 000 hab.), Cawnpore, Agra, Delhi; — dans le bassin de l'Indus, Amritsar, Lahore, Djeipour, Karatchi; — dans le Dekkan, Haïderabad (446 000 hab.), Pouna, Bangalore, Trichinopoli; — sur la côte de Malabar, Bombay (770 000 hab.); — sur la côte de Coromandel, Madras (509 000 hab.); — dans Ceylan, Colombo (110 000 hab.).

V. L'Inde contemporaine. — Elle comprend des colonies étrangères, quelques États indépendants, des États protégés, mais elle appartient surtout à l'Angleterre. Celle-ci a contribué singulièrement au progrès moral et matériel de la péninsule, surtout par la diffusion de l'instruction et par le développement des travaux publics. Toutefois elle y est peu aimée, et de nombreux indigènes réclament leur indépendance : ils ne veulent plus être exploités, disent-ils, par l'Angleterre.

§ 2. — LE PLATEAU DE L'IRAN

Politiquement, le nom d'Iran est le terme officiel par lequel les Persans désignent leur État. Géographiquement, il s'étend à tout le plateau que limitent : au nord, le *Turkestan* et la *Caspienne* ; à l'ouest, la *plaine de Mésopotamie* ; au sud, le *golfe Persique* et la *mer d'Oman* ; à l'est, la *plaine de l'Indus.*

Ainsi délimité, l'Iran ne mesure pas moins de 4500 kilomètres sur 1400. Sa superficie s'élève à 2700000 kilomètres carrés.

Conditions physiques générales. — 1° La *situation* de l'Iran est en petit celle du grand massif central de l'Asie : c'est un plateau qui isole et qui domine à la fois toutes les plaines de son pourtour ; il a par suite une importance stratégique et commerciale considérable.

Toutefois il est plus accessible que la région centrale. Sur deux points la mer la baigne directement : au nord, c'est, il est vrai, une mer fermée qui ne mène nulle part ; mais, au sud, c'est le golfe Persique et la mer d'Oman, qui s'ouvrent sur l'océan Indien.

2° Le *relief* présente la forme la plus commune en Asie ; l'Iran est un plateau rattaché au Pamir par un isthme montagneux, large de 300 kilomètres entre l'Amou-Daria et l'Indus. De hauts talus bordent de toutes parts le plateau de l'Iran.

Les montagnes du pourtour, quoique inférieures aux sommets de l'Asie centrale, sont fort hautes. Ce sont : au nord-est, l'**Hindou-Kouch**, dont le point culminant, le *Tiritchmir*, couvert de neiges et de glaciers, n'a pas moins de 7500 mètres, et dont les cols sont très élevés ; le principal est la *passe de Baroghil* ; malgré son altitude, l'Hindou-Kouch se laisse facilement franchir ; — au nord, les *Paropamisades* (Kouh-i-Baba, 5486 m.), à travers lesquelles divers torrents ouvrent des chemins naturels d'accès relativement facile ; les *monts du Khorassan* (2400 à 3200 m.) ; l'**Elbours** (Demavend, 5628 m. ; col de Chamcherbour, ou anciennes « Pyles Caspiennes ») ; — au nord-ouest, le *massif d'Arménie* (Savalan, 4844 m. ; Sehend, Kara-Dagh) ; — au sud-ouest, les *monts Zagros* (monts Elvend, Kouh-i-Dena, 5200 m., etc.), dont la disposition rappelle celle de notre Jura ; on dirait, dit un voyageur, « des bataillons en colonnes de compagnie » ; — à l'est, enfin, les *monts Brahoui* (3 650 m.) et le *Soulaiman-Dagh*, qui ne dépassent guère 3 500 mètres en leurs points culminants.

Le plateau vaguement triangulaire qu'enceignent ces montagnes est sillonné de soulèvements et creusé de cavités où les eaux s'amassent, en formant des lacs. En certains points, le sol s'y abaisse jusqu'à 150 mètres seulement d'altitude. Les principales de ces cavités sont celles où dorment les *lacs Ourmiah* et *Niris*, et surtout, au centre, la *dépression du Hamoun*, marécage ou mer immense, suivant la saison. Ces lacs, comme presque tous ceux qui n'ont pas d'écoulement, sont extrêmement salés : M. Dieulafoy a vu sur le lac Niris des masses de sel qui flottaient à la surface, comme les icebergs des mers polaires. On constate que la plupart de ces lacs sont en voie de desséchement, ainsi que tous ceux de l'Asie centrale.

3° Le *climat* varie nécessairement du nord au sud ; mais il présente partout des caractères continentaux. La sécheresse y est extrême : il y tombe quelques pluies l'hiver ; puis, pendant huit à neuf mois, le ciel reste sans un nuage ; l'air, qui n'est chargé ni de vapeur ni de poussière, garde une pureté incomparable. En résumé, la majeure partie du plateau ne reçoit pas annuellement plus de 25 centimètres de pluie ; tout le centre n'en reçoit pas 15 centimètres.

Cette sécheresse a pour conséquence des variations de température subites et extrêmes. La pureté de l'atmosphère n'opposant aucune résistance aux rayons solaires et au rayonnement nocturne, on peut passer en moins de quelques heures d'une température basse à la chaleur la plus étouffante. M. Dieulafoy a constaté, le 20 juillet 1881, sur une montagne, 7 degrés avant l'aurore et 62 degrés au soleil à 8 heures du matin.

La seule région de l'Iran qui fasse quelque peu exception, c'est la zone bordière de la Caspienne ; les pluies y sont abondantes, et la température beaucoup plus égale.

Aptitudes diverses. — 1° Les *côtes* de l'Iran, d'ailleurs peu nombreuses, sont presque exclusivement rocheuses, c'est-à-dire découpées et riches en abris. Sur la Caspienne, les indentations principales sont la *baie d'Enzeli* et la *baie d'Hassan-kouli* ; sur le golfe Persique et la mer d'Oman, frangés de petites anses circulaires bien dessinées, la côte est longée par des îles, dont les plus importantes sont l'*île de Kichm*, et l'*île* *d'Ormus*, dans le détroit qui ouvre le golfe Persique entre l'Iran et l'Arabie.

2° Les **fleuves** de l'Iran n'ont qu'une faible importance. Bien que de hautes montagnes hérissent ce plateau et portent parfois des glaciers, l'Iran ne possède aucun grand bassin fluvial. Les rivières iraniennes se partagent en un groupe extérieur et un groupe intérieur.

Le premier se compose de rivières divergentes qui, issues de l'Iran, en traversent les montagnes bordières et vont porter leurs eaux aux plaines du pourtour. Les principales d'entre elles sont : le *Mourghab* et l'*Héri-Roud* ou *Tedjent*, qui sont absorbés par les sables du Turkestan; l'*Atrek* et le *Kyzyl-Ouzen* ou *Sefid-Roud*, tributaires de la Caspienne; la *Diyala*, la *Kerkha* et le *Karoun*, affluents du Tigre ou du Chat-el-Arab; le *Prestaf*, l'*Ab-i-Chour* et le *Dacht*, fleuves côtiers du sud, et le *Kaboul*, torrent énorme qui porte ses eaux à l'Indus. — Ces fleuves, traversant les brèches de la montagne, donneraient accès sur le plateau s'ils étaient navigables; mais trop de rapides barrent leur cours. La plus importante de ces voies de pénétration est le Karoun, qu'on pourrait sans trop de peine aménager dans une bonne partie de son cours jusqu'à Chouster.

Le second ne comprend qu'un petit nombre de rivières, qui vont se terminer dans les bassins fermés du plateau. On remarque parmi elles : le *Zendé-Roud* (Fleuve de Vie), qui traverse Ispahan, puis se perd dans les sables; le *Band-Émir*, au sud-ouest; le *Haroud-Roud* et le *Hilmend* (1100 kil.), qui s'achèvent dans la dépression du Hamoun. — Ce sont, en somme, de pauvres rivières, desséchées pendant l'été, abondantes seulement pendant la courte saison des pluies.

3° Les **ressources végétales** de l'Iran varient d'un point à l'autre du plateau, suivant la quantité d'humidité reçue. Plus de la moitié de sa surface, n'ayant que des pluies insuffisantes, forme un désert sans ressources et sans végétation; tout le centre de l'Iran est au nombre des régions les plus ingrates de la terre pour l'homme, avec la Mongolie, les déserts du Turkestan, l'Arabie et le Sahara, qui semblent les prolonger vers l'est et vers l'ouest.

Les parties arrosées, c'est-à-dire les montagnes du pourtour qui arrêtent et condensent les nuées, sont moins désolées. Les arbres y sont rares en général, car les étés sont partout invariablement trop secs; mais on y trouve des pâturages, des champs de céréales, de chanvre, de lin, de tabac, sur les pentes élevées des montagnes; des plantations de mûriers et des vignes, sur les pentes inférieures; des rizières et des champs de coton, dans les bas-fonds humides.

Les deux provinces littorales de la Caspienne, qui ont grande humidité et grande chaleur, ont une végétation des plus luxuriantes. Leur fécondité est extraordinaire. « Le grain tombé des épis suffit à y faire lever une moisson nouvelle, disait Strabon; les arbres y servent de ruches aux abeilles et laissent le miel dégoutter de leurs feuilles. » Aujourd'hui d'épaisses forêts et des cultures prospères tapissent entièrement tout ce pays.

4° Les *ressources minérales* ne manquent pas à l'Iran; elles se trouvent dans les montagnes du pourtour. L'Hindou-Kouch renferme des veines d'argent, de zinc, de plomb, de cuivre; les Paropamisades et les monts du Khorassan, des mines d'or, d'argent, de cuivre, d'étain, de plomb, de fer, des gisements de pierres précieuses; l'Elbours et les monts d'Arménie ne sont pas moins riches en minéraux utiles; enfin, on a reconnu dans le Farsistan, au sud-ouest, des mines de pétrole blanc d'une grande pureté.

Populations. — La population totale du plateau de l'Iran est évaluée à 15 millions d'habitants environ, soit 5 en moyenne par kilomètre carré. Tout le centre est désert; la densité augmente du centre vers le pourtour; la région montagneuse de l'ouest est la plus peuplée.

Ces populations sont très mélangées. Au fond, elles n'appartiennent qu'aux deux grandes races de l'Asie centrale, Iraniens et Touraniens; mais ces deux éléments se sont combinés et mêlés de façon très diverse. Parmi les **Iraniens**, les plus nombreux, se trouvent les *Persans*, renommés pour leur beauté et leur intelligence, les *Kourdes* à l'ouest, les *Tadjicks* dans les vallées des Paropamisades, les *Afghans* et les *Baloutches* à l'est du plateau : les Iraniens, hommes de race blanche, sont en majorité sédentaires. Les **Touraniens**, qui sont de race jaune, sont le plus souvent nomades : parmi eux, sont les *Turcs* et les *Turkmènes*, répandus dans les provinces septentrionales de la Perse; les *Hezareh* et les *Aimaks*, qui vivent dans les déserts du centre et les montagnes du nord-est.

État actuel et villes. — L'Iran comprend deux parties absolument distinctes : le centre et le pourtour.

Le *centre*, sans eau, se compose de vastes plateaux sablonneux, entrecoupés d'argiles dures et de rochers; çà et là des amas de sel indiquent d'anciens lacs évaporés ; à peine de loin en loin une oasis. Le désert le plus redouté est le *désert de Lout*, dont la traversée à dos de chameau exige trois jours et quatre nuits; il est plus désolé, dit-on, que le Gobi et le Sahara. Plus vaste mais moins stérile est, au nord, le *Grand Désert Salé*. Les hommes y sont naturellement fort rares, ou manquent tout à fait; ils n'y peuvent mener que la vie nomade.

Le *pourtour* a des cultures, parce qu'il reçoit de l'humidité. C'est lui qui recèle en outre les richesses minérales. Toute la vie humaine s'y est concentrée; presque toutes les villes y sont bâties, soit au fond des vallées bien abritées, soit à l'entrée des gorges qui conduisent du plateau vers les plaines bordières, soit aux confins de la montagne et du désert intérieur. L'emplacement des villes résulte si bien de la configuration et de l'aspect général du plateau, que les principales cités modernes occupent l'emplacement même des grandes cités anciennes.

Au point de vue politique, l'Iran se divise en trois États: la *Perse*, le plus étendu, a 9 millions d'habitants, dont 2 500 000 nomades; l'*Afghanistan*, au nord-est, en renferme 5 millions; le *Baloutschistan*, au sud-est, seulement 847 000.

1° La **Perse** forme une monarchie absolue, dont le souverain s'appelle *chah*; il exerce son pouvoir par les gouverneurs de provinces, *hakems* et *naïebs*, qui recueillent l'impôt, ont le droit de vie, de torture et de mort; les nomades de l'intérieur restent presque complètement indépendants.

La capitale actuelle de la Perse est **Téhéran** (250 000 hab.), qui remplace l'antique Rhagès, située plus au sud, et Rhaï, ancienne capitale des Arabes, ruinée par l'invasion mongole, au xiiiᵉ siècle : bâtie au pied de l'Elbours, elle est située à peu près à égale distance de la coupure du Kyzyl-Ouzen et du col de Chamcherbour, les deux passages qui mènent à la Caspienne.

Au nord, se trouve encore *Mechhed* (70 000 hab.), dans le Khorassan; les deux ports de *Barférouch* (30 000 hab.) et de *Recht* (41 000 hab.), sur la Caspienne. Au nord-ouest, dans l'Arménie persane, s'élève *Tabriz* ou *Tauris* (180 000 hab.), seconde cité de la Perse, très importante ville de commerce sur la route de la Caucasie et de l'Europe. A l'ouest, sont situées *Hamadan* (35 000 hab.), l'ancienne Ecbatane, bâtie à 1 877 mètres d'altitude sur les pentes septentrionales du mont Elvend; *Kermanchah* (32 000 hab.), capitale du Kourdistan;

Dizfoul (30 000 hab.), dans le Khouzistan, non loin de l'ancienne Suse, aujourd'hui simple agglomération de buttes herbeuses; *Kachan* (30 000 hab.), industrieuse et prospère, sur la route d'Ispahan à Téhéran; *Ispahan* (80 000 hab.), qui fut la capitale de la Perse jusqu'à l'époque de Tamerlan qui l'assiégea, et qui, irrité de sa résistance, la mit à feu et à sang; *Chiraz* (32 000 hab.), capitale du Farsistan, non loin des ruines de Persépolis, capitale des anciens rois de Perse; *Yezd* (55 000 hab.), grand centre de l'industrie de la soie, sur la limite du désert; *Kirman* (70 000 hab.), à la porte du désert de Carmanie;

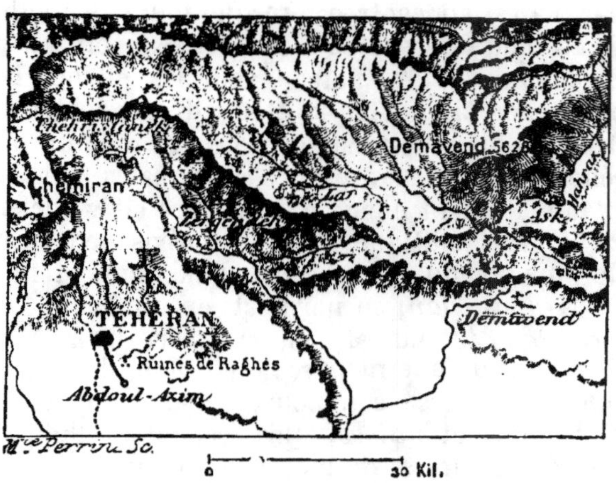

Téhéran et le Démavend.

Bouchir et *Bandar-Abbas*, les deux ports principaux par lesquels la Perse communique avec l'extérieur.

2° **L'Afghanistan** ne possède qu'une unité bien moins marquée. Il est divisé en tribus, subdivisées en clans et sous-clans, ou *kheils*, ayant chacun son chef indépendant.

Il renferme trois grandes villes : à l'ouest, **Hérat** (50 000 hab.), l'ancienne Aria, une des clefs de l'Inde, sur le Héri-Roud : ses jardins sont parmi les plus frais de l'Orient; — plus à l'est, **Kaboul** (75 000 hab.), au débouché des routes qui traversent l'Hindou-Kouch, et qui, par le col de Khaïber, gagnent la vallée moyenne de l'Indus; son importance stratégique et commerciale est grande; — au sud, **Kandahar** (60 000 hab.), l'ancienne Alexandrie d'Arachosie, sur la route du col de Bolan, qui ouvre la route de l'Inde.

3° Le **Baloutchistan** n'a pas plus d'unité; mais il est placé dans la dépendance effective de l'Angleterre depuis 1876. En échange d'un subside annuel de 100 000 roupies, le khan du Baloutchistan s'est engagé à combattre par toutes voies et moyens les ennemis de la Grande-Bretagne et à n'entretenir aucune relation avec les autres États étrangers. En vertu de ce traité, la place de Kwatah, qui commande la passe ou col de Bolan, est occupée par une garnison anglaise.

Le Baloutchistan ne renferme que des villes médiocres. Sa capitale, *Kalat*, est une petite ville de 14 000 habitants, qui doit son importance à sa situation au-dessus de la plaine de l'Indus.

L'Iran, son présent et son avenir. — L'Iran a dû à sa situation d'être mainte fois traversé par des expéditions armées qui ont cherché à y dominer. Alexandre le Grand le traversa et y fonda de nombreuses cités qui devaient favoriser l'extension de son empire jusqu'à l'Inde. Les Arabes s'en emparèrent au moyen âge. Puis ce furent les Mongols.

Aujourd'hui, il manque à ce pays une unité politique, du reste bien difficile à créer, en raison de la configuration du pays. Les relations sont trop difficiles entre les provinces périphériques à travers le désert central. Le morcellement du pays empêche l'action d'un gouvernement actif et fort, et toutes les conséquences qui en résultent partout, pillages et maraudes, arbitraire général, exagération des dîmes et redevances qui ruinent le pays. Le fanatisme religieux est une autre cause de ruine pour l'Iran; il faudrait à ce pays un travail d'entretien constant; or le fatalisme mahométan favorise au contraire l'incurie et la négligence. On calcule que la cinquantième partie seulement du territoire est cultivée.

Toutefois l'importance de sa situation n'est pas moindre aujourd'hui qu'autrefois, et l'Iran excite des convoitises, principalement chez les Russes et les Anglais. Les Russes le convoitent pour s'étendre jusqu'au golfe Persique. Les Anglais voudraient s'y établir, ou du moins empêcher les Russes de le faire, afin de maintenir plus facilement leur domination sur l'Inde. Les uns et les autres cherchent en outre à faire entrer l'Iran dans leur dépendance économique.

Jusqu'à présent les Russes et les Anglais ont obtenu des concessions de travaux publics à peu près équivalentes. Les Anglais ont construit de Chikarpour, sur l'Indus, au col Bolan une voie ferrée en construction jusqu'à Kandahar; en 1888, ils ont obtenu la libre navigation du Karoun. Les Russes ont obtenu la construction de deux voies ferrées reliant, l'une Bakou à Recht et Téhéran, l'autre Mechhed au Transcaspien.

RÉSUMÉ

Iran : superficie, 2 700 000 kilomètres carrés.

I. Conditions physiques générales. — 1° Situation importante : l'Iran domine des plaines importantes; il est d'ailleurs plus accessible que le plateau central d'Asie; 2° comme relief, un grand plateau triangulaire, semé de dépressions, coupé de soulèvements, encadré de hautes montagnes, Hindou-Kouch (7 500 m.), Paropamisades, Elbours (5 628 m.), massif d'Arménie, monts Zagros, Soulaïman-Dagh; 3° climat essentiellement continental, très sec, sujet à des variations extrêmes et soudaines.

II. Aptitudes diverses — 1° Côtes peu développées, mais en général rocheuses, découpées, propres au commerce; 2° fleuves répartis en deux groupes : les fleuves extérieurs, ouvrant des voies d'accès au plateau, Mourghab, Héri-Roud, Diyala, Kerkha, Karoun, Dacht, Kaboul; fleuves intérieurs, aboutissant en des lagunes sans issue, Hilmend, etc.; 3° ressources végétales médiocrement abondantes, bornées au pourtour, qui seul est suffisamment humide; comme essences, celles des pays chauds et secs (tabacs, mûriers, vignes), à l'exception de quelques parties très arrosées; 4° ressources minérales mal reconnues, mais qui semblent assez importantes dans les montagnes du pourtour.

III. Populations. — 15 millions d'habitants; densité nulle au centre, plus forte à la périphérie. Hommes très mélangés : Iraniens ou Blancs (Persans, Kourdes, Tadjicks, Afghans, Baloutches), Touraniens ou Jaunes (Turcs, Turkmènes, etc.).

IV. État actuel et villes. — Le centre est désert (désert de Lout, Grand Désert Salé); le pourtour est plus riant e' .enferme toutes les villes. Trois États sur l'Iran : 1° Perse (9 000 000 hab.), capitale Téhéran (250 000 hab.) : villes principales Mechhed, Recht, Tabriz ou Tauris (180 000 hab.), Hamadan, Kachan, Ispahan, Yezd, Kirman, etc.; 2° Afghanistan (5 000 000 hab.), villes principales Hérat, Kaboul (75 000 hab.), Kandahar, trois clefs de l'Inde; 3° Baloutchistan (847 000 hab.), capitale Kalat : ce pays est dans la dépendance des Anglais.

V. L'Iran : présent et avenir. — L'Iran est actuellement peu prospère, faute d'unité et d'ordre, et aussi par l'incurie fataliste de ses habitants, qui sont musulmans. Sa situation excite les convoitises des Russes et des Anglais, qui y ont obtenu diverses concessions de travaux publics dont profitera du reste l'Iran.

CHAPITRE V

L'ASIE OCCIDENTALE OU TURQUE

L'Asie occidentale, appelée parfois aussi Asie Antérieure, comprend toute la région située à l'ouest d'une ligne qui unit la Caspienne à l'entrée du golfe Persique. Sa forme générale est celle d'un immense quadrilatère, prolongé par les deux vastes promontoires d'Asie Mineure et d'Arabie. Elle couvre une superficie de 2 millions de kilomètres carrés.

Baignée par la mer Noire, la mer Égée et la Méditerranée, ainsi que par la mer Rouge, l'océan Indien et le golfe Persique, lieu de passage entre les trois continents d'Europe, d'Afrique et d'Asie, on peut dire qu'elle occupe le centre de l'ancien continent. Mais, d'un relief très compliqué, manquant d'unité naturelle, composée de contrées disparates, soumise au peuple indolent des Turcs, elle est faiblement peuplée et peu civilisée.

L'Asie occidentale est une au point de vue politique. Mais elle comprend cinq pays distincts : l'Asie Mineure, la Syrie, l'Arménie turque, la Mésopotamie et l'Arabie.

§ I. — L'ASIE MINEURE

On nomme ainsi la péninsule que limitent la mer Noire, la mer de Marmara, la mer Égée, la Méditerranée et la Mésopotamie. Elle se joint aux autres plateaux asiatiques par les montagnes d'Arménie et par l'Iran. On lui rattache les îles de Mytilène, Chio, Samos, les Sporades, Rhodes et Chypre.

Conditions physiques générales. — 1° La *situation* de l'Asie Mineure sur le bassin méditerranéen est pour ce pays un puissant avantage. Voisine de l'Europe, dont elle n'est séparée que par l'étroit Bosphore, dont la largeur ne dépasse pas 550 mètres, et par les Dardanelles, qui ne sont pas sensiblement plus larges, l'Asie Mineure est un important lieu de passage, en même temps que la façade de l'Asie sur la Méditerranée.

2° Le *relief* présente la forme la plus fréquente en Asie, celle du plateau : l'Asie Mineure est le plateau le plus occidental de l'Asie. Son altitude moyenne est d'environ 1000 mètres ; des plissements parallèles la sillonnent ; elle est parsemée de cônes volcaniques, sortes d'îles montagneuses, dont la principale est le mont *Argée*, qui monte à 4000 mètres ; ailleurs, elle est creusée de dépressions où les eaux se sont amassées en lagunes marécageuses et en lacs salés, dont le plus étendu est le *Touz-Gœl* (750 m.), où un explorateur russe, M. de Tchihatcheff, trouva une couche de sel épaisse par endroits de 2 mètres.

Ce plateau est encadré par de hautes berges abruptes. Au sud, se dresse le **Taurus**, dominé par l'*Ak-Dagh* ou « mont Blanc » (3030 m.), le *Beï-Dagh* et le *Metdesis* (3500 m.) ; au sud-est, s'élève l'*Anti-Taurus* ; au nord, le long de la mer Noire, les *Alpes Pontines*, dont peu de sommets dépassent 2000 mètres. — Une zone côtière, formée d'alluvions et en général peu large, s'étend comme une ceinture autour du plateau, le long des mers du pourtour.

3° Le **climat** de l'Asie Mineure est celui de tous les plateaux, c'est-à-dire continental, extrême et sec. Bien que sa latitude soit celle des plaines espagnoles de Valence, ses hivers sont longs et rigoureux : la moyenne thermométrique, qui s'élève à + 24° en été, s'abaisse en hiver à — 10°. En outre, l'humidité fait défaut : les nuages chargés de pluie qu'amènent les vents, ou sont arrêtés par les rebords montagneux du plateau, ou sont dissipés par l'échauffement du sol et de l'atmosphère. L'été est une saison invariablement sèche et sans un nuage ; l'Asie Mineure ne reçoit de pluies qu'en hiver.

Le pourtour et les îles, qui ont une altitude moindre et qui sont plus voisines de la mer, jouissent de conditions climatiques plus favorables : le climat y est vraiment méditerranéen.

Aptitudes diverses. — 1° Les *côtes* de l'Asie Mineure sont presque partout rocheuses, c'est-à-dire entaillées de golfes et de baies, riches en abris. Sur la mer Noire, se trouvent plusieurs bons ports, malheureusement exposés aux vents du

nord-ouest qui rendent la mer Noire presque toujours hou-
leuse. La côte de l'Archipel est la plus accidentée : elle est
toute frangée de golfes, de péninsules et d'îles, entre autres le
golfe d'Edremid, fermé par l'île de Mytilène; le **golfe de
Smyrne**, fermé par la presqu'île de Tchesmeh, que prolonge
l'île de Chio; le *golfe de Scala-Nova*, avec l'île de Samos; le
golfe de Mendelia, le *golfe de Kos*, avec l'île de Kos et la presqu'île de Cnide. La côte méridionale, au pied du Taurus, a deux
grands golfes, le *golfe d'Adalia*, et le *golfe d'Alexandrette*, en

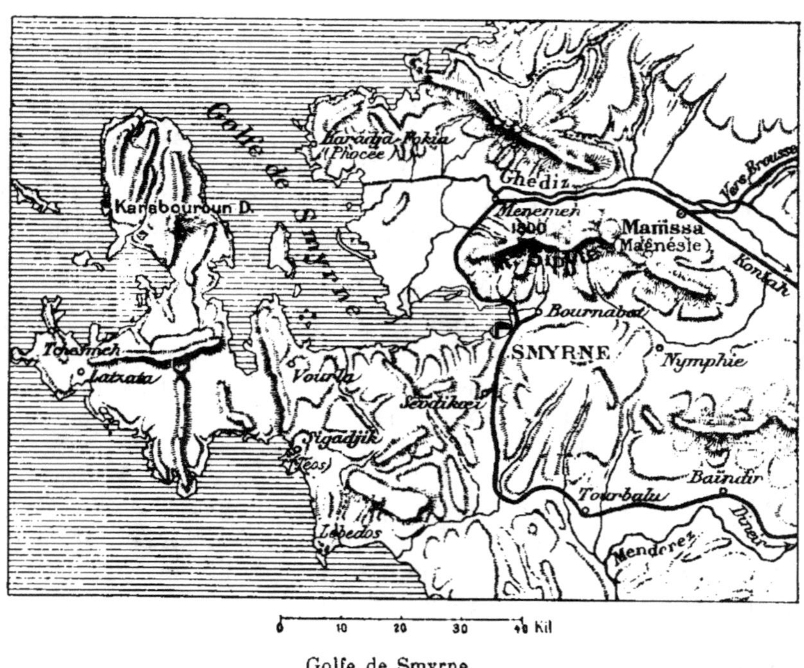

Golfe de Smyrne

avant duquel s'allonge la grande île de Chypre, que domine,
à 2 010 mètres d'altitude, le mont Troodos.

2° Les *fleuves* ne sauraient être ni réguliers ni bien utilisables en un pays de relief si tourmenté et d'humidité si inégale. Plusieurs d'entre eux se perdent sans profit dans les
lagunes intérieures du plateau. D'autres ne sont que des torrents qui bondissent directement de la montagne à la mer. Les
plus longs sont en général coupés de rapides.

On peut citer : comme affluents de la mer Noire, le *Yechil-*

Irmak, le *Kyzyl-Irmak* et le *Zakaria*; comme affluents de l'Archipel, le *Mendereh*, le *Ghediz*, dont les alluvions comblent graduellement le golfe de Smyrne, le *Menderez* et le *Méandre*, dont les anciens ports, Éphèse et Milet, se trouvent aujourd'hui séparés de la mer par la masse des alluvions; enfin, comme tributaires de la Méditerranée, le *Seihoun* et le *Djihoun*, qui se terminent à l'ouest du golfe d'Alexandrette.

3° Les **ressources agricoles** du plateau sont faibles. Montueux, froid en hiver, poudreux en été, toujours sec, il est triste, dénudé, pelé, à moitié désert. Quelques cultures et des arbres se montrent seulement, de loin en loin, dans les fonds mieux abrités, le long des fleuves. Les Croisés faillirent y mourir tous de faim; beaucoup succombèrent.

La côte et les îles sont plus riantes et plus riches. La terre végétale est maigre, l'eau peu abondante. Il a fallu, sur beaucoup de points, créer le sol, le retenir sur des terrasses étagées en gradins, canaliser soigneusement les eaux. Ce travail d'aménagement a permis d'obtenir, sinon les grandes cultures, du moins des vergers et des jardins florissants; peu de céréales, mais des légumes, des vignes, des bosquets d'orangers, d'oliviers, de citronniers, de grenadiers, de mûriers. Les vignes donnent un vin épais, liquoreux, analogue à ceux de la Grèce. Les arbres fruitiers de nos pays, pommiers, poiriers, cerisiers, cognassiers, sont originaires des rives de la mer Noire, d'où Lucullus les transporta en Europe.

Populations. — On évalue la population totale de l'Asie Mineure à 9 089 000 habitants, ce qui est relativement fort peu. Elle est surtout répartie sur le pourtour. L'intérieur est faiblement peuplé, et, en maint canton, désert.

Deux grandes races constituent cette population : les **Turcs**, maîtres de la péninsule, race forte, hospitalière et bonne, mais ignorante, molle, paresseuse, manquant de sens pratique, par suite refoulée progressivement vers les steppes du haut plateau; sur le pourtour elle n'occupe plus en majorité que la côte de Cilicie; — les **Grecs**, peuple intelligent, actif, habile, peu scrupuleux, qui a conquis les îles, et se répand de plus en plus le long des côtes, où il finira par dominer presque seul.

État actuel et villes. — L'intérieur, plaines âpres et nues, steppes et déserts coupés de rares cultures le long des cours d'eau, ne compte que peu d'habitants et ne renferme que peu de villes, étapes nécessaires du commerce qui se fait d'une mer à l'autre. Elles sont, en général, situées dans les vallées des fleuves et ont pour la plupart une très haute antiquité. Les plus notables sont : *Kaisarieh* (72 000 hab.), l'ancienne Césarée, métropole de la Cappadoce; *Konieh* (44 000 hab.), l'ancienne Iconium, capitale de la Lycaonie; *Sivas* (43 000 hab.), *Amasia*, qui porte encore son nom d'autrefois, et *Angora* (27 000 hab.), l'ancienne Ancyre.

Le pourtour possède une chaîne continue de villes, débouchés de l'intérieur : sur la mer Noire, *Trébizonde* (35 000 hab.), *Samsoun* et *Sinope*, arsenal turc; — dans le voisinage de la mer de Marmara, *Scutari*, faubourg de Constantinople; *Isnik*, l'ancienne Nicée; *Ismid*, l'ancienne Nicomédie; *Brousse* (76 000 hab.), au milieu de riches cultures; — du côté de l'Archipel, *Manissa* (36 000 hab.), l'ancienne Magnésie; **Smyrne** (201 000 hab.), un des grands ports de la Méditerranée, sur un golfe profond et bien abrité; toutes les nationalités s'y coudoient; — sur la côte méridionale, *Adalia*, *Mersina*, *Tarse* et *Adana* (45 000 hab.), dans la riche plaine alluviale du Seïhoun.

Les îles, plus florissantes et plus peuplées que la côte elle-même, renferment de nombreux ports dont quelques-uns sont des villes importantes : dans l'île de Mytilène, l'ancienne Lesbos, le port de *Mytilène*; dans Chio, *Chio*, ville jadis très florissante, malheureusement presque détruite par de terribles tremblements de terre en 1881 et 1883; dans Samos, *Vathy*; enfin dans Rhodes, « l'île des Roses », *Rhodes*, bien déchue de l'importance qu'elle eut au temps des Croisades. La grande île de Chypre, qui dans l'antiquité compta peut-être 2 millions d'habitants et n'en a plus que 228 000 environ,   23   par kilomètre carré, a pour principale ville *Nicosia* ou *Leukosia*, au centre de l'île : Chypre appartient aux Anglais depuis 1878.

RÉSUMÉ

Asie Mineure, ou Antérieure, partie occidentale de l'Asie turque.

I. Conditions physiques générales. — 1° Situation heureuse sur la Méditerranée et tout près de l'Europe; 2° relief : c'est un plateau avec soulèvements et cavités, encadré de hauteurs (Taurus, 3 500 m., Anti-Taurus, Alpes Pontines), et entouré par une étroite ceinture de plaines; 3° climat continental, excessif et sec, sauf sur le pourtour et dans les îles, qui jouissent d'un climat maritime.

II. Aptitudes diverses. — 1° Côtes rocheuses, découpées, caps, presqu'îles, îles, baies, ports : golfes de Smyrne, de Kos, d'Alexandrette; presqu'île de Tchesmeh; îles de Mytilène, Chio, Samos, Rhodes, Chypre; 2° fleuves irréguliers et peu utilisables : Yechil-Irmak, Kyzyl-Irmak, Ghediz, Méandre, etc.; 3° ressources agricoles faibles sur le plateau, formé surtout de steppes et de déserts; cultures méditerranéennes, sur la côte et dans les îles.

III. Populations. — 9 089 000 habitants, répartis surtout sur le pourtour et dans les îles. Deux races d'hommes : les Turs et les Grecs; ceux-ci refoulent progressivement ceux-là de la côte dans l'intérieur.

IV. État actuel et villes. — Dans l'intérieur, Kaisarieh, Konieh, Sivas, Angora; — sur le pourtour, Trébizonde, Scutari, Brousse, Smyrne (201 000 hab.), Adana; — dans les îles, Mytilène, Chio, Vathy, Rhodes; Leukosia dans l'île de Chypre, qui appartient aux Anglais.

§ 2. — LA SYRIE

La Syrie est l'étroite bande de terrain qui s'étend, au sud-est de l'Asie Mineure, entre la Méditerranée et le désert : sa longueur est de 700 à 800 kilomètres, sa largeur moyenne de 150.

Conditions physiques générales. — 1° La *situation* de la Syrie ne vaut pas celle de l'Asie Mineure. Elle est également baignée par la Méditerranée, et sert de lieu de passage nécessaire entre l'Asie et l'Afrique; mais les rapports qui existent entre ces deux derniers pays n'ont pas l'importance de ceux qui existent entre l'Europe et l'Asie. Sa situation sur la Méditerranée est en outre plus excentrique.

2° Le *relief* de la Syrie est d'une structure simple. Il comprend deux soulèvements montagneux parallèles, orientés Sud-Nord, et séparés l'un de l'autre par une rainure longitudinale. Celle-ci se nomme le *Ghor*; les Anciens la nommaient *Cœlé-Syrie*, c'est-à-dire Syrie Creuse : son altitude ne dépasse pas 500 mètres au point culminant; au nord, elle s'abaisse presque au niveau de la Méditerranée; au sud, elle descend à 394 mètres au-dessous du niveau des océans, dans la **mer Morte**, ou *lac Asphaltite*, grand lac dont les eaux, chargées de soufre, de bitume, de sels de magnésie et de soude, empêchent la croissance de toute végétation sur ses bords, et, dans son sein, le développement de toute vie animale.

Le soulèvement occidental est le plus important des soulèvements montagneux. Abaissé en terrasses vers la Méditerranée, il offre des aspects très divers et porte différents noms :
Akma-Dagh (1 840 m.), *monts des Ansarieh* (1 769 m.), **Liban**
(3 067 m.), *plateaux de Judée* et *de Galilée*; le Liban, ou
« montagne de lait », garde des neiges dix mois de l'année. —

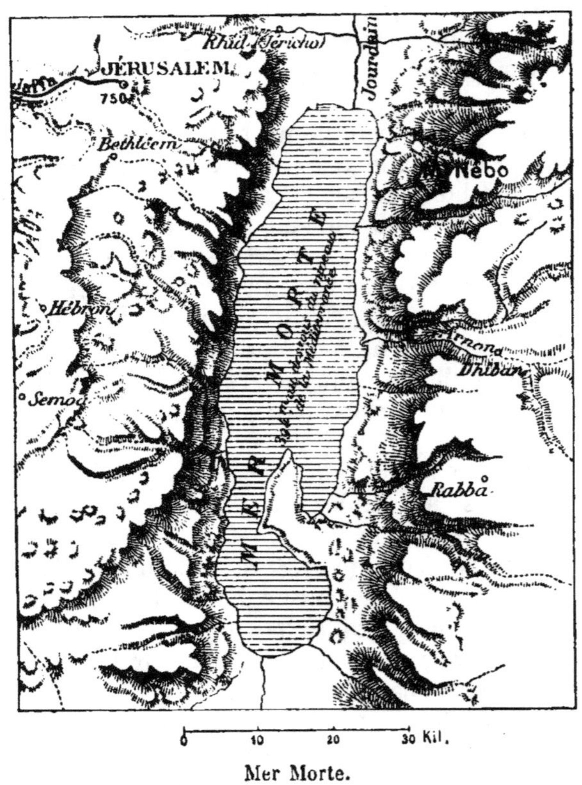

Mer Morte.

Le soulèvement oriental, en général moins élevé que celui de
l'ouest, comprend l'*Anti-Liban* (2670 m.), l'*Hermon*, le *Djaou-
lan* et les *monts de Galaad*, de *Moab* et d'*Ammon*. A l'est de
l'Hermon, au milieu du désert se gonfle le Djebel Haouran,
contrée âpre, hérissée de rochers calcinés et de laves durcies.

3° Le *climat* de la Syrie varie beaucoup de l'ouest à l'est. La
bande occidentale, comprise entre la mer et les montagnes,
jouit d'un climat méditerranéen, assez égal et doux. Le Ghor,

resserré entre deux parois à pic, a des chaleurs presque intolérables. La région orientale, fermée aux vents humides par la double rangée du Liban et de l'Anti-Liban, est très sèche et sujette à des alternatives extrêmes.

Aptitudes diverses. — 1° Les *côtes* de Syrie sont rocheuses. Elles présentent plusieurs golfes assez ouverts (*golfes de Tripoli, de Beïrout* et *d'Akka*, ce dernier fermé par le promontoire du Mont-Carmel), et de nombreuses baies de moindre importance, qui dès l'antiquité ont permis à la vie maritime de s'y développer.

2° Les *fleuves* sont peu nombreux et peu importants. Les trois principaux d'entre eux se prolongent, pour ainsi dire, bout à bout dans le Ghor; ce sont : au nord, le *Nahr-el-Kasi*, ou ancien Oronte, qui coule du sud au nord et se jette dans la Méditerranée au sud de l'Akma-Dagh; au centre, le *Nahr-el-Leïtani*, ancien Léontès, qui prend sa source près de l'Oronte, coule en sens inverse, et, franchissant une gorge du Liban, atteint la Méditerranée au nord de l'ancienne Tyr; au sud, le *Jourdain*, ou « coulant », qui traverse le lac de Tibériade et se termine dans la mer Morte. Aucun de ces trois cours d'eau n'est navigable.

On peut citer encore le *Bagradas*, qui naît dans l'Anti-Liban et s'évapore dans les sables du désert syrien, après avoir fécondé la plaine de Damas.

3° La *richesse agricole* de la Syrie diminue de l'ouest à l'est, de la côte vers l'intérieur, comme l'humidité. Les bords de la Méditerranée ont des jardins, des plantations de tabac et de mûriers, des champs de céréales, des vignes, des vergers fleuris où voltigent les oiseaux : on y trouve la *plaine de Saron*, vantée par les Écritures, la *Galilée*, pays du Cantique des Cantiques, et le fameux *pays de Canaan*, au pied du Liban. Les montagnes sont couvertes de forêts de chênes et d'érables, entrecoupées de pâturages; les cèdres, qui firent autrefois la renommée du Liban, ont presque entièrement disparu. La zone orientale, dénuée d'eau, est un désert presque continu, océan de sable ou de pierres brûlées, tacheté de rares oasis au passage d'un ruisseau ou au jaillissement d'une source.

Populations. — On évalue à 2 800 000 le nombre des habitants de la Syrie, soit 15 à 20 par kilomètre carré.

Lieu de passage entre l'Afrique et l'Asie, la Syrie a une

population très mélangée. Les conquêtes successives des Assyriens, des Égyptiens, des Grecs, des Romains, des Turcs, des Croisés ont modifié de fond en comble l'ethnographie primitive de cette région. On y trouve des *Arabes*, vivant la plupart dans le désert, à l'état nomade, quelques-uns dans les villes, où ils sont adonnés au commerce ; des *Turcs*, en petit nombre ; des *Syriens*, qui parlent la langue arabe mais professent une des formes orientales du christianisme ; des *Druses*, variété d'Arabes, plus civilisés, pratiquant une religion purement monothéiste ; enfin, des *Maronites*, chrétiens qui reconnaissent l'autorité du pape, tout en restant soumis au rite syriaque, différent du rite latin ; beaucoup d'entre eux parlent le français ; on les nomme d'ailleurs les « Français du Liban » ; c'est pour les défendre contre le fanatisme des Druses, qui avaient égorgé 13 000 Maronites, que la France fit l'expédition du Liban en 1860. Quant aux *Juifs*, ils sont presque étrangers en ce pays d'où ils sont originaires ; il n'y sont représentés que par quelques colonies, d'origine récente, venues un peu de tous côtés, mais surtout de Pologne, de Russie et de Valaquie.

Les divers États européens se disputent avec acharnement le patronage des populations syriennes. La France protège les chrétiens latins ; la Russie les chrétiens de rite grec ; l'Angleterre les juifs : cette dernière puissance partage, en outre, avec la Prusse le patronage des protestants. Ces diverses puissances se disputent l'influence, et font une propagande active, commerciale en même temps religieuse ; toutes y possèdent des écoles subventionnées.

État actuel et villes. — D'une manière générale, la région littorale de la Syrie renferme et le plus grand nombre d'habitants et les villes les plus importantes. Les exceptions à cette règle sont assez peu nombreuses.

La région du Nord, ancienne Cyrrhestique, possède quatre villes notables : sur la Méditerranée, *Iskanderoun* (Alexandrette), où aboutissent les caravanes qui vont joindre l'Euphrate et la Mésopotamie, et le port de *Latakieh*, ancienne Laodicée ; sur le fleuve Oronte, à peu de distance de la mer, *Antakieh*, l'ancienne Antioche, très florissante au moyen âge, où on la surnommait la « perle de l'Orient », ruinée en partie par des tremblements de terre, dont le dernier date de 1872 ; dans l'intérieur, au milieu de l'isthme euphrato-méditerranéen, **Alep** (127 000 hab.), qui fut autrefois une des cités les plus commerçantes de la terre, mais qui a souffert et du percement de l'isthme de Suez et des tremblements de terre qui l'ont mainte fois ravagée.

La région centrale, appelée plus spécialement Syrie, renferme cinq villes principales : sur la mer, *Tripoli*, au nord du Liban, et *Beïrout* (118000 hab.), qui a remplacé les anciens ports de Sidon et de Tyr, situés plus au sud, devenus aujourd'hui de misérables bourgades : célèbre dès l'antiquité sous le nom de Béryte, Beïrout est une des échelles principales de la Méditerranée orientale ; c'est le débouché de la ville de Damas, avec laquelle elle communique par la route dite « française » et par un chemin de fer ; — dans la dépression du Ghor, *Hamah* et *Homs* (60 000 hab.), qui ont des fabriques de soieries et de cotonnades ; — sur les confins du désert, **Damas** (140 000 hab.), bâtie sur le Bagradas, au milieu des vergers et des jardins : Damas est la patrie des abricotiers ou « pruniers de Damas » ; c'est aussi la ville la plus industrielle de Syrie ; on y fabrique des soieries, des tapis, des armes, des objets d'ivoire et de maroquin, dont la renommée est universelle. Au nord-est de Damas, s'élève au milieu du désert, le petit village de Tadmor, campé au milieu des débris et des ruines qui représentent l'antique *Palmyre*, si fameuse au temps d'Aurélien, de la reine Zénobie et du ministre Longin ; une rivière y apportait alors la fécondité et la vie ; elle s'est tarie : les hommes ont disparu, et la ville abandonnée s'est évanouie avec le temps.

La partie méridionale, ou **Palestine**, a pour principales villes, dans la zone côtière, le port de *Saint-Jean-d'Acre*, au débouché des fertiles vallées de la Galilée, dont l'une renferme la petite et fameuse ville de *Nazareth* ; *Jaffa*, port de Jérusalem, et *Gaza* (20 000 hab.). La grande ville, *Jérusalem*, est située au centre, non loin de la mer Morte, sur le plateau. Couverte de monts enchevêtrés, entre lesquels se creusent profondément des ravins où les lits des torrents se déroulent comme des rubans grisâtres, la Judée est un pays d'une singulière tristesse, qui rappelle, dit un voyageur, « l'abomination de la désolation décrite par le plus plaintif des prophètes » ; presque partout la roche s'étend stérile, nue, calcinée par un soleil de feu ; un peu de verdure, quelques champs de seigle et d'orge apparaissent seulement dans les bas-fonds et les vallées étroites. En dépit de sa désolation, le plateau de Judée occupait une situation des plus importantes : c'était la position qui commandait jadis le pays. **Jérusalem** lui a dû sa fortune ; située à 750 mètres d'altitude, elle compte 51000 habitants ; elle est incessamment visitée par les touristes et les pèlerins qui viennent y chercher la trace des

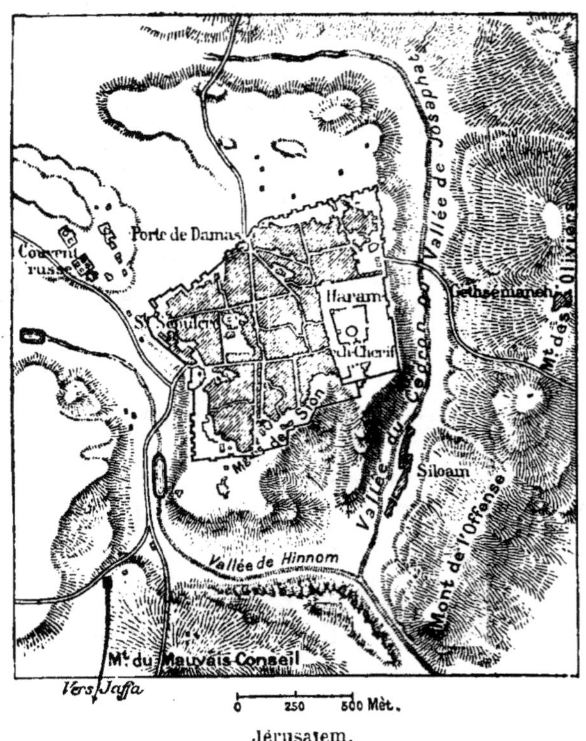

Jérusalem.

antiquités judaïques et chrétiennes, la montagne de Sion, le Saint-Sépulcre, le Cédron et la vallée de Josaphat, le mont des Oliviers, le mont de l'Offense, le mont du Mauvais-Conseil.

RÉSUMÉ

Syrie, bande étroite de pays entre la Méditerranée et le désert.

I. **Conditions physiques générales.** — 1° Situation importante, lieu de passage entre l'Afrique et l'Asie; 2° comme relief, deux soulèvements montagneux séparés par une dépression très creuse, le Ghor : à l'ouest, Liban (3067 m.), plateaux de Galilée et de Judée; à l'est, Anti-Liban (2670 m.); dans le Ghor, mer Morte à 394 mètres au-dessous du niveau de la mer; — 3° climat méditerranéen à l'ouest, beaucoup plus excessif et plus sec à l'est des montagnes.

II. Aptitudes diverses. — 1° Côtes rocheuses et découpées (golfes de Tripoli, de Beïrout et d'Akka ; 2° fleuves peu nombreux et peu importants, Nahr-el-Kari, Nahr-el-Leïtani, Jourdain, Bagradas ; 3° comme ressources agricoles, les produits méditerranéens à l'ouest des montagnes, tabacs, mûriers, vignes ; le désert avec quelques oasis, à l'est.

III. Populations. — 2 800 000 habitants, 15 à 20 par kilomètre carré. Populations très mélangées, dont les Européens se disputent le patro nage : Arabes, Turcs, Syriens, Druses, Maronites, quelques Juifs ; les Maronites sont protégés par la France depuis François Ier.

IV. État actuel et villes. — Dans la région du nord, Alep (127 000 hab.), Antakieh ; ports d'Iskanderoun et de Latakieh ; dans la région centrale ou Syrie, Tripoli et Beïrout (118000 hab.), Homs, Hamad et Damas (140000 hab.), au sud-ouest des ruines de l'antique Palmyre ; dans la région méridionale ou Palestine, Saint-Jean-d'Acre, Gaza et Jérusalem (51000 hab.).

§ 3. — L'ARMÉNIE TURQUE

L'Arménie turque n'est que la partie méridionale et occidentale du nœud de hautes terres par lequel le plateau de l'Asie Mineure se relie à celui de l'Iran.

Conditions physiques et aptitudes. — 1° Sa **situation** lui vaut une grande importance : l'Arménie est la clef qui ouvre la route de la Mésopotamie et des plateaux voisins ; aussi les Russes en convoitent-ils la posession et s'y sont-ils déjà étendus graduellement à diverses reprises ; — son **relief** est très tourmenté : l'Arménie turque est un large plateau sillonné de hautes chaînes volcaniques et coupé d'entailles profondes où coulent les rivières : ses principaux sommets sont le *Tandourek* (3 585 m.), dont le cratère fume encore, l'*Ala-Dagh* (3 520 m.), le *Sipan* (3 600 m.), le *Bingœl-Dagh* ; au centre du plateau s'étend une mer intérieure, très grande, aux eaux salées ; c'est le *lac de Van*, dont le niveau est à 1 625 mètres d'altitude ; — son **climat** est continental : à des jours brûlants succèdent des nuits fraîches ; à des étés, où le thermomètre monte à + 40 degrés, des hivers où il descend à — 30 ; la sécheresse y est grande, sauf sur les montagnes qui regardent vers la mer Noire.

2° Les **fleuves** sont nombreux : l'Arménie turque est un grand centre de dispersion des eaux ; elle envoie à la mer Noire le *Tchorokh*, à la Caspienne l'*Araxe*, au golfe Persique l'*Eu-*

phrate et le *Tigre* : ces divers fleuves, qui n'appartiennent à l'Arménie que par leurs cours supérieurs et y traversent des montagnes, ne sauraient avoir d'utilité pour la navigation ; — les **ressources végétales** sont peu importantes ; les montagnes sont neigeuses ou âpres, le plateau rocailleux ; quelques pâturages au pied des sommets élevés, et des champs au fond des vallées humides, telles sont les principales ressources du pays ; — les **gisements minéraux** abondent en revanche : sources thermales ferrugineuses, alcalines ; houille et argent ; le cuivre est si abondant, qu'il forme, pour ainsi dire, les fondations de toute l'Arménie.

Populations et villes. — L'Arménie turque renferme 2 470 000 habitants ; elle s'est accrue, depuis l'occupation de la Transcaucasie par les Russes, de la plupart des Musulmans qui y résidaient. Le fond de cette population est constitué par les *Kurdes*, hommes de race iranienne et de religion musulmane, peuple pasteur et pillard, et par les *Arméniens*, peuple industrieux, actif et travailleur : moins heureux sous la domination des Turcs que sous celle des Russes, ils sont, malgré la constitution que leur a donnée le sultan, souvent opprimés et maltraités : les puissances européennes ont dû intervenir plus d'une fois en leur faveur.

Les principales villes de l'Arménie turque sont : *Erzeroum* (39000 hab.), grande forteresse qui domine tout le plateau et commande les routes de la mer Noire à la Perse, et de la Caucasie à la Mésopotamie ; *Van* (30 000 hab.), qui vit surtout de la pêche de son lac ; *Kharpout* et *Diarbékir* (34 000 hab.), sur le Tigre, au centre d'une plaine humide et fertile.

RÉSUMÉ

I. Conditions physiques et aptitudes. — Nœud montagneux (Tandourek, Sipan 3 600 m.) creusé d'une mer intérieure (lac de Van), au climat rude, l'Arménie turque est une région de dispersion : l'Araxe, le Tigre et l'Euphrate y naissent ; les ressources végétales sont faibles ; les ressources minérales seules abondent.

II. Populations et villes. — 2 470 000 habitants, Kurdes et Arméniens ; villes : Erzeroum (39 000 hab.), Van, Kharpout, Diarbékir.

§ 4. — LA MÉSOPOTAMIE

On nomme ainsi la grande plaine sans relief qui s'étend au pied de l'Arménie et de l'Iran jusqu'au golfe Persique. Son nom signifie « entre deux fleuves ». La Mésopotamie est, en effet, comprise entre le Tigre et l'Euphrate.

Conditions physiques et aptitudes. — La *situation* de la Mésopotamie est assez heureuse : elle est le lieu naturel par où se font les communications entre la Méditerranée, le golfe Persique et l'Inde ; — son *relief* la rend aussi très accessible : à l'exception de quelques plissements ou buttes isolées, c'est une plaine assez mollement ondulée, presque plate, sans autre accident que des monticules artificiels ; cette plaine a été formée par les alluvions arrachées par les rivières aux montagnes voisines ; — son *climat* est malheureusement excessif ; en hiver, quand souffle le vent du nord, le froid y est tel, que les bêtes de somme refusent d'avancer ; en été, la chaleur est si étouffante, que les habitants, par exemple ceux de Bagdad, se réfugient dans les caves ou dans des galeries souterraines ; c'est à peine si l'on y compte par an quinze jours pluvieux.

Les deux rivières qui enserrent la Mésopotamie lui donnent la vie, en lui procurant l'humidité que le ciel lui refuse.

L'**Euphrate** est la plus occidentale. Formé du *Karasou* et du *Mourad-tchaï*, il sort du plateau arménien par des gorges formidables où, sur une longueur de 150 kilomètres, il ne forme pas moins de 300 cataractes et rapides. A Biredjik, l'Euphrate, qui n'est plus qu'à 160 kilomètres en droite ligne de la Méditerranée, cesse de couler au sud-ouest et tourne au sud-est. Large, tranquille, il décrit des méandres changeants à travers la plaine basse et enserre des îles sablonneuses. Mais la sécheresse de l'air diminue d'autant plus rapidement son volume qu'il ne reçoit plus que de maigres tributaires, comme le *Khabour*, ou des ouadi temporaires. Il apporte le moins d'eau au Chat-el-Arab, quoique plus long que le fleuve voisin.

Le **Tigre**, issu du plateau arménien où il arrose la plaine de Diarbékir, débouche en plaine près de l'ancienne Ninive. Il coule dès lors directement vers le sud-est en longeant la base de l'Iran. Sa vitesse le préserve d'une trop grande évaporation. Il reçoit en outre de fortes rivières descendues de l'Iran : le

Botan-Sou, le *Grand-Zab* et le *Petit-Zab*, la *Dilaya* et la *Kerkha*. Le Tigre est par suite bien plus important que l'Euphrate.

Réunis, le Tigre et l'Euphrate forment le **Chat-el-Arab**, qui a 150 kilomètres de longueur, et qui reçoit le *Karoun*, né en Perse. Fleuve énorme, le Chat-el-Arab n'a pas moins d'un demi-kilomètre de largeur, avec une profondeur qui atteint jusqu'à 10 mètres; les alluvions qu'il dépose, et qui ont formé toute la Mésopotámie, empiètent annuellement de 50 à 60 mètres sur le golfe Persique.

Formée d'alluvions, la Mésopotamie ne renferme point de richesses minérales, mais elle possède tous les éléments minéraux de la fécondité. Malheureusement l'humidité lui fait trop complètement défaut. Où ne coule aucune rivière, s'étendent des steppes absolument incultes et des déserts. Par contre, le long des deux fleuves règne une si prodigieuse fertilité, que dès l'antiquité Hérodote, qui a pourtant longuement décrit le delta du Nil, n'ose raconter les merveilles de la végétation babylonienne, dans la crainte d'être taxé de mensonge. C'est par excellence le pays des céréales; on y trouve aussi des vignes, des arbres fruitiers, le riz, le coton, et même, sur les bords du Chat-el-Arab, des palmiers et des forêts de dattiers.

Populations et villes. — La Mésopotamie ne compte que 1 400 000 habitants, rares dans les régions désertiques, où la vie nomade est seule possible, espacés pour la plupart le long des fleuves où l'eau rend possible la vie sédentaire.

Les villes sont assez rares sur l'Euphrate qui coule entre deux déserts; les principales sont *Biredjik*, au coude du fleuve, près de l'isthme euphrato-méditerranéen; *Anah*, dans une fraîche oasis, et **Babylone** : l'ancienne capitale de Sémiramis n'est plus qu'une plaine parsemée de buttes et d'amas rougeâtres qui marquent l'emplacement des anciens palais et des temples, construits en briques; le grand espace de 576 kilomètres carrés (24 kil. de côté) où s'étendait la ville est désert, à l'exception de l'emplacement occupé, au sud, par la ville d'*Hilleh* (15 000 hab.).

Au pied du plateau arménien, entre les deux fleuves, sont deux marchés importants, *Ourfa* et *Mardin*.

Sur le Tigre, les villes sont plus importantes. Ce sont : *Mossoul* (61 000 hab.), qui a remplacé Ninive située sur l'autre rive du fleuve; **Bagdad** (145 000 hab.), rattachée à Bassora par un service de vapeurs turcs et anglais : c'est le principal entrepôt de la région.

Près de l'embouchure du Chat-el-Arab, s'élève la ville do *Bassora* (20 000 hab.), qui fut longtemps le débouché de la région mésopotamienne; elle est encore reliée à Bombay par un service de bateaux; mais son insalubrité la fait insensiblement délaisser pour le port persan de *Mohammerah*, plus voisin de la mer et placé au débouché de la voie du Karoun.

RÉSUMÉ

I. Conditions physiques et aptitudes. — Situation heureuse sur la route menant de l'Europe dans l'Inde; relief très favorable par l'absence de montagnes, mais climat excessif et trop sec; — la Mésopotamie doit la vie à deux fleuves, l'Euphrate (Khabour) et le Tigre (Grand et Petit Zab, Dilaya, Kerkha), qui se réunissent pour former le Chat-el-Arab (Karoun); trop sèche, la Mésopotamie ne se prête aux cultures que le long de ces deux fleuves; ailleurs, elle n'est que steppes et déserts.

II. Populations et villes. — 1 400 000 habitants, nomades dans les déserts, sédentaires le long des fleuves. Sur l'Euphrate, Biredjik, Anah, Hilleh, bâtie dans les ruines de l'ancienne Babylone; au pied de l'Arménie, Ourfa et Mardin; sur le Tigre, Mossoul et Bagdad (145 000 hab.); sur le Chat-el-Arab, Bassora.

§ 5. — L'ARABIE

La péninsule d'Arabie forme un grand quadrilatère massif dont trois faces sont maritimes; les mers qui la baignent sont la mer Rouge, l'océan Indien et le golfe Persique. Longue de 2 500 kilomètres, large de 1 000, l'Arabie mesure une étendue de plus de 3 millions de kilomètres carrés.

Bien qu'on le rattache à l'Asie turque, ce grand pays n'appartient à la Turquie qu'en partie. Seules les côtes de la mer Rouge, non sans difficulté, et une partie de celles du golfe Persique, reconnaissent son autorité. Tout le Sud et le Centre, peuplés de tribus nomades, sont indépendants.

Conditions physiques et aptitudes. — L'Arabie est bien située, non loin de la Méditerranée, en face de l'Égypte et sur la mer Rouge, grande route d'Europe en Asie. Mais sa configuration est trop massive; la mer Rouge n'y dessine qu'un faible enfoncement, la *manche d'Akabah*; la côte de l'océan Indien n'est pas moins rectiligne; la côte orientale ne présente qu'un cap, le *cap Massandam*, et pas un golfe. Une telle configuration suffisait à rendre l'Arabie difficilement pénétrable.

Le relief est très régulier, et en somme peu élevé. L'Arabie a la forme d'un plateau encadré par un rempart régulier de montagnes qui atteignent exceptionnellement 3 000 mètres dans le Yémen, au sud-ouest, et 2 000 mètres dans le *djebel Akhdar*, le long du golfe d'Oman. Mais la disposition des hauteurs sur le pourtour contribue à fermer l'accès du pays.

Quant au climat, il est tout continental, si brûlant le jour, au soleil, que la chaleur suffit à faire éclater parfois les pierres; en revanche, presque glacé l'hiver. Les pluies sont toujours rares et parfois manquent entièrement : de 1869 à 1872, les citernes d'Aden ne furent remplies qu'une seule fois; dans certains cantons d'Arabie, il existe un rituel pour demander la pluie; quand un nuage humide vient à crever, les populations cessent tout travail, et, chantant et criant, elles font cortège à l'eau qui ruisselle dans les ravins. On ne saurait donc parler de l'hydrographie de l'Arabie; ce pays n'a pas une seule rivière permanente, mais seulement des *ouadi*, vallées ou dépressions où les pluies versent leurs eaux temporaires.

Très chaude et à peine arrosée, l'Arabie offre peu de ressources végétales. Les 4/5 de son étendue sont formés de déserts qui se recouvrent d'herbes courtes pendant les semaines du printemps, puis se dessèchent complètement; l'homme n'y saurait vivre; les animaux mêmes y sont rares, à l'exception de ceux qui se contentent de rien, la gazelle « qui ne boit jamais », le sobre chameau et le cheval arabe qui « vit de l'air », dit le poète arabe. Les seules régions cultivables sont celles du pourtour qui reçoivent quelque humidité, en même temps que les brumes qui s'élèvent de la mer : on y trouve les céréales diverses, les arbres des pays chauds, le baumier dont l'écorce suinte la myrrhe, l'acacia qui donne la gomme dite arabique, l'encens, le dattier; enfin, la vigne, la canne à sucre, le tabac, le cotonnier, le riz et le café, dont les plantations s'étendent de 400 à 1 200 mètres sur les pentes du Yémen. C'est le pourtour de l'Arabie, en particulier la région du Sud-Ouest, qui fut surnommé « l'Arabie Heureuse ».

Populations et villes. — Suivant des évaluations vraisemblables, l'Arabie ne renferme que 2 à 3 millions d'habitants environ, 1 par kilomètre carré. La population est plus dense sur les côtes que dans les déserts de l'intérieur, qui ne possèdent que quelques oasis et de rares nomades.

Ces habitants appartiennent presque tous à la race arabe et pratiquent le mahométisme, soit sunnite, soit chiite. Dans l'intérieur, plusieurs tribus professent le culte plus sévère des *Ouahabites*, qui blâment la pompe des cérémonies, le luxe des mosquées, l'usage des étoffes précieuses, l'habitude « vaine et malpropre » de fumer du tabac.

Nulle cohésion politique n'existe entre les diverses tribus arabes. Beaucoup sont nomades et commandées par des cheiks.

Aden.

Parmi les sédentaires, les unes ont conservé le patriciat à la mode antique; d'autres forment des oligarchies; d'autres enfin sont régies par une monarchie absolue ou tempérée. Il n'y a de soumises à la Turquie, à laquelle elles payent tribut, que les provinces du Hedjaz, d'Assir et du Yémen à l'ouest, d'El-Hasa à l'est. Encore de nombreuses insurrections ont-elles éclaté pour détruire le lien de dépendance.

Les principales villes sont situées sur le pourtour. Ce sont : *Mascate*, dans l'Oman, port très profond et important; *Makalla* et **Aden** (41 000 hab.), dans l'Hadramaout : ce dernier port, acheté par les Anglais en 1839, leur sert de dépôt de charbon sur la route des Indes, en même temps que de forteresse sur le détroit de Bab-el-Mandeb; *Sana* et *Moka*, dans le Yémen; les deux villes saintes de *Médine* et de la **Mecque** (56 000 hab.), dans le Hedjaz : cette dernière est toujours la grande métropole religieuse des musulmans ; 70 000 à 90 000 pèlerins y viennent annuellement de tout le monde mahométan pour visiter le temple de la Kaaba, bâti, dit-on, par Abraham, pour baiser la pierre noire et parcourir les lieux illustrés par le prophète ; Médine a pour port Yambo, et la Mecque, Djeddah.

Les seules agglomérations de l'intérieur sont situées dans les oasis. Les principales sont : *El-Djouf*, *Kheibar*, *Haïl*, capitale des Ouahabites, dans le désert désolé du Chammar, *Riad* (25 000 hab.) dans le Nedjed.

RÉSUMÉ

Arabie, péninsule en forme de quadrilatère, 3 millions de kilomètres carrés, dont l'ouest et l'est appartiennent seuls à la Turquie.

I. Conditions physiques et aptitudes. — Bonne situation près de la Méditerranée et sur la route des Indes, mais configuration trop massive ; relief peu compliqué mais mal disposé, les hauteurs étant sur le pourtour ; climat très continental, d'une sécheresse extrême. Par suite, point de fleuves permanents, seulement des ouadi ; des déserts, surtout à l'intérieur ; les cultures n'occupent que le littoral qui forme l'Arabie Heureuse (céréales, myrrhe, encens, gomme, café).

II. Populations et villes. — 3 millions d'habitants au plus, presque tous musulmans et la plupart nomades. Villes sur le pourtour, Mascate, Aden, aux Anglais, Sana et Moka, Médine et la Mecque, ville sainte, avec son port Djeddah. A l'intérieur, Haïl, Riad, etc.

FIN.

ABRÉVIATIONS EMPLOYÉES DANS L'INDEX

Arch.	Archipel.
Bᵉ	Baie.
Cˡ.	Canal.
C.	Cap.
Chⁿᵉ.	Chaîne.
Désᵗ.	Désert.
Détr., Dᶜ . . .	Détroit.
Fl.	Fleuve.
G.	Golfe.
Gᵈ	Grand.
I.	Ile.
L.	Lac.
Lag.	Lagune.
Mᵗ.	Mont.
Mᵍⁿᵉˢ	Montagnes.
Nᵈ	Nord.
Nˡˡᵉ	Nouvelle.
Pén.	Péninsule.
Plat.	Plateau.
Pᵗᵉ	Pointe.
Presq.	Presqu'île.
Prom.	Promontoire.
R.	Rivière, Rio.
S.	Sud.
Vⁿ	Volcan.

INDEX ALPHABÉTIQUE

TABLE DES CARTES ET FIGURES

TABLE DES MATIÈRES

PREMIÈRE PARTIE

L'EUROPE

DEUXIÈME PARTIE

L'ASIE

CHAPITRE I. — Aperçu général

CHAPITRE II. — L'Asie septentrionale ou russe

CHAPITRE III. — L'Asie orientale

CHAPITRE IV. — L'Asie du Sud

CHAPITRE V. — L'Asie occidentale ou turque

Paris. — Imprimerie Lahure, 9, rue de Fleurus.

www.ingramcontent.com/pod-product-compliance
Lightning Source LLC
LaVergne TN
LVHW021236170726
843501LV00003B/803